易學典籍選刊

周易折中

上

〔清〕李光地 撰
楊軍 點校

中華書局

圖書在版編目(CIP)數據

周易折中/(清)李光地撰;楊軍點校. —北京:中華書局,2022.8(2025.5 重印)
(易學典籍選刊)
ISBN 978-7-101-15803-8

Ⅰ.周… Ⅱ.①李…②楊… Ⅲ.①先秦哲學②《周易》-研究 Ⅳ.B221.5

中國版本圖書館 CIP 數據核字(2022)第 117158 號

責任編輯:石 玉
封面設計:王銘基
責任印製:韓馨雨

易學典籍選刊
周易折中
(全三册)
〔清〕李光地 撰
楊 軍 點校

*

中華書局出版發行
(北京市豐臺區太平橋西里 38 號 100073)
http://www.zhbc.com.cn
E-mail:zhbc@zhbc.com.cn
三河市鑫金馬印裝有限公司印刷

*

850×1168 毫米 1/32 · 44¾印張 · 6 插頁 · 1000 千字
2022 年 8 月第 1 版 2025 年 5 月第 4 次印刷
印數:6001-7000 册 定價:188.00 元

ISBN 978-7-101-15803-8

前言

周易折中，清李光地奉敕纂，約始於康熙五十二年（一七一三），至康熙五十四年最終成書，凡二十二卷。據卷首開列「職名」，參與此書編撰、校對、繕寫等工作的達五十人，其中包括周易函書約注的作者胡煦，其作者群代表着當時易學研究的最高水準。

李光地（一六四二——一七一八），字晉卿，號厚庵，别號榕村，福建泉州府安溪（今福建安溪）人。康熙九年（一六七〇）中進士，歷任翰林院編修、翰林學士、兵部右侍郎、直隸巡撫，協助平定「三藩之亂」、「統一臺灣」，康熙四十四年（一七〇五），拜文淵閣大學士兼吏部尚書。謚文貞。爲清初理學名臣。

宋代義理派易學進入鼎盛，諸家之説歧出。明永樂年間胡廣等奉敕修周易傳義大全，出發點是董理諸家之説，但在實際編撰過程中，大抵以宋董楷周易傳義附録、元胡一桂周易本義附録纂注、胡炳文周易本義通釋、董真卿周易會通爲主體，采擇不廣，去取不當，以致後人譏胡廣周易傳義大全全抄「二胡二董」，爲至不全之書。有鑒於此，康熙帝命李光地修周易折中，實欲繼續胡廣未能完成的董理諸家之説的任務。

周易折中全依朱熹周易本義二經十翼之舊，奉旨「以本義爲主，次及程傳」，輔以「集説」「總論」「案」，博采衆家之説。據書首開列的引用先儒統計，共計引用易學著作達二百一十八家，並時出己見，評判諸家之説，不乏創見，因此堪稱義理派易學的集大成之作，是清代官修諸書中的佼佼者。

周易折中一書雖然出發點是「折中」諸家之説，實際上是以程朱之説「折中」諸家，但能够在堅守義理派立場的同時，努力將義理、象數融於一爐，書後附録部分專論河洛之數，創以畢氏定理解易，對此後的象數派乃至近代易學新支科技易的興起也有一定促進作用。

該書雖爲義理派代表作，但該書基本不取從魏晉玄學及後代佛學等「空談」出發解釋周易的觀點，這也是該書明顯的特點。

二〇一九年至二〇二〇年，我幾乎用了一年時間，在弟子楊超天越的協助下，斷斷續續地完成了周易折中一書的校勘工作。

本次整理，以康熙五十四年内府刻本（亦稱「武英殿本」）爲底本，以同治六年浙江巡撫馬新貽刻本（亦稱浙江撫署刻本、浙江書局刻御纂七經本、浙江書局本，以下簡稱「局本」）、文淵閣四庫全書本（以下簡稱「四庫本」）、摛藻堂四庫全書薈要本（以下簡稱「薈要本」）爲校本。除專名外，避諱字皆逕改爲正字，不出校。八卦、六十四卦之名皆不加專名綫。屬於古人書寫習慣的差異，如惟與唯、他與它、以與已之類，皆不校。此外，繁體字儘量采用新字型。

學識所限，錯誤在所難免，尚祈博雅君子指正。

楊軍

二〇二〇年十一月十七日於閑置齋

目録

上册

御纂周易折中卷第六

中册

下册

御製周易折中序

易學之廣大悉備，秦、漢而後無復得其精微矣。至有宋以來，周、邵、程、張闡發其奧。唯朱子兼象數、天理，違衆而定之，五百餘年，無復同異。宋、元、明至於我朝，因先儒已開之微旨，或有議論已見，漸至啓後人之疑。朕自弱齡留心經義，五十餘年未嘗少輟，但知諸書大全之駁雜，奈非專經之純熟。深知大學士李光地素學有本，易理精詳，特命脩周易折中，上律河洛之本末，下及衆儒之考定，與通經之不可易者，折中而取之，越二寒暑，甲夜披覽，片字一畫，斟酌無怠。康熙五十四年春告成，而傳之天下。後世能以正學爲事者，自有所見歟！

康熙五十四年春三月十八日書

御纂周易折中凡例

一、易，經二篇、傳十篇，在古元不相混。費直、王弼乃以傳附經，而程子從之，至吕大防、晁説之、吕祖謙諸儒，以爲應復其舊。朱子本義所據者，祖謙本也。明初程傳、朱義並用，而以世次，先程後朱，故脩大全書，破析本義以從程傳之序。今案，易學當以朱子爲主，故列本義於先，而經、傳次第則亦悉依本義原本，庶學者由是以復見古經，不至習近而忘本也。

一、諸儒所論易書作述傳授，以及易理之奥，易義之綱，學者讀易之方，説者同異之概，皆後學所宜先知也。大全有綱領一篇，止存程朱之説。今案，周子、張子、邵子皆於易理精邃，雖無説經全書，而大義微言往往獨得。又歷代諸儒叙述源流，講論指趣，其説皆不可廢，並以世次義類，叙爲三篇，不獨與程朱之言互相發明，亦以見程朱之書有源有委，合古今以爲公，非夫師心立異者比也。

一、易辭有義例，據夫子彖傳、象傳求之，皆可推見。自王氏略例以後，諸儒皆有發明，而未詳備。今稍爲之臚列分析，示學者觀象玩辭之要，蓋全經之大凡，故與綱領並叙卷首。

一、大全書所采諸家之説，惟宋元爲多。今所收，上自漢晉，下迄元明，使二千年易道淵源皆可覽見。列朱義於前者，易之本義，朱子獨得也；程傳次之者，易之義理，程子爲詳也。二子實繼四聖而有作，故以其書系經後，其餘漢晉唐宋元明諸儒，所得有淺深，所言有粹駁，並采其有益於經者，又系朱程之後。其或所言與朱程判然不合，而亦可以備一説、廣多聞者，别標爲附録以終之。稽異闕疑，用俟後之君子，是亦朱子之志也。

一、漢晉閒説易者，大抵皆淫於象數之末流而離其宗，故隋唐後惟王弼孤行，爲其能破互卦、納甲、飛伏之陋，而專於理以譚經也。然弼所得者，乃老莊之理，不盡合於聖人之道，故自程傳出，而弼説又廢。今案，溺於象數而枝離無根者，固可棄矣，然易之爲書，實根於象數而作，非他書專言義理者比也。但自焦贛、京房以來穿鑿太甚，故守理之儒者遂鄙象數爲不足言。至康節邵子，其學有傳，所發明圖、卦、蓍、策，皆易學之本根，豈可例以象數目之哉？故朱子表章推重，與程子並稱，本義之作，實參程、邵兩家以成書也。後之學者，言理義，言象數，但折中於朱子可矣。近代解經者，猶多拾術數之緒餘，以矜其奇僻，而不知其非數之真也；陳事理之糟粕，而入於迂淺，而不知其失理之妙也。凡若此者，皆刪不録，以還「潔靜精微」之舊焉。

一、朱子之學，出自程子，然文義異同者甚多，諸經皆然，不獨易也。況易，則程以爲聖人説理之書，而朱以爲聖人卜筮之教，其指趣已自不同矣。然程子所説，皆脩齊治平之道，平易精實，有補學者。朱子亦謂所作本義簡略，以義理程傳既備故也。今經傳之説，先以本義爲主，其與程傳不合者，則稍爲折中其異同之致。傳、義之外，歷代諸儒各有所發明，足以佐傳、義所未及者，又參合而研覈之，並爲折中，以系於諸説之後。或前人之所未言，朕亦時出己意，參錯其閒，鑽仰高堅，何敢自信，庶幾體先賢虚公無我之意，求合乎此理殊塗同歸之宗云。

一、啓蒙爲朱子成書，與本義相表裏。今大全中所載圖説數條，乃作本義時略撮大要以冠篇端；卦變一圖，則又因本義卦下有以卦變爲説者，故作此以明之，與占筮卦變異法，總不若啓蒙之詳備也。大全以圖説爲主，而采啓蒙以附其下，且又但采其本圖書、原卦畫二篇，至明蓍策、考變占二篇，則文既不録，圖亦不載，但以筮時儀節及不同法之卦變當之，使學者不見朱子極論象數之全，未免疏略。今以啓蒙全編具載書後，庶幾古人右書左圖之意。朕講學之外，於曆象、九章之奥游心有年，涣然知其不出易道。故自河洛本原、先後天位置，以至大衍推迎之法，皆稍爲摹畫分析，敷暢厥旨，附於啓蒙之後，目曰啓蒙附論。

一、夫子十翼，以序卦、雜卦終編，其次第微密，錯雜成章，諸儒置而不講已久。朕因陳希夷反覆九卦之指，而思序卦之義；因邵康節四象相交成十六事之言，而悟雜卦之根，始知聖意微妙，聖言精深，引而不發，如衆曜之羅列，七緯之交錯，參差淩亂，有待於仰觀推步者之能求其故也。故爲序卦雜卦明義，次於啓蒙附論之後，而終編焉。

奉旨開列御纂周易折中總裁校對分脩校録監造諸臣職名

總裁

文淵閣大學士兼吏部尚書臣李光地

御前校對

翰林院侍講臣魏廷珍

右春坊右中允兼翰林院編脩臣何國宗

右春坊右中允兼翰林院編脩臣吴孝登

翰林院庶吉士臣梅瑴成

舉人臣王蘭生

南書房校對

詹事府少詹事兼翰林院侍講學士臣蔣廷錫
翰林院侍講學士臣張廷玉
翰林院侍講學士臣陳邦彦
翰林院侍讀臣趙熊詔
候補翰林院侍講臣楊名時
右春坊右中允兼翰林院編脩臣王圖炳

分脩

翰林院編脩臣儲在文
翰林院檢討臣胡煦
翰林院庶吉士臣何焯
户部主事臣李鼎徵
進士臣蔣杲
舉人臣陳萬策
貢生候選知縣臣王之鋭

監生臣陳汝楫
生員臣李清植
生員臣郭珣
生員臣李璣

武英殿校對
翰林院編脩臣張起麟
翰林院編脩臣徐用錫
舉人臣成文

武英殿繕寫
翰林院脩撰臣王世琛
翰林院編脩臣嵇曾筠
翰林院編脩臣蔣漣
翰林院編脩臣徐葆光
翰林院編脩臣劉於義

翰林院編脩臣潘允敏
翰林院編脩臣狄貽孫
翰林院編脩臣薄海
翰林院編脩臣任蘭枝
翰林院檢討臣陳世侃
原任光禄寺署丞臣伊都立
候補翰林院待詔臣曹曰瑛
留京食俸知縣臣王曾期
進士臣張榮源

在館校對繕寫

翰林院編脩臣繆沅
翰林院編脩臣李鍾僑
原任翰林院編脩臣程夢星
翰林院檢討臣張照

翰林院檢討臣董宏

原任内閣中書臣閻詠

武英殿監造

總監造兼佐領臣張常住

總監造臣李國屏

監造兼驍騎校臣巴實

監造臣神保

引用姓氏

漢

董氏仲舒。

孔氏安國，子國。

司馬氏遷，子長。

京氏房，君明。

劉氏向，子政。

揚氏雄，子雲。

班氏固，孟堅。

馬氏融，季長。

服氏虔，子慎。

荀氏爽，慈明，一名諝。
鄭氏玄，康成。
宋氏衷，仲子，一作忠。
虞氏翻，仲翔。
陸氏績，公紀。
王氏肅，子邕。
姚氏信，德祐。
王氏弼，輔嗣。
翟氏子玄。未詳世次，見荀爽九家易，今附於此。

晉

干氏寶，令升。
范氏長生，蜀才，一名賢。

齊

韓氏伯，康伯。

沈氏驎士，雲禎。

北魏

闞氏朗，子明。

隋

王氏通，仲淹，文中子。

唐

陸氏玄朗，德明。

孔氏穎達，仲達，一作沖遠。

房氏喬，玄齡。

侯氏行果。李鼎祚集解作侯果。

陸氏贄，敬輿。

韓氏愈，退之。

王氏凱沖。

崔氏憬。以上二人未詳世次，見李鼎祚集解，今附於此。

李氏鼎祚。

陸氏希聲，君陽，遯叟。

劉氏蛻，復愚。

宋

王氏昭素，酸棗。

句氏微。

代氏淵，仲顔。

范氏仲淹，希文。

劉氏牧，長民。

胡氏瑗，翼之，安定。

王氏逢，會之。

石氏介，守道，徂徠。

歐陽氏脩，永叔，廬陵。

蘇氏舜欽，子美。

周子敦頤，茂叔，濂溪。
邵子雍，堯夫，康節。
王氏安石，介甫，臨川。
司馬氏光，君實，涑水。
張子載，子厚，橫渠。
程子顥，伯淳，明道。
程子頤，正叔，伊川。
蘇氏軾，子瞻，東坡。
吕氏大臨，與叔，藍田。
楊氏繪，元素。
陸氏佃，農師。
沈氏括，存中。
晁氏説之，以道，嵩山。
龔氏原，深父，括蒼。

薛氏温其。

盧氏。

集氏。以上三人未詳世次，見房審權義海，今附於此。

謝氏良佐，顯道，上蔡。

游氏酢，定夫，廣平。

楊氏時，中立，龜山。

尹氏焞，彦明，和靖。

郭氏忠孝，立之，兼山。

耿氏南仲，希道，開封。

李氏元量。

閻氏彦升。

李氏彦章，元達。

李氏開，去非，小舟。

張氏浚，德遠，紫巖。

劉氏子翬，彥沖，屏山。
鄭氏剛中，亨仲。
沈氏該，守約。
朱氏震，子發，漢上。
郭氏雍，子和，白雲。
程氏迥，可久，沙隨。
鄭氏東卿，少梅，合沙。
鄭氏汝諧，舜舉，東谷。
楊氏萬里，庭秀，誠齋。
蘭氏廷瑞，惠卿。
馮氏當可，時行，縉雲。
王氏宗傳，景孟，童溪。
林氏栗，黄中。
袁氏樞，機仲，梅巖。

鄭氏樵，漁仲，夾漈。
朱子熹，元晦，紫陽。
張氏栻，敬夫，南軒。
吕氏祖謙，伯恭，東萊。
陸氏九淵，子静，象山。
李氏舜臣，子思，隆山。
項氏安世，平父，平庵。
易氏祓，彦章，山齋。
趙氏彦肅，子欽，復齋。
蔡氏元定，季通，西山。
陳氏淳，安卿，北溪。
黄氏榦，直卿，勉齋。
董氏銖，叔重，磐澗。
陳氏埴，器之，潛室。

楊氏簡，敬仲，慈湖。

蔡氏淵，伯靜，節齋。

李氏過，季辨，西溪。

馮氏椅，儀之，厚齋。

毛氏璞，伯玉。

柴氏中行，與之。

真氏德秀，希元，西山。

魏氏了翁，華父，鶴山。

趙氏汝騰，茂實。

趙氏汝楳。

李氏心傳，微之，秀巖。

劉氏彌劭，壽翁，習靜。

錢氏時，子是，融堂。

饒氏魯，仲元，雙峯。

税氏與權，巽父。

潘氏夢旂，天錫。

楊氏文焕，彬夫，釋褐。

徐氏幾，子與，進齋。

翁氏泳，永叔，思齋。

丘氏富國，〔一〕行可，建安。

吴氏綺，終畝。

田氏疇，興齋，雲問。

徐氏直方，立大，古爲。

陳氏友文，隆山。

王氏應麟，伯厚，深寧叟。

吴氏應回。

〔一〕丘氏富國：丘，四庫本皆作「邱」。後同，下不一一指出。

鄭氏湘鄉。

陳氏。

劉氏。

董氏。

楊氏。

鄭氏。以上五人未詳世次，或失其名字，今附於此。

金

單氏渢。

雷氏思，西仲。

元

許氏衡，平仲，魯齋。

李氏簡，蒙齋。

王氏申子，巽卿，秋山。

熊氏朋來，與可。

胡氏方平，師魯，玉齋。
吴氏澄，幼清，草廬，臨川。
龔氏煥，幼文，泉峯。
胡氏允，潛齋。
齊氏夢龍，覺翁，節初。
胡氏一桂，庭芳，雙湖。
鮑氏雲龍，景翔，魯齋。
徐氏之祥，麒父，方塘。
胡氏炳文，仲虎，雲峯。
張氏清子，希獻，中溪。
熊氏良輔，任重，梅邊。
萬氏善，明復。
余氏芑舒，德新，息齋。
龍氏仁夫，觀復。

黄氏瑞節，觀樂。

董氏真卿，季真，番陽。

保氏八，公孟，普庵。

俞氏琰，玉吾，石澗。

明

梁氏寅，孟敬，石門。

蔣氏悌生，仁叔。

薛氏瑄，德温，敬軒。

劉氏定之，主靜，保齋。

胡氏居仁，叔心，敬齋。

蔡氏清，介夫，虚齋。

邵氏寶，國賢，二泉。

林氏希元，懋貞，次厓。

陳氏琛，思獻，紫峯。

余氏本，子華。

金氏賁亨，汝白。

豐氏寅初，復初。

葉氏良佩，敬之。

姜氏寶，廷善，鳳阿。

楊氏時喬，宜遷，止庵。

歸氏有光，熙甫，震川。

趙氏玉泉。

沈氏一貫，肩吾，蛟門。

錢氏一本，國瑞，〔一〕啓新。

唐氏鶴徵，元卿，凝庵。

〔一〕錢氏一本國瑞：「瑞」，王太岳等四庫全書考證卷三據鄒元標南皋集、孫慎行玄晏齋集、吴亮止園集、黄宗羲明儒學案，認爲當作「端」。然本書諸版本及明史本傳皆作「瑞」。

高氏萃。
蘇氏濬，君禹，紫溪。
顧氏憲成，叔時，涇陽。
鄭氏維嶽，孩如。
姚氏舜牧，虞佐，承庵。
潘氏士藻，去華，雪松。
高氏攀龍，存之，景逸。
許氏聞至，長聖。
焦氏竑，弱侯，澹漪。
陸氏銓，君啓。
來氏知德，矣鮮，瞿唐。
章氏潢，本清。
江氏盈科，楚餘，緑蘿。
方氏時化，雨若。

楊氏啓新，文源。

趙氏光大。

陸氏振奇，庸成。

繆氏昌期，當時，西谿。

方氏應祥，孟旋。

陳氏仁錫，明卿。

張氏振淵，彦陵。

谷氏家杰，拙侯。

喬氏中和，還一。

何氏楷，玄子。

黄氏淳耀，藴生，陶庵。

錢氏志立，爾卓。

趙氏振芳，胥山。

徐氏在漢，天章，寒泉。

顧氏象德，善伯。
錢氏澄之，幼光。
吴氏曰慎，徽仲，敬齋。
葉氏，爾瞻。
汪氏，砥之。
程氏，敬承。
張氏，雨若。
孫氏，質卿。
吴氏，一源。
汪氏，咸池。
盧氏，中庵。
郭氏，鵬海。
游氏，讓溪。以上十人未詳世次，或失其名字，今附於此。

御纂周易折中卷首

綱領一　此篇論作易、傳易源流。

周禮大卜：「掌三易之灋，一曰連山，二曰歸藏，三曰周易。其經卦皆八，其別皆六十有四。」

○陸氏德明曰：宓犧氏之王天下，仰則觀於天文，俯則察於地理，觀鳥獸之文與地之宜，近取諸身，遠取諸物，始畫八卦，因而重之，爲六十四。文王拘於羑里作卦辭，周公作爻辭，孔子作彖辭、象辭、文言、繫辭、説卦、序卦、雜卦十翼。

班固曰：孔子晚而好易，讀之，韋編三絶，而爲之傳。傳即十翼也。自魯商瞿子木受易於孔子，以授魯橋庇子庸，子庸授江東馯臂子弓，子弓授燕周醜子家，子家授東武孫虞子乘，子乘授齊田何子莊，及秦燔書，易爲卜筮之書，獨不禁，故傳授者不絶。（隋書云：秦焚書，周易獨以卜筮得存，惟失説卦三篇，後河内女子得之。）

漢興，田何以齊田徙杜陵，號杜田生，授東武王同子中，及洛陽周王孫、梁人丁寬、齊服生，皆著易傳。漢初，言易者本之田生。同授緇川楊何。寬授同郡碭田王孫，王孫授施讎及孟喜、梁丘賀，由是有施、孟、梁丘之學焉。

施讎傳易，授張禹及琅邪魯伯。禹授淮陽彭宣及沛戴崇。伯授太山屯莫如及琅邪邴丹。後漢劉昆受施氏易於沛人戴賓，其子軼。

孟喜父孟卿善爲禮、春秋，孟卿以禮經多、春秋繁雜，乃使喜從田王孫受易。喜爲易章句，授同郡白光及沛翟牧。後漢洼丹、觟陽鴻、任安皆傳孟氏易。

梁丘賀本從太中大夫京房受易，後更事田王孫，傳子臨。臨傳五鹿充宗及琅邪王駿。充宗授平陵士孫張及沛鄧彭祖、齊衡咸。後漢苑升傳梁丘易，以授京兆楊政。又，潁川張興傳梁丘易，弟子著録且萬人，子魴傳其業。

京房受易梁人焦延壽。延壽云嘗從孟喜問易，房以延壽易即孟氏學，翟牧、白生不肯，曰非也。房爲易章句，説長於災異，以授東海段嘉及河東姚平、河南乘弘，皆爲郎、博士。由是前漢多京氏學，後漢戴馮、孫期、魏滿並傳之。

費直傳易，授琅邪王璜，爲費氏學。本以古字，號古文易，無章句，徒以彖、象、繫辭、文言解説上下經。漢成帝時，劉向典校書，考易説，以爲諸易家説皆祖田何，楊叔元、丁將軍大義略同，唯京氏爲異。向又以中古文易經校施、孟、梁丘三家之易經，或脱去「无咎」「悔亡」，唯費氏經與古文同。

范氏後漢書云：京兆陳元、扶風馬融、河南鄭衆、北海鄭康成、潁川荀爽並傳費氏易。沛人高相治易，與費直同時，其易亦無章句，專説陰陽災異。自言出丁將軍，傳至相，相授子康及蘭陵母將永，爲高氏學。漢初，立易楊氏博士，宣帝復立施、孟、梁丘之易，元帝又立京氏易。費、高二家不得立，民閒傳之。後漢，費氏興而高氏遂微。永嘉之亂，施氏、梁丘之易亡，孟、京、費之易人無傳者。唯鄭康成、王輔嗣所注行於世，而王氏爲世所重，其繫辭已下王不注，相承以韓康伯注續之。

○孔氏穎達曰：繫辭云「河出圖，洛出書，聖人則之」，故孔安國、馬融、王肅、姚信等並云伏犧得河圖而作易。是則伏犧雖得河圖，復須仰觀俯察以相參正，然後畫卦。伏犧初畫八卦，萬物之象皆在其中，故繫辭曰「八卦成列，象在其中矣」是也。雖有萬物之象，其萬物變通之理猶自未備，故因其八卦而更重之，卦有六爻，遂重爲六十四卦也，繫辭曰「因而重之，爻在其中矣」是也。然重卦之人，諸儒不同，凡有四説。王輔嗣等以爲伏犧重卦，鄭康成之徒以爲神農重卦，孫盛以爲夏禹重卦，史遷等以爲文王重卦。其言夏禹及文王重卦者，案繫辭，神農之時已有，蓋取益與噬嗑，以此論之，不攻自破。其言神農重卦，亦未爲得。今依輔嗣，以伏犧既畫八卦，即自重爲六十四卦爲得其實。其重卦之意，備在説卦，此不具叙。伏犧之時，道尚質素，畫卦重爻，足以垂法。後代澆訛，德不如古，爻象不足以爲教，故作繫辭以明之。

〇案：周禮大卜：三易，一曰連山，二曰歸藏，三曰周易。杜子春云：連山伏犧，歸藏黄帝。鄭康成易贊及易論云：夏曰連山，殷曰歸藏，周曰周易。鄭康成又釋云：連山者，象山之出雲連連不絶；歸藏者，萬物莫不歸藏於其中；周易者，言易道周普，無所不備。康成雖有此釋，更無所據之文，先儒因此遂爲文質之義，皆繁而無用，今所不取。

案世譜等群書，神農一曰連山氏，亦曰列山氏；黄帝一曰歸藏氏。既連山、歸藏並是代號，則周易稱周，取岐陽地名，毛詩云「周原膴膴」是也。又，文王作易之時正在羑里，周德未興，猶是殷世也，故題周别於殷，以此文王所演，故謂之周易，猶周書、周禮題周以别餘代也。

〇其周易繫辭，凡有二説。一、説卦辭爻辭並是文王所作。知者，案繫辭云：「易之興也，其於中古乎？作易者，其有憂患乎？」又曰：「易之興也，其當殷之末世、周之盛德邪？當文王與紂之事邪？」故史遷云「文王囚而演易」，即是「作易者其有憂患乎」，鄭學之徒並依此説。二、以爲驗爻辭多是文王後事。案升卦六四「王用亨于岐山」，武王克殷之後，始追號文王爲王，若爻辭是文王所制，不應云「王用亨于岐山」。又，明夷六五「箕子之明夷」，武王觀兵之後，箕子始被囚奴，文王不宜豫言箕子之明夷。又，左傳韓宣子適魯見易象，云「吾乃知周公之德」，周公被流言之謗，亦得爲憂患也。驗此諸説，以爲卦辭文王、爻辭周公，馬融、陸績等並同此説，今依而用之。所以只言三聖、不數周公者，以父統子業故也。然則易之爻辭蓋亦是文王本意，故但言文王也。

○其彖、象等十翼之辭，以爲孔子所作，先儒更無異論，但數十翼亦有多家。既文王易經本分爲上下二篇，則區域各别，彖、象釋卦，亦當隨經而分，故一家數十翼云上彖一、下彖二、上象三、下象四、上繫五、下繫六、文言七、説卦八、序卦九、雜卦十。鄭學之徒並同此説，今亦依之。

○晁氏説之曰：漢藝文志，易經十二篇，施、孟、梁丘三家。顔師古曰：上下經及十翼，故十二篇。是則彖、象、文言、繫辭始附卦爻而傳於漢與？先儒謂費直專以彖、象、文言參解易爻，以彖、象、文言雜入卦中者自費氏始。其初，費氏不列學官，惟行民閒，至漢末陳元、鄭康成之徒學費氏，古十二篇之易遂亡。

孔穎達又謂，輔嗣之意，象本釋經，宜相附近，分爻之象辭，各附當爻。則費氏初變亂古制時，猶若今乾卦彖、象繫卦之末與？古經始變於費氏，而卒大亂於王弼，惜哉！奈何後之儒生尤而效之。杜預分左氏傳於經，宋衷、范望輩散太玄贊與測於八十一首之下，是其明比也。揆觀其初，乃如古文尚書、司馬遷、班固序傳、揚雄法言序篇云爾。今民閒法言列序篇於其篇首，與學官書不同，概可見也。唐李鼎祚又取序卦冠之卦首，則又效小王之過也。劉牧云：小象獨乾不係於爻辭，尊君也。石守道亦曰：孔子作彖、象於六爻之前，小象係逐爻之下，惟乾悉屬之於後者，讓也。嗚呼！他人尚何責哉！

○朱子門人問：「伏犧始畫八卦，其六十四者，是文王後來重之邪？抑伏犧已自畫邪？看先天圖，則有八卦便有六十四，疑伏犧已有畫矣。」曰：「周禮言三易經卦皆八，其別皆六十有四，便見不是文王漸畫。」又問：「然則六十四卦名是伏犧元有，抑文王所立？」曰：「此不可攷。」子善問：「據十三卦所言，恐伏犧時已有。」曰：「十三卦所謂蓋取諸離、蓋取諸益者，言結繩而爲網罟，有離之象，非觀離而始有此也。」

○古文周易經傳十二篇，東萊呂祖謙伯恭父之所定，而音訓一篇，則其門人金華王莘叟所筆受也。某嘗以爲，易經本爲卜筮而作，皆因吉凶以示訓戒，故其言雖約，而所包甚廣。夫子作傳，亦略舉其一端以見凡例而已。然自諸儒分經合傳之後，學者便文取義，往往未及玩心全經，而遽執傳之一端以爲定説，於是一卦一爻僅爲一事，而易之爲用反有所局，而無以通乎天下之故。若是者，某蓋病之，是以三復伯恭父之書，而有發焉，非特爲其章句之近古而已也。

○呂氏祖謙曰：漢興，言易者六家，獨費氏傳古文易，而不立於學官。劉向以中古文易經校施、孟、梁丘經，或脱去「无咎」「悔亡」，惟費氏經與古文同。然則真孔氏遺書也。東京馬融、鄭康成皆爲費氏學，其書始盛行。今學官所列王弼易，雖宗莊、老，其書固鄭氏書也。費氏易在漢諸家中最近古，最見排擯，千載之後，巋然獨存，豈非天哉！自康成、輔嗣合彖、象、文言於經，學者遂不見古本，近世嵩山晁氏編古周易，將以復於其舊，而其刊補離合之際，覽者或以爲未安。祖謙謹因晁氏書，參考傳記，復定爲十二篇，篇目卷帙一以古爲斷。

○文王卦下之辭謂之彖，孔子序述其彖之意而已，故名其篇曰彖。使文王卦下之辭不謂之彖，孔子何爲言「知者觀其彖辭，則思過半矣」。爻下辭謂之象，爻辭多文王後事，故諸説皆以爲爻辭出於周公。大象，卦畫是也，天地水火雷風山澤，觀卦畫則見其象也。大象之辭，如「天行健，君子以自彊不息」之類；小象釋周公之辭，如「潛龍勿用，陽在下也」之類，皆象之傳也。

經，文王、周公所作也；傳，孔子所作也。司馬談論六經要指，引「天下同歸而殊塗，一致而百慮」，謂之易大傳。班固謂孔子晚而學易，讀之，韋編三絶，而爲之傳。傳即十翼也。前漢六經與傳皆别行，至後漢諸儒作注，始合經傳爲一耳。魏高貴鄉公問博士淳于俊曰：「今彖、象不連經文，而注連之，何也？」俊對曰：「鄭康成合彖、象於易者，欲使學者尋省易了。孔子恐其與文王相亂，是以不合。」則鄭未注六經之前，彖、象不連經文矣。自鄭康成合彖、象於經，故加「彖曰」「象曰」以别之，諸卦皆然。

○税氏與權曰：案呂汲公元豐壬戌昉刻周易古經十二篇於成都學官，景迂晁生建中靖國辛巳并爲八篇，號古周易，繕寫而藏於家。巽巖李文簡公紹興辛未謂北學各有師授，經名從呂，篇第從晁，而重刻之。逮淳熙壬寅，新安朱文公表出東萊呂成公古文周易經傳音訓，迺謂編古易自晁生始，豈二公或不見汲公蜀本與？然成公則議晁生并上下經爲非，而文公易本義則篇第與汲公脗合。

○王氏應麟曰：説卦釋文引荀爽九家集解，得八卦逸象三十有一，隋唐志十卷，唯釋文序録列九家名氏，云不知何人所集，稱荀爽者，以爲主故也。其序有荀爽、京房、馬融、鄭康成、宋衷、虞翻、陸績、姚信、翟子玄爲易義，注内又有張氏、朱氏，並不詳何人。荀悦漢紀云：「馬融著易解，頗生異説。爽著易傳，據爻象承應、陰陽變化之義，以十篇之文解説經意，由是兖、豫言易者咸傳荀氏學。」今其説見於李鼎祚集解。

綱領二 此篇論易道精緼、經傳義例。

司馬氏遷曰：易本隱以之顯，春秋推見至隱。

○班氏固曰：六藝之文，樂以和神，詩以正言，禮以明體，書以廣聽，春秋以斷事。五者蓋五常之道，相須而備，而易爲之原，故曰「易不可見，則乾坤或幾乎息矣」，言與天地爲終始也。

○王氏弼曰：夫彖者何也？統論一卦之體，明其所由之主者也。故六爻相錯，可舉一以明也；剛柔相乘，可立主以定也。自統而尋之，物雖衆，則知可以執一御也；由本以觀之，義雖博，則知可以一名舉也。故舉卦之名，義有主矣；「觀其彖辭，則思過半矣」。一卦五陽而一陰，則一陰爲之主；五陰而一陽，則一陽爲之主。夫陰之所求者，陽也；陽之所求者，陰也。陽苟一焉，五陰何得不同而歸之？陰苟隻焉，五陽何得不同而從之？故陰爻雖賤，而爲一卦之主者，處其至少之地也。或有遺爻而舉二體者，卦體不由乎爻也。繁而不憂亂，變而不憂惑，約以存博，簡以濟衆，其唯彖乎！

〇夫爻者何也？言乎變者也。變者何也？情僞之所爲也。是故「情僞相感」，遠近相追；「愛惡相攻」，屈伸相推。「非天下之至變，其孰能與於此哉！」是故卦以存時，爻以示變。

〇夫卦者時也，爻者適時之變者也。時有否泰，故用有行藏；卦有小大，故辭有險易。一時之制，可反而用也；一時之吉，可反而凶也。故卦以反對，而爻亦皆變。尋名以觀其吉凶，舉時以觀其動靜，則一體之變由斯見矣。夫應者，同志之象也；位者，爻所處之象也；承乘者，逆順之象也；遠近者，險易之象也；内外者，出處之象也；初上者，終始之象也。故觀變動者存乎應，察安危者存乎位，辨逆順者存乎承乘，明出處者存乎内外，遠近終始各存其會。辟險尚遠，趣時貴近。比、復好先，乾、壯惡首。吉凶有時，不可犯也；動靜有適，不可過也。犯時之忌，罪不在大；失其所適，過不在深。觀爻思變，變斯盡矣。

〇夫象者，出意者也；言者，明象者也。盡意莫若象，盡象莫若言。言生於象，故可尋言以觀象；象生於意，故可尋象以觀意。意以象盡，象以言著。故言者所以明象，得象而忘言；象者所以存意，得意而忘象。存言者，非得象者也；存象者，非得意者也。象生於意，而存象焉，則所存者乃非其象也；言生於象，而存言焉，則所存者乃非其言也。然則忘象者，乃得意者也；忘言者，乃得象者也。爻苟合順，何必坤乃爲牛？義苟應健，何必乾乃爲馬？而或者定馬於乾，案文責卦，有馬無乾，則僞説滋漫，難可紀矣。互體不足，遂及卦變，變又不足，推致五行，一失其原，巧喻彌甚。縱復或值義無所取，蓋存象忘意之由也。忘象以求其意，義斯見矣。

○案：象無初上得位、失位之文，又繫辭但論三五、二四同功異位，亦不及初上，何乎？唯乾上九文言云「貴而无位」，需上六云「雖不當位」。若以上爲陰位邪，則需上六不得云「不當位」也；若以上爲陽位邪，則乾上九不得云「貴而无位」也。陰陽處之皆云非位。而初亦不説當位、失位也。然則初上者，是事之終始，無陰陽定位也。故乾初謂之潛，過五謂之无位，未有處其位而云潛，有位而云无者也。歷觀衆卦，盡亦如之，初上無陰陽定位，亦以明矣。

位者，列貴賤之地，待才用之宅也；爻者，守位分之任，應貴賤之序者也。位有尊卑，爻有陰陽。尊者，陽之所處；卑者，陰之所履也。故以尊爲陽位，卑爲陰位。去初上而論位分，則三五各在一卦之上，亦何得不謂之陽位？二四各在一卦之下，亦何得不謂之陰位？初上者，體之終始、事之先後也，故位無常分，事無常所，非可以陰陽定也。尊卑有常序，終始無常主。故繫辭但論四爻功位之通例，而不及初上之定位也。

然事不可無終始，卦不可無六爻。初上雖無陰陽本位，是終始之地也。統而論之，爻之所處則謂之位，卦以六爻爲成，則不得不謂之「六位時成」也。

○凡彖者，統論一卦之體者也；象者，各辨一爻之義者也。故履卦六三爲兑之主，以應於乾，成卦之體在斯一爻，故彖叙其應，雖危而亨也；象則各言六爻之義，明其吉凶之行，去六三成卦之體，而指説一爻之德，故危不獲亨而見咥也。訟之九二亦同斯義。一卦之體，必由一爻爲主，則指明一爻之美，以統一卦之義，大有之類是也。卦體不由乎一爻，則全以二體之義明之，豐卦之類是也。

○薛收問一卦六爻之義。王氏通曰：「卦也者，著天下之時也；爻也者，傚天下之動也。趨時有六動焉，吉凶悔吝所以不同也。」收曰：「敢問六爻之義？」曰：「六者非他也，三才之道，誰能過乎！」

孔氏穎達曰：易者，變化之總名，改换之殊稱。自天地開闢，陰陽運行，寒暑迭來，日月更出，孚萌庶類，亭毒群品，新新不停，生生相續，莫非資變化之力、换代之功。然變化運行，在陰陽二氣，故聖人初畫八卦，設剛柔兩畫，象二氣也；布以三位，象三才也；謂之爲易，取變化之義。

鄭康成作易贊及易論云：易一名而含三義。易簡，一也；變易，二也；不易，三也。崔覲、劉貞簡等並用此義。云易者，謂生生之德，有易簡之義；不易者，言天地定位，不可相易；變易者，謂生生之道，變而相續。周簡子云：不易者，常體之名；變易者，相變改之名。故今之所用，同鄭康成等。

作易所以垂教者。孔子曰：上古之時，人民無别，群物未殊，未有衣食器用之利，伏犧乃仰觀象於天，俯觀法於地，中觀萬物之宜，於是始作八卦，以通神明之德，以類萬物之情。故易者，所以斷天地，理人倫而明王道。是以畫八卦、建五氣，以立五常之行，象法乾坤、順陰陽，以正君臣、父子、夫婦之義。度時制宜，作爲罔罟，以佃以漁，以贍民用，於是人民乃治。君親以尊，臣子以順，群生和洽，各安其性。此其作易垂教之本意也。

○乾、坤者，陰陽之本始，萬物之祖宗，故爲上篇之始而尊之也。離爲日，坎爲月，日月之道，陰陽之經，所以始終萬物，故以坎、離爲上篇之終也。咸、恒者，男女之始、夫婦之道，人道之興必繇夫婦，所以奉承祖宗，爲天地之主，故爲下篇之始而貴之也。既濟、未濟爲最終者，所以明戒慎而全王道也。以此言之，則上下二篇，文王所定。

○周子曰：聖人之精，畫卦以示；聖人之蘊，因卦以發。卦不畫，聖人之精不可得而見；微卦，聖人之蘊殆不可悉得而聞。易何止五經之原？其天地鬼神之奧乎！

○邵子曰：天變而人效之，故元亨利貞，易之變也；人行而天應之，故吉凶悔吝，易之應也。以元亨爲變，則利貞爲應；以吉凶爲應，則悔吝爲變。元則吉，吉則利應之；亨則凶，凶則應之以貞。悔則吉，吝則凶，是以變中有應，應中有變也。變中之應，天道也。故元爲變則亨應之，利爲變則應之以貞，應中之變，人事也。故變則凶，應則吉；變則吝，應則悔也。悔者吉之先，而吝者凶之本，是以君子從天不從人。

易有意象，立意皆所以明象，統下三者。有言象，不擬物而直言以明事；有像象，擬一物以明意；有數象，「七日」「八月」「三年」「十年」之類是也。

○張子曰：大易不言有無，言有無，諸子之陋也。

○易爲君子謀，不爲小人謀。故撰德於卦，雖爻有小大，及繫辭其爻，必告以君子之義。

○程子曰：有理而後有象，有象而後有數，得其義，則象數在其中矣。必欲窮象之隱微，盡數之豪忽，乃尋流逐末，術家之所尚，非儒者之所務也，管輅、郭璞之學是也。

○理無形也，故因象以明理；理見乎辭矣，則可由辭以觀象。故曰：「得其義，則象數在其中矣。」

○看易且要知時。凡六爻人人有用，聖人自有聖人用，賢人自有賢人用，衆人自有衆人用，學者自有學者用，君有君用，臣有臣用，無所不通。

○大抵卦爻始立，義既具，聖人別起義以錯綜之。如春秋，前既立例，到後來書得全別，一般事，便書得別有意思，若依前例觀之，殊失之也。

○作易者，自天地幽明，至於昆蟲草木之微，無一而不合。

○陰之道，非必小人也，其害陽則小人，其助陽成物則君子也。利非不善也，其害義則不善也，其和義則非不善也。

○傳序云：易，變易也，隨時變易以從道也。其爲書也，廣大悉備，將以順性命之理，通幽明之故，盡事物之情，而示開物成務之道也。聖人之憂患後世，可謂至矣！去古雖遠，遺經尚存。然而前儒失意以傳言，後學誦言而忘味，自秦而下，蓋無傳矣。予生千載之後，悼斯文之湮晦，將俾後人沿流而求源，此傳所以作也。易有聖人之道四焉，以言者尚其辭，以動者尚其變，以制器者尚其象，以卜筮者尚其占。吉凶消長之理、進退存亡之道備於辭，推辭考卦，可以知變，象與占在其中矣。君子居則觀其象而玩其辭，動則觀其變而玩其占。得其辭不達其意者有矣，未有不得於辭而能通其意者也。至微者理也，至著者象也，體用一源，顯微無閒，觀會通以行其典禮，則辭無所不備。故善學者求言必自近，易於近者非知言者也。予所傳者辭也，由辭以得其意，則在乎人焉。

○易之爲書，卦爻彖象之義備，而天地萬物之情見。聖人之憂天下來世，其至矣！先天下而開其物，後天下而成其務，是故極其數以定天下之象，著其象以定天下之吉凶。六十四卦、三百八十四爻，皆所以順性命之理，盡變化之道也。散之在理，則有萬殊；統之在道，則無二致。所以易有太極，是生兩儀。太極者，道也；兩儀者，陰陽也。陰陽，一道也；太極，無極也。萬物之生，負陰而抱陽，莫不有太極，莫不有兩儀。絪緼交感，變化不窮。形一受其生，神一發其智。情僞出焉，萬緒起焉，易所以定吉凶而生大業。故易者，陰陽之道也；卦者，陰陽之物也；爻者，陰陽之動也。卦雖不同，所同者奇耦；爻雖不同，所同者九六。是以六十四卦爲其體，三百八十四爻互爲其用。遠在六合之外，近在一身之中，暫於瞬息，微於動靜，莫不有卦之象焉，莫不有爻之義焉。

至哉易乎！其道至大而無不包，其用至神而無不存。時固未始有一，而卦亦未始有定象；事固未始有窮，而爻亦未始有定位。以一時而索卦，則拘於無變，非易也；以一事而明爻，則窒而不通，非易也。知所謂卦爻彖象之義，而不知有卦爻彖象之用，亦非易也。故得之於精神之運、心術之動，「與天地合其德，與日月合其明，與四時合其序，與鬼神合其吉凶」，然後可以謂之知易也。雖然，易之有卦，易之已形者也；卦之有爻，卦之已見者也。已形已見者，可以言知；未形未見者，不可以名求。則所謂易者，果何如哉？此學者所當知也。

○朱子曰：漢書「易本隱以之顯，春秋推見至隱」，易與春秋，天人之道也。易以形而上者，說出在那形而下者上；春秋以形而下者，說上那形而上者去。

○問：「易有交易、變易之義，如何？」曰：「交易，是陽交於陰，陰交於陽，是卦圖上底，如『天地定位，山澤通氣』云云者是也。變易，是陽變陰，陰變陽，老陽變爲少陰，老陰變爲少陽，此是占筮之法，如晝夜寒暑、屈伸往來者是也。」

○易是陰陽屈伸、隨時變易，大抵古今有大闔闢、小闔闢，今人說易，都無著摸。聖人便於六十四卦，只以陰陽奇耦寫出來，至於所以爲陰陽、爲古今，乃是此道理。

○聖人作易之初，蓋是仰觀俯察，見得盈乎天地之間，無非一陰一陽之理，有是理則有是象，有是象則其數便自在這裏，非特河圖、洛書爲然，而圖書爲特巧而著耳，於是聖人因之而畫卦。卦畫既立，便有吉凶在裏，蓋是陰陽往來交錯於其間。其時則有消長之不同，長者便爲主，消者便爲客；事則有當否之或異，當者便爲善，否者便爲惡。即其主客、善惡之辨，而吉凶見矣，故曰「八卦定吉凶」。吉凶既決定而不差，則以之立事，而大業自此生矣。此聖人作易，教民占筮，而以開天下之愚，以定天下之志，以成天下之事者如此。

自伏羲而下，但有此六畫，而未有文字可傳，到得文王、周公，乃繫之以辭，故曰「聖人設卦觀象，繫辭焉而明吉凶」。大率天下之道，只是善惡而已，但所居之位不同，所處之時既異，而其幾甚微。只爲天下之人不能曉會，所以聖人因占筮之法以曉人，使人居則觀象玩辭，動則觀變玩占，不迷於是非得失之途。所以是書夏、商、周皆用之，其所言雖不同，其辭雖不可盡見，然皆大卜之官掌之，以爲占筮之用。自伏羲而文王、周公，雖自略而詳，所謂占筮之用則一。蓋即占筮之中，而所以處置是事之理便在裏了，故其法若粗淺，而隨人賢愚，皆得其用。雖是有定象、有定辭，皆是虛說此箇地頭，合是如此處置。初不黏著物上，故一卦一爻足以包無窮之事，此所以見易之爲用無所不該，無所不徧，但看人如何用之耳。

易如鏡相似，看甚物來都能照得，如所謂潛龍，只是有箇潛龍之象，自天子至於庶人，看甚人來都使得。孔子説作「龍德而隱」，便是就事上指殺説來。然會看底，雖孔子説，也活，也無不通；不會看底，雖文王、周公説底，也死了。須知得他是假託説，是包含説。假託謂不惹著那事，包含是説箇影像在這裏，無所不包。

○易之有象，其取之有所從，其推之有所用，非苟爲寓言也。然兩漢諸儒，必欲究其所從，則既滯泥而不通；王弼以來，直欲推其所用，則又疎略而無據。二者皆失之一偏，而不能闕其所疑之過也。且以一端論之，乾之爲馬，坤之爲牛，説卦有明文矣；馬之爲健，牛之爲順，在物有常理矣。至於案文責卦，若屯之有馬而無乾，離之有牛而無坤，乾之六龍則或疑於震，坤之牝馬則當反爲乾，是皆有不可曉者。

是以漢儒求之説卦而不得，則遂相與創爲互體、變卦、五行、納甲、飛伏之法，參互以求，而幸其偶合。其説雖詳，然其不可通者終不可通，其可通者，又皆傅會穿鑿，而非有自然之勢，唯其一二之適然而無待於巧説者爲若可信，然上無所關於義理之本原，下無所資於人事之訓戒，則又何必苦心極力以求於此，而欲必得之哉？

故王弼曰：「義苟應健，何必乾乃爲馬？爻苟合順，何必坤乃爲牛？」而程子亦曰：「理無形也，故假象以顯義。」此其所以破先儒膠固支離之失，而開後學玩辭玩占之方，則至矣。然觀其意，又似直以易之取象無復有所自來，但如詩之比興、孟子之譬喻而已。如此則是説卦之作爲無所與於易，而近取諸身、遠取諸物者，亦剩語矣，故疑其説亦若有未盡者。

因竊論之，以爲易之取象固必有所自來，而其爲説必已具於大卜之官，顧今不可復考，則姑闕之，而直據辭中之象以求象中之意，使足以爲訓戒而決吉凶，如王氏、程子與吾本義之云者，其亦可矣。固不必深求其象之所自來，然亦不可直謂假設而遽欲忘之也。

〇易之象似有三樣。有本畫自有之象，如奇畫象陽、耦畫象陰是也；有實取諸物之象，如乾坤六子以天地雷風之類象之是也；有只是聖人自取象來明是義者，如「白馬翰如」「載鬼一車」之類是也。

〇易有象辭，有占辭，有象占相渾之辭。

〇問：「王弼説初上無陰陽定位，如何?」曰：「伊川説，陰陽奇耦豈容無也，乾上九『貴而无位』，需上六『不當位』，乃爵位之位，非陰陽之位。此説最好。」

〇易只是爲卜筮而作，故周禮分明言大卜掌三易，連山、歸藏、周易，古人於卜筮之官，立之凡數人。秦去古未遠，故周易亦以卜筮得不焚。今人纔説易是卜筮之書，便以爲辱累了易；見夫子説許多義理，便以爲易只是説道理，殊不知其言吉凶悔吝皆有理，而其教人之意無不在也。今人却道聖人言理，而其中因有卜筮之説，他説理後，説從那卜筮上來作麽。

〇上古之時，民心昧然，不知吉凶之所在，故聖人作易，教之卜筮，使吉則行之，凶則避之，此是「開物成務」之道。故繫辭云「以通天下之志，以定天下之業，以斷天下之疑」，正謂此也。初但有占而無文，往往如今之环珓相似耳。〔一〕今人因火珠林起課者，但用其爻，而不用其辭，則知古者之占，往往不待辭而後見吉凶。（又云：如左氏所載，得屯之比，既不用屯之辭，亦不用比之辭，卻自別推一法。）至文王、周公，方作彖爻之辭，使人得此爻者，便觀此辭之吉凶。至孔子，又恐人不知其所以然，故又復逐爻解之，謂此爻所以吉者，謂以中正也，此爻所以凶者，謂不當位也，明明言之，使人易曉耳。至如文言之類，却是就上面發明道理，非是聖人作易，專爲説道理以教人也。須見聖人本意，方可學易。

○聖人作易，本是使人卜筮，以決所行之可否，而因之以教人爲善，如嚴君平所謂與人子言依於孝、與人臣言依於忠者，故卦爻之辭，只是因依象類，虛設於此，以待叩而決者。使以所值之辭決所疑之事，似若假之神明，而亦必有是理而後有是辭，理無不正，故其丁寧告戒之辭皆依於正，天下之動，所以正夫一，而不謬於所之也。

○卦爻之辭，本爲卜筮者斷吉凶，而因以訓戒，至彖、象、文言之作，始因其吉凶訓戒之意，而推説其義理以明之。後人但見孔子所説義理，而不復推本文王、周公之本意，因鄙卜筮爲不足言，而

〔一〕往往如今之环珓相似耳：「环珓」，諸本同。宋程大昌演繁露卷三卜教：「後世問卜於神，有器名盃珓者，以兩蚌殼投空擲地，觀其俯仰，以斷休咎。自有此制後，後人不專用蛤殼矣，或以竹，或以木，略斲削，使如蛤形，而中分爲二，有仰有俯，故亦名盃珓。」「盃珓」，一作「杯珓」。疑此當作「杯珓」。

其所以言易者，遂遠於日用之實，類皆牽合委曲，偏主一事而言，無復包含該貫、曲暢旁通之妙。若但如此，則聖人當時自可别作一書，明言義理，以詔後世，何用假託卦象，爲此艱深隱晦之辭乎？

○大抵易之書本爲卜筮而作，故其辭必根於象數，而非聖人已意之所爲。其所勸戒，亦以施諸筮得此卦此爻之人，而非反以戒夫卦爻者。近世言易者殊不知此，所以其説雖有義理而無情意，雖大儒先生有所不免。比因玩索，偶幸及此，私竊自慶，以爲天啓其衷，而以語人，人亦未見有深曉者。

○易中都是貞吉，不曾有不貞吉；都是利貞，不曾説利不貞。如占得乾卦固是大亨，下則云「利貞」，蓋正則利，不正則不利，至理之權輿，聖人之至教，寓其閒矣。大率是爲君子設，非小人盜賊所得竊取而用。

○蔡氏元定曰：天下之萬聲出於一闔一闢，天下之萬理出於一動一静，天下之萬數出於一奇一耦，天下之萬象出於一方一圓，盡起於乾坤二畫。

○許氏衡曰：初，位之下，事之始也。以陽居之，才可以有爲矣，或恐其不安於分也；以陰居之，不患其過越矣，或恐其愞弱昏滯未足以趨時也。大抵柔弱則難濟，剛健則易行，或諸卦柔弱而致凶者，其數居多。若總言之，居初者易貞，居上者難貞。易貞者，由其所適之道多；難貞者，以其所處之位極。故六十四卦初爻多得免咎，而上每有不可救者，始終之際，其難易之不同蓋如此。

○二與四皆陰位也，四雖得正，而猶有不中之累，況不得其正乎；二雖不正，而猶有得中之美，況正而得中者乎。四，近君之位也；二，遠君之位也，其勢又不同，此二之所以多譽，四之所以多懼也。二，中位，陰陽處之皆爲得中。中者，不偏不倚、無過不及之謂，其才若此，故於時義爲易合，時義既合，則吉可斷矣。

○卦爻六位，惟三爲難處，蓋上下之交，内外之際，非平易安和之所也。

○四之位，近君多懼之地也。以柔居之，則有順從之美；以剛居之，則有僭逼之嫌。然又須問居五者陰邪陽邪，以陰承陽，則得於君而勢順；以陽承陰，則得於君而勢逆。勢順則無不可也，勢逆則尤忌上行，而凶咎必至。以陽承陽，以陰承陰，皆不得於君也。然陽以不正而有才，陰以得正而無才，故其勢不同。有才而不正，則貴於寡欲，故乾之諸四多得免咎；無才而得正，則貴乎有應，故艮之諸四皆以有應爲優、無應爲劣。獨坤之諸四能以柔順處之，雖無應援，亦皆免咎。此又隨時之義也。

○五，上卦之中，乃人君之位也。諸爻之德，莫精於此。能首出乎庶物，不問何時，克濟大事，傳謂「五多功」者，此也。

○上，事之終、時之極也。其才之剛柔、内之應否，雖或取義，然終莫及上與終之重也。是故難之將出者，則指其可由之方；事之既成者，則示以可保之道。義之善或不必勸，則直云其吉也；勢之惡或不可解，則但言其凶也。質雖不美，而冀其或改焉，則猶告之；位雖處極，而見其可行焉，則亦諭之。大抵積微而盛，過盛而衰，有不可變者，有不能不變者，大傳謂「其上易知」，豈非事之已成乎！

○胡氏一桂曰：上下體雖相應，其實陽爻與陰爻應，陰爻與陽爻應，若皆陽皆陰，雖居相應之位，則亦不應矣。然事固多變，動在因時，故有以有應而得者，有以有應而失者，亦有以無應而吉者，有以無應而凶者，斯皆時事之使然，不可執一而定論也。至若比五以剛中，上下五陰應之；大有五以柔中，上下五陽應之；小畜四以柔得位，上下五剛亦應之，又不以六爻之應例論也。

○六十四卦皆以五爲君位者，此易之大略也。其間或有居此位而非君義者，有居他位而有君義者，斯易之變，不可滯於常例。

○胡氏炳文曰：易卦之占，亨多、元亨少；爻之占，吉多、元吉少。元亨，大善而亨；元吉，大善而吉也。人之行事，善百一，大善千一，故以元爲貴。然茲事也，請論心之初善不善，皆自念慮之微處充之即是，此善之最大處。蓋有一豪之不善，非元也；有一息之不善，非元也。

○吴氏澄曰：時之爲時，莫備於易。程子謂之「隨時變易以從道」，夫子傳六十四彖，獨於十二卦發其凡，而贊其時與時義、時用之大。一卦一時，則六十四時不同也；一爻一時，則三百八十四時不同也。始於乾之乾，終於未濟之未濟，則四千九十六時各有所值，引而伸，觸類而長，時之百千萬變無窮，而吾之所以時其時者，則一而已。

○薛氏瑄曰：六十四卦只是一奇一耦，但因所遇之時、所居之位不同，故有無窮之事變。如人只是一動一静，但因時位不同，故有無窮之道理。此所以爲易也。

○蔡氏清曰：乾卦卦辭只是要人如乾，坤卦卦辭只是要人如坤，至如蒙、蠱等卦，則又須反其義。此有隨時而順之者，有隨時而制之者。易道只是時，時則有此二義，在學者細察之。

○周公之繫爻辭，或取爻德，或取爻位，又或取本卦之時與本爻之時，又或兼取應爻，或取所承、所乘之爻，有承、乘、應與時、位兼取者，有僅取其一二節者，又有取一爻爲衆爻之主者，大概不出此數端。

綱領三此篇論讀易之法及諸家醇疵。

王氏通曰：「易之憂患，業業焉，孜孜焉，其畏天憫人，思及時而動乎。」繁師玄曰：「遠矣，吾視易之道何其難乎。」曰：「有是夫？終日乾乾可也。」

○劉炫問易。曰：「聖人於易，没身而已，況吾儕乎？」炫曰：「吾談之於朝，無我敵者。」不答。退謂門人曰：「默而成之，不言而信，存乎德行。」

○北山黄公善醫，先寢食而後針藥。汾陰侯生善筮，先人事而後説卦。

○邵子曰：知易者不必引用講解，是爲知易。孟子之言未嘗及易，其間易道存焉，但人見之者鮮耳。人能用易，是爲知易，如孟子，可謂善用易者也。

○程子曰：觀易須看時，然後觀逐爻之才。一爻之中，常包函數意，聖人常取其重者而爲之辭。亦有易中言之已多，取其未嘗言者；又有且言其時，不及其爻之才者，皆臨時參考。須先看卦，乃看得辭。

○古之學者皆有傳授，如聖人作經本欲明道，今人若不先明義理，不可治經，蓋不得傳授之意云爾。如繫辭本欲明易，若不先求卦義，則看繫辭不得。

○易須是默識心通，只窮文意徒費力。

○朱子曰：看易須是看他卦爻未畫以前是怎模樣，却就這上見得他許多卦爻象數是自然如此，不是杜撰。且詩則因風俗世變而作，書則因帝王政事而作，易初未有物，只是懸空說出。當其未有卦畫，則渾然一太極，在人則是喜怒哀樂未發之中。一旦發出，則陰陽吉凶，事事都有在裏面。人須是就至虛靜中，見得這道理周遮通瓏方好，若先靠定一事說，則滯泥不通，所謂「潔靜精微，易之教也」。

○經書難讀，而此經爲尤難。蓋未開卷時，已有一重象數大概功夫，開卷之後，經文本意，又多被先儒硬說殺了，令人看得意思局促，不見本來「開物成務」活法。

○易不比詩、書，他是説盡天下後世無窮無盡底事理，只一兩箇字，便是一箇道理。人須是經歷天下許多事變，讀易方知各有一理，精審端正。今既未盡經歷，非是此心大段虛明寧靜，如何見得？

○看易，若是靠定象去看，便滋味長；若只恁地懸空看，也没甚意思。又曰：説易得其理，則象數在其中，固是如此。然泝流以觀，却須先見象數的當下落，方説得理不走作，不然，事無實證，則虛理易差也。

○今人讀易，當分爲三等。看伏羲之易，如未有許多彖、象、文言説話，方見得易之本意，只是要作卜筮用。及文王、周公分爲六十四卦，添入「乾，元亨利貞」，「坤，元亨，利牝馬之貞」，已是文王、周公自説出一般道理了，然猶是就人占處説，如占得乾卦，則大亨而利於正耳。及孔子繫易，作彖、象、文言，則以元亨利貞爲乾之四德。（以上論讀易。）

○孔氏穎達曰：龍出於河，則八卦宣其象；麟傷於澤，則十翼彰其用。業資幾聖，時歷三古。及秦亡金鏡，未墜斯文；漢理珠囊，重興儒雅。其傳易者，西都則有丁、孟、京、田，東都則有荀、劉、馬、鄭，大體更相祖述，非有絶倫。唯魏世王輔嗣之注獨冠古今，所以江左諸儒並傳其學，河北學者罕能及之。其江南義疏，十有餘家，皆辭尚虛玄，義多浮誕。原夫易理難窮，雖復玄之又玄，至於垂範作則，便是有而教有，若論住内住外之空，就能就所之説，斯乃義涉於釋氏，非爲教於孔門也。

○程子曰：邵堯夫先生之學，得之於李挺之，挺之得之穆伯長，伯長得之華山希夷陳圖南先生，溯其源流，遠有端緒。今穆、李之言及其行事，概可見矣，而先生淳一不雜，汪洋浩大，乃其所自得者多矣。

○尹氏焞曰：伊川先生踐履盡易，其作傳只是因而寫成，熟讀玩味，即可見矣。

○朱子門人問「當朞」。曰：易卦之位，震東、離南、兑西、坎北者爲一說，十二辟卦分屬十二辰者爲一說。及焦延壽爲卦氣直日之法，乃合二說而一之，既以八卦之震離兑坎二十四爻直四時，又以十二辟卦直十二月，且爲分四十八卦，爲之公侯卿大夫，而六日七分之說生焉。若以八卦爲主，則十二卦之乾不當爲巳之辟，坤不當爲亥之辟，艮不當侯於申酉，巽不當侯於戌亥。若以十二卦爲主，則八卦之乾不當在西北，坤不當在西南，艮不當在東北，巽不當在東南。彼此二說，互爲矛盾。且其分四十八卦爲公侯卿大夫，以附於十二辟卦，初無法象，而直以意言，本已無所據矣，不待論其減去四卦二十四爻，而後可以見其失也。揚雄太玄次第，乃是全用焦法，其八十一首，蓋亦去其震離兑坎者，而但擬其六十卦耳。諸家於八十一首，多有作擬震離兑坎者，近世許翰始正其誤。至立踦贏二贊，則正以七百二十九贊又不足乎六十卦六日七分之數而益之，恐不可反據其說，以正焦氏之說也。

○先天圖非某之說，乃康節之說；非康節之說，乃希夷之說；非希夷之說，乃孔子之說。但當日諸儒既失其傳，而方外之流陰相付授，以爲丹竈之術，至希夷、康節乃反之於易，而後其説始得復明於世。

○問伊川易説理太多。曰：伊川言，聖人有聖人用，賢人有賢人用，若一爻只作一事，則三百八十四爻止作得三百八十四事也。説得極好。然他解依舊是三百八十四爻止作得三百八十四事用也。

○詩、書略看訓詁，解釋文義，令通而已，却只玩味本文，其道理只在本文，下面小字儘説，如何會過得他？若易傳，却可脱去本文。程子此書，平淡地漫漫委曲，説得更無餘藴，不是那敲磕逼匝出底義理，平鋪地放在面前，只如此等行文，亦自難學。如其他峭拔雄健之文，却可作，若易傳淡底文字，如何可及？

○問："易傳大概將三百八十四爻作人説，恐通未盡否？"曰："也是。即是不可裝定作人説，看占得如何。有就事言者，有以位言者。以吉凶言之則爲事，以終始言之則爲時，以高下言之則爲位，隨所作而看皆通。繫辭云『不可爲典要，唯變所適』，豈可裝定作人説？"

○此書近細讀之，恐程傳得之已多，但不合全説作義理，不就卜筮上看，故其説有無頓著處耳。今但作卜筮看，而以其説推之，道理自不可易。

○自秦漢以來，考象辭者泥於術數，而不得其弘通簡易之法；談義理者淪於空寂，而不適乎仁義中正之歸。求其因時立教，以承三聖，不同於法而同於道者，則唯伊川先生程氏之書而已。

○老蘇説易，專得於「愛惡相攻而吉凶生」以下三句，他把這六爻，似那累世相讎相殺底人相似，看這一爻攻那一爻，這一畫克那一畫，全不近人情。東坡見他恁地太粗疎，却添得些佛老在裏面，其書自作兩樣。

○王氏應麟曰：以義理解易自王弼始，何晏非弼比也。清談亡晉，衍也，非弼也。范甯以王弼、何晏並言，過矣。

○程子言易，謂得其義則象數在其中。朱子以爲，先見象數，方説得理，不然，事無實證，則虚理易差。愚嘗觀顔延之庭誥云，馬、陸得其象數，取之於物；荀、王舉其正宗，得之於心。其説以荀、王爲長。李泰發亦謂，一行明數而不知其義，管輅明象而不通其理。蓋自輔嗣之學行，而象數之説隱。然義理、象數一以貫之，乃爲盡善。（以上論諸家説易。）

義例

時

消息、盈虚之謂時，泰、否、剥、復之類是也。又有指事言者，訟、師、噬嗑、頤之類是也。又有以理言者，履、謙、咸、恒之類是也。又有以象言者，井、鼎之類是也。四者皆謂之時。

位

貴賤、上下之謂位。王弼謂中四爻有位，而初上兩爻無位，非謂無陰陽之位也，乃謂爵位之位耳。五，君位也；四，近臣之位也；三，雖非近而位亦尊者也；二，雖不如三、四之尊，而與五爲正應者也。此四爻，皆當時用事，故謂之有位。初、上，則但以時之始終論者爲多，若以位論之，則初爲始進而未當事之人，上爲既退而在事外之人也，故謂之無位。然此但言其正例耳，若論變例，則如屯、泰、復、臨之初，大有、觀、大畜、頤之上，皆得時而用事，蓋以其爲卦主故也。五亦有時不以君位言者，則又以其卦義所取者臣道，不及於君故也。故朱子云，常可類求，變非例測。

德

剛柔、中正不中正之謂德。剛柔各有善不善，時當用剛，則以剛爲善也；時當用柔，則以柔爲善也。惟中與正，則無有不善者。然正尤不如中之善。故程子曰：「正未必中，中則無不正也。」六爻當位者未必皆吉，而二五之中則吉者獨多，以此故爾。

應　比

應者，上下體相對應之爻也；比者，逐位相比連之爻也。易中比、應之義，惟四與五比、二與五應爲最重。蓋以五爲尊位，四近而承之，二遠而應之也。然近而承者，則貴乎恭順小心，故剛不如柔之善；遠而應者，則貴乎强毅有爲，故柔又不如剛之善。夫子曰：「二與四，同功而異位，二多譽，四多懼，近也。柔之爲道，不利遠者，其要无咎，其用柔中也。」夫言柔之道不利遠，可見剛之道不利近矣，又可見柔之道利近，剛之道利遠矣。夫子此條，實全易之括例。

凡比與應，必一陰一陽，其情乃相求而相得。若以剛應剛、以柔應柔，則謂之無應；以剛比剛、以柔比柔，則亦無相求相得之情矣。

以此例推之，易中以六四承九五者凡十六卦，皆吉。比曰「外比於賢」，小畜曰「有孚惕出」，觀曰「利用賓于王」，坎曰「納約自牖」，家人曰「富家」，益曰「中行告公從」，井曰「井甃无咎」，漸曰「或得其桷」，巽曰「田獲三品」，渙曰「渙其群元吉」，節曰「安節亨」，中孚曰「月幾望」，皆吉辭也。惟屯、需與蹇，則相從於險難之中，故曰「往吉」，曰「出自穴」，曰「來連」；既濟則交儆於未亂之際，故曰「終日戒」，亦皆吉辭。

以九四承六五亦十六卦，則不能皆吉，而凶者多。如離之「焚如死如棄如」，恒之「田无禽」，晉之「鼫鼠」，鼎之「覆餗」，震之「遂泥」，皆凶爻也。大有之「匪彭」，睽之「睽孤」，解之「解拇」，歸妹之「愆期」，旅之「心未快」，小過之「往厲必戒」，雖非凶爻，而亦不純吉。惟豫之四，一陽而上下應；噬嗑之四，一陽爲用獄主；豐之四，爲動主以應乎明；大壯之壯，至四而極；未濟之未濟，至四而濟，皆卦主也，故得吉利之辭，而免凶咎。

以九二應六五者凡十六卦，皆吉。蒙之「子克家」，師之「在師中」，泰之「得尚于中行」，大有之「大車以載」，蠱之「幹母蠱」而「得中道」，臨之「咸臨吉」而「无不利」，恒之「悔亡」，大壯之「貞吉」，睽之「遇主于巷」，解之「得黄矢」，損之「弗損益之」，升之「利用禴」，鼎之「有實」，皆吉辭也。惟大畜之「輿説輹」，則時當止也；歸妹「利幽貞」，則時當守也；未濟「曳輪貞吉」，則時當待也，亦非凶辭也。

以六二應九五亦十六卦，則不能皆吉，而凶吝者有之。如否之「包承」也，同人之「于宗吝」也，隨之「係小子失丈夫」也，觀之「闚觀」「可醜」也，咸之「咸其腓凶」也，皆非吉辭也。屯之「屯如邅如」，遯之「鞏用黄牛」，蹇之「蹇蹇匪躬」，既濟之「喪茀勿逐」，則以遭時艱難而顯其貞順之節者也。惟比之「自内」也，无妄之「利有攸往」也，家人之「在中饋貞吉」也，益之「永貞吉」也，萃之「引吉无咎」也，革之「巳日乃孚」，「征吉」也，漸之「飲食衎衎」也，皆適當上下合德之時，故其辭皆吉。夫子所謂「其要无咎，其用柔中」者，信矣。

自二、五之外亦有應焉，自四、五之外亦有比焉，然其義不如應五、承五者之重也。以應言之，四與初猶或取相應之義，三與上則取應義者絶少矣，其故何也？四，大臣之位也。居大臣之位，則有以人事君之義，故必取在下之賢德以自助，此其所以相應也。上，居事外而下應於當事之人，則失清高之節矣；三，居臣位而越五以應上，則失勿二之心矣，此其所以不相應也。然四之應初而吉者，亦惟以六四應初九耳。蓋初九爲剛德之賢，而六四有善下之美，故如屯、賁之「求婚媾」也，頤之「虎視眈眈」也，損之「使遄有喜」也，皆吉也。若九四應初六，則反以下交小人爲累，大過之「不橈乎下」、解之「解而拇」、鼎之「折足」是也。

以比言之，惟五與上或取相比之義，餘爻則取比義者亦絕少，其故何也？五，君位也，尊莫尚焉，而能下於上者，則尚其賢也，此其所以有取也。然亦惟六五遇上九乃取斯義，蓋上九爲高世之賢，而六五爲虛中之主，故如大有、大畜之六五、上九，孔子則贊之以「尚賢」，頤、鼎之六五、上九，孔子則贊之以「養賢」，其辭皆最吉。若以九五比上六，則亦反以尊寵小人爲累，如大過之「老婦得其士夫」、咸之「志末」、夬之「莧陸」、兑之「孚于剥」，皆是也。獨隨之九五下上六，而義有取者，卦義剛來下柔故爾。〔一〕若初與二、二與三、三與四，則非正應而相比者，或恐陷於朋黨比周之失，故其義不重。

此皆例之常也。若其爻爲卦主，則群爻皆以比之、應之爲吉凶焉。故五位之爲卦主者不待言矣，如豫四爲卦主，則初「鳴」而三「盱」；剥上爲卦主，則三「无咎」而五「无不利」；復初爲卦主，則二「下仁」而四「獨復」；夬上爲卦主，則三壯頄而五「莧陸」；姤初爲卦主，則二「包有魚」而四「包无魚」。此又易之大義，不可以尋常比、應之例論也。

〔一〕卦義剛來下柔故爾：爾，四庫本作「耳」。

卦主

凡所謂卦主者，有成卦之主焉，有主卦之主焉。成卦之主，則卦之所由以成者，無論位之高下，德之善惡，若卦義因之而起，則皆得爲卦主也。主卦之主，必皆德之善而得時、得位者爲之，故取於五位者爲多，而他爻亦間取焉。其成卦之主即爲主卦之主者，必其德之善而兼得時位者也。其成卦之主不得爲主卦之主者，必其德與時位參錯而不相當者也。大抵其說皆具於夫子之彖傳，當逐卦分别觀之。

若其卦成卦之主即主卦之主，則是一主也。若其卦有成卦之主，又有主卦之主，則兩爻皆爲卦主矣。或其成卦者兼取兩爻，則兩爻又皆爲卦主矣。或其成卦者兼取兩象，則兩象之兩爻又皆爲卦主矣。亦當逐卦分别觀之。

乾以九五爲卦主。蓋乾者天道，而五則天之象也；乾者君道，而五則君之位也。又剛健中正，四者具備，得天德之純，故爲卦主也。觀彖傳所謂「時乘六龍以御天，首出庶物」者，主君道而言。〔一〕

坤以六二爲卦主。蓋坤者地道，而二則地之象也；坤者臣道，而二則臣之位也。又柔順中

〔一〕主君道而言：底本「主」上有「皆」字，按文意應無，據四庫本删。

正，四者具備，得坤德之純，故爲卦主也。觀彖辭所謂「先迷後得主」「得朋」「喪朋」者，皆主臣道而言。

屯以初九、九五爲卦主。蓋卦惟兩陽，初九在下，侯也，能安民者也；九五在上，能建侯以安民者也。

蒙以九二、六五爲主。蓋九二有剛中之德，而六五應之。九二在下，師也，能教人者也；六五在上，能尊師以教人者也。

需以九五爲主。蓋凡事皆當需，而王道尤當以久而成。彖傳所謂「位乎天位，以正中也」，指五而言之也。

訟以九五爲主。蓋諸爻皆訟者也，九五則聽訟者也。彖傳所謂「利見大人，尚中正也」，亦指五而言之也。

師以九二、六五爲主。蓋九二在下，丈人也；六五在上，能用丈人者也。

比以九五爲主。蓋卦惟一陽，居尊位，爲上下所比附者也。

小畜以六四爲成卦之主，而九五則主卦之主也。蓋六四以一陰畜陽，故彖傳曰「柔得位而上下應之」；九五與之合志，以成其畜，故彖傳曰「剛中而志行」。

履以六三爲成卦之主，而九五則主卦之主也。蓋六三以一柔履衆剛之間，多危多懼，卦之所以名履也。居尊位尤當常以危懼存心，故九五之辭曰「貞厲」，而彖傳曰「剛中正，履帝位而不疚」。

泰以九二、六五爲主。蓋泰者上下交而志同，九二能盡臣道以上交者也，六五能盡君道以下交者也，二爻皆成卦之主，亦皆主卦之主也。

否以六二、九五爲主。蓋否者上下不交，六二「否亨」，斂德辟難者也；〔一〕九五「休否」，變否爲泰者也。然則六二成卦之主，而九五則主卦之主也。

同人以六二、九五爲主。蓋六二以一陰能同衆陽，而九五與之應，故彖傳曰「柔得位得中，而應乎乾」。

大有以六五爲主。蓋六五以虚中居尊，能有衆陽，故彖傳曰「柔得尊位大中，而上下應之」。

謙以九三爲主。蓋卦惟一陽，得位而居下體，謙之象也，故其爻辭與卦同。傳曰「三多凶」，而惟此爻最吉。

豫以九四爲主。卦惟一陽，而居上位，卦之所由以爲豫者，故彖傳曰「剛應而志行」。

隨以初九、九五爲主。蓋卦之所以爲隨者，剛能下柔也，初、五兩爻，皆剛居柔下，故爲卦主。

〔一〕斂德辟難者也：否卦大象作「儉德辟難」，疑此誤。

蠱以六五爲主。蓋諸爻皆有事於幹蠱者，至五而功始成，故諸爻皆有戒辭，而五獨曰「用譽」也。

臨以初九、九二爲主。彖傳所謂「剛浸而長」是也。

觀以九五、上九爲主。彖傳所謂「大觀在上」是也。

噬嗑以六五爲主。彖傳所謂「柔得中而上行」是也。

賁以六二、上九爲主。彖傳所謂「柔來而文剛」「剛上而文柔」是也。

剥以上九爲主。陰雖剥陽，而陽終不可剥也，故爲卦主。

復以初九爲主。彖傳所謂「剛反」者是也。

无妄以初九、九五爲主。蓋初九陽動之始，如人誠心之初動也；九五乾德之純，如人至誠之無息也。故彖傳曰「剛自外來而爲主於内」，指初也；又曰「剛中而應」，指五也。

大畜以六五、上九爲主。彖傳所謂「剛上而尚賢」者是也。

頤亦以六五、上九爲主。彖傳所謂「養賢以及萬民」者是也。

大過以九二、九四爲主。蓋九二，剛中而不過者也；九四，棟而不橈者也。

坎以二、五二陽爲主，而五尤爲主，水之積滿者行也。

離以二、五二陰爲主，而二尤爲主，火之方發者明也。

咸之九四，當心位，心者感之君，則四，卦主也。然九五當背位，爲咸中之艮，感中之止，是謂動而能靜，則五尤卦主也。

恒者，常也，中則常矣，卦惟二、五居中，而六五之柔中，尤不如九二之剛中，則二，卦主也。

遯之爲遯以二陰，則初、二，成卦之主也。然處之盡善者，惟九五，則九五又主卦之主也。故彖傳曰「剛當位而應，與時行」也。

大壯之爲壯以四陽，而九四當四陽之上，則四，卦主也。

晉以明出地上成卦，六五爲離之主，當中天之位，則五，卦主也。故彖傳曰「柔進而上行」。

明夷以日入地中成卦，而上六積土之厚，夷人之明者也，成卦之主也。六二、六五皆秉中順之德，明而見夷者也，主卦之主也。故彖傳曰「文王以之」「箕子以之」。

家人以九五、六二爲主。故彖傳曰「女正位乎内，男正位乎外」。

睽以六五、九二爲主。故彖傳曰「柔進而上行，得中而應乎剛」。

蹇以九五爲主。故彖傳曰「往得中也」，蓋彖辭所謂大人者，即指五也。

解以九二、六五爲主。故彖傳曰「往得衆也」，指五也；又曰「乃得中也」，指二也。

損以損下卦上畫、益上卦上畫爲義，則六三、上九，成卦之主也。然損下益上，所益者君也，故六五爲主卦之主。

益以損上卦下畫、益下卦下畫爲義，則六四、初九，成卦之主也。然損上益下者，君施之而臣受之，故九五、六二爲主卦之主。

夬以一陰極於上爲義，則上六，成卦之主也。然五陽決陰，而五居其上，又尊位也，故九五爲主卦之主。

姤以一陰生於下爲義，則初六，成卦之主也。然五陽皆有制陰之責，而惟二、五以剛中之德，一則與之相切近以制之，一則居尊臨其上以制之，故九五、九二爲主卦之主。

萃以九五爲主，而九四次之。卦惟二陽而居高位，爲衆陰所萃也。

升以六五爲主。彖傳曰「柔以時升」，六五，升之最尊者也。然升者必自下起，其卦以地中生木爲象，則初六者，巽體之主，乃木之根也，故初六亦爲成卦之主。

困以九二、九五爲主。蓋卦以剛揜爲義，謂二、五以剛中之德，而皆揜於陰也，故兩爻皆成卦之主，又皆主卦之主。

井以九五爲主。蓋井以水爲功，而九五坎體之主也；井以養民爲義，而九五養民之君也。

革以九五爲主。蓋居尊位，則有改革之權；剛中正，則能盡改革之善，故其辭曰「大人虎變」。

鼎以六五、上九爲主。蓋鼎以養賢爲義，而六五尊尚上九之賢，其象如鼎之鉉耳之相得也。

震以二陽爲主。然震，陽動於下者也，故四不爲主而初爲主。

艮亦以二陽爲主。然艮，陽止於上者也，故三不爲主而上爲主。

漸以女歸爲義，而諸爻惟六二應五，合乎女歸之象，則六二，卦主也。然漸又以進爲義，而九五進居高位，有剛中之德，則九五，亦卦之主也。

歸妹以女之自歸爲義，其德不善，故彖傳曰「无攸利」，柔乘剛也，是六三、上六，成卦之主也。然六五居尊下交，則反變不善而爲善，化凶而爲吉，是六五又主卦之主也。

豐以六五爲主。蓋其彖辭曰「王假之，勿憂，宜日中」，六五之位，則王之位也；柔而居中，則日中之德也。

旅亦以六五爲主。故彖傳曰「柔得中乎外」，又曰「止而麗乎明」。五居外體，旅於外之象也；處中位，爲離體之主，得中、麗明之象也。

巽雖主於二陰，然陰卦以陰爲主者，惟離爲然，以其居中故也。巽之二陰，則爲成卦之主，而不得爲主卦之主。主卦之主者，九五也。申命行事，非居尊位者不可，故彖傳曰「剛巽乎中正而志行」，指五也。

兑之二陰，亦爲成卦之主，而不得爲主卦之主。主卦之主，則二、五也。故彖傳曰「剛中而柔外，説以利貞」。

渙以九五爲主。蓋收拾天下之散，非居尊不能也。然九二居内以固其本，六四承五以成其功，亦卦義之所重，故彖傳曰「剛來而不窮，柔得位乎外而上同」。

節亦以九五爲主。蓋立制度以節天下，亦惟居尊有德者能之，故彖傳曰「當位以節，中正以通」。

中孚之成卦以中虛，則六三、六四，成卦之主也。然孚之取義以中實，則九二、九五，主卦之主也。至於「孚乃化邦」，乃居尊者之事，故卦之主在五。

小過以二、五爲主。以其柔而得中，當過之時而不過也。

既濟以六二爲主。蓋既濟，則初吉而終亂，六二居内體，正初吉之時也，故彖傳曰「初吉，柔得中也」。

未濟以六五爲主。蓋未濟，則始亂而終治，六五居外體，正開治之時也，故彖傳曰「未濟亨，柔得中也」。

以上之義，皆可以據彖傳爻辭而推得之。大抵易者，成大業之書，而成大業者，必歸之有德有位之人，故五之爲卦主者獨多。中間亦有因時義不取五爲王位者，不過數卦而已。自五而外，諸爻之辭，有曰王者，皆非以其爻當王也，乃對五位而爲言耳。如隨之上曰「王用亨于西山」，則因其係於五也；益之二曰「王用享于帝」，則因其應於五也；升之四曰「王用亨于岐山」，則因其承於五也，皆其德與時稱，故王者簡而用之，以答乎神明之心也。又，上爻有蒙五爻而終其義者，如師之上曰「大君有命」，則因五之出師定亂，而至此則奏成功也；離之上曰「王用出征」，則因五之憂勤圖治，而至此則除亂本也，皆蒙五爻之義，而語其成效如此。易中五、上兩爻，此類最多，亦非以其爻當王也。

御纂周易折中卷第一

周易上經

【本義】周，代名也；易，書名也。其卦本伏羲所畫，有交易、變易之義，故謂之易。其辭則文王、周公所繫，故繫之周。以其簡袠重大，故分爲上下兩篇。經則伏羲之畫，文王、周公之辭也，并孔子所作之傳十篇，凡十二篇。中閒頗爲諸儒所亂，近世晁氏始正其失，而未能盡合古文。吕氏又更定著爲經二卷、傳十卷，乃復孔氏之舊云。

䷀（乾下乾上）

乾，元亨利貞。

【本義】六畫者，伏羲所畫之卦也；⚊者，奇也，陽之數也；乾者，健也，陽之性也。本注乾字，三畫卦之名也；下者，内卦也；上者，外卦也；經文乾字，六畫卦之名也。伏羲仰觀俯察，見陰陽有奇耦之數，故畫一奇以象陽，畫一耦以象陰；見一陰一陽有各生一陰一陽之象，故自下而上，再倍而三，以成八卦。見陽之性健，而其成形之大者爲天，故三奇之卦，名之曰乾，而擬之於天也。三畫已具，八卦已成，則又三倍其畫，以成六畫，而於八卦之上，〔一〕各加八卦，以成六十四卦也。此卦六畫皆奇，上下皆乾，則陽之純而健之至也。故乾之名、天之象，皆不易焉。

「元亨利貞」，文王所繫之辭，以斷一卦之吉凶，所謂彖辭者也。元，大也；亨，通也；利，宜也；貞，正而固也。文王以爲，乾道大通而至正，故於筮得此卦而六爻皆不變者，言其占當得大通，而必利在正固，然後可以保其終也。此聖人所以作易教人卜筮，而可以「開物成務」之精意。餘卦放此。

【程傳】上古聖人始畫八卦，三才之道備矣，因而重之，以盡天下之變，故六畫而成卦。重乾爲乾，乾，天也。天者，天之形體；乾者，天之性情。乾，健也，健而无息之謂乾。夫天，專言之則道也，「天且弗違」是也。分而言之，則以形體謂之天，以主宰謂之帝，以功用謂之鬼神，以妙用謂之神，以性情謂之乾。乾者，萬物之始，故爲天、爲陽、爲父、爲君。「元亨利貞」，謂之四德，元者萬物之始，亨者萬物之長，利者萬物之遂，貞者萬物之成。惟乾、坤有此四德，在他卦則隨事而變焉。故元專爲善大，利主於正固，亨、貞之體，各稱其事，四德之義廣矣、大矣！

〔一〕而於八卦之上：於，原作「爲」，據四庫本、薈要本改。

【集説】孔氏穎達曰：乾者，此卦之名。卦者，掛也，言懸掛物象以示於人，故謂之卦。二畫之體，雖象陰陽之氣，未成萬物之象，未得成卦，必三畫以象三才，寫天地雷風水火山澤之象，乃謂之卦也。繫辭云「八卦成列，象在其中矣」是也。但初有三畫，雖有萬物之象，於萬物變通之理猶有未盡，故更重之而有六畫，備萬物之形象，窮天下之能事，故六畫成卦也。此乾卦本以象天，天乃積諸陽氣而成，故此卦六爻皆陽畫成卦也。不謂之天而謂之乾者，天者定體之名，乾者體用之稱，故說卦云「乾，健也」，言天之體以健爲用。聖人作易，本以教人，欲使人法天之用，不法天之體，故名乾不名天也。

○邵子曰：不知乾，無以知性命之理。

○朱子語類云：乾只是健，坤只是順。純陽所以健，純陰所以順。至健者惟天，至順者惟地。

○問「乾者天之性情」。曰：「乾，健也，健之體爲性，健之用是情。」又曰：「性情二者，常相參在此，情便是性之發，非性何以有情？健而無息，非性何以能如此？」

○問：「本義云：『見陽之性健，而成形之大者爲天，故三奇之卦，名之曰乾，而擬之於天也。』竊謂卦辭未見取象之意，恐當於大象言之。」曰：「纔設此卦時，便有此象了，故於此豫言之。」

○問「元亨利貞」。曰：「當初只是說大亨利於正，不以分配四時。孔子見此四字好，始分作四件說。」

〇又云：元亨利貞四字，文王本意，在乾坤者，只與諸卦一般。至孔子作彖傳、文言，始以乾坤爲四德，而諸卦自如其舊。二聖人之意非有不同，蓋各是發明一理耳。今學者且當虚心玩味，各隨本文之意而體會之，其不同處自不相妨，不可遽以己意横作主張也。

〇胡氏炳文曰：元亨利貞，諸家便作四德解，惟本義以爲占辭。大通而至正，此天道之本然；大通而必利在正固，人事之當然也。乾爲易第一卦，占得之者，其事雖大通而非正固，尚不能保其終，況他卦乎。

〇蔡氏清曰：「成形之大者爲天」，坤卦亦曰「陰之成形莫大於地」，可見不可就以乾坤當天地。凡至健者皆爲乾，凡至順者皆爲坤，此乾坤所以足應萬用，而彖傳之言所以爲專以天道明乾義，以地道明坤義也。

〇林氏希元曰：乾德剛健，剛以體言，健兼用言。剛則有立，健則有爲，人而有立有爲，則志至氣至，本立道生，事無不立，功無不成，不見艱難，無能阻止。如乾旋坤轉，如雷厲風行，「何天之衢」殆不足以擬之，是不惟亨，而且大亨也。中者，不偏不倚；正者，無過不及，體用之分也。「正大而天地之情可見矣」，可見乾之中正也。乾道大通而至正，在人容有不正者，故聖人因以爲戒。

【案】乾坤之「元亨利貞」，諸儒俱作四德説，惟朱子以爲占辭，而與他卦一例，其言當矣。然四字之中，雖只兩意，實有四層，何則？元，大也；亨，通也；利，宜也；貞，正而固也。人能至健，則事當大通，然必宜於正固，是占辭只兩意也。但易之中有言「小亨」者矣，有言「不可貞」者矣，一時之通，其亨則小，惟有大者存焉，而後其亨乃大也，是大在亨之先也。硜硜之固，固則非宜，惟有宜者在焉，而後可以固守也，是宜在貞之先也。其在六十四卦者，皆是此理。故其言「元亨」者，合乎此者也；其但言「亨」，或曰「小亨」者，次乎此者也。其言「利貞」者，合乎此者也；其言「不可貞」「勿用永貞」，或曰「貞凶」「貞厲」「貞吝」者，反乎此者也。乾坤，諸卦之宗，則其亨無不大，而其貞無不宜。文王繫辭，備此四字，故孔子推本於天之道、性之藴，而以四德明之，實所以發文王之意，且以爲六十四卦詳略、偏全之例，非孔子之説異乎文王之説，又非其釋乾坤之辭獨異乎諸卦之辭也。學者以是讀朱子之書，庶乎不謬厥旨矣。

初九，潛龍，勿用。

【本義】初九者，卦下陽爻之名。凡畫卦者，自下而上，故以下爻爲初。陽數九爲老，七爲少，老變而少不變，故謂陽爻爲九。「潛龍，勿用」，周公所繫之辭，以斷一爻之吉凶，所謂爻辭者也。潛，藏也；龍，陽物也。初陽在下，未可施用，故其象爲「潛龍」，其占曰「勿用」。凡遇乾而此爻變者，當觀此象而玩其占也。餘爻放此。

【程傳】下爻爲初；九，陽數之盛，故以名陽爻。理无形也，故假象以顯義。乾以龍爲象，龍之爲物，靈變不測，故以象乾道變化，陽氣消息，聖人進退。初九在一卦之下，爲始物之端，陽氣方萌，聖人側微，若龍之潛隱，未可自用，當晦養以俟時。

【集説】沈氏驎士曰：稱龍者，假象也。天地之氣有昇降，君子之道有行藏，龍之爲物，能飛能潛，故借龍比君子之德也。初九既尚潛伏，故言「勿用」。

○孔氏穎達曰：陽爻稱九，陰爻稱六，其説有二。一者，乾體有三畫，坤體有六畫，陽得兼陰，故其數九，陰不得兼陽，故其數六。〔一〕二者，老陽數九，老陰數六，老陰、老陽皆變，周易以變者爲占，故稱九、稱六。所以老陽數九、老陰數六者，以揲蓍之數，九過揲則得老陽，六過揲則得老陰。其少陽稱七、少陰稱八，義亦準此。

○崔氏憬曰：九者，老陽之數，動之所占，故陽稱焉。潛，隱也，龍下隱地，潛德不彰，是以君子韜光待時，未成其行，故曰「勿用」。

○朱子語類：問：「程易以初二三四四爻作舜説，何以見得如此？」曰：「此是推説爻象之意，非本指也。易本因卜筮而有象，因象而有占，占辭中便有道理。如筮得乾之初九，初陽在下，未可施用，其象爲『潛龍』，其占曰『勿用』，凡遇乾而得此爻者，當觀此象而玩其占，隱晦而勿用可也。此易之本指也。聖人爲彖傳、象傳、文言，節節推去，無限道理，此程易所以推説得無窮。先通得易本

〔一〕故其數六：諸本皆脱「故」字，據孔穎達正義補。

指後，推説不妨，若便以所推説者去解易，則失易之本指矣。」

○李氏舜臣曰：六爻之象皆取於龍者，陽體之健，其潛、見、惕、躍、飛、亢者，初終之序而變化之迹也。

○梁氏寅曰：夫易者，潔淨精微之教也。故其取象皆假託其物而未涉於事，包含其意而各隨所用。然乾，純陽之卦，而取象於龍，則其意多爲聖人而發者，故夫子於文言皆以聖人事明之。今觀之六爻，則象之所示，占之所決，夫人可用也，獨聖人乎？如初九之「潛龍，勿用」，在聖人則方居側微也，在君子則遯世无悶也，在學者則養正於蒙也，以是而推其用，何不可哉？朱子以象占言易，而不欲以事論，懼人之泥而失之也。

○林氏希元曰：龍，不止陽物，乃陽物之神靈不測者，故象乾之六爻。蓋乾卦六爻皆得乾道，不比他卦，故文言以聖人明之，比之於物，則是龍也。

九二，見龍在田，利見大人。

【本義】二，謂自下而上第二爻也，後放此。九二剛健中正，出潛離隱，澤及於物，物所利見，故其象爲「見龍在田」，其占爲「利見大人」。九二雖未得位，而大人之德已著，常人不足以當之，故值此爻之變者，但爲利見此人而已，蓋亦謂在下之大人也。此以爻與占者相爲主賓，自爲一例，若有見龍之德，則爲利見九五在上之大人矣。

【程傳】田，地上也，出見於地上，其德已著。以聖人言之，舜之田漁時也。利見大德之君，以行其道；君亦利見大德之臣，以共成其功；天下利見大德之人，以被其澤。大德之君，九五也。乾坤純體，不分剛柔，而以同德相應。

【集説】鄭氏康成曰：二於三才爲地道，地上即田，故稱田也。

○干氏寶曰：二爲地上，在地之表，陽氣將施，聖人將顯，故曰「利見大人」。

○孔氏穎達曰：陽處二位，故曰「九二」。陽氣發見，故曰「見龍」。田是地上可營爲有益之處，陽氣發在地上，故曰「在田」。初之與二俱爲地道，二在初上，所以稱田。「見龍在田」是自然之象，「利見大人」以人事託之，言龍見在田之時，猶似聖人久潛稍出，雖非君位而有君德，故天下衆庶利見九二之大人。先儒云，若夫子教於洙泗，利益天下，有人君之德，故稱大人。

○蔡氏清曰：凡大人，皆是德位兼全之稱。九二雖未得位，而大人之德已著，所謂「居仁由義」，大人之事備矣，故亦謂之大人。

九三，君子終日乾乾，夕惕若，厲无咎。

【本義】九，陽爻；三，陽位。重剛不中，居下之上，乃危地也，然性體剛健，有能乾乾惕厲之象，故其占如此。君子，指占者而言，言能憂懼如是，則雖處危地而无咎也。

【程傳】三雖人位，已在下體之上，未離於下而尊顯者也。舜之玄德升聞時也。日夕不懈而兢惕，則雖處危地而无咎。在下之人，而君德已著，天下將歸之，其危懼可知，雖言聖人事，苟不設戒，則何以爲教？作易之義也。

【集説】鄭氏康成曰：三於三才爲人道，有乾德而在人道，君子之象。

○孔氏穎達曰：以陽居三位，故稱九三。以居不得中，故不稱大人。陽而得位，故稱君子。在憂危之地，故「終日乾乾」，言終竟此日健健自彊，不有止息。「夕惕」者，謂至向夕之時，猶懷憂惕。此卦九三所居之處，實有危厲。又，文言云「雖危无咎」，是實有危也。據其上下文勢，「若」字宜爲語辭，諸儒並以「若」爲如。如似有厲，是實無厲也，理恐未盡。

○龔氏原曰：三居下體之上，當危懼之時，惟自彊不息，戒謹恐懼，可以免咎。

○楊氏時曰：乾之九三獨言「君子」，蓋九三，人之位也，履正居中，在此一爻。故文言於九四則曰「上不在天，下不在田，中不在人」，於九三止言「上不在天，下不在田」而已。其曰君子行此四德者，蓋乾之所謂君子也。

○朱子語類：問：「伊川云：『雖言聖人事，苟不設戒，何以爲教？』竊意因時而惕，雖聖人亦有此心。」曰：「易之爲書，廣大悉備，常人皆可得而用，初無聖凡之别。但當著此爻，便用兢兢戒惕。」

○胡氏炳文曰：凡卦爻，有占無象，象在占中；有象無占，占在象中。如乾初二四五上，分象與占。九三「終日乾乾，夕惕若」，皆占辭也，而象在其中。

九四，或躍在淵，无咎。

【本義】或者，疑而未定之辭；躍者，无所緣而絶於地，特未飛爾；淵者，上空下洞，深昧不測之所。龍之在是，若下於田，或躍而起，則向乎天矣。九陽四陰，居上之下，改革之際，進退未定之時也，故其象如此。其占，能隨時進退，則无咎也。

【程傳】淵，龍之所安也；或，疑辭，謂非必也。躍不躍，唯及時以就安耳。聖人之動，无不時也，舜之歷試時也。

【集説】干氏寶曰：躍者，暫起之言。

○孔氏穎達曰：或，疑也；躍，跳躍也。言九四陽氣漸進，似若龍體欲飛，猶疑或也，躍於在淵，未即飛也。

○程氏迥曰：初與二既皆稱龍，此爻雖不稱龍，即上文知其爲龍也。亦猶大壯九三「羝羊觸藩，羸其角」，而九四不言羊，知「藩決不羸」即羊也。

○李氏過曰：躍者，未飛而習飛者也。

○林氏希元曰：本義「進退未定之時」，通承上文「九陽四陰，居上之下，改革之際」三句説。蓋以爻與位言，九陽爻，四陰位，陽主進，陰主退，是進退未定也；以上體言，四居上之下，居上欲進，居上之下，則又未必於進，亦進退未定也；以上下二體言，四初離下體入上體，是爲改革之際，亦進退未定也。故總承之曰「進退未定之時」。

○又曰：或躍在淵，將進而未必於進也。未必於進，非不進也，審進退之時，必時可進然後進也，是謂「隨時進退」。

○陳氏琛曰：九四以陽居陰，本非躁進之資，又居上之下，適當改革之時，是其欲進以有爲，而商度之未決，蓋將待時而出，見可而動也。有如龍之或躍在淵焉，其象如此。占者誠能隨時進退，則其進也非貪位，退也非沽名，可以投事幾之會，可以免失身之辱，何咎之有哉！

九五，飛龍在天，利見大人。

【本義】剛健中正，以居尊位，如以聖人之德居聖人之位，故其象如此。而占法與九二同，特所利見者，在上之大人爾。若有其位，則爲利見九二在下之大人也。

【程傳】進位乎天位也，聖人既得天位，則利見在下大德之人，與共成天下之事，天下固利見夫大德之君也。

【集説】揚氏雄曰：龍之潛、亢，不獲中矣，過中則惕，不及中則躍。二五其中乎，故有利見之占。

○鄭氏康成曰：五於三才爲天道，天者清明無形，而龍在焉，飛之象也。

○干氏寶曰：聖功既就，萬物既覩，故曰「利見大人」。

○孔氏穎達曰：言九五陽氣盛，至於天，故云「飛龍在天」，此自然之象。猶若聖人有龍德，飛騰而居天位，爲萬物所瞻覩，故天下利見此居上位之大人。

○朱子語類云：太祖一日問王昭素曰：「『九五，飛龍在天，利見大人』，常人何可占得此卦？」昭素曰：「何害？若臣等占得，則陛下是『飛龍在天』，臣等『利見大人』。」此説得最好，此易之用所以不窮也。

○胡氏炳文曰：九五以天德居天位，剛健而純，中正而粹者也。文言曰「剛健中正，純粹精也」，其九五之謂與？「雲行雨施，天下平也」，則「飛龍在天」之事矣。

○林氏希元曰：此爻剛健中正，以居尊位，與他卦九五不同。蓋乾是純陽至健之卦，九五又得乾道之純，在人則聖人也。故本義特曰「如以聖人之德，居聖人之位」，以别於他卦。

上九，亢龍有悔。

【本義】上者，最上一爻之名；亢者，過於上而不能下之意也。陽極於上，動必有悔，故其象占如此。

【程傳】九五者，位之極中正者，得時之極，過此則亢矣。上九至於亢極，故有悔也。有過則有悔，唯聖人知進退存亡而无過，則不至於悔也。

【集説】王氏肅曰：窮高曰亢，知進忘退，故悔也。

亢也。

○郭氏雍曰：九三過而惕，故无咎；上九過而亢，故有悔。然則龍德莫善於惕，而莫不善於亢也。

○朱子語類云：若占得此爻，必須以亢滿爲戒。當極盛之時，便須慮其亢，如這般處，最是易之大義，大抵於盛滿時致戒。

【總論】范氏仲淹曰：九二君之德，九五君之位，成德於其内，得位於其外。餘爻則從其進退安危之會言之。

饒氏魯曰：一爻有一爻之中，如初則以潛爲中，二則以見爲中，三則以乾惕爲中，四則以或躍爲中。卦有才、有時、有位不同，聖人使之無不合乎中。

用九，見群龍无首，吉。

【本義】用九，言凡筮得陽爻者，皆用九，而不用七，蓋諸卦百九十二陽爻之通例也。以此卦純陽而居首，故於此發之，而聖人因繫之辭，使遇此卦而六爻皆變者，即此占之。蓋六陽皆變，剛而能柔，吉之道也，故爲「群龍无首」之象，而其占爲如是則吉也。春秋傳曰，乾之坤曰「見群龍无首，吉」，蓋即純坤卦辭「牝馬之貞」「先迷後得」「東北喪朋」之意。

【程傳】用九者，處乾剛之道，以陽居乾體，純乎剛者也。剛柔相濟爲中，而乃以純剛，是過乎剛也。見群龍，謂觀諸陽之義，无爲首則吉也，以剛爲天下先，凶之道也。

【集説】朱子答虞士朋曰：用九、用六，當從歐公説，爲揲蓍變卦之凡例。蓋陽爻百九十二，皆用九而不用七；陰爻百九十二，皆用六而不用八也。特以乾坤二卦純陽純陰而居篇首，故就此發之。此歐陽公舊説也。而愚又嘗因其説而推之，竊以爲凡得乾而六爻純九、得坤而六爻純六者，皆當直就此例占其所繫之辭，不必更看所變之卦。左傳蔡墨所謂「乾之坤曰見群龍无首」者，可以見其一隅也。

〇又，語類云：荆公言用九只在上九一爻，非也，六爻皆用九，故曰「見群龍无首，吉」。用九便是行健處。

〇林氏希元曰：用九本是陽爻之通例，然於乾卦六爻之後發之，便是指乾卦六爻用九。

〇又曰：或疑无首之吉，剛而能柔則吉也；牝馬之利，順而能健則利也。剛而能柔與順而健者，性體自是不同，而春秋傳曰「乾之坤曰見群龍无首，吉」，何也？曰：乾變之坤，雖爲坤之所爲，然本自剛來，與本是坤者不同；坤變之乾，雖爲乾之所爲，然本自柔來，與本是乾者不同。故乾无首之吉，終不可同於坤牝馬之貞；坤永貞之利，終不可同於乾之元亨。聖人不教人即所變之卦以考其占，而别著自此至彼之象占者，正以其有不可同耳。

【案】爻辭雖所以發明乎卦之理，而實以爲占筮之用，故以九六名爻者，取用也。爻辭動則用，不動則不用，卦辭則不論動不動而皆用也。但不動者，以本卦之彖辭占；其動者，則合本卦、變卦之象辭占，如乾之六爻全變則坤，坤之六爻全變則乾也。先儒之説，以爲全變則棄本卦而觀變卦。而乾坤者，天地之大義，乾雖變坤，未可純用坤辭也；坤雖變乾，未可純用乾辭也，故别立用九、用六，以爲皆變之占辭。此其説亦善矣。以理揆之，則凡卦雖全變，亦無盡棄本卦而不觀之理，不獨乾坤也，故須合本卦、變卦而占之者近是。如此，則乾變坤者，合觀乾辭與坤辭而已；坤變乾者，合觀坤辭與乾辭而已。但自乾而坤，則陽而根陰之義也；自坤而乾，則順而體健之義也。合觀卦辭者宜知此意，故立用九、用六之辭以發之。蓋群龍雖現，而不現其首，陽而根陰故也；永守其貞，而以大終，順而體健故也。此亦因乾坤以爲六十四卦之通例。如自復而姤，則長而防其消可也；自姤而復，則亂而圖其治可也。固非乾坤獨有此義，而諸卦無之也，聖人於乾坤發之以示例爾。然乾雖不變，而用九之理自在，故乾元無端，即无首之妙也；坤雖不變，而用六之理自在，故坤貞能安，即永貞之道也。陰陽本自合德者，交易之機；其因動而益顯者，則變易之用。學易者尤不可以不知。

䷁（坤下坤上）

坤，元亨，利牝馬之貞。君子有攸往，先迷後得主。利西南得朋，東北喪朋，安貞吉。

【本義】☷者，耦也，陰之數也；坤者，順也，陰之性也。注中者，三畫卦之名也；經中者，六畫卦之名也。陰之成形莫大於地，此卦三畫皆耦，故名坤而象地。重之又得坤焉，則是陰之純、順之至，故其名與象皆不易也。牝馬，順而健行者。陽先陰後，陽主義，陰主利，西南陰方，東北陽方。安，順之爲也；貞，健之守也。遇此卦者，其占爲大亨而利以順健爲正，如有所往，則先迷後得而主於利，往西南則得朋，往東北則喪朋，大抵能安於正則吉也。

【程傳】坤，乾之對也，四德同而貞體則異。乾以剛固爲貞，坤則柔順而貞。牝馬柔順而健行，故取其象曰「牝馬之貞」。君子所行，柔順而利且貞，合坤德也。陰，從陽者也，待唱而和，陰而先陽則爲迷錯，居後乃得其常也。主利，利萬物則主於坤，生成皆地之功也。臣道亦然。君令臣行，勞於事者，臣之職也。西南陰方，東北陽方，陰必從陽，離喪其朋類，乃能成化育之功，而有安貞之吉。得其常則安，安於常則貞，是以吉也。

【集說】王氏弼曰：至順而後乃亨，故惟利於牝馬之貞。西南，致養之地，與坤同道者也，故曰「得朋」；東北，反西南者也，故曰「喪朋」。陰之爲物，必離其黨，之于反類，而後獲「安貞吉」。

○干氏寶曰：行天者莫若龍，行地者莫若馬，故乾以龍繇，坤以馬象。

○孔氏穎達曰：乾坤，合體之物，故乾後次坤。地之爲體，亦能始生萬物，各得亨通，故云「元亨」，與乾同也。牝對牡爲柔，故云「利牝馬之貞」。不云牛而云馬者，牛雖柔順，不能「行地无疆」，無以見坤之德；馬雖比龍爲鈍，而亦能遠，象地之廣育也。「先迷後得主利」者，以其至陰，當待唱而後和。凡有所爲，若在物之先即迷惑，若在物之後即得主利，以陰不可先唱，猶臣不可先君、卑不可先尊故也。

○崔氏憬曰：西方坤、兑，南方巽、離，二方皆陰，與坤同類，故曰「西南得朋」；東方艮、震，北方乾、坎，二方皆陽，與坤非類，故曰「東北喪朋」。安於承天之正，故言「安貞吉」也。

○張氏浚曰：君造始，臣代終，人臣立事建業，以有爲於下，失朋儕之助，有不能獨勝其任者矣，故西南以得朋爲利。若夫立於本朝，左右天子，苟非絶類忘私，其何以上得君心，合德以治天下哉？然則「得朋」，臣之職也；「喪朋」，臣之心也。以是心行是職，非曰今日得之、明日喪之也。但見君德，而莫或有專事擅權之咎，曰「東北喪朋」。

○朱子語類：問：「牝馬取其柔順健行，坤順而言健，何也？」曰：「守得這柔順堅確，故有健象。柔順而不堅確，則亦不足以配乾矣。」

○項氏安世曰：牝取其順，馬取其行。順者坤之元，行者坤之亨。利者宜此而已，貞者終此而已。柔順者多不能終，唯牝馬爲能終之。「君子有攸往」，此一句總起下文也。「先迷後得主利」，言利在得主，不利爲主也。

○楊氏簡曰：君先臣後，夫先妻後，當後而先爲迷，迷爲失道。君爲臣之主，夫爲妻之主，後而得主，利莫大焉。

〇王氏申子曰：乾健行，故爲馬。坤亦爲馬者，坤，乾之配，乾行而坤止，則無以承天之施而成其化育之功。此所謂柔順之貞，坤之德也。

〇胡氏一桂曰：「元亨，利牝馬之貞」，已盡坤之全體。「君子」以下，則申占辭也。又曰：彖辭，文王所作，「西南得朋，東北喪朋」，後天卦位。

〇俞氏琰曰：坤順乾之健，故其占亦爲元亨。北地馬群，每十牝隨一牡而行，不入他群，是爲「牝馬之貞」。坤道以陰從陽，其貞如牝馬之從牡則利，故曰「利牝馬之貞」。易中凡稱君子，皆指占者而言。「有攸往」，謂有所行也。坤從乾而行，先乎乾則迷而失道，後乎乾則得乾爲主而利，故曰「君子有攸往，先迷後得主利」。朋，坤類也；西南，坤之本方。兑、離、巽皆坤類，是爲「得朋」。出而從乾，則東北震、艮、坎，非坤類，是爲「喪朋」。君子之出處，隨寓能安，壹是皆以貞自持，蓋無往而不吉，故曰「西南得朋，東北喪朋，安貞吉」。

〇蔡氏清曰：若牡馬，則全是健；若牝牛，則又全是順。牝馬，順而健者也。要非順外有健也，其健亦是順之健也，故曰「安貞」。坤卦，地道也，妻道、臣道也，不順則專而無成，不健則不能配乾，順而健者，坤之正也。

〇鄭氏維嶽曰：坤，配乾者也，坤之德即乾之德，乃柔順以承之而有終耳。有終爲健，故曰「利牝馬之貞」。坤道從乾，乾爲坤之主，故先則迷，而後則得其所主。「西南得朋」者，率類以從陽，以人事君之道也。「東北喪朋」者，絶類以從陽，「涣群」「朋亡」之道也。此皆陰道之正，而能安之，所以得吉也。

○喬氏中和曰：坤惟合乾，故得主；得主，故西南、東北皆利方，得朋、喪朋皆吉事。妻道也，臣道也，妻從夫、臣從君而已矣。

【案】「後得主」，當以孔子文言爲據，蓋坤者地道、臣道，而乾其主也，居先則無主，故迷，居後則得其所主矣。「利」字應屬下兩句讀，言在西南則利於得朋，在東北則利於喪朋也。得朋、喪朋，正與上文得主相對，蓋事主者惟知有主而已，朋類非所私也。然亦有時而宜於得朋者，西南是坤代乾致役之地，非合衆力不足以濟，於是而得朋，正所以終主之事，是得朋即得主也。惟東方者受命之先，北方者告成之候，稟令歸功，己無私焉，而又何朋類之足云，故必喪朋而後得主也。爲人臣者而知此義，則引類相先不爲阿黨，睽孤特立不爲崖異。故易卦之爻有曰「朋盍簪」者，有曰「朋至」者，有曰「以其彙」「以其鄰」者，皆「得朋」之義也；有曰「朋亡」者，有曰「涣群」者，有曰「絶類上」者，皆「喪朋」之義也。斯義也，質之文王卦圖、孔子彖傳而皆合，故自此卦首發明之，而六十四卦臣道準焉。

初六，履霜，堅冰至。

【本義】六，陰爻之名，陰數六老而八少，故謂陰爻爲六也。霜，陰氣所結，盛則水凍而爲冰。此爻陰始生於下，其端甚微，而其勢必盛，故其象如履霜則知堅冰之將至也。夫陰陽者，造化之本，不能相无，而消長有常，亦非人所能損益也。然陽主生，陰主殺，則其類有淑慝之分焉。故聖人作易，於其不能相无者，既以健順仁義之屬明之，而无所偏主，至其消長之際，淑慝之分，則未嘗不致其扶陽抑陰之意焉。蓋所以贊化育而參天地者，其旨深矣。不言其占者，謹微之意已可見於象中矣。

【程傳】陰爻稱六，陰之盛也，八則陽生矣，非純盛也。陰始生於下，至微也，聖人於陰之始生，以其將長，則爲之戒。陰之始凝而爲霜，履霜則當知陰漸盛而至堅冰矣。猶小人始雖甚微，不可使長，長則至於盛也。

【集説】王氏應麟曰：乾初九，復也，「潛龍勿用」，即「閉關」之義；坤初六，姤也，「履霜，堅冰至」，即「女壯」之戒。

【案】陰陽之義，以在人身者言之，則心之神明，陽也；五官百體，陰也。以人之倫類言之，則君也、父也、夫也，陽也；臣也、子也、妻也，陰也。心之神明，以身而運；君父之事，以臣子而行；夫之家，以婦而成。是皆天地之大義，豈可以相無也哉！然心曰大體，五官百骸則曰小體，君、父與夫，謂之三綱而尊，臣、子與妻，主於順從而卑，自其大小、尊卑之辨，而順逆於此分，善惡於此生，吉凶於此判矣。誠使在人身者，心官爲主而百體從令；在人倫者，君、父與夫之道行，而臣、子、妻妾聽命焉，則陰乃與陽合德者，而何惡於陰哉！惟其耳目四肢各逞其欲，而不奉夫天官；臣、子、妾婦各行其私，而不禀於君、父，則陰或至於干陽，而邪始足以害正。在一身則爲理欲之交戰，而善惡所自起也；在國家則爲公私之迭乘，而治亂所由階也。故孔子文言以善惡之積、君父臣子之漸言之，意深切矣。然則所謂陽淑陰慝者，豈陰誠慝哉？順於陽則無慝矣；所謂扶陽抑陰者，豈陰必抑哉？有以化之，斯不必抑之矣。此爻所謂履霜堅冰，其大指如此，推其源流，則堯、舜、禹危微之儆，大學、中庸謹獨之戒，與夫春秋名分之防，莫不相爲表裏。六十四卦言陰陽之際，皆當以是觀之也。

六二，直方大，不習无不利。

【本義】柔順正固，坤之直也；賦形有定，坤之方也；德合无疆，坤之大也。六二柔順而中正，又得坤道之純者，故其德内直外方而又盛大，不待學習而无不利。占者有其德，則其占如是也。

【程傳】二，陰位在下，故爲坤之主，統言坤道。中正在下，地之道也，以直、方、大三者形容其德用，盡地之道矣。由直方大，故不習而无所不利。不習，謂其自然，在坤道則莫之爲而爲也，在聖人則從容中道也。直方大，孟子所謂至大至剛以直也。在坤體，故以方易剛，猶貞加牝馬也。言氣則先大，大，氣之體也；於坤則先直方，由直方而大也。直方大，足以盡地道，在人識之耳。乾坤純體，以位相應。二，坤之主，故不取五應，不以君道處五也。乾則二、五相應。

【集説】王氏通曰：圓者動，方者静，其見天地之心乎！

○孔氏穎達曰：以此爻居中得位，極於地體，故盡極地之義。此因自然之性以明人事，居在此位，亦當如地之所爲。

○沈氏該曰：「坤至柔而動也剛」，直也；「至静而德方」，方也；「含萬物而化光」，大也。坤之道，至簡也，至静也，承天而行，順物而成，初無假於脩習也，是以「不習无不利」也。

○朱子語類云：坤卦中惟這一爻最純粹。蓋五雖尊位，却是陽爻，〔一〕破了體了。四重陰而不中，三又不正，惟此爻得中正，所以就這説箇「直方大」。此是説坤卦之本體，然而本意却是教人知道這爻有這箇德，不待學習而无不利。人占得這箇時，若能直、能方、能大，則亦「不習无不利」，却不是要發明坤道。

○蔡氏清曰：乾九五一爻當得乾一卦。蓋乾，孔子以爲得天位、行天道而致太平之占，正是聖人作而物覩者，故「時乘六龍以御天」，而致萬國之咸寧者，惟九五一爻足以當之。若坤之六二柔順中正，得坤道之純，是又當得一全坤也。若初則陰之微，上則陰之極，三則不中且不正，四則不中，

〔一〕却是陽爻：陽，諸本同，疑當作「陰」。

五則不正，惟六二之柔順中正爲獨得坤道之純。

○又曰：直不專主靜，只是存主處，故曰六二之動，直方可分内外，不可專分動靜。

○唐氏鶴徵曰：直而大者，乾之德也，坤無德，以乾之德爲德，故乾性直，坤亦未嘗不直，乾體圓，坤則效之以方，「德合無疆」，則與乾並其大矣。惟以乾之德爲德，故不習而无不利，所謂「坤以簡能」者如此。

【案】乾爲圜，則坤爲方，方者坤之德，與圜爲對者也，故曰「至靜而德方」。若直，則乾德也，故曰「夫乾其動也直」；大，亦乾德也，故曰「大哉乾元」。今六二得坤德之純，方固其質也，而始曰直、終曰大者，蓋凡方之物，其始必以直爲根，其終乃以大爲極。故數學有所謂線、面、體者，非線之直，不能成面之方，因面之方而積之，則能成體之大矣。坤惟以乾之德爲德，故因直以成方，因方以成大，順天理之自然，而無所增加造設於其閒，故曰「不習无不利」。習者，重習也，乃增加造設之意，「不習无不利」，即所謂「坤以簡能」者是也。若以不習爲無藉於學，則所謂「敬以直内，義以方外」者，豈無所用其心哉？

六三，含章可貞，或從王事，无成有終。

【本義】六陰三陽，内含章美，可貞以守，然居下之上，不終含藏，故或時出而從上之事，則始雖无成，而後必有終。爻有此象，故戒占者，有此德則如此占也。

【程傳】三居下之上，得位者也。爲臣之道，當含晦其章美，有善則歸之於君，乃可常而得正，上无忌惡之心，下得柔順之道也。可貞，謂可貞固守之，又可以常久而无悔咎也。或從上之事，不敢當其成功，惟奉事以守其終耳。守職以終其事，臣之道也。

【集説】王氏弼曰：三處下卦之極，而不疑於陽，應斯義者也，不爲事始，須唱乃應，〔一〕待命乃發，含美而可正者也，故曰「含章可貞」也。有事則從，不敢爲首，故曰「或從王事」也。不爲事主，順命而終，故曰「无成有終」也。

○楊氏簡曰：无成无終，亦不可也；无成有終，臣之道也。

○胡氏炳文曰：陽主進，陰主退。乾九三陽居陽，故曰「乾乾」，主乎進也；坤六四陰居陰，故曰「括囊」，主乎退也。乾九四陽居陰，坤六三陰居陽，故皆曰「或」，進退未定之際也，特其退也曰「在淵」，曰「含章」，惟進則皆曰「或」，聖人不欲人之急於進也如此。「三多凶」，故聖人首於乾坤之三爻，其辭獨詳焉。

○俞氏琰曰：坤道固宜靜而有守，或有王事，則動而從之，弗違也。「无成」，謂持美以歸於君，不居其成功也。「有終」，謂職分居此，則當終其勞也。

〔一〕須唱乃應：唱，原作「增」，據四庫本、局本、薈要本改。

○蔡氏清曰：六陰三陽，亦有順而健之意，故「无成有終」，亦「先迷後得」「東北喪朋」「乃終有慶」之意。

○陸氏振奇曰：其不敢專成者，正其代君以終事，而不爲始也，是即安於「後得主」之貞者與？

六四，括囊，无咎无譽。

【本義】括囊，言結囊口而不出也；譽者，過實之名。謹密如是，則无咎，而亦无譽矣。六四重陰不中，故其象占如此，蓋或事當謹密，或時當隱遯也。

【程傳】四居近五之位，而无相得之義，乃上下閉隔之時，其自處以正，危疑之地也。若晦藏其知，如括結囊口而不露，則可得无咎，不然則有害也。既晦藏，則无譽矣。

【集說】劉氏牧曰：坤，「其動也闢」，應二之德；「其靜也翕」，應四之位。翕，閉也，是天地否閉之時，賢人乃隱，不可衒其才知也。

○俞氏琰曰：咎致罪，譽致疑，唯能謹密如囊口之結括，則无咎无譽。

六五，黄裳，元吉。

【本義】黄，中色；裳，下飾。六五以陰居尊，中順之德充諸内而見於外，故其象如此，而其占爲大善之吉也。占者德必如是，則其占亦如是矣。春秋傳，南蒯將叛，筮得此爻，以爲大吉，子服惠伯曰：「忠信之事則可，不然必敗。外强内温，忠也；和以率貞，信也，故曰『黄裳元吉』。黄，中之色也；裳，下之飾也；元，善之長也。中不忠，不得其色；下不共，不得其飾；事不善，不得其極。且夫易，不可以占險。三者有闕，筮雖當，未也。」後蒯果敗。此可以見占法矣。

【程傳】坤雖臣道，五實君位，故爲之戒云「黄裳元吉」。黄，中色；裳，下服。守中而居下則元吉，謂守其分也。元，大而善也，爻象唯言守中居下則元吉，不盡發其義也。「黄裳」既「元吉」，則居尊爲天下大凶可知。後之人未達，則此義晦矣，不得不辨也。五，尊位也，在它卦六居五，或爲柔順，或爲文明，或爲暗弱，在坤則爲居尊位。陰者，臣道也，婦道也，臣居尊位，羿、莽是也，猶可言也，婦居尊位，女媧氏、武氏是也，非常之變，不可言也，故有黄裳之戒，而不盡言也。或疑，在革，湯武之事猶盡言之，獨於此不言，何也？曰：廢興，理之常也；以陰居尊位，非常之變也。

【集説】孔氏穎達曰：黄是中之色，裳是下之飾。坤爲臣道，五居尊位，是臣之極貴者也。能以中和居於臣職，故云「黄裳元吉」。元，大也，以其德能如此，故得大吉也。

○朱子語類云：「黄裳，元吉」，不過是説在上之人能盡柔順之道。黄，中色，裳是下體之服，能似這箇，則無不吉，這是那居中處下之道。乾之九五自是剛健底道理，坤之六五自是柔順底道理，各隨他陰陽，自有一箇道理。

○項氏安世曰：陰以在下爲正，陽以在上爲正，故二五皆中，而乾之天德獨以屬五，坤之地道獨以屬二。下非陽之位，故乾之九二爲在下而有陽德者；上非陰之位，故坤之六五爲在上而秉陰德者。黄者地之色，裳者下之服，文者坤之象，皆屬陰也。

【案】易中五固尊位，但聖人取象，未嘗卦卦皆以君道言之，雖九五猶然，況六五乎。故小過之六五則言「公」，離之六五則言「王公」，大概居尊貴之位者，與卦義相當，則發其所當之義。程子之說，朱子蓋議其非也。

上六，龍戰于野，其血玄黄。

【本義】陰盛之極，至與陽爭，兩敗俱傷。其象如此，占者如是，其凶可知。

【程傳】陰，從陽者也，然盛極則抗而爭。六既極矣，復進不已，則必戰，故云「戰于野」，野謂進至於外也。既敵矣，必皆傷，故「其血玄黄」。

【集說】孔氏穎達曰：即説卦云「戰乎乾」是也。戰於卦外，故曰「于野」；陰陽相傷，故「其血玄黄」。

○侯氏行果曰：坤，十月卦也，乾位西北，又當十月，陰窮於亥，窮陰薄陽，所以戰也。故説卦云「戰乎乾」是也。

○李氏開曰：曰「龍戰」，則是乾來戰，不以坤敵乾也。

○馮氏椅曰：主龍而言，則知陰不可亢，亢則陽必伐之，戒陰也；以戰而言，則知陰不可長，長則與陽敵矣，戒陽也。

○胡氏炳文曰：六爻皆陰，而上卦之上曰龍，有陽也。不言陰與陽戰，而曰「龍戰于野」，與春秋「王師敗績于茅戎」「天王狩于河陽」同一書法也。

用六，利永貞。

【本義】用六，言凡筮得陰爻者，皆用六而不用八，亦通例也。以此卦純陰而居首，故發之。遇此卦而六爻俱變者，其占如此辭。蓋陰柔不能固守，變而爲陽，則能永貞矣，故戒占者以「利永貞」，即乾之「利貞」也。自坤而變，故不足於「元亨」云。

【程傳】坤之用六，猶乾之用九，用陰之道也。陰道柔而難常，故用六之道，利在常永貞固。

【集説】孔氏穎達曰：言坤之所用，用此衆爻之六。坤是柔順，不可純柔，故利在永貞。永，長也；貞，正也，言長能貞正也。

○朱子語類云：乾吉在「无首」，坤利在「永貞」，這只是説二用變卦。

○胡氏炳文曰：坤「安貞」，變而爲乾，則爲「永貞」。安者，順而不動；永者，健而不息。乾變坤，剛而能柔；坤變乾，雖柔必强。陽先於陰，而陽之極不爲首；陰小於陽，而陰之極以大終。

○顧氏憲成曰：用九「无首」，是以乾入坤，蓋坤者乾之藏也；用六「永貞」，是以坤承乾，蓋乾者坤之君也。

○何氏楷曰：乾道主元，故曰「乾元」「用九」；坤道主貞，故言「用六」「永貞」。

䷂（震下坎上）

【程傳】屯，序卦曰：「有天地，然後萬物生焉，盈天地之間者惟萬物，故受之以屯。屯者盈也，屯者物之始生也。」萬物始生，鬱結未通，故爲盈塞於天地之間，至通暢茂盛，則塞意亡矣。天地生萬物，屯，物之始生，故繼乾坤之後。以二象言之，雲雷之興，陰陽始交也；以二體言之，震始交於下，坎始交於中，陰陽相交，乃成雲雷。陰陽始交，雲雷相應，而未成澤，故爲屯；若已成澤，則爲解也。又，動於險中，亦屯之義。陰陽不交則爲否，始交而未暢則爲屯。在時，則天下屯難，未亨泰之時也。

屯，元亨利貞，勿用有攸往，利建侯。

【本義】震坎皆三畫卦之名。震一陽動於二陰之下，故其德爲動，其象爲雷；坎一陽陷於二陰之間，故其德爲陷、爲險，其象爲雲、爲雨、爲水。屯，六畫卦之名也，難也，物始生而未通之意，故其爲字，象屮穿地始出而未申也。其卦以震遇坎，乾坤始交而遇險陷，故其名爲屯。震動在下，坎險在上，是能動乎險中。能動雖可以亨，而在險則宜守正，而未可遽進。故筮得之者，其占爲大亨而利於正，但未可遽有所往耳。又，初九陽居陰下，而爲成卦之主，是能以賢下人，得民而可君之象，故筮立君者遇之則吉也。

【程傳】屯有大亨之道，而處之利在貞固，非貞固何以濟屯？方屯之時，未可有所往也。天下之屯，豈獨力所能濟？必廣資輔助，故「利建侯」也。

【集説】朱子語類云：屯是陰陽未通之時，蹇是流行之中有蹇滯，困則窮矣。

○問：「彖曰『利建侯』，而本義取初九陽居陰下爲成卦之主，何也？」曰：「成卦之主皆説於彖辭下，如屯之初九『利建侯』，大有之五、同人之二，皆如此。」又問：「屯『利建侯』，此占恐與乾卦『利見大人』同例。」曰：「然。若是自卜爲君者得之，則所謂建侯者乃己也；若是卜立君者得之，則所謂建侯者乃君也。」

○趙氏汝楳曰：卦辭總一卦之大義，爻辭則探卦辭之所指，因六爻之象之義，析而明之。如「吉无不利」，則「亨利」之義；「磐桓」、「班如」、「幾不如舍」、小正，皆「勿用有攸往」之義。初之「建侯」，即顯卦彖「利建侯」之辭爲初而發。餘卦放此。

○胡氏炳文曰：屯蒙繼乾坤之後，上下體有震坎艮，乾坤交而成也。震則乾坤之始交，故先焉。初以一陽居陰下，而爲成卦之主。「元亨」，震之動；「利貞」，爲震遇坎而言也。非不利有攸往，不可輕用以往也。易言「利建侯」者二，豫建侯，上震也；屯建侯，下震也。震，長子，「震驚百里」，皆有侯象。

○蔡氏清曰：屯蹇雖俱訓難，而義差異，困亦不同。屯是起脚時之難，蹇是中間之難，困則終窮，而難斯甚矣。

○又曰：「利貞，勿用有攸往」二句一意，故彖傳只解「利貞」。

○又曰：本義所謂「以陽下陰」，及初九之象傳所謂「以貴下賤」，皆是主德言，非以位言也，故曰「是能以賢下人，得民而可君之象」。

初九，磐桓，利居貞，利建侯。

【本義】磐桓，難進之貌。屯難之初，以陽在下，又居動體，而上應陰柔險陷之爻，故有磐桓之象。然居得其正，故其占利於居貞。又，本成卦之主，以陽下陰，爲民所歸，侯之象也，故其象又如此，而占者如是，則利建以爲侯也。

【程傳】初以陽爻在下，乃剛明之才，當屯難之世，居下位者也，未能便往濟屯，故「磐桓」也。方屯之初，不磐桓而遽進，則犯難矣，故宜居正而固其志。凡人處屯難，則鮮能守正，苟无貞固之守，則將失義，安能濟時之屯乎？居屯之世，方屯於下，所宜有助，乃居屯、濟屯之道也，故取建侯之義，謂求輔助也。

【集説】朱子語類：問「利建侯」。曰：彖辭一句，蓋取初九一爻之義。初九蓋成卦之主也，一陽居二陰之下，有以賢下人之象，有爲民歸往之象，故象曰「以貴下賤，大得民也」。

○項氏安世曰：凡卦皆有主爻，皆具本卦之德，如乾九五具乾之德，故爲天德之爻；坤六二具坤之德，故爲地道之爻。屯以初九爲主，故爻辭全類卦辭，其曰「磐桓，利居貞」，則「勿用有攸往」也，又曰「利建侯」，無可疑矣。

○胡氏炳文曰：文王卦辭有專主成卦之主而言者，周公首於此爻之辭發之。卦主震，震主初。「磐桓」即「勿用有攸往」，「利居貞」即「利貞」。卦言「利建侯」者，其事也，利於建初以爲侯也；爻言「利建侯」者，其人也，如初之才，利建以爲侯也。爻言「磐桓」，主爲侯者而言，宜緩；卦言「利建侯」而不寧，〔一〕主建侯者而言，不宜緩。

○蔡氏清曰：「居貞」者，以時勢未可進，而不遽進也。爻之「磐桓」，即卦所謂屯也。爻之「利居貞」，即卦辭所謂「利貞，勿用有攸往」也。「利建侯」又作象看，而占在其中，如「子克家」例。

六二，屯如邅如，乘馬班如，匪寇婚媾。女子貞不字，十年乃字。

【本義】班，分布不進之貌；字，許嫁也。禮曰「女子許嫁，笄而字」。六二陰柔中正，有應於上，而乘初剛，故爲所難而邅回不進。然初非爲寇也，乃求與己爲婚媾耳。但己守正，故不之許，至於十年，數窮理極，則妄求者去，正應者合，而可許矣。爻有此象，故因以戒占者。

〔一〕卦言利建侯而不寧：卦辭僅言「利建侯」，疑「而不寧」三字衍。

【程傳】二以陰柔居屯之世，雖正應在上，而逼於初剛，故屯難邅回。如，辭也。「乘馬」，欲行也，欲從正應，而復「班如」不能進也。班，分布之義，下馬爲班，與馬異處也。二當屯世，雖不能自濟，而居中得正，有應在上，不失義者也。然逼近於初，陰乃陽所求，柔者剛所陵，柔當屯時固難自濟，又爲剛陽所逼，故爲難也。設匪逼於寇難，則往求於婚媾矣。婚媾，正應也；寇，非理而至者。二守中正，不苟合於初，所以「不字」。苟貞固不易，至於十年，屯極必通，乃獲正應而字育矣。以女子陰柔，苟能守其志節，久必獲通，況君子守道不回乎？初爲賢明剛正之人，而爲寇以侵逼於人，何也？曰：此自據二以柔近剛而爲義，更不計初之德如何也。易之取義如此。

【集說】張氏浚曰：「女子貞不字，十年乃字」，蓋以二抱節守志，於艱難之世而不失其貞也。若太公在海濱，伊尹在莘野，孔明在南陽，義不苟合，是爲女貞。

○朱子語類云：耿氏解「女子貞不字」，作許嫁笄而字，「貞不字」者，未許嫁也，却與婚媾之義相通。伊川說作字育之字。

【案】易言「匪寇婚媾」者凡三，屯二、賁四、睽上也。本義與程傳說不同，學者擇而從之可也。然賁之爲卦，非有屯難睽隔之象，則爻義有所難通者。詳玩辭意，「屯如邅如，乘馬班如」，與「賁如皤如，白馬翰如」，文體正相似，其下文皆接之曰「匪寇婚媾」。然則「屯如邅如」及「賁如皤如」皆當讀斷，蓋兩爻之自處者如是也。「乘馬班如」及「白馬翰如」皆當連下「匪寇婚媾」讀，言彼乘馬者非寇，乃吾之婚媾也。此之「乘馬班如」謂五，賁之「白馬翰如」謂初，言「匪寇婚媾」，不過指明其爲正應而可從耳。此卦下雷上雲，雷聲盤回，故言「磐桓」「邅如」者，下卦也；雲物班布，故言「班如」者，上卦也。四與上皆言「乘馬班如」，五之爲「乘馬班如」，則於六二言之。此亦可備一説也。

六三，即鹿无虞，惟入于林中，君子幾不如舍，往吝。

【本義】陰柔居下，不中不正，上无正應，妄行取困，爲逐鹿无虞，陷入林中之象。君子見幾，不如舍去，若往逐而不舍，必致羞吝。戒占者宜如是也。

【程傳】六三以柔居剛，柔既不能安屯，居剛而不中正則妄動，雖貪於所求，既不足以自濟，又无應援，將安之乎？如即鹿而无虞人也。入山林者，必有虞人以導之，无導之者，則惟陷入於林莽中。君子見事之幾微，不若舍而勿逐，往則徒取窮吝而已。

【集説】朱子語類：問「即鹿无虞」。曰：虞，只是虞人。六三陰柔在下，而居陽位，陰不安於陰，則貪求妄行，不中不正，又上無正應，妄行取困，所以爲即鹿无虞，陷入林中之象。沙隨盛稱唐人郭京易好，近寄得來，説「鹿」當作「麓」，象辭當作「即麓无虞，何以從禽也」。問郭據何書，曰：渠云曾得王輔嗣親手與韓康伯注底易本。然難考據。

六四，乘馬班如，求婚媾，往吉，无不利。

【本義】陰柔居屯，不能上進，故爲「乘馬班如」之象。然初九守正居下以應於己，故其占爲下求婚媾則吉也。

【程傳】六四以柔順居近君之位，得於上者也，而其才不足以濟屯，故欲進而復止，「乘馬班如」也。己既不足以濟時之屯，若能求賢以自輔，則可濟矣。初，陽剛之賢，乃是正應，己之婚媾也，若求此陽剛之婚媾，往與共輔陽剛中正之君，濟時之屯，則吉而无所不利也。居公卿之位，己之才雖不足以濟時之屯，若能求在下之賢，親而用之，何所不濟哉？

【集説】胡氏炳文曰：凡爻例，上爲往，下爲來。六四下而從初，亦謂之往者，據我適人，於文當言往，不可言來。如需上六「三人來」，據人適我，可謂之來，不可謂往也。

九五，屯其膏，小貞吉，大貞凶。

【本義】九五雖以陽剛中正居尊位，然當屯之時，陷於險中，雖有六二正應，而陰柔才弱，不足以濟。初九得民於下，衆皆歸之，九五坎體，有膏潤而不得施，爲「屯其膏」之象。占者以處小事，則守正猶可獲吉；以處大事，則雖正而不免於凶。

【程傳】五居尊得正而當屯時，若有剛明之賢爲之輔，則能濟屯矣，以其无臣也，故「屯其膏」。人君之尊，雖屯難之世，於其名位非有損也，唯其施爲有所不行，德澤有所不下，是「屯其膏」，人君之屯也。既膏澤有所不下，是威權不在己也。威權去己，而欲驟正之，求凶之道，魯昭公、高貴鄉公之事是也。故小貞則吉也，小貞則漸正之也，若盤庚、周宣脩德用賢，復先王之政，諸侯復朝，謂以道馴致，爲之不暴也。又非恬然不爲，若唐之僖、昭也，不爲則常屯，以至於亡矣。

【集説】項氏安世曰：屯不以九五爲主者，建侯以爲主，五本在高位，非建侯也。初九「動乎險中」，故爲濟屯之主。「天造草昧」，皆自下起，五能主事則不屯矣。

○魏氏了翁曰：周禮有大貞，謂大卜，如遷國立君之事。五處險中，不利有所作爲，但可小事，不可大事，曰「小貞吉，大貞凶」，猶書所謂「作内吉，作外凶」，「用靜吉，用作凶」者。

○趙氏汝楳曰：我方在險，德澤未加於民，下焉群陰，蒙昧未孚，唯當寬其政教，簡其號令，使徐就吾之經理，〔一〕乃可得吉。若驟用整齊振刷之術，人將駭懼紛散，凶孰甚焉？故新國用輕典。

○梁氏寅曰：小正者，以漸而正之也。小正則吉者，以在於其位而爲所可爲也；大正則凶者，以時勢既失而不可以强爲也。爲可爲於可爲之時，則從；爲不可爲於不可爲之時，則凶，可無慎哉！

上六，乘馬班如，泣血漣如。

【本義】陰柔无應，處屯之終，進无所之，憂懼而已，故其象如此。

【程傳】六以陰柔居屯之終，在險之極，而无應援，居則不安，動无所之，乘馬欲往，復班如不

〔一〕使徐就吾之經理：徐，四庫本作「隨」。

進，窮厄之甚，至於「泣血漣如」，屯之極也。若陽剛而有助，則屯既極，可濟矣。

【集説】梁氏寅曰：屯之極，乃亨之時也，而上六陰柔無應，不離於險，是安有亨之時哉？坎爲血卦，又爲加憂，「泣血漣如」之象也。

【案】卦者時也，爻者位也，此聖經之明文，而歷代諸儒所據以爲説者，不可易也。然沿襲之久，每局於見之拘，遂流爲説之誤，何則？其所目爲時者，一時也；其所指爲位者，一時之位也。如屯則定爲多難之世，而凡卦之六位皆處於斯世，而有事於屯者也。夫是以二爲初所阻，五爲初所逼，遂使一卦六爻止爲一時之用，而其説亦多駁雜而不概於理，此談經之敝也。蓋易卦之所謂時者，人人有之，如屯，則士有士之屯，窮居未達者是也；君臣有君臣之屯，志未就、功未成者是也；甚而庶民商賈之賤，其不逢年而鈍於市者，皆屯也。聖人繫辭，可以包天下萬世之無窮，豈爲一時一事設哉？苟達此義，則初自爲初之屯，德可以有爲而時未至也；二自爲二之屯，道可以有合而時宜待也；五自爲五之屯，澤未可以遠施，則爲之宜以漸也。其餘三爻，義皆倣是。蓋同在屯卦，則皆有屯象，異其所處之位，則各有處屯之理，中閒以承乘比應取義者，亦虛象爾。故二之乘剛，但取多難之象，初不指初之爲侯也；五之屯膏，但取未通之象，亦不因初之爲侯也。今曰二爲初阻，五爲初逼，則初乃卦之大梗，而易爲衰世之書，豈聖人意哉！六十四卦之理，皆當以此例觀之，庶乎辭無窒礙，而義可得矣。

䷃（坎下艮上）

【程傳】蒙，序卦：「屯者盈也，屯者物之始生也，物生必蒙，故受之以蒙。蒙者蒙也，物之稚也。」屯者物之始生，物始生稚小，蒙昧未發，蒙所以次屯也。爲卦艮上坎下，艮爲山、爲止，坎爲水、爲險，山下有險，遇險而止，莫知所之，蒙之象也。水必行之物，始出未有所之，故爲蒙，及其進，則爲亨義。

蒙，亨。匪我求童蒙，童蒙求我。初筮告，再三瀆，瀆則不告。利貞。

【本義】艮亦三畫卦之名，一陽止於二陰之上，故其德爲止，其象爲山。蒙，昧也，物生之初，蒙昧未明也。其卦以坎遇艮，山下有險，蒙之地也，内險外止，蒙之意也，故其名爲蒙。「亨」以下，占辭也。九二内卦之主，以剛居中，能發人之蒙者，而與六五陰陽相應，故遇此卦者有亨道也。我，二也；童蒙，幼稚而蒙昧，謂五也。筮者明，則人當求我，而其亨在人；筮者暗，則我當求人，而亨在我。人求我者，當視其可否而應之；我求人者，當致其精一而扣之。而明者之養蒙，與蒙者之自養，又皆利於以正也。

【程傳】蒙有開發之理，亨之義也。卦才時中，乃致亨之道。六五爲蒙之主，而九二發蒙者也。

我，謂二也，二非蒙主，五既順巽於二，二乃發蒙者也。故主二而言，「匪我求童蒙，童蒙求我」。五居尊位，有柔順之德，而方在童蒙，與二爲正應，而中德又同，能用二之道以發其蒙也。二以剛中之德在下，爲君所信嚮，當以道自守，待君至誠求己而後應之，則能用其道，匪我求於童蒙，乃童蒙來求於我也。筮，占決也；「初筮告」，謂至誠一意以求己，則告之；「再三」則瀆慢矣，故不告也。發蒙之道，利以貞正。又，二雖剛中，然居陰，故宜有戒。

【集說】朱子語類云：人來求我，我則當視其可否而告之。蓋視其來求我之發蒙者，有初筮之誠則告之，再三煩瀆則不告之也。我求人，則當致其精一以叩之，蓋我而求人以發蒙，則當盡初筮之誠，而不可有再三之瀆也。

○項氏安世曰：待其求而後教之，則其心相應而不違；致一以導之，則其受命也如響。

○胡氏炳文曰：有天地即有君師。乾坤之後繼以屯，主震之一陽，而曰「利建侯」，君道也；又繼以蒙，主坎之一陽，而曰「童蒙求我」，師道也。君師之道，皆利於貞。

○俞氏琰曰：瀆，與少儀「毋瀆神」之瀆同。不告，與詩小旻「我龜既厭，不我告猶」之義同。初筮則其志專一，故告；再三則煩瀆，故不告。蓋童蒙之求師，與人之求神，其道一也。

○林氏希元曰：童蒙不我求，則無好問願學之心，安能得其來而使之信？我求而誠或未至，則無專心致志之勤，安能警其惰而使之聽？待其我求而發之，則相信之深，一投而即入矣；待其誠至而發之，則求道之切，一啓而即通矣。此蒙者所以得亨也。

初六，發蒙，利用刑人，用説桎梏，以往吝。

【本義】以陰居下，蒙之甚也。占者遇此，當發其蒙。然發之之道，當痛懲而暫舍之，以觀其後。若遂往而不舍，則致羞吝矣。戒占者當如是也。

【程傳】初以陰暗居下，下民之蒙也，爻言發之之道。發下民之蒙，當明刑禁以示之，使之知畏，然後從而教導之。自古聖王爲治，設刑罰以齊其衆，明教化以善其俗，刑罰立而後教化行，雖聖人尚德而不尚刑，未嘗偏廢也。故爲政之始立法居先，治蒙之初威之以刑者，所以説去其昏蒙之桎梏。桎梏謂拘束也，不去其昏蒙之桎梏，則善教无由而入。既以刑禁率之，雖使心未能喻，亦當畏威以從，不敢肆其昏蒙之欲，然後漸能知善道而革其非心，則可以移風易俗矣。苟專用刑以爲治，則蒙雖畏而終不能發，苟免而无恥，治化不可得而成矣，故以往則可吝。

【集説】王氏安石曰：不辨之於蚤，不懲之於小，則蒙之難極矣。當蒙之初，不能正法以懲其小，而用説桎梏，縱之以往，則吝道也。

〇王氏宗傳曰：所謂刑人者，正其法以示之，立其防束，曉其罪戾而豫以禁之，使蒙蔽者知所戒懼，欲有所縱而不敢爲，然後漸知善道，可得而化之也。當是時也，夫苟説其桎梏，而不豫以禁之，則過此以往，不可復制矣。故於發蒙之初，用刑人則以爲利，用説桎梏則以爲吝也。

胡氏炳文曰：利用刑人，痛懲之也；用説桎梏，暫舍之以觀其後也。痛懲而不暫舍，一於嚴以往，是不知有「敬敷五教，在寬」之道也，故吝。

【案】二王氏之説，則「利用刑人，用説桎梏，以往吝」，只是一正一反口氣，正如「師出以律，失律凶」之比爾。

九二，包蒙吉，納婦吉，子克家。

【本義】九二以陽剛爲内卦之主，統治群陰，當發蒙之任者。然所治既廣，物性不齊，不可一概取必，而爻之德剛而不過，爲能有所包容之象。又以陽受陰，爲納婦之象。又居下位而能任上事，爲子克家之象。故占者有其德而當其事，則如是而吉也。

【程傳】包，含容也。二居蒙之世，有剛明之才，而與六五之君相應，中德又同，當時之任者也。必廣其含容，哀矜昏愚，則能發天下之蒙，成治蒙之功，其道廣，其施博，如是則吉也。卦唯二陽爻，上九剛而過，唯九二有剛中之德而應於五，用於時而獨明者也。苟恃其明，專於自任，則其德不弘，故雖婦人之柔闇，尚當納其所善，則其明廣矣。又以諸爻皆陰，故云婦。堯舜之聖，天下所莫及也，尚曰「清問下民」，取人爲善也。二能包納，則克濟其君之事，猶子能治其家也。五既陰柔，故發蒙之功皆在於二。以家言之，五，父也；二，子也，二能主蒙之功，乃人子克治其家也。

【集説】楊氏萬里曰：五求二，二匪求五，乃曰「子克家」，何也？臣事君如子事父，正使致君如伊、周，亦臣子分内事，如子之克家耳，非功也。

〇王氏申子曰：包蒙者，包衆蒙而爲之主也；納婦者，受衆陰而爲之歸也。此通一卦而言也。五，尊也，父也；二，卑也，子也。處卑而任尊者之事，「子克家」之象也，此以應五而言也。

〇胡氏炳文曰：初爻統説治蒙之理，餘三四五皆是蒙者。治蒙只在陽爻，而九二爲治蒙之主。

〇梁氏寅曰：陽剛明，陰柔暗，故陰爲蒙者，而陽爲發蒙者。卦惟二陽，而九二以剛居中，爲内卦之主，與五相應，當發蒙之任，盡發蒙之道，非九二其誰哉？二中而不過，爲能包蒙，言其量之有容也；以陽受陰，是爲納婦，言其志之相得也；居下任事，爲子能克家，言其才之有爲也。其占如是，吉可知矣。

六三，勿用取女，見金夫，不有躬，无攸利。

【本義】六三陰柔，不中不正，女之見金夫而不能有其身之象也。占者遇之，則其取女必得如是之人，无所利矣。金夫，蓋以金賂己而挑之，若魯秋胡之爲者。

【程傳】三以陰柔處蒙闇，不中不正，女之妄動者也。正應在上，不能遠從，近見九二爲群蒙所歸，得時之盛，故舍其正應而從之，是女之見金夫也。女之從人當由正禮，乃見人之多金，説而從之，不能保有其身者也，无所往而利矣。

【集説】王氏弼曰：童蒙之時，陰求於陽，晦求於明。六三在下卦之上，上九在上卦之上，男女之義也，上不求三而三求上，女先求男者也。女之爲體，正行以待命者也，見剛夫而求之，行在不順，故「勿用取女」而「无攸利」。

○趙氏汝楳曰：人致蒙者多端，故亨蒙非一術。有不被教育而蒙者，初是也；有不能問學而蒙者，四是也；有性質未開而蒙者，五是也。如三，則自我致蒙，聖人戒之曰「勿用取女」。或發之，或擊之，教亦多術，勿取非絶之，不屑之教也。

○林氏希元曰：六三又別取一義，意因二爻取納婦一事，故發此象。

【案】金夫，本義不黏爻象，程傳以爲九二。然九二發蒙之主，若三能從之，正合彖辭「童蒙求我」之義，不應謂之不順。蓋易例，陰爻居下體，而有求於上位者，皆凶。王氏之説近是。

六四，困蒙，吝。

【本義】既遠於陽，又无正應，爲困於蒙之象。占者如是，可羞吝也。能求剛明之德而親近之，則可免矣。

【程傳】四以陰柔而蒙闇，无剛明之親援，无由自發其蒙，困於昏蒙者也，其可吝甚矣。吝，不足也，謂可少也。

【集説】王氏弼曰：獨遠於陽，處兩陰之中，闇莫之發，故曰「困蒙」也。困於蒙昧，不能比賢以發其志，亦以鄙矣，故曰「吝」也。

○胡氏炳文曰：初與三比二之陽，五比上之陽，初三五皆陽位，而三五又皆與陽應，惟六四所比、所應、所居皆陰，困於蒙者也。蒙豈有不可教者？不能親師取友，其困而吝也，自取之也。

六五，童蒙，吉。

【本義】柔中居尊，下應九二，純一未發，以聽於人，故其象爲「童蒙」，而其占爲如是則吉也。

【程傳】五以柔順居君位，下應於二，以柔中之德任剛明之才，足以治天下之蒙，故吉也。童，取未發而資於人也。爲人君者，苟能至誠任賢以成其功，何異乎出於己也？

【集說】陸氏績曰：六五陰爻，又體艮少男，故曰「童蒙」。

○胡氏炳文曰：屯所主在初，卦曰「利建侯」，而爻於初言之；蒙所主在二，卦曰「童蒙求我」，而爻於五言之，五應二者也。童蒙純一未發，以聽於人，居尊位而能以童蒙自處，其吉可知。

○蔡氏清曰：「柔中居尊」，「純一未發」，此童蒙字，與卦辭童蒙字小不同。蓋卦辭只是説蒙昧而已，此之童蒙，言其有柔中之善，純一之心，純則不雜，一則不二，蓋有安己之心而無自用之失，有初筮之誠而無再三之瀆，信乎其吉矣。程傳「童取未發而資於人者也」，此語最切。

○又曰：宋敷文閣直學士李椿有曰：易以九居五、六居二爲當位，而辭多艱；以六居五、九居二爲不當位，而辭多吉。蓋君以剛健爲體，而虛中爲用；臣以柔順爲體，而剛中爲用。君誠以虛中行其剛健，臣誠以剛中守其柔順，則上下交而其志同矣。實易爻之通例。

上九，擊蒙，不利爲寇，利禦寇。

【本義】以剛居上，治蒙過剛，故爲擊蒙之象。然取必太過，攻治太深，則必反爲之害。惟捍其外誘以全其真純，則雖過於嚴密，乃爲得宜。故戒占者如此。凡事皆然，不止爲誨人也。

【程傳】九居蒙之終，是當蒙極之時，人之愚蒙既極，如苗民之不率，爲寇爲亂者，當擊伐之。然九居上，剛極而不中，故戒不利爲寇。治人之蒙乃禦寇也，肆爲剛暴乃爲寇也。若舜之征有苗，周公之誅三監，禦寇也；秦皇、漢武窮兵誅伐，爲寇也。

【集説】楊氏簡曰：擊其蒙，治之雖甚，不過禦其爲寇者而已，去其悖道之心而已。擊之至於太甚，而我反失乎道，是擊之者又爲寇也。故戒之曰「不利爲寇，利禦寇」。

○吴氏澄曰：二剛皆治蒙者，九二剛而得中，其於蒙也能包之，治之以寬者也；上九剛極不中，其於蒙也乃擊之，治之以猛者也。

【總論】項氏安世曰：六爻之義，初常對上、二常對五、三常對四觀之，則其義易明。初用刑以發之，上必至於用兵以擊之；二爲包而接五，則五爲童而巽二；三爲見二而失身，則四爲遠二而失實。大約諸卦多然，終始見於初上，而曲折備於中爻也。

○蔡氏清曰：詳觀蒙卦六爻，在蒙者便當求明者，在明者便當發蒙者，而各有其道，然要之不出卦辭數句矣，故曰「智者觀其彖辭，則思過半矣」。若三四，則自暴自棄，雖聖人與居，不能化而入者也。

吴氏曰愼曰：治蒙之道，當發之、養之，又當包之，至其極，乃擊之。刑與兵，所以弼教，治蒙之道備矣。

䷄（乾下坎上）

【程傳】需，序卦：「蒙者蒙也，物之稚也，物稚不可不養也，故受之以需。需者，飲食之道也。」夫物之幼稚，必待養而成，養物之所需者，飲食也，故曰「需者，飲食之道也」。雲上於天，有蒸潤之象，飲食所以潤益於物，故需爲飲食之道，所以次蒙也。卦之大意，須待之義，序卦取所須之大者耳。乾健之性，必進者也，乃處坎險之下，險爲之阻，故須待而後進也。

需，有孚，光亨，貞吉，利涉大川。

【本義】需，待也。以乾遇坎，乾健坎險，以剛遇險，而不遽進以陷於險，待之義也。孚，信之在中者也。其卦九五以坎體中實，陽剛中正而居尊位，爲「有孚」得正之象。坎水在前，乾健臨之，將涉水而不輕進之象。故占者爲有所待而能有信，則「光亨」矣。若又得正，則吉而「利涉大川」。正固无所不利，而涉川尤貴於能待，則不欲速而犯難也。

【程傳】需者，須待也。以二體言之，乾之剛健，上進而遇險，未能進也，故爲需待之義。以卦才言之，五居君位，爲需之主，有剛健中正之德，而誠信充實於中，中實有孚也。有孚則光明而能亨通，得貞正而吉也。以此而需，何所不濟，雖險无難矣，故「利涉大川」也。凡貞吉，有既正且吉者，有得正則吉者，當辨也。

【集説】朱子語類云：需者，寧耐之意，以剛遇險，時節如此，只得寧耐以待之。且如涉川者，多以不能寧耐致覆溺之禍，故需卦首言「利涉大川」。

○項氏安世曰：需非終不進也，抱實而遇險，有待而後進也。凡待者，皆以其中有可待之實也。我實有之，但能少待，必有光亨之理。若其無之，何待之有？故曰「需有孚光亨」。「光亨」者，不可以盈，必敬慎以終之，故曰「貞吉」。信能行此，則其待不虚，其進不溺，故曰「利涉大川」。「有孚光亨貞吉」者，需之道也；「利涉大川」者，需之效也。

○胡氏炳文曰：需而無實，無光且亨之時；需而非正，無吉且利之理。世有心雖誠實而處事或有未正者，故曰孚又曰貞。

○林氏希元曰：凡人作事，皆責成於目前，其間多有阻礙而目前不可成者，其勢不容於不待。然不容不待者，其心多非所樂，其待也，未必出於中誠，不免於急迫覬望之意，如此則懷抱不開，胸中許多暗昧抑塞，而不光明豁達，故聖人特發有孚之義。蓋遇事勢之未可爲，即安於義命，從容以待機會，而不切切焉以厚覬望，則其待也出於真實，而非虛假矣，如此則心逸日休，胸襟洒落而無滯礙，不亦光明豁達乎？然使心安於需，而事或未出於正，則將來亦未必可成。必也所需之事皆出於正，而無行險僥倖之爲，則功深而效得，時動而事起，向者之所需，而今皆就緒矣，故吉。

初九，需于郊，利用恒，无咎。

【本義】郊，曠遠之地，未近於險之象也。而初九陽剛，又有能常於其所之象。故戒占者能如是則无咎也。

【程傳】需者以遇險，故需而後進。初最遠於險，故爲需于郊。郊，曠遠之地也。處於曠遠，利在安守其常，則无咎也。不能安常，則躁動犯難，豈能需於遠而无過也？

【集説】孔氏穎達曰：難在於坎，初九去難既遠，故待於郊。郊者，境上之地，去水遠也。恒，常也，遠難待時以避其害，故宜保守其常，所以无咎。

○梁氏寅曰：需下三爻，以去險遠近爲吉凶。初以陽處下，最遠於險，故爲需于郊之象。郊，荒遠之地也，而君子安處焉，故云「利用恒」。

九二，需于沙，小有言，終吉。

【本義】沙則近於險矣。言語之傷，亦災害之小者，漸進近坎，故有此象。剛中能需，故得「終吉」，戒占者當如是也。

【程傳】坎爲水，水近則有沙，二去險漸近，故爲「需于沙」。漸近於險難，雖未至於患害，已「小有言」矣。凡患難之辭，大小有殊，小者至於有言，言語之傷至小者也。二以剛陽之才而居柔守中，寬裕自處，需之善也，雖去險漸近，而未至於險，故小有言語之傷而无大害，終得其吉也。

【集説】孔氏穎達曰：沙是水旁之地，去水漸近，故難稍近而「小有言」。但履健居中，以待要會，終得其吉也。

○胡氏炳文曰：初最遠坎，「利用恒」乃无咎。九二漸近坎，「小有言」矣，而曰「終吉」者，初九以剛居剛，恐其躁急，故雖遠險，猶有戒辭；九二以剛居柔，寬而得中，故雖近險，而不害其爲吉。

九三，需于泥，致寇至。

【本義】泥，將陷於險矣，寇則害之大者。九三去險愈近，[一]而過剛不中，故其象如此。

【程傳】泥，逼於水也，既進逼於險，當致寇難之至也。三剛而不中，又居健體之上，有進動之象，故「致寇」也。苟非敬慎，則致喪敗矣。

【集説】王氏申子曰：泥則切近水矣，險已近，而又以剛用剛，而進逼之，是招致寇難之至也。

○龔氏焕曰：郊、沙、泥之象，視坎水遠近而爲言者也。易之取象如此。

[一] 九三去險愈近：險，四庫本作「陷」。

六四，需于血，出自穴。

【本義】血者，殺傷之地；穴者，險陷之所。四交坎體，入乎險矣，故爲「需于血」之象。然柔得其正，需而不進，故又爲「出自穴」之象。占者如是，則雖在傷地而終得出也。

【程傳】四以陰柔之質處於險，而下當三陽之進，傷於險難者也，故云「需于血」。既傷於險難，則不能安處，必失其居，故云「出自穴」。穴，物之所安也。順以從時，不競於險難，所以不至於凶也。以柔居陰，非能競者也，若陽居之，則必凶矣。蓋无中正之德，徒以剛競於險，適足以致凶耳。

【集説】朱子語類：問「程傳釋穴，物之所安」。曰：穴是陷處，唤作所安不得，柔得正了，需而不進，故能出於坎陷。

○楊氏啓新曰：剛者能需，柔亦能需，何也？剛柔皆有善惡。剛之需，猶乾之健而知險也；柔之需，猶坤之簡而知阻也。

九五，需于酒食，貞吉。

【本義】酒食，宴樂之具，言安以待之。九五陽剛中正，需於尊位，故有此象。占者如是而貞固，則得吉也。

【程傳】五以陽剛居中得正，位乎天位，克盡其道矣。以此而需，何需不獲？故宴安酒食以俟之，所須必得也。既得貞正，而所需必遂，可謂吉矣。

【集說】鄭氏維嶽曰：繫辭曰「需者飲食之道也」，象曰「君子以飲食宴樂」，爻曰「需于酒食」，以治道言，使斯民樂其樂而利其利，期治於必世百年之後，而不爲近功者，須待之義也。

○喬氏中和曰：九五之貞吉也，豈徒以酒食云哉？險而不陷，中自持也。

【案】需之爲義最廣，其大者，莫如王道之以久而成化，而不急於淺近之功；聖學之以寬而居德，而不入於正助之弊。卦惟九五剛健中正以居尊位，是能盡需之道者，故彖傳特舉此爻，以當彖辭之義，而大象傳又特取此爻爻辭，以蔽需義之全。蓋繼屯蒙之後，既治且教，而所謂休養生息，使之樂樂而利利，漸仁摩義，使之世變而風移者，其在於需乎！觀需之卦，而不知此爻之義，但以諸爻處險之偏乎一義者概之，則需與蹇、困何異哉！

上六，入于穴，有不速之客三人來，敬之終吉。

【本義】陰居險極，无復有需，有陷而入穴之象。下應九三，九三與下二陽需極並進，爲不速客三人之象。柔不能禦而能順之，有敬之之象。占者當陷險中，然於非意之來，敬以待之，則得終吉也。

【程傳】需，以險在前，需時而後進。上六居險之終，終則變矣，在需之極，久而得矣。陰止於六，乃安其處，故爲入于穴。穴，所安也，安而既止，後者必至。「不速之客三人」，謂下之三陽。乾之三陽非在下之物，需時而進者也，需既極矣，故皆上進。「不速」，不促之而自來也。上六既需得其安處，群剛之來，苟不起忌疾忿競之心，至誠盡敬以待之，雖甚剛暴，豈有侵陵之理？故終吉也。或疑以陰居三陽之上，得爲安乎？曰：三陽乾體，志在上進，六陰位，非所止之正，故無爭奪之意，敬之則吉也。

【集説】胡氏炳文曰：入于穴，險極而陷之象；速者，主召客之辭；三人，乾三陽之象。下三陽非皆與上應也，有不速之象。上柔順，有敬之之象。上獨不言需，險之極，無復有需也。外卦險體，二陰皆有穴象，四「出自穴」而上則「入于穴」，何哉？六四柔正能需，猶可出於險，故曰「出」者，許其將然也；上六柔而當險之終，無復能需，惟入於險而已，故曰「入」者，言其已然也。然雖已入於險，非意之來，敬之終吉，君子未嘗無處險之道也。

○薛氏瑄曰：「有不速之客三人來，敬之終吉」，處横逆之道也。

○谷氏家杰曰：三居下卦之終，而示之以敬；上居上卦之終，而又示之以敬，則知處需者貴敬也。

【總論】蔣氏悌生曰：需，待也，以剛健之才遇險陷在前，當容忍待時，用柔而主靜，若不度時勢，恃剛忿躁而驟進，取敗亡必矣。初九去險尚遠，以「用恒」免咎；九二漸近險，亦以用柔守中而終吉；九三已迫於險，象言「敬慎不敗」；六四已傷於險，以柔而不競，能出自穴；上六險陷之極，亦以能敬終吉。然則需待之時，能含忍守敬，皆可以免禍。需之時義大矣！

䷅（坎下乾上）

【程傳】訟，序卦：「飲食必有訟，故受之以訟。」人之所需者飲食，既有所須，爭訟所由起也，訟所以次需也。爲卦乾上坎下。以二象言之，天陽上行，水性就下，其行相違，所以成訟也。以二體言之，上剛下險，剛險相接，能无訟乎？又，人内險阻而外剛强，所以訟也。

訟，有孚，窒惕，中吉，終凶。利見大人，不利涉大川。

【本義】訟，爭辨也。上乾下坎，乾剛坎險，上剛以制其下，下險以伺其上，又爲内險而外健，又爲己險而彼健，皆訟之道也。九二中實，上无應與，又爲加憂，且於卦變自遯而來，爲剛來居二，而當下卦之中，有「有孚」而見窒、能懼而得中之象。上九過剛，居訟之極，有終極其訟之象。九五剛健中正以居尊位，有大人之象。以剛乘險，以實履陷，有「不利涉大川」之象。故戒占者，必有爭辨之事，而隨其所處爲吉凶也。

【程傳】訟之道，必有其孚實，中无其實，乃是誣妄，凶之道也。卦之中實，爲有孚之象。訟者，與人爭辨，而待決於人。雖有孚，亦須窒塞未通，不窒則已明，无訟矣。事既未辨，吉凶未可必也，故有畏惕。「中吉」，得中則吉也；「終凶」，終極其事則凶也。訟者求辨其曲直也，故利見於大人，大人則能以其剛明中正決所訟也。訟非和平之事，當擇安地而處，不可陷於危險，故「不利涉大川」也。

【集説】孔氏穎達曰：窒，塞也；惕，懼也。凡訟之體，不可妄興，必有信實被物止塞，而能惕懼，中道而止，乃得吉也。「終凶」者，訟不可長，若終竟訟事，雖復「窒惕」，亦有凶也。物既有訟，須大人決之，故「利見大人」。若以訟而往涉危難，必有禍患，故「不利涉大川」。

○胡氏瑗曰：孚者，由中之信。人所以興訟，必有由中之信，而爲他人之所窒塞，不得已而興訟。然雖己有信實，而爲人之窒塞，亦須恐懼兢慎而不敢自安，則庶幾免於凶禍。又中道而止，則可以獲吉也。大川，謂大險大難也。凡歷險涉難，必須物情相協，志氣和同，則可得而濟也。今訟之時，物情違忤而不相得，欲濟涉險難，必不可得。

○朱子語類云：大凡卦辭取義不一。如訟「有孚窒惕中吉」，蓋取九二中實、坎爲加憂之象；「終凶」，蓋取上九終極於訟之象；「利見大人」，蓋取九五剛健中正居尊之象；「不利涉大川」，又取以剛乘險、以實履陷之象。此取義不一也。然亦有不必如此取者，此特其一例也。卦辭如此，辭極齊整，蓋所取諸爻義皆與爻中本辭協，亦有雖取爻義而與爻本辭不同者。

○項氏安世曰：「利見大人」，或不與之校，如直不疑；或爲之和解，如卓茂；或使其心化，如王烈；或爲之辨明，如仲由，皆訟者之利也。「不利涉大川」，涉險之道，利在同心，此豈相爭之時哉！

初六，不永所事，小有言，終吉。

【本義】陰柔居下，不能終訟，故其象占如此。

【程傳】六以柔弱居下，不能終訟者也。故於訟之初，因六之才爲之戒曰：若不長永其事，則雖小有言，終得吉也。蓋訟非可長之事，以陰柔之才而訟於下，難以吉矣。以上有應援而能不永其事，故雖「小有言」，終得吉也。「有言」，災之小者也；「不永其事」，而不至於凶，乃訟之吉也。

【集説】王氏弼曰：處訟之始，訟不可終，故「不永所事」，然後乃吉。凡陽唱而陰和，陰非先唱者也。處訟之始，不爲訟先，雖不能不訟，而必辨明也。

○楊氏簡曰：訟之初，不深也，有「不永所事」之象。訟之初未深，「小有言」而已，既「不永其事」，故「終吉」。

○胡氏炳文曰：初不曰不永訟，而曰「不永所事」，事之初，猶冀其不成訟也。「小有言」與需不同，需「小有言」，人不能不小有言也；此之「小有言」，我不能已而小有言也。

九二，不克訟，歸而逋，其邑人三百户无眚。

【本義】九二陽剛，爲險之主，本欲訟者也。然以剛居柔，得下之中，而上應九五，陽剛居尊，勢不可敵，故其象占如此。「邑人三百户」，邑之小者，言自處卑約以免災患。占者如是，則无眚矣。

【程傳】二五相應之地，而兩剛不相與，相訟者也。九二自外來，以剛處險，爲訟之主，乃與五爲敵。五以中正處君位，其可敵乎？是爲訟而義不克也。若能知其義之不可，退歸而逋避，以寡約自處，則得无過眚也。必逋者，避爲敵之地也。三百户，邑之至小者，若處强大，是猶競也，能无眚乎！眚，過也，處不當也，與知惡而爲，有分也。

【集説】荀氏爽曰：二者下體之君，君不争，則百姓無害也。

○王氏弼曰：以剛處訟，不能下物，自下訟上，宜其不克。若能以懼，歸竄其邑，乃可以免災。邑過三百，竄而據强，災未免也。

○項氏安世曰：一家好訟，則百家受害，言「三百户无眚」，見安者之衆也。

○俞氏琰曰：九二以剛居柔，故不克訟，逋逃也。既逋，則近己者皆無連坐之患，故曰「其邑人三百户无眚」。

【案】「三百户无眚」，傳、義皆用王氏説，荀氏、項氏、俞氏則以爲所居之邑託以安居，義亦可從。

六三，食舊德，貞厲，終吉。或從王事，无成。

【本義】食猶「食邑」之食，言所享也。六三陰柔，非能訟者，故守舊居正，則雖危而終吉。然或出而從上之事，則亦必无成功。占者守常而不出，則善也。

【程傳】三雖居剛而應上，然質本陰柔，處險而介二剛之閒，危懼非爲訟者也。禄者稱德而受，「食舊德」，謂處其素分；貞，謂堅固自守；「厲終吉」，謂雖處危地，能知危懼，則終必獲吉也。守素分而无求，則不訟矣。處危，謂在險而承乘皆剛，與居訟之時也。柔，從剛者也；下，從上者也。三不爲訟而從上九所爲，故曰「或從王事」。「无成」，謂從上而成不在己也。訟者剛健之事，故初則不永，三則從上，皆非能訟者也。二爻皆以陰柔不終而得吉，四亦以不克而渝得吉，訟以能止爲善也。

【集説】虞氏翻曰：道无成而代有終，故曰「无成」。坤三同義也。

○胡氏瑗曰：「无成」者，不敢居其成，但從王事，守其本位本禄而已，故獲其吉也。

○徐氏幾曰：聖人於初三兩柔爻，皆繫之以「終吉」之辭，所以勉人之無訟也。苟知柔而不喜訟者終吉，則知剛而好訟者終凶矣。

○李氏簡曰：「或從王事无成」者，謂從王事而不以成功自居也。夫訟生於其行之相違，而天下之訟又起於矜功而伐善，以柔而從剛，以下而從上，有功而不自居，故能不失舊德，而終又獲吉也。

○胡氏炳文曰：「食舊德」，與「位乎天德」語同。位必稱德而居，故寧德過其位，毋位過其德；食必稱德而食，故寧德浮於食，毋食浮於德。食猶「食邑」之食。九二「邑人三百户」，食之最約者也。二剛險，本欲訟者，能退處於分之小，僅可「无眚」；三陰柔，本不能訟者，能守其分之常，雖厲猶吉。

○楊氏啓新曰：「食舊德」，安其分之所當得，是不與人競利也。「或從王事」者，分之所不得越，是不與人競功也。蓋不必告訐之風乃謂之訟，一有爭競之心，亦訟也。

【附録】徐氏幾曰：「王事」即訟事，「无成」即象之「訟不可成也」。

【案】本義是戒人以不可從王事也。但此爻與坤三之文大同小異，不應其義差殊，故諸家之説可以與本義相參，而楊氏尤爲明暢也。徐氏即以訟不可成爲解，亦可備一説。

九四，不克訟，復即命，渝，安貞吉。

【本義】即，就也；命，正理也；渝，變也。九四剛而不中，故有訟象，以其居柔，故又爲不克而復就正理、渝變其心、安處於正之象。占者如是則吉也。

【程傳】四以陽剛而居健體，不得中正，本爲訟者也。承五履三而應初，五，君也，義不克訟，三居下而柔，不與之訟，初正應而順從，非與訟者也，四雖剛健欲訟，无與對敵，其訟无由而興，故「不克訟」也。又，居柔以應柔，亦爲能止之義。既義不克訟，若能克其剛忿欲訟之心，「復即」就於「命」，革其心，平其氣，變而爲「安貞」，則「吉」矣。「命」謂正理，失正理爲方命，故以「即命」爲「復」也。方，不順也，書云「方命圮族」，孟子曰「方命虐民」。夫剛健而不中正則躁動，故不安；處非中正，故不貞；不安貞，所以好訟也。若義不克訟而不訟，反就正理，變其不安貞爲安貞，則吉矣。

【集説】龔氏原曰：二與五訟，四與初訟，其與爲敵者强弱不同，而皆曰「不克」者，蓋二以下訟上，其不克者，勢也；四以上訟下，其不克者，理也。二見勢之不可，故歸而逋竄；四知理之不可，故復而即命。二四皆剛居柔，故能如此。

○楊氏簡曰：九剛四柔，有始訟終退之象。人惟不安於命，故以人力爭訟。今不訟而即於命，變而安於貞，吉之道也。

九五，訟，元吉。

【本義】陽剛中正以居尊位，聽訟而得其平者也。占者遇之，訟而有理，必獲伸矣。

【程傳】以中正居尊位，治訟者也。治訟得其中正，所以元吉也。元吉，大吉而盡善也。吉大而不盡善者有矣。

【集説】王氏肅曰：以中正之德齊乖爭之俗，元吉也。

○王氏弼曰：處得尊位，爲訟之主，用其中正以斷枉直，中則不過，正則不邪，故「訟元吉」。

○趙氏汝楳曰：大人在上，平諸侯萬民之訟，至於見遜畔、遜路而息爭，吉孰大焉。

○俞氏琰曰：九五以剛明之德居尊而又中正，彖辭所謂大人是也。訟之有理者，見之必獲伸矣。元吉，乃吉之盡善者也。

上九，或錫之鞶帶，終朝三褫之。

【本義】鞶帶，命服之飾；褫，奪也。以剛居訟極，終訟而能勝之，故有錫命受服之象。然以訟得之，豈能安久？故又有「終朝三褫」之象。其占爲終訟无理，而或取勝，然其所得終必失之。聖人爲戒之意深矣。

【程傳】九以陽居上，剛健之極，又處訟之終，極其訟者也。人之肆其剛强，窮極於訟，取禍喪身，固其理也。設或使之善訟能勝，窮極不已，至於受服命之賞，是亦與人仇爭所獲，其能安保之乎？故終一朝而三見褫奪也。

【集説】王氏弼曰：處訟之極，以剛居上，訟而得勝者也。以訟受錫，榮何可保？故終朝之閒褫帶者三也。

○胡氏炳文曰：上九以剛極處訟終，卦所謂「終凶」者也，故設此以戒之。

【總論】丘氏富國曰：九五居尊，爲聽訟之主，故「訟元吉」。餘五爻則皆訟者也。然天下惟剛者訟，柔者不訟。初與三，柔也，故初「不永所事」而「終吉」，三「食舊德」而「終吉」。二四上，剛也，二與五對，揆勢不敵而不訟，四與初對，顧理不可而不訟，亦以其居柔，故二「无眚」而四「安貞」也。獨上九處卦之窮，下與三對，柔不能抗，故有錫鞶帶之辭焉。然一日三褫，辱亦甚矣，訟之勝者何足敬乎！

䷆（坎下坤上）

【程傳】師，序卦：「訟必有衆起，故受之以師。」師之興由有爭也，所以次訟也。爲卦坤上坎下。

以二體言之，地中有水，爲衆聚之象；以二卦之義言之，内險外順，險道而以順行，師之義也；以爻言之，一陽而爲衆陰之主，統衆之象也。比以一陽爲衆陰之主而在上，君之象也；師以一陽爲衆陰之主而在下，將帥之象也。

師，貞丈人吉，无咎。

【本義】師，兵衆也。下坎上坤，坎險坤順，坎水坤地。古者寓兵於農，伏至險於大順，藏不測於至静之中。又卦惟九二一陽，居下卦之中，爲將之象。上下五陰，順而從之，爲衆之象。九二以剛居下而用事，六五以柔居上而任之，爲人君命將出師之象，故其卦之名曰師。丈人，長老之稱，用師之道，利於得正而任老成之人，乃得吉而无咎。戒占者亦必如是也。

【程傳】師之道以正爲本，興師動衆以毒天下，而不以正，民弗從也，强驅之耳，故師以貞爲主。其動雖正也，帥之者必丈人，則吉而无咎也。蓋有吉而有咎者，有无咎而不吉者，吉且无咎，乃盡善也。丈人者，尊嚴之稱，帥師總衆，非衆所尊信畏服，則安能得人心之從？故司馬穰苴擢自微賤，授之以衆，乃以衆心未服，請莊賈爲將也。所謂丈人，不必素居崇貴，但其才謀德業衆所畏服則是也。如穰苴既誅莊賈，則衆心畏服，乃丈人矣。又如淮陰侯起於微賤，遂爲大將，蓋其謀爲有以使人尊畏也。

【集説】王氏弼曰：興役動衆，無功罪也，故吉乃无咎。

○朱子語類云：「吉无咎」，謂如一件事，自家作出來好，方得无罪咎；若作得不好，雖是好事，也則有咎。

初六，師出以律，否臧凶。

【本義】律，法也；否臧，謂不善也。晁氏曰：否字，先儒多作「不」，是也。在卦之初，爲師之始，出師之道當謹其始，以律則吉，不臧則凶。戒占者當謹始而守法也。

【程傳】初，師之始也，故言出師之義及行師之道。在邦國興師而言，合義理則是以律法也，謂以禁亂誅暴而動，苟動不以義，則雖善亦凶道也。善謂克勝，凶謂殃民害義也。在行師而言，律謂號令節制，行師之道，以號令節制爲本，所以統制於衆不以律，則雖善亦凶，雖使勝捷，猶凶道也。制師无法，幸而不敗且勝者，時有之矣，聖人之所戒也。

【集説】王氏弼曰：爲師之始，齊師者也。齊衆以律，失律則散。

○程子曰：律有二義，有出師不以義者，有行師而無號令節制者，皆失律也。

○胡氏炳文曰：初六才柔，故有否臧之戒。然以律不言吉，否臧則言凶者，律令謹嚴，出師之常，其勝負猶未可知也，故不言吉；出而失律，凶立見矣。

九二，在師中吉，无咎，王三錫命。

【本義】九二在下，爲衆陰所歸，而有剛中之德，上應於五而爲所寵任，故其象占如此。

【程傳】師卦惟九二一陽爲衆陰所歸，五居君位是其正應，二乃師之主，專制其事者也。居下而專制其事，唯在師則可。自古命將，閫外之事得專制之，在師專制而得中道，故吉而无咎。蓋恃專則失爲下之道，不專則无成功之理，故得中爲吉。凡師之道，威和並至則吉也。既處之盡其善，則能成功而安天下，故王錫寵命至於三也。凡事至於三者，極也。六五在上，既專倚任，復厚其寵數，蓋禮不稱則威不重，而下不信也。它卦九二爲六五所任者有矣，惟師專主其事而爲衆陰所歸，故其義最大。人臣之道，於事无所敢專，惟閫外之事則專制之，雖制之在己，然因師之力而能致者，皆君所與而職當爲也。世儒有論魯祀周公以天子禮樂，以爲周公能爲人臣不能爲之功，則可用人臣不得用之禮樂，是不知人臣之道也。夫居周公之位，則爲周公之事，由其位而能爲者，皆所當爲也，周公乃盡其職耳。子道亦然。唯孟子爲知此義，故曰「事親若曾子者可也」，未嘗以曾子之孝爲有餘也。蓋子之身所能爲者，皆所當爲也。

【集説】孔氏穎達曰：承上之寵，爲師之主，任大役重，無功則凶，故吉乃无咎。「王三錫命」者，以其有功，故王三加錫命。

○朱子語類云：「在師中吉」，言以剛中之德在師中，所以爲吉。

○胡氏炳文曰：卦辭「師，貞丈人吉，无咎」，爻「在師中吉，无咎」，即卦辭意也。中則無過不及，所以爲貞；在師而中，所以爲丈人，故師六爻惟九二「吉无咎」。

六三，師或輿尸，凶。

【本義】輿尸，謂師徒撓敗，輿尸而歸也。以陰居陽，才弱志剛，不中不正而犯非其分，故其象占如此。

【程傳】三居下卦之上，居位當任者也。不唯其才陰柔不中正，師旅之事任當專一，二既以剛中之才爲上信倚，必專其事乃有成功，若或更使衆人主之，凶之道也。輿尸，衆主也，蓋指三也，以三居下之上，故發此義。軍旅之事任不專一，覆敗必矣。

【集說】王氏申子曰：三不中不正，以柔居剛，是小人之才弱志剛者，而居二之上，是二爲主將，三躐而尸之也。凡任將不專，偏裨擅命，權不出一者，皆「輿尸」也，軍旅何所聽命乎？其取敗必矣。

六四，師左次，无咎。

【本義】左次，謂退舍也。陰柔不中，而居陰得正，故其象如此。全師以退，賢於六三遠矣，故其占如此。

【程傳】師之進以强勇也，四以柔居陰，非能進而克捷者也。知不能進而退，故「左次」。左次，退舍也。量宜進退，乃所當也，故「无咎」。見可而進，知難而退，師之常也。唯取其退之得宜，不論其才之能否也。度不能勝而完師以退，愈於覆敗遠矣，可進而退，乃爲咎也。易之發此義以示後世，其仁深矣。

【集説】吴氏澄曰：按兵家尚右，右爲前，左爲後，故八陣圖天前衝、地前衝在右，天後衝、地後衝在左。

六五，田有禽，利執言，无咎。長子帥師，弟子輿尸，貞凶。

【本義】六五用師之主，柔順而中，不爲兵端者也。敵加於己，不得已而應之，故爲「田有禽」之象，而其占利以搏執而无咎也。言，語辭也；長子，九二也；弟子，三、四也。又戒占者專於委任，若使君子任事，而又使小人參之，則是使之「輿尸」而歸，故雖貞而亦不免於凶也。

【程傳】五，君位，興師之主也，故言興師任將之道。師之興，必以蠻夷猾夏，寇賊姦宄爲生民之害，不可懷來，然後奉辭以誅之。若禽獸入於田中，侵害稼穡，於義宜獵取，則獵取之，如此而動，乃得无咎。若輕動以毒天下，其咎大矣。執言，奉辭也，明其罪而討之也。若秦皇、漢武，皆窮山林以索禽獸者也，非「田有禽」也。任將授師之道，當以長子帥師，二在下而爲師之主，長子也，若以弟子衆主之，則所爲雖正，亦凶也。弟子，凡非長者也。自古任將不專而致覆敗者，如晉荀林父邲之戰、唐郭子儀相州之敗是也。

【集説】孔氏穎達曰：陰不先唱，柔不犯物，犯而後應，故往即有功，猶如田中有禽而來犯苗，若往獵之，則无咎過。

○朱子語類：問：「易爻取義，如師之五『長子帥師』，乃是本爻有此象，又却説『弟子輿尸』，何也?」曰:「此假設之辭也。言若弟子輿尸,則凶矣。」問:「此例恐與『家人嗃嗃』而繼以『婦子嘻嘻』同?」曰:「然。」

○胡氏炳文曰:長子,即彖所謂「丈人」也,自衆尊之則曰丈人,自君稱之則曰長子,皆長老之稱。

○蔣氏悌生曰:輿尸,程傳訓衆主,朱義訓撓敗,但訓作衆主,則與長子帥師爲反對,其義尤切。禽在山林,固無事於獵取,今入於田,則害我禾稼,畋而執之,宜也。長子帥師,可也,又使弟子衆主之,是自取凶咎也。

○蔡氏清曰:「田有禽,利執言」,是「師貞」意;「長子帥師」,是「丈人」意。

上六,大君有命,開國承家,小人勿用。

【本義】師之終,順之極,論功行賞之時也。坤爲土,故有開國承家之象。然小人則雖有功,亦不可使之得有爵土,但優以金帛可也。戒行賞之人,於小人則不可用此占,而小人遇之,亦不得用此爻也。

【程傳】上,師之終也,功之成也,大君以爵命賞有功也。開國,封之爲諸侯也;承家,以爲卿大夫也;承,受也。小人者雖有功,不可用也,故戒使「勿用」。師旅之興,成功非一道,不必皆君子也,故戒以小人有功不可用也,賞之以金帛祿位可也,不可使有國家而爲政也。小人平時易致驕盈,况挾其功乎！漢之英、彭所以亡也，聖人之深慮遠戒也。此專言師終之義，不取爻義，蓋以其大者。若以爻言，則六以柔居順之極，師既終而在无位之地，善處而无咎者也。

【集説】朱子語類云：「開國承家，小人勿用」，舊時説只作論功行賞之時不可及小人，今思他既一例有功，如何不及他得？看來「開國承家」一句是公共得底，未分别君子小人在。「小人勿用」，則是勿更用他，與之謀議經畫耳。漢光武能用此義，自定天下之後，一例論功行封，其所以用之在左右者，則鄧禹、耿弇、賈復數人，他不與焉。此義方思量得如此，未曾改入本義，且記取。

○趙氏汝楳曰：大君，六五也。周官軍將皆命卿，「開國」者，出封爲諸侯；師帥皆中大夫，旅帥皆下大夫，「承家」者，大夫之采邑。

○又曰：知勇之人，不能皆全材，用於戎行，有將帥節制於上，未見其害，今爲國爲家，有民人，有社稷，則不可屬之小人。

○胡氏炳文曰：初，師之始，故紀其出師而有律；上，師之終，故紀其還師而賞功。六爻中，將兵、將將，伐罪、賞功，靡所不載。末曰「小人勿用」，則又戒辭也。雖然，亦在於謹其始焉耳。曰丈人，曰長子，用以行師者得其人，及其開國承家，自不至於用小人矣。

○林氏希元曰：小人立功，不得不一例賞以爵邑。若一例賞以爵邑，又恐播惡於衆，不若於行師之初不用之爲愈也。故象傳謂其「必亂邦」，彖辭於「師貞」之下即言宜用「丈人」，五爻之辭又戒用「弟子」，即此意也。師之始既言之，師之終而復言，正戒人當謹於其始也。

【案】「小人勿用」，非既用而不封，亦非既封而不用，乃是從初不用。所謂丈人吉、弟子凶者，自其出師之始而已然也。胡氏、林氏之説，皆合卦意。但此處「小人勿用」，「小人」二字又似所包者廣，蓋非專論在師立功之人，乃是謂亂定之後，建官惟賢，不可復用小人，恐爲他日之亂本爾。如解卦，難既平矣，必曰「小人退」；既濟卦，「三年克之」矣，又必曰「小人勿用」，皆此意也。

御纂周易折中卷第二

䷇（坤下坎上）

【程傳】比，序卦：「衆必有所比，故受之以比。」比，親輔也。人之類必相親輔，然後能安，故既有衆，則必有所比，比所以次師也。爲卦上坎下坤，以二體言之，水在地上，物之相切比無閒，莫如水之在地上，故爲比也。又衆爻皆陰，獨五以陽剛居君位，衆所親附，而上亦親下，故爲比也。

比，吉。原筮元永貞，无咎。不寧方來，後夫凶。

【本義】比，親輔也。九五以陽剛居上之中，而得其正，上下五陰比而從之，以一人而撫萬邦、以四海而仰一人之象。故筮者得之，則當爲人所親輔，然必再筮以自審，有元善、長永、正固之德，然後可以當衆之歸而无咎。其未比而有所不安者，亦將皆來歸之。若又遲而後至，則此交已固，彼來已晚，而得凶矣。若欲比人，則亦以是而反觀之耳。

【程傳】比，吉道也。人相親比，自爲吉道，故雜卦云「比樂師憂」。人相親比，必有其道，苟非其道，則有悔咎，故必推原占決其可比者而比之。筮，謂占決卜度，非謂以蓍龜也。所比得「元永貞」，則无咎。元，謂有君長之道；永，謂可以常久；貞，謂得正道。上之比下，必有此三者；下之從上，必求此三者，則无咎也。人之不能自保其安寧，方且來求親比，得所比則能保其安。當其不寧之時，固宜汲汲以求比，若獨立自恃，求比之志不速而後，則雖「夫」亦凶矣。「夫」猶凶，況柔弱者乎？夫，剛立之稱，傳曰「子南夫也」，又曰「是謂我非夫」。凡生天地之閒者，未有不相親比而能自存者也，雖剛強之至，未有能獨立者也。比之道，由兩志相求，兩志不相求則睽矣。君懷撫其下，下親輔於上，親戚、朋友、鄉黨皆然，故當上下合志以相從，苟无相求之意，則離而凶矣。大抵人情相求則合，相持則睽。相持，相待莫先也。人之相親固有道，然而欲比之志不可緩也。

【集説】郭氏雍曰：一陽之卦得位者，師、比而已，得君位者爲比，得臣位者爲師。

○馮氏椅曰：萃與比，下體坤順同，上體水、澤不相遠，惟九四一爻有分權之象，故「元永貞」言於五；比下無分權者，故「元永貞」言於卦，義各有在也。

○胡氏一桂曰：六十四卦惟蒙、比以筮言，蒙貴初而比貴原者，蓋發蒙之道，當視其初筮之專誠；顯比之道，當致其原筮而謹審，所以不同也。

○胡氏炳文曰：原筮，本義讀如原蠶、原廟、原田之原，義皆訓再。曰吉、曰无咎、曰凶，皆占辭。吉，上下相比之占，統言也。无咎，所比者之占；凶，比人者之占，分言也。蒙、比卦辭特發兩筮字，以示占者之通例。筮得蒙卦辭，蒙求亨者，與亨蒙者，皆可用；筮得此卦辭，爲人所比，與求比者，皆可用，顧其所處所存者何如耳。蒙之筮，問之人者也，不一則不專；比之筮，問其在我者也，不再則不審。「不寧方來」，指下四陰而言，來者自來，後者自後，吾惟問我之可比不可比，彼之來比不來比，吾不問也。此固王者大公之道，而爲九五之顯比者也。

初六，有孚比之，无咎。有孚盈缶，終來有它吉。

【本義】比之初貴乎有信，則可以无咎矣。若其充實，則又有它吉也。

【程傳】初六，比之始也。相比之道，以誠信爲本，中心不信而親人，人誰與之？故比之始必有孚誠，乃无咎也。孚，信之在中也。誠信充實於内，若物之盈滿於缶中也。缶，質素之器。言若缶之盈實其中，外不加文飾，則終能來「有它吉」也。它，非此也，外也。若誠實充於内，物无不信，豈用飾外以求比乎？誠信中實，雖它外皆當感而來從。孚信，比之本也。

【集説】鄭氏汝諧曰：五爲比之主，初最遠而非其應，何以有吉義？蓋幾生於應物之先，而誠出於志之未變，故以信求比，何咎之有？盈，充也；缶，素器也。居下而位卑，擴吾之信以充之，雖遠而非其應，終必應而「有它吉」矣。「有它吉」者，非期於必得而得之也。

○胡氏炳文曰：與人交，止於信。親比之初，能有誠信，所以比之无咎。及其誠信充實，則非特无咎，又「有它吉」。初六不與五應，故曰「有它」。大過九四、中孚初九皆曰「有它」，彼則戒其有它向之心，此則許其有它至之吉也。

六二，比之自内，貞吉。

【本義】柔順中正，上應九五，自内比外，而得其正，吉之道也。占者如是，則正而吉矣。

【程傳】二與五爲正應，皆得中正，以中正之道相比者也。二處於内，自内，謂由己也，擇才而用雖在乎上，〔一〕而以身許國必由於己，己以得君道合而進，乃得正而吉也。以中正之道應上之求，乃自内也，不自失也。汲汲以求比者，非君子自重之道，乃自失也。

【集説】梁氏寅曰：二與五爲比，由内而比外者也。凡貞吉，有爻之本善者，有爻非貞而爲之戒者。此曰「貞吉」，爻之本善也，言自内比外而得其正，是以吉也。

○谷氏家杰曰：自内之所有者以比之，達不變塞也，即此是正，故吉。

六三，比之匪人。

【本義】陰柔不中正，承、乘、應皆陰，所比皆非其人之象。其占大凶，不言可知。

【程傳】三不中正，而所比皆不中正。四陰柔而不中，二存應而比初，皆不中正，匪人也。比於匪人，其失可知，悔吝不假言也，故可傷。二之中正而謂之匪人，隨時取義，各不同也。

〔一〕擇才而用雖在乎上：上，原作「二」，據四庫本、局本、薈要本改。

【集説】王氏弼曰：四自外比，二爲五應，近不相得，遠則無應，所與比者皆非己親，故曰「比之匪人」。

○朱子語類云：初應四，爲比得其人；二應五，亦爲比得其人。惟三乃應上，上爲「比之无首」者，故爲「比之匪人」也。

○趙氏彦肅曰：初比於五，先也；二，應也；四，承也。六三無是三者之義，將不能比五矣。

六四，外比之，貞吉。

【本義】以柔居柔，外比九五，爲得其正，吉之道也。占者如是，則正而吉矣。

【程傳】四與初不相應，而五比之，外比於五，乃得貞正而吉也。君臣相比，正也。相比相與，宜也。五剛陽中正，賢也；居尊位，在上也。親賢從上，比之正也，故爲貞吉。以六居四，亦爲得正之義。又，陰柔不中之人，能比於剛明中正之賢，乃得正而吉也。又，比賢從上，必以正道，則吉也。數説相須，其義始備。

【集説】易氏祓曰：易以上卦爲外，下卦爲内，而二體亦各有内外，四與五同體，而言外比者，亦所以比五也。

○李氏過曰：二與四，皆比於五。二應五，在卦之内，故言「比之自内」；四承五，在卦之外，故言「外比之」。外内雖異，而得其所比，其義一也，故皆言「貞吉」。

九五，顯比。王用三驅，失前禽。邑人不誡，吉。

【本義】一陽居尊，剛健中正，卦之群陰皆來比己，顯其比而无私。如天子不合圍，開一面之網，來者不拒，去者不追，故爲「用三驅，失前禽」。而「邑人不誡」之象，蓋雖私屬，亦喻上意，不相警備以求必得也。凡此皆吉之道。占者如是，則吉也。

【程傳】五居君位，處中得正，盡比道之善者也。人君比天下之道，當顯明其比道而已，如誠意以待物，恕己以及人，發政施仁，使天下蒙其惠澤，是人君親比天下之道也。如是，天下孰不親比於上？若乃暴其小仁，違道干譽，欲以求下之比，其道亦狹矣，其能得天下之比乎！故聖人以九五盡比道之正，取三驅爲喻，曰「王用三驅，失前禽」。邑人不誡，吉」。先王以四時之畋不可廢也，故推其仁心，爲三驅之禮，乃禮所謂天子不合圍也。成湯祝網，是其義也。天子之畋，圍合其三面，前開一路，使之可去，不忍盡物，好生之仁也。只取其不用命者，不出而反入者也。禽獸前去者皆免矣，故曰「失前禽」也。王者顯明其比道，天下自然來比，來者撫之，固不煦煦然求比於物。若田之三驅，禽之去者從而不追，來者則取之也。此王道之大，所以其民皞皞而莫知爲之者也。「邑人不誡，吉」，言其至公不私，无遠邇親疎之別也。邑者居邑，易中所言邑，皆同王者所都、諸侯國中也。誡，期約也。待物之一，不期誡於居邑，如是則吉也。聖人以大公无私治天下，於顯比見之矣。非惟人君比天下之道如此，大率人之相比莫不然。以臣於君言之，竭其忠誠，致其才力，乃顯其比君之道也，用之與否在君而已，不可阿諛逢迎，求其比己也。在朋友亦然，修身誠意以待之，親己與否在人而已，不可巧言令色、曲從苟合，以求人之比己也。於鄉黨親戚、於衆人，莫不皆然，「三驅失前禽」之義也。

【集説】朱子語類：問：「伊川解『顯比，王用三驅，失前禽』，所謂來者撫之，去者不追，與失前禽而殺不去者，所譬頗不相類，如何？」曰：「田獵之禮，置旃以爲門，刈草以爲長圍，田獵者自門驅而入，禽獸向我而出者皆免，惟被驅而入者皆獲，故以前禽比去者不追，獲者譬來則取之。大意如此，無緣得一一相似，伊川解此句不須疑。但『邑人不誡，吉』一句似可疑，恐易之文義不如此耳。」

○又云：「邑人不誡」，如有聞無聲，言其自不消相告誡，又如歸市者不止、耕者不變相似。

○胡氏炳文曰：諸陰爻皆言比之，陰比陽也。五言顯比，陽爲陰所比也。師、比之五，皆取田象。師之「田有禽」，害物之禽也；比之「失前禽」，背己之禽也。在師則執之，王者之義也；在比能失之，王者之仁也。

○梁氏寅曰：九五陽剛中正，爲比之主。陽剛則明而不暗，中正則公而不私，此其所以爲顯比也。以象言之，如田狩而用「三驅，失前禽」，來者不拒，去者不追，此上之比下也，固顯比也。比下既得其道，則雖私屬亦喻上意，而不待告誡，此下之比上也，亦顯比也。上下之相比，同一顯明之道，又安有不吉乎！

○林氏希元曰：顯與隱對，光明正大而無隱伏回曲、闇昧褊窄者，顯也；隱伏回曲、闇昧褊窄而不光明正大者，隱也。王者以父母天下爲職，生養教誨，但知吾分所當爲，盡其道而爲之，至於民之感恩與否，則聽其在彼。初不屑屑焉暴其私恩小惠，違道干譽，以求百姓之我親，此其施爲舉措，何等光明正大，而豈有隱伏回曲、闇昧褊窄之病？故謂之顯比。譬如王者解一面之網，用三驅之田，禽獸向我而入者取之，背我而前去者則失之，初不求於必得，至於私屬亦喻上意，不相警備以求必得焉。夫「王用三驅，失前禽」者，王道之得；「邑人不誡」者，王化之行，凡此皆吉之道也。王者能如九五之顯比，則亦王道得而王化行矣。

○陸氏振奇曰：三驅失禽，置失得於勿恤者，狀蕩平之王心；邑人不誡，泯知識於大順者，狀熙皥之王化。

【案】本義解「邑人不誡」，謂不相警備以求必得，似以爲求所失之前禽也。然語類只作有聞無聲之意，尤爲精切。蓋言王者田獵，而近郊之處，略不驚擾耳。本義係朱子未脩改之書，故其後來講論每有不同者，皆此類也。大抵爻意是以田獵喻王者皥皥之氣象，前禽失而不追，邑人居而不誡。遠去者，若不知有王者之親，乃所以爲親之至也；近附者，若不知有王者之尊，乃所以爲尊之至也。顯比之世，凡有血氣，莫不尊親，而所謂大順大化不見其迹者，又如此。

上六，比之无首，凶。

【本義】陰柔居上，无以比下，凶之道也。故爲无首之象，而其占則凶也。

【程傳】六居上，比之終也，首謂始也，凡比之道，其始善則其終善矣，有其始而无其終者或有矣，未有无其始而有終者也，故「比之无首」，至終則凶也，此據比終而言。然上六陰柔不中，處險之極，固非克終者也，始比不以道，隙於終者，天下多矣。

【集説】王氏弼曰：无首，後也，處卦之終，是「後夫」也。爲時所棄，宜其凶也。

○王氏申子曰：五以一陽居尊，四陰比之於下，故象傳曰「下順從也」，而上六孤立於外而不從，豈非「後夫」之象？

䷈（乾下巽上）

【程傳】小畜，序卦：「比必有所畜，故受之以小畜。」物相比附則爲聚，聚，畜也；又，相親比則志相畜，小畜所以次比也。畜，止也，止則聚矣。爲卦巽上乾下。乾，在上之物，乃居巽下，夫畜止剛健莫如巽順，爲巽所畜，故爲畜也。然巽，陰也，其體柔順，惟能以巽順柔其剛健，非能力止之也，畜道之小者也。又，四以一陰得位爲五陽所説，得位，得柔巽之道也，能畜群陽之志，是以爲畜也。小畜，謂以小畜大，所畜聚者小，所畜之事小，以陰故也。彖專以六四畜諸陽爲成卦之義，不言二體，蓋舉其重者。

小畜，亨。密雲不雨，自我西郊。

【本義】巽亦三畫卦之名。一陰伏於二陽之下，故其德爲巽、爲入，其象爲風、爲木。小，陰也；畜，止之之義也。上巽下乾，以陰畜陽，又卦惟六四一陰，上下五陽皆爲所畜，故爲小畜。又以陰畜陽，能係而不能固，亦爲所畜者小之象。内健外巽，二五皆陽，各居一卦之中而用事，有剛而能中，其志得行之象，故其占當得亨通。然畜未極而施未行，故有「密雲不雨，自我西郊」之象。蓋密雲，陰物；西郊，陰方；我者，文王自我也。文王演易於羑里，視岐周爲西方，正小畜之時也。筮者得之，則占亦如其象云。

【程傳】雲，陰陽之氣，二氣交而和，則相畜固而成雨。陽倡而陰和，順也，故和；若陰先陽倡，不順也，故不和，不和則不能成雨。雲之畜聚雖密，而不成雨者，自西郊故也。東北，陽方，西南，陰方，自陰倡，故不和而不能成雨。以人觀之，雲氣之興皆自四遠，故云郊。據西而言，故云自我。畜陽者四，畜之主也。

【集説】胡氏瑗曰：陰陽交則雨澤乃施。若陽氣上升，而陰氣不能固蔽，則不雨；若陰氣雖能固蔽，而陽氣不交，亦當不雨。猶若釜甑之氣，以物覆之，則蒸而爲水也。「自我西郊」，是雲氣起於西郊之陰位，必不能爲雨也。

○程子語録：或以小畜爲臣畜君，以大畜爲君畜臣。曰：不必如此。大畜只是所畜者大，小畜只是所畜者小，不必指定一件事。便是君畜臣、臣畜君，皆是這道理，隨大小用。

○張氏浚曰：臣之誠意雖通於上，而君德未孚，若天氣未應，曰「密雲不雨」。西郊陰位，「自我西郊」，言陽氣未應也。

○朱子語類：問「密雲不雨，自我西郊」。曰：凡雨者，皆是陰氣盛，凝結得密，方濕潤下降爲雨。今乾上進，一陰止他不得，所以象中云「尚往」也，是指乾欲上進之象。到上九，則以卦之始終言，畜極則散，遂爲「既雨既處」，陰德盛滿如此，所以有「君子征凶」之戒。

○丘氏富國曰：乾本在上之物，今在巽下，則爲柔所畜，故曰小畜。但六四以一陰而畜止五陽，能係其志而不能固其志，此又畜道之小者也。夫物畜則止，止極則行，故小畜亦有亨義。密雲，陰氣也，自二至四互兑，屬西方，故曰「西郊」。四以柔居柔，故有此象。凡雲自東而西則雨，自西而東則不雨，陰先倡也。小畜以柔爲主，不能固陽而止之，故雲雖密而不雨。

○林氏希元曰：小畜有二義，一是以小畜大，一是所畜者小，亦惟以小畜大，故所畜者小，其歸一而已矣。問：天氣屬陽，地氣屬陰，今以陰畜陽，反以天氣爲陰，地氣爲陽，何也？曰：以兩儀之分言，則位乎下而氣上騰者爲陰，位乎上而氣下降者爲陽；自四象之交言，則陰之騰上者又爲陽，陽之下降者又爲陰。此蒙引之説也，可以發朱子之所未發。

【案】此卦須明取象之意，則卦義自明。彖言「密雲不雨」者，地氣上騰而天氣未應，以其雲之來「自我西郊」，陰倡而陽未和故也。蓋以上下之陰陽言之，則地氣陰也，天氣陽也；以四方之陰陽言之，則西方陰也，東方陽也。陰感而陽未應，乃卦所以爲小畜之義。象傳「尚往」，謂陰氣上升；「施未行」，謂陰氣未能成雨而降也。以人事擬之，則是臣子志存國家，未能得君父和合之象。諸家或以地氣上升者爲陽，天氣下應者爲陰，故於彖傳「尚往」亦屬陽說。惟張氏以爲天氣未應者，於卦義極相合也。

初九，復自道，何其咎，吉。

【本義】下卦乾體，本皆在上之物，志欲上進，而爲陰所畜。然初九體乾，居下得正，前遠於陰，雖與四爲正應，而能自守以正，不爲所畜，故有進「復自道」之象。占者如是，則无咎而吉也。

【程傳】初九陽爻而乾體，陽在上之物，又剛健之才足以上進，而復與在上同志，其進復於上，乃其道也，故云「復自道」。復既自道，何過咎之有？无咎而又有吉也。諸爻言无咎者，如是則无咎矣，故云「无咎者，善補過也」。雖使爻義本善，亦不害於不如是則有咎之義。初九乃由其道而行，无有過咎，故云「何其咎」，无咎之甚明也。

【集說】王氏申子曰：復，反也。初以陽剛居健體，志欲上行，而爲四得時得位者所畜，故復。然初剛而得正，雖爲所畜而復，如自守以正，不爲所畜者，故曰「復自道」，言雖爲彼所畜，而吾實自復於道也。

〇龔氏焕曰：「復自道」，此復字與「无往不復」「不遠復」之義同，謂復於在下之位而不進也。初九以陽剛之才位居最下，爲陰所畜，知幾不進，而自復其道焉，何咎之有？九二「牽復」，亦謂與初九牽連而内復也。易及諸經無有以復爲上進者。

〇俞氏琰曰：復謂返於本位也。以初九之剛，往應六四之柔而受其制，豈不失其道而有咎？今也返而以正道自守，故能轉咎而爲吉。

〇何氏楷曰：天地閒氣化人事，皆有陰畜陽之時。陽既爲陰所畜，便不宜過剛躁動。初以陽才居陽位，潛伏於下，何咎之有？先言「何其咎」而後言「吉」者，以无咎爲吉也。

【案】傳、義皆以復爲上進，沿王弼舊説也。以大畜初二爻比例觀之，則王氏、龔氏諸説爲長。

九二，牽復，吉。

【本義】三陽志同，而九二漸近於陰，以其剛中，故能與初九牽連而復，亦吉道也。占者如是，則吉矣。

【程傳】二以陽居下體之中，五以陽居上體之中，皆以陽剛居中，爲陰所畜，俱欲上復。五雖在四上，而爲其所畜則同，是同志者也。夫同患相憂，二五同志，故相牽連而復。二陽並進，則陰不能勝，得遂其復矣，故吉也。曰：遂其復，則離畜矣乎？曰：凡爻之辭，皆謂如是則可以如是，若已然則時已變矣，尚何教誡乎。五爲巽體，巽畜於乾，而反與二相牽，何也？曰：舉二體而言，則巽畜乎乾；全卦而言，則一陰畜五陽也。在易隨時取義，皆如此也。

【集説】王氏申子曰：二所乘之初爲陰所畜，亦既復矣；所承之三又爲陰所畜，「説輻」而不進矣；二以陽處陰，居下得中，上又無應，故不待畜，即與同類牽連而復，是不自失其中者也。自能審進退而不失其中，故吉。

○何氏楷曰：與初相牽連而復居於下，故吉。

九三，輿説輻，夫妻反目。

【本義】九三亦欲上進，然剛而不中，迫近於陰而又非正應，但以陰陽相説而爲所係畜，不能自進，故有「輿説輻」之象。然以志剛，故又不能平而與之爭，故又爲「夫妻反目」之象。戒占者如是，則不得進而有所爭也。

【程傳】三以陽爻居不得中，而密比於四，陰陽之情相求也，又暱比而不中，爲陰畜制者也。故不能前進，猶車輿説去輪輻，言不能行也。「夫妻反目」，陰制於陽者也，今反制陽，如夫妻之反目也。反目，謂怒目相視，不順其夫而反制之也。婦人爲夫寵惑，既而遂反制其夫。未有夫不失道而妻能制之者也，故説輻、反目，三自爲也。

【集説】項氏安世曰：輻，陸氏釋文云本亦作「輹」。案：輻，車轑也；輹，車軸轉也。輻以利輪之轉，輹以利軸之轉。然輻無説理，必輪破轂裂而後可説。若輹則有説時，車不行則説之矣。大畜、大壯皆作「輹」字。

○又曰：九三反目稱妻，言相敵也；上九既雨稱婦，言相順也。

○胡氏炳文曰：大畜九二「輿説輹」，輹與輻，或據左氏傳注以爲通用，何也？曰：説文，輹，車下横木，非輻也。大畜九二「説輹」，剛而得中，自止而不進也；小畜九三「説輻」，剛而不中，止於陰而不得進也。「説輹」可復進，「説輻」則不可以行矣。

【案】九三比近六四，故有夫妻之象。過剛不能自制其動，雖有六四比近畜之，不能止也。進不利於行，故曰「輿説輻」；退不安其室，故曰「夫妻反目」。

六四，有孚，血去惕出，无咎。

【本義】以一陰畜衆陽，本有傷害憂懼，以其柔順得正，虚中巽體，二陽助之，是「有孚」而「血去惕出」之象也，「无咎」宜矣。故戒占者亦有其德則无咎也。

【程傳】四於畜時處近君之位，畜君者也。若内有孚誠，則五志信之，從其畜也。卦獨一陰，畜衆陽者也，諸陽之志係於四，四苟欲以力畜之，則一柔敵衆剛，必見傷害，惟盡其孚誠以應之，則可以感之矣。故其傷害遠，其危懼免也，如此則可以无咎，不然則不免乎害矣。此以柔畜剛之道也。以人君之威嚴，而微細之臣有能畜止其欲者，蓋有孚信以感之也。

【集説】項氏安世曰：以陰畜陽，以小包大，能無憂乎？獨恃與五有孚，故能離其血惕，去而出之，以免於咎。臣之畜君，必信而後濟，非與上合志，不可爲也。

【案】此爻程傳之説獨明，蓋惟此爻與彖意合者，以其爲卦之主故也。

九五，有孚攣如，富以其鄰。

【本義】巽體三爻同力畜乾，鄰之象也。而九五居中處尊，勢能有爲，以兼乎上下，故爲有孚攣固，用富厚之力而以其鄰之象。以，猶春秋「以某師」之以，言能左右之也。占者有孚，則能如是也。

【程傳】小畜，衆陽爲陰所畜之時也。五以中正居尊位，而有孚信，則其類皆應之矣，故曰「攣如」，謂牽連相從也。五必援挽與之相濟，是「富以其鄰」也。五以居尊位之勢，如富者推其財力與鄰比共之也。君子爲小人所困，正人爲群邪所厄，則在下者必攀挽於上，期於同進；在上者必援引於下，與之戮力。非獨推己力以及人也，固資在下之助，以成其力耳。

【集説】朱子語類云：孚有在陽爻，有在陰爻。伊川謂中虚信之本，中實信之質。

【案】此爻之義，從來未明。今以卦意推之，則六四者，近君之位也，所謂小畜者也；九五者，君位也，能畜其德以受臣下之畜者也。四曰「有孚」，是積誠以格其君；五亦曰「有孚」，是推誠以待其下。上下相孚而後畜道成矣。故四曰「上合志」者，指五也；五曰「以其鄰」者，指四也。四與五相近，故曰鄰，又鄰即臣也，書曰「臣哉鄰哉」是也。富者，積誠之滿也。積誠之滿至於能用其鄰，則其鄰亦以誠應之矣。故象傳曰「不獨富」也，以誠感誠之謂也。大抵上下之閒，不實心則不能相交，故曰「富以其鄰」；不虛心則亦不能相交，故曰「不富以其鄰」。所取象者本於陽實陰虛，而其義一也。

上九，既雨既處，尚德載，婦貞厲，月幾望，君子征凶。

【本義】畜極而成，陰陽和矣，故爲「既雨既處」之象。蓋尊尚陰德，至於積滿而然也。陰加於陽，故雖正亦厲。然陰既盛而抗陽，則君子亦不可以有行矣。其占如此，爲戒深矣。

【程傳】九以巽順之極居卦之上，處畜之終，從畜而止者也，爲四所止也。既雨，和也；既處，止也。陰之畜陽，不和則不能止，既和而止，畜之道成矣。大畜，畜之大，故極而散；小畜，畜之小，故極而成。「尚德載」，四用柔巽之德，積滿而至於成也。陰柔之畜剛，非一朝一夕能成，由積累而至，可不戒乎？載，積滿也，詩云「厥聲載路」。「婦貞厲」，婦謂陰，以陰而畜陽，以柔而制剛，婦若貞固守此，危厲之道也，安有婦制其夫、臣制其君而能安者乎？月望則與日敵矣。幾望，言其盛將敵也。陰已能畜陽，而云幾望，何也？此以柔巽畜其志也，非力能制也，然不已則將盛於陽而凶矣。於幾望而爲之戒曰，婦將敵矣，君子動則凶也。君子謂陽。征，動也。幾望，將盈之時。若已望，則陽已消矣，尚何戒乎？

【集說】楊氏時曰：三陽下進，一陰畜之不能固，故「密雲不雨，尚往也」。至上九，則往極矣，故

「既處」。夫陰陽和則雨，而婦以順爲正，雖畜而至於雨，以是爲正，則厲矣。月溯日以爲明者也，望則與日敵，故幾望則不可過，君子至此而猶征焉，則凶之道也。小畜以陰畜陽爲主，其極必疑陽，故戒之如此。

○項氏安世曰：上九居畜之極，畜道已成，昔之不雨者，今既雨矣；昔之尚往者，今既處矣。彖之所謂亨，於是見之。載者，積也。畜至於上，其德積而成載，則所畜大矣。然以小畜大，非可常之事也。婦道貞此而不變，則爲危；君子過此而復行，則爲凶。蓋月望則昃，陰極則消，自然之理也。

○王氏應麟曰：小畜上九「月幾望」則凶，陰疑陽也；歸妹六五「月幾望」則吉，陰應陽也；中孚六四「月幾望」則无咎，陰從陽也。

【案】此爻亦以畜道既成言之耳。楊氏説最完善。

䷉（兑下乾上）

【程傳】履，序卦：「物畜然後有禮，故受之以履。」夫物之聚則有大小之别、高下之等、美惡之分，是物畜然後有禮，履所以繼畜也。履，禮也；禮，人之所履也。爲卦天上澤下，天而在上，澤而處下，上下之分，尊卑之義，理之當也，禮之本也，常履之道也，故爲履。履，踐也，藉也。履物爲踐，履於物爲藉，以柔藉剛，故爲履也。不曰剛履柔，而曰柔履剛者，剛乘柔，常理不足道，故易中惟言柔乘剛，不言剛乘柔也。言履藉於剛，乃見卑順説應之義。

履虎尾，不咥人，亨。

【本義】兑，亦三畫卦之名。一陰見於二陽之上，故其德爲説，其象爲澤。履，有所躡而進之義也。以兑遇乾，和説以躡剛强之後，有履虎尾而不見傷之象。故其卦爲履，而占如是也。人能如是，則處危而不傷矣。

【程傳】履，人所履之道也。天在上而澤處下，以柔履藉於剛，上下各得其義，事之至順，理之至當也。人之履行如此，雖履至危之地，亦无所害，故履虎尾而不見其咥噬，所以能亨也。

【集説】朱子語類云：履，上乾下兑，以陰躡陽，是隨後躡他，如踏他脚迹相似，所以云「履虎尾」。卦之三四爻發虎尾義，便是陰去躡他陽後處。

○李氏簡曰：履，禮也，行之以和，故能進退履衆剛而不見傷。「禮之用，和爲貴」，其是之謂乎！

○胡氏炳文曰：程傳訓履爲踐、爲藉，以上下論也。本義云有所躡而進，以前後論也。於「尾」字爲切。諸家多以兑爲虎，本義從程傳，以乾爲虎，本夫子彖傳意也。「不咥人亨」，大抵人之涉世，多是危機，不爲所傷，乃見所履。大傳曰「易之興也，其當文王與紂之事邪？是故其辭危」，危莫危於「履虎尾」之辭矣。故九卦處憂患，以履爲首。○梁氏寅曰：履者，踐履也。人之於禮，亦踐行其天理者，故履爲禮也。夫虎，剛猛之獸。乾三陽，虎之象也，上爲虎之首，則四爲虎之尾。兑履乾之後，履虎尾之象也。虎，咥人者也，然以和説履之，則不見咥而反致亨。以是觀之，人之踐履卑遜，何往而不亨乎？然和非阿容也，説非佞媚也，亦恭順而不失其正耳。兑之傳曰「剛中而柔外」，此其道也。○蔡氏清曰：八卦惟兑爲至弱，惟乾爲至健，今以至弱者而躡於至健者之後，自是危機，故獨以履名卦，而彖傳復取其德，而謂之「履虎尾，不咥人，亨」也。

初九，素履，往无咎。

【本義】以陽在下，居履之初，未爲物遷，率其素履者也。占者如是，則往而无咎也。

【程傳】「履不處」者，行之義。初處至下，素在下者也，而陽剛之才可以上進，若安其卑下之素而往，則无咎矣。夫人不能自安於貧賤之素，則其進也乃貪躁而動，求去乎貧賤耳，非欲有爲也。既得其進，驕溢必矣，故往則有咎。賢者則安履其素，其處也樂，其進也將有爲也，故得其進，則有爲而无不善，乃守其素履者也。

【集説】胡氏炳文曰：初未交於物，有素象。案本義與蔡氏皆曰，居履之初，不爲物遷。蔡氏則曰，素者，無文之謂。蓋履，禮也，履初言素，禮以質爲本也。賁，文也，賁上言白，文之極，反而質也。「白賁无咎」，其即「素履，往无咎」與？

九二，履道坦坦，幽人貞吉。

【本義】剛中在下，无應於上，故爲履道平坦，幽獨守貞之象。幽人履道而遇其占，則貞而吉矣。

【程傳】九二居柔，寬裕得中，其所履坦坦然平易之道也。雖所履得坦易之道，亦必幽靜安恬之人處之，則能貞固而吉也。九二陽志上進，故有幽人之戒。

【集説】梁氏寅曰：行於道路者，由中則平坦，從旁則崎險。九二以剛居中，是履道而得其平坦者也。持身如是，不輕自售，故爲「幽人貞吉」。

六三，眇能視，跛能履。履虎尾，咥人凶。武人爲于大君。

【本義】六三不中不正，柔而志剛，以此履乾，必見傷害，故其象如此，而占者凶。又爲剛武之人得志而肆暴之象，如秦政、項籍，豈能久也？

【程傳】三以陰居陽，志欲剛而體本陰柔，安能堅其所履？故如盲眇之視，其見不明；跛躄之履，其行不遠。才既不足，而又處不得中，履非其正，以柔而務剛，其履如此，是履於危地，故曰「履虎尾」。以不善履履危地，必及禍患，故曰「咥人凶」。「武人爲于大君」，如武暴之人而居人上，肆其躁率而已，非能順履而遠到也。不中正而志剛，乃爲群陽所與，是以剛躁蹈危而得凶也。

【集説】耿氏南仲曰：視欲正，視而不正，則眇者也；行欲中，行而不中，則跛者也。故歸妹初九不中則爲跛，九二不正則爲眇，履六三不中，又不正，故跛、眇兼焉。歸妹、履，皆兑下也。○王氏申子曰：三以陰居陽，以柔履剛，謂其明耶，則衆陽而獨陰，謂其不明耶，則又居於陽，「眇能視」之象也。謂其能行耶，則衆剛而獨柔，謂其不能行耶，則又履乎剛，「跛能履」之象也。是體暗而用明，才弱而志剛者也。而又不中不正，故不自度量而一於進，敢於蹈危而取禍，如「履虎尾」而受咥人之凶也。若不顧强弱，勇猛直前，惟武人用之，以有爲于大君之事則可。然彖亦主三而言曰「不咥人亨」，此曰「咥人凶」，何也？蓋彖總言一卦之體，爻則據其時與位而言，所以不同。○吴氏澄曰：彖通指一卦而言，則上九，虎之首也，虎口實而合，有不咥之象。此專據一爻而言，則三爲兑之上畫也，兑口虛而開，故有咥人之象。○胡氏炳文曰：凡卦辭以爻爲主，則爻辭與卦同，如屯卦「利建侯」，而初爻亦「利建侯」。以卦上下體論，則爻辭與卦不同，如此卦云「履虎尾，不咥人」，而六三則曰「咥人」是也。卦書「不咥人」，兑三爻説體，自與乾三爻健體相應也；爻書「咥人」，六三一爻與上九一爻獨相應，履虎尾而首應也。

【案】「武人爲于大君」，王氏之説得之。蓋三非大君之位，且「爲于」兩字語氣亦不順也。子曰：「暴虎馮河，死而無悔者，吾不與也。」即此句之意。

九四，履虎尾，愬愬，終吉。

【本義】九四亦以不中不正履九五之剛，然以剛居柔，故能戒懼而得終吉。

【程傳】九四陽剛而乾體，雖居四，剛勝者也，在近君多懼之地，无相得之義，五復剛決之過，故爲「履虎尾」。愬愬，畏懼之貌，若能畏懼，則當終吉。蓋九雖剛而志柔，四雖近而不處，故能兢慎畏懼，則終免於危而獲吉也。

【集説】王氏弼曰：逼近至尊，以陽承陽，處多懼之地，故曰「履虎尾，愬愬」也。然以陽居陰，以謙爲本，雖處危懼，終獲其志，故終吉也。

○王氏宗傳曰：經曰「四多懼」，處多懼之地，而復以恐懼自處，所謂「愬愬」也。四處三陽之後，故亦曰「履虎尾」。無忘其愬愬之戒，故曰「終吉」。在卦德曰「履虎尾，不咥人，亨」，其九四之謂乎？

○朱子語類云：履二爻，〔一〕正是躡他虎尾處；四上躡五，亦爲虎尾之象。

○胡氏炳文曰：本義於三之「履虎尾」，曰不中不正以履乾，是以乾爲虎，而三在其後也；於四之「履虎尾」，則曰亦以不中不正履九五之剛，是以九五爲虎，而四在其後也。三四皆不中正，而占有不同者，「三多凶」，以柔居剛，其凶也宜；「四多懼」，以剛居柔，所以終吉。

九五，夬履，貞厲。

〔一〕履二爻：二，四庫本、局本、薈要本作「三」。

【本義】九五以剛中正履帝位，而下以兑説應之，凡事必行，无所疑礙，故其象爲夬決其履。雖使得正，亦危道也，故其占爲雖正而危，爲戒深矣。

【程傳】夬，剛決也。五以陽剛乾體居至尊之位，任其剛決而行者也，如此，則雖得正，猶危厲也。古之聖人居天下之尊，明足以照，剛足以決，勢足以專，然而未嘗不盡天下之議，雖芻蕘之微必取，乃其所以爲聖也，履帝位而光明者也。若自任剛明，決行不顧，雖使得正，亦危道也，可固守乎？有剛明之才，苟專自任，猶爲危道，況剛明不足者乎。易中云「貞厲」，義各不同，隨卦可見。

【集説】項氏安世曰：六三於象辭爲亨者，以下卦言之，有和説之德也；於本爻爲凶者，資本陰柔，履位不正，宜其凶也。九五於象辭爲不疚者，以上卦言之，有剛健中正之德也；於本爻爲厲者，以剛行剛，志在夬決，其理雖正，其事則危也。凡象多言卦德，凡爻多論爻位。

○王氏申子曰：履之卦義，履剛也；履剛之道，尚柔不尚剛也。五雖中正以履帝位，然以剛居剛，是一於尚剛者也。夬履，謂決於行也。一於任剛，決行而不顧，則於中正之道，豈能无咎乎？若貞固守此，危道也，故曰「貞厲」。

【案】凡象傳中所贊美，則其爻辭無凶厲者，何獨此爻不然？蓋履道貴柔，九五以剛居剛，是決於履也。然以其有中正之德，故能常存危厲之心，則雖決於履，而動可無過舉矣。書云心之憂危，若蹈虎尾。此其所以「履帝位而不疚」也與？凡易中貞厲、有厲，有以常存危懼之心爲義者，如噬嗑之「貞厲无咎」、夬之「其危乃光」是也，然則此之「貞厲」，兑五之「有厲」，當從此例也。

上九，視履考祥，其旋元吉。

【本義】視履之終，以考其祥，周旋无虧，則得元吉。占者禍福視其所履，而未定也。

【程傳】上處履之終，於其終視其所履行，以考其善惡禍福，若其旋，則善且吉也。旋，謂周旋完備，无不至也。人之所履，考視其終，若終始周完无疚，善之至也，是以元吉。人之吉凶，係其所履善惡之多寡、吉凶之小大也。

【集説】王氏弼曰：禍福之祥，生乎所履，處履之極，履道成矣，故可視履而考祥也。居極應説，高而不危，是其旋也，履道大成，故元吉。

○梁氏寅曰：上，履之終也。人之所履，觀之於始，則誠僞未可見，惟觀之於終，然後見也。故視其所履，以考其善，若周旋无虧，則其吉大矣。是爻也，豈非動容周旋中禮，而爲盛德之至與！

【總論】項氏安世曰：一陰一陽之卦，在下者爲復、姤，在上者爲夬、剥，其義主於消長也。在二五者，陽在二爲師之將，在五爲比之主；陰在二爲同人之君子，在五爲大有之君子，其義主於得位也。在三四者，陽在三則以剛行柔爲勞謙，在四則以剛制柔爲由豫；陰在三則以柔行剛爲履，在四則以柔制剛爲小畜，其義主於用事也。大抵用事之爻，在下者爲行己之事，在上者爲制人之事。

○又曰：履之六爻皆以履柔爲吉，故九二爲「坦坦」，九四爲「愬愬終吉」，上九爲「其旋元吉」，皆履柔也。六三卦辭本善，終以履剛爲凶。初九、九五所履皆正，然初僅能「无咎」，五不免於「厲」，皆履剛也。是故初則懼其失初心之正，而教之以保其素；五則懼其恃勢位之正，而教之以謹其決，蓋剛者喜動而好決。任剛而行者，後多可悔之事也。

䷊（乾下坤上）

【程傳】泰，序卦：「履而泰，然後安，故受之以泰。」履得其所則舒泰，泰則安矣，泰所以次履也。爲卦坤陰在上，乾陽居下，天地陰陽之氣相交而和，則萬物生成，故爲通泰。

泰，小往大來，吉亨。

【本義】泰，通也。爲卦天地交而二氣通，故爲泰。正月之卦也。小謂陰，大謂陽，言坤往居外，乾來居内。又自歸妹來，則六往居四，九來居三也。占者有剛陽之德，則吉而亨矣。

【程傳】小謂陰，大謂陽。往，往之於外也；來，來居於内也，陽氣下降，陰氣上交也。陰陽和暢，則萬物生遂，天地之泰也。以人事言之，大則君上，小則臣下，君推誠以任下，臣盡誠以事君，上下之志通，朝廷之泰也。陽爲君子，陰爲小人，君子來處於内，小人往處於外，是君子得位，小人在下，天下之泰也。泰之道，吉而且亨也，不云元吉、元亨者，時有汙隆，治有小大，雖泰，豈一概哉？

言「吉亨」則可包矣。

【集説】劉氏牧曰：往來者，以内外卦言之，由内而之外爲往，由外而復内爲來。○蔡氏清曰：卦名曰泰，以天地交而二氣通，就造化之本不可相無上取也。卦辭曰「小往大來」，以内君子、外小人而言，就淑慝之分上取也。然則泰有二乎？曰：一也。但是天地交而二氣通，則決然内陽而外陰矣。

初九，拔茅茹以其彙，征吉。

【本義】三陽在下，相連而進，拔茅連茹之象，征行之吉也。占者陽剛，則其征吉矣。郭璞洞林讀至「彙」字絶句，下卦放此。

【程傳】初以陽爻居下，是有剛明之才而在下者也。時之否，則君子退而窮處；時既泰，則志在上進也。君子之進，必與其朋類相牽援，如茅之根然，拔其一則牽連而起矣。茹，根之相牽連者，故以爲象。彙，類也，賢者以其類進，同志以行其道，是以吉也。君子之進，必以其類，不惟志在相先，樂於與善，實乃相賴以濟，故君子小人未有能獨立不賴朋類之助者也。自古君子得位，則天下之賢萃於朝廷，同志協力以成天下之泰；小人在位，則不肖者並進，然後其黨勝而天下否矣，蓋各從其類也。

【集説】劉氏向曰：賢人在上位，則引其類而聚之於朝；在下位，則思與其類俱進。在上則引其類，在下則推其類。故湯用伊尹，不仁者遠而衆賢至，類相致也。

〇朱子語類云：「以其彙」屬上文，嘗見郭璞洞林亦如此作句，便是那時人已自恁地讀了。蓋拔茅連茹者，物象也；「以其彙」者，人也。

〇林氏希元曰：程傳曰，茹，根之相牽者，以本義三陽在下，相連而進推之，乃別茅之根，非本茅之根也。蓋一陽進而二陽與之相連，猶一茅拔而別茅之根與之相連也。

九二，包荒，用馮河，不遐遺，朋亡，得尚于中行。

【本義】九二以剛居柔，在下之中，上有六五之應，主乎泰而得中道者也。占者能包容荒穢而果斷剛決，不遺遐遠而不昵朋比，則合乎此爻中行之道矣。

【程傳】二以陽剛得中，上應於五；五以柔順得中，下應於二。君臣同德，是以剛中之才爲上所專任，故二雖居臣位，主治泰者也，所謂「上下交而其志同也」。故治泰之道，主二而言，「包荒」「用馮河」「不遐遺」「朋亡」四者，處泰之道也。人情安肆則政舒緩，而法度廢弛，庶事无節，治之之道，必有包含荒穢之量，則其施爲寬裕詳密，弊革事理而人安之；若无含弘之度，有忿疾之心，則无深遠之慮，有暴擾之患，深弊未去而近患已生矣，故在「包荒」也。「用馮河」，泰寧之世，人情習於久安，安於守常，惰於因循，憚於更變，非有馮河之勇，不能有爲於斯時也。「馮河」，謂其剛果足以濟深越險也。自古泰治之世，必漸至於衰替，蓋由狃習安逸因循而然，自非剛斷之君、英烈之輔，不能挺特奮發以革其弊也，故曰「用馮河」。或疑上云「包荒」，則是包含寬容，此云「用馮河」，則是奮發改革，似相反也。不知以含容之量施剛果之用，乃聖賢之爲也。「不遐遺」，泰寧之時，人心狃於泰，則苟安逸而已，惡能復深思遠慮及於遐遠之事哉！治夫泰者當周及庶事，雖遐遠不可遺，若事之微隱，賢才之在僻陋，皆遐遠者也，時泰則固遺之矣。「朋亡」，夫時之既泰，則人習於安，其情肆而失節，將約而正之，非絶去其朋與之私，則不能也，故云「朋亡」。自古立法制事，牽於人情，卒不能行者多矣。若夫禁奢侈則害於近戚，限田産則妨於貴家，如此之類，既不能斷以大公而必行，則是牽於朋比也，治泰不能「朋亡」，則爲之難矣。治泰之道，有此四者，則能合於九二之德，故曰「得尚于中行」，言能配合中行之義也。尚，配也。

【集説】胡氏炳文曰：若有包容而無斷制，非剛柔相濟之中也。必包容荒穢而又果斷剛決，則合乎中矣。雖不遺遐遠，而或自私於吾之黨類，則易至偏重，非輕重不偏之中也，惟不遺遐遠，而又不昵朋比，是不忘遠，又不泄邇，合乎中矣。本義兩「而」字當細玩。

○龔氏煥曰：初九以其彙，九二則欲其朋亡，何也？初九在下之賢，則欲其引類而進；九二，大臣，所以進退天下之人才者，故欲亡其朋類。惟亡其朋類，則能用天下之賢；若獨私其朋，則天下之賢有不得進用者矣。此其所以不同也。

【案】此爻以夫子象傳觀之，須以「包荒」兩字爲主。蓋聖賢之心無棄物，堯舜之道欲並生，非

「包荒」則不足以體天地之心，而盡君師之道矣。然「包荒」非混而無别之謂，故必斷以行之，明以周之，公以處之，然後用舍舉措無不合於中道。魯論所謂寬、信、敏、公者，意蓋相似也。四者以寬爲本，故曰「居上不寬」，「吾何以觀之哉」？

九三，无平不陂，无往不復，艱貞无咎。勿恤其孚，于食有福。

【本義】將過乎中，泰將極而否欲來之時也。恤，憂也；孚，所期之信也。戒占者艱難守貞，則无咎而有福。

【程傳】三居泰之中，在諸陽之上，泰之盛也。物理如循環，在下者必升，居上者必降，泰久而必否。故於泰之盛與陽之將進，而爲之戒曰，无常安平而不險陂者，謂无常泰也；无常往而不返者，謂陰當復也。平者陂，往者復，則爲否矣。當知天理之必然，方泰之時不敢安逸，常艱危其思慮，正固其施爲，如是則可以无咎。處泰之道，既能艱貞，則可常保其泰，不勞憂恤，得其所求也。不失所期爲「孚」，如是，則於其禄食有福益也。禄食謂福祉，善處泰者，其福可長也。蓋德善日積，則福禄日臻；德踰於禄，則雖盛而非滿。自古隆盛未有不失道而喪敗者也。

【集説】項氏安世曰：「无平不陂」，爲三陽言之；「无往不復」，爲三陰言之。兩言「无不」者，明此皆天道之必至而有孚者也。人能知此，則當泰之極，不可不盡人事以防之，撫極泰之運，而操心之危如此，則舉動之際必无過咎，然後彼必至之孚可以勿恤，我固有之福可以長享矣。

○徐氏直方曰：小人所以勝君子者，非乘其怠，則攻其隙，艱則無怠之可乘，貞則無隙之可攻，如此則可以无咎，可以勿憂其孚矣。或曰：陰陽交運，否泰相仍，時勢然也，雖艱貞勿恤，如之何？曰：平陂往復者，天運之不能無；艱貞勿恤者，人事之所當盡。天人有交勝之理，處其交、履其會者，必有變化持守之道。若一諉之天運，以爲無預於人事，則聖人之易可無作矣。

六四，翩翩不富以其鄰，不戒以孚。

【本義】已過乎中，泰已極矣，故三陰翩然而下復，不待富而其類從之，不待戒令而信也。其占爲有小人合交以害正道，君子所當戒也。陰虚陽實，故凡言不富者，皆陰爻也。

【程傳】六四處泰之過中，以陰在上，志在下復，上二陰亦志在趨下。翩翩，疾飛之貌。四翩翩就下，與其鄰同也。鄰，其類也，謂五與上。夫人富而其類從者，爲利也；不富而從者，其志同也。三陰皆在下之物，居上乃失其實，其志皆欲下行，故不富而相從，不待戒告而誠意相合也。夫陰陽之升降，乃時運之否泰，或交或散，理之常也。泰既過中，則將變矣。聖人於三，尚云艱貞則有福，蓋三爲將中，知戒則可保。四已過中矣，理必變也，故專言始終反復之道。五，泰之主，則復言處泰之義。

【集説】沈氏該曰：四處上體，在近君之位。三陽既進，樂與賢者共之，志同願得，是以不富以鄰，不戒而孚也。

○趙氏彦肅曰：從六五下賢，「其心休休焉」者也。

○李氏簡曰：陰氣上升，陽氣下降，乃天地之交泰也。上以謙虚接乎下，下以剛直事乎上，上下相孚，乃君臣之交泰也，君臣交泰則天下泰矣。故下三爻皆以剛直事其上，上三爻皆以謙虚接乎下，四當二卦之交，故發此義。

○俞氏琰曰：翩翩，降以相從之貌。易以陰虚爲不富，六四陰爻，故曰「不富」。

○何氏楷曰：此正陰陽交泰之爻也。翩翩，群飛而下貌。陰虚陽實，凡言不富者皆陰爻。鄰指五、上，四能挾其並居之鄰相從而下者，以三陰皆欲求陽，故不待教戒，而能以之下孚乎陽也。

【案】傳、義皆以此爻爲小人復來。然以象傳「上下交而其志同」觀之，則四五正當君相之位，下交之主，兩爻象傳所謂「中心願也」，中以行願也，則正所謂志同者也。爻辭「不富」，與謙六五同，皆言其謙虚而不自滿足爾。沈氏、趙氏以下諸説，義皆可從。

六五，帝乙歸妹，以祉元吉。

【本義】以陰居尊，爲泰之主，柔中虚己，下應九二，吉之道也。而帝乙歸妹之時，亦嘗占得此爻。占者如是，則有祉而元吉矣。凡經以古人爲言，如高宗、箕子之類者，皆放此。

【程傳】史謂湯爲天乙，厥後有帝祖乙，亦賢王也，後又有帝乙。多士曰：「自成湯至于帝乙，罔不明德恤祀。」稱帝乙者，未知誰是。以爻義觀之，帝乙，制王姬下嫁之禮法者也。自古帝女雖皆下嫁，至帝乙然後制爲禮法，使降其尊貴，以順從其夫也。六五以陰柔居君位，下應於九二剛明之賢，五能倚任其賢臣而順從之，如帝乙之歸妹然，降其尊而順從於陽，則以之受祉且元吉也。元吉，大吉而盡善者也，謂成治泰之功也。

【集説】項氏安世曰：帝女下嫁之禮，至湯而備。湯嫁妹之辭曰：「無以天子之富而驕諸侯。陰之從陽，女之順夫，天下之義也。往事爾夫，必以禮義。」湯稱天乙，或者亦稱帝乙乎？

上六，城復于隍，勿用師，自邑告命，貞吝。

【本義】泰極而否，「城復于隍」之象。戒占者不可力爭，但可自守，雖得其貞，亦不免於羞吝也。

【程傳】掘隍土積累以成城，如治道積累以成泰，及泰之終，將反於否，如城土頹圮，復反于隍也。上，泰之終，六以小人處之，行將否矣。「勿用師」，君之所以能用其衆者，上下之情通而心從也，今泰之將終，失泰之道，上下之情不通矣，民心離散，不從其上，豈可用也？用之則亂。衆既不可用，方自其親近而告命之，雖使所告命者得其正，亦可羞吝。邑，所居，謂親近，大率告命必自近始。凡貞凶、貞吝有二義，有貞固守此則凶吝者，有雖得正亦凶吝者。此不云貞凶而云貞吝者，將否而方告命，爲可羞吝，否不由於告命也。

【集説】朱子語類：問泰卦「无平不陂，无往不復」與「城復于隍」。曰：「此亦事勢之必然。治久必亂，亂久必治，天下無久而不變之理。」子善遂言：「天下治亂皆生於人心，治久則人心放肆，故亂因此生；亂極則人心恐懼，故治由此起。」曰：「固是生於人心，履其運者，必有變化持守之道可也。」

【案】貞者，常也。爻義言，當此之時，只可告邑，未可用師。若守常而用師則吝，非以告邑爲可吝也。

【總論】劉氏定之曰：泰取天地交而萬物通，上下交而其志同，故六爻之中，相交之義重。初與四相交，泰之始也，故初言以其彙，如茅之連茹；四言以其鄰，如鳥之連翩。二與五相交，泰之中也，故五言人君降其尊貴以任夫臣，二言大臣盡其職任以答夫君。三與上相交，泰之終也，故三言平變而爲陂，上言城復而于隍。蓋君子進而小人退，所以致泰也；君委任而臣效忠，所以致泰也。抑天運之循環，泰極而否，有必然者，而保泰之意，隱然有不容不恐懼焉，則平陂、城隍，其旨嚴哉。吴氏曰慎曰：初、四以氣類言，二體之始也；三、上以時運言，二體之終也；二、五以主泰言，二體之中也。

䷋（坤下乾上）

【程傳】否，序卦：「泰者通也，物不可以終通，故受之以否。」夫物理往來，通泰之極則必否，否所以次泰也。爲卦天上地下。天地相交，陰陽和暢，則爲泰。天處上，地處下，是天地隔絶，不相交通，所以爲否也。

否之匪人，不利君子貞，大往小來。

【本義】否，閉塞也，七月之卦也，正與泰反，故曰「匪人」，謂非人道也。其占不利於君子之正道。蓋乾往居外，坤來居内；又自漸卦而來，則九往居四，六來居三也。或疑「之匪人」三字衍文，由比六三而誤也。傳不特解，其義亦可見。

【程傳】天地交而萬物生於中，然後三才備，人爲最靈，故爲萬物之首。凡生天地之中者，皆人道也。天地不交則不生萬物，是无人道，故曰「匪人」，謂非人道也。消長闔闢，相因而不息，泰極則復，否終則傾，〔一〕无常而不變之理，人道豈能无也，既否則泰矣。夫上下交通，剛柔和會，君子之道也。否則反是，故「不利君子貞」，君子正道否塞不行也。「大往小來」，陽往而陰來也，「小人道長，君子道消」之象，故爲否也。

【集說】孔氏穎達曰：否之匪人者，言否閉之世，非是人道交通之時，故云「匪人」。「不利君子貞」者，由小人道長，君子道消，故不利君子爲正也。陽氣往而陰氣來，故云「大往小來」。陽主生

〔一〕否終則傾：終，局本作「極」。

息，故稱大；陰主消耗，故稱小。

〇崔氏憬曰：否，不通也，於不通之時，小人道長，故云「匪人」；君子道消，故「不利君子貞」也。

〇吕氏大臨曰：否，閉塞而不交也。「否之匪人，不利君子貞」，言否閉之世，非其人者，惡直醜正，不利乎君子之守正。

〇王氏宗傳曰：匪人，所謂非君子人也。人非君子，則平時與君子如枘鑿之不相入者，正斯人也。匪人得志，則君子之道否塞而不行矣。夫正道之在天下，不可以一日無也，今也君子之道否塞而不得行者，皆「否之匪人」不利乎貞故也。蓋小人之心，同乎己者則利之，異乎己者則不利也，夫惟彼己之勢既不相入，故大者往而小者來也。

〇喬氏中和曰：君子以正自居，隱見隨時，無入而不自得，何不利之有？亦小人不利於君子之貞耳，於是而君子往、小人來，而天地否矣。由否而之泰焉，天也；由泰而之否焉，人也。

初六，拔茅茹以其彙，貞吉亨。

【本義】三陰在下，當否之時，小人連類而進之象。而初之惡則未形也，故戒其貞則吉而亨，蓋能如是，則變而爲君子矣。

【程傳】泰與否，皆取茅爲象者，以群陽群陰同在下，有牽連之象也。泰之時，則以同征爲吉；否之時，則以同貞爲亨。始以内小人、外君子爲否之義，復以初六否而在下爲君子之道，易隨時取義，變動无常。否之時在下者，君子也。否之三陰，上皆有應，在否隔之時，隔絶不相通，故无應義。初六能與其類貞固其節，則處否之吉，而其道之亨也。當否而能進者，小人也，君子則伸道免禍而已。君子進退未嘗不與其類同也。

【集説】王氏弼曰：居否之時，動則入邪，三陰同道，皆不可進，故拔茅茹以類，貞而不諂，則吉亨。

○胡氏瑗曰：否之初，是小人道長，君子不可用之時也。時既不可用，則必引類而退，守以正道，不可求進，然後得其吉而獲亨也。

○王氏宗傳曰：否之初六雖有其應，然當此之時，上下隔絶而不通，故初六無上應之義，惟其以彙守吾正而已。「吉亨」，泰之時爲然也。初六以其類貞，而亦吉且亨者，詘身以伸道，故無往而不吉，亦無往而不亨也。吉謂免禍，亨謂伸道也。

○王氏應麟曰：泰之征吉，引其類以有爲；否之貞吉，潔其身以有待。

【案】聖人雖許小人改過，恐無繫以吉亨之辭之理。程傳及諸家作君子守道者近是。

六二，包承，小人吉，大人否，亨。

【本義】陰柔而中正，小人而能包容承順乎君子之象，小人之吉道也。故占者，小人如是則吉，大人則當安守其否，而後道亨，蓋不可以彼包承於我，而自失其守也。

【程傳】六二其質則陰柔，其居則中正，以陰柔小人而言，則方否於下，志所包畜者，在承順乎上，以求濟其否，爲身之利，小人之吉也。大人當否，則以道自處，豈肯枉己屈道，承順於上？惟自守其否而已，身之否乃其道之亨也。或曰：上下不交，何所承乎？曰：正則否矣，小人順上之心，未嘗无也。

【集説】楊氏簡曰：小人者之事其上也，包而不敢露，承而不敢拂，故吉。若夫大人，則否而亨。

六三，包羞。

【本義】以陰居陽而不中正，小人志於傷善而未能也，故爲包羞之象。然以其未發，故无凶咎之戒。

【程傳】三以陰柔，不中不正而居否，又切近於上，非能守道安命，窮斯濫矣，極小人之情狀者也。其所包畜謀慮，邪濫无所不至，可羞恥也。

【集説】游氏酢曰：在下體之上，位浸顯矣，當否之世而不去，忍恥冒處，故謂之「包羞」。

○郭氏雍曰：尸禄素餐，所謂「包羞」者也。孔子曰：「邦無道，穀，恥也。」其六三之謂與？

○楊氏簡曰：六三德不如六二，而位益高，舍正從邪，有愧於中，故曰「包羞」，是謂君子中之小人，自古此類良多。

九四，有命无咎，疇離祉。

【本義】否過中矣，將濟之時也。九四以陽居陰，不極其剛，故其占爲有命无咎，而疇類三陽，皆獲其福也。命，謂天命。

【程傳】四以陽剛健體居近君之位，是有濟否之才而得高位者也，足以輔上濟否。然當君道方否之時，處逼近之地，所惡在居功取忌而已。若能使動必出於君命，威柄一歸於上，則无咎，而其志行矣。能使事皆出於君命，則可以濟時之否，其疇類皆附離其福祉。離，麗也。君子道行，則與其類同進，以濟天下之否，「疇離祉」也。小人之進，亦以其類同也。

【集説】項氏安世曰：泰九三於无咎之下言有福，否九四於无咎之下言疇離祉者，二爻當天命之變，正君子補過之時也。泰之三，知其將變，能修人事以勝之，使在我者无可咎之事，然後可以勿恤小人之孚，而自食君子之福也；否之四，因其當變，能修人事以乘之，有可行之時而无可咎之事，則不獨爲一己之利，又足爲衆賢之祉也。是二者苟有咎焉，其禍可勝言哉？

○又曰：泰雖極治，以命亂而成否；否雖極亂，以有命而成泰。命者，天之所令，君之所造也。道之廢興豈非天耶？世之治亂豈非君耶？

○胡氏炳文曰：否泰之變皆天也。然泰變爲否易，故於内卦即言之；否變爲泰難，故於外卦始言之。

九五，休否，大人吉。其亡其亡，繫于苞桑。

【本義】陽剛中正以居尊位，能休時之否，大人之事也。故此爻之占，大人遇之則吉，然又當戒懼，如繫辭傳所云也。

【程傳】五以陽剛中正之德居尊位，故能休息天下之否，大人之吉也。大人當位，能以其道休息天下之否，以循致於泰。猶未離於否也，故有其亡之戒。否既休息，漸將反泰，不可便爲安肆，當深慮遠戒，常虞否之復來，曰其亡矣、其亡矣。其「繫于苞桑」，謂爲安固之道，如維繫于苞桑也。桑之爲物，其根深固，苞謂叢生者，其固尤甚。聖人之戒深矣。漢王允、唐李德裕不知此戒，所以致禍敗也。繫辭曰：「危者安其位者也，亡者保其存者也，亂者有其治者也，是故君子安而不忘危，存而不忘亡，治而不忘亂，是以身安而國家可保也。」

【集説】朱子語類：問：「九五『其亡其亡，繫于苞桑』，如何？」曰：「有戒懼危亡之心，則便有苞桑繫固之象。蓋能戒懼危亡，則如繫于苞桑，堅固不拔矣。如此説，則象占乃有收殺，非是『其亡其亡』而又『繫于苞桑』也。」

上九，傾否，先否後喜。

【本義】以陽剛居否極，能傾時之否者也。其占爲「先否後喜」。

【程傳】上九，否之終也，物理極而必反，故泰極則否，否極則泰。上九，否既極矣，故否道傾覆而變也。先極否也，後傾喜也，否傾則泰矣，「後喜」也。

【集說】孔氏穎達曰：處否之極，否道已終，能傾毀其否，故曰「傾否」也。否道未傾之時，是「先否」；已傾之後，其事得通，故曰後有喜也。

〇王氏宗傳曰：言「傾否」而不言否傾，人力居多焉。

〇胡氏炳文曰：以陰柔處泰之終，故不能保泰，而泰復爲否；以陽剛處否之終，故卒能「傾否」，而否復爲泰。否泰反復，天乎？人也。

〇何氏楷曰：「先否後喜」，即先天下而憂、後天下而樂之意，正與「其亡其亡」之君心相似。

䷌（離下乾上）

【程傳】同人，序卦：「物不可以終否，故受之以同人。」夫天地不交則爲否，上下相同則爲同人，與否義相反，故相次。又，世之方否，必與人同力乃能濟，同人所以次否也。爲卦乾上離下。以二象言之，天在上者也，火之性炎上，與天同也，故爲同人；以二體言之，五居正位，爲乾之主，二爲離之主，二爻以中正相應，上下相同，同人之義也。又，卦惟一陰，衆陽所欲同，亦同人之義也。他卦固有一陰者，在同人之時，而二五相應，天火相同，故其義大。

同人于野，亨，利涉大川，利君子貞。

【本義】離亦三畫卦之名。一陰麗於二陽之閒，故其德爲麗、爲文明，其象爲火、爲日、爲電。同人，與人同也。以離遇乾，火上同於天；六二得位得中而上應九五；又卦惟一陰，而五陽同與之，故爲同人。「于野」，謂曠遠而无私也，有亨道矣。以健而行，故能涉川。爲卦内文明而外剛健，六二中正而有應，則君子之道也。占者能如是則亨，而又可涉險，然必其所同合於君子之道，乃爲利也。

【程傳】野，謂曠野，取遠與外之義。夫同人者以天下大同之道，則聖賢大公之心也。常人之同者，以其私意所合，乃暱比之情耳。故必于野，謂不以暱近情之所私，而於郊野曠遠之地，既不繫所私，乃至公大同之道，无遠不同也，其亨可知。能與天下大同，是天下皆同之也。天下皆同，何險阻之不可濟？何艱危之不可亨？故「利涉大川，利君子貞」。上言「于野」，止謂不在暱比，此復言宜以君子正道，君子之貞，謂天下至公大同之道，故雖居千里之遠，生千歲之後，若合符節，推而行之，四海之廣，兆民之衆，莫不同。小人則惟用其私意，所比者雖非亦同，所惡者雖是亦異，故其所同者則爲阿黨，蓋其心不正也。故同人之道，利在君子之貞正。

【集説】孔氏穎達曰：同人謂和同於人，野是廣遠之處，借其野名喻其廣遠，言和同於人必須寬廣，無所不同，用心無私，乃得亨通，故云「同人于野，亨」。與人同心，足以涉難，故曰「利涉大川」。與人和同，易涉邪僻，故「利君子貞」也。

○胡氏炳文曰：「同人于野」，其同也大；「利君子貞」，其同也正。與人大同，亨道也，雖大川，可涉。然有所同者大而不出於正者，故又當以正爲本。

○蔡氏清曰：大人之道，豈必人人而求與之同哉？亦惟以正而已。正也者，人心之公理也，不期同而自無不同者也。若我既得其正，而彼或不我同，則彼之悖矣，吾何計哉！然同我者已億萬，而不同者僅一二，亦不害其爲大同也。

○林氏希元曰：序卦傳曰：「與人同者，物必歸焉。」〔一〕「同人于野」，則物無不應，人無不助，而事無不濟，故亨，雖大川之險，亦利於涉矣。然必所同者合於君子之正道，乃爲「于野」，而亨且利涉。使不以正，雖所同滿天下，竟是私情之合，不足謂之「于野」，又何以致亨而利涉哉？

初九，同人于門，无咎。

【本義】同人之初未有私主，以剛在下，上无係應，可以无咎，故其象占如此。

【程傳】九居同人之初，而无繫應，是无偏私，同人之公者也，故爲出門同人。出門謂在外，在外則无私昵之偏，其同博而公，如此則无過咎也。

【集説】王氏弼曰：居同人之始，爲同人之首者也，無應於上，心無係吝，通夫大同，出門皆同，

〔一〕物必歸焉：焉，原作「之」，據四庫本、薈要本改。

故曰「同人于門」也。出門同人，誰與爲咎？

○王氏應麟曰：同人之初曰出門，隨之初曰出門，謹於出門之初，則不苟同，不詭隨。

○胡氏炳文曰：同人與隨，皆易溺於私。隨必出門而後可以有功，同人必出門而後可以无咎。

六二，同人于宗，吝。

【本義】宗，黨也。六二雖中且正，然有應於上，不能大同而係於私，吝之道也，故其象占如此。

【程傳】二與五爲正應，故曰「同人于宗」。宗，謂宗黨也。同於所係應，是有所偏與，在同人之道爲私狹矣，故可吝。二若陽爻，則爲剛中之德，乃以中道相同，不爲私也。

【集說】馮氏當可曰：以卦體言之，則有大同之義；以爻義言之，則示阿黨之戒。

○蔡氏清曰：「柔得位得中，而應乎乾，曰同人」，今乃謂「同人于宗，吝」者，蓋卦是就其全體上取其有相同之義，然同人之道貴乎廣，今二五相同，雖曰兩相與則專，然其道則狹矣，曰「于宗吝」，以見其利于野也。

九三，伏戎于莽，升其高陵，三歲不興。

【本義】剛而不中，上无正應，欲同於二而非其正，懼九五之見攻，故有此象。

【程傳】三以陽居剛而不得中，是剛暴之人也。在同人之時，志在於同，卦惟一陰，諸陽之志皆欲同之，三又與之比，然二以中正之道與五相應，三以剛强居二五之閒，欲奪而同之，然理不直，義不勝，故不敢顯發，伏藏兵戎於林莽之中。懷惡而内負不直，故又畏懼，時升高陵以顧望。如此至於三歲之久，終不敢興。此爻深見小人之情狀。然不曰凶者，既不敢發，故未至凶也。

【集説】朱子語類：問：「伏戎于莽，升其高陵」，如何？曰：只是伏於高陵之草莽中，三歲不敢出。

○胡氏炳文曰：卦惟三四不言同人，三四有爭奪之象，非同者也。

九四，乘其墉，弗克攻，吉。

【本義】剛不中正，又无應與，亦欲同於六二，而爲三所隔，故爲乘墉以攻之象。然以居柔，故有自反而不克攻之象。占者如是，則是能改過而得吉也。

【程傳】四剛而不中正，其志欲同二，亦與五爲仇者也。墉垣所以限隔也，四切近於五，如隔墉耳。「乘其墉」欲攻之，知義不直而不克也。苟能自知義之不直而不攻，則爲吉也。若肆其邪欲，不能反思義理，妄行攻奪，則其凶大矣。三以剛居剛，故終其强而不能反；四以剛居柔，故有困而能反之義，能反則吉矣。畏義而能改，其吉宜矣。

【集説】朱子語類：問「同人三四皆有爭奪之義」。曰：三以剛居剛，便迷而不返；四以剛居柔，便有返底道理。繫辭云「近而不相得則凶」。如初、上，則各在事外，不相干涉，所以無爭。

○項氏安世曰：凡爻言不克者，皆陽居陰位。惟其陽，故有訟、有攻；惟其陰，故不克訟、弗克攻。訟之九二、九四，同人之九四，皆是物也。

【案】卦名同人，而三四兩爻所以有乖爭之象者，蓋人情同極必異，異極乃復於同，正如治極則亂，亂極乃復於治，此人事分合之端，易道循環之理也。卦之内體自同而異，故于門、于宗，同也，至三而有伏戎之象，則不勝其異矣。外體自異而同，故乘墉而「弗克攻」，大師而克相遇，漸反其異也，至上而有「于郊」之象，則復歸於同矣。三四兩爻，正當同而異、異而同之際，故聖人因其爻位爻德以取象。三之所謂敵剛者，敵上也；四之所謂乘墉者，攻初也。蓋既非應，則不同，不同則有相敵相攻之象矣。以爲爭六二之應，而與九五相敵相攻，似非卦意也。

九五，同人先號咷而後笑，大師克相遇。

【本義】五剛中正，二以柔中正相應於下，同心者也，而爲三四所隔，不得其同。然義理所同，物不得而閒之，故有此象。然六二柔弱，而三四剛强，故必用大師以勝之，然後得相遇也。

【程傳】九五同於二，而爲三、四二陽所隔，五自以義直理勝，故不勝憤抑，至於「號咷」。然邪不勝正，雖爲所隔，終必得合，故「後笑」也。「大師克相遇」，五與二正應，而二陽非理隔奪，必用大師克勝之，乃得相遇也。云大師、云克者，見二陽之强也。九五，君位，而爻不取人君同人之義者，蓋五專以私暱應於二，而失其中正之德。人君當與天下大同，而獨私一人，非君道也。又先隔則號咷，後遇則笑，是私暱之情，非大同之體也。二之在下，尚以同于宗爲吝，況人君乎！五既於君道无取，故更不言君道，而明二人同心，不可閒隔之義。繫辭云：「君子之道，或出或處，或默或語，二人同心，其利斷金。」中誠所同，出處語默无不同，天下莫能閒也。同者一也，一不可分，分乃二也。一可以通金石、冒水火，无所不能入，故云「其利斷金」。其理至微，故聖人贊之曰「同心之言，其臭如蘭」，謂其言意味深長也。

【集説】楊氏萬里曰：師莫大於君心，而兵革爲小；克莫難於小人，而敵國爲小。

○胡氏炳文曰：同人九五，剛中正而有應，故「先號咷而後笑」。旅上九，剛不中正而無應，故「先笑後號咷」。

○吴氏曰慎曰：案程傳論九五非人君大同之道，本義不用此意，何也？蓋六二爲同人之主，著于宗之吝，所以明大同之道也。至五則恥其中正而應，〔一〕故未合而號咷，既遇而笑樂，非以其私也。故象傳明其中直，彖傳與其中正而應。本義謂其義理所同，豈得以私暱病之哉？

【案】居尊位而欲下交，居下位而欲獲上，其中必多忌害閒隔之者，故此爻之「號咷」，鼎九二之「我仇有疾」，亦論其理如此爾。説易者必欲求其爻以實之，則鑿矣。

上九，同人于郊，无悔。

〔一〕至五則恥其中正而應：恥，四庫本、局本、薈要本皆作「取」。

【本義】居外无應，物莫與同，然亦可以无悔，故其象占如此。郊在野之内，未至於曠遠，但荒僻无與同耳。

【程傳】郊，在外而遠之地。求同者必相親相與，上九居外而无應，終无與同者也。始有同，則至終或有睽悔。處遠而无與，故雖无同，亦无悔，雖欲同之志不遂，而其終无所悔也。

【集説】楊氏時曰：「同人于野，亨」，上九「同人于郊」，止於无悔而已，何也？蓋以一卦言之，則「于野」無暱比之私焉，故亨；上九居卦之外而無應，不同乎人，人亦無同之者，則静而不通乎物也，故无悔而已。

○蔡氏淵曰：國外曰郊，郊外曰野。雖在卦上，猶未出乎卦也，故止曰郊。

○梁氏寅曰：上無所係應，而同人于郊，則所同者遠，亦無私矣。然猶未能極乎遠，故不能吉亨，止於无悔而已。象傳言「志未得」，蓋其所同者未能周於天下，是其志之未遂也。

【總論】孔氏穎達曰：凡處同人而不泰焉，則必用師矣者。王氏注意，非止上九一爻，乃總論同人一卦之義。去初上而言，二有同宗之吝，三有伏戎之禍，四有不克之困，五有大師之患，是處同人之世，無大通之志，則必用師矣。

○楊氏文焕曰：「同人于野」則「亨」，「于門」則「无咎」，「于宗」則「吝」，「于郊」則「无悔」。「于宗」不若「于門」，「于門」不若「于郊」，「于郊」不若「于野」，六爻有不能盡卦義者，同人是也。

〇梁氏寅曰：同人之道，以大同而不私爲善，故卦之諸爻，或比或應，皆爲同於所近，無大吉者。象言「同人于野」，則能絶其私與而廓然大公，此其所以亨也。以一卦觀之，由内而至外，初爲「同人于門」，至近也，二爲「同人于宗」，亦近也，至上而「同人于郊」，則遠矣，然未如野之尤遠也，「同人于野」，豈非超出於家邑之外乎？二爲同人之主，而不能大同，故其有應者，乃所以爲吝。初、上雖无咎、无悔，然終不若「于野」之亨也。聖人以四海爲一家，中國爲一人，而情無不孚、恩無不洽者，豈非「同人于野」之意哉？

䷍（乾下離上）

大有，元亨。

【程傳】大有，序卦：「與人同者，物必歸焉，故受之以大有。」夫與人同者，物之所歸也，大有所以次同人也。爲卦火在天上，火之處高，其明及遠，萬物之衆，无不照見，爲大有之象。又，一柔居尊，衆陽並應，居尊執柔，物之所歸也，上下應之，爲大有之義。大有，盛大豐有也。

【本義】大有，所有之大也。離居乾上，火在天上，无所不照。又，六五一陰，居尊得中，而五陽應之，故爲大有。乾健離明，居尊應天，有亨之道。占者有其德，則大善而亨也。

【程傳】卦之才可以元亨也。凡卦德，有卦名自有其義者，如「比吉」、「謙亨」是也；有因其卦義便爲訓戒者，如「師貞，丈人吉」、「同人于野，亨」是也；有以其卦才而言者，「大有，元亨」是也。由剛健文明，應天時行，故能元亨也。

【集説】鄭氏汝諧曰：陽爲大，陰爲小，一陰居尊，而爲五陽所歸，所有者大也。大非陰柔所能有也，必沖虚不自滿者能有之。六五明體而虚中，所以爲大有，所以爲元亨。若直以大有爲富有盛大，則失其義矣。

○丘氏富國曰：一陰在上卦之中，而五陽宗之，諸爻之有，皆六五之有也，豈不大哉！惟其所有者大，故其亨亦大也。

【案】比以九居五，視大有之六五爲優矣。然比之應之者，五陰也，則民庶之象也；大有之應之者，五陽也，則賢人之象也。賢人應之，所有孰大於是哉！故大有之柔中，雖不如比之剛中，而比之「吉无咎」，則不如大有之直言「元亨」也。彖辭直言「元亨」，更無他辭者，惟此與鼎卦而已，皆以尚賢養賢之故也。

初九，无交害，匪咎，艱則无咎。

【本義】雖當大有之時，然以陽居下，上无係應，而在事初，未涉乎害者也，何咎之有？然亦必艱以處之，則无咎。戒占者宜如是也。

【程傳】九居大有之初，未至於盛，處卑无應與，未有驕盈之失，故「无交害」，未涉於害也。大凡富有，鮮不有害，以子貢之賢，未能盡免，況其下者乎。「匪咎，艱則无咎」，言富有本匪有咎也，人因富有自爲咎耳，若能享富有而知難處，則自无咎也。處富有而不能思艱兢畏，則驕侈之心生矣，所以有咎也。

【集説】胡氏炳文曰：當大有之時，反易有害。初陽在下，未與物接，所以未涉於害也，何咎之有？然以爲「匪咎」，而以易心處之，反有咎矣。「无交害」，大有之初如此；「艱則无咎」，大有自初至終皆當如此。

九二，大車以載，有攸往，无咎。

【本義】剛中在下，得應乎上，爲大車以載之象。有所往而如是，可无咎矣。占者必有此德，乃應其占也。

【程傳】九以陽剛居二，爲六五之君所倚任，剛健則才勝，居柔則謙順，得中則无過，其才如此，所以能勝大有之任，如大車之材强壯，能勝載重物也，可以任重行遠，故「有攸往」而「无咎」也。大有豐盛之時，有而未極，故以二之才可往而无咎，至於盛極，則不可以往矣。

【集説】王氏弼曰：任重而不危。

九三，公用亨于天子，小人弗克。

【本義】亨，春秋傳作「享」，謂朝獻也。古者「亨通」之亨、「享獻」之享、「烹飪」之烹，皆作「亨」字。九三居下之上，公侯之象，剛而得正，上有六五之君虛中下賢，故爲亨于天子之象。占者有其德，則其占如是。小人无剛正之德，則雖得此爻，不能當也。

【程傳】三居下體之上，在下而居人上，諸侯人君之象也。公侯上承天子，天子居天下之尊，「率土之濱，莫非王臣」，在下者何敢專其有？凡土地之富，人民之衆，皆王者之有也，此理之正也。故三當大有之時，居諸侯之位，有其富盛，必用亨通乎天子，謂以其有爲天子之有也，乃人臣之常義也。若小人處之，則專其富有以爲私，不知公以奉上之道，故曰「小人弗克」也。

【集説】朱子語類云：古文無享字，亨、享、烹並通用，如「公用亨于天子」，解作「亨」字便不是。又曰：亨、享二字，據説文，本是一字，故易中多互用，如「王用亨于岐山」，亦當爲「享」，如「王用享于帝」之云也。字畫音韻，是經中淺事，故先儒得其大者多不留意。然不知此等處不理會，却枉費了無限辭説牽補，而卒不得其大義，亦甚害事也。

九四，匪其彭，无咎。

【本義】彭字音義未詳。程傳曰「盛貌」，理或當然。六五，柔中之君，九四以剛近之，有僭逼之嫌。然以其處柔也，故有不極其盛之象，而得无咎。戒占者宜如是也。

【程傳】九四居大有之時，已過中矣，是大有之盛者也。過盛則凶咎所由生也，故處之之道，

「匪其彭」則得「无咎」，謂能謙損，不處其太盛，則得无咎也。四，近君之高位，苟處太盛，則致凶咎。彭，盛多之貌。詩載驅云「汶水湯湯，行人彭彭」，行人盛多之狀；雅大明云「駟騵彭彭」，言武王戎馬之盛也。

【集説】沈氏該曰：以剛處柔，謙以自居，而懼以戒其盛，得明哲保身之義，故无咎也。

六五，厥孚交如，威如，吉。

【本義】大有之世，柔順而中，以處尊位，虛己以應九二之賢，而上下歸之，是其孚信之交也。然君道貴剛，太柔則廢，當以威濟之，則吉。故其象占如此，亦戒辭也。

【程傳】六五當大有之時，居君位虛中，爲孚信之象。人君執柔守中，而以孚信接於下，則下亦盡其信誠以事於上，上下孚信相交也。以柔居尊位，當大有之時，人心安易，若專尚柔順，則陵慢生矣，故必「威如」則吉。威如，有威嚴之謂也。既以柔和孚信接於下，衆志説從，又有威嚴，使之有畏，善處有者也，吉可知矣。

【集説】俞氏琰曰：既有誠信以接下，而人信之；又有威嚴以自重，而人畏之。爲大有之君，而剛柔得宜如此，故吉。

上九，自天祐之，吉无不利。

【本義】大有之世，以剛居上，而能下從六五，是能履信思順而尚賢也，滿而不溢，故其占如此。

【程傳】上九在卦之終，居无位之地，是大有之極而不居其有者也。處離之上，明之極也，惟至明，所以不居其有，不至於過極也。有極而不處，則无盈滿之災，能順乎理者也。五之孚信，而履其上，爲蹈履誠信之義。五有文明之德，上能降志以應之，爲尚賢崇善之義。其處如此，合道之至也，自當享其福慶，「自天祐之」，行順乎天而獲天祐，故所往皆吉，无所不利也。

【集説】郭氏雍曰：繫辭曰：「祐者，助也，天之所助者順也，人之所助者信也，履信思乎順，又以尚賢也。」六五之君實盡此，而言於上九者，蓋言大有之吉以此終也，故象曰「大有上吉」，則知此吉，大有之吉也，非止上九之吉也。

○鄭氏汝諧曰：履信思順，又以尚賢，蓋言五也。五厥孚交如，履信也；居尊用柔，思順也；上九在上，尚賢也。五獲天之祐，「吉无不利」，由其有是也。言五而繫之上，何也？五，成卦之主，上其終也，五之德宜獲是福，於終可驗也。易之取義若是者衆，小畜之上九曰「婦貞厲，月幾望」，言六四之畜陽，至上而爲貞厲之婦、幾望之月也，若指上九而言，則上九陽也，不得爲婦與月。説易者其失在於泥爻以求義，故以履信、思順、尚賢歸之於上九也。易之所謂尚者，上也，五尚上九之賢，故自天之祐，於上九見之。

○王氏宗傳曰：六五以一柔有五剛，上九獨在五上，五能尚之，繫辭傳所謂「又以尚賢」，則上九是也。祐之自天，「吉无不利」，謂大有至此，愈有隆而無替也。然則當大有之極，莫大於得天，而所以得天，又莫大於尚賢也。

〇胡氏炳文曰：小畜上九，畜之終也，其占曰厲、曰凶，承六四言也；大有上九，有之終也，其占「吉无不利」，承六五言也。小畜一陰畜衆陽，故其終也如彼；大有一陰有衆陽，故其終也如此。君臣大分，豈不明哉！蓋五之厥孚，履信也；柔中，思順也；尚上九之一陽，尚賢也。所以其終也，「自天祐之，吉无不利」也。

【案】傳、義皆以履信、思順、尚賢爲上九之事，然易中以上爻終五爻之義者甚多，如師之「大君有命」，離之「王用出征」，解之「公用射隼」，皆非以上爻爲王公也，蒙五爻而終其義爾。郭氏、鄭氏、王氏之説，皆與卦意爻義合。胡氏最爲恪守本義者，於此獨從郭氏諸説，則亦未允於心故也。

御纂周易折中卷第三

䷎（艮下坤上）

【程傳】謙，序卦：「有大者不可以盈，故受之以謙。」其有既大，不可至於盈滿，必在謙損，故大有之後受之以謙也。爲卦坤上艮下，地中有山也。地體卑下，山高大之物，而居地之下，謙之象也。以崇高之德而處卑之下，謙之義也。

謙，亨，君子有終。

【本義】謙者，有而不居之義，止乎内而順乎外，謙之意也。山至高而地至卑，乃屈而止於其下，謙之象也。占者如是，則亨通而有終矣。有終，謂先屈而後伸也。

【程傳】謙有亨之道也。有其德而不居謂之謙。人以謙巽自處，何往而不亨乎？「君子有終」，君子志存乎謙巽，達理，故樂天而不競，内充，故退讓而不矜，安履乎謙，終身不易，自卑而人益尊之，自晦而德益光顯，此所謂「君子有終」也。在小人，則有欲必競，有德必伐，雖使勉慕於謙，亦不能安行而固守，不能有終也。

【集説】馮氏椅曰：一陽五陰之卦，其立象也，一陽在上、下者爲剥、復，象陽氣之消長也；在中者爲師、比，象衆之所歸也。至於三四，在二體之際，當六畫之中，故以其自上而退處於下者爲謙，自下而奮出乎上者爲豫。此觀畫立象之本指也。

【案】傳、義釋卦名，皆不取九三之義，實則成卦之由在於九三，以豫卦反觀可見也。夫子象傳所以不舉者，因周公爻辭與彖辭同，則三爲成卦之主，其義易見爾。馮氏之説可相補備。

初六，謙謙君子，用涉大川，吉。

【本義】以柔處下，謙之至也，君子之行也，以此涉難，何往不濟？故占者如是，則利以涉川也。

【程傳】初六以柔順處謙，又居一卦之下，爲自處卑下之至，謙而又謙也，故曰「謙謙」。能如是者，君子也。自處至謙，衆所共與也，雖用涉險難，亦无患害，況居平易乎？何所不吉也？初處謙而以柔居下，得无過於謙乎？曰：柔居下，乃其常也，但見其謙之至，故爲「謙謙」，未見其失也。

【集説】荀氏爽曰：初最在下，故曰「謙謙」也。

○胡氏一桂曰：涉川貴於遲重，不貴於急速，用「謙謙」之道以涉川，只是謙退居後而不爭先，自然萬無一失，故吉。

○胡氏炳文曰：謙主九三，故三爻辭與卦辭皆稱「君子有終」。初亦曰「君子」，何也？三在下卦之上，勞而能謙，在上之君子也；初在下卦之下，謙而又謙，在下之君子也。在上者「尊而光」，在下者「卑而不可踰」，皆所以爲君子之終也。「用涉大川，吉」，雖用以濟患可也，況平居乎！

六二，鳴謙，貞吉。

【本義】柔順中正，以謙有聞，正而且吉者也，故其占如此。

【程傳】二以柔順居中，是爲謙德積於中；謙德充積於中，故發於外，見於聲音顏色，故曰「鳴謙」。居中得正，有中正之德也，故云「貞吉」。凡貞吉，有爲貞且吉者，有爲得貞則吉者，六二之貞吉，所自有也。

【集說】蘇氏軾曰：雄鳴則雌應，故易以陰陽唱和寄之於鳴。謙之所以爲謙者三，六二其鄰也，上九其配也，故皆和之而鳴於謙。

九三，勞謙，君子有終吉。

【本義】卦惟一陽，居下之上，剛而得正，上下所歸，有功勞而能謙，尤人所難，故有終而吉。占者如是，則如其應矣。

【程傳】三以陽剛之德而居下體，爲衆陰所宗，履得其位，爲下之上，是上爲君所任，下爲衆所從，有功勞而持謙德者也，故曰「勞謙」。古之人有當之者，周公是也，身當天下之大任，上奉幼弱之主，謙恭自牧，夔夔如畏然，可謂有勞而能謙矣。既能勞謙，又須君子行之有終，則吉。夫樂高喜勝，人之常情，平時能謙固已鮮矣，況有功勞可尊乎？雖使知謙之善，勉而爲之，若矜負之心不忘，則不能常久，欲其有終，不可得也。惟君子安履謙順，乃其常行，故久而不變，乃所謂有終，有終則吉也。九三以剛居正，能終者也，此爻之德最盛，故象辭特重。

【集説】王氏弼曰：處下體之極，履得其位，上下無陽以分其民，衆陰所宗，尊莫先焉，上承下接，勞謙匪懈，是以吉也。

○王氏宗傳曰：謙之成卦在此一爻，故卦之德曰「君子有終」，而九三實當之。

○胡氏炳文曰：文王卦辭曰「謙亨，君子有終」，周公於三之爻辭以「吉」代「亨」字，「謙」之上加一「勞」字，蓋謙非難，勞而能謙爲難。九三之勞，當在上位，而位止於下，所謂勞而能謙者也。乾之三以君子稱，坤之三以有終言，謙之三兼乾坤之占辭，蓋所謂「勞」者，即乾之「終日乾乾」，而「謙」則又坤之「含章」也。

○吴氏慎曰：諸儒皆以「君子有終」爲句，然據初六「謙謙君子」，則此爻當「勞謙君子」爲句，象傳明矣。

六四，无不利撝謙。

【本義】柔而得正，上而能下，其占无不利矣。然居九三之上，故戒以更當發揮其謙，以示不敢自安之意也。

【程傳】四居上體，切近君位，六五之君又以謙柔自處，九三又有大功德，爲上所任、衆所宗，而己居其上，當恭畏以奉謙德之君，卑巽以讓勞謙之臣，動作施爲，无所不利於撝謙也。撝，施布之象，如人手之撝也。動息進退，必施其謙，蓋居多懼之地，又在賢臣之上故也。

【集說】梁氏寅曰：六四柔而得正，上而能下，可謂謙矣，无不利矣。然處近君之地，在功臣之上，故戒以更當發揮其謙也。世之人臣，固有執柔守正不與物競者矣，然或闇於事理，辭受失宜，無功而受其禄，無實而處其名，若是者失謙之道矣，不可以不戒也。

【案】「无不利撝謙」，本義作兩句，程傳作一句，觀夫子象傳，則程說近是。

六五，不富以其鄰，利用侵伐，无不利。

【本義】以柔居尊，在上而能謙者也，故爲不富而能以其鄰之象，蓋從之者衆矣。猶有未服者，則利以征之，而於他事亦无不利。人有是德，則如其占也。

【程傳】富者衆之所歸，唯財爲能聚人。五以君位之尊，而執謙順以接於下，衆所歸也，故不富而能有其鄰也。鄰，近也，不富而得人之親也。爲人君而持謙順，天下所歸心也。然君道不可專尚謙柔，必須威武相濟，然後能懷服天下，故利用行侵伐也。威德並著，然後盡君道之宜，而无所不利也。蓋五之謙柔，當防於過，故發此義。

【集說】楊氏萬里曰：五以君上之尊體謙柔之德，欿然不有其崇高富貴之勢，此一卦謙德之盛也。推不富之心，則其臣鄰翕然，焉往不利哉？「利用侵伐」，姑舉其大者。

○胡氏炳文曰：謙之一字，自禹征有苗，而伯益發之。六五一爻不言謙，而曰「利用侵伐」，何也？蓋「不富」者，六五虛中而能謙也；「以其鄰」者，衆莫不服五之謙也，如此而猶有不服者，則征之固宜。

上六，鳴謙，利用行師，征邑國。

【本義】謙極有聞，人之所與，故可用行師。然以其質柔而无位，故可以征己之邑國而已。

【程傳】六以柔處柔，順之極，又處謙之極，極乎謙者也。以極謙而反居高，未得遂其謙之志，故至發於聲音；又柔處謙之極，亦必見於聲色，故曰「鳴謙」。雖居无位之地，非任天下之事，然人之行己，必須剛柔相濟。上，謙之極也，至於太甚，則反爲過矣，故利在以剛武自治。邑國，己之私有；行師，謂用剛武；征邑國，謂自治其私。

【集説】楊氏時曰：君子行有不得，則反求諸己，故曰「利用行師，征邑國」也。邑國，私於己者也；征邑國，自治也。不用剛克而能勝己之私者，未之有也。

○朱氏震曰：征邑國者，非侵伐也，克己之謂也。君子自克則誠，誠則物無不應。有不應焉，誠未至也。

○朱子語類：問：「謙是不與人爭，如何五、上二爻皆言『利用侵伐』『利用行師』？」曰：「老子言，大國下小國則取小國，小國下大國則取大國。又言，抗兵相加，哀者勝矣。大抵謙自是用兵之道，只退處一步耳。如必也臨事而懼，皆是此意。」

〇何氏楷曰：所征止於邑國，毋敢侵伐，亦謙之象。

【總論】王氏弼曰：夫吉凶悔吝，生乎動者也。動之所起，興於利者也。故飲食必有訟，訟必有衆起。未有居衆人之所惡而爲動者所害，處不競之地而爲爭者所奪。是以六爻雖有失位、無應、乘剛，而皆無凶咎悔吝者，以謙爲主也。「謙尊而光，卑而不可踰」，信矣哉！

〇胡氏一桂曰：謙一卦，下三爻皆吉而無凶，上三爻皆利而無害，易中吉利罕有若是純全者。謙之效固如此。

䷏（坤下震上）

【程傳】豫，序卦：「有大而能謙必豫，故受之以豫。」承二卦之義而爲次也。有既大而能謙，則有豫樂也。豫者，安和悦樂之義。爲卦震上坤下，順動之象。動而和順，是以豫也。九四爲動之主，上下群陰所共應也，坤又承之以順，是以動而上下順應，故爲和豫之義。以二象言之，雷出於地上，陽始潛閉於地中，及其動而出地，奮發其聲，通暢和豫，故爲豫也。

豫，利建侯行師。

【本義】豫，和樂也，人心和樂以應其上也。九四一陽，上下應之，其志得行，又以坤遇震，爲順以動，故其卦爲豫，而其占利以立君用師也。

【程傳】豫，順而動也。豫之義，所利在於建侯行師。夫建侯樹屏，所以共安天下，諸侯和順，則萬民悦服。兵師之興，衆心和悦，則順從而有功。故悦豫之道，利於建侯行師也。又上動而下順，諸侯從王、師衆順令之象。君萬邦，聚大衆，非和悦不能使之服從也。

【集説】孔氏穎達曰：謂之豫者，取逸豫之義，以和順而動，動不違衆，衆皆悦豫，故謂之豫也。動而衆悦，故利建侯；以順而動，故可以行師也。

○丘氏富國曰：屯有震無坤，則言建侯而不言行師；謙有坤無震，則言行師而不言建侯。此合震坤成卦，故兼之。

初六，鳴豫，凶。

【本義】陰柔小人，上有强援，得時主事，故不勝其豫而以自鳴，凶之道也。故其占如此。卦之得名本爲和樂，然卦辭爲衆樂之義，爻辭除九四與卦同外，皆爲自樂，所以有吉凶之異。

【程傳】初六以陰柔居下，四，豫之主也，而應之，是不中正之小人，處豫而爲上所寵，其志意滿極，不勝其豫，至發於聲音，輕淺如是，必至於凶也。鳴，發於聲也。

【集說】石氏介曰：四爲豫之主，初與之相應，小人得志，必極其情欲，以至於凶，形於聲鳴，豫之甚也。

○蘇氏軾曰：所以爲豫者四也，而初和之，故曰鳴。己無以自樂，而恃其配以爲樂，不得不凶。

○王氏應麟曰：「鳴謙」則吉，「鳴豫」則凶。鳴者，心聲之發也。

○龔氏焕曰：豫之初六，即謙上六之反對，故謙上六曰「鳴謙」，豫初六曰「鳴豫」。謙之上六應九三，故鳴其謙；豫之初六應九四，故不勝其豫以自鳴。謙而鳴則吉，豫而鳴則凶。

六二，介于石，不終日，貞吉。

【本義】豫雖主樂，然易以溺人，溺則反而憂矣。卦獨此爻中而得正，是上下皆溺於豫，而獨能以中正自守，其介如石也。其德安靜而堅確，故其思慮明審，不俟終日，而見凡事之幾微也。大學曰「安而后能慮，慮而后能得」，意正如此。占者如是，則正而吉矣。

【程傳】逸豫之道，放則失正，故豫之諸爻多不得正，才與時合也。惟六二一爻，處中正，又无應，爲自守之象，當豫之時，獨能以中正自守，可謂特立之操，是其節介如石之堅也。「介于石」，其介如石也。人之於豫樂，心悦之，故遲遲遂至於耽戀不能已也。二以中正自守，其介如石，其去之速，不俟終日，故貞正而吉也。處豫不可安且久也，久則溺矣，如二可謂見幾而作者也。夫子因二之見幾，而極言知幾之道，曰：「知幾其神乎！君子上交不諂，下交不瀆，其知幾乎？幾者動之微，吉之先見者也。君子見幾而作，不俟終日。易曰：『介于石，不終日，貞吉。』介如石焉，寧用終日，斷可識矣。君子知微知彰，知柔知剛，萬夫之望。」夫見事之幾微者，其神妙矣乎！君子上交不至於諂、下交不至於瀆者，蓋知幾也。不知幾，則至於過而不已，交於上以恭巽，故過則爲諂；交於下以和易，故過則爲瀆。君子見於幾微，故不至於過也。所謂幾者，始動之微也，吉凶之端，可先見而未著者也。獨言吉者見之於先，豈復至有凶也？君子明哲，見事之幾微，故能其介如石，其守既堅，則不惑而明，見幾而動，豈俟終日也？斷，別也，其判別可見矣。微與彰、柔與剛，相對者也，君子見微則知彰矣，見柔則知剛矣。知幾如是，衆所仰也，故贊之曰「萬夫之望」。

【集説】王氏宗傳曰：凡人之情，於逸豫之事，心焉悦之，必至於耽戀而不舍，何者？有所溺故也。惟知幾之君子，其視樂豫之事，如將浼己，斷而識之，速而去之，又豈俟終日也哉！此其所以當豫之時而獲吉也。

○丘氏富國曰：豫諸爻以無所係應者爲吉，豫初應四，而三五比四，皆有係者也，是以爲凶、爲悔、爲疾。獨六二陰靜而中正，與四無係，特立於衆陰之中，而無遲遲耽戀之意。方其靜也，則確然自守而介于石；及其動也，則見幾而作，不俟終日。蓋其所居得正，故動靜之閒不失其正，吉可知矣。

六三，盱豫，悔遲有悔。

【本義】盱，上視也。陰不中正而近於四，四爲卦主，故六三上視於四，而下溺於豫，宜有悔者也。故其象如此，而其占爲事當速悔。若悔之遲，則必有悔也。

【程傳】六三陰而居陽，不中不正之人也。以不中正而處豫，動皆有悔。盱，上視也。上瞻望於四，則以不中正不爲四所取，故有悔也。四，豫之主，與之切近，苟遲遲而不前，則見棄絶，亦有悔也。蓋處身不正，進退皆有悔吝，當如之何？在正身而已。君子處己有道，以禮制心，雖處豫時，不失中正，故无悔也。

【集説】郭氏忠孝曰：處豫之道，戒在不能自立而優游無斷。睢盱上視而悦之，非「介于石」者也；遲疑而有待，非「不終日」者也。

○胡氏炳文曰：二中而得正，三陰不中正，故「盱豫」與介石相反，遲與「不終日」相反，中正與不中正故也。六三雖柔，其位則陽，猶有能悔之意，然悔之速可也，悔之遲則又必有悔矣。

九四，由豫，大有得，勿疑，朋盍簪。

【本義】九四，卦之所由以爲豫者也，故其象如此，而其占爲「大有得」。然又當至誠不疑，則朋類合而從之矣。故又因而戒之。簪，聚也，又速也。

【程傳】豫之所以爲豫者，由九四也，爲動之主，動而衆陰悦順，爲豫之義。四，大臣之位，六五之君順從之，以陽剛而任上之事，豫之所由也，故云「由豫，大有得」，言得大行其志，以致天下之豫也。「勿疑，朋盍簪」，四居大臣之位，承柔弱之君，而當天下之任，危疑之地也，獨當上之倚任，而下无同德之助，所以疑也。唯當盡其至誠，勿有疑慮，則朋類自當盍聚。夫欲上下之信，唯至誠而已，苟盡其至誠，則何患乎其无助也。簪，聚也，簪之名簪，取聚髮也。或曰：卦唯一陽，安得同德之助？曰：居上位而至誠求助，理必得之，姤之九五曰「有隕自天」是也。四以陽剛迫近君位，而專主乎豫，聖人宜爲之戒，而不然者，豫，和順之道也，由和順之道，不失爲臣之正也，如此而專主於豫，乃是任天下之事而致時於豫者也，故唯戒以至誠勿疑。

【集説】侯氏行果曰：爲豫之主，衆陰所宗，莫不由之以得其逸。體剛心直，志不懷疑，故得群物依歸，朋從大合，若以簪篸之固括也。

○耿氏南仲曰：九四爲震之主，以象言之，萬物莫不由雷以豫；以爻言之，五陰莫不由陽以豫，是以「大有得」也。「大有得」而「勿疑」，乃能協衆力以安其上，猶簪之總衆髮以安其冠。若自疑，則衆斯睽矣，未聞疑事而有功者也。

○梁氏寅曰：由豫者，言人心之和豫由四而致也。處近君之地，以剛而能柔，衆陰之所順附，此所謂「大有得」也。然人既樂從，則當開誠心、布公道，待以曠大之度，不爲物我之私，然後有以致人心之皆服，故曰「勿疑，朋盍簪」。

○蔡氏清曰：九四「由豫，大有得」矣，又必戒以「勿疑，朋盍簪」者，誠以由豫任大責重，難以獨力，必得同德者以自輔。自古以聖哲之資而居元臣之任者，如舜則舉八元八凱，伊尹、周公皆有俊乂吉人之助，諸葛孔明亦必開誠心以來諸賢之益。聖人命辭之意深矣哉！

○何氏楷曰：簪，聚也，簪之名簪，取聚髮也。或謂古冠服無簪，按鹽鐵論，神禹治水，遺簪不顧。非簪而何？即弁服之笄是也。

六五，貞疾，恒不死。

【本義】當豫之時，以柔居尊，沈溺於豫，又乘九四之剛，衆不附而處勢危，故爲「貞疾」之象。然以其得中，故又爲常不死之象。即象而觀，占在其中矣。

【程傳】六五以陰柔居君位，當豫之時，沈溺於豫，不能自立者也。權之所主，衆之所歸，皆在於四。四之陽剛得衆，非耽惑柔弱之君所能制也。乃柔弱不能自立之君，受制於專權之臣也。居得君位，「貞」也；受制於下，有「疾」苦也。六五尊位，權雖失而位未亡也，故云「貞疾，恒不死」，言貞而有疾，常疾而不死，如漢、魏末世之君也。人君致危亡之道非一，而以豫爲多，在四不言失正，而於五乃見其强逼者，四本无失，故於四言大臣任天下之事之義，於五則言柔弱居尊不能自立、威權去己之義，各據爻以取義，故不同也。若五不失君道，而四主於豫，乃是任得其人，安享其功，如太甲、成王也。蒙亦以陰居尊位，二以陽爲蒙之主，然彼吉而此疾者，時不同也。童蒙而資之於人，宜也；耽豫而失之於人，危亡之道也。故蒙相應，則倚任者也；豫相逼，則失權者也。又，上下之心專歸於四也。

【集説】王氏宗傳曰：當逸豫之時，恣驕侈之欲，宜其死於安樂有餘也。然乘九四之剛，恃以拂弼於己，故得「恒不死」也。孟子曰：「入則無法家拂士，出則無敵國外患者，國恒亡。然後知生於憂患，而死於安樂也。」則六五之得九四，得法家拂士也，故雖當豫之時，不得以縱其所樂；唯不得以縱其所樂，則「恒不死」，宜也。夫當豫之時而不爲豫者，以正自守也，六二是也；當豫之時而不得豫者，見正於人也，六五是也。此豫之六爻，惟六二、六五所以不言豫焉。

○何氏楷曰：六五以柔居尊，當豫之時，易於沈溺，必戰兢畏惕，常如疾病在身，乃得恒而不死，所謂生於憂患者也。

【案】王氏、何氏説深得爻義。

上六，冥豫，成有渝，无咎。

【本義】以陰柔居豫極，爲昏冥於豫之象。以其動體，故又爲其事雖成而能有渝之象。戒占者如是，則能補過而无咎，所以廣遷善之門也。

【程傳】上六陰柔，非有中正之德，以陰居上，不正也，而當豫極之時，以君子居斯時，亦當戒懼，況陰柔乎！乃耽肆於豫，昏迷不知反者也。在豫之終，故爲昏冥已成也，若能有渝變，則可以无咎矣。在豫之終，有變之義，人之失苟能自變，皆可以无咎，故冥豫雖已成，能變則善也。聖人發此義，所以勸善也，故更不言冥之凶，專言渝之无咎。

【集説】王氏應麟曰：冥於豫而勉其有渝，開遷善之門也；冥於升而勉其不息，回進善之機也。

【案】「貞疾」與「成有渝」兩爻之義，亦相爲首尾，如人之耽於逸樂而不能節其飲食起居者，是致死之道也。苟使縱其欲而無病，則將一病不支，而亡也無日矣。惟其常有疾也，故常能憂懼儆戒，而得不死也。然所貴乎憂懼儆戒者，以其能改變爾。向也耽於逸樂，昏冥而不悟，殆將習與性成矣，今乃一變所爲，而節飲食、慎起居，則可以復得其性命之理，豈獨不死而已乎？故於五不言无咎，而於上言之，所以終卦義而垂至戒也。

䷐（震下兑上）

【程傳】隨，序卦：「豫必有隨，故受之以隨。」夫悦豫之道，物所隨也，隨所以次豫也。爲卦兑上震下，兑爲説，震爲動，説而動，動而説，皆隨之義。女，隨人者也，以少女從長男，隨之義也。又，震爲雷，兑爲澤，雷震於澤中，澤隨而動，隨之象也。又，以卦變言之，乾之上來居坤之下，坤之初往居乾之上，陽來下於陰也，以陽下陰，陰必説隨，爲隨之義。凡成卦既取二體之義，又有取爻義者，復有更取卦變之義者，如隨之取義，尤爲詳備。

隨，元亨利貞，无咎。

【本義】隨，從也。以卦變言之，本自困卦九來居初，又自噬嗑九來居五，而自未濟來者兼此二變，皆剛來隨柔之義。以二體言之，爲此動而彼説，亦隨之義，故爲隨。己能隨物，物來隨己，彼此相從，其通易矣，故其占爲「元亨」。然必利於貞，乃得无咎，若所隨不正，則雖大亨，而不免於有咎矣。春秋傳穆姜曰：「有是四德，隨而无咎，我皆无之，豈隨也哉！」今按：四德雖非本義，然其下云云，深得占法之意。

【程傳】隨之道，可以致大亨也。君子之道爲衆所隨，與己隨於人，及臨事擇所隨，皆隨也。隨得其道，則可以致大亨也。凡人君之從善，臣下之奉命，學者之徙義，臨事而從長，皆隨也。隨之道，利在於貞正，隨得其正，然後能大亨而无咎，失其正則有咎矣，豈能亨乎？

【集説】石氏介曰：凡隨之義，可隨則隨，若唯隨之務，不以正道，安得亨乎？

【案】以二體言之，震剛下兑柔；以卦畫言之，剛爻下於柔爻。六十四卦中惟此一卦，此卦名爲隨之第一義也。其象則如以貴下賤，以多問於寡，乃堯舜所謂舍己從人者，其義最大，故其辭曰「元亨」，又曰「利貞，无咎」者，明所隨必得其正，所以終元亨之義也。然則卦義所主，在以己隨人，至於物來隨己，則其效也；若以爲物所隨爲卦名之本義，則非矣。

初九，官有渝，貞吉，出門交有功。

【本義】卦以物隨爲義，爻以隨物爲義。初九以陽居下，爲震之主，卦之所以爲隨者也。既有所隨，則有所偏主而變其常矣，惟得其正則吉。又當出門以交，不私其隨，則有功也。故其象占如此，亦因以戒之。

【程傳】九居隨時而震體，且動之主，有所隨者也。官，主守也，既有所隨，是其所主守有變易也，故曰「官有渝，貞吉」。所隨得正則吉也，有渝而不得正，乃過動也。「出門交有功」，人心所從，多所親愛者也，常人之情，愛之則見其是，惡之則見其非，故妻孥之言，雖失而多從；所憎之言，雖善爲惡也。苟以親愛而隨之，則是私情所與，豈合正理？故出門而交則有功也。出門謂非私暱，交不以私，故其隨當而有功。

【集説】孔氏穎達曰：人心所主謂之官；渝，變也。初九無應，無所偏係，可隨則隨，是所執之志能渝變也，唯正是從，故貞吉也。所隨不以私，見善則往隨之，以此出門，交獲其功。

〇房氏喬曰：出門有功，先擇後交。

〇石氏介曰：陽在二陰之下，以剛下柔，孰不從之，故出門則人從之。

〇朱子語類：問：「『初九，官有渝，貞吉，出門交有功』，官是主字之義，是一卦之主首，變得正便吉，不正便凶。」曰：「是如此。」

〇張氏清子曰：官，主也；渝，變也。當隨之初，剛來下柔，爲震之主。震，動也，「官有渝」，是主守有變動之象。隨時而動，有所變易，不能保其無偏也，故必變而從正則吉。出門而交，即「同人于門」之意，得隨之正，而不牽於私，則有功而無失矣。

○俞氏琰曰：隨之六爻，專取相比相隨，不取其應。初九震體，震以剛爻爲主官也。官雖貴乎有守，然處隨之時，不可守常而不知變也。變者何？趨時從權，不以主自居也，故曰「官有渝」。初九乃成卦之主爻，主不可以隨人，故不言隨而言交。係者，隨而攀戀不捨之義。六二、六三、上六，其性皆陰柔，而攀戀相隨不捨，故皆言係。

【案】陽爲陰主，故曰官。夫陽爲主而陰隨之者，正也。今以剛而下柔，是其變也，故曰「官有渝」。然當隨而隨，變而不失其正者也，故可以得吉，而出門交有功。

六二，係小子，失丈夫。

【本義】初陽在下而近，五陽正應而遠，二陰柔，不能自守以須正應，故其象如此，凶吝可知，不假言矣。

【程傳】二應五而比初，隨先於近，柔不能固守，故爲之戒云：若「係小子」，則「失丈夫」也。初陽在下，小子也；五正應在上，丈夫也。二若志係於初，則失九五之正應，是「失丈夫」也。「係小子」而「失丈夫」，捨正應而從不正，其咎大矣。二有中正之德，非必至如是也，在隨之時當爲之戒也。

六三，係丈夫，失小子，隨有求得，利居貞。

【本義】丈夫謂九四，小子亦謂初也。三近係四而失於初，其象與六二正相反。四陽當任而已隨之，有求必得，然非正應，故有不正而爲邪媚之嫌。故其占如此，而又戒以居貞也。

【程傳】丈夫，九四也；小子，初也。陽之在上者，丈夫也；居下者，小子也。三雖與初同體，而切近於四，故係於四也。大抵陰柔不能自立，常親係於所近者，上係於四，故下失於初，舍初從上，得隨之宜也。上隨則善也，如昏之隨明，事之從善，上隨也。背是從非，舍明逐暗，下隨也。四亦无應，无隨之者也。近得三之隨，必與之親善，故三之隨四，有求必得也。人之隨於上而上與之，是得所求也。又凡所求者可得也，雖然，固不可非理枉道以隨於上，苟取愛説以遂所求，如此乃小人邪諂趨利之爲也，故云「利居貞」。自處於正，則所謂有求而必得者乃正事，君子之隨也。

【集説】虞氏翻曰：陰隨陽，三之上無應，上係於四，失初小子，故「係丈夫，失小子」。

○王氏弼曰：雖體下卦，二已據初，將何所附？故舍初係四，志在丈夫。四俱無應，亦欲於己隨之，則得其所求矣，故曰「隨有求得」也。應非其正，以係於人，何可以妄？故「利居貞」也。初處己下，四處己上，故曰「係丈夫，失小子」。

○陸氏希聲曰：三非正而隨，其義可尚者，以承陽爲順也。

九四，隨有獲，貞凶，有孚在道，以明何咎。

【本義】九四以剛居上之下，與五同德，故其占隨而有獲，然勢陵於五，故雖正而凶。惟「有孚在道」而明，則上安而下從之，可以无咎也。占者當時之任，宜審此戒。

【程傳】九四以陽剛之才處臣位之極，若於「隨有獲」，則雖正亦凶。「有獲」，謂得天下之心隨於己。爲臣之道，當使恩威一出於上，衆心皆隨於君，若人心從己，危疑之道也，故凶。居此地者奈何？惟孚誠積於中，動爲合於道，以明哲處之，則又何咎？古之人有行之者，伊尹、周公、孔明是也，皆德及於民而民隨之，其得民之隨，所以成其君之功，致其國之安。其至誠存乎中，是「有孚」也；其所施爲无不中道，「在道」也；惟其明哲，故能如是「以明」也，復何過咎之有？是以下信而上不疑，位極而无逼上之嫌，勢重而无專權之過，非聖人大賢則不能也。其次如唐之郭子儀，威震主而主不疑，亦由中有誠孚，而處无甚失也，非明哲能如是乎！

【集説】虞氏翻曰：謂獲三也。

○王氏弼曰：處説之初，下據二陰，三求係己，不距則獲，故曰「隨有獲」也。居於臣地，履非其位，以擅其民，失於臣道，故曰「貞凶」。雖違常義，心存公誠，著信在道，以明其功，何咎之有？

○郭氏雍曰：六三「隨有求得」，蓋隨人而有得者。九四「隨有獲」，蓋以得人之隨爲獲也。夫尊近之臣，勢疑於君，又獲天下之隨，守此爲貞則凶矣。是必有至誠之道，足以使天下無疑焉，斯无咎。

○徐氏幾曰：六三、九四相比相從，三言「有得」者，得乎四也；四言「有獲」者，獲乎三也。

○龔氏焕曰：隨卦諸爻，皆以陰陽相隨爲義。三四皆無正應，相比而相隨者也。然六三上而從陽，理之正也；九四下爲陰從，固守則凶。若心所孚信在於道焉，以明自處，何咎之有？

【案】郭氏、徐氏、龔氏之説，皆與卦意爻義相合，龔氏尤簡明也。

九五，孚于嘉，吉。

【本義】陽剛中正，下應中正，是信于善也。占者如是，其吉宜矣。

【程傳】九五居尊得正而中實，是其中誠在於隨善，其吉可知。嘉，善也。自人君至於庶人，隨道之吉，惟在隨善而已。下應二之正中，爲隨善之義。

【集説】楊氏萬里曰：九五以陽剛居兑之中正，爲一卦説隨之主，此聖君至誠，樂從天下之善者也，吉孰大焉。孚，誠也；嘉，善也。

○王氏應麟曰：信君子者，治之原，隨之九五曰「孚于嘉吉」；信小人者，亂之機，兑之九五曰「孚于剥有厲」。

上六，拘係之，乃從維之，王用亨于西山。

【本義】居隨之極，隨之固結而不可解者也。誠意之極，可通神明，故其占爲「王用亨于西山」。亨，亦當作「祭享」之享。自周而言，岐山在西。凡筮祭山川者得之，其誠意如是則吉也。

【程傳】上六以柔順而居隨之極，極乎隨者也。「拘係之」，謂隨之極，如拘持縻係之，「乃從維之」，又從而維繫之也，謂隨之固結如此。「王用亨于西山」，隨之極如是。昔者，太王用此道亨王業于西山，太王避狄之難，去豳來岐，豳人老稚扶攜以隨之，如歸市，蓋其人心之隨，固結如此，用此，故能亨盛其王業于西山。西山，岐山也，周之王業蓋興於此。上居隨極，固爲太過，然在得民之隨與隨善之固，如此乃爲善也，施於他則過矣。

【集説】吕氏祖謙曰：拘係而不可解，隨之極者也。如有客詩言「授之縶，以縶其馬」，白駒詩「縶之維之，以永今朝」，正合此爻。

○項氏安世曰：大有九三「公用亨于天子」，隨上六「王用亨于西山」，益六二「王用亨于帝」，升六四「王用亨于岐山」，四爻句法皆同。古文「亨」即「享」字，今獨益作亨讀者，俗師不識古字，獨於亨帝不敢作亨帝也。

【案】卦之初剛，下於二柔，則九五之剛，亦下於上柔也。而諸儒説兩爻義皆不及此，故於九五孚嘉，以爲應六二猶可，而於上六「拘係」，則説得全無根據矣。凡易中五、上二爻，六五下上九，則有尚賢之義，大有、大畜、頤、鼎是也；九五近上六，則有比匪之義，大過、咸、夬、兑是也。然九五、上六相比，不正之私情，必於兑體取之者，爲其以相説而動，易入於不正也。獨此卦雖亦兑體，而卦以剛下柔爲義，則九五、上六有相隨之義，非不正也，故於九五曰「孚于嘉」，所以别於兑之「孚于剥」也。於上六則不曰「係小子」，亦不曰「係丈夫」，而但曰「拘係之」，下乃云「王用亨于西山」，明乎其所係者王也。凡易爻言「王用亨」者三，皆謂王用如此爻者之人，以亨于山川上帝也，非謂其爻爲王也。蓋賢人者，山川所生，上帝所簡，故使之主祭，則百神享之而天受之，又以見王者之克當天心，無有大於用賢者爾。此爻與蠱上義正反對，當隨之時，則拘係而不去，當蠱之時，則高尚而不事，各惟其宜而已矣，此豈縻於禄而彼豈遯乎世哉？

【總論】王氏宗傳曰：隨之六爻，其半陰也，其半陽也。陽剛之才則有所隨而無所係，初九、九四、九五是也，故初之「有渝」、四之「有獲」、五之「孚于嘉」，此有所隨而無所係者也。以柔從之才而當隨之時，則均不免於有所係，六二、六三、上六是也，故二則「係小子，失丈夫」，三則「係丈夫，失小子」，上則曰「拘係之」，此均不免於有所係者也。

䷑（巽下艮上）

【程傳】蠱，序卦：「以喜隨人者必有事，故受之以蠱。」承二卦之義以爲次也。夫喜説以隨於人者必有事也，无事則何喜何隨？蠱所以次隨也。蠱，事也，蠱非訓事，蠱乃有事也。爲卦山下有風，風在山下，遇山而回，則物亂，是爲蠱象。蠱之義，壞亂也，在文爲蟲皿，皿之有蟲，蠱壞之義。左氏傳云：「風落山，女惑男。」以長女下於少男，亂其情也。風遇山而回，物皆撓亂，是爲有事之象，故云

「蠱者，事也」。既蠱而治之，亦事也。以卦之象言之，所以成蠱也。以卦之才言之，所以治蠱也。

蠱，元亨，利涉大川。先甲三日，後甲三日。

【本義】蠱，壞極而有事也。其卦艮剛居上，巽柔居下，上下不交，下卑巽而上苟止，故其卦爲蠱。或曰，剛上柔下，謂卦變自賁來者，初上、二下自井來者，五上、上下自既濟來者兼之，亦剛上而柔下，皆所以爲蠱也。蠱壞之極，亂當復治，故其占爲「元亨」，而「利涉大川」。甲，日之始、事之端也。「先甲三日」，辛也；「後甲三日」，丁也。前事過中而將壞，則可自新，以爲後事之端，而不使至於大壞；後事方始而尚新，然更當致其丁寧之意，〔一〕以監前事之失，而不使至於速壞。聖人之深戒也。

【程傳】既蠱則有復治之理。自古治必因亂，亂則開治，理自然也。如卦之才，以治蠱則能致「元亨」也。蠱之大者，濟時之艱難險阻也，故曰「利涉大川」。甲，數之首、事之始也，如辰之甲乙、甲第、甲令，皆謂首也，事之端也。治蠱之道，當思慮其先後三日，蓋推原先後，爲救弊可久之道。「先甲」，謂先於此，究其所以然也；「後甲」，謂後於此，慮其將然也。一日、二日至於三日，言慮之深、推之遠也。究其所以然，則知救之之道；慮其將然，則知備之之方。善救，則前弊可革；善備，

〔一〕然更當致其丁寧之意：更，原作「便」，據四庫本及周易本義改。

則後利可久。此古之聖王所以新天下而垂後世也。後之治蠱者，不明聖人先甲後甲之誡，慮淺而事近，故勞於救世而亂不革，功未及成而弊已生矣。甲者，事之首；庚者，變更之首。制作政教之類，則云甲，舉其首也；發號施令之事，則云庚，庚猶更也，有所更變也。

【集説】馬氏融曰：十日之中唯稱甲者，甲爲十日之首，蠱爲造事之端，故舉初而明事始也。

○孔氏穎達曰：蠱者，事也，有事營爲，則大得亨通。有爲之時，利在拯難，故「利涉大川」也。甲者，創制之令，既在有爲之時，不可因仍舊令，故用創制之令以治於人。

○又曰：物既惑亂，終致損壞，當須有事，故序卦云「蠱者，事也」，謂物蠱必有事，非謂訓蠱爲事。

○集氏曰：「先甲三日」，殷勤告戒；「後甲三日」，丁寧宣布。

【案】二體則陽卦居上，陰卦居下；六位則剛爻居上，柔爻居下。六十四卦中，亦惟此卦陰陽剛柔不相交，尊卑上下不相接，則隔絶，而百弊生、萬事隳矣。〔一〕亦此卦名蠱之第一義也。壞極則有復通之理，但當弘濟艱難，而不可狃於安；維始慎終，而不可輕於動，故以「利涉大川」「先甲」「後甲」爲戒。

〔一〕萬事隳矣：隳，局本作「墮」。

初六，幹父之蠱，有子，考无咎。厲，終吉。

【本義】幹，如木之幹，枝葉之所附而立者也。蠱者，前人已壞之緒，故諸爻皆有父母之象。子能幹之，則飭治而振起矣。初六蠱未深而事易濟，故其占爲有子則能治蠱，而考得无咎，然亦危矣。戒占者宜如是。又，知危而能戒，則終吉也。

【程傳】初六雖居最下，成卦由之，有主之義，居内在下而爲主，子幹父蠱也。子幹父蠱之道，能堪其事則爲有子，而其考得无咎，不然則爲父之累，故必惕厲則得終吉也。處卑而尸尊事，自當兢畏，以六之才，雖能巽順，體乃陰柔，在下无應而主幹，非有能濟之義。若以不克幹而言，則其義甚小，故專言爲子幹蠱之道，必克濟則不累其父，能厲則可以終吉，乃備見爲子幹蠱之大法也。

【集説】蘇氏軾曰：器久不用而蟲生之，謂之蠱；人久宴溺而疾生之，謂之蠱；天下久安無爲而弊生之，謂之蠱。蠱之災，非一日之故也，必世而後見，故爻皆以父子言之。

〇胡氏炳文曰：爻辭有以時位言者，有以才質言者。如蠱初六，以陰在下，所應又柔，才不足以治蠱，以時言之，則爲蠱之初，蠱猶未深，事猶易濟，故其占爲有子則其考可无咎矣。然謂之蠱，則已危厲，不可以蠱未深而忽之也，故又戒占者，知危而能戒，則終吉。

九二，幹母之蠱，不可貞。

【本義】九二剛中，上應六五，子幹母蠱而得中之象。以剛承柔而治其壞，故又戒以不可堅貞，言當巽以入之也。

【程傳】九二陽剛，爲六五所應，是以陽剛之才在下，而幹夫在上陰柔之事也，故取子幹母蠱爲義。以剛陽之臣輔柔弱之君，義亦相近。二巽體而處柔，順義爲多，幹母之蠱之道也。夫子之於母，當以柔巽輔導之，使得於義，不順而致敗蠱，則子之罪也。從容將順，豈无道乎！以婦人言之，則陰柔可知，若伸己剛陽之道，遽然矯拂，則傷恩，所害大矣，亦安能入乎？在乎屈己下意，巽順將承，使之身正事治而已，故曰「不可貞」，謂不可貞固，盡其剛直之道，如是乃中道也，又安能使之爲甚高之事乎？若於柔弱之君，盡誠竭忠，致之於中道則可矣，又安能使之大有爲乎？且以周公之聖輔成王，成王非甚柔弱也，然能使之爲成王而已，守成不失道則可矣，固不能使之爲羲黃堯舜之事也。二巽體而得中，是能巽順而得中道，合「不可貞」之義，得幹母蠱之道也。

【集説】蘇氏軾曰：陰之爲性，安無事而惡有爲，是以爲蠱之深，而幹之尤難者，正之則傷愛，不正則傷義，以是爲之難也。二以陽居陰，有剛之實而無用剛之迹，可以免矣。

〇楊氏時曰：或曰卦以五爲君位，而可以母言乎？曰：母者，陰尊之稱，如晉六二之稱「王母」、小過六二之稱「遇其妣」，皆謂六五也。

〇蔣氏悌生曰：九二以陽剛而承六五之陰柔，有母子之象，但戒以「不可貞」，則與幹父小異。然以巽順而得中道，亦善幹蠱者也。

楊氏啓新曰：子幹母蠱，易於專斷而失於承順，故戒以「不可貞」。

九三，幹父之蠱，小有悔，无大咎。

【本義】過剛不中，故「小有悔」；巽體得正，故「无大咎」。

【程傳】三以剛陽之才居下之上，主幹者也，子幹父之蠱也。以陽處剛而不中，剛之過也，然而在巽體，雖剛過而不爲无順。順，事親之本也，又居得正，故无大過。以剛陽之才克幹其事，雖以剛過而有小小之悔，終无大過咎也。然有小悔，已非善事親也。

【集説】趙氏汝楳曰：二三之剛，三有餘於幹；初四五之柔，四不足於幹。重剛之才，易失於太過，則小悔固所宜也。然蠱由以亨，何大咎之有？

○胡氏炳文曰：幹蠱之道，以剛柔相濟爲尚。初六、六五柔而居剛，九二剛而居柔，皆可幹蠱。不然，與其爲六四之過於柔而吝，不若九三之過於剛而悔，故曰「小有悔」。若不足其過於剛，繼之曰「无大咎」，猶幸其能剛也。

六四，裕父之蠱，往見吝。

【本義】以陰居陰，不能有爲，寬裕以治蠱之象也。如是則蠱將日深，故往則見吝。戒占者不可如是也。

【程傳】四以陰居陰，柔順之才也，所處得正，故爲寬裕以處其父事者也。夫柔順之才而處正，僅能循常自守而已，若往幹過常之事，則不勝而見吝也。以陰柔而无應助，往安能濟？

【集説】朱子語類云：此兩爻説得悔吝二字最分明。九三有悔而无咎，由凶而趨吉也。六四雖目下無事，然却終吝，由吉而趨凶也。

○劉氏彌邵曰：强以立事爲幹，怠而委事爲裕。事弊而裕之，弊益甚矣。蓋六四體艮之止，而爻位俱柔，夫「貞固足以幹事」，今止者怠，柔者懦，怠且懦，皆增益其蠱者也。持是以往，吝道也，安能治蠱耶？

六五，幹父之蠱，用譽。

【本義】柔中居尊，而九二承之以德，以此幹蠱，可致聞譽，故其象占如此。

【程傳】五居尊位，以陰柔之質當人君之幹，而下應於九二，是能任剛陽之臣也。雖能下應剛陽之賢而倚任之，然己實陰柔，故不能爲創始開基之事，承其舊業則可矣，故爲「幹父之蠱」。夫創業垂統之事，非剛明之才則不能。繼世之君，雖柔弱之資，苟能任剛賢，則可以爲善繼而成令譽也。太甲、成王皆以臣而用譽者也。

【集説】趙氏汝楳曰：六五德位適剛柔之中，用以幹蠱，宜有休譽。「用譽」，則蠱之亨可知。

○熊氏良輔曰：諸爻稱幹蠱者，皆幹前人已壞之事。六五至於用譽，則不特幹其事之已壞，所謂立身揚名，使國人稱願曰，幸哉有子矣。

○鄭氏維嶽曰：子有幹蠱之名，則過歸於親。幹蠱而親不失於令名，是「用譽」以幹之也，幹蠱之最善者。

上九，不事王侯，高尚其事。

【本義】剛陽居上，在事之外，故爲此象，而占與戒皆在其中矣。

【程傳】上九居蠱之終，无係應於下，處事之外，无所事之地也。以剛明之才，无應援而處无事之地，是賢人君子不偶於時，而高潔自守，不累於世務者也，故云「不事王侯，高尚其事」。古之人有行之者，伊尹、太公望之始，曾子、子思之徒是也。不屈道以徇時，既不得施設於天下，則自善其身，尊高敦尚其事，守其志節而已。士之自高尚亦非一道，有懷抱道德，不偶於時，而高潔自守者；有知止足之道，退而自保者；有量能度分，安於不求知者；有清介自守，不屑天下之事，獨潔其身者。所處雖有得失小大之殊，皆自「高尚其事」者也。象所謂「志可則」者，進退合道者也。

【集說】石氏介曰：在卦之終，事成也；在卦之上而無所承，身退者也；在外卦而心不累於內，志之高者也。

○胡氏炳文曰：初至五皆以蠱言，不言君臣而言父子，臣於君事猶子於父事也。上九獨以「不事王侯」言者，蓋君臣以義合也，子於父母有不可自諉於事之外，若王侯之事，君子有不可事者矣。是故君子之出處，在事之中，盡力以幹焉而不爲汙；在事之外，潔身以退焉而不爲僻。

○張氏振淵曰：陽剛非遺世不事事之人，居蠱之終，則無事之時也；在蠱之外，則不當事之人也，故曰「不事王侯」。然當事者以幹蠱爲事，不當事者以高尚爲事，故不曰無事，而曰「高尚其事」。

䷒（兑下坤上）

【程傳】臨，序卦：「有事而後可大，故受之以臨，臨者大也。」蠱者事也，有事則可大矣，故受之以臨也。韓康伯云：「可大之業，由事而生。」二陽方長而盛大，故爲臨也。爲卦澤上有地。澤上之地，岸也，與水相際，臨近乎水，故爲臨。天下之物密近相臨者，莫若地與水，故地上有水則爲比，澤上有地則爲臨也。臨者，臨民、臨事，凡所臨皆是，在卦取自上臨下、臨民之義。

臨，元亨利貞，至于八月有凶。

【本義】臨，進而淩逼於物也。〔一〕二陽浸長，以逼於陰，故爲臨，十二月之卦也。又其爲卦，下兑説，上坤順，九二以剛居中，上應六五，故占者大亨而利於正，然至于八月當有凶也。八月，謂自復卦一陽之月至於遯卦二陰之月，陰長陽遯之時也。或曰，八月謂夏正八月，於卦爲觀，亦臨之反對

〔一〕進而淩逼於物也：淩，局本作「陵」。

也。又因占而戒之。

【程傳】以卦才言也。臨之道如卦之才，則大亨而正也。二陽方長於下，陽道嚮盛之時，聖人豫爲之戒曰：陽雖方長，至于八月，則其道消矣，是有凶也。大率聖人爲戒必於方盛之時，方盛而慮衰，則可以防其滿極而圖其永久；若既衰而後戒，則无及矣。自古天下安治，未有久而不亂者，蓋不能戒於盛也。方其盛而不知戒，故狃安富則驕侈生，樂舒肆則綱紀壞，忘禍亂則釁孽萌，是以浸淫不知亂之至也。

【集説】張子曰：臨言「有凶」者，易之於爻，變陽至二，便爲之戒，未過中已戒，猶「履霜堅冰」之義。及泰之三曰「无平不陂，无往不復」，過中之戒也。

○朱子語類：問：「臨不特上臨下之謂臨，凡進而逼近者，皆謂之臨否？」曰：「然。此是二陽自下而進上，則凡相逼近者，皆爲臨也。」

○程氏迥曰：陽極於九，而少陰生於八，陰之義配月；陰極於六，而少陽復於七，陽之義配日。

○王氏應麟曰：臨所謂八月，其説有三：一云自丑至申爲否，一云自子至未爲遯，一云自寅至酉爲觀。本義兼取遯、觀二説。復所謂七日，其説有三：一謂卦氣起中孚，六日七分之後爲復；一謂過坤六位，至復爲七日；一謂自五月姤一陰生，至十一月一陽生。本義取自姤至復之説。

○胡氏炳文曰：諸家臨字訓近、訓大，只見上臨下，不見剛臨柔之意。本義依「如臨深淵」之臨，謂進而迫於淵，此所謂臨者，剛進而迫於柔也。蓋復者，陰之極而陽初來也；臨者，二陽皆來而迫於陰也，故復亨而臨大亨。復不言利貞者，復是初陽之萌，無有不善；臨則二陽浸盛，易至放肆，故戒之也。

初九，咸臨，貞吉。

【本義】卦唯二陽，徧臨四陰，故二爻皆有咸臨之象。初九剛而得正，故其占爲「貞吉」。

【程傳】咸，感也。陽長之時，感動於陰，四應於初，感之者也，比它卦相應尤重。四，近君之位，初得正位，與四感應，是以正道爲當位所信任，得行其志。獲乎上而得行其正道，是以吉也。它卦初上爻不言得位失位，蓋初終之義爲重也，臨則以初得位居正爲重。凡言貞吉，有既正且吉者，有得正則吉者，有貞固守之則吉者，各隨其事也。

【集説】李氏舜臣曰：山澤通氣，故山上有澤，其卦爲咸，而澤上有地，初二爻亦謂之咸者，陰陽之氣相感也。

九二，咸臨，吉，无不利。

【本義】剛得中而勢上進，故其占吉而无不利也。

【程傳】二方陽長而漸盛，感動於六五中順之君，其交之親，故見信任，得行其志，所臨吉而无不利也。「吉」者已然，如是，故吉也；「无不利」者將然，於所施爲无所不利也。

【集説】蔡氏清曰：初九以剛得正而吉，九二以剛中而吉。剛中則貞，無待於言也。剛中最易之所善。

六三，甘臨，无攸利，既憂之，无咎。

【本義】陰柔不中正，而居下之上，爲以甘説臨人之象。其占固无所利，然能憂而改之，則无咎也。勉人遷善，爲教深矣。

【程傳】三居下之上，臨人者也。陰柔而説體，又處不中正，以甘説臨人者也。在上而以甘説臨下，失德之甚，无所利也。兑性既説，又乘二陽之上，陽方長而上進，故不安而益甘。既知危懼而憂之，若能持謙守正，至誠以自處，則无咎也。邪説由己，能憂而改之，復何咎乎？

【集説】蘇氏軾曰：樂而受之謂之甘。

○胡氏炳文曰：象唯取剛臨柔，爻則初二外皆上臨下。三兑體，在二陽之上，爲以甘説臨人之象。節九五以中正爲甘則吉，此以不中不正爲甘，故无攸利。憂者説之反，能憂而改，則无咎矣。

【案】臨卦本取勢之盛大爲義，因其勢之盛大，又欲其德業之盛大，是此卦彖爻之意也。初二以德感人，故曰「咸」。以德感人者，蓋以盛大爲憂，而未嘗樂也。六三説主，德不中正，以勢爲樂，故曰「甘臨」。夫恣情於勢位，則何利之有哉！然説極則有憂之理，既憂則知勢位之非樂，而咎不長矣。此爻與節三「不節之嗟」正相似，皆兑體也。

六四，至臨，无咎。

【本義】處得其位，下應初九，相臨之至，宜无咎者也。

【程傳】四居上之下，與下體相比，是切臨於下，臨之至也。臨道尚近，故以比爲至。四居正位，而下應於剛陽之初，處近君之位，守正而任賢，以親臨於下，是以无咎，所處當也。

【集説】王氏宗傳曰：四以上臨下，其與下體最相親，故曰「至臨」，以言上下二體莫親於此也。

六五，知臨，大君之宜，吉。

【本義】以柔居中，下應九二，不自用而任人，乃知之事，而「大君之宜」，吉之道也。

【程傳】五以柔中順體居尊位，而下應於二剛中之臣，是能倚任於二，不勞而治，以知臨下者也。夫以一人之身臨乎天下之廣，若區區自任，豈能周於萬事？故自任其知者，適足爲不知。唯能取天下之善，任天下之聰明，則无所不周，是不自任其知，則其知大矣。五順應於九二剛中之賢，任之以臨下，乃己以明知臨天下，大君之所宜也，其吉可知。

【集説】王氏申子曰：中庸曰：「唯天下至聖，爲能聰明睿知，足以有臨也。」故知臨爲「大君之宜」。六五以柔中之德任九二剛中之賢，不自用其知而兼衆知，爲知之大，是宜爲君而獲吉也。

○胡氏炳文曰：臨是以己臨人，五虚中，下應九二，不任己而任人，所以爲知，所以爲「大君之宜」。

上六，敦臨，吉，无咎。

【本義】居卦之上，處臨之終，敦厚於臨，吉而无咎之道也，故其象占如此。

【程傳】上六，坤之極，順之至也，而居臨之終，敦厚於臨也。與初二雖非正應，然大率陰求於陽，又其至順，故志在從乎二陽。尊而應卑，高而從下，尊賢取善，敦厚之至也，故曰「敦臨」，所以吉而无咎。陰柔在上，非能臨者，宜有咎也，以其敦厚於順剛，是以吉而无咎。六居臨之終，而不取極義，臨无過極，故止爲厚義。上无位之地，止以在上言。

【集說】朱子語類云：上六敦臨，自是積累至極處，有敦篤之義。艮上九亦謂之「敦艮」，復上六爻不好了，所以只於五爻謂之「敦復」。

〇楊氏啓新曰：處臨之終，有厚道焉，教思无窮，容保无疆者也。如是則德厚而物無不載，道久而化無不成。

䷓（坤下巽上）

觀，

【程傳】觀，序卦：「臨者大也，物大然後可觀，故受之以觀。」觀所以次臨也。凡觀視於物則爲觀，爲觀於下則爲觀。如樓觀謂之觀者，爲觀於下也。人君上觀天道，下觀民俗，則爲觀；修德行政，爲民瞻仰，則爲觀。風行地上，徧觸萬類，周觀之象也。二陽在上，四陰在下，陽剛居尊，爲群下所觀仰，觀之義也。在諸爻，則唯取觀見隨時爲義也。

觀，盥而不薦，有孚顒若。

【本義】觀者，有以示人而爲人所仰也。九五居上，四陰仰之，又内順外巽，而九五以中正示天下，所以爲觀。盥，將祭而潔手也；薦，奉酒食以祭也；顒然，尊敬之貌，〔一〕言致其潔清而不輕自用，則其孚信在中而顒然可仰。戒占者宜如是也。或曰：「有孚顒若」，謂在下之人信而仰之也。此卦四陰長而二陽消，正爲八月之卦，而名卦繫辭，更取他義，亦扶陽抑陰之意。

【程傳】予聞之胡翼之先生曰：君子居上爲天下之表儀，必極其莊敬，則下觀仰而化也。故爲天下之觀，當如宗廟之祭，始盥之時，不可如既薦之後，則下民盡其至誠，顒然瞻仰之矣。盥，謂祭祀之始，盥手酌鬱鬯於地，求神之時也；薦，謂獻腥獻熟之時也。盥者事之始，人心方盡其精誠，嚴肅之至也。至既薦之後，禮數繁縟，則人心散，而精一不若始盥之時矣。居上者正其表儀，以爲下民之觀，當莊嚴如始盥之初，勿使誠意少散如既薦之後，則天下之人莫不盡其孚誠，顒然瞻仰之矣。顒，仰望也。

〔一〕尊敬之貌：敬，原作「嚴」，據四庫本、薈要本、朱熹周易本義改。

【集説】朱子語類云：自上示下曰觀，自下觀上曰觀。故卦名之觀，去聲，而六爻之觀，皆平聲。

○或問：「伊川以爲，灌鬯之初，誠意猶存，至薦羞之後，精意懈怠。本義以爲，致其潔清而不輕自用。其義不同。」曰：「盥只是浣手，不是灌鬯。伊川承先儒之誤。若云薦羞之後誠意懈怠，則先王祭祀，只是灌鬯之初猶有誠意，及薦羞之後，皆不成禮矣。」問：「若爾則是聖人在上，視聽言動皆當爲天下法而不敢輕，亦猶祭祀之時，致其潔清而不敢輕用否？」曰：「然。」

○又云：祭祀無不薦者，此是假設來説。薦是用事了，盥是未用事之初。云不薦者，言常持得這誠敬，如盥之意常在。若薦，則是用出。用出則纔畢便過了，無復有初意矣。

○問：「『有孚顒若』，承上文『盥而不薦』，蓋致其潔清而不輕自用，則孚信在中而顒然可仰；一説下之人信而仰之。二説孰長？」曰：「從後説，則合得彖辭『下觀而化』之義。」問：「前説似好。」曰：「當以彖辭爲定。」

○馮氏椅曰：卦疊艮之畫，有門闕重複之象，故取象於觀。

○龔氏焕曰：易之名卦，以陽爲主，在陽長之卦，固主於陽而言，在陰長之卦，亦主於陽而言。主於陽而言者，所以扶陽也，此四陰之卦，不曰小壯而曰觀也。四陽之卦有曰大過，四陰之卦有曰小過者，何陰可以言過而不可以言壯也？然大過之四陽，過而居中；小過之四陰，過而居外，亦崇陽抑陰之意。

○梁氏寅曰：「盥而不薦」，設辭以見其潔清之至，而不輕自用耳。猶中庸曰：「不動而敬，不言而信。」聖人未嘗不言不動也，而其敬其信則尤在於未言動之時。故聖人之御天下也，其政教之施，民固無不化矣，而其政教未施之時，所以化民者，尤有不言之妙焉。蓋其篤恭之極，如臨大祭，而孚誠之念存於中，顒然之容見於外，故下民之望之也，其信從化服，自有不知其然矣。

○蔡氏清曰：平菴項氏云：「此但以『盥而不薦』象恭己無爲耳。」愚謂，「恭己」二字則説得，「無爲」二字難通。無爲者，聖人德盛而民自化，不待有所爲，非不輕自用意也。無爲豈可用心乎？雖堯舜亦不能自期於無爲。至於神道設教而天下服，則是觀之極致，聖人之能事，是則所謂無爲者。

○林氏希元曰：盥將以薦，豈有不薦之理？曰「盥而不薦」，特以明敬常在之意耳。「盥而不薦」，就祭祀上説，則「有孚顒若」，亦是就祭祀上説，爲觀之意則在言表。

初六，童觀，小人无咎，君子吝。

【本義】卦以觀示爲義，據九五爲主也；爻以觀瞻爲義，皆觀乎九五也。初六陰柔在下，不能遠見，童觀之象，小人之道，君子之羞也。故其占在小人則无咎，君子得之則可羞矣。

【程傳】六以陰柔之質居遠於陽，是以觀見者淺近，如童稚然，故曰「童觀」。陽剛中正在上，聖賢之君也，近之則見其道德之盛，所觀深遠，初乃遠之，所見不明，如童蒙之觀也。小人，下民也，所見昏淺，不能識君子之道，乃常分也，不足謂之過咎，若君子而如是，則可鄙吝也。

【集説】王氏弼曰：觀之爲義，以所見爲美者也，故以近尊爲尚，遠之爲吝。

六二，闚觀，利女貞。

【本義】陰柔居内而觀乎外，「闚觀」之象，女子之正也，故其占如此。丈夫得之，則非所利矣。

【程傳】二應於五，觀於五也。五，剛陽中正之道，非二陰暗柔弱所能觀見也，故但如闚覘之觀耳。闚覘之觀，雖少見而不能甚明也。二既不能明見剛陽中正之道，則利如女子之貞，雖見之不能甚明，而能順從者，女子之道也，在女子爲貞也。二既不能明見九五之道，能如女子之順從，則不失中正，乃爲利也。

【集説】胡氏炳文曰：初位陽，故爲童；二位陰，故爲女。童觀，是茫然無所見，小人日用而不知者也；闚觀，是所見者小，而不見全體也。占曰「利女貞」，則非丈夫之所爲可知矣。

六三，觀我生進退。

【本義】我生，我之所行也。六三居下之上，可進可退，故不觀九五，而獨觀己所行之通塞以爲進退。占者宜自審也。

【程傳】三居非其位，處順之極，能順時以進退者也。若居當其位，則无進退之義也。「觀我生」，我之所生，謂動作施爲出於己者，觀其所生而隨宜進退，所以處雖非正，而未至失道也。隨時進退，求不失道，故无悔咎，以能順也。

【集説】孔氏穎達曰：三居下體之極，是有可進之時；又居上體之下，復是可退之地。遠則不爲童觀，近則未爲觀國，居在進退之處，可以自觀，時可則進，時不可則退，故曰「觀我生進退」也。

○劉氏牧曰：自觀其道，應於時則進，不應於時則退。

○朱子語類云：六三之「觀我生進退」者，事君則觀其言聽計從，治民則觀其政教可行，膏澤可下，可以見自家所施之當否，而爲進退。

○王氏申子曰：三處下之上、上之下，故有進退之象。君子進退常觀乎時，今不觀乎時而觀我生者，蓋九五方以陽剛中正觀示天下，則時不待觀也，但觀吾之所有，以爲進退可也。

○胡氏炳文曰：他卦三不中多不善，二居中多善，而觀以遠近爲義，故如此。諸爻皆欲觀五，惟近者得之，六四最近，故可決於進。六三上下之閒，可進可退之地，故不必觀五，但觀我所爲，而爲之進退。本義謂占者宜自審，蓋當進退之際，惟當自審其所爲何如耳。

六四，觀國之光，利用賓于王。

【本義】六四最近於五，故有此象。其占爲利於朝覲仕進也。

【程傳】觀莫明於近，五以陽剛中正居尊位，聖賢之君也。四切近之，觀見其道，故云「觀國之光」，觀見國之盛德光輝也。不指君之身而云國者，在人君而言，豈止觀其行一身乎？當觀天下之政化，則人君之道德可見矣。四雖陰柔，而巽體居正，切近於五，觀見而能順從者也。「利用賓于王」，夫聖明在上，則懷抱才德之人，皆願進於朝廷，輔戴之以匡濟天下。四既觀見人君之德、國家之治，光華盛美，所宜賓于王朝，效其智力，上輔於君，以施澤天下，故云「利用賓于王」也。古者有賢德之人，則人君賓禮之，故士之仕進於王朝，則謂之賓。

【集説】劉氏定之曰：九五大君，觀己所爲，以儀型天下。初居陽而去五遠，所觀不明，如童子；二居陰而去五遠，所觀不明，如女子。惟四得正而去五近，所觀最明，故曰觀光、賓王。蓋諸爻皆就五取義也。

九五，觀我生，君子无咎。

【本義】九五陽剛中正以居尊位，其下四陰仰而觀之，君子之象也。故戒居此位、得此占者，當觀己所行，必其陽剛中正亦如是焉，則得无咎也。

【程傳】九五居人君之位，時之治亂、俗之美惡係乎己而已。觀己之生，若天下之俗皆君子矣，則是己之所爲政化善也，乃无咎矣；若天下之俗未合君子之道，則是己之所爲政治未善，不能免於咎也。

【集説】孔氏穎達曰：九五居尊，爲觀之主，四海之内，由我而化。我教化善，則天下有君子之風；教化不善，則天下著小人之俗。故觀民以察我道，有君子之風者，則无咎也。

○朱子語類云：九五之觀我生，如觀風俗之媺惡，臣民之從違，可以見自家所施之善惡。

○王氏申子曰：五陽剛中正，居尊位以觀天下，此君子之道也，天下皆仰而觀之。在五又當觀己之所行，必一出於君子之道，然後可以立身於無過之地，故曰「觀我生，君子無咎」。

上九，觀其生，君子无咎。

【本義】上九陽剛，居尊位之上，雖不當事任，而亦爲下所觀，故其戒辭略與五同。但以「我」爲「其」，小有主賓之異耳。

【程傳】上九以陽剛之德處於上，爲下之所觀，而不當位，是賢人君子不在於位，而道德爲天下所觀仰者也。「觀其生」，觀其所生也，謂出於己者，德業行義也，既爲天下所觀仰，故自觀其所生，若皆君子矣，則无過咎也。苟未君子，則何以使人觀仰矜式？是其咎也。

【集說】王氏弼曰：「觀我生」，自觀其道者也；「觀其生」，爲民所觀者也。不在於位，最處上極，高尚其志，爲天下所觀者也。處天下所觀之地，可不慎乎！故君子德見，乃得无咎。

【案】上九「觀其生」，似只是承九五之義而終言之爾。蓋九五正當君位，故曰「我」；上非君位，而但以君道論之，故曰「其」。辭與九五無異者，正所以見聖人省身察己、始終如一之心，故象傳發明之，曰「志未平」也。

【總論】朱子語類：問「觀卦陰盛而不言凶咎」。曰：此卦取義不同，蓋陰雖盛於下，而九五之君乃當正位，故只取爲觀於下之義，而不取陰盛之象也。

○問："「觀六爻，一爻勝似一爻，豈所居之位愈高，則所見愈大耶？」曰："「上二爻意自別，下四爻是所據之位愈近則所見愈親切底意思。」

䷔（震下離上）

【程傳】噬嗑，序卦："「可觀而後有所合，故受之以噬嗑。嗑者合也。」既有可觀，然後有來合之者也，噬嗑所以次觀也。噬，齧也；嗑，合也，口中有物間之，齧而後合之也。卦上下二剛爻而中柔，外剛中虛，人頤口之象也；中虛之中又一剛爻，爲頤中有物之象；口中有物，則隔其上下不得嗑，必齧之則得嗑，故爲噬嗑。聖人以卦之象，推之於天下之事，在口則爲有物隔而不得合，在天下則爲有强梗或讒邪間隔於其間，故天下之事不得合也，當用刑法，小則懲戒，大則誅戮，以除去之，然後天下之治得成矣。凡天下至於一國一家，至於萬事，所以不和合者，皆由有間也，无間則合矣。以至天地之生、萬物之成，皆合而後能遂，凡未合者，皆有間也。若君臣、父子、親戚、朋友之間，有離貳怨隙者，蓋讒邪間於其間也，除去之則和合矣。故間隔者，天下之大害也。聖人觀噬嗑之象，推之於天下萬事，皆使去其間隔而合之，則无不和且洽矣。噬嗑者，治天下之大用也。去天下之間，在任刑罰，故卦取用刑爲義。在二體，明照而威震，乃用刑之象也。

噬嗑，亨，利用獄。

【本義】噬，齧也；嗑，合也；物有間者，齧而合之也。爲卦上下兩陽而中虚，頤口之象，九四一陽間於其中，必齧之而後合，故爲噬嗑。其占當得亨通者，有間故不通，齧之而合，則亨通矣。又三陰三陽，剛柔中半，下動上明，下雷上電，本自益卦六四之柔，上行以至於五而得其中。是知以陰居陽，雖不當位而「利用獄」，蓋治獄之道，惟威與明，而得其中之爲貴。故筮得之者，有其德則應其占也。

【程傳】「噬嗑，亨」，卦自有亨義也。天下之事所以不得亨者，以有間也，噬而嗑之，則亨通矣。「利用獄」，噬而嗑之之道，宜用刑獄也。天下之間，非刑獄何以去之？不云「利用刑」而云「利用獄」者，卦有明照之象，利於察獄也。獄者，所以究治情僞，得其情則知爲間之道，然後可以設防與致刑也。

【集説】李氏舜臣曰：噬嗑震下離上，天地生物，有爲造物之梗者，必用雷電擊搏之；聖人治天下，有爲民之梗者，必用刑獄斷制之。故噬嗑以去頤中之梗，雷電以去天地之梗，刑獄以去天下之梗也。

初九，屨校滅趾，无咎。

【本義】初上无位，爲受刑之象，中四爻爲用刑之象。初在卦始，罪薄過小，又在卦下，故爲「屨校滅趾」之象。止惡於初，故得无咎。占者小傷而无咎也。

【程傳】九居初，最下无位者也，下民之象，爲受刑之人。當用刑之始，罪小而刑輕。校，木械也。其過小，故屨之於足，以滅傷其趾。人有小過，校而滅其趾，則當懲懼，不敢進於惡矣，故得无咎。繫辭云：「小懲而大誡，此小人之福也。」言懲之於小與初，故得无咎也。初與上无位，爲受刑之人，餘四爻皆爲用刑之人。初居最下，无位者也；上處尊位之上，過於尊位，亦无位者也。王弼以爲无陰陽之位。陰陽係於奇偶，豈容无也？然諸卦初上不言當位不當位者，蓋初終之義爲大。臨之初九則以位爲正，若需上六云不當位、乾上九云无位，爵位之位，非陰陽之位也。

【集説】王氏弼曰：居無位之地，以處刑初，受刑而非治刑者也。凡過之所始，必始於微，而後至於著；罰之所始，必始於薄，而後至於誅。過輕戮薄，故「屨校滅趾」，桎其行也，足懲而已，故不重也。過而不改乃謂之過，小懲大誡，乃得其福，故无咎也。

○俞氏琰曰：校，獄具也；初在下，趾象也；滅，没而不見也。以剛物加於著屨之足，而没其趾，故曰「屨校滅趾」。懲之於小，戒之於初，則不進於惡，故无咎。

○姜氏寶曰：滅，没也，言屨校於足而遮没其趾，非傷滅其趾之謂也。

六二，噬膚滅鼻，无咎。

【本義】祭有膚鼎，蓋肉之柔脆、噬而易嗑者。六二中正，故其所治，如噬膚之易。然以柔乘剛，故雖甚易，亦不免於傷滅其鼻。占者雖傷，而終无咎也。

【程傳】二，應五之位，用刑者也。四爻皆取噬爲義，二居中得正，是用刑得其中正也。用刑得其中正，則罪惡者易服，故取「噬膚」爲象。噬齧人之肌膚，爲易入也。滅，没也，深入至没其鼻也。二以中正之道，其刑易服，然乘初剛，是用刑於剛强之人，刑剛强之人必須深痛，故至「滅鼻」而「无咎」也。中正之道，易以服人，與嚴刑以待剛强，義不相妨。

【集說】孔氏穎達曰：六二處中得位，是用刑者。膚是柔脆之物，以喻服罪受刑之人也。乘剛而刑，未盡順，噬過其分，故至「滅鼻」，言用刑太深也。刑中其理，故无咎。

○胡氏炳文曰：噬而言膚、腊、胏、肉者，取頤中有物之象也。各爻雖取所噬之難易而言，然因各爻自有此象，故其所噬者因而爲之象耳。六二柔而中正，故所治如噬膚之易入，初剛未服，不能無傷，然始雖有傷，終可服也。

六三，噬腊肉遇毒，小吝，无咎。

【本義】腊肉，謂獸腊，全體骨而爲之者，堅韌之物也。陰柔不中正，治人而人不服，爲噬腊遇毒之象。占雖小吝，然時當噬嗑，於義爲无咎也。

【程傳】三居下之上，用刑者也。六居三，處不當位，自處不得其當而刑於人，則人不服，而怨懟悖犯之，如噬齧乾腊堅韌之物，而遇毒惡之味，反傷於口也。用刑而人不服，反致怨傷，是可鄙吝也。然當噬嗑之時，大要噬閒而嗑之，雖其身處位不當，而强梗難服，至於遇毒，然用刑非爲不當也，故雖可吝而亦小，噬而嗑之，非有咎也。

【集説】胡氏炳文曰：肉因六柔取象，腊因三剛取象。六二柔居柔，故所噬象膚之柔；六三柔居剛，故所噬象腊肉，柔中有剛，比之二難矣。二三皆无咎，而三小吝者，中正不中正之分也。

九四，噬乾胏，得金矢，利艱貞吉。

【本義】胏，肉之帶骨者，與胾通。周禮：獄訟入鈞金、束矢而後聽之。九四以剛居柔，得用刑之道，故有此象。言所噬愈堅，而得聽訟之宜也。然必利於艱難正固則吉，戒占者宜如是也。

【程傳】九四居近君之位，當噬嗑之任者也。四已過中，是其閒愈大而用刑愈深也，故云「噬乾胏」。胏，肉之有聯骨者。乾肉而兼骨，至堅難噬者也。噬至堅而得金矢，金取剛，矢取直，九四陽德剛直，爲得剛直之道。雖用剛直之道，利在克艱其事而貞固其守，則吉也。九四剛而明，體陽而居柔，剛明則傷於果，故戒以知難；居柔則守不固，故戒以堅貞。剛而不貞者有矣，凡失剛者皆不貞也。在噬嗑，四最爲善。

【集説】陸氏績曰：金矢者，剛直也。噬胏雖難，終得申其剛直也。

○楊氏時曰：九四合一卦言之，則爲閒者；以爻言，則居近君之位，任除閒之責者也。易之取象不同類如此。

○王氏宗傳曰：以一卦言之，則九四頤中之物也，所以爲强梗者也；以六爻言之，則九四剛直之才也，所以去强梗者也。肉之附骨者謂之胏，而又乾焉，亦最難噬者也。然三之於腊肉則遇毒，而四之於乾胏則無是患者，剛柔之才異也。

○丘氏富國曰：噬嗑惟四五兩爻能盡治獄之道。象以五之柔爲主，故曰「柔得中而上行，雖不當位，利用獄也」。利用之言，獨歸之五，而他爻不與焉。爻以四之剛爲主，故曰「噬乾胏，得金矢，利艱貞吉」。吉之言獨歸之四，而他爻謂之无咎也。主柔而言，以仁爲治獄之本；主剛而言，以威爲治獄之用。仁以寓其哀矜，威以懲其奸慝，剛柔迭用，畏愛兼施，治獄之道得矣。

○胡氏炳文曰：離爲乾卦，故爲乾胏。腊肉，肉藏骨，柔中有剛，六三柔居剛，故所噬如之；乾胏，骨連肉，剛中有柔，九四剛居柔，故所噬如之。三遇毒，所治之人不服也。四得金矢，其人服矣。然必艱難正固，乃无咎。

六五，噬乾肉，得黄金，貞厲，无咎。

【本義】噬乾肉，難於膚而易於腊、胏者也。黄，中色，金亦謂鈞金。六五柔順而中，以居尊位，用刑於人，人无不服，故有此象。然必「貞厲」，乃得「无咎」，亦戒占者之辭也。

【程傳】五在卦愈上而爲噬乾肉，反易於四之乾胏者，五居尊位，乘在上之勢，以刑於下，其勢易也。在卦將極矣，其爲閒甚大，非易嗑也，故爲「噬乾肉」也。「得黄金」，黄，中色；金，剛物。五居中爲得中道，處剛而四輔以剛，「得黄金」也。五无應，而四居大臣之位，得其助也。「貞厲无咎」，六五雖處中剛，然實柔體，故戒以必正固而懷危厲，則得无咎也。以柔居尊，而當噬嗑之時，豈可不貞固而懷危懼哉？

【集説】朱子語類：問：「九四『利艱貞』，六五『貞厲』，皆有艱難正固危懼之意，故皆爲戒占者之辭。」曰：「亦是爻中元自有此道理。大抵纔是治人，彼必爲敵，不是易事，故雖是時、位、卦德得用刑之宜，亦須以艱難正固處之。」

○李氏過曰：九四以剛噬，六五以柔噬，以剛噬者有司執法之公，以柔噬者人君不忍之仁也。

○胡氏炳文曰：噬膚、噬腊肉、噬乾胏，一節難於一節，六五噬乾肉，則易矣。五，君位也，以柔居剛，柔而得中，用獄之道也，何難之有？訟則出矢，獄則出金，訟爲小，獄爲大，四於訟獄兼得，大小兼理之也。五，君也，非大獄不敢以聞，書所謂「罔攸兼于庶獄」是也。

○谷氏家杰曰：四先艱而後貞者，先以艱難存心，而後出入罔不得其正，此獄未成之前，詳審之法，人臣以執法爲道也；五先貞而後厲者，雖出入無不得正，而猶以危厲惕其心，此獄既成之後，欽恤之仁，人君以好生爲德也。

上九，何校滅耳，凶。

【本義】何，負也。過極之陽，在卦之上，惡極罪大，凶之道也，故其象占如此。

【程傳】上過乎尊位，无位者也，故爲受刑者。居卦之終，是其閒大，噬之極也。繫辭所謂「惡積而不可揜，罪大而不可解」者也。故何校而滅其耳，凶可知矣。何，負也，謂在頸也。

【集説】郭氏雍曰：初上滅字或以爲刑，獨孔氏訓没。屨校桎其足，桎大而滅趾；何校械其首，械大而没耳也。或以滅耳爲刵，滅鼻爲劓，滅趾爲刖。書注劓、刵輕刑，吕刑刵、辟爲重，故漢斬趾同於棄市。方初九小刑，固不當斷趾；上九罪大，復不當輕刑。以是知三者言滅，皆非刑也。

【總論】李氏過曰：以六爻之位言之，五，君位也，爲治獄之主；四，大臣位也，爲治獄之卿；三二又其下也，爲治獄之吏。

䷕（離下艮上）

【程傳】賁，序卦：「嗑者合也，物不可以苟合而已，故受之以賁。賁者飾也。」物之合則必有文，文乃飾也。如人之合聚，則有威儀上下；物之合聚，則有次序行列。合則必有文也，賁所以次噬嗑也。爲卦山下有火。山者，草木百物之所聚也，下有火，則照見其上，草木品彙皆被其光彩，有賁飾之象，故爲賁也。

賁，亨，小利有攸往。

【本義】賁，飾也。卦自損來者，柔自三來而文二，剛自二上而文三；自既濟而來者，柔自上來而文五，剛自五上而文上。又内離而外艮，有文明而各得其分之象，故爲賁。占者以其柔來文剛，陽得陰助而離明於内，故爲「亨」；以其剛上文柔而艮止於外，故「小利有攸往」。

【程傳】物有飾而後能亨，故曰「无本不立，无文不行」。有實而加飾，則可以亨矣。文飾之道，可增其光彩，故能小利於進也。

【集説】王氏申子曰：徒質則不能亨，質而有文以加飾之，則可亨，故曰「賁亨」。然文盛則實必衰，苟專尚文，以往則流，故曰「小利有攸往」。小者，謂不可太過，以滅其質也。

○梁氏寅曰：賁者，文飾之道也。有質而加之文，斯可亨矣。朝廷文之以儀制而亨焉，賓主文之以禮貌而亨焉，家人文之以倫序而亨焉，官府文之以教令而亨焉，推之事物，凡有質者無不待於文也，文則無不亨也。然既亨矣，而曰「小利有攸往」，何也？文飾之道，但加之文采耳，非能變其實也，故文之過盛，非所利也，但小利於有往而已矣。世之不知本者，或忘其當務之急，而屑屑焉於文飾，雖欲其亨，亦安得而亨乎？

○張氏振淵曰：離德文明莫掩，則無徑情直行之弊，行之可通，故亨。艮德止而不過，又有不盡飾之象焉，故用文者，亦但可少有所飾，不可務爲盡飾以戕其本真，故曰「小利有攸往」。

初九，賁其趾，舍車而徒。

【本義】剛德明體，自賁於下，爲舍非道之車，而安於徒步之象。占者自處當如是也。

【程傳】初九以陽剛居明體而處下，君子有剛明之德而在下者也。君子在无位之地，无所施於天下，唯自賁飾其所行而已。趾取在下，而所以行也，君子脩飾之道，正其所行，守節處義，其行不苟，義或不當，則舍車輿而寧徒行，衆人之所羞，而君子以爲賁也。舍車而徒之義，兼於比應取之，初比二而應四，應四，正也；與二，非正也。九之剛明守義，不近與於二，而遠應於四，舍易而從難，如舍車而徒行也。守節義，君子之賁也，是故君子所賁，世俗所羞；世俗所貴，君子所賤。以車徒爲言者，因趾與行爲義也。

六二，賁其須。

【本義】二以陰柔居中正，三以陽剛而得正，皆无應與，故二附三而動，有賁須之象。占者宜從上之陽剛而動也。

【程傳】卦之爲賁，雖由兩爻之變，而文明之義爲重。二實賁之主也，故主言賁之道。飾於物者，不能大變其質也，因其質而加飾耳，故取須義。須隨頤而動者也，動止唯繫於所附，猶善惡不由於賁也。二之文明，唯爲賁飾，善惡則繫其質也。

【集説】王氏弼曰：得其位而無應。三亦無應，俱無應而比焉，近而相得者也。須之爲物，上附者也，故曰「賁其須」。

○朱氏震曰：毛在頤曰須，在口曰髭，在頰曰髯。三至上，有頤體；二在頤下，須之象。二三剛柔相賁，「賁其須」也。夫文不虚生，須生於頤，須所以賁其頤也。

○俞氏琰曰：二無應而比三，三亦無應而比二，故與之相賁。賁以柔來文剛，故亨。文當從質，非質則不能自飾；陰必從陽，非陽則不能自進。六二純柔，必待九三之動而後動，故曰「賁其須」。

○蔣氏悌生曰：六以二居中，故有賁須之象。須於人身無損益，於軀體但可爲儀表之飾，周旋揖讓，進退低昂，皆隨面貌而動，使人儀舉者文采容止可觀，故象曰「與上興也」。

○何氏楷曰：須，陰血之形，而柔所以文剛者。然陰柔不能自動，必附麗於陽，如須雖有美，必附麗於頤也。大抵剛爲質，柔爲文，文不附質，焉得爲文？故二必「賁其須」以從三，五必「賁于丘園」以從上。聖人右質左文之意，於此可見。

九三，賁如濡如，永貞吉。

【本義】一陽居二陰之閒，得其賁而潤澤者也。然不可溺於所安，故有「永貞」之戒。

【程傳】三處文明之極，與二四二陰閒處相賁，賁之盛者也，故云「賁如」。如，辭助也。賁飾之盛，光彩潤澤，故云「濡如」。光彩之盛，則有潤澤，詩云「麀鹿濯濯」。「永貞吉」，三與二四非正應，相比而成相賁，故戒以常永貞正。賁者，飾也。賁飾之事，難乎常也，故「永貞」則吉。三與四相賁，又下比於二，二柔文一剛，上下交賁，爲賁之盛也。

【集說】胡氏炳文曰：互坎有濡義，亦有陷義，既未濟濡首、濡尾、濡而陷者也。九三非不貞也，能永其貞，則二陰於我爲潤澤之濡，我於彼不爲陷溺之濡矣。

○俞氏琰曰：九三處六二、六四之閒，故曰「賁如濡如」。文過則質喪，質喪則文弊，要當永久以剛正之德固守，則吉。

○潘氏士藻曰：三本剛正，特慮其爲二陰所陷溺，未免有滅質之患，故有「永貞」之戒。

○何氏楷曰：以一剛介二柔之間，賁之盛者也。曰「濡如」者，猶詩言「六轡如濡」，謂所飾之文采鮮澤也。然受物之飾，恐爲物溺，故戒之曰「永貞吉」。長守其陽剛之正，而不爲陰柔所溺，則不至以文滅質矣。

六四，賁如皤如，白馬翰如，匪寇婚媾。

【本義】皤，白也；馬，人所乘，人白則馬亦白矣。四與初，相賁者，乃爲九三所隔而不得遂，故「皤如」。而其往求之心，如飛翰之疾也。然九三剛正，非爲寇者也，乃求婚媾耳，故其象如此。

【程傳】四與初爲正應，相賁者也，本當「賁如」，而爲三所隔，故不獲相賁而「皤如」。皤，白也，未獲賁也。馬，在下而動者也。未獲相賁，故云「白馬」。其從正應之志如飛，故云「翰如」。匪爲九三之寇讎所隔，則婚媾遂其相親矣。己之所乘與動於下者，馬之象也。初四正應，終必獲親，第始爲其閒隔耳。

【集説】朱子語類云：六四「白馬翰如」，言此爻無所賁飾，其馬亦白也，言無飾之象如此。

○胡氏炳文曰：屯二應五，下求上也，不可以急；賁四應初，上求下也，不可以緩。

○俞氏琰曰：髮白爲皤，馬白爲翰。禮記云，商人尚白，戎事乘翰。鄭氏注云，翰，馬白色也。四當賁道之變，文返於質，故其象如此。

○梁氏寅曰：六四在離明之外，爲艮止之始，乃賁之盛極而當反質素之時也，故云「賁如皤如」。夫初之舍車，爲在下而無所乘故也；四在九三之上，則有所乘矣，故云「白馬翰如」。人既質素，則馬亦白也。

○蘇氏濬曰：六四一爻，當以白賁之義推之。四與初，相賁者也，以實心而求於初，不爲虛飾。初曰賁趾，四曰皤如，初曰舍車，四曰白馬，同一白賁之風而已。

【案】程傳沿注疏之説，本義又沿程傳之説，皆以爲初四相賁，而爲三所隔，故未得其賁而「皤然」也。然朱子語類以無飾言之，則已自改其説矣。故以後諸儒皆以皤白爲崇素返質之義，實於卦意爲合。

○又案：易中凡重言「如」者，皆兩端不定之辭。故「屯如邅如」者，欲進而未徑進也。此三爻「賁如濡如」者，得陰自賁，又慮其見濡也；此爻「賁如皤如」者，當賁之時，既外尚乎文飾，而下應初剛，又心崇乎質素，兩端未能自決，象傳謂之疑者，此也。「白馬翰如」，指初九也。已有皤如之心，故知「白馬翰如」而來者，匪寇也，乃己之婚媾也。凡言「匪寇婚媾」，皆就上文所指之物而言，屯二、睽上與此正同。

六五，賁于丘園，束帛戔戔，吝，終吉。

【本義】六五柔中，爲賁之主，敦本尚實，得賁之道，故有「丘園」之象。然陰性吝嗇，故有「束帛戔戔」之象。束帛，薄物；戔戔，淺小之意。人而如此，雖可羞吝，然禮奢寧儉，故得終吉。

【程傳】六五以陰柔之質密比於上九剛陽之賢，陰比於陽，復无所繫，應從之者也，受賁於上九也。自古設險守國，故城壘多依丘坂。丘，謂在外而近且高者。園圃之地，最近城邑，亦在外而近者。「丘園」，謂在外而近者，指上九也。六五雖居君位，而陰柔之才不足自守，與上之剛陽相比，而志從焉。獲賁於外比之賢，「賁于丘園」也。若能受賁於上九，受其裁制，如束帛而戔戔，則雖其柔弱不能自爲，爲可吝少，然能從於人，成賁之功，終獲其吉也。戔戔，翦裁分裂之狀。帛未用則束之，故謂之「束帛」；及其制爲衣服，必剪裁分裂，「戔戔」然。「束帛」，喻六五本質；「戔戔」，謂受人翦製而成用也。其資於人，與蒙同，而蒙不言吝者，蓋童蒙而賴於人，乃其宜也，非童幼而資賁於人，爲可吝耳。然享其功，終爲吉也。

【集説】朱子語類：問：「『賁于丘園』，安定作敦本説。」曰：「某之意正要如此。或以『戔戔』爲盛多之貌，非也。『戔戔』者，淺小之意，所以下文云『吝終吉』。吝者雖不好看，然終却吉。」

○又云：「賁于丘園，束帛戔戔」，是箇務農尚儉。「戔戔」是狹小不足之意。以字義考之，從水則爲淺，從貝則爲賤，從金則爲錢。六五居尊位，卻如此敦本尚儉，便似吝嗇，如衛文公、漢文帝，雖是吝，却終吉。此在賁卦，有反本之意。

○問：「六五是在艮體，故安止於丘園，而不復外賁之象。」曰：「亦是上比於九，漸漸到極處，若一向賁飾去，亦自不好，須是收斂方得。」

○胡氏炳文曰：不賁於市朝，而賁于丘園，敦本也。「束帛戔戔」，尚實也。

○潘氏士藻曰：五居中履尊，下無應與，而上比文柔之剛，得止之義，以成賁之道，故有「賁于丘園」之象。

○何氏楷曰：比於上九剛陽之賢，受賁於上九者也。「丘園」指上。上陽剛而處外，乃賢人隱丘園之象。據彖曰「剛上文柔」，則六五乃上所賁者。爻所謂「賁于丘園」，猶曰受賁飾於丘園也。按昏禮「納帛一束，束五兩」注：「十端爲束。」「束帛戔戔」，其儀文雖薄，然終與上合志而吉。

上九，白賁无咎。

【本義】賁極反本，復於无色，善補過矣，故其象占如此。

【程傳】上九，賁之極也。賁飾之極，則失於華僞，唯能質白其賁，則无過失之咎。白，素也，尚質素則不失其本真。所謂尚質素者，非无飾也，不使華沒實耳。

【集説】朱子語類：問：「如本義説，六五、上九兩爻，却是賁極反本之意。」曰：「六五已有反本之漸，故曰『賁于丘園，束帛戔戔』，至上九『白賁』，則反本而復於無飾矣。蓋皆賁極之象也。」

○王氏申子曰：上以陽剛爲成卦之主，居艮止之極，當賁道之終，止文之流於終，終則返而質矣。故賁道成而無弊，無弊，故无咎。

○熊氏良輔曰：「白賁」云者，終歸於無所飾也。賁之取義，始則因天下之質而飾之以文，終則反天下之文而歸之於質。

○胡氏炳文曰：賁上卦言「白馬」，言「束帛戔戔」，終言「白賁」，雜卦曰「賁，无色也」，可謂一言以蔽之矣。

○蔣氏悌生曰：六五、上九皆敦尚質素，以白爲賁，「素以爲絢」之意。上九處無位之地，「高尚其事」，不尚華飾，以質素爲賁，甘受和，白受采，其賢於五采彰施遠矣。

【總論】丘氏富國曰：陰陽二物，有應者，以應而相賁；無應者，以比而相賁。四與初應，求賁於初，故初賁趾而四「翰如」也。二比三而賁乎三，故二賁須而三「濡如」也。五比上而賁乎上，故五賁丘園而上「白賁」也。初與四，應而相賁者也；二與三、五與上，比而相賁者也。此賁六爻之大旨也。

○龔氏焕曰：賁之爲言飾也，謂飾以文華也。然以六爻考之，初之「舍車而徒」，五之「丘園」，上之「白賁」，皆質實而不事文華者也。四之「皤如」賁於初，二之賁須附於三，惟三之「賁如濡如」，乃賁飾之盛，而即有「永貞」之戒者，懼其溺於文也。如是，則古人之所賁者，未始事文華也，亦務其本實而已。本實既立，文華不外焉。徒事文華，不務本實，非古人所謂賁。

御纂周易折中卷第四

䷖（坤下艮上）

【程傳】剥，序卦：「賁者飾也，致飾然後亨則盡矣，故受之以剥。」夫物至於文飾，亨之極也，極則必反，故賁終則剥也。卦五陰而一陽，陰始自下生，漸長至於盛極，群陰消剥於陽，故爲剥也。以二體言之，山附於地，山高起地上，而反附著於地，頹剥之象也。

剥，不利有攸往。

【本義】剥，落也。五陰在下而方生，一陽在上而將盡，陰盛長而陽消落，九月之卦也。陰盛陽衰，小人壯而君子病。又内坤外艮，有順時而止之象。故占得之者，不可以有所往也。

【程傳】剥者，群陰長盛，消剥於陽之時，衆小人剥喪於君子，故君子不利有所往，唯當巽言晦迹，隨時消息，以免小人之害也。

初六，剥牀以足，蔑貞凶。

【本義】剥自下起，滅正則凶，故其占如此。蔑，滅也。

【程傳】陰之剥陽，自下而上，以牀爲象者，取身之所處也。自下而剥，漸至於身也。「剥牀以足」，剥牀之足也。剥始自下，故爲剥足，陰自下進，漸消滅於貞正，凶之道也。蔑，无也，謂消亡於正道也。陰剥陽，柔變剛，是邪侵正，小人消君子，其凶可知。

【集説】俞氏琰曰：陰之消陽，自下而進，初在下，故爲「剥牀」，而先以牀足，滅於下之象。當此「不利有攸往」之時，唯宜順時而止耳。「貞凶」，戒占者固執而不知變，則凶也。

【案】俞氏之説，是以「蔑」字屬上句讀，蓋自象傳「滅下」看出，亦可備一説。

六二，剥牀以辨，蔑貞凶。

【本義】辨，牀幹也。進而上矣。

【程傳】辨，分隔上下者，牀之幹也。陰漸進而上，剥至於辨，愈滅於正也，凶益甚矣。

【集説】俞氏琰曰：既滅初之足於下，又滅二之辨於中，則進而上矣。得此占者，若猶固執而不知變，則其凶必也。

六三，剥之，无咎。

【本義】衆陰方剥陽，而己獨應之，去其黨而從正，无咎之道也。占者如是，則得无咎。

【程傳】衆陰剥陽之時，而三獨居剛應剛，與上下之陰異矣，志從於正，在剥之時爲无咎者也。三之爲可謂善矣，不言吉，何也？曰：方群陰剥陽，衆小人害君子，三雖從正，其勢孤弱，所應在无位之地，於斯時也，難乎免矣，安得吉也？其義爲无咎耳。言其无咎，所以勸也。

【集説】荀氏爽曰：衆皆剥陽，三獨應上，無剥害意，是以无咎。

○王氏弼曰：與上爲應，群陰剥陽，我獨協焉，雖處於剥，可以无咎。

○胡氏炳文曰：剥之三即復之四，復六四不許以吉，剥六三許以无咎，何也？曰：復，君子之事，明道不計功，不以吉許之可也；剥，小人之事，小人中獨知有君子，不以无咎許之，無以開其補過之門也。

【案】王氏、程子皆以「剥之无咎」連讀，言此乃剥時之无咎者也。玩本義，似以「剥之」爲剥去其黨。

六四，剥牀以膚，凶。

【本義】陰禍切身，故不復言「蔑貞」而直言「凶」也。

【程傳】始剥於牀足，漸至於膚。膚，身之外也，將滅其身矣，其凶可知。陰長已盛，陽剥已甚，貞道以消，故更不言「蔑貞」，直言「凶」也。

六五，貫魚以宫人寵，无不利。

【本義】魚，陰物；宫人，陰之美而受制於陽者也。五爲衆陰之長，當率其類受制於陽，故有此象，而占者如是，則无不利也。

【程傳】剥及君位，剥之極也，其凶可知，故更不言剥，而别設義，以開小人遷善之門。五，群陰之主也；魚，陰物，故以爲象。五能使群陰順序，如貫魚然，反獲寵愛於在上之陽如宫人，則无所不利也。宫人，宫中之人，妻妾侍使也。以陰言，且取獲寵愛之義，以一陽在上，衆陰有順從之道，故發此義。

【集説】張子曰：陰陽之際，近必相比，六五能上附於陽，反制群陰，不使進逼，方得處剥之善，下無剥之之憂，上得陽功之庇，故曰「无不利」。

○熊氏良輔曰：卦本爲陰剥陽而陽凶，爻則以剥陽而見凶，故五則以順上爲「无不利」，三則以應上爲「无咎」，而上則有「碩果」「得輿」之象焉。

○張氏振淵曰：遯，陰長而猶微，可制也，則告陽以制陰之道，曰「畜臣妾」；剥，陰長已極，不可制矣，則教陰以從陽之道，曰「以宫人寵」。

上九，碩果不食，君子得輿，小人剥廬。

【本義】一陽在上，剥未盡而能復生；君子在上，則爲衆陰所載，小人居之，則剥極於上，自失所覆，而无復「碩果」「得輿」之象矣。取象既明，而君子小人其占不同，聖人之情益可見矣。

【程傳】諸陽削剥已盡，獨有上九一爻尚存，如碩大之果不見食，將見復生之理。上九亦變，則純陰矣。然陽无可盡之理，變於上則生於下，无閒可容息也。聖人發明此理，以見陽與君子之道不可亡也。或曰：剥盡則爲純坤，豈復有陽乎？曰：以卦配月，則坤當十月，以氣消息言，則陽剥爲坤，陽來爲復，陽未嘗盡也，剥盡於上，則復生於下矣，故十月謂之陽月，恐疑其无陽也。陰亦然，聖人不言耳。陰道盛極之時，其亂可知，亂極則自當思治，故衆心願載於君子，「君子得輿」也。詩匪風、下泉所以居變風之終也。理既如是，在卦亦衆陰宗陽，爲共載之象。「小人剥廬」，若小人，則當剥之極，剥其廬矣，无所容其身也。更不論爻之陰陽，但言小人處剥極，則及其廬矣。廬取在上之象。或曰：陰陽之消，必待盡而後復生於下，此在上，便有復生之義，何也？夬之上六何以言終有凶？曰：上九居剥之極，止有一陽，陽无可盡之理，故明其有復生之義，見君子之道不可亡也。夬者，陽消陰。陰，小人之道也，故但言其消亡耳，何用更言却有復生之理乎？

【集説】程子曰：息訓爲生者，蓋息則生矣，中無閒斷。「碩果不食」，則便爲復也。

○楊氏文焕曰：「貫魚」者，衆陰在下之象也；「碩果」者，一陽在上之象也。

○胡氏炳文曰：乾爲木果，衆陽皆變而上獨存，有「碩果不食」象。果中有仁，天地生生之心存焉。碩果專以象言，「得輿」、「剥廬」兼占而言。牀，上之藉下以安者也；廬，下之藉上以安者也。始而「剥牀」，欲上失所安；今而「剥廬」，自失所安矣。自古小人欲害君子，亦豈小人之利哉？

○蔡氏清曰：易固爲君子謀，然其爲君子謀者，亦所以爲小人謀也，觀「小人剥廬」之辭可見。蓋道理自是如此。天地閒豈可一日無善類哉？不然，人之類滅矣。可見聖人非姑爲是抑彼以伸此也。

○喬氏中和曰：「碩果不食」，核也，仁也，生生之根也。自古無不朽之株，有相傳之果，此剥之所以復也。

䷗（震下坤上）

【程傳】復，序卦：「物不可以終盡，剥窮上反下，故受之以復。」物无剥盡之理，故剥極則復來，陰極則陽生，陽剥極於上而復生於下，窮上而反下也，復所以次剥也。爲卦一陽生於五陰之下，陰極而陽復也。歲十月，陰盛既極，冬至則一陽復生於地中，故爲復也。陽，君子之道，陽消極而復反，君子之道消極而復長也，故爲反善之義。

復，亨。出入无疾，朋來无咎。反復其道，七日來復，利有攸往。

【本義】復，陽復生於下也。剥盡則爲純坤，十月之卦，而陽氣已生於下矣，積之踰月，然後一陽之體始成而來復，故十有一月其卦爲復，以其陽既往而復反，故有亨道。又，内震外坤，有陽動於下而以順上行之象，故其占又爲己之出入既得无疾，朋類之來亦得无咎。又，自五月姤卦一陰始生，至此七爻，而一陽來復，乃天運之自然，故其占又爲「反復其道」，至於七日當得來復。又，以剛德方長，故其占又爲「利有攸往」也。「反復其道」，往而復來、來而復往之意。七日者，所占來復之期也。

【程傳】復亨，既復則亨也。陽氣復生於下，漸亨盛而生育萬物，君子之道既復，則漸以亨通，澤於天下，故復則有亨盛之理也。「出入无疾」，「出入」謂生長，復生於内，入也；長進於外，出也，先云「出」，語順耳。陽生非自外也，來於内，故謂之入。物之始生，其氣至微，故多屯艱；陽之始生，其氣至微，故多摧折。春陽之發，爲陰寒所折，觀草木於朝暮，則可見矣。「出入无疾」，謂微陽生長，无害之者也。既无害之，而其類漸進而來，則將亨盛，故无咎也。所謂咎，在氣則爲差忒，在君子則爲抑塞不得盡其理。陽之當復，雖使有疾之，固不能止其復也，但爲阻礙耳，而卦之才有「无疾」之義，乃復道之善也。一陽始生至微，固未能勝群陰而發生萬物，必待諸陽之來，然後能成生物之功而无差忒，以朋來而无咎也。三陽子丑寅之氣，生成萬物，衆陽之功也。若君子之道，既消而復，豈能便勝於小人？必待其朋類漸盛，則能協力以勝之也。「反復其道」，謂消長之道反復迭至，陽之消至七日而來復。姤，陽之始消也，七變而成復，故云「七日」，謂七更也。臨云「八月有凶」，謂陽長至於陰長，歷八月也。陽進則陰退，君子道長則小人道消，故「利有攸往」也。

【集説】房氏喬曰：出入无疾害之者，喜陽氣之復；朋來无罪咎之者，欲衆陽漸進之意。

○邵子曰：復次剥，明治生於亂乎！夬次姤，明亂生於治乎！時哉時哉！未有剥而不復，未有夬而不姤者。

○鄭氏剛中曰：七者，陽數；日者，陽物，故於陽長言「七日」。八者，陰數；月者，陰物，臨剛長以陰爲戒，故曰「八月」。

○朱子語類云：七日，只取七義，猶「八月有凶」只取八義。

○胡氏炳文曰：「反復其道」，統言陰陽往來，其理如此；「七日來復」，專言一陽往來，其數如此。

○林氏希元曰：天下事非一人所能獨辦，君子有爲於天下，必與其類同心共濟，故復重「朋來」而泰重「彙征」。

○張氏振淵曰：「反復其道」，猶云反復計其程道也。此二句，正見天運自有定期，君子不可不善承之耳。

初九，不遠復，无祇悔，元吉。

【本義】一陽復生於下，復之主也。祇，抵也。又，居事初，失之未遠，能復於善，不抵於悔，大善而吉之道也。故其象占如此。

【程傳】復者，陽反來復也。陽，君子之道，故復爲反善之義。初剛陽來復，處卦之初，復之最先者也，是不遠而復也。失而後有復，不失則何復之有？惟失之不遠而復，則不至於悔，大善而吉也。祇，宜音柢，抵也。玉篇云「適也」，義亦同。「无祇悔」，不至於悔也。坎卦曰「祇既平，无咎」，謂至既平也。顔子无形顯之過，夫子謂其「庶幾」，乃「无祇悔」也。過既未形而改，何悔之有？既未能「不勉而中」、「所欲不踰矩」，是有過也，然其明而剛，故一有不善未嘗不知，既知，未嘗不遽改，故不至於悔，乃「不遠復」也。祇，陸德明音支，玉篇、五經文字、群經音辨並見衣部。

【集説】楊氏時曰：初九陽始生而未形，動之微也，吉凶悔吝生乎動者也，未形而復，其復不遠矣，故不至於悔而元吉。

○俞氏琰曰：初居震動之始，方動即復，是不遠而復，復之最先者也，故不至於悔而元吉。

六二，休復，吉。

【本義】柔順中正，近於初九而能下之，復之休美，吉之道也。

【程傳】二雖陰爻，處中正而切比於初，志從於陽，能下仁也，復之休美者也。復者，復於禮也，復禮則爲仁。初陽復，復於仁也，二比而下之，所以美而吉也。

【集説】朱子語類云：學莫便於近乎仁，既得仁者而親之，資其善以自益，則力不勞而學美矣，故曰「休復吉」。

六三，頻復，厲，无咎。

【本義】以陰居陽，不中不正，又處動極，復而不固，屢失屢復之象。屢失故危，復則无咎，故其占又如此。

【程傳】三以陰躁，處動之極，復之頻數而不能固者也。復貴安固，頻復頻失，不安於復也，復善而屢失，危之道也。聖人開遷善之道，與其復而危其屢失，故云「厲无咎」。不可以頻失而戒其復也，頻失則爲危，屢復何咎？過在失而不在復也。

【集説】郭氏忠孝曰：唯君子能久於其道，其餘則日月至焉而已。是以子夏之徒，出見紛華盛麗而悦，入聞夫子之道而樂，與夫回之爲人「拳拳服膺而弗失之」者，固有閒矣。

○趙氏汝楳曰：三爲震動之極，故曰「頻」。厲，危也，即「人心惟危」之危。

六四，中行獨復。

【本義】四處群陰之中，而獨與初應，爲與衆俱行而獨能從善之象。當此之時，陽氣甚微，未足以有爲，故不言吉，然理所當然，吉凶非所論也。董子曰：「仁人者，正其義不謀其利，明其道不計其功。」於剥之六三及此爻見之。

【程傳】此爻之義最宜詳玩。四行群陰之中，而獨能復，自處於正，下應於陽剛，其志可謂善矣。不言吉凶者，蓋四以柔居群陰之閒，初方甚微，不足以相援，无可濟之理，故聖人但稱其能獨復，而不欲言其獨從道而必凶也。曰：然則不言无咎，何也？曰：以陰居陰，柔弱之甚，雖有從陽之志，終不克濟，非无咎也。

【集説】孔氏穎達曰：「中行獨復」者，處於上卦之下，上下各有二陰，已獨應初，居在衆陰之中，故云「中行」；獨自應初，故云「獨復」。

○繆氏昌期曰：中，即「中以自考」中字；獨，即中庸「慎獨」之獨。四能以中而行，而於獨知之中，憬然自覺，所謂復以自知也。蓋復之所以爲復，全在初爻，猶人之初念也，五陰皆復此而已。惟四在陰中，有所專向，故發此義。

六五，敦復，无悔。

【本義】以中順居尊，而當復之時，敦復之象，无悔之道也。

【程傳】六五以中順之德處君位，能敦篤於復善者也，故「无悔」。雖本善，戒亦在其中矣。陽復方微之時，以柔居尊，下復无助，未能致亨吉也，能「无悔」而已。

【集説】項氏安世曰：臨以上六爲「敦臨」，艮以上九爲「敦艮」，皆取積厚之極。復於五即言「敦復」者，復之上爻迷而不復，故復至五而極也。卦中復者五爻，初最在先，故爲「不遠」；五最在後，故爲「敦」。

○蔡氏淵曰：敦，厚也，坤象。復主初陽，五雖與初無係，而處位得中，能自厚於復者也，可以

「无悔」。

○李氏簡曰：初九陽剛，君子之道也。相應相比者復之易，二與四是也。遠而非應者復之難，六五所以稱「敦復」。敦復者，厚之至也。不與初應，本當有悔，以其能復，是以「无悔」。

○胡氏炳文曰：「不遠復」者，善心之萌；「敦復」者，善行之固。故初九「无祇悔」，「敦復」則可「无悔」矣。「不遠復」，入德之事也；「敦復」，其成德之事與？

上六，迷復，凶。有災眚。用行師，終有大敗。以其國君凶，至于十年不克征。

【本義】以陰柔居復終，終迷不復之象，凶之道也，故其占如此。「以」猶「及」也。

【程傳】以陰柔居復之終，終迷不復者也。迷而不復，其凶可知。「有災眚」，災，天災，自外來；眚，己過，由自作。既迷不復善，在己則動皆過失，災禍亦自外而至，蓋所招也。迷道不復，无施而可，用以行師，則「終有大敗」，以之爲國，則君之凶也。十年者，數之終，「至于十年不克征」，謂終不能行。既迷於道，何時而可行也？

【集説】徐氏幾曰：上六位高而無下仁之美，剛遠而無遷善之機，厚極而有難開之蔽，柔終而無改過之勇，是昏迷而不知復者也。

○楊氏啓新曰：心爲天君，「以其國君」，言喪失其本心也。

○何氏楷曰：坤本先迷，今居其極，則迷之甚矣。言「迷復」，即昏迷而不知所復之謂。「行師」

以下，皆假象以喻一心不能馭衆動，徇物必至喪天君也。

【總論】胡氏炳文曰：「迷復」與「不遠復」相反，初不遠而復，迷則遠而不復；「敦復」與「頻復」相反，「敦」無轉易，「頻」則屢易；「獨復」與「休復」相似，「休」則比初，「獨」則應初也。「十年不克征」亦「七日來復」之反。

䷘（震下乾上）

【程傳】无妄，序卦：「復則不妄矣，故受之以无妄。」復者，反於道也。既復於道，則合正理而无妄，故復之後受之以无妄也。爲卦乾上震下。震，動也，動以天爲无妄，動以人欲則妄矣。无妄之義大矣哉！

无妄，元亨利貞。其匪正有眚，不利有攸往。

【本義】无妄，實理自然之謂。史記作「无望」，謂无所期望而有得焉者。其義亦通。爲卦自訟而變，九自二來而居於初，又爲震主，動而不妄者也，故爲无妄。又，二體震動而乾健，九五剛中而應六二，故其占大亨而利於正。若其不正則有眚，而不利有所往也。

【程傳】无妄者，至誠也；至誠者，天之道也。天之化育萬物，生生不窮，各正其性命，乃无妄也。人能合无妄之道，則所謂「與天地合其德」也。无妄有大亨之理，君子行无妄之道，則可以致大亨矣。无妄，天之道也，卦言人由无妄之道也。利貞，法无妄之道，利在貞正，失貞正則妄也。雖无邪心，苟不合正理，則妄也，乃邪心也，故有「匪正」則爲過眚。既已无妄，不宜有往，往則妄也。

【集説】朱子語類云：无妄一卦，雖云禍福之來也無常，然自家所守者不可不利於正，不可以彼之無常，而吾之所守亦爲之無常也，故曰「无妄，元亨利貞。其匪正有眚」。

〇問：「『雖無邪心，苟不合正理，則妄也』，既無邪，何以不合正？」曰：「有人自是其心全無邪，而却不合於正理。如賢者過之，其心豈曾有邪？却不合正理。佛氏亦豈有邪心者？」

〇丘氏富國曰：惟其无妄，所以無望也。若其處心未免於妄，則無道以致福，而妄欲徼福，非所謂無望之福；有過以召災，而妄欲免災，非所謂無望之災。此皆未免容心於禍福閒，非所謂无妄也。若真實无妄之人，則純乎正理，禍福一付之天，而無苟得倖免之心也。

〇胡氏炳文曰：朱子解中庸「誠」字，以爲真實无妄之謂。此解无妄，則以爲實理自然之謂。自然二字，已兼無所期望之意矣。

〇胡氏居仁曰：无妄，誠也；誠，天理之實也。聖人只是循其實理之自然，無一豪私意造爲。故出乎實理无妄之外，則爲過眚；循此實理无妄而行之，則吉無不利。不幸而災疾之來，亦守此无妄之實理，而不足憂。卦辭、爻辭皆此意。

初九，无妄，往吉。

【本義】以剛在内，誠之主也，如是而往，其吉可知，故其象占如此。

【程傳】九以陽剛爲主於内，无妄之象。以剛實變柔而居内，中誠不妄者也。以无妄而往，何所不吉？卦辭言「不利有攸往」，謂既无妄，不可復有往也，過則妄矣。爻言「往吉」，謂以无妄之道而行，則吉也。

【集説】蘭氏廷瑞曰：初則當行，終則當止，行止適當則无妄，不妄則吉。无妄之初，當行者也，故往則有吉；无妄之終，當止者也，故行則有眚。

○胡氏炳文曰：彖曰「剛自外來而爲主於内」，本義於此曰「以剛在内，誠之主也」，主字最有力。蓋妄者，誠之反也。誠之主如此，妄自然无矣，如此而往，其吉固宜。

○何氏楷曰：此爻足蔽无妄全卦。震陽初動，誠一未分，是之謂无妄。以此而往，動與天合，何不吉之有？

六二，不耕穫，不菑畬，則利有攸往。

【本義】柔順中正，因時順理，而无私意期望之心，故有「不耕穫，不菑畬」之象，言其无所爲於前，无所冀於後也。占者如是，則利有所往也。

【程傳】凡理之所然者，非妄也；人所欲爲者，乃妄也。故以耕穫菑畬譬之，六二居中得正，又應五之中正，居動體而柔順，爲動能順乎中正，乃无妄者也，故極言无妄之義。耕，農之始；穫，其成終也。田一歲曰菑，三歲曰畬。不耕而穫，不菑而畬，謂不首造其事，因其事理所當然也。首造其事，則是人心所作爲，乃妄也；因事之當然，則是順理應物，非妄也，穫與畬是也。蓋耕則必有穫，菑則必有畬，是事理之固然，非心意之所造作也，如是則爲无妄，不妄則所往利而无害也。或曰：聖人制作以利天下者，皆造端也，豈非妄乎？曰：聖人隨時制作，合乎風氣之宜，未嘗先時而開之也。若不待時，則一聖人足以盡爲矣，豈待累聖繼作也？時乃事之端，聖人隨時而爲也。

【集説】朱子語類：問：「程傳爻辭恐未明白。竊謂無不耕而穫、不菑而畬之理，只是不於耕而計穫之利。如程子所解象傳，移之以解爻辭則可。」曰：「易傳爻象之辭雖若相反，而意實相近，特辭有未足耳。爻辭言當循理，象傳言不計利。」

○陳氏埴曰：伊川大意，只謂不爲穫而耕，不爲畬而菑，凡有所爲而爲者，皆計利之私心，即妄也。但經文中不如此下語，故易傳中頗費言語，始謂不耕而穫、不菑而畬，謂不首造其事，則似以耕、菑爲私意；中謂耕則必有穫，菑則必有畬，非心造意作，則以耕穫、菑畬爲非私意；終謂既耕則必有穫，既菑則必成畬，非必以穫、畬之富而爲，則又似以穫、畬爲私意。三説不免自相抵捂，所以本義但據經文直説，謂無耕穫、菑畬之私心。

○胡氏炳文曰：耕穫者，種而斂之也；菑畬者，墾而熟之也。一歲之農，始於耕，終於穫；三歲之田，始於菑，終於畬。「不耕穫，不菑畬」，諸家以爲不耕而穫、不菑而畬，惟本義以爲始終無所作爲之象，而必曰因時順理者，理本自然無所作爲，自始至終，絶無計功謀利之心，故其占曰「利有攸往」。

○林氏希元曰：田必耕然後穫，必菑然後畬。其耕也，正以望穫；其菑也，正以望畬，豈有「不耕穫，不菑畬」之理？爲此語者，特以明自始至終絶無營爲計較之心焉耳。

○何氏楷曰：人之有妄，在於期望。「不耕穫」者，不方耕而即望有其穫也；「不菑畬」者，不方菑而即望成其畬也。學者之除妄心而必有事焉，當如此矣。故曰「則利有攸往」，言必如此而後利也。

【案】何氏説與傳、義頗異，質諸夫子先事後得、先難後獲之訓，則於理尤長。且象傳以「未富」釋之，正謂其無望穫之心，未必以耕爲可廢也。

六三，无妄之災，或繫之牛，行人之得，邑人之災。

【本義】卦之六爻皆无妄者也。六三處不得正，故遇其占者无故而有災，如行人牽牛以去，而居者反遭詰捕之擾也。

【程傳】三以陰柔而不中正，是爲妄者也。又志應於上，欲也，亦妄也，在无妄之道，爲災害也。人之妄動，由有欲也，妄動而得，亦必有失，雖使得其所利，其動而妄，失已大矣，況復凶悔隨之乎？

知者見妄之得，則知其失必與稱也，故聖人因六三有妄之象，而發明其理，云「无妄之災，或繫之牛，行人之得，邑人之災」，言如三之爲妄，乃无妄之災害也。設如有得，其失隨至。如「或繫之牛」，或，謂設或也，或繫得牛，行人得之，以爲有得，邑人失牛，乃是災也。借使邑人繫得馬，則行人失馬，乃是災也。言有得則有失，不足以爲得也。行人、邑人，但言有得則有失，非以爲彼己也。妄得之福，災亦隨之；妄得之得，失亦稱之，固不足以爲得也。人能知此，則不爲妄動矣。

【集説】關氏朗曰：无妄而災者，災也；有妄而災，則其所也，非災之也。運數適然，非己妄致，乃「无妄之災」。

○朱子語類云：此卦六爻皆是无妄，但六三地頭不正，故有「无妄之災」，言無故而有災也。如行人牽牛以去，而居人反遭捕詰之擾，此正「无妄之災」之象。

○胡氏炳文曰：「匪正有眚」，人自爲之也；「无妄之災」，天實爲之也。六爻皆无妄，三之時則无妄而有災者也，雜卦曰「无妄，災也」，其此之謂與！

九四，可貞，无咎。

【本義】陽剛乾體，下无應與，可固守而「无咎」，不可以有爲之占也。

【程傳】四剛陽而居乾體，復无應與，无妄者也。剛而无私，豈有妄乎？可貞固守此，自无咎也。九居陰，得爲正乎？曰：以陽居乾體，若復處剛，則爲過矣，過則妄也。居四，无尚剛之志也。

可貞與利貞不同，可貞，謂其所處可貞固守之；利貞，謂利於貞也。

【集説】胡氏炳文曰：貞，正而固也；曰利貞，則訓正字，而兼固字之義；曰不可貞，則專訓固字，而無正字之義。九四陽剛健體，下無應與，可貞正守之，而其占不可有爲也。

○何氏楷曰：四剛陽而居乾體，本自无妄者也，可貞固守此，則无咎。初九之「无妄往吉」，行乎其所當行者也；九四之「可貞无咎」，止乎其所當止者也。

九五，无妄之疾，勿藥有喜。

【本義】乾剛中正，以居尊位，而下應亦中正，无妄之至也，如是而有疾，勿藥而自愈矣，故其象占如此。

【程傳】九以中正當尊位，下復以中正順應之，可謂无妄之至者也，其道无以加矣。疾，爲之病者也。以九五之无妄，如其有疾，勿以藥治，則有喜也。人之有疾，則以藥石攻去其邪，以養其正，若氣體平和，本无疾病，而攻治之，則反害其正矣，故勿藥則有喜也，有喜謂疾自亡也。无妄之所謂疾者，謂若治之而不治，率之而不從，化之而不革，以妄而爲无妄之疾。舜之有苗、周公之管蔡、孔子之叔孫武叔是也。既已无妄而有疾之者，則當自如，无妄之疾不足患也。若遂自攻治，乃是渝其无妄，而遷於妄也。五既處无妄之極，故惟戒在動，動則妄矣。

【案】勿者，禁止之辭，言无妄矣，而偶有疾，則亦順其自然而氣自復，勿復用藥以生他候。如人有无妄之災，則亦順其自然而事自平，勿復用智以生他咎也。凡易中言勿者皆同義。此爻之疾，與六三之災同，然此曰「有喜」者，剛中正而居尊位，德位固不同也。

上九，无妄，行有眚，无攸利。

【本義】上九非有妄也，但以其窮極而不可行耳，故其象占如此。

【程傳】上九居卦之終，无妄之極者也，極而復行，過於理也，過於理則妄也，故上九而行，則有過眚而无所利矣。

【集説】龔氏煥曰：无妄者，實理自然之謂，循是理則吉，拂是理則凶。初往吉，二利有攸往，循是理而動者也；四可貞，无咎，守是理而不動者也；三有災，五有疾，不幸而遇無故非意之事，君子亦聽之而已，守是理而不爲動者也。或動或靜，惟理是循，所以爲无妄。上九居无妄之極，不可有行，若不循理而動，則反爲妄矣，其有眚而不利也宜哉。

○何氏楷曰：彖所謂「匪正有眚，不利有攸往」者。

【總論】胡氏炳文曰：六爻皆无妄也。特初九得位，而爲震動之主，時之方來，故「无妄往吉」；上九失位，而居乾體之極，時已去矣，故其行雖无妄，「有眚，无攸利」。是故善學易者在識時。初曰吉，二曰利，時也；三曰災，五曰疾，上曰眚，非有妄以致之也，亦時也。初與二皆可往，時當動而動也。四「可貞」，五「勿藥」，上「行有眚」，時當靜而靜也。

䷙（乾下艮上）

【程傳】大畜，序卦：「有无妄然後可畜，故受之以大畜。」无妄則爲有實，故可畜聚，大畜所以次无妄也。爲卦艮上乾下，天而在於山中，所畜至大之象。畜爲畜止，又爲畜聚，止則聚矣。取天在山中之象，則爲藴畜；取艮之止乾，則爲畜止。止而後有積，故止爲畜義。

大畜，利貞，不家食吉，利涉大川。

【本義】大，陽也，以艮畜乾，又畜之大者也。又以内乾「剛健」，外艮「篤實輝光」，是以能「日新其德」，而爲畜之大也。以卦變言，此卦自需而來，九自五而上；以卦體言，六五尊而尚之；以卦德言，又能止健，皆非大正不能，故其占爲「利貞」，而「不家食吉」也。又六五下應於乾，爲應乎天，故其占又爲「利涉大川」也。「不家食」，謂食禄於朝，不食於家也。

【程傳】莫大於天，而在山中，艮在上而止乾於下，皆藴畜至大之象也。在人爲學術道德充積於内，乃所畜之大也。凡所畜聚，皆是專言其大者。人之藴畜，宜得正道，故云「利貞」。若夫異端偏學，所聚至多而不正者，固有矣。既道德充積於内，宜在上位以享天禄，施爲於天下，則不獨於一身之吉，天下之吉也。若窮處而自食於家，道之否也，故「不家食」則吉。所畜既大，宜施之於時，濟天下之艱險，乃大畜之用也，故「利涉大川」。此只據大畜之義而言，彖更以卦之才德而言，諸爻則惟有止畜之義，蓋易體道隨宜，取明且近者。

【集説】朱子語類云：某作本義，欲將文王卦辭，只大綱依文王本義略説，至其所以然之故，却於孔子彖傳中發之。且如大畜「利貞，不家食吉，利涉大川」，只是占得大畜者，爲利貞，不家食而吉，利於涉大川，至於剛上、尚賢等處，乃孔子發明，各有所主，爻象亦然，如此則不失文王本意，又可見孔子之意。但今未暇整頓耳。

○胡氏炳文曰：「不家食」，是賢者不畜於家而畜於朝。「涉大川」，又似有畜極而通之意。要之，兩「利」字、一「吉」字，占辭自分爲三，不必泥而一之也。

初九，有厲，利已。

【本義】乾之三陽，爲艮所止，故内外之卦各取其義。初九爲六四所止，故其占往則有危，而利於止也。

【程傳】大畜，艮止畜乾也，故乾三爻皆取被止爲義，艮三爻皆取止之爲義。初以陽剛，又健體而居下，必上進者也。六四在上，畜止於己，安能敵在上得位之勢？若犯之而進，則有危厲，故利在已而不進也。在他卦，則四與初爲正應，相援者也。在大畜，則相應乃爲相止畜。上與三皆陽則爲合志，蓋陽皆上進之物，故有同志之象而无相止之義。

【集説】蔡氏清曰：初九不可進，而未必能自不進，故戒之云：進則有厲，惟利於已也。若九二之處中，能自止而不進者也，則以其所能言之，曰「輿説輹」。

九二，輿説輹。

【本義】九二亦爲六五所畜，以其處中，故能自止而不進，有此象也。

【程傳】二爲六五所畜止，勢不可進也。五據在上之勢，豈可犯也？二雖剛健之體，然其處得中道，故進止无失。雖志於進，度其勢之不可，則止而不行，如車輿説去輪輹，謂不行也。

九三，良馬逐，利艱貞，曰閑輿衛，利有攸往。

【本義】三以陽居健極，上以陽居畜極，極而通之時也，又皆陽爻，故不相畜而俱進，有良馬逐之象焉。然過剛鋭進，故其占必戒以艱貞閑習，乃利於有往也。「曰」當爲日月之日。

【程傳】三剛健之極，而上九之陽，亦上進之物，又處畜之極，而思變也，與三乃不相畜，而志同相應以進者也。三以剛健之才，而在上者與合志而進，其進如良馬之馳逐，言其速也。雖其進之勢速，不可恃其才之健與上之應，而忘備與慎也，故宜艱難其事，而由貞正之道。輿者，用行之物；衛者，所以自防。當自日常閑習其車輿與其防衛，則「利有攸往」矣。三乾體而居正，能貞者也。當其鋭進，故戒以知難與不失其貞也。志既鋭於進，雖剛明，有時而失，不得不戒也。

【集説】項氏安世曰：初九在初，故稱「童牛」；九二以剛居柔，無勢，故爲「豶豕」；九三純乾，故爲「良馬」。

六四，童牛之牿，元吉。

【本義】童者，未角之稱；牿，施橫木於牛角，以防其觸，詩所謂「楅衡」者也。止之於未角之時，爲力則易，大善之吉也，故其象占如此。學記曰「禁於未發之謂豫」，正此意也。

【程傳】以位而言，則四下應於初，畜初者也。初居最下，陽之微者，微而畜之則易制，猶童牛而加牿，大善而吉也。概論畜道，則四艮體，居上位而得正，是以正德居大臣之位，當畜之任者也。大臣之任，上畜止人君之邪心，下畜止天下之惡人。人之惡，止於初則易，既盛而後禁，則扞格而難勝。故上之惡既甚，則雖聖人救之，不能免違拂；下之惡既甚，則雖聖人治之，不能免刑戮。莫若止之於初，如童牛而加牿，則元吉也。牛之性，觝觸以角，故牿以制之，若童犢始角而加之以牿，使觝觸之性不發，則易而无傷。以況六四能畜止上下之惡於未發之前，則大善之吉也。

【集説】朱子語類云：大畜下卦取其能自畜而不進，上卦取其能畜彼而不使進。然四能止之於初，故爲力易；五則陽已進，而止之則難。以柔居尊，得其機會可制，故亦吉，但不能如四之元吉耳。

六五，豶豕之牙，吉。

【本義】陽已進而止之，不若初之易矣。然以柔居中而當尊位，是以得其機會而可制，故其象如此。占雖吉，而不言元也。

【程傳】六五居君位，止畜天下之邪惡。夫以億兆之衆發其邪欲之心，人君欲力以制之，雖密法嚴刑，不能勝也。夫物有總攝，事有機會，聖人操得其要，則視億兆之心猶一心，道之斯行，止之則戢，故不勞而治，其用若豶豕之牙也。豕，剛躁之物，而牙爲猛利，若强制其牙，則用力勞而不能止其躁猛，雖縶之維之，不能使之變也。若豶去其勢，則牙雖存而剛躁自止，其用如此，所以吉也。君子法豶豕之義，知天下之惡不可以力制也，則察其機，持其要，塞絶其本原，故不假刑法嚴峻而惡自止也。且如止盜，民有欲心，見利則動，苟不知教而迫於饑寒，雖刑殺日施，其能勝億兆利欲之心乎？聖人則知所以止之之道，不尚威刑而脩政教，使之有農桑之業，知廉恥之道，雖賞之不竊矣。故止惡之道，在知其本、得其要而已。不嚴刑於彼，而脩政於此，是猶患豕牙之利，不制其牙而豶其勢也。

上九，何天之衢，亨。

【本義】「何天之衢」，言何其通達之甚也。畜極而通，豁達无礙，故其象占如此。

【程傳】予聞之胡先生曰：天之衢亨，誤加「何」字。事極則反，理之常也，故畜極而亨。小畜畜之小，故極而成；大畜畜之大，故極而散。極既當變，又陽性上行，故遂散也。天衢，天路也，謂空虛之中，雲氣飛鳥往來，故謂之天衢。天衢之亨，謂其亨通曠闊，无有蔽阻也。在畜道則變矣，變而亨，非畜道之亨也。

【集説】張氏浚曰：剛在上爲何，何謂勝其任。

○王氏宗傳曰：彖傳曰「剛上而尚賢」，則上九是也。以陽德而居五之上，爲五所尚，此所以有「何天之衢」之象。天衢，通顯之地也。下之三陽由己上進，故九三曰「良馬逐」，又曰「上合志也」，此賢者之道所以亨也。何，如「何校」之何，釋文曰「梁武帝讀音賀」是也，言以身任天下之責。當畜賢之時，爲五所尚，主張賢路，賢者之得志，莫盛於斯也。

○吴氏澄曰：後漢王延壽魯靈光殿賦云「荷天衢以元亨」，「何」作「荷」。「何天之衢」，其辭猶詩言「何天之休」「何天之龍」。大畜者，一陽止於外，而三陽藏畜於内，畜極則散，止極則行，故上九雖艮體，至畜之終，則不止而行也。

○胡氏炳文曰：隨畜隨發，不足爲大畜，惟畜之極而通，豁達無礙，如天衢然。此不徒爲仕者之占，大學章句所謂「用力之久，一旦豁然貫通」者，亦是此意。「多識前言往行以畜其德」者，以之可也。

○蔡氏清曰：觀畜極而通之意，則知君子患屈之未至耳，不患其不伸也。

【案】何字，程傳以爲誤加，本義以爲發語，而諸家皆以「荷」字爲解，義亦可從。蓋剛上尚賢者，惟上九一爻當之，且爲艮主，是卦之主也，故取尚賢之義，則是賢路大通，卦所謂「不家食」者此已；取艮主之義，則能應天止健，卦所謂「涉大川」者此已。故「天衢」者，喻其通也；「荷天之衢」者，言其遇時之通也。雜卦云「大畜，時也」，正謂此也。吴氏引商頌之詩者，語意尤近。

【總論】胡氏炳文曰：他卦取陰陽相應，此取相畜。内卦受畜，以自止爲義；外卦能畜，以止之爲義；獨三與上居内外卦之極，畜極而通，不取止義。

○葉氏良佩曰：卦彖兼取畜止、畜聚二義，大象專取畜聚義，六爻專取畜止義。初九進則有厲，惟利於已，知難而止者也。九二處得中道，能説輹而不行，時止而止者也。九三與上合志，其進也如良馬之馳逐，此畜極而通之象，然猶以艱貞閑習爲戒者，慮其可進而鋭於進也。六四當大畜之任，能止惡於初，若童牛始角而加之以牿，則大善之吉也。六五制惡有道，得其機會，故其象爲「豶豕之牙」，其占雖吉，然比之於四，則有間矣。或問：六四元吉，傳曰「有喜」，六五之吉，乃曰「有慶」，何也？曰：論爲力之難易，則四爲易，故曰「元吉」；論其功之廣狹，則五爲廣，故曰「有慶」。上九之亨，畜極而大通也，故以天之衢爲象，「雲行雨施，天下平也」，其斯以爲道大行乎？

【案】「有厲」「説輹」，則猶「家食」者也，阻於大川者也；「牿牛」「豶豕」，則猶治不肖者也，弘濟艱難者也。至「良馬逐」，則漸通矣，然猶防賢路之崎嶇，而「日閑輿衛」，故至於「何天之衢」，然後大道夷而險阻去也。卦爻義之相關者在此。

䷚（震下艮上）

【程傳】頤，序卦：「物畜然後可養，故受之以頤。」夫物既畜聚，則必有以養之，无養則不能存息，頤所以次大畜也。卦上艮下震，上下二陽爻，中含四陰，上止而下動，外實而中虛，人頤頷之象也。頤，養也。人口所以飲食，養人之身，故名爲頤。聖人設卦，推養之義，大至於天地養育萬物，聖人養賢以及萬民，與人之養生、養形、養德、養人，皆頤養之道也。動息節宣，以養生也；飲食衣服，以養形也；威儀行義，以養德也；推己及物，以養人也。

頤，貞吉，觀頤，自求口實。

【本義】頤，口旁也；口，食物以自養，故爲養義。爲卦上下二陽，内含四陰，外實内虛，上止下動，爲頤之象、養之義。「貞吉」者，占者得正則吉；「觀頤」，謂觀其所養之道；「自求口實」，謂觀其所以養身之術，皆得正則吉也。

【程傳】頤之道，以正則吉也。人之養身、養德、養人、養於人，皆以正道則吉也。天地造化，養育萬物，各得其宜者，亦正而已矣。「觀頤自求口實」，觀人之所頤，與其自求口實之道，則善惡吉凶可見矣。

【集説】朱子語類云：養須是正則吉。「觀頤」，是觀其養德正不正；「自求口實」，是觀其養身正不正。未説到養人處。

○林氏希元曰：人之所養有二，一是養性，一是養身，二者皆不可不正。觀其所養之道，如大學聖賢之道，正也；異端小道，則不正矣。又必自求其口實，如重道義而略口體，正也；急口體而輕道義，則不正矣。皆正則吉，不正則凶。

○陳氏琛曰：集義以養其氣，寡欲以養其心，守聖道而不溺於虛無，崇聖學而不流於術數，則所以養德者正矣。窮而不屑於嘑蹴，達而不至於素餐，不以貧賤飢渴害其心，不以聲色臭味汩其性，則所以養身者正矣。

○陸氏銓曰：「觀頤」，即考其善不善；「自求口實」，即於己取之而已矣。

【案】陸氏説與傳、義異。蓋云觀其所養者，以自求養而已，如所養者德乎，則當自求其所以養德之道；如所養者身乎，則當自求其所以養身之方。與夫子彖傳語意尤合也。

初九，舍爾靈龜，觀我朶頤，凶。

【本義】靈龜，不食之物；朶，垂也；朶頤，欲食之貌。初九陽剛在下，足以不食，乃上應六四之陰而動於欲，凶之道也，故其象占如此。

【程傳】蒙之初六，蒙者也，爻乃主發蒙而言；頤之初九，亦假外而言。爾，謂初也，舍爾之靈龜，乃觀我而朶頤，我對爾而設。初之所以朶頤者，四也，然非四謂之也，假設之辭耳。九陽體剛明，其才智足以養正者也。龜能咽息不食，靈龜喻其明智而可以不求養於外也。才雖如是，然以陽居動體，而在頤之時，求頤，人所欲也，上應於四，不能自守，志在上行，説所欲而朶頤者也。心既動，則其自失必矣。迷欲而失己，以陽而從陰，則何所不至，是以凶也。朶頤，爲朶動其頤頷，人見食而欲之，則動頤垂涎，故以爲象。

【集説】王氏弼曰：朶頤者，嚼也。以陽處下，而爲動始，不能令物由己養，動而求養者也。夫安身莫若不競，脩己莫若自保，守道則福至，求祿則辱來。居養賢之世，不能貞其所履，以全其德，而舍其靈龜之明兆，羨我朶頤而躁求，凶莫甚焉。

○蘇氏軾曰：養人者，陽也；養於人者，陰也。君子在上足以養人，在下足以自養。初九以一陽而伏於四陰之下，其德足以自養而無待於物者，如龜也。不能守之而觀於四，見其可欲，朶頤而慕之，爲陰之所致也，故凶。

○鄭氏汝諧曰：頤之上體皆吉，而下體皆凶。上體，止也；下體，動也。在上而止，養人者也；在下而動，求養於人者也。動而求養於人者，必累於口體之養，故雖以初之剛陽，未免於動其欲而觀朶頤也。

○何氏楷曰：初與上，陽剛之德同，而吉凶不同者，初爲動之主，上爲止之主，養道宜靜故也。

【附録】項氏安世曰：頤卦惟有二陽，上九在上，謂之「由頤」，固爲所養之主；初九在下，亦足爲自養之賢。靈龜伏息而在下，初九之象也；朶頤在上而下垂，上九之象也。上九爲卦之主，故稱我。群陰從我而求養，固其所也。初九本無所求，乃亦仰而觀我，有靈而不自保，有貴而不自珍，宜其凶也。初九本靈本貴，聖人以其爲動之主，居養之初，故深戒之，以明自養之道。

【案】項氏以「觀我朶頤」爲上九，亦備一説。

六二，顛頤，拂經于丘頤，征凶。

【本義】求養於初，則顛倒而違於常理；求養於上，則往而得凶。丘，土之高者，上之象也。

【程傳】女不能自處，必從男；陰不能獨立，必從陽。二陰柔不能自養，待養於人者也。天子養天下，諸侯養一國，臣食君上之禄，民賴司牧之養，皆以上養下，理之正也。二既不能自養，必求養於剛陽；若反下求於初，則爲顛倒，故云「顛頤」。顛則拂違經常，不可行也。若求養于丘，則往必有凶。丘，在外而高之物，謂上九也。卦止二陽，既不可「顛頤」於初，若求頤於上九，往則有凶。在頤之時，相應則相養者也，上非其應而往求養，非道妄動，是以凶也。「顛頤」則「拂經」，不獲其養爾；妄求於上，往則得凶也。今有人，才不足以自養，見在上者勢力足以養人，非其族類，妄往求之，取辱得凶必矣。六二中正，在他卦多吉，而凶何也？曰：時然也。陰柔既不足以自養，初上二爻皆非其與，故往求則悖理而得凶也。

【集説】項氏安世曰：二五得位得中，而不能自養，反「由頤」於無位之爻，與常經相悖，故皆爲「拂經」。上艮體，故爲于丘。

○黄氏幹曰：頤之六爻，只是顛、拂二字。求養於下則爲顛，求養於上則爲拂。六二比初而求上，故「顛頤」當爲句，「拂經于丘頤」爲句，「征凶」則其占辭也。六三「拂頤」，雖與上爲正應，然是求於上以養己，故凶。六四「顛頤」，固與初爲正應，然是賴初之養以養人，故雖顛而吉。六五「拂經」，是比於上，然是賴上九之養以養人，所以居貞而亦吉。

【案】項氏、黄氏説深得文意，可從。本義雖從程傳，以「征凶」屬之「丘頤」，然至其解象傳「六二征凶，行失類也」，則曰「初上皆非其類也」，則亦以「征凶」總承兩義矣。

六三，拂頤，貞凶，十年勿用，无攸利。

【本義】陰柔不中正，以處動極，拂於頤矣。既拂於頤，雖正亦凶，故其象占如此。

【程傳】頤之道，惟正則吉。三以陰柔之質而處不中正，又在動之極，是柔邪不正而動者也，其養如此，拂違於頤之正道，是以凶也。得頤之正，則所養皆吉，求養、養人則合於義，自養則成其德。三乃拂違正道，故戒以「十年勿用」。十，數之終，謂終不可用，无所往而利也。

【集説】張子曰：履邪好動，繫説於上，不但拂頤之經而已，害頤之正莫甚焉，故凶。

○楊氏時曰：頤正則吉。六三不中正，而居動之極，拂頤之正也。「十年勿用」，則終不可用矣，何利之有？

○鄭氏汝諧曰：三應於上，若得所養，而凶莫甚於三。蓋不中不正，而居動之極，所以求養於人者，必無所不至，是謂拂於頤之正，凶之道也。「十年勿用，无攸利」，戒之也，因其多欲妄動，示之以自反之理，作易之本意也。

六四，顛頤，吉。虎視眈眈，其欲逐逐，无咎。

【本義】柔居上而得正，所應又正，而賴其養以施於下，故雖顛而吉。「虎視眈眈」，下而專也。「其欲逐逐」，求而繼也。又能如是，則无咎矣。

【程傳】四在人上，大臣之位，六以陰居之，陰柔不足以自養，況養天下乎？初九以剛陽居下，在下之賢也，與四爲應，四又柔順而正，是能順於初，賴初之養也。以上養下則爲順，今反求下之養，顛倒也，故曰「顛頤」。然己不勝其任，求在下之賢而順從之，以濟其事，則天下得其養，而己无曠敗之咎，故爲吉也。夫居上位者必有才德威望，爲下民所尊畏，則事行而衆心服從，若或下易其上，則政出而人違，刑施而怨起，輕於陵犯，亂之由也。六四雖能順從剛陽，不廢厥職，然質本陰柔，賴人以濟，人之所輕，故必養其威嚴，眈眈然如虎視，則能重其體貌，下不敢易。又，從於人者必有常，若間或无繼，則其政敗矣。其欲，謂所須用者，必逐逐相繼而不乏，則其事可濟；若取於人而无繼，則困窮矣。既有威嚴，又所施不窮，故能无咎也。二「顛頤」則「拂經」，四則吉，何也？曰：二在上而反求養於下，下非其應類，故爲「拂經」。四則居上位，以貴下賤，使在下之賢，由己以行其道，上下之志相應而施於民，何吉如之！自三以下，養口體者也；四以上，養德義者也。以君而資養於臣，以上位而賴養於下，皆養德也。

【集説】蘇氏軾曰：自初而言之，則初之見養於四爲凶；自四言之，則四之得養初九爲吉。

○游氏酢曰：以上養下，頤之正也；若在上而反資養於下，則於頤爲倒置矣，此二與四所以俱爲「顛頤」也。然二之志在物，而四之志在道，故四「顛頤」而吉，而二則「征凶」也。

○朱子語類：問：「音辯載馬氏曰，眈眈，虎下視貌。則當爲下而專矣。」曰：「然。」又問：「『其欲逐逐』如何？」曰：「求於下以養人，必當繼繼求之，不厭乎數，然後可以養人而不窮。」

○吴氏澄曰：自養於内者莫如龜，求養於外者莫如虎，故頤之初九、六四取二物爲象。四之於初，其下賢求益之心，必如虎之視下求食而後可，其視下也專一而不他，其欲食也繼續而不歇，如是則於人不貳，於己不自足，乃得居上求下之道。

○林氏希元曰：苟下賢之心不專，則賢者不樂告以善道；求益之心不繼，則纔有所得而遽自足。

六五，拂經，居貞吉，不可涉大川。

【本義】六五陰柔不正，居尊位而不能養人，反賴上九之養，故其象占如此。

【程傳】六五頤之時居君位，養天下者也，然其陰柔之質才不足以養天下，上有剛陽之賢，故順從之，賴其養己以濟天下。君者，養人者也，反賴人之養，是違拂於經常，既以己之不足，而順從於賢師傅。上，師傅之位也，必居守貞固，篤於委信，則能輔翼其身，澤及天下，故吉也。陰柔之質，无貞剛之性，故戒以能居貞則吉。以陰柔之才，雖倚賴剛賢，能持循於平時，不可處艱難變故之際，故云「不可涉大川」也。以成王之才，不至甚柔弱也，當管蔡之亂，幾不保於周公，況其下者乎？故書曰「王亦未敢誚公」，賴二公得終信。故艱險之際，非剛明之主不可恃也，不得已而濟艱險者則有矣。發此義者，所以深戒於爲君也。於上九則據爲臣致身盡忠之道言，故不同也。

【集說】丘氏富國曰：豫五不言豫，以豫由乎四也；頤五不言頤，以頤由乎上也。

○林氏希元曰：不能養人，而反賴上九以養於人，故其象爲「拂經」，言反常也。然在己不能養人，而賴賢者以養，亦正道也，故居貞而吉。若不用人而自用，則任大責重，終不能勝，如涉大川，終不能濟，故不可。

上九，由頤，厲，吉，利涉大川。

【本義】六五賴上九之養以養人，是物由上九以養也。位高任重，故厲而吉。陽剛在上，故利涉川。

【程傳】上九以剛陽之德居師傅之任，六五之君柔順而從於己，賴己之養，是當天下之任，天下由之以養也。以人臣而當是任，必常懷危厲則吉也。如伊尹、周公，何嘗不憂勤兢畏？故得終吉。

夫以君之才不足，而倚賴於己，身當天下大任，宜竭其才力，濟天下之艱危，成天下之治安，故曰「利涉大川」。得君如此之專，受任如此之重，苟不濟天下艱危，何足稱委遇而謂之賢乎？當盡誠竭力而不顧慮，然惕厲則不可忘也。

【集説】王氏弼曰：以陽處上而履四陰，陰不能獨爲主，必宗於陽也，故莫不由之以得其養。

○李氏舜臣曰：豫九四曰「由豫」者，即由頤之謂也。由豫在四，猶下於五也，而已有可疑之迹；由頤在上，則過中而嫌於不安，故厲。

○丘氏富國曰：陽實陰虚，實者養人，虚者求人之養，故四陰皆求養於陽者。然養之權在上，是二陽爻又以上爲主，而初陽亦求養者也，故直於上九一爻曰「由頤」焉。

【總論】吴氏曰愼曰：養之爲道，以養人爲公，養己爲私；自養之道，以養德爲大，養體爲小。艮三爻，皆養人者；震三爻，皆養己者。初九、六二、六三，皆自養口體，私而小者也；六四、六五、上九，皆養其德以養人，公而大者也。公而大者吉，得頤之正也；私而小者凶，失頤之貞也。可不觀頤而自求其正耶！

䷛（巽下兑上）

【程傳】大過，序卦曰：「頤者養也。不養則不可動，故受之以大過。」凡物養而後能成，成則能動，動則有過，大過所以次頤也。爲卦上兑下巽，澤在木上，滅木也。澤者，潤養於木，乃至滅没於木，爲大過之義。大過者，陽過也，故爲大者過，過之大與大事過也。聖賢道德功業大過於人，凡事之大過於常者皆是也。夫聖人盡人道，非過於理也，其制事以天下之正理，矯時之用，小過於中者則有之，如行過乎恭、喪過乎哀、用過乎儉是也。蓋矯之小過，而後能及於中，乃求中之用也。所謂大過者，常事之大者耳，非有過於理也。惟其大，故不常見。以其比常所見者大，故謂之大過。如堯舜之禪讓，湯武之放伐，皆由道也，道无不中、无不常，以世人所不常見，故謂之大過於常也。

大過，棟橈，利有攸往，亨。

【本義】大，陽也。四陽居中，過盛，故爲大過。上下二陰不勝其重，故有「棟橈」之象。又以四陽雖過，而二五得中，内巽外説，有可行之道，故利有所往而得亨也。

【程傳】小過，陰過於上下；大過，陽過於中。陽過於中而上下弱矣，故爲「棟橈」之象。棟取其勝重，四陽聚於中，可謂重矣。九三、九四皆取棟象，謂任重也。橈取其本末弱，中强而本末弱，是以橈也。陰弱而陽强，君子盛而小人衰，故「利有攸往」而「亨」也。棟，今人謂之檁。

【集説】王氏宗傳曰：天下之事固有正理，豈可過耶！然古今固有所謂非常之事者，以理而論，亦無非君子之時中，特其事大勢重，不常見爾。

○朱子語類：問：「大過、小過，先生與伊川之説不同。」曰：「然。伊川此論，正如以反經合道爲非相似，殊不知大過自有大過時節，小過自有小過時節。處大過之時，則當爲大過之事；處小過之時，則當爲小過之事。在事雖是過，然適當其時，合當如此作，便是合義。」

○胡氏一桂曰：或疑頤與大過對者也，何不名爲小過？中孚與小過對者也，何不名爲大過？蓋大過以四陽在中言，小過以四陰在外言，此是聖人内陽外陰之意。

○胡氏炳文曰：既曰「棟橈」，又曰「利有攸往，亨」，何也？曰：「棟橈」以卦象言也。利往而後亨，是不可無大有爲之才，而天下亦無不可爲之事，以占言也。

○何氏楷曰：棟，説文謂之極，爾雅謂之桴，其義皆訓中也，即屋之脊檩。惟大過是以「棟橈」，是以「利有攸往」；惟「有攸往」，是以「亨」。翼傳乃字當玩。卦辭言棟，概指二三四五言也。爻辭專及三四者，舉中樞也。

初六，藉用白茅，无咎。

【本義】當大過之時，以陰柔居巽下，過於畏慎而无咎者也，故其象占如此。白茅，物之潔者。

【程傳】初以陰柔巽體而處下，過於畏慎者也。以柔在下，用茅藉物之象，不錯諸地而藉以茅，過於慎也，是以无咎。茅之爲物雖薄，而用可重者，以用之能成敬慎之道也。慎守斯術而行，豈有失乎？大過之用也。繫辭云：「苟錯諸地而可矣，藉之用茅，何咎之有？慎之至也。夫茅之爲物薄，而用可重也，慎斯術也以往，其无所失矣。」言敬慎之至也。茅雖至薄之物，然用之可甚重，以之藉薦，則爲重慎之道，是用之重也。人之過於敬慎，爲之非難，而可以保其安而无過。苟能慎斯道，推而行之於事，其无所失矣。

【集説】胡氏瑗曰：爲事之始，不可輕易，必須恭慎，然後可以免咎。況居大過之時，是其事至重，功業至大，尤不易於有爲，必當過分而慎重，然後可也。苟於事始慎之如此，則可以立天下之大功，興天下之大利，又何咎之有哉！

○朱氏震曰：茅之爲物薄而用重，過慎也。過慎者，慎之至也。大過，君子將有事焉，以任至大之事，過而无咎者，其惟過於慎乎？過非正也，初六執柔處下，不犯乎剛，於此而過，其誰咎之？

○趙氏玉泉曰：當過時而陰居巽下，是以過慎之心任事，謹始慮終，無所不至，如物措諸地，又藉之以白茅焉。如是，則視天下無可忽之事者，舉天下無不可爲之事，身無過動，行無敗謀，何咎之有？

【案】胡氏、朱氏、趙氏説極於卦義相關。蓋大過者，大事之卦也。自古任大事者，必以小心爲基，故聖人於初爻發義。任重大者，棟也；基細微者，茅也。棟支於上，茅藉於下，故繫傳云「茅之爲物薄，而用可重也」，正對棟爲重物、重任而言。

九二，枯楊生稊，老夫得其女妻，无不利。

【本義】陽過之始而比初陰，故其象占如此。稊，根也，榮於下者也。榮於下則生於上矣。夫雖老而得女妻，猶能成生育之功也。

【程傳】陽之大過，比陰則合，故二與五皆有生象。九二當大過之初，得中而居柔，與初密比而相與。初既切比於二，二復无應於上，其相與可知，是剛過之人而能以中自處、用柔相濟者也。過剛則不能有所爲，九三是也；得中用柔則能成大過之功，九二是也。楊者，陽氣易感之物，陽過則枯矣。楊枯槁而復生稊，陽過而未至於極也。九二陽過而與初，老夫得女妻之象。老夫而得女妻，則能成生育之功。二得中居柔而與初，故能復生稊，而无過極之失，无所不利也。在大過，陽爻居陰則善，二與四是也。二不言吉，方言无所不利，未遽至吉也。稊，根也。劉琨勸進表云「生繁華於枯荑」，謂枯根也。鄭康成易亦作「荑」字，與「稊」同。

【集説】司馬氏光曰：大過剛已過矣，止可濟之以柔，不可濟之以剛也。故大過之時，皆以居陰爲吉，不以得位爲美。

○楊氏時曰：聞之蜀僧云，四爻之剛雖同爲木，然或爲楊，或爲棟。棟負衆榱，則木之强者也；楊爲早凋，則木之弱者也。此卦本末皆弱，二近於本，五近於末，故均爲木之弱也。

○項氏安世曰：二五皆濱於澤。楊，澤木也。當大過之時，故稱枯焉，過則木枯也。

○王氏申子曰：大過諸爻，以剛柔適中者爲善。初以柔居剛，二以剛居柔而比之，是剛柔適中，相濟而有功者也。其陽過也，如楊之枯，如夫之老；其相濟而有功也，如枯楊而生稊，如老夫得女妻。言陽雖過矣，九二處之得中，故「无不利」。

○胡氏炳文曰：巽爲木，兑爲澤，楊，近澤之木，故以取象。枯楊，大過象；稊，初在下象；老夫，九象；女妻，初柔在下象。九二陽雖過，而下比於陰，如枯楊雖過於老，稊榮於下，則復生於上矣。老夫而得女妻，雖過以相與，終能成生育之功，無他，以陽從陰，過而不過，生道也。

九三，棟橈，凶。

【本義】三、四二爻，居卦之中，棟之象也。九三以剛居剛，不勝其重，故象橈而占凶。

【程傳】夫居大過之時，興大過之功，立大過之事，非剛柔得中、取於人以自輔，則不能也。既過於剛强，則不能與人同，常常之功尚不能獨立，况大過之事乎？以聖人之才，雖小事必取於人，當天下之大任，則可知矣。九三以大過之陽，復以剛自居而不得中，剛過之甚者也。以過甚之剛，動則違於中和，而拂於衆心，安能當大過之任乎？故不勝其任，如棟之橈，傾敗其室，是以凶也。取棟爲象者，以其无輔而不能勝重任也。或曰：三巽體而應於上，豈无用柔之象乎？曰：言易者貴乎識勢之重輕、時之變易。三居過而用剛，巽既終而且變，豈復有用柔之義？應者謂志相從也。三方過剛，上能繫其志乎？

【集說】俞氏琰曰：卦有四剛爻，而九三過剛特甚，故以卦之「棟橈」屬之。

○吴氏曰慎曰：九三「棟橈」，自橈也，所謂太剛則折，故象有取於「剛過而中，巽而説行」也。

九四，棟隆，吉。有它，吝。

【本義】以陽居陰，過而不過，故其象隆而占吉。然下應初六，以柔濟之，則過於柔矣，故又戒以有它則吝也。

【程傳】四居近君之位，當大過之任者也。居柔，爲能用柔相濟，既不過剛，則能勝其任，如棟之隆起，是以吉也。隆起，取不下橈之義。大過之時，非陽剛不能濟，以剛處柔爲得宜矣，若又與初六之陰相應，則過也。既剛柔得宜，而志復應陰，是有它也，有它則有累於剛，雖未至於大害，亦可吝也。蓋大過之時，動則過也。有它，謂更有他志。吝爲不足之義，謂可少也。或曰：二比初則无不利，四若應初則爲吝，何也？曰：二得中而比於初，爲以柔相濟之義，四與初爲正應，志相繫者也，九既居四，剛柔得宜矣，復牽繫於陰，以害其剛，則可吝也。

【集説】劉氏牧曰：大過之時，陽爻皆以居陰爲美，有應則有它吝。

○李氏過曰：下卦上實而下弱，下弱則上傾，故三居下卦之上，而曰「棟橈，凶」，言下弱而無助也；上卦上弱而下實，下實則可載，故四居上卦之下，而曰「棟隆，吉」，言下實而不橈也。此二爻當分上下體看。

○胡氏炳文曰：屋以棟爲中，三視四則在下，棟橈於下之象；四在上，棟隆於上之象。

○吴氏曰慎曰：三四居卦之中，皆有棟象。三橈而四隆者，三以剛居剛，四以剛居柔，一也；三在下，四在上，二也；三於下卦，爲上實下虚，四於上卦，爲下實上虚，三也。

九五，枯楊生華，老婦得其士夫，无咎无譽。

【本義】九五，陽過之極，又比過極之陰，故其象占皆與二反。

【程傳】九五當大過之時，本以中正居尊位，然下无應助，固不能成大過之功，而上比過極之陰，其所相濟者，如枯楊之生華。枯楊下生根稊，則能復生，如大過之陽，興成事功也。上生華秀，雖有所發，无益於枯也。上六，過極之陰，老婦也。五雖非少，比老婦則爲壯矣，於五无所賴也，故反稱「婦得」。過極之陰得陽之相濟，不爲无益也。以士夫而得老婦，雖无罪咎，殊非美也，故云「无咎无譽」，象復言其可醜也。

【集説】沈氏該曰：九二比於初，近本也，生稊之象也；九五承於上，近末也，生華之象也。

○何氏楷曰：生稊，則生機方長；生華，則洩且竭矣。二所與者初，初，本也，又巽之主爻，爲木，爲長，爲高木，已過而復芽，又長且高，故有往亨之理；五所與者上，上，末也，又兑之主爻，爲毁折，爲附決，皆非木之所宜，木已過而生華，又毁且折，理無久生已。

上六，過涉滅頂，凶，无咎。

【本義】處過極之地，才弱不足以濟，然於義爲无咎矣，蓋殺身成仁之事，故其象占如此。

【程傳】上六以陰柔處過極，是小人過常之極者也。小人之所謂大過，非能爲大過人之事也，直過常越理，不恤危亡，履險蹈禍而已。如過涉於水，至滅没其頂，其凶可知。小人狂躁以自禍，蓋其宜也，復將何尤？故曰「无咎」。言自爲之，无所怨咎也。因澤之象而取涉義。

【集説】錢氏志立曰：澤之滅木，上之所以滅頂也。雖至滅頂，然有不容不涉，即不得不過者，孔子所以觀卦象而有「獨立不懼」之思也。

【案】此爻，程傳以爲履險蹈禍之小人，本義以爲殺身成仁之君子，本義之説固比程傳爲長。然又有一説，以爲大過之極，事無可爲者，上六柔爲説主，則是能從容隨順，而不爲剛激以益重其勢，故雖處「過涉滅頂」之「凶」，而「无咎」也。如東京之季，范、李之徒，適足以推波助瀾，非救時之道。況上六居無位之地，委蛇和順，如申屠蟠、郭泰者，君子弗非也。此説亦可並存。

【總論】馮氏椅曰：易大抵上下畫停者，從中分反對爲象，非他卦相應之例也。頤、中孚、小過皆然，而此卦尤明。三與四對，皆爲棟象，上隆下橈也；二與五對，皆爲枯楊之象，上華下稊也。初與上對，初爲「藉用白茅」之慎，上爲「過涉滅頂」之凶也。

○龔氏焕曰：大過本爲陽過，若復以陽居陽，則愈過矣，故諸爻以陽居陰者皆吉，以陽居陽者皆凶，與大壯諸爻取義略同。

䷜（坎下坎上）

【程傳】習坎，序卦：「物不可以終過，故受之以坎。坎者陷也。」理无過而不已，過極則必陷，坎所以次大過也。習謂重習，他卦雖重，不加其名，獨坎加習者，見其重險，險中復有險，其義大也。卦中一陽，上下二陰，陽實陰虚，上下无據，一陽陷於二陰之中，故爲坎陷之義。陽居陰中，則爲陷；陰居陽中，則爲麗。凡陽在上者，止之象；在中，陷之象；在下，動之象。陰在上，説之象；在中，麗之象；在下，巽之象。陷則爲險。習，重也，如學習、温習，皆重複之義也。坎，陷也，卦之所言處險難之道；坎，水也，一始於中，有生之最先者也，故爲水。陷，水之體也。

習坎，有孚維心亨，行有尚。

【本義】習，重習也；坎，險陷也。其象爲水，陽陷陰中，外虚而中實也。此卦上下皆坎，是爲重險。中實爲「有孚」「心亨」之象，以是而行，必有功矣，故其占如此。

【程傳】陽實在中，爲中有孚信。「維心亨」，維其心誠一，故能亨通。至誠可以通金石、蹈水火，何險難之不可亨也？「行有尚」，謂以誠一而行，則能出險，有可嘉尚，謂有功也。不行則常在險中矣。

【集説】孔氏穎達曰：坎是險陷之名，習者便習之義。險難之事，非經便習不可以行，故須便習於坎，事乃得用，故云「習坎」也。案諸卦之名，皆於卦上不加其字，此坎卦之名特加習者，以坎爲險難，故特加習名。

○胡氏瑗曰：此卦在八純之數，其七卦皆一字名，獨此加習字者，何也？蓋乾主於健，坤主於順，若是之類，率皆一字可以盡其義，而此卦上下皆險，以是爲險難重疊之際，君子之人必當預積習之，然後可以濟其險阻，故聖人特加習字者，此也。

○蘇氏軾曰：坎，險也。水之所行而非水也，惟水爲能習行於險，其不直曰坎而曰習坎，取於水也。

○呂氏大臨曰：習坎，更試乎至難也。八卦乾健、坤順、震動、艮止、離明、坎險、巽入、兑説，惟險非吉德，君子所不取，故於坎也獨以習坎爲名，更試重險，乃君子所有事也。

○薛氏温其曰：坎非用物，以習爲用，故名異它卦，蓋言用坎之人也。

○張氏浚曰：習，安行不息之稱。習坎，險可出矣。夫陽陷於陰，非出險則功無自興，曰習坎，求以出險也。

○鄭氏汝諧曰：服習、温習皆有重義。水雖至險，而習乎水者，雖出入乎水而不能溺。然則習乎險難者，斯能無入而不自得也。

○李氏舜臣曰：坎之中實是爲誠，離之中虚是爲明。中實者坎之用，中虚者離之用也。作易者因坎離之中而寓誠明之用，古聖人之心學也。

○胡氏炳文曰：他卦「亨」字，本義例以爲占，惟此則曰中實，爲「有孚」「心亨」之象。蓋他卦，事之亨也；此，心之亨也。陽實，「有孚」之象；陽明，「心亨」之象。

○章氏潢曰：六十四卦獨於坎卦指出心以示人，可見心在身中，真如一陽陷於二陰之内，所謂「道心惟微」者，此也。

○吴氏曰慎曰：陽陷陰中，所以爲坎。中實有孚，所以處險。「有孚」則誠立，「心亨」則明通。心之體静而常明，如一陽藏於二陰中也；心之用動而不息，如二陰中一陽之流行也。一陽者，流行之本體；二陰者，所在之分限。流而不踰限，動而静也；限之而安流，静而動也。「有孚」「心亨」之義發於習坎，至矣哉！

初六，習坎，入于坎窞，凶。

【本義】以陰柔居重險之下，其陷益深，故其象占如此。

【程傳】初以陰柔居坎險之下，柔弱无援而處不得當，非能出乎險也，唯益陷於深險耳。窞，坎中之陷處。已在習坎中，更入坎窞，其凶可知。

【集説】張氏浚曰：陰居重坎下，迷不知復，以習於惡，故凶，失正道也。傳曰「小人行險以僥倖」，初六之謂。

【案】如張氏説，習坎兩字纔不虚設，時俗所謂「機深禍轉深」者。

九二，坎有險，求小得。

【本義】處重險之中，未能自出，故爲有險之象。然剛而得中，故其占可以「求小得」也。

【程傳】二當坎險之時，陷上下二陰之中，乃至險之地，是有險也。然其剛中之才，雖未能出乎險中，亦可小自濟，不至如初益陷入於深險，是所求小得也。君子處險難而能自保者，剛中而已，剛則才足自衛，中則動不失宜。

【集説】楊氏時曰：求者，自求也。外雖有險而心常亨，故曰「求小得」。

○陳氏仁錫曰：求其小，不求其大，原不在大也，涓涓不已，流爲江河，如掘地得泉，不待溢出外然後爲流水也。

【案】楊氏、陳氏之説極是。凡人爲學作事，必自求小得始，如水雖涓涓，而有源，乃行險之本也。

六三，來之坎坎，險且枕，入于坎窞，勿用。

【本義】以陰柔不中正，而履重險之閒，來往皆險，前險而後枕，其陷益深，不可用也，故其象占如此。枕，倚著未安之意。

【程傳】六三在坎險之時，以陰柔而居不中正，其處不善，進退與居皆不可者也。來下則入於險之中，之上則重險也，退來與進之皆險，故云「來之坎坎」。既進退皆險，而居亦險，枕謂支倚，居險而支倚以處，不安之甚也，所處如此，唯益入於深險耳，故云「入于坎窞」。如三所處之道，不可用也，故戒「勿用」。

【集説】朱子語類云：險且枕，只是前後皆險。「來之」自是兩字，謂下來亦坎，上往亦坎。之，往也，進退皆險也。

○王氏申子曰：下卦之險已終，上卦之險又至，進退皆險，則寧於可止之地而暫息焉。「且」者，聊爾之辭；「枕」者，息而未安之義。能如此，雖未離乎險，亦不至深入于坎窞之中也。其進而入，則陷益深，爲不可用。「勿」者，止之之辭也。

【案】「險且枕」，傳、義與王氏分爲三説。王氏以爲戒處險者順聽之意，似與需之六四義足相發。

六四，樽酒，簋貳，用缶，納約自牖，終无咎。

【本義】晁氏云：先儒讀「樽酒簋」爲一句，「貳用缶」爲一句，今從之。貳，益之也。周禮「大祭三貳」、弟子職「左執虚豆，右執挾匕，周旋而貳」是也。九五尊位，六四近之，在險之時，剛柔相際，故有但用薄禮、益以誠心、進結自牖之象。牖非所由之正，而室之所以受明也。始雖艱阻，終得无咎，故其占如此。

【程傳】六四陰柔而下无助，非能濟天下之險者，以其在高位，故言爲臣處險之道。大臣當險難之時，唯至誠見信於君，其交固而不可間，又能開明君心，則可保无咎矣。夫欲上之篤信，唯當盡其質實而已。多儀而尚飾，莫如燕享之禮，故以燕享喻之。言當不尚浮飾，唯以質實。所用一樽之酒，二簋之食，復以瓦缶爲器，質之至也。其質實如此，又須「納約自牖」。「納約」，謂進結於君之道。牖，開通之義。室之暗也，故設牖所以通明。「自牖」，言自通明之處，以況君心所明處。詩云「天之牖民，如壎如篪」，毛公訓「牖」爲道，亦開通之謂。人臣以忠信善道結於君心，必自其所明處乃能入也。人心有所蔽、有所通，所蔽者，暗處也；所通者，明處也。當就其明處而告之，求信則易也，故云「納約自牖」。能如是，則雖艱險之時，終得无咎也。且如君心蔽於荒樂，唯其蔽也故爾，雖力詆其荒樂之非，如其不省何？必於所不蔽之事推而及之，則能悟其心矣。自古能諫其君者，未有不因其所明者也。故訐直强勁者，率多取忤，而温厚明辯者，其説多行。且如漢祖愛戚姬，將易太子，是其所蔽也，群臣爭之者多矣。嫡庶之義、長幼之序，非不明也，如其蔽而不察何？四老者，高祖素知其賢而重之，此其不蔽之明心也，故因其所明而及其事，則悟之如反手。且四老人之力，孰與張良、群公卿及天下之士？其言之切，孰與周昌、叔孫通？然而不從彼而從此者，由攻其蔽與就其明之異耳。又如趙王太后愛其少子長安君，不肯使質於齊，此其蔽於私愛也，大臣諫之雖强，既曰蔽矣，其能聽乎？愛其子而欲使之長久富貴者，其心之所明也，故左師觸龍因其明而導之以長久之計，〔一〕故其聽也如響。非惟告於君者如此，爲教者亦然。夫教必就人之所長，所長者心之所明

〔一〕故左師觸龍因其明而導之以長久之計：龍，四庫本作「讋」。

也，從其心之所明而入，然後推及其餘，孟子所謂成德達才是也。

【集説】王氏弼曰：處重險而履正，以柔居柔，履得其位，以承於五。五亦得位，剛柔各得其所，皆無餘應，以相承比。明信顯著，不存外飾，處坎以斯，雖復一樽之酒，二簋之食，瓦缶之器，納此至約，自進於牖，乃可羞之於王公，薦之於宗廟，故終无咎也。

○崔氏憬曰：於重險之時，居多懼之地，比五而承陽，脩其潔誠，進其忠信，則終无咎也。

○郭氏雍曰：有孚者，坎之德，君子行險而不失其信，所以法其德也。一樽之酒，二簋之食，瓦缶之器，至微物也，苟能虚中盡誠，以通交際之道，君子不以爲失禮，所謂能用有孚之道者也。傳曰「苟有明信，蘋蘩蕰藻之菜，〔一〕筐筥錡釜之器，可薦於鬼神，可羞於王公」者，無他焉，以誠爲主故也。

○潘氏夢旂曰：樽酒、簋貳、用缶，與損之「二簋可用享」同意，皆言不事多儀而尚誠實也。「納約自牖」，與睽之「遇主于巷」同意，皆言自閒道而通於君也。六四居大臣之位，當坎險之時，盡其誠實，雖自牖而納約，而終无咎，惟睽、坎之時爲然。

○何氏楷曰：貳，副也，謂樽酒而副以簋也。禮，天子大臣出會諸侯，主國樽桮簋副是也。

〔一〕蘋蘩蕰藻之菜：蕰，原作「藴」，據局本、四庫本改。

【案】篁貳之説，何氏得之。

九五，坎不盈，祇既平，无咎。

【本義】九五雖在坎中，然以陽剛中正居尊位，而時亦將出矣，故其象占如此。

【程傳】九五在坎之中，是「不盈」也，盈則平而出矣。祇，宜音柢，抵也。復卦云「无祇悔」，必抵於已平，則无咎。既曰「不盈」，則是未平，而尚在險中，未得无咎也。以九五剛中之才居尊位，宜可以濟於險，然下无助也，二陷於險中未能出，餘皆陰柔，无濟險之才，人君雖才，安能獨濟天下之險？居君位而不能致天下出於險，則爲有咎，必「祇既平」，乃得无咎。

【集説】朱子語類云：「坎不盈，祇既平」，祇字，他無説處，看來只得作抵字解。復卦亦然。

○俞氏琰曰：「坎不盈」，以其流也，象傳云「水流而不盈」是也。「不盈」則適至於「既平」，故无咎。

○何氏楷曰：祇，適也，猶言適足也，言適於平而已，即象傳所謂「水流而不盈」也。

【案】如程傳説，則「不盈」爲未能盈科出險之義，與象傳異指矣。須以俞氏、何氏之説爲是。蓋「不盈」，水德也，有源之水，雖涓微而不舍晝夜，雖盛大而不至盈溢，惟二五剛中之德似之，此所以始於「小得」而終於「不盈」也。

上六，係用徽纆，寘于叢棘，三歲不得，凶。

【本義】以陰柔居險極，故其象占如此。

【程傳】上六以陰柔而居險之極，其陷之深者也。以其陷之深，取牢獄爲喻，如係縛之以徽纆，囚寘于叢棘之中。陰柔而陷之深，其不能出矣，故云至於三歲之久不得免也。其凶可知。

【集説】王氏弼曰：囚執寘於思過之地，自脩三歲，乃可以求復，故曰「三歲不得凶」。

○吴氏澄曰：周官司圜：收教罷民，能改者，上罪三年而舍；其不能改而出圜土者，殺。「三歲不得」，其罪大而不能改者與？

【案】「不得」者，不能得其道也。如悔罪思愆，是謂得道，則其困苦幽囚止於三歲矣。聖人之教人動心忍性以習於險者，雖罪罟已成，而猶不忍棄絶者如此。

【總論】龔氏焕曰：坎卦本以陽陷爲義，至爻辭則陰陽皆陷，不以陽陷於陰爲義矣。二「小得」，五「既平」，是陽之陷，爲可出。初與三之「入于坎窞」，上之「三歲不得」，則陰之陷，反爲甚。易卦爻取義不同多如此。

䷝（離下離上）

【程傳】離，序卦：「坎者陷也。陷必有所麗，故受之以離。離者麗也。」陷於險難之中，則必有所附麗，理自然也，離所以次坎也。離，麗也，明也。取其陰麗於上下之陽，則爲附麗之義；取其中虛，則爲明義。離爲火，火體虛，麗於物而明者也。又爲日，亦以虛明之象。

離，利貞，亨。畜牝牛吉。

【本義】離，麗也，陰麗於陽，其象爲火，體陰而用陽也。物之所麗，貴乎得正，牝牛柔順之物也，故占者能正則亨，而畜牝牛則吉也。

【程傳】離，麗也，萬物莫不皆有所麗，有形則有麗矣。在人則爲所親附之人、所由之道、所主之事，皆其所麗也。人之所麗，利於貞正，得其正則可以亨通，故曰「離，利貞，亨」。「畜牝牛吉」，牛之性順，而又牝焉，順之至也，既附麗於正，必能順於正道，如牝牛，則吉也。「畜牝牛」，謂養其順德。人之順德由養以成，既麗於正，當養習以成其順德也。

【集説】王氏弼曰：離之爲卦，以柔爲正，故必貞而後乃亨。柔處於内而履正中，牝之善也；外强而内順，牛之善也。離之爲體，以柔順爲主者也，故不可以畜剛猛之物，而吉於畜牝牛也。

○郭氏忠孝曰：乾爲馬，坤爲牝馬；坤爲牛，離爲牝牛，象之宜也。

○朱子語類：問：「離卦是陽包陰，占利畜牝牛，便也是宜畜柔順之物？」曰：「然。」

○吴氏澄曰：牛牝皆坤象，離中畫一陰，坤之中畫也，故象牝牛。

○胡氏炳文曰：坎之明在内，以剛健而行之於外；離之明在外，當柔順以養之於中。

○吴氏曰慎曰：坎性就下，下不已，則入「坎窞」；離性炎上，炎之盛，則「突如焚如」。坎陷，欲之類也；離炎，忿之類也。坎「維心亨」，以剛中，則不陷；離「畜牝牛」，以中順，則不突。

【案】畜牝牛，胡氏、吴氏之説爲切，蓋離，明也，「高明柔克」，則用明而不傷矣。

初九，履錯然，敬之无咎。

【本義】以剛居下，而處明體，志欲上進，故有履錯然之象，敬之則无咎矣。戒占者宜如是也。

【程傳】陽固好動，又居下而離體，陽居下則欲進，離性炎上，志在上麗，幾於躁動，其履錯然，謂交錯也，雖未進而迹已動矣，動則失居下之分而有咎也。然其剛明之才，若知其義而敬慎之，則不至於咎矣。初在下，无位者也，明其身之進退，乃所麗之道也。其志既動，不能敬慎，則妄動，是不明所麗，乃有咎也。

【集説】孔氏穎達曰：身處離初，故其所履踐，恒錯然敬慎，不敢自寧，故云「履錯然，敬之无咎」。若能如此恭敬，則得避其禍而无咎。

○王氏昭素曰：處萬物相見之初，履錯雜之時。

○胡氏瑗曰：錯然者，敬之之貌也。居離之初，如日之初生，於事之初，則當常錯然警懼，以進德脩業，所以得免其咎。

○馮氏當可曰：日方出，人夙興之晨也；履錯然，動之始也；於其始而加敬，則終必吉。禍福幾微，每萌於初動之時，故戒其初。

○趙氏彦肅曰：能敬則動與物交，皆天理也；不能敬則役於物，而生咎矣。日出而作，故發此象。

○胡氏一桂曰：錯然是事物紛錯之意。能敬則心有主宰，酬應不亂，可免於咎；不能敬則反是。

【案】「履錯然」，王氏、馮氏、胡氏之説爲是。蓋錯雜者，處應物之初也；敬者，養明德之本也。人心之德，敬則明，不敬則昏，於應物之初而知敬，其即於咎者鮮矣。

六二，黄離，元吉。

【本義】黄，中色。柔離乎中而得其正，故其象占如此。

【程傳】二居中得正，麗於中正也。黄，中之色、文之美也，文明中正，美之盛也，故云「黄離」。以文明中正之德，上同於文明中順之君，其明如是，所麗如是，大善之吉也。

【集説】王氏弼曰：居中得位，以柔處柔，履文明之盛，而得其中，故曰「黄離，元吉」也。

○劉氏牧曰：離爲火之象，焰猛而易燼，九四是也。過盛則有衰竭之凶，九三是也。惟二得中，離之元吉也。

○郭氏雍曰：離之六爻，二五爲美，五得中而非正，柔麗中正者，惟六二盡之。黄爲中之色，而德之至美者也，故言元吉。其義與坤六五相類。

○俞氏琰曰：九三言「日昃之離」，六二其日中之離乎？居下卦之中，而得其中道，故比他爻爲最吉，六二蓋離之主爻也。

○楊氏啓新曰：「畜牝牛」而「利貞」，六二得之，明而不失其中正，故曰「黄離」。

九三，日昃之離，不鼓缶而歌，則大耋之嗟，凶。

【本義】重離之閒，前明將盡，故有日昃之象，不安常以自樂，則不能自處而凶矣。戒占者宜如是也。

【程傳】八純卦皆有二體之義，乾内外皆健，坤上下皆順，震威震相繼，巽上下順隨，坎重險相習，離二明繼照，艮内外皆止，兑彼己相説，而離之義，在人事最大。九三居下體之終，是前明將盡，後明當繼之時，人之始終，時之革易也，故爲「日昃之離」，日下昃之明也，昃則將没矣。以理言之，盛必有衰，始必有終，常道也，達者順理爲樂。缶，常用之器也。「鼓缶而歌」，樂其常也。不能如是，則以大耋爲嗟憂，乃爲凶也。大耋，傾没也，人之終盡。達者則知其常理，樂天而已，遇常皆樂，如「鼓缶而歌」；不達者則恐怛，有將盡之悲，乃「大耋之嗟」，爲其凶也。此處死生之道也。耋與昳同。

【集説】荀氏爽曰：初爲日出，二爲日中，三爲日昃。

○梁氏寅曰：三居下離之終，乃日昃之時也。夫持滿定傾，非中正之君子不能。三處日之夕，而過剛不中，其志荒矣，故「不鼓缶而歌，則大耋之嗟」。其歌也，樂之失常也；其嗟也，哀之失常也；哀樂失常，能無凶乎？君子值此之時，則思患之心與樂天之誠並行而不悖，是固不暇於歌矣，而亦何至於嗟乎？

【案】梁氏之説獨得爻義。蓋日昃者，喻心之昏，非喻境之變也。

九四，突如其來如，焚如，死如，棄如。

【本義】後明將繼之時，而九四以剛迫之，故其象如此。

【程傳】九四離下體而升上體，繼明之初，故言繼承之義。在上而近君，繼承之地也。以陽居離體而處四，剛躁而不中正，且重剛以不正，而剛盛之勢，突如而來，非善繼者也。夫善繼者，必有巽讓之誠、順承之道，若舜、啓然。今四突如其來，失善繼之道也，又承六五陰柔之君，其剛盛陵爍之勢，氣焰如焚然，故曰「焚如」。四之所行，不善如此，必被禍害，故曰「死如」。失繼紹之義，承上之道，皆逆德也，衆所棄絶，故云「棄如」。至於死棄，禍之極矣，故不假言凶也。

【集説】章氏潢曰：明之於人猶火之於木，火宿於木而能焚木，明本於人而能害人，顧用之何如耳。九四不中不正，剛氣燥暴，其害若此。

○何氏楷曰：三處下卦之盡，似日之過中；四處上卦之始，似火之驟烈。

【案】離，明德也。繼明者，所謂有緝熙于光明，其明不息也，與繼世之義全無交涉，因先儒有以明兩爲繼世者，故程傳用說九四爻義，於經意似遠。章氏、何氏謂燥暴驟烈者得之，不能以順德養其明之過也。

六五，出涕沱若，戚嗟若，吉。

【本義】以陰居尊，柔麗乎中，然不得其正，而迫於上下之陽，故憂懼如此，然後得吉。戒占者宜如是也。

【程傳】六五居尊位而守中，有文明之德，可謂善矣。然以柔居上，在下无助，獨附麗於剛强之閒，危懼之勢也。唯其明也，故能畏懼之深至於出涕，憂慮之深至於戚嗟，所以能保其吉也。出涕戚嗟，極言其憂懼之深耳，時當然也。居尊位而文明，知憂畏如此，故得吉。若自恃其文明之德，與所麗中正，泰然不懼，則安能保其吉也。

【集說】蔡氏淵曰：坎離之用在中，二五皆卦之中也，坎五當位而二不當位，故五爲勝；離二當位而五不當位，故二爲勝。

○劉氏定之曰：坎者，陰險之卦，惟剛足以濟之，「沈潛剛克」也；離者，陽躁之卦，惟柔足以和之，「高明柔克」也。二五同歸於吉，以柔而然也。

【案】惟六二爲得明德之正，三之歌嗟，四之突來，則明德昏而性情蕩，忿慾仍而災患至矣。能返之者，其惟哀悔之心乎？五有中德，又適昏極將明之候，故取象如此。三之嗟，樂過而悲也；五之嗟，自怨自艾也。

上九，王用出征，有嘉折首，獲匪其醜，无咎。

【本義】剛明及遠，威震而刑不濫，无咎之道也，故其象占如此。

【程傳】九以陽居上，在離之終，剛明之極者也。明則能照，剛則能斷，能照足以察邪惡，能斷足以行威刑，故王者宜用如是剛明，以辨天下之邪惡而行其征伐，則有嘉美之功也。征伐，用刑之大者。夫明極則无微不照，斷極則无所寬宥，不約之以中，則傷於嚴察矣。去天下之惡，若盡究其漸染詿誤，則何可勝誅？所傷殘亦甚矣。故但當折取其魁首，所執獲者，非其醜類，則无殘暴之咎也。書曰：「殲厥渠魁，脅從罔治。」

【案】上九承四五之後，有重明之象，故在人心，則爲克己而盡其根株；在國家，則爲除亂而去其元惡。詩云：「如火烈烈，則莫我敢遏，苞有三蘖，莫遂莫達。」此爻之義也。

御纂周易折中卷第五

周易下經

䷞（艮下兑上）

【程傳】咸，序卦：「有天地然後有萬物，有萬物然後有男女，有男女然後有夫婦，有夫婦然後有父子，有父子然後有君臣，有君臣然後有上下，有上下然後禮義有所錯。」天地，萬物之本；夫婦，人倫之始，所以上經首乾坤，下經首咸，繼以恒也。天地，二物，故二卦分爲天地之道。男女交合而成夫婦，故咸與恒，皆二體合爲夫婦之義。咸，感也，以説爲主；恒，常也，以正爲本。而説之道自有正也，正之道固有説焉。巽而動，剛柔皆應，説也。咸之爲卦，兑上艮下，少女、少男也。男女相感之深莫如少者，故二少爲咸也。艮體篤實，止爲誠慤之義，男志篤實以下交，女心説而上應，男感之先也。男先以誠感，則女説而應也。

【集説】丘氏富國曰：咸，二少相交者，夫婦之始也，所以論交感之情，故以男下女爲象。男下於女，婚姻之道成矣。恒，二長相承者，夫婦之終也，所以論處家之道，故以男尊女卑爲象。女下於男，居室之倫正矣。損雖二少，而男不下女，則咸感之義微；益雖二長，而女居男上，則恒久之義悖。此下經所以不首損益而首咸恒與？

咸，亨，利貞，取女吉。

【本義】咸，交感也，兑柔在上，艮剛在下，而交相感應；又艮止則感之專，兑説則應之至；又艮以少男下於兑之少女，男先於女，得男女之正、婚姻之時，故其卦爲咸。其占亨而利正，取女則吉，蓋感有必通之理。然不以正則失其亨，〔一〕而所爲皆凶矣。

【程傳】咸，感也。不曰感者，咸有皆義。男女交相感也，物之相感莫如男女，而少復甚焉。凡君臣上下，以至萬物，皆有相感之道。物之相感，則有亨通之理。君臣能相感，則君臣之道通。上下能相感，則上下之志通。以至父子、夫婦、親戚、朋友，皆情意相感，則和順而亨通。事物皆然，故咸有亨之理也。「利貞」，相感之道，利在於正也，不以正則入於惡矣。如夫婦之以淫姣，君臣之以媚説，上下之以邪僻，皆相感之不以正也。「取女吉」，以卦才言也，卦有柔上剛下，二氣感應相與，

〔一〕其占亨而利正……然不以正則失其亨：兩處「正」字，四庫本、薈要本皆作「貞」。

止而説，男下女之義，以此義取女，則得正而吉也。

【集説】胡氏炳文曰：咸，感也，不曰感而曰咸，咸，皆也，無心之感也。無心於感者，無所不通也。感則必通，而利在於正，汎言感之道如此。「取女吉」，專言取女者當如是也。

初六，咸其拇。

【本義】拇，足大指也。咸以人身取象，感於最下，咸拇之象也。感之尚淺，欲進未能，故不言吉凶。此卦雖主於感，然六爻皆宜靜而不宜動也。

【程傳】初六在下卦之下，與四相感，以微處初，其感未深，豈能動於人？故如人拇之動，未足以進也。拇，足大指。人之相感有淺深輕重之異，識其時勢，則所處不失其宜矣。

【集説】朱子語類：問：「咸内卦艮，止也，何以皆説動？」曰：「艮雖是止，然咸有交感之義，都是要動，所以都説動。卦體雖説動，然才動便不吉。」

○蔡氏清曰：「咸其拇」，辭意若曰感以其拇也。諸爻皆同。

○又曰：本義云「此卦雖主於感，然六爻皆宜靜而不宜動」，此即以虚受人之理。大傳曰：「寂然不動，感而遂通天下之故。」程子曰：「廓然而大公，物來而順應。」周子所謂「主靜」，朱子所謂「鑑空衡平」，及先儒所謂無心之感者，皆謂此也。

六二，咸其腓，凶，居吉。

【本義】腓，足肚也，欲行則先自動，躁妄而不能固守者也。二當其處，又以陰柔不能固守，故取其象。然有中正之德，能居其所，故其占動凶而靜吉也。

【程傳】二以陰在下，與五爲應，故設咸腓之戒。腓，足肚，行則先動，足乃舉之，非如腓之自動也。二若不守道，待上之求，而如腓之動，則躁妄自失，所以凶也。安其居而不動，以待上之求，則得進退之道而吉也。二中正之人，以其在咸而應五，故爲此戒。復云「居吉」，若安其分不自動，則吉也。

【集説】王氏弼曰：咸道轉進，離拇升腓，腓體動躁者也。感物以躁，凶之道也。由躁故凶，居則吉矣，處不乘剛，故可以居而獲吉。

九三，咸其股，執其隨，往吝。

【本義】股，隨足而動，不能自專者也；執者，主當持守之意。下二爻皆欲動者，三亦不能自守，而隨之往則吝矣，故其象占如此。

【程傳】九三以陽居剛，有剛陽之才，而爲主於内，居下之上，是宜自得於正道以感於物，而乃應於上六，陽好上而説陰，上居感説之極，故三感而從之。股者，在身之下、足之上，不能自由，隨身而動者也，故以爲象。言九三不能自主，隨物而動如股然，其所執守者隨於物也。剛陽之才，感於所説而隨之，如此而往，可羞吝也。

【集説】王氏宗傳曰：九三處下體之上，所謂股也。三雖艮體，然以陽居陽，又有應在上，非能止也，故曰「咸其股」。夫股，隨上體而動者也。以剛過之才，不能爲主於内，而其所秉執者，在於隨上體而動焉，則躁動而失正矣，故曰「往吝」。

【案】「執其隨」，本義以爲隨下二爻，程傳以爲隨上。然隨之爲義，取於鴈行相從，則以三爲隨四者近是。證之隨卦，初剛隨二柔，五剛隨上柔，可見也。蓋四者，心位也，心動則形隨之，而三直股位，與四相近而相承，故有「咸其股，執其隨」之象。證之艮卦，以三爲心位，六二亦曰「不拯其隨」，可見也。夫心固身之主也，然心動而形輒隨之，亦非制外養中之道。推之人事，則如臣子之詭隨容順，皆是也。以三之德不中正，故如此。

九四，貞吉，悔亡，憧憧往來，朋從爾思。

【本義】九四居股之上，脢之下，又當三陽之中，心之象，咸之主也。心之感物，當正而固，乃得其理。今九四乃以陽居陰，爲失其正而不能固，故因占設戒，以爲能正而固，則吉而悔亡。若「憧憧往來」，不能正固而累於私感，則但其朋類從之，不復能及遠矣。

【程傳】感者，人之動也，故皆就人身取象。拇取在下而動之微，腓取先動，股取其隨，九四无所取，直言感之道，不言咸其心，感乃心也。四在中而居上，當心之位，故爲感之主，而言感之道。貞正則吉而悔亡，感不以正則有悔也。又四説體居陰而應初，故戒於貞。感之道无所不通，有所私係，則害於感通，乃有悔也。聖人感天下之心，如寒暑雨暘无不通、无不應者，亦貞而已矣。貞者，虚中无我之謂也。「憧憧往來，朋從爾思」，夫貞一，則所感无不通，若往來憧憧然。用其私心以感物，則思之所及者有能感而動，所不及者不能感也，是其朋類則從其思也，以有係之私心既主於一隅一事，豈能廓然无所不通乎？繫辭曰：「天下何思何慮？天下同歸而殊塗，一致而百慮，天下何思何慮？」夫子因咸極論感通之道。夫以思慮之私心感物，所感狹矣。天下之理一也，塗雖殊，而其歸則同；慮雖百，而其致則一。雖物有萬殊，事有萬變，統之以一，則无能違也。故貞其意，則窮天下无不感通焉，故曰「天下何思何慮」。用其思慮之私心，豈能无所不感也？「日往則月來，月往則日來，日月相推而明生焉；寒往則暑來，暑往則寒來，寒暑相推而歲成焉。」往者屈也，來者信也，屈信相感而利生焉。」此以往來屈信，明感應之理，屈則有信，信則有屈，所謂感應也，故「日月相推而明生」，「寒暑相推而歲成」；功用由是而成，故曰「屈信相感而利生焉」。感，動也。有感必有應，凡有動皆爲感；感則必有應，所應復爲感，感復有應，所以不已也。「尺蠖之屈，以求信也；龍蛇之蟄，以存身也。精義入神，以致用也；利用安身，以崇德也。過此以往，未之或知也。」前云屈信之理矣，復取物以明之。尺蠖之行，先屈而後信，蓋不屈則无信，信而後有屈，觀尺蠖，則知感應之理矣。龍蛇之藏，所以存息其身，而後能奮迅也，不蟄則不能奮矣，動息相感，乃屈信也。君子潛心精微之義，入於神妙，所以致其用也。潛心精微，積也；致用，施也；積與施，乃屈信也。「利用安身，以崇德也」，承上文致用而言。利其施用，安處其身，所以崇大其德業也。所爲合理，則事正而身安，聖人能事盡於此矣，故云「過此以往，未之或知也。窮神知化，德之盛也」。既云「過此以往，未之或知」，更以此語終之，云窮極至神之妙，知化育之道，德之至盛也，无加於此矣。

【集説】程子曰：天地之常，以其心普萬物而無心；聖人之常，以其情順萬事而無情，故君子之學，莫若廓然而大公，物來而順應。故曰：「貞吉，悔亡，憧憧往來，朋從爾思。」

○楊氏時曰：九四，脢之下，股之上，心之位也。不言心，心無不該，不可以位言也。

○朱子語類：問：「咸九四傳，説虚心貞一處全似敬。」曰：「蓋嘗有此語，曰『敬，心之貞也』。」

○問：「『憧憧往來，朋從爾思』，莫是此感彼應，憧憧是添一箇心否？」曰：「往來固是感應，憧憧是一心方欲感他，一心又欲他來應，如正其義便欲謀其利，明其道便欲計其功；又如赤子入井之時，此心方怵惕要去救他，又欲他父母道我好，這便是憧憧之病。」

○又云：「憧憧往來，朋從爾思」，聖人未嘗不教人思，只是不可憧憧，這便是私了。感應自有箇自然底道理，何必思他？若是義理，卻不可不思。

○問：「往來是心中憧憧然，往來猶言往來於懷否？」曰：「非也。」又問：「是憧憧於往來之間否？」曰：「亦非也。只是對那日往則月來底説，那個是自然之往來，此憧憧者是加私意不好底往來。憧憧只是加一箇忙迫底心，不能順自然之理，方往時又便要來，方來時又便要往，只是一箇忙。」

〇問：「『憧憧往來』如霸者，以私心感人，便要人應；自然往來如王者，我感之也無心而感，其應我也無心而應，周徧公溥，無所私係。」曰：「也是如此。」又問：「此以私而感，彼非以私而應，只是應之者有限量否？」曰：「也是以私而應。如我以私惠及人，少間被我之惠者，則以我爲恩；不被我之惠者，則不以我爲恩矣。」

〇胡氏炳文曰：寂然不動，心之體；感而遂通，心之用。「憧憧往來」，已失其「寂然不動」之體，安能「感而遂通天下之故」？「貞吉悔亡」，無心之感也，何思何慮之有？「憧憧往來」，私矣。

〇林氏希元曰：以「憧憧往來」反觀九四之貞，只是往來付之無心爾。蓋盡吾所感之道，而人之應與否皆所不計也，此便是正而固。「憧憧往來」，是把箇往來放在心上，切切然不能放下，故曰「何思何慮」，言其不消如此。

〇又曰：貞者施己之感，不必人之應也；惟不必人之應，則不私己之感，其應者亦感，其不應者亦感，無一人之不感，亦無一人之不應，故吉而悔亡。「憧憧往來」者，施己之感，必人之應也；惟必人之應，則私己之感，應者則感，不應者則不感，而其應之，亦惟其感者即應，不感者則不應矣，故「朋從爾思」。蓋「憧憧往來」，思也，朋則思之所及者，以其思之所及，故從而目之曰「朋」，猶云朋黨也。

九五，咸其脢，无悔。

【本義】脢，背肉，在心上而相背，不能感物而无私係。九五適當其處，故取其象，而戒占者以能如是，則雖不能感物，而亦可以无悔也。

【程傳】九居尊位，當以至誠感天下，而應二比上，若係二而説上，則偏私淺狹，非人君之道，豈能感天下乎？脢，背肉也，與心相背而所不見也。言能背其私心，感非其所見而説者，則得人君感天下之正而无悔也。

【集説】孔氏穎達曰：馬融云：「脢，背也。」鄭康成云：「脢，脊肉也。」王肅云：「脢，在背而夾脊。」諸説不同，大體皆在心上。

○王氏宗傳曰：上六處咸之末，以口舌爲容悦之道，五或以其近己也，比而説之。脢，背肉也，與心相背者也。戒之使背其心之所向，則無親狎之悔矣。

上六，咸其輔、頰、舌。

【本義】輔、頰、舌，皆所以言者，而在身之上。上六以陰居説之終，處咸之極，〔一〕感人以言而无其實。又兑爲口舌，故其象如此，凶咎可知。

〔一〕處咸之極：咸，原作「感」，據四庫本、薈要本改。

【程傳】上陰柔而説體，爲説之主，又居感之極，是其欲感物之極也。故不能以至誠感物，而發見於口舌之間，小人女子之常態也，豈能動於人乎？不直云口而云輔、頰、舌，亦猶今人謂口過曰唇吻，曰頰舌也。輔、頰、舌，皆所用以言也。

【集説】王氏弼曰：輔、頰、舌者，所以爲語之具也。「咸其輔、頰、舌」，則「滕口説也」。「憧憧往來」，猶未光大，況在滕口，薄可知也。

○郭氏忠孝曰：易稱「近取諸身」，獨咸、艮二卦言之爲詳，而其成終有特異，豈非咸極於説，艮終於止耶？觀「艮其輔，言有序」，爲可知矣。

【總論】鄭氏汝諧曰：卦言感應之理，六爻皆不純乎吉，何也？卦合而言之，爻析而言之。「天地感而萬物化生，聖人感人心而天下和平」，咸之全也。六爻之所感不同，咸之偏也。自初至上，皆以人身爲象，囿於有我，安能無所不感乎？

○易氏祓曰：咸，感也。感以心爲主，而偏體皆所感之一。初「咸其拇」，二「咸其腓」，三「咸其股」，五「咸其脢」，上「咸其輔、頰、舌」，皆感其偏體者也。所感出於心，故皆以咸字明之。九四在上下之間，其位在心，故不言咸而言所感之道。

○丘氏富國曰：咸六爻以身取象，上卦象上體，下卦象下體。初在下體之下，爲拇；二在下體之中，爲腓；三在下體之上，爲股，此下卦三爻之序也。四在上體之下，爲心；五在上體之中，爲脢；上在上體之上，爲口，此上卦三爻之序也。○龔氏煥曰：咸以人身取象，與艮卦相類，但咸感、艮止，感者動而止者靜，故咸諸爻，不如艮吉多而凶少。

䷟（巽下震上）

【程傳】恒，序卦：「夫婦之道不可以不久也，故受之以恒。恒，久也。」咸，夫婦之道；夫婦，終身不變者也，故咸之後受之以恒也。咸，少男在少女之下，以男下女，是男女交感之義；恒，長男在長女之上，男尊女卑，夫婦居室之常道也。論交感之情，則少爲親切；論尊卑之序，則長當謹正，故兑艮爲咸而震巽爲恒也。男在女上，男動於外，女順於内，人理之常，故爲恒也。又剛上柔下，雷風相與，巽而動，剛柔相應，皆恒之義也。

恒，亨，无咎，利貞，利有攸往。

【本義】恒，常久也。爲卦震剛在上，巽柔在下，震雷巽風，二物相與，巽順震動，爲巽而動，二體六爻，陰陽相應，四者皆理之常，故爲恒。其占爲能久於其道，則亨而无咎。然又必利於守正，則乃爲得所常久之道，而利有所往也。

【程傳】恒者，常久也。恒之道，可以亨通；恒而能亨，乃无咎也；恒而不可以亨，非可恒之道也，爲有咎矣。如君子之恒於善，可恒之道也；小人恒於惡，失可恒之道也。恒所以能亨，由貞正也，故云「利貞」。夫所謂恒，謂可恒久之道，非守一隅而不知變也，故利於有往；惟其有往，故能恒也，一定則不能常矣。又，常久之道，何往不利？

【集説】朱子語類云：恒是箇一條物事，徹頭徹尾，不是尋常字，古字作亙，其説象一隻船，兩頭靠岸，可見徹頭徹尾。

○徐氏幾曰：恒有二義，有不易之恒，有不已之恒。「利貞」者，不易之恒也；「利有攸往」者，不已之恒也。合而言之，乃常道也；倚於一偏，則非道矣。

○林氏希元曰：惟其不易，所以不已。

初六，浚恒，貞凶，无攸利。

【本義】初與四爲正應，理之常也。然初居下而在初，未可以深有所求。四震體而陽性，上而不下，又爲二三所隔，應初之意異乎常矣。初之柔暗，不能度勢，又以陰居巽下，爲巽之主，其性務入，故深以常理求之，「浚恒」之象也。占者如此，則雖正亦凶，而无所利矣。

【程傳】初居下而四爲正應，柔暗之人能守常而不能度勢。四震體而陽性，以剛居高，志上而不下，又爲二三所隔，應初之志異乎常矣，而初乃求望之深，是知常而不知變也。浚，深之也；浚恒，謂求恒之深也。守常而不度勢，求望於上之深，堅固守此，凶之道也，泥常如此，无所往而利矣。世之責望故素而致悔咎者，皆「浚恒」者也。志既上求之深，是不能恒安其處者也；柔微而不恒安其處，亦致凶之道。凡卦之初終，淺與深、微與盛之地也，在下而求深，亦不知時矣。

【集説】陸氏希聲曰：常之爲義，貴久於其道，日以浸深。初爲常始，宜以漸爲常，而體巽性躁，遽求深入，是失久於其道之義，不可以爲常，故「貞凶」。

○胡氏瑗曰：天下之事，必皆有漸，在乎積日累久，而後能成其功。是故爲學既久，則道業可成，聖賢可到；爲治既久，則教化可行，堯舜可至。若是之類，莫不由積日累久而後至，固非驟而及也。初六居下卦之初，爲事之始，責其長久之道、永遠之效，是猶爲學之始，欲亟至於周孔，爲治之始，欲化及於堯舜，不能積久其事，而求常道之深，故於貞正之道見其凶也。「无攸利」者，以此而往，必無所利，孔子曰「欲速則不達」是也。

○王氏宗傳曰：初，巽之主也。當恒之初，而以深入爲恒，故曰「浚恒」。猶之造事也，未嘗有一日之勞，而遽求其事成；猶之爲學也，未嘗有一日之功，而遽求其造道。夫造事而欲其有所成，爲學而欲其有所造，固所當然，然望之太深，責之太遽，俱不免於無成而已，故「凶」而「无攸利」也。

○王氏申子曰：恒，久也。天下可久之事，豈一朝夕所能致者？初六質柔而志剛，質柔，故昧於遠見；志剛，故欲速不達。處恒之初，是方爲可久之計者，而遽焉求深，故曰「浚恒」。非急暴而不能恒，則必苟且而不可恒矣。貞固守此以爲恒，取凶之道也，何所利哉？

【案】此爻義，陸氏、胡氏、二王氏俱與傳、義異，於卦義尤爲精切可從。蓋凡事漸則能久，不漸則不能久矣，孟子所謂「其進鋭者其退速也」。

九二，悔亡。

【本義】以陽居陰，本當有悔，以其久中，故得亡也。

【程傳】在恒之義，居得其正，則常道也。九陽爻居陰位，非常理也。處非其常，本當有悔，而九二以中德而應於五，五復居中，以中而應中，其處與動皆得中也，是能恒久於中也。能恒久於中，則不失正矣。中重於正，中則正矣，正不必中也。九二以剛中之德而應於中，德之勝也，足以亡其悔矣。人能識重輕之勢，則可以言易矣。

【集説】程氏迥曰：大壯九二、解初六及此爻，皆不著其所以然，蓋以爻明之也。

【案】恒者，常也，中則常矣。卦惟此爻以剛居中。大壯之壯，戒於太過，而四陽爻惟二得中；解利西南，貴處後也，而卦惟初六爲最後。此皆合乎卦義而甚明者，故直繫以吉占，而辭可略也。

九三，不恒其德，或承之羞，貞吝。

【本義】位雖得正，然過剛不中，志從於上，不能久於其所，故爲「不恒其德，或承之羞」之象。或者，不知其何人之辭；承，奉也。言人皆得奉而進之，不知其所自來也。「貞吝」者，正而不恒，爲可羞吝，申戒占者之辭。

【程傳】三陽爻居陽位，處得其位，是其常處也。乃志從於上六，不惟陰陽相應，風復從雷，於恒處而不處，不恒之人也。其德不恒，則羞辱或承之矣。「或承之」，謂有時而至也。「貞吝」，固守不恒以爲恒，豈不可羞吝乎？

【集説】蘇氏軾曰：咸恒無完爻，以中者用之，可以悔亡；以不中者用之，無常之人也，故九三「不恒其德」。

○王氏申子曰：人之爲德，過乎中則不能恒。三過乎中矣，且以剛居剛，而處巽之極，過剛則躁，巽則不果，是無恒者也。

【案】易所最重者中，故卦德之不善者，過乎中則愈甚，睽、歸妹之類是也；卦德之善者，過乎中則不能守矣，復、中孚之類是也。況恒者，庸也，常也，惟中故庸，未有失其中而能常者也。三上之爲「不恒」、「振恒」者，以此。

九四，田无禽。

【本義】以陽居陰，久非其位，故爲此象。占者田无所獲，而凡事亦不得其所求也。

【程傳】以陽居陰，處非其位；處非其所，雖常何益？人之所爲，得其道則久而成功，不得其道則雖久何益。故以田爲喻，言九之居四，雖使恒久，如田獵而无禽獸之獲，謂徒用力而无功也。

【集説】胡氏瑗曰：常久之道，必本於中正。九四以陽居陰，是不正也；位不及中，是不中也；不中不正，不常之人也。以不常之人爲治，則教化不能行；撫民，則膏澤不能下，是猶田獵而无禽可獲也。

【案】「浚恒」者，如爲學太鋭，而不以序；求治太速，而不以漸也。「田无禽」者，如學不衷於聖，而失其方；治不準於王，而乖其術也。如此，則雖久何益哉！韓愈與侯生釣魚之詩，即此「田无禽」之喻也。

六五，恒其德貞，婦人吉，夫子凶。

【本義】以柔中而應剛中，常久不易，正而固矣。然乃婦人之道，非夫子之宜也，故其象占如此。

【程傳】五應於二，以陰柔而應陽剛，居中而所應又中，陰柔之正也，故恒久其德則爲貞也。夫以順從爲恒者，婦人之道，在婦人則爲貞，故吉；若丈夫而以順從於人爲恒，則失其剛陽之正，乃凶也。五，君位，而不以君道言者，如六五之義，在丈夫猶凶，況人君之道乎？在它卦，六居君位而應剛，未爲失也，在恒，故不可耳，君道豈可以柔順爲恒也？

【集説】朱子語類：問：「『恒其德貞，婦人吉，夫子凶』，德指六，謂常其柔順之德，固貞矣，然此婦人之道，非夫子之義。」曰：「固是如此，然須看得象占分明。六五有『恒其德貞』之象，占者若婦人則吉，夫子則凶。大抵看易須是曉得象占分明。所謂吉凶者，非爻之能吉凶，爻有此象，而占者視其德而有吉凶耳。」

○丘氏富國曰：二以陽居陰，五以陰居陽，皆位不當而得中者也。在二則悔亡，而五有「夫子凶」之戒者，蓋二以剛中爲常，而五以柔中爲常也。以剛處常，能常者也；以柔爲常，則是婦人之道，非夫子所尚，此六五所以有從婦之凶。

上六，振恒，凶。

【本義】振者，動之速也。上六居恒之極，處震之終，恒極則不常，震終則過動。又，陰柔不能固守，居上非其所安，故有振恒之象，而其占則凶也。

【程傳】六居恒之極，在震之終，恒極則不常，震終則動極，以陰居上，非其安處。又，陰柔不能堅固其守，皆不常之義也，故爲「振恒」，以振爲恒也。振者，動之速也，如振衣，如振書，抖擻運動之意。在上而其動无節，以此爲恒，其凶宜矣。

【集説】王氏弼曰：夫靜爲躁君，安爲動主，故安者上之所處也，靜者可久之道也。處卦之上，居動之極，以此爲恒，無施而得也。

○王氏申子曰：振者，運動而無常也。居恒之終，處震之極，恒終則變而不能恒，震極則動而不能止，故有「振恒」之象。在上而動無恒，其凶宜矣。

【總論】丘氏富國曰：恒，中道也。中則能恒，不中則不恒矣。恒卦六爻無上下相應之義，惟以二體而取中焉，則恒之義見矣。初在下體之下，四在上體之下，皆未及乎恒者，故泥常而不知變，是以初「浚恒」、四「田无禽」也；三在下體之上，上在上體之上，皆已過乎恒者，故好變而不知常，是以三「不恒」而上「振恒」也。惟二五得上下體之中，知恒之義者，而五位剛爻柔，以柔中爲恒，故不能制義，而但爲婦人之吉；二位柔爻剛，以剛中爲恒，而居位不當，亦不能盡守常之義，故特言「悔亡」而已。恒之道豈易言哉！

○李氏舜臣曰：咸恒二卦，其象甚善，而六爻之義鮮有全吉者，蓋以爻而配六位，則陰陽得失、承乘逆順之理，又各不同故也。

䷠（艮下乾上）

【程傳】遯，序卦：「恒者久也。物不可以久居其所，故受之以遯。遯者退也。」夫久則有去，相須之理也，遯所以繼恒也。遯，退也，避也，去之之謂也。爲卦天下有山。天在上之物，陽性上進，山高起之物，形雖高起，體乃止物，有上陵之象，而止不進，天乃上進而去之，下陵而上去，是相違遯，故爲遯去之義。二陰生於下，陰長將盛，陽消而退，小人漸盛，君子退而避之，故爲遯也。

遯，亨，小利貞。

【本義】遯，退避也。爲卦二陰浸長，陽當退避，故爲遯，六月之卦也。陽雖當遯，然九五當位，而下有六二之應，若猶可以有爲。但二陰浸長於下，則其勢不可以不遯，故其占爲君子能遯，則身雖退而道亨，小人則利於守正，不可以浸長之故而遂侵迫於陽也。小，謂陰柔小人也。此卦之占，與否之初、二兩爻相類。

【程傳】遯者，陰長陽消，君子遯藏之時也。君子退藏以伸其道，道不屈則爲亨，故遯所以有亨也。在事亦有由遯避而亨者，雖小人道長之時，君子知幾，退避固善也，然事有不齊，與時消息，无必同也。陰柔方長，而未至於甚盛，君子尚有遲遲致力之道，不可大貞，而尚利小貞也。

【集說】朱子易說：問：「遯『小利貞』，本義謂小人也。案易中小字未有以爲小人者，如『小利有攸往』與『小貞吉』之類，皆大小之小耳。」曰：「經文固無此例。以彖傳推之，則是指小人而言。今當且依經而存傳耳。」

【案】「小利貞」之義，傳、義説各不同，據易例，則似傳説爲長。蓋至於三陰之否，則直曰「不利君子貞」矣。遯猶未至於否，但當遜避，以善處之，不可過甚，以激成其勢，故曰「小利貞」也。

初六，遯尾，厲，勿用有攸往。

【本義】遯而在後，尾之象，危之道也。占者不可以有所往，但晦處靜俟，可免災耳。

【程傳】它卦以下爲初。遯者，往遯也。在前者先進，故初乃爲尾。尾在後之物也，遯而在後，不及者也，是以危也。初以柔處微，既已後矣，不可往也，往則危矣。微者易於晦藏，往既有危，不若不往之無災也。

【集説】陸氏績曰：陰氣已至於二，而初在其後，故曰「遯尾」也。避難當在前，而在後，故「厲」。往則與災難會，故「勿用有攸往」。

○孔氏穎達曰：「遯尾，厲」者，爲遯之尾，最在後遯者也。小人長於内，應出外以避之，而最在卦内，是遯之爲後，故曰「遯尾，厲」也。危厲既至，則當危行言遜，勿用更有所往。

○朱子語類：問：「『遯尾，厲，勿用有攸往』者，言不可有所往，但當晦處靜俟耳，此意如何？」曰：「程傳作不可往，謂不可去也。言遯已後矣，不可往，往則危；往既危，不若不往之無災。某竊以爲不然。遯而在後，尾也，既已危矣，豈可更不往乎？若作占辭看，尤分明。」

○王氏申子曰：遯，往遯也，故遯以初爲後，在前者見幾先遯。初柔而不能決，止而不能行，故遯而在後，危厲之象也。既已處後，然位居卑下，不往即遯也；若又有所進，往則危厲益甚矣。

○楊氏啓新曰：卦中以二陰爲小人，至爻中，則均退避之君子，蓋皆遯爻，則發遯義也。

【案】易例多取初爻爲居先，何獨遯而取在後之義？曰：因卦義而變者也。初於序則先，然於位則内也。遯者，遠出之義也，故以外卦爲善，初居最内，豈非在後者乎？或曰：明夷之初九居内，何以爲先幾乎？曰：明夷則以上卦爲内，以上六爲主故也，是以六四入左腹，而六五當内難也。如是，則初又爲最遠，與遯之義正相反也。

六二，執之用黄牛之革，莫之勝説。

【本義】以中順自守，人莫能解，必遯之志也。占者固守，亦當如是。

【程傳】二與五爲正應，雖在相違遯之時，二以中正順應於五，五以中正親合於二，其交自固。黄，中色；牛，順物；革，堅固之物。二五以中正順道相與，其固如執係之以牛革也。「莫之勝説」，謂其交之固，不可勝言也。在遯之時，故極言之。

【集説】吴氏綺曰：六二居人臣之位，任國家之責，不當遯者也，故六二不言遯。

○龔氏焕曰：五爻皆言遯，惟六二不言者，二上與五應，雖當遯時，固結而不可遯者也，故有執用黄牛之革之象。謂其有必遯之志，似未必然。

○蔡氏清曰：就隱遯上説，如何見是中順？蓋收斂其德，不形於外，不危言激論，不矯矯伸節，惟知自守而已，此之謂中順。

【附録】孔氏穎達曰：處中居内，非遯之人也。既非遯之人，便爲所遯之主。物皆棄己而遯，何以執固留之？惟有中和厚順之道，可以固而安之也。能用此道，則無能勝己解脱而去。

【案】此爻傳、義説亦不同。吴氏、龔氏則暢程傳之説，謂六二爲五正應，如肺腑之臣，義不可去，箕子所謂「我不顧行遯」是也。蔡氏則申本義之說，謂處遯以中順之道，如所謂「危行言遜」者，亦與「不惡而嚴」之義合。至孔氏則别爲一説，謂其能羈縻善類，而不使去。執，如雅詩「執我仇仇」之執，於經文「執之」兩字語氣，亦自恰合也，故並存其説。

九三，係遯，有疾厲，畜臣妾吉。

【本義】下比二陰，當遯而有所係之象，有疾而危之道也。然以「畜臣妾」則吉，蓋君子之於小人，惟臣妾則不必其賢而可畜耳，故其占如此。

【程傳】陽志説陰，三與二切比，係乎二者也。遯貴速而遠，有所係累，則安能速且遠也？害於遯矣，故爲「有疾」也。遯而不速，是以危也。「臣妾」，小人、女子，懷恩而不知義，親愛之則忠其上，係戀之私恩，懷小人、女子之道也，故以畜養臣妾則得其心爲吉也。然君子之待小人，亦不如是也。三與二非正應，以暱比相親，非待君子之道。若以正，則雖「係」，不得爲「有疾」，蜀先主之不忍棄士民是也，雖危，爲无咎矣。

【集説】孔氏穎達曰：九三無應於上，與二相比，處遯之世，而意有所係，故曰「係遯」。遯之爲義宜遠小人，既係於陰，即是有疾憊而致危厲也。親於所近，係在於下，施之於人，畜養臣妾則可矣，大事則凶，故曰「畜臣妾吉」。

○胡氏瑗曰：爲遯之道，在乎遠去。九三居内卦之上，切比六二之陰，不能超然遠遯，是有疾病而危厲者也。「畜臣妾吉」者，言九三既不能遠遯，然畜群小以臣妾之道，即得其吉。蓋臣妾至賤者也，可以遠則遠之，可以近則近之，如此則吉可獲也。

○蘇氏濬曰：「畜臣妾吉」，示之以待小人之道，見其不可繫也。蓋小人之易親，如臣妾之易以惑人，畜之法止有「不惡而嚴」，嚴以杜其狎侮之奸，而不惡以柔其忿戾之氣。用畜臣妾之法以畜之，庶可以免疾憊而吉耳。

【案】孔子曰：「惟女子與小人爲難養也，近之則不遜，遠之則怨。」然則不遠不近之閒，豈非「不惡而嚴」之義乎？故當遯之時，有所係而未得去者，待小人以畜臣妾之道，則可矣。胡氏、蘇氏説明白。

九四，好遯，君子吉，小人否。

【本義】下應初六，而乾體剛健，有情好而能絶之以遯之象也。〔一〕惟自克之君子能之，而小人不能，故占者君子則吉，而小人否也。

【程傳】四與初爲正應，是所好愛者也。君子雖有所好愛，義苟當遯，則去而不疑，所謂「克己復禮」，「以道制欲」，是以吉也。小人則不能以義處，暱於所好，牽於所私，至於陷辱其身而不能已，

〔一〕有情好而能絶之以遯之象也：情，周易本義作「所」。

故在小人則否也。否，不善也。四乾體，能剛斷者，聖人以其處陰而有係，故設小人之戒，恐其失於正也。

【集説】張子曰：有應於陰，「不惡而嚴」，故曰「好遯」。小人暗於事幾，不忿怒成仇，則私溺爲慮矣。

○朱氏震曰：好者，情之所好也。君子剛決，以義斷之，舍所好而去，故吉。否者，不能然也。此爻與初六相應，處陰而有所係，故陳小人之戒，以佐君子之決。

【案】好者，惡之反也；好遯，言其不惡也。從容以遯，而不爲忿戾之行。孟子曰：「予豈若是小丈夫然哉！怒悻悻然見於其面。」正「好遯」之義也。「小人否」者，即孟子所謂「小丈夫」者也。

○又案：「君子吉，小人否」，若以小人與君子相敵者言之，則「否」字解如泰否之義，謂「好遯」者，身退道亨，在君子固吉矣，然豈小人之福哉！自古君子退避，則小人亦不旋踵而覆敗，是君子之遯者，非君子之凶，乃君子之吉；而致君子之遯者，非小人之泰，乃小人之否也。此義與剥上「小人剥廬」之指正同。蓋易雖不爲小人謀，而未嘗不爲小人戒也。本義以「小利貞」爲戒小人之辭，似與此意亦合。

九五，嘉遯，貞吉。

【本義】剛陽中正，下應六二，亦柔順而中正，遯之嘉美者也。占者如是而正則吉矣。

【程傳】九五中正，遯之嘉美者也。處得中正之道，時止時行，乃所謂嘉美也，故爲貞正而吉。九五非无係應，然與二皆以中正自處，是其心志及乎動止莫非中正，而无私係之失，所以爲嘉也。在彖則概言遯時，故云「與時行」，「小利貞」，尚有濟遯之意；於爻，至五，遯將極矣，故惟以中正處遯言之。遯非人君之事，故不主君位言，然人君之所避遠乃遯也，亦在中正而已。

【集説】龔氏焕曰：「嘉遯，貞吉」，即彖傳所謂「遯而亨」也。五當位而應，「與時偕行」者也。

【案】此爻雖不主君位，然居尊，則亦臣之位高者也。凡功成身退者，人臣之道，故伊尹曰：「臣罔以寵利居成功。」豈非遯之嘉美者乎！嘉之義，比好又優矣。

上九，肥遯，无不利。

【本義】以剛陽居卦外，下无係應，遯之遠而處之裕者也，故其象占如此。肥者，寬裕自得之意。

【程傳】肥者，充大寬裕之意。遯者惟飄然遠逝，无所係滯之爲善。上九乾體剛斷，在卦之外矣，又下无所係，是遯之遠而无累，可謂寬綽有餘裕也。遯者，窮困之時也，善處則爲肥矣。其遯如此，何所不利？

【集説】王氏弼曰：最處外極，無應於内，超然絶去，心無疑顧，憂患不能累，矰繳不能及，是以「肥遯，无不利」也。

○姜氏寶曰：四之「好」不如五之「嘉」，五之「嘉」不如上之「肥」。上與二陰無應無係，故肥。肥者，疾憊之反也。

【總論】項氏安世曰：下三爻艮也，主於止，故爲不往、爲執革、爲「係遯」；上三爻乾也，主於行，故爲「好遯」、爲「嘉遯」、爲「肥遯」也。

䷡（乾下震上）

【程傳】大壯，序卦：「遯者退也。物不可以終遯，故受之以大壯。」遯爲違去之義，壯爲進盛之義。遯者，陰長而陽遯也；大壯，陽之壯盛也。衰則必盛，消息相須，故既遯則必壯，大壯所以次遯也。爲卦震上乾下。乾剛而震動，以剛而動，大壯之義也。剛陽，大也，陽長已過中矣，大者壯盛也；又雷之威震而在天上，亦大壯之義也。

大壯，利貞。

【本義】大謂陽也。四陽盛長，故爲大壯，二月之卦也。陽壯，則占者吉亨不假言，但利在正固而已。

【程傳】大壯之道，利於貞正也。大壯而不得其正，强猛之爲耳，非君子之道壯盛也。

初九，壯于趾，征凶有孚。

【本義】趾，在下而進動之物也。剛陽處下，而當壯時，壯於進者也，故有此象。居下而壯於進，其凶必矣，故其占又如此。

【程傳】初陽剛乾體而處下，壯於進者也。在下而用壯，壯于趾也。趾，在下而進動之物。九在下用壯，而不得其中。夫以剛處壯，雖居上猶不可行，況在下乎？故征則其凶有孚。孚，信也，謂以壯往，則得凶可必也。

【集説】王氏弼曰：在下而壯，故曰「壯于趾」也。居下而用剛壯，以斯而進，窮凶可必也，故曰「征凶有孚」。

○王氏申子曰：卦雖以剛壯爲義，然爻義皆貴於用柔，蓋以剛而動，剛不可過也。趾，在下而主於行。初乾體，而居剛用剛，是壯於行而不顧者也。在上猶爲過，況在下乎？其凶必矣。

九二，貞吉。

【本義】以陽居陰，已不得其正矣，然所處得中，則猶可因以不失其正。故戒占者，使因中以求正，然後可以得吉也。

【程傳】二雖以陽剛當大壯之時，然居柔而處中，是剛柔得中，不過於壯，得貞正而吉也。或曰：貞非以九居二爲戒乎？曰：易取所勝爲義。以陽剛健體，當大壯之時，處得中道，无不正也，在四則有不正之戒。人能識時義之輕重，則可以學易矣。

【集説】王氏弼曰：居得中位，以陽居陰，履謙不亢，是以貞吉。

○易氏祓曰：爻貴得位，大壯則以陽居陰爲吉，蓋慮其陽剛之過於壯也。故二與四皆言「貞吉」。

九三，小人用壯，君子用罔，貞厲。羝羊觸藩，羸其角。

【本義】過剛不中，當壯之時，是小人用壯，而君子則用罔也。罔，无也，視有如无，君子之過於勇者也，如此則雖正亦危矣。羝羊，剛壯喜觸之物；藩，籬也；羸，困也。「貞厲」之占，其象如此。

【程傳】九三以剛居陽而處壯，又當乾體之終，壯之極者也。極壯如此，在小人則爲用壯，在君子則爲用罔。小人尚力，故用其壯勇；君子志剛，故用罔。罔，无也，猶云蔑也。以其至剛，蔑視於事，而无所忌憚也。君子小人以地言，如君子有勇而无義爲亂，剛柔得中，則不折不屈，施於天下而无不宜。苟剛之太過，則无和順之德，多傷莫與，貞固守此，則危道也。凡物莫不用其壯，齒者齧、角者觸、蹄者踶，羊壯於首，羝爲喜觸，故取爲象。羊喜觸藩籬，以藩籬當其前也，蓋所當必觸，喜用壯如此，必羸困其角矣。猶人尚剛壯，所當必用，必至摧困也。三壯甚如此，而不至凶，何也？曰：如三之爲，其往足以致凶，而方言其危，故未及於凶也。凡可以致凶而未至者，則曰厲也。

【集説】京氏房曰：壯，一也，小人用之，君子有而不用。

○劉氏牧曰：罔，不也。君子尚德，而不用壯，若固其壯，則危矣。

○胡氏瑗曰：九三處下卦之上，當乾健之極，以陽居陽，是强壯之人也。以小人乘此，則必恃剛强陵犯於人，雖至壯極而不已，是用壯者也。君子則不然，雖壯而不矜，雖大而不伐，罔而不用其壯也。小人居强壯之時，動則過中，進則不顧，是猶剛狠之羊，雖藩在前，亦觸突而進，以至反羸其角，凶之道也。

○郭氏雍曰：剛至三而壯矣。小人務勝人，故喜壯而用之。君子務勝己之私，是以勿用壯於外也。以用壯爲正，則危矣。羊狠喜觸，用壯之象也。觸藩羸角，用壯而厲也。「君子用罔」者，君子罔以壯爲用也。先儒或爲羅網之罔，失之矣。

○項氏安世曰：既曰「小人用壯」，又曰「君子用罔」，勸戒備矣。又曰「貞厲，羝羊觸藩，羸其角」者，恐人以用剛居剛爲得正也。

【案】京氏以下諸家説「用罔」，與傳、義異，以夫子小象文意參之，諸説近是。

九四，貞吉，悔亡。藩決不羸，壯于大輿之輹。

【本義】「貞吉，悔亡」，與咸九四同占。「藩決不羸」，承上文而言也。決，開也。三前有四，猶有藩焉。四前二陰，則藩決矣。「壯于大輿之輹」，亦可進之象也。以陽居陰，不極其剛，故其象占如此。

【程傳】四陽剛長，盛壯已過中，壯之甚也。然居四爲不正，方君子道長之時，豈可有不正也？故戒以貞則吉而悔亡。蓋方道長之時，小失則害亨進之勢，是有悔也。若在他卦，重剛而居柔，未必不爲善也，大過是也。藩所以限隔也，藩籬決開，不復羸困其壯也。高大之車，輪輹强壯，其行之利可知，故云「壯于大輿之輹」。輹，輪之要處也。車之敗常在折輹，輹壯則車强矣。云壯于輹，謂壯於進也。輹與輻同。

【集説】王氏弼曰：未有違謙越禮而能全其壯者也，故陽爻皆以居陰位爲美。

○鄭氏汝諧曰：居四陽之終，其壯易過，故必正吉則悔亡。群陽並進，非二陰之所能止。「藩決不羸」，其道通也；「壯于大輿之輹」，其行健也。

○朱子語類云：九二貞吉，只是自守而不進，九四却是有可進之象。蓋以陽居陰，不極其剛，而前遇二陰，有藩決之象，所以爲進。非如九二，前有三、四二陽隔之，不得進也。

○俞氏琰曰：爻剛位柔，不極其壯，故因占設戒曰「貞吉悔亡」。三以九四之剛在前，如藩籬之障，而不能進，故觸而受羸；四以六五之柔在前，如藩籬剖破，而無俟乎觸，故不羸。曰「藩決不羸」，而不及羊，承九三之辭也。

六五，喪羊于易，无悔。

【本義】卦體似兑，有羊象焉，外柔而内剛者也。獨六五以柔居中，不能抵觸，雖失其壯，然亦无所悔矣，故其象占如此。易，容易之易，言忽然不覺其亡也。或作疆埸之埸，亦通。漢食貨志埸作易。

【程傳】羊，群行而喜觸，以象諸陽並進。四陽方長而並進，五以柔居上，若以力制，則難勝而有悔，惟和易以待之，則群陽无所用其剛，是喪其壯於和易也，如此則可以无悔。五以位言則正，以德言則中，故能用和易之道，使群陽雖壯，无所用也

【集說】朱子語類云：喪羊于易，不若作疆埸之易，漢食貨志疆埸之埸正作易。蓋後面有「喪牛于易」，亦同此義。今本義所注，只是從前所説如此，只且仍舊耳。

○胡氏炳文曰：旅上九「喪牛于易」，牛性順，上九以剛居極，不覺失其所謂順；此曰「喪羊于易」，羊性剛，六五以柔居中，不覺失其所謂剛。自失其壯，故爻獨不言壯。

【案】壯之道，貴乎得中。九二方壯之時，以剛處中，壯之正也。至六五則壯已過矣，又以柔處中，則無所用其壯矣，故雖喪羊而无悔。

上六，羝羊觸藩，不能退，不能遂，无攸利，艱則吉。

【本義】壯終動極，故觸藩而不能退，然其質本柔，故又不能遂其進也。其象如此，其占可知。然猶幸其不剛，故能艱以處，則尚可以得吉也。

【程傳】羝羊，但取其用壯，故陰爻亦稱之。六以陰處震終，而當壯極，其過可知，如羝羊之觸

藩籬，進則礙身，退則妨角，進退皆不可也。才本陰柔，故不能勝己以就義，是「不能退」也；陰柔之人，雖極用壯之心，然必不能終其壯，有摧必縮，是「不能遂」也。其所爲如此，无所往而利也。陰柔處壯，不能固其守，若遇艱困，必失其壯，失其壯則反得柔弱之分矣，是艱則得吉也。用壯則不利，知艱而處柔，則吉也。居壯之終，有變之義也。

【集説】朱子語類云：上六取喻甚巧，蓋壯終動極，無可去處，如羝羊之角掛於藩上，不能退遂。然「艱則吉」者，畢竟有可進之理，但必艱始吉耳。

○易氏祓曰：三前有四，故爲觸藩；四前遇陰，故爲藩決；上六前無滯礙，而亦言觸藩者，處一卦之窮也。「不能退」者，在衆爻之上；「不能遂」者，亢而不可前進也。然能「艱則吉」，此易之所以備勸戒也。

【案】五與上皆陰爻，而當陽壯已過之時，五猶曰「喪羊」，而上反曰「羝羊觸藩」，何也？蓋易者，像也。羊之觸也以角，卦似兑，有羊象，而上六適當角位，故雖陰爻，而亦云「觸藩」也。陰柔不至於羸角，但「不能退」「不能遂」而已。「艱則吉」者，知其難而不敢輕易以處之也，故可進則進，不可進則退，雜卦謂「大壯則止」是也。

【總論】項氏安世曰：有以事理得中爲正者，有以陰陽當位爲正者。剛以柔濟之，柔以剛濟之，使不失其正，此事理之正也；以剛處剛，以柔處柔，各當其位，此爻位之正也。大壯之時義，其所謂利貞者，利守事理之正，不以爻位言也，是故九二、九四、六五三爻，不當位而皆利；初九、九三、上六三爻，當位而皆不利。又於九二、九四爻辭明言「貞吉」，於初九、九三爻辭明言「征凶」「貞厲」。聖人猶恐其未明也，又以小象釋之，於九二則曰「九二貞吉，以中也」，明正吉以中，而不以位也；於六五則曰「位不當也」，亦明「无悔」在中，不在位也。易之時義屢遷如此。

䷢（坤下離上）

【程傳】晉，序卦：「物不可以終壯，故受之以晉。晉者進也。」物无壯而終止之理，既盛壯則必進，晉所以繼大壯也。爲卦離在坤上，明出地上也。日出於地，升而益明，故爲晉。晉，進而光明盛大之意也。凡物漸盛爲進，故彖云「晉，進也」。卦有有德者，有无德者，隨其宜也。乾坤之外，云「元亨」者固有也，云「利貞」者，所不足而可以有功也。有不同者，革、漸是也，隨卦可見。晉之盛而无德者，无用有也。晉之明盛，故更不言亨。順乎大明，无用戒正也。

晉，康侯用錫馬蕃庶，晝日三接。

【本義】晉，進也；康侯，安國之侯也；「錫馬蕃庶，晝日三接」，言多受大賜，而顯被親禮也。蓋其爲卦上離下坤，有日出地上之象，順而麗乎大明之德；又其變自觀而來，爲六四之柔，進而上行，以至於五。占者有是三者，則亦當有是寵也。

【程傳】晉爲進盛之時，大明在上，而下體順附，諸侯承王之象也，故爲康侯。康侯者，治安之侯也。上之大明，而能同德以順附，治安之侯也，故受其寵數，錫之馬衆多也。車馬，重賜也；蕃庶，衆多也。不惟錫與之厚，又見親禮，晝日之中至於三接，言寵遇之至也。晉，進盛之時，上明下順，君臣相得。在上而言，則進於明盛；在臣而言，則進升高顯，受其光寵也。

【集説】郭氏雍曰：晉卦取名之義與大有略相類。大有火在天上，君道也；晉明出地上，臣道也。以人臣之進，獨備一卦之義，則臣之道至大者，非康侯安足以當之？

【案】易有晉、升、漸三卦，皆同爲進義而有别。晉如日之方出，其義最優；升如木之方生，其義次之；漸如木之既生，而以漸高大，其義又次之。觀其彖辭皆可見矣。

初六，晉如摧如，貞吉，罔孚，裕无咎。

【本義】以陰居下，應不中正，欲進見摧之象。占者如是，而能守正則吉。設不爲人所信，亦當處以寬裕，則无咎也。

【程傳】初居晉之下，進之始也。「晉如」，升進也；「摧如」，抑退也。於始進而言遂其進、不遂其進，惟得正則吉也。「罔孚」者，在下而始進，豈遽能深見信於上？苟上未見信，則當安中自守，雍容寬裕，无急於求上之信也。苟欲信之心切，非汲汲以失其守，則悻悻以傷於義矣，皆有咎也。故裕則无咎，君子處進退之道也。

【集説】王氏安石曰：初六以柔進，君子也，度禮義以進退者也。常人不見孚，則或急於進以求有爲，或急於退，則懟上之不知。孔子曰「我待價者也」，此「罔孚」而裕於進也。孟子久於齊，此罔孚而裕於退也。

○朱子語類：問：「初六『晉如摧如』，象也；『貞吉』，占辭。」曰：「『罔孚，裕无咎』，又是解上兩句，恐『貞吉』説不明，故又曉之。」

○胡氏炳文曰：進之初，人多有未信者，然「摧如」在彼，而吾不可以不正；「罔孚」在人，而吾不可以不裕。貞與裕，皆戒辭也。

六二，晉如愁如，貞吉。受兹介福，于其王母。

【本義】六二中正，上无應援，故欲進而愁。占者如是，而能守正則吉，而受福于王母也。王母指六五，蓋享先妣之吉占，而凡以陰居尊者，皆其類也。

【程傳】六二在下，上无應援，以中正柔和之德，非强於進者也，故於進爲可憂愁，謂其進之難也。然守其貞正，則當得吉，故云「晉如愁如，貞吉」。王母，祖母也，謂陰之至尊者，指六五也。二以中正之道自守，雖上无應援，不能自進，然其中正之德，久而必彰，上之人自當求之。蓋六五，大明之君，與之同德，必當求之，加之寵禄，受介福于王母也。介，大也。

【集説】胡氏炳文曰：小過六二曰「遇其妣」，彼言祖妣，即此言王母也。

【案】二五相應者也，以陰應陽，以陽應陰，則有君臣之象。以陰應陰，則有妣婦之象。不曰母而曰王母者，禮重昭穆，故孫祔於祖，則孫婦祔於祖姑，蓋以昭穆相配。易爻以相配喻相應也。此明其爲「王母」，而小過只言「妣」，蒙上「過其祖」之文爾。

○六五，卦之主，而二應之，故有受福之義。

六三，衆允，悔亡。

【本義】三不中正，宜有悔者，以其與下二陰皆欲上進，是以爲衆所信而悔亡也。

【程傳】以六居三，不得中正，宜有悔咎，而三在順體之上，順之極者也。三陰皆順上者也，是三之順上，與衆同志，衆所允從，其悔所以亡也。有順上向明之志，而衆允從之，何所不利？或曰：不由中正而與衆同，得爲善乎？曰：衆所允者，必至當也，況順上之大明，豈有不善也？是以悔亡，蓋亡其不中正之失矣。古人曰：「謀從衆則合天心。」

【集説】吴氏曰慎曰：初「罔孚」，未信也；三「衆允」，見信也。信於下，斯信於上，故弗信乎友，弗獲於上矣。

九四，晉如鼫鼠，貞厲。

【本義】不中不正，以竊高位，貪而畏人，蓋危道也，故爲鼫鼠之象。占者如是，雖正亦危也。

【程傳】以九居四，非其位也，非其位而居之，貪據其位者也。貪處高位，既非所安，而又與上同德，順麗於上，三陰皆在己下，勢必上進，故其心畏忌之。貪而畏人者，鼫鼠也，故云「晉如鼫鼠」。貪於非據而存畏忌之心，貞固守此，其危可知。言「貞厲」者，開有改之道也。

【集説】項氏安世曰：晉之道，以「順而麗乎大明」，以「柔進而上行」，皆主乎順者也。三雖不正，以其能順，故得其志而上行。四雖已進乎上，以其失柔順之道，故如鼫鼠之窮，而不得遂。

【案】此卦以象辭觀之，則九四以一陽而近君，康侯之位也，參之爻義，反不然者，蓋卦義所主在柔，則剛正與時義相反。當晉時，居高位而失靜正之道，乖退讓之節，貪而畏人，則非鼫鼠而何？「貞厲」者，戒其以持禄保位爲常，而不知進退之義也。

六五，悔亡，失得勿恤，往吉，无不利。

【本義】以陰居陽，宜有悔矣。以大明在上，而下皆順從，故占者得之，則其悔亡。又一切去其計功謀利之心，則「往吉」而「无不利」也。然亦必有其德，乃應其占耳。

【程傳】六以柔居尊位，本當有悔，以大明而下皆順附，故其悔得亡也。下既同德順附，當推誠委任，盡衆人之才，通天下之志，勿復自任其明，恤其失得，如此而往，則吉而无不利也。六五，大明之主，不患其不能明照，患其用明之過，至於察察，失委任之道，故戒以「失得勿恤」也。夫私意偏任，不察則有蔽，盡天下之公，豈當復用私察也？

【集説】劉氏牧曰：陽爲躁動，陰爲静止，三五陽位，以陰居之，能節其動，故爻辭不稱晉，而皆曰「悔亡」。

○石氏介曰：以道自任，得之自是，失之自是，曾不以介意。小人患得患失，「恤」也。

○胡氏炳文曰：事有不必憂者，「勿恤」，寬之之辭也；有不當憂者，「勿恤」，戒之之辭也。此曰「失得勿恤」，戒辭明矣。蓋當晉之時，易有患得患失之心，才柔，又易有失得之累。大明在上，用其明於所當爲，不當用其明於計功謀利之私也。

【案】彖辭言康侯之被遇，而傳以「柔進上行」釋之，則聖人之意，以此爻當康侯而爲卦主，明矣。蓋凡卦皆有主，其合於彖辭者是也。九四高位，而爻辭不善如此，則彖辭之義，誠非六五不足以當之。「晉如鼫鼠」者，患得患失，鄙夫之行也；「失得勿恤」者，竭誠盡忠，君子之志也。

上九，晉其角，維用伐邑，厲，吉无咎，貞吝。

【本義】角剛而居上，上九剛進之極，有其象矣。占者得之，而以伐其私邑，則雖危而吉，且无咎。然以極剛治小邑，雖得其正，亦可吝矣。

【程傳】角，剛而居上之物。上九以剛居卦之極，故取角爲象。以陽居上，剛之極也；在晉之上，進之極也；剛極則有强猛之過，進極則有躁急之失。以剛而極於進，失中之甚也，无所用而可，維獨用於伐邑，則雖厲而吉，且无咎也。伐四方者，治外也；伐其居邑者，治内也。言「伐邑」，謂内自治也。人之自治，剛極則守道愈固，進極則遷善愈速。如上九者，以之自治，則雖傷於厲，而吉且无咎也。嚴厲非安和之道，而於自治則有功也。復云「貞吝」，以盡其義。極於剛進，雖自治有功，然非中和之德，故於貞正之道爲可吝也，不失中正爲貞。

【集説】張子曰：無可進而進，惟伐邑於内，則可矣。如君子，則知止也。

○王氏宗傳曰：晉之上九，晉至於角，無所復進矣。惟能自反自克，而内自治焉，則知危厲自警，而獲吉矣，此所以無剛進之咎也。

○朱子語類：看伯豐與廬陵問答内晉卦伐邑説，曰：晉上九「貞吝」，吝不在克治，正以其克治之難，而言其合下有此吝耳。「貞吝」之義，只云貞固守此則吝，不應於此獨云於正道爲吝也。

○項氏安世曰：晉好柔而惡剛，故九四、上九皆以厲言之；四進而非其道，故爲「鼫鼠」；上已窮而猶晉，故爲「晉其角」。

○陸氏振奇曰：當晉之時，聖人最喜用柔而不用剛，故四陰吉、悔亡，二陽厲且吝也。

【案】「晉其角」者，是知進而不知退者也。知進而不知退者，危道也。然亦有時事使然。而進退甚難者，惟内治其私，反身無過。如居家，則戒子弟，戢僮僕；居官，則杜交私，嚴假託，皆「伐邑」之謂也。如此則雖危而吉无咎矣。若以進爲常，縱未至於危也，寧無愧於心乎？

【總論】丘氏富國曰：晉，進也，柔進而上行也，故卦專主柔進爲義。六爻四柔二剛，六五一柔自四而升，已進者也，故「往吉，无不利」。下坤三柔皆欲進者，而九四以剛閒之，故有「晉如鼫鼠」之象。

○趙氏汝騰曰：下三爻皆柔順而坤體，故初、二吉，三悔亡，四、上以陽不當位，故厲且吝，惟五以柔明居尊位，故「往吉，无不利」也。

○龔氏焕曰：晉卦諸爻，皆以進爲義。初、二、三、五，柔之進；四與上，剛之進也。四陰二陽，陰多吉而陽多厲者，晉以柔順爲善，剛强則躁矣。故象傳曰：「順而麗乎大明，柔進而上行。」卦之得名，其亦以柔爲主與？

䷣（離下坤上）

【程傳】明夷，序卦：「晉者進也。進必有所傷，故受之以明夷。夷者傷也。」夫進之不已必有所傷，理自然也，明夷所以次晉也。爲卦坤上離下，明入地中也，反晉成明夷，故義與晉正相反。晉者，明盛之卦，明君在上，群賢並進之時也；明夷，昏暗之卦，暗君在上，明者見傷之時也。日入於地中，明傷而昏暗也，故爲明夷。

明夷，利艱貞。

【本義】夷，傷也。爲卦下離上坤，日入地中，明而見傷之象，故爲明夷。又其上六爲暗之主，六五近之，故占者利於艱難以守正，而自晦其明也。

【程傳】君子當明夷之時，利在知艱難而不失其貞正也。在昏暗艱難之時，而能不失其正，所以爲明君子也。

【集説】孔氏穎達曰：時雖至暗，不可隨世傾邪，故宜艱難堅固，守其貞正之德。

○李氏舜臣曰：易卦諸爻，噬嗑之九四、大畜之九三曰「利艱貞」，未有一卦全體以「利艱貞」爲義者。此蓋覩君子之明傷爲可懼，而危辭以戒之，其時可知也。

○胡氏炳文曰：以二體，則離明也，傷之者坤；以六爻，則初至五皆明也，傷之者上。上爲暗主，而五近之，故本義從彖傳，以「利艱貞」爲五。

初九，明夷于飛，垂其翼；君子于行，三日不食。有攸往，主人有言。

【本義】飛而垂翼，見傷之象。占者行而不食，所如不合，時義當然，不得而避也。

【程傳】初九明體，而居明夷之初，見傷之始也。九陽明，上升者也，故取飛象。昏暗在上，傷陽之明，使不得上進，是于飛而傷其翼也。翼見傷，故垂朶。凡小人之害君子，害其所以行者。「君子于行，三日不食」，君子明照，見事之微，雖始有見傷之端，未顯也，君子則能見之矣，故行去避之。「君子于行」，謂去其禄位而退藏也；「三日不食」，言困窮之極也。事未顯而處甚艱，非見幾之明不能也。夫知幾者，君子之獨見，非衆人所能識也，故明夷之始，其見傷未顯而去之，則世俗孰不疑怪，故有所往適，則「主人有言」也。然君子不以世俗之見怪而遲疑其行也，若俟衆人盡識，則傷已及而不能去矣。此薛方所以爲明，而揚雄所以不獲其去也。或曰：傷至於垂翼，傷已明矣，何得衆人猶未識也？曰：初，傷之始也。云「垂其翼」，謂傷其所以飛爾，其事則未顯也。君子見幾，故亟去之。世俗之人未能見也，故異而非之。如穆生之去楚，申公、白公且非之，況世俗之人乎？但譏其責小禮，而不知穆生之去，避胥靡之禍也。當其言曰：「不去，楚人將鉗我於市。」雖二儒者，亦以爲過甚之言也。又如袁閎於黨事未起之前，名德之士方鋒起，而獨潛身土室，故人以爲狂生，卒免黨錮之禍。所往而人有言，何足怪也。

【集説】蘭氏廷瑞曰：陽剛之君子，居明夷之始，戢翼避禍，見幾先遯。

○項氏安世曰：「垂其翼」，不言夷，未傷也；「夷于左股」，言已傷也。説者以「垂其翼」爲傷翼，非也。斂翼而下飛者，避禍之象也。

○丘氏富國曰：初體離明，去上最遠，見傷即避，有飛而垂翼之象。君子知幾，義當速去，蓋可以不食，而不可以不去，去重於食故也。

○俞氏琰曰：居明夷之初，不敢高飛，遂垂斂其翼以向下，此見幾之明，不待難作而蚤避者也。夫知幾而早去，此君子獨見，主人固不識也，豈得無言？

六二，明夷，夷于左股，用拯馬壯，吉。

【本義】傷而未切，救之速則免矣，故其象占如此。

【程傳】六二以至明之才得中正而體順，順時自處，處之至善也。雖君子自處之善，然當陰闇小人傷明之時，亦不免爲其所傷。但君子自處有道，故不能深相傷害，終能違避之耳。足者，所以行也；股在脛足之上，於行之用爲不甚切，左又非便用者，手足之用以右爲便，惟蹶張用左，蓋右立爲本也。「夷于左股」，謂傷害其行而不甚切也。雖然，亦必自免有道。拯用壯健之馬，則獲免之速而吉也。君子爲陰闇所傷，其自處有道，故其傷不甚；自拯有道，故獲免之疾。用拯之道不壯，則被傷深矣，故云馬壯則吉也。二以明居陰闇之下，所謂吉者，得免傷害而已，非謂可以有爲於斯時也。

【集説】王氏宗傳曰：六二，文明之主也，以六居二，柔順之至，文王以之。

【案】明夷與豐卦略相似。然豐者，明中之昏；明夷，則昏極而不復明也。兩卦皆以上六爲昏之主，六二爲明之主。既爲明之主，豈可不以救昏爲急？故此之「夷于左股」者，與豐二之「往得疑疾」同也；此之「用拯馬壯」者，與豐之「有孚發若」同也。蓋未至於豐三之「折其右肱」，則猶有可爲之理也。

九三，明夷于南狩，得其大首，不可疾貞。

【本義】以剛居剛，又在明體之上，而屈於至闇之下，正與上六闇主爲應，故有向明除害，得其首惡之象。然不可以亟也，故有「不可疾貞」之戒。成湯起於夏臺，文王興於羑里，正合此爻之義，而小事亦有然者。

【程傳】九三，離之上，明之極也，又處剛而進。上六，坤之上，暗之極也。至明居下，而爲下之上，至暗在上，而處窮極之地，正相敵應，將以明去暗者也。斯義也，其湯武之事乎？南，在前而明方也；狩，畋而去害之事也；南狩，謂前進而除害也，當克獲其大首。大首，謂暗之魁首，上六也。三與上正相應，爲至明克至暗之象。「不可疾貞」，謂誅其元惡，舊染污俗未能遽革，必有其漸，革之遽則駭懼而不安。故酒誥云：「惟殷之迪諸臣惟工，乃湎于酒，勿庸殺之，姑惟教之。」至於既久，尚曰餘風未殄，是漸漬之俗不可以遽革也，故曰「不可疾貞」，正之不可急也。上六雖非君位，以其居上而暗之極，故爲暗之主，謂之「大首」。

【集說】胡氏炳文曰：二之救難，可速也；三之除害，不可速也，故有「不可疾貞」之戒。

六四，入于左腹，獲明夷之心，于出門庭。

【本義】此爻之義未詳。竊疑左腹者，幽隱之處；「獲明夷之心，于出門庭」者，得意於遠去之義。言筮而得此者，其自處當如是也。蓋離體爲至明之德，坤體爲至闇之地。下三爻明在闇外，故隨其遠近高下而處之不同。六四以柔正居闇地而尚淺，故猶可以得意於遠去。五以柔中居闇地而已迫，故爲内難正志以晦其明之象。上則極乎闇矣，故爲自傷其明以至於闇，而又足以傷人之明。蓋下五爻皆爲君子，獨上一爻爲闇君也。

【程傳】六四以陰居陰，而在陰柔之體，處近君之位，是陰邪小人居高位，以柔邪順於君者也。六五，明夷之君位，傷明之主也，四以柔邪順從之，以固其交。夫小人之事君，未有由顯明以道合者也，必以隱僻之道自結於上。右當用，故爲明顯之所；左不當用，故爲隱僻之所。人之手足皆以右爲用，世謂僻所爲僻左，是左者，隱僻之所也。四由隱僻之道深入其君，故云「入于左腹」。入腹，謂其交深也。其交之深，故得其心。凡奸邪之見信於其君，皆由奪其心也。不奪其心，能无悟乎？「于出門庭」，既信之於心，而後行之於外也。邪臣之事暗君，必先蠱其心，而後能行於外。

【集說】楊氏時曰：腹，坤象也，坤體之下，故曰「左腹」，尊右故也。「獲明夷之心」，所謂求仁而得仁也，此微子之明夷也。

○朱子語類云：明夷下三爻，皆説明夷是明而見傷者。六四，説者却以爲奸邪之臣先蠱惑其君心，而後肆行於外。下三爻皆説明夷是好底，何獨此爻却作不好説？以意觀之，六四居闇地尚淺，猶可以得意而遠去，故雖入於幽隱之處，猶能「獲明夷之心，于出門庭」也。上六「不明晦」，則是合下已是不明。

○胡氏炳文曰：初二三在暗外，至四則將入暗中，然比之六五，則四尚淺也，猶可得意於遠去。「獲明夷之心」者，微子之自靖；「于出門庭」者，微子之行遯也。

六五，箕子之明夷，利貞。

【本義】居至闇之地，近至闇之君，而能正其志，箕子之象也，貞之至也。「利貞」以戒占者。

【程傳】五爲君位，乃常也，然易之取義，變動隨時，上六處坤之上而明夷之極，陰暗傷明之極者也，五切近之，聖人因以五爲切近至暗之人，以見處之之義，故不專以君位言。上六陰暗傷明之極，故以爲明夷之主，五切近傷明之主，若顯其明，則見傷害必矣，故當如箕子之自晦藏，則可以免於難。箕子，商之舊臣而同姓之親，可謂切近於紂矣，若不自晦其明，被禍可必也，故佯狂爲奴，以免於害。雖晦藏其明，而内守其正，所謂「内難而能正其志」，所以謂之仁與明也。若箕子可謂貞矣，以五陰柔，故爲之戒云「利貞」，謂宜如箕子之貞固也。若以君道言，義亦如是。人君有當含晦之時，亦外晦其明而内正其志也。

上六，不明晦，初登于天，後入于地。

【本義】以陰居坤之極，不明其德，以至於晦，始則處高位以傷人之明，終必至於自傷而墜厥命，故其象如此，而占亦在其中矣。

【程傳】上居卦之終，爲夷明之主，又爲明夷之極。上，至高之地。明在至高，本當遠照，明既夷傷，故不明而反昏晦也。本居於高，明當及遠，「初登于天」也，乃夷傷其明而昏暗，「後入于地」也。上，明夷之終，又坤陰之終，明傷之極者也。

【集説】蘇氏軾曰：六爻皆晦也，而所以晦者不同。自五以下，明而晦者也；若上六，不明而晦者也，故曰「不明晦」。

○胡氏炳文曰：下三爻以「明夷」爲句首，四、五「明夷」之辭在句中，上六不曰「明夷」而曰「不明晦」，蓋惟上六不明而晦，所以五爻之明，皆爲其所夷也。

【總論】蘇氏軾曰：力能救則救之，六二之「用拯」是也；力能正則正之，九三之「南狩」是也。既不能救，又不能正，則君子不敢辭其辱以私便其身，六五之「箕子」是也。君子居明夷之世，有責必有以塞之，無責必有以全其身而不失其正。初九、六四，無責於斯世，故近者則入腹獲心「于出門庭」，而遠者則行不及食也。

䷤（離下巽上）

【程傳】家人，序卦：「夷者傷也。傷於外者必反於家，故受之以家人。」夫傷困於外，則必反於內，家人所以次明夷也。家人者，家內之道，父子之親，夫婦之義，尊卑長幼之序，正倫理，篤恩義，家人之道也。卦外巽內離，爲風自火出，火熾則風生，風生自火，自內而出也。自內而出，由家而及於外之象。二與五，正男女之位於內外，爲家人之道明於內而巽於外，處家之道也。夫人有諸身者，則能施於家。行於家者，則能施於國，至於天下治。治天下之道，蓋治家之道也，推而行之於外耳。故取自內而出之象，爲家人之義也。文中子書以明內齊外爲義，古今善之，非取象之意也。〔一〕所謂「齊乎巽」，言萬物潔齊於巽方，非巽有齊義也，如「戰乎乾」，乾非有戰義也。

家人，利女貞。

【本義】家人者，一家之人，卦之九五、六二，外内各得其正，故爲「家人，利女貞」者，欲先正乎内也，内正則外无不正矣。

【程傳】家人之道，利在女正，女正則家道正矣。夫夫婦婦而家道正。獨云「利女貞」者，夫正者，身正也；女正者，家正也；女正則男正可知矣。

【集説】楊氏時曰：家人者，治家人之道也。齊家自夫婦始，舜觀刑于二女，文王「刑于寡妻，至于兄弟」。「利女貞」者，言家道之本也。

○林氏希元曰：所正雖在女，所以正之者則在夫，蓋主家之人也。

初九，閑有家，悔亡。

【本義】初九以剛陽處有家之始，能防閑之，其悔亡矣。戒占者當如是也。

【程傳】初，家道之始也；閑，謂防閑法度也。治其有家之始，能以法度爲之防閑，則不至於悔矣。治家者，治乎衆人也，苟不閑之以法度，則人情流放，必至於有悔，失長幼之序，亂男女之别，傷

〔一〕非取象之意也：意，薈要本作「義」。

恩義，害倫理，无所不至。能以法度閑之於始，則无是矣，故「悔亡」也。九，剛明之才，能閑其家者也。不云无悔者，群居必有悔，以能閑，故亡耳。

【集說】王氏弼曰：凡教在初而法在始，家瀆而後嚴之，志變而後治之，則悔矣。處家人之初，爲家人之始，故必「閑有家」，然後「悔亡」也。

○胡氏炳文曰：初之時當閑，九之剛能閑。顔之推曰「教子嬰孩，教婦初來」。

六二，无攸遂，在中饋，貞吉。

【本義】六二柔順中正，女之正位乎内者也，故其象占如此。

【程傳】人之處家，在骨肉父子之閒，大率以情勝禮，以恩奪義，惟剛立之人，則能不以私愛失其正理，故家人卦大要以剛爲善，初、三、上是也。六二以陰柔之才而居柔，不能治於家者也，故「无攸遂」，无所爲而可也。夫以英雄之才，尚有溺情愛而不能自守者，況柔弱之人，其能勝妻子之情乎？如二之才，若爲婦人之道，則其正也，以柔順處中，正婦人之道也，故「在中饋」，則得其正而吉也。婦人居中而主饋者也，故云「中饋」。

【集說】孔氏穎達曰：六二履中居位，以陰應陽，盡婦人之義也。婦人之道，巽順爲常，無所必遂，其所職主在於家中饋食供祭而已。得婦人之正，故曰「无攸遂，在中饋，貞吉」。

○王氏宗傳曰：「无攸遂」，示不敢有所專也。婦人之職，不過奉祭祀、饋飲食而已，此外無他事也。詩曰:「無非無儀,惟酒食是議。」采蘩以供祭祀爲不失職,采蘋以供祭祀爲能循法度,推而上之,推而下之,其職守莫不皆然,是之謂貞而吉也。

○易氏祓曰:六二柔順得位,與九五相應,女正位乎内者也。此爻正所以發明「利女貞」之義。

九三,家人嗃嗃,悔厲吉;婦子嘻嘻,終吝。

【本義】以剛居剛而不中,過乎剛者也,故有嗃嗃嚴厲之象,如是則雖有悔厲而吉也。嘻嘻者,嗃嗃之反,吝之道也。占者各以其德爲應,故兩言之。

【程傳】嗃嗃,未詳字義,然以文義及音意觀之,與嗷嗷相類,又若急束之意。九三在内卦之上,主治乎内者也,以陽居剛而不中,雖得正而過乎剛者也。治内過剛,則傷於嚴急,故家人「嗃嗃」然。治家過嚴,不能无傷,故必悔於嚴厲,骨肉恩勝,嚴過故悔也。雖悔於嚴厲,未得寬猛之中,然而家道齊肅,人心祗畏,猶爲家之吉也。若「婦子嘻嘻」,則終至羞吝矣。在卦非有嘻嘻之象,蓋對嗃嗃而言,謂與其失於放肆,寧過於嚴也。嘻嘻,笑樂无節也。自恣无節,則終至敗家,可羞吝也。蓋嚴謹之過,雖於人情不能无傷,然苟法度立,倫理正,乃恩義之所存也。若嘻嘻无度,乃法度之所由廢,倫理之所由亂,安能保其家乎?嘻嘻之甚,則致敗家之凶,但云吝者,可吝之甚則至於凶,故未遽言凶也。

【集説】朱子語類：問：「易傳云『正家之道，〔一〕在於正倫理，篤恩義』，今欲正倫理，則有傷恩義；欲篤恩義，又有乖於倫理，如何？」曰：「須是於正倫理處篤恩義，篤恩義而不失倫理，方可。」

○胡氏炳文曰：嗃嗃，以義勝情，雖悔厲而吉；嘻嘻，以情勝義，終吝。悔，自凶而吉；吝，自吉而凶。九三以剛居剛，若能嚴於家人者；比乎二柔，又若易昵於婦子者。三其在吉凶之間乎？故悔吝之占兩言之。

六四，富家，大吉。

【本義】陽主義，陰主利，以陰居陰而在上位，能富其家者也。

【程傳】六以巽順之體而居四，得其正位，居得其正爲安處之義。巽順於事而由正道，能保有其富者也。居家之道，能保有其富，則爲大吉也。四高位而獨云富者，於家而言，高位，家之尊也，能有其富，是能保其家也，吉孰大焉。

【案】四在他卦，臣道也；在家人卦，則亦妻道也。夫，主教一家者也；婦，主養一家者也，老子所謂教父食母是也。自二之在中饋，進而至於四之富家，則内職舉矣。

九五，王假有家，勿恤吉。

〔一〕正家之道：正，局本作「治」。

【本義】假，至也，如「假于大廟」之假；有家，猶言有國也。九五剛健中正，下應六二之柔順中正，王者以是至於其家，則勿用憂恤，而吉可必矣。蓋聘納后妃之吉占，而凡有是德者，遇之皆吉也。

【程傳】九五男而在外，剛而處陽，居尊而中正，又其應順正於内，治家之至正至善者也。「王假有家」，五，君位，故以王言；假，至也，極乎有家之道也。夫王者之道，脩身以齊家，家正而天下治矣。自古聖王未有不以恭己正家爲本，故有家之道既至，則不憂勞而天下治矣，勿恤而吉也。五恭己於外，二正家於内，内外同德，可謂至矣。

【集説】楊氏文焕曰：「閑有家」，閑之於其始；「假有家」，則假之於其終也。

○丘氏富國曰：三五陽剛，皆主治家者也。三剛而不中，失之過嚴，未免有悔厲之失；五剛而得中，威而能愛，盡乎治家之道者，故人無不化，可以勿憂恤而吉也。或曰：治家之道尚嚴，在象以嚴正爲吉，五以相愛爲義，何也？曰：嚴以分言，正家之義也。愛以情言，假家之義也。假有感格之義，故以相愛言之。

○龔氏焕曰：假與格同，猶「奏假無言」「昭假烈祖」之假，謂感格也。九五以陽剛中正居尊位，爲有家之主，盛德至善，所以感格乎家人之心者至矣。王者家大人衆，其心難一，有未假者，勿用憂恤而自吉也。蓋初之「閑有家」，是以法度防閑之，至「王假有家」，則躬行有以感化之矣。

○何氏楷曰：「舜格于文祖」，「公假于太廟」，格、假互用，可證。身範既端，故能感格其家，使父父、子子、兄兄、弟弟、夫夫、婦婦各得其所，以相敦睦，正家而天下定，故不待憂恤而吉也。

○游氏曰：九五尊位，故以王言；假者，感格之義。「王假有廟」，其義同也。

【案】假字訓感格，諸説皆有明證，可從。何氏之説，於象傳之義，尤爲浹洽也。

上九，有孚威如，終吉。

【本義】上九以剛居上，在卦之終，故言正家久遠之道。占者必有誠信嚴威，則終吉也。

【程傳】上卦之終，家道之成也，故極言治家之本。治家之道，非至誠不能也，故必中有孚信，則能常久而衆人自化。爲善不由至誠，己且不能常守也，況欲使人乎？故治家以有孚爲本。治家者，在妻孥情愛之閒，慈過則无嚴，恩勝則掩義，故家之患，常在禮法不足而瀆慢生也。長失尊嚴，少忘恭順，而家不亂者，未之有也。故必有威嚴，則能終吉。保家之終，在「有孚威如」二者而已，故於卦終言之。

【集説】王氏弼曰：家道可終，惟信與威。

○蘇氏軾曰：凡言終者，其始未必然也。「婦子嘻嘻」，其始可樂；威如之吉，其始苦之。

○王氏申子曰：家人之終，家道成也，故極言齊家久遠之道。齊家之道，以誠爲本，以嚴爲用，不誠則上下相欺，衆事不立，不嚴則禮法不存，瀆慢易生，如此而家道齊者，未之有也。故家人之終，以孚威二者言之，是二者，保家道之終吉者也。

○何氏楷曰：治家觀於身，下五爻未及正身之義，故於此爻足其意，蓋探本之論，與大象「言有物，行有恒」相表裏。

【總論】吳氏曰慎曰：家人之道，男以剛嚴爲正，女以柔順爲正。初曰閑，三曰厲，上曰威，男子之道也；二、四象傳皆曰順，婦人之道也。五剛而中，非不嚴也，嚴而泰也。

䷥（兑下離上）

【程傳】睽，序卦：「家道窮必乖，故受之以睽。睽者乖也。」家道窮則睽乖離散，理必然也，故家人之後受之以睽也。爲卦上離下兑，離火炎上，兑澤潤下，二體相違，睽之義也。又中少二女雖同居，而所歸各異，是其志不同行也，亦爲睽義。

睽，小事吉。

【本義】睽，乖異也，爲卦上火下澤，性相違異，中女少女，志不同歸，故爲睽。然以卦德言之，内説而外明；以卦變言之，則自離來者柔進居三，自中孚來者柔進居五，自家人來者兼之；以卦體言之，則六五得中，而下應九二之剛，是以其占不可大事，而小事尚有吉之道也。

【程傳】睽者，睽乖離散之時，非吉道也。以卦才之善，雖處睽時，而小事吉也。

【集說】程子曰：「小事吉」者，止是方睽之時，猶足以致小事之吉，不成終睽而已，須有濟睽之道。

○趙氏汝楳曰：睽，蓋人情事勢之適然，聖人自有御時之方。「小事吉」者，就其睽異之中，有以善處之，則亦吉也。其屯之「小貞」、洪範之「作内」之時乎？

○何氏楷曰：業已睽矣，不可以忿疾之心驅迫之也，惟不爲已甚，徐徐轉移，此合睽之善術也，故曰「小事吉」。「小事」猶言以柔爲事，非大事不吉而小事吉之謂。

【案】「小事吉」之義，以爻義見惡人、遇巷、噬膚之類觀之，則趙氏、何氏之説是也。蓋周旋委曲，就其易者爲之，皆「小事吉」之義。

初九，悔亡，喪馬勿逐自復，見惡人无咎。

【本義】上无正應，有悔也，而居睽之時，同德相應，其悔亡矣，故有喪馬勿逐而自復之象。然亦必見惡人，然後可以辟咎，如孔子之於陽貨也。

【程傳】九居卦初，睽之始也。在睽乖之時，以剛動於下，有悔可知。所以得亡者，九四在上，亦以剛陽睽離无與，自然同類相合，同是陽爻，同居下，又當相應之位，二陽本非相應者，以在睽，故合也。上下相與，故能亡其悔也。在睽諸爻皆有應，夫合則有睽，本異則何睽？惟初與四，雖非應，而同德相與，故相遇。馬者，所以行也；陽，上行者也。睽獨无與，則不能行，是喪其馬也。四既與之合，則能行矣，是勿逐而馬復得也。惡人，與己乖異者也；見者，與相通也。當睽之時，雖同德者相與，然小人乖異者至衆，若棄絶之，不幾盡天下以仇君子乎？如此則失含弘之義，致凶咎之道也，又安能化不善而使之合乎？故必見惡人則无咎也。古之聖王，所以能化奸凶爲善良、革仇敵爲臣民者，由弗絶也。

【集説】鄭氏汝諧曰：居睽之初，在卦之下，必安靜以俟之，寬裕以容之，睽斯合矣。「喪馬勿逐」，久則自復，安靜以俟之也。睽而無應，無非戾於己者，拒絶之則愈戾，故寬裕以容之也。合睽之道，莫善於斯。

○項氏安世曰：「喪馬勿逐自復」，往者不追也；「見惡人无咎」，來者不拒也。此君子在下無應之時，處睽之道也。見，與「迫斯可見」之見同，非往見之也。若往見，則違「勿逐」之戒矣。

○王氏申子曰：方睽之時，其睽未深，馬之失也未遠，惡人睽閒之情未甚也。失馬逐之，則愈逐愈遠；惡人激之，則愈激愈睽。故勿逐而聽其自復，見之而可以免咎也。處睽之初，其道當如此，不然，睽終於睽矣。

○何氏楷曰：靜以俟之，遜以接之，泊然若不見其睽者。夫惟不見其睽，而後睽可合。

【案】此爻所謂不立同異者也。不求同，故「喪馬勿逐」；不立異，故「見惡人」。然惟居初處下，其睽未甚者，用此道爲宜耳。立此心以爲之本，然後隨所處而變通也。此爻「悔亡」，乃因無應，程子所謂「合則有睽，本異則何睽」者是也。與六五「悔亡」，詞同而義異。

九二，遇主于巷，无咎。

【本義】二五陰陽正應，居睽之時，乖戾不合，必委曲相求，而得會遇，乃爲无咎，故其象占如此。

【程傳】二與五正應，爲相與者也。然在睽乖之時，陰陽相應之道衰，而剛柔相戾之意勝，學易者識此，則知變通矣。故二五雖正應，當委曲以相求也。二以剛中之德居下，上應六五之君，道合則志行，成濟睽之功矣。而居睽離之時，其交非固，二當委曲求於相遇，覬其得合也，故曰「遇主于巷」。必能合而後无咎，君臣睽離，其咎大矣。巷者，委曲之途也；遇者，會逢之謂也。當委曲相求，期於會遇，與之合也。所謂委曲者，以善道宛轉將就使合而已，非枉己屈道也。

【集說】張氏清子曰：在睽之時，惟九二獨遇六五之主，故曰「遇主于巷」，象所謂「得中而應乎剛」者，指此爻也。

○蔣氏悌生曰：初九與九四，同德相遇，二與五爲正應，亦曰遇，小象釋六三亦曰遇剛，蓋當乖離之時，相求相合，在禮雖簡，而於情則甚切至。

【案】春秋之法，備禮則曰會，禮不備則曰遇。睽卦皆言遇，「小事吉」之意也。又禮，君臣賓主相見，皆由庭以升堂。巷者，近宮垣之小逕，故古人謂循牆而走，則謙卑之義也。謙遜謹密，巽以入之，亦「小事吉」之意也。

六三，見輿曳，其牛掣，其人天且劓，无初有終。

【本義】六三、上九正應，而三居二陽之閒，後爲二所曳，前爲四所掣，而當睽之時，上九猜很方深，故又有髡劓之傷。然邪不勝正，終必得合，故其象占如此。

【程傳】陰柔於平時且不足以自立，況當睽離之際乎？三居二剛之閒，處不得其所安，其見侵陵可知矣。三以正應在上，欲進與上合志，而四阻於前，二牽於後。車、牛，所以行之具也；輿曳，牽於後也；牛掣，阻於前也。在後者，牽曳之矣；當前者，進者之所力犯也。故重傷於上，爲四所傷也。其人「天且劓」，天，髡首也；劓，截鼻也。三從正應，而四隔止之，三雖陰柔，處剛而志行，故力進以犯之，是以傷也，天而又劓，言重傷也。三不合於二與四，睽之時自无合義，適合居剛守正之道也。其於正應，則睽極有終合之理。始爲二陽所戹，是「无初」也；後必得合，是「有終」也。掣，從制從手，執止之義也。

【集説】胡氏瑗曰：「天」當作「而」字，古文相類，後人傳寫之誤也。然謂「而」者，在漢法，有罪髡其鬢髮曰而，又周禮梓人「爲筍簴作而」，亦謂髡其鬢髮也。

九四，睽孤，遇元夫，交孚，厲无咎。

【本義】睽孤，謂无應；遇元夫，謂得初九；交孚，謂同德相信。然當睽時，故必危厲乃得无咎。

占者亦如是也。

【程傳】九四當睽時，居非所安，无應而在二陰之間，是睽離孤處者也。以剛陽之德，當睽離之時，孤立无與，必以氣類相求而合，是以「遇元夫」也。夫陽稱元，善也。初九當睽之初，遂能與同德，而亡睽之悔，處睽之至善者也，故目之爲「元夫」，猶云善士也。四則過中，爲睽已甚，不若初之善也。四與初皆以陽處一卦之下，居相應之位，當睽乖之時，各无應援，自然同德相親，故會遇也。同德相遇，必須至誠相與。「交孚」，各有孚誠也。上下二陽以至誠相合，則何時之不能行？何危之不能濟？故雖處危厲而无咎也。當睽離之時，孤居二陰之間，處不當位，危且有咎也，以遇「元夫」而「交孚」，故得「无咎」也。

【集説】孔氏穎達曰：元夫，謂初九也。處於卦始，故云元。

○王氏申子曰：四居近臣之位，獨立无與，幸有初九同德君子與之相遇，四能交之以誠，則睽不孤矣。然當睽之時，必危厲以處之，乃得无咎。

【案】四亦無應者也，然居大臣之位，則孤立無黨，乃正其宜，故以「睽孤」爲「无咎」。若「元夫」，則非其所親厚者，故雖遇之而「交孚」，不害其爲淡然而寡合。史稱諸葛亮、法正趨尚不同，而以公義相取者是也。

六五，悔亡，厥宗噬膚，往何咎。

【本義】以陰居陽，悔也，居中得應，故能亡之。厥宗指九二，噬膚言易合。六五有柔中之德，故其象占如是。

【程傳】六以陰柔，當睽離之時，而居尊位，有悔可知。然而下有九二剛陽之賢，與之爲應，以輔翼之，故得「悔亡」。厥宗，其黨也，謂九二正應也；噬膚，噬齧其肌膚而深入之也。當睽之時，非入之者深，豈能合也？五雖陰柔之才，二輔以陽剛之道而深入之，則可往而有慶，復何過咎之有？以周成之幼穉，而興盛王之治；以劉禪之昏弱，而有中興之勢，蓋由任聖賢之輔，而姬公、孔明所以入之者深也。

【集説】孔氏穎達曰：宗，主也，謂二也。

○王氏申子曰：睽之諸爻皆言睽，獨二五不言睽而言合。膚者睽之淺，噬則合之深，君臣之合如此，可以往而有爲，何咎之有？

○龔氏煥曰：睽與同人所謂「宗」，皆以其應言也。然「同人于宗」則吝，而睽「厥宗噬膚」則无咎者，處同人之世則欲其公，不可以有私應；處睽之世則欲其合，不可以無正應，時義有不同也。

○胡氏炳文曰：噬嗑六二曰「噬膚」，睽六五以九二爲「厥宗噬膚」，睽二變即噬嗑也。或曰：二至上有噬嗑象。二五剛柔得中，故五以二爲宗，其合也如「噬膚」之易；二以五爲主，其合也有「于巷」之遭。宗，親之也，上當以情親下也；主，尊之也，下當以分嚴上也。

【案】睽之時，「小事吉」者，逕情直行則難合，委曲巽入則易通也。如食物然，齧其體骨則難，而噬其膚則易。九二遇我乎巷，是厥宗之來噬膚也，我往合之，睽者不睽矣。此其所以悔亡也，何咎之有？

上九，睽孤，見豕負塗，載鬼一車，先張之弧，後説之弧，匪寇婚媾，往遇雨則吉。

【本義】睽孤，謂六三爲二陽所制，而己以剛處明極、睽極之地，又自猜很而乖離也。「見豕負塗」，見其污也；「載鬼一車」，以无爲有也；張弧，欲射之也；説弧，疑稍釋也；「匪寇婚媾」，知其非寇而實親也；「往遇雨則吉」，疑盡釋而睽合也。上九之與六三，先睽後合，故其象占如此。

【程傳】上居卦之終，睽之極也；陽剛居上，剛之極也；在離之上，用明之極也。睽極，則咈戾而難合；剛極，則躁暴而不詳；明極，則過察而多疑。上九有六三之正應，實不孤，而其才性如此，自「睽孤」也。如人雖有親黨，而多自疑猜，妄生乖離，雖處骨肉親黨之閒，而常孤獨也。上之與三雖爲正應，然居睽極，无所不疑，其見三如豕之污穢，而又背負泥塗，見其可惡之甚也。既惡之甚，則猜成其罪惡，如見載鬼滿一車也，鬼本无形，而見載之一車，言其以无爲有，妄之極也。物理極而必反，以近明之，如人適東，東極矣，動則西也；如升高，高極矣，動則下也，既極則動而必反也。上之睽乖既極，三之所處者正理，大凡失道既極，則必反正理，故上於三，始疑而終必合也。「先張之弧」，始疑惡而欲射之也。疑之者妄也，妄安能常？故終必復於正。三實无惡，故後説弧而弗射。

睽極而反，故與三非復爲寇讐，乃婚媾也。此「匪寇婚媾」之語與他卦同，而義則殊也。陰陽交而和暢，則爲雨，上於三，始疑而睽，睽極則不疑而合，陰陽合而益和則爲雨，故云「往遇雨則吉」。往者，自此以往也，謂既合而益和則吉也。

【集説】耿氏南仲曰：凡物之情，信然後合，合則愈信；疑然後睽，睽則愈疑。

○朱子語類云：小畜之上九曰「既雨既處」、睽之上九曰「往遇雨則吉」者，畜極則通，睽極則和也。

○丘氏富國曰：上本與三應，不孤也，睽極而疑生，故亦曰「睽孤」。豕、鬼皆指三也。上睽疑，而未敢親近乎三，如見豕背之負泥塗，又如載鬼滿於一車之中，始焉致疑則張弧，終焉釋疑則説弧，知其非爲寇讐，乃我之婚媾也。自此以往，陰陽和暢，向之疑心群起者，至此盡冰釋而亡矣。

【總論】馮氏當可曰：內卦皆睽而有所待，外卦皆反而有所應。初喪馬勿逐，至四遇元夫，而初四合矣；二委曲以求遇，至五往何咎，而二五合矣；三輿曳牛掣，至上遇雨，而三上合矣。天下之理固未有終睽也。

○吳氏曰愼曰：六爻皆取先睽後合之象。初之喪馬自復，即四之睽孤遇元夫也；二之遇主于巷，即五之厥宗噬膚也；三之无初有終，即上之張弧遇雨也。合六爻處睽之道而言，在於推誠守正，委曲含弘，而無私意猜疑之蔽，則雖睽而必合矣。

䷦（艮下坎上）

【程傳】蹇，序卦：「睽者乖也。乖必有難，故受之以蹇。蹇者難也。」睽乖之時，必有蹇難，蹇所以次睽也。蹇，險阻之義，故爲蹇難。爲卦坎上艮下。坎，險也。艮，止也。險在前而止，不能進也。前有險陷，後有峻阻，故爲蹇也。

蹇，利西南，不利東北，利見大人，貞吉。

【本義】蹇，難也，足不能進，行之難也。爲卦艮下坎上，見險而止，故爲蹇。西南，平易；東北，險阻，又艮方也。方在蹇中，不宜走險。又卦自小過而來，陽進則往居五而得中，退則入於艮而不進，故其占曰「利西南」而「不利東北」。當蹇之時，必見大人，然後可以濟難，又必守正，然後得吉。而卦之九五剛健中正，有大人之象，自二以上五爻皆得正位，則又貞之義也，故其占又曰「利見大人，貞吉」。蓋見險者貴於能止，而又不可終於止；處險者利於進，而不可失其正也。

【程傳】西南，坤方，坤，地也，體順而易；東北，艮方，艮，山也，體止而險。在蹇難之時，利於順處平易之地，不利止於危險也。處順易則難可紓，止於險則難益甚矣。蹇難之時，必有聖賢之人，則能濟天下之難，故「利見大人」也。濟難者必以大正之道，而堅固其守，故貞則吉也。凡處難者必在乎守貞正，設使難不解，不失正德，是以吉也。若遇難而不能固其守，入於邪濫，雖使苟免，亦惡德也，知義命者不爲也。

【集説】王氏弼曰：西南，地也；東北，山也。之平則難解，之山則道窮。

○范氏仲淹曰：蹇與屯近，然屯則「動乎險中」，難可圖也；蹇則「止乎險中」，難未可犯也。

○龔氏焕曰：蹇以見險而能止得名，故爻辭除二五相應以濟外，餘皆不宜往而宜止。然事無終止之理，故「利西南」、「利見大人」以濟蹇難，而諸爻皆無凶咎也。

【案】易西南、東北之義，先儒皆以坤、艮二卦釋之，故謂西南屬地而平易，東北屬山而險阻。然以文意觀之，所謂西南者，西方、南方，所謂東北者，東方、北方，非指兩隅而言也。此義自坤卦發端，而蹇、解彖辭申焉，參之諸卦大義，則坤者，宜後而不宜先者也；蹇者，宜來而不宜往者也；解，或可以有往，而終以來復爲安者也。然則西南當爲退後之位，東北當爲進前之方。坤，在後之地則可以得朋，在先之地則利於喪朋；蹇，當退而居後，不可進而居先。此兩卦之義也。難既解矣，或可以有進往，故無「不利東北」之文，然曰「利西南」者，終以退復自治爲安也。蓋文王之卦，陽居東、北，陰居西、南，陽先陰後，陽進陰退，大分如此，似非險易之説也。

初六，往蹇來譽。

【本義】往遇險，來得譽。

【程傳】六居蹇之初，往進則益入於蹇，「往蹇」也。當蹇之時，以陰柔无援而進，其蹇可知。來者，對往之辭，上進則爲往，不進則爲來，止而不進，是有見幾知時之美，來則有譽也。

【集說】王氏弼曰：處難之始，居止之初，獨見前識，覩險而止，以待其時，故往則遇蹇，來則得譽。

○朱子語類：問「往蹇來譽」。曰：來、往二字，惟程傳言上進則爲往，不進則爲來，説得極好。今人或謂六四「往蹇來連」是來就三，九三「往蹇來反」是來就二，上六「往蹇來碩」是來就五，亦説得通。但初六「來譽」則位居最下，無可來之地，其説不得通矣。故不若程傳好，只是不往爲佳耳。

○何氏楷曰：此卦中言來者，皆就本爻言，謂來而止於本位也，對往之辭。初六去險最遠，其止最先，獨見前識，正傳之所謂智也。

六二，王臣蹇蹇，匪躬之故。

【本義】柔順中正，正應在上而在險中，故蹇而又蹇，以求濟之，非以其身之故也。不言吉凶者，占者但當鞠躬盡力而已，至於成敗利鈍，則非所論也。

【程傳】二以中正之德居艮體，止於中正者也，與五相應，是中正之人爲中正之君所信任，故謂之「王臣」。雖上下同德，而五方在大蹇之中，致力於蹇難之時，其艱蹇至甚，故爲蹇於蹇也。二雖中正，以陰柔之才，豈易勝其任？所以蹇於蹇也。志在濟君於蹇難之中，其「蹇蹇」者非爲身之故也，雖使不勝，志義可嘉，故稱其忠藎不爲己也。然其才不足以濟蹇也，小可濟，則聖人當盛稱以爲勸矣。

【集説】王氏弼曰：處難之時，當位居中以應乎五，執心不違、志匡王室者也，故曰「王臣蹇蹇，匪躬之故」。

○韓氏愈曰：易蠱之上九「不事王侯，高尚其事」，蹇之六二則曰「王臣蹇蹇，匪躬之故」，所居之時不一，而所蹈之德不同也。若蠱之上九居無用之地，而致匪躬之節；蹇之六二在王臣之位，而高不事之心，則冒進之患生，曠官之刺興，志不可則，而尤不終無矣。

○蘇氏軾曰：初六、九三、六四、上六四者，或遠或近，皆視其勢之可否以爲往來之節。獨六二有應於五，君臣之義深矣，是以不計遠近，不慮可否，無往無來，蹇蹇而已。君子不以爲不智者，非身之故也。

○楊氏萬里曰：諸爻，聖人皆不許其往，惟六二、九五無不許其往之辭者，二爲王者之大臣，五履大君之正位，復不往以濟，而誰當任乎？

九三，往蹇來反。

【本義】反就二陰，得其所安。

【程傳】九三以剛居正，處下體之上，當蹇之時，在下者皆柔，必依於三，是爲下所附者也。三與上爲正應，上陰柔而无位，不足以爲援，故上往則蹇也。來，下來也；反，還歸也。三爲下二陰所喜，故來爲反其所也，稍安之地也。

【集説】孔氏穎達曰：九三與坎爲鄰，進則入險，故曰「往蹇」；來則得位，故曰「來反」。○吴氏曰慎曰：九三剛正，爲艮之主，所謂見險而能止者，故來而能反，止於其所。

【案】傳、義以反爲反就二陰，孔氏、吴氏則謂止於其所，以孔子象傳觀之，則傳、義理長，蓋三爲内卦之主故也。

六四，往蹇來連。

【本義】連於九三，合力以濟。

【程傳】往則益入於坎險之深，「往蹇」也。居蹇難之時，同處艱戹者，其志不謀而同也。又，四居上位，而與在下者同，有得位之正，又與三相比相親者也。二與初同類，相與者也，是與下同志，衆所從附也，故曰「來連」，來則與在下之衆相連合也。能與衆合，得處蹇之道也。

【集説】荀氏爽曰：蹇難之世，不安其所，故曰「往蹇」也。來還承五，則與至尊相連，故曰「來連」也。

【案】荀氏以「來連」爲承五，極爲得之。易例，凡六四承九五，無不著其美於爻象者，況蹇有「利見大人」之文乎！若三，則於五無承應之義，而爲内卦之主，固不當與四並論也。

九五，大蹇朋來。

【本義】大蹇者，非常之蹇也。九五居尊，而有剛健中正之德，必有朋來而助之者。占者有是德則有是助矣。

【程傳】五居君位，而在蹇難之中，是天下之大蹇也。當蹇而又在險中，亦爲大蹇。大蹇之時，而二在下以中正相應，是其朋助之來也。方天下之蹇，而得中正之臣相輔，其助豈小也？得「朋來」而无吉，何也？曰：未足以濟蹇也。以剛陽中正之君，而方在大蹇之中，非得剛陽中正之臣相輔之，不能濟天下之蹇也。二之中正固有助矣，欲以陰柔之助濟天下之難，非所能也。自古聖王濟天下之蹇，未有不由聖賢之臣爲之助者，湯、武得伊、呂是也。中常之君，得剛明之臣而能濟大難者則有矣，劉禪之孔明、唐肅宗之郭子儀、德宗之李晟是也。雖賢明之君，苟无其臣，則不能濟於難也。故凡六居五、九居二者，則多由助而有功，蒙、泰之類是也；九居五、六居二，則其功多不足，屯、否之類是也。蓋臣賢於君，則輔君以君所不能；臣不及君，則贊助之而已，故不能成大功也。

【集說】干氏寶曰：在險之中，而當五位，故曰「大蹇」。

○朱子語類：問：「蹇九五何故爲大蹇？」曰：「五是爲蹇主。凡人臣之蹇，只是一事，至『大蹇』，須人主當之。」

○又問「大蹇朋來」之義。曰：處九五尊位，而居蹇之中，所以爲「大蹇」，所謂「遺大投艱于朕身」。人君當此，則須屈群策、用群力，乃可濟也。

○胡氏炳文曰：諸爻皆以往爲蹇，聖人又慮天下皆不往，蹇無由出矣，二五君臣復不往，誰當往乎？是以於二曰「蹇蹇」，於五曰「大蹇」。

【案】二五獨無往來之文，蓋君臣相與濟蹇者，其責不得辭，而於義無所避，猶之遯卦，諸爻皆遯，六二獨以應五而固其不遯之志也。胡氏之説得之。凡易之應莫重於二五，故二之稱「王臣」者，指五也；五之稱「朋來」者，指二也。如在下者占得五，則當念國事之艱難，而益致其「匪躬」之節；如在上者占得二，則當諒臣子之忠貞，而益廣其「朋來」之助。正如朱子説乾卦二五相爲賓主之例也。推之蒙、師諸卦，無不皆然。

上六，往蹇來碩，吉，利見大人。

【本義】已在卦極，往无所之，益以蹇耳。來就九五，與之濟蹇，則有碩大之功。大人指九五。曉占者宜如是也。

【程傳】六以陰柔居蹇之極，冒極險而往，所以「蹇」也。不往而來，從五求三，得剛陽之助，是以「碩」也。蹇之道阨塞窮蹙。碩，大也，寬裕之稱。來則寬大，其蹇紓矣。蹇之極有出蹇之道，上六以陰柔，故不得出，得剛陽之助，可以紓蹇而已。在蹇極之時，得紓則爲吉矣，非剛陽中正，豈能出乎蹇也？「利見大人」，蹇極之時，見大德之人，則能有濟於蹇也。大人謂五，以相比發此義。五剛陽中正，而居君位，大人也。在五不言其濟蹇之功，而上六利見之，何也？曰：在五不言，以其居坎險之中，无剛陽之助，故无能濟蹇之義。在上六蹇極而見大德之人，則能濟於蹇，故爲利也。各爻取義不同。如屯初九之志正，而於六二則目之爲寇也。諸爻皆不言吉，上獨言吉者，諸爻皆得正，各有所善，然皆未能出於蹇，故未足爲吉，惟上處蹇極而得寬裕，乃爲吉也。

【集説】朱子語類云：諸爻皆不言吉，蓋未離乎蹇中也，至上六「往蹇來碩，吉」，却是蹇極有可濟之理。

○項氏安世曰：上六本無所往，特以不來爲往耳；初六本無所來，特以不往爲來耳。

【案】易卦上與五雖相比，然無隨從之義者，位在其上，故於象如事外之人，不與二三四同也。惟有時取尚賢之義，則必六五遇上九乃可，大有、大畜、頤、鼎之類是也。然隨以九五遇上六，亦取下賢之義，則以卦義「剛來下柔」故耳。至於以上六遇九五，吉者絶少，而凶吝者多，蓋以漸染於陰，爲剛中正之累，大過、咸、夬、兑之類是也。惟是卦有「利見大人」之文，而以九五爲義者，則上六與五相近，可以反而相從。訟、巽之象以九五爲大人矣，而上九以剛遇剛，則不相從也。升象亦言「用見大人」矣，而卦無九五，故言用見以别之。獨蹇、萃之象以九五爲大人，而遇之者上六也。以柔遇剛，則有相從之義，故萃則「齎咨」求萃於五而无咎，蹇則來就於五而得吉。蹇之上優於萃者，聚極則散，難極則解也。乾卦二五而外，爻辭言「利見大人」者，惟此而已。

御纂周易折中卷第六

䷧（坎下震上）

【程傳】解，序卦：「蹇者難也。物不可以終難，故受之以解。」物无終難之理，難極則必散，解者散也，所以次蹇也。爲卦震上坎下。震，動也。坎，險也。動於險外，出乎險也，故爲患難解散之象。又震爲雷，坎爲雨，雷雨之作，蓋陰陽交感和暢而緩散，故爲解。解者，天下患難解散之時也。

解，利西南，无所往，其來復吉，有攸往，夙吉。

【本義】解，難之散也。居險能動，則出於險之外矣，解之象也。難之既解，利於平易安靜，不欲久爲煩擾。且其卦自升來，三往居四，入於坤體，二居其所而又得中，故利於西南平易之地。若「无所往」，則宜來復其所而安靜；若尚有所往，則宜早往早復，不可久煩擾也。

【程傳】西南，坤方，坤之體廣大平易，當天下之難方解，人始離艱苦，不可復以煩苛嚴急治之，當濟以寬大簡易，乃其宜也，如是則人心懷而安之，故利於西南也。湯除桀之虐，而以寬治；武王誅紂之暴，而反商政，皆從寬易也。「无所往，其來復吉，有攸往，夙吉」，「无所往」，謂天下之難已解散，无所爲也；「有攸往」，謂尚有所當解之事也。夫天下國家，必紀綱法度廢亂，而後禍患生，聖人既解其難，而安平无事矣，〔一〕是「无所往」也，則當脩復治道，正紀綱，明法度，進復先代明王之治，是「來復」也，謂反正理也，天下之吉也。其，發語辭。自古聖王救難定亂，其始未暇遽爲也，既安定，則爲可久可繼之治。自漢以下，亂既除，則不復有爲，姑隨時維持而已，故不能成善治，蓋不知來復之義也。「有攸往，夙吉」，謂尚有當解之事，則早爲之，乃吉也。當解而未盡者，不早去則將復盛；事之復生者，不早爲則將漸大，故夙則吉也。

【集説】王氏弼曰：解之爲義，解難而濟厄者也。以解來復，則不失中；有難而往，則以速爲吉也。無難則能復其中，有難則能濟其厄也。

○孔氏穎達曰：褚氏云：世有無事求功，故誡以無難宜靜；亦有待敗乃救，故誡以有難須速也。

○林氏栗曰：蹇止乎坎中，是以言利西南，不利東北；解動於險外，是以但言西南之利，不復言東北之不利也。

○胡氏炳文曰：解之時，以平易爲利，略有苛急，即非利；以安靜爲吉，久爲煩擾，即非吉。本

〔一〕而安平无事矣：安平，四庫本作「平安」。

義曰「若无所往，則宜來復其所而安靜」，是以安靜爲吉也。曰「若有所往，則宜早往早復，不可久爲煩擾」，亦以安靜爲吉也。本義兩「若」字，未定之辭，顧其時何如耳。然其吉也，皆在於來復。

【案】解之時異於蹇之時，故其辭小異；然處解之道，猶然處蹇之道，故其意大同。言利西南，不言不利東北，是辭小異也。然西南者，退後也，猶蹇所云來也；東北者，前進也，猶蹇所謂往也。今無事則來，固以西南爲利矣；有事雖可以往，而必以夙爲吉。不可以往而忘返也，是猶不以東北爲利，而終以西南爲利也。其與處蹇之道意大同矣。蓋國家無論有事無事，皆以退而自脩爲本，以爻義與卦相參，皆可見矣。

初六，无咎。

【本義】難既解矣，以柔在下，上有正應，何咎之有？故其占如此。

【程傳】六居解初，患難既解之時，以柔居剛，以陰應陽，柔而能剛之義。既无患難，而自處得剛柔之宜。患難既解，安寧无事，唯自處得宜，則爲无咎矣。方解之初，宜安靜以休息之，爻之辭寡，所以示意。

【集說】郭氏雍曰：處解之初，得「无所往，其來復吉」之義，故无咎也。

○胡氏炳文曰：恒九二悔亡，大壯九二貞吉，解初六无咎，三爻之占只二字，其言甚簡，象在爻中，不復言也。

○蔡氏清曰：初六以柔在下，則能安静，而不生事以自擾，何咎之有？

【案】彖「利西南」者，處後也。初應剛承剛而處其後，得卦義矣。義明，故辭寡。

九二，田獲三狐，得黄矢，貞吉。

【本義】此爻取象之意未詳。或曰：卦凡四陰，除六五君位，餘三陰即三狐之象也。大抵此爻爲卜田之吉占，亦爲去邪媚而得中直之象，能守其正，則无不吉矣。

【程傳】九二以陽剛得中之才上應六五之君，用於時者也。天下小人常衆，剛明之君在上，則明足以照之，威足以懼之，剛足以斷之，故小人不敢用其情，然猶常存警戒，慮其有閒而害正也。六五以陰柔居尊位，其明易蔽，其威易犯，其斷不果而易惑，小人一近之則移其心矣，况難方解而治之初，其變尚易。二既當用，必須能去小人，則可以正君心，而行其剛中之道。田者，去害之事；狐者，邪媚之獸；三狐，指卦之三陰，時之小人也；獲，謂能變化除去之，如田之獲狐也。獲之則得中直之道，乃貞正而吉也。黄，中色；矢，直物；黄矢，謂中直也。群邪不去，君心一入，則中直之道无由行矣，桓敬之不去武三思是也。

【集説】楊氏萬里曰：當解之時，此爻欲其獲狐，三戒其致寇，四欲其解拇，五欲其退小人，六欲其射隼，一卦六爻，而去小人之象居其五。然則召天下多難者誰乎？人君亦何利於天下之多難，而樂於近小人以疎君子哉？

○王氏應麟曰：世之治也，君子以直勝小人之邪，易曰「田獲三狐，得黃矢」；世之亂也，小人以狡勝君子之介，詩曰「有兔爰爰，雉離于羅」。

○何氏楷曰：天下之難，率自小人始，欲解天下之難者，必有以處小人然後可。然非柔者所能辨，又非剛而過者所能辨也。九二以陽居陰，秉剛中之德，果而不激，故有「田獲三狐」之象。「黃矢」所以取狐，狐獲則黃矢亦得矣。

六三，負且乘，致寇至，貞吝。

【本義】繫辭備矣。「貞吝」，言雖以正得之，亦可羞也，唯避而去之爲可免耳。

【程傳】六三陰柔，居下之上，處非其位，猶小人宜在下以負荷，而且乘車，非其據也，必致寇奪之至，雖使所爲得正，亦可鄙吝也。小人而竊盛位，雖勉爲正事，而氣質卑下，本非在上之物，終可吝也。若能大正，則如何？曰：大正非陰柔所能也，若能之，則是化爲君子矣。三，陰柔小人，宜在下而反處下之上，猶小人宜負而反乘，當致寇奪也。難解之時，而小人竊位，復致寇矣。

【集說】孔氏穎達曰：乘者，君子之器也；負者，小人之事也。施之於人，即在車騎之上而負物也，故寇盜知其非己所有，於是競欲奪之。

○胡氏瑗曰：六三以不正之質居至貴之地，是小人在君子之位也，故致寇盜之至，爲害於己而奪取之。然而小人得在高位者，蓋在上之人慢其名器，不辨賢否而與之，以至爲衆人所奪，而致寇戎之害也。

【案】繫辭傳釋此爻云「盜斯奪之」者，奪負乘之人也。又云「盜斯伐之」者，[一]非伐負乘之人，乃伐「上慢下暴」之國家也。蓋上褻其名器，則是上慢，如慢藏之誨盜；下肆其貪竊，則是下暴，如冶容之誨淫。夫是以賊民興而國家受其害，難又將何時而解乎？

九四，解而拇，朋至斯孚。

【本義】拇指初，初與四皆不得其位而相應，應之不以正者也。然四陽初陰，其類不同，若能解而去之，則君子之朋至而相信矣。

【程傳】九四以陽剛之才居上位，承六五之君，大臣也，而下與初六之陰爲應。拇，在下而微者，謂初也。居上位而親小人，則賢人正士遠退矣。斥去小人，則君子之黨進而誠相得也。四能解去初六之陰柔，則陽剛君子之朋來至而誠合矣。不解去小人，則己之誠未至，安能得人之孚也？初六其應，故謂遠之爲解。

【集說】劉氏牧曰：拇，謂初也，居下體之下，而應於己，故曰拇。

○何氏楷曰：解，去小人之卦也。卦惟二四兩陽爻，皆任解之責者。而，汝也；拇，足大指也。

[一]盜斯奪之……盜斯伐之：兩「斯」字，繫辭傳原文皆作「思」，此處恐徵引有誤。

九四居近君之位，苟暱近比之小人而不解，〔一〕則君子之朋雖至，彼必肆其離間之術矣。

六五，君子維有解，吉，有孚于小人。

【本義】卦凡四陰，而六五當君位，與三陰同類者，必解而去之則吉也。孚，驗也。君子有解，以小人之退爲驗也。

【程傳】六五居尊位，爲解之主，人君之解也。以君子通言之，君子所親比者，必君子也，所解去者，必小人也，故「君子維有解」，則吉也，小人去則君子進矣，吉孰大焉！「有孚」者，世云見驗也。可驗之於小人。小人之黨去，則是君子能有解也。小人去，則君子自進，正道自行，天下不足治也。

【集說】鄭氏汝諧曰：益之戒曰任賢勿貳，去邪勿疑。如使世之小人，皆信上之所用者必君子，而所解者必小人，則必改心易慮，不復有投隙抵巇之望。惟未孚於小人，此小人所以猶有覬幸之心也。五，解之主也，以其陰柔，故有戒意。

○胡氏炳文曰：卦惟四五言解。四能解小人，可以來君子；五能解小人，亦可驗其能爲君子。

【案】鄭氏說「有孚于小人」與傳、義異，而其理尤精。蓋「朋至斯孚」者，君子信之也；「有孚于小人」者，小人亦信之也。君子信，故樂於爲善；小人信，故化而不爲惡。往往國家有舉錯，而小人

〔一〕苟暱近比之小人而不解：暱，原作「暱」，據薈要本改。

未革心者，未信之也，信則枉者直而不仁者遠矣。

上六，公用射隼于高墉之上，獲之，无不利。

【本義】繫辭備矣。

【程傳】上六，尊高之地，而非君位，故曰「公」，但據解終而言也。隼，鷙害之物，象爲害之小人；墉，墻，内外之限也。害若在内，則是未解之時也；若出墉外，則是无害矣，復何所解？故在墉上，離乎内而未去也；云「高」，見防限之嚴而未去者。上，解之極也。解極之時，而獨有未解者，乃害之堅强者也。上居解極，解道已至，器已成也，故能射而獲之。既獲之，則天下之患解已盡矣，何所不利？夫子於繫辭復伸其義曰：「隼者，禽也；弓矢者，器也；射之者，人也。君子藏器於身，待時而動，何不利之有？動而不括，是以出而有獲，語成器而動者也。」鷙害之物在墉上，苟无其器，與不待時而發，則安能獲之？所以解之之道，器也；事之當解，與已解之之道至者，時也。如是而動，故无括結，發而无不利矣。括結，謂阻礙。聖人於此發明藏器待時之義。夫行一身至於天下之事，苟无其器，與不以時而動，小則括塞，大則喪敗，自古喜有爲而无成功或顛覆者，皆由是也。

【集説】沈氏該曰：隼之爲物，果於悖害者也；墉，所以衛内而限外也。害在内，小人在君側也。出乎墉之外，則非射之所能及。高墉之上，在内外之間，據衛限之勢，於此而射之，則擬而後動，「動而不括」，「獲之，无不利」矣。在外卦之上，射于高墉之象也。

○鄭氏汝諧曰：所謂公者，非上六也，言公於此爻當用射隼之道也。隼指上之陰而言也，墉指上之位而言也。

○王氏申子曰：隼指上，以其柔邪謂之狐，以其陰鷙謂之隼。上以陰柔處震之極，而居一卦之上，是陰鷙而居高者。解之既極，尚何俟乎？故「獲之，无不利」。

【案】此言「公用」，乃隨上、離上「王用」之例，皆非以本爻之位當王公也。鄭氏、王氏之説似可從。或以解終言之，而不指隼之爲誰亦可。蓋狐者邪而穴於城社，在内之奸也；隼者鷙而翔於坰野，化外之悍也。自二至五，所以解内難者備矣，於是而猶有外來之强猛，乘高墉以射之，動而有功矣，何則？内脩者外攘之具，所謂「藏器於身，待時而動」者也。前四爻所謂「其來復吉」，此爻所謂「有攸往，夙吉」也。

【總論】徐氏幾曰：下三爻不言解，上三爻言解，所謂「動而免乎險」也。

䷨（兑下艮上）

【程傳】損，序卦：「解者緩也。緩必有所失，故受之以損。」縱緩則必有所失，失則損也，損所以繼解也。爲卦艮上兑下，山體高，澤體深，下深則上益高，爲損下益上之義。又澤在山下，其氣上通，潤及草木百物，是損下而益上也。又下爲兑説，三爻皆上應，是説以奉上，亦損下益上之義。又下兑之成兑，由六三之變也，上艮之成艮，自上九之變也，三本剛而成柔，上本柔而成剛，亦損下益上之義。損上而益於下，則爲益；取下而益於上，則爲損。在人上者，施其澤以及下，則益也；取其下以自厚，則損也。譬諸壘土，損於上以培厚其基本，則上下安固矣，豈非益乎？取於下以增上之高，則危墜至矣，豈非損乎？故損者，損下益上之義。益則反是。

損，有孚，元吉，无咎，可貞，利有攸往。

【本義】損，減省也。爲卦損下卦上畫之陽，益上卦上畫之陰，損兑澤之深，益艮山之高，損下益上，損内益外，剥民奉君之象，所以爲損也。損所當損而有孚信，則其占當有此下四者之應矣。

【程傳】損，減損也。凡損抑其過以就義理，皆損之道也。損之道必有孚誠，謂至誠順於理也。損而順理，則大善而吉。所損无過差，可貞固常行，而利有所往也。人之所損，或過，或不及，或不常，皆不合正理，非有孚也。非有孚，則无吉而有咎，非可貞之道，不可行也。

【集説】吕氏大臨曰：損之道，不可以爲正，當損之時，故曰「可貞」。時損則損，時益則益，苟當其時，無往而不可，故損益皆「利有攸往」。

○蔡氏清曰：剥民奉君之義，只可用之卦名，其卦辭「有孚，元吉，无咎，可貞，利有攸往」，只承損字泛説，言損所當損，人人皆可用，不專指上之損下也。益卦「利有攸往，利涉大川」亦然，豈專爲益下之事乎？

曷之用，二簋可用享。

【本義】言當損時，則至薄无害。

【程傳】損者，損過而就中，損浮末而就本實也。聖人以寧儉爲禮之本，故爲損發明其義。以享祀言之，享祀之禮，其文最繁，然以誠敬爲本，多儀備物，所以將飾其誠敬之心。飾過其誠，則爲僞矣。損飾所以存誠也，故云「曷之用，二簋可用享」。二簋之約，可用享祭，言在乎誠而已。誠爲本也，天下之害无不由末之勝也。峻宇雕牆，本於宮室；酒池肉林，本於飲食；淫酷殘忍，本於刑罰；窮兵黷武，本於征討。凡人欲之過者，皆本於奉養，其流之遠，則爲害矣。先王制其本者，天理也；後人流於末者，人欲也。損之義，損人欲以復天理而已。

【集說】孔氏穎達曰：「曷之用，二簋可用享」者，明行損之禮，貴夫誠信，不在於豐，二簋至約，可用享祭。

【案】彖辭自「有孚」以下，泛說損所當損之義。蔡氏之說極爲得之。蓋損益者，時也，時在當損，不得不損，惟以誠意爲主而行之，又得乎大善之吉，則不但无咎，而且可以爲常道，而利有所往矣。舉一端以明之，則如二簋薄祭，固因乎時而節損者也，然能積誠盡禮，則可以致孝乎鬼神。而推之凡事之當損者，視此矣。卦義以孚而行損，程傳則因損以致孚，略有不同也。

初九，已事遄往，无咎，酌損之。

【本義】初九當損下益上之時，上應六四之陰，輟所爲之事，而速往以益之，无咎之道也，故其象占如此。然居下而益上，亦當斟酌其淺深也。

【程傳】損之義，損剛益柔，損下益上也。初以陽剛應於四，四以陰柔居上位，賴初之益者也。下之益上，當損己而不自以爲功。所益於上者，事既已則速去之，不居其功，乃无咎也。若享其成功之美，非損己益上也，於爲下之道爲有咎矣。四之陰柔，賴初者也，故聽於初。初當酌度其宜，而損己以益之，過與不及皆不可也。

【集説】孔氏穎達曰：損之爲道，損下益上，如人臣欲自損己奉上。然各有職掌，若廢事而往，咎莫大焉；竟事速往，乃得无咎。「酌損之」者，以剛奉柔，初未見親也，故須酌而減損之。

○朱子語類云：「酌損之」，在損之初下，猶可以斟酌也。

【案】孔氏説「已事」之義，謂如學優而後從政之類，於理亦精。

九二，利貞，征凶，弗損益之。

【本義】九二剛中，志在自守，不肯妄進，故占者利貞，而征則凶也。「弗損益之」，言不變其所守，乃所以益上也。

【程傳】二以剛中，當損剛之時，居柔而説體，上應六五陰柔之君，以柔説應上，則失其剛中之德，故戒所利在貞正也。征，行也。離乎中則失其貞正而凶矣，守其中乃貞也。「弗損益之」，不自損其剛貞，則能益其上，乃益之也。若失其剛貞而用柔説，適足以損之而已，非損己而益上也。世之愚者，有雖无邪心而唯知竭力順上爲忠者，蓋不知「弗損益之」之義也。

【集説】林氏希元曰：九二在爻則爲剛中，在人事則爲志在自守，不肯妄進。志在自守，不肯妄進，九二之貞也，故占者利於守貞。若征行，則是變其所守，而得凶矣。夫自守而不妄進，宜若無益於上矣，然由是而啓時君尊德樂道之心，止士大夫奔競之習，其益於上也不少，是弗損乃所以益之也。桐江一絲，繫漢九鼎，清風高節，披拂士習，可當此爻之義。

六三，三人行則損一人，一人行則得其友。

【本義】下卦本乾，而損上爻以益坤，三人行而損一人也。一陽上而一陰下，一人行而得其友也。兩相與則專，三則雜而亂。卦有此象，故戒占者當致一也。

【程傳】損者，損有餘也；益者，益不足也。三人，謂下三陽，上三陰。三陽同行，則損九三以益上；三陰同行，則損上六以爲三，「三人行則損一人」也。上以柔易剛而謂之損，但言其減一耳。上與三雖本相應，由二爻升降，而一卦皆成，兩相與也。初二二陽、四五二陰同德相比，三與上應，皆兩相與，則其志專，皆爲得其友也。三雖與四相比，然異體而應上，非同行者也。三人則損一人，一人則得其友，蓋天下无不二者，一與二相對待，生生之本也，三則餘而當損矣，此損益之大義也。夫子又於繫辭盡其義曰：「天地絪緼，萬物化醇；男女構精，萬物化生。易曰：『三人行則損一人，一人行則得其友。』言致一也。」絪緼，交密之狀，天地之氣相交而密，則生萬物之化醇。醇謂醲厚，醲厚猶精一也。男女精氣交構，則化生萬物，惟精醇專一，所以能生也。一陰一陽，豈可二也？故三則當損，言專致乎一也。天地之閒，當損益之明且大者，莫過此也。

【集説】林氏希元曰：此爻之辭，兼舉六爻，以三正是當損之爻，乃卦之所以爲損者，故於此言之。

○楊氏啓新曰：人之相與，惟其心之同而已。苟精神不孚，意氣不貫，則群黨比周固三也，即一人之異亦三也，是皆不可以不損也。苟精神相孚，意氣相貫，則二人同心固兩也，即千百其朋亦兩也，是皆不可以不得者也。

六四，損其疾，使遄有喜，无咎。

【本義】以初九之陽剛益己，而損其陰柔之疾，唯速則善。戒占者如是則无咎也。

【程傳】四以陰柔居上，與初之剛陽相應，在損時而應剛，能自損以從剛陽也，損不善以從善也。初之益四，損其柔而益之以剛，損其不善也，故曰「損其疾」。疾，謂疾病，不善也。損於不善，唯使之遄速，則有喜而无咎。人之損過，唯患不速，速則不致於深過，爲可喜也。

【集説】王氏弼曰：履得其位，以柔納剛，能損其疾也。疾何可久？故速乃有喜，有喜乃无咎也。

○蘇氏軾曰：「遄」者，初九也。「損其疾」，則初之從我也易，故「遄有喜」。

○楊氏萬里曰：六四以柔居柔，得初九之陽以爲應，「損其疾」者也。初言「遄往」，四言「使遄」，蓋初之遄，實四有以使之也。

○胡氏炳文曰：六四與初九爲應，初方已其事而速於益四，四損其陰柔之疾，惟速則有喜，不然，彼方汲汲，此乃悠悠，非受益之道。

○又曰：下損己以益上，當使下亦速有所喜，乃无咎。

【案】蘇氏、楊氏說，於「使」字語氣亦近是。

六五，或益之十朋之龜，弗克違，元吉。

【本義】柔順虛中以居尊位，當損之時，受天下之益者也。兩龜爲朋，十朋之龜，大寶也。或以此益之，而不能辭，其吉可知。占者有是德則獲其應也。

【程傳】六五於損時，以中順居尊位，虛其中以應乎二之剛陽，是人君能虛中自損以順從在下之賢也。能如是，天下孰不損己自盡以益之？故或有益之之事，則十朋助之矣。十，衆辭；龜者，決是非吉凶之物。衆人之公論，必合正理，雖龜筴不能違也，如此可謂大善之吉矣。古人曰：「謀從衆則合天心。」

【集説】張子曰：龜弗能違，言受益之可必，信然不疑也。○楊氏時曰：柔得尊位，虚己而下人，則謙受益，時乃天道，「天且不違，況於人乎？況於鬼神乎」，宜其益之者至矣，故曰「或益之十朋之龜，弗克違，元吉」。○郭氏雍曰：益之至，豈獨人事而已？雖元龜之靈弗能違，此其所以「元吉」也。洪範曰：「汝則從，龜從，筮從，卿士從，庶民從，是之謂大同。」六五之「元吉」，猶洪範之「大同」也。○楊氏簡曰：或者，不一之辭。益之者不一也，人心歸之也。「十朋之龜」，皆從而弗違，天與鬼神祐之也。鬼神祐之，故龜筮協從。

上九，弗損益之，无咎，貞吉，利有攸往，得臣无家。

【本義】上九當損下益上之時，居卦之上，受益之極，而欲自損以益人也。然居上而益下，有所謂惠而不費者，不待損己，然後可以益人也，能如是則无咎。然亦必以正則吉，而利有所往。惠而不費，其惠廣矣，故又曰「得臣无家」。

【程傳】凡損之義有三，損己從人也，自損以益於人也，行損道以損於人也。損己從人，徙於義也；自損益人，及於物也；行損道以損於人，行其義也。各因其時，取大者言之，四、五二爻，取損己從人；下體三爻，取自損以益人，損時之用，行損道，以損天下之當損者也。上九則取不行其損爲義。九居損之終，損極而當變者也。以剛陽居上，若用剛以損削於下，非爲上之道，其咎大矣。若不行其損，變而以剛陽之道益於下，則无咎，而得其正且吉也。如是，則宜有所往，往則有益矣。在上能不損其下而益之，天下孰不服從？從服之衆，无有内外也，故曰「得臣无家」。「得臣」，謂得人心歸服；「无家」，謂无有遠近内外之限也。

【集説】王氏肅曰：處損之極，損極則益，故曰不損益之。「得臣」則萬方一軌，故「无家」也。

○句氏微曰：上九剛德，爲物所歸，雖曰「得臣」，非己所有，蓋以四海爲家。

○朱子語類云：得臣有家，其所得也小矣；无家，則可見其大。

【案】卦以損三益上成義，則上者受益之極，卦之主也，故无咎、可貞、利有攸往之辭，皆與卦同；其不言有孚、元吉者，弗損於下而有益於己，此非有至誠仁愛之心者不能也。蓋黎民之生厚，則所以固本寧邦者至矣；仁義之俗成，則其有遺親後君者鮮矣，其爲益孰大於是？然其不損於下者，乃所以自損於己也，此所以合乎卦義有孚元善之德也。「得臣无家」，則又極言弗損之規模，與夫獲益之氣象。自其弗損之心而言之，爲天下君而不自利於己；自其得益之量而言之，莫匪王臣而不視爲私屬，皆所謂「得臣无家」，王道之至也。蓋五、上二爻相蒙爲義，五之虚中，既已格乎鬼神而獲「元吉」，則彖所謂「有孚」「元吉」者已備，故於此爻遂究其説，以終其義也。九二之「弗損」謂損己，「益之」謂益人；此爻之「弗損」謂損人，「益之」謂益己，辭同而指異者。卦義損下益上，故在下卦爲自損，在上卦爲受益。

○卦名以損下益上爲義，卦辭則泛論損所當損，而損中有益也。六爻之辭，其以上下體分損益，則根乎卦名；其言損所當損，而損中有益，則又根乎卦辭。

䷩（震下巽上）

【程傳】益，序卦：「損而不已必益，故受之以益。」盛衰損益如循環，損極必益，理之自然，益所以繼損也。爲卦巽上震下，雷風二物，相益者也，風烈則雷迅，雷激則風怒，兩相助益，所以爲益，此以象言也。巽震二卦，皆由下變而成。陽變而爲陰者，損也；陰變而爲陽者，益也。上卦損而下卦益，損上益下，所以爲益，此以義言也。下厚則上安，故益下爲益。

益，利有攸往，利涉大川。

【本義】益，增益也。爲卦損上卦初畫之陽，益下卦初畫之陰，自上卦而下於下卦之下，故爲益。卦之九五、六二皆得中正，下震上巽皆木之象，故其占利有所往而「利涉大川」也。

【程傳】益者，益於天下之道也，故「利有攸往」。益之道可以濟險難，「利涉大川」也。

【集説】孔氏穎達曰：損卦則損下益上，益卦則損上益下，得名皆就下而不據上者，向秀云「明王之道志在惠下」，故取下謂之損，與下謂之益。

○陸氏贄曰：損上益下曰益，損下益上曰損。約己而裕於人，人必悦而奉上矣，豈不謂之益乎？上蔑人而肆諸己，人必怨而畔上矣，豈不謂之損乎？

○范氏仲淹曰：益上曰損，損上曰益者，何也？益上則損下，損下則傷其本也；損上則益下，益下則固其本也。

○蔡氏清曰：損下益上，民貧，則君不能獨富，損道也，故爲損；損上益下，民富，則君不能獨貧，益道也，故爲益。損則上下通一損，益則上下通一益，要知關於上者爲多。

【案】彖辭與損同，亦不專主損己惠下爲義。蓋益以興利，故利以圖大事而濟大難。天下事，有動而後獲益者，不可坐以需時也。

初九，利用爲大作，元吉，无咎。

【本義】初雖居下，然當益下之時，受上之益者也，不可徒然无所報效，故「利用爲大作」，必「元吉」然後得「无咎」。

【程傳】初九，震動之主，剛陽之盛也。居益之時，其才足以益物，雖居至下，而上有六四之大臣應於己。四，巽順之主，上能巽於君，下能順於賢才也。在下者不能有爲也，得在上者應從之，則宜以其道輔於上，作大益天下之事，「利用爲大作」也。居下而得上之用，以行其志，必須所爲大善而吉，則无過咎；不能元吉，則不惟在己有咎，乃累乎上，爲上之咎也。在至下而當大任，小善不足以稱也，故必「元吉」然後得「无咎」。

【集説】朱子語類云：初九在下，爲四所任而大作者，必盡善而後无咎；若所作不盡善，未免有咎也。

【案】卦以損四益初爲義，則初亦受益之極，卦之主也，故其辭亦與卦同。「利用爲大作」者，即彖所謂「利有攸往，利涉大川」也。必大爲益人之事，然後可以自受其益，非然，則受大益者，乃所以爲大損矣。凡易中言吉无咎者，皆謂得吉而後可以免咎，而損彖辭及此爻與萃四之辭爲尤著。

六二，或益之十朋之龜，弗克違，永貞吉。王用享于帝，吉。

【本義】六二當益下之時，虛中處下，故其象占與損六五同。然爻位皆陰，故以「永貞」爲戒。以其居下而受上之益，故又爲卜郊之吉占。

【程傳】六二處中正而體柔順，有虛中之象。人處中正之道，虛其中以求益，而能順從，天下孰不願告而益之？孟子曰：「夫苟好善，則四海之内，皆將輕千里而來告之以善。」夫滿則不受，虛則來，物理自然也，故或有可益之事，則衆朋助而益之。十者，衆辭。衆人所是，理之至當也。龜者，占吉凶、辨是非之物，言其至是，龜不能違也。「永貞吉」，就六二之才而言，二中正虛中，能得衆人之益者也，然而質本陰柔，故戒在常永貞固則吉也。求益之道，非永貞則安能守也？損之六五，「十朋之」則元吉者，蓋居尊自損，應下之剛，以柔而居剛，柔爲虛受，剛爲固守，求益之至善，故元吉也。

六二虚中求益，亦有剛陽之應，而以柔居柔，疑益之未固也，故戒能常永貞固則吉也。「王用享于帝，吉」，如二之虚中而能「永貞」，用以享上帝，猶當獲吉，况與人接物，其意有不通乎？求益於人有不應乎？祭天，天子之事，故云「王用」也。

【集説】王氏逢曰：爲臣若是，王者用之，可享上帝。

○郭氏雍曰：「或益之」，人益之也；「十朋之龜，弗克違」，鬼神益之也；「王用享于帝，吉」，天益之也。天且弗違，况於人與鬼神乎？

○蘭氏廷瑞曰：六二柔順，受益之臣，王用之，可以享帝獲吉，如成湯用伊尹而享天心，太戊用伊陟而格上帝。

○李氏簡曰：「王用享于帝，吉」，猶言使之主祭而百神享之也。

○鄭氏維嶽曰：王用享帝，言王用六二以享帝也。古人一德，克享天心。又曰：「籲俊尊上帝。」

【案】郭氏説於文意甚明。益之者，人也；弗克違者，鬼神也。然必克當天心，乃獲是應，故損五象傳推本於自上祐，而此爻辭又更有享於上帝之義也。鄭氏謂王用六二以享帝者，極是。隨上、升四，其義皆同，但彼云「西山」「岐山」，而此云「上帝」者，彼但言鬼神享之而已，此爻上文既云朋龜弗違，則鬼神其依之義已見，故復推而上之，至於上帝，若山川之神，則不大於蓍龜也。

六三，益之用凶事，无咎。有孚中行，告公用圭。

【本義】六三陰柔，不中不正，不當得益者也。然當益下之時，居下之上，故有益之以凶事者。蓋警戒震動，乃所以益之也。占者如此，然後可以无咎。又戒以「有孚中行」而「告公用圭」也，用圭所以通信。

【程傳】三居下體之上，在民上者也，乃守令也。居陽應剛，處動之極，居民上而剛決，果於爲益者也。果於爲益，用之凶事則无咎。凶事謂患難非常之事。三居下之上，在下當承禀於上，安得自任，擅爲益乎？唯於患難非常之事，則可量宜應卒，奮不顧身，力庇其民，故无咎也。下專自任，上必忌疾，雖當凶難，以義在可爲，然必有其孚誠，而所爲合於中道，則誠意通於上，而上信與之矣。專爲而无爲上愛民之至誠，固不可也。雖有誠意，而所爲不合中行，亦不可也。圭者，通信之物，禮云：「大夫執圭而使，所以申信也。」凡祭祀、朝聘用圭玉，所以通達誠信也。有誠孚而得中道，則能使上信之，是猶告公上用圭玉也，其孚能通達於上矣。在下而有爲之道，固當「有孚中行」，又三陰爻而不中，故發此義。或曰：三乃陰柔，何得反以剛果任事爲義？曰：三質雖本陰，然其居陽，乃自處以剛也。應剛，乃志在乎剛也。居動之極，剛果於行也。以此行益，非剛果而何？易以所勝爲義，故不論其本質也。

【集説】王氏安石曰：以至誠而中行，則不獨无咎，可以成功。圭者，所以告成功也。

○游氏酢曰：益則吉矣，而用凶事者，所謂吉人凶其吉也。三居下體之上，當震之極，不用凶事，則高而危、滿而溢矣。

○朱子語類云：益之用凶事，猶書言「用降我凶德，嘉績于朕邦」。

○蔡氏淵曰：凶事，困心衡慮之事，在一卦之中，故三、四皆曰「中行」。

○蔡氏清曰：當益之時，概當得益，而居下之上，乃危地也，故獨爲益之以凶事之象。雖益之而以凶事，雖凶事亦益之也，所謂「苦其心志」、「行拂亂其所爲」、「所以動心忍性，增益其所不能」者也。其功夫又在「有孚中行」上。

○張氏振淵曰：益不以美事而以凶事，如投之艱難，寘之盤錯，儆戒震動之謂也。〔一〕无咎，言可因是而遷善補過也。下二句，正言其所以「无咎」。「有孚」者，滌慮洗心，誠於體國而不欺；「中行」者，履正奉公，合於中道而不悖。即此便是上通於君處，猶告公而用圭以通信者然。

【案】此爻與損之六四相反對。損四受下之益者，此爻受上之益者，然皆不言所益，而曰疾、曰凶事，蓋三、四，凶懼之位也，故其獲益亦與他爻不同。在上位者而知損四之義，則不以下之承奉爲益，而能匡其過，能輔其所不逮者，乃益也；在下位者而知此爻之義，則不以上之恩榮爲益，而試之諸

〔一〕儆戒震動之謂也：儆，局本作「警」。

艱，投之以多難者，乃益也。然在損四，則宜速以改過；在此爻，則宜緩以通誠，乃有以爲受益之地。

六四，中行告公從，利用爲依遷國。

【本義】三四皆不得中，故皆以「中行」爲戒。此言以益下爲心，而合於中行，則告公而見從矣。傳曰：「周之東遷，晉鄭焉依。」蓋古者遷國以益下，必有所依，然後能立。此爻又爲遷國之吉占也。

【程傳】四當益時，處近君之位，居得其正，以柔巽輔上，而下順應於初之剛陽，如是可以益於上也。唯處不得其中，而所應又不中，是不足於中也，故云若行得中道，則可以益於君上，告於上而獲信從矣。以柔巽之體，非有剛特之操，故「利用爲依遷國」。爲依，依附於上也；遷國，順下而動也。上依剛中之君而致其益，下順剛陽之才以行其事，「利用」如是也。自古國邑民不安其居則遷，遷國者，順下而動也。

【集説】吴氏曰慎曰：四正主於益下者，然非君位，不敢自專，必告於公也，「中行」則見從矣。

【案】此爻亦與損三相反對。損三爲卦之所損以益上者，此爻爲卦之所損以益下者，故辭義相類。損三無私交而與上同德，乃可以益上；此爻不專己而與上同德，乃可以益下也。用，用六四也，與六二「王用」之用同。遷國，大事也，亦即卦之所謂「利有攸往，利涉大川」者也。

九五，有孚惠心，勿問元吉，有孚惠我德。

【本義】上有信以惠於下，則下亦有信以惠於上矣，不問而元吉可知。

【程傳】五剛陽中正，居尊位，又得六二之中正相應，以行其益，何所不利？以陽實在中，「有孚」之象也。以九五之德、之才、之位，而中心至誠，在惠益於物，其至善大吉，不問可知，故云「勿問元吉」。人君居得致之位，操可致之權，苟至誠益於天下，天下受其大福，其元吉不假言也。「有孚惠我德」，人君至誠益於天下，天下之人无不至誠愛戴，以君之德澤爲恩惠也。

【集説】王氏弼曰：得位履尊，爲益之主者也。爲益之大，莫大於信；爲惠之大，莫大於心。因民所利而利之焉，惠而不費，「惠心」者也。信以惠心，盡物之願，固不待問而「元吉」。以誠惠物，物亦應之，故曰「有孚惠我德」也。

○吕氏祖謙曰：人君但誠心惠民，不須問民之感，如此然後元吉，民皆交孚而惠君之德也。苟惠民而先問民之感不感，是計功利，非誠心惠民者也，安能使民之樂應乎？

○蔡氏清曰：「惠心」，惠下之心也；「惠我德」，下惠我之德也，而皆「有孚」，上感而下應也。有孚之施於下者，在我只爲心；自下之受此施者目之，則爲德矣，實非有二也。

○鄭氏維嶽曰：損之六五，受下之益者也。益之九五，益下者也。損六五受益而獲元吉，益九五但知民之當益而已，「勿問元吉」也，此「惠心」之出於「有孚」者也。然上雖不望德於民，而民固德其惠矣，其德其惠亦出於有孚也，故曰「王道本於誠意」。

【案】「勿問」二字，吕氏説是，觀孔子象傳可見。

上九，莫益之，或擊之，立心勿恒，凶。

【本義】以陽居益之極，求益不已，故「莫益」而「或擊之」。「立心勿恒」，戒之也。

【程傳】上居无位之地，非行益於人者也；以剛處益之極，求益之甚者也；所應者陰，非取善自益者也。利者，衆人所同欲也。專欲益己，其害大矣。欲之甚，則昏蔽而忘義理；求之極，則侵奪而致仇怨。故夫子曰：「放於利而行，多怨。」孟子謂先利則「不奪不饜」，聖賢之深戒也。九以剛而求益之極，衆人所共惡，故无益之者，而或攻擊之矣。「立心勿恒，凶」，聖人戒人存心不可專利，云勿恒如是，凶之道也，所當速改也。

【集說】孔氏穎達曰：上九處益之極，益之過甚者也。求益無厭，怨者非一，故曰「莫益之，或擊之」也。「勿」，猶無也。求益無已，是立心無恒者也。無恒之人，必凶咎之所集。

【案】卦義損上益下，則上者，受損之極者也。若以受損爲克己利下亦可，而爻義不然者，蓋能克己利下，則受益莫大焉，不得云受損矣。故損上以處損之終，自損之極而得益爲義；此爻以處益之終，自益之極而得損爲義。書云：「滿招損，謙受益。」兩爻之意相備也。

【總論】熊氏良輔曰：損益二卦，皆以損陽益陰爲義。損，自泰來者也；益，自否來者也。天下之理，未有泰而不否、否而不泰，亦未有損而不益、益而不損者，故泰居上經十一卦，而損居下經十一卦。泰否損益爲上下經之對，後天序易，其微意蓋可識矣。

䷪（乾下兑上）

【程傳】夬，序卦：「益而不已必決，故受之以夬。夬者決也。」益之極必決而後止，理无常益，益而不已，已乃決也，夬所以次益也。爲卦兑上乾下。以二體言之，澤，水之聚也，乃上於至高之處，有潰決之象；以爻言之，五陽在下，長而將極，一陰在上，消而將盡，衆陽上進，決去一陰，所以爲夬也。夬者，剛決之義，衆陽進而決去一陰，君子道長，小人消衰，將盡之時也。

夬，揚于王庭，孚號有厲。告自邑，不利即戎，利有攸往。

【本義】夬，決也，陽決陰也，三月之卦也。以五陽去一陰，決之而已。然其決之也，必正名其罪，而盡誠以呼號其衆，相與合力，然亦尚有危厲，不可安肆，又當先治其私，而不可專尚威武，則利有所往也。皆戒之之辭。

【程傳】小人方盛之時，君子之道未勝，安能顯然以正道決去之？故含晦俟時，漸圖消之之道。今既小人衰微，君子道盛，當顯行之於公朝，使人明知善惡，故云「揚于王庭」。孚，信之在中，誠意也；號者，命衆之辭。君子之道雖長盛，而不敢忘戒備，故至誠以命衆，使知尚有危道，雖以此之甚盛決彼之甚衰，若易而无備，則有不虞之悔，是尚有危理，必有戒懼之心，則无患也。聖人設戒之意深矣。君子之治小人，以其不善也，必以己之善道勝革之，故聖人誅亂必先修己，舜之「敷文德」是也。邑，私邑。「告自邑」，先自治也。以衆陽之盛決於一陰，力固有餘，然不可極其剛至於太過，太過乃如蒙上九之爲寇也。戎，兵者，强武之事。「不利即戎」，謂不宜尚壯武也。即，從也，從戎，尚武也。「利有攸往」，陽雖盛，未極乎上，陰雖微，猶有未去，是小人尚有存者，君子之道有未至也，故宜進而往也。不尚剛武，而其道益進，乃夬之善也。

【集説】游氏酢曰：「揚于王庭」，誦言于上也；「孚號」，誕告于下也；「告自邑」，自近而及遠也。

○胡氏炳文曰：以五陽去一陰，而彖爲警戒危懼之辭不一，蓋必「揚于王庭」，使小人之罪明；以至誠呼號其衆，使君子之類合。不可以小人之衰而遂安肆也，有危道焉；不可以君子之盛而事威武也，有自治之道焉。復利往，往而爲臨、爲泰、爲夬也；夬利往，往而爲乾也。蓋陰之勢雖微，蔓或可滋，窮或爲敵，君子固無時不戒懼，尤不可於小人道衰之時忘戒懼也。

【案】以彖傳觀之，則「揚于王庭」者，聲罪正辭也；「孚號有厲」者，警戒危懼也；「有厲」，不指時事，謂其心之憂危也。夫既曰「揚于王庭」矣，則所宣告者衆，而治之務於武斷矣，而又曰「告自邑，不利即戎」，意似相反，何也？曰：雖宣告者衆，而其本則在于自脩；雖治之貴剛，而神武則存乎不殺也。蓋「告自邑，不利即戎」，是終「孚號有厲」之意；「利有攸往」，是終「揚于王庭」之意。

初九，壯于前趾，往不勝爲咎。

【本義】前，猶進也。當決之時，居下任壯，不勝宜矣，故其象占如此。

【程傳】九陽爻而乾體，剛健在上之物，乃在下，而居決時，壯于前進者也。「前趾」，謂進行，人之決於行也。行而宜，則其決爲是；往而不宜，則決之過也，故往而不勝則爲咎也。夬之時而往，往決也，故以勝負言。九居初而壯於進，躁於動者也，故有不勝之戒。陰雖將盡，而己之躁動，自宜有不勝之咎，不計彼也。

【集説】蘇氏軾曰：大壯之長，則爲夬，故夬之初九與大壯之初九無異。

○朱子語類云：壯于前趾，與大壯初爻同。此卦大率似大壯，只爭一畫。

○蔡氏清曰：其不勝者，自爲不勝也，故曰「爲咎」，明非時勢不利也。

九二，惕號，莫夜有戎，勿恤。

【本義】九二當決之時，剛而居柔，又得中道，故能憂惕號呼以自戒備，而「莫夜有戎」，亦可无患也。

【程傳】夬者，陽決陰，君子決小人之時，不可忘戒備也。陽長將極之時，而二處中居柔，不爲過剛，能知戒備，處夬之至善也。〔一〕內懷兢惕，而外嚴誡號，雖莫夜有兵戎，亦可「勿恤」矣。

〔一〕處夬之至善也：夬，局本作「決」。

何恤？

【集説】張子曰：警懼申號，能孚號而有厲也。以必勝之剛決至危之柔，能自危厲，雖有戎，

○蘇氏軾曰：「莫夜」，警也；「有戎勿恤」，靜也。

○王氏申子曰：彖言「孚號」，而以「有厲」處之矣。二剛得中而知戒懼，故亦「惕號」。蓋必如是，而後可免小人乘間抵隙之憂，故雖莫夜陰伏之時有兵戎，亦不足慮矣，以防之密而備之素也。

○吴氏曰慎曰：剛中居柔，能憂惕號呼，即彖之「孚號有厲，告自邑，不利即戎」者也，雖「莫夜有戎」而無憂。

【案】此爻辭有以「惕號莫夜」爲句、「有戎勿恤」爲句者，言莫夜，人所忽也，而猶惕號，則所以警懼者素矣；有戎，人所畏也，而不之恤，則所以持重者至矣。蓋即彖之所謂「孚號有厲」「不利即戎」者也。夫惟無事而惕號，故有事而能勿恤。史稱終日欽欽，如對大敵，及臨陳，則志氣安閒，若不欲戰者是也。此卦當以九五爲卦主，而彖辭之意獨備於九二者，蓋九二遠陰，主於平時，則發孚號、告邑、「不利即戎」之義；九五近陰，主於臨事，則發「揚于王庭，利有攸往」之義，然其爲中行、中道則一也。

九三，壯于頄，有凶。君子夬夬，獨行遇雨，若濡有愠，无咎。

【本義】頄，顴也。九三當決之時，以剛而過乎中，是欲決小人而剛壯見於面目也，如是則有凶

道矣。然在衆陽之中，獨與上六爲應，若能果決其決，不係私愛，則雖合於上六，如「獨行遇雨」，至於「若濡」，而爲君子所愠，然終必能決去小人，而无所咎也。温嶠之於王敦，其事類此。

【程傳】爻辭差錯，安定胡公移其文曰：「壯于頄，有凶。獨行遇雨，若濡有愠，君子夬夬，无咎。」亦未安也。當云：「壯于頄，有凶。獨行遇雨，君子夬夬，若濡有愠，无咎。」夬決，尚剛健之時，三居下體之上，又處健體之極，剛果於決者也。頄，顴骨也，在上而未極於上者也。三居下體之上，雖在上，而未爲最上，上有君，而自任其剛決，「壯于頄」者也，「有凶」之道也。「獨行遇雨」，三與上六爲正應，方群陽共決一陰之時，己若以私應之故，不與衆同而獨行，則與上六陰陽和合，故云「遇雨」。易中言雨者，皆謂陰陽和也。君子道長，決去小人之時，而己獨與之和，其非可知。唯君子處斯時，則能「夬夬」，謂夬其夬，果決其斷也。雖其私與，當遠絶之，若見濡污，有愠惡之色，如此則无過咎也。三健體而處正，非必有是失也，因此義以爲教耳。爻文所以交錯者，由有「遇雨」字，又有「濡」字，故誤以爲連也。

【集説】陸氏希聲曰：當君子之世，而應小人，故外有沾污之累，内有愠恨之心，然後獲无咎者，志有存焉。

○王氏安石曰：九三乾體之上，剛亢外見，「壯于頄」者也。「夬夬」者，必乎夬之辭也。應乎上六，疑於污也，故曰「若濡」。君子之所爲，衆人固不識，「若濡」則「有愠」之者矣。和而不同，有「夬夬」之志焉，何咎之有？

○郭氏雍曰：夬與大壯，内卦三爻相類，故初九、九三言壯。壯者小人用剛之事，非大者之壯也。二卦九三皆具君子小人二義，故大壯曰「小人用壯，君子用罔」，而此曰「壯于頄，有凶，君子夬夬」是也。以小人用壯言之，則知「壯于頄」者，小人之事也，是以凶也。唯君子明「夬夬」之義，則終无咎矣。

○朱子語類云：君子之去小人，不必悻悻然見於面目，至於遇雨而爲所濡濕，雖爲衆陽所慍，然志在決陰，故得无咎也。蓋九三雖與上六爲應，而以剛居剛，有能決之象，故「壯于頄」則「有凶」，而和柔以去之，乃无咎。

○蔡氏清曰：大意謂君子之去小人，〔一〕顧其本心何如耳。本心果是要決小人，則雖暫與之合，而爲善類之慍，終必能決之而无咎，不愈於「壯于頄」而「有凶」乎？此所以貴於決而和也。

○何氏楷曰：上六爲成兑之主，澤上於天，故稱「雨」；以其適値，而非本心也，故稱「遇」；本非濡也，而迹類之，故稱「若」；或觀其迹，而不察其心也，故稱「有慍」。

九四，臀无膚，其行次且，牽羊悔亡，聞言不信。

〔一〕大意謂君子之去小人：謂，四庫本作「爲」。

【本義】以陽居陰，不中不正，居則不安，行則不進，若不與衆陽競進，而安出其後，則可以亡其悔。然當決之時，志在上進，必不能也。占者聞言而信，則轉凶而吉矣。「牽羊」者，當其前則不進，縱之使前而隨其後，則可以行矣。

【程傳】「臀无膚」，居不安也。「行次且」，進不前也。次且，進難之狀。九四以陽居陰，剛決不足，欲止，則衆陽並進於下，勢不得安，猶臀傷而居不能安也；欲行，則居柔失其剛壯，不能強進，故「其行次且」也。「牽羊悔亡」，羊者，群行之物；牽者，挽拽之義，言若能自強，而牽挽以從群行，則可以亡其悔。然既處柔，必不能也，雖使聞是言，亦必不能信用也。夫過而能改，聞善而能用，克己以從義，唯剛明者能之。在它卦，九居四，其失未至如此之甚。在夬而居柔，其害大矣。

【集說】方氏應祥曰：牽羊之説，本義謂讓羊使前而隨其後，則羊乃衆君子之象。若就兑羊之象言之，則羊還是九四。羊性善觸，不至羸角不已，聖人教以自牽其羊，抑其很性，則可以亡悔矣，是亦壯頄有凶之意。

【案】臀者，與陰相背之物也。夬四、姤三，皆與陰連體而相背，故皆以臀爲象。夫相背則勢猶相遠，緩以處之可也，若臀有膚，則能安坐矣。「臀无膚」，喻四之不能安坐也。不能安坐，故「次且」而欲進，所以然者，不能自制其剛壯故也。苟能制其剛壯，如牽羊然，則可亡其悔，特恐當此時也，聞持重之言而不信耳。聖人於占戒之外，又設爲反辭者，凡人有所憂畏瞻慮，則受警戒也。易，時之可爲，勢之可乘，一則恐失事機，二則恐犯衆議，是以聞言而多不信也。牽羊，方氏説善。

九五，莧陸夬夬，中行无咎。

【本義】莧陸，今馬齒莧，感陰氣之多者。九五當決之時，爲決之主，而切近上六之陰，如莧陸然，若決而決之，而又不爲過暴，合於中行，則无咎矣。戒占者當如是也。

【程傳】五雖剛陽中正居尊位，然切近於上六。上六説體，而卦獨一陰，陽之所比也。五爲決陰之主，而反比之，其咎大矣。故必決其決，如莧陸然，則於其中行之德爲无咎也。中行，中道也；莧陸，今所謂馬齒莧是也。曝之難乾，感陰氣之多者也，而脆易折。五若如莧陸，雖感於陰，而決斷之易，則於中行无過咎矣，不然則失其中正也。感陰多之物，莧陸爲易斷，故取爲象。

【集説】鄭氏汝諧曰：莧陸，本草云「一名商陸」，其根至蔓，雖盡取之，而旁根復生。小人之類難絶如此。

○朱子語類云：莧、陸是兩物，莧者，馬齒莧；陸者，草陸，〔一〕一名商陸，皆感陰氣多之物。藥中用商陸治水腫，其物難乾，其子紅。

○項氏安世曰：夬夬者，重夬也；當夬者，上六也。三應之，五比之，嫌其不能夬也，故皆以「夬

〔一〕陸者草陸：草，朱子語類作「章」。

夬」明之。三謂之「遇雨」，五謂之「莧陸」，皆與陰俱行者也。比於陰而能自決，以保其中，故可免咎。

【案】此言「莧陸夬夬」，猶姤言「包瓜」，皆以細草陰類喻小人也。時當「含章」則包之，時當「揚庭」則決之。然其包之也以杞，剛之體不失也；其決之也以中行，柔之用兼濟也。

上六，无號，終有凶。

【本義】陰柔小人居窮極之時，黨類已盡，无所號呼，終必有凶也。占者有君子之德，則其敵當之，不然反是。

【程傳】陽長將極，陰消將盡，獨一陰處窮極之地，是衆君子得時，決去危極之小人也，其勢必須消盡，故云无用號咷畏懼，終必有凶也。

【集説】蘇氏軾曰：无號者，不警也，陽不警則有以乘之矣。

○楊氏簡曰：柔已決去，剛道已長，然不可不敬戒。苟忽焉，不敬，不戒，不警號，則亦「終有凶」。雖未必凶遂至，而既不警戒則放逸，逸則失道矣，失道者終於凶。

○蔣氏悌生曰：易爲君子謀，不爲小人謀。詳味此爻，若如傳、義説，似爲小人謀，恐只依卦辭「孚號有厲」之意，言雖是五陽決去，一陰尚存，爲君子之計，苟或默然養禍，則其終必致凶。聖人之情，何嘗慮小人有凶也！

【總論】徐氏幾曰：夬，決也。以盛進之五剛決衰退之一柔，其勢若甚易，然而聖人不敢以易而忽之，故於夬之一卦，丁寧深切，所以周防戒備者，無所不至。○龔氏煥曰：夬卦似大壯，故諸爻多與大壯相似，初之「壯于趾」、三之「壯于頄」之類是也。夬以五陽決一陰，其壯甚矣，聖人慮其夬決之過，故於爻皆致戒，而以陽居陽者爲尤甚焉。陽之決陰，君子之去小人，亦貴乎中而已矣。

【案】夬之與壯，前三爻全相類，是已。後三爻先儒未詳説。須知壯之當前者，四也；夬之當前者，五也，故壯四之藩決即夬五之「夬夬」。若壯之六五，則壯已過，而非用壯之時；夬之九四，則夬未及，而亦未可爲果決之事，故壯五之「喪羊」即夬四之「牽羊」也。若壯上之艱，夬上之號，則戒之始終，不忘危懼而已。壯不如夬之盛，故猶曰「不能遂」，夬則可以遂矣，然其危懼之心同也。

䷫（巽下乾上）

【程傳】姤，序卦：「夬，決也。決必有遇，故受之以姤。姤，遇也。」決，判也。物之決判則有遇合，本合則何遇？姤所以次夬也。爲卦乾上巽下。以二體言之，風行天下，天之下者萬物也，風之行无不經觸，乃遇之象；又一陰始生於下，陰與陽遇也，故爲姤。

姤，女壯，勿用取女。

【本義】姤，遇也。決盡則爲純乾，四月之卦，至姤然後一陰可見，而爲五月之卦，以其本非所望，而卒然值之，如不期而遇者，故爲遇。遇已非正，又一陰而遇五陽，則女德不貞，而壯之甚也，取以自配，必害乎陽，故其象占如此。

【程傳】一陰始生，自是而長，漸以盛大，是女之將長壯也。陰長則陽消，女壯則男弱，故戒勿用取如是之女。取女者，欲其柔和順從以成家道。姤乃方進之陰，漸壯而敵陽者，是以不可取也。女漸壯，則失男女之正，家道敗矣。姤雖一陰甚微，然有漸壯之道，所以戒也。

【集說】孔氏穎達曰：姤，遇也。此卦一柔而遇五剛，故名爲姤。施之於人，則是一女而遇五男，爲壯至甚。故戒之曰：此女壯甚，勿用取此女也。

○郭氏雍曰：陽至四五而後言壯。姤一陰方長即爲壯者，亦見君子小人之情不同也。

○馮氏椅曰：古文「姤」作「遘」，遇也，亦婚媾也，以女遇男爲象。王洙易改爲今文，爲「姤」，雜卦猶是古文，鄭本同。

○胡氏炳文曰：女壯，諸家皆以爲一陰有將盛之漸，本義以爲一陰當五陽，已有女壯之象。

【案】女壯之義，非以一陰始生於下爲壯，亦非以一陰獨當五陽爲壯，蓋卦以陰爲主，陰而爲主即是壯也。

初六，繫于金柅，貞吉，有攸往，見凶。羸豕孚蹢躅。

【本義】柅所以止車，以金爲之，其剛可知。一陰始生，靜正則吉，往進則凶。故以二義戒小人，使不害於君子，則有吉而无凶。然其勢不可止也，故以羸豕蹢躅曉君子，使深爲之備云。

【程傳】姤，陰始生而將長之卦。一陰生，則長而漸盛，陰長則陽消，小人道長也，制之當於其微而未盛之時。柅，止車之物，金爲之，堅强之至也。止之以金柅，而又繫之，止之固也。固止使不得進，則陽剛貞正之道吉也；使之進往，則漸盛而害於陽，是「見凶」也。「羸豕孚蹢躅」，聖人重爲之戒，言陰雖甚微，不可忽也。豕，陰躁之物，故以爲況。羸弱之豕，雖未能强猛，然其中心在乎蹢躅。蹢躅，跳躑也。陰微而在下，可謂羸矣，然其中心常在乎消陽也。君子小人異道，小人雖微弱之時，未嘗无害君子之心，防於微則无能爲矣。

【集說】丘氏富國曰：姤之所以爲姤者，在此一爻。一陰始生，非以金柅繫之，則柔道何所牽制而不敢進？繫之，所以防之也。

○胡氏炳文曰：彖總一卦而言，則以一陰而當五陽，故於女爲壯；爻指一畫而言，五陽之下一陰甚微，故於豕爲羸。壯可畏也，羸不可忽也。

【案】一陰窮於上，衆以爲無凶矣，而曰「終有凶」，防其後之辭也；一陰伏於下，衆未覺其凶矣，而曰「見凶」，察於先之辭也。陰陽消息，循環無端，能察於先，即所以防其後；能防其後，即所以察於先也。

九二，包有魚，无咎，不利賓。

【本義】魚，陰物。二與初遇，爲「包有魚」之象。然制之在己，故猶可以无咎；若不制而使遇於衆，則其爲害廣矣，故其象占如此。

【程傳】姤，遇也。二與初密比，相遇者也。在他卦，則初正應於四。在姤，則以遇爲重。相遇之道主於專一，二之剛中，遇固以誠，然初之陰柔，群陽在上，而又有所應者，其志所求也。陰柔之質鮮克貞固，二之於初，難得其誠心矣，所遇不得其誠心，遇道之乖也。包者，苴裹也；魚，陰物之美者。陽之於陰，其所悅美，故取魚象。二於初，若能固畜之，如包苴之有魚，則於遇爲无咎矣。賓，外來者也。「不利賓」，包苴之魚，豈能及賓？謂不可更及外人也。遇道當專一，二則雜矣。

【集説】陸氏希聲曰：不正之陰，與剛中之二相比，能包而有之，使其邪不及於外。

○李氏開曰：剥之「貫魚」，姤之「包有魚」，皆能制陰者也。

○胡氏炳文曰：包，如包苴之包，容之於内而制之，使不得逸於外也。

○何氏楷曰：包字與繫豕、包瓜同意。古之小人所以亂天下者，往往君子激之也。二曰「包有魚」，則不視小人爲異類，而直以兼容之量包之，既不邇之使近，亦不激之使無所容，其何咎焉！

【案】制陰之義，不取諸九四之相應，而取諸九二之相比者，陰陽主卦，皆以近比者爲親切，而處之又有中、有不中焉，故復六四之「獨復」，亦不如六二「休復」之爲美也。夬五近上，則有莧陸之嫌，姤二比初，獨不以陰邪爲累乎？曰：夬之陰，其勢極矣，如病之既劇，如亂之已成，非有以除去之不可。姤則陰始生也，如病將發，如亂初萌，豫防而早治之，則不至於盛長矣。觀乎「不利賓」之戒，未嘗不以陰邪之漸馴爲諄諄也。詩云：「敝笱在梁，其魚魴鰥；齊子歸止，其從如雲。」是不能制之，而使及賓之驗矣。

九三，臀无膚，其行次且，厲，无大咎。

【本義】九三過剛不中，下不遇於初，上无應於上，居則不安，行則不進，故其象占如此。然既无所遇，則无陰邪之傷，故雖危厲，而无大咎也。

【程傳】二與初既相遇，三説初而密比於二，非所安也，又爲二所忌惡，其居不安，若臀之无膚也。處既不安，則當去之，而居姤之時，志求乎遇，一陰在下，是所欲也，故處雖不安，而其行則又次且也。次且，進難之狀，謂不能遽舍也。然三剛正而處巽，有不終迷之義，若知其不正而懷危懼，不敢妄動，則可以无大咎也。非義求遇，固已有咎矣，知危而止，則不至於大也。

【集説】李氏簡曰：居則臀在下，故困初六言臀；行則臀在中，故夬、姤三四言臀。

【案】「臀无膚」之義，與夬四同。「其行次且」，志欲制陰也，非其位任而欲制之，有危道焉，然於義則无咎。

九四，包无魚，起凶。

【本義】初六正應，已遇於二，而不及於己，故其象占如此。

【程傳】包者，所裹畜也；魚，所美也。四與初爲正應，當相遇者也，而初已遇於二矣，失其所遇，猶包之无魚，亡其所有也。四當姤遇之時，居上位而失其下，下之離由己之失德也，四之失者，不中正也，以不中正而失其民，所以凶也。曰：初之從二，以比近也，豈四之罪乎？曰：在四而言，義當有咎，不能保其下，由失道也，豈有上不失道而下離者乎？遇之道，君臣、民主、夫婦、朋友皆在焉，四以下睽，故主民而言，爲上而下離，必有凶變。「起」者，將生之謂。民心既離，難將作矣。

【集説】吴氏曰慎曰：九三以不遇陰而无大咎，上九以不遇陰而无咎，四則「包无魚，起凶」，何也？蓋初六本其正應，當遇而不遇故也。

【案】四與初正應，當制陰之任者也，然不能制之，而爲「包无魚」之象，何也？曰：此與夬之九三同。當決陰制陰之任，而德非中正，故一則剛壯而懷慍怒，一則疾惡而胥絶遠，無包容之量，無制服之方故也。以是爻德而適犯卦義取女之戒，則其起凶宜矣。書曰：「寬而有制，有容德乃大。」又曰：「爾無忿疾于頑。」是包有魚、无魚之所由分也。

九五，以杞包瓜，含章，有隕自天。

【本義】瓜，陰物之在下者，甘美而善潰；杞，高大堅實之木也。五以陽剛中正主卦於上，而下防始生必潰之陰，其象如此。然陰陽迭勝，時運之常，若能含晦章美，静以制之，則可以回造化矣。「有隕自天」，本无而倏有之象也。

【程傳】九五下亦无應，非有遇也，然得遇之道，故終必有遇。夫上下之遇，由相求也。杞高木而葉大，處高體大，而可以包物者，杞也；美實之在下者，瓜也。美而居下者，側微之賢之象也。九五尊居君位，而下求賢才，以至高而求至下，猶以杞葉而包瓜，能自降屈如此，又其内蕴中正之德，充實章美，人君如是，則无有不遇所求者也。雖屈己求賢，若其德不正，賢者不屑也，故必含蓄章美，内積至誠，則「有隕自天」矣，猶云自天而降，〔一〕言必得之也。自古人君至誠降屈，以中正之道求天下之賢，未有不遇者也。高宗感於夢寐，文王遇於漁釣，皆由是道也。

【集説】胡氏炳文曰：魚與瓜皆陰物，二與初遇，故包有魚；五與初無相遇之道，猶以高大之杞而包在地之瓜也。然瓜雖始生而必潰，九五陽剛中正，能含晦章美，静以待之。是雖陰陽消長，時運之常，而造化未有不可回者，姤其將可轉而爲復乎？

○俞氏琰曰：含即包之謂。其初含蓄不露，一旦瓜熟蒂脱，自杞墜地，故曰「含章，有隕自天」。

○林氏希元曰：「含章」不是全無所事，是用意周密，不動聲色，而自有以消患於方萌也。

〔一〕猶云自天而降：云，局本作「言」。

【案】五爲卦主，而與陰無比應，得卦「勿用取女」之義也。夫與陰雖無比應，而爲卦主，則有制陰之任焉，故極言脩德回天之道。

上九，姤其角，吝，无咎。

【本義】角，剛乎上者也。上九以剛居上而无位，不得其遇，故其象占與九三類。

【程傳】至剛而在最上者，角也。九以剛居上，故以角爲象。人之相遇，由降屈以相從，和順以相接，故能合也。上九高亢而剛極，人誰與之？以此求遇，固可吝也。已則如是，人之遠之，非他人之罪也，由己致之，故无所歸咎。

【集説】徐氏幾曰：上九處姤之窮，與初無遇，雖吝，然亦无咎，陰不必遇也。

○胡氏炳文曰：九三以剛居下卦之上，於初陰無所遇，故雖厲而无大咎；上九以剛居上卦之上，於初陰亦不得其遇，故雖吝而亦无咎。

【案】此爻亦與夬初反對，皆與陰絶遠者也。遇本非正，不遇不足爲咎也。不與陰遇，不能制陰，故可吝。然非其事任也，故无咎。此如避世之士不能救時，而亦身不與亂者也。

䷬（坤下兑上）

【程傳】萃，序卦：「姤者遇也。物相遇而后聚，故受之以萃。萃者聚也。」物相會遇則成群，萃所以次姤也。爲卦兑上坤下，澤上於地，水之聚也，故爲萃。不言澤在地上，而云澤上於地，則爲方聚之義也。

萃，亨。王假有廟，利見大人，亨，利貞。用大牲吉，利有攸往。

【本義】萃，聚也。坤順兑説，九五剛中，而二應之，又爲澤上於地，萬物萃聚之象，故爲萃。「亨」字衍文。「王假有廟」，言王者可以至乎宗廟之中，王者卜祭之吉占也。祭義曰「公假于太廟」是也。廟所以聚祖考之精神，又人必能聚己之精神，則可以至於廟而承祖考也。物既聚，則必見大人，而後可以得亨。然又必利於正，所聚不正，則亦不能亨也。「大牲」必聚而後有，聚則可以有所往，皆占吉而有戒之辭。

【程傳】王者萃聚天下之道，至於有廟極也。群生至衆也，而可一其歸仰；人心莫知其鄉也，而能致其誠敬；鬼神之不可度也，而能致其來格。天下萃合人心、總攝衆志之道非一，其至大莫過於宗廟，故王者萃天下之道，至於有廟，則萃道之至也。祭祀之報本於人心，聖人制禮以成其德耳。故豺獺能祭，其性然也。萃下有「亨」字，羡文也。「亨」字自在下，與涣不同，涣則先言卦才，萃乃先言卦義，彖辭甚明。天下之聚，必得大人以治之。人聚則亂，物聚則爭，事聚則紊，非大人治之，則萃所以致爭亂也。萃以不正，則人聚爲苟合，財聚爲悖入，安得亨乎？故「利貞」。萃者，豐厚之時也，其用宜稱，故「用大牲吉」。事莫重於祭，故以祭享而言，上交鬼神，下接民物，百用莫不皆然。

當萃之時，而交物以厚，則是享豐富之吉也，天下莫不同其富樂矣。若時之厚，而交物以薄，乃不享其豐美，天下莫之與，而悔吝生矣。蓋隨時之宜，順理而行，故彖云「順天命」也。夫不能有爲者，力之不足也。當萃之時，故「利有攸往」。大凡興工立事，貴得可爲之時，萃而後用，是動而有裕，天理然也。

【集說】程子曰：萃、渙皆立廟，因其精神之萃而形於此，爲其渙散，故立此以收之。

○項氏安世曰：卦名下元無「亨」字，獨王肅本有，王弼遂用其説。孔子彖辭初不及此字。

○趙氏汝騰曰：陽居五，而五陰從之，爲比；陽居五與四，而四陰從之，爲萃。二卦相似。然比者，衆陰始附之初，聖人作而萬物覩之時也。萃者，二陽相比，群陰萃而歸之，君臣同德，萬物盛多之時也。

○龔氏煥曰：假字，疑當作「昭假烈祖」之假，謂感格也。王者致祭於宗廟，以己之精神感格祖考之精神，所以爲萃也。

○何氏楷曰：「用大牲吉」，承「王假有廟」言；「利有攸往」，承「利見大人」言。

【案】以彖傳觀之，「利見大人，亨，利貞」，爲一事無疑。「王假有廟」者，神人之聚也；「利見大人」者，上下之聚也。「用大牲吉」，廣言群祀，由假廟而推之，皆所以聚於神也；「利有攸往」，廣言所行，由見大人而推之，皆所以聚於人也。

初六，有孚不終，乃亂乃萃，若號，一握爲笑，勿恤，往无咎。

【本義】初六上應九四，而隔於二陰，當萃之時，不能自守，是有孚而不終，志亂而妄聚也。若呼號正應，則衆以爲笑，但勿恤而往從正應，則无咎矣。戒占者當如是也。

【程傳】初與四爲正應，本有孚以相從者也，然當萃時，三陰聚處，柔无守正之節，若捨正應而從其類，乃「有孚」而「不終」也。「乃亂」，惑亂其心也；「乃萃」，與其同類聚也。初若守正不從，號呼以求正應，則一握笑之矣。一握，俗語一團也，謂衆以爲笑也。若能勿恤，而往從剛陽之正應，則无過咎，不然則入小人之群矣。

【集説】胡氏瑗曰：號，謂號咷也。萃聚之世，必上下相求和會，然後必有所濟，故始有號咷之怨，終得與四萃聚而有懽笑也。

○王氏宗傳曰：初之於四，相信之志，疑亂而不一也。然居萃之時，上下相求，若號焉，四必説而應之，則一握之頃，變號咷而爲笑樂矣，謂得其所萃也。故戒之曰「勿恤」，又勉之曰「往无咎」。

○姚氏舜牧曰：初四相應，此心本自相孚，但孚須有終爲善，如有孚而不終，則「乃亂」而「乃萃」矣。萃其可亂乎哉？若念有孚之當終，而呼號以往從之，則正應可合，而無妄萃之咎矣。

○錢氏志立曰：萃與比同，所異者多九四一陽耳。比初無應，曰有孚者，一於五也。萃初與四應，曰「有孚不終」者，有二陽焉，不終於四也。及此時而號以求萃，可以破涕爲笑，「同人先號咷而後笑」者是也。

【案】胡氏、王氏、姚氏、錢氏諸説，皆於文義甚合。蓋易中號、笑二字，每每相對也。兩「乃」字不同，上「乃」字，虚字也，下「乃」字，猶汝也，正如書「而康而色」，上「而」字，虚字也，下「而」字，猶汝也。言有孚不終，則必亂汝之所萃也。其所以亂之故，則錢氏得之矣。握者，手所執持以轉移之機也，言能致誠迫切，則一轉移之閒，必有和合之喜，故曰「若號，一握爲笑」。

六二，引吉，无咎，孚乃利用禴。

【本義】二應五，而雜於二陰之閒，必牽引以萃，乃吉而无咎。又二中正柔順，虚中以上應；九五剛健中正，誠實而下交。故卜祭者有其孚誠，則雖薄物，亦可以祭矣。

【程傳】初陰柔，又非中正，恐不能終其孚，故因其才而爲之戒。二雖陰柔，而得中正，故雖戒而微辭。凡爻之辭，關得失二端者，爲法爲戒，亦各隨其才而設也。「引吉，无咎」，引者，相牽也，人之交，相求則合，相待則離。二與五爲正應，當萃者也，而相遠，又在群陰之閒，必相牽引，則得其萃矣。五居尊位，有中正之德，二亦以中正之道往與之萃，乃君臣和合也。其所共致，豈可量也？是以吉而无咎也。无咎者，善補過也。二與五不相引，則過矣。「孚乃利用禴」，孚，信之在中，誠之謂也；禴，祭之簡薄者也。菲薄而祭，不尚備物，直以誠意交於神明也。「孚乃」者，謂有其孚，則可不用文飾，專以至誠交於上也。以禴言者，謂薦其誠而已。上下相聚而尚飾焉，是未誠也，蓋其中實者不假飾於外，用禴之義也。孚信者，萃之本也，不獨君臣之聚，凡天下之聚，在誠而已。

【集説】胡氏瑗曰：君子之進，不可自媒以苟媚其君，而幸其時之寵榮也，是故君子進用必須有道。六二以陰居陰，履得其中，又上應九五中正之君，必待其君援引於己，然後往之，此所以得吉而无咎也。孚，信也；禴，薄祭也。君子之進，必在乎誠信相交，心志相接，當萃聚之時，誠信既著，心志既通，則可以不煩外飾，其道得行矣。孚信中立，則雖禴之薄祭，亦可通於神明也。

○張子曰：能自持不變，引而後往，吉乃无咎。凡言利用禴，皆誠素著白於幽明之際。

○王氏宗傳曰：彖以「用大牲」爲吉，而六二以「用禴」爲利，何也？備物者，王者所以隨其時；有孚者，人臣所以通乎上。

【案】彖言「利見大人」，九五者，卦之大人也，六二應之，得見大人之義矣。然見大人者，聚必以正，故必待其引而從之，乃吉而无咎。蓋聚而不正，則不亨也。「孚乃利用禴」者，言相聚之道以誠爲本，苟有明信，雖用禴可祭矣，況大牲乎？亦根卦義而反其辭也。易曰「可用汲，王明，並受其福」，傳曰「在下位不援上」，此引字是「汲引」之引，非「援引」之引。

六三，萃如嗟如，无攸利，往无咎，小吝。

【本義】六三陰柔，不中不正，上无應與，欲求萃於近而不得，故「嗟如」而无所利，唯往從於上，可以无咎。然不得其萃，困然後往，復得陰極无位之爻，亦小可羞矣。戒占者當近捨不正之强援，而遠結正應之窮交，則无咎也。

【程傳】三陰柔，不中正之人也，求萃於人，而人莫與。求四則非其正應，又非其類，是以不正爲四所棄也。與二，則二自以中正應五，是以不正爲二所不與也。故欲「萃如」，則爲人棄絶而「嗟如」，不獲萃而嗟恨也。上下皆不與，无所利也，唯往而從上六，則得其萃，爲「无咎」也。三與上雖非陰陽正應，然萃之時，以類相從，皆以柔居一體之上，又皆无與，居相應之地，上復處説順之極，故得其萃而无咎也。易道變動无常，在人識之。然而「小吝」何也？三始求萃於四與二，不獲而後往從上六，人之動爲如此，雖得所求，亦可小羞吝也。

【集説】吴氏澄曰：與二陰萃於下，而上無應，故嗟嘆不得志。雖無應而比近九四之陽，苟能往而上求九四，則可无咎。

○俞氏琰曰：萃之時，利見大人，三與五非應非比，而不得其萃，未免有嗟嘆之聲，則无攸利矣。既曰「无攸利」，又曰「往无咎」，三與四比，則其往也，捨四可乎？三之從四，四亦巽而受之，故无咎。第無正應，而近比於四，所聚非正，有此小疵耳。

【案】以象傳觀之，吴氏、俞氏之説是也。易例三四隔體，無相從之義，然亦有以時義而相從者，隨三之「係丈夫」及此爻是也。其不正，而亦以時義相從者，豫三、咸三是也。皆因九四有主卦之義者，故然。

九四，大吉，无咎。

【本義】上比九五，下比衆陰，得其萃矣。然以陽居陰，不正，故戒占者必大吉然後得无咎也。

【程傳】四當萃之時，上比九五之君，得君臣之聚也；下比下體群陰，得下民之聚也。得上下之聚，可謂善矣。然四以陽居陰，非正也，雖得上下之聚，必得大吉然後爲无咎也。大爲周遍之義，无所不周然後爲大，无所不正則爲大吉，大吉則无咎也。夫上下之聚，固有不由正道而得者，非理枉道而得君者自古多矣，非理枉道而得民者蓋亦有焉，如齊之陳恒、魯之季氏是也，然得爲大吉乎？得爲无咎乎？故九四必能大吉然後爲无咎也。

【集説】房氏喬曰：大吉，謂匪躬盡瘁，始終無玷，可免專民之咎。有謂立大功可免咎者，非也。

○項氏安世曰：無尊位而得衆心，故必大吉而後可以无咎，如益之初九，在下位而任厚事，亦必元吉而後可以无咎也。

○胡氏炳文曰：比卦五陰皆比五之一陽，萃四陰皆聚歸五與四之二陽，五曰萃有位，以見四之萃非有位也。無尊位而得衆心，非大吉，安能无咎？

九五，萃有位，无咎。匪孚，元永貞，悔亡。

【本義】九五剛陽中正，當萃之時而居尊，固无咎矣。若有未信，則亦脩其「元永貞」之德，而悔亡矣。戒占者當如是也。

【程傳】九五居天下之尊，萃天下之衆而君臨之，當正其位，脩其德。以陽剛居尊位，稱其位矣；爲有其位矣，得中正之道，无過咎也；如是而有不信而未歸者，則當自反以脩其「元永貞」之德，則「无思不服」，而悔亡矣。「元永貞」者，君之德，民所歸也，故比天下之道與萃天下之道，皆在此三者。王者既有其位，又有其德，中正无過咎，而天下尚有未信服歸附者，蓋其道未光大也，「元永貞」之道未至也，在脩德以來之。如苗民逆命，「帝乃誕敷文德」，舜德非不至也，蓋有遠近昏明之異，故其歸有先後。既有未歸，則當脩德也。所謂德，「元永貞」之道也。元，首也，長也，爲君德，「首出庶物」，君長群生，有尊大之義焉，有主統之義焉，而又恒永貞固，則通於神明，光於四海，「无思不服」矣，乃无「匪孚」而其「悔亡」也。所謂悔，志之未光，心之未慊也。

【集説】王氏宗傳曰：五，萃之主也。當萃之時，爲萃之主，莫大於有其位，尤莫大於有其道。有是位而無是道，則天下不我信者亦衆矣，故曰「匪孚」。謂天下之人容有言曰，上之人但以位而萃我也，而其道則未至也。故必「元永貞」而後悔亡。

○朱子語類：問：「九五以陽剛中正，當萃之時而居尊位，安得又有『匪孚』？」曰：「此言有位而無德，則雖萃，而不能使人信，故人有不信，當脩其『元永貞』之德，而後悔亡也。」

【案】萃九五居尊以萃群陰，與比略同。卦象澤上於地，與比象亦略同也。故其「元永貞」之辭亦同。「元永貞，悔亡」，即所謂「原筮，元永貞，无咎」也。

上六，齎咨涕洟，无咎。

【本義】處萃之終，陰柔无位，求萃不得，故戒占者必如此，而後可以无咎也。

【程傳】六，説之主。陰柔小人説高位而處之，天下孰肯與也？求萃而人莫之與，其窮至於齎咨而涕洟也。齎咨，咨嗟也。人之絶之，由己自取，又將誰咎？爲人惡絶，不知所爲，則隕穫而至嗟涕，真小人之情狀也。

【集説】方氏應祥曰：此爻照「後夫凶」看。比之上六，以比之最後而凶；萃之上六，亦以萃之最後而有未安者，故其憂懼若此。此正所謂孤臣孽子也。

○黄氏淳耀曰：上乃孤孽之臣子也。萃極將散，而不得所萃，乃不得於君親者。「齎咨涕洟」四字，乃極言怨艾求萃之情，故終得萃而无咎。

【案】方氏、黄氏之説得之。蓋不止孤臣孽子，乃放臣屏子之倫也。方氏以比上相照亦是。然比上直曰「凶」，此則「齎咨涕洟」而「无咎」者；比象有「後夫凶」之辭，故遂以上六當之，此象有「利見大人」之辭，正與蹇卦同例，故尚有積誠求萃之理也。

䷭（巽下坤上）

【程傳】升，序卦：「萃者聚也。聚而上者謂之升，故受之以升。」物之積聚而益高大，聚而上也，故爲升，所以次於萃也。爲卦坤上巽下，木在地下，爲地中生木，木生地中，長而益高，爲升之象也。

升，元亨，用見大人，勿恤，南征吉。

【本義】升，進而上也。卦自解來，柔上居四。内巽外順，九二剛中，而五應之，是以其占如此。南征，前進也。

【程傳】升者，進而上也。升進則有亨義，而以卦才之善，故「元亨」也。用此道以見大人，不假憂恤，前進則吉也。南征，前進也。

【集説】代氏淵曰：尊爻無此人，故不云利見。

【案】卦直言「元亨」而無他辭者，大有、鼎也；雖有他辭，而非戒辭者，升也。歷選易卦，惟此三者。蓋大有與比相似，然所比者陰也、民也，所有者陽也、賢也；鼎與井相似，然「往來井井」者民也，大亨以養者賢也；升與漸相似，然漸者，賢之有所需待而進者也，升者，賢之無所阻礙而登者也。易道莫大於尚賢，而賢人得時之卦莫盛於此三者，故其彖皆曰「元亨」而無戒辭也。不曰利見大人而曰「用見」，代氏之説得之。

初六，允升，大吉。

【本義】初以柔順居下，巽之主也，當升之時，巽於二陽。占者如之，則信能升而大吉矣。

【程傳】初以柔居巽體之下，又巽之主，上承於九二之剛，巽之至者也。二以剛中之德上應於君，當升之任者也。允者，信從也。初之柔巽，唯信從於二，信二而從之同升，乃大吉也。二以德言則剛中，以力言則當任，初之陰柔又无應援，不能自升，從於剛中之賢以進，是由剛中之道也，吉孰大焉。

【集説】王氏申子曰：以柔而升，升之義也。初以柔居下，即木之升言之，乃木之根，故信其升之必達，而獲大吉也。

○何氏楷曰：初六巽主居下，猶木之根也，而得地氣以滋之，其升也允矣。所以爲升者巽也，所以爲巽者初也，大吉孰如之？

【案】此「允升」允字，當與晉之「衆允」同義。蓋不獲上信友，不可以升進也。然晉三言「衆允」，升初遂言「允升」，則王氏、何氏巽主木根之説是也。

九二，孚乃利用禴，无咎。

【本義】義見萃卦。

【程傳】二陽剛而在下，五陰柔而居上，夫以剛而事柔，以陽而從陰，雖有時而然，非順道也。以暗而臨明，以剛而事弱，若黽勉於事勢，非誠服也。上下之交不以誠，其可以久乎？其可以有爲乎？五雖陰柔，然居尊位。二雖剛陽，事上者也。當内存至誠，不假文飾於外。誠積於中，則自不事外飾，故曰「利用禴」，謂尚誠敬也。自古剛强之臣事柔弱之君，未有不爲矯飾者也。禴，祭之簡質者也，云「孚乃」，謂既孚乃宜不用文飾，專以其誠感通於上也，如是則得无咎。以剛强之臣而事柔弱之君，又當升之時，非誠意相交，其能免於咎乎？

【集説】張氏清子曰：萃六二以中虛爲孚，而與九五應；升九二以中實爲孚，而與六五應。二爻虛實雖殊，其孚則一也。孚則雖用禴而亦利，故二爻皆曰「孚乃利用禴」。彖言「剛中而應」，指此爻也。

【案】升晉之時，以柔爲善，二剛而亦利者，以其中也。剛中有應，是見大人者也，故亦爲升之利。初言吉，以君子得時之遇言也；二言无咎，以君子進身之道言也；六四則兼之。

九三，升虛邑。

【本義】陽實陰虛，而坤有國邑之象。九三以陽剛，當升時，而進臨於坤，故其象占如此。

【程傳】三以陽剛之才，正而且巽，上皆順之，復有援應，以是而升，如入无人之邑，孰禦哉！

【案】諸爻皆有吉利之占，三獨無之，則「升虛邑」者，但言其勇於進而無所疑畏耳。方升之時，故無凶咎之辭，然終不如二五之中、初四之順也。九三過剛，與「柔以時升」之義反，故其辭非盡善。

六四，王用亨于岐山，吉，无咎。

【本義】義見隨卦。

【程傳】四，柔順之才，上順君之升，下順下之進，己則止其所焉，以陰居柔，陰而在下，止其所也。昔者文王之居岐山之下，上順天子而欲致之有道，下順天下之賢而使之升進，已則柔順謙恭，不出其位，至德如此，周之王業用是而亨也。四能如是，則亨而吉且无咎矣。四之才固自善矣，復有无咎之辭，何也？曰：四之才雖善，而其位當戒也。居近君之位，在升之時，不可復升，升則凶咎可知，故云如文王則吉而无咎也。然處大臣之位，不得无事於升，當上升其君之道，下升天下之賢，已則止其分焉。分雖當止，而德則當升也，道則當亨也。盡斯道者，其唯文王乎！

【案】卦義「柔以時升」，六四初交上體，又位在巽坤之閒，有南征之象，迫近尊位，有見大人之義，是爻之合於卦義者也。在己者用之，以見大人則吉；爲大人者用之，以享神明則宜。與隨上之義同，皆言王用此人以享於山川也。不曰西山，而曰岐山，避彖辭「南征」之文。先儒或言岐山在周西南。

六五，貞吉，升階。

【本義】以陰居陽，當升而居尊位，必能正固，則可以得吉而「升階」矣。階，升之易者。

【程傳】五以下有剛中之應，故能居尊位而吉。然質本陰柔，必守貞固，乃得其吉也。若不能貞固，則信賢不篤，任賢不終，安能吉也？階，所由而升也。任剛中之賢，輔之而升，猶登進自階，言有由而易也。指言九二正應，然在下之賢，皆用升之階也，能用賢則彙升矣。

【集說】李氏元量曰：「貞吉，升階」，升而有序，故以階言之，謂賓主以揖遜而升者也。

○王氏宗傳曰：彖傳「柔以時升」，蓋謂五也。

○熊氏良輔曰：以順而升，如歷階然。

【案】升至五而極，居坤地之中，亦有南征之象焉，乃卦之主也。不取君象，但爲臣位之極者，與晉、漸之五同也。升階須從李氏、熊氏之說。蓋古者賓主三揖三讓而後升階，將上堂矣，而猶退遜如此，以況君子始終之進以禮者也，升、晉之所以必貴於柔順者以此。「升階」之戒，不在「貞」字之外，乃發明「貞吉」之意爾。

上六，冥升，利于不息之貞。

【本義】以陰居升極，昏冥不已者也。占者遇此，无適而利，但可反其不已於外之心，施之於不息之正而已。

【程傳】六以陰居升之極，昏冥於升，知進而不知止者也，其爲不明甚矣。然求升不已之心，有時而用於貞正而當不息之事，則爲宜矣。君子於貞正之德，「終日乾乾」，「自彊不息」，如上六不已之心，用之於此，則利也。以小人貪求无已之心移於進德，則何善如之！

【集説】石氏介曰：已在升極，是昧於升進之理，若能知時消息，但自消退，不更求進，乃利也。

○徐氏之祥曰：豫上樂極，故「冥豫」；升上進極，故「冥升」。

【案】「冥升」與「晉其角」之義同，皆進而不能退者也。以其剛也，故曰角；以其柔也，故曰冥。

「利于不息之貞」，其戒亦與「維用伐邑」之義同，皆勤於自治，不敢以盛滿自居者也。以其剛也，故曰「伐邑」；以其柔也，故曰「不息之貞」。

䷮（坎下兑上）

【程傳】困，序卦：「升而不已必困，故受之以困。」升者自下而上。自下升上，以力進也，不已必困矣，故升之後受之以困也。困者，憊乏之義。爲卦兑上而坎下，水居澤上，則澤中有水也，乃在澤下，枯涸无水之象，爲困乏之義。又兑以陰在上，坎以陽居下，與上六在二陽之上，而九二陷於二陰之中，皆陰柔揜於陽剛，所以爲困也。君子爲小人所揜蔽，窮困之時也。

困，亨，貞大人吉，无咎，有言不信。

【本義】困者，窮而不能自振之義。坎剛爲兑柔所揜，九二爲二陰所揜，四五爲上六所揜，所以爲困。坎險兑説，處險而説，是身雖困而道則亨也。二五剛中，又有大人之象，占者處困能亨，則得其正矣，非大人其孰能之，故曰「貞」又曰「大人」者，明不正之小人不能當也。「有言不信」，又戒以當務晦默，不可尚口，益取窮困。

【程傳】如卦之才，則困而能亨，且得貞正，乃大人處困之道也，故能吉而无咎。大人處困，不唯其道自吉，樂天安命，乃不失其吉也，況隨時善處，復有裕乎？「有言不信」，當困而言，人誰信之？

【集説】孔氏穎達曰：困者，窮厄委頓之名。道窮力竭，不能自濟，故名爲困。小人遭困，則窮斯濫矣；君子遇之，則不改其操。處困而不失其自通之道，故曰「困亨」；處困而能自通，必是履正體大之人，能濟於困，然後得吉而无咎，故曰「貞大人吉，无咎」；處困求濟，在於正身脩德，若巧言飾辭，人所不信，則其道彌窮，故誡之以「有言不信」也。

【案】困亨者，非謂處困而能亨也，蓋困窮者所以動人之心，忍人之性，因屈以致伸，有必通之理也。然惟守正之大人，則能進德於困，而得其所以可通者爾，豈小人之所能乎？困者，君子道屈之時也，屈則不伸矣。「有言不信」，「信」字疑當作「伸」字解，蓋有言而動見沮抑，乃是困厄之極，不特人疑之而不信也。夬卦「聞言不信」，己不信人之言也，而夫子以「聰不明」解之，以「信」字對「聰」字，則「信」字當爲疑信之信；此卦「有言不信」，人不行己之言也，而夫子以「尚口乃窮」解之，以「信」字對「窮」字，則「信」字當爲屈伸之伸。

初六，臀困于株木，入于幽谷，三歲不覿。

【本義】臀，物之底也。「困于株木」，傷而不能安也。初六以陰柔處困之底，居暗之甚，故其象占如此。

【程傳】六以陰柔處於至卑，又居坎險之下，在困不能自濟者也，必得在上剛明之人爲援助，則可以濟其困矣。初與四爲正應，九四以陽而居陰爲不正，失剛而不中，又方困於陰揜，是惡能濟人之困，猶株木之下，不能蔭覆於物。株木，無枝葉之木也。四近君之位，在他卦不爲无助，以居困而不能庇物，故爲「株木」。臀，所以居也。臀困于株木，謂无所庇而不得安其居，居安則非困也。「入于幽谷」，陰柔之人，非能安其所遇，既不能免於困，則益迷暗妄動，入於深困。幽谷，深暗之所也。方益入於困，无自出之勢，故至於「三歲不覿」，終困者也。不覿，不遇其所亨也。

【集説】項氏安世曰：初六在坎下，故爲入于幽谷，即坎初爻「入于坎窞」也。

○張氏清子曰：人之體，行則趾爲下，坐則臀爲下。初六困而不行，此坐困之象也。

【案】詩云：「出于幽谷，遷于喬木。」初不能自遷于喬木，而惟坐困株木之下，則有愈入于幽谷而已。陰柔處困之最下，故其象如此，在人則卑暗窮陋而不能自拔者。言臀者，況其坐而不遷也。

九二，困于酒食，朱紱方來，利用亨祀，征凶，无咎。

【本義】「困于酒食」，厭飫苦惱之意。酒食，人之所欲，然醉飽過宜，則是反爲所困矣。「朱紱方來」，上應之也。九二有剛中之德，以處困時，雖无凶害，而反困於得其所欲之多，故其象如此。而其占利以亨祀，若征行則非其時，故凶，而於義爲无咎也。

【程傳】酒食，人所欲，而所以施惠也。二以剛中之才，而處困之時，君子安其所遇，雖窮戹險難，无所動其心，不恤其爲困也。所困者，唯困於所欲耳。君子之所欲者，澤天下之民，濟天下之困也。二未得遂其欲、施其惠，故爲困于酒食也。大人君子，懷其道而困於下，必得有道之君，求而用之，然後能施其所蘊。二以剛中之德困於下，上有九五剛中之君，道同德合，必來相求，故云「朱紱方來」。方來，方且來也；朱紱，王者之服蔽膝也，以行來爲義，故以蔽膝言之。「利用享祀」，享祀，以至誠通神明也。在困之時，利用至誠如享祀然，其德既誠，〔一〕自能感通於上。自昔賢哲困於幽遠，而德卒升聞、道卒爲用者，唯自守至誠而已。「征凶无咎」，方困之時，若不至誠安處以俟命，往而求之，則犯難得凶，乃自取也，將誰咎乎？不度時而征，乃不安其所，爲困所動也，失剛中之德，自取凶悔，何所怨咎？諸卦二五以陰陽相應而吉，唯小畜與困乃戹於陰，故同道相求。小畜，陽爲陰所畜；困，陽爲陰所揜也。

【集説】石氏介曰：朱紱，祭服，謂可衣朱紱而享宗廟也。征凶，既在險中，何可以行？无咎，以其居陽明之德，可以无咎。

【案】小人以身窮爲困，君子以道窮爲困。卦之三陽，所謂君子也，所困者非身之窮，乃道之窮也。故二五則紱服榮於躬，四則金車寵於行，然而道之不通，則其榮寵也適以爲困而已矣。然榮寵亦非無故而來，神明之意，必有在焉，惟竭誠以求當神明之意，則終有通時矣。故雖當困之時，征行

〔一〕其德既誠：既，四庫本作「至」。

必凶，而其要无咎也。用享祀者，謂服此朱紱、用此酒食以享之，喻所得之爵禄，不敢以之自奉，而以爲竭誠盡職之具也。書曰：「予不敢宿，則禋于文王、武王。」意義相近。

六三，困于石，據于蒺藜，入于其宫，不見其妻，凶。

【本義】陰柔而不中正，故有此象，而其占則凶。石指四，蒺藜指二，宫謂三，而妻則六也。其義則繫辭備矣。

【程傳】六三以陰柔不中正之質處險極而用剛，居陽用剛也，不善處困之甚者也。石，堅重難勝之物；蒺藜，刺不可據之物。三以剛險而上進，則二陽在上，力不能勝，堅不可犯，益自困耳，「困于石」也。以不善之德居九二剛中之上，其不安猶藉刺，「據于蒺藜」也。進退既皆益困，欲安其所，益不能矣。宫，其居所安也；妻，所安之主也。知進退之不可，而欲安其居，則失其所安矣。進退與處皆不可，唯死而已，其凶可知。繫辭曰：「非所困而困焉名必辱，非所據而據焉身必危，既辱且危，死期將至，妻其可得見邪？」二陽不可犯也，而犯之以取困，是非所困而困也，名辱，其事惡也。三在二上，固爲據之，然苟能謙柔以下之，則无害矣，乃用剛險以乘之，則不安而取困，如據蒺藜也。如是，死期將至，所安之主可得而見乎？〔一〕

〔一〕所安之主可得而見乎：可，局本作「安」。

【案】三陰皆非能處困者，初在下，坐而困者也；三居進退之際，行而困者也。傷於外者必反其家，而又無所歸，甚言妄行取困，其極如此。

九四，來徐徐，困于金車，吝，有終。

【本義】初六，九四之正應。九四處位不當，不能濟物，而初六方困於下，又爲九二所隔，故其象如此。然邪不勝正，故其占雖爲可吝，而必有終也。「金車」爲九二，象未詳，疑坎有輪象也。

【程傳】唯力不足，故困。亨困之道，必由援助。當困之時，上下相求，理當然也。四與初爲正應，然四以不中正處困，其才不足以濟人之困。初比二，二有剛中之才，足以拯困，則宜爲初所從矣。金，剛也；車，載物者也。二以剛在下載己，故謂之「金車」。四欲從初，而阻於二，故其來遲疑而「徐徐」，是「困于金車」也。己之所應，疑其少己而之它，將從之，則猶豫不敢遽前，豈不可羞吝乎？「有終」者，事之所歸者正也。初四正應，終必相從也。寒士之妻，弱國之臣，各安其正而已，苟擇勢而從，則惡之大者，不容於世矣。二與四皆以陽居陰，而二以剛中之才，所以能濟困也。居陰者，尚柔也；得中者，不失剛柔之宜也。

【集說】胡氏瑗曰：徐徐者，舒緩不敢決進也。

【案】「來徐徐」者，喻君子當困時不欲上進也；「困于金車」者，招我以車，不容不來也，如是，則可羞吝矣。然上近九五之剛中正，乃卦所謂大人者，與之同德，終有亨道。

九五，劓刖，困于赤紱，乃徐有説，利用祭祀。

【本義】劓刖者，傷於上下。上下既傷，〔一〕則赤紱无所用，而反爲困矣。九五當困之時，上爲陰揜，下則乘剛，故有此象。然剛中而説體，故能遲久而有説也。占具象中，又利用祭祀，久當獲福。

【程傳】截鼻曰劓，傷於上也；去足爲刖，傷於下也。上下皆揜於陰，爲其傷害，劓刖之象也。五，君位也，人君之困，由上下无與也。「赤紱」，臣下之服，取行來之義，故以紱言。人君之困，以天下不來也。天下皆來，則非困也。五雖在困，而有剛中之德，下有九二剛中之賢，道同德合，徐必相應而來，共濟天下之困，是始困而徐有喜説也。「利用祭祀」，祭祀之事，必致其誠敬而後受福。人君在困時，宜念天下之困，求天下之賢，若祭祀然，致其誠敬，則能致天下之賢，濟天下之困矣。五與二同德，而云上下无與，何也？曰：陰陽相應者，自然相應也，如夫婦骨肉分定也。五與二皆陽爻，以剛中之德同而相應，相求而後合者也，如君臣朋友義合也。方其始困，安有上下之與？有與則非困，故徐合而後有説也。二云享祀，五云祭祀，大意則宜用至誠，乃受福也。祭與祀、享，泛言之則可通，分而言之，祭天神，祀地示，享人鬼。五，君位，言祭；二在下，言享，各以其所當用也。

【集説】王氏應麟曰：困九五曰「利用祭祀」，李公晦謂明雖困於人，而幽可感於神，豈不以人不

〔一〕上下既傷：「上」字原脱，據四庫本補。

能知而鬼神獨知之乎？愚謂孔子云「知我者其天乎」，韓子云「惟乖於時，乃與天通，不求人知，而求天知」，處困之道也。

【案】九五不取君象，但取位高而益困者耳。其象與九二同，但二則朱紱方將來，五則高位而已困于赤紱矣。「乃徐有説」者，五兑體，故能從容以處之，而有餘裕也。「利用祭祀」之義，亦與二同。

上六，困于葛藟，于臲卼，曰動悔，有悔，征吉。

【本義】以陰柔處困極，故有「困于葛藟，于臲卼，曰動悔」之象。然物窮則變，故其占曰：若能有悔，則可以征而吉矣。

【程傳】物極則反，事極則變。困既極矣，理當變矣。葛藟，纏束之物；臲卼，危動之狀。六處困之極，爲困所纏束，而居最高危之地，「困于葛藟」與「臲卼」也。「動悔」，動輒有悔，无所不困也；「有悔」，咎前之失也；曰，自謂也。若能曰，如是動皆得悔，當變前之所爲，有悔也，能悔則往而得吉也。困極而征，則出於困矣，故吉。三以陰在下卦之上而凶，上居一卦之上而无凶，何也？曰：三居剛而處險，困而用剛險，故凶；上以柔居説，唯爲困極耳，困極則有變困之道也。困與屯之上，皆以无應居卦終，屯則「泣血漣如」，困則「有悔征吉」，屯險極而困説體故也。以説順進，可以離乎困也。

【集説】項氏安世曰：此象所謂「尚口乃窮」也。若能斷「葛藟」而不牽，辭「臲卼」而不居，行而去之，吉孰加焉！

〇易氏祓曰：陽剛不可終困，而二四五皆不言吉；陰柔未免乎困，而上獨言吉者，困極則變，如否之有泰，雖險而終濟也。

〇徐氏幾曰：「震无咎者存乎悔」，困已極矣，有悔則可出困而征吉。困窮而通，其謂是夫！

〇吴氏曰慎曰：困非自己致，而時勢適逢者，則當守其剛中之德，是謂「困而不失其所亨」也，其道主於貞；若困由己之柔暗而致者，則當變其所爲，以免於困也，其道主於悔。學者深察乎此，則處困之道，異宜而各得矣。

【案】處困貴於説，而上，説之主也，故雖當困極，而尚有征吉之占，異乎初與三之坐困行蹇者也。然爲兑主，則又有尚口之象，尚口則支離繳繞，如困于葛藟然，將且鼿卼不安，而失其所爲説矣，故必悔悟而離去之則吉。

【總論】龔氏焕曰：卦以柔揜剛而爲困，主乎陽而言也，而陰之困爲尤甚。象傳曰：「困而不失其所亨，其惟君子乎！」三剛爻之謂矣。

易學典籍選刊

周易折中

中

〔清〕李光地 撰

楊軍 點校

中華書局

御纂周易折中卷第七

䷯（巽下坎上）

【程傳】井，序卦：「困乎上者必反下，故受之以井。」承上升而不已必困爲言，謂上升不已而困，則必反於下也，物之在下者莫如井，井所以次困也。爲卦坎上巽下。坎，水也，巽之象則木也，巽之義則入也。木，器之象，木入於水下而上乎水，汲井之象也。

井，改邑不改井，无喪无得，往來井井。汔至亦未繘井，羸其瓶，凶。

【本義】井者，穴地出水之處。以巽木入乎坎水之下，而上出其水，故爲井。「改邑不改井」，故「无喪无得」，而往者、來者皆井其井也。汔，幾也；繘，綆也；羸，敗也。汲井幾至，未盡綆而敗其瓶，則凶也。其占爲事仍舊无得喪，而又當敬勉，不可幾成而敗也。

【程傳】井之爲物，常而不可改也。邑可改而之他，井不可遷也，故曰「改邑不改井」。汲之而不竭，存之而不盈，「无喪无得」也。至者皆得其用，「往來井井」也。「无喪无得」，其德也常；「往來井井」，其用也周。常也、周也，井之道也。汔，幾也；繘，綆也。井以濟用爲功，幾至而未及用，亦與未下繘於井同也。君子之道貴乎有成，所以五穀不熟，不如荑稗，掘井九仞而不及泉，猶爲棄井，有濟物之用而未及物，猶无有也。羸敗其瓶而失之，其用喪矣，是以凶也。羸，毁敗也。

【集説】鄭氏康成曰：井以汲人，水無空竭，猶人君以政教養天下，惠澤無窮也。

○丘氏富國曰：「改邑不改井」，井之體也；「无喪无得」，井之德也；「往來井井」，井之用也。此三句言井之事。「汔至亦未繘井」，未及於用也；「羸其瓶」，失其用也。此二句言汲井之事。

【案】「改邑不改井」句，解説多錯，文意蓋言所在之邑，其井皆無異製，如諸葛孔明行軍之處，千井齊甃者，以喻王道之行，國不異政，家不殊俗也。「无喪无得」，則言井無盈涸，以喻道之可久。「往來井井」，則言所及者多，以喻道之可大。此三句皆言井，在人事則王者養民之政是也。然井能澤物，而汲之者器；政能養民，而行之者人。無器，則水之功不能上行；無人，則王者之澤不能下究。故「汔至」以下，又以汲井之事言之。

初六，井泥不食，舊井无禽。

【本義】井以陽剛爲泉，上出爲功，初六以陰居下，故爲此象。蓋井不泉而泥，則人所不食，而禽鳥亦莫之顧矣。

【程傳】井與鼎，皆物也，就物以爲義。六以陰柔居下，上无應援，无上水之象，不能濟物，乃井之不可食也。井之不可食，以泥汙也，在井之下，有泥之象。井之用，以其水之養人也，无水，則舍置不用矣。井水之上，人獲其用，禽鳥亦就而求焉。舊廢之井，人既不食，水不復上，則禽鳥亦不復往矣，蓋无以濟物也。井本濟人之物，六以陰居下，无上水之象，故爲不食。井之不食，以泥也，猶人當濟物之時，而才弱无援，不能及物，爲時所舍也。

【集説】王氏弼曰：最在井底，上又無應，沈滯滓穢，故曰「井泥不食」也。井泥而不可食，則是久井不見渫治者也。久井不見渫治，禽所不嚮，而況人乎？

○蔡氏清曰：井以陽剛爲泉，而初六則陰柔也，故爲「井泥」，爲「舊井」；井以上出爲功，而初六則居下，故爲「不食」，爲「无禽」。

九二，井谷射鮒，甕敝漏。

【本義】九二剛中，有泉之象，然上无正應，下比初六，功不上行，故其象如此。

【程傳】二雖剛陽之才而居下，上无應而比於初，不上而下之象也。井之道，上行者也。澗谷之水，則旁出而就下。二居井而就下，失井之道，乃井而如谷也。井上出則養人而濟物，今乃下就污泥，注於鮒而已。鮒，或以爲蝦，或以爲蟇，井泥中微物耳。射，注也，如谷之下流，注於鮒也。「甕敝漏」，如甕之破漏也。陽剛之才，本可以養人濟物，而上无應援，故不能上而就下，是以无濟用之功，如水之在甕，本可爲用，乃破敝而漏之，不爲用也。井之初、二无功，而不言悔咎，何也？曰：

失則有悔，過則爲咎，无應援而不能成用，非悔咎乎？居二比初，豈非過乎？曰：處中非過也，不能上由无援，非以比初也。

【集説】張氏振淵曰：以井言，則爲井谷之泉，僅下注於鮒；以汲井言，則爲敝壞之甕，水反漏於下也。

【案】井谷者，井中出水之穴竅也。井能出水，則非泥井也，而其功僅足以射鮒者，上無汲引之人，如瓶甕之敝漏然，則不能自濟於人用也決矣。在卦則以井喻政，以汲之者喻行政之人；在爻則下體以井喻材德之士，汲之者喻進用之君；上體以井喻德位之君，汲之者喻被澤之衆。三義相因，而取喻不同。

九三，井渫不食，爲我心惻，可用汲，王明，並受其福。

【本義】渫，不停污也。「井渫不食」，而使人心惻，「可用汲」矣。「王明」，則汲井以及物，而施者、受者並受其福也。九三以陽居陽，在下之上，而未爲時用，故其象占如此。

【程傳】三以陽剛居得其正，是有濟用之才者也。在井下之上，水之清潔可食者也。井以上爲用，居下未得其用也。陽之性上，又志應上六，處剛而過中，汲汲於上進，乃有才用而切於施爲，未得其用，則如井之渫治清潔而不見食，爲心之惻怛也。三居井之時，剛而不中，故切於施爲，異乎「用之則行，舍之則藏」者也。然明王用人，豈求備也，故王明則受福矣。三之才足以濟用，如井之清潔，可用汲而食也，若上有明王，則當用之而得其效。賢才見用，則己得行其道，君得享其功，下得被其澤，上下「並受其福」也。

【集説】蔡氏清曰：「爲我心惻」，我指旁人，所謂行惻也，非謂九三自惻也。「可用汲」帶連「王明，並受其福」，皆惻之之辭也。

【案】不曰明王，而曰王明，乃惻者祈禱之辭，言王若明，則吾儕並受其福矣。

六四，井甃，无咎。

【本義】以六居四，雖得其正，然陰柔不泉，則但能脩治，而无及物之功，故其象爲井甃，而占則无咎。占者能自脩治，則雖无及物之功，而亦可以无咎矣。

【程傳】四雖陰柔而處正，上承九五之君，才不足以廣施利物，亦可自守者也，故能脩治則得无咎。甃，砌累也，謂脩治也。四雖才弱，不能廣濟物之功，脩治其事，不至於廢可也；若不能脩治，廢其養人之功，則失井之道，其咎大矣。居高位而得剛陽中正之君，但能處正承上，不廢其事，亦可以免咎也。

【集説】丘氏富國曰：三在内卦，渫井内以致其潔；四在外卦，甃井外以禦其污。蓋不渫則污者不潔，不甃則潔者易污。

○來氏知德曰：六四陰柔得正，近九五之君，蓋脩治其井，以瀦蓄九五之寒泉者也。占者能脩治臣下之職，則可以因君而成井養之功，斯无咎矣。

九五，井洌，寒泉，食。

【本義】洌，潔也。陽剛中正，功及於物，故爲此象。占者有其德，則契其象也。

【程傳】五以陽剛中正居尊位，其才其德，盡善盡美，「井洌，寒泉，食」也。洌，謂甘潔也。井泉以寒爲美。甘潔之寒泉，可爲人食也，於井道爲至善也。然而不言吉者，井以上出爲成功，未至於上，未及用也，故至上而後言「元吉」。

【集説】易氏祓曰：三與五，皆泉之潔者。三居甃下，未汲之泉也，故曰「不食」；五出乎甃，已汲之泉也，故言「食」。

上六，井收勿幕，有孚，元吉。

【本義】收，汲取也。晁氏云：「收，鹿盧收繘者也。」亦通。幕，蔽覆也。有孚，謂其出有源而不窮也。井以上出爲功，而坎口不揜，故上六雖非陽剛，而其象如此。然占者應之，必「有孚」乃「元吉」也。

【程傳】井以上出爲用，居井之上，井道之成也。收，汲取也；幕，蔽覆也。取而不蔽，其利无窮，井之施廣矣、大矣。「有孚」，有常而不變也。博施而有常，大善之吉也。夫體井之用，博施而有常，非大人孰能？它卦之終爲極、爲變，唯井與鼎，終乃爲成功，是以吉也。

【案】「勿幕」，謂取之無禁，所謂「往來井井」者也；「有孚」，謂有源不窮，所謂「无喪无得」者也。此爻得備卦之義者。「巽乎水而上水」，至此爻，則上之極也。

【總論】李氏過曰：初，井泥；二，井谷，皆廢井也。三，井渫，則渫初之泥。四，井甃，則甃二之谷。既渫且甃，井道全矣，故五井冽而泉寒，上井收而勿幕，功始及物，而井道大成矣。○丘氏富國曰：先儒以三陽爲泉，三陰爲井，陽實陰虛之象也。九二言「井谷射鮒」，九三言「井渫不食」，九五言「井冽寒泉」，曰射、曰渫、曰冽，非泉之象乎？初六言「井泥不食」，六四言「井甃无咎」，上六言「井收勿幕」，曰泥、曰甃、曰收，非井之象乎？以卦序而言，則二之射，始達之泉也；三之渫，已潔之泉也；五之冽，則可食之泉矣。初之泥，方掘之井也；四之甃，已脩之井也；上之收，則已汲之井矣。又以二爻爲一例，則初二皆在井下，不見於用，故初爲泥而二爲谷；三四皆在井中，將見於用，故三爲渫而四爲甃；五上皆在井上，而已見於用矣，故五言食而上言收也。

䷰（離下兑上）

【程傳】革，序卦：「井道不可不革，故受之以革。」井之爲物，存之則穢敗，易之則清潔，不可不革者也，故井之後受之以革也。爲卦兑上離下，澤中有火也。革，變革也，水火相息之物，水滅火，火涸水，相變革者也。火之性上，水之性下，若相違行，則睽而已，乃火在下，水在上，相就而相剋，相滅息者也，所以爲革也。又二女同居而其歸各異，其志不同，爲不相得也，故爲革也。

革，已日乃孚，元亨利貞，悔亡。

【本義】革，變革也。兑澤在上，離火在下，火然則水乾，水決則火滅；中少二女合爲一卦，而少上、中下志不相得，故其卦爲革也。變革之初，人未之信，故必已日而後信。又以其内有文明之德，而外有和説之氣，故其占爲有所更革，皆大亨而得其正。所革皆當，而所革之悔亡也。一有不正，則所革不信不通，而反有悔矣。

【程傳】革者，變其故也。變其故，則人未能遽信，故必已日，然後人心信從。「元亨利貞，悔亡」，弊壞而後革之，革之所以致其通也，故革之而可以大亨。革之而利於正道，則可久，而得去故之義，无變動之悔，乃悔亡也。革而无甚益，猶可悔也，況反害乎？古人所以重改作也。

【集説】李氏簡曰：已日者，已可革之時也。先時而革，則人疑而罔孚，故「已日乃孚」。「元亨利貞」者，謂窮則變，固有大通之道，而利於不失正也，正則其悔亡矣。

○何氏楷曰：已日，即六二所謂「已日」也；乃孚，即九三、九四、九五所謂「有孚」也；悔亡，即九四所謂「悔亡」也。所以云「已日」者，變革天下之事，不當輕遽，乃能孚信於人，乃，難辭也。下三爻方欲革故而爲新，故有謹重不輕革之意，上三爻則故者已革而爲新矣。九四當上下卦之交，正改命之時，故悔亡獨於九四見之，即象傳所云「革而當，其悔乃亡」也。

【案】「已日乃孚」，李氏、何氏之説爲長，蓋卦辭、爻辭不應互異也。

初九，鞏用黄牛之革。

【本義】雖當革時，居初无應，未可有爲，故爲此象。鞏，固也；黄，中色；牛，順物；革，所以固物，亦取卦名而義不同也。其占爲當堅確固守，而不可以有爲。聖人之於變革，其謹如此。

【程傳】變革，事之大也，必有其時，有其位，有其才，審慮而慎動，而後可以无悔。九以時則初也，動於事初，則无審慎之意，而有躁易之象；以位則下也，无時无援，而動於下，則有僭妄之咎，而无體勢之重；以才則離體而陽也，離性上而剛體健，皆速於動也，其才如此，有爲則凶咎至矣。蓋剛不中而體躁，所不足者，中與順也，當以中順自固，而无妄動，則可也。鞏，局束也；革，所以包束；黄，中色；牛，順物。「鞏用黄牛之革」，謂以中順之道自固，不妄動也。不云吉凶，何也？曰：妄動則有凶咎，以中順自固，則不革而已，安得便有吉凶乎？

【集説】干氏寶曰：在革之初，未可以動，故曰「鞏用黄牛之革」。

○劉氏牧曰：下非可革之位，初非可革之時，要在固守中順之道，而不敢有革也。

○吕氏大臨曰：初九當革之初，居下無位，比於六二，上無正應，雖有剛德，不當自任，惟結六二以自固，故「鞏用黄牛之革」。六二居中柔順，故曰「黄牛」，與遯六二同義。

○龔氏煥曰：易言「黄牛之革」者二，遯之六二，居中有應，欲遯而不可遯者也；革之初九，在下無應，當革而不可革者也。所指雖殊，而意實相類。

【案】更改之義，有取於革者。革，鳥獸之皮也。鳥獸更四時，則皮毛改换，堯典「希革毛毨」之類是也。六爻取象於牛、虎、豹者以此。牛之皮至堅韌，難以更革者也，以之繫物則固，故遯二之「執用」者似之；以之裹物則密，故革初之「鞏用」者似之。

六二，已日乃革之，征吉，无咎。

【本義】六二柔順中正，而爲文明之主，有應於上，於是可以革矣。然必已日然後革之，則征吉而无咎，戒占者猶未可遽變也。

【程傳】以六居二，柔順而得中正，又文明之主，上有剛陽之君，同德相應，中正則无偏蔽，文明則盡事理，應上則得權勢，體順則无違悖，時可矣，位得矣，才足矣，處革之至善者也。然臣道不當爲革之先，又必待上下之信，故「已日乃革之」也。如二之才德，所居之地，所逢之時，足以革天下之弊，新天下之治，當進而上輔於君，以行其道，則吉而无咎也；不進則失可爲之時，爲有咎也。以二體柔，而處當位，體柔則其進緩，當位則其處固。變革者，事之大，故有此戒。二得中而應剛，未至失於柔也。聖人因其有可戒之疑，而明其義耳，使賢才不失可爲之時也。

【集説】王氏宗傳曰：六二以中正之德上應九五中正之君，當革之時，卦德所謂「已日乃孚」是也，故曰「已日乃革之，征吉，无咎」。○熊氏良輔曰：六二爲内卦之主，故卦辭之「已日」見之於此。卦曰「已日乃孚」，爻曰「已日乃革」者，孚而後革也。

九三，征凶，貞厲，革言三就，有孚。

【本義】過剛不中，居離之極，躁動於革者也，故其占有「征凶，貞厲」之戒。然其時則當革，故至於「革言三就」，則亦「有孚」而可革也。

【程傳】九三以剛陽爲下之上，又居離之上，而不得中，躁動於革者也。在下而躁於變革，以是而行，則有凶也。然居下之上，事苟當革，豈可不爲也？在乎守貞正而懷危懼，順從公論，則可行之不疑。「革言」，猶當革之論；「就」，成也、合也。審察當革之言，至於三而皆合，則可信也，言重慎之至，能如是則必得至當，乃「有孚」也，已可信而衆所信也，如此則可以革矣。在革之時，居下之上，事之當革，若畏懼而不爲，則失時爲害，唯當慎重之至，不自任其剛明，審稽公論，至於「三就」，而後革之，則无過矣。

【集説】吕氏大臨曰：九三居下體之上，自初至三，徧行三爻，革之有漸，革道以成，故曰「革言三就」。至於三，則民信之矣，故「有孚」。○龔氏焕曰：九三以過剛之才，躁動以往，則凶；處當革之時，貞固自守，則厲。惟於改革之言，詳審「三就」，則既無躁動之凶，又無固守之厲，得其時宜，所以可革也。

○胡氏炳文曰：以其過剛也，故恐其征而不已，則凶；以其不中也，又恐其一於貞固而失變革之義，則厲。故必革之言至於「三就」，審之屢，則「有孚」而可革矣。

九四，悔亡，有孚改命，吉。

【本義】以陽居陰，故有悔，然卦已過中，水火之際，乃革之時，而剛柔不偏，又革之用也，是以「悔亡」。然又必「有孚」，然後革，乃可獲吉。明占者有其德而當其時，又必有信，乃「悔亡」而得「吉」也。

【程傳】九四，革之盛也；陽剛，革之才也；離下體而進上體，革之時也；居水火之際，革之勢也；得近君之位，革之任也；下无係應，革之志也；以九居四，剛柔相際，革之用也。四既具此，可謂當革之時也。事之可悔，而後革之，革之而當，其悔乃亡也。革之既當，唯在處之以至誠，故「有孚」則「改命吉」。改命，改爲也，謂革之也。既事當而弊革，行之以誠，上信而下順，其吉可知。四非中正而至善，何也？曰：唯其處柔也，故剛而不過，近而不逼，順承中正之君，乃中正之人也。易之取義无常也，隨時而已。

【集説】虞氏翻曰：將革而謀謂之言，革而行之謂之命。

○陸氏希聲曰：革而當，故「悔亡」也。爲物所信，則命令不便於民者，可改易而獲吉。

○劉氏牧曰：成革之體，在斯一爻。且自初至三，則革道已成，故下三爻皆以革字著於爻辭。至於四，則惟曰「悔亡，有孚改命，吉」也。

○朱子語類：問：「革下三爻，有謹重難改之意；上三爻，則革而善。蓋事有新故，下三爻則故事也；未變之時，必當謹審於其先，上三爻則變而爲新事矣。」曰：「然。乾卦到九四爻，謂『乾道乃革』，也是到這處方變。」

○胡氏炳文曰：自三至五，皆言「有孚」，三議革而後孚，四有孚而後改，深淺之序也；五「未占」而「有孚」，積孚之素也。

九五，大人虎變，未占有孚。

【本義】虎，大人之象；變，謂希革而毛毨也。在大人則自新、新民之極，順天應人之時也。九五以陽剛中正爲革之主，故有此象。占而得此，則有此應，然亦必自其「未占」之時，人已信其如此，乃足以當之耳。

【程傳】九五以陽剛之才、中正之德居尊位，大人也。以大人之道革天下之事，无不當也，无不時也，所過變化，事理炳著，如虎之文采，故云「虎變」。龍、虎，大人之象也。變者，事物之變，曰虎，何也？曰：大人變之，乃大人之變也，以大人中正之道變革之，炳然昭著，不待占決，知其至當而天下必信也。天下蒙大人之革，不待占決，知其至當而信之也。

【集説】鄭氏汝諧曰：革之道，久而後信。五與上，其革之成乎？五，陽剛中正，居尊而説體，盡革之美，是以「未占」而「有孚」也。其文曉然見於天下，「道德之威」，望而可信，「若卜筮，罔不是孚」，「虎變」之謂也。

○龔氏焕曰：革以孚信爲主，故彖與三四皆以孚爲言，至五之「未占有孚」，則不言而信，而無以復加矣。

上六，君子豹變，小人革面，征凶，居貞吉。

【本義】革道已成，君子如豹之變，小人亦革面以聽從矣，不可以往，而居正則吉。變革之事，非得已者，不可以過，而上六之才，亦不可以有行也，故占者如之。

【程傳】革之終，革道之成也。君子，謂善人。良善則已從革而變，其著見若豹之彬蔚也。小人，昏愚難遷者。雖未能心化，亦革其面，以從上之教令也。龍、虎，大人之象，故大人云「虎」，君子云「豹」也。人性本善，皆可以變化，然有下愚，雖聖人不能移者，以堯舜爲君，以聖繼聖，百有餘年，天下被化可謂深且久矣，而有苗、有象，其來格烝乂，蓋亦革面而已。小人既革其外，革道可以爲成也，苟更從而深治之，則爲已甚，已甚非道也。故至革之終，而又征則凶也，當貞固以自守，革至於極而不守以貞，則所革隨復變矣。天下之事，始則患乎難革，已革則患乎不能守也，故革之終，戒以居貞則吉也。居貞非爲六戒乎？曰：爲革終言也，莫不在其中矣。人性本善，有不可革者，何也？

曰：語其性則皆善也，語其才則有下愚之不移。所謂下愚有二焉，自暴也，自棄也。人苟以善自治，則无不可移者，雖昏愚之至，皆可漸磨而進也，唯自暴者拒之以不信，自棄者絶之以不爲，雖聖人與居，不能化而入也，仲尼之所謂下愚也。然天下自棄、自暴者非必皆昏愚也，往往强戾而才力有過人者，商辛是也。聖人以其自絶於善，謂之下愚，然考其歸，則誠愚也。既曰下愚，其能革面，何也？曰：心雖絶於善道，其畏威而寡罪，則與人同也，唯其有與人同，所以知其非性之罪也。

【集説】孔氏穎達曰：居革之終，變道已成，君子處之，雖不能同九五革命創制，如虎文之彪炳，然亦潤色鴻業，如豹文之蔚縟，故曰「君子豹變」也。「小人革面」者，但能變其顔面容色，順上而已。革道已成，宜安静守正，更有所征則凶，居而守正則吉。

○龔氏焕曰：九三與上六皆曰「征凶」，而有「貞厲」「貞吉」之殊者。三之「征凶」，戒其不可妄動也；上之「征凶」，謂事之已革者不可復變也。三當革而未革，故守貞則厲；上已革而當守，故居貞則吉，三革道未成、上革道已成故也。

○楊氏啓新曰：革道已成，非上六革之，有革之者也。上六特承其重熙累洽之後，治定功成之日耳。若九五，則必堯舜湯武乃足以當之。首創之君，開大型範，耳目一新，若混沌初闢，其文疎朗闊大，繼體之後，則漸深邃遒密耳。周之頑民，既歷三紀，世變風移，則革面之謂。革而不守以貞，則所變者隨復變矣。天下事，未革患其不能革，既革患其不能守也，故戒以「居貞」。

【案】五上兩爻相承，虎豹兩物相似。程傳以「君子」爲被王化之人，似不如孔氏、楊氏以爲繼體守成之爲安也。如文武開基，肇造維新，豈非若虎之變而文采焕然者乎？成康繼世，禮明樂備，豈非若豹之變而文理繁密者乎？言君子雖稍别於大人，然革道必至此而後爲詳且備也。至小人革面，方以被王化者言之。所謂革面者，亦非但革其面而不能革心之謂。此卦以禽獸取義，凡禽獸之有靈性而近於人者，如猩猩、猿猴之類，皆革其面，故以此爲民風丕變之喻爾。王道之行，則仁義成俗，而心亦無不革矣，不然，何以爲必世後仁乎？

【總論】龔氏焕曰：初言「鞏用黄牛」，未可有革者也；二言「已日乃革」，不可遽革者也；三言「革言三就」，謹審以爲革者也，皆革道之未成也；四言「有孚改命」，則事革矣；五言「大人虎變」，則爲聖人之神化矣；上言「君子豹變，小人革面」，則天下爲之丕變，而革道大成矣。

䷱（巽下離上）

【程傳】鼎，序卦：「革物者莫若鼎，故受之以鼎。」鼎之爲用，所以革物也，變腥而爲孰，易堅而爲柔，水火不可同處也，能使相合爲用而不相害，是能革物也，鼎所以次革也。爲卦上離下巽，所以爲鼎，則取其象焉，取其義焉。取其象者有二，以全體言之，則下植爲足，中實爲腹，受物在中之象，對峙於上者耳也，橫亘乎上者鉉也，鼎之象也；以上下二體言之，則中虛在上，下有足以承之，亦鼎之象也。取其義，則木從火也。巽，入也，順從之義。以木從火，爲烹之象。火之用，惟燔與烹，燔不假器，故取烹象而爲鼎。以木巽火，烹飪之象也。制器取其象也，乃象器以爲卦乎？曰：制器取於象也，象存乎卦，而卦不必先器。聖人制器，不待見卦而後知象，以衆人之不能知象也，故設卦以示之。卦、器之先後，不害於義也。或疑鼎非自然之象，乃人爲也。曰：固人爲也。然烹飪可以成物，形制如是則可用，此非人爲，自然也。在井亦然。器雖在卦先，而所取者乃卦之象，卦復用器以爲義也。

鼎，元吉，亨。

【本義】鼎，烹飪之器。爲卦下陰爲足，二三四陽爲腹，五陰爲耳，上陽爲鉉，有鼎之象；又以巽木入離火而致烹飪，鼎之用也，故其卦爲鼎。下巽，巽也，上離爲目而五爲耳，有内巽順而外聰明之象。卦自巽來，陰進居五，而下應九二之陽，故其占曰「元亨」。「吉」，衍文也。

【程傳】以卦才言也，如卦之才，可以致元亨也，止當云「元亨」，文羨「吉」字。卦才可以致「元亨」，未便有元吉也，彖復止云「元亨」，其羨明矣。

【集説】易氏祓曰：易之諸卦皆言象，取諸物以名卦者，鼎與井而已。井以木巽水，鼎以木巽火，二卦以養人爲義，故皆以實象明之。

○胡氏一桂曰：自「元亨」外無餘辭，唯大有與鼎。

【案】上經頤卦言養道，曰「聖人養賢以及萬民」，然則王者之所當養，此兩端而已。下經井言養，鼎亦言養，然井在邑里之間，往來行汲，養民之象也；鼎在朝廟之中，燕饗則用之，養賢之象也。養民者存乎政，行政者存乎人，是其得失未可知也，故井之彖猶多戒辭；至於能養賢，則與之食天禄、治天職，而所以養民者在是矣，故其辭直曰「元亨」，與大有同。

初六，鼎顛趾，利出否。得妾以其子，无咎。

【本義】居鼎之下，鼎趾之象也，上應九四，則顛矣。然當卦初，鼎未有實，而舊有否惡之積焉，因其顛而出之，則爲利矣。得妾而因得其子，亦由是也。此爻之象如此，而其占「无咎」，蓋因敗以爲功，因賤以致貴也。

【程傳】六在鼎下，趾之象也；上應於四，趾而向上，顛之象也。鼎覆則趾顛，趾顛則覆其實矣，非順道也。然有當顛之時，謂傾出敗惡，以致潔取新，則可也，故「顛趾」利在於「出否」。否，惡也。四近君，大臣之位，初，在下之人，而相應，乃上求於下，下從其上也。上能用下之善，下能輔上之爲，可以成事功，乃善道，如鼎之顛趾，有當顛之時，未爲悖理也。「得妾以其子，无咎」，六陰而卑，故爲妾。「得妾」，謂得其人也。若得良妾，則能輔助其主，使无過咎也。子，主也。以其子，致其主於无咎也。六陰居下，而卑巽從陽，妾之象也，以六上應四爲「顛趾」，而發此義。初六本無才德可取，故云「得妾」，言得其人，則如是也。

【集説】熊氏良輔曰：「鼎顛趾」，鼎之未用而傾仆也。未用而傾仆，則汙穢不能留，反以顛爲利也。若九四之「折足」，則覆敗而凶矣。「得妾以其子」，又就顛趾出否上取義，「得妾」者，顛趾也；「以其子」者，出否也。疑於有咎，故曰「无咎」。

【案】易例，初六應九四無亨吉之義，蓋以初六乃材德之卑，應四有援上之嫌，故於義無可取者。其動於應而凶咎者，則有之矣，鳴豫、咸拇之類是也。惟晉有上進之義，萃有萃上之義，鼎有得養之義，此三者則初六、九四之應容有取焉。然晉初則「晉如摧如」，萃初則「乃亂乃萃」，蓋主於在下者之求進、求萃而言，則居卑處初，未能自達者，宜也。惟鼎之義，主於上之養下，上之養下也，大賢固養之矣，及其使人也器之，薄材微品所不遺焉。當此之時，雖其就上也如「顛趾」，而因得去污穢以自濯於潔清，雖其媒鬻也如妾，而因得廣嗣續以薦身於嬪御，盛世所以無棄才，而人入於士君子之路者，此也。故觀易者，知時義之爲要。

九二，鼎有實，我仇有疾，不我能即，吉。

【本義】以剛居中，鼎有實之象也。我仇，謂初。陰陽相求而非正，則相陷於惡而爲仇矣。二能以剛中自守，則初雖近，不能以就之矣，是以其象如此，而其占爲如是則吉也。

【程傳】二以剛實居中，鼎中有實之象。鼎之有實，上出則爲用。二陽剛，有濟用之才，與五相應，上從六五之君，則得正而其道可亨。然與初密比，陰從陽者也。九二居中而應中，不至失正，己雖自守，彼必相求，故戒能遠之，使不來即我，則吉也。仇，對也，陰陽相對之物，謂初也。相從則非正而害義，是「有疾」也。二當以正自守，使之不能來就己。人能自守以正，則不正不能就之矣，所以吉也。

【集説】胡氏炳文曰：鼎諸爻與井相似。井以陽剛爲泉，鼎以陽剛爲實。井二無應，故其功終不上行；鼎二有應，而能以剛中自守，故吉。

【案】此「疾」字，是妬害之義，所謂「入朝見疾」是也。夫相妬害，則相遠而不相即矣。然小人之害人也，必託爲親愛，以伺其隙，故必「不惡而嚴」，使之「不我能即」，而後無隙之可乘也。此只據九二剛中能自守而取此象，不必定指一爻爲我仇也。

九三，鼎耳革，其行塞，雉膏不食，方雨，虧悔終吉。

【本義】以陽居鼎腹之中，本有美實者也。然以過剛失中，越五應上，又居下之極，爲變革之時，故爲鼎耳方革，而不可舉移，雖承上爻文明之腴，有雉膏之美，而不得以爲人之食。然以陽居陽，爲得其正，苟能自守，則陰陽將和而失其悔矣。占者如是，則初雖不利，而終得吉也。

【程傳】鼎耳，六五也，爲鼎之主。三以陽居巽之上，剛而能巽，其才足以濟務，然與五非應而不同，五中而非正，三正而非中，不同也，未得於君者也。不得於君，則其道何由而行？革，變革爲異也。三與五，異而不合也。「其行塞」，不能亨也。不合於君，則不得其任，无以施其用。膏，甘美之物，象禄位；雉，指五也，有文明之德，故謂之雉。三有才用，而不得六五之禄位，是不得「雉膏」食之也。君子蘊其德，久而必彰；守其道，其終必亨。五有聰明之象，而三終上進之物，陰陽交暢則雨。方雨，且將雨也，言五與三方將和合。「虧悔終吉」，謂不足之悔終當獲吉也。三懷才而不偶，故有不足之悔，然其有陽剛之德，上聰明而下巽正，終必相得，故吉也。三雖不中，以巽體，故无過剛之失。若過剛，則豈能終吉？

【集説】易氏祓曰：三，鼎腹有實者也；耳，謂六五，正所以運其腹中所容者。惟上無應，塞而不行，實在其中，美如雉膏，誰得而享之？然君子處心要使美實備於我，而不計行之通塞。及其終也，陰陽相濟，有至和將雨之兆，此所以虧其始之悔，而終必獲吉也。

○胡氏炳文曰：井、鼎九三皆居下而未爲時用。井三如清潔之泉而不見食，鼎三如鼎中有雉膏而不得以爲人食。然君子能爲可食，不能使人必食。六五鼎耳，三與五不相遇，如鼎耳方變革而不可舉移，故其行不通。然五文明之主，三上承文明之腴，以剛正自守，五終當求之，方且如陰陽和而爲雨，始雖有不遇之悔，終當有相遇之吉。井三所謂「王明，並受其福」者，亦猶是也。

九四，鼎折足，覆公餗，其形渥，凶。

【本義】晁氏曰：形渥，諸本作「刑剭」，謂重刑也，今從之。九四居上，任重者也，而下應初六之陰，則不勝其任矣，故其象如此，而其占凶也。

【程傳】四，大臣之位，任天下之事者也。天下之事，豈一人所能獨任？必當求天下之賢智，與之協力。得其人，則天下之治可不勞而致也；用非其人，則敗國家之事，貽天下之患。四下應於初，初，陰柔小人，不可用者也，而四用之，其不勝任而敗事，猶鼎之折足也。「鼎折足」，則傾覆公上之餗。餗，鼎實也。居大臣之位，當天下之任，而所用非人，至於覆敗，乃不勝其任，可羞愧之甚也。「其形渥」，謂赧汗也，其凶可知。繫辭曰：「德薄而位尊，知小而謀大，力少而任重，鮮不及矣。」「言不勝其任也」。蔽於所私，德薄知小也。

【集說】王氏弼曰：渥，沾濡之貌也。既「覆公餗」，體爲沾濡，知小謀大，不堪其任，受其至辱，災及其身，故曰「其形渥」，凶也。

○胡氏瑗曰：夫鼎之實必有齊量，不可以盈溢，若遇其盈溢，則有覆餗之凶。君子之人，雖有才德，亦有分量，若職事過其才分，則有墮官之謗矣。

○蘇氏軾曰：鼎之量，極於四，其上則耳矣。受實必有餘量，以爲溢地也，溢則覆矣。

○朱氏震曰：「其形渥」，羞赧之象，澤流被面，沾濡其體也。

○昜氏祓曰：四亦鼎腹有實，在二陽之上，已過於溢，而又以陽剛之才下應於初，初趾已顛，故有「折足」之象。「覆公餗」，四近君，爲公之象。

○胡氏炳文曰：初未有鼎實，故因顛趾而出否；四已有鼎實，故折足而覆餗。

【案】四之得凶，諸家之説備矣。蓋三陽爲實，而四適當其盈也，盈則有傾覆之象矣。又應初爲無輔，故有折足覆餗之象。凡易例，九四應初六，皆有損而無助，大過之「不橈乎下」、解之「解而拇」皆是也。「其形渥」，從王氏説爲是。詩曰「渥赭」，曰「渥丹」，皆以顔貌言之，愧生於中，則顔發赤也。

六五，鼎黄耳金鉉，利貞。

【本義】五於象爲耳，而有中德，故云「黄耳」；金，堅剛之物；鉉，貫耳以舉鼎者也。五虚中以應九二之堅剛，故其象如此，而其占則利在貞固而已。或曰，金鉉以上九而言，更詳之。

【程傳】五在鼎上，耳之象也，鼎之舉措在耳，爲鼎之主也。五有中德，故云「黄耳」。鉉，加耳者也。二應於五，來從於耳者，鉉也。二有剛中之德，陽體剛，中色黄，故爲「金鉉」。五文明得中而應剛，二剛中巽體而上應，才无不足也，相應至善矣，所利在貞固而已。六五居中應中，不至於失正，而質本陰柔，故戒以貞固於中也。

【集説】王氏宗傳曰：在鼎之上，受鉉以舉鼎者，耳也，六五之象也；在鼎之外，貫耳以舉鼎者，鉉也，上九之象也。

○王氏申子曰：黄，中色，謂五之中也；金，剛德，謂上之陽也。主一鼎者在乎耳，耳不虚中，則鼎雖有鉉而無所措;耳而無鉉,則鼎雖有實而無所施。故鼎之六五虛其中以納上九陽剛之助,而後一鼎之實得以利及天下,猶「鼎黄耳」得「金鉉」也。曰「利貞」,亦以陰居陽,而有此戒。

○胡氏一桂曰:程傳及諸家多以六五下應九二爲「金鉉」,本義從之,然猶舉或曰之説,謂「金鉉」以上九言。竊謂鉉所以舉鼎者也,必在耳上,方可貫耳。九二在下,勢不可用。或説爲優。然上九又自謂「玉鉉」者,金象以九爻取,玉象以爻位剛柔相濟取。

上九,鼎玉鉉,大吉,无不利。

【本義】上於象爲鉉,而以陽居陰,剛而能温,故有「玉鉉」之象。而其占爲「大吉,无不利」,蓋有是德,則如其占也。

【程傳】井與鼎,以上出爲用。處終,鼎功之成也;在上,鉉之象;剛而温者,玉也。九雖剛陽,而居陰履柔,不極剛而能温者也。居成功之道,唯善處而已。剛柔適宜,動静不過,則爲「大吉」,无所不利矣。在上爲鉉,雖居无位之地,實當用也,與它卦異矣。井亦然。

【集説】易氏祓曰:鼎與井,其用在五,而其功皆在上。井至上而後爲「元吉」,鼎至上而後爲「大吉」,皆所以全養人之利者也。

○胡氏炳文曰:上九一陽,横亘乎鼎耳之上,有鉉象;金,剛物,自六五之柔而視上九之剛,則以爲「金鉉」。玉具剛柔之體,上九以剛居柔,而又下得六五之柔,則以爲「玉鉉」。

○熊氏良輔曰：井、鼎皆以上爻爲吉。蓋水以汲而出井爲用，食以烹而出鼎爲用也。

【案】此卦與大有，只爭初六一爻耳，餘爻皆同也。大有之彖辭直曰「元亨」，他卦所無也，惟鼎亦曰「元亨」；大有上爻曰「吉无不利」，他爻所無也，惟鼎上爻亦曰「大吉，无不利」，以其皆爲尚賢之卦故也。上九剛德爲賢，六五尊而尚之，是尚賢也，在他卦有此象者，如賁、大畜、頤之類，其義皆善，其彖傳亦多發尚賢、養賢之義，然以卦義言之，則大有與鼎獨爲盛也。卦義之盛，重於此兩爻之相得，故「吉无不利」皆於上爻見之，即彖所謂「元亨」者也。又易中大象言「天命」者亦惟此兩卦，一曰「順天休命」，一曰「正位凝命」。書曰：「天命有德，五服五章哉。」故退不肖而進賢者，天之命也。大有以遏惡揚善爲順天，此則推本於正位以凝命，所謂君正莫不正者，用能協於上下，以承天休也。

【總論】丘氏富國曰：初爲足，故曰顛趾；二三四爲腹，故曰有實、曰雉膏、曰公餗；五爲耳，故曰黃耳；上爲鉉，故曰玉鉉，此豈非全鼎之象乎？然初曰趾，四亦曰足者，以四應乎初，而四之足即初也；上曰鉉，而五亦曰鉉者，以五附乎上，五之鉉即上也；五曰耳，而三亦曰耳者，則以三無應乎五，而有鼎耳革之象。

䷲（震下震上）

【程傳】震，序卦：「主器者莫若長子，故受之以震。」鼎者，器也，震爲長男，故取主器之義，而繼鼎之後。長子，傳國家、繼位號者也，故爲主器之主。序卦取其一義之大者，爲相繼之義。震之爲卦，一陽生於二陰之下，動而上者也，故爲震。震，動也，不曰動者，震有動而奮發震驚之義。乾坤之交，一索而成震，生物之長也，故爲長男。其象則爲雷，其義則爲動，雷有震奮之象，動爲驚懼之義。

震，亨，震來虩虩，笑言啞啞，震驚百里，不喪匕鬯。

【本義】震，動也，一陽始生於二陰之下，震而動也，其象爲雷，其屬爲長子。震有亨道。震來，當震之來時也；虩虩，恐懼驚顧之貌；震驚百里，以雷言；匕，所以舉鼎實；鬯，以秬黍酒和鬱金，所以灌地降神者也；不喪匕鬯，以長子言也。此卦之占，爲能恐懼則致福，而不失其所主之重。

【程傳】陽生於下而上進，有亨之義。又震爲動，爲恐懼，爲有主，震而奮發，動而進，懼而脩，有主而保大，皆可以致亨，故震則有「亨」。當震動之來，則恐懼不敢自寧，旋顧周慮，「虩虩」然也。虩虩，顧慮不安之貌。蠅虎謂之虩者，以其周環顧慮不自寧也。處震如是，則能保其安裕，故「笑言啞啞」。啞啞，言笑和適之貌。「震驚百里，不喪匕鬯」，言震動之大而處之之道。動之大者莫若雷，震爲雷，故以雷言。雷之震動，驚及百里之遠，人无不懼而自失。雷聲所及百里也，唯宗廟祭祀執匕鬯者，則不致於喪失。人之致其誠敬，莫如祭祀，匕以載鼎實，升之於俎，鬯以灌地而降神，方其酌祼以求神，薦牲而祈享，盡其誠敬之心，則雖雷震之威，不能使之懼而失守。故臨大震懼，能安而不自失者，唯誠敬而已。此處震之道也。卦才无取，故但言處震之道。

【集説】干氏寶曰：祭禮薦陳甚多，而經獨言「不喪匕鬯」者，匕牲體，薦鬯酒，人君所自親也。

○胡氏瑗曰：百里，雷聲之所及也；匕者，宗廟之器，以棘木爲之，似畢而無兩岐，所以舉鼎之實而升於俎也；鬯者，以鬱金草和酒，而有芬芳調鬯之氣。

○胡氏炳文曰：「震驚百里」，以震爲雷取象；「不喪匕鬯」，以長子主器取象。「震亨」，謂震有亨之道。又自以「震來虩虩」釋震字，以「笑言啞啞」以下釋亨字。

○蔡氏清曰：「震來」，當震之來時也，以心言，謂事之可懼而吾懼之也，其震懼之也「虩虩」然，非震來而後「虩虩」也。虩虩，所以狀其震來也。或曰：來者，自外來也，故爻云「震來厲」，又云「震不于其躬，于其鄰」。此說非惟昧卦辭「震來」之義，亦失卦名震字之義矣。蓋震之來，來猶至也，固亦有其事，然震之至，則在我也。六二「震來厲」，謂當震之來而危厲，此「震來」正與卦辭旨同。至於「震不於其躬」，本義分明有「恐懼脩省」字，其與卦辭同，益明矣。凡有所事者皆當懼，懼便是「震來」也。君子之心，常存敬畏，執事便敬，所以致福而不失其所主之重。

○又曰：「震來虩虩」以心言，「震驚百里」以事言。「不喪匕鬯」，不懼也，不懼由於能懼。

○余氏本曰：「震驚百里」，只是足「笑言啞啞」一句意。大意謂，人平時若能恐懼，則可以致福，雖卒然禍變之來，亦無可畏也。

【案】「震來」之義，蔡氏得之矣。

初九，震來虩虩，後笑言啞啞，吉。

【本義】成震之主，處震之初，故其占如此。

【程傳】初九，成震之主，致震者也；在卦之下，處震之初也。知震之來，當震之始，若能以爲恐懼，而周旋顧慮，「虩虩然」不敢寧止，則終必保其安吉，故「後笑言啞啞」也。

【集説】石氏介曰：初九有陽明之德，居震之始，是能先戒懼者，故繇彖所言，此爻當之。

胡氏炳文曰：初九在内卦之内，震之主也，故辭與卦同。蓋震之用在下，而重震之初又最下者，所以爲震之主也。

六二，震來厲，億喪貝，躋于九陵，勿逐，七日得。

【本義】六二乘初九之剛，故當震之來而危厲也。億字未詳。又當喪其貨貝，而升於九陵之上。然柔順中正，足以自守，故不求而自獲也。此爻占具象中，但九陵、七日之象則未詳耳。

【程傳】六二居中得正，善處震者也，而乘初九之剛。九，震之主，震剛動而上奮，孰能禦之？厲，猛也，危也，彼來既猛，則已處危矣。億，度也；貝，所有之資也；躋，升也；九陵，陵之高也；逐，往追也。以震來之厲，度不能當，而必喪其所有，則升至高以避之也。九言其重，岡陵之重，高之至也。九，重之多也，如九天、九地也。「勿逐，七日得」，二之所貴者，中正也，遇震懼之來，雖量勢巽避，當守其中正，无自失也。億之必喪也，故遠避以自守，過則復其常矣，是勿逐而自得也。逐，即物也。以己即物，失其守矣，故戒「勿逐」。避遠自守，處震之大方也，如二者，當危懼而善處者也。卦位有六，七乃更始，事既終，時既易也，不失其守，雖一時不能禦其來，然時過事已，則復其常，故云「七日得」。

【集説】鄭氏汝諧曰：億，度也，度寶貨之可喪而喪之，不憚九陵之險而升之，避害以自全，静退以觀變，事定則必得其所謂安利也。

○楊氏簡曰：六二乘初九之剛，不可安處，故「億喪貝」。往而「躋于九陵」，雖今未得，至於歷七日，則時當得矣，勿用逐也，避難曲折有如此者。昔太王既不可禦狄，不可安處，去而邑於岐山之下，而他日興周焉，此象也。

○蔣氏悌生曰：億，度也，事未至未著而先謀度之謂億。

○楊氏啓新曰：喪，自喪之也；「躋于九陵」，飄然遠舉之意。人之所以常蹈禍者，利耳，遠利而自處於高，豈惟無厲，所喪者可以不久而獲矣。

六三，震蘇蘇，震行无眚。

【本義】蘇蘇，緩散自失之狀，以陰居陽，當震時而居不正，是以如此。占者若因懼而能行，以去其不正，則可以无眚矣。

【程傳】蘇蘇，神氣緩散自失之狀。三以陰居陽，不正，處不正，於平時且不能安，況處震乎？故其震懼而蘇蘇然。若因震懼而能行，去不正而就正，則可以无過。眚，過也。三行則至四，正也，動以就正爲善，故二勿逐則自得，三能行則无眚，以不正而處震懼，有眚可知。

【集説】趙氏光大曰：當震時而懼益甚，精神涣散，故爲「震蘇蘇」之象。然天下不患有憂懼之時，而患無脩省之功，若能因此懼心而行，則持身無妄動，應事有成規，又何眚之有？

○楊氏啓新曰：震而不行，徒震耳；行者，改圖也。此恐懼所以脩省也。

九四，震遂泥。

【本義】以剛處柔，不中不正，陷於二陰之閒，不能自震也。遂者，无反之意；泥，滯溺也。

【程傳】九四居震動之時，不中不正，處柔，失剛健之道，居四，无中正之德，陷溺於重陰之閒，不能自震奮者也，故云「遂泥」。泥，滯溺也。以不正之陽，而上下重陰，安能免於泥乎？遂，无反之意。處震懼則莫能守也，欲震動則莫能奮也，震道亡矣，豈復能光亨也？

【集説】項氏安世曰：初九以一陽動乎二陰之下，得震之本象，故其福與卦辭合。九四以一陽動乎四陰之中，則震變成坎，震而遂陷於泥也。

○胡氏炳文曰：初與四，皆震之所以爲震者，然震之用在下，四溺於陰柔之中，故震之亨在初而不在四。

【案】卦爻震字，雖以人心爲主，然震之本象則雷也。凡雷乘陽氣而動，然所乘之氣不同，故邵子曰「水雷玄，火雷赫，土雷連，石雷霹」，蓋雷聲有動而不能發達者，陷於陰氣也。此爻陽動於四陰之中，故有「震遂泥」之象。在人，則志氣未能自遂，乃困心衡慮之時也。

六五，震往來厲，億无喪，有事。

【本義】以六居五，而處震時，无時而不危也，以其得中，故无所喪而能有事也。占者不失其中，則雖危无喪矣。

【程傳】六五雖以陰居陽，不當位爲不正，然以柔居剛，又得中，乃有中德者也。不失中，則不違於正矣，所以中爲貴也。諸卦二五雖不當位，多以中爲美；三四雖當位，或以不中爲過，中常重於正也。蓋中則不違於正，正不必中也。天下之理莫善於中，於六二、六五可見。五之動上往，則柔不可居動之極，下來則犯剛，是「往來」皆危也。當君位，爲動之主，隨宜應變，在中而已，故當億度，无喪失其所有之事而已。所有之事謂中德，苟不失中，雖有危，不至於凶也。億度，謂圖慮求不失中也。五所以危，由非剛陽而无助，若以剛陽有助爲動之主，則能亨矣。往來皆危，時則甚難，但期於不失中，則可自守。以柔主動，固不能致亨濟也。

【集說】虞氏翻曰：可以守宗廟社稷，爲祭主，故「无喪有事」也。

○項氏安世曰：二居下震之上，故稱來；五居重震之上，故稱「往來」。億，度也。二五之「厲」，即震之「恐懼」也；二五之「億」，即震之「脩省」也。

○熊氏良輔曰：震往亦厲，來亦厲，皆以危懼待之，故能「无喪有事」，蓋不失其所有也。此卦辭所謂「不喪匕鬯」，能主器以君天下者與？

○俞氏琰曰：二曰震來，指初之來。以五視初，則初之始震爲既往，四之洊震爲復來，五蓋震往而復來之時也。「有事」，謂有事於宗廟社稷也。震之主爻在初，而「无喪有事」乃歸之五，五乃震之君也。

【案】春秋凡祭祀皆曰「有事」，故此「有事」謂祭也。二五之震同，其有中德而能億度於事理者亦同，然二「喪貝」而五「无喪」者，二居下位，所有者貝耳，五居尊，所守者則宗廟社稷也，貝可喪也，宗廟社稷可以失守乎？故二以「喪貝」爲中，五以「无喪有事」爲中。

上六，震索索，視矍矍，征凶。震不于其躬，于其鄰，无咎，婚媾有言。

【本義】以陰柔處震極，故爲索索、矍矍之象，以是而行，其凶必矣。然能及其震未及身之時，「恐懼脩省」，則可以无咎，而亦不能免於婚媾之有言。戒占者當如是也。

【程傳】索索，消索不存之狀，謂其志氣如是。六以陰柔居震動之極，其驚懼之甚，志氣殫索也。矍矍，不安定貌。志氣索索，則視瞻徊徨。以陰柔不中正之質而處震動之極，故征則凶也。震之及身，乃于其躬也；不于其躬，謂未及身也。鄰者，近於身者也。能震懼於未及身之前，則不至於極矣，故得「无咎」。苟未至於極，尚有可改之道。震終當變，柔不固守，故有畏鄰戒而能變之義。聖人於震終示人知懼能改之義，爲勸深矣。婚媾，所親也，謂同動者；有言，有怨咎之言也。六居震之上，始爲衆動之首，今乃畏鄰戒而不敢進，與諸處震者異矣，故「婚媾有言」也。

【集說】鄭氏汝諧曰：上以陰柔之資而居一卦之上，其中無所得，不能自安，故「震索索」而氣不充，「視矍矍」而神不固。人之過於恐懼者固無足取，若能舉動之際，覩事之未然而知戒，亦聖人之所許也。

○趙氏光大曰：陰處震極，故當震之來，志氣消沮，瞻視彷徨，驚懼之甚也。以是而行，其志先亂，凶也。所以然者，以不能圖之於早也。若震未及身而方及鄰之時，「恐懼脩省」，豫爲之圖，則自無索索、矍矍之咎矣。

【案】此「婚媾有言」，與夬四「聞言不信」同，皆占戒之外，反言以決之之辭也。瑣瑣姻婭，見識凡近，當禍患之未至，則相誘以宴安而已爾，安能爲人深謀長慮，而相與儆戒於未然乎？

䷳（艮下艮上）

【程傳】艮，序卦：「震者，動也。物不可以終動，止之，故受之以艮。艮者，止也。」動靜相因，動則有静，静則有動，物无常動之理，艮所以次震也。艮者，止也，不曰止者，艮，山之象，有安重堅實之意，非止義可盡也。乾坤之交，三索而成艮，一陽居二陰之上，陽動而上進之物，既至於上，則止矣；陰者静也，上止而下静，故爲艮也。然則與畜止之義何異？曰：「畜止」者，制畜之義，力止之也；「艮止」者，安止之義，止其所也。

艮其背，不獲其身；行其庭，不見其人，无咎。

【本義】艮，止也，一陽止於二陰之上，陽自下升，極上而止也；其象爲山，取坤地而隆其上之狀，亦止於極而不進之意也。其占則必能止於背而不有其身，「行其庭」而「不見其人」，乃「无咎」也。蓋身，動物也，唯背爲止，「艮其背」，則止於所當止也；止於所當止，則不隨身而動矣，是不有其身也。如是，則雖行於庭除有人之地，而亦不見其人矣。蓋「艮其背」而「不獲其身」者，止而止也；「行其庭」而「不見其人」者，行而止也。動静各止其所，而皆主夫静焉，所以得无咎也。

【程傳】人之所以不能安其止者，動於欲也，欲牽於前而求其止，不可得也。故艮之道，當「艮其背」，所見者在前，而背乃背之，是所不見也，止於所不見，則无欲以亂其心，而止乃安。「不獲其身」，不見其身也，謂忘我也，无我則止矣。不能无我，无可止之道。「行其庭，不見其人」，庭除之間，至近也，在背則雖至近不見，謂不交於物也。外物不接，内欲不萌，如是而止，乃得止之道，於止爲「无咎」也。

【集説】周子曰：「艮其背」，背非見也；靜則止，止非爲也，爲不止矣，其道也深乎？

○郭氏忠孝曰：人之耳目口鼻，皆有欲也，至於背，則無欲也。内欲不動，則外境不入，是以「行其庭，不見其人」也。「不獲其身」，止其止矣；「不見其人」，止於行矣。内外兼止，故人欲滅而天理固存。孟子曰「養心莫善於寡欲」，其「艮其背」之謂乎？

○郭氏雍曰：中庸曰「喜怒哀樂之未發謂之中」，艮之爲止，其在兹時乎？

○朱子語類云：「艮其背」，只是言止也。人之四體皆能動，惟背不動，取止之義。止其所，則「廓然而大公」。

○又云：「艮其背」，便「不獲其身」；「不獲其身」，便「不見其人」。「行其庭」對「艮其背」，只是對得輕，身是動物，不道動都是妄，然而動斯妄矣，不動自无妄。

○又云：「艮其背，不獲其身」，只是見道理，不見自家；「行其庭，不見其人」，只是見道理，不見箇人也。

○又云：明道云：「與其非外而是内，不若内外之兩忘也。」説得最好，便是「不獲其身，行其庭，不見其人」，不見有物，不見有我，只見所當止也。

○問：伊川云：「内欲不萌，外物不接，如是而止，乃得其正。」似只説得靜中之止否？曰：「然。此段分作兩截，『艮其背，不獲其身』，爲靜之止；『行其庭，不見其人』，爲動之止。總説則『艮其背』

是止之時，當其所而止矣，所以止時自『不獲其身』，行時自『不見其人』，此三句乃『艮其背』之效驗。」

○問「艮其背不獲其身」。曰：「不見有身也。」「行其庭不見其人」。曰：「不見有人也。」曰：「不見有身，不見有人，所見者何物？」曰：「只是此理。」

○陸氏九淵曰：「艮其背，不獲其身」，無我；「行其庭，不見其人」，無物。

○許氏衡曰：人平地行不困，沙行便困，爲其立處不穩故也。

○蔡氏清曰：「艮其背」，本義云：背者，止之所也。夫天有四時冬不用，地有四方北不用，人有四體背不用，一理也。蓋體立而後用有以行，此理若充得盡，即是「定之以中正仁義而主靜」。

○又曰：四句只略對，「艮其背」一句是腦。故彖傳中言，「是以不獲其身，行其庭，不見其人」，此段功夫全在「艮其背」上。人多將「行其庭」對此句說，便不是了，「行其庭」只輕帶過，緣「艮其背」了，則自然不見有己，也不見有人。故云此四句只略對。

○陳氏琛曰：背者，北也，人之一心，靜之所養有淺深，則發之所中有多寡，而於靜全無得者，一步不可行也。

○吴氏曰慎曰：程子「廓然而大公，物來而順應」，即其義。蓋廓然大公則忘我，而「不獲其身」；物來順應則忘物，而「不見其人」。動靜各止其所，斯能内外兩忘。

初六，艮其趾，无咎，利永貞。

【本義】以陰柔居艮初，爲艮趾之象。占者如之，則无咎。而又以其陰柔，故又戒其「利永貞」也。

【程傳】六在最下，趾之象；趾，動之先也；艮其趾，止於動之初也。事止於初，未至失正，故无咎也。以柔處下，當趾之時也，行則失其正矣，故止乃无咎。陰柔患其不能常也，不能固也，故方止之初，戒以利在常永貞固，則不失止之道也。

【集説】胡氏炳文曰：事當止者，當於其始而止之，乃可无咎。止於始，猶懼不能止於終，而況不能止於始者乎？初六陰柔，懼其始之不能終也，故戒以「利永貞」，欲常久而貞固也。

六二，艮其腓，不拯其隨，其心不快。

【本義】六二居中得正，既止其腓矣，三爲限，則腓所隨也，而過剛不中，以止乎上，二雖中正，而體柔弱，不能往而拯之，是以其心不快也。此爻占在象中。下爻放此。

【程傳】六二居中得正，得止之道者也。上无應援，不獲其君矣。三居下之上，成止之主，主乎止者也，乃剛而失中，不得止之宜。剛止於上，非能降而下求，二雖有中正之德，不能從也。二之行止係乎所主，非得自由，故爲腓之象。股動則腓隨，動止在股而不在腓也。二既不得以中正之道拯救三之不中，則必勉而隨之。不能拯而唯隨也，雖咎不在己，然豈其所欲哉？言不聽、道不行也，故

「其心不快」，不得行其志也。士之處高位，則有拯而无隨；在下位，則有當拯，有當隨，有拯之不得而後隨。

【集説】楊氏簡曰：腓，隨上而動者也。上行而不見拯，不得不隨而動，故「心不快」。

【案】此爻「隨」字與咸三同。咸三謂隨四，此爻謂隨三也。蓋咸、艮皆以人身取象。凡人心屬陽，體屬陰，咸卦三陽居中，而九四尤中之中，故以四爲心也；此卦惟九三一陽居中，故以三爲心也。人心之動，則體隨之，而易例以相近之下位爲隨，故咸三、艮二皆言隨也。兩卦直心位者，皆德非中正，若一以隨爲道，則隨之者亦失其正矣。故咸三則「執其隨」而「往吝」，此爻則「不拯其隨」而「不快」。然六二有中正之德，本有以自守者，故以不能拯其隨爲不快於心，與咸三之志在隨人異矣。

九三，艮其限，列其夤，厲薰心。

【本義】限，身上下之際，即腰胯也；夤，膂也。止於腓，則不進而已。九三以過剛不中，當限之處而「艮其限」，則不得屈伸，而上下判隔，如「列其夤」矣。危厲薰心，不安之甚也。

【程傳】限，分隔也，謂上下之際。三以剛居剛而不中，爲成艮之主，決止之極也。已在下體之上，而隔上下之限，皆爲止義，故爲「艮其限」，是確乎止而不復能進退者也。在人身，如「列其夤」。夤，膂也，上下之際也，列絶其夤，則上下不相從屬，言止於下之堅也。止道貴乎得宜，行止不能以時，而定於一，其堅强如此，則處世乖戾，與物睽絶，其危甚矣。人之固止一隅，而舉世莫與宜者，則艱蹇忿畏，焚撓其中，豈有安裕之理？「厲薰心」，謂不安之勢薰爍其中也。

【集説】王氏宗傳曰：九三，下體之終也，以上下二體觀之，則交際之地也，故曰限。夫人之身雖有體節程度，然其脉絡血氣，必也周流會通，曾無上下之閒，故能屈伸俯仰，無不如意，而心得以夷然居中。今也「艮其限」而有所止焉，則截然不相關屬，而所謂心者，其能獨寧乎？故曰「厲薰心」。

○胡氏炳文曰：震所主在下，初九，下之最下者也，九四雖亦震所主，而溺於四柔之中，有「泥」之象，故不如初之吉。艮所主在上，上九，上之最上者也，九三雖亦艮所主，然界乎四柔之中，有「限」之象，有「列其夤」之象，故不如上之吉。蓋寂然不動者，心之體，如之何可以徇物？「感而遂通」者，心之用，如之何可以絶物？三過剛不中，確乎止而不能進退，以至上下隔絶，是絶物者也，惟見其危厲薰心而已。

○楊氏啓新曰：此爻是惡動以爲靜，而反至於動心者。蓋心之與物，本相聯屬，時止而止，時行而行，則事應於心，而心常泰然。有意絶物，則物終不可絶，而心終不可靜矣。

【案】夤，爲夾脊骨，正與心相對；列，峙也，峙其脊骨而不得爲艮背之象者。蓋艮背者，能動而止也，如人之坐尸立齊，而揖讓俯仰之用，則未嘗廢，此所以能「行其庭」而與物酬酢也。此之「列夤」由於艮限，則因腰之不能屈伸，而脊爲之峙，是不能動而止，如人之有戾疾者，安得不危而薰心哉？心猶火也，可揚而不可遏也，揚之則明，遏之則薰矣。危薰心者，言其堙鬱昏塞，無光明通泰之象也。震之九四不當動而動，此爻則不當止而止；咸之九四感之妄，此爻則止之偏，皆因失中正之德，故如此。

六四，艮其身，无咎。

【本義】以陰居陰，時止而止，故爲「艮其身」之象，而占得无咎也。

【程傳】四，大臣之位，止天下之當止者也。以陰柔而不遇剛陽之君，故不能止物，唯自止其身，則可无咎。所以能无咎者，以止於正也，言止其身无咎，則見其不能止物，施於政則有咎矣。〔一〕在上位而僅能善其身，无取之甚也。

【集說】胡氏瑗曰：人之體，統而言之，則謂之一身；分而言之，則腰足而上謂之身。六四出下體之上，在上體之下，是身之象也。夫人患不能自止其身，今能止之，得其道，使四肢不妄動，故无咎也。

○吳氏曰慎曰：視聽言動，身之用也；非禮勿視聽言動，「艮其身」也。時止而止，故无咎。若艮限則一於止，是猶絶視聽言動，而以寂滅爲道者矣。

〔一〕施於政則有咎矣：於，原作「有」，據四庫本、薈要本改。

【案】咸五居心上，故「咸其脢」者，背也；此爻亦居心上，則亦背之象矣。不言「艮其背」者，「艮其背」爲卦義，非中正之德不足以當之，四雖直其位，而德非中，故但言「艮其身」而已。蓋「艮其背」，則「不獲其身」矣，「不獲其身」者，忘也，若「艮其身」，則能止而未能忘也。然止者忘之路，故其占亦曰「无咎」。正猶同人之卦義曰于野，上九雖直野位，而其德未至，故次於野，而曰「郊」；此之卦義曰艮背，此爻雖直背位，而其德亦未至，故次於「不獲其身」，而曰「艮其身」也。

六五，艮其輔，言有序，悔亡。

【本義】六五，當輔之處，故其象如此，而其占「悔亡」也。悔，謂以陰居陽。

【程傳】五，君位，艮之主也，主天下之止者也，而陰柔之才不足以當此義，故止以在上取輔義言之。人之所當慎而止者，惟言行也。五在上，故以輔言。輔，言之所由出也。艮於輔，則不妄出而有序也。言輕發而无序，則有悔；止之於輔，則「悔亡」也。「有序」，中節有次序也。輔與頰舌，皆言所由出，而輔在中，「艮其輔」，謂止於中也。

【集說】蘇氏軾曰：口欲止，言欲寡。

○趙氏彦肅曰：能默故能言，非默而不言也。由言以推行，所謂艮者，亦如是而已。

○龔氏焕曰：「艮其輔」，非不言也，言而有序，所以爲艮也。

○谷氏家杰曰：止在言前，非出口方思止也，然有序爲止，止亦非緘默之謂也。

上九，敦艮，吉。

【本義】以陽剛居止之極，敦厚於止者也。

【程傳】九以剛實居上，而又成艮之主，在艮之終，止之至堅篤者也。敦，篤實也。居止之極，故不過而爲敦。人之止難於久終，故節或移於晚，守或失於終，事或廢於久，人之所同患也。上九能敦厚於終，止道之至善，所以吉也。六爻之德，唯此爲吉。

【集説】項氏安世曰：上九與三相類，皆一卦之主也。然九三當上下之交，時不可止而止，故危；上九當全卦之極，時可止而止，故吉。

○又曰：象曰：「艮其背，不獲其身；行其庭，不見其人，无咎。」惟六四一爻足以當之。象曰：「兼山艮，君子以思不出其位。」惟上九一爻足以當之。

○胡氏炳文曰：敦臨、敦復皆取坤土象，艮山乃坤土而隆其上者也，其厚也彌固，故其象爲敦，其占曰吉。艮之在上體者凡八，而皆吉。

【總論】朱子語類云：咸、艮皆以人身爲象，但艮卦又差一位。

○項氏安世曰：咸、艮二卦，取象相類。艮四爲背，故五爲輔；咸四爲心，故五爲背肉，上爲輔，又上兑爲口，則輔宜在上也。

【案】咸、艮之象，所以差一位者，咸以四爲心，故五爲背，而上爲口；艮以三爲心，故四爲背，而五爲口，其位皆緣心而變者也。二之腓兼股爲一象，故與咸三俱言隨。

䷴（艮下巽上）

【程傳】漸，序卦：「艮者，止也。物不可以終止，故受之以漸。漸者，進也。」止必有進，屈伸消息之理也。止之所生亦進也，所反亦進也，漸所以次艮也。進以序爲漸，今人以緩進爲漸，進以序不越次，所以緩也。爲卦上巽下艮，山上有木，木之高而因山，其高有因也；其高有因，乃其進有序也，所以爲漸也。

漸，女歸吉，利貞。

【本義】漸，漸進也，爲卦止於下而巽於上，爲不遽進之義，有女歸之象焉。又自二至五位皆得正，故其占爲「女歸吉」，而又戒以「利貞」也。

【程傳】以卦才兼漸義而言也，乾坤之變爲巽艮，巽艮重而爲漸。在漸體而言，中二爻交也，由二爻之交，然後男女各得正位。初終二爻雖不當位，亦陽上陰下，得尊卑之正，男女各得其正，亦得位也。與歸妹正相對，女之歸能如是之正，則吉也。天下之事，進必以漸者，莫如女歸。臣之進於朝，人之進於事，固當有序，不以其序，則陵節犯義，凶咎隨之。然以義之輕重，廉恥之道，女之從人最爲大也，故以女歸爲義。且男女，萬事之先也。諸卦多有利貞，而所施或不同，有涉不正之疑而爲之戒者，有其事必貞乃得其宜者，有言所以利者以其有貞也。所謂涉不正之疑而爲之戒者，損之九二是也，處陰居説，故戒以宜貞也；有其事必貞乃得宜者，大畜是也，言所畜利於貞也；有言所以利者以其有貞者，漸是也，言女歸之所以吉，利於如此貞正也。蓋其固有，非設戒也。漸之義，宜能亨，而不云亨者，蓋亨者通達之義，非漸進之義也。

【集説】胡氏瑗曰：天下萬事莫不有漸，然於女子尤須有漸，何則？女子處於閨門之内，必須男子之家問名、納采、請期以至於親迎，其禮畢備，然後乃盛其禮而正夫婦之道。君子之人處窮賤，不可以干時邀君，急於求進；處於下位者，不可諂諛佞媚，以希高位，皆由漸而致之，乃獲其吉也。

○郭氏雍曰：進之漸者，無若女之歸。女歸不以漸，則奔也。漸則爲歸，速則爲奔，故女歸以漸爲吉。凡天下之進如女歸之漸，無不吉也。「利貞」者，女歸之道，正固守之，无不利也。

○胡氏炳文曰：咸，「取女吉」，取者之占也；漸，「女歸吉」，嫁者之占也，然皆以貞艮爲主。艮，止也，止而説，則其感也以正，是爲「取女」之吉；止而巽，則其進也以正，是爲「女歸」之吉。

初六，鴻漸于干，小子厲，有言无咎。

【本義】鴻之行有序而進有漸。干，水涯也。始進於下，未得所安，而上復无應，故其象如此，而其占則爲「小子厲」，雖有言，而於義則无咎也。

【程傳】漸諸爻皆取鴻象。鴻之爲物，至有時而群有序，不失其時序，乃爲漸也。干，水湄。水鳥止於水之湄，水至近也，其進可謂漸矣。行而以時，乃所謂漸進，不失漸，得其宜矣。六居初，至下也，陰之才，至弱也，而上无應援，以此而進，常情之所憂也。君子則深識遠照，知義理之所安，時事之所宜，處之不疑。小人幼子，唯能見已然之事，從衆人之知，非能燭理也，故危懼而有言，蓋不知在下所以有進也，用柔所以不躁也，无應所以能漸也，於義自无咎也。若漸之初，而用剛急進，則失漸之義，不能進，而有咎必矣。

【集説】李氏鼎祚曰：鴻，隨陽鳥，喻女從夫。卦明漸義，爻皆稱焉。

○楊氏簡曰：進欲其知時，故以鴻爲象；〔一〕進欲其漸，故以干、磐、陸、木、陵爲象。

○何氏楷曰：六爻皆取鴻象，往來有時，先後有序，於漸之義爲切也。昏禮用雁，取不再偶，又於女歸之義爲切也。

【案】昏禮用雁，大夫執贄亦用雁，皆取有別有序之義。此爻「小子厲，有言」，正如晉之「摧如」，凡始進之初，未有便得所安而人信之者，然正惟如此，乃所以安其身而信於人。若謀便於身圖，而求合於衆議，則危疑之大者至矣。惟升之初六曰「衆允」，蓋以其爲卦主，時義不同也。

〔一〕故以鴻爲象：「以」字原脱，據薈要本補。

六二，鴻漸于磐，飲食衎衎，吉。

【本義】磐，大石也，漸遠於水，進於干而益安矣；衎衎，和樂意。六二柔順中正，進以其漸，而上有九五之應，故其象如此，而占則吉也。

【程傳】二居中得正，上應於五，進之安裕者也，但居漸，故進不速。磐，石之安平者，江河之濱所有，象進之安。自干之磐，又漸進也。二與九五之君，以中正之道相應，其進之安固平易莫加焉，故其飲食和樂衎衎然，吉可知也。

【集説】胡氏炳文曰：艮爲石，故有磐象。鴻食則呼衆，飲食衎衎和鳴。初之「小子厲，有言」，危而傷也；二「飲食衎衎」，安且樂矣，時使之然也。在初則无應，在二則柔順中正，而上有九五之應也。

九三，鴻漸于陸，夫征不復，婦孕不育，凶，利禦寇。

【本義】鴻，水鳥，陸非所安也。九三過剛不中而无應，故其象如此。而其占夫征則不復，婦孕則不育，凶莫甚焉。然以其過剛也，故利禦寇。

【程傳】平高曰陸，平原也。三在下卦之上，進至於陸也。陽，上進者也，居漸之時，志將漸進，而上无應援，當守正以俟時，安處平地，則得漸之道。若或不能自守，欲有所牽，志有所就，則失漸之道。四陰在上而密比，陽所説也；三陽在下而相親，陰所從也。二爻相比而无應，相比則相親而易合，无應則无適而相求，故爲之戒。夫，陽也，夫謂三，三若不守正而與四合，是知征而不知復。征，行也；復，反也；不復，謂不反顧義理。婦謂四，若以不正而合，則雖孕而不育，蓋非其道也，如是則凶也。三之所利在於禦寇，非理而至者，寇也；守正以閑邪，所謂禦寇也；不能禦寇，則自失而凶矣。

【集説】郭氏雍曰：以卦辭言「女歸吉」，故以夫婦爲言。

○程氏敬承曰：三以過剛之資，當漸進之時，懼其進而犯難也，故有戒辭焉。征孕皆凶，言不可進也；利在禦寇，言可止也。

【案】此卦以女歸爲義，則必陰陽相應，乃與義合。故初之厲者，無應也；二之安者，有應也。三亦無應而位愈高，則不止於厲而已。上九在卦外，不與三應，如夫征而不復，不顧其家也。三剛質，失柔道，如婦有孕而不能養育，不恤其子也。以士君子之進言之，上不下交，而下又失順勤之道，於義則凶矣。上下不交，必有讒邪閒於其閒，所謂寇也；惟能謹慎自守，使寇無所乘，則可以救其過剛之失而利。

六四，鴻漸于木，或得其桷，无咎。

【本義】鴻不木棲，桷，平柯也，或得平柯，則可以安矣。六四乘剛而順巽，故其象如此，占者如之則无咎也。

【程傳】當漸之時，四以陰柔進據剛陽之上，陽剛而上進，豈能安處陰柔之下？故四之處非安地。如鴻之進于木也，木漸高矣，而有不安之象。鴻趾連，不能握枝，故不木棲。桷，横平之柯，唯平柯之上，乃能安處。謂四之處本危，或能自得安寧之道，則无咎也。如鴻之於木，本不安，或得平柯而處之，則安也。四居正而巽順，宜「无咎」者也，必以得失言者，因得失以明其義也。

【集説】房氏喬曰：進而漸于木，失所也，或得勁直之桷，可容綱足而安棲，謂上附於五，故「无咎」。

○胡氏炳文曰：巽爲木而處艮山之上，鴻漸於此，則愈高矣。鴻之掌不能握木，木雖高，非鴻所安也。然陰居陰得正，如於木之中，或得平柯而處之，則亦安矣，故「无咎」。

【案】六四亦無應者也，然六四承九五，例皆吉者，以陰承陽，合於女歸之義矣。順以事上，高而不危，故有集木得桷之象。

九五，鴻漸于陵，婦三歲不孕，終莫之勝，吉。

【本義】陵，高阜也。九五居尊，六二正應在下，而爲三四所隔，然終不能奪其正也，故其象如此，而占者如是則吉也。

【程傳】陵，高阜也。鴻之所止最高處也，象君之位。雖得尊位，然漸之時，其道之行固亦非遽。與二爲正應，而中正之德同，乃隔於三四，三比二，四比五，皆隔其交者也，未能即合，故「三歲不孕」。然中正之道有必亨之理，不正豈能隔害之？故終莫之能勝。但其合有漸耳，終得其吉也。以不正而敵中正，一時之爲耳，久其能勝乎？

【案】此卦之爻象與歸妹同，不擇陰爻陽爻，皆有婦象也。先儒見三五兩陽爻皆言婦，故於三則以婦指四，於五則以婦指二，今推爻意，蓋三五皆取婦象。三，無應者也，五雖有應而反其類者也，既取婦象，而所應者陰，是之謂反類，其失卦義，又有甚於無應者矣。故三猶孕也，但不育耳；五則三歲不孕，蓋不相和合之甚者也。三過剛，故戒以禦寇，恐其不能慎也；五有中正之德，故無戒辭，而直以「終莫之勝」決之。勝字蒙九三禦寇之義。夫讒邪，國之寇也。君子之進，所以不能和合而通者，寇勝之也。然如九五之德，則所謂可以正邦者，當漸之時，有終吉之理，豈讒邪所能勝哉！

上九，鴻漸于陸，其羽可用爲儀，吉。

【本義】胡氏、程氏皆云「陸」當作「逵」，謂雲路也。今以韻讀之，良是。儀，羽旄旌纛之飾也。上九至高，出乎人位之外，而其羽毛可用以爲儀飾。蓋雖極高而不爲无用之象，故其占爲如是則吉也。

【程傳】安定胡公以陸爲逵，逵，雲路也，謂虛空之中。爾雅「九達謂之逵」，逵，通達无阻蔽之義也。上九在至高之位，又益上進，是出乎位之外，在它時則爲過矣，於漸之時，居巽之極，必有其序，如鴻之離所止而飛於雲空，在人則超逸乎常事之外者也。進至於是而不失其漸，賢達之高致也，故可用爲儀法而吉也。羽，鴻之所用進也，以其進之用，況上九進之道也。

【集説】孔氏穎達曰：上九與三，皆處卦上，故並稱陸。上九最居上極，是進處高潔，故曰「鴻漸于陸」也。「其羽可用爲儀，吉」者，居無位之地，是不累於位者也。處高而能不以位自累，則其羽可用爲物之儀表，可貴可法也。

○王氏安石曰：其進也以漸，而不失時；其翔也以群，而不失序，所謂進退可法者也。

【案】六爻皆有女歸之義，獨於三五言婦者，陰爻則其爲臣道、妻道不必言也。上九又處卦上，以爲妻道，則女之已老而非歸者；以爲臣道，則臣之已退而非進者，既在卦義之外，則亦不必言也。惟三與五，既居高位，又爲陽爻，疑其無婦象也，故稱婦焉。蓋雖五位，亦時以臣道、妻道言，各隨其卦義而已。初以陰應陰，三以陽應陽，皆不合女歸之義，故各有凶厲之辭。五應二，陰陽相求者也，然以二爲女，則歸於陽爲正耦，故「飲食衎衎」而和也；以五爲女，則歸於二爲反類，故「三歲不孕」而不和也。四則雖無應，而承五，亦得所歸，可以无咎。上，卦之終也，進之極也，既無所取於歸與進之義，則反以無應爲宜，蓋在家爲保姆，在國爲黎老，超然於進退之外者也。「陸」字與九三重，故先儒改作「逵」字以叶韻，然逵、儀古韻實非叶也。意者，「陸」乃「阿」字之誤。阿，大陵也，進於陵則阿矣；儀，古讀俄，正與阿叶。詩云：「菁菁者莪，在彼中阿，既見君子，樂且有儀。」

䷵（兑下震上）

【程傳】歸妹，序卦：「漸者，進也。進必有所歸，故受之以歸妹。」進則必有所至，故漸有歸義，歸妹所以繼漸也。歸妹者，女之歸也。妹，少女之稱。爲卦震上兑下，以少女從長男也。男動而女說，又以説而動，皆男説女、女從男之義。卦有男女配合之義者四，咸、恒、漸、歸妹也。咸，男女之相感也，男下女，二氣感應，止而説，男女之情相感之象；恒，常也，男上女下，巽順而動，陰陽皆相應，是男女居室，夫婦唱隨之常道；漸，女歸之得其正也，男下女，而各得正位，止靜而巽順，其進有漸，男女配合得其道也；歸妹，女之嫁歸也，男上女下，女從男也，而有説少之義，以説而動，動以説，則不得其正矣，故位皆不當。初與上雖當陰陽之位，而陽在下，陰在上，亦不當位也，與漸正相對。咸、恒，夫婦之道；漸、歸妹，女歸之義。咸與歸妹，男女之情也，咸止而説，歸妹動於説，皆以説也；恒與漸，夫婦之義也，恒巽而動，漸止而巽，皆以巽順也。男女之道，夫婦之義，備於是矣。歸妹爲卦，澤上有雷，雷震而澤動，從之象也，物之隨動莫如水。男動於上，而女從之，嫁歸從男之象。震長男，兑少女，少女從長男，以説而動，動而相説也。人之所説者少女，故云妹；爲女歸之象，又有長男説少女之義，故爲歸妹也。

歸妹，征凶，无攸利。

【本義】婦人謂嫁曰歸。妹，少女也。兑以少女而從震之長男，而其情又爲以説而動，皆非正也，故卦爲歸妹。而卦之諸爻，自二至五，皆不得正，三五又皆以柔乘剛，故其占「征凶」而无所利也。

【程傳】以説而動，動而不當，故凶。不當，位不當也；征凶，動則凶也。如卦之義，不獨女歸，无所往而利也。

【集説】蔡氏清曰：不曰妹歸而曰歸妹，歸者在妹也，如漸則曰「女歸」矣。

○張氏振淵曰：妹乃少女，而從長男，又其情以説而動，是其情勝而不計乎匹偶之宜者，故爲歸妹。所歸在妹，不正可知，故凶而无所利也。

【案】歸妹，文意如春秋歸地、歸田之例，以物歸於人，非其人來取物也。歸妹所以失者有二，一則不待取而自歸，失昏姻之禮，以卦象女先於男，與咸之男下女相反也；一則以少女歸長男，失昏姻之時，與咸兩少之交相反也。故不曰妹歸而曰歸妹，以明其失禮；不曰歸女而曰歸妹，以見其失時。凡彖辭直著吉凶而無他戒者，大有、鼎直曰「元亨」，此直曰「征凶，无攸利」，蓋尊賢育才者，人君之盛節也；自媒自薦者，士女之醜行也。

初九，歸妹以娣，跛能履，征吉。

【本義】初九居下，而无正應，故爲娣象。然陽剛在女子爲賢正之德，但爲娣之賤，僅能承助其君而已，故又爲「跛能履」之象，而其占則「征吉」也。

【程傳】女之歸，居下而无正應，娣之象也。剛陽在婦人爲賢貞之德，而處卑順，娣之賢正者也。處説居下爲順義。娣之卑下，雖賢，何所能爲，不過自善其身，以承助其君而已，如跛之能履，言不能及遠也。然在其分爲善，故以是而行則吉也。

【集説】孔氏穎達曰：「征吉」者，少長非偶，爲妻而行，則凶；爲娣而行，則吉。

○胡氏瑗曰：跛者，足之偏也；姪娣，非正配，而能盡其道以配君子，猶足之雖偏，而能履地而行，不至於廢也。

【案】初在下，娣之象。凡女之歸，不待六禮備者爲失禮，惟娣可以從歸，而不嫌於失禮；少長非偶者爲失時，惟娣可以待年，而不嫌於失時。是卦義雖凶，而於初則無嫌，故變「征凶」而爲「征吉」也。

九二，眇能視，利幽人之貞。

【本義】「眇能視」，承上爻而言。九二陽剛得中，女之賢也，上有正應而反陰柔不正，乃女賢而配不良，不能大成内助之功，故爲「眇能視」之象，而其占則「利幽人之貞」也，幽人亦抱道守正而不偶者也。

【程傳】九二陽剛而得中，女之賢正者也；上有正應而反陰柔之質，動於説者也，乃女賢而配不良。故二雖賢，不能自遂以成其内助之功，適可以善其身而小施之，如眇者之能視而已，言不能及遠也。男女之際，當以正禮，五雖不正，二自守其幽静貞正，乃所利也。二有剛正之德，幽静之人也，二之才如是，而言利貞者，利言宜於如是之貞，非不足而爲之戒也。

【集説】郭氏雍曰：九二剛中，賢女也，守其幽獨之操，不奪其志，故曰「利幽人之貞」。

○胡氏一桂曰：初二跛眇，兑毁折象，履卦六三亦兑體，故取象同。

【案】此卦與漸相似。凡以陰應陽者，女之有配者也；以陰應陰、以陽應陽者，女之無配者也。若以陽應陰，則雖有應而反其類，比之無應者加甚矣，乃女之有配而失配者也。衛詩曰：「汎彼栢舟，亦汎其流。」則配之不良者也。又曰：「汎彼栢舟，在彼中河。」則配之不終者也。然皆自執其志，如石之不移，至於之死而矢靡他，豈非所謂「幽人之貞」乎。凡足以兩而行，目以兩而明，夫婦以兩而成。跛者，一正而一偏也；眇者，一昏而一明也。娣雖屈於偏側，而猶能佐理，故曰「能履」；幽人雖失所仰望，而其志炯然，故曰「能視」。

六三，歸妹以須，反歸以娣。

【本義】六三陰柔而不中正，又爲説之主，女之不正，人莫之取者也，故爲未得所適而反歸爲娣之象。或曰，須，女之賤者。

【程傳】三居下之上，本非賤者，以失德而无正應，故爲欲有歸而未得其歸。須，待也；待者，未有所適也。六居三，不當位，德不正也；柔而尚剛，行不順也；爲説之主，以説求歸，動非禮也；上无應，无受之者也；无所適，故須也。女子之處如是，人誰取之？不可以爲人配矣，當反歸而求爲娣媵，則可也，以不正而失其所也。

【集説】陸氏希聲曰：在天文，織女爲貴，須女爲賤。

○胡氏炳文曰：初九居下，娣也；六三居下之上，非娣也。陰柔而不中正，又爲兑説之主，無德之女也。無德之女，人無取之者，故本宜須，而「反歸以娣」也。

【案】須，當從本義賤女之解爲是。三不中正而無應，故取象於女之賤者，人不之取，但反歸而爲娣也。然亦惟下卦無應，有娣之象，從在上之同類而歸也。上卦無應，則並無娣之象矣。故在四爲「愆期」，在上爲「虚筐」。

九四，歸妹愆期，遲歸有時。

【本義】九四以陽居上體，而无正應，賢女不輕從人，而愆期以待所歸之象。正與六三相反。

【程傳】九以陽居四，四，上體，地之高也。陽剛在女子爲正德，賢明者也。无正應，未得其歸也。過時未歸，故云「愆期」。女子居貴高之地，有賢明之資，人情所願取，故其「愆期」乃爲有時，蓋自有待，非不售也，待得佳配而後行也。九居四，雖不當位而處柔，乃婦人之道，以无應，故爲「愆期」之義，而聖人推理，以女賢而「愆期」，蓋有待也。

【集説】胡氏瑗曰：以剛陽之質居陰柔之位，不爲躁進，故待其禮之全備，俟其年之長大，然後歸於君子，斯得其時也。遲，待也。

六五，帝乙歸妹，其君之袂不如其娣之袂良，月幾望，吉。

【本義】六五柔中居尊，下應九二，尚德而不貴飾，故爲帝女下嫁而服不盛之象。然女德之盛无以加此，故又爲「月幾望」之象。而占者如之則吉也。

【程傳】六五居尊位，妹之貴高者也，下應於二，爲下嫁之象。王姬下嫁，自古而然，至帝乙而後正婚姻之禮，明男女之分，雖至貴之女，不得失柔巽之道，有貴驕之志，故易中陰尊而謙降者，則曰「帝乙歸妹」，泰六五是也。貴女之歸，唯謙降以從禮，乃尊高之德也，不事容飾以説於人也。娣媵者，以容飾爲事者也；衣袂，所以爲容飾也。六五，尊貴之女，尚禮而不尚飾，故其袂不及其娣之袂良也。良，美好也；月望，陰之盈也，盈則敵陽矣；幾望，未至於盈也。五之貴高常不至於盈極，則不亢其夫，乃爲吉也。女之處尊貴之道也。

【集説】薛氏温其曰：至尊之妹必歸於夫，人倫之正。

【案】女不待夫家之求而自歸，非正也，卦之所以凶也。然惟天子之女，則必求於夫家而自歸焉，是歸妹之義，在他人則爲越禮犯義而凶，在天子則爲降尊屈貴而吉矣。六五居尊，而下應九二，適合此象，故其辭如此。卦惟此爻有應，而又於歸妹之義正爲所宜而非所病，則其爲吉宜矣。

上六，女承筐无實，士刲羊无血，无攸利。

【本義】上六以陰柔居歸妹之終，而无應，約婚而不終者也，故其象如此，而於占爲无所利也。

【程傳】上六，女歸之終，而无應，女歸之无終者也。婦者所以承先祖，奉祭祀。不能奉祭祀，則不可以爲婦矣。筐篚之實，婦職所供也。古者房中之俎，葅歜之類，后夫人職之。諸侯之祭，親割牲，卿士大夫皆然。割，取血以祭，禮云「血祭盛氣」也。女當承事，筐篚而无實，无實則无以祭，謂不能奉祭祀也。夫婦共承宗廟，婦不能奉祭祀，乃夫不能承祭祀也，故刲羊而无血，亦无以祭也，謂不可以承祭祀也。婦不能奉祭祀，則當離絶矣，是夫婦之无終者也，何所往而利哉？

【集説】胡氏炳文曰：震有虚筐之象，兑，羊象，上與三皆陰虚而無應，故有「承筐无實」「刲羊无血」之象。程傳以爲女歸之无終，本義以爲約婚而不終，蓋曰士、曰女，未成夫婦也。先女而後士，罪在女也，故「无攸利」之占，與卦辭同。

䷶（離下震上）

【程傳】豐，序卦：「得其所歸者必大，故受之以豐。」物所歸聚，必成其大，故歸妹之後受之以豐也。豐，盛大之義。爲卦震上離下，震，動也，離，明也，以明而動，動而能明，皆致豐之道。明足以照，動足以亨，然後能致豐大也。

豐，亨。王假之，勿憂，宜日中。

【本義】豐，大也，以明而動，盛大之勢也，故其占有亨道焉。然王者至此，盛極當衰，則又有憂道焉。聖人以爲徒憂无益，但能守常，不至於過盛，則可矣，故戒以「勿憂，宜日中」也。

【程傳】豐爲盛大，其義自亨，極天下之光大者，唯王者能至之。假，至也。天位之尊，四海之富，群生之衆，王道之大，極豐之道，其唯王者乎。豐之時，人民之繁庶，事物之殷盛，治之豈易周？爲可憂慮，宜如日中之盛明廣照，无所不及，然後无憂也。

【集説】張子曰：宜日中，不宜過中也。

○郭氏忠孝曰：豐者，盛大之名，盛大所以亨。然物極盛大者，憂必將至，日過中則昃，豐過盛則衰，聖人欲持滿以中，故言「宜日中」。

○項氏安世曰：豐卦皆以明爲主，故下三爻皆明而无咎，上三爻皆暗，以能求明爲吉，不能求爲凶，此所以「宜日中」也。

○胡氏炳文曰：豐之大，有亨道焉，大則必通也；亦有憂道焉，大則可憂也。不必過於憂，如日之中，斯可矣。泰、晉、夬、家人、升皆曰「勿恤」，此曰「勿憂」，皆當極盛之時，常人所不憂，而聖人所深憂。其辭曰「勿憂」，深切之辭，非謂無憂也。

○何氏楷曰：豐有憂道焉，而云「勿憂」，蓋於此有道焉，可不必憂也。其道安在？亦曰致豐之本，即保豐之道。何以致豐？離明主之，而震動將之也。宜常如日之方中，使其明無所不及，〔一〕則幽隱畢照，斯可永保夫「豐亨」矣。

初九，遇其配主，雖旬无咎，往有尚。

【本義】配主謂四。旬，均也，謂皆陽也。當豐之時，明動相資，故初九之遇九四，雖皆陽剛，而其占如此也。

【程傳】雷電皆至，成豐之象；明動相資，致豐之道。非明无以照，非動无以行，相須猶形影，相資猶表裏。初九，明之初，九四，動之初，宜相須以成其用，故「雖旬」而相應。位則相應，用則相資，故初謂四爲「配主」，己所配也。配雖匹稱，然就之者也，如配天以配君子，故初於四云「配」，四於初云「夷」也。「雖旬无咎」，旬，均也，天下之相應者常非均敵，如陰之應陽，柔之從剛，下之附上，敵則安肯相從？唯豐之初四，其用則相資，其應則相成，故雖均是陽剛，相從而无過咎也。蓋非明則動无所之，非動則明无所用，相資而成用，同舟則胡越一心，共難則仇怨協力，事勢使然也。往而相從，則能成其豐，故云「有尚」，有可嘉尚也。在它卦，則不相下而離隙矣。

〔一〕使其明無所不及：明，原作「朋」，據局本、四庫本、薈要本改。

【集説】胡氏瑗曰：旬者，十日也，謂數之盈滿也。言初與四，其德相符，雖居盈滿盛大之時，可以无咎。以此而往，則行有所尚也。

○蘇氏軾曰：凡人知生於憂患，而愚生於安佚。豐之患常在於闇，故爻皆以明闇爲吉凶也。初九、六二、九三者，皆離也，而有明德者也；九四、六五、上六，則所謂豐而闇者也。離，火也，日也，以下升上，其性也；以明發闇，其德也，故三離皆上適於震。初九適四，其配之所在也，故曰「配主」。

○項氏安世曰：初以四爲配，四以初爲夷，上下異辭也。自下並上曰配。

○胡氏炳文曰：初不言豐，初未至豐也。五亦不言豐者，陰虛歉然，方賴在下之助，不知有其豐也。凡卦爻取剛柔相應，豐則取明動相資，初之剛與四之剛，同德而相遇，雖兩陽之勢均敵，往而從之，非特无咎，且有尚矣。或曰十日爲旬。

○來氏知德曰：因「宜日中」句，爻辭皆以日言。文王象豐，以一日象之，故曰「勿憂，宜日中」；周公象豐，以十日象之，故曰「雖旬无咎」。十日爲旬，言初之豐，以一月論，已一旬也，正豐之時也。

六二，豐其蔀，日中見斗，往得疑疾，有孚發若，吉。

【本義】六二居豐之時，爲離之主，至明者也，而上應六五之柔暗，故爲豐蔀見斗之象。蔀，障蔽也。大其障蔽，故日中而昏也。往而從之，則昏暗之主必反見疑，唯在積其誠意，以感發之，則吉。戒占者宜如是也。虛中，有孚之象。

【程傳】明動相資，乃能成豐。二爲明之主，又得中正，可謂明者也，而五在正應之地，陰柔不正，非能動者。二五雖皆陰，而在明動相資之時，居相應之地，五才不足，既其應之才不足資，則獨明不能成豐；既不能成豐，則喪其明功，故爲「豐其蔀，日中見斗」。二，至明之才，以所應不足與，而不能成其豐，喪其明功，无明功則爲昏暗，故云「見斗」。斗，昏見者也；蔀，周匝之義，用障蔽之物掩晦於明者也。斗屬陰而主運平，象五以陰柔而當君位。「日中」，盛明之時，乃「見斗」，猶豐大之時乃遇柔弱之主，斗以昏見，言「見斗」，則是明喪而暗矣。二雖至明中正之才，所遇乃柔暗不正之君，既不能下求於己，若往求之，則反得疑猜忌疾，暗主如是也。然則如之何而可？夫君子之事上也，不得其心，則盡其至誠，以感發其志意而已。苟誠意能動，則雖昏蒙可開也，雖柔弱可輔也，雖不正可正也。古人之事庸君常主而克行其道者，己之誠意上達，而君見信之篤耳，管仲之相桓公、孔明之輔後主是也。若能以誠信發其志意，則得行其道，乃爲吉也。

【集説】服氏虔曰：日中而昏也。

○張子曰：凡言往者，皆進而之上也。初進而上，則遇陽而有尚。二既以陰居陰，又所應亦陰，故往增「疑疾」。

○郭氏雍曰：六二爲離明之中，而有豐蔀之闇者，以陰居陰，上非正應，所以有從闇之象也。天下之理，明則無疑，闇則疑。六二用明投闇，往得「疑疾」，乃其宜也。然任其中正，有孚而發，則動無不吉。

○徐氏幾曰：卦言「宜日中」，以下體言之，則二爲中；以一卦言之，則三四爲中，故二三四皆言「日中」。剛生明，故初應四則爲「往有尚」；柔生暗，故二應五爲「往得疑疾」也。

九三，豐其沛，日中見沬，折其右肱，无咎。

【本義】沛，一作「旆」，謂幡幔也，其蔽甚於蔀矣；沬，小星也。三處明極而應上六，雖不可用，而非咎也，故其象占如此。

【程傳】沛字，古本有作「旆」字者，王弼以爲幡幔，則是旆也。幡幔圍蔽於内者，「豐其沛」，其暗更甚於蔀也。三明體，而反暗於四者，所應陰暗故也。三居明體之上，陽剛得正，本能明者也。豐之道，必明動相資而成。三應於上，上陰柔又无位，而處震之終，既終則止矣，不能動者也。它卦至終則極，震至終則止矣。三无上之應，則不能成豐。沬，星之微小无名數者。見沬，暗之甚也。豐之時而遇上六，日中而見沬者也。右肱，人之所用，乃折矣，其无能爲可知。賢智之才，遇明君則能有爲於天下，上无可賴之主，則不能有爲，如人之折其右肱也。人之爲，有所失，則有所歸咎，曰由是故致是，若欲動而无右肱，欲爲而上无所賴，則不能而已，更復何言？无所歸咎也。

【案】九三之蔽又甚於二四者，爻取日中爲昏義。二三四在一卦之中，而九三又在三爻之中也，且二應五爲柔中之主，四應初爲同德之助，三所應者，乃過中處極之陰，其蔽安得不甚哉？上六以其昏昏使人昏昏，故九三雖以剛明之才爲之股肱，而不免於毁折。然於義爲无咎者，守其剛正以事上，反己無怍而衆無尤也。

○又案：易中所取者雖虛象，然必天地閒有此實事，非憑虛造設也。「日中見斗」，甚而至於「見沬」，所取喻者，固謂至昏伏於至明之中，然以實象求之，則如太陽食時是也，食限多則大星見，食限甚則小星亦見矣。所以然者，陰氣蔽障之故，故所謂「豐其蔀」「豐其沛」者，乃蔽日之物，非蔽人之物也。且此義亦與象傳「日中則昃」「月盈則食」相發。

九四，豐其蔀，日中見斗，遇其夷主，吉。

【本義】象與六二同。夷，等夷也，謂初九也。其占爲當豐而遇暗主，下就同德，則吉也。

【程傳】四雖陽剛，爲動之主，又得大臣之位，然以不中正遇陰暗柔弱之主，豈能致豐大也？故爲「豐其蔀」。蔀，周圍掩蔽之物，周圍則不大，掩蔽則不明。日中見斗，當盛明之時，反昏暗也；夷主，其等夷也，相應，故謂之主。初四皆陽而居初，是其德同；〔一〕又居相應之地，故爲「夷主」。居大臣之位，而得在下之賢，同德相輔，其助豈小也哉？故吉也。如四之才，得在下之賢爲之助，則能致豐大乎？曰：在下者，上有當位爲之與；在上者，下有賢才爲之助，豈无益乎？故吉也。然而致

〔一〕是其德同：德同，局本作「同德」。

天下之豐，有君而後能也。五陰柔居尊而震體，无虚中巽順下賢之象，下雖多賢，亦將何爲？蓋非陽剛中正，不能致天下之豐也。

【集説】孔氏穎達曰：據初適四，則以四爲主，故曰「遇其配主」；自四之初，則以初爲主，故曰「遇其夷主」也。

○張子曰：近比於五，故亦云「見斗」；正應亦陽，故云「夷主」。

○郭氏雍曰：二之「豐蔀見斗」，以重陰而非正應也，而「有孚發若，吉」者，中正也；四之「豐蔀見斗」，非中正也，而「遇其夷主，吉」者，應初而有遇也。二爻之義相類，故其辭同，而皆終之以「吉」。有爲之時，明動必相濟，然後有成，故初謂四爲「配主」，四謂初爲「夷主」，迭稱主者，明動相須，莫適爲主，惟明者知求動以爲主、動者知求明以爲主故也。

○鄭氏汝諧曰：初視四爲「配」，以下偶上也；四視初爲「夷」，降上就下也。

六五，來章，有慶譽，吉。

【本義】質雖柔暗，若能來致天下之明，則有慶譽而吉矣。蓋因其柔暗，而設此以開之。占者能如是，則如其占矣。

【程傳】五以陰柔之才爲豐之主，固不能成其豐大，若能來致在下章美之才而用之，則有福慶，復得美譽，所謂吉也。六二文明中正，章美之才也，爲五者誠能致之，在位而委任之，可以致豐大之慶、名譽之美，故吉也。章美之才，主二而言，然初與三四皆陽剛之才，五能用賢，則「彙征」矣。二雖陰，有文明中正之德，大賢之在下者也。五與二雖非陰陽正應，在明動相資之時，有相爲用之義，五若能「來章」，則有「慶譽」而「吉」也。然六五无虚己下賢之義，聖人設此義以爲教耳。

【集説】馮氏當可曰：六二言往，六五言來，往來交合，章明之象。

○項氏安世曰：六二以五爲蔀，在上而暗也；六五以二爲章，在下而明也。

○陳氏曰：五陰暗，則往而疑；二文明，則來而章。章者，離體文明之象。

○胡氏炳文曰：三爻稱日中，皆有所蔽；六五不稱日中，蓋宜日中無蔽也。

【案】五，君位也，彖辭所謂「王假之」者即此位，則五乃卦主也。卦義所重，在明以照天下，六五雖非明體，然下應六二，爲文明之主，而五有柔中之德，能資其章明以自助，則卦義所謂「勿憂，宜日中」者，實與此爻義合。

上六，豐其屋，蔀其家，闚其户，闃其无人，三歲不覿，凶。

【本義】以陰柔居豐極，處動終，明極而反暗者也，故爲豐大其屋，而反以自蔽之象。无人、不覿，亦言障蔽之深，其凶甚矣。

【程傳】六以陰柔之質而居豐之極，處動之終，其滿假躁動甚矣。處豐大之時，宜乎謙屈，而處極高；致豐大之功，在乎剛健，而體陰柔；當豐大之任，在乎得時，而不當位。如上六者，處无一當，其凶可知。「豐其屋」，處太高也；「蔀其家」，居不明也。以陰柔居豐大，而在无位之地，乃高亢昏暗，自絶於人，人誰與之？故「闚其户，闃其无人」也。至於三歲之久而不知變，其凶宜矣。「不覿」，謂尚不見人，蓋不變也。六居卦終，有變之義，而不能遷，是其才不能也。

【集説】龔氏焕曰：豐卦與明夷相似，唯變九四一爻。豐其蔀蔽，皆六五、上六二陰所爲。二豐其蔀，以五爲應也；三豐其沛，以上爲應也；四豐其蔀，以承五也。然五雖柔暗，以其得中，故有「來章」之吉。上居豐極，始則蔽人之明，終以自蔽，與明夷上六相似。

○何氏楷曰：處豐之極，亢然自高，豐大其居，以明得意。方且深居簡出，距人於千里之外，豈知凶將及矣？能無懼乎？

【總論】熊氏良輔曰：豐六爻以不應爲善。初四皆陽，初曰「遇其配主」，四曰「遇其夷主」；二五皆陰，二曰「有孚發若，吉」，五曰「來章，有慶譽，吉」；三與上爲正應，三不免於「折肱」，而上則甚凶。當豐大之時，以同德相輔爲善，不取陰陽之應也。

御纂周易折中卷第八

䷷（艮下離上）

【程傳】旅，序卦：「豐，大也。窮大者必失其居，故受之以旅。」豐盛至於窮極，則必失其所安，旅所以次豐也。爲卦離上艮下，山止而不遷，火行而不居，違去而不處之象，故爲旅也。又麗乎外，亦旅之象。

旅，小亨，旅貞吉。

【本義】旅，羈旅也。山止於下，火炎於上，爲去其所止而不處之象，故爲旅。以六五得中於外，而順乎上下之二陽，艮止而離麗於明，故其占可以「小亨」，而能守其旅之正則吉。〔一〕旅非常居，若可苟者，然道无不在，故自有其正，不可須臾離也。

〔一〕而能守其旅之正則吉：正，四庫本作「貞」。

【程傳】以卦才言也，如卦之才可以「小亨」，得旅之貞正而吉也。

【集説】胡氏炳文曰：在旅而亨，亨之小者也。然事有小大，道無不在，大亨固利於貞，不可以亨之小而失其貞也。正道果可須臾離哉？

初六，旅瑣瑣，斯其所取災。

【本義】當旅之時，以陰柔居下位，故其象占如此。

【程傳】六以陰柔，在旅之時，處於卑下，是柔弱之人處旅困而在卑賤，所存污下者也。志卑之人既處旅困，鄙猥瑣細，无所不至，乃其所以致侮辱取災咎也。瑣瑣，猥細之狀。當旅困之時，才質如是，上雖有援，无能爲也。四陽性而離體，亦非就下者也，又在旅，與他卦爲大臣之位者異矣。

【集説】王氏應麟曰：旅初六「斯其所取災」，王輔嗣注云：「爲斯賤之役。」唐郭京謂：「斯，合作廝。」愚案：後漢左雄傳「職斯祿薄」，注云：「斯，賤也。」不必改廝字。

【案】易中初爻多取童稚小子之象，在旅則童僕之象，王氏之説是也。

六二，旅即次，懷其資，得童僕貞。

【本義】即次則安，懷資則裕，得其童僕之貞信則无欺而有賴，旅之最吉者也。二有柔順中正之德，故其象占如此。

【程傳】二有柔順中正之德，柔順則衆與之，中正則處不失當，故能保其所有，童僕亦盡其忠信。雖不若五有文明之德，上下之助，亦處旅之善者也。次舍，旅所安也；財貨，旅所資也；童僕，旅所賴也。得就次舍，懷蓄其資財，又得童僕之貞良，旅之善也。柔弱在下者，童也；强壯處外者，僕也。二柔順中正，故得内外之心，在旅所親比者，童僕也。不云吉者，旅寓之際，得免於災厲則已善矣。

【集説】胡氏炳文曰：旅中不能無賴乎童僕之用，亦多不免乎童僕之欺，惟得其貞信者，則無欺而有賴。

○趙氏玉泉曰：二處旅，而有柔順中正之德，則内不失己，而己無不安；外不失人，而人無不與。凡旅之所恃以不可無者，皆有以全之也。

【案】二得位得中，故曰即次懷資，與九四之旅處而得其資斧者異矣。下有初六比之，故曰「得童僕」，與九三之「喪其童僕」者異矣。在初，則爲童僕之瑣瑣者；自二視之，則爲童僕之貞者，義不相害也。

九三，旅焚其次，喪其童僕，貞厲。

【本義】過剛不中，居下之上，故其象占如此。「喪其童僕」，則不止於失其心矣，故「貞」字連下句爲義。

【程傳】處旅之道，以柔順謙下爲先。三剛而不中，又居下體之上與艮之上，有自高之象。在旅而過剛自高，致困災之道也。自高則不順於上，故上不與而「焚其次」，失所安也。上離爲焚象。過剛則暴下，故下離而喪其童僕之貞信，謂失其心也。如此，則危厲之道也。

【集説】潘氏夢旂曰：居剛而用剛，平時猶不可，況旅乎？以此與下，焚次喪僕，固其宜也。九三以剛居下體之上，則焚次；上九以剛居上體之上，則焚巢。位愈高，剛愈亢，則禍愈深矣。

○丘氏富國曰：九三爻辭全與二反。二即次而三焚，二得童僕而三喪，二之貞无尤而三之貞則厲者，二柔順得中，三過剛不中故也。過剛豈處旅之道哉！

【案】三得位，故亦有即次象，以其過剛，故焚之也。六爻惟二三言「次」，得位故也。

九四，旅于處，得其資斧，我心不快。

【本義】以陽居陰，處上之下，用柔能下，故其象占如此。然非其正位，又上无剛陽之與，下唯陰柔之應，故其心有所不快也。

【程傳】四陽剛，雖不居中而處柔，在上體之下，有用柔能下之象，得旅之宜也。以剛明之才爲五所與，爲初所應，在旅之善者也。然四非正位，故雖得其處止，不若二之就次舍也。有剛明之才，爲上下所與，乃旅而得貨財之資、器用之利也。雖在旅爲善，然上无剛陽之與，下唯陰柔之應，故不能伸其才、行其志，其心不快也。云「我」者，據四而言。

【集説】蔣氏悌生曰：凡卦爻陽剛皆勝陰柔，惟旅卦不然，二五皆以柔順得吉，三上皆以陽剛致凶。六爻六五最善，二次之，上九最凶，三次之，九四雖得其處，姑足以安其身而已，豈得盡遂其志？

【案】四居位非正，故不曰「即次」，而曰「于處」，在旅而處多懼之地，故雖得資與六二同，而未免加斧以自防衛，其未忘戒心可知，安得快然而安樂乎？

六五，射雉，一矢亡，終以譽命。

【本義】雉，文明之物，離之象也。六五柔順文明，又得中道，爲離之主，故得此爻者爲射雉之象，雖不无亡矢之費，而所喪不多，終有譽命也。

【程傳】六五有文明柔順之德，處得中道，而上下與之，處旅之至善者也。人之處旅，能合文明之道，可謂善矣。羈旅之人，動而或失，則困辱隨之；動而无失，然後爲善。離爲雉，文明之物，射雉，謂取則於文明之道而必合，如射雉一矢而亡之，發无不中，則終能致譽命也。譽，令聞也；命，福禄也。五居文明之位，有文明之德，故動必中文明之道也。五，君位，人君无旅，旅則失位，故不取君義。

【集説】朱氏震曰：五在旅卦，不取君象，有文明之德，則令譽升聞，而爵命之矣。

○朱子語類云：亡字，正如「秦無亡矢遺鏃」之亡，不是如伊川之説。易中凡言終吉者，皆是初不甚好也。

○王氏申子曰：一矢亡，言中之易也。

【案】五在旅卦，不取君義，程傳之説是也。古者士大夫出疆，則以贄行，而士執雉以相見。射雉而得，是進身而有階之象也。信於友則有譽，獲乎上則有命。

上九，鳥焚其巢，旅人先笑後號咷，喪牛于易，凶。

【本義】上九過剛，處旅之上、離之極，驕而不順，凶之道也，故其象占如此。

【程傳】鳥，飛騰處高者也。上九剛不中，而處最高，又離體，其亢可知，故取鳥象。在旅之時，謙降柔和乃可自保，而過剛自高，失其所安，宜矣。巢，鳥所安止，焚其巢，失其所安，无所止也。在離上，爲焚象。陽剛自處於至高，始快其意，故「先笑」。既而失安莫與，故「號咷」。輕易以喪其順德，所以凶也。牛，順物，「喪牛于易」，謂忽易以失其順也。離火性上，爲躁易之象，上承「鳥焚其巢」，故更加「旅人」字，不云「旅人」，則是鳥笑哭也。

【集説】王氏宗傳曰：上九之視九三，尤爲剛亢者也。凡物棲高處亢而寄諸危地者，鳥之巢是也，故旅之上取以爲象。夫高極必危，離火有焚象也，故曰「鳥焚其巢」。「先笑」，謂喜居物上也；「後號咷」，謂巢焚之故也。夫牛，順物也。旅道以柔順謙下爲本，上九喪其至順之德，此所以凶也。

○徐氏幾曰：旅貴柔順中正，三陽爻皆失之，而最亢者上九也。

【總論】范氏仲淹曰：内止而不動於心，外明而弗迷其往，以斯適旅，故得小亨而貞吉。夫旅人之志，卑則自辱，高則見疾，能執其中，可謂智矣。故初瑣瑣，卑以自辱者也；三焚次而上焚巢，高而見疾者也；二懷資而五譽命，柔而不失其中者也。

☴（巽下巽上）

【程傳】巽，序卦：「旅而无所容，故受之以巽。巽者，入也。」羈旅親寡，非巽順何所取容？苟能巽順，雖旅困之中，何往而不能入？巽所以次旅也。爲卦一陰在二陽之下，巽順於陽，所以爲巽也。

巽，小亨，利有攸往，利見大人。

【本義】巽，入也，一陰伏於二陽之下，其性能巽以入也。其象爲風，亦取入義。陰爲主，故其占爲「小亨」，以陰從陽，故又利有所往。然必知所從，乃得其正，故又曰「利見大人」也。

【程傳】卦之才，可以「小亨，利有攸往，利見大人」也。巽與兑皆剛中正，巽説義亦相類，而兑則亨，巽乃小亨者，兑，陽之爲也，巽，陰之爲也。兑柔在外，用柔也；巽柔在内，性柔也，巽之亨所以小也。

【集説】郭氏雍曰：巽，入也，能入，故「利有攸往」，故「利見大人」，是亦「沈潛剛克」之意與？

○朱子語類云：巽有入之義，巽爲風，如風之入物，只爲巽便能入，義理之中無細不入。

○趙氏汝楳曰：一陰生於下，二陽巽之於上，卦以剛爻得名，陰生而陽巽之。

○蔡氏清曰：順字解巽字不盡，潛心貎到方爲巽也。程傳只説順，然孔子不曰順，而每仍卦名曰巽，是必巽字與順字有辨矣。大傳曰「巽，入也」，又曰「巽，德之制也」，又曰「巽稱而隱」，未嘗只以順字當之也。

○何氏楷曰：凡巽之所以致亨，皆陽之爲也。所謂申命，乃陽事也，有陽以巽之於上，故小亨。

【案】巽，入也，從來説者皆以爲一陰入於二陽之下，非也。蓋一陰伏於内，陽必入而散之，陰性凝滯，必散而後與陽合德也。其在造化，則吹浮雲、散積陰者也；其在人心，則察幾微、窮隱伏者也；其在國家，則除奸慝、釐弊事者也。三者皆非入不能，卦之所以名巽者以此。亨之所以小者，如蠱則壞極而更新之，故其亨大，巽但脩敝舉廢而已，觀卦爻庚甲之義可見也。天下之事，既察知之，則必見之於行，故曰「利有攸往」。非有剛德之人，不能濟也，故又曰「利見大人」。

初六，進退，利武人之貞。

【本義】初以陰居下，爲巽之主，卑巽之過，故爲進退不果之象。若以武人之貞處之，則有以濟其所不及，而得所宜矣。

【程傳】六以陰柔居卑，巽而不中，處最下而承剛，過於卑巽者也。陰柔之人卑巽太過，則志意恐畏而不安，或進或退，不知所從，其所利在武人之貞，若能用武人剛貞之志，則爲宜也。勉爲剛貞，則无過卑恐畏之失矣。

【集説】王氏弼曰：處令之初，未能服令者也，故進退也。成命齊邪，莫善武人，故「利武人之貞」，以整之。

○胡氏瑗曰：初六以陰柔之質復在一卦之下，是以有進退之疑，利在武人之正，勇於行事，然後可獲其吉也。

○俞氏琰曰：巽，申命行事之卦也。令出則務在必行，豈宜或進或退？初六卑巽而不中，柔懦而不武，故或進或退而不能自決也。若以武人處之，則「貞固足以幹事」矣，故曰「利武人之貞」。

九二，巽在牀下，用史巫紛若，吉无咎。

【本義】二以陽處陰而居下，有不安之意。然當巽之時，不厭其卑，而二又居中，不至已甚，故其占爲能過於巽，而丁寧煩悉其辭以自道達，則可以吉而无咎。亦竭誠意以祭祀之吉占也。

【程傳】二居巽時，以陽處陰而在下，過於巽者也。牀，人之所安，「巽在牀下」，是過於巽，過所安矣。人之過於卑巽，非恐怯則諂説，皆非正也。二實剛中，雖巽體而居柔，爲過於巽，非有邪心也。恭巽之過，雖非正禮，可以遠恥辱，絶怨咎，亦吉道也。史巫者，通誠意於神明者也；紛若，多也。苟至誠安於謙巽，能使通其誠意者多，則吉而无咎，謂其誠足以動人也。人不察其誠意，則以過巽爲諂矣。

【集説】馮氏椅曰：周官，史掌卜筮，巫掌祓禳。卜筮所以占其吉凶，祓禳所以除其烖害。

【案】牀下者，陰邪所伏也；入於牀下，則察之深矣。於是既以史占而知之，復以巫祓而去之，雖有物祅神怪，無能爲害矣。紛若者，以喻申命之頻煩而行事之纖悉也。二與五，皆所謂「剛巽乎中正而志行」者，卦之主也，故能盡申命行事之道如此。

九三，頻巽，吝。

【本義】過剛不中，居下之上，非能巽者，勉爲屢失，吝之道也，故其象占如此。

【程傳】三以陽處剛，不得其中，又在下體之上，以剛亢之質而居巽順之時，非能巽者，勉而爲之，故屢失也。居巽之時，處下而上，臨之以巽，又四以柔順相親，所乘者剛，而上復有重剛，雖欲不巽，得乎？故頻失而頻巽，是可吝也。

【集説】趙氏汝楳曰：頻巽者，既巽復巽，猶頻復也。

【案】巽者入也，然又曰「德之制」，若不能斷制，則其入之深者，徒足使弊益以滋，而奸無所畏，非惟無益，而又害之也。夫子曰再思可矣，言事貴斷也。九三、上九皆過於中，則是蓄疑以敗謀，多思而少斷。然三未如上九之甚也，故但爲「頻巽」之象，而占曰「吝」。

六四，悔亡，田獲三品。

【本義】陰柔无應，承乘皆剛，宜有悔也，而以陰居陰，處上之下，故得悔亡，而又爲卜田之吉占也。三品者，一爲乾豆，一爲賓客，一以充庖。

【程傳】陰柔无援，而承乘皆剛，宜有悔也，而四以陰居陰，得巽之正，在上體之下，居上而能下也。居上之下，巽於上也；以巽臨下，巽於下也，善處如此，故得「悔亡」。所以得「悔亡」，以如田之獲三品也。「田獲三品」，及於上下也。田獵之獲分三品，一爲乾豆，一供賓客與充庖，一頒徒御。四能巽於上下之陽，如田之獲三品，謂徧及上下也。四之地本有悔，以處之至善，故「悔亡」，而復有功。天下之事，苟善處，則悔或可以爲功也。

【集説】王氏弼曰：雖以柔遇剛，而依尊履正，以斯行命，必能獲强暴遠不仁者也。獲而有益，莫善三品，故曰「悔亡，田獲三品」。

○王氏安石曰：田者，興事之大者也；三品，有功之盛者也。

○郭氏雍曰：六四近君，志決於進，無初六之疑，則「悔亡」矣，是以有「田獲三品」之功也。六四至柔，不當有田獲之功，而此以順乎剛得之。由是觀之，則巽之爲道，豈柔弱畏懦之謂哉？

○沈氏該曰：「田獲三品」，令行之效也。田，除害也；獲，得禽也。行君之令而致之民，將以興利除害也。害去利獲，令行而功著，是以「田獲三品」也。

○胡氏炳文曰：田，武事也。初利武人之貞，四之田獲，用武而有功者也。

【案】以卦義論，則初與四皆伏陰也，陽所入而制之者也。有以制之，則柔順乎剛，而在内者無陰慝矣。以爻義論，則初與四能順乎剛，是皆有行事之責者，蓋質雖柔，而能以剛克，則所謂柔而立者也。初居重巽之下，猶有進退之疑，至四則居高當位，上承九五，視初又不同矣。故在初利武人之貞，四則載纘武功而田害悉去，解獲三狐，而此獲三品，所獲者多，不止於狐也。

九五，貞吉，悔亡，无不利，无初有終。先庚三日，後庚三日，吉。

【本義】九五剛健中正，而居巽體，故有悔；以有貞而吉也，故得亡其悔而「无不利」。有悔是无初也，亡之是有終也。庚，更也，事之變也。「先庚三日」，丁也；「後庚三日」，癸也。丁所以丁寧於其變之前，癸所以揆度於其變之後。有所變更而得此占者，如是則吉也。

【程傳】五居尊位，爲巽之主，命令之所出也。處得中正，盡巽之善。然巽者柔順之道，所利在貞，非五之不足，在巽當戒也。既貞，則吉而悔亡，无所不利。貞，正中也，處巽出令，皆以中正爲吉。柔巽而不貞，則有悔，安能无所不利也？命令之出，有所變更也。「无初」，始未善也；「有終」，更之始善也。若已善，則何用命也？何用更也？「先庚三日，後庚三日，吉」，出命更改之道當如是也。甲者事之端也，庚者變更之始也。十干戊己爲中，過中則變，故謂之庚。事之改更，當「原始要終」，如先甲後甲之義，如是則吉也。解在蠱卦。

【集說】張氏浚曰：巽孰爲貞？先庚後庚，巽之貞也。先三日，蓋慎始而圖其幾；後三日，蓋思終而考其成。慎始思終，權斯行矣。庚有制變之義，當以剛德爲主，不然，其弊將淪溺而入於蠱矣。

○郭氏雍曰：愼乃出令，君人之道也。先後三日而申命之者，愼之至也。愼之至者，令出惟行弗惟反故也。命令之出，有必可行之善，而無不可行復反之失，是以吉也。上曰貞吉，九五之貞吉也；下曰吉，蓋命令以是爲吉也。庚即命令也，先庚謂申命，後庚謂出令之後而行事也。

○胡氏炳文曰：蠱者事之壞，先甲後甲者，飭之使復興起；巽者事之權，先庚後庚者，行之使適變通。

○張氏清子曰：甲者，十干之首，事之端也，故謂之「終則有始」；庚者，十干之過中，事之當更者也，故謂之「无初有終」。況巽九五，乃蠱六五之變，以造事言之，故取諸甲；以更事言之，故取諸庚。易於甲、庚皆曰先後三日者，蓋聖人謹其始終之意也。

○梁氏寅曰：五居尊位，乃命令之所自出也。巽之義爲入，入於理者深而見於行者決，巽之道然後爲盡矣。不然，優游牽制，其多思者，乃其所以爲累者也，曷足貴乎？

○鄭氏維嶽曰：九五一爻，正所謂「剛巽乎中正而志行」者。五居巽體，有蠱壞之病，故有悔，而以剛中正之道渙號更命，得其貞正，故吉、悔亡而无不利。先三後三，即是申命行事，即是貞處宜之制，是以吉也。

○吴氏曰愼曰：苟有所變，必丁寧揆度而後行事，則入於事理，順於人心，以得重巽之中，盡權

上九，巽在牀下，喪其資斧，貞凶。

【本義】「巽在床下」，過於巽者也；「喪其資斧」，失所以斷也，如是則雖貞亦凶矣。居巽之極，失其陽剛之德，故其象占如此。

【程傳】牀，人所安也；「在牀下」，過所安之義也。九居巽之極，過於巽者也。資，所有也；斧以斷也。陽剛本有斷，以過巽而失其剛斷，失其所有，喪資斧也。居上而過巽，至於自失，在正道爲凶也。

【集説】王氏弼曰：處巽之極，極巽過甚，故曰「巽在牀下」也；斧所以斷者也，過巽失正，喪所以斷，故曰「喪其資斧」。

○胡氏瑗曰：斧，斤也，善於斷割。處無位之地，無剛明之才，不能斷割以自決其事，故凶也。

【案】資斧，古本作「齊斧」爲是。蓋因承旅卦，同音而誤也。説卦「齊乎巽」，齊斧者，所以齊物之斧也。

【總論】蘇氏濬曰：巽者入也，然所謂入者，豈徒藉口於迂徐漸次之功，以濟其因循悠緩之習已耶？是故武人之貞，不可弛也；三品之獲，不可後也；史巫紛若，不以爲瀆也；先庚後庚，不以爲煩也。傳曰「巽以行權」。

䷹（兑下兑上）

【程傳】兑，序卦：「巽者，入也。入而後説之，故受之以兑。兑者，説也。」物相入則相説，相説則相入，兑所以次巽也。

兑，亨，利貞。

【本義】兑，説也，一陰進乎二陽之上，喜之見乎外也。其象爲澤，取其説萬物，又取坎水而塞其下流之象。卦體剛中而柔外，剛中，故説而亨；柔外，故利於貞。蓋説有亨道，而其妄説不可以不戒，故其占如此。又柔外，故爲説亨，剛中，故利於貞，亦一義也。

【程傳】兑，説也。説，致亨之道也，能説於物，物莫不説而與之，足以致「亨」。然爲説之道，利於貞正，非道求説，則爲邪諂，而有悔咎，故戒「利貞」也。

【集説】焦氏竑曰：人有喜説，必見而在外，蓋陽假陰之和柔以爲用，喜説非由於陰也。故二陰一陽，則陽爲之主；二陽一陰，則陰非爲主，但爲陽之用耳。

【案】地有積濕，春氣至則潤升於上；人身有血，陽氣盛則腴敷於色，此兑爲澤、爲説之義。蓋説雖緣陰，而所以用陰者，陽也。人有柔和之質，而非以忠直之心行之，則失正而入於邪矣，故「利貞」。

初九，和兑，吉。

【本義】以陽爻居説體，而處最下，又无係應，故其象占如此。

【程傳】初雖陽爻，居説體而在最下，无所係應，是能卑下和順以爲説，而无所偏私者也。以和爲説，而无所偏私，説之正也。陽剛則不卑，居下則能巽，處説則能和，无應則不偏。處説如是，所以吉也。

【集説】蔡氏淵曰：爻位皆剛，不比於柔，得説之正，和而不流者也，故吉。

○吴氏澄曰：六畫唯初不比陰柔，説道之善，故曰和。

○趙氏玉泉曰：陽剛則無邪媚之嫌，居下則無上求之念，無應又無私係之累，其説也，不諂不瀆，中節而無乖戾，和兑之象。如是，則説得其正矣。

○來氏知德曰：和，與中庸「發而皆中節謂之和」同，謂其所説者無乖戾之私，皆性情之正、道義之公也。

九二，孚兑，吉，悔亡。

【本義】剛中爲孚，居陰爲悔，占者以孚而説，則吉而悔亡矣。

【程傳】二承比陰柔，陰柔，小人也，説之則當有悔。二剛中之德，孚信内充，雖比小人，自守不失，「君子和而不同」，説而不失剛中，故吉而悔亡。非二之剛中，則有悔矣，以自守而亡也。

【集説】王氏宗傳曰：六三陰柔而不正，所謂非道以説者也，而二比之，疑於有悔矣。然二以剛居中，誠實之德充足於内，故雖與三同體，而無失己之嫌，此其悔所以亡也。

○龔氏焕曰：九二陽剛得中，當説之時，以孚信爲説者也。己以孚信爲説，人不得而妄説之，所以吉也。

六三，來兑，凶。

【本義】陰柔不中正，爲兑之主，上无所應，而反來就二陽以求説，凶之道也。

【程傳】六三陰柔，不中正之人，説不以道者也。「來兑」，就之以求説也。比於在下之陽，枉己非道，就以求説，所以凶也。之内爲來。上下俱陽而獨之内者，以同體而陰性下也，失道下行也。

【集説】王氏宗傳曰：六三居兩兑之閒，一兑既盡，一兑復來，故曰「來兑」。夫以不正之才居兩兑之閒，左右逢迎，惟以容説爲事，此小人之失正者，故於兑爲凶。

【案】三居内體，故曰「來」，然非來説於下二陽之謂也。爲説之主，志在於説，凡外物之可説者，皆感之而來也。

九四，商兑未寧，介疾有喜。

【本義】四上承九五之中正，而下比六三之柔邪，故不能決而商度，所説未能有定。然質本陽剛，故能介然守正，而疾惡柔邪也，如此則有喜矣。象占如此，爲戒深矣。

【程傳】四上承中正之五，而下比柔邪之三，雖剛陽而處非正。三陰柔，陽所説也，故不能決而商度未寧，謂擬議所從而未決，未能有定也。兩閒謂之介，分限也。地之界則加田，義乃同也，故人有節守謂之介。若介然守正，而疾遠邪惡，則有喜也。從五，正也；説三，邪也。四近君之位，若剛介守正，疾遠邪惡，將得君以行道，福慶及物，爲有喜也。若四者，得失未有定，繫所從耳。

【集説】楊氏簡曰：九剛四柔，近比六三諛佞之小人，心知其非而實樂其柔媚，故商度所説，去取交戰於胸中而未寧。聖人於是勉之曰，介然疾惡小人，則有喜。

【案】易中疾字，皆與喜對，故曰「无妄之疾，勿藥有喜」，又曰「損其疾，使遄有喜」。以此爻例之，則疾者，謂疾病也；喜者，謂病去也。四比於三，故曰「介疾」，言介於邪害之閒也。若安而溺焉，則其爲鴆毒大矣。惟能商度所説，而不以可説者爲安，則雖「介疾」，而「有喜」矣。論語曰：「君子易事而難説也，説之不以道，不説也。」其商兑之謂乎？

九五，孚于剥，有厲。

【本義】剥，謂陰能剥陽者也。九五陽剛中正，然當説之時，而居尊位，密近上六。上六陰柔，爲説之主，處説之極，能妄説以剥陽者也。故其占但戒以信於上六則有危也。

【程傳】九五得尊位而處中正，盡説道之善矣，而聖人復設「有厲」之戒，蓋堯舜之盛，未嘗无戒也，戒所當戒而已。雖聖賢在上，天下未嘗无小人，然不敢肆其惡也，聖人亦説其能勉而革面也。彼小人者，未嘗不知聖賢之可説也，如四凶處堯朝，隱惡而順命是也。聖人非不知其終惡也，取其畏罪而强仁耳。五若誠心信小人之假善爲實善，而不知其包藏，則危道也。小人者，備之不至，則害於善，聖人爲戒之意深矣。剥者，消陽之名，陰，消陽者也，蓋指上六，故「孚于剥」則危也。以五在説之時，而密比於上六，故爲之戒。雖舜之聖，且畏巧言令色，安得不戒也！説之惑人易入而可懼也如此。

【集説】王氏弼曰：比於上六，而與相得，處尊正之位，不説信乎陽，而説信乎陰，「孚于剥」之義也。剥之爲義，小人道長之謂。

○楊氏簡曰：九五親信上六柔媚不正之小人，故曰「孚于剥」。剥之爲卦，小人剥君子，又剥喪其國家，故謂小人爲剥。信小人，危厲之道也。

○胡氏炳文曰：説之感人，最爲可懼，感之者，將以剥之也。況爲君者易狃於所説，故雖聖人，且畏巧言令色，況凡爲君子者乎！

○錢氏一本曰：兑五説體，與履五健體不同。履五健，恐其和之難，危在夬；兑五説，不覺其入之易，危在孚，故皆有厲之象。

【案】易中凡言厲者，皆兼内外而言，蓋事可危而吾危之也。履五爻及此爻，皆以剛中正居尊位，而有厲辭，夫子又皆以位正當釋之，是其危也，以剛中正，故能危也。履卦有危懼之義，而九五居尊，所謂「履帝位而不疚」者，故能因夬履而常危；兑有説義，九五居尊，又比上六，故亦因「孚于剥」而心有危也。此有厲與夬有厲正同，皆以九五比近上六，所謂「其危乃光」者也。

上六，引兑。

【本義】上六成説之主，以陰居説之極，引下二陽，相與爲説，而不能必其從也。故九五當戒，而此爻不言其吉凶。

【程傳】他卦至極則變，兑爲説極，則愈説。上六成説之主，居説之極，説不知已者也。故説既極矣，又引而長之，然而不至悔咎，何也？曰：方言其説不知已，未見其所説善惡也，又下乘九五之中正，无所施其邪説，六三則承乘皆非正，是以有凶。

【集説】劉氏牧曰：「執德不固」，見誘則從，故稱「引兑」。

○毛氏璞曰：所以爲兑者，三與上也。三爲内卦，故曰來；上爲外卦，故曰引。

【案】三與上，皆以陰柔爲説主。「來兑」者，物感我而來，孟子所謂蔽於物，樂記所謂感於物而動者也；「引兑」者，物引我而去，孟子所謂物交物則引之而已矣，樂記所謂物至而人化物者也。始於來，終於引，此人心動乎欲之淺深也。

【總論】龔氏焕曰：兑本以説之見乎外而得名，然六爻之義皆不取説之徇乎外者，人之所説，苟能不徇乎外，則其見於外者，斯得其正而吉矣。

○蔣氏悌生曰：當説之時，剛則有節，柔則無度，故此卦初二及四五四爻皆以剛陽而得吉，三上二爻皆以陰柔而致凶。

䷺（坎下巽上）

【程傳】涣，序卦：「兑者，説也。説而後散之，故受之以涣。」説則舒散也。人之氣，憂則結聚，説則舒散，故説有散義，涣所以繼兑也。爲卦巽上坎下，風行於水上，水遇風則涣散，所以爲涣也。

涣，亨，王假有廟，利涉大川，利貞。

【本義】涣，散也，爲卦下坎上巽，風行水上，離披解散之象，故爲涣。其變則本自漸卦，九來居二而得中，六往居三，得九之位而上同於四，故其占可亨。又以祖考之精神既散，故王者當至於廟以聚之。又以巽木坎水，舟楫之象，故「利涉大川」。其曰「利貞」，則占者之深戒也。

【程傳】涣，離散也。人之離散由乎中，人心離則散矣；治乎散亦本於中，能收拾人心，則散可聚也，故卦之義皆主於中。「利貞」，合涣散之道，在乎正固也。

【案】涣與萃對。假廟者，所以聚鬼神之既散也；涉川者，所以聚人力之不齊也。蓋盡誠以感格，則幽明無有不應；秦越而共舟，則心力無有不同。此二者，涣而求聚之大端也。然不以正行之，則必有黷神犯難之事，故曰「利貞」。

初六，用拯馬壯，吉。

【本義】居卦之初，涣之始也，始涣而拯之，爲力既易，又有壯馬，其吉可知。初六非有濟涣之才，但能順乎九二，故其象占如此。

【程傳】六居卦之初，涣之始也，始涣而拯之，又得馬壯，所以吉也。六爻獨初不云涣者，離散之勢，辨之宜早，方始而拯之，則不至於涣也。爲教深矣。馬，人之所託也，託於壯馬，故能拯涣。馬謂二也，二有剛中之才，初陰柔順，兩皆无應，无應則親比相求。初之柔順，而託於剛中之才，以拯其涣，如得壯馬以致遠，必有濟矣，故吉也。涣拯於始，爲力則易，時之順也。

【集説】王氏宗傳曰：居涣散之初，則時未至於涣也。當此之時，順此之勢，而亟救之，則用拯之道得矣，故必馬壯而後吉。

○胡氏炳文曰：五爻皆言涣，初獨不言者，救之尚早，可不至於涣也。

九二，涣奔其机，悔亡。

【本義】九而居二，宜有悔也，然當涣之時，來而不窮，能亡其悔者也，故其象占如此。蓋九奔而二机也。

【程傳】諸爻皆云涣，謂涣之時也。在涣離之時，而處險中，其有悔可知。若能奔就所安，則得悔亡也。机者，俯憑以爲安者也。俯，就下也；奔，急往也。二與初雖非正應，而當涣離之時，兩皆無與，以陰陽親比相求，則相賴者也。故二目初爲机，初謂二爲馬，二急就於初以爲安，則能亡其悔矣。初雖坎體，而不在險中也。或疑初之柔微何足賴，蓋涣之時，合力爲勝。先儒皆以五爲机，非也。方涣離之時，二陽豈能同也？若能同，則成濟涣之功當大，豈止悔亡而已？机謂俯就也。

【集説】郭氏雍曰：九二之剛，自外來而得中，得去危就安之義，故有「奔其机」之象。惟得中就安，故象傳所以言「不窮」也。

○朱子語類云：九二「涣奔其机」，以人事言之，是來就安處。

【案】聚涣者先固其本，以剛中居内，固本之象也。机者，所以憑而坐也。有所憑依而安居，然後可以動而不窮矣。

六三，涣其躬，无悔。

【本義】陰柔而不中正，有私於己之象也。然居得陽位，志在濟時，能散其私，以得无悔，故其占如此。大率此上四爻，皆因涣以濟涣者也。

【程傳】三在涣時，獨有應與，无涣散之悔也。然以陰柔之質，不中正之才，上居无位之地，豈能拯時之涣而及人也？止於其身可以无悔而已。上加涣字，在涣之時，躬无涣之悔也。

【集説】王氏申子曰：自此以上四爻，皆因涣以拯涣者，謂涣其所當涣，則不當涣者聚矣。

【案】易中六三應上九，少有吉義，惟當涣時，則有應於上者，忘身徇上之象也。蹇之二曰「王臣蹇蹇，匪躬之故」，亦以當蹇難之時，而與五相應。此爻之義同之。

六四，涣其群，元吉，涣有丘，匪夷所思。

【本義】居陰得正，上承九五，當濟涣之任者也。下无應與，爲能散其朋黨之象。占者如是，則大善而吉。又言能散其小群，以成大群，使所散者聚而若丘，則非常人思慮之所及也。

【程傳】涣四五二爻義相須，故通言之，象故曰「上同也」。四巽順而正，居大臣之位；五剛中而正，居君位。君臣合力，剛柔相濟，以拯天下之涣者也。方涣散之時，用剛則不能使之懷附，用柔則不足爲之依歸，四以巽順之正道輔剛中正之君，君臣同功，所以能濟涣也。天下涣散，而能使之群聚，可謂大善之吉也。「涣有丘，匪夷所思」，贊美之辭也。丘，聚之大也。方涣散而能致其大聚，其功甚大，其事甚難，其用至妙。夷，平常也。非平常之見所能思及也，非賢智，孰能如是？

【集説】胡氏瑗曰：天下之涣，起於衆心乖離，人自爲群。六四上承九五，當濟涣之任，而居陰得正，下無私應，是大臣秉大公之道，使天下之黨盡散，則天下之心不至於乖散，而兼得以萃聚，故得盡善，元大之吉也。

○朱子語類云：老蘇云，涣之六四曰「涣其群，元吉」，夫群者，聖人之所欲涣以混一天下者也。

此説雖程傳有所不及，如程傳之説，則是群其涣，非涣其群也。蓋當人心涣散之時，各相朋黨，不能混一，惟六四能涣小人之私群，成天下之公道，此所以「元吉」也。

○陳氏琛曰：天下之所以涣者，多由人心叛上，而各締其私也。私黨既散，則公道大行，而勢合於一，如丘陵之高矣，所謂散小群以成大群也。然此必才識之高邁者乃能之，非常人思慮所及也。

【案】孔安國書序云：「丘，聚也。」則丘字即訓聚。「涣有丘，匪夷所思」，語氣蓋云，常人徒知散之爲散，不知散之爲聚也。散中有聚，豈常人思慮之所及乎？世有合群黨以爲自固之術者，然徒以私相結、以勢相附耳，非真聚也，及其散也，相背相傾，乃甚於不聚者矣。惟無私者，公道足以服人；惟無邪者，正理可以動衆。此所謂散中之聚，人臣體國者之所當知也。

九五，涣汗其大號，涣王居，无咎。

【本義】陽剛中正以居尊位，當涣之時，能散其號令與其居積，則可以濟涣而无咎矣，故其象占如此。九五巽體，有號令之象。汗，謂如汗之出而不反也。「涣王居」，如陸贄所謂散小儲而成大儲之意。

【程傳】五與四君臣合德，以剛中正巽順之道治涣，得其道矣。惟在浹洽於人心，則順從也。當使號令洽於民心，如人身之汗浹於四體，則信服而從矣。如是則可以濟天下之涣，居王位爲稱而无咎。大號，大政令也，謂新民之大命，救涣之大政。再云涣者，上謂涣之時，下謂處涣，如是則无咎也。在四已言元吉，五惟言稱其位也。渙之四五通言者，渙以離散爲害，拯之使合也，非君臣同功合力，其能濟乎？爻義相須，時之宜也。

【集説】胡氏瑗曰：汗者，膚腠之所出，出則宣人之壅滯，愈人之疾，猶上有教令，釋天下之難，使天下各得其所者。九五居至尊之位，爲渙散之主，居得其正，履得其中，能出其號令，布其德澤，宣天下壅滯，發天下堙鬱，使天下之人皆信於上，咸有所歸，所以居位而无悔咎。

○朱子語類云：聖人就人身上説一汗字爲象，不爲無意，蓋人君之號令當出乎人君之中心，由中而外，由近而遠，雖至幽至遠之處，無不被而及之，亦猶人身之汗出乎中，而浹於四體也。

○俞氏琰曰：散人之疾而使之愈者，汗也；散天下之難而使之愈者，號令也。王居，謂王者所居之位。

○何氏楷曰：王者以天下爲一身，欲渙周身之汗，其必有大號，以與天下更始而後可。凡大命令之下，大政事之布，大財用之發，以散則爲和風，以潤則爲甘雨，如人之汗，從心而液，無不霑透，則群邪之鬱積盡渙，而天下之險難亦庶乎可解矣。

【案】凡易中號字，皆當作平聲，爲呼號之號。在常人則是哀痛迫切，寫情輸心也；在王者則是至誠懇惻，發號施令也。「渙王居」，渙字當一讀，言其大號也，如渙汗然，足以通上下之壅塞，回周身之元氣，則雖當渙之時，而以王者居之，必得无咎矣。

上九，渙其血，去逖出，无咎。

【本義】上九以陽居渙極，能出乎渙，故其象占如此。血謂傷害，逖當作惕，與小畜六四同。言渙其血則去，渙其惕則出也。

【程傳】渙之諸爻，皆无係應，亦渙離之象。惟上應於三，三居險陷之極，上若下從於彼，則不能出於渙也。險有傷害畏懼之象，故云血惕。然九以陽剛處渙之外，有出渙之象，又居巽之極，爲能巽順於事理，故云若能使其血去、其惕出，則无咎也。其者，所有也。渙之時，以能合爲功，獨九居渙之極，有係而臨險，故以能出渙遠害爲善也。

【集説】王氏弼曰：逖，遠也。最遠於害，不近侵克，散其憂傷，遠出者也。散患於遠害之地，誰將咎之哉？

○朱氏震曰：逖，遠也。「去逖出」，一本作「去惕出」，然象曰「遠害」，當從逖矣。

○王氏申子曰：以諸爻文法律之，「渙其血」句也，渙其所傷而免於難。

○俞氏琰曰：當依爻傳作「渙其血」。上居渙終，去坎甚遠，而無傷害，故其象爲「渙其血」，其占曰「无咎」。

○錢氏一本曰：去不復來，逖不復近，出不復入，其於坎血遠而又遠，何咎之有？

【案】萃以聚爲義，故至卦終而猶「齎咨涕洟」以求萃者，天命之正，人心之安也；渙以離爲義，故至卦終而遂遠害離去以避咎者，亦樂天之智、安土之仁也。古之君子，不潔身以亂倫，亦不濡首以蹈禍，各惟其時而已矣。

䷻（兑下坎上）

【程傳】節，序卦：「涣者，離也。物不可以終離，故受之以節。」物既離散，則當節止之，節所以次涣也。爲卦澤上有水，澤之容有限，澤上置水，滿則不容，爲有節之象，故爲節。

節，亨，苦節不可貞。

【本義】節，有限而止也。爲卦下兑上坎，澤上有水，其容有限，故爲節。節固自有亨道矣，又其體陰陽各半，而二五皆陽，故其占得亨。然至於太甚，則苦矣，故又戒以不可守以爲貞也。

【程傳】事既有節，則能致亨通，故節有亨義。節貴適中，過則苦矣。節至於苦，豈能常也？不可固守以爲常，「不可貞」也。

【集説】孔氏穎達曰：節者，制度之名，節止之義。制事有節，其道乃亨，故曰「節亨」。節須得中，爲節過苦，傷於刻薄，物所不堪，不可復正，故曰「苦節不可貞」也。

○薛氏温其曰：節以禮，其道乃亨，過苦傷陋，不可以爲正也。

初九，不出户庭，无咎。

【本義】户庭，户外之庭也。陽剛得正，居節之初，未可以行，能節而止者也，故其象占如此。

【程傳】户庭，户外之庭；門庭，門内之庭。初以陽在下，上復有應，非能節者也，又當節之初，故戒之謹守，至於「不出户庭」，則无咎也。初能固守，終或渝之，不謹於初，安能有卒，故於節之初，爲戒甚嚴也。

【集説】王氏申子曰：陽剛在下，居得其正，當節之初，知其時未可行，故謹言謹行，至於不出户外之庭，是知節而能止者，故无咎。

○徐氏在漢曰：坎變下一畫爲兑，象止坎下流。户以節人之出入，澤以節水之出入，初「不出户庭」，以極其慎密爲不出，此其所以无咎。

九二，不出門庭，凶。

【本義】門庭，門内之庭也。九二當可行之時，而失剛不正，上无應與，知節而不知通，故其象占如此。

【程傳】二雖剛中之質，然處陰居説而承柔，處陰，不正也；居説，失剛也；承柔，近邪也。節之道當以剛中正，二失其剛中之德，與九五剛中正異矣。「不出門庭」，不之於外也，謂不從於五也。二五非陰陽正應，故不相從，若以剛中之道相合，則可以成節之功，惟其失德失時，是以凶也。不合於五，乃不正之節也。以剛中正爲節，如「懲忿窒慾」，損過益有餘是也。不正之節，如嗇節於用、懦節於行是也。

【集説】朱子語類云：户庭，是初爻之象；門庭，是第二爻之象。○錢氏志立曰：澤所以鍾水也，水始至則增其防以瀦之，初九是也；水漸盛則啓其竇以洩之，九二是也。二與初同道，則失其節矣。

【案】節卦六爻，皆以澤水二體取義。澤者止，水者行，節雖以止爲義，然必可以通行而不窮，乃爲節之亨也。初二兩爻，一在澤底，一在澤中，在澤底者，水之方瀦，不出宜也；在澤中，則當有蓄洩之道，不可閉塞而不出也。兑本坎體，中爻，其主也。有坎之德，可以流行，而變兑則爲下流之塞，二適當之，故六爻之失時，未有如二者也。時應塞而塞，則爲愼密不出，雖足不窺户可也；時不應塞而塞，則爲絶物自廢，所謂「出門同人」者安在哉！

六三，不節若，則嗟若，无咎。

【本義】陰柔而不中正，以當節時，非能節者，故其象占如此。

【程傳】六三不中正，乘剛而臨險，固宜有咎，然柔順而和説，若能自節而順於義，則可以无過，不然則凶咎必至，可傷嗟也，故「不節若，則嗟若」。己所自致，无所歸咎也。

【集説】張子曰：處非其位，失節也，然能嗟其不節，則亦无咎矣。

○又曰：王弼於此「无咎」，又别立一例，只舊例亦可推行，但能嗟其不節，有補過之心，則亦无咎也。

○李氏彦章曰：臨之六三，失臨之道，而既憂之；節之六三，失節之道，而嗟若，皆得无咎。易以補過爲善者也。

○鄭氏汝諧曰：進乘二陽，處澤之溢，過乎中而不節者，三也。知其不節，而能傷嗟以自悔，其誰咎之哉？下體之極，極則當變，故發此義。

○豐氏寅初曰：處兑之極，水溢澤上，説於驕侈，不知謹節，以致窮困。然其心痛悔，形於悲歎，能悔則有改過之幾，是猶可以无咎也。

六四，安節，亨。

【本義】柔順得正，上承九五，自然有節者也，故其象占如此。

【程傳】四順承九五剛中正之道，是以中正爲節也。以陰居陰，安於正也，當位爲有節之象。下應於初，四，坎體，水也，水上溢，爲无節，就下有節也。如四之義，非强節之，安於節者也，故能致亨。節以安爲善，强守而不安，則不能常，豈能亨也？

【集説】俞氏琰曰：六三失位，而處兑澤之極，是乃溢而不節。六四當位，而順承九五之君，故爲安節。

【案】六四以柔正承五，故曰「安節」。安與勉對，蓋凡其制節謹度，皆循乎成法而安行，非勉强以爲節者也。於象居坎之下，水之下流也，柔正爲水流平地安瀾之象。

九五，甘節，吉，往有尚。

【本義】所謂「當位以節，中正以通」者也，故其象占如此。

【程傳】九五剛中正，居尊位，爲節之主，所謂「當位以節，中正以通」者也。在己則安行，天下則説從，節之甘美者也，其吉可知。以此而行，其功大矣，故往則有可嘉尚也。

【集説】王氏弼曰：當位居中，爲節之主，不失其中，「不傷財，不害民」之謂也。爲節而不苦，非甘而何？術斯以往，「往有尚」也。

○朱子語類云：甘便對那苦，「甘節」與「禮之用和爲貴」相似。

○趙氏汝楳曰：鹹苦酸辛，味之偏；甘，味之中也。甘受和，和者節味之偏，而適其中。行之以甘，人不吾病而事以成，節之吉也。

【案】水之止者苦，積澤爲鹵是也；其流者甘，山下出泉是也。五爲坎主，水之源也，在井爲洌，取其不泥也；在節爲甘，取其不苦也。

上六，苦節，貞凶，悔亡。

【本義】居節之極，故爲苦節。既處過極，故雖得正，而不免於凶。然禮奢寧儉，故雖有悔，而終得亡之也。

【程傳】上六居節之極，節之苦者也。居險之極，亦爲苦義。固守則凶，悔則凶亡。悔，損過從中之謂也。節之悔亡，與他卦之悔亡，辭同而義異也。

【集說】干氏寶曰：彖稱「苦節不可貞」，在此爻也，故曰「貞凶」。

○孔氏穎達曰：上六處節之極，過節之中，節不能甘，以至於苦，故曰「苦節」也。若以苦節施人，則是正道之凶；若以苦節脩身，則儉約無妄，可得亡悔。

○吕氏大臨曰：上六居節之極，其節已甚，「苦節」者也。用過乎節，物所不堪，守是不變，物窮必乖，故曰「貞凶」。禮奢寧儉，未害乎義，故曰「悔亡」。

○胡氏炳文曰：五位中，故爲甘；上位極，故爲苦。彖曰「節亨」，五以之；曰「苦節不可貞」，上以之。

○來氏知德曰：無「甘節」之吉，故「貞凶」；無「不節」之嗟，故「悔亡」。

【總論】丘氏富國曰：象傳「當位以節」，故節之六爻以當位爲善，不當位爲不善。若以兩爻相比者觀之，則又各相比而相反。初與二比，初「不出户庭」則「无咎」，二「不出門庭」則「凶」，二反乎初者也；三與四比，四柔得正則爲「安節」，三柔不正則爲「不節」，三反乎四者也；五與上比，五得中則爲節之甘，上過中則爲節之苦，上反乎五者也。

○陸氏振奇曰：觀下卦通塞二字，上卦甘苦二字，可以知節道矣。通處味甘，塞處味苦。塞極必潰，故三受焉；甘失反苦，故上受焉。

【案】下卦爲澤、爲止，故初二皆曰「不出」，三則澤之止而溢也；上卦爲水、爲流，故四曰安而五曰甘，上則水之流而竭也。通塞甘苦，皆從澤水取義。陸氏之説得之矣。

䷼（兑下巽上）

【程傳】中孚，序卦：「節而信之，故受之以中孚。」節者，爲之制節使不得過越也，信而後能行，上能信守之，下則信從之，節而信之也，中孚所以次節也。爲卦澤上有風，風行澤上，而感於水中，爲中孚之象。感謂感而動也，内外皆實而中虚，爲中孚之象。又二五皆陽，中實亦爲孚義。在二體則中實，在全體則中虚。中虚，信之本；中實，信之質。

中孚，豚魚吉，利涉大川，利貞。

【本義】孚，信也。爲卦二陰在内，四陽在外，而二五之陽皆得其中，以一卦言之爲中虚，以二體言之爲中實，皆孚信之象也。又下説以應上，上巽以順下，亦爲孚義。豚魚，无知之物。又木在澤上，外實内虚，皆舟楫之象。至信可感豚魚，涉險難而不可以失其貞，故占者能致豚魚之應則吉，而「利涉大川」，又必利於貞也。

【程傳】豚躁、魚冥，物之難感者也。孚信能感於豚魚，則无不至矣，所以吉也。忠信可以蹈水火，況涉川乎？守信之道，在乎堅正，故利於貞也。

【集説】孔氏穎達曰：信發於中，謂之中孚。魚者，蟲之幽隱；豚者，獸之微賤。內有誠信，則雖微隱之物，信皆及矣。既有誠信，光被萬物，以斯涉難，何往不通，故曰「利涉大川」。信而不正，凶邪之道，故利在貞也。

○蘇氏軾曰：中孚，信也，而謂之中孚者，如羽蟲之孚，有諸中而後能化也。內無陽不生，故必剛得中，然後爲中孚也。

○朱子語類：問：「中孚『孚』字，與『信』字恐亦有別。」曰：「伊川云，存於中爲孚，見於事爲信。説得極好。」因舉字説，孚字從爪、從子，如鳥抱子之象；今之乳字，一邊從孚，蓋中所抱者，實有物也。中閒實有物，所以人自信之。

○問：「中虛信之本，中實信之質，如何？」曰：「只看虛實字，便見本質之異。中虛是無事時虛而無物，故曰中虛；自中虛中發出來皆是實理，所以曰中實。」

○又云：一念之閒，中無私主，便謂之虛，事皆不妄，便謂之實，不是兩件事。

○胡氏炳文曰：豚魚至愚無知，惟信足以感之；大川至險不測，惟信足以濟之。然信而或失其正，則如盜賊相群，男女相私，士夫死黨，小人出肺肝相示而遂背之，其爲孚也，人爲之僞，非天理之正，故又戒以「利貞」。

○蔡氏清曰：「豚魚吉」，承中孚云也，中孚便有以孚於物矣，不然乃爲豚魚之吉，而不爲中孚者之吉矣。豚魚是承中孚，故彖傳曰：「豚魚吉，信及豚魚也。」

○吳氏曰慎曰：「中孚，豚魚吉」，卦辭連卦名爲義，猶「同人于野」「履虎尾」「艮其背」之例，言人中心能孚信於豚魚，則無所不感矣，故吉也。

初九，虞吉，有他不燕。

【本義】當中孚之初，上應六四，能度其可信而信之，則吉，復有他焉，則失其所以度之之正，而不得其所安矣。戒占者之辭也。

【程傳】九當中孚之初，故戒在審其所信。虞，度也，度其可信而後從也。雖有至信，若不得其所，則有悔咎，故虞度而後信，則吉也。既得所信，則當誠一；若有他，則不得其燕安矣。燕，安裕也；有他，志不定也。人志不定，則惑而不安。初與四爲正應，四巽體而居正，无不善也。爻以謀始之義大，故不取相應之義，若用應，則非虞也。

【集説】荀氏爽曰：虞，安也。初應於四，宜自安虞，無意於四，則吉，故曰「虞吉」也；有意於四，則不安，故曰「有他不燕」也。

○項氏安世曰：中孚六爻，皆不取外應，孚在其中，無待於外也。初九安處於下，不假他求，何吉如之？苟變其志，動而求孚於四，則失其安也。

【案】荀氏、項氏說，於易例、卦義皆合。蓋易例，初九應六四，義無所取，如屯之「磐桓」、賁之「賁趾」，皆不取應四爲義，頤之「朵頤」則反以應四爲累。惟損益之初，則適當益上報上之卦，時義不同也。此卦之義，主於中有實德，不願乎外，故六爻無應者吉，有應者凶。初之「虞吉」者，謂其有以自守自安也。禮有虞祭，亦安之義也。燕亦安也。虞則燕，不虞則不燕矣。「有他不燕」，正與大過九四「有他吝」同。九四下應初六，爲「有他」；初九上應六四，亦爲「有他」也。

九二，鳴鶴在陰，其子和之，我有好爵，吾與爾靡之。

【本義】九二，中孚之實，而九五亦以中孚之實應之，故有鶴鳴子和，我爵爾靡之象。鶴在陰，謂九居二；好爵，謂得中。靡與縻同。言懿德，人之所好，故好爵雖我之所獨有，而彼亦繫戀之也。

【程傳】二剛實於中，孚之至者也，孚至則能感通。鶴鳴於幽隱之處，不聞也，而其子相應和，中心之願相通也。好爵我有，而彼亦係慕，説好爵之意同也。有孚於中，物无不應，誠同故也。至誠无遠近幽深之閒，故繫辭云：善則千里之外應之，不善則千里違之。言誠通也。至誠感通之理，知道者爲能識之。

【集説】孔氏穎達曰：九二體剛，處於卦内，又在三四重陰之下，而履不失中，是不徇於外，自任其真者也。處於幽昧，而行不失信，則聲聞於外，爲同類之所應焉。如鶴之鳴於幽遠，則爲其子所和也。靡，散也。不私權利，惟德是與，若我有好爵，願與爾賢者分散而共之，故曰「我有好爵，吾與爾靡之」。

〇王氏安石曰：君子之言行至誠而善，則雖在幽遠，爲己類者，亦以至誠從而應之，中孚之至也。

〇蘇氏軾曰：中孚必正而一、靜而久，而初九、六四、六三、上九有應而相求，皆非所謂正而一、靜而久者也，惟九二端慤無求，而物自應焉。

〇張氏浚曰：二處二陰下，爲在陰，其子和之謂初。

〇鄭氏汝諧曰：二獨無應，若未信於人，而爻之最吉莫二若也。自耀者其實喪，自晦者其德章，〔一〕無心於感物，而物無不感者，至誠之道也。二以剛履柔，其居得中，且伏於二陰之下，蓋靜晦而無求者。無求而物自應，故「鶴鳴在陰」，而「其子和之」者，感以天也。

【案】易例，凡言子、言童者，皆初之象，故張氏以「其子和之」爲初者，近是。好爵，謂旨酒也；靡，謂醉也。九二有剛中之實德，無應於上，而初與之同德，故有鶴鳴子和，好爵爾靡之象。言父

〔一〕自晦者其德章：晦，局本作「悔」。

子，明不出户庭也；言爾我，明不踰同類也。詩云「鶴鳴于九臯，聲聞于天」，則居爽塏之地，而聲及遠矣。處於陰而子和，則不求遠聞可知。又曰「我有旨酒，嘉賓式燕以衎」，則同樂者衆矣。「吾與爾靡」，則惟二人同心而已。君子之實德實行不務於遠，而脩於邇，故繫辭傳兩言「況其邇者乎」，然後推廣而極言之。

六三，得敵，或鼓或罷，或泣或歌。

【本義】敵謂上九，信之窮者。六三陰柔不中正，以居説極，而與之爲應，故不能自主，而其象如此。

【程傳】敵，對敵也，謂所交孚者，正應上九是也。三四皆以虚中爲成孚之主，然所處則異，四得位居正，故亡匹以從上；三不中失正，故得敵以累志。以柔説之質，既有所係，惟所信是從，或鼓張、或罷廢，或悲泣、或歌樂，動息憂樂皆繫乎所信也。惟係所信，故未知吉凶，然非明達君子之所爲也。

【集説】劉氏牧曰：人惟信不足，故言行之閒，變動不常如此。

○李氏簡曰：六三之得敵，以其有私係之心也。

【案】諸爻獨三上有應，有應者動於外也，非中孚也。人心動於外，則憂樂皆係於物。鼓、罷、泣、歌，喻其不能坦然自安，蓋初九虞燕之反也。

六四，月幾望，馬匹亡，无咎。

【本義】六四居陰得正，位近於君，爲「月幾望」之象。「馬匹」，謂初與已爲匹，四乃絶之而上以信於五，故爲「馬匹亡」之象。占者如是，則无咎也。

【程傳】四爲成孚之主，居近君之位，處得其正，而上信之至，當孚之任者也。如月之幾望，盛之至也，已望則敵矣。臣而敵君，禍敗必至，故以幾望爲至盛。「馬匹亡」，四與初爲正應，匹也。古者駕車用四馬，不能備純色，則兩服兩驂各一色，又小大必相稱，故兩馬爲匹，謂對也。馬者，行物也。初上應四，而四亦進從五，皆上行，故以馬爲象。孚道在一，四既從五，若復下係於初，則不一，而害於孚，爲有咎矣，故「馬匹亡」則「无咎」也。上從五而不繫於初，是亡其匹也。係初則不進，不能成孚之功也。

【集説】郭氏雍曰：匹，亦是之類也。得敵匹亡，其道相反也。象傳言「柔在内」，而爻則其道相反，蓋卦爻取義有不得而同者也。

【案】易中六四應初九，而義有取焉者，皆上不遇九五者也，如六四遇九五，則以從上爲義，而應非所論。易例皆然，而此爻尤明。蓋孚不容於有二，況居大臣之位者乎？「月幾望」者，陰受陽光，承五之象也；「馬匹亡」者，無有私群，遠初之象也。自坤卦「牝馬」以得主爲義，而其下曰「東北喪朋」，東北者，近君之位也，中孚之四當之矣。

九五，有孚攣如，无咎。

【本義】九五剛健中正，中孚之實，而居尊位，爲孚之主者也。下應九二，與之同德，故其象占如此。

【程傳】五居君位，人君之道，當以至誠感通天下，使天下之心信之，固結如拘攣然，則爲无咎也。人君之孚，不能使天下固結如是，則億兆之心安能保其不離乎？

【集説】王氏弼曰：處中誠以相交之時，居尊位以爲群物之主，信何可舍？故「有孚攣如」，乃得「无咎」。

○胡氏瑗曰：居尊而有中正之德，是有至誠至信之心，發之於内而交於下，以攣天下之心，上下内外皆以誠信相通，是得爲君之道，何咎之有？

○郭氏雍曰：孚之道無不通，亦無不感，可以通天下之志，至於固結攣如，是以无咎。九五君位，足以感通天下，又無私應之累，故直曰「有孚攣如」而已。

○胡氏炳文曰：六爻不言孚，惟九五言之，九五，孚之主也。

【案】此爻是彖所謂「孚乃化邦」者也。人君之孚，與在下者不同。居下位者，中有實德，不遷於外而已，人君則以孚天下爲實德，故必誠信固結於天下，然後爲无咎也。此爻義與小畜之九五同，其爲臣者「月幾望」之義亦同，但彼主於君臣相畜，而此主於君臣相孚爾。要之，「富以其鄰」者，即

「孚乃化邦」之説；而「君子征凶」者，亦即「馬匹亡」之意也。

上九，翰音登于天，貞凶。

【本義】居信之極，而不知變，雖得其貞，亦凶道也，故其象占如此。雞曰翰音，乃巽之象，居巽之極，爲登于天，雞非登天之物，而欲登天，信非所信，而不知變，亦猶是也。

【程傳】翰音者，音飛而實不從。處信之終，信終則衰，忠篤内喪，華美外颺，故云翰音登天，正亦滅矣。陽性上進，風體飛颺，九居中孚之時，處於最上，孚於上進而不知止者也，其極至於羽翰之音登聞于天，貞固於此而不知變，凶可知矣。夫子曰「好信不好學，其蔽也賊」，固守而不通之謂也。

【集説】王氏弼曰：翰，高飛也。飛音者，音飛而實不從之謂也。居卦之上，處信之終，信終則衰，忠篤内喪，華美外揚，故曰「翰音登于天」也。

○胡氏瑗曰：翰者，鳥羽之高飛也。上九在一卦之上，居窮極之地，是無純誠之心、篤實之道，徒務其虚聲外飾，以矯僞爲尚，如鳥之飛登于天，徒聞其虚聲而已。

○蘇氏軾曰：翰音，飛且鳴者也。處外而居上，非中孚之道，飛而求顯，鳴而求信者也，故曰「翰音登于天」。九二在陰而子和，上九飛鳴而登天，其道蓋相反也。

○朱氏震曰：巽爲雞，剛其翰也，柔其毛也。翰，羽翮也。雞振其羽翮，而後出於聲，翰音也。

○鄭氏汝諧曰：翰音登天者，聲聞過情，君子恥之。

○章氏潢曰：二居兑澤，故曰「在陰」；上爲巽風，故曰「于天」。孚於中也，則鳴鶴自有子和；孚於外也，則翰音徒登于天。然則中孚可以人僞爲之哉？

䷽（艮下震上）

【程傳】小過，序卦：「有其信者必行之，故受之以小過。」人之所信則必行，行則過也，小過所以繼中孚也。爲卦山上有雷，雷震於高，〔一〕其聲過常，故爲小過。又陰居尊位，陽失位而不中，小者過其常也。蓋爲小者過，又爲小事過，又爲過之小。

小過，亨，利貞，可小事，不可大事。飛鳥遺之音，不宜上，宜下，大吉。

【本義】小，謂陰也。爲卦四陰在外，二陽在内，陰多於陽，小者過也。既過於陽，可以亨矣，然必利於守貞，則又不可以不戒也。卦之二五皆以柔而得中，故可小事；三四皆以剛失位而不中，故不可大事。卦體内實外虚，如鳥之飛，其聲下而不上，故能致飛鳥遺音之應，則宜下而大吉，亦不可

〔一〕雷震於高：震，四庫本作「振」。

大事之類也。

【程傳】過者，過其常也。若矯枉而過正，過所以就正也，事有時而當然。有待過而後能亨者，故小過自有亨義。利貞者，過之道利於貞也。不失時宜之謂正，過所以求就中也。所過者，小事也，事之大者豈可過也？於大過論之詳矣。「飛鳥遺之音」，謂過之不遠也。「不宜上，宜下」，謂宜順也，順則大吉。過以就之，蓋順理也。過而順理，其吉必大。

【集説】王氏弼曰：飛鳥遺其音，聲哀以求處，上愈無所適，下則得安。愈上則愈窮，莫若飛鳥也。

○孔氏穎達曰：過之小事，謂之小過，即「行過乎恭，喪過乎哀」之例是也。褚氏云，謂小人之行小有過差，君子爲過厚之行以矯之，如晏子狐裘之比也。過爲小事，道乃可通，故曰「小過，亨」。利貞者，矯世勵俗，利在歸正也。「可小事，不可大事」者，小有過差，惟可矯以小事，不可正以大事。「飛鳥遺之音，不宜上，宜下，大吉」者，飛鳥聲哀以求處，過上則愈無所適，過下則不失其安。譬君子處過差之時，爲過矯之行，順則執卑守下，逆則犯君陵上，故以順逆類鳥之上下也。

○呂氏大臨曰：小過，過於小者也。君子之道，皆以濟其不及，然後可以會於中。大過以濟其大不及，小過以濟其小不及者，濟所以亨也。飛鳥「不宜上，宜下」，上窮而下有止也。過奢過慢則凶，不宜上也；過恭過儉則吉，宜下也。

〇朱子語類云：小過，是過於慈惠之類；大過，則是剛嚴果毅底氣象。小過是小事過，又是過於小，如「行過乎恭，喪過乎哀，用過乎儉」，皆是過於小，退後一步，自貶底意思。

〇俞氏琰曰：小過之時，可過者小事而已，大事則不可過也。

〇林氏希元曰：小過，不當以人類言，當以事類言。觀大象本義曰，三者之過，皆小者之過，可過於小而不可過於大，可以小過而不可以甚過。又曰，象所謂可小事而宜下，其意可見矣。「小過亨」者，小事過而亨也。曰「利貞」，深戒占者之辭。「可小事，不可大事」，「不宜上，宜下」，又是申「利貞」之意。

〇陸氏銓曰：君子雖行貴得中，事期當可，然勢有極重，時須損餘以補缺，事必矯枉而後平，即夫子所謂寧儉寧戚之意，理所當過，即是時中。

【案】大過者，大事過也；小過者，小事過也。大事謂關繫天下國家之事，小事謂日用常行之事。道雖貴中，而有時而過者，過所以爲中也。當過而過，然後可以通行，故有亨道，而利於正也。「可小事，不可大事」，是申小過之義，言此卦之義可以施於小事，不可施於大事。「不宜上，宜下」，又是申「利貞」之義。「飛鳥遺之音」者，卦有飛鳥之象，卦示以兆，如飛鳥之遺以音也。上下二字，是借鳥飛之上下以切人事。飛鳥相呼云「不宜上，宜下」。在飛鳥，則上無止戾，下有棲宿；在人事，則高亢者失正而遠於理，卑約者得正而近乎情，是以大吉也。

初六，飛鳥以凶。

【本義】初六陰柔，上應九四，又居過時，上而不下者也。飛鳥遺音，「不宜上，宜下」，故其象占如此。郭璞洞林：占得此者，或致羽蟲之孽。

【程傳】初六陰柔在下，小人之象，又上應於四，四復動體，小人躁易而上有應助，於所當過，必至過甚，况不當過而過乎！其過如飛鳥之迅疾，所以凶也。躁疾如是，所以過之速且遠，救止莫及也。

【集説】孔氏穎達曰：小過之義，上逆下順，而初應在上卦，進而之逆，同於飛鳥無所錯足，故曰「飛鳥以凶」。

○胡氏瑗曰：小過之時不宜上，位在下而志愈上，故獲凶也。

○項氏安世曰：初上二爻，陰過而不得中，是以凶也。以卦象觀之，二爻皆當鳥翅之末，初六在艮之下，當止而反飛，以飛致凶，故曰「飛鳥以凶」；上六居震之極，其飛已高，則麗於網罟，故曰「飛鳥離之凶」。

○龔氏煥曰：大過卦辭以棟爲象，而三四兩爻亦以棟言；小過卦辭以鳥爲象，而初上兩爻亦以鳥言。大過陽過於中，而三四又陽之中也；小過陰過於外，初上又陰之外也。

○胡氏炳文曰：大過有棟橈象，棟之用在中，故於三四言之；小過有飛鳥象，鳥之用在翼，故於初上言之。然初、二、五、上皆翼也，獨初、上言之，何耶？鳥飛不在翼而在翰，初、上其翰也。

【案】大過象棟者兩爻，小過象飛鳥者亦兩爻。然大過宜隆不宜橈，則四居上吉，三居下凶，宜矣。小過之鳥宜下不宜上，初居下應吉而反凶者，何也？蓋屋之中，棟惟一而已，四之象獨當之。鳥之翼則有兩，初與上之象皆當之也。初於時則未過，於位則處下，如鳥之正當棲宿者，乃不能自禁而飛，其凶也，豈非自取乎？

六二，過其祖，遇其妣，不及其君，遇其臣，无咎。

【本義】六二柔順中正，進則過三四而遇六五，是過陽而反遇陰也，如此則不及六五，而自得其分。是不及君而適遇其臣也，皆過而不過，守正得中之意，无咎之道也，故其象占如此。

【程傳】陽之在上者父之象，尊於父者祖之象，四在三上，故爲祖。二與五，居相應之地，同有柔中之德，志不從於三四，故過四而遇五，是過其祖也。五陰而尊，祖妣之象，與二同德相應，在他卦則陰陽相求，過之時必過其常，故異也。无所不過，故二從五亦戒其過。「不及其君，遇其臣」，謂上進而不陵及於君，適當臣道，則无咎也。遇，當也。過臣之分，則其咎可知。

【集說】王氏宗傳曰：六二或過或不及，皆適當其時與分，而不愆於中焉，此在過之道爲無過也，故曰无咎。

○俞氏琰曰：遇妣而過於祖，雖過之，君子不以爲過也。遇臣則不可過於君，故曰「不及其君，遇其臣」。彖言「可小事，不可大事」，「不宜上，宜下」，而六二柔順中正，故其象如此，其占无咎。

○張氏振淵曰：祖、妣只作陰陽象。陽亢而陰順也，過祖遇妣，是去陽而就陰，去亢而從順，如此則不陵及於君，適當臣道之常矣。「不及其君，遇其臣」，宜下宜順也。

○吴氏曰慎曰：六二中正，而爻辭以過不及言之，蓋當過而過，當不及而不及，此權之所以取中，而卒無過不及之偏矣。

【案】古者重昭穆，故孫則祔於祖，孫婦則祔於祖姑。晉之「王母」，此爻之「妣」，皆謂祖姑也。兩陰相應，故取妣婦相配之象。凡易之義，陰陽有應者，則爲君臣，爲夫婦，取其耦配也；無應者，則或爲父子，或爲等夷，或爲嫡媵，或爲妣婦，取其同類也。此爻二五皆柔，有妣婦之配，無君臣之交，故取遇妣不及其君爲義。孫行而附於祖列，疑其過矣，然禮所當然，是適得其分也。無應於君者，不敢仰干於君之象，然守柔居下，是臣節不失也。以人事類之，則事之可過者，過而得其恭順之體；事之必不可過者，不及而安於名分之常。夫子之言麻冕、拜下，意正如此也。小過之義，主於過恭、過儉，妻道也，臣道也。二當其位，而有中正之德，故能權衡於過不及，而得其中，於六爻爲最善。

九三，弗過防之，從或戕之，凶。

【本義】小過之時，事每當過，然後得中。九三以剛居正，衆陰所欲害者也，而自恃其剛，不肯過爲之備，故其象占如此。若占者能過防之，則可以免矣。

【程傳】小過，陰過陽，失位之時，三獨居正，然在下无所能爲，而爲陰所忌惡，故有當過者，在過防於小人，若弗過防之，則或從而戕害之矣，如是則凶也。三於陰過之時，以陽居剛，過於剛也，既戒之過防，則過剛亦在所戒矣。防小人之道，正己爲先，三不失正，故无必凶之義，能過防則免矣。三居下之上，居上爲下，皆如是也。

【集説】楊氏啓新曰：言當過於防，而九三不知時也。

【案】小過者，小事過也；小事過者，敬小慎微之義也。九三過剛，違於斯義矣，故爲不過於周防而或遇戕害之象。傳曰：「君子能勤小物，故無大患。」此爻之意也。

九四，无咎，弗過遇之，往厲必戒，勿用永貞。

【本義】當過之時，以剛處柔，過乎恭矣，无咎之道也。「弗過遇之」，言弗過於剛，而適合其宜也。往則過矣，故有厲而當戒。陽性堅剛，故又戒以「勿用永貞」，言當隨時之宜，不可固守也。或曰，「弗過遇之」，若以六二爻例，則當如此説；若依九三爻例，則「過遇」當如「過防」之義。未詳孰是，當闕以俟知者。

【程傳】四當小過之時，以剛處柔，剛不過也，是以无咎。既弗過，則合其宜矣，故云「遇之」，謂得其道也。若往則有危，必當戒懼也，往，去柔而以剛進也。「勿用永貞」，陽性堅剛，故戒以隨宜，不可固守也。方陰過之時，陽剛失位，則君子當隨時順處，不可固守其常也。四居高位，而无上下之交，雖比五應初，方陰過之時，彼豈肯從陽也，故往則有厲。

【集説】朱子語類云：過遇，猶言加意待之也，與九三「弗過防之」文體正同。

【案】象傳三四皆剛失位而不中，然九三純剛，故凶；九四居柔，故有「无咎」之義。然質本剛也，故又戒以當「過遇」之爲善。遇者，合人情，就事理；過遇，朱子所謂「加意待之」者是也。若不能過遇之，則往而有危，所當以爲戒，而不可固執而不變者，是小過之時義也。

六五，密雲不雨，自我西郊，公弋取彼在穴。

【本義】以陰居尊，又當陰過之時，不能有爲，而弋取六二以爲助，故有此象。在穴，陰物也。兩陰相得，其不能濟大事可知。

【程傳】五以陰柔居尊位，雖欲過爲，豈能成功？如密雲而不能成雨。所以不能成雨，自西郊故也。陰不能成雨，小畜卦中已解。「公弋取彼在穴」，弋，射取之也。射止是射，弋有取義。穴，山中之空，中虚乃空也。「在穴」指六二也。五與二本非相應，乃弋而取之，五當位，故云「公」，謂公上也。同類相取，雖得之，兩陰豈能濟大事乎？猶密雲之不能成雨也。

【集説】張子曰：小過有飛鳥之象，故因曰「取彼在穴」。

○胡氏瑗曰：弋者，所以射高也；穴者，所以隱伏而在下也。公以弋繳而取穴中之物，猶聖賢雖過行其事，意在矯下也。

○姚氏舜牧曰：時值小過，「宜下不宜上」，陰至於五，過甚矣。其所居者尊位也，挾勢自亢，澤不下究，雲雖密而不雨，「自我西郊」故耳。當此之時，欲沛膏澤於生民，必須下求巖穴之士以爲輔乃可也，故又戒之以求助，抑之以下賢。

○錢氏志立曰：小過所惡者，飛鳥也，鳥在穴而不飛，所謂不宜上而宜下者也，故公弋取以爲助。

【案】小過有飛鳥之象，而所惡者飛，蓋飛則上而不下，違乎「不宜上，宜下」之義也。雲亦飛物也，下而降則爲雨，「密雲不雨」，是猶飛而未下也。五在上體，又居尊位，當小過之時，上而未下者也，故取「密雲不雨」爲象。雲而不雨，則膏澤不下於民矣，以其虛中也，故能降心以從道，抑志以下交，如弋鳥然，不弋其飛者而弋其在穴者，如此則合乎「宜下」之義，而雲之飛者，不崇朝而爲雨之潤矣。此爻變鳥之象而爲雲者，以居尊位故也。

上六，弗遇過之，飛鳥離之凶，是謂災眚。

【本義】六以陰居動體之上，處陰過之極，過之已高而甚遠者也，故其象占如此。或曰，「遇過」恐亦只當作「過遇」，義同九四。未知是否。

【程傳】六陰而動體，處過之極，不與理遇，動皆過之，其違理過常，如飛鳥之迅速，所以凶也。離過之遠也，是謂災眚，是當有災眚也。災者天殃，眚者人爲，既過之極，豈惟人眚，天災亦至，其凶可知。天理人事皆然也。

【集説】王氏弼曰：小人之過，遂至上極，過而不知限，至於亢也。過至於亢，將何所遇？飛而不已，將何所託？災自己致，復何言哉？

○孔氏穎達曰：以小人之身，過而弗遇，必遭羅網，其猶鳥飛而無託，必離繒繳，故曰「飛鳥離之凶」也。過亢離凶，是謂自災而致眚。

○胡氏瑗曰：上六過而不已，若鳥之高翔，不知所止，以至窮極，而離於凶禍，不能反於下以圖其所安，猶人之不近人情，亢已而行，故外來之災，自招之損，皆有之也。

○余氏芑舒曰：「飛鳥離之」，如「鴻則離之」之離。

○俞氏琰曰：象辭言「不宜上」，而上乃震動之體，動極而忘返，如飛鳥離於繒繳，不亦凶乎！是天災也，亦人眚也，故曰「飛鳥離之凶，是謂災眚」。

【案】復之上曰「迷復凶，有災眚」，此曰「飛鳥離之凶，是謂災眚」，辭意不同，凶由己作，災眚外至，「迷復」則因凶而致災眚者也，此則凶即其災眚也。蓋時當過極，不能自守而徇俗，以至於此。與初六當時未過，而自飛以致凶者稍别。

【總論】項氏安世曰：坎離者，乾坤之用也，故上經終於坎、離，下經終於既、未濟。頤、中孚肖離，大、小過肖坎，故上經以頤、大過附坎、離，下經以中孚、小過附既、未濟。二陽函四陰，則謂之頤；四陽函二陰，則謂之中孚；二陰函四陽，則謂之大過；四陰函二陽，則謂之小過。離之爲麗，坎之爲陷，意亦類此。

○吴氏曰慎曰：以二陽言，九三過剛，居上不能自下，故「或戕之」；九四居柔，能下，故「无咎」。五、上皆以陰乘陽上，象傳所謂「上逆」者也，曰「已上」，曰「已亢」，然上凶而五不然者，以其柔中也。六二柔順中正而承乎陽，所謂「下順」者也，故无咎。初以柔居下而凶者，位雖卑，而志則上而不下，是以與上六同爲飛鳥之象也。

䷾（離下坎上）

【程傳】既濟，序卦：「有過物者必濟，故受之以既濟。」能過於物，必可以濟，故小過之後受之以既濟也。爲卦水在火上，水火相交，則爲用矣，各當其用，故爲既濟。天下萬事已濟之時也。

既濟，亨小利貞，初吉終亂。

【本義】既濟，事之既成也。爲卦水火相交，各得其用，六爻之位，各得其正，故爲既濟。「亨小」當爲「小亨」。大抵此卦及六爻占辭皆有警戒之意，時當然也。

【程傳】既濟之時，大者既已亨矣，小者尚有未亨也。雖既濟之時，不能无小未亨也，「小」字在下，語當然也，若言「小亨」，則爲亨之小也。「利貞」，處既濟之時，利在貞固以守之也。「初吉」，方濟之時也；「終亂」，濟極則反也。

【集説】孔氏穎達曰：人皆不能居安思危，慎終如始，故戒以今日既濟之初，雖皆獲吉，若不進德脩業，至於終極，則危亂及之。

○谷氏家杰曰：不曰小亨而曰亨小，言所亨者其小事也。

○吴氏曰慎曰：剛柔正則體立，水火交則用行，體立用行，所以爲既濟也。

【案】天地交爲泰，不交則爲否。水火交爲既濟，不交則爲未濟。以治亂之運推之，泰否其兩端也，既、未濟其交際也，既濟當在泰之後而否之先，未濟當在泰之先而否之後。泰猶夏也，否猶冬也，未濟猶春也，既濟猶秋也。故先天之圖，乾坤居南北，是其兩端也；離坎居東西，是其交際也。既濟之義不如泰者，爲其泰而將否也；未濟之義優於否者，爲其否而將泰也。是以既濟彖辭曰「初吉終亂」，即泰「城復于隍」之戒；未濟彖辭曰「汔濟濡其尾，无攸利」，即否「其亡其亡」之心。

初九，曳其輪，濡其尾，无咎。

【本義】輪在下，尾在後，初之象也。曳輪則車不前，濡尾則狐不濟。既濟之初，謹戒如是，无咎之道。占者如是則无咎矣。

【程傳】初以陽居下，上應於四，又火體，其進之志鋭也。然時既濟矣，進不已則及於悔咎，故曳其輪，濡其尾，乃得无咎。輪所以行，倒曳之使不進也；獸之涉水，必揭其尾，濡其尾則不能濟。方既濟之初，能止其進，乃得无咎，不知已，則至於咎也。

【集説】李氏簡曰：既濟之初，以濡尾而曳輪，見其用力之難也。雖濡其尾，於義何咎？

【案】爻之文意，李氏得之。蓋曳輪者，有心於曳之也；濡尾者，非有心於濡之也。當濟之時，衆皆競濟，故有濡尾之患。惟能曳其輪，則雖濡其尾，而可及止也。觀夫子象傳可知。

六二，婦喪其茀，勿逐，七日得。

【本義】二以文明中正之德上應九五剛陽中正之君，宜得行其志，而九五居既濟之時，不能下賢以行其道，故二有「婦喪其茀」之象。茀，婦車之蔽，言失其所以行也。然中正之道不可終廢，時過則行矣，故又有「勿逐」而自得之戒。

【程傳】二以文明中正之德上應九五剛陽中正之君，宜得行其志也。然五既得尊位，時已既濟，无復進而有爲矣，則於在下賢才，豈有求用之意，故二不得遂其行也。自古既濟而能用人者鮮矣，以唐太宗之用言，〔一〕尚怠於終，況其下者乎！於斯時也，則剛中反爲中滿，坎離乃爲相戾矣。人能識時知變，則可以言易矣。二，陰也，故以婦言；茀，婦人出門以自蔽者也；喪其茀，則不可行

〔一〕以唐太宗之用言：言，四庫本、薈要本作「賢」。

矣。二不爲五之求用，則不得行，如婦之喪茀也。然中正之道豈可廢也，時過則行矣。「逐者」，從物也，從物則失其素守，故戒「勿逐」。自守不失，則七日當復得也。卦有六位，七則變矣。「七日得」，謂時變也。雖不爲上所用，中正之道无終廢之理，不得行於今，必行於異時也。聖人之勸戒深矣。

【集説】胡氏炳文曰：喪，特失其在外者；逐，則失其在我者矣。

【案】初二居下位，故皆取君子欲濟時而未得濟爲義。輪者，車之所以行路也；茀者，車之所以蔽門也。初之時，未可以行也，故曰「曳其輪」；二可以行矣，而不苟於行，苟喪其茀，亦不行也。夫義，路也；禮，門也。義不可則不行，禮不備則亦不苟於行也。二有應，而曰「喪其茀」者，既、未濟卦義，以上下體之交爲濟，二猶居下體之中故也。

九三，高宗伐鬼方，三年克之，小人勿用。

【本義】既濟之時，以剛居剛，高宗伐鬼方之象也。「三年克之」，言其久而後克，戒占者不可輕動之意。「小人勿用」，占法與師上六同。

【程傳】九三當既濟之時，以剛居剛，用剛之至也。既濟而用剛如是，乃高宗伐鬼方之事。高宗必商之高宗，天下之事既濟，而遠伐暴亂也，威武可及，而以救民爲心，乃王者之事也，惟聖賢之君則可。若騁威武，忿不服，貪土地，則殘民肆欲也，故戒不可用小人，小人爲之，則以貪忿私意也，非貪忿則莫肯爲也。「三年克之」，見其勞憊之甚。聖人因九三當既濟而用剛，發此義以示人，爲法爲戒，豈淺見所能及也。

【集説】沈氏該曰：既濟初吉，鋭於始也；終止則亂，怠於終也。中興之業既就，遠方之伐既成，而使小人預於其閒，貪功逞欲，憊民不息，則必以亂終，不可不戒，是以「小人勿用」也。

○龔氏焕曰：三言克鬼方，則事已濟矣。「三年」，言其濟之難；「小人勿用」，欲保其濟也。

【案】既、未濟皆以高宗言者，高宗，商中興之君，振衰撥亂，自未濟而既濟者也。既濟於三言之者，卦爲既濟，至於内卦之終，則已濟矣，故曰「克之」者，已然之辭也；未濟於四言之者，卦爲未濟，則至外卦之初，方圖濟也，故曰「震用」者，方然之辭也。既濟之後，則當思患而豫防之，故「小人勿用」，與師之戒同。

六四，繻有衣袽，終日戒。

【本義】既濟之時，以柔居柔，能豫備而戒懼者也，故其象如此。程子曰：繻，當作「濡」；衣袽，所以塞舟之罅漏。

【程傳】四在濟卦而水體，故取舟爲義。四近君之位，當其任者也，當既濟之時，以防患慮變爲急。繻，當作「濡」，謂滲漏也。舟有罅漏，則塞以衣袽。有衣袽以備濡漏，又終日戒懼不怠，慮患當如是也。不言吉，方免於患也。既濟之時，免患則足矣，豈復有加也？

【集説】蘇氏軾曰：衣袽，所以備舟隙也。卦以濟爲事，故取於舟。

○郭氏忠孝曰：既濟思患豫防，而四又居多懼之地，是以有「繻有衣袽」之戒，勿以既濟而忘未濟之難也。「終日」者，言無怠時也。

○胡氏炳文曰：乘舟者不可以無繻而忘衣袽，亦不可謂衣袽已備，遂恝然不知戒，水浸至而不知，則雖有衣袽，不及施矣。備患之具不失於尋常，而慮患之念又不忘於頃刻，此處既濟之道。

○張氏清子曰：六四出離入坎，此濟道將革之時也。濟道將革，則罅漏必生。四，坎體也，故取漏舟爲戒。「終日戒」者，自朝至夕不忘戒備，常若坐敝舟而水驟至焉，斯可以免覆溺之患。

九五，東鄰殺牛，不如西鄰之禴祭，實受其福。

【本義】東陽、西陰，言九五居尊，而時已過，不如六二之在下，而始得時也。又當文王與紂之事，故其象占如此。彖辭「初吉終亂」，亦此意也。

【程傳】五中實，孚也；二虚中，誠也，故皆取祭祀爲義。東鄰，陽也，謂五；西鄰，陰也，謂二。殺牛，盛祭也；禴，薄祭也。盛不如薄者，時不同也。二五皆有孚誠中正之德，二在濟下，尚有進也，故「受福」。五處濟極，无所進矣，以至誠中正守之，苟未至於反耳。理无極而終不反者也。已至於極，雖善處，无如之何矣。故爻象惟言其時也。

【集説】楊氏簡曰：既濟盛極則衰至，君子當思患豫防，持盈以虚，保益以損。六四已有終日之戒矣，而況於五乎！西鄰之時，守以損約，故終受福。

○潘氏士藻曰：五以陽剛中正，當物大豐盛之時，故借東鄰祭禮以示警懼。夫祭，時爲大，時苟得矣，則明德馨而黍稷可薦，明信昭而沼毛可羞，是以「東鄰殺牛，不如西鄰之禴祭，實受其福」，在於合時，不在物豐也。東西者，彼此之詞，〔一〕不以五與二對言。

○姚氏舜牧曰：人君當既濟時，享治平之盛，驕奢易萌，而誠敬必不足，故聖人借兩鄰以爲訓。若曰，東鄰殺牛，何其盛也，西鄰禴祭，何其薄也，然神無常享，享於克誠，彼殺牛者，反不如禴祭者之實受其福，信乎享神者在誠不在物，保治者以實不以文。此蓋教之以祈天保命之道。

【案】潘氏、姚氏之説皆是。當受報收功、極熾而豐之時，而能行恭敬撙節、退讓明禮之事，此其所以受福也。與泰三「于食有福」同，皆就本爻設戒爾。若以西鄰爲六二，則「受福」爲六二受福，易無此例。

上六，濡其首，厲。

【本義】既濟之極，險體之上，而以陰柔處之，爲狐涉水而濡其首之象。占者不戒，危之道也。

【程傳】既濟之極，固不安而危也，又陰柔處之，而在險體之上，坎爲水，濟亦取水義，故言其窮

〔一〕彼此之詞：詞，局本作「辭」。

至於濡首，危可知也。既濟之終，而小人處之，其敗壞可立而待也。

【集説】胡氏瑗曰：物盛則衰，治極必亂，理之常也。上六處既濟之終，其道窮極，至於衰亂，如涉險而濡溺其首，是危厲之極也。皆由治不思亂，安不慮危，以至窮極，而反於未濟也。○薛氏温其曰：濡其尾者，有後顧之義；濡其首者，不慮前也。恃以爲濟，遂至陷没，没而至首，其危可知。歷險而不虞患，故曰亂者有其治者也。既濟終亂，其義見矣。○朱氏震曰：以畫卦言之，初爲始、爲本，上爲終、爲末；以成卦言之，上爲首、爲前，初爲尾、爲後。

䷿（坎下離上）

【程傳】未濟，序卦：「物不可窮也，故受之以未濟終焉。」既濟矣，物之窮也。物窮而不變，則无不已之理。易者，變易而不窮也，故既濟之後，受之以未濟而終焉。未濟則未窮也，未窮則有生生之義。爲卦離上坎下，火在水上，不相爲用，故爲未濟。

未濟，亨，小狐汔濟，濡其尾，无攸利。

【本義】未濟，事未成之時也，水火不交，不相爲用，卦之六爻，皆失其位，故爲未濟。汔，幾也。

幾濟而濡尾，猶未濟也。占者如此，何所利哉？

【程傳】未濟之時，有亨之理，而卦才復有致亨之道，惟在慎處。狐能度水，濡尾則不能濟，其老者多疑畏，故履冰而聽，懼其陷也，小者則未能畏慎，故勇於濟。汔，當爲「仡」，壯勇之狀，書曰「仡仡勇夫」。小狐果於濟，則濡其尾而不能濟也。未濟之時，求濟之道當致慎，則能亨，若如小狐之果，則不能濟也。既不能濟，无所利矣。

【集說】胡氏炳文曰：天地不交爲否，否不曰亨，否不通也；水火不交爲未濟，非不濟也，未焉爾，故曰「未濟亨」。

【案】小狐，當從程傳之解；汔濟，當從本義之解。要之，是戒人敬慎之意，自始濟以至於將濟，不可一息而忘敬慎也。

初六，濡其尾，吝。

【本義】以陰居下，當未濟之初，未能自進，故其象占如此。

【程傳】六以陰柔在下，處險而應，四處險則不安其居，有應則志行於上，然己既陰柔，而四非中正之才，不能援之以濟也。獸之濟水，必揭其尾，尾濡則不能濟。「濡其尾」，言不能濟也。不度其才力而進，終不能濟，可羞吝也。

【集說】張氏振淵曰：卦辭所謂小狐，正指此爻。新進喜事，急於求濟，而反不能濟，可吝孰甚焉。

九二，曳其輪，貞吉。

【本義】以九二應六五，而居柔得中，爲能自止而不進，得爲下之正也，故其象占如此。

【程傳】在他卦，九居二爲居柔得中，无過剛之義也。於未濟，聖人深取卦象以爲戒，明事上恭順之道。未濟者，君道艱難之時也。五以柔處君位，而二乃剛陽之才，而居相應之地，當用者也。剛有陵柔之義，水有勝火之象。方艱難之時，所賴者才臣耳，尤當盡恭順之道，故戒「曳其輪」則得正而吉也。倒曳其輪，殺其勢，緩其進，戒用剛之過也。剛過則好犯上，而順不足，唐之郭子儀、李晟當艱危未濟之時，能極其恭順，所以爲得正，而能保其終吉也。於六五則言其「貞吉」光輝，盡君道之善；於九二則戒其恭順，盡臣道之正，盡上下之道也。

【集說】潘氏夢旂曰：九二剛中，力足以濟者也，然身在坎中，未可以大用，故曳其車輪，不敢輕進，待時而動，乃爲吉也。不量時度力，而勇於赴難，適以敗事矣。

【案】既濟之時，初二兩爻猶未敢輕濟，況未濟乎！故此爻曳輪之戒，與既濟同，而差一位者，時不同也。觀此初二兩爻，「濡其尾」則吝，而「曳其輪」則吉，可知既濟之初，所謂「濡其尾」者，非自止不進之謂也。

六三，未濟，征凶，利涉大川。

【本義】陰柔不中正，居未濟之時，以征則凶。然以柔乘剛，將出乎坎，有利涉之象，故其占如此。蓋行者可以水浮，而不可以陸走也。或疑「利」字上當有「不」字。

【程傳】「未濟，征凶」，謂居險无出險之用而行，則凶也，必出險而後可征。三以陰柔不中正之才而居險，不足以濟，未有可濟之道、出險之用而征，所以凶也。然未濟有可濟之道，險終有出險之理，上有剛陽之應，若能涉險而往從之，則濟矣，故「利涉大川」也。然三之陰柔，豈能出險而往？非時不可，才不能也。

【集説】趙氏汝楳曰：三居未濟之終，過此則近於濟矣，故特表以卦名也。

○胡氏炳文曰：六三居坎上，可以出險，陰柔非能濟者，故明言「未濟，征凶」。

【案】此爻之義最爲難明。蓋上下卦之交，有濟之義，既濟之三剛也，故能濟；未濟之三柔也，故未能濟。傳曰「其柔危，其剛勝邪」，於此兩爻見之矣。又既、未濟兩卦爻辭未有舉卦名者，獨此爻曰「未濟」，蓋他爻之既濟、未濟者，時也，順時以處之而已，此爻時可濟矣，而未能濟，是未濟在己而不在時，故言未濟，見其失時也。無濟之才，故於征則凶；有畏慎之心，故於涉大川則利，蓋涉大川不可以輕進。未濟，無傷也。聖人之戒失時，而又欲人審於赴時也如此。

九四，貞吉，悔亡，震用伐鬼方，三年有賞于大國。

【本義】以九居四，不正而有悔也，能勉而貞，則悔亡矣。然以不貞之資，欲勉而貞，非極其陽剛，用力之久，不能也，故爲伐鬼方三年而受賞之象。

【程傳】九四陽剛，居大臣之位，上有虛中明順之主，又已出於險，未濟已過中矣，有可濟之道也。濟天下之艱難，非剛健之才不能也。九雖陽而居四，故戒以貞固，則吉而悔亡。不貞則不能濟，有悔者也。震，動之極也。古之人用力之甚者，伐鬼方也，故以爲義。力勤而遠伐，至於三年然後成功，而行大國之賞，必如是，乃能濟也。濟天下之道，當貞固如是。四居柔，故設此戒。

【集説】俞氏琰曰：「震用伐鬼方」者，震動而使之驚畏也。詩時邁云「薄言震之，莫不震疊」，與此震同。

【案】此伐鬼方，亦與既濟同，而差一位也。「三年克之」，是已克也；「震用伐鬼方」，是方伐也。「三年有賞于大國」，言三年之間，賞勞師旅者不絶，非謂事定而論賞也。與師之「王三錫命」同，不與師之「大君有命」同。

〇又案：三四非君位，而以高宗之事言者，蓋易中有論時者，則不論其位，如泰之論平陂之運，而利於艱貞；革之論變革之道，而宜於改命，皆以上下卦之交時義論之也。

六五，貞吉，无悔，君子之光，有孚吉。

【本義】以六居五，亦非正也，然文明之主居中應剛，虛心以求下之助，故得貞而吉，且无悔。又有光輝之盛，信實而不妄，吉而又吉也。

【程傳】五，文明之主，居剛而應剛，其處得中，虚其心，而陽爲之輔，雖以柔居尊，處之至正至善，无不足也。既得貞正，故吉而无悔。貞其固有，非戒也。以此而濟，无不濟也。五，文明之主，故稱其光。君子德輝之盛，而功實稱之，「有孚」也。上云吉，以貞也，柔而能貞，德之吉也；下云吉，以功也，既光而有孚，時可濟也。

【集説】楊氏萬里曰：六五逢未濟之世而光輝，何也？日之在夏，曀之益熱；火之在夜，宿之彌熾。六五變未濟爲既濟，文明之盛，又何疑焉？

【案】易卦有悔亡无悔者，必先悔亡而後无悔，蓋无悔之義，進於悔亡也。其四五兩爻相連言之者，則咸、大壯及此卦是也。此卦自下卦而上卦，事已過中，向乎濟之時也。以高宗論之，四其奮伐荆楚之時，而五其嘉靖殷邦之候乎？凡自晦而明、自剥而生、自亂而治者，其光輝必倍於常時，觀之雨後之日光，焚餘之山色，可見矣。

上九，有孚于飲酒，无咎，濡其首，有孚失是。

【本義】以剛明居未濟之極，時將可以有爲，而自信自養以俟命，无咎之道也。若縱而不反，如狐之涉水而濡其首，則過於自信而失其義矣。

【程傳】九以剛在上，剛之極也；居明之上，明之極也。剛極而能明，則不爲躁而爲決。明能燭理，剛能斷義，居未濟之極，非得濟之位，无可濟之理，則當樂天順命而已。若否終則有傾，時之變也。未濟則无極而自濟之理，故止爲未濟之極，至誠安於義命而自樂，則可无咎。飲酒，自樂也。不樂其處，則忿躁隕穫，入於凶咎矣。若從樂而耽肆過禮，至濡其首，亦非能安其處也。有孚，自信於中也；失是，失其宜也，如是則於有孚爲失也。人之處患難，知其无可奈何而放意不反者，豈安於義命者哉？

【集説】劉氏牧曰：既濟以柔居上，止則亂也，故「濡其首，厲」；未濟以剛居上，窮則通矣，故「有孚于飲酒，无咎」。

○石氏介曰：上九以剛明之德，是内有孚也，在未濟之終，終又反於既濟，故得飲酒自樂。若樂而不知節，復濡其首，則雖有孚，必失於此，此戒之之辭也。

○丘氏富國曰：既言飲酒之无咎，復言飲酒濡首之失，何耶？〔一〕蓋飲酒可也，耽飲而至於濡首，則昔之有孚者，今失於是矣。

○李氏簡曰：未濟之終，甫及既濟，而復以濡首戒之，懼以終始，其要无咎，此之謂易之道也。

【總論】鄭氏汝諧曰：既濟初吉終亂，未濟則初亂終吉。以卦之體言之，既濟則出明而之險，未濟則出險而之明；以卦之義言之，濟於始者必亂於終，亂於始者必濟於終，天之道、物之理固然也。

〔一〕何耶：耶，四庫本作「也」。

○丘氏富國曰：内三爻，坎險也，初言濡尾之吝，二言曳輪之貞，三有征凶位不當之戒，皆未濟之事也；外三爻，離明也，四言伐鬼方有賞，五言君子之光有孚，上言飲酒无咎，則未濟爲既濟矣。

○萬氏善曰：泰之變爲既濟，否之變爲未濟，蓋既濟自泰而趨否者也，未濟自否而趨泰者也。故既濟爻辭無吉者，以其趨於否也；未濟爻辭多吉，以其趨於泰也。否泰者，治亂對待之理；既、未濟者，否泰變更之漸也。

○吴氏曰慎曰：易之爲義，不易也，交易也，變易也。乾坤之純，不易者也；既濟、未濟，交易、變易者也。以是始終，易之大義。

御纂周易折中卷第九

彖上傳

【本義】彖，即文王所繫之辭；上者，經之上篇；傳者，孔子所以釋經之辭也。後凡言傳者放此。

【案】彖傳者，孔子所以釋文王之意，先釋名，後釋辭。其釋名，則雜取諸卦象、卦德、卦體，有兼取者，有但取其一二者，要皆以傳中首一句之義爲重，如屯則「剛柔始交而難生」，蒙則「山下有險」，皆第一義也。釋辭之體，尤爲不一，有直據卦名而論其理者，有雜取卦象、卦德、卦體者。蓋辭生於名，就文王本文觀之，則據卦名而論其理者正也。然名既根於卦，則辭亦不離乎卦，雜而取之，一則所以盡名中之緼，以見辭義之有所從來；一則以爲一體六爻吉凶之斷例，而見辭義之無所不包也。惟乾坤坎離震艮巽兑八卦不釋名者，八卦之名，文王無改於伏羲之舊，而其德、其象相傳已久，不待釋也。惟坎加「習」字，有取於重卦之義，故特釋之。其釋辭，則亦雜取德、象與其爻位。如釋乾「元亨利貞」之辭，則以天言之者，其卦象也；以九五言之者，其爻位也。釋坤辭以地，釋坎辭以水，釋震辭以雷，則皆卦象也。釋坎以剛中，釋離以柔中，釋艮曰上下敵應不相與也，釋巽曰剛巽柔順，釋兑曰剛中柔外，則皆爻位也。先明乾卦，則諸卦可通矣。

大哉乾元，萬物資始，乃統天。

【本義】此專以天道明乾義，又析「元亨利貞」爲四德以發明之，而此一節首釋元義也。「大哉」，歎辭；元，大也，始也。「乾元」，天德之大始，故萬物之生，皆資之以爲始也。又爲四德之首，而貫乎天德之始終，故曰「統天」。

【集説】九家易曰：乾者純陽，天之象也。觀乾之始，以知天德，惟天爲大，故曰「大哉」。元者，氣之始也。

○朱子語類云：「乾元」只是天之性，不是兩箇物事。

○又云：元者，用之端，而「亨利貞」之理具焉。至於爲亨、爲利、爲貞，則亦元之爲耳，此元之所以包四德也。若分而言之，則元亨，誠之通；利貞，誠之復。其體用固有在矣。以用言，則元爲主；以體言，則貞爲主。

○又云：元者，天地生物之端倪也。元者，生意，在亨則生意之長，在利則生意之遂，在貞則生意之成。若言仁，便是這意思。仁本生意，生意則惻隱之心也，苟傷著這生意，則惻隱之心便發。若羞惡，也是仁去那義上發；若辭讓，也是仁去那禮上發；若是非，也是仁去那智上發。若不仁之人，安得更有義禮智？

○蔡氏清曰：天地間，凡大者皆爲始，始者便自大。有生之初，自然之理是如此；有生之後，當然之序亦如此。彖辭元字只訓大者，以本文原無始字義也。此以有「萬物資始」句，故兼言之。抑乾元之大，亦於「萬物資始」處見也。

雲行雨施，品物流形。

【本義】此釋乾之亨也。

【集説】楊氏萬里曰：彖言元利貞而獨不言亨者，蓋「雲行雨施」即氣之亨也，「品物流形」即形之亨也。

○俞氏琰曰：前言「萬物」，此言「品物」，「萬」與「品」，同與？異與？元爲稟氣之始，未可區别，故總謂之「萬」；亨則流動形見，而洪纖高下各有區别，故特謂之「品」。

大明終始，六位時成，時乘六龍以御天。

【本義】始即元也，終謂貞也，不終則无始，不貞則无以爲元也。此言聖人大明乾道之終始，則見卦之六位各以時成，而乘此六陽以行天道，是乃聖人之元亨也。

【集説】朱子語類云：乾道終始，即四德也，始則元，終則貞，蓋不終則無以爲始，不貞則無以爲元。六爻之立，由此而立耳。以時成者，言各以其時而成，如潛見飛躍，皆以時耳，然皆四德之流行也。○又云：六龍只是六爻，龍只是譬喻。明此六爻之義，潛見飛躍，以時而動，便是「乘六龍」，便是「御天」。聖人便是天，天便是聖人。○蔡氏清曰：謂之乘者，因龍字生也；御者，如御車之御。

乾道變化，各正性命，保合大和，乃利貞。

【本義】變者化之漸，化者變之成。物所受爲性，天所賦爲命。大和，陰陽會合，沖和之氣也。各正者得於有生之初，保合者全於已生之後。此言乾道變化，无所不利，而萬物各得其性命以自全，以釋利貞之義也。

【集説】朱子語類云：「各正性命」，他那元亨時雖正了，然未成形質，到這裏方成，如百穀堅實了，方唤作「正性命」。○又云：「乾道變化，各正性命」，總只是一箇理，此理處處相渾淪，如一粒粟，生爲苗，苗便生花，花便結實，又成粟，還復本形。一穗有百粒，每粒箇箇完全，又將這百粒去種，又各成百粒，生生只管不已。初間只是這一粒分去，物物各有理，總只是一箇理。○又云：「保合大和」，即是保合此生理也。「天地絪緼」，乃天地保合此生物之理，造化不息，及其萬物化生之後，則萬物各自保合其生理，不保合則無物矣。

○又云：「保合大和」，天地萬物皆然，天地便是大底萬物，萬物便是小底天地。

○又云：仁爲四德之首，而智則能成始而成終，猶元爲四德之長，然元不生於元，而生於貞，蓋天地之化，不翕聚則不能發散也。仁智交際之間，乃萬化之機軸，此理循環不窮，脗合無間，不貞則無以爲元也。

○項氏安世曰：推其本統言之，則曰「乾元」；極其變化言之，則曰「乾道」。始乎乾元，終乎大和，萬物出於元，入於元，此元之所以爲大也。

○胡氏炳文曰：以二氣之分言，則變者萬物之出機，元亨是也；化者萬物之入機，利貞是也。以一氣之運言，則變者其漸，化者其成。先言「品物流形」，後言「各正性命」，物有此形，即有此性，皆天所命也。謂之「各正」，則命之稟也，乃性之所以一定而不易；謂之「保合」，則性之存也，又命之所以流行而不已。蓋大和者，陰陽會合，沖和之氣，而「乾元資始」之理固在其中矣。

○薛氏瑄曰：「大哉乾元，萬物資始」，誠之源也，道之體也，萬殊之所以一本也；「乾道變化，各正性命」，誠斯立焉，道之用也，一本之所以萬殊也。然凡言體用，不可分而爲二。

○蔡氏清曰：各正、保合〔一〕，雖合爲乾之利貞，然細分之，「各正」者，利也；「保合」者，貞也。

〔一〕各正保合：正，原作「止」，據上下文改。

文言本義云：利者，生物之遂。物各得宜，不相妨害，非即此之「各正性命」乎？貞者，生物之成。實理具備，隨在各足，非即此之「保合大和」乎？

○林氏希元曰：「各正性命」是利，「保合大和」是貞。向之資始於元、流形於亨者，今則各效法象，各成形質，而性命於是乎各正。既而愈斂愈固，生意凝畜而不滲漏，化機內蘊而不外見，則大和於是保合矣。

首出庶物，萬國咸寧。

【本義】聖人在上，高出於物，猶乾道之變化也。萬國各得其所而咸寧，猶萬物之「各正性命」而「保合大和」也。此言聖人之利貞也。蓋嘗統而論之，元者物之始生，亨者物之暢茂，利則向於實也，貞則實之成也，實之既成，則其根蔕脱落，可復種而生矣，此四德之所以循環而无端也。然而四者之閒，生氣流行，初无閒斷，此元之所以包四德而統天也。其以聖人而言，則孔子之意，蓋以此卦爲聖人得天位、行天道而致太平之占也。雖其文義有非文王之舊者，然讀者各以其意求之，則並行而不悖也。坤卦放此。

【程傳】卦下之辭爲彖，夫子從而釋之，通謂之彖。彖者，言一卦之義，故「知者觀其彖辭則思過半矣」。「大哉乾元」，贊乾元始萬物之道大也。四德之元，猶五常之仁，偏言則一事，專言則包四者。「萬物資始，乃統天」，言元也，乾元統言天之道也，天道始萬物，物資始於天也。「雲行雨施，品物流形」，言亨也，天道運行，生育萬物也。大明天道之終始，則見卦之「六位」各以「時成」。卦之初終，乃天道終始，乘此六爻之時，乃天運也，「以御天」謂以當天運。「乾道變化」，生育萬物，洪纖高下，各以其類，「各正性命」也。天所賦爲命，物所受爲性。「保合大和，乃利貞」，保謂常存，合謂常和，「保合大和」，是以利且貞也。天地之道，常久而不已者，「保合大和」也。天爲萬物之祖，王爲萬邦之宗，乾道「首出庶物」而萬彙亨，君道尊臨天位而四海從，王者體天之道，則「萬國咸寧」也。

【集説】朱子語類云：「大哉乾元，萬物資始」，「至哉坤元，萬物資生」，那元字便是生物之仁。「資始」，是得其氣；「資生」，是成其形。到得亨便是他彰著，利便是結聚，貞便是收斂，收斂既無形迹，又須復生。至如夜半子時，此物雖存，猶未動在，到寅卯便生，巳午便著，申酉便結，亥子丑便實，及至寅又生。他這箇只管運轉，一歲有一歲之運，一月有一月之運，一日有一日之運，一時有一時之運。雖一息之微，亦有四箇段子，恁地運轉。

○又曰：「元亨利貞」無斷處，貞了又元。今日子時前，便是昨日亥時。物有夏秋冬生底，是到這裏方感得生氣，他自有箇小小「元亨利貞」。

○林氏希元曰：伏羲所畫乾卦，其義所該者廣，不止天道。文王「元亨利貞」之繫，只是箇占辭，原無他意。夫子贊易，則專以天道來發明乾義，又將「元亨利貞」之辭分爲四德以發明乾義。以天道明乾義，他無所見，只在析「元亨利貞」爲四德上見得。

○又曰：「元亨利貞」本旨在卦辭者，與諸卦一般，至吾夫子分爲四德，而後世之言天道者因之，此夫子所以爲道德之宗也。又如仁字，首見於尚書，只作愛人説，至夫子始作心德説，以此立教，仁道始行於世。

○又曰：利者生物之遂，貞者生物之成，遂與成如何分別？論語「遂事不諫」注云：「遂謂事雖未成，而勢不能已也。」則知遂是方向成之勢，而貞則成矣。故曰「利則向於實也，貞則實之成也」。

【案】乾者，健也。彖辭但言至健之道大通而宜於正固，以爲人事之占而已，夫子作彖傳，乃推卦象、卦位以發明之。以卦象明之者，乾之象莫大於天也；以卦位明之者，乾之位莫尊於五也。以天之元亨言之，其以一時統四時之德者莫如元，至於澤流萬物則亨也；以君之元亨言之，九五以一位統六位之德，是亦天之元矣，澤流萬民，是亦天之亨矣。其言六位，又言六龍者，蓋以切「飛龍在天」之義，言四德之終始，寓於六爻之中，而獨九五備衆爻之德，處在天之位，如乘駕六龍以御於天路，則能行雲施雨，與天之「雲行雨施」同也。又以天之利貞言之，萬物成遂，性命正而大和洽者，利貞之候也；以君之利貞言之，九五一爻爲卦之主，上下五陽與之同德，如大君在上，萬民各得其性命之理，以休養於大和之化，是亦天之利貞矣。其言庶物、言萬國者，又以切「利見大人」之義，以德位之所統言之，則曰庶物，以功化之所及言之，則曰萬國，首出則爲物所覩，至於咸寧，而臻乎上治矣。乾之爲義，無所不包，夫子舉其大者，故以天道、君道盡之。

至哉坤元，萬物資生，乃順承天。

【本義】此以地道明坤之義，而首言元也。至，極也，比大義差緩。始者氣之始，生者形之始。順承天施，地之道也。

【集説】吕氏大臨曰：乾之體大矣，坤之效乾之法，至乾之大而後已，故「乾元」曰「大哉」，「坤元」曰「至哉」。

○朱子語類云：資乾以始，便資坤以生，不爭得霎時間。萬物資乾以始而有氣，資坤以生而有形，氣至而生，即坤元也。

○蔡氏清曰：若徒曰「至哉坤元，萬物資生」，則疑於與「大哉乾元，萬物資始」者敵矣，今曰「乃順承天」，非惟可以見坤道「无成有終」之義，而乾坤之合德以共成生物之功者，亦於此乎見之，不然，乾有乾四德，坤有坤四德，而名實混矣。

坤厚載物，德合无疆，含弘光大，品物咸亨。

【本義】言亨也。「德合无疆」，謂配乾也。

【集説】崔氏憬曰：含育萬物爲弘，光華萬物爲大。動植各遂其性，故曰「品物咸亨」也。

○游氏酢曰：「其靜也翕」，故曰「含弘」，含言無所不容，弘言無所不有；「其動也闢」，故曰「光大」，光言無所不著，大言無所不被。此所以「德合无疆」也。

○林氏希元曰：無所不包，可見其弘；無所不達，可見其大。「含弘光大」，坤之亨也；「品物咸亨」，是物隨坤亨而亨也。變「萬」言「品」者，與乾「雲行雨施，品物流形」一般。

牝馬地類，行地无疆，柔順利貞，君子攸行。

【本義】言利貞也。馬，乾之象，而以爲地類者；牝，陰物，而馬又行地之物也。「行地无疆」，則順而健矣。「柔順利貞」，坤之德也。「君子攸行」，人之所行，如坤之德也。所行如是，則其占如下文所云也。

【程傳】資生之道，可謂大矣。乾既稱大，故坤稱至。至義差緩，不若大之盛也。聖人於尊卑之辨，謹嚴如此。萬物資乾以始，資坤以生，父母之道也。順承天施，以成其功，坤之厚德，持載萬物，合於乾之无疆也。以「含弘光大」四者形容坤道，猶乾之「剛健中正純粹」也。含，包容也；弘，寬裕也；光，昭明也；大，博厚也。有此四者，故能成承天之功，品物咸得亨遂。取牝馬爲象者，以其柔順而健，行地之類也。「行地无疆」，謂健也。乾健坤順，坤亦健乎？曰：非健何以配乾？未有乾行而坤止也。其動也剛，不害其爲柔也。柔順而利貞，乃坤德也，君子之所行也，君子之道合坤德也。

【集説】王氏弼曰：地之所以得无疆者，以卑順行之故也。乾以龍御天，坤以馬行地。

○朱子語類云：「牝馬地類，行地无疆」，便是那「柔順利貞，君子攸行」，本連下面，緣他趁押韻後，故説在此。

〇又云：程傳云「未有乾行而坤止」，此説是。且如乾施物，坤不應，則不能生物。既會生物，便是動，若不是他健後，如何配乾？只是健得來順。

〇龔氏煥曰：坤「先迷後得」，而亦有元亨者，坤之元亨承乾而已，故曰「至哉坤元」，「乃順承天」。又曰「德合无疆」，「品物咸亨」，坤之利貞，乃坤之德，故曰「牝馬地類，行地无疆，柔順利貞」，此亦「先迷後得」之意。坤所以能承乾之元亨以爲元亨者，以其「柔順利貞」也。

〇熊氏良輔曰：「君子攸行」合聯下文「先迷」之上，不必以韻爲拘，當時夫子只是從頭説下來。

〇蔡氏清曰：以象言則爲「牝馬地類，行地无疆」，以義言則爲「柔順利貞」。本義謂，馬行地之物者，明龍之能飛乎天，而爲乾之象也。

〇林氏希元曰：「牝馬地類」，順也；「行地无疆」，順而健也，故承之曰「柔順利貞」，言此即坤德之順健云爾。不敢自主，承天之施以生萬物，柔順也；承天生物，直至於有終，利貞也。彖辭「利牝馬之貞」，本無四德，夫子以四德解，故爲之説如此。

先迷失道，後順得常。西南得朋，乃與類行。東北喪朋，乃終有慶。

【本義】陽大陰小，陽得兼陰，陰不得兼陽，故坤之德常減於乾之半也。東北雖喪朋，然反之西南，則終有慶矣。

【集説】程子曰：「東北喪朋」，陰必從陽，然後「乃終有慶」也。

○項氏安世曰：「東北喪朋，乃終有慶」者，所以發文王言外之意也。地之交乎天，臣之事乎君，婦之從乎夫，皆「喪朋」之慶也。

○丘氏富國曰：坤道主成，成在後，故先乾而動，則迷而失其道；從乾而動，則順而得其常。西南爲後，於坤爲得地，故往西南則與類行；東北爲先，於坤爲不得地，故往東北則必喪朋。

○王氏申子曰：馬而非牝，則不順而非地之類；牝而非馬，則不能配乾而「行地无疆」，此坤之柔順利貞也。故君子行坤之道者，先乎陽則迷而失，後乎陽則順而得。以陰從陰，猶與類行；以陰從陽，然後有慶。

○林氏希元曰：「先迷失道」，是以失道解先迷，蓋陰本居後，今居先是失道，故迷也；「後順得常」，是以順解得常，蓋陰本居後，居先爲逆，居後爲順，故得其常道也。

○金氏賁亨曰：喪朋，猶泰之「朋亡」，舍其朋而從陽，則有得主之慶。

○何氏楷曰：「君子攸行」，雖趁上韻，然意連下文，釋卦辭「君子有攸往」也。君子之行，以陽剛爲主，以陰抗陽，故迷而失道；以陰順陽，故得所主而不失其常。蓋陽爲主，陰承之，此天地不易之常理也。得朋者，合群陰以從陽，後代終也；喪朋者，斂群陰以避陽，先无成也。

安貞之吉，應地无疆。

【本義】安而且貞，地之德也。

【程傳】乾之用，陽之爲也；坤之用，陰之爲也。形而上曰天地之道，形而下曰陰陽之功。「先迷後得」以下，言陰道也。先唱則迷失陰道，後和則順而得其常理。西南陰方，從其類，得朋也；東北陽方，離其類，喪朋也。離其類而從陽，則能成生物之功，終有吉慶也。「與類行」者，本也；從於陽者，用也。陰體柔躁，故從於陽，則能安貞而吉，應地道之无疆也。陰而不安貞，豈能應地之道？彖有三无疆，蓋不同也。「德合无疆」，天之不已也；「應地无疆」，地之无窮也；「行地无疆」，馬之健行也。

【集説】孔氏穎達曰：「萬物資生」者，言萬物資地而生。乾本氣初，故云「資始」；坤據成形，故云「資生」。「乃順承天」者，乾是剛健，能統領於天；坤是陰柔，以和順承奉於天。以其廣厚，故能載物，有此生長之德，合會无疆。凡言无疆者有二義，一是廣博无疆，二是長久无疆也。自此已上，論坤元之德也，包含、弘厚、光著、盛大，故品類之物皆得亨通，此二句釋亨也。牝馬以其柔順，故云「地類」，以柔順爲體，故「行地无疆」，不復窮已，此二句釋利貞，故上文云「利牝馬之貞」是也。「柔順利貞，君子攸行」者，重釋利貞之義，是君子之所行，兼釋前文「君子有攸往」也。「先迷失道」者，以陰在物之先，失其爲陰之道。「後順得常」者，以陰在物之後，陽唱而陰和，是「後順得常」。「乃與類行」者，以陰而造坤位，是「乃與類行」。「乃終有慶」者，以陰而詣陽，初雖離群，乃終久有慶善也。

安謂安靜，貞謂貞正，地體安靜而貞正。人若靜而能正，即得其吉，應合地之无疆也。

屯，剛柔始交而難生。

【本義】以二體釋卦名義。始交謂震，難生謂坎。

【集説】朱氏震曰：震者，乾交於坤，一索得之，剛柔始交也。坎險難，「剛柔始交而難生」也。

○張氏清子曰：乾坤之後，一索得震，爲始交；再索得坎，爲難生；而，承上接下之辭，所以合震坎之義而釋其爲屯也。

動乎險中，大亨貞。

【本義】以二體之德釋卦辭。動，震之爲也；險，坎之地也。自此以下釋「元亨利貞」，乃用文王本意。

【集説】朱子語類：問：「本義云此以下釋元亨利貞，用文王本意，何也？」曰：「乾元亨利貞，至孔子方作四德説，後人不知，將謂文王作易便作四德説，即非也。如屯卦所謂元亨利貞者，以其能動，雖可以亨，而在險則宜守正，故筮得之者，其占爲大亨而利於正，初非謂四德也。故孔子釋此彖辭，只曰『動乎險中，大亨貞』，是用文王本意釋之也。」

雷雨之動滿盈，天造草昧，宜建侯而不寧。

【本義】以二體之象釋卦辭。雷，震象；雨，坎象；天造，猶言天運；草，雜亂；昧，晦冥也。陰陽交而雷雨作，雜亂晦冥，塞乎兩閒，天下未定，名分未明，宜立君以統治，而未可遽謂安寧之時也。不取初九爻義者，取義多端，姑舉其一也。

【程傳】以雲雷二象言之，則「剛柔始交」也；以坎震二體言之，「動乎險中」也。「剛柔始交」，未能通暢，則艱屯，故云「難生」。又「動於險中」爲艱屯之義，所謂大亨而貞者，「雷雨之動滿盈」也。陰陽始交則艱屯，未能通暢，及其和洽，則成雷雨，滿盈於天地之閒，生物乃遂。屯有大亨之道也，所以能大亨，由夫貞也，非貞固安能出屯？人之處屯，有致大亨之道，亦在夫貞固也。「天造草昧」，上文言天地生物之義，此言時事。天造，謂時運也；草，草亂無倫序；昧，冥昧不明。當此時運，所宜建立輔助，則可以濟屯。雖建侯自輔，又當憂勤兢畏，不遑寧處。聖人之深戒也。

【集説】孔氏穎達曰：草謂草創，昧謂冥昧，言天造萬物於草創之始，如在冥昧之時也。於此草昧之時，王者宜建立諸侯，以撫恤萬方之物，而不得安居無事。

〇王氏安石曰：「難生」也，「動乎險中」也，此雲雷之時也，故曰「雲雷屯」，卒至於「雷雨之動滿盈」，然後能免乎險而屯難解。「大亨貞」，要屯之終而爲言也。

〇朱子語類：問：「『剛柔始交而難生』，程傳以雲雷之象爲始交，謂震始交於下，坎始交於中，如何？」曰：「『剛柔始交』，只指震言，所謂『震一索而得男』也。此三句各有所指，『剛柔始交而難生』，是以二體釋卦名義；『動乎險中，大亨貞』，是以二體之德釋卦辭；『雷雨之動滿盈，天造草昧，宜建侯而不寧」，是以一體之象釋卦辭。只如此看甚明，緣後來説者交雜混了，故覺語意重複。」

○蔡氏清曰：草，雜亂，則不定矣，故下云天下未定；昧，晦冥，則不明矣，故下云名分未明。名分不獨謂君臣上下，如父子、夫婦、昆弟之類皆是也。立君統治者，君臣，人道之綱也。

○何氏楷曰：震之未動，坎氣爲雲，雲上雷下，鬱結而未成雨，所以爲屯。動則雲化爲雨，雷上雨下，屯之鬱結者變而爲解，而未亨者果大亨矣。

【案】本義以「動乎險中」釋「大亨貞」，「雷雨之動」以下釋「建侯」。程傳則以「動乎險中」屬上句，總釋卦名，而以「雷雨之動滿盈」一句釋「大亨貞」。今觀屯稱「雲雷」，解稱「雷雨」，則屯之時猶未解也。夫子欲明元亨之義，故變雲雷言雷雨，以見屯之必解，則觀其動也，而屯之元亨可知矣。然動者，亨之機爾，其醖釀絪緼以滿盈其氣，又足以見貞固之義。程傳説可從，故王氏、何氏同。

蒙，山下有險，險而止，蒙。

【本義】以卦象、卦德釋卦名，有兩義。

「蒙亨」，以亨行時中也。「匪我求童蒙，童蒙求我」，志應也。「初筮告」，以剛中也；「再三瀆，瀆則不告」，瀆蒙也。蒙以養正，聖功也。

【本義】以卦體釋卦辭也。九二以可亨之道發人之蒙，而又得其時之中，謂如下文所指之事，皆以亨行而當其可也。「志應」者，二剛明，五柔暗，故二不求五而五求二，其志自相應也。「以剛中」者，以剛而中，故能告而有節也。瀆，筮者二三，則問者固瀆，而告者亦瀆矣。「蒙以養正」，乃作聖之功，所以釋利貞之義也。

【程傳】山下有險，内險不可處，外止莫能進，未知所爲，故爲昏蒙之義。「蒙亨，以亨行時中也」，蒙之能亨，以亨道行也。所謂亨道，時中也。時謂得君之應，中謂處得其中，得中則時也。「匪我求童蒙，童蒙求我，志應也」，二以剛明之賢處於下，五以童蒙居上，非是二求於五，蓋五之志應於二也。賢者在下，豈可自進以求於君？苟自求之，必無能信用之理。古之人所以必待人君致敬盡禮而後往者，非欲自爲尊大，蓋其尊德樂道不如是，不足與有爲也。「初筮」，謂誠一而來求決其蒙，則當以剛中之道告而開發之。「再三」，煩數也。來筮之意煩數，不能誠一，則瀆慢矣，不當告也；告之必不能信受，徒爲煩瀆，故曰「瀆蒙也」，求者、告者皆煩瀆矣。卦辭曰「利貞」，彖復伸其義，以明不止爲戒於二，實養蒙之道也。未發之謂蒙，以純一未發之蒙而養其正，乃作聖之功也。發而後禁，則扞格而難勝。養正於蒙，學之至善也。蒙之六爻，二陽爲治蒙者，四陰皆處蒙者也。

【集説】朱子語類云：「蒙以養正，聖功也」，蓋言蒙昧之時，先自養教正當了，到那開發時，便有作聖之功。若蒙昧之中已自不正，他日何由會有聖功？

○胡氏炳文曰：程傳云亨道即時中也。本義謂九二以可亨之道，發人之蒙，而又得其時之中。蓋蒙豈無可亨之道，但恐亨之不得乎時之中耳。本義謂如下文所指之事，蓋謂志未應而遽欲亨之，非時中也。「再三瀆」，而亦告之，非時中也。蒙宜養正，過此而後，養之非時中也。

○俞氏琰曰：聖者，無所不通之謂。童蒙之時，便當以正道涵養其正性，是乃作聖之功也。古之人含德之厚，比於赤子，大人之所以爲大人者，「不失其赤子之心而已」。童蒙之時，情竇未開，天真未散，粹然一出於正，所謂赤子之心是也。涵養正性，全在童蒙之時，若童蒙之時無所養而失其正，則他日欲望其作聖，不可得矣。

○林氏希元曰：養蒙、發蒙，原非二事。對前日之蒙言，則曰發；對後日之作聖言，則曰養。利貞之語實蒙上文，如咸恒「利貞」之例，非發蒙之後又別出養蒙之義也。

需，須也，險在前也，剛健而不陷，其義不困窮矣。

【本義】此以卦德釋卦名義。

【程傳】需之義，須也。以險在於前，未可遽進，故需待而行也。以乾之剛健，而能需待不輕動，故不陷於險，其義不至於困窮也。剛健之人，其動必躁，乃能需待而動，處之至善者也。故夫子贊之云「其義不困窮矣」。

【集説】王氏申子曰：需者，坎險在前，須而後進也。惟剛則内有所主，故能需；惟健則動不可禦，故能濟。

○蔡氏清曰：以剛遇險，而不遽進以陷於險者，蓋陰柔不能寧耐，乾剛則沈毅不苟而能寧耐，所謂「乾，天下之至健也，德行恒易以知險」。

「需，有孚，光亨，貞吉」，位乎天位，以正中也。「利涉大川」，往有功也。

【本義】以卦體及兩象釋卦辭。

【程傳】五以剛實居中，爲孚之象，而得其所需，亦爲有孚之義。以乾剛而至誠，故其德光明而能亨通，得貞正而吉也。所以能然者，以居天位而得正中也。居天位，指五；以正中，兼二言，故云正中。既有孚而貞正，雖涉險阻，往則有功也。需道之至善也，以乾剛而能需，何所不利？

【集說】谷氏家杰曰：此卦合坎乾成需，惟乾易而知險，故曰剛健，曰正中，見有天德者能需也。

訟，上剛下險，險而健，訟。

【本義】以卦德釋卦名義。

【程傳】訟之爲卦，「上剛下險」，險而又健也；又爲險健相接，内險外健，皆所以爲訟也。若健而不險，不生訟也；險而不健，不能訟也；險而又健，是以訟也。

【集說】毛氏璞曰：「上剛下險」，以彼此言之；「險而健」，以一人言之。

「訟，有孚，窒惕，中吉」，剛來而得中也。「終凶」，訟不可成也。「利見大人」，尚中正也。「不利涉大川」，入于淵也。

【本義】以卦變、卦體、卦象釋卦辭。

【程傳】訟之道固如是。又據卦才而言，九二以剛自外來而成訟，則二乃訟之主也。以剛處中，中實之象，故爲「有孚」。處訟之時，雖有孚信，亦必艱阻窒塞而有惕懼，不窒則不成訟矣。又居險陷之中，亦爲窒塞惕懼之義。二以陽剛自外來而得中，爲以剛來訟而不過之義，是以吉也。卦有更取成卦之由爲義者，此是也。卦義不取成卦之由，則更不言所變之爻也。據卦辭，二乃善也，而爻中不見其善，蓋卦辭取其有孚得中而言乃善也；爻則以「自下訟上」爲義，所取不同也。訟非善事，不得已也，安可終極其事？極意於其事，則凶矣，故曰「不可成」也。成謂窮盡其事也。訟者，求辯其是非也。辯之當，乃中正也，故「利見大人」，以所尚者中正也。聽者非其人，則或不得其中正也。中正大人，九五是也。與人訟者，必處其身於安平之地，若蹈危險，則陷其身矣，乃入于深淵也。卦中有中正險陷之象。

【集說】孔氏穎達曰：剛來而得中，輔嗣必以爲九二者，凡上下二象，在於下象者則稱來，故賁卦云「柔來而文剛」，是離下艮上而稱「柔來」。今此云「剛來而得中」，故知九二也。且凡云來者，皆據異類而來。九二在二陰之中，故稱來，若於爻辭之中，亦有從下卦向上卦稱來也。故需上六「有不速之客三人來」，謂下卦三陽。然需上六陰爻，陽來詣之，亦是非類而稱來也。

○劉氏牧曰：剛來，謂二也。性本剛，好勝而訟也；來居柔，能屈其性也；處中位，不失中道也。

之才也；「利見大人」，言九五之才也；「不利涉大川」，言一卦之才也。○王氏安石曰：彖言乎其才也。「訟，有孚，窒惕，中吉」，此言九二之才也；「終凶」，此言上九之才也。○蔡氏清曰：訟不可成，以理言之，揚人之惡也，煩上之聽也，損己之德也，增俗之偷也。又人己之間，俱廢其業，雖得，不償失也，此豈君子之所樂成者哉？謂之「不可成」，見其宜惕中也。

【案】彖傳中有言剛柔、往來、上下者，皆虛象也，先儒因此而卦變之說紛然。然觀泰否卦下「小往大來」「大往小來」云者，文王之辭也，果從何卦而往、何卦而來乎？亦云有其象而已耳。故依王、孔注疏作虛象者近是。

師，衆也。貞，正也。能以衆正，可以王矣。

【本義】此以卦體釋「師貞」之義。以，謂能左右之也。一陽在下之中，而五陰皆爲所以也。「能以衆正」，則王者之師矣。

【程傳】能使衆人皆正，可以王天下矣。得衆心服從而歸正，王道止於是也。

剛中而應，行險而順，以此毒天下而民從之，吉又何咎矣。

【本義】又以卦體、卦德釋「丈人吉无咎」之義。剛中，謂九二；應，謂六五應之；「行險」，謂行危道；順，謂順人心。此非有老成之德者不能也。毒，害也。師旅之興，不无害於天下，然以其有是才德，是以民悦而從之也。

【程傳】言二也。以剛處中，剛而得中道也。六五之君爲正應，信任之專也。雖行險道，而以順動，所謂義兵，王者之師也。上順下險，行險而順也。師旅之興，不无傷財害人、毒害天下，然而民心從之者，以其義動也。古者東征西怨，民心從也，如是，故吉而无咎。吉謂必克，无咎謂合義，又何咎矣？其義故无咎也。

【集説】游氏酢曰：用師之道，將以正天下之不正也，故師謂之征。己則不正，其能正人乎？「剛中而應」，任將之道也；「行險而順」，興師之義也。仰順乎天，無違天以干時；俯順乎人，無咈人以從欲。興師之順如此，故「能以衆正」。以衆正之，則人皆知其欲正己而已，天下孰不趨於正哉？

○胡氏炳文曰：毒之一字，見得王者之師不得已而用之，如毒藥之攻病，非有沈痾堅癥，不輕用也。其指深矣。

比，吉也。

【本義】此三字疑衍文。

比，輔也，下順從也。

【本義】此以卦體釋卦名義。

【程傳】「比，吉也」，比者，吉之道也；物相親比，乃吉道也。「比，輔也」，釋比之義。比者，相親輔也。「下順從也」，解卦所以爲比也。五以陽居尊位，群下順從，以親輔之，所以爲比也。

【集説】孔氏穎達曰：「比，吉也」者，言相親比而得吉也；「比，輔也」者，釋比所以得吉；「下順從」者，謂衆陰順從九五也。

○朱子語類云：「比，吉也」，「也」字羡，當云「比吉，比輔也，下順從也」。「比，輔也」，解比字。「下順從也」，解吉字。

○楊氏啓新曰：「下順從」，以卦體言，實則兼上下衆陰，不曰上下而曰下者，以九五爲主也。至「不寧方來」則曰「上下應」，前是尊上之辭，後是舉衆之辭。

「原筮元永貞，无咎」，以剛中也。「不寧方來」，上下應也。「後夫凶」，其道窮也。

【本義】亦以卦體釋卦辭。剛中，謂五；上下，謂五陰。

【程傳】推原筮決相比之道，得「元永貞」而後可以「无咎」。所謂「元永貞」，如五是也，以陽剛居中正，盡比道之善者也。以陽剛當尊位，爲君德，元也；居中得正，能永而貞也。卦辭本泛言比道，彖言「元永貞」者，九五以剛處中正是也。人之生不能保其安寧，方且來求附比，民不能自保，故戴君以求寧；君不能獨立，故保民以爲安。不寧而來比者，上下相應也。以聖人之公言之，固至誠求天下之比以安民也；以後王之私言之，不求下民之附則危亡至矣。故上下之志，必相應也。在卦言之，上下群陰比於五，五比其衆，乃「上下應也」。衆必相比而後能遂其生，天地之間，未有不相親比而能遂者也。若相從之志不疾而後，則不能成比，雖夫，亦凶矣。无所親比，困屈以致凶，窮之道

【集説】胡氏炳文曰：凡應字多謂剛柔兩爻相應，此則謂上下五陰應乎五之剛，又一例也。師、比皆一陽五陰，師之應，謂五應二，將之任專也；比之應，則謂上下應五，君之分嚴也。

小畜，柔得位而上下應之，曰小畜。

【本義】以卦體釋卦名義。柔得位，指六居四；上下，謂五陽。

【程傳】言成卦之義也。以陰居四，又處上位，「柔得位」也。上下五陽皆應之，爲所畜也。以一陰而畜五陽，能係而不能固，是以爲小畜也。彖解成卦之義，而加「曰」字者，皆重卦名，文勢當然。單名卦惟革有「曰」字，亦文勢然也。

【集説】胡氏瑗曰：小畜卦有二義。六四以一陰得位，體無二陰以分其應，故上下五陽皆應之，是小者能畜矣。三陽在下而並進，四以一陰獨當其路，是小有所畜也。此二義也。

健而巽，剛中而志行，乃亨。

【本義】以卦德、卦體而言，陽猶可亨也。

【程傳】以卦才言也，内健而外巽，健而能巽也。二五居中，「剛中」也。陽性上進，下復乾體，志在於行也。剛居中，爲剛而得中，又爲中剛，言畜陽則以柔巽，言能亨則由剛中。以成卦之義言，則爲陰畜陽；以卦才言，則陽爲剛中。才如是，故畜雖小而能亨也。

「密雲不雨」，尚往也。「自我西郊」，施未行也。

【本義】「尚往」，言畜之未極，其氣猶上進也。

【程傳】畜道不能成大，如密雲而不成雨。陰陽交而和，則相固而成雨，二氣不和，陽尚往而上，故不成雨，蓋自我陰方之氣先倡，故不和而不能成雨，其功施未行也。小畜之不能成大，猶西郊之雲不能成雨也。

【集說】王氏逢曰：四以陰盛，有密雲之象；以柔止健，不能固陽，是以不雨。西郊陰地，臣之類也。

○楊氏時曰：卦五陽而一陰，則一陰爲之主。四以陰居陰，「柔得位」也，爲一卦之主，而「上下應之」，以陰畜陽也。陽大而陰小，小者畜也。此以六四一爻言之也。合一卦之才，則三陽健而進，一陰體巽而上行，九五剛得中與之合志，則「志行」矣，是以亨也。

○項氏安世曰：陰陽之理，畜極則亨，畜之小者雖未遽亨，及其成也，終有亨理。以六爻言之，一柔得位，五陽應之，能係其情，未能全制之也，故爲小畜。以二卦言之，健而能巽，不激不亢，其勢必通，二五皆剛中，同心同德，其志必行，故有亨理。凡陰閉之極，則陽氣蒸而成雨。「密雲不雨」者，陰方上往，未至於極也；「自我西郊」者，方起於此，未至於彼也，此皆言所畜之小。然謂之「尚往」，則非不往；謂之「未行」，則非不行，亨固在其中矣。此於人事，爲以臣畜君，終當感悟之象。

○蔡氏清曰：本義「其氣猶上進也」，當以「既雨既處」來照看，此句全就雲雨説，不然用不得氣字。

履，柔履剛也。

【本義】以二體釋卦名義。

【集説】王氏申子曰：履以六三成卦，三之象，下迫於二陽之進，上躡乎三陽之剛。

○胡氏炳文曰：本義謂二體，見得是以兑體之柔履乾體之剛，非指六三以柔而履剛也。

【案】王氏、胡氏二説不同，然當兼用，其義乃備。

説而應乎乾，是以「履虎尾，不咥人，亨」。

【本義】以卦德釋彖辭。

【程傳】兑以陰柔履藉乾之陽剛，「柔履剛」也。兑以説順應乎乾剛，而履藉之，下順乎上，陰承乎陽，天下之正理也。所履如此，至順至當，雖「履虎尾」，亦不見傷害，以此履行，其亨可知。

【集説】游氏酢曰：卦以一柔進退履衆剛，故有「履虎尾」之象。然而「不咥人，亨」者，「説而應乎乾」故也。夫敬以和，何事不行？君子之所履苟在於是，則雖暴人之前，無虞矣。

○項氏安世曰：以兑「説而應乎乾」，則所行無忤，履雖危，而不傷。莊周曰：「虎媚養己者，順也。」惟柔順而説，則「履虎尾」而「不咥人」，且有能「亨」之理。

○胡氏炳文曰：「説而應乎乾」，亦是以下體之兑應上體之乾。若蒙曰「志應」，師曰「剛中而應」，是剛柔兩爻自相應；比、小畜「上下應」，是一爻爲主而衆爻應之。

剛中正，履帝位而不疚，光明也。

【本義】又以卦體明之，指九五也。

【程傳】九五以陽剛中正尊履帝位，苟無疚病，得履道之至善，「光明」者也。疚，謂疵病，夬履是也。光明，德盛而輝光也。

【集説】張氏浚曰：九五履乾正位，曰「剛中正」。剛健不息，體大中至正之道，以君臨天下，「履帝位而不疚」也。君臨天下者，其可危爲大，蓋人君以一身撫馭海内，使所履一不正，而蹈於非禮，則政令紀綱弛於上，讒賊寇攘起於下，穆王命君牙曰「心之憂危，若蹈虎尾，涉於春冰」是也。

「泰，小往大來，吉，亨」，則是天地交而萬物通也，上下交而其志同也。内陽而外陰，内健而外順，内君子而外小人，君子道長，小人道消也。

【程傳】「小往大來」，陰往而陽來也，則是天地陰陽之氣相交，而萬物得遂其通泰也，在人則上下之情交通，而其志意同也。陽來居内，陰往居外，陽進而陰退也。乾健在内，坤順在外，爲「内健而外順」，君子之道也。君子在内，小人在外，是「君子道長，小人道消」，所以爲泰也。既取陰陽交和，又取「君子道長」，陰陽交和乃君子之道長也。

【集說】孔氏穎達曰：所以得名爲泰者，由天地氣交而生養萬物，物得大通，故云泰也。「上下交而其志同」，以人事象天地之交也。內陽外陰，據其象，內健外順，明其性，此就卦爻釋「小往大來，吉亨也」。「內君子而外小人，君子道長，小人道消」，更就人事之中釋「小往大來，吉亨也」。

○項氏安世曰：泰否彖皆具三義。第一段以重卦上下爲義，於陰陽二氣無所抑揚，但貴其交而已。第二段以卦體內外爲義，雖在內在外各得其所，要是重內輕外，則已於陰陽有所抑揚矣。第三段以六爻消長爲義，至此則全是好陽而惡陰，以陽長陰消爲福，則不止於抑揚而已。否彖依此推之，大抵諸卦皆然。如小畜之彖「柔得位而上下應之」，是統論六爻五陽一陰也；「健而巽」却以兩卦言之；「剛中而志行」，又以九二、九五兩爻言之。故彖之義無所不備，不可以一說通也。

○丘氏富國曰：天地之形不可交而以氣交，氣交而物通者，天地之泰也；上下之分不可交而以心交，心交而志同者，人事之泰也。陰陽以氣言，健順以德言，君子小人以類言。內外釋往來之義，陰陽健順、君子小人釋小大之義。

○王氏應麟曰：君子道盛，小人自化，故舜、湯舉臯、伊，而不仁者遠。玉泉喻氏云：泰，小人道消，非消小人也，化小人爲君子也。

○喬氏中和曰：有陽必有陰，有君子必有小人，必欲絶而去之，有是哉？善養身者，化痰邪爲氣血；善治國者，化盜賊爲良民而已矣。

「否之匪人，不利君子貞，大往小來」，則是天地不交而萬物不通也，上下不交而天下无邦也。内陰而外陽，内柔而外剛，内小人而外君子，小人道長，君子道消也。

【程傳】夫天地之氣不交，則萬物无生成之理；上下之義不交，則天下无邦國之道。建邦國所以爲治也，上施政以治民，民戴君而從命，上下相交，所以治安也。今「上下不交」，是天下无邦國之道也。陰柔在内，陽剛在外，君子往居於外，小人來處於内，「小人道長，君子道消」之時也。

【集説】胡氏瑗曰：内柔而外剛者，小人之體也，語曰「色厲而内荏」，外有嚴厲之色，内有柔荏之心，此所以反君子之道也。

○李氏過曰：「否泰反其類」，故否之辭皆與泰反。

○吴氏綺曰：六十四卦獨乾坤泰否四卦言陰陽。乾坤，陰陽也；惟泰否二卦内外皆得乾坤之全體，故亦以陰陽言也。

同人，柔得位、得中而應乎乾，曰同人。

【本義】以卦體釋卦名義。柔謂六二，乾謂九五。

【程傳】言成卦之義。「柔得位」謂二，以陰居陰，得其正位也；五中正，而二以中正應之，「得中而應乎乾」也。五剛健中正，而二以柔順中正應之，各得其正，其德同也，故爲同人。五，乾之主，故云「應乎乾」。象取天火之象，而彖專以二言。

【集説】項氏安世曰：同人以一柔爲主，徒柔不能以同乎人也，必以天德行之，故雖「得位得中」，而必「應乎乾」，乃可謂之同人。至於「利涉大川」，則又曰此乾行也，明非柔之所能辦也。凡卦之以柔爲主者皆然。履之六三不能以自亨也，必曰「應乎乾」，是以「履虎尾，不咥人，亨」；小畜之六四不能以自亨也，必曰「剛中而志行，乃亨」；大有之六五不能以自亨也，必曰「應乎天而時行，是以元亨」。凡此皆柔爲卦主，而其濟也必稱乾焉，此乾之所以爲大與？

【案】傳、義皆以乾爲專指九五，然若專指二五之應，恐不得謂之「同人於野」矣。蓋乾者，陽爻之通稱。一陰虛中，與五陽相應，此卦所以爲同人也。不言上下應者，蓋陰陽居上體而爲卦主，則可言上下應，如比、如小畜、如大有是也；若在下體，則但言應而已，蒙、師、履及此卦是也。

同人曰，

【本義】衍文。

【程傳】此三字羨文。

【集説】孔氏穎達曰：稱「同人曰」，猶言同人卦曰也。

「同人于野，亨，利涉大川」，乾行也。文明以健，中正而應，君子正也。唯君子爲能通天下之志。

【本義】以卦德、卦體釋卦辭。「通天下之志」乃爲大同，不然，則是私情之合而已，何以致亨而利涉哉？

【程傳】至誠无私，可以蹈險難者，乾之行也；无私，天德也。又以二體言其義，有文明之德而剛健，以中正之道相應，乃君子之正道也。天下之志萬殊，理則一也，君子明理，故能「通天下之志」。聖人視億兆之心猶一心者，通於理而已。文明則能燭理，故能明大同之義；剛健則能克己，故能盡大同之道。然後能中正合乎乾行也。

【案】上專以乾行釋「于野」「涉川」者，但取剛健無私之義也。下釋利貞，則兼取明健中正之義。蓋健德但主於無私而已，必也有文明在於先，而所知無不明；有中正在於後，而所與無不當，然後可以盡無私之義，而爲君子之貞也。

大有，柔得尊位大中，而上下應之，曰大有。

【本義】以卦體釋卦名義。柔謂六五，上下謂五陽。

【程傳】言卦之所以爲大有也。五以陰居君位，「柔得尊位」也；處中，得「大中」之道也；爲諸陽所宗，「上下應之」也。夫居尊執柔，固衆之所歸也，而又有虚中文明大中之德，故上下同志應之，所以爲大有也。

【集説】蘇氏軾曰：謂五也。大者皆見有於五，故曰大有。

○郭氏忠孝曰：「柔得尊位大中」，謙以居之，不自滿假者也。以一柔而應五剛，所謂「所寶惟賢，光天之下，萬邦黎獻，共惟帝臣」，不如是，不足以爲尚賢也。

〇楊氏萬里曰：同人、大有，一柔五剛均也，柔在下者曰得位、曰得中、曰應乎乾，而爲同人，我同乎彼之辭也；柔在上者曰尊位、曰大中、曰上下應，而爲大有，我有其大之辭也。

〇項氏安世曰：一陰在下，勢不足以有衆，能推所有以同乎人者也，故名曰同人。一陰在上，人同乎我，爲我所有者也，故名曰大有。彖於同人曰「應乎乾」，明我應之也；於大有曰「上下應之」，明人應我也。履卦柔在下，亦曰「應乎乾」；小畜柔在上，亦曰「上下應之」，此可以推卦例矣。

〇胡氏炳文曰：或曰小畜亦五陽一陰之卦，主巽之一陰，則曰小，此主離之一陰，則曰大，何也？曰：巽之一陰在四，欲畜上下五陽，其勢逆而難；離之一陰在五，而有上下五陽，其勢順而易。

其德剛健而文明，應乎天而時行，是以元亨。

【本義】以卦德、卦體釋卦辭。應天，指六五也。

【程傳】卦之德，内剛健而外文明。六五之君應於乾之九二。五之性柔順而明，能順應乎二，乾之主也，是應乎乾也。順應乾行，順乎天時也，故曰「應乎天而時行」。其德如此，是以元亨也。王弼云，不大通，何由得大有乎？大有則必元亨矣。此不識卦義。離乾成大有之義，非大有之義便有元亨，由其才，故得元亨。大有而不善者與不能亨者有矣。諸卦具「元亨利貞」，則彖皆釋爲大亨，恐疑與乾坤同也；不兼利貞則釋爲元亨，盡元義也。元有大善之義。有元亨者四卦，大有、蠱、升、鼎也，惟升之彖誤隨他卦作「大亨」。曰：諸卦之元與乾不同，何也？曰：元之在乾爲元始之義，爲「首出庶物」之義，他卦則不能有此義，爲善、爲大而已。曰：元之爲大可矣，爲善何也？曰：元者，物之先也，物之先豈有不善者乎？事成而後有敗，敗非先成者也；興而後有衰，衰固後於興也；得而後有失，非得則何以有失也？至於善惡、治亂、是非，天下之事莫不皆然，必善爲先，故文言曰「元者善之長」也。

【集説】王氏弼曰：德應於天，則行不失時矣。剛健不滯，文明不犯，應天則大，時行無違，是以元亨。

○項氏安世曰：同人、大有兩卦皆以離之中爻爲主，而以乾爲應者也。同人離在下，以德爲主，故曰「應乎乾」者，應其德也；大有離在上，以位爲主，故曰「應乎天而時行」者，應其命也。履兑在下，曰「應乎乾」，大畜艮在上，曰「應乎天」，亦卦例也。

【案】卦辭未有不根卦名而繫者，況柔中居尊，能有衆陽，是虚心下賢之君，而衆君子皆爲之用，其亨孰大於是哉？彖傳又推卦德、卦體以盡其緼，其實皆不出乎卦名之中也。程傳謂卦名未足以致元亨，由卦才而得元亨者，恐非易之通例。

謙，亨。天道下濟而光明，地道卑而上行。

【本義】言謙之必亨。

【程傳】濟，當爲際。此明謙而能亨之義。天之道，以其氣下際，故能化育萬物，其道光明。下際，謂下交也。地之道，以其處卑，所以其氣上行交於天，皆以卑降而亨也。

【集說】項氏安世曰：「天道下濟而光明，地道卑而上行」，此以卦體釋卦辭也。九三，乾也，降在下卦，是「下濟而光明」也；坤，地道，勢處至卑而升在上卦，是「卑而上行」也。下濟與卑，皆釋謙字；光明與上行，皆釋亨字。自人事言之，尊者行之則有光，即「天道下濟而光明」也；卑者行之則不可踰，即「地道卑而上行」也。始雖謙下，終必高明，是有終也。自「天道虧盈」以下，皆極言謙之必有後福，質之於天地神人之心，以明有終之義也。

○丘氏富國曰：凡卦以一陽爲主者，彖傳皆以剛言，復曰「剛反」，豫曰「剛應」，師、比曰「剛中」，剥曰「變剛」。謙主九三，而彖不言剛者，謙無用於剛也，用剛則不能謙矣。三有剛而不用，此其所以爲謙也。

○蔡氏淵曰：「下濟而光明」，艮也。艮有光明之象，故艮之彖曰「其道光明」，謂艮陽止乎上，陰不得而掩之，故光明。「卑而上行」，坤也。

天道虧盈而益謙，地道變盈而流謙，鬼神害盈而福謙，人道惡盈而好謙。謙尊而光，卑而不可踰，君子之終也。

【本義】變，謂傾壞；流，謂聚而歸之。人能謙，則其居尊者其德愈光，其居卑者，人亦莫能過，此君子所以有終也。

【程傳】以天行而言，盈者則虧，謙者則益，日月陰陽是也；以地勢而言，盈滿者傾變而反陷，卑下者流注而益增也。鬼神，謂造化之迹，盈滿者禍害之，謙損者福祐之，凡過而損、不足而益者，皆是也。人情疾惡於盈滿，而好與於謙巽也。謙者，人之至德，故聖人詳言，所以戒盈而勸謙也。謙爲卑巽也，而其道尊大而光顯；自處雖卑屈，而其德實高不可加尚，是「不可踰」也。君子至誠於謙，恒而不變，有終也，故尊光。

【集說】崔氏憬曰：若「日中則昃」，月滿則虧，「損有餘以補不足」，天之道也；「高岸爲谷，深谷爲陵」，是爲「變盈而流謙」，地之道也；朱門之家，「鬼闞其室」，「黍稷非馨，明德惟馨」，是其義矣；「滿招損，謙受益」，人之道也。

○劉氏牧曰：降卑接下，名譽益隆，故其道光顯；辭貌卑遜，而志行剛正，故雖卑退，而不可踰。

○朱子語類云：天道是就寒暑往來上説，地道是就地形高下上説，鬼神言害福是有些造化之柄，各自主一事而言耳。

○問：謙之爲義，不知天地人鬼何以皆好尚之？曰：太極中本無物，若事業功勞於我何有？觀天地生萬物而不言所利，可見矣。

○又云：「謙尊而光，卑而不可踰」，以尊而行謙，則其道光；以卑而行謙，則其德不可踰。尊對卑言。伊川以謙對卑説非是。聖人九卦，引此一句，看來大綱説。

○蔡氏清曰：如日没而升、中而昃，月晦而弦、盈而蝕之類，天非有意於虧之、益之也，若論至無心處，則雖人道惡盈好謙，初亦何容心於好惡哉？在我者有以感召其好惡耳，可不慎哉！

豫，剛應而志行，順以動，豫。

【本義】以卦體、卦德釋卦名義。

【程傳】剛應，謂四爲群陰所應，剛得衆應也；志行，謂陽志上行，動而上下順從，其志得行也。「順以動豫」，震動而坤順，爲動而順理，順理而動，又爲動而衆順，所以豫也。

【集説】胡氏炳文曰：建萬國，聚大衆，非順理而動，使人心皆和樂而從，不可也。故二者皆繫之豫。

【案】彖傳中凡稱卦德，皆先内而後外，而其文義又各不同。其曰「而」者，兩字並重，如訟之「險而健」，既險又健也；小畜之「健而巽」，既健又巽也；大有「剛健而文明」，既剛健而又文明也。其曰「以」者，則重在上一字，如同人「文明以健」，重在文明字；此卦「順以動」，重在順字。其或以下一字爲重者，則又變其文法，如復卦「動而以順行」之類。

豫順以動，故天地如之，而況建侯行師乎！

【本義】以卦德釋卦辭。

【程傳】以「豫順而動」，則「天地如之」而弗違，「況建侯行師」，豈有不順乎？天地之道，萬物之理，惟至順而已。大人所以先天後天而不違者，亦順乎理而已。

【集説】吴氏曰慎曰：「順以動」，所謂行其所無事也。「天地如之」，猶云「天且弗違」，「得其民者得其心」也，故豫「利建侯」；多助之至，天下順之，故豫「利行師」。

天地以順動，故日月不過而四時不忒；聖人以順動，則刑罰清而民服。豫之時義大矣哉！

【本義】極言之而贊其大也。

【程傳】復詳言順動之道。天地之運，以其順動，所以日月之度不過差，四時之行不愆忒。「聖人以順動」，故經正而民興於善，刑罰清簡而萬民服也。既言豫順之道矣，然其旨味淵永，言盡而意有餘也，故復贊之云「豫之時義大矣哉」，欲人研味其理，優柔涵泳而識之也。時義，謂豫之時義。諸卦之時與義用大者，皆贊其「大矣哉」，豫以下十一卦是也。豫、遯、姤、旅言時義，坎、睽、蹇言時用，頤、大過、解、革言時，各以其大者也。

【集説】項氏安世曰：豫、隨、遯、姤、旅皆若淺事，而有深意，故曰「時義大矣哉」，欲人之思之也；坎、睽、蹇皆非美事，而聖人有時而用之，故曰「時用大矣哉」，欲人之别之也；頤、大過、解、革皆大事大變也，故曰「時大矣哉」，欲人之謹之也。

○吴氏澄曰：專言「時」者重在時字，「時義」重在義字，「時用」重在用字。

○蔡氏清曰：時之一字，貫六十四卦皆有，不止豫等諸卦耳。有時則有義，有義則有用，單言時，則義與用在其中矣，言義未嘗無用，言用未嘗無義，各就所切而言。

隨，剛來而下柔，動而説，隨。

【本義】以卦變、卦德釋卦名義。

【集説】孔氏穎達曰：剛謂震也，柔謂兑也，震處兑下，是剛來下柔；震動而兑説，既能下人，動則喜説，所以物皆隨從也。

○胡氏瑗曰：震以動，其性剛；兑以説，其性柔。今震在兑下，是剛來而下於柔也。猶聖賢君子，以至剛之德、至尊之位、至貴之勢，接於臣而下於民，故賞罰號令一出於上，〔一〕則民皆説而隨於下也。

○王氏逢曰：上能下下，下之所以隨上；貴能下賤，賤之所以隨貴。隨之義，剛下柔也。

○王氏宗傳曰：陽剛非在下之物也，今也得隨之義，來下於陰柔，則是能以上下下、以貴下賤者也，物安得不隨之乎？動而説，此有所動而彼無不説之謂也。彼無不説，則亦無不隨矣。或曰：易

〔一〕故賞罰號令一出於上：「一」、「上」，原作「十」、「土」，據薈要本改。

家以隨自否來，蠱自泰來，其義如何？曰：非也。乾坤重而爲泰否，故隨蠱無自泰否而來之理。世儒惑於卦變，殊不知「八卦成列，因而重之」，而内外、上下、往來之義已備乎其中。自八卦既重之後，又烏有所謂内外、上下、往來之義乎？

○蔣氏悌生曰：程傳謂，説而動，動而説，皆隨之義。朱子語録云，但當言動而説，不當言説而動，凡卦體、卦德皆從内説出去。

【案】王氏説最足以破卦變之支離，得易象之本旨。

大亨貞，无咎，而天下隨時。

【本義】王肅本「時」作「之」，今當從之。釋卦辭，言能如是，則天下之所從也。

【程傳】卦所以爲隨，以剛來而下柔，動而説也。謂乾之上九來居坤之下，坤之初六往居乾之上，以陽剛來下於陰柔，是以上下下，以貴下賤，能如是，物之所説隨也。又下動而上説，動而可説也，所以隨也。如是則可大亨而得正。能大亨而得正，則爲无咎。不能亨，不得正，則非可隨之道，豈能使天下隨之乎？天下所隨者，時也，故云「天下隨時」。

【集説】孔氏穎達曰：大亨貞正，無有咎害，而天下隨之。以正道相隨，故隨之者廣。若不以「大亨貞，无咎」，而以邪僻相隨，則天下不從也。

○喬氏中和曰：剛下柔而陽隨陰，以我隨物，則物自隨我，而動罔不説，此大亨之正道也。人同此心，天下有不隨之者哉？

隨時之義大矣哉！

【本義】王肅本「時」字在「之」字下，今當從之。

【程傳】君子之道，隨時而動，從宜適變，不可爲典要，非造道之深、知幾能權者，不能與於此也，故贊之曰「隨時之義大矣哉」。凡贊之者，欲人知其義之大，玩而識之也。此贊隨時之義大，與豫等諸卦不同，諸卦時與義是兩事。

蠱，剛上而柔下，巽而止，蠱。

【本義】以卦體、卦變、卦德釋卦名義。蓋如此，則積弊而至於蠱矣。

【程傳】以卦變及二體之義而言，「剛上而柔下」，謂乾之初九上而爲上九，坤之上六下而爲初六也。陽剛，尊而在上者也，今往居於上；陰柔，卑而在下者也，今來居於下。男雖少而居上，女雖長而在下，尊卑得正，上下順理，治蠱之道也。由剛之上、柔之下，變而爲艮巽。艮，止也。巽，順也。下巽而上止，止於巽順也。以巽順之道治蠱，是以元亨也。

【集説】集氏曰：「巽而止」者，巽而不爲，因循至壞者也。

○朱子語類云：剛上柔下，「巽而止」，此是言致蠱之由，非治蠱之道。

○又云：龜山説巽而止乃治蠱之道，言當柔順而止，不可堅正，非惟不成道理，且非易彖文義。

「巽而止蠱」，猶「順以動豫」，「動而説隨」，皆言卦義。

○俞氏琰曰：巽固進退不決，苟非艮之止，亦未至於蠱。惟其「巽而止」，所以蠱也。巽則無奮迅之志，止則無健行之才，於是事事因循苟且，積弊而至於蠱，故曰「巽而止蠱」。蓋以卦德言致蠱之由，非飭蠱之道也。

蠱元亨而天下治也。「利涉大川」，往有事也。「先甲三日，後甲三日」，終則有始，天行也。

【本義】釋卦辭。治蠱至於元亨，則亂而復治之象也。亂之終，治之始，天運然也。

【程傳】治蠱之道，如卦之才，則「元亨而天下治」矣。夫治亂者，苟能使尊卑上下之義正，在下者巽順，在上者能止齊安定之，事皆止於順，則何蠱之不治也？其道大善而亨也，如此則天下治矣。方天下壞亂之際，宜涉艱險，以往而濟之，是往有所事也。夫有始則必有終，既終則必有始，天之道也。聖人知終始之道，故能「原始」而究其所以然，「要終」而備其將然。先甲後甲而爲之慮，所以能治蠱而致元亨也。

【集説】楊氏萬里曰：蠱壞矣，而曰「元亨而天下治」，何也？蓋亂爲治根，蠱爲飭源。雖然，亂不自治，蠱不自飭，不植不立，不振不起，故利於濟大難，「往有事」也。

○朱子語類云：「蠱元亨而天下治」，言蠱之時如此，必須是大善亨通而後天下治。

○胡氏炳文曰：諸卦皆言「往有功」，蠱獨曰「往有事」，蠱者事也，事雖已治，不可以無事視之也。前事過中而將壞，即當爲自新之圖；後事方始而尚新，即當致丁寧之意。亂之極而治之始，雖天運然也，亦人事致然也。

○龔氏焕曰：蠱卦辭言先甲後甲，巽卦辭言先庚後庚。事壞而至蠱，則當復始。甲者事之始，故蠱彖傳以先甲後甲爲終則有始也。事久而有弊，不可以不更。庚者事之變，故巽爻辭以先庚後庚爲无初有終也。夫事之壞而新之，是謂「終則有始」；事之弊而革之，是謂「无初有終」。終則有始，如創業之君新一代之法度也；无初有終，如中興之主革前朝之弊事也。

○俞氏琰曰：「往有事」者，當蠱壞之時，宜涉艱險而往有攸濟，不可處之於無事之域也。文子云：「流水之不腐，以其逝故也；户樞之不蠹，以其運故也。」大抵器欲常用，久不用則蠹生；體欲常動，久不動則病生。蠱之時，止而不動，則天下之事終於蠱而已矣，故勉之使往，不宜坐視其弊而弗救也。

臨，剛浸而長，

【本義】以卦體釋卦名。

【集説】王氏應麟曰：陰符經云：「天地之道浸，故陰陽勝。」愚嘗讀易之臨曰「剛浸而長」，遯曰「浸而長也」，自臨而長爲泰，自遯而長爲否。浸者漸也，聖人之戒深矣。

〇張氏清子曰：自復一陽生，積而至臨，則二陽長矣，故曰「剛浸而長」。遯者，臨之反也。臨彖曰「剛浸而長」，遯彖不曰柔浸而長，而止曰「小利貞浸而長」，易不爲小人謀也。

説而順，剛中而應，

【本義】又以卦德、卦體言卦之善。

【案】「剛浸而長，説而順，剛中而應」，皆釋卦名也。蓋剛浸而長，則陽道方亨。有説順之德，則人心和附。剛中得應，則上下交而志同。此其所以德澤及於天下，而足以有臨也。此亦如泰之取義，兼交泰與消長兩意，見正道之盛大，故夫子釋之曰「臨者大也」。若但以臨爲陵逼小人之義，則於卦爻之辭多有所難通者。

大亨以正，天之道也。

【本義】當剛長之時，又有此善，故其占如此也。

【程傳】浸，漸也，二陽長於下而漸進也。下兑上坤，和説而順也。剛得中道而有應助，是以能大亨而得正，合天之道，剛正而和順，天之道也。化育之功所以不息者，剛正和順而已，以此臨人、臨事、臨天下，莫不大亨而得正也。兑爲説，説乃和也。夬彖云「決而和」。

「至於八月有凶」，消不久也。

【本義】言雖天運之當然，然君子宜知所戒。

【程傳】臨，二陽生，陽方漸盛之時，故聖人爲之戒云，陽雖方長，然至于八月，則消而凶矣。八月，謂陽生之八月。陽始生於復，自復至遯凡八月，自建子至建未也，二陰長而陽消矣，故云「消不久也」。在陰陽之氣言之，則消長如循環，不可易也；以人事言之，則陽爲君子，陰爲小人，方君子道長之時，聖人爲之誡，使知極則有凶之理而虞備之，常不至於滿極，則无凶也。

【集説】孔氏穎達曰：陽長之卦，每卦皆應八月有凶，但此卦名臨，是盛大之義，故於此卦特戒之耳。〔一〕若以類言之，則陽長之卦，至其終末皆有凶也。

○陸氏振奇曰：日，陽象。月，陰象。八，少陰之數。七，少陽之數。故言陰來之期曰八月，言陽來之期曰七日。

【案】八月七日，説者多鑿，陸氏之説最爲得之。蓋陽數窮於九，則退而生少陰之八；陰數窮於六，則進而生少陽之七。七八者，陰陽始生之數也。若拘拘於卦氣月候之配，則震、既濟之「七日」，與夫三日、三年、十年之類，皆多不可通者矣。

大觀在上，順而巽，中正以觀天下。

【本義】以卦體、卦德釋卦名義。

〔一〕故於此卦特戒之耳：特，原作「時」，據文意改。

【程傳】五居尊位，以剛陽中正之德，爲下所觀，其德甚大，故曰「大觀在上」。下坤而上巽，是能「順而巽」也。五居中正，以巽順中正之德，爲觀於天下也。

【集説】趙氏彦肅曰：「大觀在上」，統謂二陽；「中正以觀天下」，獨舉九五。

○楊氏啓新曰：順以宅心，堯舜之温恭克讓、文王之「徽柔懿恭」是也。巽以制事，通人情，酌物理，隨物付物，因時制宜者也。巽，「德之制」也，非巽何以使萬事各得其宜？

觀，「盥而不薦，有孚顒若」，下觀而化也。

【本義】釋卦辭。

【程傳】爲觀之道，嚴敬如始盥之時，則下民至誠瞻仰而從化也。不薦，謂不使誠意少散也。

【集説】虞氏翻曰：孚、信，顒，有威容貌。容止可觀，進退可度，則下觀其德而順其化。詩曰「顒顒卬卬，如圭如璋」，君德之義也。

○朱氏震曰：祭之初，迎尸入廟，天子涚手而後酌酒，涚謂之盥；酌酒獻尸，尸得之灌地而祭，謂之祼；祼之後三獻而薦腥，五獻而薦熟，謂之薦。盥者，未祼之時，精神專一，誠意未散，不言之信，發而爲敬順之貌，顒顒如也。故下觀而化，莫不有敬順之心也。

○王氏申子曰：觀示天下之道，其誠意精一常如始盥之時，則觀感之下，莫不從化，蓋有不動而敬、不言而信之妙。

觀天之神道而四時不忒，聖人以神道設教，而天下服矣。

【本義】極言觀之道也。「四時不忒」，天之所以爲觀也；「神道設教」，聖人之所以爲觀也。

【程傳】天道至神，故曰「神道」。觀天之運行，四時无有差忒，則見其神妙。聖人見天道之神，體神道以設教，故天下莫不服也。夫天道至神，故運行四時，化育萬物，无有差忒。至神之道，莫可名言，唯聖人默契，體其妙用，設爲政教，故天下之人涵泳其德而不知其功，鼓舞其化而莫測其用，自然仰觀而戴服，故曰「以神道設教而天下服矣」。

【集説】虞氏翻曰：聖人退藏於密，以神明其德，故設教而天下服矣。

○王氏弼曰：統説觀之爲道，不以刑制使物，而以觀感化物，神則無形者也，不見天之使四時而四時不忒，不見聖人使百姓而百姓自服也。

○楊氏時曰：古人所以交神而接人，其道一主於誠，故曰「明則有禮樂，幽則有鬼神」，幽明本無二理，故所以感之者一。「聖人以神道設教」，所謂神道，誠意而已。誠意，天德也。

○朱子語類云：「聖人以神道設教」，即是「盥而不薦」之義。

○又云：天之神道，只是自然運行底道理，四時自然不忒；聖人神道，亦是有教人自然觀感處。

○吴氏澄曰：常人以言設教，則有聲音；以身設教，則有形迹。聖人妙天道於不測，其應捷如影響，蓋所存者神，故所過者化也。

○楊氏啓新曰：聖人設教，誠於此，動於彼，不顯之德，篤恭之妙，與「上天之載無聲無臭」者同一機，而其動物之妙，不變之感，有非人所能測者，故曰「神道設教」。

頤中有物，曰噬嗑。

【本義】以卦體釋卦名義。

【集説】王氏宗傳曰：易之立卦，其命名立象各有所指。鼎、井、大過「棟橈」，小過「飛鳥」，若此類者，「遠取諸物」也；艮「背」，頤「頤」，噬嗑「頤中有物」，若此類者，「近取諸身」也。

噬嗑而亨。剛柔分動而明，雷電合而章，柔得中而上行。雖不當位，利用獄也。

【本義】又以卦名、卦體、卦德、二象、卦變釋卦辭。

【程傳】「頤中有物」，故爲噬嗑。有物閒於頤中，則爲害，噬而嗑之，則其害亡，乃亨通也，故云「噬嗑而亨」。「剛柔分動而明，雷電合而章」，以卦才言也，剛爻與柔爻相閒，剛柔分而不相雜，爲明辨之象。明辨，察獄之本也。「動而明」，下震上離，其動而明也。「雷電合而章」，雷震而電耀，相須並見，合而章也。照與威並行，用獄之道也，能照則无所隱情，有威則莫敢不畏。上既以二象言其「動而明」，故復言威照並用之意。六五以柔居中，爲用柔得中之義。「上行」謂居尊位，「雖不當位」，謂以柔居五爲不當，而利於用獄者，治獄之道，全剛則傷於嚴暴，過柔則失於寬縱，五爲用獄之主，以柔處剛而得中，得用獄之宜也。以柔居剛爲「利用獄」，以剛居柔爲「利否」。曰：剛柔，質也；

居，用也。用柔非治獄之宜也。

【集説】崔氏憬曰：物在頤中，隔其上下，因齧而合，乃得其亨焉。以喻人於上下之閒，有亂群者，當用刑去之，故言「利用獄」。

○石氏介曰：大凡柔則言上行，剛則言來。柔下剛上，定體也。剛來，如訟、无妄、渙等，剛體本在上而來下；上行，如晉、睽、鼎、噬嗑等，柔體本在下，今居五位，爲上行。

○朱氏震曰：六五柔中，不當位也，施於用獄，無若柔中之爲利。蓋人君止於仁，不以明斷稱，以皋陶「寧失不經」、曾子「哀矜而勿喜」之言觀之，則不在明斷審矣。

○趙氏汝楳曰：體卦之畫，則寬嚴胥濟；體卦之德，則明清善聽；體卦之象，則獄不淹宿。噬以剛動而能嗑，彖言「利用獄」，疑當以剛能斷制，而聖人歸之六五之柔，「其哀矜惟良」之義乎？大君在上，三叉而後制刑，德雖柔，於獄則利。

○俞氏琰曰：噬嗑，倒轉爲賁，亦有頤中有物之象，而以爲賁，何耶？曰：凡噬者必下動，賁無震，故不得爲噬嗑也。夫頤而中虚，則無事於噬，而自可合。今有物焉，則窒塞矣，苟不以齒決之，烏得而合？故噬已則嗑，嗑則窒者去，而上下亨通，故文王曰「噬嗑亨」。孔子添一「而」字，蓋謂噬而嗑之則亨，不噬則不嗑，不嗑則不亨也。

賁亨。

【本義】「亨」字疑衍。

柔來而文剛，故亨。分剛上而文柔，故「小利有攸往」，天文也。

【本義】以卦變釋卦辭。剛柔之交，自然之象，故曰天文。先儒説「天文」上當有「剛柔交錯」四字，理或然也。

【集説】蘇氏軾曰：易有剛柔往來、上下相易之説，而其最著者，賁之彖傳也。故學者沿是，爭推其所從變，曰泰變爲賁，此大惑也。一卦之變爲六十三，豈獨爲賁也哉？徒知泰之爲賁，又烏知賁之不爲泰乎？凡易之所謂剛柔往來相易者，皆本諸乾坤也。乾施一陽於坤，以化其一陰，而生三子，凡三子之卦，有言剛來者，明此本坤也，而乾來化之；坤施一陰於乾，以化其一陽，而生三女，凡三女之卦，有言柔來者，明此本乾也，而坤來化之。非是卦也，則無是言也。

○胡氏炳文曰：「柔來而文剛」，是以剛爲主也；剛往文柔，必曰「分剛上而文柔」者，亦以剛爲主也。故本義於柔文剛則曰「陽得陰助」，於剛文柔而不曰陰得陽助。蓋一陰下而爲離，則陰爲陽之助而明於内；一陽上而爲艮，則陽爲陰之主而止於外，是知皆以剛爲主也。

○何氏楷曰：剛爲質，柔爲文，柔來文剛，是本先立矣，而文行焉，故亨。「分剛上而文柔」者，非以剛爲文也，分剛畫居上，而柔始得成其文，不然，無質之文，非文已。

○張氏振淵曰：柔來文剛，是當質勝之餘，而以文濟之；剛上文柔，是當文勝之後，而以質救之。二者皆以質爲主。

【案】「亨」與「小利有攸往」，皆指文而言之，故「柔來而文剛」者，見剛當以柔濟之，而後可通也；剛上文柔者，見柔當以剛節之，而柔之道不可純用以行也。何氏、張氏質文之説極明。〇又案：剛上文柔，而曰「分」者，本於内之誠實，以爲節文之則，乃是由中而分出者，故曰「分」也。

文明以止，人文也。

【本義】又以卦德言之，止謂各得其分。

【程傳】卦爲賁飾之象，以上下二體剛柔交相爲文飾也。下體本乾，柔來文其中而爲離；上體本坤，剛往文其上而爲艮。乃爲山下有火，止於文明，而成賁也。天下之事，无飾不行，故賁則能亨也。「柔來而文剛，故亨」，柔來文於剛，而成文明之象，文明所以爲賁也。賁之道能致亨，實由飾而能亨也。「分剛上而文柔」，故「小利有攸往」，分乾之中爻，往文於艮之上也。事由飾而加盛，由飾而能行，故「小利有攸往」。夫往而能利者，以有本也。賁飾之道，非能增其實也，但加之文彩耳。事由文而顯盛，故爲「小利有攸往」。亨者，亨通也；往者，加進也。二卦之變，共成賁義，而彖分言上下，各主一事者，蓋離明足以致亨，文柔又能小進也。「天文也，文明以止，人文也」，此承上文言。陰陽剛柔相文者，天之文也。止於文明者，人之文也。止，謂處於文明也。質必有文，自然之理，理必有對待，生生之本也。有上則有下，有此則有彼，有質則有文，一不獨立，二則爲文，非知道者，孰能識之？天文，天之理也；人文，人之道也。

【集説】孔氏穎達曰：文明，離也；以止，艮也。用此文明之道裁止於人，是人之文德之教。

○胡氏允曰：君臣、父子、兄弟、夫婦、朋友，粲然有禮以相接者，文之明也；截然有分以相守者，文之止也，是則卦中離明而艮止者也。

○王氏應麟曰：大畜爲學，賁爲文，「能止健」而後可以爲學，「文明以止」而後可以爲文者，篤實而已。不以篤實爲本，則學不足以成德，文不足以明理。

○何氏楷曰：止者，限而不過之謂。一文之、一止之而文成，禮以節文爲訓，即此意。

觀乎天文以察時變，觀乎人文以化成天下。

【本義】極言賁道之大也。

【程傳】天文，謂日月星辰之錯列，寒暑陰陽之代變，觀其運行，以察四時之遷改也。人文，人理之倫序。觀人文以教化天下，天下成其禮俗，乃聖人用賁之道也。賁之象，取山下有火，又取卦變，「柔來文剛，剛上文柔」。凡卦有以二體之義及二象而成者，如屯取「動乎險中」與雲雷、訟取「上剛下險」與天水違行是也。有取一爻者，成卦之由也，「柔得位而上下應之曰小畜」、「柔得尊位大中而上下應之曰大有」是也。有取二體，又取消長之義者，「雷在地中，復」、「山附於地，剥」是也。有取二象，兼取二爻交變爲義者，「風雷，益」兼取損上益下、「山下有澤，損」兼取損下益上是也。有既以二象成卦，復取爻之義者，夬之「剛決柔」、姤之「柔遇剛」是也。有以用成卦者，「巽乎水而上水，井」、「木上有火，鼎」是也。鼎又以卦形爲象。有以形爲象者，「山下有雷，頤」、「頤中有物，曰噬嗑」是也。此成卦之義也。如剛上柔下，損上益下，謂剛居上、柔在下，損於上、益於下，據成卦而言，非謂就卦中升降也。如訟、无妄云「剛來」，豈自上體而來也？凡以柔居五者，皆云「柔進而上行」。柔居下者也，乃居尊位，是進而上也，非謂自下體而上也。卦之變皆自乾坤，先儒不達，故謂賁本是泰卦，〔一〕豈有乾坤重而爲泰，又由泰而變之理？下離本乾，中爻變而成離；上艮本坤，上爻變而成艮。離在内，故云「柔來」；艮在上，故云「剛上」，非自下體而上也。乾坤變而爲六子，八卦重而爲六十四，皆由乾坤之變也。

剥，剥也，柔變剛也。

【本義】以卦體釋卦名義。言柔進于陽，變剛爲柔也。

【集説】陳氏友文曰：夬彖曰「剛決柔」而剥曰「柔變剛」，何也？君子之去小人，聲其罪，與天下

〔一〕故謂賁本是泰卦：是，四庫本作「自」。

共棄之，名正言順，故曰決；小人之欲去君子，辭不順，理不直，必萋斐浸潤以侵蝕之，〔一〕故曰變。一字之間，君子小人之情狀皦然矣。

「不利有攸往」，小人長也。順而止之，觀象也。君子尚消息盈虛，天行也。

【本義】以卦體、卦德釋卦辭。

【程傳】「剥，剥也」，謂剥落也。「柔變剛也」，柔長而剛變也。夏至一陰生而漸長，一陰長則一陽消，至於建戌則極，而成剥，是陰柔變剛陽也。陰，小人之道方長盛，而剥消於陽，故君子不利有所往也。君子當剥之時，知不可有所往，順時而止，乃能觀剥之象也。卦有順止之象，乃處剥之道，君子當觀而體之。「君子尚消息盈虛，天行也」，君子存心消息盈虛之理，而能順之，乃合乎天行也。理有消衰，有息長，有盈滿，有虛損，順之則吉，逆之則凶，君子隨時敦尚，所以事天也。

復亨，剛反。

【本義】剛反則亨。

動而以順行，是以「出入无疾，朋來无咎」。

【本義】以卦德而言。

〔一〕必萋斐浸潤以侵蝕之：斐，原作「菲」，四庫本作「斐」，按詩小雅巷伯「萋兮斐兮，成是貝錦」，據改。

【集説】孔氏穎達曰：「復亨」者，以陽復則亨，故以亨連復而釋之也。「剛反動而以順行」者，既上釋「復亨」之義，又下釋「出入无疾，朋來无咎」之理。

○潘氏夢旂曰：剥以順而止，復以順而行。君子處道消之極，至道長之初，未嘗一豪之不以順也。

「反復其道，七日來復」，天行也。

【本義】陰陽消息，天運然也。

【集説】侯氏行果曰：五月天行至午，陰升也；十一月天行至子，陽升也。天地運往，陰陽升復，凡歷七月，故曰「七日來復」，此天之運行也。豳詩曰「一之日觱發，二之日栗烈」，一之日，周之正月也；二之日，周之二月也，則古人呼月爲日明矣。

「利有攸往」，剛長也。

【本義】以卦體而言，既生則漸長矣。

【集説】項氏安世曰：剥曰「不利有攸往」，小人長也；復曰「利有攸往」，剛長也。易之意，凡以爲君子謀也。

○丘氏富國曰：「剛反」，言剥之一剛，窮上反下，而爲復也；「剛長」，言復之一陽，自下進上，爲臨、爲泰，以至爲乾也。以其既去而來反也，故亨；以其既反而漸長也，故「利有攸往」。剛反，言方復之初；剛長，言已復之後。

復其見天地之心乎！

【本義】積陰之下，一陽復生，天地生物之心，幾於滅息，而至此乃復可見。在人則爲靜極而動，惡極而善，本心幾息而復見之端也。程子論之詳矣。而邵子之詩亦曰：「冬至子之半，天心无改移。一陽初動處，萬物未生時。玄酒味方淡，大音聲正希。此言如不信，更請問包羲。」至哉言也！學者宜盡心焉。

【程傳】「復亨」，謂「剛反」而亨也。陽剛消極而來反，既來反，則漸長盛而亨通矣。「動而以順行」，是以「出入无疾，朋來无咎」。以卦才言其所以然也。下動而上順，是「動而以順行」也；陽剛反而順動，是以得出入无疾，朋來而无咎也。朋之來，亦順動也。其道反復往來，迭消迭息，七日而來復者，天地之運行如是也。消長相因，天之理也。陽剛君子之道長，故「利有攸往」。一陽復於下，乃天地生物之心也。先儒皆以靜爲見天地之心，蓋不知動之端乃天地之心也。非知道者，孰能識之？

【集說】程子曰：「復其見天地之心」，皆謂至靜能見天地之心，非也。復之卦下面一畫便是動也，安得謂之靜？自古儒者皆言靜見天地之心，惟某言動而見天地之心。或曰：莫是於動上求靜否？曰：固是。然最難。

○又曰：「復其見天地之心」，一言以蔽之，天地以生物爲心。

○張子曰：復言「見天地之心」，咸、恒、大壯言「天地之情」，心發乎微，情發乎顯。

○朱子語類云：天地以生生爲德，元亨利貞乃生物之心也，但其靜而復，乃未發之體；動而通焉，則已發之用。一陽來復，其始生甚微，固若靜矣，然動之機日長，而萬物莫不資始焉，此天命流行之初，造化發育之始，天地生生不已之心於是而可見也。若其靜而未發，則此心之體雖無所不在，然却有未發見處。此程子所以以動之端爲天地之心，亦舉用以該其體爾。

○又云：伊川與濂溪説復字，亦差不同，濂溪就回來處説，伊川却正就動處説。如元亨利貞，濂溪就利貞上説復字，伊川就元字頭説復字。以周易卦爻之意推之，則伊川之説爲正。然濂溪、伊川之説，道理只一般，只是所指地頭不同。王弼之説與濂溪同。

○胡氏炳文曰：天地生物之心，即人之本心也，皆於幾息而復萌之時見之。

○俞氏琰曰：天地之心，謂天地生萬物之心也。天地生物之心無乎不在，聖人於剥反爲復，靜極動初，見天地生物之心未嘗一日息，非謂惟復卦見天地之心也。或謂靜爲天地之心，非也。或又謂動爲天地之心，亦非也。

○吴氏曰慎曰：天地以生物爲心，所謂仁也。復之一陽初動，仁也，故曰「復其見天地之心乎」。

【案】天地之心，在人則爲道心也。道心甚微，故曰「復小而辨於物」，於是而「惟精」以察之，「惟一」以守之，則道心流行，而微者著矣。顔子「有不善未嘗不知」，是其精也；「知之未嘗復行」，是其一也。夫子以初爻之義當之者，此也。「惟精惟一」者，所以執中而已矣。二五皆中，故二則「休復」而「吉」，五則「敦復」而「无悔」。初爻之外，惟此兩爻最善。三則「頻復」而「厲」者，所謂人心危而難安也；四之「中行」而「獨」者，所謂道心微而難著也，然皆能自求其心者也。至於上六，則不獨微，而且迷，不獨危，而且敗，迷而以至於敗，則所謂天君者不能以自主矣，故夫子咎之曰「反君道也」。堯舜相傳之心學，皆於復卦見之。

无妄，剛自外來而爲主於内，動而健，剛中而應，大亨以正，天之命也。「其匪正有眚，不利有攸往」，无妄之往，何之矣？天命不佑，行矣哉！

【本義】以卦變、卦德、卦體言卦之善如此，故其占當獲大亨而利於正，乃天命之當然也。其有不正，則不利有所往，欲何往哉？蓋其逆天之命而天不佑之，故不可以有行也。

【程傳】謂初九也。坤初爻變而爲震，剛自外而來也。震以初爻爲主，成卦由之，故初爲无妄之主。動以天爲无妄，動而以天，動爲主也。以剛變柔，爲以正去妄之象。又剛正爲主於内，无妄之義也。九居初，正也。下動而上健，是其動剛健也。剛健，无妄之體也。「剛中而應」，五以剛居中正，二復以中正相應，是順理而不妄也，故其道大亨通而貞正，乃天之命也。天命，謂天道也，所謂无妄也。所謂无妄，正而已。小失於正，則爲有過，乃妄也。所謂匪正，蓋由有往。若无妄而不往，何由有匪正乎？无妄者，理之正也，更有往，將何之矣？乃入於妄也。往則悖於天理，天道所不佑，可行乎哉？

【集説】王氏宗傳曰：初九之剛，乾一索於坤而得之，是以爲震，而无妄之外體又乾也，則初九之剛實自乾來，故曰「剛自外來」。震以初爻爲主，其在无妄，則内體也，故曰「爲主於内」。

○趙氏彦肅曰：「剛自外來」，寄象爾，其實天之所賦，我固有也。

○胡氏炳文曰：外卦爲乾，震之剛自乾來也。无妄釋元亨利貞，與臨同。命即道也。无妄之往，程子以爲无妄而又往，本義只順上文本意解，舉首尾句而包中閒也，不可泥文而失意。

○何氏楷曰：震初一剛，其所從來，即乾之初畫。无妄外乾内震，初九得外卦乾剛初爻，以爲内卦之主，故曰「剛自外來而爲主於内」。

【案】彖言剛來柔來，未有言自外來者，則王氏諸家謂指外卦乾體者信矣。在卦爲震得乾最初之畫，在人爲吾心得天最初之理，此所以爲无妄也。天理非由外鑠我者，此特指卦象言之，見自乾來之意。趙氏之説是矣。

大畜，剛健篤實輝光，日新其德。

【本義】以卦德釋卦名義。

【程傳】以卦之才德而言也。乾體剛健，艮體篤實，人之才剛健篤實，則所畜能大，充實而有輝光，畜之不已，則其德日新也。

【集説】鄭氏汝諧曰：畜有三義，以藴畜言之，畜德也；以畜養言之，畜賢也；以畜止言之，畜健也。「剛健篤實輝光，日新其德」，此藴畜之大者；「養賢以及萬民」，此畜養之大者；乾，天下之至健，而四五能畜之，此畜止之大者，故彖傳兼此三者言之。

剛上而尚賢，能止健，大正也。

【本義】以卦變、卦體釋卦辭。

【程傳】剛上，陽居上也。陽剛居尊位之上，爲尚賢之義。止居健上，爲「能止健」之義。止乎健者，非「大正」則安能？以剛陽在上，與尊尚賢德，能止至健，皆大正之道也。

【集説】郭氏忠孝曰：大有，有賢之卦也；大畜，畜賢之卦也，故曰「剛上而尚賢」。

○朱子語類云：「能止健」，不説健而止，見得是艮來止這乾。

「不家食吉」，養賢也。

【本義】亦取尚賢之象。

【集説】梁氏寅曰：養賢者，亦取尚賢之象。自「剛上」而言，則謂之「尚賢」，所以盡其禮也；自「不家食」而言，則謂之「養賢」，所以重其禄也。

「利涉大川」，應乎天也。

【本義】亦以卦體而言。

【程傳】大畜之人，所宜施其所畜以濟天下，故不食於家則吉，謂居天位、享天禄也。國家養賢，賢者得行其道也。「利涉大川」，謂大有藴畜之人，宜濟天下之艱險也。彖更發明卦才云，所以能涉大川者，以「應乎天也」。六五，君也，下應乾之中爻，乃大畜之君，應乾而行也。所行能應乎天，无艱險之不可濟，況其他乎？

【集説】胡氏炳文曰：卦有乾體者，多曰「利涉大川」，健故也。

【案】尚賢止健之義，六爻中皆可見，然夫子釋卦，必以「剛健篤實」一句居首者，蓋莫大於天德。剛健者，天德也。人欲畜其天德，非篤實則不能。篤實者，論語所謂重，大學所謂靜，中庸所謂闇，雖至於達天德，而必有以固其聰明聖智。故篤實者，學之所以成始成終，如艮爲萬物之所成終而所成始也。此義最大，故首發之。

「頤，貞吉」，養正則吉也。「觀頤」，觀其所養也。「自求口實」，觀其自養也。

【本義】釋卦辭。

【程傳】貞吉，所養者正則吉也。所養，謂所養之人與養之之道；「自求口實」，謂其自求養身之道，皆以正則吉也。

【集説】李氏舜臣曰：古之觀人，每每觀其所養，而所養之大小，則必以其所自養者觀之。夫重道義之養而略口體，此養之大者也；急口體之養而輕道義，此養之小者也。養其大體則爲大人，養其小體則爲小人。天之賦予，初無小大之别，而人之所養各殊，則其所成就者亦異。

〇谷氏家杰曰：「觀頤」者，當於所養觀之，又當於所養中自養處觀之。

【案】李氏、谷氏説皆得孟子「考其善不善」之意。

天地養萬物，聖人養賢以及萬民，頤之時大矣哉！

【本義】極言養道而贊之。

【程傳】聖人極言頤之道而贊其大。天地之道，則養育萬物。養育萬物之道，正而已矣。聖人則作養賢才，與之共天位，使之食天禄，俾施澤於天下，「養賢以及萬民」也，養賢所以養萬民也。夫天地之中，品物之衆，非養則不生，聖人「裁成天地之道，輔相天地之宜」，以養天下，至於鳥獸草木，皆有養之之政，其道配天地，故夫子推頤之道，贊天地與聖人之功，曰「頤之時大矣哉」。或云義，或云用，或止云時，以其大者也。萬物之生與養，時爲大，故云時。

【集説】趙氏汝楳曰：聖人之於萬民，豈能家與之粟而人與之衣？其急先務者，亦曰養賢而已。賢得所養，則仁恩自及於百姓矣。

【案】卦有曰尚賢養賢者，皆是六五、上九相遇，大有、大畜、頤、鼎是也。此卦頤爲養義，而六五又賴上九之養以養人，故曰「聖人養賢以及萬民」也。

大過，大者過也。

【本義】以卦體釋卦名義。

【程傳】「大者過」，謂陽過也。在事爲事之大者過，與其過之大。

【集説】俞氏琰曰：大過，謂陽之過也。在人事，則泛言萬事大者之過，凡大者皆是，非一端也。

「棟橈」，本末弱也。

【本義】復以卦體釋卦辭。「本」謂初，「末」謂上，「弱」謂陰柔。

【程傳】謂上下二陰衰弱。陽盛則陰衰，故爲大者過。在小過則曰「小者過」，陰過也。

【集説】何氏楷曰：剛過，始致本末之弱；本末既弱，剛亦不能獨支。「本末弱」，即大過之象，乃棟所由橈也。

剛過而中，巽而説行，「利有攸往」，乃亨。

【本義】又以卦體、卦德釋卦辭。

【程傳】言卦才之善也。剛雖過，而二五皆得中，是處不失中道也。下巽上兑，是以巽順和説之道而行也。在大過之時，以中道巽説而行，故「利有攸往」，乃所以能亨也。

【集説】朱氏震曰：剛過而中，所謂時中也。過非過於理也，以過爲中也。猶之治疾，疾勢沈痼，必攻之以瞑眩之藥。自其治微疾之道視之，則謂之過；自藥病相對言之，則謂之中。大過之時，君子過越常分以濟弱，能達乎時中矣。

○項氏安世曰：「棟橈」二字，以六爻之象言之，中四爻强，初上二爻弱，有「棟橈」之象，此禍變之大者也。「利有攸往，亨」，以六爻之才言之，中四爻剛，雖大過，而得時措之中，初上二爻又能「巽而説」，不失人心，故利於有行，雖遇大變，而可以亨，此才略之大者也。「巽而説」之下加「行」字者，能以巽説而行，是以「利有攸往」也。

○又曰：先言「亨」，後言「利有攸往」者，亨自亨，利自利也。今先言「利有攸往」，後言「亨」者，明亨因於往也。故彖曰「利有攸往，乃亨」，言往乃亨，不往則不亨也。

大過之時大矣哉！

【本義】大過之時，非有大過人之材不能濟也，故歎其大。

【程傳】大過之時，其事甚大，故贊之曰「大矣哉」。如立非常之大事，興不世之大功，成絶俗之大德，皆大過之事也。

【集説】胡氏炳文曰：大過之事甚大，無其時不可過，有其時、無其才愈不可過。

○蔡氏清曰：大過之時，非時大過也，人當大過之時也，以其時事宜於大過也。其理正小過所謂「過以利貞與時行」者也。大過二字屬人。

習坎，重險也。

【本義】釋卦名義。

【集説】孔氏穎達曰：釋習坎之義，險，難也。若險難不重，不須便習，今險難既重，是險之甚者，若不便習，不可濟也，故注云「習坎」者，習「重險」也。

水流而不盈，行險而不失其信。

【本義】以卦象釋有孚之義，言内實而行有常也。

【程傳】「習坎」者，謂「重險」也，上下皆坎，兩險相重也。初六云坎窞，是坎中之坎，重險也。「水流而不盈」，陽動於險中，而未出於險，乃水性之流行，而未盈於坎，既盈，則出乎坎矣。「行險而不失其信」，陽剛中實，居險之中，「行險而不失其信」者也。坎中實，水就下，皆爲信義，「有孚」也。

【集説】朱子語類云：坎水只是平，不解滿，盈是滿出來。

○胡氏炳文曰：水字當讀。「流而不盈，行險而不失其信」兩句，皆指水言，以水之内實行有常者，釋卦辭「有孚」之義也。

○俞氏琰曰：坎水，流水也，晝夜常流，流則不盈，故曰「水流而不盈」。水之流，迂迴曲折，不知更歷幾險，而終至於海，兹非「行險而不失其信」者乎？

○梁氏寅曰：「流而不盈」，「時止則止」也；盈而後進，「時行則行」也。坎以能止爲信，以能行爲功，時止時行，其君子處險之道與？

「維心亨」，乃以剛中也。「行有尚」，往有功也。

【本義】以剛在中，心亨之象，如是而往，必有功也。

【程傳】維其心可以亨通者，乃以其剛中也。中實爲有孚之象，至誠之道，何所不通？以剛中之道而行，則可以濟險難而亨通也。以其剛中之才而往則有功，故可嘉尚；若止而不行，則常在險中矣。坎以能行爲功。

天險不可升也，地險山川丘陵也，王公設險以守其國，險之時用大矣哉！

【本義】極言之而贊其大也。

【程傳】高不可升者，天之險也；山川丘陵，地之險也。王公，君人者。觀坎之象，知險之不可陵也，故設爲城郭溝池之險，以守其國，保其民人，是有用險之時。其用甚大，故贊其「大矣哉」。山河城池，設險之大端也，若夫尊卑之辨，貴賤之分，明等威，異物采，凡所以杜絕陵僭、限隔上下者，皆體險之用也。

【集説】王氏應麟曰：下陽舉而虢亡，虎牢城而鄭懼，西河失而魏蹙，大峴度而燕危，故曰「設險以守其國」。

○俞氏琰曰：時用，謂有時乎用，而非用之常也。

【案】彖辭發習險之義，彖傳又發用險之義。習險者，練習於艱難之事，而無所避，立身之大本也；用險者，自然有嚴峻之象，而不可干，禦物之大權也。天之崇窿不可升，地之脩阻不可越，此天地用險之著者。在人則所謂忠信以爲甲胄，禮義以爲干櫓，皆此意也，其大者，則又莫如王公之設險守國。蓋用天之道，而刑賞之威，莫敢以干犯；因地之利，而河山之固，莫敢以窺伺，險之用豈不大哉！大抵八卦之德皆有其善，坎之德險，雖微與諸卦不同，然以其用言之，則亦與諸卦之德同歸矣。

離，麗也。日月麗乎天，百穀草木麗乎土，重明以麗乎正，乃化成天下。

【本義】釋卦名義。

【程傳】「離，麗也」，謂附麗也。如日月則麗於天，百穀草木則麗於土，萬物莫不各有所麗。天地之中，无无麗之物，在人當審其所麗，麗得其正，則能亨也。「重明以麗乎正」，以卦才言也。上下皆離，重明也。五二皆處中正，「麗乎正」也。君臣上下皆有明德而處中正，可以化天下、成文明之俗也。

【集説】項氏安世曰：「日月麗乎天」而成明，「百穀草木麗乎土」而成文，故離爲文，又爲明。

○齊氏夢龍曰：龜山楊氏云火無常形，麗物而有形，最得本旨。人之生也，得水爲精，得火爲神。其合也，氣聚而形成於有；其分也，氣散而神泯於無。蓋精所以爲形，而神麗於形者也。天地，形之大者也。日月麗天，百穀草木麗土，其神之發見，而可見者也。

【案】項氏、齊氏説，則是陽麗乎陰，而以爲陰麗乎陽者，非矣。惟張子正蒙之説得之。

柔麗乎中正，故亨，是以「畜牝牛吉」也。

【本義】以卦體釋卦辭。

【程傳】二五以柔順麗於中正，所以能亨。人能養其至順，以麗中正，則吉，故曰「畜牝牛吉」也。或曰：二則中正矣，五以陰居陽，得爲正乎？曰：離主於所麗，五，中正之位，六麗於正位，乃爲正也。學者知時義，而不失輕重，則可以言易矣。

【集説】項氏安世曰：重明以麗乎正，此統論一卦之義，以釋卦名也；柔麗乎中正，此以二五成卦之爻釋卦辭也。

○胡氏炳文曰：坎之剛中，九五分數多，故九五曰「坎不盈」，卦辭釋有孚亦曰「水流而不盈」；離之中正，六二分數多，故卦辭曰「畜牝牛吉」，而六二爻辭亦曰「黄離元吉」。

御纂周易折中卷第十

彖下傳

咸，感也。

【本義】釋卦名義。

【集説】劉氏牧曰：卦以咸名，而彖傳以感釋其義者，聖人之微旨，欲明感物之無心也。

○張子曰：萬物本一，故一能合異。以其能合異，故謂之感。若非有異，則無合。天地、乾坤，陰陽也，二端故有感，本一故能合。

○丘氏富國曰：咸者，感也；所以感者，心也。無心者不能感，故咸加心而爲感；有心於感者亦不能咸感，故感去心而爲咸。咸，皆也，唯無容心於感，然後無所不感。聖人以咸名卦，而彖以感釋之，所以互明其旨也。

○王氏應麟曰：咸之感無心，感以虚也；兑之説無言，説以誠也。

柔上而剛下，二氣感應以相與，止而説，男下女，是以「亨利貞，取女吉」也。

【本義】以卦體、卦德、卦象釋卦辭。或以卦變言柔上剛下之義，曰咸自旅來，柔上居六、剛下居五也，亦通。

【程傳】咸之義，感也。在卦則柔爻上而剛爻下，柔上變剛而成兑，剛下變柔而成艮，陰陽相交，爲男女交感之義。又兑女在上，艮男居下，亦柔上剛下也。陰陽二氣相感相應而和合，是相與也。「止而説」，止於説，爲堅慤之意。艮止於下，篤誠相下也；兑説於上，和説相應也。以「男下女」，和之至也。相感之道如此，是以能亨通而得正。取女如是，則吉也。卦才如此，大率感道利於正也。

【集説】王氏肅曰：山澤以氣通，男女以禮感。男而下女，初婚之所以爲禮，取女之所以爲吉也。

○馮氏當可曰：柔上剛下，感應相與，所以爲亨。「止而説」，所以利貞。「男下女」，所以取女吉也。

○王氏申子曰：「止而説」者，謂艮止不動，而意氣自相和説，乃所謂感；不止而動，則是出於作爲，非感也。故六爻皆欲其靜。

○蔡氏清曰：卦體、卦德、卦象三段意，皆歸於咸之一字内，而所謂「亨利貞，取女吉」者，義蓋從此而出，故本義以通釋卦名、卦辭。

天地感而萬物化生，聖人感人心而天下和平，觀其所感，而天地萬物之情可見矣。

【本義】極言感通之理。

【程傳】既言男女相感之義，復推極感道，以盡天地之理、聖人之用。天地二氣交感，而化生萬物；聖人至誠以感億兆之心，而天下和平。天下之心所以和平，由聖人感之也。觀天地交感、化生萬物之理，與聖人感人心、致和平之道，則「天地萬物之情可見矣」。感通之理，知道者默而觀之可也。

【集説】張子曰：能通天下之志者，爲能感人心，聖人同乎人而無我，故和平天下，莫盛於感人心。

○鄭氏汝諧曰：天地萬物雖異位，其氣則一；聖人億兆雖異勢，其誠則一。「觀其所感」而其情可見者，感生於情也。情出於正，然後知感通之理。

○張氏清子曰：寂然不動，性也；感而遂通，情也。於其所感而觀之，而天地萬物之情可得而見矣。

恒，久也。剛上而柔下，雷風相與，巽而動，剛柔皆應，恒。

【本義】以卦體、卦象、卦德釋卦名義。或以卦變言剛上柔下之義，曰恒自豐來，剛上居二，柔下居初也，亦通。

【程傳】恒者，長久之義也。卦才有此四者，成恒之義也。「剛上而柔下」，謂乾之初上居於四，坤之初下居於初，剛爻上而柔爻下也。二爻易處，則成震巽。震上巽下，亦剛上而柔下也。剛處上而柔居下，乃恒道也。「雷風相與」，雷震則風發，二者相須，交助其勢，故云相與，乃其常也。「巽而動」，下巽順，上震動，爲以巽而動，天地造化恒久不已者，順動而已。巽而動，常久之道也。動而不順，豈能常也？「剛柔皆應」，一卦剛柔之爻皆相應。剛柔相應，理之常也。此四者，恒之道也，卦所以爲恒也。

【集説】鄭氏汝諧曰：咸與恒，皆剛柔相應。咸不著其義，恒則曰「剛柔皆應」，咸無心，恒有位也。有位而剛柔相應，其理也；無心而剛柔相應，其私也。能識時義之變易，斯可言易矣。

「恒亨，无咎，利貞」，久於其道也。天地之道，恒久而不已也。

【本義】恒固能亨，且无咎矣，然必利於正，乃爲「久於其道」，不正，則久非其道矣。天地之道所以常久，亦以正而已矣。

【程傳】恒之道，可致亨而无過咎，但所恒宜得其正，失正則非可恒之道也，故曰「久於其道」。其道，可恒之正道也。「不恒其德」與恒於不正，皆不能亨，而有咎也。天地之所以不已，蓋有恒久之道。人能恒於可恒之道，則合天地之理也。

「利有攸往」，終則有始也。

【本義】「久於其道」，終也；「利有攸往」，始也。動靜相生，循環之理，然必靜爲主也。

【程傳】天下之理，未有不動而能恒者也。動則終而復始，所以恒而不窮。凡天地所生之物，雖山嶽之堅厚，未有能不變者也，故恒非一定之謂也，一定則不能恒矣。唯隨時變易，乃常道也，故云「利有攸往」。明理之如是，懼人之泥於常也。

【集説】朱氏震曰：易「窮則變，變則通，通則久」。恒非一定而不變也，隨時變易，其恒不動，故「利有攸往」。

○朱子語類云：恒非一定之謂，一定則不能恒矣。體之常，所以爲用之變；用之變，乃所以爲體之常。

○趙氏汝楳曰：所貴於攸往者，謂事雖有終，我行不已，則終者復有始，所以體天地之道也。

日月得天而能久照，四時變化而能久成，聖人久於其道而天下化成。觀其所恒，而天地萬物之情可見矣。

【本義】極言恒久之道。

【程傳】此極言常理。日月，陰陽之精氣耳。唯其順天之道，往來盈縮，故能久照而不已。「得天」，順天理也。四時，陰陽之氣耳。往來變化，生成萬物，亦以得天，故常久不已。聖人以常久之道，行之有常，而天下化之，以成美俗也。「觀其所恒」，謂觀日月之久照，四時之久成，聖人之道所以能常久之理，觀此，則天地萬物之情理可見矣。天地常久之道，天下常久之理，非知道者，孰能識之？

【集説】蘇氏軾曰：非其至情者，久則厭矣。

○朱子語類云：物各有箇情，有箇人在此，決定是有箇惻隱、羞惡、是非、辭讓之情。性只是箇物事，情却多般，或起或滅，然而頭面却只一般，長長恁地，這便是「觀其所恒，而天地萬物之情可見」之義。

○龔氏焕曰：「利貞，久於其道」，體常也；「利有攸往，終則有始」，盡變也。體常而後能盡變，盡變亦所以體常。天地萬物所以常久者，以其能盡變也。

○陳氏琛曰：即其恒久之理而觀之，則「天地萬物之情可見矣」，蓋大氣渾淪充塞，而太極爲之綱維主張，氣有參差，而理無不一，故天高地下，萬物散殊，不特其聲色貌象常久如此，而其德性功用亦亘萬古而不易，少有變易，則爲怪異不祥矣。此可見天地萬物之情皆有恒也。

【案】釋「利貞」云「久於其道」，則「居所不遷」之謂也。釋「利有攸往」云「終則有始」，則動静不窮之謂也。然兩義並行，初不相悖，動静雖不窮，而所謂「居所不遷」者，未嘗變也。然則天地之道，恒久不已，與「終則有始」之義一而已矣。下文天地日月，即根此意而申明之。「日月得天而能久照」者，恒久不已也；「四時變化而能久成」者，終則有始也。日月爲之體，四時爲之用。四時者，日月之所爲，合之皆天地之道也。聖人「久於其道」，如日月之得天而久照，化天下而成之，如四時之變化而久成，此恒道之大者也。推而廣之，則凡在天地之閒者，其情皆可見。

「遯亨」，遯而亨也。剛當位而應，與時行也。

【本義】以九五一爻釋亨義。

【程傳】小人道長之時，君子遯退，乃其道之亨也。君子遯藏，所以伸道也，此言處遯之道。自「剛當位而應」以下，則論時與卦才，尚有可爲之理也，雖遯之時，君子處之，未有必遯之義。五以剛陽之德處中正之位，又下與六二以中正相應，雖陰長之時，如卦之才，尚當隨時消息，苟可以致其力，无不至誠自盡，以扶持其道，未必於遯藏而不爲，故曰「與時行也」。

【集説】孔氏穎達曰：此釋遯之所以得亨通之義。小人之道方長，君子非遯不通，故曰「遯而亨也」。

○又曰：釋所以能遯而致亨之由，良由九五以剛而當其位，有應於二，非爲否亢，遯不否亢，即是相時而動，所以遯而得亨。

○郭氏忠孝曰：聖人進退皆道，無入而不自得，雖遯，亦亨也。「與時行」者，「時止則止，時行則行」，是爲遯之義也。

○朱子語類：問：「遯亨，遯而亨也，分明是説能遯便亨，更説『剛當位而應，與時行也』，是如何？」曰：「此其所以遯而亨也。陰方微，爲他『剛當位而應』，所以能知時而遯，是能與時行，不然，便是與時背也。」

○吴氏曰愼曰：非以「剛當位而應」爲猶可亨，惟其當位而應，能順時而遯，所以亨也。「與時行」，謂時當遯而遯。

「小利貞」，浸而長也。

【本義】以下二陰釋「小利貞」。

【集説】胡氏瑗曰：君子所以不得大有爲於世，而惟小利於貞者，蓋以下之群陰浸長，而小人之黨漸盛也。

○朱氏震曰：二陰浸長，方之於否，「不利君子貞」，固有閒矣，然不可大貞，利小貞而已。先儒謂居小官，幹小事，其害未甚，我志猶行，蓋遯非疾世避俗、長往不反之謂也，去留遲速，惟時而已。非不忘乎君，不離乎群，消息盈虚，循天而行者，豈能盡遯之時義？

○張氏清子曰：二陽爲臨，二陰爲遯。遯者，臨之反對也。臨之彖曰「剛浸而長」，遯之彖則不曰柔浸而長，而止曰「浸而長」。

遯之時義大矣哉！

【本義】陰方浸長，處之爲難，故其時義爲尤大也。

【程傳】當陰長之時，不可大貞而尚「小利貞」者，蓋陰長必以浸漸，未能遽盛，君子尚可小貞其道，所謂「小利貞」，扶持使未遂亡也。遯者，陰之始長，君子知微，故當深戒，而聖人之意未便遽已也，故有「與時行」、「小利貞」之教。聖賢之於天下，雖知道之將廢，豈肯坐視其亂而不救？必區區致力於未極之間，强此之衰，艱彼之進，圖其暫安，苟得爲之，孔孟之所屑爲也，王允、謝安之於漢、晉是也。若有可變之道，可亨之理，更不假言也。此處遯時之道也，故聖人贊其「時義大矣哉」。或久或速，其義皆大也。

【集説】郭氏雍曰：遯之「小利貞」，睽之「小事吉」，不知者遂以爲小而不思也，故孔子明其大，而後知「小利貞」「小事吉」者，有大用存焉。

大壯，大者壯也，剛以動，故壯。

【本義】釋卦名義。以卦體言，則陽長過中，大者壯也；以卦德言，則乾剛震動，所以壯也。

【程傳】所以名大壯者，謂大者壯也。陰爲小，陽爲大，陽長以盛，是大者壯也。下剛而上動，以乾之至剛而動，故爲大壯，爲大者壯與壯之大也。

【集説】項氏安世曰：剛則不爲物欲所橈，故其動也壯。使以血氣而動，安得壯乎？

【案】大者，謂陽也。大者壯，謂四陽盛長也。此句正釋名卦之義。「剛以動，故壯」一句，非正釋卦名，乃推明卦之善以起辭義耳。凡曰故者皆同義，「順以説，故聚」「明以動，故豐」是也。

「大壯利貞」，大者正也，正大而天地之情可見矣。

【本義】釋利貞之義而極言之。

【程傳】大者既壯，則利於貞正。正而大者，道也。極正大之理，則「天地之情可見矣」。天地之道，常久而不已者，至大至正也。正大之理，學者默識心通可也。不云大正而云「正大」，恐疑爲一事也。

【集説】朱子語類：問：「如何見天地之情？」曰：「正大便見得天地之情。天地只是正大，未嘗有些子邪處。」

○胡氏炳文曰：心未易見，故疑其辭曰「復其見天地之心乎」。情則可見矣，故直書之。孟子養氣之論自此而出。「大者壯也」，即是「其爲氣也至大至剛」；「大者正也」，即是「以直養而無害」。

晉，進也。

【本義】釋卦名義。

【集説】俞氏琰曰：晉以日之進言，與升漸木之進不同，日出地上，其明進而盛；升漸雖亦有進義，而無明盛之象。

明出地上，順而麗乎大明，柔進而上行，是以「康侯用錫馬蕃庶，晝日三接」也。

【本義】以卦象、卦德、卦變釋卦辭。

【程傳】「晉，進也」，明進而盛也。明出於地，益進而盛，故爲晉。所以不謂之進者，進謂前進，不能包明盛之義。「明出地上」，離在坤上也，坤麗於離，以順麗於大明，順德之臣，上附於大明之君也。「柔進而上行」，凡卦離在上者，柔居君位，多云「柔進而上行」，噬嗑、睽、鼎是也。六五以柔居君位，明而順麗，爲能待下寵遇親密之義，是以爲「康侯用錫馬蕃庶，晝日三接」也。大明之君，安天下者也，諸侯能順附天子之明德，是康民安國之侯也，故謂之康侯，是以享寵錫而見親禮，晝日之間，三接見於天子也。不曰公卿而曰侯，天子，治於上者也，諸侯，治於下者也，在下而順附於大明之君，諸侯之象也。

【集說】崔氏憬曰：雖一卦名晉，而五爻爲主，故言柔進而上行也。

○郭氏雍曰：「順而麗乎大明，柔進而上行」，康侯之德也。其德柔順而明，故下能康一國之民而爲之主，上能致王者之寵，而「錫馬蕃庶，晝日三接」也。

○項氏安世曰：三女之卦，獨離柔在上，爲「得尊位大中」而行之，故謂之「上行」。巽在六四，例謂之「上合」「上同」；兑在上六，例謂之「上窮」，皆不得爲「上行」也。

○王氏申子曰：六十四卦離上者八，專取六五一爻以爲成卦之主者二，晉、大有也。大有曰「柔得尊位大中而上下應之」，晉則曰「柔進而上行」，是專以康侯之晉者當此一卦之義矣。

○吴氏曰慎曰：晉、咸彖傳文意正同。卦象數句在卦名之下、卦辭之上，是既用以釋卦名，而即以之釋卦辭，故用「是以」二字接下。

【案】離之德爲麗，爲明，是明與麗皆離也。「順而麗乎大明」，蓋以順德爲本，而爲大明所附麗，則明者離而麗者亦離矣。若曰以順而附麗於大明，則麗字乃爲坤所借用，其義不亦贅乎？火之爲物，不能孤行也，必有所附，猶人心之明不可孤行也，必有所附。離曰「畜牝牛」者，明附於順也。睽、旅之象亦然，皆以説止爲主，而明附之也。此文義之誤，不可不正。

明入地中，明夷。

【本義】以卦象釋卦名。

【集説】孔氏穎達曰：此就二象以釋卦名。此及晉卦皆彖、象同辭也。

内文明而外柔順，以蒙大難，文王以之。

【本義】以卦德釋卦義。「蒙大難」，謂遭紂之亂而見囚也。

【程傳】明入於地，其明滅也，故爲明夷。内卦離，離者文明之象；外卦坤，坤者柔順之象。爲人内有文明之德，而外能柔順也，昔者文王如是，故曰「文王以之」。當紂之昏暗，乃明夷之時，而文王内有文明之德，外柔順以事紂，蒙犯大難，而内不失其明聖，而外足以遠禍患，此文王所用之道也，故曰「文王以之」。

【集説】王氏申子曰：明夷一卦，大抵主商之末造言之。

利艱貞，晦其明也。内難而能正其志，箕子以之。

【本義】以六五一爻之義釋卦辭。「内難」謂爲紂近親，在其國内，如六五之近於上六也。

【程傳】明夷之時，利於處艱戹而不失其貞正，謂能晦藏其明也，不晦其明則被禍患，不守其正則非賢明。箕子當紂之時，身處其國内，切近其難，故云「内難」。然箕子能藏晦其明，而自守其正志，箕子所用之道也，故曰「箕子以之」。

【集説】胡氏炳文曰：六五爻辭曰「箕子之明夷利貞」，釋彖兼文王發之。蓋羑里演易，處之甚從容，可見文王之德；佯狂受辱，處之極艱難，可見箕子之志。然此一時也，文王因而發伏羲之易，箕子因而發大禹之疇，聖賢之於患難，自繫斯文之會，蓋有天意存焉。

○俞氏琰曰：大難，謂羑里之囚也，其難關繫天下之大，民命之所寄，故曰大難；内難，謂家難也，其難關繫一家之内，宗社之所寄也。箕子爲紂之近親，故曰内難。

家人，女正位乎内，男正位乎外，男女正，天地之大義也。

【本義】以卦體九五、六二釋「利女貞」之義。

【程傳】彖以卦才而言，陽居五，在外也，陰居二，處内也，男女各得其正位也，尊卑内外之道正，合天地陰陽之大義也。

【集説】孔氏穎達曰：此因二五得正，以釋家人之義，並明女貞之旨。

○吴氏曰慎曰：先言女正位乎内，釋「利女貞」也。

家人有嚴君焉，父母之謂也。

【本義】亦謂二五。

【程傳】家人之道，必有所尊嚴而君長者，謂父母也。雖一家之小，无尊嚴則孝敬衰，无君長則法度廢，有嚴君而後家道正。家者，國之則也。

【集説】王氏申子曰：父道固主乎嚴，母道尤不可以不嚴，猶國有尊嚴之君長也。無尊嚴則孝敬衰，無君長則法度廢，故家人一卦，大要以剛嚴爲尚。

父父、子子、兄兄、弟弟、夫夫、婦婦，而家道正，正家而天下定矣。

【本義】上父、初子、五三夫、四二婦、五兄、三弟，以卦畫推之，又有此象。

【程傳】父子、兄弟、夫婦各得其道，則家道正矣。推一家之道，可以及天下，故家正則天下定矣。

【集説】俞氏琰曰：彖辭舉其端，故但言「利女貞」；彖傳極其全，故兼言男女之正，而又以父子、兄弟、夫婦推廣而備言之。

○林氏希元曰：「正家而天下定」，猶云人人親其親、長其長而天下平，不作正家之效説。

【案】六十四卦六爻剛柔皆得位者，惟既濟而已。此外，則中四爻得位者三卦，家人、蹇、漸也。然家人名義獨取於風火之卦者，一則風自火出，爲風化有原之象；一則蹇、漸之中爻雖得位，而初上不皆陽爻。凡易取類，上爻有父之象，故蠱卦下五爻皆曰父母，至上爻則變其文也；初爻有子之象，故蠱曰有子，觀曰童觀，隨漸曰小子，中孚曰其子，皆指初爻也；二爲「女正位乎内」，母道也；五爲「男正位乎外」，父道也。然必初上皆陽，然後父子之象備。又必三陽四陰各得其位，然後兄弟、夫婦粲然於一卦之中矣。彖傳先舉二五，始明其爲男女之正，繼明其爲父母之嚴，以兩爻爲卦主也，然後悉推家人以切卦位，既以盡正家之義，又以見家人之象推配於爻畫者，獨此卦爲合也，本義精且當矣。

睽，火動而上，澤動而下，二女同居，其志不同行。

【本義】以卦象釋卦名義。

【程傳】彖先釋睽義，次言卦才，終言合睽之道，而贊其時用之大。火之性「動而上」，澤之性「動而下」，二物之性違異，故爲睽義。中少二女雖同居，「其志不同行」，亦爲睽義。女之少也同處，長則各適其歸，其志異也，言睽者，本同也，本不同則非睽也。

【案】二女同居之卦多矣，獨於睽、革言之者，以其皆非長女也。凡家有長嫡，則有所統率而分定，其不同行、不相得而至於乖異變易者，無長嫡而分不定之故爾。

說而麗乎明，柔進而上行，得中而應乎剛，是以「小事吉」。

【本義】以卦德、卦變、卦體釋卦辭。

【程傳】卦才如此，所以「小事吉」也。兑，説也，離，麗也，又爲明，故爲説順而附麗於明。凡離在上，而彖欲見柔居尊者，則曰「柔進而上行」，晉、鼎是也。方睽乖之時，六五以柔居尊位，有説順麗明之善，又得中道而應剛，雖不能合天下之睽，成天下之大事，亦可以小濟，是於小事吉也。五以明而應剛，不能致大吉，何也？曰：五陰柔，雖應二，而睽之時，相與之道未能深固，故二必「遇主于巷」，五「噬膚」則无咎也。天下睽散之時，必君臣剛陽中正，至誠協力，而後能合也。

【集説】何氏楷曰：易無樂乎柔主也，而獨離居外體者每稱焉。乾下離上曰大有，曰「柔得尊位大中而上下應之」；艮下離上曰旅，曰「柔得中乎外而順乎剛」；離下離上曰離，曰「柔麗乎中正故亨」；震下離上曰噬嗑，曰「柔得中而上行」；坤下離上曰晉，曰「柔進而上行」；兑下離上曰睽，巽下離上曰鼎，皆曰「柔進而上行，得中而應乎剛」；坎下離上曰未濟，猶曰「柔得中」也。下卦兑説，上卦柔中，皆以小心行柔道者，彖之所謂「小事吉」者此耳。

【案】此彖言卦之善與鼎略同。鼎曰「元亨」而此卦但曰「小事吉」者，當睽之時故也。凡釋卦名畢，則文義略斷，而特舉卦辭釋之，其與此卦之義相似者，則革卦釋名辭之例，尤爲顯著也。今釋卦名而文意不斷，直連釋辭之義而總結之，蓋明乎當睽之時，有此數善，是以小事吉，亦惟因睽之時，故有此數善，而惟小事吉也。凡彖傳名辭之義不分者，皆此類。

天地睽而其事同也，男女睽而其志通也，萬物睽而其事類也。睽之時用大矣哉！

【本義】極言其理而贊之。

【程傳】推物理之同，以明睽之時用，乃聖人合睽之道也。見同之爲同者，世俗之知也。聖人則明物理之本同，所以能同天下而和合萬類也。以天地、男女、萬物明之，天高地下，其體睽也，然陽降陰升，相合而成，化育之事則同也；男女異質，睽也，而相求之志則通也；生物萬殊，睽也，然而得天地之和、稟陰陽之氣則相類也。物雖異而理本同，故天下之大，群生之衆，睽散萬殊，而聖人爲能同之。處睽之時，合睽之用，其事至大，故云「大矣哉」。

【集説】趙氏汝楳曰：天地不睽，則清濁淆瀆；男女不睽，則外内無别；萬物不睽，則生化雜糅。睽者其體，合者其用。

蹇，難也，險在前也。見險而能止，知矣哉！

【本義】以卦德釋卦名義，而贊其美。

【程傳】「蹇，難也」，蹇之爲難，如乾之爲健，若易之爲難，則義有未足。蹇有險阻之義，屯亦難也，困亦難也，同爲難而義則異，屯者始難而未得通，困者力之窮，蹇乃險阻艱難之義，各不同也。「險在前也」，坎險在前，下止而不得進，故爲蹇。「見險而能止」，以卦才言，處蹇之道也。上險而下止，見險而能止也。犯險而進，則有悔咎，故美其能止爲知也。方蹇難之時，唯能止爲善，故諸爻除五與二外，皆以往爲失、來爲得也。

【集説】項氏安世曰：「險而止」爲蒙，止於外也；見險而能止爲智，止於内也。止於外者，阻而不得進也；止於内者，有所見而不妄進也。此蒙與蹇之所以分也。屯與蹇皆訓難，屯者「動乎險中」，濟難者也；蹇者「止乎險中」，涉難者也。此屯與蹇之所以分也。

○王氏申子曰：冒險而進，豈知者之事？故諸爻皆喜來而惡往。唯二與五不言來往，蓋君臣濟蹇者也，其可見險而遽止乎？其止者，處蹇之事也；其不止者，濟蹇之事也。

「蹇利西南」，往得中也。「不利東北」，其道窮也。「利見大人」，往有功也。當位貞吉，以正邦也。蹇之時用大矣哉！

【本義】以卦變、卦體釋卦辭，而贊其時用之大也。

【程傳】蹇之時，利於處平易。西南坤方爲順易，東北艮方爲險阻。九上居五，而得中正之位，是往而得平易之地，故爲利也。五居坎險之中，而謂之平易者，蓋卦本坤，由五往而成坎，故但取往而得中，不取成坎之義也。方蹇而又止危險之地，則蹇益甚矣，故「不利東北，其道窮也」，謂蹇之極也。蹇難之時，非聖賢不能濟天下之蹇，故利於見大人也。大人當位，則成濟蹇之功矣，往而有功也。能濟天下之蹇者，唯大正之道，夫子又取卦才而言。蹇之諸爻，除初外，餘皆當正位，故爲貞正而吉也。初六雖以陰居陽而處下，亦陰之正也，以如此正道正其邦，可以濟於蹇矣。處蹇之時，濟蹇之道，其用至大，故云「大矣哉」。天下之難，豈易平也，非聖賢不能，其用可謂大矣。順時而處，量險而行，從平易之道，由至正之理，乃蹇之時用也。

【集説】薛氏温其曰：諸卦皆指内爲來、外爲往，則此「往得中」，謂五也。蹇、解相循，覆視蹇卦則爲解。九二得中，則曰「其來復吉，乃得中也」。往者得中，中在外也；來復得中，中在内也。

○胡氏炳文曰：坎、睽、蹇皆非順境，夫子以爲雖此時亦有可用者，故皆極言贊之。坎、睽釋卦辭後，復從天地人物極言之，以贊其大，蹇則釋卦辭以贊之而已。蓋上文所謂「往得中」「有功」「正邦」，即其用之大者也。

【案】彖傳於蹇、解言得中者，但取其進退之合宜，不躁動以犯難，爲「利西南」之義耳。諸家必以坤、坎、艮之象求之，猶乎漢儒鑿智之餘也。

解，險以動，動而免乎險，解。

【本義】以卦德釋卦名義。

【程傳】坎險震動，「險以動」也。不險則非難，不動則不能出難，動而出於險外，是免乎險難也，故爲解。

【集説】何氏楷曰：以畫觀之，蹇之反；以卦觀之，屯之反。蹇止於險下，不如屯「動乎險中」；

屯「動乎險中」，又不如解動乎險外也。

「解利西南」，往得衆也。「其來復吉」，乃得中也。「有攸往，夙吉」，往有功也。

【本義】以卦變釋卦辭。坤爲衆，「得衆」，謂九四入坤體；「得中」「有功」，皆指九二。

【程傳】解難之道，利在廣大平易，以寬易而往濟解，則得衆心之歸也。不云无所往，省文爾。救亂除難，一時之事，未能成治道也，必待難解无所往，然後來復先王之治，乃得中道，謂合宜也。有所爲，則夙吉也，早則往而有功，緩則惡滋而害深矣。

【集説】王氏安石曰：有難則往，所以濟難。難已則來而復，所以保常。濟難以權，保常以中，此所以吉。

○郭氏雍曰：「其來復吉，乃得中」者，險難既解而來復，乃得中道，所謂「獲三狐」而「得黄矢」者也。「有攸往，夙吉，往有功」者，如「射隼于高墉之上」者也。

○徐氏幾曰：「乃得中」，指二也，蓋禍亂已散，則復反於安静之域，不事煩擾，以静而吉也。

○丘氏富國曰：大抵處時方平者易緩，除惡不盡者易滋。聖人於患難方平之際，既不欲人以多事自疲，又不欲人以無事自怠也。

【案】之東北爲進前，之西南爲退後。然則「來復」即「利西南」之義也，而以「得衆」「得中」重釋之者，「得衆」釋利字之義，言能脩内固本，則得人心之歸也。「乃」字即承此意言之，謂惟其「利西南」，故必「來復」乃得中道也。得衆得中，亦但論義理，似不必牽合卦象。

天地解而雷雨作，雷雨作而百果草木皆甲拆。〔一〕**解之時大矣哉！**

【本義】極言而贊其大也。

【程傳】既明處解之道，復言天地之解，以見解時之大。天地之氣，開散交感而和暢，則成雷雨。雷雨作而萬物皆生發甲拆，天地之功由解而成，故贊「解之時大矣哉」。王者法天道，行寬宥，施恩惠，養育兆民，至於昆蟲草木，乃順解之時，與天地合德也。

【集説】王氏弼曰：天地否結，則雷雨不作；交通感散，雷雨乃作也。雷雨之作，否結則散，故「百果草木皆甲拆」。

○胡氏炳文曰：解上下體易爲屯，「動乎險中」爲屯，動而出乎險之外爲解。屯象草穿地而未申，解則「雷雨作而百果草木皆甲拆」。當蹇之未解，必「動而免乎險」，方可以爲解；蹇之既解，則宜安静而不可久煩擾，故蹇、解之時，聖人皆贊其大。

損，損下益上，其道上行。

【本義】以卦體釋卦名義。

〔一〕「甲拆」，亦有作「甲坼」者。下同。

【程傳】損之所以爲損者，以損於下而益於上也。取下以益上，故云「其道上行」。夫損上而益下則爲益，損下而益上則爲損。損基本以爲高者，豈可謂之益乎？

【集説】蔡氏清曰：「損下益上」，利歸於上也，故曰「其道上行」。下損則上不能獨益矣，卦所以爲損也。

○林氏希元曰：「損下益上」，下損則上亦損，故曰「其道上行」。道者，損之道也。程傳、小注、蒙引俱作利歸於上説。愚謂，卦以損下取名，所重不在於利，又難以道爲利。

【案】蔡氏、林氏兩説，沿襲用之。今思之，於卦義皆未全。蓋説者但主取民財一事耳，豈知如人臣之致身事主，百姓之服役奉公，皆損下益上之事也？必如此，然後上下交而志同，豈非「其道上行」乎？上行與「地道卑而上行」之義同。下能益上，則道「上行」矣；上能益下，則道「大光」矣。如此，則道字方有意味，而於兩卦諸爻之義亦合。

損而有孚，元吉，无咎，可貞。「利有攸往，曷之用？二簋可用享」，二簋應有時，損剛益柔有時。損益盈虚，與時偕行。

【本義】此釋卦辭。時謂當損之時。

【程傳】謂損而以至誠，則有此「元吉」以下四者，損道之盡善也。夫子特釋「曷之用？二簋可用享」，卦辭簡直，謂當損去浮飾。曰何所用哉，二簋可以享也，厚本損末之謂也。夫子恐後人不達，遂以爲文飾當盡去，故詳言之。有本必有末，有實必有文，天下萬事无不然者。无本不立，无文不行。父子主恩，必有嚴順之體；君臣主敬，必有承接之儀。禮讓存乎内，待威儀而後行；尊卑有其序，非物采則无别。文之與實，相須而不可缺也。及夫文之勝，末之流，遠本喪實，乃當損之時也，故云曷所用哉，二簋足以薦其誠矣，謂當務實而損飾也。夫子恐人之泥言也，故復明之曰，二簋之質，用之當有時，非其所用而用之，不可也。謂文飾未過而損之，與損之至於過甚，則非也。「損剛益柔有時」，剛爲過，柔爲不足，損益皆損剛益柔也，必順時而行，不當時而損益之，則非也。或損或益，或盈或虚，唯隨時而已。過者損之，不足者益之，虧者盈之，實者虚之，「與時偕行」也。

【集説】徐氏幾曰：卦辭曰「損有孚」，彖傳曰「損而有孚」，加以「而」字，義曉然矣。

○張氏清子曰：當其可之謂時。當損而損，時也；不當損而損，則非時。

【案】程傳之義，施於賁卦則可，此卦所謂損者，乃謂時當節損，如家則稱貧富之有無，國則視凶豐爲豐儉之類耳，故曰「損而有孚」，言時雖不得已而損，而以有孚行之，如祭祀雖不能備品，而以至誠將之也。二簋喻節損之義，然下云「損剛益柔」者，非以損剛喻二簋也。剛爲本，喻乎誠；柔爲末，喻儀物。以孚誠之有餘，補儀物之不足，則雖二簋，而不嫌於簡矣。此「損剛益柔」之義。

益，損上益下，民説无疆，自上下下，其道大光。

【本義】以卦體釋卦名義。

【程傳】以卦義與卦才言也。卦之爲益，以其「損上益下」也。損於上而益下，則民説之无疆，爲无窮極也。自上而降己以下下，其道之大光顯也。陽下居初，陰上居四，爲「自上下下」之義。

【集説】胡氏炳文曰：損「其道上行」以上兩句，皆釋損義；益「其道大光」以上四句，皆釋益義。

「利有攸往」，中正有慶。「利涉大川」，木道乃行。

【本義】以卦體、卦象釋卦辭。

【程傳】五以剛陽中正居尊位，二復以中正應之，是以中正之道益天下，天下受其福慶也。益之爲道，於平常无事之際，其益猶小，當艱危險難，則所益至大，故「利涉大川」也。於濟艱險，乃益道大行之時也。「益」誤作「木」。或以爲上巽下震，故云木道，非也。

【集説】朱氏震曰：「利涉大川」言木者三，益也、涣也、中孚也，皆巽也。

益動而巽，日進无疆。天施地生，其益无方。凡益之道，與時偕行。

【本義】動巽，二卦之德。乾下施，坤上生，亦上文卦體之義。又以此極言贊益之大。

【程傳】又以二體言卦才。下動而上巽，「動而巽」也。爲益之道，其動巽順於理，則其益日進，廣大无有疆限也。動而不順於理，豈能成大益也？以天地之功言益道之大，聖人體之，以益天下也。天道資始，地道生物，「天施地生」，化育萬物，「各正性命」，其益可謂无方矣。方，所也。有方所則有限量。无方，謂廣大无窮極也。天地之益萬物，豈有窮際乎？天地之益无窮者，理而已矣。

聖人利益天下之道，應時順理，與天地合，「與時偕行」也。

【集説】顧氏象德曰：既奮發，又沈潛，學所以日新，故「日進无疆」；天下施，地上行，化所以不已，故「其益无方」。此皆時之自然者，故曰「凡益之道，與時偕行」。

【案】動巽取卦德，施生取卦象。風者，天施也，故姤有施命之象；雷者，地生也，故解有甲拆之象。損之「與時偕行」者，時當損而損也；益之「與時偕行」者，時當益而益也。人事也，造化也，非氣候之至，則不能强爲益也。

夬，決也，剛決柔也。健而説，決而和。

【本義】釋卦名義而贊其德。

【程傳】夬爲決義，五陽決上之一陰也。「健而説，決而和」，以二體言卦才也。下健而上説，是健而能説，決而能和，決之至善也。兑説爲和。

【集説】何氏楷曰：君子以天下萬物爲一體，如陽德之無所不及，其於小人未嘗仇視，而物畜之也，惟獨恐其剥陽以爲世道累，則不容於不去耳，而矜惜之意未嘗不存，此和意也。

【案】凡釋卦名之後復有贊語者，皆以起釋辭之端。此言「健而説，決而和」，起「揚于王庭」以下之意也。

「揚于王庭」，柔乘五剛也。「孚號有厲」，其危乃光也。「告自邑，不利即戎」，所尚乃

窮也。「利有攸往」，剛長乃終也。

【本義】此釋卦辭。「柔乘五剛」，以卦體言，謂以一小人加於衆君子之上，是其罪也。「剛長乃終」，謂一變即爲純乾。

【程傳】柔雖消矣，然居五剛之上，猶爲乘陵之象。陰而乘陽，非理之甚，君子勢既足以去之，當顯揚其罪於王朝大庭，使衆知善惡也。盡誠信以命其衆，而知有危懼，則君子之道乃无虞而光大也。當先自治，不宜專尚剛武。即戎，則所尚乃至窮極矣。夬之時所尚，謂剛武也。陽剛雖盛，長猶未終，尚有一陰更當決去，則君子之道純一而无害之者矣，乃剛長之終也。

【集説】孔氏穎達曰：剛克之道不可常行，若專用威猛，以此即戎，則便爲尚力取勝，即是決而不和，其道窮矣。所以惟「告自邑，不利即戎」者，只爲「所尚乃窮」故也。

○項氏安世曰：「其危乃光」與「中未光」相應，「不利即戎」與「暮夜有戎」相應，「剛長乃終」與「終有凶」相應。

○胡氏炳文曰：復「利有攸往，剛長也」，夬「利有攸往，剛長乃終也」，小人有一人之未去，猶足爲君子之憂；人欲有一分之未盡，猶足爲天理之累。必至於純陽爲乾，方爲「剛長乃終」也。

○吴氏曰慎曰：復「利有攸往」，譬如平地之一簣，故喜其進，而曰「剛長也」；夬「利有攸往」，譬如九仞之尚虧一簣，故恐其止，而曰「剛長乃終也」。

姤，遇也，柔遇剛也。

【本義】釋卦名。

【程傳】姤之義，遇也。卦之爲姤，以柔遇剛也。一陰方生，始與陽相遇也。

【集説】趙氏汝楳曰：柔遇剛者，明非剛遇柔也。

○林氏希元曰：依本義是陽遇陰，依彖傳是陰遇陽。彖傳乃本義以一陰而遇五陽意，蓋彖傳是爲下文「勿用取女，不可與長」而設也。

【案】柔遇剛者，以柔爲主也，如臣之專制，如牝之司晨，得不謂壯乎？故不復釋女壯，而直釋「勿用取女」之義。

「勿用取女」，不可與長也。

【本義】釋卦辭。

【程傳】一陰既生，漸長而盛，陰盛則陽衰矣。「取女」者，欲長久而成家也。此漸盛之陰，將消勝於陽，不可與之長久也。凡女子、小人、夷狄，勢苟漸盛，何可與久也？故戒勿用取如是之女。

【集説】鄭氏康成曰：一陰承五陽，苟相遇耳，非禮之正，女壯如是，故不可娶。

○王氏肅曰：女不可娶，以其不正，不可與長久也。

○蘇氏軾曰：姤者，所遇而合，無適應之謂也，故其女不可與長。

〇李氏舜臣曰：以一陰遇五陽，女下於男，有女不正之象，故曰「勿用取女」。咸所以「取女吉」者，以男下女，得婚姻正禮故也。若蒙之六三以陰而先求陽，其行不順，故亦曰「勿用取女」。

天地相遇，品物咸章也。

【本義】以卦體言。

【程傳】陰始生於下，與陽相遇，「天地相遇」也。陰陽不相交遇，則萬物不生。「天地相遇」，則化育庶類。「品物咸章」，萬物章明也。

剛遇中正，天下大行也。

【本義】指九五。

【程傳】以卦才言也。五與二皆以陽剛居中與正，以中正相遇也。君得剛中之臣，臣遇中正之君，君臣以剛陽遇中正，其道可以大行於天下矣。

姤之時義大矣哉！

【本義】幾微之際，聖人所謹。

【程傳】贊姤之時與姤之義至大也。天地不相遇，則萬物不生；君臣不相遇，則政治不興；聖賢不相遇，則道德不亨；事物不相遇，則功用不成。姤之時與義皆甚大也。

【集說】朱子語類：問：「『姤之時義大矣哉』，本義云『幾微之際，聖人所謹』，與伊川之說不同，何也？」曰：「上面說『天地相遇』，至『天下大行』也，而不好之漸已生於微矣，故當謹於此。」

○吴氏曰愼曰：姤爲陰遇陽之卦。陰陽有當遇者，如天地相遇，及君臣、夫婦之類，是不能相無者；有遇而當制者，如「勿用取女」，及小人、妄念之類，是不容並立者。「時義大矣哉」，程傳重遇字，專以遇之善者言；本義重制字，專以遇之不善者言。竊意此語總承上文兩端而言可也。

【案】必如天地之相遇，而後「品物咸章」也；必如此卦以群剛遇中正之君，然後「天下大行」也。苟天地之相遇，而有陰邪干於其閒，君臣之相遇，而有宵類介乎其側，則在天地爲伏陰，在國家爲隱慝，而有女壯之象矣。

萃，聚也。順以說，剛中而應，故聚也。

【本義】以卦德、卦體釋卦名義。

【程傳】萃之義，聚也。「順以說」，以卦才言也。上說而下順，爲上以說道使民，而順於人心，下說上之政令，而順從於上，既上下順說，又陽剛處中正之位，而下有應助，如此故能聚也。欲天下之萃，才非如是不能也。

【案】「順以說，剛中而應」，亦非正釋卦名，乃就卦德而推原所以聚者，以起釋辭之端也。蓋「順以說」是以順道感格，起假廟、用牲之意；「剛中而應」是有德者居位，而上下應之，起「見大人」「有攸往」之意。

「王假有廟」，致孝享也。「利見大人亨」，聚以正也。「用大牲吉，利有攸往」，順天命也。

【本義】釋卦辭。

【程傳】王者萃人心之道，至於建立宗廟，所以致其孝享之誠也。祭祀，人心之所自盡也，故萃天下之心者，无如孝享。王者萃天下之道，至於有廟，則其極也。萃之時，「見大人」則能亨，蓋聚以正道也。「見大人」，則其聚以正道，得其正則亨矣。萃不以正，其能亨乎？「用大牲」，承上「有廟」之文，以享祀而言，凡事莫不如是。豐聚之時，交於物者當厚，稱其宜也。物聚而力贍，乃可以有爲，故「利有攸往」，皆天理然也，故云「順天命也」。

【集説】來氏知德曰：盡志以致其孝，盡物以致其享。

觀其所聚，而天地萬物之情可見矣。

【本義】極言其理而贊之。

【程傳】觀萃之理，可以見天地萬物之情也。天地之化育，萬物之生成，凡有者皆聚也。有无、動靜、終始之理，聚散而已。故觀其所以聚，則「天地萬物之情可見矣」。

【集説】王氏弼曰：「方以類聚，物以群分」，情同而後乃聚，氣合而後乃群。

○胡氏炳文曰：咸之情通，恒之情久，聚之情一，然其所以感、所以恒、所以聚，則皆有理存焉。

如天地聖人之感，感之理也；如日月之得天，聖人之久於道，恒之理也；萃之「聚以正」，所謂「順天命」，聚之理也。凡天地萬物之可見者，皆此理之可見矣。故本義於所感，則曰「極言感通之理」；於所恒，則曰「極言恒久之道」；於所聚，亦曰「極言其理而贊之」。

【案】「順天命」，雖繫於「用大牲，利有攸往」之下，然連假廟、「見大人」之意，皆在其中矣。蓋萬物本乎天，人本乎祖，「方以類聚，物以群分」，「聖人作而萬物覩」，是乃天地人物之所以聯屬而不散者，實天之命也。咸、恒皆推言造化人事，而後終之以「天地萬物之情可見」；此卦則天人之義已備，故言「順天命」而遂極贊之。

柔以時升，

【本義】以卦變釋卦名。

【集説】孔氏穎達曰：升之爲義，自下升高，故就六五居尊以釋名升之義。

〇徐氏幾曰：升、晉二卦，皆以柔爲主，剛則有躁進之意。

〇龔氏焕曰：彖傳「柔以時升」似指六五而言，非謂卦變，故下文言「剛中而應」，亦謂二應五也。

巽而順，剛中而應，是以大亨。

【本義】以卦德、卦體釋卦辭。

【程傳】以二體言，柔升，謂坤上行也。巽既體卑而就下，坤乃順時而上，升以時也，謂時當升也。柔既上而成升，則下巽而上順，以巽順之道升，可謂時矣。二以剛中之道應於五，五以中順之德應於二，能「巽而順」，其升「以時」，是以元亨也。彖文誤作「大亨」，解在大有卦。

「用見大人，勿恤」，有慶也。「南征吉」，志行也。

【程傳】凡升之道，必由大人，升於位則由王公，升於道則由聖賢。用巽順剛中之道以見大人，必遂其升。「勿恤」，不憂其不遂也。遂其升，則己之福慶，而福慶及物也。南，人之所向。「南征」，謂前進也。前進則遂其升而得行其志，是以吉也。

【案】柔以時升之義，或主四言，或主五言，或主上體之坤而言。然卦之有六四、六五及坤居上體者多矣，皆得名爲升乎？則其説似皆未確。蓋「時升」者，固以坤居上體而四五得位言也。然惟巽爲下體，故其升也有根。蓋巽乃陰生之始也，陰自下生，以極於上，如木之自根而滋生，以至於枝葉繁盛，此謂升之義矣。此卦與无妄反對，无妄者，陽爲主於内也，而其究爲健；升者，陰爲主於内也，而其究爲順。无妄之彖曰「剛自外來而爲主於内」，明剛德自内以達於外也；升彖曰「柔以時升」，明陰道自下以達於上也。然則「柔以時升」云者，尤當以初六之義爲重，故无妄六爻獨初九曰吉，此卦六爻亦惟初六曰大吉，則二卦之所重者可知矣。其下云「巽而順，剛中而應」，亦與无妄「動而健，剛中而應」之辭相似，皆連釋名之義以釋元亨也。

困，剛揜也。

【本義】以卦體釋卦名。

【程傳】卦所以爲困，以剛爲柔所揜蔽也，陷於下而揜於上，所以困也。陷亦揜也。剛陽君子而爲陰柔小人所揜蔽，君子之道困窒之時也。

險以説，困而不失其所亨，其唯君子乎？「貞大人吉」，以剛中也。「有言不信」，尚口乃窮也。

【本義】以卦德、卦體釋卦辭。

【程傳】以卦才言處困之道也。下險而上説，爲處險而能説，雖在困窮艱險之中，樂天安義，自得其説樂也。時雖困也，處不失義，則其道自亨，「困而不失其所亨」也。能如是者，「其唯君子乎」？若時當困而反亨，身雖亨，乃其道之困也。君子，大人通稱。困而能貞，大人所以吉也。蓋其以剛中之道也，五與二是也；非剛中，則遇困而失其正矣。當困而言，人所不信，欲以口免困，乃所以致窮也。以説處困，故有「尚口」之戒。

【集説】鄭氏汝諧曰：九二陷於中，九四、九五爲上六所揜，是以爲困。以上下卦言之，則合坎兑而成也。坎，難也。兑，説也。困而安於難，則「不失其所亨」；困而取説於人，「尚口乃窮也」。

【案】此卦所以爲「剛揜」者，本義備矣。蓋諸卦之二五剛中皆爲陰揜者，惟困與節。然以二體言之，則節坎陽居上，兑陰居下，此困所以獨爲剛揜也。此義與卦象亦相貫，水在澤上，非澤之所能揜也；水在澤中，則爲所揜矣。「險以説」者，非處險而説也，險有致説之理。「以」字與「而」字義不同也。惟險有致説之理，故困有所爲亨者。然以小人處之，則困而困耳，不知其所爲亨，故不能因困而得亨。因困而得其所亨者，非君子，其孰能之？下剛中之大人，即不失所亨之君子也，指二五言。「尚口乃窮」者，處困之極，務説於人，指上六言。

巽乎水而上水，井。井養而不窮也。

【本義】以卦象釋卦名義。

【集説】鄭氏康成曰：坎，水也；巽木，桔橰也。桔橰引瓶下入泉口，汲水而出，井之象也。

○荀氏爽曰：木入水出，井之象也。

【案】釋名之下，又著「井養而不窮也」一句，亦以起釋辭之意。

「改邑不改井」，乃以剛中也。「汔至亦未繘井」，未有功也。「羸其瓶」，是以凶也。

【本義】以卦體釋卦辭。「无喪无得，往來井井」兩句，意與「不改井」同，故不復出。「剛中」以二五而言，「未有功」而敗其瓶，所以凶也。

【程傳】巽入於水下而上其水者，井也。井之養於物，不有窮已，取之而不竭，德有常也。邑可改，井不可遷，亦其德之常也。二五之爻，剛中之德，其常乃如是，卦之才與義合也。雖使幾至，既未爲用，亦與「未繘井」同。井以濟用爲功，水出乃爲用，未出則何功也。瓶，所以上水而致用也，羸敗其瓶，則不爲用矣，是以凶也。

【集説】蘇氏軾曰：井井未嘗有得喪，繘井之爲功，羸瓶之爲凶，在汲者爾。

○晁氏説之曰：或謂彖主三陽言。五「寒泉食」，是陽剛居中，邑可改而井不可改也；三「井渫不食」，是「未有功」也；二「甕敝漏」，是「羸其瓶」而凶者也。

○郭氏雍曰：不言「无喪无得，往來井井」者，蓋皆係乎剛中之德，聖人舉一以明之耳。

【案】井惟有常，故其體則「无喪无得」，其用則「往來井井」；王道惟有常，故其體則久而無弊，其用則廣而及物。故言「改邑不改井」，足以包下二者。

革，水火相息，二女同居，其志不相得，曰革。

【本義】以卦象釋卦名義，大略與睽相似，然以相違而爲睽，相息而爲革也。息，滅息也，又爲生息之義，滅息而後生息也。

【程傳】澤火相滅息，又二女志不相得，故爲革。息爲止息，又爲生息，物止而後有生，故爲生義。革之相息，謂止息也。

【集説】朱氏震曰：兑澤離火而彖曰水火，何也？曰：坎兑一也。澤者，水所鍾，無水則無澤矣。坎上爲雲，下爲雨，上爲雲者澤之氣也，下爲雨則澤萬物也。故屯、需之坎爲雲，小畜之兑亦爲雲；坎爲川，大畜之兑亦爲川；坎爲水，革兑亦爲水。坎陽兑陰，陰陽二端，其理則一，知此始可言象矣。○朱子語類云：革之象不曰澤在火上，而曰澤中有火，蓋水在火上則水滅了火，不見得火炎則水涸之義。澤中有火，則二物並在，有相息之象。○李氏舜臣曰：「不同行」，不過有相離之意，故止於睽；「不相得」，則不免有相克之事，故至於革。○胡氏炳文曰：既濟水在火上，不曰相息者，何也？坎之水，動水也，火不能息之；澤之水，止水也，止水在上，而火炎上，故息。

「已日乃孚」，革而信之，文明以說，大亨以正，革而當，其悔乃亡。

【本義】以卦德釋卦辭。

【程傳】事之變革，人心豈能便信？必終日而後孚。在上者於改爲之際，當詳告申令，至於已日，使人信之。人心不信，雖强之行，不能成也。先王政令，人心始以爲疑者有矣，然其久也必信，終不孚而成善治者，未之有也。「文明以說」，以卦才言革之道也。離爲文明，兑爲說，文明則理无不盡，事无不察，說則人心和順，革而能照察事理，和順人心，可致大亨而得貞正，如是變革，得其至當，故悔亡也。天下之事，革之不得其道，則反致弊害，故革有悔之道。唯革之至當，則新舊之悔皆亡也。

【集説】胡氏炳文曰：彖未有言悔亡者，唯革言之，革易有悔也。必革而當，其悔乃亡。「當」字即是「貞」字，一有不貞，則有不信，有不通，皆不當者也。

【案】「文明以説，大亨以正」，兩「以」字，上句重在文明，蓋至明則事理周盡，故以此而順人心，有所更改，則無不宜也；下句重在正，蓋其大亨也，以正行之，則無不順也。凡彖傳用「以」字者，文體正倒皆可互用，如「順以動」及「動而以順行」，其義一也。

天地革而四時成。湯武革命，順乎天而應乎人。革之時大矣哉！

【本義】極言而贊其大。

【程傳】推革之道，極乎天地變易，時運終始也。天地陰陽推遷變易而成四時，萬物於是生長成終，各得其宜，革而後四時成也。時運既終，必有革而新之者。王者之興，受命於天，故易世謂之革命。湯武之王，上順天命，下應人心，「順乎天而應乎人」也。天道變改，世故遷易，革之至大也，故贊之曰「革之時大矣哉」。

【集説】朱子語類云：革是更革之謂，到這裏，須盡翻轉更變一番，所謂上下與天地同流，豈曰小補之哉？小補之者，謂扶衰救弊，逐些補緝，如錮露家事相似。若是更革，則須徹底從新鑄造一番，非止補其罅漏而已。

鼎，象也，以木巽火，亨飪也。聖人亨以享上帝，而大亨以養聖賢。

【本義】以卦體二象釋卦名義。因極其大而言之，享帝貴誠，用犢而已；養賢則饔飧牢禮當極其盛，故曰大亨。

【程傳】卦之爲鼎，取鼎之象也；鼎之爲器，法卦之象也。有象而後有器，卦復用器而爲義也。鼎，大器也，重寶也，故其制作形模，法象尤嚴。鼎之名正也，古人訓方，方實正也。以形言，則耳對植於上，足分峙於下，周圓内外，高卑厚薄，莫不有法而至正，至正然後成安重之象。故鼎者，法象之器，卦之爲鼎，以其象也。「以木巽火」，以二體言鼎之用也。「以木巽火」，以木從火，所以亨飪也。鼎之爲器，生人所賴至切者也。極其用之大，則「聖人亨以享上帝，大亨以養聖賢」。聖人，古之聖王；大，言其廣。

【集説】蔡氏淵曰：祭之大者，無出於上帝；賓客之重者，無過於聖賢。

【案】釋名之後，繼以享帝、養賢兩句，指明卦義之所主也。與「井養而不窮也」對觀之便明。蓋彼主養民，此主享帝、養賢，而享帝之實，尤在於養賢也。

巽而耳目聰明，柔進而上行，得中而應乎剛，是以元亨。

【本義】以卦象、卦變、卦體釋卦辭。

【程傳】上既言鼎之用矣，復以卦才言。人能如卦之才，可以致元亨也。下體巽爲巽順於理，離明而中虚於上，爲耳目聰明之象。凡離在上者，皆云「柔進而上行」。柔在下之物，乃居尊位，「進而上行」也。以明居尊而得中道，「應乎剛」，能用剛陽之道也。五居中，而又以柔而應剛，爲得中道，其才如是，所以能元亨也。

【集説】單氏渢曰：巽以養下，則達聰而明目者也；「柔進而上行」，則不爲驕亢者也；得中而應剛，則能養聖賢者也。

○劉氏曰：「得中而應乎剛」者，以柔居中，下應九二之剛，乃能用賢也。柔得尊位，卑巽以下賢，是以致元亨。

○張氏清子曰：上體離也，離爲目，而兼耳言之者，蓋以六五爲鼎耳而取也。

震亨。

【本義】震有亨道，不待言也。

「震來虩虩」，恐致福也。「笑言啞啞」，後有則也。

【本義】「恐致福」，恐懼以致福也。則，法也。

【程傳】震自有亨之義，非由卦才，震來而能恐懼，自脩自慎，則可反致福吉也。「笑言啞啞」，言自若也，由能恐懼，而後自處有法則也。「有則」，則安而不懼矣，處震之道也。

【集説】董氏曰：「致福」云者，見君子常以危爲安也；「有則」云者，見君子不以忽忘敬也。

○李氏過曰：「有則」，謂君子所履，出處語默皆有常，則不以恐懼而變也。

「震驚百里」，驚遠而懼邇也。出可以守宗廟社稷，以爲祭主也。

【本義】程子以爲，「邇也」下脱「不喪匕鬯」四字，今從之。出，謂繼世而主祭也。或云「出」即「鬯」字之誤。

【程傳】雷之震及於百里，遠者驚，邇者懼，言其威遠大也。彖文脱「不喪匕鬯」一句，卦辭云「不喪匕鬯」，本謂誠敬之至，威懼不能使之自失，彖以長子宜如是，因承上文，用長子之義通解之，謂其誠敬能「不喪匕鬯」，則君出而可以守宗廟社稷，爲祭主也。長子如是，而後可以守世祀、承國家也。

【集説】朱子語類云：震便自是亨，「震來虩虩」是恐懼顧慮，而後便「笑言啞啞」。「震驚百里」便也「不喪匕鬯」，文王語已是解「震亨」了，孔子又自説長子事。

○丘氏富國曰：驚者，卒然遇之而動乎外；懼者，惕然畏之而變於中。

○張氏清子曰：出者，即説卦「帝出乎震」之謂；主者，即序卦「主器莫若長子」之謂。若舜之烈風雷雨弗迷，可以出而嗣位矣。

○蔡氏清曰：懼深於驚，遠近之别也。

○楊氏啓新曰：乾者自强而已矣，而曰惕；震者動而已矣，而曰懼。惕之爲强也，見惕之非惴慴也；懼之爲動也，見懼之非驚恐也。

艮，止也。時止則止，時行則行，動静不失其時，其道光明。

【本義】此釋卦名。艮之義則止也，然行止各有其時，故時止而止，止也；時行而行，亦止也。艮體篤實，故又有光明之義；大畜於艮，亦以輝光言之。

【程傳】艮爲止，止之道唯其時。行止動静不以時，則妄也。不失其時，則順理而合義，在物爲理，處物爲義，動静合理義，「不失其時」也，乃其道之光明也。君子所貴乎時，仲尼行止久速是也。艮體篤實，有光明之義。

【集説】程子曰：「時止則止，時行則行」，時行對時止而言，亦止其所也。「動静不失其時」，皆止其所也。

〇張子曰：艮一陽爲主於兩陰之上，各得其位，而其勢止也。易言光明者，多艮之象，「著則明」之義也。

〇朱子語類云：「時止則止，時行則行」，行固非止，然行而不失其理，乃所以爲止也。

〇問：艮之象何以爲光明？曰：定則明。凡人胸次煩擾，則愈見昏昧；中有定止，則自然光明，莊子所謂「泰宇定而天光發」是也。

【案】釋名之下，先著此四句，亦所以爲釋辭之端。「時止則止」，則所謂「艮其背，不獲其身」也；「時行則行」，則所謂「行其庭，不見其人」也。

艮其止，止其所也。上下敵應，不相與也。是以「不獲其身」。「行其庭，不見其人」，无咎也。

【本義】此釋卦辭。易背爲止，以明背即止也。背者，止之所也。以卦體言，内外之卦，陰陽敵應而不相與也，不相與，則内不見己，外不見人，而无咎矣。晁氏云，「艮其止」，當依卦辭作「背」。

【程傳】「艮其止」，謂止之而止也。止之而能止者，由止得其所也；止而不得其所，則无可止之理。夫子曰：「於止，知其所止。」謂當止之所也。夫有物必有則，父止於慈，子止於孝，君止於仁，臣止於敬，萬物庶事莫不各有其所，得其所則安，失其所則悖。聖人所以能使天下順治，非能爲物作則也，唯止之各於其所而已。「上下敵應」，以卦才言也，上下二體以敵相應，无相與之義。陰陽相應，則情通而相與，乃以其敵，故不相與也，不相與則相背，爲「艮其背」，止之義也。相背，故「不獲其身」，「不見其人」，是以能止，能止則无咎也。

【集説】孔氏穎達曰：易背爲止，以明背者無見之物，即是可止之所也。「艮其止」，是止其所止也，故曰「艮其止，止其所也」。凡應者一陰一陽，二體不敵，今上下之位，爻皆峙敵，不相交與，故曰「上下敵應，不相與也」。然八純之卦皆六爻不應，何獨於此言之？謂此卦既止而不交，爻又峙而不應，與止義相協，故兼取以明之。

○蘇氏軾曰：「艮其止，止其所也」，此所以「不獲其身」也；「上下敵應，不相與也」，此所以「行其庭，不見其人」也。

○朱子語類云：「艮其止，止其所也」，上句「止」字便是「背」字，故下文便繼之云「是以不獲其身」，更不再言「艮其背」也。下句「止」字是解「艮」字，「所」字是解「背」字。蓋云止於所當止也。「艮其背」是止於止，「行其庭，不見其人」是止於動，故曰「時止則止，時行則行」。

○又云：「艮其背」了，靜時「不獲其身」，動時「不見其人」，所以彖辭傳中說，「是以不獲其身，行其庭，不見其人，无咎也」。周先生所以說「定之以仁義中正而主靜」。

○項氏安世曰：卦辭爲「艮其背」，傳爲「艮其止」。晁氏說之曰，傳亦當爲「艮其背」，自王弼以前無「艮其止」之說。今案：古文「背」字爲「北」，有訛爲「止」字之理。

○胡氏炳文曰：「不獲其身」以下三句，皆從背說，背則自視「不獲其身」，「行其庭」則「不見其人」。本義所謂止而止，行而止，〔一〕即程子所謂「靜亦定，動亦定」也。

【案】此是以卦體、爻位釋卦辭。以卦體言，陽上陰下，「止其所也」；以爻位言，陰陽無應，「不相與也」。「艮其背」，内兼此二義，故其止所者爲「不獲其身」，不相與者爲「不見其人」。孔氏所謂卦既止而不交，爻又峙而不應者，極爲得之。

〔一〕行而止：止，四庫本作「行」。

漸之進也，女歸吉也。

【本義】「之」字疑衍，或是「漸」字。

【程傳】如漸之義而進，乃女歸之吉也。謂正而有漸也，女歸爲大耳。它進亦然。

【集説】郭氏雍曰：傳言「漸之進」如女之歸，則吉，所以明卦辭也。蓋世俗多失漸進之道，獨女歸有漸存焉耳。

○毛氏璞曰：易未有一義明兩卦者，晉，進也，漸亦進，何也？漸非進，以漸而進耳。

【案】曰「漸之進也」，以別於晉之進、升之進也。

進得位，往有功也。進以正，可以正邦也。

【本義】以卦變釋利貞之意。蓋此卦之變自涣而來，九進居三；自旅而來，九進居五，皆爲得位之正。

【程傳】漸進之時，而陰陽各得正位，進而有功也。四復由上進而得正位，三離下而爲上，遂得正位，亦爲「進得位」之義。以正道而進，可以正邦國至於天下也。凡進於事，進於德，進於位，莫不皆當以正也。

【集説】梁氏寅曰：卦自二至五，陰陽各得正位，此所以進而有功也。「進得位」，以位言；進以正，以道言。

【案】梁氏之説得之。蓋「進得位」以卦位言，「進以正」以人事言，在卦爲得位者，在人事即是得正也。正邦亦只是申有功之意。易卦中四爻得位者，既濟曰「定也」，家人曰「正家而天下定矣」，蹇、漸皆曰「以正邦也」。蓋董子「正朝廷以正百官，正百官以正萬民」之意也。

其位剛得中也。

【本義】以卦體言，謂九五。

【程傳】上云「進得位，往有功也」，統言陰陽得位，是以進而有功。復云「其位剛得中也」，所謂位者，五以剛陽中正得尊位也。諸爻之得正，亦可謂之得位矣，然未若五之得尊位，故特言之。

【集説】梁氏寅曰：上言「進得位」，以自二至五四爻言之也。此又言「其位剛得中」，以九五言之也。

止而巽，動不窮也。

【本義】以卦德言漸進之義。

【程傳】内艮止，外巽順，止爲安靜之象，巽爲和順之義。人之進也，若以欲心之動，則躁而不得其漸，故有困窮。在漸之義，内止靜而外巽順，故其進動不有困窮也。

【集説】吴氏曰愼曰：「止而巽」，終是進，但進以漸，故卦名爲漸。若巽而止，則終於止而事壞亂矣，故卦名爲蠱。内外先後之辨，不可易也。

【案】剛得中，「止而巽」，又就中四爻内，特舉九五與卦德，中女歸利貞之義。節卦「説以行險」「當位」「中正」同。

歸妹，天地之大義也，天地不交而萬物不興。婦妹，人之終始也。

【本義】釋卦名義也。歸者，女之終；生育者，人之始。

【程傳】「一陰一陽之謂道」，陰陽交感，男女配合，天地之常理也。歸妹，女歸於男也，故云「天地之大義也」。男在女上，陰從陽動，故爲女歸之象。天地不交，則萬物何從而生？女之歸男，乃生生相續之道。男女交而後有生息，有生息而後其終不窮，前者有終而後者有始，相續不窮，是人之終始也。

【集説】項氏安世曰：「有男女然後有夫婦」，天地之大義也；「有夫婦然後有父子」，人之終始也。

【案】將言歸妹之凶，而先言其本天地之大義，猶姤言柔遇剛之失，而又推本於天地相遇之正也。由此言之，陰陽原不可以相無，而惟當慎之始以防其敝者，是易之道也。

説以動，所歸妹也。

【本義】又以卦德言之。

【集説】鄭氏汝諧曰：長男居上，少女居下，以女下男也。少女説以動，而又先下於男，其所歸者妹，故以征則凶，且无攸利。

【案】卦德「説以動」，則與咸之「止而説」者異矣。卦象女先於男，是所欲歸者妹也。又以少女從長男，是所歸者乃妹也。「所歸妹」一句，兼此二意，可見其失於禮，又愆於義也。夫「説以動」，則徇乎情；「所歸妹」，則不能止乎禮義，此卦之所以凶乎！本義以卦德言之，實則兼卦德、卦象在内。

「征凶」，位不當也。「无攸利」，柔乘剛也。

【本義】又以卦體釋卦辭。男女之交，本皆正理，唯若此卦，則不得其正也。

【程傳】以二體釋歸妹之義。男女相感説而動者，少女之事，故以説而動，所歸者妹也。所以征則凶者，以諸爻皆不當位也。所處皆不正，何動而不凶？大率以説而動，安有不失正者？不唯位不當也，又有乘剛之過，三五皆乘剛。男女有尊卑之序，夫婦有唱隨之禮，此常理也，如恒是也。苟不由常正之道，徇情肆欲，唯説是動，則夫婦瀆亂，男牽欲而失其剛，婦狃説而忘其順，如歸妹之乘剛是也。所以凶，无所往而利也。夫陰陽之配合，男女之交媾，理之常也，然從欲而流放，不由義理，則淫邪无所不至，傷身敗德，豈人理哉？歸妹之所以凶也。

【集説】陸氏希聲曰：易以咸恒爲夫婦之道，漸歸妹爲夫婦之義。漸四爻得正，故女歸吉；歸妹四爻失正，故征凶。

○吴氏曰慎曰：卦以少女從長男，則非其配偶；「説以動」，則恣情縱慾；中爻不正，則陰陽皆失其常；三五「柔乘剛」，則不順，宜其凶也。然四者又以「説以動」爲重。

【案】中四爻皆失正位者，除未濟外，惟睽、解及此卦。而家人、睽、漸、歸妹皆言男女之道者也，家人以得位而正，故睽以失位而乖；漸以得位而吉，故歸妹以失位而凶也。他卦有「柔乘剛」而義與歸妹不同者，義與卦變。

豐，大也。明以動，故豐。

【本義】以卦德釋卦名義。

【程傳】豐者，盛大之義。離明而震動，明動相資而成豐大也。

【集説】楊氏簡曰：以明而動，故豐，故亨。以昏而動則反是矣。

【案】「明以動，故豐」，亦非正釋名義，乃推明其所以致豐之故，以起釋辭之端，與壯、萃同。「以」字與「而」字不同，「而」字有兩意，「以」字只是一意，重在首字，如以剛而動，所以致壯，可見處壯者之必貞也；以順而説，所以致聚，可見處萃者之必順也；以明而動，所以致豐，可見處豐者之必明也。卦爻之義，皆欲其明而防其昏，故傳先发此義，以示玩辭之要。

「王假之」，尚大也。「勿憂，宜日中」，宜照天下也。

【本義】釋卦辭。

【程傳】王者有四海之廣，兆民之衆，極天下之大也，故豐大之道，唯王者能致之。所有既大，其保之治之之道亦當大也，故王者之所尚至大也。所有既廣，所治既衆，當憂慮其不能周及，宜如日中之盛明，普照天下，无所不至，則可勿憂矣。如是，然後能保其豐大。保有豐大，豈小才、小知之所能也？

【集説】吴氏曰慎曰：所以「宜日中」者，恐日中則昃也。「照天下」，日中時；昃，日中後。

【案】「尚大」，謂王者至此，所尚者大也。志意廣大，則不能謹小慮微，而明有所不照，即昏之徵而衰之兆也。故言「宜日中」者，謂能常明不昏，則能常中不昃。

日中則昃，月盈則食，天地盈虚，與時消息，而況於人乎！況於鬼神乎！

【本義】此又發明卦辭外意，言不可過中也。

【程傳】既言豐盛之至，復言其難常，以爲誡也。日中盛極，則當昃昳；月既盈滿，則有虧缺。天地之盈虚，尚「與時消息」，況人與鬼神乎！盈虚謂盛衰，消息謂進退，天地之運，亦隨時進退也。鬼神謂造化之迹，於萬物盛衰，可見其消息也。於豐盛之時，而爲此誡，欲其守中不至過盛。處豐之道，豈易也哉？

【集説】孔氏穎達曰：先陳天地，後言人鬼神者，欲以輕譬重，亦先尊後卑也。日月先天地者，承上「宜日中」之文，遂言其昃、食，因舉日月以對，然後並陳天地，作文之體也。

○朱子語類云：豐卦彖許多言語，其實只在「日中則昃，月盈則食，天地盈虚，與時消息」數語上，這盛得極，常須謹謹保守得日中時候方得，不然，便是傴仆傾壞了。

〇問：鬼神者，造化之迹，然天地盈虚，即是造化之迹矣，而復言鬼神，何耶？曰：天地，舉全體而言；鬼神，指其功用之迹似有人所爲者。

〇毛氏璞曰：豐，大也，亦盈也。惟有道者明德若不足，未嘗中，故不昃；未嘗盈，故不食。日新則爲大，反是則爲盈。知日中之宜，則知日昃之可戒。

〇林氏希元曰：卦辭「勿憂，宜日中」，所以然處未之及，此方言之以補卦辭之所未及，故曰發明卦辭外意，言卦外之意也。雖曰辭外之意，然實有此意，但辭不及耳。

【案】林氏之説得之。朱子釋彖辭，亦曰盛極當衰也。

「旅小亨」，柔得中乎外而順乎剛，止而麗乎明，是以「小亨，旅貞吉」也。

【本義】以卦體、卦德釋卦辭。

【程傳】六上居五，「柔得中乎外」也；麗乎上下之剛，「順乎剛」也；下艮止，上離麗，止而麗於明也。柔順而得在外之中，所止能麗於明，是以小亨，得旅之貞正而吉也。旅困之時，非陽剛中正有助於下，不能致大亨也。所謂得在外之中，中非一揆，旅有旅之中也。止麗於明，則不失時宜，然後得處旅之道。

【集説】王氏宗傳曰：用剛非旅道也，故莫尚乎用柔。然柔不可過也，故莫尚乎得中。以六居五，得中位而屬外體，麗乎二剛之閒，故曰「柔得中乎外而順乎剛」。

【案】處旅之道，審幾度勢，貴於明也。待人接物，亦貴於明也。然明不可以獨用，故必以止靜爲本，而明麗焉，與晉、睽之主於順、説者同。

旅之時義大矣哉！

【本義】旅之時爲難處。

【程傳】天下之事，當隨時各適其宜，而旅爲難處，故稱其時義之大。

【集説】俞氏琰曰：旅之時最難處，旅之義不可不知。蓋其亨雖小，其時義則大，聖人小其亨而大其時義，非大旅也，大其處旅之道也。

○錢氏一本曰：難處者，旅之時；難盡者，旅之義。或以旅興，或以旅喪，所關甚大。

重巽以申命，

【本義】釋卦義也。巽順而入，必究乎下，命令之象。重巽，故爲申命也。

【程傳】重巽者，上下皆巽也。上順道以出命，下奉命而順從，上下皆順，重巽之象也。又重爲重複之義。君子體重巽之義，以申復其命令。申，重復也，丁寧之謂也。

【集説】石氏介曰：巽者，齊也；齊者，申之以命令。

○朱氏震曰：巽爲風，風者天之號令也，故巽爲命。内巽者，命之始；外巽者，申前之命也。重巽之象，施之於申命，先儒謂不違其令，命乃行也。

〇朱子語類：問：「申字是兩番降命令否？」曰：「非也，只是丁寧反復説，便是申命。巽，風也。風之吹物，無處不入，無物不鼓動。詔令之入人，淪膚浹髓，亦如風之動物也。」

〇俞氏琰曰：巽之取象，在天爲風，在人君爲命。風者，天之號令，其入物也無不至；命者，人君之號令，其入人也亦無不至。

【案】須發號令，以象天之風聲是已。然須知巽者入也。王者欲知民之休戚、事之利弊，則必清問於下而察之周，告誡於上而行之切，此其所以申命也。蓋始則入民情之隱，而散其不善者；終乃入人心之深，而動其善者。

剛巽乎中正而志行，柔皆順乎剛，是以「小亨，利有攸往，利見大人」。

【本義】以卦體釋卦辭。「剛巽乎中正而志行」，指九五；柔謂初四。

【程傳】以卦才言也。陽剛居巽而得中正，巽順於中正之道也。陽性上，其志在以中正之道上行也，又上下之柔，皆巽順於剛，其才如是，雖內柔，可以小亨也。巽順之道，无往不能入，故「利有攸往」。巽順雖善道，必知所從，能巽順於陽剛中正之大人，則爲利，故「利見大人」也。如五二之陽剛中正，大人也。巽順不於大人，未必不爲過也。

【集説】胡氏瑗曰：利見大有德之人，以果斷而決白之，然後所申之命令、所行之事，施之於人，莫有不順之者，如風之及於物，罔有不入者也。

○朱氏震曰：「剛巽乎中正」，則所施當乎人心，是以「志行」乎上下。柔皆順乎剛，則物無違者。大人者，九五，「剛巽乎中正」者也。

○李氏舜臣曰：柔順乎剛，「剛巽乎中正」者，所以爲巽之體也。若徒以一陰潛伏謂之爲巽，而不究乎陰畫在二陽之下，有順乎陽剛之象，陽畫在二五之位，有巽乎中正之德，則巽之所以致亨者，不可得而見矣。「利見大人」者，蓋指二五以陽剛之畫處中正之位，而初四二陰出而順從之，乃所以爲利也。

○項氏安世曰：以卦體言之，「重巽以申命」，是「小亨」也；以九五言之，「剛巽乎中正而志行」，是「利有攸往」也；以初六、六四言之，「柔皆順乎剛」，是「利見大人」也。彖辭與旅相類，皆總陳卦義，而用「是以」二字結之。

○趙氏汝楳曰：卦本乾體，一陰下生，剛有巽之之象，剛巽柔，居二五中正之位，柔既已生，皆在二五之下，有順乎剛之象。

○何氏楷曰：成卦之主，在初與四，陰始生而陽巽之，二五其最近者也。「剛巽乎中正」，則不暴急以忤物，故命不下格而志可行。初、四各處卦下，柔皆順剛，無有違逆，所以教命得申，成「小亨」以下之義也。

【案】卦義是陰在内而陽入之，非陽在外而陰入之也。陰在内而陽入之者，將以制之也；制之者，將以齊之也。剛以中正之德爲巽，則能入而制之矣。至於柔皆順剛，則豈有不受其制而至於不齊者乎？彖傳詞義甚明，李氏、項氏、何氏説皆合經意。

兑，説也。

【本義】釋卦名義。

【集説】張氏雨若曰：此釋名義類咸。兑者無言之説，以説解兑，兑本爲説，特以其説不在言而稱兑耳。

剛中而柔外，説以利貞，是以順乎天而應乎人。説以先民，民忘其勞；説以犯難，民忘其死。説之大，民勸矣哉！

【本義】以卦體釋卦辭，而極言之。

【程傳】兑之義，説也，一陰居二陽之上，陰説於陽，而爲陽所説也。陽剛居中，中心誠實之象；柔爻在外，接物和柔之象，故爲説而能貞也。利貞，説之道宜正也。卦有剛中之德，能貞者也。説而能貞，是以上順天理，下應人心，説道之至正至善者也。若夫違道以干百姓之譽者，苟説之道，違道不順天，干譽非應人，苟取一時之説耳，非君子之正道。君子之道，其説於民，如天地之施，感於其心，而説服无斁。故以之先民，則民心説隨而忘其勞；率之以犯難，則民心説服於義而不恤其死。

說道之大，民莫不知勸。勸謂信之而勉力順從。人君之道，以人心説服爲本，故聖人贊其大。

【集説】王氏弼曰：説而違剛則諂，剛而違説則暴。剛中而柔外，所以「説以利貞」也。剛中故利貞，柔外故説亨。

○劉氏牧曰：「天之所助者，順也；人之所助者，信也。」柔外爲順，剛中爲信，故得「順乎天而應乎人」。

○吕氏祖謙曰：當適意時而説，與處安平時而説，皆未足爲難，惟當勞苦患難而説，始見真説。聖人以此先之，故能使之任勞苦而不辭，赴患難而不畏也。

涣，亨。剛來而不窮，柔得位乎外而上同。

【本義】以卦變釋卦辭。

【程傳】涣之能亨者，以卦才如是也。涣之成涣，由九來居二，六上居四也。剛陽之來，則不窮極於下，而處得其中；柔之往，則得正位於外，而上同於五之中；巽順於五，乃上同也。四五君臣之位，當涣而比，其義相通。同五，乃從中也。當涣之時，而守其中，則不至於離散，故能亨也。

【集説】王氏弼曰：二以剛來居内，而不窮於險，四以「柔得位乎外」，而與上同，内剛而無險困之難，外順而無違逆之乖，是以亨也。

○孔氏穎達曰：此就九二剛德居險，六四得位從上，釋所以能釋險難而致亨通。

○馮氏椅曰：以二四往來明卦義，「不窮」「上同」明亨。剛來不窮，即需「剛健不陷」義，不困窮之象。

○林氏希元曰：「柔得位乎外而上同」，是六四之柔，得位乎外卦，而上同九五。四五同德，斯足以濟涣矣，故亨。本義已定，語録雖謂未穩，而未及更改。

【案】「剛來而不窮」者，固其本也；「柔得位乎外而上同」者，致其用也。固本則保聚有其基，致用則聯屬有其具。

「王假有廟」，王乃在中也。

【本義】中謂廟中。

【程傳】「王假有廟」之義，在萃卦詳矣。天下離散之時，王者收合人心，至於有廟，乃是在其中也。在中，謂求得其中，攝其心之謂也。中者，心之象。「剛來而不窮」，柔得位而上同，卦才之義，皆主於中也。王者拯涣之道，在得其中而已。孟子曰：「得其民有道，得其心，斯得民矣。」亨帝立廟，民心所歸從也。歸人心之道，无大於此，故云至於有廟，拯涣之道，極於此也。

【集説】何氏楷曰：「王乃在中」者，非在廟中之謂。王者之心渾然在中，則不薦之孚，直有出於儀文之外者，宜其精神之與祖考相爲感格也。

「利涉大川」，乘木有功也。

【程傳】治涣之道，當濟於險難，而卦有乘木濟川之象。上巽木也，下坎水，大川也，利涉險以濟涣也。木在水上，乘木之象。乘木所以涉川也，涉則有濟涣之功。卦有是義，有是象也。

【集説】胡氏炳文曰：易以巽言「利涉大川」者三，皆以木言。益曰「木道乃行」，中孚曰「乘木舟虚」，涣曰「乘木有功」也。十三卦「舟楫之利」，獨取諸涣，亦以此也。

【案】「王乃在中」，謂九五居中，便含至誠感格之意；「乘木有功」，謂木在水上，便含濟險有具之意。

節，亨。剛柔分而剛得中。

【本義】以卦體釋卦辭。

【程傳】節之道，自有亨義，事有節則能亨也。又卦之才，剛柔分處，剛得中而不過，亦所以爲節，所以能亨也。

【集説】趙氏玉泉曰：統觀全體，而剛柔適均，則剛以濟柔，柔以濟剛，一張一弛，惟其稱也。析觀二體，而二五得中，則不失之過，不失之不及，一損一益，惟其宜也。由是以制數度，而隆殺皆中；以議德行，而進反皆中。此節之所以亨也。

「苦節，不可貞」，其道窮也。

【本義】又以理言。

【程傳】節至於極而苦，則不可堅固常守，其道已窮極也。

【集說】孔氏穎達曰：若以苦節爲正，則其道困窮。

○吴氏應回曰：中節則和，否則不和。稼穡作甘，以得中央之土也；火炎上則苦，亦以焦枯之極也。剛得中而能節，乃爲九五之甘；柔失中而過節，則爲上六之苦。故物得中則甘，失中則苦。

○俞氏琰曰：凡物過節則苦。味之過正，形之過勞，心之過思，皆謂之苦。節而苦，則非通行之道，故曰「其道窮也」。

○黄氏淳耀曰：合於中，即甘即亨；失其中，即苦即窮。苦與甘反，窮與亨反。

説以行險，當位以節，中正以通。

【本義】又以卦德、卦體言之。當位中正指五，又坎爲通。

【程傳】以卦才言也。内兑外坎，説以行險也。人於所説，則不知已，遇艱險則思止。方説而止，爲節之義。「當位以節」，五居尊當位也，在澤上，有節也。當位而以節，主節者也。處得中正，節而能通也。中正則通，過則苦矣。

【集説】孔氏穎達曰：更就二體及四五當位，重釋行節得亨之義，以明苦節之窮也。

○林氏希元曰：九五陽剛居尊，當位以主節於上，而所節者得其中正，是可以通行於天下。

【案】「説以行險」，先儒説義未明。蓋節有阻塞難行之象，所謂險也。而其所以亨者，則以其有安適之善，而無拘迫之苦，所謂説也。「當位」以位言，「中正」以德言，當位則有節天下之權，中正則能通天下之志。此三句，當依孔氏，爲總申彖辭之義。説則不苦而通則不窮矣。蓋上文既以全卦之善言之，此又專主九五及卦德以申之，正與漸卦同例。

天地節而四時成，節以制度，不傷財，不害民。

【本義】極言節道。

【程傳】推言節之道。天地有節，故能成四時，无節則失序也；聖人立制度以爲節，故能不傷財害民。人欲之无窮也，苟非「節以制度」，則侈肆至於傷財害民矣。

【集説】孔氏穎達曰：天地以氣序爲節，使寒暑往來各以其序，則四時功成也。王者以制度爲節，使用之有道，役之有時，則「不傷財，不害民」也。

○吴氏曰慎曰：革曰「天地革而四時成」，此曰「天地節而四時成」，限止之謂節，改易之謂革，節淺而革深，節先而革後。四時，舉其大者言之，天地之化，刻刻相節，時時相革。

中孚，柔在内而剛得中，説而巽，孚乃化邦也。

【本義】以卦體、卦德釋卦名義。

【程傳】二柔在内，中虚爲誠之象；二剛得上下體之中，中實爲孚之象，卦所以爲中孚也。「説而巽」，以二體言卦之用也。上巽下説，爲上至誠以順巽於下，下有孚以説從其上，如是，其孚乃能化於邦國也。若人不説從，或違拂事理，豈能化天下乎？

【集説】張子曰：孚者，覆乳之象也。夫覆乳者，必剛外而柔内。雖柔内，非陽則不生，故剛得中而爲孚也。

○王氏宗傳曰：以成卦觀之，在二體則爲中實，在全體則爲中虚。蓋中不虚則有所累，有所累害於信者也；中不實則無所主，無所主則又失其信矣，故曰中孚。

【案】「柔在内而剛得中」，其義甚精，非柔在内則中不虚矣，非剛得中則中又不實矣。地至虚也，然惟陰中有陽，故受天氣而生物；月至虚也，然惟水陰根陽，故受日光而發照。物之雌牝，受陽精而胎化者亦然。此卦之名，所以取於乳卵者，此也。老子亦曰：髣兮髴，其中有物。窈兮冥，其中有精。真精之中，其中有信。蓋見及此也。

○又案：无妄，天德也。天德實，實則虚矣，故曰无妄，言其虚也。中孚，地德也。地德虚，虚則實矣，故曰中孚，言其實也。惟无妄之主於虚也，故六爻之義皆貴乎無謀望作爲之私，反是則有妄矣；惟中孚之主於實也，故六爻之義皆貴乎有誠心實德之積，反是則非孚矣。二卦之義實相表裏。

「豚魚吉」，信及豚魚也。「利涉大川」，乘木舟虚也。

【本義】以卦象言。

【程傳】信能及於豚魚，信道至矣，所以吉也。以中孚涉險難，其利如乘木濟川而以虚舟也。

舟虚則无沈覆之患，卦虚中爲虚舟之象。

【集説】王氏弼曰：用中孚以涉難，若乘木舟虚也。

○鄭氏湘卿曰：仁及草木，言草木難仁也；誠動金石，言金石難誠也；信及豚魚，言豚魚難信也。

○蔡氏清曰：木在澤上，既爲乘木之象；外實内虚，又爲舟虚之象。

○吴氏曰慎曰：「豚魚吉」，蓋「信及豚魚」者之吉，非豚魚吉也，故在卦辭不可以「豚魚吉」三字爲句，當以「中孚豚魚」爲讀。彖傳「信及豚魚」即「中孚豚魚」也。

中孚以利貞，乃應乎天也。

【本義】信而正，則應乎天矣。

【程傳】中孚而貞，則應乎天矣。天之道，孚貞而已。

【集説】蘇氏軾曰：天道不容僞。

小過，小者過而亨也。

【本義】以卦體釋卦名義與其辭。

【程傳】陽大陰小，陰得位、剛失位而不中，是「小者過」也，故爲小事過，過之小。小者與小事，有時而當過，過之亦小，故爲小過。事固有待過而後能亨者，過之所以能亨也。

【集説】孔氏穎達曰：順時矯俗，雖過而通。

○朱氏震曰：「小過，小者過」也，蓋事有失之於偏，矯其失，必待小有所過，然後偏者反於中。謂之過者，比之常理則過也。過反於中，則其用不窮而亨矣，故曰「小者過而亨也」。

○王氏宗傳曰：言以過故亨也。天下固有越常救失之事，如象所謂過乎恭、過乎哀、過乎儉是也。不有所過，安能亨哉？故曰「小者過而亨也」。

【案】此釋義與「遯而亨也」同。遯非得已之事，然必遯而後亨；小過亦非得已之事，然必過而後亨，故其釋義同也。

過以利貞，與時行也。

【程傳】過而利於貞，謂「與時行也」。時當過而過，乃非過也，時之宜也，乃所謂正也。

【集説】蘇氏軾曰：象之所謂利貞，即象之所謂過乎恭儉與哀者，時當然也。

○朱氏震曰：君子制事以天下之正理，所以小過者，時而已，故曰「過以利貞，與時行也」。

○蔡氏淵曰：「與時行」，謂隨小過之時，而用其正也。

○龔氏焕曰：道貴得中，過非所尚，然隨時之宜，施當其可，則過也乃所以爲中也，故曰「過以利貞，與時行也」。與時行而不失其貞，則過非過矣。

柔得中，是以小事吉也。

【本義】以二五言。

剛失位而不中，是以「不可大事」也。

【本義】以三四言。

【程傳】小過之道，於小事有過則吉者，而彖以卦才言吉義。「柔得中」，二五居中也。陰柔得位，能致「小事吉」耳，不能濟大事也。「剛失位而不中，是以不可大事」，大事非剛陽之才不能濟，三不中，四失位，是以「不可大事」。小過之時，自「不可大事」，而卦才又不堪大事，與時合也。

【集說】孔氏穎達曰：柔順之人能行小事，柔而得中，是行小中時，故曰「小事吉也」；剛健之人能行大事，失位不中，是行大不中時，故曰「不可大事也」。

○朱氏震曰：於小事，有過而不失其正，則吉，「柔得中」也。作大事，非剛得位得中不能濟，失位則無所用其剛，不中則才過乎剛，是以小過之時，不可作大事也。

○胡氏炳文曰：矯天下之枉者，以過爲正。然剛過而中爲大過，柔得中爲小過，是則事有當過者，而皆不可外乎中也。

【案】任大事貴剛，取其强毅，可以遺大投艱也；處小事貴柔，取其畏慎，爲能矜細勤小也。二者皆因乎時。得中者，適乎時之謂也。此卦「柔得中」，「剛失位而不中」，則有行小事適時，而行大事則非其時之象。

有飛鳥之象焉，「飛鳥遺之音，不宜上，宜下，大吉」，上逆而下順也。

【本義】以卦體言。

【程傳】「有飛鳥之象焉」，此一句不類象體，蓋解者之辭，誤入象中。中剛外柔，飛鳥之象。卦有此象，故就飛鳥爲義。事有時而當過，所以從宜，然豈可甚過也？如過恭、過哀、過儉，大過則不可，所以在小過也。所過當如飛鳥之遺音，鳥飛迅疾，聲出而身已過，然豈能相遠也？事之當過者亦如是，身不能甚遠於聲，事不可遠過其常，在得宜耳。「不宜上，宜下」，更就鳥音取宜順之義。過之道，當如飛鳥之遺音，夫聲逆而上則難，順而下則易，故在高則大，山上有雷，所以爲過也。過之道，順行則吉，如飛鳥之遺音宜順也，所以過者爲順乎宜也，能順乎宜，所以大吉。

【集説】王氏弼曰：施過於不順，凶莫大焉；施過於順，過更變而爲吉也。

○胡氏瑗曰：四陰在外，二陽在内，是内實外虚，故有飛鳥之象也。飛鳥翔空，無所依著，愈上則愈窮，是上則逆也；下附物則身可安，是下則順也。猶君子之人，過行其事，以矯世勵俗，必下附人情，亦宜下而不宜上也。

○朱氏震曰：上逆也，故不宜上；下順也，故宜下。小過之時，事有時而當過，所以從宜，不可過越已甚，不然必凶也。

○俞氏琰曰：溯風而上，爲逆；隨風而下，爲順。

○方氏時化曰：聖人因此卦有飛鳥之象，遂即象以戒之曰飛鳥有遺音云。遺音如何？言「不宜上，宜下，大吉」云耳。夫鳥上飛則逆，下飛則順，其大致也。今自謂宜下而不宜上焉，實爲二陽諷也。

○吴氏曰慎曰：以卦體言，陰乘陽爲逆，承陽爲順，四陰分居上下，有逆順之象。

【案】四陽居中，則有棟梁之象；四陰居外，則有羽毛之象。君子之任大事，則爲天下棟梁；脩細行，則爲天下羽儀。此二卦取象之意也。然以其陰陽皆過多也，故謂之大過、小過。事固有過以爲中者，無嫌於過也，然必過而不失其中，乃歸於無過。故棟則惡其太剛而折，太重而橈，故宜隆於上，不可橈於下也；羽則惡其柔而無立，輕而不戢，故宜就於下，不可颺於上也。大過之彖曰「剛過而中」，「不橈乎下」，斯爲剛之中矣；小過之彖曰「柔得中」，「不宜上，宜下」，斯爲柔之中矣。

既濟亨，小者亨也。

【本義】「濟」下疑脱「小」字。

【集説】陸氏銓曰：國家當極盛時，縱有好處，都只是尋常事，所以説「小者亨」。

【案】亨小之義，陸氏説善。既濟之時，自然事事亨通，然特其小者爾。聖人之制治保邦也，制度之立，綱紀之脩，以爲小；而精神之運，心術之動，以爲大。故屯難之時而大亨者，以其「動乎險中」，不敢安寧也；既濟之時而亨小者，以其已安已治，四達不悖也。彖所以言「初吉」「終亂」者，以此；象所以言「思患」「豫防」者，亦以此。

「利貞」，剛柔正而位當也。

【本義】以卦體言。

【程傳】既濟之時，大者固已亨矣，唯有小者未亨也。時既濟矣，固宜貞固以守之，卦才剛柔正當其位，當位者其常也，乃正固之義，利於如是之貞也。陰陽各得正位，所以爲既濟也。

【集説】俞氏琰曰：三剛三柔皆正，而位皆當，六十四卦之中，獨此一卦而已，故特贊之也。

「初吉」，柔得中也。

【本義】指六二。

【程傳】二以柔順文明而得中，故能成既濟之功。二居下體，方濟之初也，而又善處，是以吉也。

【集説】梁氏寅曰：既濟「柔得中」在下卦，則「初吉」而「終亂」，以文明已過而坎險繼之也。未濟「柔得中」在上卦，則始未濟而終亨，以出乎坎險而正當文明也。

【案】凡易義以剛中爲善，而既、未濟皆善柔中者，既濟以内卦爲主，至外卦則向乎未濟矣；未濟亦以内卦爲主，至外卦則向乎既濟矣。亦猶泰之善在二，而否之善在五。

終止則亂，其道窮也。

【程傳】天下之事不進則退，无一定之理。濟之終，不進而止矣，无常止也，衰亂至矣，蓋其道已窮極也。九五之才非不善也，時極道窮，理當必變也。聖人至此奈何？曰：唯聖人爲能通其變於未窮，不使至於極也，堯舜是也，故有終而无亂。

【集說】侯氏行果曰：由止，故物亂而窮也。乾鑿度曰：既濟、未濟者，所以明戒慎、全王道也。

○胡氏瑗曰：天下久治則人苟安，萬務易墜，禍患不警，故持盈守成之道，當須至兢至慎，然後可以久濟。苟止於逸樂，不自省懼，以爲終安，亂斯至矣。此聖人深戒之辭。

○張氏清子曰：卦曰「終亂」而彖曰「終止則亂」，非終之能亂也，於其終而有止心，此亂之所由生也。

○俞氏琰曰：人之常情，處無事則止心生，止則怠，怠則有患，而不爲之防，此所以亂也。當知「終止則亂」，不止則不亂也。

「未濟亨」，柔得中也。

【本義】指六五言。

【程傳】以卦才言也。所以能亨者，以「柔得中」也。五以柔居尊位，居剛而應剛，得柔之中也。剛柔得中，處未濟之時，可以亨也。

【集說】蔡氏淵曰：既濟之後必亂，故主在下卦，而亨取二；未濟之後必濟，故主在上卦，而亨取五。

「小狐汔濟」，未出中也。「濡其尾，无攸利」，不續終也。雖不當位，剛柔應也。

【程傳】據二而言也，二以剛陽居險中，將濟者也。又上應於五，險非可安之地，五有當從之理，故果於濟，如小狐也。既果於濟，故有濡尾之患，未能出於險中也。其進鋭者其退速，始雖勇於濟，不能繼續而終之，无所往而利也。雖陰陽不當位，然剛柔皆相應，當未濟而有與，若能重慎，則有可濟之理。二以汔濟，故濡尾也。卦之諸爻皆不得位，故爲未濟。雜卦云「未濟，男之窮也」，謂三陽皆失位也。斯義也，聞之成都隱者。

【集説】朱子語類云：「小狐汔濟」，汔字訓幾，與井卦同。既曰幾，便是未出坎中。

○郭氏鵬海曰：既濟之吉，以柔得中；未濟之亨，亦以柔得中，則敬慎勝也。既濟之亂以終止，未濟之「無攸利」以「不續終」，則克終難也。既濟之貞，以「剛柔正」，未濟之可濟，以「剛柔應」，則交濟之功也。既曰「柔得中」，而又有「不續終」之戒，可見濟事無可輕忽之時。既曰「不當位」，又著剛柔之應，可見得人無不可濟之事。

○吴氏曰慎曰：既濟曰「終止則亂」，此曰「无攸利，不續終也」，蓋事之既濟而生亂，與未濟而無終者，皆一念之怠爲之，君子是以貴自强不息。

御纂周易折中卷第十一

象上傳

【本義】象者，卦之上下兩象，及兩象之六爻，周公所繫之辭也。

天行健，君子以自彊不息。

【本義】天，乾卦之象也。凡重卦皆取重義，此獨不然者，天一而已。但言天行，則見其一日一周，而明日又一周，若重複之象，非至健不能也。君子法之，不以人欲害其天德之剛，則自彊而不息矣。

【程傳】卦下象，解一卦之象；爻下象，解一爻之象。諸卦皆取象以爲法。乾道覆育之象至大，非聖人莫能體，欲人皆可取法也，故取其行健而已。至健固足以見天道也，「君子以自彊不息」，法天行之健也。

【集說】游氏酢曰：至誠無息，天行健也，若文王之德之純是也。未能無息而不息者，君子之自彊也，若顔子三月不違仁是也。

○朱子語類云：乾重卦，上下皆乾，不可言兩天，昨日行一天也，今日又行亦一天也，其實一天，而行健不已，有重天之象，此所以爲天行健。坤重卦，上下皆坤，不可言兩地，地平則不見其順，必其高下層層，有重地之象，此所以爲地勢坤。

○問：「天運不息，『君子以自彊不息』。」曰：「非是説天運不息，自家去趕逐，也要學他如此不息，只是常存得此心，則天理常行，而周流不息矣。」又曰：「天運不息，非特四時爲然，雖一日一時、頃刻之間，其運未嘗息也。」

○胡氏炳文曰：上經四卦，乾曰「天行」，坤曰「地勢」，坎曰「水洊至」，離曰「明兩作」，先體而後用也。下經四卦，震曰「洊雷」，艮曰「兼山」，巽曰「隨風」，兑曰「麗澤」，先用而後體也。乾坤不言重，異於六子也。稱健不稱乾，異於坤也。

○蔡氏清曰：孔子於釋卦名、卦辭之後，而復加之以大象者，蓋卦名、卦辭之説有限，而聖人胸中義理無窮，故自「天行健」至「火在水上，未濟」，自「君子自彊不息」至「愼辨物居方」，皆聖人之藴，因卦以發者也。

○林氏希元曰：夫子贊易，既釋卦名、卦辭，而有彖傳、文言諸作矣，見得易理無窮，又合二體之象作傳，以發明之。

○何氏楷曰：健而無息之謂乾，中庸言「至誠無息」者，通之於天也。「自彊」言不息，不言無息，學之爲法天事耳。始於不息，終於無息，故中庸於「無息」之下文，而推原之曰「不息則久」。自彊之法何如？曰：主敬，君子莊敬日强。

【案】彖傳釋名，或舉卦象，或舉卦德，或舉卦體；大象傳則專取兩象以立義，而德、體不與焉。又彖下之辭，其於人事，所以效動趨時者，既各有所指矣；象傳所謂先王、大人、后、君子之事，固多與彖義相發明者，亦有自立一義而出於彖傳之外者，其故何也？曰：彖辭爻辭之傳，專釋文周之書；大象之傳，則所以示人讀伏羲之易之凡也。蓋如卦體之定尊卑，分比應，條例詳密，疑皆至文王而始備。伏羲畫卦之初，但如説卦所謂天地山澤雷風水火之象而已，因而重之，亦但如説卦所謂八卦相錯者而已。其象則無所不像，其義則無所不包，故推以制器，則有如繫傳之所陳，施之卜筮，亦無往不可以類物情而該事理也。夫子見其如此，是故象則本乎羲，名則因乎周，義則斷以己，若曰先聖立象以盡意，而意無窮也，後聖繫辭以盡言，而言難盡也，存乎學者之「神而明之」而已矣。此義既立，然後學者知有伏羲之書；知有伏羲之書，然後可以讀文王之書，此夫子傳大象之意也。

「潛龍勿用」，陽在下也。

【本義】陽，謂九；下，謂潛。

【程傳】陽氣在下，君子處微，未可用也。

【集説】胡氏炳文曰：夫子於乾坤初爻揭陰陽二字，以明易之大義。乾初曰「陽在下」，坤初曰「陰始凝」，扶陽抑陰之意已見於言辭之表。

「見龍在田」，德施普也。

【程傳】見於地上，德化及物，其施已普也。

【集説】陸氏希聲曰：陽氣見於田，則生植利於民；聖人見於世，則教化漸於物，故曰「德施普也」。

○梁氏寅曰：「德施普」，正孟子所謂「正己而物正」者也。所謂德施，豈必博施濟衆乃謂之施乎？蓋聞其風而興起者，無非其德之施也。

「終日乾乾」，反復道也。

【本義】反復，重複踐行之意。

【程傳】進退動息必以道也。

【集説】項氏安世曰：三以自脩，故曰反復；四以自試，故曰進退。

「或躍在淵」，進无咎也。

【本義】可以進而不必進也。

【程傳】量可而進，適其時，則无咎也。

【集説】石氏介曰：「進无咎也」一句，是承「或躍在淵」言，非決其疑也，蓋曰如此而進，斯无咎耳。

「飛龍在天」，大人造也。

【本義】造猶作也。

【程傳】大人之爲，聖人之事也。

【集説】徐氏幾曰：「大人造」者，聖人作也。龍以飛而在天，猶大人以作而居位。大人釋龍字，造釋飛字。

「亢龍有悔」，盈不可久也。

【程傳】盈則變，有悔也。

【集説】谷氏家杰曰：亢不徒以時勢言，處之者與時勢俱亢，方謂之盈。「不可」二字，聖人深爲處盈者致戒。

用九，天德不可爲首也。

【本義】言陽剛不可爲物先，故六陽皆變而吉。

○「天行」以下，先儒謂之大象；「潛龍」以下，先儒謂之小象。後放此。

【程傳】「用九」，天德也。天德陽剛，復用剛而好先，則過矣。

【集説】谷氏家杰曰：一歲首春，一月首朔，似有首矣，然春即臘之底，朔即晦之極，渾渾全全，要之莫知所終，引之烏有其始，更無可爲首也。用九者，全體天德，循環不已，聖人之御天者此也。

【案】此「不可爲首」與「不可爲典要」語勢相似，非戒辭也，若言恐用剛之太過，不可爲先，則天德兩字，是至純至粹，無以復加之稱，非若剛柔仁義，倚於一偏者之謂，尚恐其用之太過，而不可爲先，則非所以爲天德矣。程子嘗曰：動靜無端，陰陽無始，蓋即「不可爲首」之義。如所謂不可端倪，不可方物，亦此意也。

地勢坤，君子以厚德載物。

【本義】地坤之象，亦一而已，故不言重，而言其勢之順，則見其高下相因之无窮，至順極厚而无所不載也。

【程傳】坤道之大，猶乾也，非聖人，孰能體之？地厚而其勢順傾，故取其順厚之象，而云「地勢坤」也。君子觀坤厚之象，以深厚之德容載庶物。

【集説】朱子語類云：高下相因只是順，然惟其厚，所以高下只管相因去，只見得他順。若是薄底物，高下只管相因，則傾陷了，不能如此之無窮矣。君子體之，惟至厚爲能載物。

○林氏希元曰：「地勢坤」，言地勢順也，於此就見其厚，故「君子以厚德載物」。蓋坤之象爲地，重之又得坤焉，則是地之形勢高下相因，頓伏相仍，地勢之順，亦惟其厚耳。不厚，則高下相因便傾陷了，安得如此之順？惟其厚，故能無不持載，故君子厚德，以承載天下之物。夫天下之物多矣，君子以一身任天下之責，群黎百姓，倚我以爲安，鳥獸、昆蟲、草木，亦倚我以爲命，使褊心凉德，其何以濟，而天下之望於我者亦孤矣。

「履霜堅冰」，陰始凝也。馴致其道，至堅冰也。

【本義】按魏志作「初六履霜」，今當從之。馴，順習也。

【程傳】「陰始凝」而爲霜，漸盛則至於堅冰。小人雖微，長則漸至於盛，故戒於初。馴謂習，習而至於盛。習，因循也。

【集說】孔氏穎達曰：馴猶狎順也，若鳥獸馴狎然，言順其陰柔之道，習而不已，乃至堅冰也。於履霜而逆以堅冰爲戒，所以防漸慮微，慎終於始。

○丘氏富國曰：乾初九，小象釋之以「陽在下」；坤初六，小象釋之以「陰始凝」。聖人欲明九六之爲陰陽，故於乾坤之初畫言之。

○胡氏炳文曰：上六曰「其道窮也」，由初六順習其道，以至於窮耳。兩「其道」字，具載始末。經曰「堅冰至」，要其終也；傳曰「至堅冰」，原其始也。

六二之動，直以方也。「不習无不利」，地道光也。

【程傳】承天而動，「直以方」耳，直方則大矣。直方之義，其大无窮。地道光顯，其功順成，豈習而後利哉？

【集説】王氏安石曰：六二之動者，六二之德，動而後可見也。因物之性而生之，是其直也；成物之形而不易，是其方也。

〇王氏宗傳曰：坤之六二，以順德而處正位，六爻所謂盡地之道者，莫二若也，故曰「地道光也」。

〇項氏安世曰：乾以九五爲主爻，坤以六二爲主爻，蓋二卦之中，惟此二爻既中且正，又五在天爻，二在地爻，正合乾坤之本位也。乾主九五，故於五言乾之大用，而九二止言乾德之美；坤主六二，故於二言坤之大用，而六五止言坤德之美。六二之直，即「至柔而動剛」也；六二之方，即「至靜而德方」也；其大，即「後得主而有常，含萬物而化光」也；其「不習无不利」，即「坤道其順乎，承天而時行」也。六二蓋全具坤德者，孔子懼人不曉六二何由兼有乾直，故解之曰「六二之動，直以方也」，言坤動也剛，所以能直也；又懼人不曉六二何由「无往不利」，故又解之曰「地道光也」，言地道主六二，猶乾之九五言「乃位乎天德」也。

〇蔡氏清曰：地道是直方。地道之光，是直方而大處。直方而大，即便不習，无不利。

○葉氏爾瞻曰："「直以方」，看一「以」字，六二之動方矣，然由其存乎内者直，是以見乎外者方也。

「含章可貞」，以時發也。「或從王事」，知光大也。

【程傳】夫子懼人之守文而不達義也，又從而明之，言爲臣處下之道，不當有其功善，必含晦其美，乃正而可常。然義所當爲者，則以時而發，不有其功耳，不失其宜，乃以時也，非含藏終不爲也，含而不爲，不盡忠者也。「或從王事」，象只舉上句，解義則並及下文，它卦皆然。「或從王事」而能「无成有終」者，是其知之光大也。唯其知之光大，故能「含晦」。淺暗之人有善，唯恐人之不知，豈能「含章」也？

【集説】吕氏祖謙曰：傳云「唯其知之光大，故能含晦」，此極有意味。尋常人欲含晦者，多只去鋤治驕矜，深匿名迹，然逾鋤逾生、逾匿逾露者，蓋不曾去根本上理會，自己知未光大，胸中淺狹，纔有一功一善，便無安著處，雖强欲抑遏，終制不住。譬如瓶小水多，雖抑遏固閉，終必泛溢，若瓶大，則自不泛溢，都不須閑費力。

○王氏申子曰：含，非含藏終不發也，待時而後發也。「或從王事」而能「无成有終」者，必其知之光大也。淺暗者有善，唯恐人不知，豈能含晦哉？

「括囊无咎」，慎不害也。

【程傳】能慎如此，則无害也。

「黄裳元吉」，文在中也。

【本義】文在中而見於外也。

【程傳】黄中之文，在中不過也；内積至美而居下，故爲元吉。

【集説】谷氏家杰曰：黄裳，是中德之發爲文治也。象又推本於在中，謂文豈由外襲者哉，文德實具於中故也。中具於内曰「黄中」，中見於外曰「黄裳」。文在中，乃闇然之章、不顯之文也，即美在其中意。

「龍戰于野」，其道窮也。

【程傳】陰盛至於窮極，則必爭而傷也。

【集説】趙氏汝楳曰：乾曰「亢龍有悔，窮之災也」，坤曰「龍戰于野，其道窮也」，乾至上而窮則災，坤至上而窮則戰，戰則不止於悔。

用六，永貞，以大終也。

【本義】初陰後陽，故曰大終。

【程傳】陰既貞固不足，則不能永終，故用六之道，利在盛大於終，能大於終，乃「永貞」也。

【集說】荀氏爽曰：陽欲无首，陰以大終。

○程氏迥曰：乾以元爲本，所以「資始」；坤以貞爲主，所以「大終」。

○朱子語類云：陽爲大，陰爲小，陰皆變爲陽，所謂「以大終也」，言始小而終大也。

○俞氏琰曰：坤體本小，變爲乾，則其用大，故曰「以大終也」。

○陸氏振奇曰：元亨利貞，雖乾坤有同德，然乾重元，以元爲統；坤重貞，以貞爲安。

○程氏敬承曰：陽之極不爲首，是「无首」也；陰之極以「大終」，是无終也。終始循環，變化無端，造化之妙固如此。

雲雷屯，君子以經綸。

【本義】坎不言水而言雲者，未通之意；經綸，治絲之事，經引之、綸理之也。屯難之世，君子有爲之時也。

【程傳】坎不云雨而云雲者，雲爲雨而未成者也，未能成雨，所以爲屯。君子觀屯之象，經綸天下之事，以濟於屯難。經緯、綸緝，謂營爲也。

【集說】李氏舜臣曰：坎在震上爲屯，以雲方上升，畜而未散也；坎在震下爲解，以雨澤既沛，無所不被也。故「雷雨作」者，乃所以散屯，而雲雷方興，則屯難之始也。

○項氏安世曰：經者立其規模，綸者糾合而成之，亦有艱難之象焉。經以象雷之震，綸以象雲之合。

〇馮氏椅曰：雲雷方作，而未有雨，有屯結之象。君子觀象以治世之屯，猶治絲者，既經之，又綸之，所以解其結而使就條理也。

〇吴氏澄曰：君子治世猶治絲，欲解其紛亂。屯之時，必欲解其鬱結也。

雖磐桓，志行正也，以貴下賤，大得民也。

【程傳】賢人在下，時苟未利，「雖磐桓」，未能遂往濟時之屯，然有濟屯之志與濟屯之用，志在行其正也。九當屯難之時，以陽而來居陰下，爲「以貴下賤」之象。方屯之時，陰柔不能自存，有一剛陽之才，衆所歸從也，更能自處卑下，所以「大得民也」。或疑方屯於下，何有貴乎？夫以剛明之才而下於陰柔，以能濟屯之才而下於不能，乃「以貴下賤」也，況陽之於陰，自爲貴乎？

【集説】王氏弼曰：不可以進，故「磐桓」也。非爲宴安棄成務也，故「雖磐桓，志行正也」。

〇楊氏萬里曰：磐桓不進，豈真不爲哉？居正有待，而其志未嘗不欲行其正也。故周公言「居貞」，而孔子言「行正」。

〇王氏申子曰：初，磐桓有待者，其志終欲行其正也。況當屯之時，陰柔者不能自存，有一陽剛之才，衆必從之以爲主。而初又能「以貴下賤」，大得民心。在上者果能建之以爲侯，則屯可濟矣，故利。

○胡氏炳文曰：乾坤初爻，提出陰陽二字，此則以陽爲貴、陰爲賤，陽爲君、陰爲民，陰陽之義益嚴矣。

六二之難，乘剛也。「十年乃字」，反常也。

【程傳】六二居屯之時，而又乘剛，爲剛陽所逼，是其患難也。至於十年，則難久必通矣。乃得反其常，與正應合也。十，數之終也。

「即鹿无虞」，以從禽也，君子舍之，往吝窮也。

【程傳】事不可而妄動，以從欲也。无虞而即鹿，以貪禽也。當屯之時，不可動而動，猶无虞而即鹿，以有從禽之心也。君子則見幾而舍之不從，若往，則可吝而困窮也。

【集說】楊氏簡曰：夫无虞而即鹿者，心在乎禽，爲禽所蔽，雖无虞，猶漫往，不省其不可也。動於利禄，不由道而漫往求者如之。君子則舍之，往則吝則窮也。

○蔡氏清曰：「從」字重，是心貪乎禽也，故著「以」字，所謂禽荒者也，是以身徇物也。

【案】象傳有單字成文者，如此爻「窮」也，下爻「明」也，是即起例處。餘卦放此。

求而往，明也。

【程傳】知己不足，求賢自輔而後往，可謂明矣。居得致之地，己不能而遂已，至暗者也。

【集說】胡氏瑗曰：必待人求於己，然後往而應之，非君子性脩智明，其能與於斯乎？

明可乎？

○俞氏琰曰：彼求而我往，則其往也，可以爲明矣。如不待其招而往，則是不知去就之義，謂之明可乎？

○蔣氏悌生曰：指從九五。凡退下爲來，進上爲往。

【案】傳、義皆謂己求人也。胡氏、俞氏、蔣氏皆作人求己，而己往從之，於「求而往」三字語氣亦叶。又易例，六四應初九、從九五皆有吉義，故作從初、從五俱可通。

「屯其膏」，施未光也。

【程傳】膏澤不下及，是以德施未能光大也，人君之屯也。

【集說】谷氏家杰曰：「施」字當「澤」字。澤屯而不施，即「未光」，非謂得施而但未光也。

「泣血漣如」，何可長也？

【程傳】屯難窮極，莫知所爲，故至泣血。顛沛如此，其能長久乎？夫卦者，事也；爻者，事之時也。分三而又兩之，足以包括衆理，「引而伸之，觸類而長之，天下之能事畢矣」。

【集說】楊氏簡曰：「何可長」者，言何可長如此也。非惟深憫之，亦覬其變也，變則庶乎通矣。

【案】象傳凡言「何可長」者，皆言宜速反之，不可遲緩之意，如楊氏之說。

山下出泉，蒙，君子以果行育德。

【本義】泉水之始出者，必行而有漸也。

【程傳】山下出泉，出而遇險，未有所之，蒙之象也，若人蒙穉，未知所適也。君子觀蒙之象，「以果行育德」，觀其出而未能通行，則以果決其所行；觀其始出而未有所向，則以養育其明德也。

【集説】周子曰「童蒙求我」，我正果行如筮焉。筮，叩神也，再三則瀆矣，「瀆則不告」也。「山下出泉」，靜而清也，汩則亂，亂不決也。慎哉，其惟時中乎！

○王氏宗傳曰：不曰山下有水，而曰「山下出泉」云者，泉者水之源，所謂純一而不雜者矣。

○真氏德秀曰：泉之始出也，涓涓之微，壅於沙石，豈能遽達哉？唯其果決必行，雖險不避，故終能流而成川。然使其源之不深，則其行雖果，而易以竭。艮之象山也，其德止也，山惟其靜止，故泉源之出者無窮，有止而後有行也。君子觀蒙之象，果其行如水之必行，育其德如水之有本。

○徐氏幾曰：蒙而未知所適也，必體坎之剛中，以決果其行而達之；蒙而未有所害也，必體艮之靜止，以養育其德而成之。

○蔡氏清曰：「果行育德」，是内外動靜交相養之道，養蒙之道不外乎此。

「**利用刑人**」，**以正法也**。

【本義】發蒙之初，法不可不正，懲戒，所以正法也。

【程傳】治蒙之始，立其防限，明其罪罰，正其法也。使之由之，漸至於化也。或疑發蒙之初，遽用刑人，无乃不教而誅乎？不知立法制刑乃所以教也。蓋後之論刑者，不復知教化在其中矣。

【集説】項氏安世曰：刑之於小，所以脱之於大，此聖人用刑之本心也。所以正法，非所以致刑也。至其極也，用師擊之，猶爲禦而不寇。蓋聖人之於蒙，哀矜之意常多。此九二之包蒙所以爲一卦之主也與？

「子克家」，剛柔接也。

【本義】指二五之應。

【程傳】子而克治其家者，父之信任專也。二能主蒙之功者，五之信任專也。二與五，剛柔之情相接，故得行其剛中之道，成發蒙之功。苟非上下之情相接，則二雖剛中，安能尸其事乎？

「勿用取女」，行不順也。

【本義】「順」當作「慎」，蓋順、慎古字通用。荀子「順墨」作「慎墨」。且行不慎，於經意尤親切。

【程傳】女之如此，其行邪僻不順，不可取也。

【集説】熊氏良輔曰：蒙小象凡三「順」字，只是一般，不必以不順爲不慎，蓋六三所行不順，故勿用取之。

「困蒙」之吝，獨遠實也。

【本義】實，叶韻去聲。

【程傳】蒙之時，陽剛爲發蒙者，四陰柔而最遠於剛，乃愚蒙之人，而不比近賢者，无由得明矣，故困於蒙，可羞吝者，以其獨遠於賢明之人也。不能親賢以致困，可吝之甚也。實，謂陽剛也。

【集說】孔氏穎達曰：陽主生息，故稱實；陰主消損，故不得言實。

○項氏安世曰：初三近九二，五近上九，三五皆與陽應，惟六四所比所應皆陰，故曰「獨遠實也」。

○王氏申子曰：陽實陰虚，「獨遠實」者，謂於一卦之中，獨不能近陽實之賢，故困於蒙而無由達也。

「童蒙」之吉，順以巽也。

【程傳】舍己從人，順從也；降志下求，卑巽也。能如是，優於天下矣。

【集說】胡氏一桂曰：順以爻柔言，巽以志應言。

利用禦寇，上下順也。

【本義】禦寇以剛，上下皆得其道。

【程傳】「利用禦寇」，上下皆得其順也。上不爲過暴，下得擊去其蒙，禦寇之義也。

雲上於天，需，君子以飲食宴樂。

【本義】雲上於天，无所復爲，待其陰陽之和而自雨爾。事之當需者，亦不容更有所爲，但「飲食宴樂」，俟其自至而已。一有所爲，則非需也。

【程傳】雲氣蒸而上升於天，必待陰陽和洽，然後成雨。雲方上於天，未成雨也，故爲須待之義。陰陽之氣交感而未成雨澤，猶君子畜其才德而未施於用也。君子觀雲上於天，需而爲雨之象，懷其道德，安以待時，飲食以養其氣體，宴樂以和其心志，所謂「居易以俟命」也。

【集說】孔氏穎達曰：不言天上有雲，而言「雲上於天」者，若是天上有雲，無以見欲雨之義，故云「雲上於天」，是天之欲雨，待時而落，所以明需。

○胡氏瑗曰：飲食者，所以養身也；宴樂者，所以寧神也，是亦樂天知命、居易俟時耳。

○朱子語類云：需，待也。「以飲食宴樂」，謂更無所爲，待之而已。待之須有至時，學道者亦猶是也。

○吴氏澄曰：宴者身安，而他無所營作；樂者心愉，而他無所謀慮也。飲食則素其位，而宴樂則不願乎外也。

○谷氏家杰曰：「雲上於天」，而後可以待雨，君子有爲於前，而後可以待治，不然，不幾於坐廢乎！

「需于郊」，不犯難行也。「利用恒，无咎」，未失常也。

【程傳】處曠遠者，不犯冒險難而行也。陽之爲物，剛健上進者也，初能需待於曠遠之地，不犯險難而進，復宜安處不失其常，則可以无咎矣。雖不進而志動者，不能安其常也。君子之需時也，安靜自守，志雖有須，而恬然若將終身焉，乃能用常也。

【集説】孫氏質卿曰：不犯難而行，便是常。不失常，便是恒德。人惟中無常主，或爲才能所使，或爲意氣所動，或爲事勢所激，雖犯難而不顧耳，所以不失常最難。「飲食宴樂」，不失常也。若能不失常，更有何事？

「需于沙」，衍在中也。雖「小有言」，以吉終也。

【本義】衍，寬意。以寬居中，不急進也。

【程傳】衍，寬綽也。二雖近險，而以寬裕居中，故雖小有言語及之，終得其吉，善處者也。

【集説】楊氏簡曰：「衍在中」者，言胸中寬衍平夷，初不以進動其心，亦不以小言動其心，夫如是，終吉，以九二得其道故也。

「需于泥」，災在外也。自我致寇，敬慎不敗也。

【本義】外謂外卦。「敬慎不敗」，發明占外之占，聖人示人之意切矣。

【程傳】三切逼上體之險難，故云「災在外也」。災，患難之通稱，對眚而言，則分也。三之致寇，由己進而迫之，故云「自我」。寇自己致，若能敬慎量宜而進，則无喪敗也。需之時，須而後進也，其義在相時而動，非戒其不得進也。直使敬慎，毋失其宜耳。

【集説】朱子語類：問敬慎。曰：敬字大，慎字細小。如人行路，一直恁地去，便是敬；前面險處防有喫跌，便是慎。慎是惟恐有失之之意。如思慮兩字，思是恁地思去，慮是怕不恁地底意思。

○項氏安世曰：寇雖在外，然亦不自至，我有以致之則至。我敬慎而無失，則雖與之逼，亦無敗理。

○丘氏富國曰：坎險在外，未嘗逼人，由人急於求進，自逼於險，以致禍敗。象以「自我」釋之，明致災之由不在他人也。

「需于血」，順以聽也。

【程傳】四以陰柔居於險難之中，不能固處，故退出自穴。蓋陰柔不能與時競，不能處則退，是順從以聽於時，所以不至於凶也。

【集説】楊氏簡曰：六四入險而傷，然不言吉凶，何也？能需而退聽故也。易之爲道無所不通，雖如四之入險而傷，其處之亦有道。六與四皆柔，故有順聽之象。

○吴氏澄曰：謂六四柔順，以聽從於九五也。

○胡氏炳文曰：三能敬，則雖迫坎之險而不敗；四能順，則雖陷坎之險而可出。敬與順，固處險之道也。

「酒食貞吉」，以中正也。

【程傳】需于酒食，而貞且吉者，以五得中正而盡其道也。

【集説】梁氏寅曰：言以中正，見其飲宴者非耽樂也。

○張氏振淵曰：内多欲，則有求治太急之患。德惟中正，所以需合於貞而得吉。中正即孚貞意，是推原所以能需處。

不速之客來，「敬之終吉」，雖不當位，未大失也。

【本義】以陰居上，是爲當位。言「不當位」，未詳。

【程傳】「不當位」，謂以陰而在上也。爻以六居陰，爲所安。象復盡其義，明陰宜在下，而居上，爲「不當位」也。然能敬慎以自處，則陽不能陵，終得其吉，雖不當位，而未至於大失也。

【集説】吕氏祖謙曰：需初九、九五二爻之吉固不待言，至於餘四爻，如二則「小有言，終吉」，如三之象則曰「敬慎不敗」，四之象則曰「順以聽也」，上則曰「有不速之客三人來，敬之終吉」，大抵天下之事，若能款曲停待，終是少錯。

〇蔡氏清曰：雖不當位，謂其陰居險極，正與困上六「困於葛藟，未當也」一般。

天與水違行，訟，君子以作事謀始。

【本義】天上水下，其行相違，「作事謀始」，訟端絶矣。

【程傳】天上水下，相違而行，二體違戾，訟之由也。若上下相順，訟何由興？君子觀象，知人情有爭訟之道，故凡所作事，必謀其始，絶訟端於事之始，則訟无由生矣。謀始之義廣矣，若慎交結、明契券之類是也。

【集説】吴氏澄曰：水行而下，天行而上，其行兩相背戾，是違行也。

〇胡氏炳文曰：凡事有始、有中、有終。訟「中吉終凶」，然能謀於其始，則訟端既絶，中與終不必言矣。

〇林氏希元曰：訟不興於訟之日，而興於作事之始。作事不豫謀，此訟端之所由起也。故君子於其始而謀之，看事理有無違礙，人情有無違拂，終久有無禍患，凡其事之不善而可以致訟者，皆杜絶之而不爲，則訟端無自起矣。

「不永所事」，訟不可長也；雖「小有言」，其辯明也。

【程傳】六以柔弱而訟於下，其義固不可長永也。永其訟則不勝，而禍難及矣。又於訟之初，即戒訟非可長之事也，柔弱居下，才不能訟，雖「不永所事」，既訟矣，必有小災，故「小有言」也。既不永其事，又上有剛陽之正應，辯理之明，故終得其吉也，不然，其能免乎？在訟之義，同位而相應，相與者也，故初於四爲獲其辯明；同位而不相得，相訟者也，故二與五爲對敵也。

【集説】王氏申子曰：止訟於初者，上也，故於訟之初，即以「訟不可長」爲戒。

〇俞氏琰曰：象傳云「訟不可成」，蓋言訟之通義，而不欲其成。爻傳云「訟不可長」，蓋言初爲訟端，而不欲其長。

「不克訟」，歸逋竄也；自下訟上，患至掇也。

【本義】掇，自取也。

【程傳】義既不敵，故不能訟，歸而逋竄，避去其所也。自下而訟其上，義乖勢屈，禍患之至，猶拾掇而取之，言易得也。

【集説】項氏安世曰：上兩句皆是爻辭，下兩句方是象傳，如需之上六象傳句法。

〇王氏申子曰：知義不克，歸而逋竄，猶可免禍，若不知自反，則禍患之至，如掇拾而取之矣。象稱二「剛來而得中」，而爻義乃如此，蓋彖總言一卦之體，爻則據其時之用以言之也。

「食舊德」，從上吉也。

【本義】「從上吉」，謂隨人則吉，明自主事則无成功也。

【程傳】守其素分，雖從上之所爲，非由己也，故无成而終得其吉也。

【集説】喬氏中和曰：三「食舊德」，其卒也，「斯謀斯猷」，皆我后之德。從王事而无成，何以訟爲？故「從上吉」。

「復即命渝安貞」，不失也。

【程傳】能如是，則爲无失矣，所以吉也。

【集説】丘氏富國曰：二沮於勢，四屈於理，此二之美所以止於无眚，而四之貞所以爲不失也。

「訟元吉」，以中正也。

【本義】中則聽不偏，正則斷合理。

【程傳】中正之道，何施而不元吉？

【集説】楊氏啓新曰：中正，則虚心盡下而聽不偏，因事求情而斷合理，此之謂大人也。

以訟受服，亦不足敬也。

【程傳】窮極訟事，設使受服命之寵，亦且不足敬而可賤惡，況又禍患隨至乎？

【集説】蔡氏清曰：「亦不足敬」，且據其以訟得服言也，況終必見褫乎？猶益上九曰「莫益之」，偏辭也。

地中有水，師，君子以容民畜衆。

【本義】水不外於地，兵不外於民，故能養民，則可以得衆矣。

【程傳】地中有水，水聚於地中，爲衆聚之象，故爲師也。君子觀地中有水之象，以容保其民，畜聚其衆也。

【集說】陳氏琛曰：地中有水，猶民中有兵，非師之象乎？君子觀師之象，必容保其民，必畜其兵衆焉。蓋田以民分，兵以賦出，故當無事之時，必制田里，教樹畜，使比、閭、族、黨、州、鄉之民無不各得其養，民既有養，則所謂伍、兩、卒、旅、軍、師之衆，以爲他日折衝禦侮之用者，皆畜於此矣。苟平時誨之無其方，則緩急誰復爲之用哉？

「師出以律」，失律凶也。

【程傳】師出當以律，失律則凶矣，雖幸而勝，亦凶道也。

【集說】蔡氏清曰：不曰「否臧凶」而曰「失律凶」者，明「否臧」之爲「失律」也。

「在師中吉」，承天寵也；「王三錫命」，懷萬邦也。

【程傳】「在師中吉」者，以其承天之寵任也。天謂王也。人臣非君寵任之，則安得專征之權，而有成功之吉？象以二專主其事，故發此義，與前所云世儒之見異矣。王三錫以恩命，褒其成功，所以「懷萬邦也」。

【集說】干氏寶曰：錫命，非私也，安萬邦而已。

○丘氏富國曰：王者用兵非得已，嗜殺豈其本心？故三錫之命，惟在於懷綏萬邦而已。

○谷氏家杰曰：不曰威而曰懷，見王者用師之本心。

「師或輿尸」，大无功也。

【程傳】倚付二三，安能成功？豈唯无功，所以致凶也。

【集説】楊氏簡曰：行師之法，權歸一將，使衆主之，凶之道也。衆所不一，必无成功。九二既作帥，六三居二之上，有權不歸一之象。

「左次无咎」，未失常也。

【本義】知難而退，師之常也。

【程傳】行師之道，因時施宜，乃其常也，故「左次」未爲失也。如四退次，乃得其宜，是以无咎。

【集説】楊氏時曰：師以右爲主，常也，「左次」則失常矣。然四以柔順之資，量敵而後進，慮勝而後會，退而「左次」，未爲失常也。

「長子帥師」，以中行也；「弟子輿尸」，使不當也。

【程傳】長子謂二，以中正之德合於上，而受任以行，若復使其餘者衆尸其事，是任使之不當也，其凶宜矣。

【集説】孔氏穎達曰："以中行"，是九二居中也；"使不當"，謂六三失位也。

"大君有命"，以正功也；"小人勿用"，必亂邦也。

【本義】聖人之戒深矣。

【程傳】大君持恩賞之柄，以正軍旅之功，師之終也，雖賞其功，小人則不可以有功而任用之，用之必亂邦。小人恃功而亂邦者，古有之矣。

【集説】楊氏簡曰：師之終功成，"大君有命"，所以賞功也。"正功"言賞必當功，不可差失也。"開國承家"之始，其初不可用小人也，於此始言"勿用"者，因此賞功，原其始也。用小人爲將帥，幸而成功，則難於不賞。使之"開國承家"，則害及民，"必亂邦也"。去一害民者，又用一害民者，以亂易亂，必不可。

○胡氏炳文曰："王三錫命"，命於行師之始；"大君有命"，命於行師之終。懷邦亂邦，丈人小人之所以分，此固聖人之所深慮遠戒也。

○邵氏寶曰："弟子輿尸"，戒於師始；"小人勿用"，戒於師終。始無弟子，則終無小人，即使有之，或賞而不封，或封而不任，不任亦不用也。

地上有水，比，先王以建萬國，親諸侯。

【本義】"地上有水"，水比於地，不容有閒，建國親侯，亦先王所以比於天下而无閒者也。彖意人來比我，此取我往比人。

【程傳】夫物相親比而无閒者，莫如水在地上，所以爲比也。先王觀比之象，「以建萬國，親諸侯」。建立萬國，所以比民也；親撫諸侯，所以比天下也。

【集説】張氏浚曰：水行地上，小大相比，率以歸東，先王法之，「建萬國」以下比其民，「親諸侯」以上比其君。若身使臂，臂使指，小大相維，順以聽命，制得其道也。

○朱子語類云：伊川言建萬國以比民，民不可盡得而比，故建諸侯使比民，而天子所親者，諸侯而已。這便是比天下之道。

○馮氏當可曰：地上之水，異源同流。畎澮相比，以比於川；九川相比，以比於海。如萬國諸侯，大小相比，而方伯連帥率之，以比於天子也。

○胡氏炳文曰：師之「容民畜衆」，井田法也，可以使民自相合而無閒；比之建國親侯，封建法也，可使君與民相合而無閒。

比之初六，有它吉也。

【程傳】言「比之初六」者，比之道在乎始也。始能有孚，則終致有它之吉；其始不誠，終焉得吉？上六之凶由无首也。

【集説】蔣氏悌生曰：爻辭「有孚」凡兩更端，及「盈缶」等語，象傳皆略之，直舉初六爲言，可見比之要道在乎始先。此義與卦辭「後夫凶」之意相發明。

「比之自内」，不自失也。

【本義】得正則不自失矣。

【程傳】守己中正之道，以待上之求，乃不自失也。易之爲戒嚴密，二雖中正，質柔體順，故有貞吉、自失之戒。戒之自守以待上之求，无乃涉後凶乎？曰：士之脩己，乃求上之道。降志辱身，非自重之道也。故伊尹、武侯救天下之心非不切，必待禮至然後出也。

【集説】朱氏震曰：六二柔也，恐其自失也，二處乎内，待上之求，然後應之，「比之自内」者也，故曰「不自失也」。

「比之匪人」，不亦傷乎？

【程傳】人之相比，求安吉也，乃比於匪人，必將反得悔吝，其亦可傷矣，深戒失所比也。

外比於賢，以從上也。

【程傳】外比，謂從五也。五剛明中正之賢，又居君位，四比之，是比賢且從上，所以吉也。

顯比之吉，位正中也；舍逆取順，「失前禽」也；「邑人不誡」，上使中也。

【本義】由上之德，使不偏也。

【程傳】顯比所以吉者，以其所居之位得正中也。處正中之地，乃由正中之道也。比以不偏爲善，故云「正中」。凡言「正中」者，其處正得中也，比與隨是也；言「中正」者，得中與正也，訟與需是也。禮取不用命者，乃是舍順取逆也，順命而去者皆免矣。比以向背而言，謂去者爲逆，來者爲順也，故所失者，前去之禽也。言來者撫之，去者不追也。不期誠於親近，上之使下，中平不偏，遠近如一也。

【集説】丘氏富國曰：「舍逆」，謂舍上一陰，陰以乘陽爲逆也；「取順」，謂取下四陰，陰以承陽爲順也。失上一陰，故曰「失前禽」。

○胡氏炳文曰：師之「使不當」，誰使之？五也。比之「使中」，誰使之？亦五也。

「比之无首」，无所終也。

【本義】以上下之象言之，則爲无首；以終始之象言之，則爲无終。无首則无終矣。

【程傳】比既无首，何所終乎？相比有首，猶或終違，始不以道，終復何保，故曰「无所終也」。

【集説】楊氏簡曰：由初而比之，其比也誠。比不於其初，及終而始求比，不忠不信，人所不與，凶之道也。首，初也。有始則有終，無始何以能終？故曰「无所終也」。

○蔣氏悌生曰：即卦辭「後夫凶」之義。

風行天上，小畜，君子以懿文德。

【本義】風有氣而无質，能畜而不能久，故爲小畜之象。「懿文德」，言未能厚積而遠施也。

【程傳】乾之剛健，而爲巽所畜。夫剛健之性，惟柔順爲能畜止之，雖可以畜止之，然非能固制其剛健也，但柔順以擾係之耳，故爲小畜也。君子觀小畜之義，以懿美其文德。畜聚爲藴畜之義。君子所藴畜者，大則道德經綸之業，小則文章才藝，君子觀小畜之象，以懿美其文德，文德方之道義爲小也。

【集説】林氏希元曰：大風一過，草木皆爲屈橈，過後則旋復其舊，是能畜而不能久也，有氣而無質故也。

「復自道」，其義吉也。

【程傳】陽剛之才，由其道而復，其義吉也。初與四爲正應，在畜時乃相畜者也。

【集説】張氏浚曰：能反身以歸道，其行己必不悖於理，是能自畜者也，故曰「其義吉」。

牽復在中，亦不自失也。

【本義】亦者，承上爻義。

【程傳】二，居中得正者也。剛柔進退，不失乎中道也。陽之復，其勢必强，二以處中，故雖强於進，亦不至於過剛，過剛乃自失也。爻止言「牽復」而吉之義，象復發明其「在中」之美。

【集説】楊氏萬里曰：初安於復，故爲「自復」；二勉於復，故爲「牽復」。能勉於復，故亦許其

「不自失」。

○俞氏琰曰：往而不復，則不能不自失。既復矣，則亦「不自失也」。云「亦」者，承上爻之義，以初九之不失，而亦不失也。

「夫妻反目」，不能正室也。

【本義】程子曰：說輻、反目，三自爲也。

【程傳】夫妻反目，蓋由不能正其室家也。三自處不以道，故四得制之不使進，猶夫不能正其室家，故致反目也。

【集說】項氏安世曰：下卦三陽，皆爲巽所畜者也。初九止之於初，不施畜止，而自復於道，無過可補，此畜之最美者也。九二已動而後牽之，牽而後復，畜而後止，已用力矣，以其「在中」而未遠，故亦不至於失道。「亦」之爲言，猶可之辭也。九三剛已過中，而後畜之，四當其上，其勢必至於相拂，如人已升輿輻說，係而止之，夫不行正，妻反目而爭之，故曰「不能正室也」。

有孚惕出，上合志也。

【程傳】四既有孚，則五信任之，與之合志，所以得「惕出」而无咎也。「惕出」，則「血去」可知，舉其輕者也。五既合志，衆陽皆從之矣。

【集說】郭氏忠孝曰：「上合志」者，合九五有孚之志。惟其「上合志」，是以能畜也。

○王氏宗傳曰：但云「惕出」，則「血去」可知，蓋謂恐懼猶免，則傷害斯遠矣，舉輕以見重也。

「有孚攣如」，不獨富也。

【程傳】「有孚攣如」，蓋其鄰類皆牽攣而從之，與衆同欲，不獨有其富也。君子之處艱厄，惟其至誠，故得衆力之助，而能濟其衆也。

「既雨既處」，德積載也。「君子征凶」，有所疑也。

【程傳】「既雨既處」，言畜道積滿而成也。陰將盛極，君子動則有凶也。陰敵陽，則必消陽，小人抗君子，則必害君子，安得不疑慮乎？若前知疑慮而警懼，求所以制之，則不至於凶矣。

【集説】楊氏簡曰：既畜而通矣，而又往致其畜則犯矣，非其道也。「有所疑」，疑其不順也。坤上六曰「陰疑於陽」亦此也，凶道也。

上天下澤，履，君子以辨上下、定民志。

【本義】程傳備矣。

【程傳】天在上，澤居下，上下之正理也，人之所履當如是，故取其象而爲履。君子觀履之象，以辨別上下之分，以定其民志。夫上下之分明，然後民志有定；民志定，然後可以言治；民志不定，天下不可得而治也。古之時，公卿大夫而下，位各稱其德，終身居之，得其分也。位未稱德，則君舉而進之；士脩其學，學至而君求之，皆非有預於己也。農工商賈勤其事，而所享有限，故皆有定志，而天下之心可一。後世自庶士至於公卿日志於尊榮，農工商賈日志於富侈，億兆之心交鶩於利，天下紛然，如之何其可一也？欲其不亂，難矣，此由上下无定志也。君子觀履之象，而分辨上下，使各當其分，以定民之心志也。

【集説】朱子語類：問：「履如何都作禮字説？」曰：「禮主卑下，履也，是那踐履處，所行若不由禮，自是乖戾，所以曰『履以和行』。」

○王氏應麟曰：上天下澤，履，此易之言禮；雷出地奮，豫，此易之言樂。吕成公之説，本於漢書「上天下澤，春雷奮作，先王觀象，爰制禮樂」。

○何氏楷曰：天高地下，天尊地卑，澤又下之下、卑之卑者。

素履之往，獨行願也。

【程傳】安履其素而往者，非苟利也，獨行其志願耳。獨，專也。若欲貴之心與行道之心交戰於中，豈能安履其素也？

【集説】李氏心傳曰：「素履往」，即中庸所謂素位而行者也；「獨行願」，即中庸所謂「不願乎其外」者也。

「幽人貞吉」，中不自亂也。

【程傳】履道在於安靜，其中恬正，則所履安裕，中若躁動，豈能安其所履？故必幽人，則能堅固而吉，蓋其中心安靜，不以利欲自亂也。

【集説】谷氏家杰曰：初之素而曰「行願」，二之坦而曰「不亂」，可見其身之履，皆由於志之定也。

「眇能視」，不足以有明也；「跛能履」，不足以與行也。咥人之凶，位不當也。「武人爲于大君」，志剛也。

【程傳】陰柔之人，其才不足，視不能明，行不能遠，而乃務剛，所履如此，其能免於害乎？以柔居三，履非其正，所以致禍害，被咥而凶也。以武人爲喻者，以其處陽，才弱而志剛也。志剛則妄動，所履不由其道，如武人而爲大君也。

【集説】王氏申子曰：三質暗才弱，本不足以有爲，以當履之時，一陰爲主，適與時遇，是以不顧其位不當，勇於行，而履危蹈禍。斯道也，唯武人用之以爲王事，一於進以行其志之剛，則可，故爻辭於「咥人凶」後言之，用各有當也。

「愬愬終吉」，志行也。

【程傳】能愬愬畏懼，則終得其吉者，志在於行而不處也，去危則獲吉矣。陽剛，能行者也。居柔，以順自處者也。

【集説】李氏過曰：畏懼，所以行其志也。

○王氏申子曰：三與四，皆「履虎尾」者，三凶而四吉，何也？三柔而志剛，勇於行而不知懼；四剛而志柔，謹於行而知所懼也。懼則能防，是以終吉。其吉者，上進之志行也。

○沈氏一貫曰：合而言之，則乾爲虎；離而言之，惟五爲虎，故九四亦有「履虎尾」之象。以九居四，正與六三相反，故其志行。

「夬履貞厲」，位正當也。

【本義】傷於所恃。

【程傳】戒夬履者，以其正當尊位也。居至尊之位，據能專之勢，而自任剛決，不復畏懼，雖使得正，亦危道也。

元吉在上，大有慶也。

【本義】若得元吉，則大有福慶也。

【程傳】上，履之終也。人之所履善而吉，至其終，周旋无虧，乃大有福慶之人也。人之行貴乎有終。

【集説】林氏希元曰：在上，履之終也，言於履之終而得元吉，則大有福慶也。「在上」是解所以「元吉」，「大有慶」是正解「元吉」。

天地交，泰，后以裁成天地之道，輔相天地之宜，以左右民。

【本義】「裁成」以制其過，「輔相」以補其不及。

【程傳】天地交而陰陽和，則萬物茂遂，所以泰也。人君當體天地通泰之象，而「以裁成天地之道，輔相天地之宜」，以左右生民也。「裁成」，謂體天地交泰之道，而裁制成其施爲之方也。「輔相天地之宜」，天地通泰則萬物茂遂，人君體之而爲法制，使民用天時，因地利，輔助化育之功，成其豐美之利也。如春氣發生萬物，則爲播植之法；秋氣成實萬物，則爲收斂之法，乃「輔相天地之宜」，以左右輔助於民也。民之生，必賴君上爲之法制，以教率輔翼之，乃得遂其生養，是左右之也。

【集説】朱子語類云：「裁成」是截作段子，「輔相」是佐助他天地之化。儱侗相續下來，聖人便截作段子，如氣化，一年一周，聖人與他截作春夏秋冬四時。

○蔡氏淵曰：氣化流行，儱侗相續，聖人則爲之裁制，以分春夏秋冬之節；地形廣邈，經緯交錯，聖人則爲之裁制，以分東西南北之限，此「裁成天地之道」也。春生秋殺，此時運之自然，高黍下稻，亦地勢之所宜，聖人則輔相之，使當春而耕，當秋而斂，高者種黍，下者種稻，此「輔相天地之宜」也。

○王氏申子曰：天地交而陰陽和，萬物遂，所以爲泰。人君象之，裁成其道，輔相其宜，此天地之閒，所以無一物之不泰也。

拔茅征吉，志在外也。

【程傳】時將泰，則群賢皆欲上進，三陽之志欲進同也，故取茅茹彙征之象。「志在外」，上進也。

【集説】楊氏萬里曰：君子之志，在天下，不在一身，故曰「志在外也」。

「包荒」，得尚于中行，以光大也。

【程傳】象舉「包荒」一句，而通解四者之義，言如此，則能配合中行之德，而其道光明顯大也。

【案】傳只舉「包荒」，非省文以包下，蓋「包荒」是治道之本。然「包荒」而得合乎中道者，以其正大光明，明斷無私，是以有「馮河」之決，有「不遐遺」之照，有「朋亡」之公，以與「包荒」相濟，而中道無不合也。

「无往不復」，天地際也。

【程傳】「无往不復」，言天地之交際也。陽降於下，必復於上；陰升於上，必復於下，屈伸往來之常理也。因天地交際之道，明否泰不常之理，以爲戒也。

【案】「天地際」，只是言乾坤交接之際也。自卦言之，外卦爲陰往；自爻言之，外卦又爲陰來。

「翩翩不富」，皆失實也；「不戒以孚」，中心願也。

【本義】陰本居下，在上爲失實。

【程傳】翩翩，下往之疾，不待富而鄰從者，以三陰在上，皆失其實故也。陰本在下之物，今乃居上，是失實也。不待告戒而誠意相與者，蓋其中心所願故也。理當然者，天也；衆所同者，時也。

【集説】李氏簡曰：爻言「不富」，象言「失實」，是皆不以富貴驕人，而有虚中無我之意也。鄰，類也，謂五與上也，故四五皆稱「行願」。在下卦之初，則明以彙交於上；在上卦之初，則明以鄰交於下，蓋「上下交而其志同也」。

○俞氏琰曰：「失實」與蒙六四「遠實」同，皆指陽爲實也。陰之從陽，猶貧之依富也。今三陰在外，而失所依，故曰「皆失實也」。願者，「上下交而其志同也」。泰之時，上下不相疑忌，蓋出其本心，故曰「中心願也」。

○何氏楷曰：「失實」即「不富」之謂。不富而其鄰從之者，以三爻皆不富，而欲資於陽故也。不待期約而相孚，各出於其中心之所願欲也。

【案】王弼以陰居上爲失實，而傳、義從之。考易中皆以陰陽分虚實，不因乎上下也，故凡陽爻爲實、爲富，陰爻爲虚、爲不富，則失實之爲解不富，明矣。失實猶言「實若虚」也。四五皆虚中以下交，其視勢位與才德，皆若無有然者，大學所謂「無他技」、孟子所謂「忘勢」是也。李氏、俞氏、何氏之説，蓋合經指。

「以祉元吉」，中以行願也。

【程傳】所以能獲祉福且元吉者，由其以中道合而行其志願也。有中德，所以能任剛中之賢，所聽從者皆其志願也，非其所欲，能從之乎？

【集説】王氏宗傳曰：「中以行願」，謂以柔中之德而行此志願，以合乎下，故能受其祉福且元吉也，所謂「上下交而其志同」如此。

「城復于隍」，其命亂也。

【本義】命亂，故復否；告命，所以治之也。

【程傳】「城復于隍」矣，雖其命之亂，不可止也。

天地不交，否，君子以儉德辟難，不可榮以禄。

【本義】收斂其德，不形於外，以辟小人之難，人不得以禄位榮之。

【程傳】天地不相交通，故爲否。否塞之時，君子道消，當觀否塞之象，而以儉損其德，辟免禍難，不可榮居禄位也。否者，小人得志之時，君子居顯榮之地，禍患必及其身，故宜晦處窮約也。

拔茅貞吉，志在君也。

【本義】小人而變爲君子，則能以愛君爲念，而不計其私矣。

【程傳】爻以六自守於下，明君子處下之道，象復推明，以象君子之心。君子固守其節以處下者，非樂於不進、獨善也，以其道方否，不可進，故安之耳，心固未嘗不在天下也，其志常在得君而進，以康濟天下，故曰「志在君也」。

【集說】王氏弼曰：志在於君，故不苟進。

○胡氏瑗曰：君子之志，未嘗不在致君澤民也，雖當此否塞之時，引退守正，不苟務其進，俟時而後動者，亦志在致君澤民而已。

○郭氏雍曰：先人曰：先大夫有言，居廟堂之高則憂其民，處江湖之遠則憂其君。蓋泰言志在外、否言志在君之意也。卦象以內爲小人，而爻以初爲君子，伊川所謂隨時取義，變動無常也。「志在君」者，君子「儉德辟難」，豈忘君者哉？君臣之義，如之何其廢之？故荷蓧之徒，聖人無取焉。

○王氏宗傳曰：時方否塞，故以彙守正於下。若反否而爲泰，則亦如初九之以彙征矣。故初九之象曰「志在外」，初六之象曰「志在君」，以言行止雖繫於時，而君子之志於君，亦無往而不在也。

【案】此爻，本義主小人說，故欲其以愛君爲念，然卦象雖分別大小，而爻辭則皆繫以君子之義。朱子嘗答陳亮書云：「就其不遇，獨善其身，以明大義於天下，使天下之人皆知道義之正而守之，以待上之使令。是亦所以報不報之恩，豈必進爲而撫世哉？」正此象傳之意也。

「大人否亨」，不亂群也。

【本義】言不亂於小人之群。

【程傳】大人於否之時，守其正節，不雜亂於小人之群類，身雖否而道之亨也，故曰「否亨」。不以道而身亨，乃道之否也。不云君子而云大人，能如是，則其道大也。

【集説】王氏宗傳曰：六二當上下不交之時，五雖正應，無由而通。「包承」，小人之常態也，乃若大人，則不以非道求合，身雖否而道亨，又豈務爲「包承」之事，以雜亂於群流之中而不自知耶？

「包羞」，位不當也。

【程傳】陰柔居否，而不中不正，所爲可羞者，處不當故也。處不當位，所爲不以道也。

【集説】王氏弼曰：用小道以承其上，而「位不當」，所以「包羞」也。

「有命无咎」，志行也。

【程傳】有君命則得无咎，乃可以濟否，其志得行也。

大人之吉，位正當也。

【程傳】有大人之德，而得至尊之正位，故能休天下之否，是以吉也。无其位，則雖有其道，將何爲乎？故聖人之位謂之大寶。

否終則傾，何可長也？

【程傳】否終則必傾，豈有長否之理？極而必反，理之常也。然反危爲安，易亂爲治，必有剛陽之才而後能也。故否之上九，則能傾否；屯之上六，則不能變屯也。

【集説】何氏楷曰：「則」字要歸到人事，謂否極則當思所以傾之，何可使長否也？正責成於人之意。

天與火，同人，君子以類族辨物。

【本義】天在上而火炎上，其性同也。「類族辨物」，所以審異而致同也。

【程傳】不云火在天下、天下有火，而云天與火者，天在上，火性炎上，火與天同，故爲同人之義。君子觀同人之象，而「以類族辨物」，各以其類族辨物之同異也。若君子小人之黨，善惡是非之理，物情之離合，事理之異同，凡異同者，君子能辨明之，故處物不失其方也。

【集説】虞氏翻曰：「方以類聚，物以群分」，「君子和而不同」，故於同人，「以類族辨物」也。

○朱子語類云：「類族」是就人上説，「辨物」是就物上説。天下有不可皆同之理，故隨他頭項去分別。

出門同人，又誰咎也？

【程傳】出門同人於外，是其所同者廣，无所偏私。人之同也，有厚薄親疎之異，過咎所由生也。既无所偏黨，誰其咎之？

【集説】林氏希元曰：「出門同人」是解「同人于門」，明「于門」爲「出門」也，言出門外去同人，無私繫而能同人者也。内不失己，外不失人，又誰得而咎之？

○何氏楷曰：「同人于門」，傳以「出門同人」釋之，加一「出」字，而意愈明。

「同人于宗」，吝道也。

【程傳】諸卦以中正相應爲善，而在同人則爲可吝，故五不取君義，蓋私比非人君之道，相同以私，爲可吝也。

【集説】姜氏寶曰：必出門然後无咎，若于宗，則門内之人而已，此所以吝也。

【案】凡易例，九五、六二雖正應，然於六二每有戒辭，比之「不自失」、萃之「志未變」是也。在同人之卦，其應尤專，故曰「吝道」，言若同於情之專，而不同於理之正，則其道可吝。亦因占設戒之辭爾，非與卦義異也。但在卦則通言應衆陽，而不專指九五之應；在爻則偏言與五位相應，而因以發大公之義，各不相悖。

「伏戎于莽」，敵剛也；「三歲不興」，安行也。

【本義】言不能行。

【程傳】所敵者五，既剛且正，其可奪乎？故畏憚伏藏也，至於「三歲不興」矣，終安能行乎？

【案】敵者，應也，若艮言「敵應」，中孚言「得敵」，皆謂應爻也。

「乘其墉」，義弗克也；其吉，則困而反則也。

【本義】「乘其墉」矣，則非其力之不足也，特以義之弗克而不攻耳。能以義斷，困而反於法則，故吉也。

【程傳】所以「乘其墉」而弗克攻之者，以其義之弗克也。以邪攻正，義不勝也，其所以得吉者，由其義不勝，困窮而反於法則也。二者，衆陽所同欲也，獨三、四有爭奪之義者，二爻居二、五之閒也，初、終遠，故取義別。

同人之先，以中直也。大師相遇，言相克也。

【本義】直謂理直。

【程傳】先所以「號咷」者，以中誠理直，故不勝其忿切而然也。雖其敵剛强，至用大師，然義直理勝，終能克之，故言能相克也。相克謂能勝，見二陽之强也。

【集説】董氏銖曰：雖大師相克而後相遇，亦以義理之同，物終不得而閒之故也。

【案】易凡言號者，皆寫心抒誠之謂，故曰「中直」，言至誠積於中也。當同人之時，二五正應，必以相克而後相遇者，因外卦以反異歸同取象，無他旁取也。

「同人于郊」，志未得也。

【程傳】居遠莫同，故終无所悔，然而在同人之道，求同之志不得遂，雖无悔，非善處也。

【集説】蔡氏淵曰：未及乎野，非盡乎大同之道者也，故曰「志未得」。

【案】卦外有野象，于野曰亨，而此爻但曰无悔，則知郊去野猶一閒，而大同之志未得也。孔子可謂善讀周公之文矣。

火在天上，大有，君子以遏惡揚善，順天休命。

【本義】火在天上，所照者廣，爲大有之象。所有既大，无以治之，則釁蘗萌於其閒矣。天命有善而无惡，故「遏惡揚善」，所以順天，反之於身，亦若是而已矣。

【程傳】火高在天上，照見萬物之衆多，故爲大有。大有，繁庶之義。君子觀大有之象，以遏絶衆惡，揚明善類，以奉順天休美之命。萬物衆多，則有善惡之殊。君子享大有之盛，當代天工治養庶類。治衆之道，在「遏惡揚善」而已。惡懲善勸，所以順天命而安群生也。

【集説】王氏弼曰：大有，包容之象也，故「遏惡揚善」，成物之美，順夫天德，休物之命。

○司馬氏光曰：火在天上，明之至也。至明則善惡無所逃，善則舉之，惡則抑之，慶賞刑威得其當，然後能保有四方，所以「順天休命」也。

○楊氏萬里曰：天討有罪，吾遏之以天；天命有德，吾揚之以天，吾何與焉？此舜禹有天下而不與也，故曰「順天休命」。同人離在下，而權不敢專，故止於類而辨；大有離在上，而權由己出，故極於遏而揚。

大有初九，无交害也。

【程傳】在大有之初，克念艱難，則驕溢之心无由生矣，所以不交涉於害也。

【集説】陸氏振奇曰：保終之道，慎於厥始，必有克艱於初，而後有天祐於終，故初曰「大有初九」，上曰「大有上吉」，獨本末見大有焉。

○黄氏淳耀曰：「无交害」者，以九居初，是初心未變，无交，故无害也。若過此而有交，則有害矣，安得不慎終如始，而一以艱處之也。

「大車以載」，積中不敗也。

【程傳】壯大之車，重積載於其中，而不損敗，猶九二材力之强，能勝大有之任也。

【集説】郭氏雍曰：道積於中，無所往而不利，如大車之不可敗也。

○吴氏曰慎曰：「積中不敗」，與詩言「不輸爾載」相似。

「公用亨于天子」，小人害也。

【程傳】公當用亨于天子，若小人處之，則爲害也。自古諸侯能守臣節，忠順奉上者，則蕃養其衆，以爲王之屏翰；豐殖其財，以待上之徵賦。若小人處之，則不知爲臣奉上之道，以其爲己之私，民衆財豐，則反擅其富强，益爲不順。是小人大有則爲害，又大有爲小人之害也。

【集説】方氏應祥曰：爻言「小人弗克」，傳言「小人害」，「弗克」則必至於害矣。

「匪其彭，无咎」，明辨晢也。

【本義】晢，明貌。

【程傳】能不處其盛，而得无咎者，蓋有明辨之智也。晢，明智也。賢智之人，明辨物理，當其方盛，則知咎之將至，故能損抑，不敢至於滿極也。

【集説】梁氏寅曰：謂之「明辨」而又謂之「晢」者，見其明智之極也。

「厥孚交如」，信以發志也。

【本義】一人之信，足以發上下之志也。

「威如」之吉，易而无備也。

【本義】太柔則人將易之，而无畏備之心。

【程傳】下之志，從乎上者也。上以孚信接於下，則下亦以誠信事其上，故「厥孚交如」，由上有孚信，以發其下孚信之志，下之從上，猶響之應聲也。「威如」之所以吉者，謂若无威嚴，則下易慢而无戒備也，謂无恭畏備上之道。備，謂備上之求責也。

【附録】孔氏穎達曰：「信以發志」者，釋「厥孚交如」之義。由己誠信發起其志，故上下應之，與之交接也。「易而无備」者，釋「威如之吉」之義。所以「威如」者，以己不私於物，惟行簡易，無所防備，物自畏之，故云「易而无備」。

【案】孔氏之説亦有理。蓋言「威如」，則疑於上下相防矣，故申之曰「易而无備」，明乎「遏惡揚善」，順理而行，非有所戒備也。

大有上吉，自天祐也。

【程傳】大有之上，有極當變，由其所爲順天合道，故天祐助之，所以吉也。君子滿而不溢，乃天祐也。繫辭復申之云：「天之所助者順也，人之所助者信也，履信思乎順，又以尚賢也，是以『自天祐之，吉无不利』也。」履信，謂履五，五虛中，信也；思順，謂謙退不居；尚賢，謂志從於五。大有之世，不可以盈豐而復處盈焉，非所宜也。六爻之中，皆樂據權位，惟初上不處其位，故初九无咎，上九无不利。上九在上，履信思順，故在上而得吉，蓋自天祐也。

【集說】項氏安世曰：象傳曰「大有上吉」，明事關全卦，非止上爻也。此猶師之上六，論師之事，至此而終，其言大君，蓋指六五，非謂上六爲大君也。

○趙氏彥肅曰：五能尊上，此大有所以上吉也。君之大有，極於尊賢。

地中有山，謙，君子以裒多益寡，稱物平施。

【本義】以卑蘊高，謙之象也；「裒多益寡」，所以稱物之宜而平其施，損高增卑，以趨於平，亦謙之意也。

【程傳】地體卑下，山之高大而在地中，外卑下而内蘊高大之象，故爲謙也。不云山在地中，而曰「地中有山」，言卑下之中蘊其崇高也。若言崇高蘊於卑下之中，則文理不順。諸象皆然，觀文可見。「君子以裒多益寡，稱物平施」，君子觀謙之象，山而在地下，是高者下之，卑者上之，見抑高舉下、損過益不及之義，以施於事，則裒取多者，增益寡者，稱物之多寡，以均其施與，使得其平也。

【集說】朱子語類：問：「『裒多益寡』是損高就低，使教恰好，不是一向低去。」曰：「大抵人多見得在己者高，在人者卑，謙則抑己之高而卑以下人，便是平也。」

○馮氏椅曰：凡大象皆别立一意，使人知用易之理。「裒多益寡，稱物平施」，俾小大長短各得其平，非君子謙德之象，乃君子治一世使謙之象也。象與六爻無此意。

○蔡氏清曰：以卑藴高，謙之象也。此與上本義「山至高而地至卑，乃屈而止於其下」不同。上所謂謙者，主山言，謂高而能下也。此主地言，謂地雖卑，而中之所藴則高，〔一〕内充而外欿也。

○楊氏啓新曰：人之常情，自高之心常多，下人之心常寡，不裒而益之，則自處太高，處人太卑，而物我之閒不得其平。故抑其輕世傲物之心，而多者不使之多；增其謙卑遜順之意，而寡者不使之寡。多者裒之，則自視不見其有餘；寡者益之，則視人不見其不足，而物我之施各得其平矣。兹其爲君子之謙與？

【案】諸説皆説向謙本義上，惟馮氏以爲推説，亦可相備。

〔一〕而中之所藴則高：藴，薈要本作「緼」。

「謙謙君子」，卑以自牧也。

【程傳】謙謙，謙之至也，謂君子以謙卑之道自牧也。自牧，自處也，詩云「自牧歸荑」。

【集説】孔氏穎達曰：牧，養也，解「謙謙君子」之義，恒以謙卑自養其德也。

○王氏宗傳曰：謙，卑德也；初，卑位也。養德之地，未有不基於至卑之所，所養也至，則愈卑而愈不卑矣。此自養之方也。

○張氏栻曰：「謙謙君子，卑以自牧」，如牧牛羊然，使之馴服，方可以言謙。今人往往反以驕矜爲養氣，此特客氣，非浩然之氣也。

○俞氏琰曰：爻辭「謙謙」句點，爻傳乃以「君子」綴於「謙謙」之下，謂「謙謙」乃君子之德，非君子則不能「謙謙」也。

「鳴謙貞吉」，中心得也。

【程傳】二之謙德，由至誠積於中，所以發於聲音，中心所自得也，非勉爲之也。

【集説】胡氏瑗曰：「中心得」者，言君子所作所爲皆得諸心，然後發之於外。故此「謙謙」，皆由中心得之，以至於聲聞流傳於人，而獲至正之吉也。

勞謙君子，萬民服也。

【程傳】能勞謙之君子，萬民所尊服也。繫辭云：「勞而不伐，有功而不德，厚之至也。語以其功下人者也。德言盛，禮言恭，謙也者，致恭以存其位者也。」有勞而不自矜伐，有功而不自以爲德，是其德弘厚之至也，言以其功勞而自謙以下於人也。「德言盛，禮言恭」，以其德言之則至盛，以其自處之禮言之則至恭，此所謂謙也。夫「謙也者，謂致恭以存其位者也」，存，守也，致其恭巽以守其位，故高而不危，滿而不溢，是以能終吉也。夫君子履謙，乃其常行，非爲保其位而爲之也，而言「存其位」者，蓋能致恭，所以能存其位，言謙之道如此。如言爲善有令名，君子豈爲令名而爲善也哉？亦言其令名者，爲善之故也。

【集説】吴氏澄曰：「萬民服」，謂有終而吉也。

○俞氏琰曰：爻辭本以「勞謙」句點，爻傳又以「君子」二字屬之，言勞而能謙，乃君子之德，非君子則不能如是也。

「无不利，撝謙」，不違則也。

【本義】言不爲過。

【程傳】凡人之謙，有所宜施，不可過其宜也，如六五「或用侵伐」是也。惟四以處近君之地，據勞臣之上，故凡所動作，靡不利於施謙，如是然後中於法則，故曰「不違則也」，謂得其宜也。

【集説】朱子語類云：「不違則」，言不違法則；「撝謙」是合如此，不是過分事。

「利用侵伐」，征不服也。

【程傳】征其文德謙巽所不能服者也。文德所不能服，而不用威武，何以平治天下？非人君之中道，謙之過也。

【集説】何氏楷曰：侵伐非黷武，以其不服，不得已而征之，正以釋征伐用謙之義。

鳴謙，志未得也；可用行師，征邑國也。

【本義】陰柔无位，才力不足，故其志未得，而至於行師，然亦適足以治其私邑而已。

【程傳】謙極而居上，欲謙之志未得，故不勝其切，至於鳴也。雖不當位，謙既過極，宜以剛武自治其私，故云「利用行師征邑國」也。

【集説】項氏安世曰：六二鳴謙，象以中心解之；上六鳴謙，象以志解之；豫之初六鳴豫，象又以志解之。然則凡言鳴者，皆志也。志有憂有樂，皆寓於鳴。當豫之時，人志以從上爲樂；當謙之時，人志在下，不以上爲樂也。

○谷氏家杰曰：上之鳴謙，外雖有聲譽，而其心則欿然不自滿足，志猶未得也。「志未得」，正是謙處。

○何氏楷曰：「志未得」者，上居謙之極，方自視歉然，而猶以其謙爲未足，如益贊於禹滿損謙益之意。

【案】象傳意言上六之鳴謙，由其中心之志欿然不自滿足故也。是以雖可用行師，而但征其邑國，蓋始終自治之意。亦猶同人之上，其志未得者，乃未能遂其大同之心，故亦欲然而未足也。無同人之上之心，則未極乎大同之量矣；無謙之上之心，則未極乎謙德之虚矣。谷氏、何氏之説，獨見大意。

雷出地奮，豫，先王以作樂崇德，殷薦之上帝，以配祖考。

【本義】雷出地奮，和之至也。先王作樂，既象其聲，又取其義。殷，盛也。

【程傳】雷者，陽氣奮發，陰陽相薄而成聲也。陽始潛閉地中，及其動，則出地奮震也。始閉鬱，及奮發，則通暢和豫，故爲豫也。坤順震發，和順積中而發於聲，樂之象也。先王觀雷出地而奮，和暢發於聲之象，作聲樂以襃崇功德，其殷盛至於薦之上帝，推配之以祖考。殷，盛也。禮有殷奠，謂盛也。薦上帝，配祖考，盛之至也。

【集説】荀氏爽曰：樂者，聖人因人之豫而節之，所以養其正而閑其邪，其和可以感鬼神，而況於人乎？

○鄭氏康成曰：奮，動也。雷動於地上，萬物乃豫也。人至樂，則手欲鼓之，足欲舞之。王者功成作樂，以文得之者作籥舞，以武得之者作萬舞，各充其德而爲制，祀天帝以配祖考者，使與天同饗其功也。故孝經云：「郊祀后稷以配天，宗祀文王於明堂以配上帝也。」

○胡氏炳文曰：本義云「象其聲」者，樂之聲法雷之聲。「又取其義」者，豫以和爲義，雷所以發揚化功，而鼓天地之和，樂所以發揚功德，而召神人之和也。

初六鳴豫，志窮凶也。

【本義】窮謂滿極。

【程傳】云初六，謂其以陰柔處下，而志意窮極，不勝其豫，至於鳴也，必驕肆而致凶矣。

【集說】楊氏簡曰：位之在下，未爲窮也，豫而鳴，其志窮矣。○趙氏汝楳曰：位方在初，時勢未窮，而競躁如此，是志已先窮，自取其凶者也。

「不終日，貞吉」，以中正也。

【程傳】能不終日而貞且吉者，以有中正之德也。中正，故其守堅，而能辨之早，去之速。爻言六二處豫之道，爲教之意深矣。

【集說】黄氏淳耀曰：中正，即介石意，是推明所以「不終日」之故。

盱豫有悔，位不當也。

【程傳】自處不當，失中正也，是以進退有悔。

【集說】王氏申子曰：此爻與六二相反。盱則不能「介于石」，遲則不能「不終日」，中正與不中正故也。

「由豫大有得」，志大行也。

【程傳】由己而致天下於樂豫，故爲「大有得」，謂其志得大行也。

【集説】喬氏中和曰：剛應而志行，蓋由四以陽剛爲群陰所應，故其志得以大行也。

六五「貞疾」，乘剛也；「恒不死」，中未亡也。

【程傳】貞而疾，由乘剛，爲剛所逼也。「恒不死」，中之尊位未亡也。

【集説】楊氏時曰：居豫之時，無剛健之才，逸於豫者也。孟子曰：「入則無法家拂士，出則無敵國外患者，國常亡。」六五之乘剛，有法家拂士、敵國外患之謂也，左右救正之，故以正爲疾，雖未能執其中，而「中未亡」，則不死於安樂矣，故常不死。

○鄭氏汝諧曰：二與五皆不言豫，二靜晦，不爲豫也；五乘剛，不敢豫也。若人得一固疾，雖不快於己，亦足以久其生者，有戒心也，是以終未亡而常存。

○胡氏炳文曰：豫最易以溺人。六二柔中且正，能「不終日」而去之，六五陰柔不正，未免溺於豫矣，猶得不死者，「中未亡也」。人莫不生於憂患而死於逸樂，以六五之中，僅得不死。然則初之鳴、三之盱、上之冥，其不中者，皆非生道矣。

冥豫在上，何可長也？

【程傳】昏冥於豫，至於終極，災咎行及矣，其可長然乎？當速渝也。

【集説】胡氏瑗曰：「何可長」者，言其悦豫過甚，至於情蕩性冥，而不知所止，是何可長如此乎。言能渝變，則可以无咎也。

○王氏申子曰：豫至於上，極矣，極則不可以久，速渝可也。

澤中有雷，隨，君子以嚮晦入宴息。

【本義】雷藏澤中，隨時休息。

【程傳】雷震於澤中，澤隨震而動，爲隨之象。君子觀象，以隨時而動。隨時之宜，萬事皆然，取其最明且近者言之。「君子以嚮晦入宴息」，君子晝則自强不息，及嚮昏晦，則入居於内，宴息以安其身，起居隨時，適其宜也。禮「君子晝不居内，夜不居外」，隨時之道也。

【集説】翟氏玄曰：晦者，冥也；雷者，陽氣，春夏用事，今在澤中，秋冬時也。故君子象之，日出視事，其將晦冥，退入宴寢而休息也。

○朱子語類：問：「程子云，澤隨雷動，君子當隨時宴息，是否？」曰：「既曰雷動，何不言君子以動作，却言宴息？蓋其卦震下兑上，乃雷入地中之象，雷隨時伏藏，故君子亦『嚮晦入宴息』。」

「官有渝」，從正吉也。「出門交有功」，不失也。

【程傳】既有隨而變，必所從得正則吉也，所從不正，則有悔吝。出門而交，非牽於私，其交必正矣，正則无失而有功。

【集説】俞氏琰曰：卦以陽爻爲主，爲主者故不當隨人，而陽亦不當隨陰，然以正從正，則隨道之當然也。

「係小子」，弗兼與也。

【程傳】人之所隨，得正則遠邪，從非則失是，无兩從之理。二苟係初，則失五矣，弗能兼與也，所以戒人從正當專一也。

【案】九五、六二之應同也，在比、萃則吉，在同人則吝，在隨則「係小子」，而吝亦可知矣，所以然者，皆因卦義而變，卦義以剛下柔，柔必係之，故推之爻義，而知其弗兼與也。

「係丈夫」，志舍下也。

【程傳】既隨於上，則是其志舍下而不從也。舍下而從上，舍卑而從高也，於隨爲善矣。

【集説】黄氏淳耀曰：人之取舍係乎志，三志既係於四，則所舍必在於初矣。在二則因係以明其弗兼，在三則因舍以堅其所係。

【案】此爻何以知其志舍下？以無剛來下之，則必從上之剛矣，四近而初遠故也。卦義以剛下柔，而此爻以柔從剛，於時義則不合，而不失乎陽唱陰隨之常理，故聖人猶嘉其志焉。

「隨有獲」，其義凶也。「有孚在道」，明功也。

【程傳】居近君之位而有獲，其義固凶，能有孚而在道，則无咎。蓋明哲之功也。

【集説】袁氏樞曰：「其義凶」者，有凶之理也。處得其道，如下所云，則无咎矣。

【案】義者，謂卦義也。卦義剛下於柔，而四剛爲柔隨，且處近君之地，尤有招納之嫌，故曰「其義凶也」。

「孚于嘉吉」，位正中也。

【程傳】處正中之位，由正中之道，孚誠所隨者，正中也，所謂嘉也，其吉可知。所孚之嘉，謂六二也。隨以得中爲善，隨之所防者過也，蓋心所説隨，則不知其過矣。

【案】當隨之時，居尊位而有正中之德，則所孚者皆善矣。初五皆言吉，而五尤吉，以其正中故爾。

「拘係之」，上窮也。

【本義】窮，極也。

【程傳】隨之固如拘係維持，隨道之窮極也。

【案】上窮則有高亢之意，在人如絶世離群，往而不返者是也。卦之陰爻皆云係，至上六獨曰「拘係之」，故夫子發明其義，以爲因上六之不易係也。

山下有風，蠱，君子以振民育德。

【本義】「山下有風」，物壞而有事矣，而事莫大於二者，乃治己、治人之道也。

【程傳】「山下有風」，風遇山而回，則物皆散亂，故爲有事之象。君子觀有事之象，以振濟於民，養育其德也。在己則養德，於天下則濟民，君子之所事，无大於此二者。

【集説】李氏舜臣曰：「山下有風」，則風落山之謂。山木摧落，蠱敗之象，飭蠱者必須有以振起之。「振民」者，猶巽風之鼓爲號令也；「育德」者，猶艮山之養成材力也。易中育德多取於山，故蒙亦曰「果行育德」。

○楊氏文焕曰：振萬物者莫如風，育萬物者莫如山。

○李氏簡曰：「山下有風」，振物之象也。蠱之時，民德敗矣，敗而育之，必振動之，使離其故習可也，猶風之撓物，適所以養之也。

○俞氏琰曰：小畜之風在天上，觀之風在地上，涣之風在水上，並無所阻，故皆言行。蠱之風則止於山下，爲山所阻，而不能條達，故不言行而言有。

○沈氏一貫曰：風遇山而回，物皆擾亂，是爲有事之象。君子以振起民心而育其德，「作新民」也。

【案】諸家以「振民育德」俱爲治人之事，與傳、義不同，考其文意，似爲得之。蓋治己不應後於治人，而蒙之「果行育德」，亦施於蒙者之事也，若漸之「居賢德善俗」，爲治己治人，則語次先後判然，且「居」與「育」亦有别。

「幹父之蠱」，意承考也。

【程傳】子幹父蠱之道，意在承當於父之事也，故祗敬其事，以置父於无咎之地，常懷惕厲，則終得其吉也。盡誠於父事，吉之道也。

【集説】項氏安世曰：幹父之蠱，迹若不順，意則承之也。迹隨時而遷，久則有敝，何可承也？孝子之於父，不失其忠愛之意而已。

○楊氏簡曰：不得已而「幹父之蠱」，其意未嘗不順承者也。其意則承，其事則不可得而承矣。承其事則蠱不除，乃所以彰父之惡，非孝也。

○張氏清子曰：不承其事，而承其意，此善繼父之志者也。

○楊氏啓新曰：前人以失而致蠱，未必無悔過之心，「幹父之蠱」，乃承考之意，而置之無過之地也。此聖人以子之賢善歸之於父，爲訓之義大矣。

【案】「意承考」，釋考所以无咎，如楊氏之説。

「幹母之蠱」，得中道也。

【程傳】二得中道，而不過剛，幹母蠱之善者也。

【集説】吴氏曰愼曰：爻曰「不可貞」，所以戒占者；傳曰「得中道」，則是本爻象，言其能不至於貞者也，貞則非中道矣。

「幹父之蠱」，終无咎也。

【程傳】以三之才，「幹父之蠱」，雖小有悔，終无大咎也。蓋剛斷能幹，不失正而有順，所以「終无咎」也。

【集説】蔡氏清曰：不曰无大咎，而只曰无咎，蓋不但无大咎也，有進而勉之之意。

「裕父之蠱」，往未得也。

【程傳】以四之才，守常居寬裕之時則可矣，欲有所往，則未得也，加其所任，則不勝矣。

【集説】趙氏汝楳曰：謂重柔之往，未得遂其有事之志，斯其爲幹蠱者之吝。

幹父用譽，承以德也。

【程傳】幹父之蠱，而用有令譽者，以其在下之賢，承輔之以剛中之德也。

【集説】項氏安世曰：六五得尊位，行大中，能以令名掩前人之蠱者也，故曰「幹父用譽，承以德也」，言不以才幹而以德幹也。

○鄭氏維嶽曰：既曰蠱矣，何德之可承？夫使人不曰承敝而承德，若不知其爲前人之蠱然者。

【案】程傳謂九二承以剛中之德，然凡言承者，皆就父子之繼而言，故初之「意承考」，此之「承以德」，文義相似也。不以事承考，而以意承考；不承父以事，而承父以德。父之德著，則譽亦彰矣，「承以德」正釋「用譽」之意。

「不事王侯」，志可則也。

【程傳】如上九之處事外，不累於世務，不臣事於王侯，蓋進退以道，用舍隨時，非賢者能之乎？其所存之志可爲法則也。

【集説】陸氏銓曰：士何事尚志，「志可則也」，正是高尚其事。

澤上有地，臨，君子以教思无窮，容保民无疆。

【本義】地臨於澤，上臨下也，二者皆臨下之事。教之无窮者，兑也；容之无疆者，坤也。

【程傳】澤之上有地，澤，岸也，水之際也，物之相臨與含容，无若水之在地，故澤上有地爲臨也。君子觀親臨之象，則「教思无窮」，親臨於民，則有教導之意思也。「无窮」，至誠无斁也。觀含容之象，則有「容保民」之心。「无疆」，廣大无疆限也。含容有廣大之意，故爲无窮无疆之義。

【集説】王氏弼曰：相臨之道莫若悦順，不恃威制，得物之誠，故物無違也，是以君子「教思无窮，容保民无疆」。

○劉氏牧曰：岸高於澤，俯臨之也。

○胡氏炳文曰：不徒曰教，而曰「教思」，其意思如兑澤之深；不徒曰保民，而曰「容保民」，其度量如坤土之大。

○俞氏琰曰：臨有二義，以爻之陰陽言，則爲大臨小；以象之地澤言，則爲上臨下。

○蔡氏清曰：「教思」，謂其一段教育成就人底意思也。教人以善謂之忠，味「忠」之一字，方見此之所謂「教思」者。

○又曰：「勞之來之，匡之直之，輔之翼之，使自得之，又從而振德之」，此可見君子教思之无窮。「民吾同胞」，以至鰥寡孤獨，皆吾弟兄之顛連無告者也，必使皆「樂其樂而利其利」，可見君子之「容保民无疆」也。

【案】臨者，大也。澤上有地，澤之盛滿，將與地平，大之義也。「教思无窮」，「容保无疆」，蓋言王澤之盛大，所以淪浹之深而漸被之廣者。

「咸臨貞吉」，志行正也。

【程傳】所謂貞吉，九之志在於行正也。以九居陽，又應四之正，其志正也。

【集説】吴氏曰慎曰：有守正，有行正，臨初正與屯同。

「咸臨吉，无不利」，未順命也。

【本義】未詳。

【程傳】未者，非遽之辭。孟子：或問：「勸齊伐燕，有諸？」曰：「未也。」又云：「仲子所食之粟，伯夷之所樹與，抑亦盜跖之所樹與，是未可知也。」史記：侯嬴曰：「人固未易知。」古人用字之意皆如此。今人大率用對「已」字，故意似異，然實不殊也。九二與五，感應以臨下，蓋以剛德之長，而又得中，至誠相感，非由順上之命也，是以吉而无不利。五順體而二説體，又陰陽相應，故象特明其非由説順也。

【案】君子道長，天之命也，然命不于常，故彖言「八月有凶」，而傳言「消不久」，君子處此，惟知持盈若虛，所謂「大亨以正天之道」者，則順道而非順命矣。以二爲剛長之主，即卦主也，故特發此義，以與彖意相應。凡天之命，消長焉而已。方其長也，則不順命，「不受命」，知「盈不可久」而進不可恃也；及其消也，則「志不舍命」，知「物不可窮」而往之必復也。易之大義，盡在於斯。

「甘臨」，位不當也。「既憂之」，咎不長也。

【程傳】陰柔之人，處不中正而居下之上，復乘二陽，是處不當位也。既能知懼而憂之，則必强勉自改，故其過咎不長也。

【集説】李氏簡曰：六三不中不正，處不當位，雖甘説此位，亦安足以有臨乎？能知而憂之，强勉自改，則過咎不長也。

【案】三之爻位不當，而四之爻位當，故其德有善否。然三之所處，位高勢盛，不可甘也，而甘之，此其所以爲不當也；四之所處，與下相親，最切至也，而能至焉，此其所以爲當也。是爲借爻位之當不當，以明所處位之當不當，易之例也。

「至臨无咎」，位當也。

【程傳】居近君之位，爲得其任；以陰處四，爲得其正。與初相應，爲下賢，所以无咎，蓋由位之當也。

【集説】鄭氏汝諧曰：其位在上下之際，臨之切至也。凡上之臨下，惟患其遠而不相通。四既近於下，其所處之位至當，是以无咎。

「大君之宜」，行中之謂也。

【程傳】君臣道合，蓋以氣類相求。五有中德，故能倚任剛中之賢，得「大君之宜」，成知臨之功，蓋由行其中德也。人君之於賢才，非道同德合，豈能用也？

【集説】沈氏該曰：能以其知行中者也。

敦臨之吉，志在内也。

【程傳】「志在内」，應乎初與二也。志順剛陽而敦篤，其吉可知也。

【集説】張氏振淵曰：「志在内」，即萬物一體之意，所以能敦。若將天下國家置在度外，雖有些小德澤，終是淺薄。

【案】此「志在內」，當與泰初「志在外」反觀。同是天下國家也，自初言之，則爲外；自上言之，則爲內。伊尹躬耕，而自任以天下之重，可謂「志在外」矣；堯舜耄期倦勤，而念不忘民，可謂「志在內」矣。

風行地上，觀，先王以省方觀民設教。

【本義】省方以觀民，設教以爲觀。

【程傳】風行地上，周及庶物，爲游歷周覽之象，〔一〕故先王體之，爲省方之禮，以觀民俗而設政教也。天子巡省四方，觀視民俗，設爲政教，如奢則約之以儉、儉則示之以禮是也。省方，觀民也；設教，爲民觀也。

【集說】九家易曰：風行地上，草木必偃，故以省察四方，觀視民俗而設其教也。

○劉氏牧曰：風行地上，無所不至，散采萬國之聲詩，省察其俗，有不同者，教之使同。

初六童觀，小人道也。

【程傳】所觀不明如童稚，乃小人之分，故曰「小人道也」。

〔一〕爲游歷周覽之象：游，原作「由」，據四庫本、薈要本改。

【集説】王氏申子曰：卑下而無遠見，在凡民爲可恕，在君子爲可羞。

闚觀女貞，亦可醜也。

【本義】在丈夫則爲醜也。

【程傳】君子不能觀見剛陽中正之大道，而僅闚覘其彷彿，雖能順從，乃同女子之貞，亦可羞醜也。

【集説】郭氏忠孝曰：男女吉凶不同，故恒卦曰「婦人吉，夫子凶」，則知利女貞者，固爲男之醜也。

「觀我生進退」，未失道也。

【程傳】觀己之生而進退，以順乎宜，故未至於失道也。

【案】道，即進退之道。量而後入，則不失乎進退之道矣。

「觀國之光」，尚賓也。

【程傳】君子懷負才業，志在乎兼善天下，然有卷懷自守者，蓋時无明君，莫能用其道，不得已也，豈君子之志哉？故孟子曰：「中天下而立，定四海之民，君子樂之。」既觀見國之盛德光華，古人所謂非常之遇也，所以志願登進王朝，以行其道，故云「觀國之光，尚賓也」。尚謂志尚，其志意願慕賓於王朝也。

【集説】楊氏簡曰：言其國貴尚賓，賢可以進也。

「觀我生」，觀民也。

【本義】此夫子以義言之，明人君觀己所行，不但一身之得失，又當觀民德之善否，以自省察也。

【程傳】我生，出於己者。人君欲觀己之施爲善否，當觀於民，民俗善則政化善也，王弼云「觀民以察己之道」是也。

【集説】胡氏瑗曰：觀流則可以知源，觀影則可以知表，觀民則可以知己政之得失也。

「觀其生」，志未平也。

【本義】「志未平」，言雖不得位，未可忘戒懼也。

【程傳】雖不在位，然以人觀其德用爲儀法，故當自慎。省觀其所生，常不失於君子，則人不失所望而化之矣。不可以不在於位，故安然放意，无所事也，是其志意未得安也，故云「志未平也」。平，謂安寧也。

【集説】陸氏希聲曰：民之善惡，由我德化，其志未平，憂民之未化也。

雷電，噬嗑，先王以明罰敕法。

【本義】雷電，當作「電雷」。

【程傳】象无倒置者，疑此文互也。雷電相須，並見之物，亦有嗑象。電明而雷威，先王觀雷電之象，法其明與威，以明其刑罰，飭其法令。法者，明事理而爲之防者也。

【集説】侯氏行果曰：雷所以動物，電所以照物，雷電震照，則萬物不能懷邪，故先王則之，「明罰敕法」，以示萬物也。

○項氏安世曰：陰陽相噬而有聲，則爲雷，有光則爲電，二物因噬而嗑，故曰「雷電噬嗑」。

○徐氏幾曰：「明罰」者，所以示民而使之知所避；「敕法」者，所以防民而使之知所畏，此先王忠厚之意也。未至「折獄致刑」處，故與豐象異。

○張氏清子曰：蔡邕石經本作「電雷」。

○蔡氏清曰：「先王以明罰敕法」，此以立法言，故曰先王；若豐「折獄致刑」，以用法言，則曰君子矣。

○薛氏瑄曰：噬嗑、賁、豐、旅四卦論用刑，皆離火之用，以是見用法貴乎明。噬嗑、豐以火雷、雷火交互爲體用，法貴乎威明並濟；賁、旅以山火、火山交互爲體用，法貴乎明慎並用。

「屨校滅趾」，不行也。

【本義】滅趾，又有不進於惡之象。

【程傳】屨校而滅傷其趾，則知懲誡而不敢長其惡，故云「不行也」。古人制刑，有小罪則校其趾，蓋取禁止其行，使不進於惡也。

【集説】胡氏炳文曰：下卦爲震，滅趾，使其不敢如震之動也，動則進於惡矣。

「噬膚滅鼻」，乘剛也。

【程傳】深至滅鼻者，「乘剛」故也。「乘剛」乃用刑於剛强之人，不得不深嚴也。深嚴則得宜，乃所謂中也。

【集説】孔氏穎達曰：「乘剛」者，釋「噬膚滅鼻」之義，以其「乘剛」，故用刑深也。

「遇毒」，位不當也。

【程傳】六三以陰居陽，處位不當，自處不當，故所刑者難服而反毒之也。

【案】此亦借爻位之不當，以明其所處之難爾，非其所行有不當也。若所行有不當，則施之刑獄，其失大矣，安得无咎？又豈獨小吝而已乎？

「利艱貞吉」，未光也。

【程傳】凡言「未光」，其道未光大也。戒於「利艱貞」，蓋其所不足也，不得中正故也。

【集説】方氏應祥曰：慮聽訟者之心有所「未光」，故以「利艱貞」爲戒。

「貞厲无咎」，得當也。

【程傳】所以能无咎者，以所爲得其當也。所謂當，居中用剛，而能守正慮危也。

【集説】趙氏汝楳曰：釋彖言「不當位」，此言「得當」者，釋彖以位言，此以事言。六五以柔用獄，行以正，厲其无咎者，得用獄之當者也。

○林氏希元曰：「得當」，即是得用刑之道，不就爻位説，若果是説位得中，當以解「得黄金」，不宜以解「貞厲无咎」矣。

「何校滅耳」，聰不明也。

【本義】滅耳，蓋罪其聽之不聰也。若能審聽而早圖之，則无此凶矣。

【程傳】人之聾暗不悟，積其罪惡以至於極。古人制法，罪之大者，何之以校，爲其无所聞知，積成其惡，故以校而滅傷其耳，誡聰之不明也。

【集説】胡氏炳文曰：上卦爲離，滅耳，言其不能如離之明也。

○林氏希元曰：聰字，單言則包明，與明並言，則聰又爲體而明爲用。

山下有火，賁，君子以明庶政，无敢折獄。

【本義】「山下有火」，明不及遠；「明庶政」，事之小者；「折獄」，事之大者。內離明而外艮止，故取象如此。

【程傳】山者，草木百物之所聚生也。火在其下而上照，庶類皆被其光明，爲賁飾之象也。君子觀「山下有火」，明照之象，以脩明其庶政，成文明之治，而无敢果於折獄也。折獄者，人君之所致慎也，豈可恃其明而輕自用乎？乃聖人之用心也，爲戒深矣。象之所取，惟以「山下有火」，明照庶物，以用明爲戒，而賁亦自有「无敢折獄」之義。折獄者，專用情實，有文飾則没其情矣，故无敢用文以折獄也。

【集說】王氏弼曰：處賁之時，止物以文明，不可以威刑，故「君子以明庶政」而「无敢折獄」。

○朱子語類：問「明庶政，无敢折獄」。曰：此與旅卦，都説刑獄事，但爭艮與離之在內外，故其説相反。止在外，明在內，故「明政」而「不敢折獄」；止在內，明在外，故「明謹用刑」而「不敢留獄」。如今州縣治獄，禁勘審覆，自有許多節次，過乎此而不決，便是留獄，不及乎此而決，便是敢於折獄。尚書「要囚至於旬時」，他須有許多時日，與周禮秋官同意。

○蔡氏淵曰：有山之材，而照之以火，則光彩外著，賁之象也。「明庶政」，離明象；政者，治之具，所當文飾也。「无敢折獄」，艮止象；折獄貴乎情實，賁則文飾而没其情矣。

○何氏楷曰：吕刑曰「非佞折獄，惟良折獄」，苟恃其明察，而緣飾以没其情，民且有含冤矣。故言刻覈者曰深文，言鍛鍊者曰文致，法曰文網，弄法者曰舞文。治獄之多冤，未有不起於文者，此皆敢心誤之也。

「舍車而徒」，義弗乘也。

【本義】君子之取舍，決於義而已。

【程傳】舍車而徒行者，於義不可以乘也。初應四，正也。從二，非正也。近舍二之易，而從四之難，舍車而徒行也。君子之賁，守其義而已。

「賁其須」，與上興也。

【程傳】以須爲象者，謂其與上同興也，隨上而動，動止唯係所附也。猶加飾於物，因其質而賁之，善惡在其質也。

【集説】侯氏行果曰：自三至上，有頤之象；二在頤下，須之象也。上無其應，三亦無應，若能上承於三，與之同德，雖俱無應，可相與而興起也。

○袁氏樞曰：陰不能以自明也，得陽而後明；柔不能以自立也，得剛而後立；下不能以自興也，得上而後興也。

○沈氏一貫曰：上無正應而從乎三，故曰「與上興」，貴從陽也。

永貞之吉，終莫之陵也。

【程傳】飾而不常，且非正，人所陵侮也，故戒能永正則吉也。其賁既常而正，誰能陵之乎？

【集説】蔡氏淵曰：陵，侮也。三能永貞，則二柔雖比己而濡如，然終莫之陵侮，而不至陷溺也。

○沈氏一貫曰：下三爻皆取離義，至三而文明極矣，有溺質之象，惟永貞則濟之以艮止，故吉而莫之陵。

六四，當位疑也。「匪寇婚媾」，終无尤也。

【本義】「當位疑」，謂所當之位可疑也。「終无尤」，謂若守正而不與，亦无他患也。

【程傳】四與初相遠，而三介於其閒，是所當之位爲可疑也。雖爲三寇讎所隔，未得親於婚媾，然其正應理直義勝，終必得合，故云「終无尤也」。尤，怨也。終得相賁，故无怨尤也。

【集説】朱氏震曰：純白無僞，誰能閒之？始疑而終合，故曰「終无尤也」。

○郭氏雍曰：四雖自飾，亦有皤如之質，猶丘園之賁，虚己待物之象也。初飾其趾而來，翰如之馬也，以剛下柔而來應，匪寇也，婚媾之道也，四雖懷疑，終何尤哉？

六五之吉，有喜也。

【程傳】能從人以成賁之功，享其吉美，是有喜也。

【集説】方氏應祥曰：於文勝之時，而爲丘園之賁，豈不甚可喜乎？非自喜也，爲世道喜也。

【案】傳於五位多言有慶，慶大而喜小也。此爻居尊而返樸崇儉，亦可以易俗移風，而但曰「有喜」者，且就一身無過言爾。如无妄五、損四、兑四之例，皆以無疾爲喜，若推其用，則化成天下，慶在其中矣。

「白賁无咎」，上得志也。

【程傳】白賁无咎，以其在上而得志也。上九爲得志者，在上而文柔，成賁之功，六五之君又受其賁，故雖居无位之地，而實尸賁之功，爲得志也，與他卦居極者異矣。既在上而得志，處賁之極，將有華僞失實之咎，故戒以質素則无咎，飾不可過也。

【集説】朱子語類：問：「何謂得志？」曰：「居卦之上，在事之外，不假文飾而有自然之文，便是優游自得也。」

○項氏安世曰：六二「柔來而文剛」，主内卦之文者也。内卦以文爲文，故曰「賁其須」，須之麗於身，最爲虚文也，然陽氣不盛，不足以賁其須，故曰「與上興也」。二與上交而成卦，二以上爲主，猶須以陽爲主也。深明文之與質未嘗相離，故不言吉凶，吉凶繫於質也。上九「分剛上而文柔」，主外卦之文者也。外卦以質爲文，故曰「白賁」。白本非所以爲文也，然文之初興，必自質始，則白固在衆采之先；文之既極，必以質終，則白又在衆采之後。是則白者，賁之所成終而所成始也，故曰「上得志也」。以其在卦之終，主賁之成，是以得遂其篤實之志，深明質之與文未嘗相悖，故言无咎，蓋行與時違，疑於有咎也。

【案】項氏以「與上興」爲上九，不如指九三言爲當。

山附於地，剥，上以厚下安宅。

【程傳】艮重於坤，「山附於地」也。山高起於地，而反附著於地，圮剥之象也。上謂人君與居人上者，觀剥之象，而厚固其下，以安其居也。下者上之本，未有基本固而能剥者也，故上之剥必自下，下剥則上危矣。爲人上者，知理之如是，則安養人民，以厚其本，乃所以安其居也。書曰：「民惟邦本，本固邦寧。」

【集説】虞氏翻曰：山高絶於地，今附地者，明被剥矣。君當厚錫於下，然後得安其居。

○劉氏牧曰：山以地爲基，厚其地，則山保其高；君以民爲本，厚其下，則君安於上。

○司馬氏光曰：基薄則牆頹，下薄則上危，故君子厚其下者，所以自安其居也。

○朱子語類云：惟其地厚，所以山安其居而不摇；人君厚下以得民，則其位亦安而不摇，猶所謂「本固邦寧」也。

「剥牀以足」，以滅下也。

【程傳】取牀足爲象者，以陰侵没陽於下也。滅，没也。侵滅正道，自下而上也。

【集説】虞氏翻曰：牀，所以安人，在下故稱足，先從下剥，漸及於上，故曰「以滅下也」。

「剥牀以辨」，未有與也。

【本義】言未大盛。

【程傳】陰之侵剥於陽，得以益盛，至於剥辨者，以陽未有應與故也。小人侵剥君子，若君子有與，則可以勝，小人不能爲害矣，唯其无與，所以被蔑而凶。當消剥之時而无徒與，豈能自存也？言「未有與」，剥之未盛，有與猶可勝也。示人之意深矣。

【集説】崔氏憬曰：辨，當在笫足之閒，是牀梐也。「未有與」者，言至三則應，故二未有與也。

○吴氏澄曰：若六三之「剥之」，唯其有與也。

○龔氏焕曰：六二陰柔中正，使上有陽剛之與，則必應之助之，而不爲剥矣。惟其无與，所以雜於群陰之中，而爲剥。若三則有與，故雖不如二之中正，而得无咎。

【案】崔氏、吴氏、龔氏之説，皆得文意。六三不中正，而辭優於二，故聖人以「未有與」「失上下」明之。

「剥之无咎」，失上下也。

【本義】上下，謂四陰。

【程傳】三居剥而无咎者，其所處與上下諸陰不同，是與其同類相失，於處剥之道爲无咎，如東漢之吕强是也。

【集説】王氏弼曰：三上下各有二陰，而三獨應於陽，則「失上下也」。

○丘氏富國曰：上謂四五，下謂初二，違去四陰，而獨從剛，故曰「失上下也」。

「剥牀以膚」，切近災也。

【程傳】五爲君位，剥已及四，在人則剥其膚矣。剥及其膚，身垂於亡矣，切近於災禍也。

「以宫人寵」，終无尤也。

【程傳】群陰消剥於陽，以至於極，六五若能長率群陰，騈首順序，反獲寵愛於陽，則終无過尤也。於剥之將終，復發此義，聖人勸遷善之意深切之至也。

【案】五以陰居尊，取后妃之象，而爲「貫魚以宫人寵」，則豈有妬害瀆亂以剥其君之尤哉？

「君子得輿」，民所載也；「小人剥廬」，終不可用也。

【程傳】正道消剥既極，則人復思治，故陽剛君子爲民所承載也。若小人處剥之極，則小人之窮耳，終不可用也。非謂九爲小人，但言剥極之時，小人如是也。

【集説】朱子語類云：唯君子乃能覆蓋小人，小人必賴君子以保其身。今小人欲剥君子，則君子亡而小人亦無所容其身，如自剥其廬也。且看自古小人欲害君子，到害得盡後，國破家亡，其小人曾有存活得者否？故聖人於象曰：「君子得輿，民所載也；小人剥廬，終不可用也。」

雷在地中，復，先王以至日閉關，商旅不行，后不省方。

【本義】安靜以養微陽也。月令，是月齋戒掩身，以待陰陽之所定。

【程傳】雷者，陰陽相薄而成聲。當陽之微，未能發也。「雷在地中」，陽始復之時也。陽始生於下而甚微，安靜而後能長，先王順天道，當至日陽之始生，安靜以養之，故閉關，使商旅不得行，人君不省視四方。觀復之象，而順天道也。在一人之身亦然，當安靜以養其陽也。

【集説】劉氏蜕曰：雷在地中，殷殷隆隆，陽來而復，復來而天下昭融乎？

○蘇氏舜欽曰：「復，其見天地之心乎」，王弼解云：「復者，反本之謂。天地以本爲心，寂然至無，是其本也。故動息地中，乃天地之心見矣。」予竊惑焉。夫復也者，以一陽始生而得名也，彖曰「剛反」，又曰「剛長」，安得謂寂然至無耶？安得謂動息耶？象曰「雷在地中，復」，雷者，陽物也，動物也，今在地中，則是有陽動之象也。輔嗣昧舉卦之體，乃以寂然至無爲復，斯失之矣。又云：「冬至陰之復，夏至陽之復。」何冬夏陰陽之不辨耶？

○朱子語類：問：「陽始生甚微，安靜而後能長，故復之象曰『先王以至日閉關』。人善端之萌亦甚微，須莊敬持養，然後能大，不然，復亡之矣。」曰：「然。」

○問：純坤之月，可謂至靜，然昨日之靜，所以養成今日之動，一陽之復，乃是純陰養得出來，在人則主靜而後善端始復。曰：固有此意，但不是此卦大義。大象所謂「至日閉關」者，正是於已動之後，要以安靜養之。

○楊氏啓新曰：閉關，靜以養陽；施命，動以制陰。王者於姤、復，用意深矣。

不遠之復，以脩身也。

【程傳】不遠而復者，君子所以脩其身之道也。學問之道无他也，唯其知不善，則速改以從善而已。

【集説】王氏弼曰：所以不遠速復者，以能脩正其身，有過則改故也。

休復之吉，以下仁也。

【程傳】爲復之休美而吉者，以其能下仁也。仁者，天下之公，善之本也。初復於仁，二能親而下之，是以吉也。

【集説】孔氏穎達曰：陽爲仁行，己在其上，附而順之，是降下於仁，所以吉也。

○張氏栻曰：易三百八十四爻未嘗言仁，此獨言之，蓋有深旨。「克己復禮爲仁」，克其私心，復其天理，所以爲仁。二去初未遠，上無係應，能從初而復，所以爲下仁也。至四，但言從道，而不謂之仁，蓋道者舉其大凡，不若仁爲至切也。

○俞氏琰曰：仁者，心之德，善之本。初九脩身而反本復善，可以爲仁矣。二之吉，蓋以親近初九而吉也。

頻復之厲，義无咎也。

【程傳】頻復頻失，雖爲危厲，然復善之義則无咎也。

「中行獨復」，以從道也。

【程傳】稱其獨復者，以其從陽剛君子之善道也。

【集説】郭氏雍曰：剥六三乃復六四反對，其義相類，在剥取其失上下以應乎陽，在復則取其獨復以從道。

「敦復无悔」，中以自考也。

【本義】考，成也。

【程傳】以中道自成也。五以陰居尊，處中而體順，能敦篤其志，以中道自成，則可以无悔也。自成，謂成其中順之德。

【集説】王氏安石曰：能以中道自考，則動作不離於中。

○丘氏富國曰：二四待初而復，故曰「下仁」，曰「從道」；五不待初而復，故曰「自考」。

○李氏簡曰：「中以自考」，非自有降衷之性，則亦不能成此德也。

○梁氏寅曰：「中以自考」，言以其有中德，故能自考其善不善也。

迷復之凶，反君道也。

【程傳】復則合道，既迷於復，與道相反也，其凶可知。以其國君凶，謂其「反君道也」。人君居上而治衆，當從天下之善，乃迷於復，反君之道也。非止人君，凡人迷於復者，皆反道而凶也。

【集説】楊氏啓新曰：心爲天君，惟君能役群動，而反以群動役，與心之道相背馳者也。

天下雷行，物與无妄，先王以茂對時育萬物。

【本義】天下雷行，震動發生，萬物各得其性命，是物物而與之以无妄也。先王法此，以對時育物，因其所性而不爲私焉。

【程傳】雷行於天下，陰陽交和，相薄而成聲，於是驚蟄藏，振萌芽，發生萬物，其所賦與，洪纖高下，各正其性命，无有差妄，「物與无妄」也。先王觀天下雷行發生賦與之象，而以茂對天時，養育萬物，使各得其宜，如天與之无妄也。茂，盛也。「茂對」之爲言，猶盛行永言之比；「對時」，謂順合天時。天道生萬物，各正其性命而不妄，王者體天之道，養育人民，以至昆蟲草木，使各得其宜，乃對時育物之道也。

【集説】九家易曰：天下雷行，陽氣普徧，無物不與，故曰「物與」也。

○朱子語類：問：「『物與无妄』，衆説不同。」文蔚曰：「是『各正性命』之意。」曰：「然。一物與他一個无妄。」

○俞氏琰曰：天有是時，先王非能先後之也，對而循之耳；物有是生，先王非能損益之也，育而成之耳。中庸之所謂「誠」，即易之所謂「无妄」也。中庸云：「唯天下至誠，爲能盡其性；能盡其性，則能盡人之性；能盡人之性，則能盡物之性；能盡物之性，則可以贊天地之化育；可以贊天地之化育，則可以與天地參矣。」子思之説蓋本於此。

○蔡氏清曰：「物與无妄」者，萬物各正其性命也；對時育物者，因其所性而不爲私，乃聖人盡物之性也。

无妄之往，得志也。

【程傳】以无妄而往，无不得其志也。蓋誠之於物，无不能動，以之脩身，則身正；以之治事，則事得其理；以之臨人，則人感而化，无所往而不得其志也。

「不耕穫」，未富也。

【本義】富如非富天下之富，言非計其利而爲之也。

【程傳】未者，非必之辭，臨卦曰「未順命」是也。不耕而穫，不菑而畬，因其事之當然，既耕則必有穫，既菑則必成畬，非必以穫、畬之富而爲也。其始耕、菑，乃設心在於求穫、畬，是「以其富」也，心有欲而爲者，則妄也。

【集説】豐氏寅初曰：未猶非也，富謂利也，不於力耕之際遽有望穫之心，乃仁人不計功謀利，而天德全矣，其行之所以利也。

行人得牛，邑人災也。

【程傳】行人得牛，乃邑人之災也。有得則有失，何足以爲得乎？

【集説】豐氏寅初曰：邑人之災，所謂「无妄之災」。然無故被誣者，反己無怍，君子求其无妄而已，禍福聽之於天，悉置度外也。

「可貞无咎」，固有之也。

【本義】有，猶守也。

【程傳】貞固守之，則无咎也。

【集説】蘇氏軾曰：「固有之」者，生而性之，非外掠而取之也。

○王氏宗傳曰：正者，人之性也，非外鑠我者，「我固有之也」，因其固有而不失之，故曰「可貞无咎」。

无妄之藥，不可試也。

【本義】既已无妄，而復藥之，則反爲妄而生疾矣。試，謂少嘗之也。

【程傳】人之有妄，理必脩改，既无妄矣，復藥以治之，是反爲妄也，其可用乎？故云「不可試也」。試，暫用也，猶曰少嘗之也。

【集説】林氏希元曰：既无妄而復藥，則爲以无妄之疾試无妄之藥，反爲妄而生疾矣。然則所處既當於理，豈可因非意之事而改圖乎？

○錢氏志立曰：九五陽剛中正，本無致疾之道，而有疾焉，此「无妄之疾」也。惟守正安常以處之，疾且自去，而試之藥焉，則必以吾之常者爲非，而悉反其道，斯紛紛召疾之方至矣，故曰「无妄之藥，不可試也」。

无妄之行，窮之災也。

【程傳】无妄既極，而復加進，乃爲妄矣，是窮極而爲災害也。

【集説】趙氏玉泉曰：无妄之行，宜無災矣，但處時之窮，則有其德而無其時，故有災也。

○何氏楷曰：无妄之行，猶彖傳所云「无妄之往」。上九乾之窮，與乾「亢龍」義同，故二小象亦同。以其意於行，故曰眚；以其時位使然，故曰災。

天在山中，大畜，君子以多識前言往行，以畜其德。

【本義】「天在山中」，不必實有是事，但以其象言之耳。

【程傳】天爲至大，而在山之中，所畜至大之象。君子觀象，以大其藴畜。人之藴畜，由學而大，在多聞前古聖賢之言與行，考跡以觀其用，察言以求其心，識而得之，以畜成其德，乃大畜之義也。

【集説】楊氏時曰："「君子多識前言往行」，非徒資聞見而已，所以畜德也，畜德則所畜大矣。世之學者，誇多鬬靡，以資見聞而已，亦烏用學爲哉？"

○丘氏富國曰：大畜言「畜德」，小畜言「懿文德」，畜德雖同，而文德則德之小者也。

○張氏清子曰：天在山中，畜其氣也。凡山中有雷雨雲風之氣，皆天也。

「有厲利已」，不犯災也。

【程傳】有危則宜已，不可犯災危而行也。不度其勢而進，有災必矣。

「輿説輹」，中无尤也。

【程傳】「輿説輹」而不行者，蓋其處得中道，動不失宜，故无過尤也。善莫善於剛中，柔中者，不至於過柔耳，剛中，中而才也。初九處不得中，故戒以有危宜已；二得中，進止自无過差，故但言「輿説輹」，謂其能不行也，不行則无尤矣。初與二，乾體剛健，而不足以進；四與五，陰柔而能止。時之盛衰，勢之强弱，學易者所宜深識也。

【集説】吕氏祖謙曰：二以剛而居中，能度其宜，見其不可，自説其輿輹而不行也，故曰「中无尤」。

「利有攸往」，上合志也。

【程傳】所以「利有攸往」者，以與在上者合志也。上九陽性上進，且畜已極，故不下畜三而與合志，上進也。

【集説】趙氏汝楳曰：他卦陰陽應爲得，此則爲畜；他卦陰陽敵爲不胥與，此則爲合。

六四元吉，有喜也。

【程傳】天下之惡，已盛而止之，則上勞於禁制，而下傷於刑誅。故畜止於微小之前，則大善而吉，不勞而无傷，故可喜也。四之畜初是也，上畜亦然。

六五之吉，有慶也。

【程傳】在上者不知止惡之方，嚴刑以敵民欲，則其傷甚而无功。若知其本，制之有道，則不勞无傷而俗革，天下之福慶也。

【集説】吕氏大臨曰：六四、六五皆以柔畜剛止健者也。牛之剛健在角，豕之剛健在牙，初九居健之始，其健未著，若童牛然，禁於未發，以牿閑之，及其長也，無所用其健，豈特不暴而已！安於馴柔，可駕而服，故「有喜也」。九二居健之中，其健已具，若豕之牙，漸不可制，六五居尊守中，能以柔道殺其剛暴之氣，若豶豕然，其牙雖剛，莫之能暴，可以養畜而無虞，故「有慶也」。

○項氏安世曰：喜者據己言之，慶則其喜及人，五居君位，故及人也。若論止物之道，則制之於初，乃爲大善，故四爲「元吉」，五獨得吉而已。

○蔡氏清曰：五不如四所處之易者，時不同也；四不如五所濟之廣者，位不同也。

「何天之衢」，道大行也。

【程傳】何以謂之天衢？以其无止礙，道路大通行也。以天衢非常語，故象特設問曰，何謂天之衢？以道路大通行，取空豁之狀也。以象有「何」字，故爻下亦誤加之。

【集說】游氏酢曰：畜道之成，賢路自我而四達矣，故曰「何天之衢，亨」。象曰「剛上而尚賢」，則大畜之義，主於上九也。崇俊良以列庶位，推轂賢路，使天下無家食之賢者，上九之任也。天下至於無家食之賢，則道之大行，孰盛於此？

○沈氏該曰：「何天之衢」，尚賢也。大畜之時，己獨居上，五以柔尚之。畜盛德而處上，止衆賢而聚王庭，以天衢之亨爲己之任，畜道至此，賢路不塞，其道盛矣，故曰「道大行也」。

○吕氏祖謙曰：畜極則散，如伊尹樂堯舜之道，居畎畝之中，其畜可謂大矣，必佐湯以發其所藴，是得時如「天之衢」也，故曰道行，得時行道之謂也。

○何氏楷曰：備於身之謂德，達於世之謂道。道可大行，其亨可知。彖所謂「不家食吉」而「利涉大川」者，此也。

山下有雷，頤，君子以慎言語，節飲食。

【本義】二者養德養身之切務。

【程傳】以二體言之，山下有雷，雷震於山下，山之生物皆動其根荄，發其萌芽，爲養之象；以上下之義言之，艮止而震動，上止下動，頤頷之象；以卦形言之，上下二陽，中含四陰，外實中虛，頤口之象，口所以養身也。故君子觀其象以養其身，慎言語以養其德，節飲食以養其體。不唯就口取養義，事之至近而所繫至大者，莫過於言語、飲食也。在身爲言語，於天下，則凡命令政教，出於身者皆是，慎之，則必當而无失；在身爲飲食，於天下，則凡貨資財用，養於人者皆是，節之，則適宜而无傷。推養之道，養德、養天下，莫不然也。

【集説】朱子語類：或云：諺有「禍從口出，病從口入」，甚好。曰：此語，前輩曾用以解頤之象「慎言語，節飲食」。

○馮氏椅曰：法雷之動，以慎其所出；法山之止，以節其所入。

○趙氏汝楳曰：雷之聲爲言語，山之養爲飲食。言語、飲食，出入乎頤者也。

○俞氏琰曰：頤乃口頰之象，故取其切於頤者言之，曰「慎言語，節飲食」。充此言語之類，則凡號令政教之出於己者，皆所當慎，而不可悖出；充此飲食之類，則凡貨財賦税之入於上者，皆所當節，而不可悖入。

「觀我朵頤」，亦不足貴也。

【程傳】九動體，「朵頤」謂其説陰而志動，既爲欲所動，則雖有剛健明智之才，終必自失，故其才「亦不足貴也」。人之貴乎剛者，爲其能立而不屈於欲也；貴乎明者，爲其能照而不失於正也。既惑所欲而失其正，何剛明之有？爲可賤也。

【集説】楊氏簡曰：明其本有良貴，今觀夫朵頤，則失其所謂貴矣。○俞氏琰曰：孟子云：「養其大體爲大人，養其小體爲小人。」又云：「飲食之人，則人賤之矣。」今初九陽德之大，本有可貴之質，乃内捨其大，而外觀其小，豈不爲人所賤？故曰「亦不足貴也」。

六二征凶，行失類也。

【本義】初上皆非其類也。

【程傳】征而從上則凶者，非其類故也。往求而失其類，得凶宜矣。行，往也。

「十年勿用」，道大悖也。

【程傳】所以戒終不可用，以其所由之道大悖義理也。

【集説】項氏安世曰：「拂頤貞」三字當連讀。頤之卦辭曰「頤貞吉」，三之爻辭曰「拂頤貞凶」，卦中惟此一爻與卦義相反，故曰「道大悖也」。

顛頤之吉，上施光也。

【程傳】顛倒求養，而所以吉者，蓋得剛陽之應，以濟其事。致己居上之德施，光明被於天下，吉孰大焉？

【集説】谷氏家杰曰：養逮於下，則「上施光」，是養賢及民也。

居貞之吉，順以從上也。

【程傳】「居貞之吉」者，謂能堅固順從於上九之賢，以養天下也。

【集説】張氏清子曰：五能柔順以從上九之賢，賴之以養天下，真「聖人養賢以及萬民」之事也。

「由頤厲吉」，大有慶也。

【程傳】若上九之當大任如是，能兢畏如是，天下被其德澤，是大有福慶也。

【集説】王氏宗傳曰：豫之九四，天下由之以豫，故曰「大有得」；頤之上九，天下由之以頤，故曰「大有慶」。

○項氏安世曰：六五、上九二爻，皆當以小象解之。六五之「居貞」，非自守也，貞於從上也，故曰「居貞之吉，順以從上也」；上九之「厲吉」，非能自吉也，得六五之委任而吉也，故曰「由頤厲吉，大有慶也」。

澤滅木，大過，君子以獨立不懼，遯世无悶。

【本義】澤滅於木，大過之象也。不懼无悶，大過之行也。

【程傳】澤，潤養於木者也，乃至滅没於木，則過甚矣，故爲大過。君子觀大過之象，以立其大過人之行。君子所以大過人者，以其能「獨立不懼，遯世无悶」也。天下非之而不顧，「獨立不懼」也；舉世不見知而不悔，「遯世无悶」也。如此然後能自守，所以爲大過人也。

【集説】劉氏牧曰：用之則「獨立不懼」，舍之則「遯世无悶」。

○趙氏汝楳曰：獨立如巽木，无悶如兑説。

○李氏簡曰：君子進則大有爲，「獨立不懼」可也；或退而窮居，則堅貞不移，「遯世无悶」可也，皆大過之事。

「藉用白茅」，柔在下也。

【程傳】以陰柔處卑下之道，唯當過於敬慎而已。以柔在下，爲以茅藉物之象，敬慎之道也。

【集説】錢氏志立曰：以卦象論之，初與四應而在下。初者四之本也，本弱而藉茅，則敬慎之至，以善處者，故四之棟不至於傾也。

【案】高以下爲基，剛以柔爲本，柔在下對剛在上。

老夫女妻，過以相與也。

【程傳】老夫之説少女，少女之順老夫，其相與過於常分，謂九二、初六陰陽相與之和過於常也。

【集説】王氏申子曰：老夫而女妻，雖過乎常，然陰陽相與以成生育之功，則无不利也。

棟橈之凶，不可以有輔也。

【程傳】剛强之過，則不能取於人，人亦不能親輔之，如棟橈折，不可支輔也。棟當室之中，不可加助，是「不可以有輔也」。

【集説】楊氏時曰：棟居中而衆材輔之者也。九三以剛居剛，過而不中也。剛過而不中，則「不可以有輔」，此棟之所以橈也。

○項氏安世曰：全卦有棟橈之象，而九三乃獨有之；全卦有利往之象，而九二乃獨有之。蓋九二當剛過之時，獨能居柔而用中，在六爻之中，獨此一爻不過，故无不利也。卦體本以中太强而本末弱，是以爲橈，九三以剛居剛，在六爻之中，獨此一爻爲過，故棟愈橈而不可輔也。

棟隆之吉，不橈乎下也。

【程傳】棟隆起則吉，不橈曲以就下也，謂不下繫於初也。

「枯楊生華」，何可久也？老婦士夫，亦可醜也。

【程傳】枯楊不生根而生華，旋復枯矣，安能久乎？老婦而得士夫，豈能成生育之功？亦爲可醜也。

【集説】蘇氏軾曰：稊者，顛而復蘖，反其始也；華者，盈而畢發，速其終也。

○項氏安世曰：二五皆無正應，〔一〕而過以與陰者也。二所與者初，初，本也，故爲稊，稊者，木根新生之芽也，過而復芽，故有往亨之理；五所與者上，上，末也，故爲華，木已過而生華，故無久生之理也。

○王氏申子曰：木枯而華，是速其枯；老婦士夫，是過乎常，而爲柔邪所惑。

○何氏楷曰：盛極將枯，而又生華，以自耗竭，不能久矣。二以剛居柔，初以柔居剛，此未甚過者也，又在卦初，故過以相與，可成生育之功；五以剛居剛，上以柔居柔，皆過者也，又在卦終，故陰陽相比，祇以爲醜，其相反如此。

過涉之凶，不可咎也。

【程傳】過涉至溺，乃自爲之，不可以有咎也，言无所怨咎。

【集説】蘇氏軾曰：過涉至於滅頂，將有所救也，勢不可救而徒犯其害，故凶，然其義則「不可咎」也。

水洊至，習坎，君子以常德行，習教事。

【本義】治己治人，皆必重習，然後熟而安之。

〔一〕二五皆無正應：正，局本作「止」。

【程傳】坎爲水，水流仍洊而至。兩坎相習，水流仍洊之象也。水自涓滴至於尋丈，至於江海，洊習而不驟者也。其因勢就下，信而有常，故君子觀坎水之象，取其有常，則常久其德行。人之德行不常，則僞也，故當如水之有常。取其洊習相受，則以習熟其教令之事。夫發政行教，必使民熟於聞聽，然後能從，故三令五申之，若驟告未喻，遽責其從，雖嚴刑以驅之，不能也，故當如水之洊習。

【集説】司馬氏光曰：水之流也，習而不已，以成大川；人之學也，習而不止，以成大賢。故「君子以常德行，習教事」。

○蘇氏軾曰：事之待教而後能者，教事也。君子平居，常其德行，故遇險而不變；習其教事，故遇險而能應。

○陸氏佃曰：離言「明兩作」，坎言「水洊至」，起而上者，作也；趨而下者，至也。

○王氏宗傳曰：坎者，水之科也，故以「水洊至」爲習坎之象。上坎既盈，至於下坎，此孟子所謂「盈科而後進」也。「盈科而後進」，不舍其晝夜之功也。君子德行貴其有常，而教事貴於習熟，此不舍晝夜之功也。

○俞氏琰曰：「常德行」，謂德行有常而不改；「習教事」，謂教事練習而不輟。

習坎入坎，失道凶也。

【程傳】由習坎而更入坎窞，失道也，是以凶。能出於險，乃不失道也。

【集說】朱氏震曰：君子處險，當以正道，乃可出險。初六不正，不能出險，失道而凶也。

○錢氏志立曰：「行險而不失其信」，此是出險之道。若「小人行險以僥倖」，則爲初六、上六「失道」之凶也。

「求小得」，未出中也。

【程傳】方爲二陰所陷，在險之地，以剛中之才，不至陷於深險，是所求小得，然未能出坎中之險也。

【集說】郭氏雍曰：一離乎中則失之矣，故象言「未出中也」。

○許氏聞至曰：君子不爲險困者，非能遽出於險之外也，但能心安於險之中而已。人在險中，思旦夕出於險者，求其大得，君子第從其小者而求之，所謂有孚心亨者以此。

「來之坎坎」，終无功也。

【程傳】進退皆險，處又不安，若用此道，當益入於險，終豈能有功乎？以陰柔處不中正，雖平易之地，尚致悔咎，況處險乎！險者，人之所欲出也，必得其道，乃能去之，求去而失其道，益困窮耳，故聖人戒如三所處，不可用也。

「樽酒簋貳」，剛柔際也。

【本義】晁氏曰：陸氏釋文本无「貳」字，今從之。

【程傳】象只舉首句，如此比多矣。「樽酒簋貳」，質實之至，剛柔相際接之道能如此，則可終保无咎。君臣之交能固而常者，在誠實而已。剛柔指四與五，謂君臣之交際也。

【集說】王氏弼曰：剛柔相比而相親焉，「際」之謂也。

○姜氏寶曰：觀孔子小象以「樽酒簋貳」爲句，則晁氏之説，以「貳用缶」爲句者，非矣。

「坎不盈」，中未大也。

【本義】有中德而未大。

【程傳】九五剛中之才，而得尊位，當濟天下之險難，而坎尚不盈，乃未能平乎險難，是其剛中之道未光大也。險難之時，非君臣協力，其能濟乎？五之道未大，以无臣也。人君之道，不能濟天下之險難，則爲未大，不稱其位也。

【集說】朱子語類云：水之爲物，其在坎只能平，自不能盈，故曰「不盈」。盈者，高之義。「中未大」者，平則是得中，「不盈」是未大也。

○項氏安世曰：「水流而不盈」，謂不止也；「坎不盈」，謂不滿也。不止，故有孚；不滿，故「中未大」。凡物盈則止，水盈則愈行。故坎有時而盈，水無時而盈也。

○陸氏振奇曰：知二之得小，則知五之未大矣。

○陳氏仁錫曰：水流不盈，纔盈便横流泛溢。五爻曰「不盈」，象曰「未大」，以五有中德，故不侈然自大。「未大」，明其所以不盈。

上六失道，凶三歲也。

【程傳】以陰柔而自處極險之地，是其失道也，故其凶至於三歲也。三歲之久而不得免焉，終凶之辭也。言久，有曰十，有曰三，隨其事也。陷於獄，至於三歲，久之極也。他卦以年數言者，亦各以其事也，如「三歲不興」「十年乃字」是也。

【集説】朱氏震曰：上六無出險之才，處險極之時，如人陷於狴犴之中，坐而省過，雖上罪也，不過三歲得出矣。妄動求出，則陷之愈深，雖三歲，豈得出哉？

明兩作，離，大人以繼明照于四方。

【本義】作，起也。

【程傳】若云兩明，則是二明，不見繼明之義，故云「明兩」。明而重兩，謂相繼也。「作離」，明兩而爲離，繼明之義也。震巽之類，亦取洊、隨之義，然離之義尤重也。大人，以德言則聖人，以位言則王者。大人觀離明相繼之象，以世繼其明德，照臨于四方。大凡以明相繼，皆繼明也，舉其大者，故以世襲繼照言之。

【集説】王氏弼曰：繼謂不絶也，明照相繼，不絶曠也。

○孔氏穎達曰：繼續其明，乃照于四方，若明不繼續，則不得久爲照臨。

○朱子語類云：「明兩作」，猶言「水洊至」，今日明，來日又明，明字便是指日而言，只是一箇明，兩番作。

○徐氏在漢曰：「繼明」者，無時不明也；「照于四方」者，無處不照也。惟其無時不明，所以無處不照，是之謂「明明德於天下也」。

履錯之敬，以辟咎也。

【程傳】履錯然欲動，而知敬慎，不敢進，所以求辟免過咎也。居明而剛，故知而能辟，不剛明則妄動矣。

【集説】徐氏在漢曰：「敬以直内」，坤之德也；「履錯之敬」，是體坤之德，所謂「畜牝牛吉」者也。咎不期遠而自遠，故曰「以辟咎也」。

「黄離元吉」，得中道也。

【程傳】所以「元吉」者，以其「得中道也」。不云正者，離以中爲重，所以成文明由中也，正在其中矣。

【集説】郭氏忠孝曰：離之所以亨，「柔麗乎中正，故亨」也。黄離之所以元吉，文明而用中，故元吉也。故盡一卦之美，其惟六二乎？

「日昃之離」，何可久也？

【程傳】日既傾昃，明能久乎？明者知其然也，故求人以繼其事，退處以休其身，安常處順，何足以爲凶也！

【案】日昃喻心德之昏也，心德明則常繼，昏則不能以久。

「突如其來如」，无所容也。

【本義】无所容，言焚、死、棄也。

【程傳】上陵其君，不順所承，人惡衆棄，天下所不容也。

【案】「突如其來如」，書所謂昏暴者是也，非人不容之，自若无所容爾。

六五之吉，離王公也。

【程傳】六五之吉者，所麗得王公之正位也。據在上之勢，而明察事理，畏懼憂虞以持之，所以能吉也，不然，豈能安乎？

【集説】趙氏彦肅曰：明極故憂深，憂深故禍弭，又麗於尊位，故致吉也。

○蔡氏清曰：味「離王公也」之詞，則知諸卦之五所謂尊位者，不必皆謂天王，凡諸侯之各君其國者，亦足當五也。

「王用出征」，以正邦也。

【程傳】王者用此上九之德，明照而剛斷，以察除天下之惡，所以正治其邦國，剛明居上之道也。

御纂周易折中卷第十二

象下傳

山上有澤，咸，君子以虛受人。

【本義】「山上有澤」，以虛而通也。

【程傳】澤性潤下，土性受潤，澤在山上，而其漸潤通徹，是二物之氣相感通也。君子觀「山澤通氣」之象，而虛其中以受於人。夫人中虛則能受，實則不能入矣。虛中者，无我也。中无私主，則无感不通。以量而容之，擇合而受之，非聖人有感必通之道也。

【集說】崔氏憬曰：山高而降，澤下而升，「山澤通氣」，咸之象也。

○吕氏大臨曰：澤居下而山居高，然山能出雲而致雨者，山内虛而澤氣通也。故君子居物之上，物情交感者，亦以虛受也。

○郭氏雍曰：唯虛故受，受故能感。不能感者，以不能受故也；不能受者，以不能虛故也。

○胡氏炳文曰：以虚受人，無心之感也。

○陳氏琛曰：山上有澤，澤以潤而感乎山，山以虚而受其感，咸之象也。君子體之，則虚其心以受人之感焉。蓋心無私主，有感皆通。若有一豪私意自蔽，則先入者爲主，而感應之機窒矣。雖有所受，未必其所當受，而所當受者，反以爲不合而不之受矣。

○何氏楷曰：六爻之中，一言思，三言志。思何可廢？而至於朋從，則非虚。志何可無？而末、而外、而隨人，則非虚。極而言之，天地以虚而感物，聖人以虚而感人心，三才之道盡於是矣。

○吴氏曰慎曰：虚者，咸之貞也。「天地之常，以其心普萬物而無心；聖人之常，以其情順萬事而無情」者，虚而已。君子之學，廓然大公，物來順應，所謂以虚受人也。

「咸其拇」，志在外也。

【程傳】初志之動，感於四也，故曰「在外」。志雖動而感未深，如拇之動，未足以進也。

【集説】虞氏翻曰：「志在外」，謂四也。

○孔氏穎達曰：與四相應，所感在外。

○俞氏琰曰：初與四，感應以相與，則志之所之，在於外矣。

雖凶居吉，順不害也。

【程傳】二居中得正，所應又中正，其才本善，以其在咸之時，質柔而上應，故戒以先動求君則凶，居以自守則吉。象復明之云，非戒之不得相感，唯順理則不害，謂守道不先動也。

【集說】顧氏象德曰：雖凶而居則吉者，蓋能順理以爲感，不爲躁動害也。居非專靜，特不妄動而已。

「咸其股」，亦不處也；志在隨人，所執下也。

【本義】言「亦」者，因前二爻皆欲動而云也。二爻陰躁，其動也宜；九三陽剛，居止之極，宜靜而動，可吝之甚也。

【程傳】云「亦」者，蓋象辭本不與易相比，自作一處，故諸爻之象辭，意有相續者，此言「亦」者，承上爻辭也，上云「咸其拇，志在外也；雖凶居吉，順不害也。咸其股，亦不處也」，前二陰爻皆有感而動，三雖陽爻，亦然，故云「亦不處也」。「不處」謂動也。有陽剛之質，而不能自主，志反在於隨人，是所操執者卑下之甚也。

「貞吉悔亡」，未感害也；「憧憧往來」，未光大也。

【本義】感害，言不正而感則有害也。

【程傳】貞則吉而悔亡，未爲私感所害也。係私應，則害於感矣。「憧憧往來」，以私心相感，感之道狹矣，故云「未光大也」。

【集說】陸氏九淵曰：咸九四一爻，聖人以其當心之位，其言感通爲尤至。曰「貞吉悔亡」，而象以爲「未感害也」，蓋未爲私感所害，則心之本然，無適而不正，無感而不通。曰「憧憧往來，朋從爾思」，而象以爲「未光大也」，蓋「憧憧往來」之私心，其所感必狹，從其思者，獨其私朋而已。聖人之洗心，其諸以滌去「憧憧往來」之私，而全其本然之正也與？此所以「退藏於密」，而能同乎民、交乎物，而不墮於膠焉、溺焉之一偏者也。

「咸其脢」，志末也。

【本義】志末，謂不能感物。

【程傳】戒使背其心而咸脢者，爲其存心淺末，係二而説上，感於私欲也。

【集説】李氏鼎祚曰：末猶上也。五比於上，故「咸其脢，志末」者，謂五志感於上也。

○朱氏震曰：卦以初爲本，上爲末。

○王氏宗傳曰：謂五有「咸其脢」之象者，以其志意之所向，在於一卦之末，故欲「咸其脢」，以背去之也。

○何氏楷曰：謂五志在與上相感也。繫辭曰：「其初難知，其上易知，本末也。」大過彖傳「本末弱」，末指上六可知矣。

「咸其輔頰舌」，滕口説也。

【本義】滕、騰通用。

【程傳】唯至誠爲能感人，乃以柔説騰揚於口舌言説，豈能感於人乎？

【集説】王氏弼曰：咸道轉末，故在口舌言語而已。

雷風恒，君子以立不易方。

【程傳】君子觀雷風相與成恒之象，以常久其德，自立於大中常久之道，不變易其方所也。

【集説】吕氏大臨曰：雷風雖若非常，其所以相與則恒。

○胡氏炳文曰：雷風雖變，而有不變者存，體雷風之變者，爲我之不變者，善體雷風者也。

【案】説此象者，用烈風雷雨弗迷；説震象者，用迅雷風烈必變，皆非也。「雷風」者，天地之變而不失其常也；「立不易方」者，君子之歷萬變而不失其常也。「洊雷」者，天地震動之氣也；「恐懼脩省」者，君子震動之心也。

浚恒之凶，始求深也。

【程傳】居恒之始，而求望於上之深，是知常而不知度勢之甚也，所以凶，陰暗不得恒之宜也。

【集説】朱氏震曰：初居巽下，以深入爲恒；上居震極，以震動爲恒。在始而求深，在上而好動，皆凶道也。

○郭氏雍曰：進道有漸，而後可久，在恒之初，浚而深求，非其道也。

○王氏申子曰：可恒之道，以久而成，始而求深，是施諸己則欲速不達，施諸人則責之太遽者也，故凶。　○蘇氏濬曰：凡人用功之始，立志太鋭，取效太急，便有欲速助長之病，故曰「始求深」。孟子言深造必以道，正是此意。

九二悔亡，能久中也。

【程傳】所以得悔亡者，由其能恒久於中也。人能恒久於中，豈止亡其悔？德之善也。

【集説】胡氏炳文曰：九二獨提「能久中」，諸爻不中，故不久可見。

「不恒其德」，无所容也。

【程傳】人既无恒，何所容處？當處之地既不能恒，處非其據，豈能恒哉？是不恒之人，无所容處其身也。

【案】此无所容，與離四相似，皆謂德行無常度，自若无所容，非人不容之也。

久非其位，安得禽也？

【程傳】處非其位，雖久，何所得乎？以田爲喻，故云「安得禽也」。

【集説】王氏弼曰：恒非其位，雖勞，無獲也。

【案】爻既以田爲喻，則非處非其位也，乃所往者非其位耳，謂所動而施爲者不得其方也。

婦人貞吉，從一而終也；夫子制義，從婦凶也。

【程傳】如五之從二，在婦人則爲正而吉，婦人以從爲正，以順爲德，當終守於從一。夫子則以義制者也，從婦人之道，則爲凶也。

【集説】項氏安世曰：九二以剛中爲常，故悔亡；六五以柔中爲恒，在二可也，在五則夫也、父也、君也，而可乎？婦人從夫則吉，夫子從婦則凶矣。

○楊氏啓新曰：爻辭只曰「婦人吉」，象傳又添一「貞」字，明「恒其德貞」爲婦人之貞也。

振恒在上，大无功也。

【程傳】居上之道，必有恒德，乃能有功，若躁動不常，豈能有所成乎？居上而不恒，其凶甚矣。象又言其不能有所成立，故曰「大无功也」。

【集説】王氏安石曰：終乎動，以動爲恒者也。以動爲恒而在物上，其害大矣。

○王氏申子曰：此所謂天下本無事，庸人自擾之，其好功生事之過乎！故聖人折之曰「大无功」，言振擾於守恒之時，決無所成也。

天下有山，遯，君子以遠小人，不惡而嚴。

【本義】天體无窮，山高有限，遯之象也。「嚴」者，君子自守之常，而小人自不能近。

【程傳】「天下有山」，山下起而乃止，天上進而相違，是遯避之象也。君子觀其象，以避遠乎小人。遠小人之道，若以惡聲厲色，適足以致其怨忿，惟在乎矜莊威嚴，使知敬畏，則自然遠矣。

【集説】石氏介曰：「不惡而嚴」，外順而内正也。尚惡則小人憎，不嚴則正道消。

○張子曰：惡，讀爲憎惡之惡。「遠小人」，不可示以惡也，惡則患及之，又焉能遠？嚴之爲言，敬小人而遠之之意也。

○楊氏時曰：「天下有山」，其藏疾也無所拒，然亦終莫之陵也。此君子遠小人，「不惡而嚴」之象也。

○郭氏雍曰：君子當遯之時，畏小人之害，志在遠之而已。遠之之道何如？不惡其人，而嚴其分是也。孔子曰：「疾之已甚，亂也。」不惡則不疾矣。

○俞氏琰曰：君子觀象，以遠小人，豈有他哉？不過危行言遜而已。遜其言，則不惡，不使之怨也；危其行，則有不可犯之嚴，不使之不遜也。此君子遠小人之道也。

【案】「天下有山」，以山喻小人，以天喻君子，似未切。蓋天下有山，山之高，峻極於天也。山之高峻者未嘗絶人，而自不可攀躋，故有「不惡而嚴」之象。楊氏之説蓋是此意。

遯尾之厲，不往，何災也？

【程傳】見幾先遯，固爲善也。遯而爲尾，危之道也。往既有危，不若不往而晦藏，可免於災，處危故也。古人處微下，隱亂世，而不去者多矣。

【案】程傳以不遯爲免災，朱子以晦處勿有所行爲免災，故朱子嘗欲劾韓侂胄，占得此爻而止。

執用黄牛，固志也。

【程傳】上下以中順之道相固結，其心志甚堅，如執之以牛革也。

【集説】侯氏行果曰：上應貴主，志在輔時。不隨物遯，獨守中直。堅如革束，執此之志，莫之勝説。殷之父師，當此爻矣。

○蔡氏清曰：謂自固其志，「不可榮以禄」也。

【附録】孔氏穎達曰：固志者，堅固遯者之志，使不去已也。

係遯之厲，有疾憊也；「畜臣妾吉」，不可大事也。

【程傳】遯而有係累，必以困憊致危，其有疾乃憊也，蓋力亦不足矣。以此暱愛之心畜養臣妾則吉，豈可以當大事乎？

【集説】張氏清子曰：當遯而係，故有疾而厲，至於憊乏也。惟當以剛自守，止下二陰，而畜之以臣妾之道，然後獲吉，又豈可當大事乎？

【案】「不可大事」，言未可直行其志，危言危行也。與彖「小貞吉」、大象「不惡而嚴」之意皆相貫。

君子好遯，小人否也。

【程傳】君子雖有好而能遯，不失於義。小人則不能勝其私意，而至於不善也。

【集説】俞氏琰曰：爻辭云「好遯，君子吉，小人否」，爻傳不及「吉」字，蓋謂惟君子爲能好遯，小人則不能好遯也。既好遯，則遯而亨，其吉不假言矣。

「嘉遯貞吉」，以正志也。

【程傳】志正則動必由正，所以爲遯之嘉也。居中得正，而應中正，是其志正也，所以爲吉。人之遯也、止也，唯在正其志而已矣。

【集説】張子曰：居正處中，能正其志，故獲貞吉。

【案】君子之志不在寵利，故進以禮而退以義，所謂「正志」也。

「肥遯无不利」，无所疑也。

【程傳】其遯之遠，无所疑滯也，蓋在外則已遠，无應則无累，故爲剛決无疑也。

【集説】侯氏行果曰：最處外極，無應於内，心無疑戀，超世高舉，安時無悶，故「肥遯无不利」。○趙氏汝楳曰：四陽之中，三係於陰，四、五應於陰，皆不能不自疑，至上則疑慮盡亡，蓋无有不利者矣。

○李氏心傳曰：「无所疑也」，此及升之九三並言之，此決於退，彼決於進，時之宜耳。

雷在天上，大壯，君子以非禮弗履。

【本義】自勝者强。

【程傳】雷震於天上，大而壯也。君子觀大壯之象，以行其壯。君子之大壯者，莫若「克己復禮」，古人云「自勝之謂强」，中庸於「和而不流」，「中立而不倚」，皆曰「强哉矯」。赴湯火，蹈白刃，武夫之勇，可能也；至於「克己復禮」，則非君子之大壯，不可能也，故云「君子以非禮弗履」。

【集說】張子曰：克己反禮，壯莫盛焉。

○朱子語類云：雷在天上，是甚生威嚴，人之克己，須是如雷在天上，方能克去非禮。

○項氏安世曰：君子所以養其剛大者，亦曰非禮勿履而已。

「壯于趾」，其孚窮也。

【本義】言必窮困。

【程傳】在最下而用壯以行，可必信其窮困而凶也。

【集說】王氏申子曰：居下而用壯，任剛而決行，信乎其窮而凶也。

九二貞吉，以中也。

【程傳】所以貞正而吉者，以其得中道也。中則不失正，況陽剛而乾體乎！

【集説】孔氏穎達曰：以其居中履謙，行不違禮，故得正而吉也。

【案】卦言「大壯利貞」，惟九二剛德則爲大，健體則爲壯，而居中則爲處壯之貞，乃卦之主也，故傳言「以中」，明大壯之貞在於中也。

「小人用壯」，君子罔也。

【本義】小人以壯敗，君子以罔困。

【程傳】在小人則爲用其强壯之力，在君子則爲用罔，志氣剛强，蔑視於事，靡所顧憚也。

【集説】項氏安世曰：君子用罔，説者不同。然觀爻辭之例，如「小人吉，大人否亨」，「君子吉，小人否」，「婦人吉，夫子凶」，皆是相反之辭，又象辭曰「小人用壯，君子罔也」，全與「君子好遯，小人否也」句法相類，詩、書中罔字與弗字、勿字、毋字通用，皆禁止之義也。

○楊氏簡曰：九三益進，勢雖壯，君子之心未嘗以爲意焉，唯小人則自嘉己勢之壯，〔一〕而益肆益壯，是謂「小人用壯」。罔，無也。言君子之所用，異乎小人之用也，故曰「小人用壯，君子罔也」。

○龔氏焕曰：大壯本以四陽盛長而得名，九三又以陽居陽而過剛，壯而又壯者也。用壯如此，

〔一〕唯小人則自嘉己勢之壯：嘉，四庫本、薈要本作「喜」。

是小人之所爲，而非君子之道，故曰「君子用罔」。象釋之曰「小人用壯，君子罔也」，語意與遯九四「君子好遯，小人否也」同，蓋遯之九四即大壯九三之反對，皆君子小人並言。

○俞氏琰曰：孔子恐後世疑爻辭有兩「用」字，以爲小人之用與君子同，故特去其一。

「藩決不羸」，尚往也。

【程傳】剛陽之長，必至於極，四雖已盛，然其往未止也。以至盛之陽，用壯而進，故莫有當之，藩決開而不羸困其力也。「尚往」，其進不已也。

【集說】項氏安世曰：九四以剛居柔，有能正之吉，無過剛之悔，「貞吉悔亡」四字既盡之矣，又曰「藩決不羸，壯于大輿之輹」者，恐人以居柔爲不進也，故以「尚往」明之。

「喪羊于易」，位不當也。

【程傳】所以必用柔和者，以陰柔居尊位故也。若以陽剛中正得尊位，則下无壯矣。以六五位不當也，故設「喪羊于易」之義。然大率治壯不可用剛，夫君臣上下之勢不相侔也，苟君之權足以制乎下，則雖有强壯跋扈之人，不足謂之壯也，必人君之勢有所不足，然後謂之治壯，故治壯之道，不可以剛也。

【集說】王氏安石曰：剛柔者，所以立本；變通者，所以趨時。方其趨時，則位正當而有咎凶，位不當而無悔者有矣。大壯之時，得中而處之，以柔能喪其很者也。

【案】位當位不當，易例多借爻位，以發明其德與時地之相當不相當也。此位不當，不止謂以陰居陽，不任剛壯而已，蓋謂四陽已過矣，則五所處非當壯之位也，於是而以柔中居之，故爲「喪羊于易」。

「不能退，不能遂」，不詳也；「艱則吉」，咎不長也。

【程傳】非其處而處，故進退不能，是其自處之不詳慎也。「艱則吉」，柔遇艱難，又居壯終，自當變矣，變則得其分，過咎不長，乃吉也。

【集説】胡氏炳文曰：臨六三、壯上六皆无攸利，皆曰「咎不長」，蓋六三之憂、上六之艱，不貴無過而貴改過也。

○俞氏琰曰：人之處事，以爲易則不詳審，以爲艱則詳審，向也既以不詳審而致咎，今詳審而不輕率，則其咎不長也。

明出地上，晉，君子以自昭明德。

【本義】昭，明之也。

【程傳】昭，明之也。傳曰：「昭德塞違，昭其度也。」君子觀明出地上而益明盛之象，而以自昭其明德，去蔽致知，昭明德於己也；「明明德於天下」，昭明德於外也。明明德在己，故云「自昭」。

【集説】胡氏炳文曰：至健莫如天，君子以之自强；至明莫如日，君子以之自昭。

○俞氏琰曰：明德，君子固有之德也；自昭者，自有此德而自明之也。人德本明，人欲蔽之，不能不少昏昧，其本然之明固未嘗息，知所以自明，則本然之明如日之出地，而其昭著初無增損也。大學所謂「明明德」，所謂「自明」，與此同旨。

「晉如摧如」，獨行正也；「裕无咎」，未受命也。

【本義】初居下位，未有官守之命。

【程傳】无進无抑，唯獨行正道也。寬裕則无咎者，始欲進而未當位故也。君子之於進退，或遲或速，唯義所當，未嘗不裕也。聖人恐後之人不達寬裕之義，居位者廢職失守以爲裕，故特云初六裕則无咎者，始進未受命當職任故也。若有官守，不信於上而失其職，一日不可居也。然事非一概，久速唯時，亦容有爲之兆者。

【集說】劉氏曰：君子之於正，不可以人之不見知而改其度。

○張氏振淵曰：「獨行正」，是原所以見摧之故。大凡君子處世，枉己易合，直道難容，惟正所以見摧，然安可因摧而自失其正？正與爻互相發明。

【案】「未受命」，與臨九二同。臨、晉皆君子道長，向用之卦也。然君子無急於乘勢趨時之意，當其臨也，至誠感物，如忘其勢；當其進也，守道優游，若將終身然，故一則曰「未順命」，一則曰「未受命」。

「受茲介福」，以中正也。

【程傳】「受茲介福」，以中正之道也。人能守中正之道，久而必亨，況大明在上而同德，必受大福也。

【集説】楊氏時曰：六二以柔順處乎衆陰，而獨無應，是不見知也，故「晉如愁如」。然居中守正，素位而行，鬼神其福之矣。詩曰：「靖共爾位，好是正直，神之聽之，介爾景福。」此之謂也。○何氏楷曰：爾雅云：父之妣爲王母。小過六二遇妣，即此言王母，二五德同位應，二受介福，以其履中得正也。

衆允之志，上行也。

【程傳】上行，上順麗於大明也。上從大明之君，衆志之所同也。

【集説】李氏過曰：初之罔孚，衆未允也；二之愁如，猶有悔也；三德孚於衆，進得所願而悔亡也。

鼫鼠貞厲，位不當也。

【程傳】賢者以正德，宜在高位，不正而處高位，則爲非據。貪而懼失則畏人，固處其地，危可知也。

【集説】陸氏希聲曰：履非其位，固其寵禄，鼫鼠之志，竊食黍稷而已。

「失得勿恤」，往有慶也。

【程傳】以大明之德，得下之附，推誠委任，則可以成天下之大功，是往而有福慶也。

「維用伐邑」，道未光也。

【程傳】「維用伐邑」，既得吉而无咎，復云貞吝者，其道未光大也，以正理言之，尤可吝也。夫道既光大，則无不中正，安有過也？今以過剛自治，雖有功矣，然其道未光大，故亦可吝。聖人言盡善之道。

【案】「道未光」，乃推原所以伐邑之故。蓋進之極，則於道必未光也。如勢位重，則有居成功之嫌；爵禄羈，則失獨行願之志。故必克治其私，然後高而不危，免於亢悔也。夬五之「中未光」同。

明入地中，明夷，君子以涖衆用晦而明。

【程傳】明所以照，君子无所不照，然用明之過，則傷於察，太察則盡事，而无含弘之度。故君子觀明入地中之象，於涖衆也，不極其明察而用晦，然後能容物和衆，衆親而安，是用晦乃所以爲明也。若自任其明，无所不察，則己不勝其忿疾，而无寬厚含容之德，人情睽疑而不安，失涖衆之道，適所以爲不明也。古之聖人，設前旒屏樹者，不欲明之盡乎隱也。

【集說】孔氏穎達曰：冕旒垂目，黈纊塞耳，無爲清靜，民化不欺。若運其聰明，顯其智慧，民即逃其密網，姦詐愈生，豈非藏明用晦，反得其明也？

○張子曰：不任察而不失其治也。

○林氏希元曰：「用晦而明」，不是以晦爲明，亦不是晦其明。蓋雖明而用晦，雖用晦而明也。

「用晦而明」，只是不盡用其明。蓋盡用其明，則傷於太察，而无含弘之道，惟明而用晦，則既不汶汶而暗，亦不察察而明，雖无所不照，而有不盡照者，此古先帝王所以涖衆之術也。

○何氏楷曰：「晦其明」，謂藏明於晦，「晦而明」，謂生明於晦，意實相發。

君子于行，義不食也。

【本義】唯義所在，不食可也。

【程傳】君子遯藏而困窮，義當然也。唯義之當然，故安處而无悶，雖不食，可也。

【集說】王氏申子曰：義所不食，則于飛攸往，義所當行亦明矣，去之可不速乎！此伯夷、太公之事。

六二之吉，順以則也。

【程傳】六二之得吉者，以其順處而有法則也。則，謂中正之道。能順而得中正，所以處明傷之時，而能保其吉也。

【集說】項氏安世曰：明夷之下三爻，惟六二有救之之誠；上三爻，惟六五無去之之心，皆中順之臣也。

○王氏申子曰：以柔順處之，而不失其中正之則，昔者文王用明夷之道，其如是乎？

南狩之志，乃大得也。

【程傳】夫以下之明除上之暗，其志在去害而已，如商周之湯武，豈有意於利天下乎？得其大首，是能去害，而大得其志矣。志苟不然，乃悖亂之事也。

「入于左腹」，獲心意也。

【程傳】「入于左腹」，謂以邪僻之道入于君，而得其心意也。得其心，所以終不悟也。

箕子之貞，明不可息也。

【程傳】箕子晦藏，不失其貞固，雖遭患難，其明自存，不可滅息也。若逼禍患，遂失其所守，則是亡其明，乃滅息也。古之人如揚雄者是也。

【集説】蘇氏軾曰：六五之於上六，正之則勢不敵，救之則力不能，去之則義不可，此最難處者也，如箕子晦後可。箕子之處於此，身可辱也，而明不可息也。

「初登于天」，照四國也；「後入于地」，失則也。

【本義】「照四國」，以位言。

【程傳】「初登于天」，居高而明，則當照及四方也。乃被傷而昏暗，是「後入于地」，失明之道也。「失則」，失其道也。

【集説】胡氏炳文曰：則者，不可踰之理，失則所以爲紂，順則所以爲文王。

風自火出，家人，君子以言有物而行有恒。

【本義】身脩則家治矣。

【程傳】正家之本，在正其身，正身之道，一言一動不可易也。君子觀風自火出之象，知事之由內而出，故所言必有物，所行必有恒也。物謂事實，恒謂常度法則也。德業之著於外，由言行之謹於內也。言慎行脩，則身正而家治矣。

【集説】孔氏穎達曰：物，事也。言必有事，即口無擇言；行必有常，即身無擇行。〔一〕正家之義，脩於近小，言之與行，君子樞機，出身加人，發邇化遠，故舉言行以爲之誡。

○楊氏時曰：言忠信則有物，行篤敬則有常。

○胡氏炳文曰：風自火出，一家之化自吾言行出，皆由內及外，自然薰蒸而成者也。

○俞氏琰曰：齊家之道，自脩身始，此風自火出所以爲家人之象也。君子知風之自，於是齊家以脩身爲本，而脩身以言行爲先，言必有物而无妄，行必有恒而不改。物謂事實，言而誠實則有物，不誠實則無物也；恒謂常度，行而常久則有恒，不常久則無恒也。

「閑有家」，志未變也。

【本義】志未變而豫防之。

〔一〕即身無擇行：身，局本作「事」。

【程傳】閑之於始，家人志意未變動之前也。正志未流散變動而閑之，則不傷恩，不失義，處家之善也，是以悔亡。志變而後治，則所傷多矣，乃有悔也。

【集説】蘇氏軾曰：忘閑焉，則志變矣。及其未變而閑之，故悔亡。

○楊氏簡曰：治家之道，當防閑其初，及其心志未變，而閑之以禮，邪僻之意無由而興矣。

六二之吉，順以巽也。

【程傳】二以陰柔居中正，能順從而卑巽者也，故爲婦人之貞吉也。

【案】六二、六四之爲順同。順者，女之貞也。四位高，故曰「順在位」。二位卑，故曰「順以巽」。

「家人嗃嗃」，未失也；「婦子嘻嘻」，失家節也。〔一〕

【程傳】雖嗃嗃，於治家之道，未爲甚失，若「婦子嘻嘻」，是无禮法，失家之節，家必亂矣。

【集説】王氏弼曰：以陽處陽，剛嚴者也。處下體之極，爲一家之長者也。行與其慢，寧過乎恭；家與其瀆，寧過乎嚴。是以家人雖「嗃嗃悔厲」，猶得其道，「婦子嘻嘻」，乃失其節也。

「富家大吉」，順在位也。

〔一〕失家節也：節，原作「即」，據文意改。

【程傳】以巽順而居正位，正而巽順，能保有其富者也，富家之大吉也。

【集説】俞氏琰曰：禮運云：「父子篤，兄弟睦，夫婦和，家之肥也。」豈以多財爲吉哉？以順居之，則滿而不溢，可以保其家而長守其富，吉孰大焉？

「王假有家」，交相愛也。

【本義】程子曰：夫愛其内助，婦愛其刑家。

【程傳】「王假有家」之道者，非止能使之順從而已，必致其心化誠合。夫愛其内助，婦愛其刑家，「交相愛也」，能如是者，文王之妃乎！若身脩法立而家未化，未得爲「假有家」之道也。

【集説】郭氏雍曰：父父、子子、兄兄、弟弟、夫夫、婦婦，同大順而無逆焉者，交相愛之義也。

○龔氏焕曰：「交相愛」，則一家之父子、兄弟、夫婦、長幼莫不相愛，非特夫婦而已也。

威如之吉，反身之謂也。

【本義】謂非作威也，反身自治，則人畏服之矣。

【程傳】治家之道，以正身爲本，故云反身之謂。爻辭謂治家當有威嚴，而夫子又復戒云，當先嚴其身也。威嚴不先行於己，則人怨而不服，故云「威如」而吉者，能自反於身也。孟子所謂「身不行道，不行於妻子」也。

【集説】朱氏震曰：威非外求，反諸身而已。反身則正，正則誠，誠則不怒而威。後世不知所謂威嚴者正其身也，或不正而尚威怒，則父子相夷，愈不服矣，安得吉？

○郭氏雍曰：象明「言有物而行有恒」，〔一〕而此又言「反身之謂」者，家人之道所以成始成終者，脩身而已。

○趙氏汝楳曰：爻於初言「閑」，三言「嗃嗃」，上言「威」，聖人慮後世以爲威嚴有餘而親睦不足，故特釋之以「反身」，謂「威如」者，非嚴厲以爲威，反求諸己而已。

上火下澤，睽，君子以同而異。

【本義】二卦合體而性不同。

【程傳】上火下澤，二物之性違異，所以爲睽離之象。君子觀睽異之象，於大同之中而知所當異也。夫聖賢之處世，在人理之常莫不大同，於世俗所同者，則有時而獨異，蓋於秉彝則同矣，於世俗之失則異也。不能大同者，亂常拂理之人也；不能獨異者，隨俗習非之人也，要在同而能異耳，中庸曰「和而不流」是也。

【集説】荀氏爽曰：火性炎上，澤性潤下，故曰睽也。大歸雖同，小事當異，百官殊職，四民異業，文武並用，威德相反，共歸於治，故曰「君子以同而異」也。

〔一〕象明言有物而行有恒：恒，原作「常」，據四庫本、薈要本改。另，「明」下疑脱「言」字。

○項氏安世曰：同象兑之説，異象離之明。

「見惡人」，以辟咎也。

【程傳】睽離之時，人情乖違，求和合之，且病其不能得也，若以惡人而拒絶之，則將衆仇於君子，而禍咎至矣。故必見之，所以免避怨咎也。无怨咎，則有可合之道。

「遇主于巷」，未失道也。

【本義】本其正應，非有邪也。

【程傳】當睽之時，君心未合，賢臣在下，竭力盡誠，期使之信合而已。至誠以感動之，盡力以扶持之，明義理以致其知，杜蔽惑以誠其意，如是宛轉以求其合也。遇，非枉道迎逢也；巷，非邪僻由徑也，故夫子特云「遇主于巷，未失道也」。未，非必也，非必謂失道也。

【集説】王氏申子曰：處上下睽離之時，不得不委曲以求合，故曰「未失道」，言於正道未爲失也。

「見輿曳」，位不當也；「无初有終」，遇剛也。

【程傳】以六居三，非正也，非正則不安，又在二陽之閒，所以有如是艱厄，由位不當也。「无初有終」者，終必與上九相遇而合，乃遇剛也。不正而合，未有久而不離者也。合以正道，自无終睽之理。故賢者順理而安行，知者知幾而固守。

【集説】胡氏瑗曰：「无初有終，遇剛也」者，言初爲上之見疑，然終則知己之誠而與之應，是六三所遇，得剛明之人也。

【案】爻有兩喻，而象傳偏舉者，舉其重者也。此舉「見輿曳」，以乘剛也；困三舉「據于蒺藜」，亦以乘剛也。易例乘剛之危最甚。

交孚无咎，志行也。

【程傳】初四皆陽剛君子，當睽乖之時，上下以至誠相交，協志同力，則其志可以行，不止无咎而已。卦辭但言「无咎」，夫子又從而明之云，可以行其志，救時之睽也。蓋以君子陽剛之才，而至誠相輔，何所不能濟也？唯有君子則能行其志矣。

「厥宗噬膚」，往有慶也。

【程傳】爻辭但言「厥宗噬膚」，則可以往而无咎。象復推明其義，言人君雖已才不足，若能信任賢輔，使以其道深入於己，則可以有爲，是往而有福慶也。

【集説】項氏安世曰：二以五爲主，而委曲以入之，巷雖曲而通諸道，「遇主于巷」，將以行道，非爲邪也。五以二爲宗而親之，二五以中道相應，當睽之時，其閒也微而易合，如膚之柔，噬之則入，豈獨无咎，又將有慶。二五陰陽正應，故其辭如此。

○何氏楷曰：厥宗既噬膚矣，往則有相合之慶，蓋決之也。

遇雨之吉，群疑亡也。

【程傳】雨者，陰陽和也。始睽而能終和，故吉也。所以能和者，以群疑盡亡也。其始睽也，无所不疑，故云「群疑」。睽極而合，則皆亡也。

【集説】孔氏穎達曰：「群疑亡」者，往與三合，如雨之和，向之見豕、見鬼、張弧之疑，併消釋矣，故曰「群疑亡也」。

○王氏安石曰：上九睽極，有應而疑之。夫睽之極，則物有似是而非者，雖明猶疑，疑之已甚，則以無爲有，無所不至，況於不明者乎！上九剛過中，用明而過者也，故其始不能無疑。

○朱子語類云：諸爻立象，聖人必有所據，非是白撰，但今不可考耳。到孔子方不説象，如「見豕負塗，載鬼一車」之類，孔子只説「群疑亡也」，便見得上面許多皆是狐惑可疑之事而已。到後人解説，便多牽强。

○趙氏汝楳曰：怪力亂神，聖人所不語，而此卦言之甚詳，故聖人斷之曰「疑」。蓋心疑則境見，心明則疑亡，知此者，志怪之書可焚，無鬼之論可熄。

○王氏申子曰：孤生於睽，睽生於疑，今群疑既亡，則睽而合，合而和，所以吉也。

山上有水，蹇，君子以反身脩德。

【程傳】山之峻阻，上復有水，坎水爲險陷之象，上下險阻，故爲蹇也。君子觀蹇難之象，而以反身脩德。君子之遇艱阻，必反求諸己，而益自脩。孟子曰：「行有不得者，皆反求諸己。」故遇艱蹇必自省，於身有失而致之乎，是反身也；有所未善則改之，无歉於心則加勉，乃自脩其德也。君子脩德以俟時而已。

【集説】吕氏大臨曰：山上有水，水行不利，不得其地，故蹇也。水行不得其地，猶君子之行不得於人，不得於人，反求諸己而已，「故愛人不親反其仁，治人不治反其知，禮人不荅反其敬」。

○朱子語類云：潘謙之書曰，蹇與困相似，致命遂志、反身脩德亦一般。殊不知不然。象曰「澤无水，困」，處困之極，事無可爲者，故只得「致命遂志」；若蹇，則猶可進步，如山上之泉，曲折多艱阻，然猶可行，故教人以「反身脩德」。只觀「澤无水，困」與「山上有水，蹇」二句，便全不同。

○項氏安世曰：「反身」象艮之背，「脩德」象坎之勞。

「往蹇來譽」，宜待也。

【程傳】方蹇之初，進則益蹇，時之未可進也，故宜見幾而止，以待時可行而後行也。諸爻皆蹇往而善來，然則无出蹇之義乎？曰：在蹇而往，則蹇也，蹇終則變矣。故上已有碩義。〔一〕

【集説】王氏申子曰：往而行險，不如居易以俟之爲宜也。

○龔氏焕曰：居止之初，去險尚遠，見險而即止，彖傳之所謂知也。

〔一〕故上已有碩義：「故」，原作「果」，據四庫本改。

「王臣蹇蹇」，終无尤也。

【本義】事雖不濟，亦无可尤。

【程傳】雖艱厄於蹇時，然其志在濟君難，雖未能成功，然終无過尤也。聖人取其志義而謂其无尤，所以勸忠蓋也。

【集説】侯氏行果曰：二上應於五，五在坎中，險而又險，志在匡弼，匪惜其躬，故曰「王臣蹇蹇，匪躬之故」，輔君以此，終无尤也。

「往蹇來反」，内喜之也。

【程傳】内，在下之陰也，方蹇之時，陰柔不能自立，故皆附於九三之陽而喜愛之。九之處三，在蹇爲得其所也。處蹇而得下之心，可以求安，故以來爲反，猶春秋之言歸也。

【集説】孔氏穎達曰：内卦三爻，唯九三一陽，居二陰之上，是内之所恃，故云「内喜之也」。

「往蹇來連」，當位實也。

【程傳】四當蹇之時，居上位，不往而來，與下同志，固足以得衆矣。又以陰居陰，爲得其實，以誠實與下，故能連合。而下之二三，亦各得其實。初以陰居下，亦其實也。當同患之時，相交以實，其合可知，故來而連者，當位以實也。處蹇難，非誠實何以濟？當位不曰正而曰實，上下之交，主於誠實，用各有其所也。

【集説】荀氏爽曰：處正承陽，故曰「當位實也」。

○沈氏該曰：四當位可進，而陰柔不能獨濟，來而承五，連於陽實，則得所輔也。

○姜氏寶曰：以陰比於陽，陽爲實，故云。傳以爲誠實之實，未然。

【案】荀氏、沈氏、姜氏之説皆是。然如此，則「當位」兩字宜著九五説，言當尊位者，有實德也，如「敵剛也」之例。

「**大蹇朋來**」，**以中節也**。

【程傳】朋者，其朋類也。五有中正之德，而二亦中正，雖大蹇之時，不失其守，蹇於蹇以相應助，是以其中正之節也。上下中正而弗濟者，臣之才不足也。自古守節秉義，而才不足以濟者，豈少乎？漢李固、王允，晉周顗、王導之徒是也。

【集説】孔氏穎達曰：得位履中，不改其節，則同志者自遠而來，故曰「朋來」。

【案】蹇卦之義，在乎進止得宜，爻之往來，即進止也。九五雖不言往來，而傳明其爲中節，則進止之宜不失，可以濟難而不至於犯難矣。裴度云，朝廷處置得宜，有以服其心。其中節之謂乎？

「**往蹇來碩**」，**志在内也**；「**利見大人**」，**以從貴也**。

【程傳】上六應三而從五，志在内也。蹇既極而有助，是以碩而吉也。六以陰柔當蹇之極，密近剛陽中正之君，自然其志從附，以求自濟，故「利見大人」，謂從九五之貴也；所以云「從貴」，恐人不知大人爲指五也。

【集説】蘇氏軾曰：内與貴，皆五之謂。

雷雨作，解，君子以赦過宥罪。

【程傳】天地解散而成雷雨，故雷雨作而爲解也。與明兩而作離語不同。赦，釋之；宥，寬之。過失，則赦之可也；罪惡而赦之，則非義也，故寬之而已。君子觀雷雨作解之象，體其發育，則施恩仁；體其解散，則行寬釋也。

【集説】孔氏穎達曰：赦謂放免，過謂誤失，宥謂寬宥，罪謂故犯。過輕則赦，罪重則宥，皆解緩之義也。

○趙氏汝楳曰：雷者天之威，雨者天之澤，威中有澤，猶刑獄之有赦宥。

剛柔之際，義无咎也。

【程傳】初四相應，是剛柔相際接也。剛柔相際，爲得其宜，難既解，而處之剛柔得宜，其義无咎也。

【集説】蔡氏淵曰：柔居解初，而承剛應剛，得剛柔交際之宜，難必解矣，故曰「義无咎也」。

【案】初本以居最内最後得來復之義，故无咎。孔子恐人謂其一無所爲也，故以從陽補其義。

在後之例，與遯初同。

九二貞吉，得中道也。

【程傳】所謂貞吉者，得其中道也。除去邪惡，使其中直之道得行，乃正而吉也。

【案】黄者，中也；矢者，直也。人臣之道，固主乎直，然直而不中，則有以嫉惡去邪，而激成禍亂者多矣。「得中道」，正釋「得黄矢」之義。

「負且乘」，亦可醜也；自我致戎，又誰咎也？

【程傳】負荷之人而且乘載，爲可醜惡也。處非其據，德不稱其器，則寇戎之致，乃己招取，將誰咎乎？聖人又於繫辭明其致寇之道，謂：「作易者其知盜乎？」盜者乘釁而至，苟无釁隙，則盜安能犯？負者，小人之事；乘者，君子之器。以小人而乘君子之器，非其所能安也，故盜乘釁而奪之。小人而居君子之位，非其所能堪也，故滿假而陵慢其上，侵暴其下，盜則乘其過惡而伐之矣。伐者，聲其罪也；盜，横暴而至者也。貨財而輕慢其藏，是教誨乎盜使取之也；女子而夭冶其容，是教誨淫者使暴之也；小人而乘君子之器，是招盜使奪之也，皆自取之之謂也。

【集説】雷氏思曰：「負且乘」，小人自以爲榮，而君子所耻，故可醜。寇小則爲盜，大則爲戎，任使非人，則變解而蹇，天下起戎矣。

【案】雷氏説，極得此傳及繫傳之意。此傳所謂「致戎」，繫傳所謂「盜斯伐之」，皆謂有國家者也。

「解而拇」，未當位也。

【程傳】四雖陽剛，然居陰，於正疑不足，若復親比小人，則其失正必矣。故戒必解其拇，然後能來君子，以其處未當位也。解者，本合而離之也，必解拇而後朋孚。蓋君子之交，而小人容於其間，是與君子之誠未至也。

【集説】鄭氏汝諧曰：四之所自處者不當，宜小人之所附麗也。必解去之，然後孚於其朋。朋，剛陽之類；拇，在下之陰。

【案】德非中正，而應初比三，故曰「未當位」。

君子有解，小人退也。

【程傳】君子之所解者，謂退去小人也。小人去，則君子之道行，是以吉也。

【集説】吴氏曰慎曰：君子能有解，則小人退矣。小人若未退，則是君子未能解也。以小人之退驗君子之解，雖不言有孚，而有孚之義明矣。

【案】如鄭氏説，則須云君子果能有解，則雖小人，亦信之，而回心易行，不待黜抑而自退矣。

公用射隼，以解悖也。

【程傳】至解終而未解者，悖亂之大者也。射之所以解之也，解則天下平矣。

【集説】吴氏曰愼曰：天下之難，由小人作，群比如拇，邪媚如狐，鷙害如隼，解拇、獲狐、射隼而難解矣，故解卦以去小人爲要義。

【案】五以前所解者，但總名之爲小人耳，此則曰悖，内亂、外亂之别也。在有虞，則共驩者，内亂也；三苗者，外亂也。

山下有澤，損，君子以懲忿窒欲。

【本義】君子脩身，所當損者莫切於此。

【程傳】山下有澤，氣通上潤，與深下以增高，皆損下之象。君子觀損之象，以損於己，在脩己之道所當損者，唯忿與欲，故以懲戒其忿怒、窒塞其意欲也。

【集説】虞氏翻曰：兑説，故懲忿；艮止，故窒欲。

○孔氏穎達曰：懲者，息其既往；窒者，閉其將來。懲窒互文而相足也。

○楊氏時曰：損，德之脩也，所當損者，惟忿慾而已。故「九思」始於視聽貌言，終於「忿思難，見得思義」者，以此。

○朱子語類：問：「何以窒慾？伊川云思。此莫是慾心一萌，當思禮義以勝之否？」曰：「然。」

○王氏申子曰：和説則無忿，知止則無慾，故曰脩德之要也。

【案】凡大象配兩體之德者，皆先内後外，故當以虞氏之説爲是。益象亦然。

「已事遄往」，尚合志也。

【本義】尚、上通。

【程傳】尚，上也，時之所崇用爲尚。初之所尚者，與上合志也。四賴於初，初益於四，與上合志也。

【案】易例，初九與六四雖正應，却無往從之之義，在下位不援上也。惟損初爻言「遄往」，而傳謂「上合志」，蓋當損下益上之時故也。

九二利貞，中以爲志也。

【程傳】九居二，非正也；處説，非剛也，而得中爲善。若守其中德，何有不善？豈有中而不正者？豈有中而有過者？二所謂利貞，謂以中爲志也。志存乎中，則自正矣。大率中重於正，中則正矣，正不必中也。能守中，則有益於上矣。

【集説】孔氏穎達曰：言九二所以能居而守貞，不損益之，良由居中。以中爲志，故損益得其節適也。

○王氏宗傳曰：順從爲事，則在己者所損多矣；以道自守，乃所以益之，故曰「九二利貞，中以爲志也」。「中以爲志」，則在己者無失，而益上之實，亦無出諸此。

一人行，三則疑也。

【程傳】一人行而得一人，乃得友也；若三人行，則疑所與矣，理當損去其一人，損其餘也。

【案】自二以上，皆可以三概之，不必正三人也，季文子三思、南容三復之類。

「損其疾」，亦可喜也。

【程傳】損其所疾，固可喜也。云「亦」，發語辭。

【集説】項氏安世曰：能不吝其疾，自損以受之，使合志者得效其忠，豈非可喜之事哉？

【案】易多言有喜，而此傳云「亦可喜也」，則此喜不主己身，乃主於使遄來而益我者有喜，故變文曰「可喜」者，他人之辭也。

六五元吉，自上祐也。

【程傳】所以得元吉者，以其能盡衆人之見，合天地之理，故自上天降之福祐也。

【案】「自上祐」，以爲正釋「龜筮弗違」亦可。然觀益二言朋龜不違，下又云「享于帝，吉」，則帝者又百神之主也，故此上祐，亦是言天心克享，人神不能違也。

「弗損益之」，大得志也。

【程傳】居上不損下，而反益之，是君子大得行其志也。君子之志，唯在益於人而已。

風雷益，君子以見善則遷，有過則改。

【本義】風雷之勢，交相助益，遷善改過，益之大者，而其相益，亦猶是也。

【程傳】風烈則雷迅，雷激則風怒，二物相益者也。君子觀風雷相益之象，而求益於己，爲益之道，无若「見善則遷，有過則改」也。見善能遷，則可以盡天下之善；有過能改，則无過矣。益於人者无大於是。

【集説】王氏弼曰：遷善改過，益莫大焉。

○胡氏炳文曰：雷與風，自有相益之勢。速於遷善，則過當益寡；決於改過，則善當益純，是遷善改過又自有相益之功也。

○蔣氏悌生曰：風雷相益，迅速不遲，君子法之，見善則即遷，知過必速改，不可猶豫。

○何氏楷曰：咸言速，心之德通於虛也，不損不虛，懲忿窒欲，損之又損，致虛以復其爲咸；恒言久，心之德凝於實也，不益不實，遷善改過，益之又益，充實而成其爲恒。

【案】雷者，動陽氣者也，故人心奮發而勇於善者如之；風者，散陰氣者也，故人心蕩滌以消其惡者如之。

元吉无咎，下不厚事也。

【本義】下本不當任厚事，故不如是不足以塞咎也。

【程傳】在下者本不當處厚事。厚事，重大之事也，以爲在上所任，所以當大事，必能濟大事而致元吉，乃爲无咎。能致元吉，則在上者任之爲知人，己當之爲勝任，不然，則上下皆有咎也。

【集說】鄭氏汝諧曰：得益者，非以是而自私也，故損之上「利有攸往，得臣无家」，益之初「利用爲大作」，爲大作者，當爲大益之事也。然在下而爲大益之事，位未崇也，誠未孚也，必元吉然後无咎，以其位非厚事之地也。

○朱子語類云：利用大作，象曰「下不厚事也」。自此推之，則凡居下者不當厚事，如子之於父，臣之於君，僚屬之於官長，皆不可以踰分越職，縱可爲，亦須是盡善，方能無過，所以有「元吉无咎」之戒也。

「或益之」，自外來也。

【本義】或者，衆无定主之辭。

【程傳】既中正虛中，能受天下之善而固守，則有有益之事，衆人自外來益之矣。或曰：自外來，豈非謂五乎？曰：如二之中正虛中，天下孰不願益之？五爲正應，固在其中矣。

【集說】孔氏穎達曰：「自外來」者，明益之者從外而來，不召而至也。

○楊氏簡曰：「或益之，自外來也」，亦猶損六五之「或益之，自上祐也」，皆言本無求益之意，而益自至也。曰「自外來」，言非中心之所期，自外而至也。

益用凶事，固有之也。

【本義】益用凶事，欲其困心衡慮，而固有之也。

【程傳】六三，益之獨可用於凶事者，以其「固有之也」，謂專固自任其事也。居下當稟承於上，乃專任其事，唯救民之凶災，拯時之艱急，則可也，乃處急難變故之權宜，故得无咎，若平時，則不可也。

【集説】龔氏煥曰：益之以凶事，雖曰災「自外來」，而己乃受益，乃其己分之所固有者，非自外來也。

告公從，以益志也。

【程傳】爻辭但云得中行，則告公而獲從。象復明之曰，告公而獲從者，告之以益天下之志也。志苟在於益天下，上必信而從之。事君者不患上之不從，患其志之不誠也。

【集説】龔氏煥曰：六四之告公，以益民爲志，故得見從也。〔一〕

「有孚惠心」，勿問之矣；「惠我德」，大得志也。

〔一〕六四之告公以益民爲志故得見從也：局本多一「益」字，若斷句爲：「六四之『告公』『以益』，益民爲志，故得見從也。」亦通。

【程傳】人君有至誠惠益天下之心，其元吉不假言也，故云「勿問之矣」。天下至誠懷吾德以爲惠，是其道大行，人君之志得矣。

【集説】崔氏憬曰：損上之時，一以損己爲念，雖「有孚惠心」及下，終不言以彰己功，故曰「有孚惠心，勿問」。問，猶言也。如是獲元吉，且爲下所信而懷己德，故曰「有孚惠我德」。君雖不言，人惠其德，則我「大得志也」。

○張氏振淵曰：惠出於心，又何問焉？「大得志」，非以民之惠我爲得志，以我足以致民惠我爲得志也。

「莫益之」，偏辭也；「或擊之」，自外來也。

【本義】「莫益之」者，猶從其求益之偏辭而言也，若究而言之，則又有擊之者矣。

【程傳】理者，天下之至公；利者，衆人所同欲。苟公其心，不失其正理，則與衆同利，无侵於人，人亦欲與之。若切於好利，蔽於自私，求自益以損於人，則人亦與之力爭，故莫肯益之，而有擊奪之者矣。云「莫益之」者，非其偏己之辭也，苟不偏己，合於公道，則人亦益之，何爲擊之乎？既求益於人，至於甚極，則人皆惡而欲攻之，故擊之者「自外來也」。人爲善，則千里之外應之，六二中正虛己，益之者自外而至是也；苟爲不善，則千里之外違之，上九求益之極，擊之者自外而至是也。繫辭曰：「君子安其身而後動，易其心而後語，定其交而後求。君子脩此三者，故全也。危以動則民不與也，懼以語則民不應也，无交而求則民不與也。莫之與，則傷之者至矣。易曰：莫益之，或擊之，立心勿恒，凶。」君子言動與求，皆以其道，乃完善也，不然，則取傷而凶矣。

【集說】胡氏炳文曰：二不求益而「或益之」，「自外來也」；上求益而「或擊之」，亦「自外來也」。孰有以來之？五之吉，由中心之有孚；上之凶，由立心之勿恒。吉凶之道，未有不自心生者。

澤上於天，夬，君子以施祿及下，居德則忌。

【本義】澤上於天，潰決之勢也；施祿及下，潰決之意也；居德則忌，未詳。

【程傳】澤，水之聚也，而上於天，至高之處，故爲夬象。君子觀澤決於上而注溉於下之象，則「以施祿及下」，謂施其祿澤以及於下也；觀其決潰之象，則以「居德則忌」。居德，謂安處其德。則，約也；忌，防也，謂約立防禁。有防禁則无潰散也。王弼作「明忌」，亦通。不云澤在天上，而云「澤上於天」，「上於天」，則意不安而有決潰之勢，云在天上，乃安辭也。

【案】「澤上於天」，所謂稽天之浸也，必潰決無疑矣。財聚而不散，則悖出，故「君子以施祿及下」。居身無所畏忌，則滿而溢，故君子之居德也，則常存畏忌而已。禮曰「積而能散」，書曰「敬忌而罔有擇言在躬」，夫如是，則何潰決之患之有？

不勝而往，咎也。

【程傳】人之行，必度其事可爲，然後決之，則无過矣。理不能勝而且往，其咎可知。凡行而有咎者，皆決之過也。

【集説】王氏申子曰：謂非往之爲咎，不能度其可勝而後往之爲咎也。○谷氏家杰曰：夬之道，「其危乃光」，勝心不可有也，況不勝而往乎！

有戎勿恤，得中道也。

【程傳】莫夜有兵戎，可懼之甚也，然可勿恤者，以自處之善也。既得中道，又知惕懼，且有戒備，何事之足恤也？九居二，雖得中，然非正，其爲至善何也？曰：陽決陰，君子決小人，而得中，豈有不正也？知時識勢，學易之大方也。

【集説】張子曰：能得中道，故剛而不暴。○蘇氏軾曰：能靜而不忘警，能警而不用，得中道矣。與大壯九二「貞吉」同，故皆稱其「得中」。

【案】「有戎勿恤」者，謂不輕於即戎也，此所以爲「得中道」。

君子夬夬，終无咎也。

【程傳】牽梏於私好，由无決也。君子「義之與比」，決於當決，故終不至於有咎也。

【集説】黄氏淳耀曰：終對始言之，始雖「若濡有愠」，終必決去而无咎也。

「其行次且」，位不當也；「聞言不信」，聰不明也。

【程傳】九處陰位，不當也。以陽居柔，失其剛決，故不能强進，「其行次且」。剛然後能明，處柔則遷，失其正性，豈復有明也？故聞言而不能信者，蓋其聰聽之不明也。

【案】四與陰尚隔，位不當者，〔一〕借爻位以明四之未當事任，而欲次且前進之非宜也。

「中行无咎」，中未光也。

【本義】程傳備矣。

【程傳】卦辭言夬夬，則於中行爲无咎矣。象復盡其義，云「中未光也」。夫人心正意誠，乃能極中正之道，而充實光輝。五心有所比，以義之不可而決之，雖行於外，不失中正之義，可以无咎，然於中道未得爲光大也。蓋人心一有所欲，則離道矣。夫子於此示人之意深矣。

【集説】張子曰：陽近於陰，不能無累，故必正其行，然後免咎。○趙氏汝楳曰：他卦貴於中行，此爻乃止於无咎，其亦體兑之説，溺於上而致然乎，故於中爲未光也。

【案】張子之説極是。蓋因「中未光」，故貴於「中行」，非謂雖中行而猶未光也。

无號之凶，終不可長也。

〔一〕位不當者：者，局本作「也」。

【程傳】陽剛君子之道進而益盛，小人之道既已窮極，自然消亡，豈復能長久乎？雖號咷，无以爲也，故云「終不可長也」。先儒以卦中有「孚號」「惕號」，欲以「无號」爲无號，作去聲，謂无用更加號令，非也。一卦中適有兩去聲字，一平聲字，何害？而讀易者率皆疑之。或曰：聖人之於天下，雖大惡，未嘗必絕之也。今直使之无號，謂必有凶，可乎？曰：夬者，小人之道，消亡之時也。決去小人之道，豈必盡誅之乎？使之變革，乃小人之道亡也，道亡乃其凶也。

天下有風，姤，后以施命誥四方。

【程傳】風行天下，无所不周，爲君后者，觀其周徧之象，以施其命令，周誥四方也。「風行地上」與「天下有風」，皆爲周徧庶物之象，而行於地上，徧觸萬物，則爲觀，經歷觀省之象也；行於天下，周徧四方，則爲姤，施發命令之象也。諸象或稱先王，或稱后，或稱君子、大人。稱先王者，先王所以立法制、建國、作樂、省方、敕法、閉關、育物、享帝，皆是也；稱后者，后王之所爲也，財成天地之道、施命誥四方是也。君子則上下之通稱，大人者王公之通稱。

【集説】龔氏煥曰：「天下有風，姤」，與「風行地上，觀」相似，故在姤則曰「施命誥四方」，在觀則曰「省方觀民設教」，曰施、曰誥，自上而下，「天下有風」之象也；曰省、曰觀，周歷偏覽，「風行地上」之象也。

【案】巽之申命，因有積弊而振飭之也；姤之施命，與巽正同。蓋在三畫之卦爲巽者，在六畫之卦即爲姤也。施命、申命，所以消隱慝，除積弊，法風之吹散伏陰也。

「繫于金柅」，柔道牽也。

【本義】牽，進也，以其進，故止之。

【程傳】牽者，引而進也。陰始生而漸進，柔道方牽也。繫之于金柅，所以止其進也。不使進，則不能消正道，乃貞吉也。

【集説】孔氏穎達曰：「柔道牽」者，陰柔之道必須有所牽繫也。

○鄭氏汝諧曰：此羸豕也，力雖微而其志則蹢躅，惟信其蹢躅，則不可不有所牽制，故曰「柔道牽也」。

○趙氏汝楳曰：姤之初言繫、言牽，惡陰之長而止之也。

「包有魚」，義不及賓也。

【程傳】二之遇初，不可使有二於外，當如包苴之有魚。包苴之魚，義不及於賓客也。

【集説】吴氏曰愼曰：九二既「包有魚」，則當盡其防制之責，以義言之，不可使遇於賓也。若不制而使遇於賓，則失其義矣。

「其行次且」，行未牽也。

【程傳】其始志在求遇於初，故其行遲遲。未牽，不促其行也。既知危而改之，故未至於大咎也。

【集説】郭氏雍曰：无膚次且之厲，蓋未嘗牽勉而妄行焉，是以至此。

【案】易中言牽者，自小畜至此，皆當爲牽制之義。

无魚之凶，遠民也。

【本義】民之去己，猶己遠之。

【程傳】下之離，由己致之。「遠民」者，己遠之也。爲上者有以使之離也。

【集説】余氏本曰：言其使民失道，無以結民之心，致民之去己，由己之遠乎民也。

【案】九四因與陰相應，故惡而欲遠之，正如夬三「壯于頄」之意。徒欲遠之，而不能容之、制之，此所以「包无魚」也。君子之於小人也，惟其能容之，是以能制之，不能容之，則彼自絶矣，欲以力制，不亦難乎？書曰：「民可近，不可下。」此之謂也。

九五，含章，中正也；「有隕自天」，志不舍命也。

【程傳】所謂含章，謂其含藴中正之德也，德充實則成章，而有輝光。命，天理也；舍，違也。至誠中正，屈己求賢，存志合於天理，所以「有隕自天」，必得之矣。

【集説】蘇氏軾曰：陰長而消陽，天之命也。有以勝之，人之志也。君子不以命廢志，故九五之志堅，則必有自天而隕者，言人之至者，天不能勝也。

○楊氏啓新曰：陰陽迭勝，天運自然，而心心念念不舍天命，以靜制之，此所以挽回造化也。

【案】詩云：「桑之落矣，其黄而隕。」故「有隕自天」，謂天時既至而瓜隕也。雖天命之必然，〔一〕亦由君子積誠脩德，與之符會，故曰「志不舍命」。

「姤其角」，上窮吝也。

【程傳】既處窮上，剛亦極矣，是上窮而致吝也。以剛極居高而求遇，不亦難乎？

【案】不與陰遇，雖无咎，然君子終以不能濟時爲可羞，爲其身在事外，所處之窮故爾。

澤上於地，萃，君子以除戎器，戒不虞。

【本義】除者，脩而聚之之謂。

【程傳】澤上於地，爲萃聚之象。君子觀萃象，以除治戎器，用戒備於不虞。凡物之萃，則有不虞度之事，故衆聚則有爭，物聚則有奪，大率既聚則多故矣，故觀萃象而戒也。除，謂簡治也，去弊惡也，除而聚之，所以戒不虞也。

【集説】王氏弼曰：聚而無防，則衆生心。

〔一〕雖天命之必然：雖，局本作「離」。

○朱子語類云：大凡物聚衆盛處必有爭，故當豫爲之備。又澤本當在地中，今却上於地上，是水盛有潰決奔突之憂，故取象如此。

○王氏申子曰：澤上有地，臨，則聚澤者，地岸也；澤上於地，萃，則聚澤者，隄防也。以地岸而聚澤，則無隄防之勞；以隄防而聚澤，則有潰決之憂。故君子觀此象，爲治世之防，除治其戎器，以爲不虞之戒。若以治安而忘戰守之備，則是以舊防爲無用而壞之也，其可乎？

「乃亂乃萃」，其志亂也。

【程傳】其心志爲同類所惑亂，故乃萃於群陰也。不能固其守，則爲小人所惑亂，而失其正矣。

【集説】李氏簡曰：非其志惑亂，必無舍應亂萃之理。

「引吉无咎」，中未變也。

【程傳】萃之時，以得聚爲吉。故九四爲得上下之萃，二與五雖正應，然異處有閒，乃當萃而未合者也，故能相引而萃，則吉而无咎。以其有中正之德，未遽至改變也，變則不相引矣。或曰：二既有中正之德，而象云未變，辭若不足，何也？曰：群陰比處，乃其類聚，方萃之時，居其閒，能自守不變，遠須正應，剛立者能之。二陰柔之才，以其有中正之德，可覬其未至於變耳，故象含其意，以存戒也。

【集説】楊氏萬里曰：「中未變」者，蓋六二所守之中道，不以爲上所引而有所變也。

【案】此「中未變」，與比二「不自失」之意同，中庸所謂「不變塞焉」、孟子所謂「達不離道」者是也。

「往无咎」，上巽也。

【程傳】上居柔説之極，三往而无咎者，上六巽順而受之也。

【集説】虞氏翻曰：動之四，故上巽。

○鄭氏汝諧曰：下二陰皆萃於陽矣，三獨無附，故咨嗟怨嘆而无攸利。雖然，當萃之時，下欲萃於上，上亦欲下之萃於我，三不以無應之故，能往歸於上，雖小吝，而亦可以无咎。上非上六，謂在上之陽也。

「大吉无咎」，位不當也。

【程傳】以其位之不當，疑其所爲未能盡善，故云必得大吉，然後爲无咎也。非盡善，安得爲大吉乎？

【集説】蘇氏軾曰：非其位而有聚物之權，非大吉，則有咎矣。

○郭氏雍曰：四得上下之聚，而非君位，故言「不當」也。

○鄭氏汝諧曰：其位近，其德同，其爲下之所歸亦同，自非所爲至善，則其君病之，烏能无咎？戒之也。凡言位不當，其義不一，此所謂不當者，爲其以剛陽迫近其君也。

○熊氏良輔曰：九四、九五皆萃之主，九五，在上之萃也，九四，在下之萃也。故九五曰「萃有位」，而四象曰「位不當」。「大吉无咎」者，上比於君，以臣而有君萃之象，疑於有咎故也。

【案】鄭氏謂，凡言位不當其義不一者，是已。然須知是借爻位之當不當，以發明其德與時位之當不當。

「萃有位」，志未光也。

【本義】未光，謂「匪孚」。

【程傳】象舉爻上句，王者之志，必欲誠信著於天下，有感必通，含生之類莫不懷歸，若尚有「匪孚」，是其志之未光大也。

【集說】龔氏焕曰：五有其位者也，徒有其位，故人或「匪孚」，此志之所以「未光」也。

○胡氏炳文曰：四必大吉而後无咎，位不當也。五有位矣，而「匪孚」，志猶「未光」也。然則欲當天下之萃者，不可無其位；有其位，又不可無其德。

「齎咨涕洟」，未安上也。

【程傳】小人所處，常失其宜，既貪而從欲，不能自擇安地，至於困窮，則顛沛不知所爲。六之涕洟，蓋不安於處上也。君子慎其所處，非義不居，不幸而有危困，則泰然自安，不以累其心。小人居不擇安，常履非據，及其窮迫，則隕穫躁撓，甚至涕洟，爲可羞也。未者，非遽之辭，猶俗云未便也，未便能安於上也。陰而居上，孤處无與，既非其據，豈能安乎？

【集説】趙氏光大曰：言危懼而不敢自安於上，操心危，慮患深，安得晏然而已乎？

【案】上猶外也，雖在外而不敢自安，如舜之耕歷山、周公之處東國，必號泣嘵嘵，求萃於君父而後已也。

地中生木，升，君子以順德，積小以高大。

【本義】王肅本「順」作「慎」。今案：他書引此，亦多作「慎」，意尤明白，蓋古字通用也。説見上篇蒙卦。

【程傳】木生地中，長而上升，爲升之象。君子觀升之象，以順脩其德，積累微小以至高大也。順則可進，逆乃退也。萬物之進，皆以順道也。善不積不足以成名，學業之充實，道德之崇高，皆由積累而至，積小所以成高大，升之義也。

【集説】胡氏炳文曰：木之生也，一日不長則枯；德之進也，一息不慎則退。必念念謹審，事事謹審，其德積小高大，當如木之升矣。

「允升大吉」，上合志也。

【程傳】與在上者合志同升也。上謂九二，從二而升，乃與二同志也。能信從剛中之賢，所以大吉。

【集説】吕氏大臨曰：初六以柔居下，當升之時，柔進而上，雖處至下，志與三陰同升，衆之所允，無所不利，故曰「允升大吉」。

【案】吕氏以「上」爲上體三陰者，是。

九二之孚，有喜也。

【程傳】二能以孚誠事上，則不唯爲臣之道无咎而已，可以行剛中之道，澤及天下，是「有喜也」。凡象言「有慶」者，如是則有福慶及於物也；言「有喜」者，事既善而又有可喜也。如大畜「童牛之牿元吉」，象云「有喜」，蓋牿於童則易，又免强制之難，是有可喜也。

「升虚邑」，无所疑也。

【程傳】入无人之邑，其進无疑阻也。

【集説】蘇氏軾曰：九三以陽用陽，其升也果矣，故曰「升虚邑，无所疑也」。不言吉者，其爲禍福未可知也，存乎其人而已。

【案】乾四曰「或之」者，疑之也，故无咎。果於進而无所疑，可乎？蘇氏之説善矣。

「王用亨于岐山」，順事也。

【本義】以順而升登，祭於山之象。

【程傳】四居近君之位，而當升時，得吉而无咎者，以其有順德也，以柔居坤，順之至也。文王之亨于岐山，亦以順時而已。上順於上，下順乎下，己順處其義，故云「順事也」。

【案】用賢以享於神明，是順神明之心而事之者也。

「貞吉升階」，大得志也。

【程傳】倚任賢才，而能貞固，如是而升，可以致天下之大治，其志可大得也。君道之升，患无賢才之助爾，有助，則猶自階而升也。

【集説】何氏楷曰：即彖所謂「有慶」「志行」者也。

【案】自初而升，至此而升極矣，故初曰「上合志」，此曰「大得志」。

冥升在上，消不富也。

【程傳】昏冥於升，極上而不知已，唯有消亡，豈復有加益也？不富，无復增益也。升既極，則有退而无進也。

【集説】胡氏瑗曰：上六既不達存亡之幾，以至於上位，固當消虚自損，不爲尊大，以自至於富盛也。

【案】胡氏之説善矣。然不曰「不息之貞」，「消不富也」，而曰「冥升在上」者，以在上明其位勢之滿盛，故當以自消損爲貞也。

澤无水，困，君子以致命遂志。

【本義】水下漏則澤上枯，故曰「澤无水」；致命，猶言授命，言持以與人而不之有也。能如是，則雖困而亨矣。

【程傳】澤无水，困乏之象也。君子當困窮之時，既盡其防慮之道，而不得免，則命也。當推致其命，以遂其志，知命之當然也，則窮塞禍患不以動其心，行吾義而已。苟不知命，則恐懼於險難，隕穫於窮厄，所守亡矣，安能遂其爲善之志乎？

【集説】王氏弼曰：澤无水，則水在澤下。水在澤下，困之象也。處困而屈其志者，小人也。君子固窮，道可忘乎？

○鄭氏汝諧曰：知其不可求，而聽其自至焉，致命也。在命者不可求，在志者則可遂，所謂「從吾所好」也。

○馮氏當可曰：君子之處困也，命在天而致之，志在我則遂之。困而安於困者，命之致也；困而有不困者，志之遂也。若小人處之，則凡可以求幸免者，無不爲也，而卒不得免焉，則亦徒喪其所守而已矣。體坎險以致命，體兑説而遂志。

○何氏楷曰：致猶委也。人不信其命，則死生禍福，營爲百端，居貞之志，何以自遂？今一委之命，則不以命貳志者，夫且能以志立命。

「入于幽谷」，幽不明也。

【程傳】「幽不明也」，謂益入昏暗，自陷於深困也，明則不至於陷矣。

「困于酒食」，中有慶也。

【程傳】雖困於所欲，未能施惠於人，然守其剛中之德，必能致亨而有福慶也。雖使時未亨通，守其中德，亦君子之道亨，乃有慶也。

【案】二有中德，故能以酒食亨祀而有福慶。

「據于蒺藜」，乘剛也；「入于其宮，不見其妻」，不祥也。

【程傳】「據于蒺藜」，謂乘九二之剛，不安，猶藉刺也。「不祥」者，不善之徵；失其所安者，不善之效，故云「不見其妻，不祥也」。

【集說】鄭氏汝諧曰：進阨於四，故困于石；退乘二之剛，故「據于蒺藜」。上，其宮也。其宮可入，而以柔遇柔，非其配也，以此處困，不祥莫甚焉。

【案】爻有衆喻，而傳偏舉一者，舉其重者也。易乘剛之義最重，故睽三「見輿曳」，此爻「據于蒺藜」，皆以其乘剛言之。

「來徐徐」，志在下也；雖不當位，有與也。

【程傳】四應於初，而隔於二，志在下求，故徐徐而來，雖居不當位爲未善，然其正應相與，故有終也。

【集説】蘇氏濬曰：四與五，同爲上六所掩，進而見掩，豈君子直遂之時耶？惟沈潛以養其晦，從容以俟其幾，故五曰「乃徐」，四曰「徐徐，志在下」者，四位雖上，而心則下也。然四五合德，天下之事，終以舒徐濟之，故曰「有與」，又曰「有終」。

○何氏楷曰：五爲近比，則四之所與者。

「劓刖」，志未得也；「乃徐有説」，以中直也；「利用祭祀」，受福也。

【程傳】始爲陰揜，无上下之與，方困未得志之時也。徐而有説，以中直之道得在下之賢，共濟於困也。不曰中正與二合者，云「直」乃宜也，直比正意差緩。盡其誠意，如祭祀然，以求天下之賢，則能亨天下之困，而享受其福慶也。

【集説】陸氏希聲曰：困窮而通，德辨而明，中正道行，志則大遂，故「乃徐有説」也。

「困于葛藟」，未當也；「動悔有悔」，吉行也。

【程傳】爲困所纏，而不能變，未得其道也，是處之未當也。知動則得悔，遂有悔而去之，可出於困，是其行而吉也。

【集説】陸氏希聲曰：行而獲吉，故曰變乃通也。

○田氏疇曰：諸家皆以「吉行也」三字爲一句，非也。蓋「動悔有悔吉」是句，「行也」是句。動悔有悔之所以吉者，以能行而得之也。「行也」二字，乃是解「征吉」之義。

木上有水，井，君子以勞民勸相。

【本義】「木上有水」，津潤上行，井之象也。「勞民」者，以君養民；「勸相」者，使民相養，皆取井養之義。

【程傳】木承水而上之，乃器汲水而出井之象。君子觀井之象，法井之德，以勞徠其民，而勸勉以相助之道也。勞徠其民，法井之用也；勸民使相助，法井之施也。

【集説】張子曰：「養而不窮」，莫若「勞民」而「勸相」也。

○楊氏繪曰：水性潤下，能上潤於物者，井之用也。

○朱子語類云：「木上有水，井」，説者以爲木是汲器，則後面却有瓶，瓶自是瓦器，只是説水之津潤上行，至那木之杪，這便是井水上行之象。

○又云：草木之生，津潤皆上行，直至樹末，便是「木上有水」之義。如菖蒲葉，每晨葉尾皆有水如珠顆，雖藏之密室亦然，非露水也。問：「如此，則井之義，與『木上有水』何預？」曰：「木上有水，便如水本在井底，却能汲上來，給人之食，故取象如此。」

○李氏心傳曰：勸相，即相友、相助、相扶持之意。

【案】大象「木上有水」，須以朱子之説爲長。象傳「巽乎水而上水」，則鄭氏桔槔之説，不妨並存也。勞民者，如巽風之布號令；勸相者，如坎水之相灌輸。

「井泥不食」，下也；「舊井无禽」，時舍也。

【本義】言爲時所棄。

【程傳】以陰而居井之下，泥之象也。无水而泥，人所不食也。人不食，則水不上，无以及禽鳥，禽鳥亦不至矣。見其不能濟物，爲時所舍置不用也。若能及禽鳥，是亦有所濟也。舍，上聲，與乾之「時舍」音不同。

【集説】孔氏穎達曰：「下也」者，以其最在井下，故爲井泥也。「時舍也」者，人既不食，禽亦不向，是一時共棄舍也。

「井谷射鮒」，无與也。

【程傳】井以上出爲功，二，陽剛之才，本可濟用，以在下而上无應援，是以下比而射鮒。若上有與之者，則當汲引而上，成井之功矣。

【集説】谷氏家杰曰：謂有泉而无與，與無泉而時棄者，自不可同也。

「井渫不食」，行惻也；求王明，受福也。

【本義】行惻者，行道之人皆以爲惻。

【程傳】井渫治而不見食，乃人有才知而不見用，以不得行爲憂惻也。既以不得行爲惻，則豈免有求也？故「求王明」而「受福」，志切於行也。

【集說】趙氏汝楳曰：井不以不食爲憂，賢者不以不遇而惻。心惻者，行人也，行汲之人，爲之求王者之明也。求王之明，豈朋比以干禄？爲其見知於上，則福被生民，猶井汲而出，然後利及於人也。

○王氏申子曰：井渫而不爲人所食，縱不自惻，行道之人亦爲之惻然矣；縱不求人之我用，人亦爲之求之，以並受其福矣。

「井甃无咎」，脩井也。

【程傳】甃者，脩治於井也。雖不能大其濟物之功，亦能脩治不廢也，故无咎，僅能免咎而已。若在剛陽，自不至如是，如是則可咎矣。

【集說】虞氏翻曰：脩，治也，以瓦甓壘井稱甃。

○蘇氏軾曰：脩，潔也。陽爲動、爲實，陰爲静、爲虚。泉者，所以爲井也，動也、實也；井者，泉之所寄也，静也、虚也。初六最下，故曰泥；上六最上，故曰收。六四居其閒而不失正，故曰甃。甃之於井，所以禦惡而潔井也。井待是而潔，故无咎。

寒泉之食，中正也。

【程傳】寒泉而可食，井道之至善者也。九五中正之德，爲至善之義。

【案】詩云「泉之竭矣，不云自中」，蓋不中則源不常裕，而不寒也。又云「冽彼下泉，浸彼苞蕭」，蓋不正則流不逮下，而不食也。

元吉在上，大成也。

【程傳】以大善之吉，在卦之上，井道之大成也。井以上爲成功。

澤中有火，革，君子以治歷明時。

【本義】四時之變，革之大者。

【程傳】水火相息爲革，革，變也。君子觀變革之象，推日月星辰之遷易，以治歷數，明四時之序也。夫變易之道，事之至大，理之至明，跡之至著，莫如四時，觀四時而順變革，則與天地合其序矣。

【集説】虞氏翻曰：曆象，謂日月星辰也。「天地革而四時成」，故「君子以治曆明時」也。

○朱子語類云：「治曆明時」，非謂曆當改革，蓋四時變革中，便有箇「治曆明時」底道理。

鞏用黄牛，不可以有爲也。

【程傳】以初九時位才，皆不可以有爲，故當以中順自固也。

【集説】胡氏瑗曰：凡革之道，必須已日，然後可以革之也。民固即日而未孚，可遽革之乎？故但可固守中順，未可大有所爲。

○鄭氏汝諧曰：居位之下，革之而人未必從；當革之始，遽革而人未必信。固執中順之道，循理而變通可也。自我有爲，不可也。於革之初言之，欲其謹於始也。

已日革之，行有嘉也。

【程傳】已日而革之，征則吉而无咎者，行則有嘉慶也，謂可以革天下之弊，新天下之事。處而不行，是无救弊濟世之心，失時而有咎也。

【集説】俞氏琰曰：未當革而遽往，適以滋弊耳，何嘉之有？必往於已日當革之時，則其行有嘉美之功。「行」釋「征」字，「嘉」釋「吉无咎」。

「革言三就」，又何之矣？

【本義】言已審。

【程傳】稽之衆論，至於三就，事至當也。又何之矣，乃俗語更何往也。如是而行，乃順理時行，非己之私意所欲爲也，必得其宜矣。

【集説】徐氏幾曰：初未可革，二乃革之，三則變革之事成矣。凡事詳審至再至三，則止矣，又何往焉？

改命之吉，信志也。

【程傳】改命而吉，以上下信其志也。誠既至，則上下信矣。革之道，以上下之信爲本，不當、不孚則不信，當而不信，猶不可行也，況不當乎？

【集説】龔氏焕曰：信志，即「有孚」之謂。革以有孚爲本，信足以孚乎人心，則可以改命而得吉矣。

「大人虎變」，其文炳也。

【程傳】事理明著，若虎文之炳焕明盛也，天下有不孚乎？

【集説】俞氏琰曰：虎之斑文大而疎朗，革道已成，事理簡明，如虎文之炳然也。

「君子豹變」，其文蔚也；「小人革面」，順以從君也。

【程傳】君子從化遷善，成文彬蔚，章見於外也。中人以上莫不變革，雖不移之小人，則亦不敢肆其惡。革易其外以順從君上之教令，是「革面」也。至此，革道成矣。小人勉而假善，君子所容也，更往而治之，則凶矣。

【集説】張子曰：以柔爲德，不及九五剛中炳明，故但文章蔚縟，能使小人改觀而從也。

○吕氏大臨曰：上六與九五，皆革道已成之時。虎之文脩大而有理，豹之文密茂而成斑。其文炳然，如火之照而易辨也；其文蔚然，如草之暢茂而叢聚也。

○俞氏琰曰：小人居革之終，幡然嚮道，以順從君，無不心悦而誠服。或者乃謂面革而心不革，非也。

木上有火，鼎，君子以正位凝命。

【本義】鼎，重器也，故有「正位凝命」之意。凝猶「至道不凝」之凝，傳所謂「協于上下以承天休」者也。

【程傳】「木上有火」，以木巽火也，烹飪之象，故爲鼎。君子觀鼎之象，「以正位凝命」。鼎者，法象之器，其形端正，其體安重，取其端正之象，則以正其位，謂正其所居之位。君子所處必正，其小至於席不正不坐，毋跛毋倚，取其安重之象，則凝其命令，安重其命令也。凝，聚止之義，謂安重也，今世俗有凝然之語，以命令而言耳，凡動爲皆當安重也。

【集説】房氏喬曰：鼎者神器，至大至重。「正位凝命」，法其重大不可遷移也。

○李氏元量曰：「木上有火」，非鼎也，鼎之用也，猶之木上有水，非井也，井之功也。

○鄭氏汝諧曰：革以改命，鼎以定命。知革而不知鼎，則天下之亂滋矣。

○項氏安世曰：存神息氣，人所以凝壽命；中心無爲，以守至正，君所以凝天命。

○王氏申子曰：鼎形端而正，體鎮而重，君子取其端正之象，以正其所居之位，使之愈久而愈安；取其鎮重之象，以凝其所受之命，使之愈久而愈固。

○胡氏炳文曰：鼎之器正，然後可凝其所受之實；君之位正，然後可凝其所受之命。

「鼎顛趾」，未悖也；「利出否」，以從貴也。

【本義】鼎而顛趾，悖道也，而因可「出否」「以從貴」，則未爲悖也。從貴，謂應四，亦爲取新之意。

【程傳】鼎覆而趾顛，悖道也，然非必爲悖者，蓋有傾出否惡之時也。去故而納新，瀉惡而受美，「從貴」之義也。應於四，上從於貴者也。

【集說】陸氏希聲曰：趾當承鼎，顛而覆之，悖也。於是出其惡，故雖覆未悖。猶妾至賤，不當貴，以其子故，得貴焉。春秋之義，母以子貴是也。

○鄭氏汝諧曰：初居下，乃鼎之趾，必顛趾者，乃出否也。猶之妾也，其可從上，以子也，子貴則母貴也。凡取新之義，必捨惡而取善，捨賤而取貴，期合於義。初之應乎四，顛趾也，從貴也，柔而應於上，必有此義乃可。

【案】傳於得妾之辭不釋，但以「從貴」之意包之，聖言之簡而盡如此。

「鼎有實」，慎所之也；「我仇有疾」，終无尤也。

【本義】有實而不謹其所往，則爲仇所即，而陷於惡矣。

【程傳】鼎之有實，乃人之有才業也，當慎所趨向，不慎所往，則亦陷於非義。二能不暱於初，而上從六五之正應，乃是慎所之也。「我仇有疾」，舉上文也。我仇，對己者，謂初也。初比己而非正，是有疾也。既自守以正，則彼不能即我，所以終无過尤也。

【集説】張子曰：以陽居中，故有實。實而與物競，則所喪多矣，故所之不可不慎也。

【案】尤者，己之過尤也，人之怨尤也。能慎其所行，則雖我仇有疾害之心，无過尤之可指，而怨尤之念亦消矣。

「鼎耳革」，失其義也。

【程傳】始與鼎耳革異者，失其相求之義也。與五非應，失求合之道也；不中，非同志之象也，是以其行塞而不通。然上明而下才，終必和合，故方雨而吉也。

【案】象傳凡言義者，謂卦義也，此失其義，非謂己之所行失義，蓋謂爻象無相應之義爾。

「覆公餗」，信如何也。

【本義】言失信也。

【程傳】大臣當天下之任，必能成天下之治安，則不誤君上之所倚，下民之所望，與己致身任道之志，不失所期，乃所謂信也，不然，則失其職，誤上之委任，得爲信乎？故曰「信如何也」。

【集説】楊氏簡曰：居大臣之位，是許國以大臣之事業也，而實則不稱，折足覆餗，失許國之信矣。

「鼎黄耳」，中以爲實也。

【程傳】六五以得中爲善，是以中爲實德也。五之所以聰明應剛，爲鼎之主，得鼎之道，皆由得中也。

【集説】陸氏績曰：得中承陽，故曰「中以爲實」。

○郭氏雍曰：「中以爲實」者，六五陰虚，以黄中之德爲實也，猶坤之六五「美在其中」之道也。

玉鉉在上，剛柔節也。

【程傳】剛而温，乃有節也。上居成功致用之地，而剛柔中節，所以大吉无不利也。井、鼎皆以上出爲成功，而鼎不云元吉，何也？曰：井之功用皆在上出，又有博施有常之德，是以元吉。鼎以烹飪爲功，居上爲成，德與井異，以「剛柔節」，故得大吉也。

【集説】熊氏良輔曰：上以剛居柔，故曰「剛柔節」，而比德於玉也。

洊雷震，君子以恐懼脩省。

【程傳】洊，重襲也，上下皆震，故爲「洊雷」。雷重仍則威益盛，君子觀洊雷威震之象，以恐懼自脩飭循省也。君子畏天之威，則脩正其身，思省其過咎而改之，不唯雷震，凡遇驚懼之事，皆當如是。

【集説】項氏安世曰：「恐懼脩省」，所謂「洊」也。人能恐懼，則既震矣，又脩省焉，「洊」在其中矣。

○胡氏炳文曰：恐懼作於心，脩省見於事。脩，克治之功；省，審察之力。

【案】「恐懼脩省」者，君子之「洊雷」也，非遇雷震而恐懼也。須從項氏。

「震來虩虩」，恐致福也；「笑言啞啞」，後有則也。

【程傳】震來而能恐懼周顧，則无患矣，是能因恐懼而反致福也。因恐懼而自脩省，不敢違於法度，是由震而後有法則，故能保其安吉，而「笑言啞啞」也。

【集説】范氏仲淹曰：君子之懼於心也，思慮必慎其始，則百志弗違於道；懼於身也，進退不履於危，則百行弗罹於禍，故初九震來而致福，慎於始也。

「震來厲」，乘剛也。

【程傳】當震而乘剛，是以彼厲而己危，震剛之來，其可禦乎！

【集説】胡氏炳文曰：屯六二、豫六五、噬嗑六二、困六三、震六二皆言「乘剛」，惟困六三乘坎之中爻，其餘皆乘震之初也。

「震蘇蘇」，位不當也。

【程傳】其恐懼自失，蘇蘇然，由其所處不當故也。不中不正，其能安乎？

【案】震當虩虩，不當蘇蘇，六三當重震之閒，正奮厲以有爲之時也，而以陰不中正處之，至於蘇緩散，故曰「位不當」。

「震遂泥」，未光也。

【程傳】陽者剛物，震者動義，以剛處動，本有光亨之道，乃失其剛正而陷於重陰，以致遂泥，豈能光也？云「未光」，見陽剛本能震也，以失德，故泥耳。

【案】四有剛德，非失德者，此言未光，蓋志氣未能自遂，「行拂亂其所爲」耳。與噬嗑九四之「未光」同，皆謂所處者未能遂其所志，非兑上「未光」之比。

「震往來厲」，危行也；其事在中，大无喪也。

【程傳】往來皆厲，行則有危也。動皆有危，唯在无喪其事而已。其事謂中也，能不失其中，則可自守也。「大无喪」，以无喪爲大也。

【集説】張子曰：无喪有事，猶云不失其所有也。以其乘剛，故危；以其在中，故无喪。禍至與不至，皆懼，則无喪有事。

○郭氏雍曰：二以來厲而喪貝，則五之往來皆厲，宜其大有喪也。六五位雖不正，而用中焉，其事既不失中道，雖涉危行，可以「大无喪」矣。

「震索索」，中未得也；雖凶无咎，畏鄰戒也。

【本義】中謂中心。

【程傳】所以恐懼自失如此，以未得於中道也，謂過中也。使之得中，則不至於索索矣。極而復征，則凶也。若能見鄰戒而知懼，變於未極之前，則无咎也。上六動之極，震極則有變義也。

【集説】吴氏澄曰：「畏鄰戒」，謂因鄰之戒而知畏也。

○龔氏焕曰：「中未得」者，處震之極，志氣消索，中無所主也。

兼山艮，君子以思不出其位。

【程傳】上下皆山，故爲兼山。此而並彼爲兼，謂重復也，重艮之象也。君子觀艮止之象，而思安所止，「不出其位」也。位者，所處之分也。萬事各有其所，得其所則止而安。若當行而止，當速而久，或過或不及，皆出其位也，況踰分非據乎！

【集説】董氏曰：兩雷、兩風、兩火、兩水、兩澤，皆有相往來之理，惟兩山並立，不相往來，此止之象也。

○丘氏富國曰：凡人所爲，所以易至於出位者，以其不能思也，思則心有所悟，知其所當止，而得所止矣。

【案】「思不出位」，諸家皆作思欲不出其位，思字不甚重。今觀咸卦云「貞吉悔亡，憧憧往來，朋從爾思」，而夫子以「何思何慮」明之，則此「思」字，蓋不可略。雜擾之思，動於欲者也；通微之思，濬於理者也。大學云「安而后能慮」，蓋思不出位之説也。

「艮其趾」，未失正也。

【程傳】當止而行，非正也。止之於初，故未至失正。事止於始則易，而未至於失也。

【集説】虞氏翻曰：動而得正，故「未失正也」。

○郭氏雍曰：趾，初象也，動莫先於趾。止於動之先則易，而止於既動之後則難。傳言「未失正」者，止於動之先，未有失正之事也。

「不拯其隨」，未退聽也。

【本義】三止乎上，亦不肯退而聽乎二也。

【程傳】所以不拯之而唯隨者，在上者未能下從也。退聽，下從也。

「艮其限」，危薰心也。

【程傳】謂其固止，不能進退，危懼之慮，常薰爍其中心也。

【集説】鄭氏汝諧曰：三雖止而不與物交，而其危則實薰心也。

○何氏楷曰：以強制，故「危薰心」。艮限者，強制之謂也。

「艮其身」，止諸躬也。

【程傳】不能爲天下之止，能止於其身而已，豈足稱大臣之位也？

【集説】孔氏穎達曰：「止諸躬也」者，躬猶身也，明能靜止其身，不爲躁動也。

○王氏應麟曰：艮六四「艮其身」，象以躬解之，傴背爲躬，見背而不見面。朱文公詩云「反躬艮其背」。

【案】「止諸躬」便是「艮其身」，但易「其」字爲「諸」字爾。蓋易「其」字爲「諸」字，便見得是止之於躬，與夫正本清源、自然而止者，略異矣。王氏解姑備一説。

「艮其輔」，以中正也。

【本義】「正」字羨文，叶韻可見。

【程傳】五之所善者，中也。「艮其輔」，謂止於中也，言以得中爲正，止之於輔，使不失中，乃得正也。

【集説】余氏本曰：言不妄發，發必當理，唯有中德者能之。

敦艮之吉，以厚終也。

【程傳】天下之事，唯終守之爲難，能敦於止，有終者也。上之吉，以其能厚於終也。

【集説】王氏申子曰：德愈厚而止愈安，是止之善終者也，其吉可知。

【案】艮者，「萬物之所成終而所成始」，故於上言「厚終」。凡人之心，惟患其養之不厚，不患其發之不光。水蓄則彌盛，火宿則彌壯，厚其終，則萬事皆由此始。

山上有木，漸，君子以居賢德善俗。

【本義】二者皆當以漸而進，疑「賢」字衍，或「善」下有脱字。

【程傳】山上有木，其高有因，漸之義也。君子觀漸之象，以居賢善之德，化美於風俗。人之進於賢德，必有其漸習而後能安，非可陵節而遽至也。在己且然，教化之於人，不以漸其能入乎？移風易俗，非一朝一夕所能成，故善俗必以漸也。

【集説】楊氏曰：「地中生木」，以時而升；「山上有木」，其進以漸。

○馮氏當可曰：居，積也。德以漸而積，俗以漸而善。内卦艮止，居德者，止諸内也；外卦巽入，善俗者，入於外也。體艮以居德，體巽以善俗。

【案】「地中生木」，始生之木也；「山上有木」，高大之木也。凡木始生，枝條驟長，旦異而夕不同，及既高大，則自拱把而合抱，自捩手而干霄，必須踰年積歲，此升與漸之義所以異也。居德善俗，皆須以漸，又「居賢德」，然後可以「善俗」，亦漸之意也。

小子之厲，義无咎也。

【程傳】雖小子以爲危厲，在義理，實无咎也。

「飲食衎衎」，不素飽也。

【本義】素飽，如詩言「素餐」。得之以道，則不爲徒飽而處之安矣。

【程傳】爻辭以其進之安平，故取飲食和樂爲言。夫子恐後人之未喻，又釋之云，中正君子，遇中正之主，漸進於上，將行其道，以及天下，所謂「飲食衎衎」，謂其得志和樂，不謂空飽飲食而已。素，空也。

【集説】龔氏焕曰：二以中正應五而得禄，非尸位素餐者比，故食之衎衎而樂也。

【案】六爻以鴻取進象，自水涯以至山上，自遠而近，自下而高也。干爲最遠，是士之將進而不苟進者，故在詩曰：「置之河之干兮，彼君子兮，不素餐兮。」二雖進爲時用，漸于磐矣，而不忘不素餐之義，所謂達不變塞者也。

「夫征不復」，離群醜也；「婦孕不育」，失其道也；利用禦寇，順相保也。

【程傳】「夫征不復」，則失漸之正，從欲而失正，離判其群類，爲可醜也。卦之諸爻皆无不善，若獨失正，是離其群類。婦孕不由其道，所以不育也。所利在禦寇，謂以順道相保。君子之與小人比也，自守以正，豈唯君子自完其己而已乎？亦使小人得不陷於非義。是以順道相保，禦止其惡，故曰「禦寇」。

【集説】楊氏簡曰：「夫征不復」，上九不應，「離群醜也」。「婦孕不育」，九三失其所以爲婦也。三不中，有失道之象，故凶。非正者足以害我，故曰寇。慮三之失道，或親於寇而不能禦也，故教之禦寇，則我不失於正順，而夫婦可以相保矣。

○熊氏良輔曰：「順相保」，順、愼通用，只是謹愼以相保守也。

【案】楊氏之説，爻義文意兩得之矣。君子之仕也，上雖不交，而已必盡其道，故周公曰：「恩斯勤斯，育子之閔斯。」不可以不遇而遂棄其殷勤也。王仲淹曰：美哉公旦之爲周也，必使我君臣相安，而禍亂不作，其「順相保」之謂乎！

「或得其桷」，順以巽也。

【程傳】桷者，平安之處。求安之道，唯順與巽，若其義順正，其處卑巽，何處而不安？如四之順正而巽，乃得桷也。

「終莫之勝，吉」，得所願也。

【程傳】君臣以中正相交，其道當行，雖有閒其閒者，終豈能勝哉？徐必得其所願，乃漸之吉也。

「其羽可用爲儀，吉」，不可亂也。

【本義】漸進愈高，而不爲无用，其志卓然，豈可得而亂哉？

【程傳】君子之進，自下而上，由微而著，跬步造次，莫不有序，不失其序，則无所不得其吉。故九雖窮高，而不失其吉，可用爲儀法者，以其有序而不可亂也。

【集説】胡氏炳文曰：二居有用之位，有益於人之國家，而非素飽者；上在無用之地，亦足爲人之儀表，而非無用者。二志不在温飽，上志卓然不可亂，士大夫之出處，於此當有取焉。

○張氏振淵曰：志慮高潔，而功名富貴不足以累其心，故其志可則。使志可得而亂，又安可用爲儀哉？

澤上有雷，歸妹，君子以永終知敝。

【本義】雷動澤隨，歸妹之象。君子觀其合之不正，知其終之有敝也。推之事物，莫不皆然。

【程傳】雷震於上，澤隨而動，陽動於上，陰説而從，女從男之象也，故爲歸妹。君子觀男女配合、生息相續之象，而以永其終知有敝也。永終，謂生息嗣續、永久其傳也；知敝，謂知物有敝壞而爲相繼之道也。女歸，則有生息，故有永終之義。又夫婦之道，當常永有終，必知其有敝壞之理而戒慎之。敝壞，謂離隙。歸妹，「説以動」者也，異乎恒之「巽而動」、漸之「止而巽」也。少女之説，情之感動，動則失正，非夫婦正而可常之道，久必敝壞，知其必敝，則當思永其終也。天下之反目者，皆不能永終者也，不獨夫婦之道，天下之事莫不有終有敝，莫不有可繼可久之道，觀歸妹，則當思永終之戒也。

【集説】崔氏憬曰：歸妹，人之始終也。始則征凶，終則无攸利，故君子以「永終知敝」爲戒者也。

○吴氏曰愼曰：「永終知敝」，言遠慮其終，而知有敝也。氓之詩不思其反，所以終見棄於人與？

【案】澤上有雷，不當以澤從雷取象，當以澤感雷取象，蓋取於陰氣先動，爲歸妹之義。

「歸妹以娣」，以恒也；「跛能履」，吉相承也。

【本義】恒謂有常久之德。

【程傳】歸妹之義，以「説而動」，非夫婦能常之道。九乃剛陽，有賢貞之德，雖娣之微，乃能以常者也。雖在下，不能有所爲，如跛者之能履，然征而吉者，以其能相承助也，能助其君，娣之吉也。

【集説】鄭氏汝諧曰：初，少女，且微而在下，以娣媵而歸，乃其常也。娣媵不能成内助之功，雖有其德，如跛者之履耳。跛者之履，雖不足以有行，然亦可以行者，以其佐小君，能相承助也。如是而征，則爲安分，故吉。

○俞氏琰曰：相承者，佐其嫡以相與奉承其夫也。

【案】言「以恒」者，女而自歸非常，惟娣則從嫡而歸，乃其常也。

「利幽人之貞」，未變常也。

【程傳】守其幽貞，未失夫婦常正之道也。世人以媟狎爲常，故以貞靜爲變常，不知乃常久之道也。

【集説】俞氏琰曰：屯六二曰反常，謂字乃女子之常，不字則非常，至十年之後而乃字，則返其常也。此曰「未變常」，謂嫁者女子之常，九二不願嫁，似乎變常，然能以幽靜自守，是亦女德之常，未爲變常也。

○來氏知德曰：一與之齊，終身不改，此婦道之常也。守幽人之貞，則未變其常矣。

「歸妹以須」，未當也。

【程傳】未當者，其處、其德、其求歸之道皆不當，故无取之者，所以須也。

【集説】朱氏震曰：六三居不當位，德不正也；柔而上剛，行不順也；爲説之主，以説而歸，動非禮也；上無應，無受之者也，如是而賤矣，故曰「未當也」。未當，故無取之者，「反歸以娣」也。

愆期之志，有待而行也。

【程傳】所以愆期者，由己而不由彼，賢女人所願取，所以愆期，乃其志欲有所待，待得佳配而後行也。

【集説】孔氏穎達曰：嫁宜及時，今乃過期而遲歸者，此嫁者之志，欲有所待而後乃行也。○俞氏琰曰：爻辭言愆期，而爻傳直述其志，以見愆期在我，而不苟從人，蓋有待而行，非爲人所棄也。「行」謂出嫁，詩泉水云「女子有行」是也。

「帝乙歸妹」，不如其娣之袂良也；其位在中，以貴行也。

【本義】以其有中德之貴而行，故不尚飾。

【程傳】以帝乙歸妹之道，言其袂不如其娣之袂良，尚禮而不尚飾也。五以柔中，在尊高之位，以尊貴而行中道也。柔順降屈，尚禮而不尚飾，乃中道也。

【集説】王氏申子曰：上二句舉爻辭，下二句釋之也。言五居尊位而用中，故能以至貴而行其勤儉謙遜之道也。

上六无實，承虚筐也。

【程傳】筐无實，是空筐也，空筐可以祭乎？言不可以奉祭祀也。女不可以承祭祀，則離絶而已，是女歸之无終者也。

【集説】王氏宗傳曰：專取虚筐无實爲言者，上六，女子也。

雷電皆至，豐，君子以折獄致刑。

【本義】取其威照並行之象。

【程傳】雷電皆至，明震並行也。二體相合，故云皆至。明動相資，成豐之象。離，明也，照察之象；震，動也，威斷之象。折獄者必照其情實，「唯明克允」；致刑者以威於姦惡，「唯斷乃成」，故君子觀雷電明動之象，「以折獄致刑」也。噬嗑言先王飭法，豐言君子折獄，以明在上而麗於威震，王者之事，故爲制刑立法；以明在下而麗於威震，君子之用，故爲「折獄致刑」。旅明在上，而云君子者，旅取「慎用刑」與「不留獄」，君子皆當然也。

【集說】孔氏穎達曰：斷決獄訟，須得虚實之情；致用刑罰，必得輕重之中。若動而不明，則淫濫斯及。故君子象於此卦，而「折獄致刑」。

○蘇氏軾曰：傳曰：爲刑罰威獄，以類天之震曜。故易至於雷電相遇，則必及刑獄，取其明以動也；至於離與艮相遇，曰无折獄、无留獄，取其明以止也。

○朱氏震曰：電，明照也，所以折獄；雷，威怒也，所以致刑。

○朱子語類：問：「雷電噬嗑與雷電豐亦同。」曰：「噬嗑明在上，是明得事理，先立這法在此，未有犯威人，留待異時之用，故云『明罰飭法』；豐威在上，明在下，是用這法時，須是明見下情曲折方得，不然，威動於上，必有過錯也，故云『折獄致刑』。」

「雖旬无咎」，過旬災也。

【本義】戒占者不可求勝其配，亦爻辭外意。

【程傳】聖人因時而處宜，隨事而順理。夫勢均則不相下者，常理也。然有雖敵而相資者，則相求也，初四是也。所以雖旬而无咎也。與人同而力均者，在乎降己以相求，協力以從事，若懷先己之私，有加上之意，則患當至矣，故曰「過旬災也」。均而先己，是過旬也，一求勝則不能同矣。

【集說】劉氏牧曰：旬，數之極也，猶日之中也。言无咎者，謂初未至中，猶可進也，若進而過中，則災，故象稱「過旬災也」。爻辭不言豐者，謂初未至豐也。

○胡氏瑗曰：言雖居豐盈之時，可以无咎，若過於盈滿，則必有傾覆之災也。

○俞氏琰曰：爻辭云「雖旬无咎」，爻傳云「過旬災」，則戒其不可過也，蓋與彖傳天地日月說同。

【案】「過旬災」，即日中則昃、月盈則食之意也。經意謂同德相濟，雖當盈滿之時，可以无咎，況初居豐之始，未及日中乎！傳意則謂正宜及今而圖之耳，稍過於中，便將有災矣。其義相備也。

「有孚發若」，信以發志也。

【程傳】有孚發若，謂以己之孚信，感發上之心志也。苟能發，則其吉可知。雖柔暗，有可發之道也。

【集說】趙氏汝楳曰：疾得於境之疑，孚發於志之信。

○王氏申子曰：二虛中，故有孚；五亦虛中，故可發。言以誠相感也。

「豐其沛」，不可大事也；「折其右肱」，終不可用也。

【程傳】三應於上，上應而无位，陰柔无勢力，而處既終，其可共濟大事乎？既无所賴，如右肱之折，終不可用矣。

【集說】潘氏士藻曰：六二雖當豐蔀之時，然五得位得中，猶可以大事，故六二發若之孚可施也。九三所應上六，无可發之明矣，不可用而不用，保身之哲也。

「豐其蔀」，位不當也；「日中見斗」，幽不明也；「遇其夷主」，吉行也。

【程傳】「位不當」，謂以不中正居高位，所以闇而不能致豐。「日中見斗，幽不明也」，謂幽暗不能光明，君陰柔而臣不中正故也。「遇其夷主，吉行也」，陽剛相遇，吉之行也，下就於初，故云「行」，下求則爲吉也。

【集說】項氏安世曰：六二指六五爲蔀、爲斗，故往則入於闇而得疑；九四之蔀與斗，皆自指也，故行則遇明而得吉。

○吴氏澄曰：豐蔀見斗，六二爻辭已備，象傳不釋，而獨九四致其詳者，蓋二象由九四而成，四爲蔀，故二見斗，二爻之象同，而所重在四也。

六五之吉，有慶也。

【程傳】其所謂吉者，可以有慶福及於天下也。人君雖柔暗，若能用賢才，則可以爲天下之福，唯患不能耳。

【集説】何氏楷曰：人君以天下常豐爲慶，慶以天下，故吉。言慶，則譽在其中矣。

「**豐其屋**」，**天際翔也**；「**闃其户，闃其无人**」，**自藏也**。

【本義】藏謂障蔽。

【程傳】六處豐大之極，在上而自高，若飛翔於天際，謂其高大之甚。闃其户而无人者，雖居豐大之極，而實无位之地，人以其昏暗自高大，故皆棄絶之，自藏避而弗與親也。

【集説】石氏介曰：始顯大，終自藏，皆聖人戒其過盛。子雲曰：「炎炎者滅，隆隆者絶，觀雷觀火，爲盈爲實，天收其聲，地藏其熱，高明之家，鬼瞰其室。」正合此義。

○張子曰：豐屋蔀家，自蔽之甚，窮大而失居者也。處上之極，不交於下，而居動之末，故曰「天際翔也」。

○朱子語類云：「豐其屋，天際翔也」，似說如翬斯飛樣，言其屋高大，到於天際，却只是自蔽障得闊。

山上有火，旅，君子以明慎用刑而不留獄。

【本義】慎刑如山，不留如火。

【程傳】火之在高，明无不照，君子觀明照之象，則「以明慎用刑」。明不可恃，故戒於慎。明而止，亦慎象。觀火行不處之象，則「不留獄」。獄者，不得已而設，民有罪而入，豈可留滯淹久也？

【集説】孔氏穎達曰：火在山上，逐草而行，勢不久留，故爲旅象。又上下二體，艮止、離明，故君子象此，以明察審慎用刑，而不稽留獄訟。

○項氏安世曰：山非火之所留也，野燒延緣，過之而已，故名之曰旅，而象之以不留獄。

○趙氏汝楳曰：火煬則宅於竈，冶則宅於爐，在山則野燒之暫，猶旅寓耳，故爲旅之象。離虛爲明，艮止爲謹，君子體之，明謹於用刑，「而不留獄」。蓋獄者，人之所旅也，「不留獄」，不使久處其中也。用刑固貴於明，然明者未必謹，謹者或留獄，明矣謹矣，而淹延不決，雖明猶闇也，雖謹反害也。

○張氏清子曰：明則無遁情，慎則無濫罰，明慎既盡，斷決隨之，聖人取象於旅，正恐其留獄也。

「旅瑣瑣」，志窮災也。

【程傳】志意窮迫，益自取災也。災眚對言則有分，獨言則謂災患耳。

【集説】谷氏家杰曰：爻賤其行，象鄙其志。

○楊氏啓新曰：窮不是困窮，局促猥陋之義。

「得童僕貞」，終无尤也。

【程傳】羈旅之人，所賴者童僕也，既得童僕之忠貞，終无尤悔矣。

【集説】王氏弼曰：既得童僕，然後即次懷資皆无所失，故終无尤。

「旅焚其次」，亦以傷矣；以旅與下，其義喪也。

【本義】以旅之時，而與下之道如此，義當喪也。

【程傳】旅焚失其次舍，亦以困傷矣。以旅之時，而與下之道如此，義當喪也。在旅而以過剛自高待下，必喪其忠貞，謂失其心也。在旅而失其童僕之心，爲可危也。

【集説】郭氏雍曰：九三剛而不中，故不能安旅，失其所安，亦可傷矣。以剛暴之才，而以旅道居童僕，宜其失衆心而喪也。夫旅豈與人之道哉，君子自厚而已，故終無以「旅與下」之事。

○王氏宗傳曰：既已有焚其次之傷矣，而又喪其童僕焉，此暴厲之過也。夫旅，親寡之時也，朝夕之所與者，童僕而已爾，豈可以旅視之也？九三以旅視乎下，則彼童僕也，亦必以旅視乎上矣，其能久留乎？故曰「其義喪也」。

○黄氏淳耀曰：下即童僕，以旅與下者，謂視童僕如旅人也；焚次而失其身所依庇，亦已傷而不安矣，况又喪其童僕乎！然非童僕之無良也，當旅時，而與下之道刻薄寡恩，直若旅人然，宜不得其心力，義當喪也，將誰咎哉？

「旅于處」，「未得位也」；「得其資斧」，「心未快也」。

【程傳】四以近君爲當位，在旅五不取君義，故四爲「未得位也」。曰：然則以九居四不正，爲有咎矣。曰：以剛居柔，旅之宜也。九以剛明之才，欲得時而行其志，故雖得資斧，於旅爲善，其心志未快也。

【集説】黄氏淳耀曰：資斧，防患之物。得其資斧，不過有以自防，故曰「心未快也」。

「終以譽命」，上逮也。

【本義】上逮，言其譽命聞於上也。

【程傳】有文明柔順之德，則上下與之。逮，與也。能順承於上而上與之，爲上所逮也。在上而得乎下，爲下所上逮也。在旅而上下與之，所以致譽命也。旅者，困而未得所安之時也。「終以譽命」，終當致譽命也。已譽命則非旅也。困而親寡則爲旅，不必在外也。

【集説】胡氏瑗曰：六五所謂「柔得中乎外而順乎剛」者也。柔順中正之德，爲上九所信，尊顯之命及之也。

【案】六五有位，而上九無位，不必以六五爲上九所尊顯也。蓋居高位，便是上逮爾。此爻雖不以君位言，而亦主於大夫士之載贄而獲乎名位者，故曰「上逮」，言其地望已高也。

以旅在上，其義焚也；「喪牛于易」，終莫之聞也。

【程傳】以旅在上，而以尊高自處，豈能保其居？其義當有焚巢之事。方以極剛自高爲得志而笑，不知喪其順德於躁易，是「終莫之聞」，謂終不自聞知也。使自覺知，則不至於極而號咷矣。陽剛不中而處極，固有高亢躁動之象，而火復炎上，則又甚焉。

【集說】張子曰：以陽極上，旅而驕肆者也，失柔順之正，故曰「喪牛于易」。怒而忤物，雖有凶危，其誰告之，故曰「終莫之聞也」。

【案】九三以旅與下，郭氏、王氏、黄氏之說美矣。惟以旅在上，則未有說。蓋以旅之道在上，則視所居之位如寄寓然，其無敬慎之心可知，故曰「其義焚也」。

隨風巽，君子以申命行事。

【本義】隨，相繼之義。

【程傳】兩風相重，隨風也。隨，相繼之義。〔一〕君子觀重巽相繼以順之象，而以申命令，行政事。隨與重，上下皆順也。上順下而出之，下順上而從之，上下皆順，重巽之義也。命令、政事，順理則合民心，而民順從矣。

【集說】荀氏爽曰：巽爲號令，兩巽相隨，故「申命」也；法教百端，令行爲上，故曰「行事」也。

○胡氏瑗曰：巽之體，上下皆巽，如風之入物，無所不至，無所不順，故曰「隨風巽」。君子法此巽風之象，以申其命，行其事於天下，無有不至而無有不順者也。

○郭氏雍曰：君子之德風也，有風之德而下無不從，然後具重巽之義。易於巽主教命，猶詩之

〔一〕相繼之義：義，局本作「美」。

言風也。故觀則省方觀民設教，姤則施命誥四方，皆主巽而言也。

○丘氏富國曰：申命者，所以致其戒於行事之先；行事者，所以踐其言於申命之後。

○俞氏琰曰：既告戒之，又丁寧之，使人聽信其説，然後見之行事，則民之從之也，亦如風之迅速也。大抵命令之出，務在必行，不行則徒爲虚文耳。

「進退」，志疑也；「利武人之貞」，志治也。

【程傳】進退不知所安者，其志疑懼也；利用武人之剛貞以立其志，則其志治也。治，謂脩立也。

【集説】趙氏汝楳曰：治與疑對，志疑而不決，故進退靡定；志治而不亂，故決於行。

○黄氏淳耀曰：兩可不決之謂疑，一定不亂之謂治。

紛若之吉，得中也。

【程傳】二以居柔在下，爲過巽之象，而能使通其誠意者衆多紛然，由得中也。陽居中，爲中實之象。中既誠實，則人自當信之，以誠意則非諂畏也，所以吉而无咎。

【集説】郭氏雍曰：二有剛中之德，能行巽之道，是其所以无咎也。

○何氏楷曰：申命行事，紛若而得中也。

頻巽之吝，志窮也。

【程傳】三之才質本非能巽，而上臨之以巽，承重剛而履剛，勢不得行其志，故頻失而頻巽，是其志窮困，可吝之甚也。

【集說】蘇氏濬曰：九三之「頻巽」，非勉爲之而失、習爲之而過也。巽而頻焉，則振作之氣不足，其志亦窮，而無所復之矣。

○張氏振淵曰：「志疑」者可以治救之，「志窮」則有吝而已。

「田獲三品」，有功也。

【程傳】巽於上下，如田之獲三品，而遍及上下，成巽之功也。

【集說】孔氏穎達曰：有功者，田獵有獲，以喻行命有功也。

九五之吉，位正中也。

【程傳】九五之吉，以處正中也。得正中之道則吉，而其悔亡也。正中，謂不過，无不及，正得其中也。處柔巽與出命令，唯得中爲善，失中則悔也。

【集說】丘氏富國曰：以九居五，位乎中正，此所以貞吉而爲申命之主也。

「巽在牀下」，上窮也；「喪其資斧」，正乎凶也。

【本義】正乎凶，言必凶。

【程傳】巽在牀下，過於巽也。處卦之上，巽至於窮極也。居上而過極於巽，至於自失，得爲正乎？乃凶道也。巽本善行，故疑之曰：得爲正乎？復斷之曰：乃凶也。

【集説】楊氏啓新曰：巽在牀下，居巽之極也。天下事惟斷乃成，今焉喪其資斧，是失所以斷矣。無斷則敗，可必其凶也。

麗澤兑，君子以朋友講習。

【本義】兩澤相麗，互相滋益，朋友講習，其象如此。

【程傳】麗澤，二澤相附麗也。兩澤相麗，交相浸潤，互有滋益之象。故君子觀其象，而以朋友講習。朋友講習，互相益也。先儒謂天下之可説，莫若朋友講習，朋友講習固可説之大者，然當明相益之象。

【集説】虞氏翻曰：「學以聚之，問以辨之」，兑兩口對，故朋友講習也。

○孔氏穎達曰：同門曰朋，同志曰友，朋友聚居，講習道義，相説之盛，莫過於此也。

○程子曰：天下之説不可極，惟朋友講習，雖過説無害。兑澤有相滋益處。

○蘇氏軾曰：取其樂而不流者也。

○朱氏震曰：講其所知，習其所行。

○蔡氏淵曰：講，兑象；習，重兑象。

○俞氏琰曰：講者，講其所未明，講多則義理明矣；習者，習其所未熟，習久則踐履熟矣。此朋友講習所以爲有滋益，而如兩澤之相麗也。若獨學無友，則孤陋而寡聞，故論語以「學之不講」爲憂，以「學而時習」爲説，以「有朋自遠方來」爲樂。

和兑之吉，行未疑也。

【本義】居卦之初，其説也正，未有所疑也。

【程傳】有求而和，則涉於邪諂。初隨時順處，心无所係，无所爲也，以和而已，是以吉也。象又以其處説，在下而非中正，故云「行未疑也」。其行未有可疑，謂未見其有失也。若得中正，則无是言也。

【集説】蔡氏淵曰：初未牽於陰，所行未有疑惑，若四比三，有商兑之疑矣。説以中正爲本，爻直陳其義，象則推而盡之。

○徐氏幾曰：疑，謂係於陰也。卦四陽，惟初與陰無係，故「未疑」。

○鄭氏維嶽曰：以陽剛居兑初，又不與陰比，故信心信理而出，行之於外者，未與心疑，使有繫應，便不能自決矣。

孚兑之吉，信志也。

【程傳】心之所存爲志。二剛實居中，孚信存於中也。志存誠信，豈至説小人而自失乎？是以吉也。

【集説】何氏楷曰：初去三遠，不特志可信，而行亦未涉於可疑；二去三近，行雖不免於可疑，而志則可信。

來兑之凶，位不當也。

【程傳】自處不中正，无與而妄求説，所以凶也。

【集説】熊氏良輔曰：六三位不當，居上下二兑之閒，下兑方終，上兑又來，説而又説，不得其正者也。上六曰「引兑」，蓋與六三相表裏。

九四之喜，有慶也。

【程傳】所謂喜者，若守正而君説之，則得行其陽剛之道，而福慶及物也。

【集説】郭氏雍曰：當兑之時，處上下之際，不妄從説，知所擇者也。介然自守，故能全兑説之喜。喜非獨一身而已，終亦有及物之慶也。

「孚于剥」，位正當也。

【本義】與履九五同。

【程傳】戒「孚于剥」者，以五所處之位正當戒也。密比陰柔，有相説之道，故戒在信之也。

【集説】王氏申子曰：謂正當尊位，若孚上之柔説，則消剥於陽必矣。

上六引兑，未光也。

【程傳】説既極矣，又引而長之，雖説之之心不已，而事理已過，實无所説，事之盛則有光輝，既極而强引之長，其无意味甚矣，豈有光也？未，非必之辭，象中多用。非必能有光輝，謂不能光也。

【集説】楊氏啓新曰：來兑、引兑，皆小人也。在君子，則當來而勿受，引而勿去也。君子以道德相引，其道爲光明。引而爲説，則心術曖昧、行事邪僻甚矣，豈得爲光乎？

風行水上，涣，先王以享于帝立廟。

【本義】皆所以合其散。

【程傳】「風行水上」，有涣散之象。先王觀是象，救天下之涣散，至於享帝立廟也。收合人心，无如宗廟祭祀之報出於其心，故享帝立廟，人心之所歸也。係人心、合離散之道，无大於此。

【集説】程子曰：萃、涣皆享于帝立廟，因其精神之聚而形於此，爲其涣散，故立此以收之。

○吕氏大臨曰：「風行水上」，波瀾必作，振蕩離散不寧之時，王者求以合其散，莫若反其本，享帝立廟，所以明天人之本也。

初六之吉，順也。

【程傳】初之所以吉者，以其能順從剛中之才也。始涣而用拯，能順乎時也。

【集説】郭氏雍曰：初六，難之始也，方難之始而拯之，無不濟矣。天下之事，辨之於早，則順而易舉，故傳曰「初六之吉，順也」。

「涣奔其机」，得願也。

【程傳】涣散之時，以合爲安。二居險中，急就於初，求安也。賴之如机，而亡其悔，乃得所願也。

【集説】王氏宗傳曰：當涣之時，以陽剛來居二，二，安静之位也，故有「奔其机」之象。夫惟安静，然後能一天下之動。五奠「王居」於上，而二「奔其机」於下，各得所安，此所以能合天下之涣也。

「涣其躬」，志在外也。

【程傳】志應於上，在外也，與上相應，故其身得免於涣而无悔。悔亡者，本有而得亡；无悔者，本无也。

【集説】黄氏淳耀曰：外指天下言，惟躬之涣，所以能濟天下之涣；惟志在天下之涣，所以有躬之涣也。

「涣其群，元吉」，光大也。

【程傳】稱元吉者，謂其功德光大也。元吉光大，不在五而在四者，二爻之義通言也。於四言其施用，於五言其成功，君臣之分也。

【集説】來氏知德曰：凡樹私黨者，皆心之暗昧狹小者也。惟無一豪之私，則光明正大，自能「渙其群」矣，故曰「光大也」。

王居无咎，正位也。

【程傳】王居謂正位，人君之尊位也。能如五之爲，則居尊位爲稱，而无咎也。

【集説】熊氏良輔曰：天下渙散之時，須人君發號施令，正位乎上，使人心知所歸向，而天下一矣，故曰「王居无咎」，而象曰「正位也」。此與「萃有位」之義同。本義以「渙王居」爲渙其居積。然當渙散之時，必有爲渙之主者，所當從小象正位之説。

渙其血，遠害也。

【程傳】若如象文爲「渙其血」，乃與「屯其膏」同也，義則不然，蓋「血」字下脱「去」字，「血去惕出」，謂能遠害則无咎也。

【集説】項氏安世曰：上九爻辭「血」與「出」韻叶，皆三字成句，不以「血」連「去」字也。小畜之「血去惕出」與此不同，此血已散，不假更去。又「惕」與「逖」，文義自殊，據小象言「遠害也」，則「逖」義甚明，不容作「惕」矣。卦中惟上九一爻去險最遠，故其辭如此。

○又曰：散其汗，以去滯鬱；散其血，以遠傷害。

○陳氏友文曰：坎爲血卦。逖，遠也，小象「遠害」，正是以遠釋逖字。上雖與三應，然超處渙上，故渙散其血，捨之遠去。去坎險之害，而得无咎也。

澤上有水，節，君子以制數度，議德行。

【程傳】澤之容水有限，過則盈溢，是有節，故爲節也。君子觀節之象，以制立數度。凡物之大小、輕重、高下、文質皆有數度，所以爲節也。數，多寡；度，法制。「議德行」者，存諸中爲德，發於外爲行。人之德行當議則中節。議謂商度，求中節也。

【集説】侯氏行果曰：澤上有水，以隄防爲節。

○張氏浚曰：數度之制因乎人，德行之議自於己。記曰：君子議道自己，而置法以民，蓋己之所不能行，與其所不可行，而强於人，誰其從之？一言盡節之道，中而已。中必自身始也。

○朱氏震曰：澤之容水固有限量，虛則納之，滿則泄之，水以澤爲節也。

○郭氏雍曰：澤无水，則爲不足。澤上有水，則爲有餘。不足則爲困，有餘則當節，理之常也。在人之節，則「制數度」，所以節於外；「議德行」，所以節於内也。爲國爲家，至於一身，其内外制節皆一也。

【附録】孔氏穎達曰：數度，謂尊卑禮命之多少；德行，謂人才堪任之優劣。君子象節以制其禮數等差，皆使有度；議人之德行任用，皆使得宜。

【案】「議德行」，諸儒皆謂一身之德行，獨孔氏謂在人之德行，於「議」字尤切，且得愛爵禄、慎名器之意。

「不出户庭」，知通塞也。

【程傳】爻辭於節之初，戒之謹守，故云「不出户庭」，則无咎也。象恐人之泥於言也，故復明之云，雖當謹守「不出户庭」，又必知時之通塞也，通則行，塞則止，義當出則出矣。尾生之信，水至不去，不知通塞也，故君子貞而不諒。繫辭所解獨以言者，在人所節，唯言與行，節於言則行可知，言當在先也。

【集説】王氏申子曰：時有通塞，通則行，塞則止，當止即止，其「知通塞」之君子乎？繫辭專以慎密言語説之，兑體故也。

○吴氏曰慎曰：節兼通塞言，猶艮之兼行止言也。初九「不出户庭」，知塞也，而兼言知通者，見其非一於止者也。二「失時極」，則但知塞而不知通矣。

「不出門庭，凶」，失時極也。

【程傳】不能上從九五剛中正之道，成節之功，乃係於私暱之陰柔，是失時之至極，所以凶也。失時，失其所宜也。

【集説】蘇氏軾曰：水之始至，澤當塞而不當通；既至，當通而不當塞。故初九以「不出户庭」

爲无咎，言當塞也；九二以「不出門庭」爲凶，言當通也。至是而不通，則失時而至於極。

○郭氏雍曰：初爲不當有事之地，而二以剛中居有爲之位，其道不可同也，故初以「不出户庭」爲知塞，而二以「不出門庭」爲不知通。知塞故无咎，不知通則有失時之凶矣。

不節之嗟，又誰咎也？

【本義】此无咎與諸爻異，言无所歸咎也。

【程傳】節則可以免過，而不能自節，以致可嗟，將誰咎乎？

【集説】沈氏一貫曰：王介甫、程沙隨謂，能嗟怨自治，亦无咎。嗟，與「戚嗟若」之嗟同。「又誰咎」，與「出門同人」之象同。

○何氏楷曰：諸卦爻辭言无咎者，九十有九，多補過之辭，解三爻傳「又誰咎」，語雖與此同，然爻辭未嘗有「无咎」字。

安節之亨，承上道也。

【程傳】四能安節之義非一，象獨舉其重者，上承九五剛中正之道以爲節，足以亨矣。餘善亦不出於中正也。

【集説】錢氏一本曰：中正之通在五，四以近承，不以徒止爲功，更以通行爲道，故曰「承上道也」。

【案】節曰亨，爲九五中正以通也，而亨於四言之者，五者水之源也，四者水之流也，水之通在流，承上之源而布之者也。

甘節之吉，居位中也。

【程傳】既居尊位，又得中道，所以吉而有功。節以中爲貴，得中則正矣，正不能盡中也。

【集説】俞氏琰曰：節貴乎中。當節而不節，則六三有「不節之嗟」；過於節，則上六有「苦節」之凶。惟九五甘節而吉者，蓋居位之中，當位以節，無過無不及也。

「苦節貞凶」，其道窮也。

【程傳】節既苦，而貞固守之，則凶，蓋節之道至於窮極矣。

【集説】吴氏曰慎曰：爻言「苦節貞凶」，彖言「苦節不可貞」，惟其「貞凶」，是以「不可貞」也，故彖、象傳皆以「其道窮也」釋之。

澤上有風，中孚，君子以議獄緩死。

【本義】風感水受，中孚之象，議獄緩死，中孚之意。

【程傳】「澤上有風」，感於澤中，水體虛，故風能入之，人心虛，故物能感之，風之動乎澤，猶物之感於中，故爲中孚之象。君子觀其象，以議獄與緩死。君子之於議獄，盡其忠而已；於決死，極於惻而已，故誠意常求於緩。緩，寬也。於天下之事无所不盡其忠，而「議獄緩死」，最其大者也。

【集説】楊氏萬里曰：風無形，而能鼓幽潛；誠無象，而能感人物。中孚之感，莫大於好生不殺。議獄者，求其入中之出；緩死者，求其死中之生也。

○項氏安世曰：獄之將決，則議之，其既決，則又緩之，然後盡於人心。王聽之，司寇聽之，三公聽之，議獄也；旬而職聽，二旬而職聽，三月而上之，緩死也。故獄成而孚，輸而孚，在我者盡，故在人者無憾也。

○徐氏幾曰：象言刑獄五卦。噬嗑、豐以其有離之明、震之威也。賁次噬嗑，旅次豐，離明不易，震皆反爲艮矣。蓋明貴無時不然，威則有時當止。至於中孚，則全體似離，互體有震艮，而又兑以議之，巽以緩之，聖人即象垂教，其忠厚惻怛之意，見於謹刑如此。

【案】風之入物也，不獨平地草木爲之披拂，巖谷竅穴爲之吹吁，即積水重陰之下，亦因之而凍解冰釋焉，此所以爲至誠無所不入之象也。民之有獄，猶地之有重陰也，王者體察天下之情隱，至於「議獄緩死」，然後其至誠無所不入矣。

初九虞吉，志未變也。

【程傳】當信之始，志未有所存，而虞度所信，則得其正，是以吉也。蓋其志未有變動。志有所從則是變動，虞之不得其正矣。在初言求所信之道也。

【案】志未變，言其實心不失也，志變則有他矣。

「其子和之」，中心願也。

【程傳】中心願，謂誠意所願也，故通而相應。

【集説】朱氏震曰：荀子所謂同焉者合，類焉者應也。

○程氏敬承曰：鶴之鳴，由中而發；子之和，亦根心而應，故曰「中心願」。願出於中，乃孚之至也。

「或鼓或罷」，位不當也。

【程傳】居不當位，故无所主，唯所信是從；所處得正，則所信有方矣。

【集説】俞氏琰曰：六三居不當位，心無所主，故「或鼓或罷」而不定，若初九則不如是也。

「馬匹亡」，絶類上也。

【程傳】絶其類，而上從五也。類謂應也。

【集説】胡氏炳文曰：坤以喪朋爲有慶，中孚之四以絶類爲无咎。

○趙氏玉泉曰：「馬匹亡」者，四有柔正之德，故能絶初之黨類，而上以信於五也。

【案】三與四，皆卦所謂中虚者也，其居内以成中虚之象同，其得應而有匹敵者亦同。然三心繫於敵，而四志絶乎匹者，三不正而四正也。又六四承九五者多吉，六三應上九者多凶，易例如此。

「有孚攣如」，位正當也。

【程傳】五居君位之尊，由中正之道，能使天下信之如拘攣之固，乃稱其位，人君之道當如是也。

【集説】孔氏穎達曰：以其正當尊位，故戒以繫信乃得无咎。

「翰音登于天」，何可長也？

【程傳】守孚至於窮極而不知變，豈可長久也？固守而不通，如是則凶也。

【集説】孔氏穎達曰：虛聲無實，何可久長？

○侯氏行果曰：窮上失位，信不由中，有聲無實，虛華外揚，是翰音登天也。虛音登天，何可久也？

○胡氏瑗曰：上九徒以虛聲外飾，無純誠篤實之行，以此而往，愈久愈凶，故聖人戒之曰「何可長」如此，蓋欲人改過反誠，以信實爲本也。

○項氏安世曰：上九巽極而躁，不正不中，内不足而求乎於外，「聲聞過情」，「其涸也可立而待」，愈久愈凶，「何可長也」。

山上有雷，小過，君子以行過乎恭，喪過乎哀，用過乎儉。

【本義】山上有雷，其聲小過。三者之過，皆小者之過，可過於小而不可過於大，可以小過而不可甚過，象所謂「可小事」而「宜下」者也。

【程傳】雷震於山上，其聲過常，故爲小過。天下之事，有時當過而不可過甚，故爲小過。君子觀小過之象，事之宜過者則勉之，「行過乎恭，喪過乎哀，用過乎儉」是也。當過而過，乃其宜也；不當過而過，則過矣。

【集說】孔氏穎達曰：小人過差，失在慢易奢侈，故君子矯之以「行過乎恭，喪過乎哀，用過乎儉」也。

○張子曰：過恭、哀、儉，皆宜下之義。

○黿氏説之曰：時有舉趾高之莫敖，故正考父矯之以循牆；時有短喪之宰予，故高柴矯之以泣血；時有三歸反坫之管仲，〔一〕故晏子矯之以敝裘。雖非中行，亦足以矯時厲俗。

○趙氏彦肅曰：恭、哀、儉，多不及，過之而後中。

○楊氏啓新曰：過恭、過哀、過儉，此豈不爲高世絶俗之行而過乎人，但其所過者以收斂卑下爲過，故但可言小過，而不可言大過也。

〔一〕時有三歸反坫之管仲：坫，原作「玷」，據薈要本改。

【案】雷出地，則聲方發達而大，及至山上，則聲漸收斂而微，故有平地風雷大作，而高山之上不覺者，此小過之義也。

「飛鳥以凶」，不可如何也。

【程傳】其過之疾，如飛鳥之迅，豈容救止也，凶其宜矣。「不可如何」，无所用其力也。

【集説】何氏楷曰：以凶者自納於凶也，孽由己作，可如何哉！

「不及其君」，臣不可過也。

【本義】所以不及君，而還遇臣者，以臣不可過故也。

【程傳】過之時，事无不過其常，故於上進，則戒「及其君，臣不可過」，臣之分也。

【集説】胡氏炳文曰：小者有時而可過，臣之於君，不可過也。

「從或戕之」，凶如何也。

【程傳】陰過之時，必害於陽，小人道盛，必害君子，當過爲之防，防之不至，則爲其所戕矣，故曰「凶如何也」，言其甚也。

「弗過遇之」，位不當也；「往厲必戒」，終不可長也。

【本義】爻義未明，此亦當闕。

【程傳】位不當，謂處柔。九四當過之時，不過剛而反居柔，乃得其宜，故曰「遇之」，遇其宜也。以九居四位，不當也，居柔乃遇其宜也。當陰過之時，陽退縮自保足矣，終豈能長而盛也？故往則有危，必當戒也。長，上聲，作平聲則大失易意，以夬與剥觀之可見，與夬之象文同而音異也。

【集説】錢氏一本曰：三四皆失位，故特明其位不當。三防、四遇，亦皆宜下；三從或戕，四往必戒，亦皆不宜上。

【案】位不當，即所謂剛失位而不中者。惟剛失位而不中，故戒以當過遇之，不然，則有危矣，豈可長執此而不知變乎？

「密雲不雨」，已上也。

【本義】已上，太高也。

【程傳】陽降陰升，合則和而成雨。陰已在上，雲雖密，豈能成雨乎？陰過不能成大之義也。

【集説】龔氏焕曰：「密雲不雨」，小畜謂其「尚往」者，陰不足以畜陽，而陽尚往也；小過謂其「已上」者，陰過乎陽，而陰已上也。一爲陽之過，一爲陰之過，皆陰陽不和之象，所以不能爲雨也。

【案】兩卦「密雲不雨」，龔氏謂皆陰陽不和之象，是已。然小畜所謂「尚往」者，亦是陰氣上行，與此爻「已上」同，非兩義也。但小畜卦義喻在下者，則「尚往」者當積厚而自雨；此爻之義喻在上者，則「已上」者當下交而乃雨，意義不同爾。

「弗遇過之」，已亢也。

【程傳】居過之終，弗遇於理而過之，過已亢極，其凶宜也。

【集說】孔氏穎達曰：釋所以「弗遇過之」，以其已在亢極之地故也。

○趙氏汝楳曰：「已上」未爲極，「已亢」則極矣。

○俞氏琰曰：六五曰「已上」，謂其已過也；上六又過甚，故曰「已亢」。

水在火上，既濟，君子以思患而豫防之。

【程傳】水火既交，各得其用，爲既濟。時當既濟，唯慮患害之生，故思而豫防，使不至於患也。

自古天下既濟而致禍亂者，蓋不能「思患而豫防」也。

【集說】王氏申子曰：既濟雖非有患之時，患每生於既濟之後，君子思此而豫防之，則可以保其初吉，而無終亂之憂矣。

○龔氏煥曰：水上火下，雖相爲用，然水決則火滅，火炎則水涸，相交之中，相害之機伏焉。故君子「思患而豫防之」，能防在乎豫，能豫在乎思。

「曳其輪」，義无咎也。

【程傳】既濟之初，而能止其進，則不至於極，其義自无咎也。

【集說】徐氏在漢曰：初當方濟之始，而曳其濟險之輪，控制在我，則義無不濟，此所以「濡其尾」而无咎象，故歸重於「曳其輪」也。

「七日得」，以中道也。

【程傳】中正之道，雖不爲時所用，然无終不行之理，故「喪茀七日」當復得，謂自守其中，異時必行也。不失其中則正矣。

【集説】何氏楷曰：二居下卦之中，以中感中，得其正應，故終必相孚也。

「三年克之」，憊也。

【程傳】言憊，以見其事之至難。在高宗爲之則可，无高宗之心，則貪忿以殃民也。

【案】言憊，以見成功之非易，如人之疾病，而以毒藥攻去之者，其元氣亦耗傷矣。苟無休養之方以復元氣，則又大病之根也。〔一〕

「終日戒」，有所疑也。

【程傳】終日戒懼，常疑患之將至也。處既濟之時，當畏慎如是也。

【集説】李氏簡曰：「終日戒」，謂備患之心無時可忘也。

〔一〕則又大病之根也：「又」，局本作「有」。

「東鄰殺牛」，不如西鄰之時也；「實受其福」，吉大來也。

【程傳】五之才德非不善，不如二之時也。二在下，有進之時，故中正而孚，則其「吉大來」，所謂受福也。「吉大來」者，在既濟之時爲大來也，亨小初吉是也。

【集説】朱氏震曰：盛不如薄者，時也。五既濟，無所進，盈則當虛，故曰「不如西鄰之禴祭」。理無極而不反者，既濟極矣，五以中正守之，能未至於反而已。

○王氏申子曰：言人君處既濟如未濟，而後有受福之實，不然，雖極其豐盛，而濟道衰矣。

○張氏清子曰：既濟之後，唯恐過盛，以祭言之，於斯時也，豐不如約，故東鄰不如西鄰，牛不如禴。蓋祭而得其時，雖禴之薄，實足以受其福，而吉之大來可知矣。

「濡其首厲」，何可久也？

【程傳】既濟之窮，危至於濡首，其能長久乎？

【集説】胡氏瑗曰：既濟之終，反於未濟，至於濡没其首，故當翻然而警，惕然而改，何可久如此乎？

【案】厲未至於凶，特可危爾。知其危而反之，則不至於濡首矣。凡易言何可長、何可久者，自屯上至此爻，皆惕以改悟，而不可迷溺之意。

火在水上，未濟，君子以慎辨物居方。

【本義】水火異物，各居其所，故君子觀象而審辨之。

【程傳】水火不交，不相濟爲用，故爲未濟。火在水上，非其處也，君子觀其處不當之象，以慎處於事物，辨其所當，各居其方，謂止於其所也。

【集説】朱氏震曰：火上水下，各居其所，未濟也。君子觀此，慎辨萬物，有辨然後有交，有未濟乃有既濟，而未濟含既濟之象。

○何氏楷曰：「慎辨物」者，「物以群分」也；慎「居方」者，「方以類聚」也。

「濡其尾」，亦不知極也。

【本義】「極」字未詳，考上下韻，亦不叶，或恐是「敬」字，今且闕之。

【程傳】不度其才力而進，至於濡尾，是不知之極也。

【集説】張氏振淵曰：事必敬始，而後可善其用於終。初所以致尾之濡，不是時不可爲，心不知敬慎故耳。

九二貞吉，中以行正也。

【本義】九居二，本非正，以中，故得正也。

【程傳】九二得正而吉者，以曳輪而得中道乃正也。

【案】程子言，正未必中，中無不正。故凡九二、六五皆非正也，而多言貞吉者，以其中也。惟此象傳釋義最明。

「未濟征凶」，位不當也。

【程傳】三征則凶者，以位不當也。謂陰柔不中正，无濟險之才也。若能涉險以從應，則利矣。

【集説】吴氏澄曰：未濟諸爻皆位不當，而獨於六三言之，以未濟由六三故也。

○俞氏琰曰：六爻皆位不當，而獨於六三曰「位不當」，以六三才弱而處下體之上也。

「貞吉悔亡」，志行也。

【程傳】如四之才與時合，而加以貞固，則能行其志，吉而悔亡。鬼方之伐，貞之至也。

【集説】俞氏琰曰：爻以六三爲未濟，則九四其濟矣，是以其志行也。

「君子之光」，其暉吉也。

【本義】暉者，光之散也。

【程傳】光盛則有暉。暉，光之散也。君子積充而光盛，至於有暉，善之至也，故重云吉。

【集説】張氏振淵曰：光而言暉，昭其盛也。貞吉之吉，吉在五；暉吉之吉，吉在天下。

飲酒濡首，亦不知節也。

【程傳】飲酒至於濡首，不知節之甚也，所以至如是，不能安義命也。能安則不失其常矣。

【集説】孔氏穎達曰：釋飲酒所以致濡首之難，以其不知止節故也。

【案】既濟之上，象所謂「終亂」；未濟之上，則象所謂「汔濟」者也。緣尾之象在初，故此不用濡尾之義，但戒以不可濡首而失其節，則猶之「不續終」之意也。

易學典籍選刊

周易折中

下

〔清〕李光地 撰

楊 軍 點校

中華書局

御纂周易折中卷第十三

繫辭上傳

【本義】繫辭，本謂文王、周公所作之辭，繫於卦爻之下者，即今經文。此篇乃孔子所述繫辭之傳也，以其通論一經之大體凡例，故无經可附，而自分上下云。

【集說】孔氏穎達曰：夫子本作十翼，申說上下二篇經文，繫辭條貫義理，别自爲卷，總曰繫辭，分爲上下二篇。

○朱子語類云：熟讀六十四卦，則覺得繫辭之語甚爲精密，是易之括例。

○又云：繫辭或言造化以及易，或言易以及造化，不出此理。

○胡氏一桂曰：其有稱大傳者，因太史公引「天下同歸而殊途，一致而百慮」爲易大傳。蓋太史公受易楊何，何之屬自著易傳行世，故稱孔子者曰大傳以别之耳。

天尊地卑，乾坤定矣。卑高以陳，貴賤位矣。動靜有常，剛柔斷矣。方以類聚，物以

群分，吉凶生矣。在天成象，在地成形，變化見矣。

【本義】天地者，陰陽形氣之實體；乾坤者，易中純陰純陽之卦名也。卑高者，天地萬物上下之位；貴賤者，易中卦爻上下之位也。動者陽之常，靜者陰之常。剛柔者，易中卦爻陰陽之稱也。「方」謂事情所向，言事物善惡各以類分，而吉凶者，易中卦爻占決之辭也。象者，日月星辰之屬；形者，山川動植之屬；變化者，易中蓍策卦爻陰變爲陽、陽化爲陰者也。此言聖人作易，因陰陽之實體，爲卦爻之法象。莊周所謂「易以道陰陽」，此之謂也。

【集説】韓氏伯曰：方有類，物有群，則有同有異，有聚有分，順其所同則吉，乖其所趣則凶，故吉凶生矣。象況日月星辰，形況山川草木也。縣象運轉以成昏明，「山澤通氣」而「雲行雨施」，故變化見矣。

○蘇氏軾曰：天地一物也，陰陽一氣也，或爲象，或爲形，所在之不同，故在云者明其一也。象者，形之精華，發於上者也；形者，象之體質，留於下者也。人見其上下，直以爲兩矣，豈知其未嘗不一耶？由是觀之，世之所謂變化者，未嘗不出於一，而兩於所在也。自兩以往，有不可勝計者矣。故「在天成象，在地成形」，變化之始也。

○朱子語類：問：「第一章第一節，蓋言聖人因造化之自然以作易。」曰：「論其初，則聖人是因天理之自然而著之於書，此是後來人説話，又是見天地之實體，而知易之書如此。」

○又云：天尊地卑，上一截皆説面前道理，下一截是説易書，聖人作易與天地準處如此。如今看面前天地，便是乾坤，卑高便是貴賤，若把下面一句説作未畫之易，也不妨，然聖人是從那有易後説來。

○蔡氏清曰：此一節，是夫子從有易之後，而追論夫未有易之前，以見畫前之有易也。夫易有乾坤，有剛柔，有吉凶，有變化，然此等名物，要皆非聖人鑿空所爲，不過皆據六合中所自有者而模寫出耳。

○又曰：定者，有尊卑各安其分之意；位者，有卑高以序而列之意；斷者，有判然不相混淆之意。

○又曰：以天地言之，天尊地卑，其卑高固昭然不易也；以萬物言之，如山川陵谷之類，其卑高亦昭然可覩也。

【案】此節是説作易源頭，總涵乾坤六子在内。蓋「天尊地卑」，是「天地定位」也；「卑高以陳」，則兼山澤等皆是。天動地静、山静水動，固有常矣，然雖至於有精氣而無形質之物，其聚散作息亦有時，其流止晦明亦有度，則又兼雷風水火等皆是。類聚群分，總上通言之。在天有方焉，春秋冬夏，應乎南北東西者是也，其生殺之氣，則以類聚；在地有物焉，高下燥濕，别爲浮沈升降者是也，其清濁之品，則以群分。以上皆言造化之體，至於天之象、地之形，其陰陽互根，則交易者也，其陰陽迭運，則變易者也，此三句又因體及用，以起下文之意。

是故剛柔相摩，八卦相盪。

【本義】此言易卦之變化也。六十四卦之初，剛柔兩畫而已，兩相摩而爲四，四相摩而爲八，八相盪而爲六十四。

【集説】韓氏伯曰：相切摩，言陰陽之交感；相推盪，言運化之推移。

〇朱子語類云：摩，是那兩個物事相摩戛；盪，則是圜轉推盪將出來。摩是八卦以前事，盪是八卦以後爲六十四卦底事。盪是有那八卦了，團旋推盪那六十四卦出來。

〇吴氏澄曰：畫卦之初，以一剛一柔與第二畫之剛柔相摩，而爲四象；又以二剛二柔與第三畫之剛柔相摩，而爲八卦；八卦既成，則又各以八悔卦盪於一貞卦之上，而一卦爲八卦，八卦爲六十四卦也。

【案】此節雖切畫卦言之，然是天地閒自有此理。蓋相摩者，以一交一，如天與地交、水與火交、山與澤交、雷與風交是也。相盪者，以一交八，如天與地交矣，而與水火山澤雷風無不交；地與天交矣，而亦與水火山澤雷風無不交之類是也。惟天地之理如此，故聖人畫卦以體象之。

鼓之以雷霆，潤之以風雨。日月運行，一寒一暑。

【本義】此變化之成象者。

【集説】孔氏穎達曰：重明上「變化見矣」，及「剛柔相摩，八卦相盪」之事。八卦既相推盪，各有功之所用也，鼓動之以震雷離電，滋潤之以巽風坎雨，離日坎月，運動而行，一節爲寒，一節爲暑。不云乾坤艮兑者，乾坤上下備言，雷電風雨亦出山澤也。

○張氏浚曰：鼓以雷霆，而有氣者作；潤以風雨，而有形者生。

○丘氏富國曰：前以乾坤、貴賤、剛柔、吉凶、變化言，是對待之陰陽，交易之體也；此以摩盪、鼓潤、運行言，是流行之陰陽，變易之用也。至下文，則言乾坤之德行，而繼以人體乾坤者終之。

○吴氏澄曰：章首但言乾坤，蓋舉父母以包六子；此先言六子，而後總之以乾坤也。震爲雷，離爲電。霆即電也。春秋穀梁傳曰：「震者何？雷也。電者何？霆也。」巽爲風，坎爲雨。羲皇卦圖左起震而次以離，「鼓之以雷霆」也；右起巽而次以坎，「潤之以風雨」也。風而雨，故通言潤。離爲日，坎爲月。艮山在西北嚴凝之方，爲寒；兑澤在東南温熱之方，爲暑。左離次以兑者，日之運行而爲暑也；右坎次以艮者，月之運行而爲寒也。邵子曰：「日爲暑，月爲寒。」書曰：「日月之行，有冬有夏。」

乾道成男，坤道成女。

【本義】此變化之成形者。此兩節又明易之見於實體者，與上文相發明也。

【集説】朱子語類云：天地父母，分明是一理。「乾道成男，坤道成女」，則凡天下之男皆乾之氣，天下之女皆坤之氣，從這裏便徹上徹下，即是一個氣都透了。

○又云：「乾道成男，坤道成女」，通人物言之。在動物，如牝牡之類；在植物，亦有男女，如麻有牡麻，及竹有雌雄之類，皆離陰陽剛柔不得。

○吴氏澄曰：乾成男者，父道也；坤成女者，母道也。左起震，歷離、歷兑而終於乾；右起巽，歷坎、歷艮以終於坤，故以「乾道成男，坤道成女」二句總之於後也。

○何氏楷曰：自「天尊地卑」至「變化見矣」，是因乾坤而推極於變化；自「剛柔相摩」至「坤道成女」，是又因變化而遡原於乾坤。

乾知大始，坤作成物。

【本義】知，猶主也。乾主始物，而坤作成之，承上文男女而言乾坤之理。蓋凡物之屬乎陰陽者，莫不如此。大抵陽先陰後，陽施陰受，陽之輕清未形，而陰之重濁有迹也。

【集説】胡氏瑗曰：乾言知、坤言作者，蓋乾之生物起於無形，未有營作，坤能承於天氣已成之物，事可營爲，故乾言知而坤言作也。

○朱子語類云：知，訓管字，不當解作知見之知。大始未有形，知之而已。成物乃流行之時，故有爲。

○柴氏中行曰：一氣之動，則自有知覺，而生意所始，乾實爲之；一氣既感，則妙合而凝，其形乃著，有作成之意，坤實爲之。

○吴氏澄曰：上言八卦，而總之以乾坤，〔一〕此又接成男成女二句，而專言乾坤也。乾男爲父者，以其始物也，始謂始其氣也；坤女爲母者，以其成物也，成謂成其質也。知者，主之而無心也；作者，爲之而有迹也。

【案】自「鼓之以雷霆」至此二句，當總爲一段，六子分生成之職，乾坤專生成之功也。下文則就功化而推原於易簡，自爲一段。

乾以易知，坤以簡能。

【本義】乾健而動，即其所知，便能始物而无所難，故爲以易而知大始；坤順而靜，凡其所能，皆從乎陽而不自作，故爲以簡而能成物。

【集説】虞氏翻曰：乾，縣象著明；坤，陰陽動闢，「不習无不利，地道光也」。

○韓氏伯曰：天地之道，不爲而善始，不勞而善成，故曰「易簡」。

○楊氏萬里曰：此贊乾坤之功雖至溥而無際，而乾坤之德，實至要而不繁也。

○朱子語類：問：「如何是易簡？」曰：「他行健，所以易。易是知阻難之謂。人有私意，便難簡，只是順從而已。若外更生出一分，如何得簡？今人都是私意，所以不能簡易。」

〔一〕而總之以乾坤：總，薈要本作「繼」。

○問：「『乾以易知，坤以簡能』，若以學者分上言之，則『廓然大公』者，易也；『物來順應』者，簡也。不知是否？」曰：「然。乾之易，知之事也；坤之簡，行之事也。」

○吴氏澄曰：易簡者，以乾坤之理言。始物者，乾之所知，然乾之性健，其知也，宰物而不勞心，故易而不難；成物者，坤之所作，然坤之性順，其作也，從陽而不造事，故簡而不繁。此乾坤皆指天地，而易之乾坤二卦象之者也。

○張氏振淵曰：乾知大始，似乎甚難矣；坤作成物，似乎甚煩矣。乃乾坤則以易知、以簡能耳，所謂天地無心而成化也。

○吴氏曰慎曰：乾健體而動用，故易；坤順體而靜用，故簡。動靜以陰陽之分言。然乾知大始，而事付於坤，則始動而終靜；坤從乎陽，而作成物，則始靜而終動。又，乾知坤能，皆用之動也；乾易坤簡，皆體之靜也。又，四德，坤承乎乾，元亨皆動，利貞皆靜，不可專以動屬乾、以靜屬坤也。

易則易知，簡則易從。易知則有親，易從則有功。有親則可久，有功則可大。可久則賢人之德，可大則賢人之業。

【本義】人之所爲，如乾之易，則其心明白而人「易知」；如坤之簡，則其事要約而人「易從」。易知則與之同心者多，故「有親」；易從則與之協力者衆，故「有功」。有親則一於內，故「可久」；有功則兼於外，故「可大」。德謂得於己者，業謂成於事者。上言乾坤之德不同，此言人法乾坤之道，至此則可以爲賢矣。

【集説】范氏長生曰：以其「易知」，故物親而附之；以其「易從」，故物法而有功也。

○孔氏穎達曰：初始無形，未有營作，故但云知也；已成之物，事可營爲，故云作也。易謂易略，無所造爲，以此爲知，故曰「乾以易知」；簡謂簡省，不須繁勞，以此爲能，故曰「坤以簡能」。若於物艱難，則不可以知；若於事繁勞，則不可能也。「易知則有親」者，性意易知，心無險難，則相和親；「易從則有功」者，於事易從，不有繁勞，其功易就。「有親則可久」者，物既和親，無相殘害，故可久也；「有功則可大」者，事業有功，則積漸可大。「可久則賢人之德」者，使物長久，是賢人之德；「可大則賢人之業」者，功業既大，則是賢人事業。

○蘇氏軾曰：簡易者，一之謂也。一故有信，信故物知之也易，而從之也不難。

○朱子語類云：「乾以易知，坤以簡能」以上，是言乾坤之德。「易則易知」以下，是就人而言，言人兼體乾坤之德也。「乾以易知」者，乾健不息，唯主於生物，都無許多艱深險阻，故能以易而「知大始」；坤順承天，惟以成物，都無許多繁擾作爲，故能以簡而「作成物」。大抵陽施陰受。乾之生物，如瓶施水，其道至易；坤唯承天以成物，别無作爲，故其理至簡。其在人，則無艱阻而自直，〔一〕故人

〔一〕則無艱阻而自直：自，原作「白」，據四庫本、薈要本改。

「易知」；順理而不繁擾，故人「易從」。「易知」則人皆同心親之，「易從」則人皆協力而有功矣。有親可久，則爲「賢人之德」，是就存主處言；有功可大，則爲「賢人之業」，是就作事處言。蓋自「乾以易知」，便是指存主處；「坤以簡能」，便是指作事處。

○林氏希元曰：易簡只是因此理而立心處事爾，固非於此理之外有所加，亦非於此理之內有所減也，但以其無險阻而謂之易，無煩擾而謂之簡。孟子曰：「禹之行水也，行其所無事也。」如智者亦行其所無事，則智亦大矣。此易簡之説也。

○趙氏光大曰：「易從則有功」，有功不是人來助我作事，是我能使人如此，便是我之功。

易簡而天下之理得矣。天下之理得，而成位乎其中矣。

【本義】成位，謂成人之位；其中，謂天地之中。至此則體道之極功，聖人之能事，可以與天地參矣。

○此第一章，以造化之實明作經之理，又言乾坤之理分見於天地，而人兼體之也。

【集説】孔氏穎達曰：聖人能行天地易簡之化，則天下萬事之理並得其宜矣。

○朱子語類云：易簡理得，是淨淨潔潔，無許多勞擾委曲。

○鄭氏維嶽曰：易簡原是一理，依易之理而作之，則爲簡。

○何氏楷曰：乾坤，一陰陽也；陰陽，一太極也；易簡者，乾坤之所以知始而作成者也。人之所知，如乾之易，則所知皆性分所固有，無一豪人欲之艱深，〔一〕豈不易知？人之所能，如坤之簡，則所能皆職分之當爲，無一豪人欲之紛擾，豈不易從？易知則不遠人以爲道，故有親；易從則夫婦皆可與能，故有功。有親則有人傳繼其心，千百世上下心同理同也，故可久；有功則有人擴充其事，人能弘道，非道弘人也，故可大。「可久則賢人之德」，與天同其悠久矣；「可大則賢人之業」，與地同其廣大矣。所以然者，則以我之易簡與乾坤之易簡同原故也。夫「易簡而天下之理得矣」，天之所以爲天，地之所以爲地，人之所以爲人，一易簡之理焉盡之，所謂天下之公理也。得天下之公理，以成久大之德業，則是天有是易，吾亦有是易，地有是簡，吾亦有是簡，與天地參而爲三矣。

【總論】程子曰：「天尊地卑」，尊卑之位定，而乾坤之義明矣。尊卑既判，貴賤之位分矣。陽動陰靜各有其常，則剛柔判矣。事有理也，物有形也，事則有類，形則有群，善惡分而吉凶生矣。象見於天，形成於地，變化之迹見矣。陰陽之交相摩軋，八方之氣相推盪，雷霆以動之，風雨以潤之，日月運行，寒暑相推，而成造化之功。得乾者成男，得坤者成女。乾當始物，坤當成物，乾坤之道，易簡而已。乾始物之道易，坤成物之能簡。平易，故人易知。簡直，故人易從。易知則可親就而奉順，易從則可取法而成功。親合則可以常久，成事則可以廣大。聖賢德業久大，得易簡之道也。天

〔一〕無一豪人欲之艱深：豪，薈要本作「毫」。

下之理，易簡而已。有理而後有象，「成位在乎中」也。

○張氏振淵曰：易道盡於乾坤，乾坤盡於易簡，易簡即在人身。學者求易於天地，又求天地之易於吾身，則易在是矣。通章之意，總是論易書之作，無非發明乾坤之理，要人爲聖賢，以與天地參耳。

○何氏楷曰：此一章，乃孔子首明易始乾坤之理，至第二章，設卦觀象，方言易。

【案】天地卑高動靜，方物象形，造化之實體也；乾坤貴賤剛柔，吉凶變化，易卦之定名也。因造化之實體，起易卦之定名，故自造化之體立而卦之理具矣。體立則用必行焉，是故剛柔則一與一相摩，八卦則一與八相盪。造化之情，所以交而不離也。畫卦之序，蓋象此也。雷霆者震離，風雨者巽坎，暑以説物者兑，寒以止物者艮，成男而職大始者乾，成女而職成物者坤。造化之機，所以變而無窮也。建圖之位，蓋象此也。然而造化之理則一以易簡爲歸，心一而不貳，故易也；事順而無爲，故簡也。天地之盛德大業，易簡而已矣；賢人之進德脩業，聖人之崇德廣業，亦惟易簡而已矣。設卦繫辭，所以順性命之理者，此也。諸儒言易有四義，不易也、交易也、變易也、易簡也。故「天尊地卑」一節，言不易者也；「剛柔相摩」二句，言交易者也；鼓以雷霆至「坤作成物」，言變易者也；「乾以易知」以下，言易簡者也。易道之本原盡乎此，故爲繫傳之首章焉。

聖人設卦觀象，繫辭焉而明吉凶。

【本義】象者，物之似也。此言聖人作易，觀卦爻之象而繫以辭也。

【集説】孔氏穎達曰：設之卦象，則有吉有凶，故下文云：「吉凶者，失得之象；悔吝者，憂虞之象；變化者，進退之象；剛柔者，晝夜之象。」是施設其卦，有此諸象也。此設卦觀象，總爲下而言。卦象爻象有吉有凶，若不繫辭，其理未顯，故繫屬吉凶之文辭於卦爻之下，而顯明此卦爻吉凶也。案吉凶之外，猶有悔吝憂虞，舉吉凶則包之。

○朱氏震曰：聖人設卦，本以觀象，自伏羲至於文王一也。聖人憂患後世，懼觀者智不足以知此，於是繫之卦辭，又繫之爻辭，以吉凶明告之。

○朱子語類云：易當初只是爲卜筮而作，文言、彖、象却是推説作義理上去，觀乾坤二卦，便可見。孔子曰：「聖人設卦觀象，繫辭焉而明吉凶。」不是卜筮，如何明吉凶？

○王氏申子曰：易之初也，有象而未有卦，及八卦既設，而象寓焉，及八重而六十四，聖人又觀是卦有如是之象，則繫之以如是之辭。蓋卦以象而立，象又以卦而見也。「明吉凶」者，有是象，而吉凶之理已具；繫之辭，而吉凶之象始明也。陰陽奇耦，相交相錯，順則吉，逆則凶，當則吉，否則凶，因其順逆當否而繫之辭，吉凶明矣。

剛柔相推而生變化。

【本義】言卦爻陰陽迭相推盪，而陰或變陽，陽或化陰，聖人所以觀象而繫辭，衆人所以因蓍而求卦者也。

【集説】張氏振淵曰：剛柔相推之中，或當位，或失位，而吉凶悔吝之源正起於此。聖人之所觀，觀此也；聖人之所明，明此也。蓋吉凶悔吝雖繫於辭，而其原實起於變。

是故吉凶者，失得之象也；悔吝者，憂虞之象也。

【本義】吉凶悔吝者，易之辭也；失得憂虞者，事之變也。得則吉，失則凶。憂虞雖未至凶，然已足以致悔而取羞矣。蓋吉凶相對，而悔吝居其中閒，悔自凶而趨吉，吝自吉而向凶也。故聖人觀卦爻之中或有此象，則繫之以此辭也。

【集説】虞氏翻曰：吉則象得，凶則象失，悔則象憂，吝則象虞也。

○干氏寶曰：憂虞未至於失得，悔吝不入於吉凶。事有小大，故辭有緩急，各象其意也。

○朱子語類云：吉凶悔吝，四者循環，周而復始，悔了便吉，吉了便吝，吝了便凶，凶了又悔，正如生於憂患，死於安樂相似。蓋憂苦患難中必悔，悔便是吉之漸，及至吉了，少閒便安意肆志，必至作出不好可羞吝底事出來，吝便是凶之漸矣，及至凶矣，又却悔，只管循環不已。正如剛柔變化，剛了化，化便是柔，柔了變，變便是剛，亦循環不已。

○又云：悔屬陽，吝屬陰，悔是逞快作出事來，有錯失處，這便生悔，所以屬陽；吝是那隈隈衰衰，不分明底，所以屬陰。亦猶驕是氣盈，吝是氣歉。

○又云：「吉凶者，失得之象；悔吝者，憂虞之象；變化者，進退之象；剛柔者，晝夜之象」四句，皆互換往來。吉凶與悔吝相貫，悔自凶而趨吉，吝自吉而趨凶；進退與晝夜相貫，進自柔而趨乎剛，退自剛而趨乎柔。

○趙氏玉泉曰：吉，即順理而得之象也；凶，即逆理而失之象也；悔，即既失之後，困於心，衡於慮，而爲憂之象也；吝，即未失之先，狃於安，溺於樂，而爲虞之象也。

○何氏楷曰：吉凶悔吝，以卦辭言；失得憂虞，以人事言。上文所謂觀象繫辭以明吉凶者此也。

變化者，進退之象也；剛柔者，晝夜之象也；六爻之動，三極之道也。

【本義】柔變而趨於剛者，退極而進也；剛化而趨於柔者，進極而退也。既變而剛，則晝而陽矣；既化而柔，則夜而陰矣。六爻，初二爲地，三四爲人，五上爲天。動，即變化也；極，至也。三極，天地人之至理，三才各一太極也。此明剛柔相推以生變化，而變化之極，復爲剛柔，流行於一卦六爻之閒，而占者得因所值，以斷吉凶也。

【集說】韓氏伯曰：始總言吉凶變化，而下別明悔吝晝夜者，悔吝則吉凶之類，晝夜亦變化之道。

○孔氏穎達曰：六爻遞相推動而生變化，是天地人三才至極之道。

○蔡氏淵曰：動，變易也；極者，太極也。以其變易無常，乃太極之道也。三極謂三才各具一太極也。變至六爻，則一卦之體具，而三才之道備矣。

○吴氏澄曰：吉凶悔吝，象人事之得失憂虞；變化剛柔，象天地、陰陽之晝夜、進退，是六爻兼有天地人之道也。

○胡氏炳文曰：此曰三極，是卦爻已動之後，各具一太極。後曰「易有太極」者，則卦爻未生之先，統體一太極也。

○俞氏琰曰：三極之道，言道之體；三才之道，言道之用。

○何氏楷曰：變化剛柔，以卦畫言；進退晝夜，以造化言。「六爻之動」二句，推言變化之故，上文所謂「剛柔相推而生變化」者此也。

是故君子所居而安者，易之序也；所樂而玩者，爻之辭也。

【本義】易之序，謂卦爻所著事理當然之次第；玩者，觀之詳。

【集説】孔氏穎達曰：若居在乾之初九，而安在「勿用」；若居在乾之九三，而安在「乾乾」，是以「所居而安」者，由觀易位之次序也。

○王氏宗傳曰：所謂「易之序」者，消息盈虚之有其時是也，居之而安，則盛行不加，窮居不損，而與易爲一矣；所謂「爻之辭」者，是非當否之有所命是也，樂之而玩，則默而成之，不言而信，而與爻爲一矣。

○朱子語類：問：「『所居而安者，易之序也』，與『居則觀其象』之『居』不同，上『居』字是總就身之所處而言，下『居』字則靜對動而言。」曰：「然。」

○問「所居而安者，易之序也」。曰：「序是次序，謂卦爻之初終，如潛見飛躍，循其序則安。」又問「所樂而玩者，爻之辭」。曰：「橫渠謂每讀每有益，所以可樂，蓋有契於心則自然樂。」

○俞氏琰曰：居以位言，安謂安其分也；樂以心言，玩謂繹之而不厭也。君子觀易之序而循是理，故安；觀爻之辭而達是理，故樂。

是故君子居則觀其象而玩其辭，動則觀其變而玩其占，是以自天祐之，吉无不利。

【本義】象、辭、變已見上。凡單言變者，化在其中。占謂其所值吉凶之決也。〔一〕

○此第二章，言聖人作易、君子學易之事。

【集説】虞氏翻曰：「以動者尚其變」，占事知來，故玩其占也。

○朱子語類：問：「居則觀其象玩其辭，動則觀其變玩其占，如何？」曰：「若是理會不得，如何占得？必是閑常理會得此道理，到用時便占。」

〔一〕占謂其所值吉凶之決也：決，局本作「次」，於意爲優。

○蔡氏淵曰：觀象玩辭，學易也；觀變玩占，用易也。學易則無所不盡其理，用易則唯盡乎一爻之時。居既盡乎天之理，動必合乎天之道，故曰「自天祐之，吉无不利」也。

○王氏申子曰：平居無事，觀卦爻之象而玩其辭，則可以察吉凶悔吝之故；及動而應事，觀卦之變而玩其占，則可以決吉凶悔吝之幾。故有不動，動無不吉也。

○胡氏炳文曰：天地間，剛柔變化無一時間，人在大化中，吉凶悔吝無一息停。吉一而已，凶悔吝三焉。上文示人以吉凶悔吝者，作易之事；此獨吉而無凶悔吝者，學易之功也。

○俞氏琰曰：觀象玩辭，如蔡墨云「在乾之姤」，知莊子云「在師之臨」，謂之在者是也。觀變玩占，如陳侯遇觀之否，晉侯遇大有之睽，謂之遇者是也。

【總論】孔氏穎達曰：前章言天地成象成形簡易之德，明乾坤之大旨。此章明聖人設卦觀象，爻辭吉凶悔吝之細別。

○程子曰：聖人既設卦，觀卦之象而繫以辭，明其吉凶之理，以剛柔相推，而知變化之道。吉凶之生，由失得也；悔吝者，可憂虞也。進退消長，所以成變化也。剛柔相易而成晝夜，觀晝夜則知剛柔之道矣。三極，上中下也；極，中也，皆其時中也。三才，以物言也；三極，以位言也。六爻之動以位爲義，乃其序也，得其序則安矣。辭以明義，玩其辭義則知其可樂也。觀象玩辭而通其意，觀變玩占而順其時，動不違於天矣。

○何氏楷曰：上章言造化自然之易，爲作易之本，此章乃言作易之旨。

【案】上章雖言作易之源本，然實以明在造化者，無非自然之易書，故先儒以爲畫前之易者此也。此章乃備言作易、學易之事。蓋承上章言之，而爲後諸章之綱也。設卦觀象，先天之聖人也；繫辭而明吉凶，後天之聖人也。剛柔相推而生變化，申言設卦觀象之事。所象者，或爲人事之失得憂虞，或爲天道之進退晝夜，極而至於天地人之至理，莫不包涵統具於其中，此辭所由繫而占所由生也。「居而安者」，以身驗之；「樂而玩者」，以心體之。在平時則爲觀象玩辭之功，在臨事則爲觀變玩占之用，此所謂奉明命以周旋，述天理而時措者也。「自天祐之，吉无不利」，學易之效至於如此。

彖者，言乎象者也；爻者，言乎變者也。

【本義】彖謂卦辭，文王所作者；爻謂爻辭，周公所作者。象指全體而言，變指一節而言。

【集説】虞氏翻曰：八卦以象告，故言乎象也。爻有六畫，九六變化，故言乎變者也。

○項氏安世曰：彖辭所言之象，即下文所謂卦也；爻辭所言之變，即下文所謂位也。

○張氏振淵曰：易有實理而無實事，故謂之象，卦立而象形；易有定理而無定用，故謂之變，爻立而變著。

吉凶者，言乎其失得也；悔吝者，言乎其小疵也；无咎者，善補過也。

【本義】此卦爻辭之通例。

【集説】崔氏憬曰：繫辭著悔吝之言，則異凶咎，若疾病之與小疵。

○楊氏萬里曰：言動之閒，盡善之謂得；不盡善之謂失；小不善之謂疵；不明乎善，而誤入乎不善之謂過；覺其小不善，非不欲改，而已無及，於是乎有悔；不覺其小不善，猶及於改，而不能改，或不肯改，於是乎有吝。吾身之過，猶吾衣之破也，衣有破，補之斯全；身有過，補之斯還。還者何？復之於善也。補不善而復之於善，何咎之有？

○蔡氏淵曰：吉凶悔吝无咎，即卦與爻之斷辭也。失得者，事之已成著者也；小疵者，事之得失未分而能致得失者也；善補過者，先本有咎，脩之則可免咎也。

○胡氏炳文曰：前章言卦爻中吉凶悔吝之辭，未嘗及无咎之辭，此章方及之。大抵不貴無過，而貴改過，「无咎者，善補過也」，聖人許人自新之意切矣。

○張氏振淵曰：失得，指時有消息，位有當否説。小疵兼兩意，向於得而未得，尚有小疵，則悔；向於失而未失，已有小疵，則吝。

是故列貴賤者存乎位，齊小大者存乎卦，辨吉凶者存乎辭。

【本義】位，謂六爻之位；齊，猶定也。小謂陰，大謂陽。

【集説】王氏肅曰：齊猶正也。陽卦大，陰卦小。卦列則小大分，故曰「齊小大者存乎卦」也。

○張氏浚曰：卦之所設，本乎陰陽，陰小陽大，體固不同，而各以所遇之時爲正。陽得位則陽用事，陰得位則陰用事，小大之理，至卦而齊。

○朱子語類：問：「上下貴賤之位何也？」曰：「二四，則四貴而二賤；五三，則五貴而三賤；上初，則上貴而初賤。上雖無位，然本是貴重，所謂『貴而无位，高而无民』，在人君則爲天子父、爲天子師，在他人則清高而在物外不與事者，此所以爲貴也。」

○王氏申子曰：列，分也。陽貴陰賤，上貴下賤，亦有貴而无位、有位而在下者，故曰「列貴賤者存乎位」。位者，六爻之位也；齊，均也。陽大陰小，陽卦多陰，則陽爲之主；陰卦多陽，則陰爲之主。雖小大不齊，而得時爲主則均也，故曰「齊小大者存乎卦」。卦者，全卦之體也；辨，明也。辨一卦一爻之吉凶者，辭也，故曰「辨吉凶者存乎辭」。

憂悔吝者存乎介，震无咎者存乎悔。

【本義】介謂辨別之端，蓋善惡已動而未形之時也，於此憂之，則不至於悔吝矣。震，動也。知悔則有以動其補過之心，而可以无咎矣。

【集説】虞氏翻曰：震，動也。有不善未嘗不知之，「知之未嘗復行」。「无咎者，善補過」，故存乎悔也。

○韓氏伯曰：介，纖介也。王氏弼曰：憂悔吝之時，其介不可慢也，即悔吝者，言乎小疵也。

○程子曰：以悔吝爲防，則存意於微小，震懼而得无咎者以此。

○朱子語類：問：「『憂悔吝者存乎介』，悔吝未至於吉凶，是乃初萌動，可以向吉凶之微處，介又是悔吝之微處。介字如界至、界限之界，是善惡初分界處，於此憂之，則不至於悔吝矣。」曰：「然。」

○丘氏富國曰：此章就吉凶悔吝上添入无咎説，既欲人於悔吝上著力，尤欲人於「介」上用功。蓋人知悔，則以「善補過」而无咎，雖未至吉，亦不至凶也。若又於悔吝之介憂之，則但有吉而已。所謂「幾者動之微，而吉之先見者」也，併悔吝亦皆無矣。

○吴氏澄曰：「列貴賤者存乎位」，覆説「爻者言乎變」；「齊小大者存乎卦」，覆説「彖者言乎象」。分辨吉凶存乎彖爻之辭，覆説「言乎其失得也」；悔吝介乎吉凶之閒，憂其介則趨於吉，不趨於凶矣，覆説「言乎其小疵也」；震者動心戒懼之謂，有咎而能戒懼，則能改悔所爲，而可以无咎，覆説「善補過也」。

○趙氏玉泉曰：「介」在事前，「悔」在事後。

○汪氏砥之曰：易凡言悔吝，即寓「介」之意；言无咎，即寓「悔」之意。憂「盱豫之悔」，存乎遲速之「介」也；憂「即鹿」之吝，存乎往舍之「介」也。震「甘臨」之无咎，存乎憂而悔也；震「頻復」之无咎，存乎厲而悔也。

是故卦有小大，辭有險易。辭也者，各指其所之。

【本義】小險大易，各隨所向。

○此第三章，釋卦爻辭之通例。

【集説】朱子語類云：卦有小大，看來只是好底卦便是大，不好底卦便是小，如復、如泰、如大有、如夬之類，盡是好底卦；如睽、如困、如小過之類，盡是不好底，所以謂「卦有小大，辭有險易」。大卦辭易，小卦辭險，即此可見。

○項氏安世曰：貴賤以位言，小大以材言。卦各有主，主各有材，聖人隨其材之大小、時之難易而命之辭，使人之知所適從也。

○潘氏夢旂曰：卦有小有大，隨其消長而分；辭有險有易，因其安危而别。辭者，各指其所向，凶則指其可避之方，吉則指其可趨之所，以示乎人也。

○吴氏澄曰：上文有貴賤小大，此獨再提「卦有小大」，蓋卦彖爲諸辭之總也。

○蔡氏清曰：據本章通例看，此條卦字、辭字皆兼爻説。

【案】此章中第二章「吉凶者，失得之象也」一節之義。首言彖爻者，吉凶悔吝之辭，彖爻皆有之也。吉凶則已著，故直言其失得而已；悔吝則猶微，故必推言其小疵也。至四者之外，又有所謂无咎者，不圖吉利，求免罪愆之名也。其道至大，而貫乎吉凶悔吝之閒，故易之中有曰吉无咎者，有曰凶无咎者，有曰吝无咎者，然其機皆在於悔，蓋惟能悔，則吉而不狃於安也，凶而能動於困也，吝而不包其羞也。是故易辭之教人也，於吉凶，辨之而已；於悔吝也，則憂之，謹其幾也，憂之不已，又從而震之。曰：誠能去吝而悔，不徒悔而補過，則可以无咎矣。夫不貳過而无祇悔者，至也。衆人不貴无悔，而貴能悔，爲其爲改過遷善之路也，故曰「懼以終始，其要无咎」，此之謂易之道。

易與天地準，故能彌綸天地之道。

【本義】易書卦爻具有天地之道，與之齊準。彌如彌縫之彌，有終竟聯合之意；綸有選擇條理之意。

【集說】韓氏伯曰：作易以準天地。

○孔氏穎達曰：言聖人作易，與天地相準，謂準擬天地，則乾健以法天、坤順以法地之類是也。

○蘇氏軾曰：準，符合也；彌，周浹也；綸，經緯也。所以與天地準者，以能知幽明之故、死生之説、鬼神之情狀也。

○王氏宗傳曰：天地之道，即下文所謂一陰一陽是也。是道也，其在天地則爲幽明，寓於始終則爲生死，見於物變則爲鬼神。

○朱子語類云：凡天地間之物，無非天地之道，故易能彌綸天地之道。彌如封彌之彌，糊合使無縫罅；綸如綸絲之綸，自有條理，言雖是彌得外面無縫罅，而中則事事物物各有條理。彌而非綸，則空疎無物；綸而非彌，則判然不相干。此二字見得聖人下字甚密也。

○胡氏炳文曰：此易字，指易書而言。書之中具有天地之道，本自與天地相等，故於天地之道，彌之則是合萬爲一，渾然無欠；綸之則一實萬分，粲然有倫。

【案】此下三節，朱子分爲窮理、盡性、至命者極確，然須知非有易以後，聖人方用易以窮之、盡之、至之，易是聖人窮理、盡性、至命之書，聖人全體易理，故言易窮理、盡性、至命，即是言聖人也。「易與天地準」，「與天地相似」，「範圍天地之化而不過」，此三句當爲三節冠首，第一、第二、第三節不言易者，蒙第一節文義。

仰以觀於天文，俯以察於地理，是故知幽明之故；原始反終，故知死生之説；精氣爲物，游魂爲變，是故知鬼神之情狀。

【本義】此窮理之事。「以」者，聖人以易之書也。易者，陰陽而已。幽明、死生、鬼神，皆陰陽之變，天地之道也。天文則有晝夜上下，地理則有南北高深。原者，推之於前；反者，要之於後。陰精陽氣，聚而成物，神之伸也；魂游魄降，散而爲變，鬼之歸也。

【集説】韓氏伯曰：幽明者，有形無形之象；死生者，始終之數也。

○程子曰：原始則足以知其終，反終則足以知其始。死生之説，如是而已矣。

○蘇氏軾曰：鬼常與體魄俱，故謂之物；神無適而不可，故謂之變。精氣爲魄，魄爲鬼；志氣爲魄，魂爲神。

○朱子語類：問「原始反終，故知死生之説」。曰：「人未死，如何知得死之説？只是原其始之理，將後面摺轉來看，便見得，以此之有，知彼之無。」

○又云：魄爲鬼，魂爲神。禮記有孔子答宰我問，正説此理甚詳。宰我曰：吾聞鬼神之名，不知其所謂。子曰：氣也者，神之盛也；魄也者，鬼之盛也。合鬼與神，教之至也。注：氣，謂噓吸出入者也。耳目之聰明爲魄。雜書云：魂，人陽神也；魄，人陰神也。亦可取。

○陳氏淳曰：人生天地閒，得天地之氣以爲體，得天地之理以爲性，原其始而知所以生，則要其終而知所以死。古人謂「得正而斃」，謂「朝聞道，夕死可矣」，只緣受得許多道理，須知得盡得，便自無愧，到死時，亦只是這二五之氣聽其自消化而已。所謂安死順生，與天地同其變化，這箇便是與造化爲徒。

○又曰：陰陽二氣，會在吾身之中，爲鬼神。以寤寐言，則寤屬陽，寐屬陰；以語默言，則語屬陽，默屬陰。及動靜進退行止等，分屬皆有陰陽，凡屬陽者皆爲魂、爲神，凡屬陰者皆爲魄、爲鬼。

○真氏德秀曰：人之生，精與氣合，精屬陰，氣屬陽，精則魄也，目之所以明，耳之所以聰。氣充乎體，凡人心之能思慮知識，身之能舉動勇決，此之謂魂。神指魂而言，鬼指魄而言。

○胡氏炳文曰：易不曰陽陰而曰陰陽，此所謂幽明、死生、鬼神，即陰陽之謂也。即天地而知幽明之故，即始終而知死生之說，即散聚而知鬼神之情狀，皆窮理之事也。

○林氏希元曰：幽明之故，死生之說，鬼神之情狀，其理皆在於易，故聖人用易以窮之也。然亦要見得爲聖人窮理盡性之書爾，非聖人真箇即易而後窮理盡性也。

○鄭氏維嶽曰：原人之所以始，全而生之，即反其所以終，全而歸之。

與天地相似，故不違；知周乎萬物，而道濟天下，故不過；旁行而不流，樂天知命，故不憂；安土敦乎仁，故能愛。

【本義】此聖人盡性之事也。天地之道，知仁而已。知周萬物者，天也；道濟天下者，地也。知且仁，則知而不過矣。旁行者，行權之知也；不流者，守正之仁也。既樂天理，而又知天命，故能无憂，而其知益深，隨處皆安，而无一息之不仁，故能不忘其濟物之心而仁益篤。蓋仁者，愛之理；愛者，仁之用，故其相爲表裏如此。

【集說】韓氏伯曰：德合天地，故曰「相似」。

○朱子語類云：「與天地相似，故不違」下數句，是說與天地相似之事。

○又云：安土者，隨所寓而安，若自擇安處，便只知有己，不知有物也。此厚於仁者之事，故能愛。

○又云：安土者，隨寓而安也；敦乎仁者，不失其天地生物之心也。安土而敦乎仁，則無適而非仁矣，所以能愛也。

○胡氏炳文曰：上文言「易與天地準」，此言「與天地相似」，似即準也。知似天，仁似地，有周物之知，而實諸濟物之仁，則其知不過；有行權之知，而本諸守正之仁，則其知不流。至於「樂天知命」，而知之迹已泯；安土敦仁，而仁之心益著。此其知仁所以與天地相似而不違，盡性之事也。

○俞氏琰曰：「與天地相似」者，易似天地，天地似易，彼此相似也。

【案】知周萬物，義之精也，然所知者，皆濟天下之道而不過，義合於仁也；旁行汎應，仁之熟也，然所行者，皆合中正之則而不流，仁合於義也。樂玩天理，故所知者益深，達乎命而不憂；安於所處，故所行者益篤，根於性而能愛。所謂樂天之志，憂世之誠，並行不悖者，乃仁義合德之至也。若以旁行爲知，亦可，但恐於「行」字稍礙。

範圍天地之化而不過，曲成萬物而不遺，通乎晝夜之道而知，故神无方而易无體。

【本義】此聖人至命之事也。範，如鑄金之有模範；圍，匡郭也。天地之化无窮，而聖人爲之範圍，不使過於中道，所謂「裁成」者也。通，猶兼也；晝夜，即幽明、死生、鬼神之謂。如此，然後可見至神之妙无有方所，易之變化无有形體也。

○此第四章，言易道之大，聖人用之如此。

【集説】韓氏伯曰：方體者，皆係於形器者也。神則陰陽不測，易則惟變所適，不可以一方一體明。

○孔氏穎達曰：範謂模範，圍謂周圍，言聖人所爲所作，模範周圍天地之化。

○又曰：凡无方无體，各有二義。一者神則不見其處所云爲，是无方也；二則周游運動，不常在一處，亦是无方也。无體者，一是自然而變，而不知變之所由，是无形體也；二則隨變而往，无定在一體，亦是无體也。

○邵子曰：神者，易之主也，所以无方；易者，神之用也，所以无體。

○朱子語類云：「通乎晝夜之道而知」，通字只是兼乎晝夜之道，而知其所以然。

○又云：「神无方而易无體」，神便是在陰底又忽然在陽，在陽底又忽然在陰；易便是或爲陽，或爲陰，交錯代換，而不可以形體拘也。

○蔡氏清曰：神无方，易无體，獨係之至命一條，至命從窮理盡性上來，乃窮理盡性之極致，非窮理盡性之外，他有所謂至命也，故獨係之至命，而自足以該乎窮理盡性。

○林氏希元曰：「通乎晝夜之道而知」，只是通知晝夜之道。蓋幽明、死生、鬼神，其理相爲循環，晝夜之道也。聖人通知晝夜，亦只是上文「知幽明之故」、「知死生之説」、「知鬼神之情狀」，而益深造，與之相默契，如所謂「知天地之化育」云爾。

○又曰：天地之化，萬物之生，晝夜之循環，皆有箇神易，易則模寫乎此理者也，故在易亦有神易。

○姜氏寶曰：晝夜之道，乃幽明、死生、鬼神之所以然。聖人通知之，而有以深徹乎其藴，又不但知有其故、知有其説、知有其情狀而已也。

○江氏盈科曰：上説道濟天下，敦仁能愛，此則萬物盡屬其曲成；上説知幽明、死生、鬼神，此則晝夜盡屬其通知。

【案】準是準則之，相似是與之合德，範圍則造化在其規模之内，蓋一節深一節也。萬物者，天地之化之迹也；曲成者，能盡其性，而物我聯爲一體也；晝夜者，天地之化之機也；通知者，洞見原本，而隱顯貫爲一條也。易者，化之運用；神者，化之主宰。天地之化，其主宰不可以方所求，其運用不可以形體拘。易之道能範圍之，則所謂窮神知化者也，而神化在易矣。

一陰一陽之謂道，

【本義】陰陽迭運者，氣也，其理則所謂道。

【集説】邵子曰：道無聲無形，不可得而見者也，故假道路之道而爲名。人之有行，必由乎道。一陰一陽，天地之道也，物由是而生，由是而成者也。

○程子曰：離了陰陽便無道，所以陰陽者是道也。陰陽，氣也，氣是形而下者，道是形而上者。

○朱子語類云：理則一而已，其形者則謂之器，其不形者則謂之道，然而道非器不形，器非道不立。蓋陰陽，亦器也，而所以陰陽者，道也。是以一陰一陽，往來不息，而聖人指是以明道之全體也。

【案】一陰一陽，兼對立與迭運二義。對立者，天地日月之類是也，即前章所謂剛柔也；迭運者，寒暑往來之類是也，即前章所謂變化也。

繼之者善也，成之者性也。

【本義】道具於陰，而行乎陽。繼，言其發也；善，謂化育之功，陽之事也；成，言其具也；性，謂物之所受，言物生則有性，而各具是道也，陰之事也。周子、程子之書言之備矣。

【集説】周子曰：「大哉乾元，萬物資始」，誠之源也；「乾道變化，各正性命」，誠斯立焉。純粹，至善者也，故曰「一陰一陽之謂道，繼之者善也，成之者性也」。大哉易也，性命之源乎！

〇楊氏時曰：「繼之者善」，無間也；「成之者性」，無虧也。

〇朱子語類云：造化所以發育萬物者，爲「繼之者善」；各正其性命者，爲「成之者性」。

〇又云：繼，是接續不息之意；成，是凝成有主之意。

〇又云：「繼之者善」，方是天理流行之初，人物所資以始；「成之者性」，則此理各自有箇安頓處，故爲人爲物，或昏或明，方是定。若是未有形質，則此性是天地之理，如何把作人物之性得！

〇又云：這箇理在天地間時，只是善，無有不善者，生物得來，方始名曰性。只是這箇理，在天則曰命，在人則曰性，性便是善。

○問「成之者性」。曰：「性如寶珠，氣質如水，水有清有汙，故珠或全見，或半見，或不見。」

○項氏安世曰：道之所生，無不善者，元也，萬物之所同出也；善之所成，各一其性者，貞也，萬物之所各正也。「成之者性」，猶孟子言人之性、犬之性、牛之性。

○熊氏良輔曰：天道流行，發育萬物，善之繼也。「元者善之長」，善即元也。人物得所稟受者，性之成也。「率性之謂道」，則性即道也。

○潘氏士藻曰：善者性之原，性者善之實。善性皆天理，中間雖有剛柔、善惡、中偏之不同，而天命之本然無不同。

【案】聖人用繼字，極精確，不可忽過此繼字。猶人子所謂繼體，所謂繼志。蓋人者，天地之子也，天地之理全付於人，而人受之，猶孝經所謂「身體髮膚受之父母」者是也。但謂之付，則主於天地而言；謂之受，則主於人而言。惟謂之繼，則見得天人承接之意，而付與受兩義皆在其中矣。天付於人而人受之，其理既無不善，則人之所以爲性者，亦豈有不善哉？故孟子之道性善者，本此也。然是理既具於人物之身，則其根原雖無不善，而其末流區以別矣，如下文所云仁知百姓者，皆局於所受之偏，而不能完其所付之全，故程朱之言氣質者，亦本此也。「夫子之言性與天道，不可得而聞也」，惟繫傳此語，爲言性與天道之至，後之論性者，折中於夫子，則可以息諸子之棼棼矣。

仁者見之謂之仁，知者見之謂之知，百姓日用而不知，故君子之道鮮矣。

【本義】仁陽、知陰，各得是道之一隅，故隨其所見而目爲全體也。日用不知，則「莫不飲食，鮮能知味」者，又其「每下」者也，然亦莫不有是道焉。或曰：上章以知屬乎天，仁屬乎地，與此不同，何也？曰：彼以清濁言，此以動靜言。

【集説】韓氏伯曰：君子體道以爲用，仁知則滯於所見，百姓則日用而不知，體斯道者不亦鮮矣乎！

○程子曰：道者，一陰一陽也。動靜無端，陰陽無始，非知道者，孰能識之？動靜相因而成變化，順繼此道，則爲善也；成之在人，則謂之性也。在衆人則不能識，隨其所知，故仁者謂之仁，知者謂之知，百姓則由之而不知，故君子之道，人鮮克知也。

○王氏宗傳曰：仁者、知者，鮮克全之，百姓之愚，鮮克知之，此豈在我之善有所不足，在我之性有所不同與？非也，蓋在限量使然爾。君子之道，烏得而不鮮與？君子者，具仁知之成名，得道之大全也。

○朱子語類云：萬物各具是性，但氣稟不同，各以其性之所近者窺之，故仁者只見得他發生流動處，便以爲仁；知者只見他貞靜處，便以爲知；下此一等百姓，日用之閒，習矣而不察，所以君子之道鮮矣。

〇胡氏炳文曰：在造物者，方發而賦於物，其理無有不善，在人物者，各具是理以有生，則謂之性。其發者，是天命之性；其具者，天命之性已不能不麗於氣質矣。仁者、知者、百姓，指氣質而言也。上章説聖人之知仁，知與仁合而爲一；此説知者、仁者，仁與知分而爲二。

〇保氏八曰：仁者，見其有安土敦仁之理，則止謂之爲仁；知者，見其有知周天下之理，則止謂之爲知，是局於一偏矣。百姓終日由之而不知，故君子之道，知者鮮也。

顯諸仁，藏諸用，鼓萬物而不與聖人同憂，盛德大業至矣哉。

【本義】顯，自内而外也；仁，謂造化之功，德之發也。藏，自外而内也；用，謂機緘之妙，業之本也。程子曰：「天地无心而成化，聖人有心而无爲。」

【集説】孔氏穎達曰：「顯諸仁」者，顯見仁功，衣被萬物；「藏諸用」者，潛藏功用，不使物知。

〇王氏凱沖曰：萬物皆成，仁功著也；不見所爲，「藏諸用」也。

〇程子曰：運行之迹，生育之功，「顯諸仁」也；神妙無方，變化無迹，「藏諸用」也。天地不與聖人同憂，天地不宰，聖人有心也。天地无心而成化，聖人有心而无爲。

〇朱子語類云：「顯諸仁」，德之所以盛；「藏諸用」，業之所以成。譬如一樹一根，生許多枝葉花實，此是「顯諸仁」處，及至結實，一核成一箇種子，此是「藏諸用」處。生生不已，所謂「日新」也；萬物無不具此理，所謂「富有」也。

〇又云：惻隱、羞惡、辭遜、是非，只是這箇惻隱隨事發見，及至成那事時，一事各成一仁，此便是「藏諸用」。其發見時，在這道理中發去，及至成這事時，又只是這箇道理。一事既各成一道理，此便是業。業是事之已成，處事未成時不得謂之業。

〇吴氏澄曰：仁者，生物之元，由春生而爲夏長之亨，此仁顯見而發達於外，長物之所顯者，生物之仁也，故曰「顯諸仁」；用者，收物之利，由秋收而爲冬藏之貞，此用藏伏而歸復於內，閉物之所藏者，收物之用也，故曰「藏諸用」。二氣運行於四時之間，鼓動萬物，而生長收閉之，天地無心，而造化自然，非如聖人之於民，有所憂而治之、教之也。仁之顯而生長者，爲德之盛；用之藏而收閉者，爲業之大。其顯者流行不息，其藏者充塞無間，此所謂易簡之善，極其至者，故贊之曰「至矣哉」。

〇胡氏炳文曰：在聖人者，則曰仁與知；在造化者，則曰仁與用。

〇俞氏琰曰：仁本藏於內者也，「顯諸仁」，則自內而外，如春夏之發生，所以顯秋冬所藏之仁也；用本顯於外者也，「藏諸用」，則自外而內，如秋冬之收成，所以藏春夏所顯之用也。

富有之謂大業，日新之謂盛德。

【本義】張子曰：「富有」者，大而无外；「日新」者，久而无窮。

【集說】王氏凱沖曰：物無不備，故曰「富有」；變化不息，故曰「日新」。

○吳氏澄曰：生物之仁，及夏而日長日盛，故曰「日新」；收物之用，至冬而包括無餘，故曰「富有」。○胡氏炳文曰：「富有」者，無物不有，而無一豪之虧欠；「日新」者，無時不然，而無一息之間斷。藏而愈有，則顯而愈新。

生生之謂易。

【本義】陰生陽，陽生陰，其變无窮，理與書皆然也。

成象之謂乾，效法之謂坤。

【本義】效，呈也；法，謂造化之詳密而可見者。

【集説】蔡氏淵曰：乾主氣，故曰成象；坤主形，故曰效法。

極數知來之謂占，通變之謂事。

【本義】占，筮也，事之未定者，屬乎陽也；事，行事也，占之已決者，屬乎陰也。極數知來，所以通事之變。張忠定公言公事有陰陽，意蓋如此。

【集説】俞氏琰曰：或言通變，或言變通，同與？曰：窮則變，變則通，易也；通其變，使民不倦，聖人之用易也。

○張氏振淵曰：成象二條，本「生生之謂易」來。舉乾坤，見天地間無物而非陰陽之生生；舉占事，見日用間無事而非陰陽之生生。

○谷氏家杰曰：生生謂易，論其理也。有理即有數，陰陽消息，易數也。推極之可以知來，占之義也。通數之變，亦易變也。變不與時偕極，通之即成天下之事。

○徐氏在漢曰：一陰一陽，無時而不生生，是之謂易。成此一陰一陽生生之象，是之謂乾；效此一陰一陽生生之法，是之謂坤；極一陰一陽生生之數而知來，是之謂占；通一陰一陽生生之變，是之謂事。

陰陽不測之謂神。

【本義】張子曰：兩在，故不測。

○此第五章，言道之體用不外乎陰陽，而其所以然者，則未嘗倚於陰陽也。

【集說】朱子語類：問：「『陰陽不測之謂神』，便是妙用處？」曰：「便是包括許多道理，横渠説得極好。一故神，横渠親注云：『兩在，故不測。』只是這一物，却周行事物之閒，如所謂陰陽、屈信、往來、上下，以至行乎什伯千萬之中，無非這一箇物事，所謂『兩在，故不測』。」

○丘氏富國曰：上章言「易无體」，此言「生生之謂易」，唯其生生，所以无體；上章言「神无方」，此言「陰陽不測之謂神」，唯其不測，所以无方。言易而以乾坤繼之，「乾坤毁則无以見易」也。

○梁氏寅曰：陰陽非神也，陰陽之不測者，神也。一陰一陽，變化不窮，果孰使之然哉？蓋神之所爲也。惟「神无方」，故「易无體」。无方者，即「不測」之謂也；无體者，即「生生」之謂也。若爲有方，則非不測之神，而其生生者，亦有時而窮矣。

○蔡氏清曰：合一不測爲神，不合不謂之一，不一不爲兩在，不兩在不爲不測。合者，兩者之合也，神化非二物也，故曰一物兩體也。

【總論】程氏敬承曰：此章承上章説來。上言「彌綸天地之道」，此則直指「一陰一陽之謂道」；上言「神无方，易无體」，此則直指陰陽之生生謂易，陰陽不測謂神。

【案】程氏以此爲申説上章，極是，然只舉其首尾天地之道及神易兩端而已。須知繼善成性、見仁見知，即是申説「與天地相似」一節意；顯仁藏用、盛德大業，即是申説「範圍天地之化」一節意。見仁見知之偏，所以見知仁合德者之全也。顯爲晝，藏爲夜，鼓萬物而無憂，所以見通知晝夜，曲成萬物，以作易者之有憂患也。

夫易，廣矣大矣，以言乎遠則不禦，以言乎邇則静而正，以言乎天地之閒則備矣。

【本義】不禦，言无盡；静而正，言即物而理存；備，言无所不有。

【案】遠近是横説，「天地之閒」是直説。理極於無外，故曰遠；性具於一身，故曰近。命者，自天而人，徹上徹下，故曰「天地之閒」。不禦者，所謂「彌綸」也；静正者，所謂「相似」也；備者，所謂「範圍」也。

夫乾，其静也專，其動也直，是以大生焉；夫坤，其静也翕，其動也闢，是以廣生焉。

【本義】乾坤各有動靜，於其四德見之。靜體而動用，靜别而動交也。乾一而實，故以質言，而曰大；坤二而虚，故以量言，而曰廣。蓋天之形雖包於地之外，而其氣常行乎地之中也，易之所以廣大者以此。

【集説】孔氏穎達曰：若氣不發動，則靜而專一，故云「其靜也專」；若其運轉，則四時不忒，寒暑無差，剛而得正，故云「其動也直」。以其動靜如此，故能大生焉。閉藏翕斂，故其靜也翕；動則開生萬物，故其動也闢。以其如此，故能廣生於物焉。

○程子曰：乾，陽也，不動則不剛，「其靜也專，其動也直」，不專一則不能直遂；坤，陰也，不靜則不柔，「其靜也翕，其動也闢」，不翕聚則不能發散。

○朱子語類云：天是一箇渾淪底物，雖包乎地之外，而氣則迸出乎地之中。地雖一塊物在天之中，其中實虚，容得天之氣迸上來。大生，是渾淪無所不包；廣生，是廣闊能容受得那天之氣；專直，則只是一物直去；翕闢，則是兩箇，翕則翕，闢則闢，此奇耦之形也。

○又云：乾靜專動直，而大生；坤靜翕動闢，而廣生。這説陰陽體性如此。卦畫也髣髴似恁地，乾畫奇，便見得「其靜也專，其動也直」；坤畫耦，便見得「其靜也翕，其動也闢」。

○吴氏澄曰：翕謂合，而氣之專者藏乎此；闢謂開，而氣之直者出乎此。

○胡氏炳文曰：乾惟健，故一以施；坤惟順，故兩而承。靜專，一者之存；動直，一者之達。靜翕，兩者之合；動闢，兩者之分。一之達，所以行乎坤之兩，故以質言，而曰大；兩之分，所以承乎乾之一，故以量言，而曰廣。

○林氏希元曰：此推易之所以廣大也。乾坤，萬物之父母也。乾坤各有性氣，皆有動靜。乾之性氣，其靜也專一而不他，惟其專一而不他，則其動也直遂而無屈撓，惟直遂而無屈撓，則其性氣之發，四方八表無一不到，而規模極其大矣，故曰「大生焉」；坤之性氣，其靜也翕合而不洩，惟其翕合而不洩，則其動也開闢而無閉拒，惟其開闢而無閉拒，則乾氣到處，坤皆有以承受之，而度量極其廣矣，故曰「廣生焉」。乾坤即天地也，大生、廣生，皆就乾坤說。易書之廣大，則模寫乎此，不可以本文廣大作易書。

【案】此節是承上節「廣矣大矣」，而推言天地之所以廣大者，一由於易簡，故下節遂言易書廣大配天地，而結歸於易簡也。靜專動直，是豪無私曲，形容易字最盡；靜翕動闢，是豪無作爲，形容簡字最盡。易在直處見，坦白而無艱險之謂也，其本則從專中來；簡在闢處見，開通而無阻塞之謂也，其本則從翕中來。

廣大配天地，變通配四時，陰陽之義配日月，易簡之善配至德。

【本義】易之廣大變通，與其所言陰陽之說、易簡之德，配之天道人事，則如此。

○此第六章。

【集説】孔氏穎達曰：初章易爲賢人之德，簡爲賢人之業，今總云至德者，對則德業别，散則業由德而來，俱爲德也。

○吴氏澄曰：易書廣大之中有變通焉，有陰陽之義焉，亦猶天地之有四時日月也。四時日月即天地，猶易之六子即乾坤也。易之廣大、變通、陰陽，皆易簡之善爲之主宰，而天地之至德，亦此易簡之善而已。是易書易簡之善，配乎天地之至德也。

【案】此上三章，申「變化者，進退之象」一節之義。首言易「能彌綸天地之道」，而所謂幽明、死生、神鬼之理，即進退、晝夜之機也；次言易「與天地相似」，而所謂仁義之性，即三極之道也；又言易能「範圍天地之化」，蓋以其贊天地之化育，而又知天地之化育，則三極之道，進退、晝夜之機，一以貫之矣。「窮理盡性以至於命」，則神化之事備，此易之藴也。既乃一一申明之，所謂天地之道者，一陰一陽之謂也；所謂天地之性者，一仁一智之謂也；所謂天地之化者，一顯一藏以鼓萬物之謂也；所謂「易无體」者，「生生」之謂也，著於乾坤、形乎占事者皆是；而所謂「神无方」者，則「陰陽不測」之謂也。終乃總而極贊之，謂易之窮理也，遠不禦，其盡性也，静而正，其至命也，於天地之閒備矣。又推原其根於易簡之理，静專動直，易也；静翕動闢，簡也。易簡之理，具於三極之道，而行乎進退晝夜之閒。故易者，統而言之，「廣大配天地」也。析而言之，「變化者，進退之象」，「變通配四時」也；「剛柔者，晝夜之象」，「陰陽之義配日月」也；「六爻之動，三極之道」，「易簡之善配至德」也。

御纂周易折中卷第十四

繫辭上傳下

子曰：易其至矣乎！夫易，聖人所以崇德而廣業也。知崇禮卑，崇效天，卑法地。

【本義】十翼皆夫子所作，不應自著「子曰」字，疑皆後人所加也。窮理，則知崇如天而德崇；循理，則禮卑如地而業廣。此其取類又以清濁言也。

【集説】韓氏伯曰：極知之崇，象天高而統物；備禮之用，象地廣而載物也。

○孔氏穎達曰：言易道至極，聖人用之，以增崇其德，廣大其業。

○朱子語類云：知識貴乎高明，踐履貴乎著實。知既高明，須放低著實作去。

○又云：知崇者，德之所以崇；禮卑者，業之所以廣。蓋禮纔有些不到處，便有所欠闕，業便不廣矣；惟極卑，無所欠闕，所以廣。

○又云：禮卑，是卑順之意，卑便廣，地卑便廣，高則狹了。人若只揀取高底作，便狹，兩脚踏地作，方得。

○吴氏澄曰：崇德者，立心之易，而所得日進日新也；廣業者，行事之簡，而所就日充日富也。德之進而新，由所知之崇，高明如天；業之充而富，由所履之卑，平實如地。

○張氏振淵曰：知，即德之虚明炯於中者；禮，即業之矩矱成於外者。天運於萬物之上，而聖心之知亦獨超於萬象之表，故曰「崇效天」；地包細微，不遺一物，而聖人之禮亦不忽於纖悉細微之際，故曰「卑法地」。

天地設位，而易行乎其中矣。成性存存，道義之門。

【本義】天地設位而變化行，猶知禮存性而道義出也。成性，本成之性也；存存，謂存而又存，不已之意也。

○此第七章。

【集説】朱子語類云：〔一〕識見高於上，所行實於下，中間便生生而不窮，故説「易行乎其中」，「成性存存，道義之門」。

○俞氏琰曰：人之性渾然天成，蓋無有不善者，更加以涵養功夫，存之又存，則無所往而非道，

〔一〕朱子語類云：云，薈要本作「曰」。

無所往而非義矣。

○林氏希元曰：此承上文「知崇禮卑，崇效天，卑法地」而言，意謂天地設位，則陰陽變化，「而易行乎其中矣」；聖人知禮，至於效天法地，則本成之性，存存不已，而道義從此出，故曰「道義之門」。蓋道義之得於心者，日新月盛，則德於是乎崇矣；道義之見於事者，日積月累，則業於是乎廣矣。此易所以爲聖人之崇德廣業，而易書所以爲至也。

○盧氏曰：天地位而易行，是天地德業之盛；知禮存而道義出，是聖人德業之盛。

○吴氏曰慎曰：道義之出不窮，猶易之生生不已也。然未有不存存而能生生者。

【案】門字不可專以出説，須知兼出入兩意。知崇於内，則萬理由此生，是道所從出之門也；禮卑於外，則萬行由此成，是義所從入之門也。若以四德配，則知屬冬，禮屬夏，道即仁也，屬春，義屬秋。仁主出而發用，然非一心虚明，萬理畢照，則無以爲發用之源；義主入而收斂，然非百行萬善具足完滿，亦無以爲收斂之地矣。此造化動静互根，「顯諸仁，藏諸用」之妙，其在人則性之德也，合内外之道也。

【總論】項氏安世曰：此章言聖人體易於身也，知窮萬理之原，則乾之始萬物也；禮循萬理之則，則坤之成萬物也。道者義之體，智之所知也；義者道之用，禮之所行也。

聖人有以見天下之賾，而擬諸其形容，象其物宜，是故謂之象。

【本義】賾，雜亂也。象，卦之象，如説卦所列者。

【集説】朱子語類云：賾，雜亂也。古無此字，只是嘖字，今從臣，亦是口之義，與左傳「嘖有繁言」之嘖同，是口裏説話多雜亂底意思，所以下文説不可惡。先儒多以賾爲至妙之意，若如此説，何以謂之不可惡？賾只是一箇雜亂冗鬧底意思。

○吴氏澄曰：不以彖對爻言，而以象對爻言者，文王未繫彖辭之先，重卦之名謂之象，象先於彖，言象則彖在其中。

○胡氏炳文曰：擬者，象之未成；象者，擬之已定。姑以乾坤二卦言之，未畫則擬陰陽之形容，於是爲奇耦之畫，畫則象也；已畫又取象天、地、首、腹、牛、馬，以至於爲金、爲玉、爲釜、爲布之類，皆象也。

○鄭氏維嶽曰：擬之在心，象之在畫。

○張氏振淵曰：擬諸形容者，擬之陰陽也，在未畫卦之先，「象其物宜」，正畫卦之事。擬是擬其所象，象是象其所擬。物而曰宜，不獨肖其形，兼欲盡其理。

聖人有以見天下之動，而觀其會通，以行其典禮，繫辭焉以斷其吉凶，是故謂之爻。

【本義】會，謂理之所聚而不可遺處；通，謂理之可行而无所礙處。如庖丁解牛，會則其族，而通則其虚也。

【集說】朱子語類云：會以物之所聚而言，通以事之所宜而言。會是衆理聚處，雖覺得有許多難易窒礙，必於其中却得箇通底道理，乃可行爾。且如事理間若不於會處理會，却只見得一偏，便如何行得通。須是於會處都理會，其間却自有箇通處。這禮字又說得闊，凡事物之常理皆是。

○又云：會而不通，便窒塞而不可行；通而不會，便不知許多曲直錯雜處。

○吴氏澄曰：會通，謂大中至正之理，非一偏一曲，有所拘礙者也。聖人見天下不一之動，而觀其極善之理，以行其事，見理精審，則行事允當也。以處事之法爲辭，繫於各爻之下，使筮而遇此爻者，如此處事則吉，不如此處事則凶也。

○胡氏炳文曰：不會，則於理有遺闕，如之何可通？不通，則於理有窒礙，如之何可行？通是時中，典常是庸。

○蔡氏清曰：觀會通，行典禮，且就天下之動上說，未著在易，將此理係之於易以斷其吉凶，是爻辭之所以爲爻辭者，乃所以效天下之動也，故謂之爻。

○趙氏光大曰：通即會中之通，據事理而言，則曰通；據聖人立爲常法而言，則曰典禮。典，常也；禮者，理之可行者也。

○何氏楷曰：會如省會之會，自彼而來者，面面可至；通如通都之通，自此而往者，方方可達。

○錢氏澄之曰：事勢盤錯之會，人見爲有礙者，聖人觀之，必有其通，非權宜之行，而典禮之行，蓋確乎不可易也。

言天下之至賾，而不可惡也；言天下之至動，而不可亂也。

【本義】惡，猶厭也。

【集説】朱子語類云：雜亂處，人易得厭惡，然都是道理中合有底事，自合理會，故不可惡。動亦是合有底，上面各自有道理，故自不可亂。

○吴氏澄曰：六十四卦之義，所以章顯天下至幽之義，而名言宜稱，人所易知，則自不至厭惡其賾矣；三百八十四爻之辭，所以該載天下至多之事，而處決精當，人所易從，則自不至棼亂其動矣。

○潘氏士藻曰：有至一者存，所以不可惡；有至常者存，所以不可亂。

擬之而後言，議之而後動，擬議以成其變化。

【本義】觀象玩辭，觀變玩占，而法行之，此下七爻則其例也。

【集説】王氏宗傳曰：「擬之而後言」，擬是象而言也；擬是而言，則「言有物」矣。「議之而後動」，議是爻而動也；議是而動，則「動惟厥時」矣。

○朱子語類云：擬議，只是裁度自家言動，使合此理，「變易以從道」之意。

○胡氏炳文曰：聖人之於象，擬之而後成，學易者如之何不「擬之而後言」？聖人之於爻，必觀會通以行典禮，學易者如之何不「議之而後動」？前言變化，易之變化也；此言成其變化，學易者之變化也。

鳴鶴在陰，其子和之。我有好爵，吾與爾靡之。子曰：君子居其室，出其言善，則千里之外應之，況其邇者乎！居其室，出其言不善，則千里之外違之，況其邇者乎！言出乎身，加乎民；行發乎邇，見乎遠。言行，君子之樞機。樞機之發，榮辱之主也。言行，君子之所以動天地也，可不慎乎！

【本義】釋中孚九二爻義。

【集説】韓氏伯曰：鶴鳴於陰，氣同則和，出言户庭，千里或應。出言猶然，況其大者乎？千里或應，況其邇者乎？故夫憂悔吝者存乎纖介，定失得者慎於樞機。是以君子擬議以動，慎其微也。

○蔡氏淵曰：「居其室」，即「在陰」之義；「出其言」，即「鳴」之義；「千里之外應之」，即「和之」之義。

○保氏八曰：「言出乎身，加乎民；行發乎邇，見乎遠」，樞動而户開，機動而矢發，小則招榮辱，大則動天地，皆此唱而彼和，感應之最捷也。

○汪氏砥之曰：居室照在陰看，中孚者誠積於中，在陰居室，正當慎獨以脩言行，而進於誠也。感應者心也，言者心之聲，行者心之迹，言行乃感應之樞機也。

同人先號咷而後笑。子曰：君子之道，或出或處，或默或語。二人同心，其利斷金；

同心之言，其臭如蘭。

【本義】釋同人九五爻義。言君子之道，初若不同，而後實无閒，斷金如蘭，言物莫能閒，而其言有味也。

【集説】韓氏伯曰：君子出處默語，不違其中，其跡雖異，道同則應。

○耿氏南仲曰：「或出或處，或默或語」者，物或閒之，而其迹異也，迹雖異而心同，故物不得而終閒焉。「其利斷金」，則其閒除矣，閒除則合，故又曰「同心之言，其臭如蘭」，其相好之無斁也。

○朱子語類云：同心之利，雖金石之堅，亦被他斷決將去。斷是斷作兩段。

○俞氏琰曰：出處語默，即「先號咷後笑」之義；「二人同心」，斷金臭蘭，即相遇之義。

○錢氏志立曰：斷金，言其心志之堅，物不得閒也；如蘭，言其氣味之一，物不能雜也。

初六，藉用白茅，无咎。子曰：苟錯諸地而可矣，藉之用茅，何咎之有？慎之至也。夫茅之爲物薄，而用可重也。慎斯術也以往，其无所失矣。

【本義】釋大過初六爻義。

【集説】程氏敬承曰：天下事，成於慎而敗於忽，況當大過時，時事艱難，慎心不到，便有所失，故有取於慎之至，言寧過於畏慎也。

【案】「茅之爲物薄，而用可重」，此句須對卦義看。卦取棟爲義者，任重者也。茅之視棟，爲物薄矣。然棟雖任重，而猶有橈之患，故當大事者，每憂其傾墜也。若藉茅於地，則雖重物，而不憂於傾墜矣，豈非物薄而用可重乎？自古圖大事，必以小心爲基，故大過之時義雖用剛，而以初爻之柔爲基者，此也。

勞謙君子，有終吉。子曰：勞而不伐，有功而不德，厚之至也。語以其功下人者也。德言盛，禮言恭，謙也者，致恭以存其位者也。

【本義】釋謙九三爻義。「德言盛，禮言恭」，言德欲其盛，禮欲其恭也。

【集説】楊氏萬里曰：人之謙與傲，係其德之厚與薄。德厚者無盈色，德薄者無卑辭。如鐘磬焉，愈厚者聲愈緩，薄者反是。故有勞有功，而不伐不德，唯至厚者能之。其德愈盛，則其禮愈恭矣。

亢龍有悔。子曰：貴而无位，高而无民，賢人在下位而无輔，是以動而有悔也。

【本義】釋乾上九爻義，當屬文言，此蓋重出。

【集説】孔氏穎達曰：上既以謙德保位，此明無謙則有悔，故引乾之上九「亢龍有悔」證驕亢不謙也。

〇王氏宗傳曰：知聖人深予乎謙之九三，則知聖人深戒乎乾之上九，何也？亢者，謙之反也。九三致恭存位，上九則「貴而无位」；九三「萬民服」，上九則「高而无民」；九三能以功下人，上九則

「賢人在下位而无輔」。此九三所以謙而有終，上九所以亢而有悔也。

不出户庭，无咎。子曰：亂之所生也，則言語以爲階。君不密則失臣，臣不密則失身，幾事不密則害成，是以君子慎密而不出也。

【本義】釋節初九爻義。

【集説】蔡氏淵曰：不言則是非不形。人之招禍，惟言爲甚，故言所當節也。密於言語，即「不出户庭」之義。

○吴氏澄曰：此爻辭所象慎動之節，而夫子以發言之辭釋之。程子曰：「在人所節，惟言與行，節於言則行可知，言當在先也。」

子曰：作易者其知盜乎！易曰：「負且乘，致寇至。」負也者，小人之事也；乘也者，君子之器也。小人而乘君子之器，盜思奪之矣；上慢下暴，盜思伐之矣。慢藏誨盜，冶容誨淫。易曰：「負且乘，致寇至。」盜之招也。

【本義】釋解六三爻義。

○此第八章，言卦爻之用。

【集説】孔氏穎達曰：此結上不密失身之事。事若不密，人則乘此機危而害之，猶若財之不密，盜則乘此機危而竊之。

○胡氏瑗曰：小人居君子之位，不惟盜之所奪，抑亦爲盜之侵伐矣。蓋在上之人不能選賢任能，遂使小人乘時得勢，而至於高位，非小人之然也。

○陳氏琛曰：「小人而乘君子之器」，則處非其據，而「盜思奪之矣」。且小人在位，則慢上暴下，人所不堪，而「盜思伐之矣」。

○趙氏光大曰：强取曰奪，執辭曰伐。

【案】慢暴，如陳氏説，亦通。然以「慢」字對下文「慢藏」觀之，則當爲上褻慢其名器，而在下之小人得肆其殘暴之義，方與「伐」字相應。蓋奪者，禍止其身也；伐者，禍及國家也。「慢藏誨盜」，以喻「上慢下暴，盜思伐之」；「冶容誨淫」，以喻「小人而乘君子之器，盜思奪之」。

【總論】谷氏家杰曰：此章重擬議成變化句。前章以存存用易，尊德性也；此章以擬議用易，道問學也。

【案】此上二章，申「君子所居而安者」一節之義，得易理於心之謂德，成易理於事之謂業，聖人猶然，況學者乎！是故不可以至賾而惡也，不可以至動而亂也。擬之於至賾之中，得聖人所謂擬諸形容者，則沛然無疑而可以言矣；議之於至動之際，得聖人所謂「觀其會通」者，則確然不易而可以動矣。知禮成性，不待擬議而變化出焉者，聖人之事也；精義利用，擬議以成其變化者，學者之功也。中孚以下七爻，舉例言之。

天一、地二，天三、地四，天五、地六，天七、地八，天九、地十。

【本義】此簡本在第十章之首，程子曰宜在此，今從之。此言天地之數，陽奇陰耦，即所謂河圖者也。其位一六居下，二七居上，三八居左，四九居右，五十居中。就此章而言之，則中五爲衍母，次十爲衍子；次一二三四爲四象之位，次六七八九爲四象之數；二老位於西北，二少位於東南。其數則各以其類交錯於外也。

【集説】郭氏雍曰：「天數五，地數五」者，此也。漢志言：「天以一生水，地以二生火，天以三生木，地以四生金，天以五生土。」故或謂天一至五爲五行生數，地六至地十爲五行成數。雖有此五行之説，而於易無所見，故五行之説出於歷數之學，非易之道也。

○朱子語類云：自「大衍之數五十」至「再扐而後掛」，便接「乾之策二百一十有六」，至「可與祐神矣」爲一節，是論大衍之數。自「天一」至「地十」，却連「天數五」，至「而行鬼神也」爲一節，是論河圖五十五之數。今其文閒斷差錯，不相連接，舛誤甚明。

○項氏安世曰：姚大老云，「天一地二」至「天九地十」，班固律歷志及衛元嵩元包運蓍篇皆在「天數五，地數五」之上。

○吴氏澄曰：案漢書律歷志引此章，「天一地二」至「行鬼神也」六十四字相連，則是班固時此簡猶未錯也。

天數五，地數五，五位相得而各有合。天數二十有五，地數三十，凡天地之數五十有五，此所以成變化而行鬼神也。

【本義】此簡本在大衍之後。今案，宜在此。天數五者，一三五七九，皆奇也；地數五者，二四六八十，皆耦也。相得，謂一與二、三與四、五與六、七與八、九與十，各以奇耦爲類，而自相得；有合，謂一與六、二與七、三與八、四與九、五與十，皆兩相合。二十有五者，五奇之積也；三十者，五耦之積也。變化，謂一變生水，而六化成之；二化生火，而七變成之；三變生木，而八化成之；四化生金，而九變成之；五變生土，而十化成之。鬼神，謂凡奇耦生成之屈伸往來者。

【集說】孔氏穎達曰：言此陽奇陰耦之數，成就其變化而宣行鬼神之用。

○程子曰：數只是氣，變化鬼神亦只是氣，天地之數五十有五，變化鬼神皆不越於其間。

○龔氏煥曰：五位相得之說，當從孔氏。蓋既謂之五位相得，則是指一六居北、二七居南、三八居東、四九居西、五十居中而言，且一二三四之相得，不見其用，不若孔之的也。

【案】龔氏之意，謂相得者，言四方相次，如一三、七九、二四、六八是也；有合者，言四方相交，如一六、二七、三八、四九是也。此說極合圖意。蓋相得者，是二氣之迭運，四時之順播，所以「成變化」者此也；有合者，是動靜之互根，陰陽之互藏，所以「行鬼神」者此也。然成變化、行鬼神，不直言於相得有合之後，必重叙天地之數五十有五者，蓋非重叙細數，則無以見相得者之自少而多、自微而盛，有合者之多少相間、微盛相錯，而往來積漸之迹，屈伸交互之機，有所未明者矣。

大衍之數五十，其用四十有九，分而爲二以象兩，掛一以象三，揲之以四以象四時，歸奇於扐以象閏，五歲再閏，故再扐而後掛。

【本義】大衍之數五十，蓋以河圖中宫天五乘地十而得之，至用以筮，則又止用四十有九，蓋皆出於理勢之自然，而非人之知力所能損益也。兩，謂天地也；掛，懸其一於左手小指之間也；三，三才也；揲，間而數之也；奇，所揲四數之餘也；扐，勒於左手中三指之兩間也；閏，積月之餘日而成月者也。五歲之間，再積日而再成月，故五歲之中凡有再閏，然後别起積分，如一掛之後，左右各一揲而一扐，故五者之中凡有再扐，然後别起一掛也。

【集説】韓氏伯曰：王弼曰，演天地之數者，五十也，其用四十有九，則其一不用也。不用，而用以之通；非數，而數以之成。斯易之太極也。

○孔氏穎達曰：「分而爲二以象兩」者，五十之内去其一，餘有四十九，合同未分，今以四十九分而爲二，以象兩儀也。「掛一以象三」者，就兩儀之間，於天數之中，分掛其一，以象三才也。「揲之以四以象四時」者，分揲其蓍，皆以四四爲數，以象四時。「歸奇於扐以象閏」者，謂四揲之餘，歸此殘奇於扐而成數，以象天道歸殘聚餘分而成閏也。「五歲再閏」者，凡前閏後閏相去大略三十二月，在五歲之中，故五歲再閏。

○張氏浚曰：「歸奇於扐以象閏」，何也？大衍用四十有九，老陽餘數十有三，老陰餘數二十有五，合之爲三十有八；少陽餘數二十有一，少陰餘數十有七，合之亦爲三十有八。乘以六爻之位，則二百二十有八也。凡術於筭者，率以二百二十八爲求閏之法，蓋自然之紀如此。

○朱子蓍卦考誤曰：五十之内去其一，但用四十九策，合同未分，是象太一也。以四十九策分置左右兩手，左手象天，右手象地，是象兩儀也。掛，猶懸也。於右手之中取其一策，懸於左手小指之閒，所以象人而配天地，是象三才。揲，數之也。謂先置右手之策於一處，而以右手四四而數左手之策，又置左手之策，而以左手四四而數右手之策也，皆以四數，是象四時。奇，零也；扐，勒也。謂既四數兩手之策，則其四四之後必有零數，或一或二，或三或四，左手者歸之於第四第三指之閒，右手者歸之於第三第二指之閒，而扐之也，象閏者積餘分而成閏月也。凡前後閏相去，大略三十二月，在五歲之中，此掛一揲四歸奇之法，亦一變之閒，凡一掛、兩揲、兩扐，爲五歲之象，其閒凡兩扐以象閏，是五歲之中凡有再閏。然後置前掛扐之策，復以見存之策，分二、掛一而爲第二變也。

○又答郭雍曰：過揲之數，雖先得之，然其數衆而繁；歸奇之數，雖後得之，然其數寡而約。紀數之法，以約御繁，不以衆制寡，故先儒舊説，專以多少決陰陽之老少，而過揲之數亦冥會焉。初非有異説也，然七八九六所以爲陰陽之老少者，其説又本於圖書，定於四象，其歸奇之數，亦因揲而得之耳。大抵河圖洛書者，七八九六之祖也；四象之形體次第者，其父也；歸奇之奇耦方圓者，其子也；過揲而以四乘之者，其孫也。今自歸奇以上，皆棄不録，而獨以過揲四乘之數爲説，恐或未究象數之本原也。

○吴氏澄曰：衍母之一，數之所起，故大衍五十之數虚其一而不用，所用者四十有九，其數七七，蓋以一一爲體，七七爲用也。

○胡氏炳文曰：曆法再閏之後，又從積分而起，則筮法再扐之後，又必從掛一而起也。

【附録】虞氏翻曰：奇，所掛一策；扐，所揲之餘，不一則二，不三則四也。取奇以歸扐，以閏月定四時成歲，故「歸奇於扐以象閏」也。

○張子曰：奇，所掛之一也；扐，左右手四揲之餘也。再扐後掛者，每成一爻而後掛也，謂第二、第三揲不掛也。閏嘗不及三歲而再至，故曰五歲再閏，此歸奇必俟於再扐者，象閏之中閒再歲也。

○郭氏忠孝曰：奇者，所掛之一也；扐者，左右兩揲之餘也。得左右兩揲之餘寘於前，以奇歸之也。歸奇，象閏也。「五歲再閏」，非以再扐象再閏也，蓋閏之後有再歲，故歸奇之後亦有再扐也。再扐而後復掛，掛而復歸，則「五歲再閏」之義矣。自唐初以來，以奇爲扐，故揲法多誤，至横渠先生而後，奇扐復分。

○又曰：扐者，數之餘也，如禮言「祭用數之仂」是也。或謂指閒爲扐者，非。繫辭言「歸奇於扐」，則奇與扐爲二事也；又言「再扐而後掛」，則扐與奇亦二事也。由是知正義誤以奇爲扐，又誤以左右手揲爲再扐，如曰最末之餘，歸之合於扐掛之一處，其説自相抵捂，莫知所從。惟當從横渠先生之説爲正。

○又曰：繫辭以兩扐一掛爲三變，而成一爻，是有三歲一閏之象。正義以每一揲左右兩手之餘即爲再扐，是一變之中，再扐一掛皆具，則一歲一閏之象也。凡揲蓍第一變必掛一者，謂不掛一則無變，所餘皆得五也，惟掛一，則所餘非五則九，故能變。第二、第三揲雖不掛，亦有四、八之變，蓋不必掛也。故聖人必再扐後掛者，以此。

【案】郭雍本其先人郭忠孝之説，以爲蓍説，引張子之言爲據，朱子與之往復辨論。今附録於後，以備參考。大約孔疏、本義則以左右揲餘爲奇，而即以再扐象再閏；張子、郭氏則以先掛一者爲奇，而歸之於扐以象閏，其説謂惟初變掛一，而後二變不掛，故初歲有閏，又須更越二歲，如初變有掛，又須更越二變，以應「再扐後掛」之文也。如郭氏説，則再閏、再扐兩「再」字各異義而不相應，故須以朱子之論爲確。然以歸奇爲歸掛一之奇，則自虞翻已爲此説，且玩經文語氣，歸奇於扐，奇與扐自是兩物，而併歸一處爾，此義則郭氏之説可從。蓋疏、義之意，是以扐象閏也；張、郭之意，是以掛象閏也。今折其中，則掛、扐皆當併以象閏。以天道論之，氣盈朔虚，必併爲一法；以筮儀論之，掛與扐，必併在一處；以經文考之，曰「歸奇於扐」，又曰「再扐後掛」，則象閏者，當併掛與扐明矣。

乾之策二百一十有六，坤之策百四十有四，凡三百有六十，當期之日。

【本義】凡此策數生於四象。蓋河圖四面，太陽居一而連九，少陰居二而連八，少陽居三而連七，太陰居四而連六。揲蓍之法，則通計三變之餘，去其初掛之一，凡四爲奇，凡八爲耦，奇圓圍三，耦方圍四，三用其全，四用其半，積而數之，則爲六七八九，而第三變揲數策數亦皆符會。蓋餘三奇則九，而其揲亦九，策亦四九三十六，是爲居一之太陽；餘二奇一耦則八，而其揲亦八，策亦四八三十二，是爲居二之少陰；二耦一奇則七，而其揲亦七，策亦四七二十八，是爲居三之少陽；三耦則六，而其揲亦六，策亦四六二十四，是爲居四之老陰。是其變化往來、進退離合之妙皆出自然，非人之所能爲也。少陰退而未極乎虚，少陽進而未極乎盈，故此獨以老陽老陰計乾坤六爻之策數，餘可推而知也。期，周一歲也，凡三百六十五日四分日之一，此特舉成數而概言之耳。

【集説】孔氏穎達曰：乾之少陽，一爻有二十八策，六爻則有一百六十八策，此經據老陽之策也；若坤之少陰，一爻有三十二，六爻則有一百九十二，此經據坤之老陰，故百四十有四也。

○朱子語類云：大凡易數皆六十，三十六對二十四，三十二對二十八，皆六十也。十甲十二辰，亦湊到六十也。鐘律五聲十二律，亦積爲六十也。以此知天地之數，皆至六十爲節。

○又答程大昌曰：大傳專以六爻乘二老而言，故曰「乾之策二百一十有六，坤之策百四十有四，凡三百有六十」，其實六爻之爲陰陽者，老少錯雜，其積而爲乾者未必皆老陽，其積而爲坤者未必皆老陰，其爲六子諸卦者，或陽或陰，亦互有老少焉。

○胡氏炳文曰：前則掛扐，象月之閏；此則過揲之數，象歲之周。蓋揲之以四，已合四時之象，故總過揲之數，又合四時成歲之象也。

【案】大傳不言乾之掛扐若干、坤之掛扐若干，而但言乾之策、坤之策，則以策數定七八九六者似是。

二篇之策，萬有一千五百二十，當萬物之數也。

【本義】二篇，謂上下經，凡陽爻百九十二，得六千九百一十二策；陰爻百九十二，得四千六百八策，合之得此數。

是故四營而成易，十有八變而成卦。

【本義】四營，謂分二、掛一、揲四、歸奇也。易，變易也，謂一變也。三變成爻，十八變則成六爻也。

【集說】陸氏績曰：「分而爲二以象兩」，一營也；「掛一以象三」，二營也；「揲之以四以象四時」，三營也；「歸奇於扐以象閏」，四營也。

○孔氏穎達曰：營，謂經營，謂四度經營蓍策，乃成易之一變也。每一爻有三變。初一揲，不五則九，是一變也；第二揲，不四則八，是二變也；第三揲，亦不四則八，是三變也。若三者俱多，爲老陰，謂初得九，第二、第三俱得八也；若三者俱少，爲老陽，謂初得五，第二、第三俱得四也；若兩少一多，爲少陰，謂初與二、三之閒，或有四、有五而有八，或有二四而有一九也；其兩多一少，爲少陽，謂三揲之閒，或有一九、一八而有一四，或爲二八而有一五也。三變既畢，乃定一爻。六爻則十有八變，乃始成卦也。

○朱子語類云：這處未下得卦字，亦未下得爻字，只下得易字。

八卦而小成。

【本義】謂九變而成三畫，得内卦也。

【集説】孔氏穎達曰：「八卦而小成」者，象天地雷風日月山澤，於大象略盡，是易道小成。

引而伸之，觸類而長之，天下之能事畢矣。

【本義】謂已成六爻，而視其爻之變與不變，以爲動静，則一卦可變而爲六十四卦，以定吉凶，凡四千九十六卦也。

【案】六十四卦變爲四千九十六卦之法，即如八卦變爲六十四卦之法。畫上加畫，至於四千九十六卦，則六畫者積十二畫矣。如引寸以爲尺，引尺以爲丈，故曰「引而伸之」。聖人設六十四卦，又繫以辭，則事類大略已盡，今又就其變之所適而加一卦焉，彼此相觸，或相因以相生，或相反以相成，其變無窮，則義類亦無窮，故曰「觸類而長之」。如此則足以該事變而周民用，故曰「天下之能事畢」。

顯道神德行，是故可與酬酢，可與祐神矣。

【本義】道因辭顯，行以數神。酬酢，謂應對；祐神，謂助神化之功。

【集説】韓氏伯曰：可以應對萬物之求，助成神化之功也。酬酢猶應對。

○張子曰：示人吉凶，其道顯；陰陽不測，其德神。顯，故可與酬酢；神，故可與祐神。

○又曰：「顯道」者，危使平，易使傾，懼以終始，其要无咎之道也；「神德行」者，寂然不動，冥會於萬化之感，而莫知爲之者也。受命如響，故可與「酬酢」；曲盡鬼謀，故可與「祐神」。「顯道神德行」，此言蓍龜之德也。

○項氏安世曰：天道雖幽，可闡之以示乎人；人事雖顯，可推之以合乎天。明可以酬酢事物之宜，幽可以贊出鬼神之命。

子曰：知變化之道者，其知神之所爲乎！

【本義】變化之道，即上文數法是也，皆非人之所能爲，故夫子歎之。而門人加「子曰」，以別上文也。

○此第九章，言天地大衍之數，揲蓍求卦之法。然亦略矣。意其詳具於大卜筮人之官，而今不可考耳。其可推者，啓蒙備言之。

【集説】韓氏伯曰：變化之道，不爲而自然，故「知變化之道者」，則「知神之所爲」。

○張子曰：惟神爲能變化，以其一天下之動也，人能「知變化之道」，其必「知神之所爲」也。

○蘇氏軾曰：神之所爲不可知，觀變化而知之矣。變化之間，神無不在。

○董氏銖曰：陽化爲陰，陰變爲陽者，變化也；所以變化者，道也。道者，本然之妙；變化者，所乘之機。故陰變陽化，而道無不在。兩在，故不測，故曰「知變化之道者，其知神之所爲乎」。

○龔氏焕曰：此所謂「知變化之道者，其知神之所爲」，即承上文所謂「成變化而行鬼神」爲言也。蓋河圖之數，體也，故曰「所以成變化而行鬼神」；大衍之數，用也，故曰「知變化之道，其知神之所爲」。「成變化」，所以「行鬼神」，故「知變化之道」，則「知神之所爲」。變化者，神之所爲，而神不離於變化，知道者必能知之。

○陸氏振奇曰：神妙變化而爲言，故知鬼神之行即在成變化處。

○谷氏家杰曰：神之所爲，是因圖數之神以贊衍法之神，見其亦如天地之「成變化而行鬼神」也。指蓍法之變化爲神，非總承數法而並贊其神也。

【案】此節是承蓍卦而贊之，龔氏、谷氏之論爲得。蓋蓍卦之法，乃所以寫變化之機，而陰陽合一不測之妙，行乎其閒也。下文象、變、辭、占，即是變化之道。至精至變，以極於至神，即是神之所爲。

易有聖人之道四焉，以言者尚其辭，以動者尚其變，以制器者尚其象，以卜筮者尚其占。

【本義】四者皆變化之道，神之所爲者也。

【集説】虞氏翻曰：「以言者尚其辭」，聖人之情見於辭，繫辭焉以盡言也，動則玩其占，故尚其占者也。

○孔氏穎達曰：策是筮之所用，並言卜者，卜雖龜之見兆，亦有陰陽五行變動之狀。

○程子曰：言所以述理。「以言者尚其辭」，謂以言求理者，則存意於辭也；「以動者尚其變」，動則變也，順變而動，乃合道也。制器作事，當體乎象；卜筮吉凶，當考乎占。

○朱子語類：問：「『以卜筮者尚其占』，卜用龜，亦使易占否？」曰：「不用。則是文勢如此。」

○胡氏炳文曰：辭以明變象之理，占以斷變象之應，故四者之目，以辭與占始終焉。

○蔡氏清曰：尚辭與尚占有别，後章云「繫辭焉所以告也，定之以吉凶所以斷也」，於此可見尚辭、尚占之别矣。

○又曰：言動、制器、卜筮，不必俱以筮。易言「君子居則觀其象而玩其辭」，亦可用易也；「動則觀其變而玩其占」，亦可用易也。

○何氏楷曰：此章與第二章觀象玩辭、觀變玩占相應。

是以君子將有爲也，將有行也，問焉而以言，其受命也如嚮，无有遠近幽深，遂知來物，非天下之至精，其孰能與於此！

【本義】此尚辭、尚占之事，言人以蓍問易，求其卦爻之辭，而以之發言處事，則易受人之命，而有以告之，如嚮之應聲，以決其未來之吉凶也。以言，與「以言者尚其辭」之「以言」義同。命，則將筮而告蓍之語，冠禮「筮日宰自右贊命」是也。

【集説】朱子語類云：「問焉而以言」，以上下文推之，「以言」却是命筮之詞，古人亦大段重這命筮之詞。

○吴氏澄曰：有爲謂作内事，有行謂作外事。

○蔡氏清曰：行之於身是有爲，措之事業是有行。

【案】此節是釋「動則觀其變而玩其占」之意，又起下章所謂「蓍之德」也。蓍以知來，故曰「遂知來物」。「至精」者，虛明鑒照，如水鏡之無纖翳也。

參伍以變，錯綜其數，通其變遂成天地之文，極其數遂定天下之象，非天下之至變，其孰能與於此！

【本義】此尚象之事，變則象之未定者也。參者，三數之也；伍者，五數之也。既參以變，又伍以變，一先一後，更相考覈，以審其多寡之實也。錯者，交而互之，一左一右之謂也；綜者，總而挈之，一低一昂之謂也。此亦皆謂揲蓍求卦之事。蓋通三揲兩手之策，以成陰陽老少之畫；究七八九六之數，以定卦爻動靜之象也。參伍、錯綜，皆古語，而參伍尤難曉。按荀子云：「窺敵制變，欲伍以參。」韓非曰：「省同異之言，以知朋黨之分。偶參伍之驗，以責陳言之實。」又曰：「參之以比物，伍之以合參。」史記曰：「必參而伍之。」又曰：「參伍不失。」漢書曰：「參伍其賈，以類相準。」此足以相發明矣。

【集說】虞氏翻曰：觀變陰陽始立卦，故「成天地之文」。物相雜，故曰文也；數，六畫之數。「六爻之動，三極之道」，故定天下吉凶之象也。

○朱子語類云：紀數之法，以三數之，則遇五而齊；以五數之，則遇三而會。所謂參伍以變者，前後多寡更相反覆，以不齊而要其齊。

○又云：參伍所以通之，其治之也簡而疏；錯綜所以極之，其治之也繁而密。

【案】此節是釋「居則觀其象而玩其辭」之意，又起下章所謂卦之德，六爻之義也。卦爻以藏往，故曰「遂成天地之文」，「遂定天下之象」。成文，謂八卦也，雷風水火山澤之象具，而天地之文成矣；定象，謂六爻也，內外上下貴賤之位立，而天下之象定矣。參伍錯綜，亦是互文，總以見卦爻陰陽互相參錯爾。「至變」者，變動周流，如雲物之無定質也。

易，无思也，无爲也，寂然不動，感而遂通天下之故，非天下之至神，其孰能與於此！

【本義】此四者之體所以立而用所以行者也。易指蓍卦；无思无爲，言其无心也；寂然者，感之體；感通者，寂之用。人心之妙，其動静亦如此。

【集説】孔氏穎達曰：既无思无爲，故「寂然不動」；有感必應，萬事皆通，是「感而遂通天下之故」也。言易理神功不測。

○邵子曰：无思无爲者，神妙致一之地也。所謂一以貫之，聖人以此「洗心退藏於密」。

○程子曰：老子曰「無爲」，又曰「無爲而無不爲」。聖人作易，未嘗言无爲，惟曰「无思也，无爲也」，此戒夫作爲也。然下即曰「寂然不動，感而遂通天下之故」，是動静之理，未嘗爲一偏之説矣。

○胡氏居仁曰：天下之理雖萬殊，而實一本，皆具於心，故「感而遂通」。若原不曾具得此理，如何通得。

○林氏希元曰：「感而遂通天下之故」，即是上文「遂成天地之文」「遂定天下之象」「受命如嚮」「遂知來物」之意。蓋即上文而再謄説，以歸於至神也。

○張氏振淵曰：上數「遂」字，已含有神字意，非精變之外别有神。

【案】此節是總蓍卦爻之德而贊之。「遂通天下之故」即上文「遂知來物」「遂成天地之文」，而此謂之至神者，以其皆感通於寂然不動之中，其知來物非出於思，其成文定象非出於爲也。神不在精變之外，其即精變之自然而然者與？

夫易，聖人之所以極深而研幾也。

【本義】研，猶審也；幾，微也。所以極深者，至精也；所以研幾者，至變也。

【集說】韓氏伯曰：極未形之理則曰深，適動微之會則曰幾。

○孔氏穎達曰：言易道弘大，故聖人用之，所以窮極幽深，而研覆幾微也。「无有遠近幽深」，是極深也；「參伍以變，錯綜其數」，是研幾也。

○俞氏琰曰：深，藴奥而難見也；幾，細微而未著也。極深，謂以易之至精窮天下之至精；研幾，謂以易之至變察天下之至變。

唯深也，故能通天下之志；唯幾也，故能成天下之務；唯神也，故不疾而速，不行而至。

【本義】所以通志而成務者，神之所爲也。

【集説】虞氏翻曰：深，謂幽贊神明，「无有遠近幽深」，「遂知來物」，故通天下之志，謂蓍也。務，事也，謂易研幾，故成天下之務，謂卦也。「寂然不動，感而遂通」，故「不行而至」者也。

○孔氏穎達曰：「唯深也，故能通天下之志」者，聖人用易道以極深，故聖人德深也，能通天下之志意，即是受命如嚮，「遂知來物」；「唯幾也，故能成天下之務」者，聖人用易道以研幾，故能知事之幾微，「通其變，遂成天地之文」是也。

○張子曰：一故神，譬之人身，〔一〕四體皆一物，故能觸之而無不覺，不待心使至此而後覺也。此所謂「感而遂通」「不行而至」「不疾而速」也。

○張氏浚曰：精之所燭，來物遂知，天下之志，於此而可通；變之所該，萬象以定，天下之務，於此而可成。

○朱子語類云：「通天下之志」，猶言「開物」，開通其閉塞也，故其下對「成務」。

○又易精變神説曰：變化之道，莫非神之所爲也，故「知變化之道」，則「知神之所爲」矣。易有聖人之道四焉，所謂變化之道也。觀變玩占，可以見其精之至矣；玩辭觀象，可以見其變之至矣。然非有寂然感通之神，則亦何以爲精、爲變而成變化之道哉！此變化之所以爲神之所爲也。

【案】本義以「至精」爲尚辭尚占之事，「至變」爲尚象尚變之事，而易説以「至精」爲變占，「至變」爲象辭，蓋本第二章居則觀象玩辭、動則觀變玩占而來。此與下章蓍之德、卦之德既相應，而第二章觀玩之義，亦因以明。當從此説。

子曰：易有聖人之道四焉者，此之謂也。

〔一〕譬之人身：之，薈要本作「如」。

【本義】此第十章，承上章之意，言易之用有此四者。

【集説】蔡氏清曰：上章四營而成易，至「顯道神德行」，則辭、變、象、占四者俱有，但未及枚舉而明言之耳，故此章詳之。

子曰：夫易，何爲者也？夫易，開物成務，冒天下之道，如斯而已者也。是故聖人以通天下之志，以定天下之業，以斷天下之疑。

【本義】「開物成務」，謂使人卜筮以知吉凶，而成事業；「冒天下之道」，謂卦爻既設，而天下之道皆在其中。

【集説】朱子語類云：古時民淳俗朴，風氣未開，於天下事全未知識，故聖人立龜與之卜，作易與之筮，使人趨吉避害，以成天下之事，故曰「開物成務」。物是人物，務是事務，冒是罩得天下許多道理在裏。

○又云：讀繫辭者，須要就卦中一一見得許多道理，然後可讀繫辭也。蓋易之爲書，大抵皆是因卜筮以教，逐爻開示吉凶，將天下許多道理包藏在其中，故「冒天下之道」。

○龔氏焕曰：通志以「開物」言，定業以「成務」言，斷疑以「冒天下之道」言。惟其能「冒天下之道」，所以能「斷天下之疑」。苟其道有不備，又何足以「斷天下之疑」也哉？

【案】此通志，即是上章通志；定業斷疑，則是上章成務。言通志成務，則斷疑在其中矣。又多此一句者，以起下文蓍、卦、爻三事。

是故蓍之德，圓而神；卦之德，方以知；六爻之義，易以貢。聖人以此洗心，退藏於密，吉凶與民同患。神以知來，知以藏往，其孰能與於此哉？古之聰明睿知神武而不殺者夫！

【本義】圓神，謂變化无方；方知，謂事有定理；易以貢，謂變易以告人。聖人體具三者之德，而无一塵之累。无事則其心寂然，人莫能窺；有事則神知之用隨感而應，所謂无卜筮而知吉凶也。神武不殺，得其理而不假其物之謂。

【集說】虞氏翻曰：「吉凶與民同患」，謂「作易者其有憂患」也。

○韓氏伯曰：圓者，運而不窮；方者，止而有分。唯變所適，無數不周，故曰圓；卦列爻分，各有其體，故曰方。

○又曰：表吉凶之象，以同民所憂患之事，故曰「吉凶與民同患」也。

○孔氏穎達曰：易道深遠，故古之聰明睿知神武之君，用此易道，不用刑殺而威服之也。

○崔氏憬曰：蓍之數七七四十九，象陽，圓，其爲用，變通不定，因之以知來物，是「蓍之德圓而神」也；卦之數八八六十四，象陰，方，其爲用也，爻位有分，因之以藏往知事，是「卦之德方以知」也。

○張子曰：圓神，故能「通天下之志」；方知，故能「定天下之業」；易貢，故能「斷天下之疑」。

○程子曰：安有識得易後，不知退藏於密？密是用之源，聖人之妙處。

○龔氏原曰：圓者，其體動而不窮；神者，其用虚而善應。卦者，象也，象則示之以定體；爻者，變也，變則其義不可爲典要。「以此洗心」者，所以「无思」也；以此「退藏於密」者，所以「无爲」也。以此「吉凶與民同患」者，「感而遂通天下之故」也。

○王氏宗傳曰：聖人以此蓍卦六爻洗去夫心之累，則是心也「廓然而大公」，用能「退藏於密」，而不窮之用，默存於我焉，此即易之所謂「寂然不動」也。夫妙用之源，默存於聖人之心，則發而爲用也，酬酢萬物而不窮，「樂以天下，憂以天下」，故曰「吉凶與民同患」，此即「感而遂通天下之故」也。

○朱子語類云：此言聖人所以作易之本也。蓍動卦静，而爻之變易無窮，未畫之前，此理已具於聖人之心矣。然物之未感，則「寂然不動」，而無朕兆之可名，及其出而應物，則「憂以天下」，而圓神方知者，各見於功用之實。「聰明睿知神武而不殺者」，言其體用之妙也；「洗心退藏」，言體；知來藏往，言用。然亦只言體用具矣，而未及使出來處，到下文「是興神物，以前民用」，方發揮許多道理，以盡見於用也。

○項氏安世曰：蓍用七，其德圓；卦用八，其德方；爻用九六，其義易貢。

○胡氏居仁曰：「退藏於密」，只是其心湛然無事而衆理具在也。

〇何氏楷曰：德統而義析，故爻以義言。

〇又曰：吉凶之幾，兆端已發，將至而未至者，曰來；吉凶之理，見在於此，一定而可知者，曰往。

是以明於天之道，而察於民之故，是興神物，以前民用，聖人以此齊戒，以神明其德夫。

【本義】神物謂蓍龜，湛然純一之謂齊，肅然警惕之謂戒。明天道，故知神物之可興；察民故，故知其用之不可不有以開其先。是以作爲卜筮以教人，而於此焉齊戒以考其占，使其心神明不測，如鬼神之能知來也。

【集説】韓氏伯曰：洗心曰齊，防患曰戒。

〇朱子語類云：此言作易之事也。「聖人以此齊戒，以神明其德夫」，言用易之事也。齊戒，敬也。聖人無一時一事而不敬，此特因卜筮而尤見其精誠之至，如孔子所慎齊、戰、疾之意也。

〇又云：聖人既具此理，又將此理就蓍龜上發明出來，使民亦得前知而用之也。德即聖人之德。聖人自有此理，又用蓍龜之理以神明之。

〇丘氏富國曰：心即神明之舍，人能洗之，而無一點之累，則此心静與神明一；於揲蓍求卦之時，能以齊戒存之，則此心動與神明通，心在則神在矣。

【案】「以此洗心」者，聖人體易之事也，在學者，則居而觀象玩辭，亦必如聖人之洗心，然後可以得其理；「以此齊戒」者，聖人用易之事也，在學者，則動而觀變玩占，亦必如聖人之齊戒，然後可以見其幾。言聖人以爲君子之楷則也。

是故闔户謂之坤，闢户謂之乾，一闔一闢謂之變，往來不窮謂之通。見乃謂之象，形乃謂之器，制而用之謂之法，利用出入，民咸用之謂之神。

【本義】闔闢，動靜之機也。先言坤者，由靜而動也。乾、坤、變、通者，化育之功也；見、象、形、器者，生物之序也。法者，聖人脩道之所爲，而神者，百姓自然之日用也。

【集説】荀氏爽曰：「見乃謂之象」，謂日月星辰，光見在天而成象也；「形乃謂之器」，萬物生長，在地成形，可以爲器用者也。觀象於天，觀形於地，制而用之，可以爲法。

○虞氏翻曰：闔，閉翕也，坤象夜，故以閉户也；闢，開也，乾象晝，故以開户也。陽變闔陰，陰變闢陽，剛柔相推而生變化也。

○陸氏績曰：聖人制器以周民用，用之不遺，故曰「利用出入」也。民皆用之，而不知所由來，故謂之神也。

○朱氏震曰：知闔闢變通者，「明於天之道」；知「利用出入，民咸用之」者，「察於民之故」。

○朱子語類云：闔闢乾坤，理與事皆如此，書亦如此，這箇只説理底意思多。

○問：「『闔户謂之坤』一段，只是這一箇物，以其闔謂之坤，以其闢謂之乾，以其闔闢謂之變，以其不窮謂之通，以其發見而未成形謂之象，以其成形則謂之器，聖人脩明以立教則謂之法，百姓日用則謂之神。」曰：「是如此。」又曰：「『利用出入』者，便是人生日用都離他不得。」

【案】此節是説天道民故如此。「易有大極」一節，是説聖人作易以模寫之。

是故易有大極，是生兩儀，兩儀生四象，四象生八卦。

【本義】一每生二，自然之理也。易者，陰陽之變；大極者，其理也；兩儀者，始爲一畫以分陰陽；四象者，次爲二畫以分大少；八卦者，次爲三畫而三才之象始備。此數言者，實聖人作易自然之次第，有不假絲豪智力而成者。畫卦揲蓍，其序皆然，詳見序例、啓蒙。

【集説】邵子曰：太極何物也？曰：無爲之本也。「太極生兩儀」，兩儀，天地之謂乎？曰：兩儀，天地之祖也。太極分而爲二，先得一爲一，復得一爲二，一二謂兩儀。曰：「兩儀生四象」，四象何物也？曰：四象謂陰陽剛柔，有陰陽然後可以生天，有剛柔然後可以生地，立功之本，於斯爲極。曰：「四象生八卦」，八卦何謂也？曰：謂乾坤離坎兑艮震巽也，迭相盛衰終始於其間矣，因而重之，則六十四卦由是而生也，而易之道備矣。

○朱子語類云：太極，十全是具一箇善，若三百八十四爻中有善有惡，皆陰陽變化後方有。

○又云：若説其生，則俱生太極，依舊在陰陽裏，但言其次序，須有這實理，方始有陰陽也。自見在事物而觀之，則陰陽函太極，推其本，則太極生陰陽。

○又云：易有太極，便是下面兩儀、四象、八卦，自三百八十四爻總爲六十四，自六十四總爲八卦，自八卦總爲四象，自四象總爲兩儀，自兩儀總爲太極。以物論之，易之太極，如木之有根，浮圖之有頂，但木之根、浮圖之頂是有形之極，太極却不是一物，無方所頓放，是無形之極。故周子曰「無極而太極」，是他説得有功處。然太極之所以爲太極，却不離乎兩儀、四象、八卦，如「一陰一陽之謂道」，指一陰一陽爲道則不可，然道不離乎陰陽也。

○陳氏淳曰：太極只是渾淪極至之理，非可以形氣言。傳曰「易有太極」，易只是陰陽變化，其所以爲陰陽變化之理，則太極也。又曰「三極之道」，三極云者，只是三才極至之理，其謂之三極者，以見三才之中各具一太極，而太極之妙無不流行於三才之中也。外此百家諸子，都説屬氣形去。如漢志謂太極函三爲一，乃是指天地人氣形已具，而渾淪未判；老子説「有物混成，先天地生」，正指此也。莊子謂「道在太極之先」，所謂太極，亦是指此渾淪未判者，而道又别懸空在太極之先，則道與太極分爲二矣。不知道即是太極，道是以理之通行者而言，太極是以理之極至者而言。惟理之極至，所以古今人物通行；惟古今人物通行，所以爲理之極至，更無二理也。

○胡氏居仁曰：太極，理也。道理最大，無以復加，故曰太極。凡事到理上，便是極了，再改移不得。太是尊大之義，極是至當無以加也。

○鄭氏維嶽曰：繫辭傳中乾坤多指奇耦二畫言，三畫六畫皆此二畫之所生，而坤又乾之所生，乾者一而已，一者太極也。

○徐氏在漢曰：同一乾坤也，以其一神則謂之太極，以其兩化則謂之兩儀。奇參耦中，乾體而有坎象；耦參奇中，坤體而有離象，故謂之四象。乾體而有坎象，則震艮之形成矣；坤體而有離象，則巽兑之形成矣，故謂之八卦。

八卦定吉凶，吉凶生大業。

【本義】有吉有凶，是生大業。

【集説】俞氏琰曰：八卦具而定吉凶，則足以「斷天下之疑」矣；吉凶定而生大業，則有以「成天下之務」矣。

【案】聖人作易，準天之道，故陰陽互變，而定爲八卦之象形；效民之故，故制爲典禮，而推之生民之利用。

是故法象莫大乎天地；變通莫大乎四時；縣象著明莫大乎日月；崇高莫大乎富貴；備物致用，立成器以爲天下利，莫大乎聖人；探賾索隱，鉤深致遠，以定天下之吉凶，成天下之亹亹者，莫大乎蓍龜。

【本義】富貴，謂有天下，履帝位。「立」下疑有闕文。亹亹，猶勉勉也。疑則怠，決故勉。

【集説】侯氏行果曰：亹，勉也。夫幽隱深遠之情，吉凶未兆之事物，皆勉勉然願知之，然不能也。及著成卦、龜成兆也，雖神道之幽密，未來之吉凶，坐可觀也，是蓍龜成天下之勉勉也。

○朱子語類：問「以定天下之吉凶，成天下之亹亹」。曰：人到疑而不能決處，便放倒了，不肯向前，動有疑阻。既知其吉凶，自然勉勉住不得，則其所以亹亹者，卜筮成之也。

○俞氏琰曰：賾謂雜亂，探者，抽而出之也；隱謂隱僻，索者，尋而得之也；深謂不可測，鉤者，曲而取之也；遠謂難至，致者，推而極之也。

○趙氏玉泉曰：八卦定吉凶而生大業，蓍龜定吉凶而成亹亹，可見卦畫者，蓍龜之體；蓍龜者，卦畫之用。

○吳氏曰慎曰：上文「易有太極」四句，言作易之序；定吉凶、生大業，言易之用。此節贊蓍龜之大用，而先之以五者，又與闔户八句相應。

【案】此節是合上文造化易書而通贊之。天地即乾坤，四時即變通，日月即見象，不言形器者，下文有「立成器」之文。蓋在天者，示人以象而已；在地者，則民生器用之資。故上文「制而用之」，亦偏承形器而言也。此「備物致用，立成器」之聖人，非富貴則不能，故中間又著此一句，明前文「制而用之」者，是治世之聖人也。至畫卦生蓍，乃是作易之聖人。總而敘之，則見作易之功，與造物者同符，與治世者相配也。

是故天生神物，聖人則之；天地變化，聖人效之；天垂象，見吉凶，聖人象之；河出圖，洛出書，聖人則之。

【本義】此四者，聖人作易之所由也。河圖、洛書詳見啓蒙。

【集説】孔氏穎達曰：河出圖，洛出書，如鄭康成之義，則春秋緯云：「河以通乾，出天苞；洛以流坤，吐地符。河龍圖發，洛龜書感，河圖有九篇，洛書有六篇。」孔安國以爲，河圖則八卦是也，洛書則九疇是也。輔嗣之義，未知何從。

○劉氏子翬曰：河圖昧乎太極，則八卦分而無統；洛書昧乎皇極，則九疇滯而不通。

○朱氏震曰：天生神物，謂蓍龜也；天地變化，四時也；天垂象，見吉凶，日月也；河圖、洛書，象數也；則者，彼有物而此則之也。

○郭氏雍曰：河出圖而後畫八卦，洛出書而後定九疇。〔一〕故河圖非卦也，包犧畫而爲卦；洛書非字也，大禹書而爲字。亦猶箕子因九疇而陳洪範，文王因八卦而演周易。其始則肇於河圖、洛書，畫於八卦、九疇，成於周易、洪範，其序如此。

○胡氏炳文曰：四者言聖人作易之由，而易之所以作，由於卜筮，故以「天生神物」始焉。

〔一〕洛出書而後定九疇：後，原脱，據薈要本補。

易有四象，所以示也；繫辭焉，所以告也；定之以吉凶，所以斷也。

【本義】四象，謂陰陽老少；示，謂示人以所值之卦爻。

○此第十一章，專言卜筮。

【集説】游氏讓溪曰：四象，謂陰陽老少；示，謂示人以變化之道，即上文「以通天下之志」者也。繫辭焉以盡其言，故曰告，即上文「以定天下之業」者也。「定之以吉凶」，則趨避之機決矣，故曰斷，即上文「以斷天下之疑」者也。此結上數節之意。

【案】此上三章，申「君子居則觀其象」一節之義，首之以河圖，次之以蓍策，遡易之所因起，是象變之本、辭占之源也。中閒遂備列四者爲聖人之道。其又以辭爲之先者，明學易從辭入也。辭生於變，變出於象，象歸於占，故其序如此。辭、變、象、占四者，以其包含來物，故謂之「至精」；以其錯綜萬象，故謂之「至變」；以其无思无爲而感通萬故，故謂之「至神」。其所以爲聖人之道者，以其皆出於聖人之心也。蓍德圓神，至精也，即聖心之所以「知來」；卦德方知，爻義易貢，至變也，即聖心之所以「藏往」；蓍卦之寂然感通，至神也，即聖心之所以「退藏於密，吉凶與民同患」也。以此洗心，則爲聖人之德。以此立教，斯爲聖人之道。故其易之所以作也，明於天道，則變化象形之類是也；察於民故，則制法利用之類是也。因而寫之於易，其兩儀、四象、八卦之交錯，則變化象形具矣；吉凶定，事業起，則制法利用寓矣。於是託之蓍龜，以前民用，蓋與天地、四時、日月，及崇高有位、備物成器之聖人，其道上下同流，而未之有異也。言易之道於此盡矣，故復總言以結之。天生神物，結大衍之數也；天地變化垂象，結闔闢變通、見象形器之類也；河出圖，洛出書，結河圖數也。易以蓍策而興，以仰觀俯察而作，而其發獨智者，則莫大於龍馬之祥，故其序又如此。四象兼象變。繫辭，辭也。定吉凶，占也。複説四者，以起大有上爻之意，而終「自天祐之，吉无不利」之指也。

易曰：自天祐之，吉无不利。子曰：祐者助也，天之所助者順也，人之所助者信也。履信思乎順，又以尚賢也。是以自天祐之，吉无不利也。

【本義】釋大有上九爻義。然在此无所屬，或恐是錯簡，宜在第八章之末。

【集説】侯氏行果曰：此引大有上九辭以證之也。大有上九，履信思順，「自天祐之」，言人能依四象所示，繫辭所告，則天及人皆共祐之，吉无不利者也。

○朱氏震曰：「天之所助者順也，人之所助者信也」，六五履信而思乎順，又自下以尚賢，「是以自天祐之，吉无不利」，言此明獲天人之理，然後吉无不利。聖人「明於天之道而察於民之故」，合天人者也。

○柴氏中行曰：聖人興易，以示天下，欲「居則觀其象而玩其辭，動則觀其變而玩其占」，捨逆取順，避凶趨吉而已。六十四卦中，如大有上九辭之順道而獲吉者多矣，夫子於此再三舉之者，以「自天祐之，吉无不利」之辭，深見人順道而行，自與吉會之意。

○何氏楷曰：取大有上九爻辭以結上文。居則觀象而玩辭，動則觀變而玩占，則孜孜尚賢之意也，是以「自天祐之，吉无不利」也，與第二章「自天祐之」語遥應，非錯簡也。

【案】何氏説是。然即是申釋第二章結語之意，非遥應也。

子曰：書不盡言，言不盡意。然則聖人之意，其不可見乎？子曰：聖人立象以盡意，設卦以盡情僞，繫辭焉以盡其言，變而通之以盡利，鼓之舞之以盡神。

【本義】言之所傳者淺，象之所示者深。觀奇耦二畫，包含變化，无有窮盡，則可見矣。變通鼓舞，以事而言。兩「子曰」字，宜衍其一，蓋「子曰」字皆後人所加，故有此誤。如近世通書乃周子所自作，亦爲後人每章加以「周子曰」字，其設問答處正如此也。

【集説】崔氏憬曰：言伏羲仰觀俯察，而立八卦之象，以盡其意。「設卦」，謂因而重之爲六十四卦，「情僞」盡在其中矣。作卦爻之辭，以繫伏羲立卦之象，象既盡意，故辭亦盡言也。

○蘇氏軾曰：辭約而義廣，故能盡其言。

○朱子語類云：立象盡意，是觀奇耦兩畫，包含變化，無有窮盡。「設卦以盡情僞」，謂有一奇一耦設之於卦，自是盡得天下情僞。「繫辭焉」，便斷其吉凶。「變而通之以盡利」，此言占得此卦，陰陽老少交變，因其變，便有通之之理。「鼓之舞之以盡神」，既占，則無所疑，自然行得順便，如言「顯道神德行」，「成天下之亹亹」，皆是鼓之舞之之意。

○又云：歐公説繫辭不是孔子作，所謂「書不盡言，言不盡意」者，非，蓋他不曾看「立象以盡意」一句。惟其言不盡意，故立象以盡之，學者於言上會得者淺，於象上會得者深。

○問：「鼓之舞之以盡神」，又言「鼓天下之動者存乎辭」，鼓舞，恐只是振揚發明底意思否？曰：然。蓋提撕警覺，使人各爲其所當爲也。

○吴氏澄曰：立象，謂羲皇之卦畫所以示者也；盡意，謂雖無言，而「與民同患」之意悉具於其中；設卦，謂文王設立重卦之名；盡情僞，謂六十四名足以盡天下事物之情；辭，謂文王、周公之彖爻，所以告者也。羲皇之卦畫足以盡意矣，文王又因卦之象，設卦之名，「以盡情僞」，然卦雖有名而未有辭也，又繫彖辭、爻辭，則足以盡其言矣。「設卦」一句，在「立象」之後，「繫辭」之前，蓋竟「盡意」之緒，啓「盡言」之端也。

○梁氏寅曰：意非言可盡，則立象以盡意矣；言非書可盡，而又謂繫辭盡其言，何也？曰：言止於是而已矣，而意之無窮，聖人故貴於象也，故特首之曰「立象以盡意」。

○錢氏志立曰：聖人之意，不能以言盡，而盡於立象，此聖人以象爲言也。因而繫辭，凡聖人所欲言者，又未嘗不盡於此。

【案】立象，朱子謂指奇耦二畫，崔氏、吴氏則謂是八卦之象，似爲得之。崔氏説又較明也。變通鼓舞，語類俱著占筮説，然須知象辭之中，便已具變通鼓舞之妙，特因占而用爾，故下文「化而裁之存乎變」，「推而行之存乎通」，皆是指象辭中之理有變有通，非專爲七八九六之變也。鼓舞，即是下文「鼓天下之動」意。

○又案：象足以盡意，故因象繫辭足以盡言，但添一焉字，而意自明，聖筆之妙也。

乾坤，其易之緼邪！乾坤成列，而易立乎其中矣。乾坤毁則无以見易，易不可見，則乾坤或幾乎息矣。

【本義】緼，所包蓄者，猶衣之著也。易之所有，陰陽而已，凡陽皆乾，凡陰皆坤，畫卦定位，則二者成列，而易之體立矣。乾坤毁，謂卦畫不立；乾坤息，謂變化不行。

【集説】胡氏瑗曰：此言大易之道，本始於天地，天地設立，陰陽之端，萬物之理，萬事之情，以至寒暑往來，日月運行，皆由乾坤之所生。故乾坤成，而易道變化建立乎其中矣。若乾坤毁棄，則无以見易之用；易既毁，則无以見乾坤之用，如是，「乾坤或幾乎息矣」。

○張子曰：乾坤，天地也；易，造化也。

○蘇氏軾曰：乾坤之於易，猶日之於歲也，除日而求歲，豈可得哉？故乾坤毁則易不可見矣，易不可見，則乾爲獨陽，坤爲獨陰，生生之功息矣。

○葉氏良佩曰：乾位乎上，坤位乎下，「乾坤成列」，而易已立乎其中矣。四德之循環，萬物之出入，易與天地相爲無窮，必乾坤毁，則无以見耳，若「易不可見，則乾坤或幾乎息矣」。

【案】此節及「形而上者」一節，皆是就造化人事説，以見聖人立象設卦之所從來，未是説卦畫蓍變。「夫象」以下，方是説聖人立象、設卦繫辭之事。

是故形而上者謂之道，形而下者謂之器，化而裁之謂之變，推而行之謂之通，舉而錯之天下之民謂之事業。

【本義】卦爻陰陽，皆形而下者，其理則道也。因其自然之化而裁制之，變之義也。變通二字，上章以天言，此章以人言。

【集説】孔氏穎達曰：陰陽之化，自然相裁，聖人亦法此而裁節也。

○程子曰：形而上者爲道，形而下者爲器，須著如此説，器亦道，道亦器也。

○又曰：繫辭曰「形而上者謂之道，形而下者謂之器」；又曰「立天之道曰陰與陽，立地之道曰柔與剛，立人之道曰仁與義」；又曰「一陰一陽之謂道」。陰陽亦形而下者也，而曰道者，唯此語截得上下最分明，元來只此是道，要在人默而識之也。

○張氏浚曰：道形而上，神則妙之；器形而下，體則著之。道之與器，本不相離散，而在天地萬物之閒者，其理莫不皆然。

○王氏宗傳曰：道也者，无方无體，所以妙是器也；器也者，有方有體，所以顯是道也。道外無器，器外無道，其本一也。故形而上者與形而下者，皆謂之形。化而裁之，則是器有所指别，而名體各異，故謂之變。推而行之，則是變無所凝滯，而運用不窮，故謂之通。舉是變通之用，而措之天下之民，使之各盡其所以相生相養之道，故謂之事業。

○朱子語類云：「形而上者謂之道，形而下者謂之器」，道是道理，事事物物皆有箇道理；器是形迹，事事物物亦皆有箇形迹。有道須有器，有器須有道，物必有則。

○問：「形而上下，如何以形言？」曰：「此言最的當，設若以有形無形言之，便是物與理相間斷了，所以謂截得分明者，只是上下之間分别得一箇界止分明。器亦道，道亦器，有分别而不相離也。」

○問：「只是這一箇道理，但即形器之本體而離乎形器，則謂之道；就形器而言，則謂之器。聖人因其自然，化而裁之，則謂之變；推而行之，則謂之通；舉而措之，則謂之事業。裁也、行也、措也，都只是裁、行、措這箇道。」曰：「是。」

○方氏應祥曰：此節正好體認立象盡意處。乾坤，象也，而曰「易之緼」，曰「易立乎其中」，則意盡矣，正以象之所在即道也。「是故」字承上乾坤來。形而上、形而下，所以俱言形者，見得本此一物，若舍此一字，專言上者、下者，便分兩截矣。

是故夫象，聖人有以見天下之賾，而擬諸其形容，象其物宜，是故謂之象。聖人有以見天下之動，而觀其會通，以行其典禮，繫辭焉以斷其吉凶，是故謂之爻。

【本義】重出以起下文。

【集説】陸氏績曰：此明説立象盡意、設卦盡情僞之意也。

○孔氏穎達曰：下文極天下之賾存乎卦，鼓天下之動存乎辭，爲此故，更引其文也。

極天下之賾者存乎卦，鼓天下之動者存乎辭。

【本義】卦即象也，辭即爻也。

【集説】朱子語類云：「極天下之賾者存乎卦」，謂卦體之中，備陰陽變易之形容；「鼓天下之動者存乎辭」，是説出這天下之動，如鼓之舞之相似。

○俞氏琰曰：賾以象著，卦有象，則窮天下之至雜至亂，無有遺者，故曰極；動以辭決，使天下樂於趨事赴功者，手舞足蹈而不能自已，故曰鼓。

【案】「極天下之賾」，結「立象以盡意，設卦以盡情僞」兩句；「鼓天下之動」，結「繫辭焉以盡其言」一句。

化而裁之存乎變，推而行之存乎通，神而明之存乎其人，默而成之、不言而信存乎德行。

【本義】卦爻所以變通者在人，人之所以能神而明之者在德。

○此第十二章。

【集説】程子曰：易因爻象論變化，因變化論神，因神論人，因人論德行。大體通論易道，而終於「默而成之、不言而信存乎德行」。

○程氏敬承曰：上繫末章歸重德行，下繫末章亦首揭出德行。此之德行，即所謂乾坤易簡者乎？

○張氏振淵曰：謂之變，謂之通，變通因化裁推行而有也；存乎變，存乎通，化裁推行因變通而施也。

【案】「化而裁之」，「推而行之」，結「變而通之以盡利」一句；「神而明之」以下，結「鼓之舞之以盡神」一句。上文化裁推行，是泛説天地閒道理，故曰謂之變、謂之通；此化裁推行，是説易書中所具，故曰存乎變、存乎通。言就易道之變處，見得聖人化裁之妙；就易道之通處，見得聖人推行之善也。神而明之，神字即根「鼓舞盡神」來。辭之鼓舞乎人者，固足以盡神，然必以人心之神契合乎易之神，然後鼓舞而不自知，此所謂「神而明之」也。「默而成之，不言而信」，是其所以能神明處。

【總論】胡氏炳文曰：上繫凡十二章，末乃曰「書不盡言，言不盡意」，蓋欲學者自得於書、言之外也。自「立象盡意」至「鼓天下之動者存乎辭」，反覆易之書、言可謂盡矣，末乃曰「默而成之、不言而信存乎德行」，然則易果書、言之所能盡哉？得於心爲德，履於身爲行，易之存乎人者，蓋有存乎心身而不徒存乎書、言者矣。

【案】此章蓋總上十一章之意而通論之。「言不盡意」，故「立象以盡意」，謂伏羲也；「書不盡言」，故因象而「繫辭焉以盡其言」，謂文周也。象之足以盡意者，言之指陳有限而象之該括無窮也。因象繫辭之足以盡言者，象爲虚倣之象而該括無窮，則辭亦爲假託之辭而包涵無盡也。變通盡利者，象所自具之理，而所以定吉凶。鼓舞盡神者，辭所發揮之妙，而所以成亹亹也。其言乾坤者，推象之所自來也。有天地故有變化。滯於形以觀之，亦器焉而已；超乎形以觀之，則道之宗也。因天地之變化而裁之，則人事所由變也；因其可通之理而推行之，則人事所由通也。自古聖人所以定天下之業者，此而已矣。是以作易之聖，觀乾坤之器而立象，推其變通之用而設辭，使天下後世欲裁化而推行者於是乎在，其功可謂盛矣。雖然象足以盡意，而有畫前之易，故貴乎「默而成之」也；辭足以盡言，而有言外之意，故貴乎「不言而信」也，此則所謂「神而明之」。蓋學之不以觀玩之文，而明之不以口耳之粗者也。德行，謂有得於易簡之理。

御纂周易折中卷第十五

繫辭下傳

八卦成列，象在其中矣；因而重之，爻在其中矣。

【本義】成列，謂乾一、兑二、離三、震四、巽五、坎六、艮七、坤八之類；象，謂卦之形體也；因而重之，謂各因一卦而以八卦次第加之，爲六十四也；爻，六爻也，既重而後，卦有六爻也。

【集説】韓氏伯曰：夫八卦備天下之理，而未極其變，故因而重之，以象其動用，則爻卦之義，所存各異，故「爻在其中矣」。

○朱子語類云：八卦所以成列，乃是從太極、兩儀、四象漸次生出，以至於此畫成之後，方見其有三才之象。非聖人因見三才，遂以己意思維而連畫三爻以象之也。因而重之，亦是因八卦之已成，各就上面節次生出。若旋生逐爻，則更加三變，方成六十四卦；若併生全卦，則只用一變，便成六十四卦。雖有遲速之不同，然皆自漸次生出，各有行列，次第畫成之後，然後見其可盡天下之變。

○柴氏中行曰：八卦列成，則凡天下之象，舉在其中，不止八物，如說卦中所列皆是。

○鄭氏曰：卦始於三畫，未有爻也，因而重之，其體有上下，其位有内外，其時有初終，其序有先後，而爻在其中矣。

剛柔相推，變在其中矣；繫辭焉而命之，動在其中矣。

【本義】剛柔相推，而卦爻之變往來交錯，无不可見，聖人因其如此，而皆繫之辭，以命其吉凶，則占者所值當動之爻象，亦不出乎此矣。

【集說】虞氏翻曰：「剛柔相推而生變化」，故「變在其中矣」。繫彖象九六之辭，故「動在其中」，「鼓天下之動者存乎辭」者也。

○孔氏穎達曰：上繫第二章云「剛柔相推而生變化」，是變化之道在剛柔相推之中。

○蔡氏清曰：天文、地理、人事、物類，一剛一柔盡之矣，二者之外，再無餘物也。故凡剛者，皆柔之所推也；凡柔者，皆剛之所推也，而易卦中亦只是剛柔二者而已。非剛則柔，非柔則剛，在剛皆柔之所推，在柔皆剛之所推。

○蘇氏濬曰：動在其中，虞翻謂「鼓天下之動者存乎辭」，此說極是。此「動」字與下文「生乎動」「天下之動」，三「動」字俱同。易之辭，原是聖人見天下之動而繫之者，故曰「鼓天下之動存乎辭」，此即「動在其中」之說，非當動卦爻之謂也。

吉凶悔吝者，生乎動者也。

【本義】吉凶悔吝，皆辭之所命也，然必因卦爻之動而後見。

【集説】龔氏原曰：象者，一卦之成體也，故天下之賾存焉；爻者，六位之變動也，故天下之動存焉。剛柔相推，所以成爻也，而「爻者言乎變」，則「變在其中矣」；「繫辭焉而命之」，所以明爻也，而辭者以鼓天下之動，則「動在其中矣」。卦則兆於成列而備於重，爻則兆於變而備於動，故吉凶悔吝生焉。

○蘇氏濬曰：傳曰「寂然不動」，又曰「動之微，吉之先見」，當其不動也，尚無所謂吉，又何有於凶？惟動而微也，吉斯見焉。動而紛紜雜亂也，凶與悔吝始生於其閒矣。

【案】此是覆説「繫辭焉而命」「動在其中」之意。凡天下之吉凶悔吝，皆生於人事之動，故易中有吉凶悔吝之辭，而動在其中。

剛柔者，立本者也；變通者，趣時者也。

【本義】一剛一柔，各有定位，自此而彼，變以從時。

【集説】朱氏震曰：爻有剛柔，不有兩則一不立，所以「立本」也。剛柔相變，通其變以盡利者，「趣時」也；趣時者，時中也。

○張氏浚曰：剛柔相推，往來進退，爲變無常，而莫不因乎自然之時，故曰「趣時」。

○朱子語類云：此兩句相對説。剛柔者，陰陽之質，是移易不得之定體，故謂之本；若剛變爲柔，柔變爲剛，便是變通之用。

〇又云：剛柔者，晝夜之象，所謂「立本」；變化者，進退之象，所謂「趣時」。剛柔兩箇是本，變通便只是其往來者。

〇胡氏炳文曰：卦有卦之時，爻有爻之時。「立本」者，天地之常經；「趣時」者，古今之通義。

〇梁氏寅曰：「剛柔者立本」，乃不易之體，即所謂闔户闢户也；「變通者趣時」，乃變易之用，即所謂往來不窮也。

〇蔡氏清曰：剛柔立本，所謂交易而對待者；變通趣時，所謂變易而流行者。

【案】此是覆説「剛柔相推而生變化」之意。凡天地閒之理，兩者對待，斯不偏，而可以「立本」；兩者迭用，斯不窮，而可以「趣時」，故易中剛柔相推而變在其中。

吉凶者，貞勝者也。

【本義】貞，正也，常也，物以其所正爲常者也。天下之事，非吉則凶，非凶則吉，常相勝而不已也。

天地之道，貞觀者也；日月之道，貞明者也；天下之動，貞夫一者也。

【本義】觀，示也。天下之動，其變无窮，然順理則吉，逆理則凶，則其所正而常者，亦一理而已矣。

【集説】朱子語類云：吉凶常相勝，不是吉勝凶，便是凶勝吉，二者常相勝，故曰「貞勝」。天地之道則常示，日月之道則常明。「天下之動，貞夫一者也」，天下之動雖不齊，常有一箇是底，故曰「貞夫一」。

〇高氏萃曰：天常示人以易，地常示人以簡，雖陰不能以不慾，陽不能以不伏，而貞觀之理常自若也。日明乎晝，月明乎夜，雖中不能以不昃，盈不能以不食，而貞明之理常自若也。天下之動，進退存亡，不可以一例測，然而順理則裕，從欲惟危，同一揆也；惠迪之吉，從逆之凶，無二致也。是則造化人事之正常，即吉凶之貞勝，豈可以二而求之哉？

【案】自吉凶貞勝至此爲一節，又承「吉凶悔吝生乎動」之意，而明其理之一也。貞勝之義，張子以爲以正爲勝，朱子以爲二者常相勝。今玩文義，當爲以常爲勝。蓋天下容有善而遇凶、惡而獲吉者，然非其常也，「惠迪吉，從逆凶」，乃理之常，故當以常者爲勝。如天地則以常者觀示，日月則以常者照臨，偶有變異，不足言也，天下之動，豈不常歸於一理乎？

夫乾，確然示人易矣；夫坤，隤然示人簡矣。

【本義】確然，健貌；隤然，順貌，所謂貞觀者也。

【集說】韓氏伯曰：確，剛貌也；隤，柔貌也。乾坤皆恒一其德，故簡易也。

【案】此節又承剛柔立本、變通趣時之意，而明其理之一也。乾坤者，剛柔之宗也。乾坤定位，而變化不窮矣。然其所以立本者，一歸於易簡之理，所謂「天有顯道，厥類維彰」，萬古不易者也。

爻也者，效此者也；象也者，像此者也。

【本義】此謂上文乾坤所示之理，爻之奇耦、卦之消息，所以效而像之。

【案】「爻也者效此」，是結「吉凶悔吝生乎動」而「貞夫一」之意。「象也者像此」，是結剛柔變通而歸於易簡之意。

爻象動乎內，吉凶見乎外，功業見乎變，聖人之情見乎辭。

【本義】內，謂蓍卦之中；外，謂蓍卦之外；變，即動乎內之變；辭，即見乎外之辭。

【集說】韓氏伯曰：功業由變以興，故見乎變也。「辭也者，各指其所之」，故曰情也。

○張子曰：因爻象之既動，明吉凶於未形，故曰「爻象動乎內，吉凶見乎外」。隨爻象之變，以通其利，故功業見也。聖人之情存乎教人而已。

○吴氏澄曰：聖人與民同患之情，皆於易而著見。聖人之道而獨歸重於辭，蓋此篇爲繫辭之傳故也。

【案】爻象者動而無形，故曰內；吉凶者顯而有迹，故曰外，非專以蓍筮言也。

天地之大德曰生，聖人之大寶曰位，何以守位曰仁，何以聚人曰財，理財正辭、禁民爲非曰義。

【本義】「曰人」之「人」，今本作「仁」，呂氏從古，蓋所謂「非衆罔與守邦」。

○此第一章，言卦爻吉凶、造化功業。

【集説】陸氏績曰：人非財不聚，故聖人觀象制器，備物盡利，以業萬民而聚之也。蓋取聚人之本矣。

○崔氏憬曰：言聖人行易之道，當須法天地之大德，寶萬乘之大位，謂以道濟天下爲寶，是其大寶也。夫財貨人所貪愛，不以義理之，則必有敗也；言辭人之樞要，不以義正之，則必有辱也；百姓有非，不以義禁之，則必不改也。此三者皆資於義，以此行之，得其宜也，故知仁義，聖人寶位之所要也。

○張子曰：將陳理財養物於下，故先敘天地生物。

○朱氏震曰：「天地之大德曰生」者，仁也。聖人成位乎兩閒者，仁而已，不仁不足以參天地。義所以爲仁，非二本也，故曰「立人之道曰仁與義」。

○王氏宗傳曰：聖人所以配天地而王天下者，亦有仁義而已矣。仁，德之用也；義，所以輔仁也。理財，如所謂作網罟以佃漁、作耒耜以耕耨、致民聚貨以交易之類是也；正辭，如所謂易結繩以書契、百官以治、萬民以察是也；禁民爲非，如所謂重門擊柝以待暴客、剡矢弦弧以威天下是也。

○朱子語類云：正辭，便只是分別是非。又曰：教化便在正辭裏面。

○項氏安世曰：聖人之仁，即天地之生。「大寶曰位」，即「崇高莫大乎富貴」也。自此以下，以包犧氏、神農氏、黄帝、堯、舜氏實之，皆聖人之富貴者也。財者，百物之總名，皆民之所利也；理財，謂「水火金木土穀惟脩」，所以利之也；正辭，謂殊貴賤使有度，明取予使有義，辨名實使有信，利之所在，不可不導之使知義也；禁民爲非，謂憲禁令，致刑罰，以齊其不可導者也。蓋養之教之，而後齊之，聖人之政盡於此三者矣。其德意之所發，主於仁民。義者，仁之見於條理者也。

○真氏德秀曰：案易之並言仁義者，此章及説卦「立天之道」章而已。在天地則曰生，在聖人則曰仁，仁之義蓋可識矣。

○李氏心傳曰：蔡邕云：「以仁守位，以財聚人。」則漢以前已用此仁字矣。

【總論】孔氏穎達曰：此第一章，覆釋上繫第二章象爻剛柔、吉凶悔吝之事，更具而詳之。

【案】此章與上傳第二章相應，故上傳第三章以後，皆申説第二章之意；下傳則自第二章之後，皆申説此章之意也。「八卦成列，因而重之」，即所謂「設卦觀象」也；因爻象中剛柔相推之變，而繫之吉凶悔吝之辭，即所謂「繫辭焉而明吉凶」也。此四句由象以及於辭者，作易之序也。下文又由辭之吉凶悔吝，而推本於剛柔之象，蓋傳本爲繫辭而作，而下傳尤詳焉，故其立言如此。吉凶悔吝由動而生者，蓋以剛柔迭運、變而從時故也。吉凶之遇參差不齊，然以常理爲勝，而天下之動可一者，以剛柔變化不離乾坤，乾易坤簡而「天下之理得」故也。「爻象動乎内」四句，又總而結言之。天地大德一節，本義原屬此章，然諸儒多言宜爲下章之首，蓋下章所取十三卦，無非理財、正辭、禁非之事，其説可從也。

古者包犧氏之王天下也，仰則觀象於天，俯則觀法於地，觀鳥獸之文與地之宜，近取諸身，遠取諸物，於是始作八卦，以通神明之德，以類萬物之情。

【本義】王昭素曰：「與」「地」之間，諸本多有「天」字。俯仰遠近，所取不一，然不過以驗陰陽消息兩端而已。「神明之德」，如健順動止之性；「萬物之情」，如雷風山澤之象。

【集説】朱氏震曰：自此以下，明「備物致用，立成器以爲天下利」者，無非有取於易，皆仁也。曰「王天下」者，明守位也。

○王氏申子曰：伏羲氏繼天立極，畫八卦以前民用，後之聖人相繼而作，制爲相生相養之具，皆所以廣天地生生之德，自「網罟」至「書契」是也。

○蔡氏清曰：「以通神明之德，以類萬物之情」二句，一是精，一是粗；一是性情，一是形體。其下十三卦所尚之象，一皆出此。

作結繩而爲網罟，以佃以漁，蓋取諸離。

【本義】兩目相承而物麗焉。

【集説】孔氏穎達曰：案諸儒象卦制器，皆取卦之爻象之體，韓氏之意，直取卦名，因以制器。案上繫云「以制器者尚其象」，則取象不取名也。韓氏乃取名不取象，於義未善。

○胡氏瑗曰：蓋者，疑之辭也。言聖人創立其事，不必觀此卦而成之，蓋聖人作事立器，自然符合於此之卦象也，非準擬此卦而後成之，故曰「蓋取」。

【案】孔氏所議韓氏，是也。且六十四卦名，是文王所命，包犧之時但有八卦名象而已。黄、農、堯、舜不應便取卦名。經文「蓋取之」云，雖曰假託，不必拘泥，然亦不應大段疏脱也。

○古者網羅所致曰離。詩曰「魚網之設，鴻則離之」，又曰「有兔爰爰，雉離于羅」，二體皆離，上下網羅之象。

包犧氏没，神農氏作，斲木爲耜，揉木爲耒，耒耨之利，以教天下，蓋取諸益。

【本義】二體皆木，上入下動，天下之益，莫大於此。

【集説】蔡氏淵曰：耜，耒首也，斷木之鋭而爲之耒；耜，柄也，揉木使曲而爲之。

○吴氏澄曰：益上巽二陽，象耒之自地上而入；下震一陽，象耜之在地下而動也。

日中爲市，致天下之民，聚天下之貨，交易而退，各得其所，蓋取諸噬嗑。

【本義】日中爲市，上明而下動，又借噬爲市，嗑爲合也。

【集説】耿氏南仲曰：有菽粟者，或不足乎禽魚；有禽魚者，或不足乎菽粟。罄者無所取，積者無所散，則利不布、養不均矣，於是日中爲市焉。日中者，萬物相見之時也。當萬物相見之時，而「致天下之民，聚天下之貨」，使遷其有無，則得其所矣。

○鄭氏東卿曰：十三卦始離次益，次噬嗑，所取者食貨而已。食貨者，生民之本也。

【案】離爲日中，震爲動出，當日中而動出，市集之象。

神農氏没，黄帝、堯、舜氏作，通其變使民不倦，神而化之，使民宜之。易窮則變，變則通，通則久，是以自天祐之，吉无不利。黄帝、堯、舜垂衣裳而天下治，蓋取諸乾坤。

【本義】乾坤變化而无爲。

【集説】郭氏雍曰：「垂衣裳而天下治」，無爲而治也；無爲而治者，無他焉，法乾坤易簡而已。

○王氏申子曰：神農以上，民用未滋，所急者食貨而已，此聚人之本也。及黄帝、堯、舜之世，民用日滋，若復守其樸略，則非變而通之之道，故黄帝、堯、舜氏作，通其變，使民由之而不倦；神其化，使民宜之而不知。凡此者，非聖人喜新而惡舊也，「窮則變，變則通，通則久」，易之道然也。

○吴氏澄曰：風氣漸開，不可如樸略之世，此窮而當變也，變之，則通而不窮矣。其能使民喜樂不倦者，以其通之之道神妙不測，變而不見其迹，便於民，而民皆宜利之故爾。

○俞氏琰曰：時當變則變，不變則窮，於是乎有變而通之之道焉。變而通之，所以趣時也。民之所未厭，聖人不强去；民之所未安，聖人不强行。夫唯其數窮而時將變，〔一〕聖人因而通之，則民不倦。由之而莫知其所以然者，神也；以漸相忘於不言之中者，化也。

○蔡氏清曰：時之當變也而「通其變」，然其所以變通之者，非聖人强用其智慮作爲於其間也，因其自然之變，而以自然之理處之，是謂「神而化之」也。神而化，即其變通之妙於無爲也。

○蘇氏濬曰：言通變神化，而獨詳於黄帝、堯、舜；言黄帝、堯、舜，而獨取諸乾坤。乾坤，諸卦之宗也；黄帝、堯、舜，千古人文之始。中天之運，至此而開；洪荒之俗，至此而變，此所以爲善發羲皇之精藴也。

【案】守舊則倦，更新則不宜，凡事之情也。變其舊，使民不倦者，化也；趨於新，使民咸宜者，神而化之也。

刳木爲舟，剡木爲楫，舟楫之利，以濟不通，致遠以利天下，蓋取諸涣。

【本義】木在水上也。「致遠以利天下」疑衍。

【集説】九家易曰：木在水上，流行若風，舟楫之象也。

○何氏楷曰：近而可以濟不通，遠而可以致遠，均之爲天下利矣。取諸涣者，其象巽木在坎水

〔一〕夫唯其數窮而時將變：薈要本無「夫」字。

之上，故彖曰「利涉大川」，彖傳曰「乘木有功」。

服牛乘馬，引重致遠，以利天下，蓋取諸隨。

【本義】下動上說。

【集說】董氏真卿曰：平地任載之大車，載物之多者，則服牛以引重；田車、兵車、乘車之小車，載人而輕者，則乘馬以致遠。

【案】外説内動，象牛馬之奔於前而車動於後也。

重門擊柝，以待暴客，蓋取諸豫。

【本義】豫備之意。

【集說】楊氏文煥曰：川途既通，則暴客至矣，又不可無禦之之術。重門以禦之，擊柝以警之，則暴客無自而至。

○俞氏琰曰：坤爲闔户，重門之象也；震動而有聲之木，擊柝之象也。

斷木爲杵，掘地爲臼，臼杵之利，萬民以濟，蓋取諸小過。

【本義】下止上動。

【集說】丘氏富國曰：以象言之，上震爲木，下艮爲土，震木上動，艮土下止，杵臼治米之象。

弦木爲弧，剡木爲矢，弧矢之利，以威天下，蓋取諸睽。

【本義】睽乖然後威以服之。

【集說】朱氏震曰：知耒耜而不知杵臼之利，則利天下者有未盡，故教之以杵臼之利；知門柝而不知弧矢之利，則威天下者有未盡，故教之以弧矢之利。

○徐氏幾曰：其害之大者，以重門擊柝不足以待之，故必有弧矢以威之。

【案】離，威也。兑，說也。威而以說行之，所謂「說以犯難，民忘其死」。

上古穴居而野處，後世聖人易之以宫室，上棟下宇，以待風雨，蓋取諸大壯。

【本義】壯固之意。

【集說】司馬氏光曰：風雨，動物也。風雨動於上，棟宇健於下，大壯之象也。

○蔡氏淵曰：棟，屋脊檩也；宇，椽也。棟直而上，故曰上棟；宇兩垂而下，故曰下宇。

○俞氏琰曰：聖人之於物，有爲之者，有易之者。古未有是，而民利之也，今則爲之，所以貽於後也；古有是，而民厭之也，今則易之，所以革於前也。

古之葬者，厚衣之以薪，葬之中野，不封不樹，喪期无數，後世聖人易之以棺槨，蓋取諸大過。

【本義】送死大事，而過於厚。

【案】棺槨者，取木在澤中也。又死者以土爲安，故入而後説之。

上古結繩而治，後世聖人易之以書契，百官以治，萬民以察，蓋取諸夬。

【本義】明決之意。

○此第二章，言聖人制器尚象之事。

【集説】耿氏南仲曰：已前不云「上古」，已下三事或言「古」，與上不同者，蓋未造此器之前，更無餘物之用，故不言「上古」也。以下三事，皆是未造此物之前，别有所用，今將後用而代前用，故本之云「上古」及「古」者。

【案】兑爲言語，可以通彼此之情，書之象也；乾爲健固，可以堅彼此之信，契之象也。

【總論】吴氏澄曰：十三卦之制作，自畫卦而始，至書契而終，蓋萬世文字之祖肇於畫卦而備於書契也。

【案】此章中第一章變通趣時而原於易簡之意。蓋在天地則爲剛柔，在人則爲仁義。仁義者，立本者也。因風氣之宜而通其變，則其所以趣時者也。法始於伏羲，成於堯舜，故自八卦既畫，而可以周萬事之理。凡網罟耒耜，至於書契，莫非易理之所有也。觀其窮而變，變而通，則趣時之用不窮，然其神而化之，無爲而民安焉，則易簡之理惟一。故其取諸諸卦者，取諸其趣時也，而其取諸乾坤者，取諸其易簡也。

是故易者，象也；象也者，像也。

【本義】易卦之形，理之似也。

【集說】干氏寶曰：言「是故」，又總結上義也。

○崔氏憬曰：上明取象以制器之義，故以此重釋於象，言易者象於萬物。象者，形像之象也。

○吴氏澄曰：此章之首第一節，總叙以起下文，自包犧至書契，言制作之事，而以「是故」總結之，謂易卦皆器物之象。象者，像似之義。聖人制器，皆與卦象合也。

【案】凡章首不用「是故」字，曰「是故」者，承上結上之辭也。諸儒以此句爲上章結語者，似是。

彖者，材也；

【本義】彖言一卦之材。

【集說】韓氏伯曰：彖言成卦之材，以統卦義也。

【案】材者，構屋之木也，聚衆材而成室。彖亦聚卦之衆義以立辭，故本義謂「彖言一卦之材」。

爻也者，效天下之動者也。

【本義】效，放也。

【集説】胡氏瑗曰：爻有變動，位有得失，變而合於道者爲得，動而乖於理者爲失。人事之情僞，物理之是非，皆在六爻之中，所以象天下之動也。

是故吉凶生而悔吝著也。

【本義】悔吝本微，因此而著。

○此第三章。

【集説】保氏八曰：彖者，言一卦之材，所以斷一卦之吉凶悔吝；爻者，言一爻之動，所以斷一爻之吉凶悔吝。

○何氏楷曰：吉凶在事本顯，故曰生；悔吝在心尚微，故曰著。悔有改過之意，至於吉，則悔之著也；吝有文過之意，至於凶，則吝之著也。原其始而言，吉凶生於悔吝；要其終而言，則悔吝著而爲吉凶也。

陽卦多陰，陰卦多陽。

【本義】震坎艮爲陽卦，皆一陽二陰；巽離兑爲陰卦，皆一陰二陽。

其故何也？陽卦奇，陰卦耦。

【本義】凡陽卦皆五畫，凡陰卦皆四畫。

【集説】韓氏伯曰：夫少者多之所宗，一者衆之所歸。陽卦二陰，故奇爲之君；陰卦二陽，故耦爲之主。○陳氏埴曰：二耦一奇，即奇爲主，是爲陽卦；二奇一耦，即耦爲主，是爲陰卦，故曰「陽卦多陰，陰卦多陽」。

【案】陽卦奇，陰卦耦，言陽卦主奇，陰卦主耦也。須如韓氏、陳氏之説，乃與下文相應。

其德行何也？陽一君而二民，君子之道也；陰二君而一民，小人之道也。

【本義】君謂陽，民謂陰。

○此第四章。

【集説】朱氏震曰：陰陽二卦，其德行不同何也？陽卦一君而偏體二民，二民共事一君，一也，故爲君子之道；陰卦一民共事二君，二君共爭一民，二也，故爲小人之道。

○吴氏曰慎曰：陽卦固主陽也，而陰卦亦主陽，可見陽有常尊也。

【案】此章是釋「彖者材也」之義，而原其理於一也。自八卦始成，而分陰分陽。一奇則爲陽卦者，以其一君二民，是君之權出於一，君爲主也，君爲主則君子之道行，故曰「君子之道」；一耦則爲陰卦者，以其二君一民，是君之權出於二，反若民爲主也，民爲主則小人之道行，故曰「小人之道」。古今言易者曰陽爲君子，陰爲小人，蓋以爲善惡淑慝之稱焉，豈知陰陽不可以相無，如有君不可以無民？烏有善惡淑慝之分哉？惟其君之道一而有統，則民之衆翕然從令，豈非君子之道乎？若君之道二而多門，則民之卑各行其私，豈非小人之道乎？善惡淑慝由此而生，吉凶治亂由此而起。蓋自三畫之卦，而已具此象矣。以此例而推之，六畫之卦，則如復、師、謙、豫、比、剥，一陽爲主，皆君子之道也；姤、履、夬，一陰爲主，皆小人之道也。惟同人之二、大有之五不以爲小人者，以其居中，能同乎陽，有乎陽也；小畜之四亦不以爲小人者，以其得位，能畜乎陽也，究之，以陽爲主也。又以其義例變而通之，則不特一陰一陽者爲主而已，凡陽之居內而得時者皆爲主也，臨、泰之類是也；凡陰之居內而得時者皆爲主也，遯、否之類是也。凡陽卦居內而爲主者治，陰卦居內而爲主者亂，泰、否、損、益之類是也；凡陽卦居內而先陰者正，陰卦居內而先陽者邪，隨、蠱、漸、歸妹之類是也。或不取內外，而取上下以爲貴賤；或不取先後，而取尊卑以爲倡隨；或以陰爲臣道，而能順陽爲善；或以陰爲君道，而能應陽爲美，要之，其尊陽之意則一而已矣。夫子以八卦發凡，使人於六十四卦之義推而通之也。此即一卦之材，而彖之所取，故曰「彖者材也」，其歸則陽道不可以有二，故曰理之一。

易曰：憧憧往來，朋從爾思。子曰：天下何思何慮？天下同歸而殊塗，一致而百慮，天下何思何慮？

【本義】引咸九四爻辭而釋之，言理本无二，而殊塗百慮，莫非自然，何以思慮爲哉？必思而從，則所從者亦狹矣。

【集説】韓氏伯曰：天下之動，必歸於一。思以求朋，未能一也。一以感物，不思而至。

○孔氏穎達曰：此一之爲道爲可尚，結成前文陽卦，以一爲君，是君子之道也。

○徐氏幾曰：塗雖殊而歸同，則往來自不容無，而加之憧憧，則私矣；慮雖百而致一，則思亦人心所當有，而局於朋從，則狹矣。

○蔡氏清曰：天下感應之理本同歸也，但事物則千形萬狀，而其塗各殊耳。天下感應之理本一致也，但所接之事物不一，而所發之慮亦因之有百耳。夫慮雖百而其致則一，塗雖殊而其歸則同，是其此感彼應之理，一出於自然而然，而不必少容心於其閒者。吾之應事接物，一惟順其自然之理而已矣，天下何思何慮！

日往則月來，月往則日來，日月相推而明生焉；寒往則暑來，暑往則寒來，寒暑相推而歲成焉。往者屈也，來者信也，屈信相感而利生焉。

【本義】言往來屈信，皆感應自然之常理，加憧憧焉，則入於私矣，所以必思而後有從也。

【集説】張子曰：「屈信相感而利生」，感以誠也；情僞相感而利害生，雜之僞也。

○朱子語類云：「日往則月來」一段，乃承上文「憧憧往來」而言，往來皆人之所不能無，但憧憧則不可。

【案】夫子引此爻，是發明「貞一」之理，故亦從天地日月説來。日月有往來，而歸於生明，所謂貞明者也；寒暑有往來，而歸於成歲，所謂貞觀者也；天下之動有屈有信，而歸於生利，順理則利也，所謂「貞夫一者也」。言天地，則應在日月之前；言寒暑，則應在日月之後，何則？四時者，日月之所爲也。觀豫、恒彖傳及繫傳首章，皆不以四時先日月也。

尺蠖之屈，以求信也；龍蛇之蟄，以存身也。精義入神，以致用也；利用安身，以崇德也。

【本義】因言屈信往來之理，而又推以言學，亦有自然之機也。精研其義，至於入神，屈之至也，然乃所以爲出而致用之本；利其施用，无適不安，信之極也，然乃所以爲入而崇德之資，内外交相養、互相發也。

【集説】孔氏穎達曰：覆明上往來相感，屈信相須。尺蠖之蟲，初行必屈，言信必須屈也；龍蛇初蟄，是靜也，以此存身，言動必因靜也。聖人用精粹微妙之義，入於神化，寂然不用，乃能致其所用，先靜後動，是動因靜而來也。利己之用，安靜其身，可以增崇其德，此亦先靜後動，動亦由靜而來也。

○朱子語類云：且如「精義入神」，如何不思？那致用的却不必思，致用的是事功，是效驗。

○俞氏琰曰：精研義理，無豪釐之差，而深造於神妙，所以致之於用也。見於用而利，施於身而安，所以爲崇德之資也。「精義入神」，内也；「致用」，外也。自内而達外，猶「尺蠖之屈，以求信也」。

「利用安身」，外也；「崇德」，内也。即外以養内，亦猶「龍蛇之蟄，以存身也」。

○蔡氏清曰：利用如何以崇其德？蓋外邊事事都能迎刃解將去，則胸中所得益深，所造亦遠矣。「精義」以致知言，義者，事理之宜也；「入神」，只謂到那不容言之妙處；「利用」以行言，「利用」，故「安身」。若其用有不利，則亦不能在在皆安而泰然處之矣，蓋躬行心得，自是相關之理。

○吴氏一源曰：人皆知信之利，而不知屈之所以利也，故以尺蠖、龍蛇明之，專言屈之利以示人，正欲人養静以一動，無感以待感也。

過此以往，未之或知也；窮神知化，德之盛也。

【本義】下學之事，盡力於精義、利用，而交養互發之機自不能已，自是以上，則亦无所用其力矣。至於「窮神知化」，乃德盛仁熟而自致耳。然不知者往而屈也，自致者來而信也，是亦感應自然之理而已。張子曰：氣有陰陽，推行有漸爲化，合一不測爲神。此上四節，皆以釋咸九四爻義。

【集説】孔氏穎達曰：「精義入神以致用」，「利用安身以崇德」，此二者皆人理之極，過此二者以往，則微妙不可知。窮極微妙之神，曉知變化之道，乃是聖人德之盛極也。

○張子曰：「精義入神」，事豫吾内，求利吾外也；「利用安身」，素豫吾外，致養吾内也。「窮神知化」，乃養盛自致，非思勉之能强，故崇德而外，君子未或致知也。

○又曰：氣有陰陽，推行有漸爲化，合一不測爲神。其在人也，知義用利，則神化之事備矣。德盛者，「窮神」則知不足道，「知化」則義不足云。

〇又曰：窮神，是窮盡其神也；入神，是僅能入於神也。言入，如自外而入。義固有淺深。

〇朱子語類云：「窮神知化，德之盛」，這德字只是上面「崇德」之德，德盛後，便能「窮神知化」，便如聰明睿知皆由此出，自誠而明相似。

〇又云：「窮神知化」，化是逐些子挨將去底，一日復一日，一月復一月，節節挨將去，便成一年。神是一箇物事，或在彼，或在此，當其在陰時，全體在陰，在陽時，全體在陽，都只是這一物。兩處都在，不可測，故謂神。横渠言「一故神，兩故化」，又注云「兩在，故不測」，這説得甚分曉。

〇又云：「天下何思何慮」一句，便先打破那箇思字，却説同歸殊塗、一致百慮，又再説「天下何思何慮」，謂何用如此「憧憧往來」，尺蠖龍蛇之屈信，皆是自然底道理，不往則不來，不屈則亦不信也。今之爲學，亦只是如此。「精義入神」，用力於内，乃所以致用乎外；「利用安身」，求利乎外，乃所以崇德乎内。只是如此作將去，雖至於「窮神知化」地位，亦只是德盛仁熟之所致，何思何慮之有！

〇蔡氏清曰：未之或知者，不容於有思，不容於有爲也。神以存主處言，化以運用處言，其神化者，亦豈出於精義利用之外哉？其始有待於思爲，則曰精義利用；其終無待於思爲，則曰「窮神知化」。所造有淺深，理則無精粗也。

〇張氏振淵曰：未有下學功夫不到，而頓能上達者。神化功夫，正在精義利用作起，此正實落下手處，即造到神化地位，不過精義利用漸進漸熟耳。德盛不是就「窮神知化」上贊他德之盛，惟德盛方能「窮神知化」。

【案】「精義入神」，則所知者精深，窮理之事也；「利用安身」，則所行者純熟，盡性之事也。「窮神」則不止於「入神」，其心與神明相契者也；「知化」則不止於「利用」，其事與造化爲徒者也，至命之事也。窮理盡性，學者所當用力，至命則無所用其力矣，故曰「窮理盡性以至於命」。

〇又案：此章是釋「爻者效天下之動」之義，而原其理於一也。自此以下十一爻，皆是發明此意，而此爻之義尤爲親切。蓋感應者，動也，不可逐物憧憧，而惟貴於貞固其心者一也。所以然者，此心此理，一致同歸，本不容以有二也。故首以此爻，而以致一、恒心兩爻終焉。

易曰：困于石，據于蒺藜，入于其宫，不見其妻，凶。子曰：非所困而困焉，名必辱；非所據而據焉，身必危。既辱且危，死期將至，妻其可得見邪！

【本義】釋困六三爻義。

【集説】朱子語類云：有著力不得處，若只管著力去作，少閒去作不成，他人便道自家無能，便是辱了名。

易曰：公用射隼于高墉之上，獲之，无不利。子曰：隼者，禽也；弓矢者，器也；射之者，人也。君子藏器於身，待時而動，何不利之有？動而不括，是以出而有獲，語成器而動者也。

【本義】括，結礙也。此釋解上六爻義。

【集說】韓氏伯曰：括，結也。君子待時而動，則無結閡之患也。

子曰：小人不恥不仁，不畏不義，不見利不勸，不威不懲。小懲而大誡，此小人之福也。易曰：屨校滅趾，无咎。此之謂也。

【本義】此釋噬嗑初九爻義。

【集說】馮氏椅曰：不以不仁爲恥，故見利而後勸於爲仁；不以不義爲畏，故畏威而後懲於不義。

善不積不足以成名，惡不積不足以滅身。小人以小善爲无益而弗爲也，以小惡爲无傷而弗去也，故惡積而不可掩，罪大而不可解。易曰：何校滅耳，凶。

【本義】此釋噬嗑上九爻義。

【集說】董氏仲舒曰：積善在身，猶長日加益而人不知也；積惡在身，猶火之銷膏而人不見也。

○吳氏曰慎曰：惡以己之所行者言，罪以法之所麗者言。

子曰：危者安其位者也，亡者保其存者也，亂者有其治者也，是故君子安而不忘危，存而不忘亡，治而不忘亂，是以身安而國家可保也。易曰：其亡其亡，繫于包桑。

【本義】此釋否九五爻義。

【集説】孔氏穎達曰：所以今有傾危者，由前安樂於其位，自以爲安，故致今日危也；所以今日滅亡者，由前保有其存，恒以爲存，故今致滅亡也；所以今有禍亂者，由前自恃有其治理，恒以爲治，故今致禍亂也。是故君子今雖獲安，心恒不忘傾危之事；國雖存，心恒不忘滅亡之事；政雖治，心恒不忘禍亂之事。心恒畏懼其將滅亡，其將滅亡，乃繫于包桑之固也。

○谷氏家杰曰：養尊處優曰安，宗社鞏固曰存，綱舉目張曰治。

子曰：德薄而位尊，知小而謀大，力小而任重，鮮不及矣。易曰：鼎折足，覆公餗，其形渥，凶。言不勝其任也。

【本義】此釋鼎九四爻義。

【集説】張氏浚曰：自昔居台鼎之任，德、力、知三者一有闕，則弗能勝其事，而況俱不足者乎！有德而無知，則不足以應變；有知而無力，則不足以鎮浮。若夫德之不立，雖有知力，亦無以感格天人，而措天下於治矣。

〇錢氏時曰：古之人君，必量力度德而後授之官。古之人臣，亦必度力度德而後居其任。〔一〕雖百工胥史，且猶不苟，况三公乎？爲君不明於所擇，爲臣不審於自擇，以至亡身危主，誤國亂天下，皆由不勝任之故，可不戒哉！

子曰：知幾其神乎！君子上交不諂，下交不瀆，其知幾乎！幾者，動之微，吉之先見者也。君子見幾而作，不俟終日。易曰：介于石，不終日，貞吉。介如石焉，寧用終日，斷可識矣。君子知微知彰，知柔知剛，萬夫之望。

【本義】此釋豫六二爻義。漢書「吉」「之」之閒有「凶」字。

【集説】孔氏穎達曰：動謂心動、事動，初動之時，其理未著，唯纖微而已。已著之後，則心事顯露。若未動之先，又寂然頓無，幾是離無入有，在有無之際，故云「動之微」也。直云吉不云凶者，凡豫前知幾，皆向吉而背凶，違凶而就吉，無復有凶，故特云吉也。諸本或有「凶」字者，其定本則無。

〇崔氏憬曰：此爻得位於中。於豫之時，能順以動而防於豫，如石之耿介，守志不移，雖暫豫樂，以其見微而不終日，則能貞吉，斷可知矣。

〇張子曰：知幾者，爲能以屈爲信。

〔一〕亦必度力度德而後居其任：度力，四庫本、薈要本作「量力」。

○朱子語類云：上交貴於恭遜，恭則便近於諂；下交貴於和易，和則便近於瀆。蓋恭與諂相近，和與瀆相近，只爭些子，便至於流也。

○又云：「幾者動之微」，是欲動未動之閒，便有善惡，便須就這處理會，若到發出處，便怎生奈何得？所以聖賢説謹獨，便都是要就幾微處理會。

○項氏安世曰：諂者本以求福，而禍常基於諂；瀆者本以交驩，而怨常起於瀆。易言知幾，而孔子以不諂不瀆明之，此真所謂知幾者矣。欲進此道，唯存察之密、疆界素明者能之，此所以必歸之於「介如石」者與？

○何氏楷曰：「知微知彰」，微而能彰，「介于石」也；「知柔知剛」，柔而能剛，「不終日」也。

子曰：顏氏之子，其殆庶幾乎！有不善未嘗不知，知之未嘗復行也。易曰：不遠復，无祇悔，元吉。

【本義】殆，危也；庶幾，近意，言近道也。此釋復初九爻義。

【集説】虞氏翻曰：復以自知，自知者明，謂顏子「不遷怒，不貳過」，「克己復禮」，「天下歸仁」也。

○侯氏行果曰：失在未形，故有不善；知則速改，故無大過。

○朱子語類云：或以「幾」爲因上文幾字而言，但左傳與孟子「庶幾」兩字都只作近字説。

○又云：顔子「有不善未嘗不知，知之未嘗復行」，今人只知「知之未嘗復行」爲難，殊不知「有不善未嘗不知」是難處。

○項氏安世曰：於微而知其彰，於柔而知其剛，蓋由用心之精，燭理之明，是以至此。欲進此者，當自顔子始。豪釐絲忽之過，一萌於方寸之閒，可謂微矣，而吾固已瞭然而見之；可謂柔矣，而吾已斬然而絶之。此章内十一爻，雖各爲一段，而意皆相貫，此爻尤與上爻文意相關。

○陸氏振奇曰：誠則明者，知幾之神，由介石來也；明則誠者，不遠之復，由真知得也。在豫貴守之固，故曰貞吉；在復貴覺之早，故曰元吉。

天地絪緼，萬物化醇；男女構精，萬物化生。易曰：「三人行則損一人，一人行則得其友。」言致一也。

【本義】絪緼，交密之狀；醇，謂厚而凝也，言氣化者也；化生，形化者也。此釋損六三爻義。

【集説】侯氏行果曰：此明物情相感，當上法絪緼、化醇、致一之道。

子曰：「君子安其身而後動，易其心而後語，定其交而後求，君子脩此三者，故全也。危以動則民不與也，懼以語則民不應也，无交而求則民不與也。莫之與，則傷之者至矣。易曰：『莫益之，或擊之，立心勿恒，凶。』」

【本義】此釋益上九爻義。

○此第五章。

【集説】項氏安世曰：「危以動則民不與」，黨與之與；「无交而求則民不與」，取與之與也。

○又曰：以易對懼，其義可見。直者其語易，曲者其語懼。乾之所以易者，以其直也。

○郭氏鵬海曰：事不順理，從欲惟危，爲危以動，心知非理，自覺惶恐。爲懼以語，恩非素結，信非素孚，爲无交而求。

【總論】葉氏良佩曰：下十爻皆承咸九四而言。

○吴氏一源曰：咸後十爻，皆發明理之貞一，而不必憧憧耳，往來屈信，無二致也。天地所以成造化，聖人所以臻造化，推之事事物物，莫不皆然。故知動静之一致，則能藏器而時動；知小大之一致，則能謹小以无咎；知安危之一致，則能危以保其安；知顯微之一致，則能見幾而作，不遠而復；知損益之一致，則能損而得友。彼非所困而困，非所任而任，忽小而惡積，求益而或擊，皆昧於屈信之義，以取凶耳。

【案】此上三章，申吉凶效動而歸於貞一之理。第三章統論彖爻也，第四章舉彖所以取材之例，第五章舉爻所以效動之例也。蓋「卦有小大，辭有險易」，故凡卦之以陽爲主，而陽道勝者，皆大卦也；以陰爲主，而陰道勝者，皆小卦也。其原起於八卦之分陰分陽，故爲舉彖取材之例也。三百八十四爻，正靜則吉，邪動則凶，故困三、解上，相反也；噬嗑之初、上，相反也；否五、鼎四，相反也；豫二、復初，相似也；損三、益上，相反也。其義皆統於咸之四，故爲舉爻效動之例也。夫陰陽並行，而以陽爲君，則所以歸其權於君者，一矣；動靜相循，而以靜爲主，則所以專其事於主者，一矣。何則？理一故也。故曰「天下之動貞夫一」。

子曰：乾坤，其易之門邪！乾，陽物也；坤，陰物也。陰陽合德而剛柔有體，以體天地之撰，以通神明之德。

【本義】諸卦剛柔之體，皆以乾坤合德而成，故曰乾坤易之門。撰，猶事也。

【集説】荀氏爽曰：陰陽相易，出於乾坤，故曰門。

○葉氏良佩曰：此章論文王繫辭之義，故首節先本伏羲卦畫而言之。

○何氏楷曰：有形可擬，故曰體；有理可推，故曰通。「體天地之撰」，承「剛柔有體」言，兩體字相應；「通神明之德」，承「陰陽合德」言，兩德字相應。

其稱名也，雜而不越，於稽其類，其衰世之意邪？

【本義】萬物雖多，无不出於陰陽之變，故卦爻之義，雖雜出而不差繆。然非上古淳質之時思慮所及也，故以爲衰世之意，蓋指文王與紂之時也。

【集説】九家易曰：名謂卦名。陰陽雖錯，而卦象各有次序，不相踰越。

〇侯氏行果曰：易象考其事類，但以吉凶得失爲主，則非淳古之時也，故云「衰世之意」耳。言「邪」示疑，不欲切指也。

〇朱子語類：問：「『其稱名也雜而不越』，是指繫辭而言？是指卦名而言？」曰：「他下面兩三番説名，後又舉九卦説，看來只是謂卦名。」

〇又云：「其衰世之意邪」，伏羲畫卦時，這般事都已有了，只是未曾經歷，到文王時，世變不好，古來未曾有底事都有了，他一一經歷這崎嶇萬變過來，所以説出那卦辭。

夫易，彰往而察來，而微顯闡幽，開而當名辨物，正言斷辭，則備矣。

【本義】「而微顯」恐當作「微顯而」，「開而」之「而」亦疑有誤。

【集説】郭氏雍曰：當名，卦也；辨物，象也；正言，彖辭也；斷辭，繫之以吉凶者也。

〇朱子語類云：「微顯闡幽」，幽者不可見，便就這顯處説出來，顯者便就上面尋其不可見底，教人知得。又曰：如「顯道神德行」相似。

〇又云：「微顯闡幽」，是將道來事上看，言那箇雖是粗的，然皆出於道義之藴。「微顯」所以「闡幽」，「闡幽」所以「微顯」，只是一箇物事。

〇吴氏澄曰：「彰往」即「藏往」也，謂明於天之道而彰明已往之理；「察來」即「知來」也，謂察於民之故而察知未來之事；「微顯」即「神德行」也，謂以人事之顯而本之於天道，所以微其顯；「闡幽」

即「顯道」也，謂以天道之幽而用之於人事，所以闡其幽。

○蔡氏清曰：人事，粗迹也，易書有以微之，蓋於至著之中寓至微之理也；天道，至幽也，易書有以闡之，蓋以至微之理寓於至著之象也。

【案】彰往察來，「微顯闡幽」，承首節伏羲卦畫言；「當名辨物，正言斷辭」，承次節文王卦名言，而因及乎辭也。彰往察來，即所謂「體天地之撰」；「微顯闡幽」，即所謂「通神明之德」；「當名」者，即所謂「稱名雜而不越」也。命名之後，又復辨卦中所具之物，以繫之辭而斷其占，則所謂彖也。文王因卦畫而爲之名辭，故曰「開而」。有畫無文，易道未開也。

其稱名也小，其取類也大，其旨遠，其辭文，其言曲而中，其事肆而隱，因貳以濟民行，以明失得之報。

【本義】肆，陳也；貳，疑也。

○此第六章。多闕文疑字，不可盡通。後皆放此。

【集說】程氏敬承曰：理貞夫一，而民貳之。有失得，故貳也。明失得之報，則天下曉然歸於理之一，而民行濟矣。濟者，出之陷溺之危，而措之安吉之地，此其所以爲衰世之意邪？

【案】稱名小、取類大，以卦名言；旨遠、辭文，以彖辭言。「其言曲而中」，又申旨遠辭文之意。旨遠則多隱約，故曲也；辭文則有條理，故中也。「其事肆而隱」，又申名小類大之意。名小則事物畢具，〔一〕故肆也；類大則義理包涵，故隱也。

【總論】項氏安世曰：此章專論易之彖辭。易不過乾坤二畫，乾坤即陰陽剛柔也。凡易之辭，其稱名取類，千彙萬狀，大要不越於二者，而其所以繫辭之意，則爲世衰道微，「與民同患」，不得已而盡言之耳，此斷辭之所以作也。斷辭即彖辭也。

易之興也，其於中古乎？作易者，其有憂患乎？

【本義】夏商之末，易道中微，文王拘於羑里而繫彖辭，易道復興。

【集説】孔氏穎達曰：易之爻卦之象，則在上古伏羲之時，但其時理尚質素，直觀其象，足以垂教。中古之時，事漸澆浮，非象可以爲教，故爻卦之辭起於中古。此之所論，謂周易也。身既憂患，須垂法以示於後，以防憂患之事。

○吴氏澄曰：羲皇之易，有畫而已，三畫之卦雖有名，而六畫之卦未有名。文王始名六畫之卦，而繫之以辭。易道幾微，至此而復興也。卦名及辭皆前此所未有，故不云述而云作。作易在羑里時，故云「其有憂患乎」。蓋於名卦而知其有憂患也，下文舉九卦之名，以見其憂患之意。

○谷氏家杰曰：憂患二字，以憂患天下言，乃吉凶同患意。民志未通，務未成，聖人切切然爲天

〔一〕名小則事物畢具：名小，局本作「小名」。

下憂患之，於是作易，故易皆處憂患之道。

〇何氏楷曰：聖人之憂患者，憂患天下之迷復也，乃其處困，又何憂患焉？是故易者，所以憂患天下之憂患也。

是故履，德之基也；謙，德之柄也；復，德之本也；恒，德之固也；損，德之脩也；益，德之裕也；困，德之辨也；井，德之地也；巽，德之制也。

【本義】履，禮也，上天下澤，定分不易，必謹乎此，然後其德有以爲基而立也。謙者，自卑而尊人，又爲禮者之所當執持而不可失者也。九卦皆反身脩德，以處憂患之事也，而有序焉。基所以立，柄所以持，復者心不外而善端存，恒者守不變而常且久，懲忿窒欲以脩身，遷善改過以長善，困以自驗其力，井以不變其所，然後能巽順於理，以制事變也。

【集説】鄭氏康成曰：辨，別也。遭困之時，君子固窮，小人則濫，德於是別也。

〇干氏寶曰：柄所以持物，謙所以持禮者也。

〇朱子語類：問：「巽何以爲德之制？」曰：「巽爲資斧，巽多作斷制之象。蓋巽字之義，非順所能盡，乃順而能入之義，是入細直徹到底，不只是到皮子上，如此方能斷得殺。若不見得盡，如何可以行權？」

〇陸氏九淵曰：上天下澤，尊卑之義，禮之本也。經禮三百，曲禮三千，皆本諸此。「履，德之基」，謂以行爲德之基也；基，始也，德自行而進也，不行，則德何由而積？有而不居爲謙，謙者，不盈也，盈則其德喪矣。常執不盈之心，則德乃日積，故曰「德之柄」。既能謙，然後能復。復者，陽復，爲復善之義。人性本善，其不善者遷於物也，知物之爲害而能自反，則知善者乃吾性之固有，循吾固有而進德，則沛然無他適矣，故曰「復，德之本也」。知復則内外合矣，然而不常，則其德不固，所謂「雖得之，必失之」，故曰「恒，德之固也」。君子之脩德，必去其害德者，則德日進矣，故曰「損，德之脩也」。善日積則寬裕，故曰「益，德之裕也」。不臨患難難處之地，未足以見其德，故曰「困，德之辨也」。井以養人利物爲事，君子之德亦猶是也，故曰「井，德之地也」。夫然可以有爲，有爲者常順時制宜，不順時制宜者，一方一曲之士，非盛德之事也；順時制宜，非隨俗合汙，如禹、稷、顔子是已，故曰「巽，德之制也」。

○陳氏琛曰：德之基，就積行上説；德之本，就心裏説，要當有辨；德之固，是得寸守寸、得尺守尺；德之地，則全體不窮矣，亦要有辨。

○盧氏曰：基與地有別，基小而地大。基是初起脚跟，積累可由此而上；地是凝成全體，施用之妙皆由此而出也。

履，和而至。謙，尊而光。復，小而辨於物。恒，雜而不厭。損，先難而後易。益，長裕而不設。困，窮而通。井，居其所而遷。巽，稱而隱。

【本義】此如書之九德。〔一〕禮非强世，然事皆至極；謙以自卑，而尊且光；復，陽微而不亂於群陰；恒，處雜而常德不厭；損欲先難，習熟則易；益但充長，而不造作；困，身困而道亨；井，不動而及物；巽，稱物之宜而潛隱不露。

【集説】韓氏伯曰：和而不至，從物者也。和而能至，故可履也。微而辨之，不遠復也。雜而不厭，是以能恒。刻損以脩身，故先難也。身脩而無患，故後易也。有所興爲，以益於物，故曰長裕。因物興務，不虚設也。

○程子曰：「益，長裕而不設」，謂固有此理，而就上充長也。設是撰造也，撰造則爲僞也。

○朱子語類云：「稱而隱」，是巽順恰好底道理，有隱而不能稱量者，有能稱量而不能隱伏不露形迹者，皆非巽之道也。「巽，德之制也」，「巽以行權」，都是此意。

○陸氏九淵曰：「履，和而至」，兑以柔悦承乾之剛健，故和；天在上，澤處下，理之至極不可易，故至；君子所行，體履之義，故「和而至」。「謙，尊而光」，不謙則必自尊自耀，自尊則人必賤之，自耀則德喪；能謙則自卑自晦，自卑則人尊之，自晦則德益光顯。「復，小而辨於物」，復貴不遠，言動之微，念慮之隱，必察其爲物所誘與否，不辨於小，則將致悔咎矣。「恒，雜而不厭」，人之生，動用酬

〔一〕此如書之九德：如，原作「和」，據局本、四庫本、薈要本改。

酢，事變非一，人情於此多至厭倦，是不恒其德者也；能恒者，雖雜而不厭。「損，先難而後易」，人情逆之則難，順之則易，凡抑損其過，必逆乎情，故先難；既損抑以歸於善，則順乎本心，故後易。「益，長裕而不設」，益者，遷善以益己之德，故其德長進而寬裕；設者，侈張也，有侈大不誠實之意，如是，則非所以爲益也。「困，窮而通」，不脩德者遇窮困，則隕穫喪亡而已；君子遇窮困，則德益進，道益通。「井，居其所而遷」，如君子不以道徇人，故曰「居其所」，而博施濟衆，無有不及，故曰「遷」。「巽，稱而隱」，巽順於理，故動稱宜；其所以稱宜者，非有形迹可見，故隱。

【案】「復，小而辨於物」，陸氏蓋用韓氏之說，與朱子異。然朱子之義爲精。

履以和行，謙以制禮，復以自知，恒以一德，損以遠害，益以興利，困以寡怨，井以辨義，巽以行權。

【本義】寡怨，謂少所怨尤；辨義，謂安而能慮。

〇此第七章，三陳九卦，以明處憂患之道。

【集説】虞氏翻曰：禮和爲貴，故以和行也；有不善未嘗不知，故自知也；恒立不易方，故一德也。

〇歐陽氏脩曰：君子者，天下係焉，一身之損益，天下之利害也。君子之自損，忿慾耳；自益，遷善而改過耳。然而肆其忿慾者，豈止一身之損哉？天下有被其害矣。遷善而改過，豈止一身之益哉？天下有蒙其利矣。

〇朱子語類：問：「『巽以行權』，權是逶迤曲折以順理否？」曰：「然。巽有入之義，巽爲風，如風之入物，只爲巽便能入，義理之中，無細不入。」又問：「『巽，稱而隱』，隱亦是入物否？」曰：「隱便是不見處。」

〇又云：見得道理精熟後，於物之精微委曲處，無處不入，所以説「巽以行權」。

〇又云：兑見而巽伏，權是隱然作底事物，若顯然地作，却不成行權。

〇陸氏九淵曰：「履以和行」，行有不和，以不由禮故也，能由禮則和矣。「謙以制禮」，自尊大則不能由禮，「卑以自牧」，乃能自節制以禮。「復以自知」，自克乃能復善，他人無與焉。「恒以一德」，不常則二三，常則一，「終始惟一」，時乃日新。「損以遠害」，如忿慾之類，爲德之害。損者，損其害德而已。能損其害德者，則吾身之害固有可遠之道，特君子不取必乎此也。「益以興利」，有益於己者爲利，天下之有益於己者莫如善，君子觀易之象而遷善，故曰興利。能遷善，則福慶之利固有自致之理，在君子無加損焉，有不足言者。「困以寡怨」，君子於困厄之時，必推致其命，吾遂吾之志，何怨之有？推困之義，不必窮厄患難及己也，凡道有所不可行，皆困也，君子於此自反而已，未嘗有所怨也。「井以辨義」，君子之義在於濟物，於井之養人，可以明君子之義。「巽以行權」，巽順於理，如權之於物，隨輕重而應，則動静稱宜，不以一定而悖理也。九卦之列，君子脩身之要，其序如此，缺一不可也，故詳復贊之。

○王氏應麟曰：「復以自知」，必自知，然後見天地之心。「有不善未嘗不知」，自知之明也。

○何氏楷曰：以，用也；履者，禮也。用禮以約之，而制作始和，此履所以爲「德之基」也。所貴乎禮者，以其爲德之品節也。然惟讓爲禮之實，不讓不爲禮，故用謙以制之，此謙所以爲「德之柄」也。

【總論】項氏安世曰：此章亦論彖辭。凡彖辭之體，皆先釋卦名，次言兩卦之體，末推卦用，故此章之序亦然，以爲觀彖者之法也。

○胡氏炳文曰：上經自乾至履九卦，下經自恒至損益亦九卦；上經履至謙五卦，下經益至困井亦五卦；上經謙至復又九卦，下經井至巽又九卦；上經自復而後八卦，而爲下經之恒，下經自巽而未濟亦八卦，復爲上經之乾。上下經對待，非偶然者。

○葉氏良佩曰：此章三陳九卦，專言卦也。「易道屢遷」一章，專言爻也。

【案】此上二章，申「象之動乎内而吉凶見乎外」也。六十四卦之象，皆以乾坤交錯而成，中涵天地變化之道、鬼神微妙之德，是所謂「動乎内」者也。及聖人命之以名，繫之以辭，於是吉凶之義昭然見矣。六十四卦之名，或曰伏羲所命，或曰文王所命，蓋自夫子之時而已疑也。但以其所取事類觀之，知其非上古淳質時所有，則爲文王命名，可以理推。名當，則卦爻之物可辨，因正言其是非，而吉凶之辭可斷，向之「體天地之撰」而有以「彰往察來」，「通神明之德」而有以「微顯闡幽」者，至是而大備矣。名雜而不越，故所稱者小而義則大，象所以發其藴也，故寓意深遠而辭則文。指遠辭文，故言雖曲而中；名小類大，故事雖肆而隱。蓋由於世衰民疑，而將以濟其行。故非探賾索隱，無以盡其變也；非周事體物，無以悟其心也。夫吉凶者，失得之報而已矣，故下九卦遂言聖人之所處，以示觀象之例。

易之爲書也不可遠，爲道也屢遷，變動不居，周流六虚，上下无常，剛柔相易，不可爲典要，唯變所適。

【本義】遠，猶忘也；周流六虚，謂陰陽流行於卦之六位。

【集説】侯氏行果曰：居則觀象，動則玩占，故不可遠也。

〇孔氏穎達曰：六位言虚者，位本無體，因爻始見，故稱虚也。

〇邵子曰：六虚者，六位也，虚以待變動之事也。

〇朱子語類云：易不可爲典要，易不是確定硬本子。揚雄太玄排定三百五十四贊當晝，三百五十四贊當夜，晝底吉，夜底凶，吉之中又自分輕重，凶之中又自分輕重。易却不然，有陽居陽爻而吉底，又有凶底，有陰居陰爻而吉底，又有凶底，有有應而吉底，有有應而凶底，是不可爲典要之書也，是有那許多變，所以如此。

○蔡氏淵曰：屢遷，謂爲道變通而不滯乎物。自「易之爲書」至「屢遷」，此總言爲書爲道，以起下文之意也。自「變動不居」至「唯變所適」，言易道之屢遷也。不居，猶不止也；六虚，六位也。位未有爻曰虚。卦雖六位，而剛柔爻畫往來如寄，故以虚言。或自上而降，或由下而升，上下无常也。柔來文剛，「分剛上而文柔」，剛柔相易也。典，常也；要，約也。其屢變无常，「不可爲典要，唯變所適」而已。

○吴氏曰慎曰：「不可爲典要」，變無方也；「既有典常」，理有定也。故曰：易者，變易也，不易也。

其出入以度，外内使知懼。

【本義】此句未詳，疑有脱誤。

【集説】韓氏伯曰：明出入之度，使物知外内之戒也。

○潘氏夢旂曰：〔一〕易雖不可爲典要，而其出入往來皆有法度，而非妄動也。故卦之外内，皆足以使人知懼。

○蔡氏清曰：卦爻所説者，皆利用出入之事，其出入也，皆必以其法。法者，事理當然之則也。

〔一〕潘氏夢旂曰：旂，局本作「旗」。

使人入而在内，出而在外，皆知有法，而不敢妄爲，是使知懼也。知懼必以度。

又明於憂患與故，无有師保，如臨父母。

【本義】雖无師保，而常若父母臨之，戒懼之至。

【集説】虞氏翻曰：「神以知來」，故明憂患；「知以藏往」，故知事故。

○蘇氏軾曰：憂患之來，苟不明其故，則人有苟免之志而怠，故易明憂患，又明其所以致之之故。

○朱氏震曰：又明於己之所當憂患與所以致憂患之故。无有師保教訓，而嚴憚之；有如父母親臨，而愛敬之，見聖人之情也。

○趙氏振芳曰：不特使人知懼，又明於憂患與所以致憂患之故，諄諄然與民同患，與民同憂，不止如師保之提命，且直如父母之儼臨，愛之無所不至，慮之無所不周，故訓之無所不切也。

【案】「无有師保，如臨父母」，朱氏、趙氏之説甚善。蓋上文言出入以度，則人知畏懼，嚴憚之如師保，及觀其示人憂患之故，懇切周盡，使聞之者不知嚴憚而但感其慈愛，此聖人之情所以爲至也。无有者，非無師保也，人之意中无有師保也。

初率其辭而揆其方，既有典常，苟非其人，道不虚行。

【本義】方，道也。姑由辭以度其理，則見其有典常矣。然「神而明之」，則「存乎其人」也。

〇此第八章。

【集説】虞氏翻曰：其出入有度，故「有典常」。「神而明之，存乎其人」，「不言而信」，謂之德行，故「不虚行」也。

〇孔氏穎達曰：雖千變萬化，「不可爲典要」，然循其辭，度其義，原尋其初，要結其終，皆唯變所適，是其常典也。

〇邵子曰：「既有典常」，常也。「不可爲典要」，變也。

〇龔氏焕曰：既曰「不可爲典要」，又曰「既有典常」。「不可爲典要」者，以剛柔之變易無常者言也；「既有典常」者，以卦爻之一定而不可易者言也。剛柔變易之無常，所以卦爻一定而不可易；而一定不易之理，未嘗不行於剛柔變易之中也。

【總論】項氏安世曰：此章專論易之爻辭。「易之爲書也不可遠，爲道也屢遷」二句，一章大指。自「變動不居」至「惟變所適」，言「屢遷」也；自「出入以度」至「道不虚行」，言「不可遠」也。惟其「屢遷」，故虚而無常，「不可爲典要」；惟其「不可遠」，故有度有方，有典有常，而不可虚。方其率之也，則謂之辭；及其行之也，則謂之道。辭之所指，即道之所遷也。人能循其「不可遠」之理，則「屢遷」之道得矣。

易之爲書也，原始要終，以爲質也；六爻相雜，唯其時物也。

【本義】質，謂卦體。卦必舉其始終而後成體，爻則「唯其時物」而已。

【集說】韓氏伯曰：質，體也，卦兼始終之義也。

○孔氏穎達曰：物，事也。一卦之中，六爻交相雜錯，唯各會其時，各主其事。

○吴氏澄曰：質謂卦之體質。文王原卦義之始，要卦義之終，以爲卦之體質，各名其卦而繫彖辭也。爻之爲言交也，周公觀六位之交錯，唯其六爻之時，各因其義而繫爻辭也。此章言六爻，而六爻統於彖，故先言彖，乃説六爻也。

○谷氏家杰曰：此章雖兼卦爻，實以卦引起爻，專重在爻上。

○何氏楷曰：此章統論爻畫，而歸重於彖辭。説易之法，莫備於此。易之爲書，綱紀在卦，卦必合爻之全而後成卦，一畫不似，便成他局。聖人之繫卦，爲之推原其始，要約其終，彌綸全卦之理，如物之有體質。至於繫爻，則惟相其六位之時而導之宜，因其陰陽之物而立之像，然其大指，要不過推演彖辭之意。

其初難知，其上易知，本末也；初辭擬之，卒成之終。

【本義】此言初上二爻。

【集說】干氏寶曰：初，擬議之，故難知；卒，終成之，故易知，本末勢然也。

○孔氏穎達曰：「初辭擬之」者，覆釋「其初難知」也，以初時擬議其始，故難知也；「卒成之終」

者，覆釋「其上易知」也，言上是事之卒了，而成就終竟，故易知也。

○吳氏澄曰：初與終爲對，「擬之」與「卒成之」爲對，兩句文法顛倒相互。

【案】講家以難知易知屬學易者，擬之卒成屬作易者。然聖人作易，六爻之條理渾成於心，豈有難易哉？故「初辭擬之，卒成之終」兩句是申上兩句，皆當屬學易者說。

若夫雜物撰德，辨是與非，則非其中爻不備。

【本義】此謂卦中四爻。

【案】雜字、撰字、辨字，亦當屬學易者說。雜者，參錯其貴賤上下之位也；撰者，體察其剛柔健順之德也。德位分而是非判矣。辨者，剖別之於象，以考驗之於辭也。

噫！亦要存亡吉凶，則居可知矣。知者觀其彖辭，則思過半矣。

【本義】彖統論一卦六爻之體。

【集説】蘇氏軾曰：彖者，常論其用事之爻，故觀其彖，則其餘皆彖爻之所用者也。

○吳氏澄曰：章首第一句言彖，第二句總言六爻，此一節又總言六爻，而歸重於彖，蓋爲結語，與章首起語相始終。

【案】彖辭之繫，文王蓋統觀六爻以立義者，如屯則以初爲侯，蒙則以二爲師，師則以二爲將，比則以五爲君，其義皆先定於彖，爻辭不過因之，而隨爻細別耳。其爻之合於卦義者吉，不合於卦義者凶，故彖辭爲綱領，而爻其目也；彖辭爲權衡，而爻其物也。總之於綱，則目之先後可知；審之於權衡，則物之輕重可見。夫子彖傳既參錯六爻之義以釋辭，示人卦爻之不相離矣，於此又特指其要而切言之。讀易之法莫先於此。

二與四同功而異位，其善不同，二多譽，四多懼，近也。柔之爲道，不利遠者，其要无咎，其用柔中也。

【本義】此以下論中爻。同功，謂皆陰位；異位，謂遠近不同。四近君，故多懼。柔不利遠而二多譽者，以其柔中也。

【集説】崔氏憬曰：此重釋中四爻功位所宜也。二四皆陰位，陰之爲道，近比承陽，故不利遠矣。二遠陽，雖則不利，其要或有无咎者，以柔居中，異於四也。

○蘇氏軾曰：近於五也，有善之名而近於君，則懼矣，故二之善宜著，四之善宜隱。

○程氏迥曰：易以六居五，以九居二，爲卦十有六，雖爲時不同，其十有五皆吉，謂人君柔中虚己而任剛德之臣，其臣亦以剛中應之也。

○吴氏澄曰：二與四同是陰位，若皆以柔居之，則六二、六四同是以柔居陰，故曰同功。然其位則有遠近之異。五者一卦之尊位，故遠近皆自五而言。二與五應，爲遠；四與五比，爲近。以位之遠近有異，而其善亦不同。遠者，意氣舒展而多譽；近者，勢分逼迫而多懼。多者，謂不盡然，而若此者衆爾。[一]「近也」二字，釋「四多懼」，謂四之所以懼，不能如二之多譽者，蓋迫近尊位，不得自安故也。「柔之爲道」以下釋「二多譽」，柔不能自立，近者有所依倚，遠者宜若不利，二遠於五，而其歸得以无咎者，以其用柔而居下卦之中也。

何氏楷曰：月遠日則光滿，近則光微，此多譽多懼之説也。

【案】吳氏説亦詳密，但以二之譽、四之懼專爲以柔居柔者，三之凶、五之功專爲以剛居剛者，則於經意猶偏。蓋聖人之言，舉其一隅，則可以三隅反。多譽多懼，以二四之位言，不論剛柔居之，皆多譽多懼也；多凶多功，以三五之位言，亦不論剛柔居之，皆多凶多功也。下文言「柔之爲道不利遠者」，則可見二雖多譽，而九二尤善於六二；四既多懼，而九四尤甚於六四也。又言「其柔危，其剛勝邪」，則可見三雖多凶，而九三猶善於六三；五雖多功，而六五猶讓於九五也。「柔之爲道不利遠者」，爲六二言，而九二在其中，併六四、九四皆在其中；「其柔危」，爲六三言，而九三在其中，併六五、九五亦在其中。此聖言之所以妙。

三與五同功而異位，三多凶，五多功，貴賤之等也。其柔危，其剛勝邪。

【本義】三五同陽位，而貴賤不同，然以柔居之則危，唯剛則能勝之。

[一] 而若此者衆爾：爾，薈要本作「耳」。

○此第九章。

【集説】侯氏行果曰：三五陽位，陰柔處之則多凶危，剛正居之則勝其任。言「邪」者，不定之辭也。或有柔居而吉者，得其時也。

○崔氏憬曰：三處下卦之極，居上卦之下，而上承天子，若無含章之美，則必致凶。五既居中不偏，貴乘天位，以道濟物，廣被寰中，故多功也。

○吴氏澄曰：三與五同是陽位，若皆以剛居之，則九三、九五同是以剛居陽，故曰同功。然其位則有貴賤之異，賤者剛居剛，爲太過而多凶；貴者剛居剛，爲適宜而多功。「二多譽，四多懼」之上有「其善不同」一句，而「三多凶，五多功」之上無之者，譽懼雖不同，而皆可謂之善，凶則不可謂善矣，故不言也。「貴賤之等也」五字釋「三多凶」，謂三之所以凶，不能如五之功者，蓋貴賤有等，賤者不與貴者同故也。「其柔危」以下釋「五多功」，五爲尊位，以柔居之，則不勝其任而危，惟剛居之，則能勝其任而有功也。

○胡氏炳文曰：「其柔危，其剛勝」，專爲三言也。

○蔡氏清曰：或遠或近，或貴或賤，此所謂「爻有等，故曰物」者，是爲雜物。或柔中，或不中，或多譽，或多懼，或多凶，或多功，又或柔危而剛勝，此所謂「撰德」也，而「辨是與非」，舉具其中矣。

【案】柔危剛勝，吴氏以爲指五，胡氏以爲指三，侯氏兼之，須分别融會，乃得經意。

【總論】何氏楷曰：章末覆舉中爻，所以略初上不言者，蓋初上非用事之地，故所重在時位；中四爻用事之地，故惟重在德行也。若夫卦主在初上者，則不可以此例論。此章爲易之凡例，求卦爻之義者，執此以求之而已。然僅曰要，曰多，曰過半，則雖聖人，猶未敢輕言之，韋編三絶，有以夫！

【案】此上二章，申「爻之動乎内而吉凶見乎外」也。道屢遷者，於周流六虚見之，无常相易，所謂周流者也；唯變所適，所謂屢遷者也，此則「爻之動乎内」者。及繫辭而吉凶見，則使人於日用出入之間，各循乎法度而知懼，蓋凛乎師保之嚴矣。再觀其開示人以憂患與其所以致憂患之故，不啻父母之謀其子孫者，又使人無有師保之嚴，但如臨父母之親而已。夫是以由其辭而揆之，則不可爲典要者，未嘗不有典常，而欲體其道而行之，則所謂不可遠者，又存乎其人之不遠於道也。下文遂以辭之典常言之，大約初上雖無位，而爲事之始終，自二至五則居中而正，爲用事之位。玩辭者擬其初，〔一〕竟其終，參合其物理，以辨其是非而求其備，此學易之法也。然彖者括始終以立體，而爻則其趨時之物而已。故知者觀彖辭，而爻義已大半得，此又學易之要也。又舉中四爻而申之，以見凡當位用事，則有譽有懼、有凶有功，非初上無位而或在功過之外者比也。聖人所謂明憂患與故者，於此尤諄諄焉。

〔一〕玩辭者擬其初：初，薈要本作「始」。

易之爲書也，廣大悉備，有天道焉，有人道焉，有地道焉，兼三才而兩之，故六，六者非它也，三才之道也。

【本義】三畫已具三才，重之故六，而以上二爻爲天，中二爻爲人，下二爻爲地。

【集説】項氏安世曰：言聖人所以兼三才而兩之者，非以私意傅會，三才之道，自各有兩，不得而不六也。

道有變動，故曰爻。爻有等，故曰物。物相雜，故曰文。文不當，故吉凶生焉。

【本義】「道有變動」，謂卦之一體；等，謂遠近貴賤之差；相雜，謂剛柔之位相閒；不當，謂爻不當位。

○此第十章。

【集説】陸氏績曰：天道有晝夜日月之變，地道有剛柔燥濕之變，人道有行止動靜、吉凶善惡之變。聖人設爻，以效三者之變動，故謂之爻者也。

○孔氏穎達曰：三才之道，既有變化移動，故重畫以象之，而曰爻也。物者，物類也。爻有陰陽貴賤等級，以象萬物之類，故謂之物也。若相與聚居，閒雜成文，不相妨害，則吉凶不生；由文之不當，相與聚居，不當於理，故吉凶生也。

○張子曰：「故曰爻」，爻者，交雜之義。

〇項氏安世曰：「爻有等」者，初二三四五上也；「物相雜」者，初三五與二四上，陰陽相閒也；「文不當」者，九居陰位，六居陽位也。

〇李氏簡曰：一則無變無動，兼而兩之，故三才之道皆有變動。以其道有變動，故名其畫曰爻。爻者，傚也，言六畫能傚天下之動也。爻有貴賤上下之等，故曰物。物有九六雜居剛柔之位，則成文。交錯之際，有當不當，吉凶由是生焉。

〇汪氏咸池曰：文既相雜，豈能皆當，故有以剛居柔、以柔居剛而位不當者，亦有以柔居柔、以剛居剛而位未必皆當者，則吉凶於是而生矣。

〇何氏楷曰：不當者，非專指陽居陰位、陰居陽位也，卦情若淑，或以不當爲吉；卦情若慝，反以當位爲凶，要在隨時變易，得其當而已。

〇吴氏曰慎曰：以時義之得爲當，時義之失爲不當，不以位論。

易之興也，其當殷之末世、周之盛德邪？當文王與紂之事邪？是故其辭危，危者使平，易者使傾，其道甚大，百物不廢，懼以終始，其要无咎，此之謂易之道也。

【本義】危懼故得平安，慢易則必傾覆，易之道也。

〇此第十一章。

【集説】張氏栻曰：既懼其始，使人防微杜漸；又懼其終，使人持盈守成，要之，以无咎而補過，乃易之道也。

○高氏攀龍曰：一部易，原始要終，只是敬懼无咎而已，故曰「懼以終始」。「无咎者，善補過也」，易中凡説有喜、有慶、吉、元吉，都是及於物處，若本等只到了无咎便好。

○趙氏光大曰：「危者使平」二句，即是辭危處使之，不可作易使之，言由危而平者，危使之也，言其理之必然，若有以使之也。「易之道」與「其道甚大」，道字正相應。

○何氏楷曰：使者，天理之自然，若或使之也，所謂「殖有禮，覆昏暴」，天之道也。

【案】此上二章，申「功業見乎變，聖人之情見乎辭」也。所謂變者，生於三才之道，以兩而行，交合相濟，迭用不窮也。寫之於易，則以其兩相交也，而名爲爻；所處之位不同也，而名爲物；所以處是位者又相錯也，而名爲文。相錯則有當有否，而吉凶於此生，大業於此起矣，故曰「功業見乎變」。雖然，上古之聖，以是濟民用焉，而辭未備也。文王當殷商之衰，忘己之憂，而惟世之患，是故其因事設戒者，無非欲人戰戰兢兢，免於咎而趨於平也，是所謂以身立教，反覆一編之中，千載之上，心如見焉，故曰「聖人之情見乎辭」。

夫乾，天下之至健也，德行恒易，以知險；夫坤，天下之至順也，德行恒簡，以知阻。

【本義】至健，則所行无難，故易；至順，則所行不繁，故簡。然其於事，皆有以知其難，而不敢易以處之，是以其有憂患，則健者如自高臨下而知其險，順者如自下趨上而知其阻。蓋雖易而能知險，則不陷於險矣；既簡而又知阻，則不困於阻矣，所以能危能懼，而无易者之傾也。

【集説】孔氏穎達曰：乾之德行恒易略，不有艱難，以此之故，能知險之所興，若不易則爲險，故行易以知險也；坤之德行恒爲簡靜，不有繁亂，以此之故，知阻之所興，若不簡則爲阻難，故行簡以知阻也。

○蘇氏軾曰：己險而能知險，己阻而能知阻者，天下未嘗有也。是故處下以傾高，則高者畢赴；用晦以求明，則明者必見。易簡以觀險阻，則險阻無隱情矣。

○張子曰：簡易，然後知險阻；簡易理得，然後一以貫天下之道。

○朱子語類云：險與阻不同，險是自上視下，見下之險，故不敢行；阻是自下觀上，爲上所阻，故不敢進。

○項氏安世曰：易與險相反，唯中心易直者，能照天下險巇之情；簡與阻相反，唯行事簡靜者，能察天下繁壅之機。

○李氏簡曰：兩險相疑，兩阻相持，則險不能知險，知天下之至險者，至易者也；阻不能知阻，知天下之至阻者，至簡者也。

○胡氏炳文曰：前言乾坤之易簡，此言乾坤之所以爲易簡。蓋乾之德行所以恒易者，何也？乾，天下之至健也。坤之德行所以恒簡者，何也？坤，天下之至順也。

○蔡氏清曰：天下之至健，天下之至順，猶中庸云「天下至誠」「天下至聖」相似，皆以人言。君子行此四德者，故曰「乾，元亨利貞」，此天下之至健者也；安貞之吉，應地无疆，此天下之至順者也。

能説諸心，能研諸侯之慮，定天下之吉凶，成天下之亹亹者。

【本義】「侯之」二字衍。「説諸心」者，心與理會，乾之事也；「研諸慮」者，理因慮審，坤之事也。「説諸心」，故有以定吉凶；「研諸慮」，故有以成亹亹。

【集説】張子曰：易簡，故能「説諸心」。知險阻，故能「研諸慮」。

○朱氏震曰：簡易者，我心之所固有，反而得之，能無説乎？以我所有，慮其不然，能無研乎？

○朱子語類云：「能説諸心，能研諸慮」，方始能「定天下之吉凶，成天下之亹亹」。凡事見得通透了，自然歡説。既「説諸心」，是理會得了，於事上更審一審，便是「研諸慮」，研是更去研磨。「定天下之吉凶」，是剖判得這事。「成天下之亹亹」，是作得這事業。

○張氏栻曰：心之説也，不忤於理；慮之研也，不昧於事。則得者爲吉，失者爲凶，吉凶既定，則凡勉於事功者，莫不弘之不息，以成其功矣。

○谷氏家杰曰：「能説諸心，能研諸慮」，二「能」字應下「成能」之能，見此理人人具有，唯聖人能説能研耳。

是故變化云爲，吉事有祥，象事知器，占事知來。

【本義】「變化云爲」，故象事可以知器；「吉事有祥」，故占事可以知來。

【集説】蘇氏軾曰：言易簡者，無不知也。

朱子語類：問：「有許多『變化云爲』，又吉事皆有休祥之應，所以象事者於此而知器，占事者於此而知來。」曰：「是。」

○何氏楷曰：凡人事之與吉逢者，其先必有祥兆，天人相感，志一之動，氣也。聖人作易，正以迪人於吉，故獨以吉事言之，與「吉之先見」同義。

天地設位，聖人成能，人謀鬼謀，百姓與能。

【本義】「天地設位」，而聖人作易以成其功，於是「人謀鬼謀」，雖百姓之愚，皆得以與其能。

【集説】朱子語類云：「天地設位」四句，説天人合處。「天地設位」，使聖人成其功能；「人謀鬼謀」，則雖百姓，亦可與其能。「成能」與「與能」，雖大小不同，然亦是小小底造化之功用。

○胡氏炳文曰：聖人成天地所不能成之能，百姓得以與聖人所已成之能也。

○蔡氏清曰：凡卜筮問易者，先須謀諸人，然後乃可問易，雖聖人亦然。故洪範曰「謀及卿士，謀及庶人」，然後曰「謀及卜筮」，又曰「朕志先定，詢謀僉同」，然後「鬼神其依，龜筮協從」是也。

八卦以象告，爻彖以情言，剛柔雜居，而吉凶可見矣。

【本義】象謂卦畫，爻彖謂卦爻辭。

【集說】崔氏憬曰：伏羲始畫八卦，因而重之，以備萬物，而告於人也。爻謂爻下辭，彖謂卦下辭，皆是聖人之情見乎繫辭，而假爻象以言，故曰「爻象以情言」。六爻剛柔相推，而物雜居，得理則吉，失理則凶，故「吉凶可見」也。

○蔡氏清曰：「八卦以象告」，則剛柔雜居矣；「爻象以情言」，則吉凶可見矣。

變動以利言，吉凶以情遷，是故愛惡相攻而吉凶生，遠近相取而悔吝生，情僞相感而利害生。凡易之情，近而不相得，則凶，或害之，悔且吝。

【本義】不相得，謂相惡也，凶害悔吝皆由此生。

【集說】崔氏憬曰：遠謂應與不應，近謂比與不比，或取遠應而舍近比，或取近比而舍遠應，由此「遠近相取」，所以生悔吝於繫辭矣。

○項氏安世曰：「愛惡相攻」以下，皆言「吉凶以情遷」之事，而以六爻之情與辭明之。吉凶、悔吝、利害之三辭，分出於相攻、相取、相感之三情，而總屬於相近之一情，此四者爻之情也。命辭之法，必各象其爻之情，故觀其辭可以知其情。利害者，商略其事有利有不利也。悔吝則有迹矣，吉凶則其成也，故總而名之曰吉凶。相感者，情之始交，故以利害言之；相取則有事矣，故以悔吝言之；相攻則其事極矣，故以吉凶言之。愛惡、遠近、情僞，姑就淺深分之。若錯而綜之，則相攻、相取、相感之人，其居皆有遠近，其行皆有情僞，其情皆有愛惡也，故總以相近一條明之。「近而不相得」，則以惡相攻而凶生矣，以僞相感而害生矣，不以近相取而悔吝生矣，是則一近之中，備此三條也。凡爻有比爻，有應爻，有一卦之主爻，皆情之當相得者也。今稱近者，止據比爻言之。反以三隅，則遠而爲應、爲主者，亦必備此三條矣。但居之近者，其吉凶尤多，故聖人概以近者明之。

○吴氏澄曰：害者，利之反，凡占曰不利、无攸利者，害也。「近而不相得」，則凶、害、悔、吝；其相得，則吉、利、悔亡、无悔、无咎，從可知也。

○胡氏一桂曰：「凡易之情」以下，獨舉近者總言之，近而相取，其情乃不相得，此必其初之以僞感，終至於惡而相攻，是以凶耳。既至於凶，其於害悔吝可知已。

○蔡氏清曰：「愛惡相攻」三句，平等説，下文却合言之曰，大抵凡易之情，近而相得者爲貴，不相得而遠者亦無害，唯是近而不相得者則凶，又有害，而悔且吝矣。

○又曰：「吉凶悔吝利害」六字，大抵吉凶重於利害，利害重於悔吝，故末句先凶次害，又次悔吝，而凡曰「吉凶見乎外」「吉凶以情遷」，則皆該利害與悔吝矣。

○林氏希元曰：近而不相得，是解「遠近相取而悔吝生」一句，並「愛惡相攻」兩句亦解。蓋「遠近相取而悔吝生」，這裏分情相得不相得，情相得者，遠相取而悔吝，情不相得者，近相取而悔吝，但此意未明，故於此發之。只曰近不曰遠者，舉近則遠者可以三隅反也。夫「近而不相得則凶」，可見惡相攻而凶生者，以其近也，僞相感而害生者，亦以其近也，故曰是併解「愛惡相攻」兩句。

【案】此條諸説相參，極詳密矣，然尚有須補備者。諸説皆以近爲相比之爻，於易例未盡。應爻雖遠，然既謂之應，地雖遠而情則近也。先儒蓋因上章「四多懼，近也」，「柔之爲道不利遠者」，故必以相比爲近，然彼就二四而言之，則有遠近之別，此就六爻而統論之，則比與應皆近也。觀蒙之六四曰「獨遠實也」，以其比應皆陰也，如雖無比而有應，亦不得謂之遠實矣。故易於應爻有曰婚媾者，有曰宗者，有曰主者，有曰類者，皆親近之稱也。「遠近相取」，須分無比應者爲遠，有比應者爲近，乃爲完備。

○易之情其有遠近者，固從爻位而生，若愛惡情僞，則從何處生來？須知易爻吉凶，皆在時、位、德三字上取。時隨卦義而變，時變則有愛惡矣，如泰之時則交，否之時則隔，比之時則和，訟之時則爭，是「愛惡相攻」者，由於時也。位逐六爻而異，位異則有遠近矣，如比之内比外比、觀之觀光者，近也；蒙之困蒙、復之迷復者，遠也，是「遠近相取」者，由於位也。德由剛柔當否而别，德别則有情僞矣，如同人五之「號咷」，豫二之「介石以中正也」，同人三之「伏戎」，豫三之「盱豫以不中正也」，是「情僞相感」者，由於德也。時有消息盈虚之變，位有貴賤上下之異，德有剛柔善惡之别，此三者，皆吉凶悔吝之根。然其發動，皆因彼己之交而起。所謂彼己之交者，比也，應也，非因比應，則無所謂相攻也，無所謂相取也，無所謂相感也。所謂相攻、相取、相感者，皆以比應言之，故下獨舉「近而不相得」以見例。近而相得，相愛者也，相取者也，以情相感者也，善之善者也；不相得者而遠，則雖惡而不能相攻也，不近而不得相取也，雖僞而不與相感也，善之次也；宜相得者而遠，則雖愛而不得相親也，不近而不能相取也，雖有情而無以相感也，又其次也；惟近而不相得，則以惡相攻，以近相取，以僞相感，人事之險阻備矣。大者則凶，極其惡之情者也，同人三之敵剛是也；次者則害，防其僞之端者也，兑之介疾乎剥是也；輕者猶不免於悔吝，如豫、萃之三雖以近而從四，然以非同類而曰悔、曰吝者此也。易者教人知險知阻，故特舉此條以見例，餘者可以三隅反也。故觀易者須先知時、位、德、比、應五字，又須知時、位、德之當否皆於比、應上發動，其義莫備於此章矣。

將叛者其辭慚，中心疑者其辭枝，吉人之辭寡，躁人之辭多，誣善之人其辭游，失其守者其辭屈。

【本義】卦爻之辭，亦猶是也。

○此第十二章。

【集説】王氏申子曰：歉於中者，必愧於外，故「將叛者其辭慚」；疑於中者，必泛其説，故「中心疑者其辭枝」；吉德之人見理直，故其辭寡；躁競之人急於售，故其辭多；誣善類者，必深匿其跡，而陰寓其忮，故其辭游；失其守者，必見義不明，而内無所主，故其辭屈。

○吴氏澄曰：此篇之首，泛言辭、變、象、占四道，而末句歸重於辭，且以「本於聖人之情」至此卒章，凡三節，其中亦言四道，而首末皆言彖爻之辭，末又本於易之情，以終繫辭之傳。蓋唯聖人之情，能知易之情而繫易之辭也，是爲一篇始終之脉絡云。

○張氏振淵曰：此節即人之辭以情遷者，驗易之辭以情遷也。

【案】此章亦總上十一章之意而通論之。易簡即上下傳首章所謂乾坤之理，而聖人體之以立極者，故此即以乾坤爲聖人之名稱，見易道之本，聖心所自具也。易與險反，故知險；簡與阻反，故知阻，以是「說諸心」，即以是「研諸慮」。凡天下所謂吉凶、亹亹者，固已豫定取成於聖人之心矣。於是仰觀變化，俯察云爲，知以藏往而通其象，神以知來而裕其占，此所以作易，而天地之功以成，百姓之行以濟也。「爻象動乎内」者，「以象告」；「吉凶見乎外」者，「以情言」；「功業見乎變」者，「以利言」；「聖人之情見乎辭」者，「以情遷」。時有順逆，而愛惡生焉；位有離合，而遠近判焉；德有淑慝，而情僞起焉。此三者，易之情也，吉利凶害悔吝之辭所由興也。在易則爲易之情，聖人從而發揮之，則吉凶之途明而利害之幾審，此即聖人之情也。故言凡人之情著於辭而不可掩者六，反切上章所謂有憂患者其辭危也。

御纂周易折中卷第十六

文言傳

【本義】此篇申彖傳、象傳之意，以盡乾坤二卦之藴，而餘卦之説，因可以例推云。

元者善之長也，亨者嘉之會也，利者義之和也，貞者事之幹也。

【本義】元者，生物之始，天地之德莫先於此，故於時爲春，於人則爲仁，而衆善之長也；亨者，生物之通，物至於此，莫不嘉美，故於時爲夏，於人則爲禮，而衆美之會也；利者，生物之遂，物各得宜，不相妨害，故於時爲秋，於人則爲義，而得其分之和；貞者，生物之成，實理具備，隨在各足，故於時爲冬，於人則爲智，而爲衆事之幹。幹，木之身而枝葉所依以立者也。

【程傳】它卦，彖、象而已，獨乾坤更設文言以發明其義。推乾之道，施於人事，元亨利貞，乾之四德，在人則元者衆善之首也，亨者嘉美之會也，利者和合於義也，貞者幹事之用也。

【集説】朱子語類：問「元者善之長」。曰：元亨利貞皆善也，而元乃爲四者之長，是善端初發見處也。

○問「亨者嘉之會」。曰：且以草木言之，發生到夏時，好處都來湊會，嘉只是好處，會是期會也。

○又云：「利者義之和」，義疑於不和矣，然處之而各得其所則和，義之和處便是利。

○問：「程子曰，義安處便爲利，只是當然便安否？」曰：「是。正好去解『利者義之和』句，義截然而不可犯，似不和，分別後萬物各止其所，却是和。不和生於不義，義則無不和，和則無不利矣。」

○又云：「貞者事之幹」，知是那默運事變底一件物事，所以爲事之幹。

○又云：「正字不能盡貞之義，須用連正固説，其義方全，正如孟子所謂『知斯二者弗去』是也。『知斯』是正意，『弗去』是固意。」幹問：「又有所謂不可貞者是如何？」曰：「也是這意思，只是不可以爲正而固守之。」

○項氏安世曰：善也，嘉也，義也，皆善之異名也，在事之初爲善，善之衆盛爲嘉，衆得其宜爲義，義所成立爲事，此一理而四名也。故分而爲四，則曰「元者善之長也，亨者嘉之會也，利者義之和也，貞者事之幹也」；比而爲二，則曰「乾元者，始而亨者也；利貞者，性情也」；混而爲一，則曰「乾始能以美利利天下，不言所利，大矣哉」。義之和，和謂能順之也；事之幹，幹謂能立之也。

君子體仁足以長人，嘉會足以合禮，利物足以和義，貞固足以幹事。

【本義】以仁爲體，則无一物不在所愛之中，故足以長人；嘉其所會，則无不合禮；使物各得其所利，則義无不和；貞固者，知正之所在而固守之，所謂知而弗去者也，故足以爲事之幹。

【程傳】體法於乾之仁，乃爲君長之道，足以長人也。體仁，體元也。比而效之謂之體。得會通之嘉，乃合於禮也。不合禮則非理，豈得爲嘉？非理，安有亨乎？和於義，乃能利物，豈有不得其宜而能利物者乎？貞固，所以能幹事也。

【集説】李氏鼎祚曰：天運四時，以生成萬物；君法五常，以教化於人。元爲善長，故能體仁，仁主春生，東方木也；通爲嘉會，足以合禮，禮主夏養，南方火也；利爲物宜，足以和義，義主秋成，西方金也；貞爲事幹，以配於智，智主冬藏，北方水也。不言信者，信主土，土居中宮，分王四季，水火金木，非土不載。

○朱子語類云：體仁不是將仁來爲我之體，我之體便都是仁也。又曰：本義云，以仁爲體者，猶言自家一箇身體，元來都是仁。

○又云：嘉，美也。會是集齊底意思。許多嘉美一時鬬湊到此，故謂之嘉會。嘉其所會，便動容周旋，無不中禮。

○又云：看來義之爲義，只是一箇宜，其初則甚嚴，如「男正位乎外，女正位乎内」，直是有内外之辨，君尊於上，臣恭於下，尊卑大小，截然不可犯，似若不和之甚，然能使之各得其宜，則其和也孰大於是？

〇文云：幹，如木之幹；事，如木之枝葉。貞固者，正而固守之。貞固在事，是與立箇骨子，所以爲事之幹。欲爲事，而非此之貞固，便植立不起，自然倒了。問：貞固二字，與體仁、嘉會、利物似不同？曰：屬北方者，便著用兩字，方能盡之。

〇問「文言四德一段」。曰：「元者善之長」以下四句，說天德之自然；「君子體仁足以長人」以下四句，說人事之當然。元是善之長，萬物生理皆始於此，衆善百行皆統於此，故於時爲春，於人爲仁。亨是嘉之會，嘉，美也，會猶齊也，蓋春方生育，至此乃無一物不暢茂，其在人，則禮儀三百，威儀三千，事事物物一齊到恰好處，所謂動容周旋皆中禮，故於時爲夏，於人爲禮。利者義之和，萬物至此，各遂其性，事理至此，無不得宜，故於時爲秋，於人爲義。貞者事之幹，萬物至此，收斂成實，事理至此，無不的正，故於時爲冬，於人爲智。此天德之自然。其在君子，所當從事於此者，體者以仁爲體，仁爲我之骨，我以之爲體，仁皆從我發出，故無物不在所愛，所以能長人。欲其所會之美，當美其所會，蓋其厚薄親疏、尊卑小大相接之體，各有節文，無不中節，即所會皆美，所以能合於禮也。能使事物各得其宜，不相妨害，自無乖戾，而各得其分之和。知其正之所在，固守而不去，故足以爲事之幹。幹，如版築之有楨幹。

〇胡氏炳文曰：體仁，有以存諸中；嘉會，則美見乎外；利物，有以方乎外；而貞固，有以守於中。禮者，仁之著；智者，義之藏。體仁長人，貞固幹事，由理以及用；嘉會合禮，利物和義，則由用以及理也。

○董氏真卿曰：朱子謂「屬北方者，便著用兩字，方能盡之」。幼時聞先君子之言曰：北方，天氣之終始，有分別之義，故北字篆文兩人相背。至於四端、五臟、四獸，屬北方者皆兩，東西南三方者各一。四時爲冬，亦與春爲交接；四德爲貞，亦貞下起元。十二辰爲亥、子，六十四卦爲坤、復。

○林氏希元曰：君子克己復禮，使仁充乎中而見乎外，中之所存無一念之非仁，外之所行無一事之非仁，則君子之身，渾是一箇仁。非體其體，而體夫仁也，體仁，仁之至也，故無一物不在所愛之中，而足以長人。安土敦仁故能愛，正是如此。

○又曰：「利者義之和」之利，乃在人天然之利；「利物足以和義」之利，乃人所以求乎天然之利也。「義之和」之和，乃在人天然之和；「足以和義」之和，乃人所以求乎天然之和也。

君子行此四德者，故曰「乾，元亨利貞」。

【本義】非君子之至健，无以行此，故曰「乾，元亨利貞」。

○此第一節，申象傳之意，與春秋傳所載穆姜之言不異。疑古者已有此語，穆姜稱之，而夫子亦有取焉，故下文别以「子曰」表孔子之辭，蓋傳者欲以明此章之爲古語也。

【程傳】行此四德，乃合於乾也。

【集説】朱子語類：問：「『乾，元亨利貞』，猶言性仁義禮智。」曰：「此語甚穩當。」又曰：「『乾，元亨利貞』，他把乾字當君子。」

○蔡氏清曰：「元亨利貞」四字，在文王只爲占辭，〔一〕至孔子彖傳乃有四德之説。然其所謂四德者又有不同，天之四德，自其生成萬物者言也；聖人之四德，自其統治一世者言也。至此，所謂四德，又只就君子一身所行而言也。一身所行者，其體也；統治一世者，其用也。四德無乎不在也，又見乾字所該者廣也。

初九曰「潛龍勿用」，何謂也？子曰：龍德而隱者也。不易乎世，不成乎名，遯世无悶，不見是而无悶，樂則行之，憂則違之，確乎其不可拔，潛龍也。

【本義】龍德，聖人之德也，在下，故隱。易謂變其所守。大抵乾卦六爻，文言皆以聖人明之，有隱顯而无淺深也。

【程傳】自此以下，言乾之用，用九之道也。初九，陽之微，龍德之潛隱，乃聖賢之在側陋也。守其道，不隨世而變；晦其行，不求知於時。自信自樂，見可而動，知難而避，其守堅不可奪，潛龍之德也。

〔一〕在文王只爲占辭：文王，原作「文上」，據四庫本改。

【集説】孔氏穎達曰：心以爲樂，己則行之；心以爲憂，己則違之。身雖逐物推移，心志守道，確乎堅實，其不可拔。

〇游氏酢曰：「龍德而隱」，故「不易乎世」；「不易乎世」者，用舍在我，故「遯世无悶」；「不成乎名」者，非譽不在物，故「不見是而无悶」。

〇吴氏澄曰：「樂則行之」，釋上文「无悶」二句；「憂則違之」，釋上文「不易」「不成」二句。樂者，謂无悶也；行之，謂爲之也；憂者，謂非其所樂也；違之，謂不爲也。不求見於世、不求知於人者，此其所樂也，則爲之；「易乎世」「成乎名」者，此非其所樂也，則不爲。

〇蔣氏悌生曰：行道而濟時者，聖人之本心，故曰「樂則行之」；不用而隱遯者，非聖人所願欲也，故曰「憂則違之」。雖然，其進其退，莫不求至理之所在，未嘗枉道以徇人也，故曰「確乎其不可拔」。

〇蔡氏清曰：「遯世无悶」二句，尤重於「不易乎世」二句；「樂則行之」三句，更重於「遯世无悶」二句。此三句明其無意必也，論龍德之隱，必至是而後盡。

【案】吴氏、蔣氏兩説不同，而皆可通。

九二曰「見龍在田，利見大人」，何謂也？子曰：龍德而正中者也。庸言之信，庸行之謹，閑邪存其誠，善世而不伐，德博而化。易曰：見龍在田，利見大人。君德也。

【本義】正中，不潛而未躍之時也。常言亦信，常行亦謹，盛德之至也。「閑邪存其誠」，「无斁亦保」之意。言「君德也」者，釋大人之爲九二也。

【程傳】以龍德而處正中者也。在卦之正中，爲得正中之義。庸信庸謹，造次必於是也。既處无過之地，則唯在閑邪。邪既閑，則誠存矣。「善世而不伐」，不有其善也。「德博而化」，正己而物正也。皆大人之事，雖非君位，君之德也。

【集説】孔氏穎達曰：庸，常也。常言之信實，常行之謹慎，防閑邪惡，自存誠實，爲善於世而不自伐其功，德能廣博而變化於世俗。初爻則全隱遯避世，二爻則漸見德行，以化於俗也。

○朱子語類云：庸言庸行，盛德之至，到這裏猶自「閑邪存誠」，便是「無射亦保」，〔一〕雖無厭斁，亦當保也。保者，持守之意。

○又云：「利見大人，君德也」，兩處説君德，却是要發明大人即是九二。

○陸氏九淵曰：言行之信謹，二之所以成己者也。「善世而不伐」，二之所以成物者也。彼其所謂信謹者，乃其所以不伐者也。「閑邪存其誠」，存諸己者也；「德博而化」，德之及乎物者也。彼其所以閑而存者，乃其所以博而化者也。

〔一〕便是無射亦保：射，局本、四庫本作「斁」。

○李氏舜臣曰：乾畫⚊，實則誠；坤畫⚋，虚則生敬，故乾九二言誠，坤六二言敬。誠敬二字，始於包犧心畫，而實天地自然之理也。

○項氏安世曰：稱中正者，二事也，二五爲中，陰陽當位爲正；稱正中者，一事也，但取其正得中位，非以當位言也。

○又曰：以在下卦，又非陽位，故不爲中位，而爲中德。文言兩稱君德，明非君位也；此又稱龍德之中，明非龍位之中也。

○馮氏椅曰：易者，理學之宗，而乾坤二卦，又易學之宗也。子思、孟子言「誠者天之道」，先儒謂誠敬者聖學之源，皆出於此。

○何氏楷曰：道止於中，中寓於庸。庸者，常也，平無奇之名。言必有物，無苟高也，惟其信，無擇言矣；行必有則，無苟難也，惟其謹，無擇行矣。信謹，誠也，天德也，一實焉而已。

九三曰「君子終日乾乾，夕惕若厲，无咎」，何謂也？子曰：君子進德脩業，忠信，所以進德也，脩辭立其誠，所以居業也。知至至之，可與幾也；知終終之，可與存義也。是故居上位而不驕，在下位而不憂，故乾乾因其時而惕，雖危无咎矣。

【本義】忠信主於心者，无一念之不誠也；脩辭見於事者，无一言之不實也。雖有忠信之心，然非脩辭立誠，則无以居之。「知至至之」，進德之事；「知終終之」，居業之事。所以終日乾乾而夕猶惕若者，以此故也。可上可下，不驕不憂，所謂无咎也。

【程傳】三居下之上，而君德已著，將何爲哉？唯「進德脩業」而已。内積忠信，所以進德也；擇言篤志，所以居業也。「知至至之」，致知也。求知所至而後至之，知之在先，故可與幾，所謂「始條理」者，知之事也；「知終終之」，力行也，既知所終，則力進而終之，守之在後，故可與存義，所謂「終條理」者，聖之事也。此學之始終也。君子之學如是，故知處上下之道而无驕憂，不懈而知懼，雖在危地而无咎也。

【集説】孔氏穎達曰：九三所以終日乾乾者，欲進益道德，脩營功業，故終日乾乾匪懈也。進德則知至，將進也；脩業則知終，存義也。

〇程子曰：「脩辭立其誠」，不可不子細理會，言能脩省言辭，便是要立誠，若只是脩飾言辭爲心，只是爲僞也，脩其言辭，正爲立己之誠意。

〇吕氏大臨曰：忠信進德，如有諸己，又知所以充實之也；「脩辭立其誠」，正名是事，行其實以稱之也。所立卓爾，而欲從之，「知至至之」也，於德有先見之明也；人不堪其憂，而不改其樂，「知終終之」也，於分有當安之義也。

〇朱子語類云：德是就心上説，業是就事上説，忠信是自家心中誠實，「脩辭立其誠」，是説處有真實底道理。

○又云：忠信只是實，若無實，如何會進？如播種相似，須是實有種子，下在泥中，方會日見發生，若把箇空殼下在裏面，如何會發生？道理須是實見得，若徒將耳聽過，將口説過，濟甚事？忠信所以爲實者，且如孝，須實是孝，方始那孝之德日進一日，如弟，須實是弟，方始那弟之德日進一日，若不實，却自無根了，如何會進？「立其誠」，誠依舊便是上面忠信。「脩辭」，是言語照管得到，那裏面亦須照管得到。「進德」，是自覺得意思日强似一日，日振作似一日，不是外面事，只是自見得意思不同。

○問：立誠不就制行上説，而特指脩辭，何也？曰：人不誠處多在言語上。又曰：人多將言語作没緊要，容易説出來，若一一要實，這工夫自是大。忠信進德便是見得脩辭立誠底許多道理，脩辭立誠便要立得這忠信。若口不擇言，逢事便説，只這忠信亦被汩没動盪，立不住了。

○又云：伊川解脩辭立誠作擇言篤志，説得來寬，不如明道説云，脩其言辭，正爲立己之誠意。

○又云：忠信脩辭，且大綱説所以進德脩業之道；知至知終，則又詳其始終工夫之序如此。忠信，心也；脩業，事也。然藴於心者，所以見於事；脩於事者，所以養其心。此聖人之學所以爲内外兩進，而非判然二事也。知至，則知其道之所止，至之，乃行矣而驗其所知也；知終，則見其道之極致，終之，乃力行而期至於所歸宿之地也。知而行，行而知，二者交相警發，而其道日益光明，終日乾乾，又安有一息之閒哉？

○又云：「知至至之」者，言此心所知者，心真箇到那所知田地，雖行未到，而心已到，故其精微幾密，一齊在此，故曰「可與幾」；「知終終之」者，既知到極處，便力行到極處，此真實見於行事，故天下義理都無走失，故曰「可與存義」。

○又云：進字貼著那幾字，至字又貼著那進字；居字貼著那存字，終字又貼著那居字。幾是心上説，義是那業上底道理。

○又云：忠信進德，與「知至至之，可與幾也」，這幾句都是去底字；脩辭立誠，與「知終終之，可與存義」，都是住底字。進德是日日新，居業是日日如此。

○問：脩業居業之别。曰：二者只是一意。居，守也。逐日脩作是脩，常常如此是守。

○又云：忠信進德，脩辭立誠，與「敬以直内，義以方外」，分屬乾坤。蓋取健順二體，忠信立誠自有剛健主立之體，敬義便有静順之體，進脩便是箇篤實，敬義便是箇虚静，故曰陽實陰虚。

○俞氏琰曰：德與忠信，皆主於心者也；業與辭，皆見於事者也。事已成，謂之業。脩業者，業未成，則脩而成之也；居業，業已成，則居而守之也。辭，言辭也；脩，謂脩省，非脩飾也；誠，即忠信也。「立其誠」，謂立其誠意，而不爲私意所汨撓也。若但以脩飾言辭爲心，則僞矣。君子「閑邪存其誠」，則無一念之不正也；「脩辭立其誠」，則無一言之不實也。

○蔣氏悌生曰：乾乾因其時而惕，「時」字正解爻辭「終日」之義，見聖人省察之心，無少間斷也。

○蔡氏清曰：「忠信所以進德也」，每應一件事，俱著一箇心爲之主，惟心之所主者一於誠，則德之在内者進矣，而其於事也，又處置恰好，如其所言，則是誠有所歸宿安頓處，是之謂立誠，而業之見於外者脩矣。

○又曰：誠即忠信也。忠信，就初間存主上説；脩辭立誠，就後來事到就緒上説，二者總是「敬以直内，義以方外」。忠信，「直内」之事；脩辭，「方外」之事。

○又曰：閑邪之外，再無存誠工夫，故承之曰「存其誠」；脩辭之外，再無立誠工夫，故承之曰「立其誠」。誠即忠信，向也誠存於心，而今則見於事，而誠有立矣。

○又曰：中庸章句云「反諸身不誠」，謂反求諸身，而其所存所發有未實也。所存之實，即主忠信也；所發之實，即「脩辭立其誠」也。合「進德脩業」，總是中庸之誠身，大學之誠意、正心、脩身。

○又曰：九三居下之上，是亦有位其上者，則九三爲在下位矣；亦有位在下者，則九三又爲居上位矣。若於初二，必不兼言居上位；若於九五，必不兼言在下位。此亦當知。

○林氏希元曰：忠信是此心真實，如孝則真實是孝，弟則真實是弟，實心爲善，則善心日以充長，善念日以彰著，此之謂進德。實心爲善乃誠也，若辭不脩，語孝弟俱是空言無實事，則此誠終於消散不聚集矣，何由立？又何績業可居？故工夫又在脩治言辭上，「先行其言而後從之」，言必有物，凡吐口言語，皆是實事，無一句虚妄，乃「脩辭」也。脩辭則行成，孝成箇孝，弟成箇弟，吾心之誠集聚而不消散，故曰「立其誠」。誠立則業脩而可居，非立誠之外又有居業工夫也。

○又曰：「忠信所以進德」，是忠信所以至之也，何也？凡有所進，將必有所至。忠信以至之，則善心日長，神智日開，道之壼奥，理之玄妙，爲吾所當至者，一時雖未能遽至，固已先得之矣，故「可與幾」。「脩辭立其誠，所以居業」，是脩辭立誠所以終之也，何也？居是居止，終是終身居止而不移，居之所以終之也。脩辭立誠以終之，則踐履篤實，持守堅固，事理之宜，吾所當守者，可與存之而不失矣。義者，事理之宜，吾所當守者也。

○鄭氏維嶽曰：不曰所以脩業，而曰所以居業，蓋脩辭立誠即是脩矣，既脩則有可居矣。猶之屋然，脩者方在營搆，既成則可居也。

○楊氏啓新曰：心之存諸中者，純乎忠信而不妄，則心無外馳，而得於己者日進而不已；言之見於事者，致其脩省而有實，則事皆實理，而體諸身者安安而不遷。

九四曰「或躍在淵，无咎」，何謂也？子曰：上下无常，非爲邪也；進退无恒，非離群也。君子進德脩業，欲及時也，故无咎。

【本義】内卦以德學言，外卦以時位言。「進德脩業」，九三備矣，此則欲其及時而進也。

【程傳】或躍或處，上下无常，或進或退，去就從宜，非爲邪枉，非離群類，進德脩業，欲及時耳。時行時止，不可恒也，故云或。深淵者，龍之所安也；在淵，謂躍就所安。淵在深而言躍，但取進就所安之義。或，疑辭，隨時而未可必也。君子之順時，猶影之隨形，「可離非道也」。

【集說】項氏安世曰：進退上下，不敢自必，相時而動，所謂自試也。大抵上下之交，皆危疑之地，故三厲而四猶疑之。

○俞氏琰曰：上與進，釋「躍」字；下與退，釋「在淵」之義；无常无恒，釋「或」之義。非爲邪，非離群，欲及時，以申進无咎之義。

○林氏希元曰：可上而不上，疑於以隱爲高；可進而不進，疑於遯世離群。「及時」之時，上進之時也。欲及時，是應「非爲邪」「離群」句。无咎，得時也。

九五曰「飛龍在天，利見大人」，何謂也？子曰：同聲相應，同氣相求，水流濕，火就燥，雲從龍，風從虎，聖人作而萬物覩，本乎天者親上，本乎地者親下，則各從其類也。

【本義】作，起也；物，猶人也。覩釋「利見」之意也。「本乎天者」謂動物，「本乎地者」謂植物。物各從其類。聖人，人類之首也，故興起於上，則人皆見之。

【程傳】人之與聖人，類也。五以龍德升尊位，人之類莫不歸仰，況同德乎？上應於下，下從於上，「同聲相應，同氣相求」也。流濕就燥，從龍從虎，皆以氣類，故聖人作而萬物皆覩，上既見下，下亦見上。物，人也，古語云人物、物論，謂人也。易中「利見大人」，其言則同，義則有異。如訟之「利見大人」，謂宜見大德中正之人，則其辨明，言在見前；乾之二五則聖人既出，上下相見，共成其事，所利者，見大人也，言在見後。「本乎天」者，如日月星辰，「本乎地」者，如蟲獸草木，陰陽各從其類，人物莫不然也。

【集説】孔氏穎達曰：因大人與衆物感應，故廣陳衆物相感應，以明聖人之作而萬物瞻覩，以結之也。

○又曰：周禮大宗伯有天産、地産，大司徒云動物、植物，本受氣於天者是動物，天體運動，含靈之物亦運動，是親附於上也；本受氣於地者是植物，地體凝滯，植物亦不移動，是親附於下也。

○朱子語類云：天下所患無君，不患無臣，有如是君，必有如是臣。雖使而今無，少間也必有出來。「雲從龍，風從虎」，只怕不是真箇龍虎，若是真箇龍虎，必生風致雲也。

○又云：「本乎天者親上」，凡動物首向上，是親乎上，人類是也；「本乎地者親下」，凡植物本向下，是親乎下，草木是也。禽獸首多横生，所以無智。此本康節説。

○項氏安世曰：聖人先得我心之同然者，故爲同聲同氣之義。聖人之於人，亦類也，故爲「各從其類」之義。

上九曰「亢龍有悔」，何謂也？子曰：貴而无位，高而无民，賢人在下位而无輔，是以動而有悔也。

【本義】賢人在下位，謂九五以下；无輔，以上九過高志滿，不來輔助之也。

○此第二節，中象傳之意。

【程傳】九居上而不當尊位，是以无民无輔，動則有悔也。

【集説】谷氏家杰曰：以有位謂之貴，以有民謂之高，以有輔謂之賢人在下位。其貴而又无位，高而又无民，賢人在下位而又无輔者何？俱以亢失之也，故動而有悔。

潛龍勿用，下也。

【程傳】此以下言乾之時。勿用，以在下，未可用也。

見龍在田，時舍也。

【本義】言未爲時用也。

【程傳】隨時而止也。

終日乾乾，行事也。

【程傳】進德脩業也。

【集説】林氏希元曰：事，所當爲之事也，前章之「進德脩業」是也。「終日乾乾」，日行其當爲之事，而不止息也。

或躍在淵，自試也。

【本義】未遽有爲，姑試其可。

【程傳】隨時自用也。

【集說】趙氏汝楳曰：凡飛者必先躍，所以作其飛沖之勢。今鳥雛習飛，必跳躍於巢，以自試其羽翰。四之躍，亦猶是也。此以試釋躍。

○俞氏琰曰：試釋躍字，與中庸「日省月試」之試同。君子謹失時之戒，而自試其所學，蓋欲自知其淺深也。

○谷氏家杰曰：人見者淺，自見者真，必自家試之，而後可決也。

飛龍在天，上治也。

【本義】居上以治下。

【程傳】得位而行，上之治也。

【集說】蘇氏濬曰：上治，猶言盛治，五帝三王皆治之上者也。

亢龍有悔，窮之災也。

【程傳】窮極而災至也。

乾元用九，天下治也。

【本義】言乾元用九，見與它卦不同。君道剛而能柔，天下无不治矣。○此第三節，再申前意。

【程傳】用九之道，天與聖人同，得其用則天下治也。

【集說】朱子語類：問「乾元用九，天下治也」。曰：九是天德，健中便自有順，用之則天下治，如下文「乃見天則」，「則」便是天德。

潛龍勿用，陽氣潛藏。

【程傳】此以下言乾之義。方陽微潛藏之時，君子亦當晦隱，未可用也。

【集說】陸氏銓曰：微陽潛藏，愈養則愈厚，輕用則發洩無餘矣。

見龍在田，天下文明。

【本義】雖不在上位，然天下已被其化。

【程傳】龍德見於地上，則天下見其文明而化之。

【集說】蘇氏軾曰：以言行化物，故曰文明。

終日乾乾，與時偕行。

【本義】時當然也。

【程傳】隨時而進也。

【案】與時偕行，即上乾乾因其時之義，言終日之閒，無時不乾乾。

或躍在淵，乾道乃革。

【本義】離下而上，變革之時。

【程傳】離下位而升上位，上下革矣。

【集説】趙氏汝楳曰：三爲下，至四革而爲上，卦革則道亦革，此專釋上下卦之交。

○俞氏琰曰：革者，變也。下乾以終，上乾方始，猶天道更端之時也。

○林氏希元曰：此道字輕看，猶云陽道、陰道。九四離下體而入上體，是乾道改革之時也，故或躍而未果。爻下本義「改革之際」，正是取此。人都不察，妄爲之説。

飛龍在天，乃位乎天德。

【本義】天德，即天位也。蓋唯有是德，乃宜居是位，故以名之。

【程傳】正位乎上，位當天德矣。

【集説】張氏振淵曰：雖有其位，苟無其德，可謂之位乎天位而已，「飛龍在天，乃位乎天德」。

亢龍有悔，與時偕極。

【程傳】時既極，則處時者亦極矣。

【集説】朱氏震曰：消息盈虚，與時偕行，則无悔。偕極則窮，故有悔也。

○林氏栗曰：此節上下卦相應，初四爲始，初潛藏，四乃革矣，革潛爲躍也；二五爲中，二文明，五乃天德矣，言德稱其位也；三上爲終，三「與時偕行」，上「偕極」矣。

乾元用九，乃見天則。

【本義】剛而能柔，天之法也。

○此第四節，又申前意。

【程傳】用九之道，天之則也。天之法則，謂天道也。或問：乾之六爻皆聖人之事乎？曰：盡其道者，聖人也。得失，則吉凶存焉。豈特乾哉，諸卦皆然也。

【集説】蘇氏軾曰：天以无首爲則。

○吴氏澄曰：剛柔適中，天之則也。則者，理之有限節，而無過無不及者也。

○張氏振淵曰：不曰乾爻用九，而曰乾元用九，統六爻而歸之元也。亢而用變，正是貞之極而歸於元。乾之所爲，終始相因，而无首也，故曰「乾元用九」，可見乾道變化之則。

○谷氏家杰曰：則者，有準而不過之意；用九者，有變而無常之意。天道不是變换，焉能使春夏秋冬各有其限？聖人不是變换，焉能使仁義禮智各有其節？用九正天之準則不過處，故曰「乃見」。

乾元者，始而亨者也。

【本義】始則必亨，理勢然也。

【程傳】又反覆詳説，以盡其義，既始則必亨，不亨則息矣。

利貞者，性情也。

【本義】收斂歸藏，乃見性情之實。

【程傳】乾之性情也，既始而亨，非利貞，其能不息乎？

【集説】朱子語類：問「利貞者，性情也」。曰：此性情，如言本體，元亨是發用處，利貞是收斂歸本體處。如春時發生，到夏長茂條達，至秋結子，有箇收斂攝聚底意思，但未堅實，至冬方成。在秋雖是已實，漸欲脱去其本之時，然受氣未足，便種不生，故須到冬方成。人只到秋冬，疑若不見生意，不知都已收斂在内。

○胡氏炳文曰：性情，只是一健字。健者乾之性，而情其著見者也。且性情並言，昉於此。釋彖曰性命，此則曰性情。言性而不言命，非知性之本；言性而不言情，非知性之用也。

○俞氏琰曰：性言其静也，情言其動也，物之動極，而至於收斂而歸藏，則復其本體之象，又將爲來春動而發用之地，故曰「利貞者，性情也」。元起於貞，貞下蓋有元繼焉；動生於静，静中蓋有動存焉。貞而元，靜而動，終而復始，則生生之道不窮。若但言性而不言情，則止乎貞、純乎靜而已矣，不見貞下起元、靜中有動之意，而非生生不窮之道也。

乾始能以美利利天下，不言所利，大矣哉！

【本義】始者，元而亨也；利天下者，利也；不言所利者，貞也。或曰：坤利牝馬，則言所利矣。

【程傳】乾始之道，能使庶類生成，天下蒙其美利，而不言所利者，蓋无所不利，非可指名也，故贊其利之大，曰「大矣哉」。

【集說】程子曰：亨毒化育，皆利也。不有其功，常久而不已者，貞也。詩曰「維天之命，於穆不已」者，貞也。

○朱子語類云：明道説得好，不有其功，言化育之無跡處爲貞。

○項氏安世曰：物既始，則必亨，亨則必利，利之極必復於元，貞者元之復也，故四德總以一言，曰「乾元」，又曰「乾始」，而四德在其中矣。以八卦言之，震其元也，故爲出；巽則既出而將相見也，故爲齊；離則其亨也，故爲相見；坤則既相見而將利之也，故爲役；兑則其利也，故爲悦；乾則既悦而將入於貞也，故爲戰；坎則其貞也，故爲勞；艮自貞而將出爲元也，故爲萬物之所終始。合而言之曰太極，而八卦備矣，其乾之謂乎？

○俞氏琰曰：乾始，即乾元也，元乃生物之始也。美即亨也，亨乃衆美之會也。

○林氏希元曰：上既即物之生長收藏以釋四德，此則歸其功於乾始而贊其大，即彖傳統天之説也。謂乾雖四德之流行，要一元之所統，何也？乾既始物，由是而亨，就能以美利徧利乎天下，又收斂於内，不言其所利，是皆乾始之所爲也，不其大與！蓋萬物歸根復命之時，造化生物之功不復可見，韓琦詩云「須臾慰滿三農望，斂却神功寂若無」，亦是此意。

大哉乾乎！剛健中正，純粹精也。

【本義】剛以體言，健兼用言，中者其行無過不及，正者其立不偏，四者乾之德也。純者不雜於陰柔，粹者不雜於邪惡，蓋剛健中正之至極，而精者又純粹之至極也。或疑乾剛无柔，不得言中正者，不然也。天地之閒，本一氣之流行，而有動靜爾。以其流行之統體而言，則但謂之乾，而无所不包矣；以其動靜分之，然後有陰陽剛柔之别也。

【集説】喬氏中和曰：剛者，元也；健者，亨也；中者，利也；正者，貞也。元亨利貞，實以體之，剛健中正也，一爻之情，六爻之情也。

六爻發揮，旁通情也。

【本義】旁通，猶言曲盡。

【集説】胡氏炳文曰：曲盡其義者在六爻，而備全其德者在九五一爻。「時乘六龍」以下，則爲九五而言也。

○蔡氏清曰：「六爻發揮」，只是起下文「時乘六龍」之意，蓋上文每條俱是乾字發端，一則曰乾元，二則曰乾始，三則曰大哉乾乎，至此則更端曰「六爻發揮」，可見只是爲「時乘六龍」設矣，即彖傳「六位時成」也。

時乘六龍，以御天也。雲行雨施，天下平也。

【本義】言聖人「時乘六龍以御天」，則如天之「雲行雨施」而「天下平也」。

○此第五節，復申首章之意。

【程傳】大哉，贊乾道之大也。以剛健、中正、純粹六者形容乾道。精謂六者之精極。以六爻發揮，旁通盡其情義，乘六爻之時，以當天運，則天之功用著矣，故見「雲行雨施」，陰陽溥暢，天下和平之道也。

【集說】張氏清子曰：彖言「雲行雨施」，而以「品物流形」繼之，則雲雨爲乾之雲雨；此言「雲行雨施」，而以「天下平」繼之，則聖人之功即乾，而雲雨乃聖人之德澤也。

【案】貞元爲體，亨利爲用。然即體即用，不相離也；即用即體，未嘗二也，故復釋之曰「乾元者始也」，然即始而亨之理已具，不待亨而後知其亨也。利貞者，成也，事之成者，得其性情之正而已，而豈在外哉？蓋一心之發，散爲萬用之施；而萬理之宜，歸於一性之德。故其始而必亨也，是「乾始能以美利利天下」也，及其終也，利及天下，而所性無加焉，又何利之可言？此乾元所以統天，而其德所以爲大也。由此觀之，乾之德於其元亨也，見其動直而剛焉，不息而健焉；於其利貞也，見其裁制而中焉，確守而正焉；於其一元之妙，「心普萬物而無心」也，見其不累於功利之雜駁而純粹，不滯於聲臭之粗而至精焉。天道如此，王道亦然。王者之道，其發之也剛，其行之也健，其裁之也中，其處之也正，要以體天地生生之心，能使仁覆天下，而莫知爲之者，如精金美玉而無疵，如太虛浮雲而無迹，非如霸者小補之功、驩虞之效也。卦惟九五全備斯德，故六爻發揮，固所以旁通乎乾之情矣，而惟九五則兼統衆爻之德，以處崇高之位，其象爲飛龍在天者，蓋如乘六龍以御天也。龍而在天，有不興雲致雨而使下土平康者乎？夫當其膏澤溥施，即乾之美利利天下也；及乎蕩蕩平平，大化無跡，又非乾之不言所利者與？夫子之發明天德王道，於是爲至。

君子以成德爲行，日可見之行也。潛之爲言也，隱而未見，行而未成，是以君子弗用也。

【本義】成德，已成之德也。初九固成德，但其行未可見爾。

【程傳】德之成，其事可見者行也，德成而後可施於用。初方潛隱未見，其行未成，未成，未著也，是以君子弗用也。

【集説】朱子語類云：德者行之本，君子以成德爲行，言德則行在其中矣。德者得之於心，行出來方見，這便是行。問：行而未成，如何？曰：只是事業未就。

○吴氏澄曰：「隱而未見」者，潛之象；「行而未成」，是以欲其弗用也。

○蔡氏清曰：言君子之所以爲行者，「以成德爲行」也。夫既「以成德爲行」，初九德已成矣，則日可以見之行也。夫既可以見之行矣，而又何以曰「勿用」？蓋初九時乎潛也，潛之爲言也，「隱而未見」，隱而未見則行猶未成，是以君子亦當如之而勿用也。

君子學以聚之，問以辨之，寬以居之，仁以行之。易曰：見龍在田，利見大人。君德也。

【本義】蓋由四者以成大人之德，再言君德，以深明九二之爲大人也。

【程傳】聖人在下，雖已顯，而未得位，則進德脩業而已。學聚問辨，進德也；寬居仁行，脩業也。君德已著，利見大人，而進以行之耳。進居其位者，舜、禹也；進行其道者，伊、傅也。

【集說】朱子語類云：「學以聚之，問以辨之」，既探討得當，且放頓寬大田地，待觸類自然有會合處，故曰「寬以居之」。

○吴氏澄曰：理具於心，而散於事物，事物之理有一未明，則心之所具有一未盡。必博學周知，俾萬理皆聚，而無所闕遺，故曰「學以聚之」。辨，剖決也。既聚矣，必問於先知先覺之人，以剖決其是否，故曰「問以辨之」。寬，猶曾子所謂弘，張子所謂大心也；居，謂居業之居。問既辨矣，必有弘廣之量，以藏蓄其所得，故曰「寬以居之」。仁者，心德之全，天理之公也。既有以居之矣，心德渾全，存存不失，應事接物，皆踐其所知，而所行無非天理之公，故曰「仁以行之」。

○又曰：學聚之，以知其理；仁行之，以行其事。問辨之，以審别所當行於學聚之後；寬居之，以存貯所已知於仁行之先。寬之所居，即學之所聚者；仁之所行，即問之所辨者。

○林氏希元曰：學聚問辨，是知工夫。寬居，是把義理放在胸中，詳翫深味，使透徹貫串，乃居安資深時也，故亦屬之行。

九三重剛而不中，上不在天，下不在田，故乾乾因其時而惕，雖危，无咎矣。

【本義】重剛，謂陽爻陽位。

【程傳】三重剛，剛之盛也，過中而居下之上，上未至於天，而下已離於田，危懼之地也。因時順處，乾乾兢惕以防危，故雖危而不至於咎。君子順時兢惕，所以能泰也。

【集説】虞氏翻曰：以乾接乾，故重剛；位非二五，故不中也。

○孔氏穎達曰：上不在天，謂非五位；下不在田，謂非二位也。居危之地，以乾乾夕惕，戒懼不息，得无咎也。

○吴氏澄曰：九三居下乾之終，接上乾之始，九四居上乾之始，接下乾之終，當重乾上下之際，故皆曰「重剛」。

九四重剛而不中，上不在天，下不在田，中不在人，故或之。或之者，疑之也，故无咎。

【本義】九四非重剛，「重」字疑衍。在人，謂三；或者，隨時而未定也。

【程傳】四不在天，不在田，而出人之上矣，危地也。疑者，未決之辭，處非可必也。或進或退，唯所安耳，所以无咎也。

【集說】孔氏穎達曰：三之與四，俱爲人道，人下近於地，上遠於天，九三近二，正是人道，九四則上近於天，下遠於地，非人所處，故特云「中不在人」。「或之者，疑之也」，此夫子釋經「或」字。經稱「或」，是疑惑之辭，欲進欲退，猶豫不定，故「疑之也」。九三位卑近下，向上爲難，危惕憂深；九四則陽德漸盛，去五彌近，前進稍易，故但疑惑，憂則淺也。

○李氏鼎祚曰：三居下卦之上，四居上卦之下，俱非得中，故曰「重剛而不中」也。

○張氏振淵曰：「或之者」，據其迹；「疑之者」，指其心。疑非狐疑之疑，只是詳審耳。

夫大人者，與天地合其德，與日月合其明，與四時合其序，與鬼神合其吉凶。先天而天弗違，後天而奉天時，天且弗違，而況於人乎！況於鬼神乎！

【本義】大人，即釋爻辭所利見之大人也。有是德而當其位，乃可當之。人與天地鬼神本无二理，特蔽於有我之私，是以梏於形體，而不能相通。大人无私，以道爲體，曾何彼此先後之可言哉！先天不違，謂意之所爲，默與道契；後天奉天，謂知理如是，奉而行之。回紇謂郭子儀曰：「卜者言，此行當見一大人而還。」其占蓋與此合。若子儀者，雖未及乎夫子之所論，然其至公无我，亦可謂當時之大人矣。

【程傳】大人與天地、日月、四時、鬼神合者，合乎道也。天地者，道也；鬼神者，造化之迹也。聖人先於天而天同之，後於天而能順天者，合於道而已。合於道，則人與鬼神豈能違也？

【集説】孔氏穎達曰：「與天地合其德」，謂覆載也；「與日月合其明」，謂照臨也；「與四時合其序」者，若賞以春夏、刑以秋冬之類也；與「鬼神合其吉凶」者，若福善禍淫也。若在天時之先行事，天乃在後不違，是天合大人也；若在天時之後行事，能奉順上天，是大人合天也。尊而遠者尚不違，況小而近者，可有違乎？

○程子曰：若不一本，則安能「先天而天弗違，後天而奉天時」？

○又曰：天且不違，況於鬼神乎！鬼神言其功用，天言其主宰。

○王氏宗傳曰：「先天而天弗違」，時之未至，我則先乎天而爲之，而天自不能違乎我；「後天而奉天時」，時之既至，我則後乎天而奉之，而我亦不能違乎天。蓋大人即天也，天即大人也。

亢之爲言也，知進而不知退，知存而不知亡，知得而不知喪。

【本義】所以動而有悔也。

【集説】孔氏穎達曰：言上九所以亢極有悔者，正由有此三事。若能三事備知，雖居上位，不至於亢也。

其唯聖人乎！知進退存亡而不失其正者，其唯聖人乎！

【本義】知其理勢如是，而處之以道，則不至於有悔矣，固非計私以避害者也。再言「其唯聖人乎」，始若設問，而卒自應之也。

○此第六節，復申第二、第三、第四節之意。

【程傳】極之甚爲亢，至於亢者，不知進退、存亡、得喪之理也。聖人則知而處之，皆不失其正，故不至於亢也。

【集說】李氏鼎祚曰：再稱聖人者，歎美用九能知進退存亡而不失其正。

○朱氏震曰：亢者，處極而不知反也。萬物之理，進必有退，存必有亡，得必有喪，亢知一而不知二，故道窮而致災。人固有知進退存亡者矣，其道詭於聖人，則未必得其正，不得其正，則與天地不相似，「知進退存亡而不失其正者，其唯聖人乎」，故兩言之。

○胡氏炳文曰：陽極則剥，乾上則亢，中不可過也。知其時將過乎中，而處之不失其正，其唯聖人乎！貞者，正也，乾元之用，所歸宿也。乾之四德始於元，至此又論聖人之體乾而歸於正，其意深矣。

○陳氏琛曰：進極必退，存極必亡，乃理勢之自然也。知其如是，則隨時變通，而處以是道之當然，有收斂而無施張，有舍棄而無係吝，如此則不至於有悔矣。然此唯聖人能之，蓋聖人樂天知命，達理而能權也。常人則明不足以見幾，心不免於物累，故不能也。

【總論】朱子答萬正淳曰：大抵易卦之辭，本只是各著本卦本爻之象，明吉凶之占當如此耳，非是就聖賢地位説道理也。故乾六爻，自天子以至於庶人，自聖人以至於愚不肖，筮或得之，義皆有取。但純陽之德，剛健之至，若以義類推之，則爲聖人之象，而其六位之高下，又有似聖人之進退，故文言因潛見躍飛自然之文，而以聖人之迹各明其義。

坤至柔，而動也剛，至靜而德方。

【本義】剛、方，釋「牝馬之貞」也；方，謂生物有常。

【集説】朱子語類云：「坤至柔而動也剛」，坤只是承天，如一氣之施，坤則盡能發生承載，非剛安能如此？

○問：程傳云，坤道至柔，而動則剛；坤體至靜，而德則方。柔與剛相反，靜與方疑相似。曰：靜無形，方有體。靜言其體，則不可得見；方言其德，則是其著也。

○吴氏澄曰：坤體中含乾陽，如人肺藏之藏氣，故曰至柔。然其氣機一動而闢之時，乾陽之氣直上而出，莫能禦之，故曰剛。剛即六二爻辭所謂直也。乾運轉不已，而坤體隤然不動，故曰至靜。然其生物之德，普徧四周，無處欠缺，故曰方。方即六二爻辭所謂方也。乾之九五不徒剛健，而能中正，故爲乾元之大；坤之六二不徒柔靜，而能剛方，故爲坤元之至。

○何氏楷曰：乾剛坤柔，定體也，坤固至柔矣，然乾之施一至，坤即能翕受而發生之，氣機一動，不可止遏屈撓，此又柔中之剛矣；乾動坤靜，定體也，坤固至靜矣，及其承乾之施，陶冶萬類，各有定形，不可移易，此又靜中之方矣。柔靜者，體也；剛方者，用也。

後得主而有常，

【本義】程傳曰：「主」下當有「利」字。

【集説】趙氏汝楳曰：坤無乾以爲始，孰開其端？「先迷」也。天先施而地後生，「後得主」也。先陽後陰，乃天地生生之常理。

○余氏芑舒曰：程子以「主利」爲一句，朱子因之，故以文言「後得主」爲闕文。然象傳「後順得常」與「後得主而有常」意正一律，似非闕文也。

○俞氏琰曰：坤道之常，蓋當處後，不可攙先也，攙先則失坤道之常矣。唯處乾之後，順乾而行，則得其所主，而不失坤道之常也。

含萬物而化光，

【本義】復明亨義。

【集説】王氏宗傳曰：惟其動剛，故能德應乎乾，而成萬物化育之功；惟其德方，故能不拂乎正，而順萬物性命之理。此坤之德所以能配天也。「後得主而有常」，則申後順得常之義；「含萬物而化光」，則申含弘光大、品物咸亨之義。

坤道其順乎，承天而時行。

【本義】復明順承天之意。

○此以上，申彖傳之意。

【程傳】坤道至柔，而其動則剛；坤體至靜，而其德則方。動剛，故應乾不違；德方，故生物有常。陰之道不唱而和，故居後爲得，而主利成萬物，坤之常也。含容萬類，其功化光大也。「主」字下脱「利」字。「坤道其順乎，承天而時行」，承天之施，行不違時，贊坤道之順也。

【集説】俞氏琰曰：「至柔而動也剛」，申「德合无疆」之義；「至靜而德方」，釋貞義；「後得主而有常」，後順得常之謂；「含萬物而化光」，即「含弘光大，品物咸亨」之謂；「坤道其順乎，承天而時行」，即「乃順承天」之謂。

【案】動剛，釋元亨也，氣之發動而物生也；德方，釋利貞也，形之完就而物成也。柔靜者，坤之本體，其剛、其方，乃是乾爲之主，而坤順之以行止者，故繼之曰「後得主而有常」，釋「先迷後得主」也。含物化光，謂亨利之閒，致養萬物，其功盛大，釋「西南得朋」也；承天時行，謂順承於元，至貞不息，陰道終始於陽，釋「東北喪朋」也。蓋孔子既以坤之元亨利貞配乾爲四德，則所謂西南、東北者，即四時也，故用彖傳所謂「含弘光大」者以切西南，又用所謂「乃順承天」「行地无疆」者以切東北，欲人知四方、四德，初非兩義。此意彖傳未及，故於文言發之。

○又案：乾爻惟九五剛健中正，得乾道之純，故象傳言乘龍御天，「首出庶物」，即九五「飛龍在天，利見大人」之義也。坤爻惟六二柔順中正，得坤道之純，故文言言動剛德方，含物承天，即六二「直方大」之義也。象傳於乾五曰「位乎天德」，於坤二曰「地道光也」，明乎乾坤之主在此二爻矣。

積善之家，必有餘慶；積不善之家，必有餘殃。臣弑其君，子弑其父，非一朝一夕之故，其所由來者漸矣，由辨之不早辨也。易曰：履霜堅冰至。蓋言順也。

【本義】古字順、慎通用。案此當作「慎」，言當辨之於微也。

【程傳】天下之事，未有不由積而成。家之所積者善，則福慶及於子孫；所積不善，則災殃流於後世。其大至於弑逆之禍，皆因積累而至，非朝夕所能成也。明者則知漸不可長，小積成大，辨之於早，不使順長，故天下之惡无由而成，乃知霜冰之戒也。霜而至於冰，小惡而至於大，皆事勢之順長也。

【集説】吕氏祖謙曰：「蓋言順也」，此一句尤可警。非心邪念，不可順養將去，若順將去，何所不至？懲治遏絶，正要人著力。

○張氏振淵曰：天道有陽必有陰，原相爲用，然陰之爲道，利於從陽，而不利於抗陽。坤道可謂至順矣，而順之變反爲逆，故聖人深著其順之利，明臣子之大分；究極其逆之禍，立君父之大防也。

直其正也，方其義也，君子敬以直内，義以方外，敬義立而德不孤。「直方大，不習无

不利」，則不疑其所行也。

【本義】此以學言之也。正謂本體，義謂裁制，敬則本體之守也。直内方外，程傳備矣。不孤，言大也。疑，故習而後利；不疑，則何假於習？

【程傳】直言其正也，方言其義也。君子主敬以直其内，守義以方其外。敬立而内直，義形而外方。義形於外，非在外也。敬義既立，其德盛矣，不期大而大矣，「德不孤」也。无所用而不周，无所施而不利，孰爲疑乎？

【集説】孔氏穎達曰：君子用「敬以直内」，内謂心也，用此恭敬以直内心。「義以方外」者，用此義事以方正外物，言君子法地正直而生萬物，皆得所宜。

○程子曰：「敬以直内，義以方外」，合内外之道也。釋氏，内外之道不備者也。敬義夾持，直上達天德自此。

○問：「『必有事焉』，當用敬否？」曰：「敬只是涵養一事，『必有事焉』，須當集義。」又問：「義莫是中理否？」曰：「中理在事，義在心。」問：「敬義何别？」曰：「敬只是持己之道，義便知有是有非，順理而行，是爲義也。若只守一箇敬，不知集義，却是都無事也。」又問：「義只在事上，如何？」曰：「内外一理，豈特事上求合義也！」

○謝氏良佐曰：釋氏所以不如吾儒，無「義以方外」一節。「義以方外」，便是窮理，釋氏却以理爲障礙，然不可謂釋氏無見處，但見了，不肯就理。

○朱子語類云：「敬以直内」，是持守功夫；「義以方外」，是講學功夫。直，是直上直下，胸中無纖豪委曲；方，是割截方正之意，是處此事皆合宜，截然不可得而移易之意。

○又云：敬義夾持，直上達天德自此，最是下得「夾持」兩字好。敬主乎中，義防於外，二者相夾持，要放下霎時也不得，只得直上去，故便達天德自此。表裏夾持，更無東西走作去處，上面只更有箇天德。

○問「義形而外方」。曰：義是心頭斷事底，心斷於内，而外便方正，萬物各得其宜。

○又云：文言將「敬」字解「直」字，「義」字解「方」字，「敬義立而德不孤」即解「大」字。敬而無義，則作事出來必錯了，只義而無敬，則無本，何以爲義？皆是孤也。須是敬義立，方不孤，施之事君則忠於君，事親則悦於親，交朋友則信於朋友，皆不待習而無一之不利也。

○黄氏榦曰：乾言德業，坤言敬義，雖若不同，而實相爲經緯也。欲進乾之德，必本之以坤之敬；欲脩乾之業，必制之以坤之義。非敬則内不直，德何由而進？非義則外不方，業何由而脩？終日乾乾，雖進脩夫德業，而所以進脩者，乃用力於敬義之閒。用力於敬義，固可以至於大，而所謂大者，乃德之日新而業之富有也。

○王氏應麟曰：丹書敬義之訓，夫子於坤六二文言發之，孟子以集義爲本，程子以居敬爲先，張宣公謂功夫並進，相須而相成也。

○胡氏炳文曰：乾九三明誠並進也，坤六二敬義偕立也。主敬是爲學之要，集義乃講學之功。

○薛氏瑄曰：「敬以直内」，涵養未發之中；「義以方外」，省察中節之和。

○又曰：「敬以直内」，戒慎恐懼之事；「義以方外」，知言集義之事。内外夾持，用力之要莫切於此。

○蔡氏清曰：正是無少邪曲，義是無少差謬。

○又曰：此正義二字，皆以見成之德言。然直不自直，必由於敬；方不自方，必由於義。直即「主忠信」，方即「徙義」；直即心無私，方即事當理。故「直内」以動者言爲當。

陰雖有美，含之以從王事，弗敢成也。地道也，妻道也，臣道也，地道无成而代有終也。

【程傳】爲下之道，不居其功，含晦其章美，以從王事，代上以終其事，而不敢有其成功也，猶地道代天終物，而成功則主於天也。妻道亦然。

【集説】宋氏衷曰：臣子雖有才美，含藏以從其上，不敢有所成名也。地終天功，臣終君事，婦終夫業，故曰「而代有終也」。

○程子曰：天地日月一般，月之光乃日之光也。地中生物者，皆天氣也，惟「无成而代有終」者，地之道也。

○王氏申子曰：三非有美而不發，特不敢暴其美，惟知代上以終其事，而不居其成功，猶地代天生物，而功則主於天也。

○俞氏琰曰：既曰「地道无成」，而又曰「代有終」，何也？乾能始物，不能終物，坤繼其終而終之，則坤之所以爲「有終」者，終乾之所未終也。

○蔡氏清曰：「以從王事」，以「含章」之道而「從王事」，「弗敢成也」，即是「含章」之道用於從王事者也。

○谷氏家杰曰：文言「有終」，此言「代有終」，則并其終亦非坤之所敢有也。

○何氏楷曰：乾能始萬物而已，必賴坤以作成之，故曰「代有終」，正對乾之始而言。

天地變化，草木蕃，天地閉，賢人隱。易曰：括囊，无咎无譽。蓋言謹也。

【程傳】四居上近君，而无相得之義，故爲隔絶之象。天地交感則變化萬物，草木蕃盛，君臣相際而道亨；天地閉隔則萬物不遂，君臣道絶，賢者隱遯。四於閉隔之時，括囊晦藏，則雖无令譽，可得无咎。言當謹自守也。

【集説】張氏浚曰：括囊，蓋内充其德，待時而有爲者也。漢儒乃以括囊爲譏，豈不陋哉！陽舒陰閉，故孔子發「天地閉」之訓。夫閉於前而舒於後，生化之功，自是出也。括囊之慎，庸有害乎？

君子黄中通理，

【本義】黄中，言中德在内，釋「黄」字之義也。

【集説】蔡氏清曰：通理，即是黄中處通而理也。蓋黄中非通，則無以應乎外；通而非理，則所以應乎外者不能皆得其當，此所以言黄中而必并以通理言之，通理亦在内也。

正位居體，

【本義】雖在尊位，而居下體，釋「裳」字之義也。

【案】孟子曰「立天下之正位」，正位即禮也，此言「正位居體」者，猶言以禮居身爾。禮以物躬，則自卑而尊人，故爲釋「裳」字之義。

美在其中，而暢於四支，發於事業，美之至也。

【本義】美在其中，復釋「黄中」；暢於四支，復釋「居體」。

【程傳】黄中，文在中也。君子文中而達於理，居正位而不失爲下之體。五，尊位，在坤則惟取中正之義。美積於中，而通暢於四體，發見於事業，德美之至盛也。

【集説】朱子語類云：二在下，方是就功夫上説，如「不疑其所行」是也；五得尊位，則是就他成就處説，所以云：「美在其中，而暢於四支，發於事業，美之至也。」

○蔡氏淵曰：「黄中通理」，釋「黄」義；「正位居體」，釋「裳」義。黄中，正德在内；通理，文無不通，言柔順之德藴於内也。正位，居在中之位；居體，居下體而不僭，言柔順之德形於外也。「美在其中」，「黄中通理」也；「暢於四支，發於事業」，「正位居體」也。二五皆中，二居内卦之中，其發見於外者，不疑其所行而已；五，外卦之中，其施於外，有事業之可觀，坤道之美，至此極矣。

○蔡氏清曰：黄裳二字，分而言之，則黄爲中，裳爲順；合而言之，則惟中故順。存於中爲中，形於外爲順，理一而已。天下無有形於外而不本乎中者，惟有黄中之德，故能以下體自居。

○林氏希元曰：文言既分釋黄裳了，又恐人認爲二物，不知歸重處，故發「美在其中」一條，見得其所謂順乃本於中，與象傳「文在中也」及「六二之動直以方也」意思一般。

【附録】胡氏炳文曰：蓋直内方外之君子，即「黄中通理」之君子也。「敬以直内」，則胸中洞然，表裏如一，是即所以爲「黄中」；「義以方外」，則凡事之來，義以處之，無不合理，是即所以爲「通理」。五之「黄中通理」，本於直内方外，故其正位也，雖居乎五之尊，而其居體也，則不失乎二之常。二之直内方外，是内外夾持，兩致其力。五之「黄中通理」，則内外通貫，無所容其力矣。

【案】乾爻之言學者二，於九二則曰言信行謹、閑邪存誠也，於九三則曰忠信以進德、脩辭立誠以居業也。坤爻之言學者二，於六二則曰「敬以直内，義以方外」也，於六五則曰「黄中通理，正位居體」也。分而言之則有四，合而言之，則乾二之存誠即乾三之忠信，皆以心之實者言也；乾二之信謹即乾三之脩辭立誠，皆以言行之實者言也。在二爲大人，則以成德言之，由其言行以窺其心，見其「純亦不已」如此也；在三爲君子，則以進學言之，根於心而達於言行，見其交脩不懈如此也。坤二之直内即坤五之黄中，皆以心之中直者言也；坤二之方外即坤五之正位，皆以行之方正者言也。二言直而五言中，直則未有不中者，中乃直之至也；二言方而五言正，方則未有不正者，正乃方之極也。二居下位，不疑所行而已；五居尊，又有發於事業之美，此則兩爻所以異也。在乾之兩爻，誠之意多，實心以體物，是乾之德也；坤之兩爻，敬之意多，虚心以順理，是坤之德也。而要之未有誠而不敬，未有敬而不誠者。乾坤一德也，誠敬一心也，聖人所以分言之者，蓋乾陽主實，坤陰主虚，人心之德必兼體焉。非實則不能虚，天理爲主，然後人欲退聽也；非虚則不能實，人欲屏息，然後天理流行也。自其實者言之，則曰誠；自其虚者言之，則曰敬，是皆一心之德，而非兩人之事。但在聖人，則純乎誠矣，其敬也，自然之敬也，其次則主敬以至於誠。故程子曰，誠則無不敬，未能誠，則必敬而後誠。而以乾坤分爲聖賢之學者，此也。

陰疑於陽必戰，爲其嫌於无陽也，故稱龍焉；猶未離其類也，故稱血焉；夫玄黄者，天地之雜也，天玄而地黄。

【本義】疑，謂鈞敵而无小大之差也。坤雖无陽，然陽未嘗无也。血，陰屬，蓋氣陽而血陰也。玄黄，天地之正色，言陰陽皆傷也。

○此以上申象傳之意。

【程傳】陽大陰小，陰必從陽，陰既盛極，與陽偕矣，是疑於陽也，不相從則必戰。卦雖純陰，恐疑无陽，故稱龍，見其與陽戰也。于野，進不已而至於外也。盛極而進不已，則戰矣。雖盛極，不離陰類也，而與陽爭，其傷可知，故稱血。陰既盛極，至與陽爭，雖陽，不能无傷，故「其血玄黄」。玄黄，天地之色，謂皆傷也。

【集説】干氏寶曰：陰在上六，十月之時也。卦成於乾，乾體純剛，不堪陰盛，故曰「龍戰」。戌亥，乾之都也，故稱龍焉。未離陰類，故曰血。陰陽色雜，故曰玄黄。陰陽離則異氣，合則同功，君臣、夫妻，其義一也。

○蔡氏淵曰：十月爲純坤之月，六爻皆陰，然生生之理無頃刻而息。聖人爲其純陰，而或嫌於无陽也，故稱龍以明之。古人謂十月爲陽月者，蓋出於此。

○俞氏琰曰：玄者，天之色；黄者，地之色。血言玄黄，則天地雜類，而陰陽無别矣，故曰「夫玄黄者，天地之雜也」。陰陽相戰，雖至於天地之雜亂，然而天地定位於上下，其大分終不可易，故其終又分而言之，曰「天玄而地黄」。

○鄭氏維嶽曰：謂之曰戰，陰與陽交戰也。交戰而獨曰龍戰者，是時陰處其盛，嫌於无陽也，故獨稱龍爲戰。若曰陰犯順而龍戰之云耳，以討陰之義與陽，不許陰爲敵也。當其雜也，玄黄似乎莫辨，而不知即雜之中，玄者是天，黄者是地，斷斷不可混淆，定分原自如此。

御纂周易折中卷第十七

説卦傳

【集説】孔氏穎達曰：孔子以伏羲畫八卦後，重爲六十四卦，繫辭中略明八卦小成，引而伸之，又曰：「八卦成列，象在其中矣；因而重之，爻在其中矣。」又曰：「觀象於天，觀法於地，觀鳥獸之文與地之宜，近取諸身，遠取諸物，始作八卦，以通神明之德，以類萬物之情。」然引而伸之，重三成六之意猶自未明，仰觀俯察、近身遠物之象亦爲未見，故於此更備説重卦之由，及八卦所爲之象，謂之説卦焉。

昔者聖人之作易也，幽贊於神明而生蓍，

【本義】幽贊神明，猶言贊化育。龜筴傳曰：「天下和平，王道得，而蓍莖長丈，其叢生滿百莖。」

【集説】孔氏穎達曰：以此聖知，深知神明之道，而生用蓍求卦之法，故曰「幽贊於神明而生蓍」。

○程子曰：「幽贊於神明而生蓍」，用蓍以求卦，非謂有蓍而後畫卦。

○蘇氏軾曰：介紹以傳命謂之贊。天地鬼神不能與人接也，故以蓍龜爲之介紹。

○項氏安世曰：生蓍，謂創立用蓍之法。神不能言，以蓍言之，所以贊神出命，故謂之「幽贊」。神明，即大衍所謂佑神也。

○龔氏焕曰：項氏生蓍之説，與本義不同，然以下文倚數、立卦、生爻觀之，似當以項氏之説爲正。

○蘇氏濬曰：生蓍，當以生爻之例推之。

參天兩地而倚數，

【本義】天圓地方，圓者一而圍三，三各一奇，故參天而爲三；方者一而圍四，四合二耦，故兩地而爲二。數皆倚此而起，故揲蓍三變之末，其餘三奇則三三而九，三耦則三二而六，兩二、一三則爲七，兩三、一二則爲八。

【集説】孔氏穎達曰：七九爲奇，天數也；六八爲耦，地數也。故取奇於天，取耦於地，而立七八九六之數也。何以參兩爲目奇耦？蓋古之奇耦，亦以參兩言之，且以兩是耦數之始，三是奇數之初故也。不以一目奇者，張氏云，以三中含兩，有一以包兩之義，明天有包地之德，陽有包陰之道。

○陸氏振奇曰：倚，依也。倚數在生蓍之後，立卦之前，蓋用蓍得數，而後布以爲卦，故以七八九六當之。

【案】參天兩地，以方圓徑圍定之，亦其大致爾。實則徑一者不止圍三，非密率也。以理言之，則張氏所謂以一包兩者是，蓋天能兼地，故一并二以成三也。以算言之，則孔氏所謂兩爲耦數之始，三爲奇數之初者是。蓋以一乘一、以一除一皆不可變，故乘除之數起於三與二也。以象言之，凡圓者錯置三點，求心而規之即成；凡方者錯置兩點，折角而矩之即成。統而言之，皆數也，故參天兩地者，數之原也。其用於筮法，則爲七八九六者。蓋以理言之，則參兩之數皆統之以三，故三三爲九，三二爲六，一三、二二爲七，一二、二三爲八也。以算言之，奇數起於一三，成於九七；耦數起於二四，成於八六，故以其成數紀陰陽。陽之進者爲老，退者爲少；陰之退者爲老，進者爲少也。以象言之，凡圓者以六而包一，虛其中則六也，實其中則七也；凡方者以八而包一，實其中則九也，虛其中則八也。陽圓陰方，陽實陰虛。故惟七圓而實，爲盛陽；惟八方而虛，爲壯陰。九雖實而積方，則陽將變而爲陰矣，故爲老陽；六雖虛而積圓，則陰將變而爲陽矣，故爲老陰也。其數皆自參兩中來，故曰「倚數」。

觀變於陰陽而立卦，發揮於剛柔而生爻，和順於道德而理於義，窮理盡性以至於命。

【本義】和順從容，无所乖逆，統言之也；理，謂隨事得其條理，析言之也。窮天下之理，盡人物之性，而合於天道，此聖人作易之極功也。

○此第一章。

【集説】韓氏伯曰：卦，象也；蓍，數也。卦則雷風相薄，山澤通氣，擬象陰陽變化之體；蓍則錯綜天地參兩之數。蓍極數以定象，卦備象以盡數，故蓍曰「參天兩地而倚數」，卦曰「觀變於陰陽」。

○孔氏穎達曰：繫辭言伏羲作易之初，故直言仰觀俯察，此則論其既重之後，端策布爻，故先言生蓍，後言立卦，非是聖人幽贊在觀變之前也。

○邵子曰：天使我有是之謂命，命之在我之謂性，性之在物之謂理。

○朱子語類：問：「『觀變於陰陽而立卦』，是就蓍數上觀否？」曰：「恐只是就陰陽上觀，未用説到蓍數處。」

○問：「既有卦，則有爻矣，先言卦而後言爻，何也？」曰：「方其立卦，只見是卦，及細別之，則有六爻。」又問：「陰陽剛柔一也，而別言之，何也？」曰：「觀變於陰陽，近於造化而言；發揮剛柔，近於人事而言。且如泰卦，以卦言之，只見得『小往大來』，陰陽消長之意，爻裏面便有『包荒』之類。」

○又云：「和順於道德」，是默契本原處；「理於義」，是應變合宜處。物物皆有理，須一一推窮；性則是理之極處，故云盡；命則性之所自來處，故云至。

○問「窮理盡性至於命」。曰：「此本是就易上説。易上盡具許多道理，直是窮得物理，盡得人性，到得那天命，所以通書説『易者性命之原』。」

○項氏安世曰：道即命，德即性，義即理。「和順於道德而理於義，窮理盡性以至於命」，反覆互言也。易之奇耦，在天之命，則爲陰陽之道；在人之性，則爲仁義之德；在地之宜，則爲剛柔之理。「和順於道德而理於義」，自幽而言，以至於顯，此所謂「顯道」也；「窮理盡性以至於命」，自顯而言，以至於幽，此所謂「神德行」也。

○陳氏淳曰：理與性對説，理乃是在物之理，性乃是在我之理，在物底便是天地人物公共底道理，在我底乃是此理已具，得爲我所有者。

○徐氏幾曰：如乾爲天道，而彖之元亨利貞則其德，爻之潛見躍飛則其義。以一卦而統言之，所謂和順也；就六爻而言之，所謂理也。善觀易者，推爻義以窮天下之理，明卦德以盡一己之性，「窮理盡性」，則進退、存亡、得喪之天道可以知，而天命在我矣。

○龔氏焕曰：上句是自源而流，下句是自末而本。蓋必「和順於道德」，而後能「理於義」；必「窮理盡性」，而後能「至於命」也。

○盧氏曰：立卦生爻，在聖人作易上看，若作蓍數之變説，却是用易了。朱子謂未用説到蓍數處，是也。聖人觀察天地變化之道，而立乾坤等卦，故曰「觀變於陰陽而立卦」。既觀象立卦，又就卦中剛柔兩畫，或上或下，微細闡發出來，而生變動之爻，故曰「發揮於剛柔而生爻」。

○何氏楷曰：數既形矣，卦斯立焉；卦既立矣，爻斯生焉。「和順於道德而理於義」，從合而分；「窮理盡性以至於命」，從分而合。理義非二也，程子謂在物爲理，處物爲義，是也。性命與道德非二也，子思謂「天命之謂性，率性之謂道」，是也。窮、盡、至，皆造極之意。性者理之原，理窮則逢其原，故窮理所以盡性；命者性之原，性盡則逢其原，故盡性所以至命。只是一事。

【總論】孔氏穎達曰：「昔者聖人」至「以至於命」，此一節將明聖人引伸因重之意，故先叙聖人本制蓍數卦爻，備明天道人事妙極之理。

〇何氏楷曰：此章統論蓍卦及爻辭。聖人，謂羲、文、周公。乾鑿度曰「垂皇策者羲」，則自伏羲時已用蓍矣。卦爻辭，至文王、周公始繫，此以知其總言之也。

【案】此章次第最明。易爲卜筮之書，而又爲五經之原者，於此章可見矣。生蓍者，立蓍筮之法也；倚數者，起蓍筮之數也。立卦生爻，則指畫卦繫辭言之。是二者，蓍筮之體，而言於後，明易爲卜筮而作也。「和順於道德而理於義」，言卦畫既立，則有以契合乎天之道、性之德，而下周乎事物之宜也；「窮理盡性以至於命」，言爻辭既設，則有以窮盡乎事之理、人之性，而上達乎天命之本也。夫易以卜筮爲教，而道德性命之奥存焉。然則以禨祥之末言易者，迷道之原者也；以事物之迹言易者，失教之意者也。

昔者聖人之作易也，將以順性命之理，是以立天之道曰陰與陽，立地之道曰柔與剛，立人之道曰仁與義。兼三才而兩之，故易六畫而成卦。分陰分陽，迭用柔剛，故易六位而成章。

【本義】兼三才而兩之，總言六畫，又細分之，則陰陽之位閒雜而成文章也。

○此第二章。

【集說】崔氏憬曰：此明一卦六爻有三才二體之義，故明天道既立陰陽，地道又立剛柔，人道亦立仁義也。何則？在天雖剛，亦有柔德；在地雖柔，亦有剛德。故書曰：「沈潛剛克，高明柔克。」人稟天地，豈不兼仁義乎？所以易道兼之矣。

○朱氏震曰：易有太極。陰陽者，太虛聚而有氣；柔剛者，氣聚而有體。仁義根於太虛，見於氣體，動於知覺者也。自萬物一源觀之，謂之性；自稟賦觀之，謂之命；自天地人觀之，謂之理，三者一也。聖人「將以順性命之理」，曰陰陽，曰柔剛，曰仁義，以立天地人之道，蓋互見也。易兼三才而兩之，六畫成卦，則三才合而爲一。然道有變動，故「分陰分陽，迭用柔剛」。

○郭氏雍曰：「分陰分陽」，非謂立天之道陰陽也，言三才二道，皆一爲陰，一爲陽，見於六位也。「迭用柔剛」，非謂立地之道柔剛也，言三才陰陽分爲六畫，迭以九六柔剛居之也。故三才二道，不兼九六言之，則曰六畫，兼明九六柔剛而後謂之六位。

○朱子語類云：陰陽、剛柔、仁義，看來當曰義與仁，當以仁對陽，仁若不是陽剛，如何作得許多造化？義雖剛，却主於收斂，仁却主發舒，這也是陽中之陰，陰中之陽，互藏其根之意。且如今人用賞罰，到賜與人，自是無疑，便作將去，若是刑殺時，便遲疑不肯果決，這見得陽舒陰斂，仁屬陽、義屬陰處。

○丘氏富國曰：上言窮理盡性至命，此言「順性命」，則易中所言之理，皆性命也。然所謂性命之理，即陰陽、柔剛、仁義是也。「兼三才而兩之」，言重卦也。方卦之小成，三畫已具三才之道，至重而六，則天地人之道各兩，所謂六畫成卦也。「分陰分陽」，以位言，凡卦初三五位爲陽，二四上位爲陰，自初至上，陰陽各半，故曰分。「迭用柔剛」，以爻言，柔謂六，剛謂九也。位之陽者，剛居之，柔亦居之；位之陰者，柔居之，剛亦居之。或柔或剛，更相爲用，故曰迭。分之以示其經，迭用以爲之緯，經緯錯綜，粲然有文，所謂六位成章也。

○吴氏澄曰：性之理，謂人之道也；命之理，謂天地之道也。天之氣有陰陽，地之質有柔剛，人之德有仁義，道則主宰其氣質而爲是德者也。

○又曰：上文以陰陽爲天之道，下陰陽二字，則總言六位也。六位之中，分初三五爲陽位，二四上爲陰位也。上文以柔剛爲地之道，下柔剛二字，則總言六畫也。六畫之中，奇畫皆謂之剛，耦畫皆謂之柔也。位無質，故以陰陽名之；畫有質，故以柔剛名之。位之陰陽相間，則分布一定；畫之柔剛不同，則迭用以居。繫辭傳所謂「物相雜曰文」，即此「成章」之謂也。

○胡氏炳文曰：上章「和順於道德」，統言之也；「理於義」，析言之也。此章「六畫而成卦」，統言之也；「分陰分陽，迭用柔剛」，「六位而成章」，又析言之也。

○蔡氏清曰：立天之道，非有以立之也，謂天道之立，以陰陽也。其曰「分陰分陽」者，陰陽之自分也；其曰「迭用柔剛」者，剛柔之自迭用也，非有分之用之者也。

○何氏楷曰：此章言卦畫順性命之理，即上章所謂「和順於道德而理於義，窮理盡性以至於命」者，以一言蔽之也，性者人之理，命者天地之理，陰陽、剛柔、仁義，正所謂性命之理也。分陰陽、用柔剛以斷吉凶而成亹亹，則仁義之道固在其中矣。

【案】上章總論易道，此章以下專明卦也。上章云「觀變於陰陽而立卦，和順於道德而理於義」，此章即所以申其指。性即德也，命即道也，性命流行於事物，而理名焉，即道德之散而爲義者也，故總之曰性命之理。六畫成卦，則與三極之道相似，其於天地之道、人性之德也，不亦和順矣乎！六位成章，則陰陽、剛柔、仁義之用不窮，其於事物之宜也，不亦曲盡其理矣乎！

○又案：兼三才而兩之，及「分陰分陽，迭用柔剛」三句，先儒皆就易上說，細玩文義，當且就造化上説。兼字、分字、用字皆不是著力字，言合三才之道而皆兩，此易所以六畫成卦也。三才之道既以相對而分，又以更迭而用，此易所以六位成章也。如此，方於「故易」兩字語氣相合。蔡氏説極貼。

天地定位，山澤通氣，雷風相薄，水火不相射，八卦相錯。

【本義】邵子曰：此伏羲八卦之位。乾南、坤北、離東、坎西，兑居東南、震居東北、巽居西南、艮居西北，於是八卦相交而成六十四卦，所謂先天之學也。

【集説】孔氏穎達曰：此一節就卦象明重卦之意。若使天地不交，水火異處，則庶類無生成之用，品物無變化之理，故云「天地定位」而合德，山澤異體而通氣，雷風各動而相薄，水火不相入而相資。八卦之用，變化如此，故聖人重卦，令八卦相錯。乾坤震巽坎離艮兑莫不交互，以象天地雷風水火山澤莫不交錯，則易之爻卦與天地等，性命之理、吉凶之數、既往之事、將來之幾備在爻卦之中矣。

○項氏安世曰：八卦雖八，實則陰陽二字而已，是故位雖定而氣則通，勢雖相薄而情不厭，明本一物也。

○龔氏焕曰：定位以體言，通氣、相薄、不相射以用言。天地，乾坤之定體；水火，乾坤之大用。山澤之氣，即水之氣；雷風之氣，即火之氣，而水火之氣又天地之氣也。

數往者順，知來者逆，是故易，逆數也。

【本義】起震而歷離兑，以至於乾，數已生之卦也；自巽而歷坎艮，以至於坤，推未生之卦也。易之生卦，則以乾兑離震巽坎艮坤爲次，故皆逆數也。

○此第三章。

【集說】朱子語類云：先天圖曲折，細詳圖意，若自乾一横排至坤八，此則全是自然，故說卦云「易，逆數也」。若如圓圖，則須如此，方見陰陽消長次第，雖似稍涉安排，然亦莫非自然之理。自冬至至夏至爲順，蓋與前逆數若相反；自夏至至冬至爲逆，蓋與前逆數者同。其左右與今天文家說左右不同，蓋從中而分，其初若有左右之勢爾。

○陳氏埴曰：易本逆數也，有一便有二，有二便有四，有四便有十六，以至於六十四，皆由此可以知彼，由今可以知來，故自乾一以至於坤八，皆循序而生，一如横圖之次。今欲以圓圖象渾天之形，若一依此序，則乾坤相並，寒暑不分，故伏羲以乾坤定上下之位，坎離列左右之門，艮兑震巽皆相對而立，悉以陰陽相配，自一陽始生，起冬至節，歷離震之間爲春分，以至於乾爲純陽，是進而得其已生之卦，如今日復數昨日，故曰「數往者順」。自一陰始生，起夏至節，歷艮兑之間爲秋分，以至於坤爲純陰，是進而推其未生之卦，如今日逆計來日，故曰「知來者逆」。然本易之所成，只是自乾一而坤八，如横圖之序，與圓圖之右方而已，故曰「易，逆數也」。

○胡氏炳文曰：諸儒訓釋，皆謂已往而易見爲順，未來而前知爲逆。易主於前民用，故曰「易，逆數也」。惟本義依邵子，以「數往者順」一段爲指圓圖，而言卦氣之所以行；「易逆數」一段爲指横圖，而言卦畫之所以生。非本義發邵子之藴，則學者孰知此所謂先天之學哉？

【案】此節順逆之義，朱子之意如此，然與邵子本意各成一說。蓋邵子本意，以三陰三陽，追數至一陰一陽處爲順；自一陰一陽，漸推至三陰三陽處爲逆。朱子則謂左方四卦，數已生者爲順；右方四卦，推未生者爲逆。兩説可並存，而邵子之説，於此兩章文義尤爲貫串。「天地定位」一節，自乾坤説到震巽，是「數往」也；「雷以動之」一節，自震巽説到乾坤，是「知來」也。此三句是承上節以起下節，言圖象數往則順、知來則逆。如上節所列是順數，順數者，尊乾坤次六子也，若建圖之意，則欲見陰陽之運行，功用之先後，所重在逆數，如下節所推也。諸説之詳備啓蒙中。

雷以動之，風以散之，雨以潤之，日以晅之，艮以止之，兑以説之，乾以君之，坤以藏之。

【本義】此卦位相對，與上章同。

○此第四章。

【集説】孔氏穎達曰：上四舉象，下四舉卦者，王肅云互相備也。

張子曰：陰性凝聚，陽性發散，陰聚之，陽必散之，其勢均散，陽爲陰累，則相持爲雨而降；陰爲陽得，則飄揚爲雲而升。故雲物班布太虚者，陰爲風驅，斂聚而未散者也。凡陰氣凝聚，陽在内者不得出，則奮擊而爲雷霆；陽在外者不得入，則周旋不舍而爲風。其聚有遠近虚實，故雷風有大小暴緩。和而散，則爲霜雪雨露；不和而散，則爲戾氣曀霾。陰常散緩，受交於陽，則風雨調，寒暑正。

○朱氏震曰：前説乾坤以至六子，此説六子而歸乾坤，終始循環，不見首尾，易之道也。

○朱子語類云：「雷以動之」以下四句，取象義多，故以象言；「艮以止之」以下四句，取卦義多，故以卦言。

○項氏安世曰：自「天地定位」至「八卦相錯」，言先天之順象也；自「雷以動之」至「坤以藏之」，言先天之逆象也。

○胡氏炳文曰：此章卦位相對，與上章同，特上章先之以乾坤，此章則終之以乾坤也。

○金氏賁亨曰：上章以天地居首，序尊卑也；此章以乾坤居後，總成功也。上以體言，此以功用言也。

○吴氏曰慎曰：前章始乾坤、終坎離，此章始震巽、終乾坤。首乾者，其重在乾；首震者，其重在震。二章雖皆明先天卦序，而後天始震之義亦具其中矣。

【案】此上二章明伏羲卦位也。天地萬物之理，交易、變易焉盡之矣。定位通氣、相薄不相射，以至於相錯，所謂交易者也；動散、潤晅、止説以統於君藏，所謂變易者也。定位通氣、相薄不相射，即繫傳首章所謂「相摩」者也；八卦相錯，即繫傳首章所謂「相盪」者也。左方震離，所謂「鼓之以雷霆」；右方巽坎，所謂「潤之以風雨」。兑以説物、艮以止物，所謂「一寒一暑」；乾以君主、坤以藏載，所謂「乾道成男」而「知大始」，「坤道成女」而「作成物」也。中間以順逆爲説者，指明卦序也。先言天地以及六子，體之序也，於圖位爲數往，其理則繫傳「天尊地卑」，終之以象形者也；先言六子以及天地，用之序也，於圖位爲知來，其理則繫傳雷霆風雨，終之以乾坤者也。圖意取用之序，邵子謂此一節直解圖意者，是也。然非體則無以立本，故易雖主於逆數，而必以順數先之。

○又案：艮兑不言山澤，則是指氣言也。暑氣温熱發生，故曰「兑以説之」；寒氣嚴凝收斂，故曰「艮以止之」。上傳於雷霆風雨之下亦曰「一寒一暑」，而不言山澤也。若雷以動積寒之氣，而日以晅之；風以散積暑之氣，而雨以潤之，則於卦象皆切。乾君坤藏，亦主大夏大冬而言。大夏，如下章所云「萬物皆相見」，「向明而治」，是君之也；大冬，如下章所云「萬物之所歸」，是藏之也。

帝出乎震，齊乎巽，相見乎離，致役乎坤，説言乎兑，戰乎乾，勞乎坎，成言乎艮。

【本義】帝者，天之主宰。邵子曰：此卦位乃文王所定，所謂後天之學也。

【集説】程子曰：易八卦之位，元不曾有人説。先儒以爲乾位西北，坤位西南，乾坤任六子，而自處於無爲之地，此大故無義理。雷風山澤之類，便是天地之用，如人身之有耳目手足，便是人之用也，豈可謂手足耳目皆用，而身無爲乎？

○何氏楷曰：三男，震坎艮，以次綱紀於始終；三女，巽離兑，以次而處綱紀之内。自東南至西，皆陰；自西北至東，皆陽，亦最齊整，故坤、蹇彖辭有西南、東北之語。

萬物「出乎震」，震，東方也。「齊乎巽」，巽，東南也。齊也者，言萬物之潔齊也。離也者，明也，萬物皆相見，南方之卦也。聖人南面而聽天下，嚮明而治，蓋取諸此也。坤也者，地也，萬物皆致養焉，故曰「致役乎坤」。兑，正秋也，萬物之所説也，故曰「説言

乎兑」。「戰乎乾」，乾，西北之卦也，言陰陽相薄也。坎者，水也，正北方之卦也，勞卦也，萬物之所歸也，故曰「勞乎坎」。艮，東北之卦也，萬物之所成終而所成始也，故曰「成言乎艮」。

【本義】上言帝，此言萬物之隨帝以出入也。

○此第五章，所推卦位之説，多未詳者。

【集説】鄭氏康成曰：「萬物出乎震」，雷發聲以生之也。「齊乎巽」，風摇動以齊之也。潔，猶新也。「萬物皆相見」，日照之使光大。「萬物皆致養」，地氣含養，使秀實也。「萬物之所説」，草木皆老，猶以澤氣説成之。戰，言陰陽相薄，西北陰也，而乾以純陽臨之。坎，勞卦也，水性勞而不倦，萬物之所歸也。萬物自春出生於地，冬氣閉藏，還皆入地，「萬物之所成終而所成始」，言萬物陰氣終、陽氣始，皆艮之用事也。

○程子曰：艮，止也，生也，止則便生，不止則不生，此艮終始萬物。

○又曰：冬至一陽生，每遇至後則倍寒，何也？陰陽消長之際，無截然斷絶之理，故相攙掩過，如天將曉，復至陰黑，亦是理也。大抵終始萬物盛乎艮，此儘神妙，須研窮此理。

○鄭氏樵曰：乾居西北，父道也，父道尊嚴，嚴凝之氣盛於西北，西北者，萬物成就之方也；坤居西南，母道也，母道在養育萬物，萬物之生盛於西南，西南者，萬物長養之方也。坎艮震，方位次於乾者，乾統三男也；巽離兑，方位夾乎坤者，坤統三女也。西北盛陰用事，而陰氣盛矣，非至健莫能與爭，故陰陽相薄，曰「戰乎乾」，而乾位焉，戰勝則陽氣起矣。

○楊氏萬里曰：於帝言致役者，蓋坤臣也，帝君也，君之於臣，役之而已；於萬物言致養者，蓋坤母也，萬物子也，母之於子，養之而已。至於他卦不言戰，而乾言戰，乾，西北之卦，陰盛陽微之時，「陰疑於陽」也，不然，則坤之上六何以言「龍戰于野」？

○項氏安世曰：後天之序，據太極既分之後，播五行於四時也。震巽二木，主春，故震在東方，巽東南次之；離火主夏，故爲南方之卦；兑乾二金，主秋，故兑爲正秋，乾西北次之；坎水主冬，故爲北方之卦；土王四季，故坤土在夏秋之交，爲西南方之卦，艮土在冬春之交，爲東北方之卦。木金土各二者，以形王也；水火各一者，以氣王也。坤，陰土，故在陰地；艮，陽土，故在陽地。震，陽木，故正東；巽，陰木，故近南而接乎陰。兑，陰金，故正西；乾，陽金，故近北而接乎陽。其序甚明。

○徐氏幾曰：坎離，天地之大用也，得乾坤之中氣，故離火居南，坎水居北也。震，動也，物生之初也，故居東；兑，説也，物成之後也，故居西。此四者，各居正位也。震屬木，巽亦屬木，震，陽木也，巽，陰木也，故巽居東南巳之位也。兑屬金，乾亦屬金，兑，陰金也，乾，陽金也，故乾居西北亥之方也。坤艮皆土也，坤，陰土，艮，陽土，坤居西南，艮居東北者，所以均王乎四時也。此四者，分居四隅也。後天八卦以震巽離坤兑乾坎艮爲次者，震巽屬木，木生火，故離次之；離火生土，故坤次之；坤土生金，故兑乾次之；金生水，故坎次之；水非土，亦不能以生木，故艮次之；水土又生木，木又生火，八卦之用，五行之生，循環無窮，此所以爲造化流行之序也。

○龔氏煥曰：土之於物，無時而不養，今獨言「致役乎坤」，何也？曰：土之養物，雖無時不然，然於西南，夏秋之交，物將成就之時，土氣正旺，致養之功莫盛於此，故曰「致役乎坤」，非他時不養，而獨養乎此也，故又曰「成言乎艮」，艮亦土也。養者成之漸，成者養之終，成而終者，又將於此而始，此土無不在，其於養物之功，成始而成終者也。水火一而木金土二者，水火，陰陽之正；木金土，陰陽之交，正者一而交者二也。

○胡氏炳文曰：離明以德言，八卦之德可推；坤地、坎水以象言，八卦之象可推；兑秋以時言，八卦之時可推，以互見也。夏而秋，火克金者也。火金之交有坤土焉，則火生土，土生金，克者又順以相生；冬而春，水生木者也，水木之交有艮土焉，木克土，土克水，生者又逆以相克。土金順以相生，所以爲秋之克；木土逆以相克，所以爲春之生。生生克克，變化無窮，孰主宰之，曰帝是也。

○俞氏琰曰：艮，止也，不言止而言成，蓋止則生意絶矣，成終而復成始，則生意周流，故曰「成言乎艮」。

○陳氏琛曰：火氣極熱，物無由而成，水氣極寒，物無由而生，惟土氣最爲中和，故火金之交有坤土，水木之交有艮土，而爲萬物之所由出入者也。養身養民治天下，皆要中和。

○張氏振淵曰：成始只在成終内，無兩截事。

○吴氏曰慎曰：氣不翕聚，則不能發散，物未堅實，則不能復種，而生未有不能成終而能成始者也。此貞下起元之理，主静立本之道，蓋必體立而後用有以行。天地人物，其理一也。

【案】此章明文王卦位也。震動而發散者，生機之始；雷厲而風行者，造化之初，是故陽氣奮而物無不出，陰氣順而物無不齊。陽氣盛，麗於陰則明極矣；陰精厚，順於陽則養至矣。陽之和足於内，陰之滋足於外，則説乎物而物成矣。雖然，天之道，資陰而用之，而功乃就；克陰而化之，而命斯行。自始至終，莫非天也，而終始之際，見其健而不已焉者，天之所以爲天也。由是役者於此休，故坎以習熟之義而司勞焉；動者於此止，故艮以動静不窮之義而司成焉。夫文之位變乎羲矣，而其體用交錯之妙，動静互根之機，則必合而觀之，然後造化之理盡。

○孔子所以釋文王之意者，如此而已。諸儒或以五行言之，説亦詳密，故備載以相參考。然諸儒所言坤艮之理，亦有未盡者。蓋吕令以土獨王未月而爲中央，則土位惟一也。京房以土分王辰戌丑未而直四季，則土位有四也。今文王之卦，惟坤艮二土位於丑未，視月令則多其一，視京房則少其二，何也？蓋木之生火，金之生水，無所藉於土，若火非土必不能成金，水非土必不能生木，則土之功於是爲著。又一歲之間，陰陽二氣皆互相勝，陽勝陰則爲木之温、火之熱，自卯至未，陽多之卦是也；陰勝陽則爲金之凉、水之寒，自酉至丑，陰多之卦是也。惟丑接於寅，未接於申，爲三陰三陽之卦，則二氣適均而爲中和之會，此所以獨爲土德之居也。其精義亦非諸術所及，尚有先天後天列象交變之妙，見啓蒙附論中。

神也者，妙萬物而爲言者也。動萬物者莫疾乎雷，橈萬物者莫疾乎風，燥萬物者莫熯乎火，説萬物者莫説乎澤，潤萬物者莫潤乎水，終萬物、始萬物者莫盛乎艮，故水火相逮，雷風不相悖，山澤通氣，然後能變化既成萬物也。

【本義】此去乾坤而專言六子，以見神之所爲。然其位序亦用上章之説，未詳其義。

○此第六章。

【集説】韓氏伯曰：於此言神者，明八卦運動，變化推移，莫有使之然者。神無物，「妙萬物而爲言」，則雷疾、風行、火炎、水潤，莫不自然相與爲變化，故能萬物既成也。

○崔氏憬曰：此言六卦之用，而不及乾坤者，以天地無爲而無不爲，故能成雷風等有爲之神妙也。艮不言山，獨舉卦名者，以動橈燥潤，功是雷風水火，至於終始萬物，於山義則不然，故言卦，而餘皆稱物，各取便而論也。

○朱氏震曰：張子云，一則神，兩則化；妙萬物者，一則神也。且動橈燥説潤終始萬物者，孰若六子？然不能以獨化，故必相逮也，不相悖也，通氣也，「然後能變化既成萬物」。合則化，化則神。

○項氏安世曰：動橈燥説潤盛，皆據後天分治之序，而相逮、不相悖、通氣、變化，復據先天相合之位者，明五氣順布，四季分王之時，無極之真，二五之精，所以妙合而凝者，未始有戾於先天之事也。

〇又曰：澤不爲潤而爲説者，潤者，氣之濕而在内者也；説者，色之光而在外者也。澤氣上浮，而光溢於外，故説而可愛；若潤物之功，浸液而深長，則惟水足以當之。

〇吴氏澄曰：此承上章文王卦位之後，而言六卦之用。不言乾坤者，乾坤主宰萬物之帝，行乎六子之中，所謂「神也者，妙萬物而爲言者也」。萬物有迹可見，而神在其中，無迹可見，然神不離乎物也，即萬物之中而妙不可測者，神也，故曰「妙萬物」。雷之所以動，風之所以橈，火之所以燥，澤之所以説，水之所以潤，艮之所以終始，皆乾坤之神也。動者，發萌啓蟄，震之出也；橈者，吹拂長養，巽之齊也；燥者，炎赫暴炙，離之相見也；説者，欣懌充實，兑之説也；潤者，滋液歸根，坎之勞也；終始者，貞下起元，艮之成也。

〇胡氏炳文曰：以上第三章、第四章，言先天；第五章，言後天；此第六章，則由後天而推先天者也。去乾坤而專言六子，以見神之所爲。言神，則乾坤在其中矣。雷之所以動，風之所以橈，以至艮之所以終、所以始，後天之所以變化者，實由先天而來。先天水火相逮，以次陰陽之交合；後天雷動風橈，以次五行之變化。惟其交合之妙如此，然後變化之妙亦如此。

〇俞氏琰曰：物之方萌，雷以動之；萌而未舒，風以橈之；舒而尚柔，火以燥之；及其長也，澤以説其外，水以潤其内；既説且潤矣，於是艮以止之，止則終，終則復始。此六子各一其用，而其所以成萬物者，如是也。乃若能變能化，畢成萬物，則又在乎兩相爲用，「然後能變化既成萬物也」。

○梁氏寅曰：神即帝也，帝者神之體，神者帝之用，故主宰萬物者，帝也；所以妙萬物者，帝之神也。

○蔡氏清曰：如雷專於動，風專於橈，則滯於一隅，不得謂之妙。天地則役使六子，以造化乎萬物，而六子之伸縮變化，皆天地之爲也，所以謂神。當乾坤也，於此蓋可以驗合一不測之義，無在無不在之意。蓋神如君后，六子則六官之分職也，六官所施行，皆帝后所主宰，然後六職交舉，而治功成矣。

○葉氏爾瞻曰：神非乾坤，乃乾坤之運六子而不測者，曰動、曰橈、曰燥、曰説、曰潤、曰終始，此正變化成萬物處。然天地功用惟一，故神非兩不化。先天之六子各得其耦者，所謂兩也。兩者，體之立也。後天之變化成萬物者，所謂兩者之化也。兩者之化，用之行也。就此兩化之合一不測處，乃所謂神。

【案】此章合羲、文卦位而總贊之。蓋變易之序，後天爲著，而交易之理，先天爲明。變易者，化也，動萬物、橈萬物、燥萬物、説萬物、潤萬物、終始萬物者也；交易者，神也，所以變變、化化、道並行而不相悖、使物並育而不相害者也。化者，造物之迹也，統乎地者也，故以其可見之功而謂之成；神者，生物之心也，統乎天者也，故以其不測之機而謂之妙。

乾，健也。坤，順也。震，動也。巽，入也。坎，陷也。離，麗也。艮，止也。兑，説也。

【本義】此言八卦之性情。

○此第七章。

【集説】孔氏穎達曰：此一節説八卦名訓。乾象天，天體運轉不息，故爲健；坤象地，地順承於天，故爲順。震象雷，雷奮動萬物，故爲動；巽象風，風行無所不入，故爲入。坎象水，水處險陷，故爲陷；離象火，火必著於物，故爲麗。艮象山，山體靜止，故爲止；兑象澤，澤潤萬物，故爲説。

○邵子曰：乾，奇也，陽也，健也，故天下之健莫如天；坤，耦也，陰也，順也，故天下之順莫如地，所以順天也。震，起也，一陽起也，起，動也，故天下之動莫如雷；坎，陷也，一陽陷於二陰，陷，下也，故天下之下莫如水。艮，止也，一陽於是而止也，故天下之止莫如山；巽，入也，一陰入二陽之下，故天下之入莫如風。離，麗也，一陰麗於二陽，其卦錯然成文而華麗也，天下之麗莫如火，故又爲附麗之麗；兑，説也，一陰出於外而説於物，故天下之説莫如澤。

○張子曰：陽陷於陰爲水，附於陰爲火。

○又曰：一陷溺而不得出，爲坎；一附麗而不能去，爲離。

○朱子語類云：「以通神明之德，以類萬物之情」，盡於八卦，而震巽坎離艮兑又總於乾坤。曰動、曰陷、曰止，皆健底意思；曰入、曰麗、曰説，皆順底意思。聖人下此八字，極狀得八卦性情盡。

○項氏安世曰：健者，始於動而終於止；順者，始於入而終於説。陽之動，志於得所止；陰之入，志於得所説。

○蔡氏清曰：自震而艮者，陽之由動而靜也；自巽而兑者，陰之由靜而動也。坎離在中間，坎則自動而向於靜也，離則自靜而向於動也。

【案】八卦以卦畫定名義在先，取象於雷風山澤等在後。孔氏之説，固不如邵子之説矣，然邵子説三陽卦則既得之，其説三陰卦以巽爲陰入於陽、離爲陰附於陽，則似未合經義。蓋陰在内，陽必入而散之；陰在中，陽必附而散之。入與麗，皆陽也，特以先有陰質爲主，故謂之陰卦爾。惟張子曰「陽陷於陰爲水，附於陰爲火」，又曰「陰在内、陽在外者不得入，則周旋不舍而爲風」，實盡物理之妙。

乾爲馬，坤爲牛，震爲龍，巽爲雞，坎爲豕，離爲雉，艮爲狗，兑爲羊。

【本義】遠取諸物如此。

○此第八章。

【集説】孔氏穎達曰：此一節略明遠取諸物也。乾象天，天行健，故爲馬；坤象地，任重而順，故爲牛。震動象，龍動物，故爲龍；巽主號令，雞能知時，故爲雞。坎主水瀆，豕處污濕，故爲豕；離爲文明，雉有文章，故爲雉。艮爲靜止，狗能善守，禁止外人，故爲狗；兑，説也，王廙云「羊者順之畜」，故爲羊也。

○項氏安世曰：健者爲馬，順者爲牛，善動者爲龍，善伏者爲雞，質躁而外污者爲豕，質野而外明者爲雉，前剛而止物者爲狗，内很而外説者爲羊。〔一〕

○又曰：造化權輿云：乾，陽物也，馬故蹄圓；坤，陰物也，牛故蹄拆。陽病則陰，故馬疾則卧；陰病則陽，故牛疾則立。馬，陽物，故起先前足，卧先後足；牛，陰物，故起先後足，卧先前足。

乾爲首，坤爲腹，震爲足，巽爲股，坎爲耳，離爲目，艮爲手，兑爲口。

【本義】近取諸身如此。

○此第九章。

【集説】孔氏穎達曰：此一節略明近取諸身也。乾尊而在上，故爲首；坤能包藏含容，故爲腹。足能動用，故震爲足也；股隨於足，則巽順之謂，故巽爲股也。坎，北方之卦，主聽，故爲耳也；離，南方之卦，主視，故爲目也。艮既爲止，手亦能止持其物，故爲手也；兑主言語，故爲口也。

○龔氏原曰：其外圓，諸陽之所聚者，首也；其中寬，衆陰之所藏者，腹也。足則在下而善動，

〔一〕内很而外説者爲羊：很，四庫本作「狠」。

股則從上而善隨。耳則内陽而聰，目則外陽而明。在上而止者，手也；在外而說者，口也。

○余氏芑舒曰：首以君之，腹以藏之，足履於下爲動，手持於上爲止，股下岐而伏，口上竅而見，耳外虚，目内虚，各以反對也。

【案】諸儒説股義，惟余氏得之，蓋股者陰所伏也。

乾，天也，故稱乎父；坤，地也，故稱乎母。震一索而得男，故謂之長男；巽一索而得女，故謂之長女；坎再索而得男，故謂之中男；離再索而得女，故謂之中女；艮三索而得男，故謂之少男；兑三索而得女，故謂之少女。

【本義】索，求也，謂揲蓍以求爻也。男女，指卦中一陰一陽之爻而言。

○此第十章。

【集説】朱子語類云：乾求於坤而得震坎艮，坤求於乾而得巽離兑，一二三者，以其畫之次序言也。

○又云：一索再索之説，初間畫卦時也不恁地，只是畫成八卦後，便見有此象耳。

○項氏安世曰：乾坤六子，初爲氣，末爲形，中爲精。雷風，氣也；山澤，形也；水火，精也。

○吴氏澄曰：萬物資始於天，猶子之氣始於父也；資生於地，猶子之形生於母也，故乾稱父，坤稱母。索，求而取之也。坤交於乾，求取乾之初畫、中畫、上畫，而得長、中、少三男；乾交於坤，求取坤之初畫、中畫、上畫，而得長、中、少三女。一索謂交初，再索謂交中，三索謂交上，以索之先後，爲長、中、少之次也。

○胡氏炳文曰：此章本義乃朱子未改正之筆，當以語録説爲正。若專言揲蓍求卦，則無復此卦序矣。

○俞氏琰曰：一索、再索、三索，蓋以三畫自下而上之次序言。稱者，尊之之辭；謂者，卑之之辭。

【案】以上四章，皆言八卦之德、之象，而健順動入陷麗止説諸德，則名卦之義，易理之根也，不言雷風山澤諸象者，爲前圖位中已具。○乾求坤、坤求乾之説，當從吴氏。朱子語類記録偶誤。

乾爲天，爲圜，爲君，爲父，爲玉，爲金，爲寒，爲冰，爲大赤，爲良馬，爲老馬，爲瘠馬，爲駁馬，爲木果。

【本義】荀九家此下有爲龍，爲直，爲衣，爲言。

【集説】孔氏穎達曰：此一節廣明乾象。乾既爲天，天動運轉，故爲圜。爲君，爲父，取其尊道而爲萬物之始也。爲玉，爲金，取其剛之清明也。爲寒，爲冰，取其西北寒冰之地也。爲大赤，取其盛陽之色也。爲良馬，取其行健之善也；老馬，取其行健之久也；瘠馬，取其行健之甚，瘠馬骨多也；駁馬，有牙如鋸，能食虎豹，取其至健也。爲木果，取其果實著木，有似星之著天也。

○邵子曰：木結實而種之，又成是木而結是實，木非舊木也，此木之神不二也，此實生生之理也。

○郭氏雍曰：果者，木之始也。木以果爲始，猶物以乾爲始也。

○程氏迥曰：爲圜，天之體也。爲君，居上而覆下也。爲玉，德粹也。爲金，堅剛也。爲寒，位西北也。爲冰，寒之凝也。爲木果，以實承實也。

○朱子語類云：卦象指文王卦言，所以乾言爲寒、爲冰。

坤爲地，爲母，爲布，爲釜，爲吝嗇，爲均，爲子母牛，爲大輿，爲文，爲衆，爲柄，其於地也爲黑。

【本義】荀九家有爲牝，爲迷，爲方，爲囊，爲裳，爲黄，爲帛，爲漿。

【集説】孔氏穎達曰：此一節廣明坤象。坤既爲地，地受任生育，故爲母也。爲布，取其廣載也。爲釜，取其化生成熟也。爲吝嗇，取其生物不轉移也。爲均，地道平均也。爲子母牛，取其多蕃育而順之也。爲大輿，取其載萬物也。爲文，取其萬物之色雜也。爲衆，取其載物非一也。爲柄，取其生物之本也。爲黑，取其極陰之色也。

○崔氏憬曰：徧布萬物於致養，故坤爲布。地生萬物，不擇美惡，故爲均也。萬物依之爲本，故爲柄。

○項氏安世曰：吝嗇，其靜之翕；均，其動之闢也。乾質，故坤文；乾一，故坤衆。

震爲雷，爲龍，爲玄黄，爲旉，爲大塗，爲長子，爲決躁，爲蒼筤竹，爲萑葦，其於馬也，爲善鳴，爲馵足，爲作足，爲的顙，其於稼也，爲反生，其究爲健，爲蕃鮮。

【本義】荀九家有爲玉，爲鵠，爲鼓。

【集説】虞氏翻曰：天玄地黄，震天地之雜，故爲玄黄。

○孔氏穎達曰：此一節廣明震象。爲玄黄，取其相雜而成蒼色也。爲旉，取其春時氣至，草木皆吐旉布而生也。爲大塗，取其萬物之所生也。爲長子，震爲長子也。爲決躁，取其剛動也。爲蒼筤竹，竹初生，色蒼也。爲萑葦，竹之類也。其於馬也，爲善鳴，取雷聲之遠聞也；爲馵足，馬後足白爲馵，取其動而見也；爲作足，取其動而行健也；爲的顙，白額爲的顙，亦取動而見也。其於稼也，爲反生，取其始生戴甲而出也；其究爲健，極於震動則爲健也；爲蕃鮮，取其春時草木蕃育而鮮明。

○俞氏琰曰：陽長而不已，則其究爲乾之健，三爻俱變，則爲巽，故爲蕃鮮。

○蔡氏清曰：凡稼之始生，皆爲反生，蓋以其初間生意實從種子中出，而下著地以爲根，然後種中萌芽乃自舉。

巽爲木，爲風，爲長女，爲繩直，爲工，爲白，爲長，爲高，爲進退，爲不果，爲臭，其於人也，爲寡髮，爲廣顙，爲多白眼，爲近利市三倍，其究爲躁卦。

【本義】荀九家有爲楊，爲鸛。

【集説】翟氏玄曰：爲繩直，上二陽共正一陰，使不得邪僻，如繩之直也。

○孔氏穎達曰：此一節廣明巽象。巽爲木，木可以輮曲直，巽順之謂也。爲繩直，取其號令齊物也。爲工，亦取繩直之類。爲白，取其潔也。爲長，取其風行之遠也。爲高，取其木生而上也。爲進退，取其風性前却。爲不果，亦進退之義也。爲臭，取其風所發也。爲寡髮，風落樹之華葉，則在樹者稀疎，如人之少髮。爲廣顙，額闊髮寡少之義。爲多白眼，取躁人之眼其色多白也。爲近利，取躁人之情多近於利也；市三倍，取其木生蕃盛，於市則三倍之利也。其究爲躁卦，取其風之勢極於躁急也。

○項氏安世曰：繩直其齊，白其潔也。

【案】寡髮、廣顙、多白眼，皆取潔義。今人之額闊、少寒毛而眸子清明者，皆潔者也。

坎爲水，爲溝瀆，爲隱伏，爲矯輮，爲弓輪，其於人也，爲加憂，爲心病，爲耳痛，爲血卦，爲赤，其於馬也，爲美脊，爲亟心，爲下首，爲薄蹄，爲曳，其於輿也，爲多眚，爲通，爲月，爲盜，其於木也，爲堅多心。

【本義】荀九家有爲宫，爲律，爲可，爲棟，爲叢棘，爲狐，爲蒺藜，爲桎梏。

馬脊之象也。

【集説】宋氏衷曰：曲者更直爲矯，直者更曲爲輮，水流有曲直，故爲矯輮。爲美脊，陽在中央，

○孔氏穎達曰：此一節廣明坎象。坎爲水，取其北方之行也。爲溝瀆，取其水行無所不通也。爲隱伏，取其水藏地中也。爲矯輮，使曲者直爲矯，使直者曲爲輮，水流曲直，故爲矯輮也。爲弓輪，弓者激矢，如水激射也；輪者運行，如水行也。爲加憂，取其憂險難也。爲心病，憂險難，故心病也。爲耳痛，坎爲勞卦，聽勞則耳痛也。爲血卦，人之有血，猶地有水也。爲赤，亦取血之色。其於馬也，爲美脊，取其陽在中也；爲亟心，亟，急也，取其中堅内動也；爲下首，取其水流向下也；爲薄蹄，取水流迫地而行也；爲曳，取水磨地而行也。其於輿也，爲多眚，取其表裏有陰，力弱不能重載也；爲通，取其行有孔穴也。爲月，月是水之精也；爲盜，取水行潛竊也。其於木也，爲堅多心，取剛在内也。

○鄭氏正夫曰：血在形，如水在天地閒，故爲血卦。

○蔡氏清曰：日火，外影也；金水，内影也。月是金水之精，何獨外影？曰：月體亦内影，坎象也，得日之光以爲光，故兼外影耳。凡金與水，得日之光，亦光輝外射也。

【案】坎以習險，取勞義，故加憂、心病、耳痛者，人之勞也；亟心、下首、薄蹄、曳者，馬之勞也；多眚者，車之勞也。凡馬勞極，則心亟而屢下其首，蹄薄而足曳，皆歷險之甚所致也。

離爲火，爲日，爲電，爲中女，爲甲胄，爲戈兵，其於人也，爲大腹，爲乾卦，爲鼈，爲蟹，爲蠃，爲蚌，爲龜，其於木也，爲科上槁。

【本義】荀九家有爲牝牛。

【集説】孔氏穎達曰：此一節廣明離象。離爲火，取南方之行也。爲日，日是火精也。爲電，火之類也。爲中女，離爲中女。爲甲胄，取其剛在外也。爲戈兵，取其以剛自捍也。其於人也，爲大腹，取其懷陰氣也。爲乾卦，取其日所烜也。爲鼈、爲蟹、爲蠃、爲蚌、爲龜，皆取剛在外也。其於木也爲科上槁，科，空也，陰在内爲空，木既空中，上必枯槁也。

○俞氏琰曰：離中虚而外乾燥，故爲木之科上槁，蓋與坎之堅多心相反。

艮爲山，爲徑路，爲小石，爲門闕，爲果蓏，爲閽寺，爲指，爲狗，爲鼠，爲黔喙之屬，其於木也，爲堅多節。

【本義】荀九家有爲鼻，爲虎，爲狐。

【集説】宋氏衷曰：閽人主門，寺人主巷，艮爲止，此職皆掌禁止者也。

○虞氏翻曰：爲山，故爲徑路也。艮手，故爲指。陽剛在上，故堅多節。

○孔氏穎達曰：此一節廣明艮象。艮爲山，取陰在下爲止，陽在上爲高，故艮象山也。爲徑路，取其山路有澗道也。爲小石，取其艮爲山，又爲陽卦之小者也。爲門闕，取其崇高也。爲果蓏，木實爲果，草實爲蓏，取其出於山谷之中也。爲閽寺，取其禁止人也。爲指，取其執止物也。爲狗、爲鼠，取其皆止人家也。爲黔喙之屬，取其山居之獸也。其於木也爲堅多節，取其堅凝，故多節也。

○項氏安世曰：震爲旉、爲蕃鮮，草木之始也；艮爲果蓏，草木之終也。果蓏能終而又能始，故於艮之象爲切。

○俞氏琰曰：周官閽人掌王宮中門之禁，止物之不應入者；寺人掌王之内人及女官之戒令，止物之不得出者。坎之剛在内，故爲木之堅多心；艮之剛在外，故爲木之堅多節。

兑爲澤，爲少女，爲巫，爲口舌，爲毁折，爲附決，其於地也，爲剛鹵，爲妾，爲羊。

【本義】荀九家有爲常，爲輔頰。

○此第十一章，廣八卦之象。其閒多不可曉者，求之於經，亦不盡合也。

【集説】孔氏穎達曰：此一節廣明兑象。兑爲澤，取其陰卦之小，地類卑也。爲少女，兑爲少女也。爲巫，取其口舌之官也。爲口舌，取西方於五事而言也。爲毁折、爲附決，兑西方之卦，取秋物成熟，稾稈之屬則毁折也，果蓏之屬則附決也。其於地也爲剛鹵，取水澤所停，則鹹鹵也。爲妾，取少女從姊爲娣也。

【總論】項氏安世曰：此章推廣象類，使之明備，以資占者之決也。

○胡氏炳文曰：此章廣八卦之象，凡百十有二。其中有相對取象者，如乾爲天、坤爲地之類是也。上文乾爲馬，此則爲良馬、老馬、瘠馬、駁馬；上文坤爲牛，此則爲子母牛。乾爲木果，結於上而圓；坤爲大輿，載於下而方。震爲決躁，巽爲進退、爲不果，剛柔之性也，震巽獨以其究言剛柔之始也。坎，内陽外陰，水與月則内明外暗；離，内陰外陽，火與日則内暗外明。坎中實，故於人爲加憂、爲心病、爲耳痛；離中虚，故於人爲大腹。艮爲閽寺、爲指，艮之止也；兑爲巫、爲口舌，陰之説也。有相反取象者，震爲大塗，反而艮則爲徑路；巽爲長、爲高，反而兑則爲毀折。有相因取象者，乾爲馬，震得乾初之陽，故於馬爲善鳴、馵足、作足、的顙；坎得乾中爻之陽，故於馬爲美脊、亟心、下首、薄蹄、曳。巽爲木，幹陽而根陰也；坎中陽，故於木爲堅多心；艮上陽，故於木爲堅多節；離中陰而虚，故於木爲科上槁。乾爲木果，艮爲果蓏，果陽在上，果蓏陽上而陰下也。有一卦之中自相因取象者，坎爲隱伏，因而爲盜；巽爲繩直，因而爲工；艮爲門闕，因而爲閽寺；兑爲口舌，因而爲巫。有不言而互見者，乾爲君，以見坤之爲臣；乾爲圜，以見坤之爲方。吝嗇者，陰之翕也，以見陽之闢；均者，地之平也，以見天之高。離爲乾卦，以見坎之爲濕；坎爲血卦，以見離之爲氣。巽爲臭，以見震之爲聲；震爲長子，而坎艮不言者，於陽之長者尊之也；兑少女爲妾，而巽離不言者，於陰之少者卑之也。乾爲馬，震坎得乾之陽，皆言馬，而艮不言者，艮，止也，止之性非馬也。他可觸類而通矣。

【案】此章雖廣八卦之象，然有前文所取而此反不備者，則非廣也，意前爲歷代相傳，而此則周易義例與？

御纂周易折中卷第十八

序卦傳

【集説】孔氏穎達曰：韓康伯云：「序卦之所明，非易之藴也，蓋因卦之次，托象以明義。」今驗六十四卦，二二相偶，非覆即變，覆者表裏視之，遂成兩卦，屯、蒙、需、訟、師、比之類是也；變者反覆惟成一卦，則變以對之，乾、坤、坎、離、大過、頤、中孚、小過之類是也。且聖人本定先後，若元用孔子序卦之意，則不應非覆即變。然則康伯所云因卦之次，托象以明義，蓋不虚矣。

○張子曰：序卦相受，聖人作易，須有次序。

○朱子語類：問：「序卦或以爲非聖人之書，信乎？」曰：「此沙隨程氏之説也。先儒以爲非聖人之藴，某以爲非聖人之精則可，謂非易之藴則不可。周子分精與藴字甚分明。序卦却正是易之藴，事事夾雜都有在裏面。」問：「如何謂易之精？」曰：「如『易有太極，是生兩儀，兩儀生四象，四象生八卦』，這是易之精。」問：「如序卦中亦見消長進退之義，唤作不是精不得。」曰：「此正是事事夾雜有在裏面，正是藴，須是自一箇生出來，以至於無窮，便是精。」

○問：「易上經三十卦，下經三十四卦，多寡不均，何也？」曰：「卦有正對，有反對。乾、坤、坎、離、頤、大過、中孚、小過八卦，正對也，正對不變，故反覆觀之，止成八卦；其餘五十六卦，反對也，反對者皆變，故反覆觀之，共二十八卦。以正對卦合反對卦觀之，總而爲三十六卦。其在上經，不變卦凡六，乾、坤、坎、離、頤、大過是也，自屯、蒙而下二十四卦，反之則爲十二，以十二而加六，則十八也；其在下經，不變卦凡二，中孚、小過是也，自咸、恒而下三十二卦，反之則爲十六，以十六加二，亦十八也。其多寡之數，則未嘗不均也。」

○問：「序卦中有一二不可曉處，如六十四卦獨不言咸卦，何也？」曰：「夫婦之道即咸也。」問：「恐亦如上經不言乾坤，但言天地，則乾坤可見否？」曰：「然。」

○項氏安世曰：易之稱上下經者，未有考也，以序卦觀之，二篇之分斷可知矣。

【案】卦之所以序者，必自有故，而孔子以義次之，就其所次，亦足以見天道之盈虚消長，人事之得失存亡，國家之興衰理亂，如孔氏、朱子之言，皆是也。然須知若别爲之序，則其理亦未嘗不相貫。如蓍筮之法，一卦可變爲六十四卦，隨其所遇，而其貞與悔皆可以相生，然後有以周義理而極事變，故曰「天下之能事畢」也。孔子蓋因序卦之次以明例，所謂舉其一隅焉爾。神而明之，則知易道之周流，而趨時無定；且知筮法之變通，而觸類可長，此義蓋易之旁通至極處也。

有天地，然後萬物生焉。盈天地之閒者唯萬物，故受之以屯，屯者，盈也。

【集說】項氏安世曰：屯不訓盈也，當屯之時，剛柔始交，天地絪緼，雷雨動盪，見其氣之充塞也，是以謂之盈爾。故謂之盈者，其氣也；謂之物之始生者，其時也；謂之難者，其事也。若屯之訓，紛紜盤錯之義云爾。

屯者，物之始生也，物生必蒙，故受之以蒙，蒙者，蒙也，物之穉也。物穉不可不養也，故受之以需，需者，飲食之道也。飲食必有訟，故受之以訟。

【集說】孔氏穎達曰：上言「屯者，盈也」，釋屯次乾坤，其言已畢，更言「屯者，物之始生」者，開說下「物生必蒙」，直取始生之意，非重釋屯之名也。

○朱氏震曰：蒙，冥昧也。物生者必始於冥昧，勾萌胎卵是也，故次之以蒙。蒙，童蒙也，物如此穉也。

○又曰：「飲食必有訟」。乾餱以愆，豕酒生禍，有血氣者必有爭心，故次之以訟。

訟必有衆起，故受之以師，師者，衆也。衆必有所比，故受之以比，比者，比也。

【集說】韓氏伯曰：衆起而不比，則爭無由息，必相親比，而後得寧。

○項氏安世曰：師比二卦相反，師取伍、兩、卒、旅、師、軍之名，比取比、閭、族、黨、州、鄉之名，師以衆正爲義，比以相親爲主。

比必有所畜，故受之以小畜。物畜然後有禮，故受之以履。履而泰然後安，故受之以泰。

【本義】晁氏云：鄭无「而泰」二字。

【集説】姚氏信曰：安上治民莫善於禮，有禮然後泰，泰然後安也。

○項氏安世曰：履不訓禮，人所履，未有外於禮者，外於禮則非所當履，故以履爲有禮也。上天下澤，亦有禮之名分焉。

○胡氏一桂曰：乾坤至履十變，陰陽之氣一周矣。

泰者，通也，物不可以終通，故受之以否。物不可以終否，故受之以同人。與人同者，物必歸焉，故受之以大有。有大者不可以盈，故受之以謙。有大而能謙必豫，故受之以豫。

【本義】郭氏雍曰：以謙有大，則絶盈滿之累，故優游不迫而暇豫也。

豫必有隨，故受之以隨。以喜隨人者必有事，故受之以蠱，蠱者，事也。有事而後可大，故受之以臨，臨者，大也。

【集説】韓氏伯曰：可大之業，由事而生。

隨乎？

○朱氏震曰：以喜隨人，必有所事。臣事君、子事父、婦事夫、弟子事師，非樂於所事者，其肯

○項氏安世曰：蠱不訓事，物壞則萬事生矣，事因壞而起，故以蠱爲事之先。

○又曰：臨不訓大，大者，以上臨下，以大臨小，凡稱臨者，皆大者之事，故以大釋之。若豐者大也，則真訓大矣。

○吴氏澄曰：因蠱之有事，而後有臨之盛大也。

物大然後可觀，故受之以觀。可觀而後有所合，故受之以噬嗑，嗑者，合也。物不可以苟合而已，故受之以賁，賁者，飾也。致飾然後亨則盡矣，故受之以剥，剥者，剥也。

【集説】崔氏憬曰：言德業大者可以觀於人也。

○蘇氏軾曰：君臣、父子、夫婦、朋友之際，所謂合也。直情而行謂之苟，禮以飾情謂之賁。苟則易合，易則相瀆，相瀆則易以離；賁則難合，難合則相敬，相敬則能久。

○張氏栻曰：賁飾則貴於文，文之太過則又滅其質而有所不通，故致飾則亨有所盡。飾極則文勝而實衰，故剥。

物不可以終盡，剥窮上反下，故受之以復。復則不妄矣，故受之以无妄。有无妄，然後可畜，故受之以大畜。

【集説】崔氏憬曰：物復其本，則爲誠實，故言復則无妄矣。

○周子曰：不善之動，妄也，妄復則无妄矣，无妄則誠矣，故无妄次復。

○郭氏忠孝曰：健爲天德，大畜止健，畜天德也，故曰「剛健篤實輝光，日新其德」。不能畜天德，則見於有爲者不能无妄，故天德止於大畜，而動於无妄也。

○閻氏彦升曰：无妄然後可畜，所畜者在德，故曰大。

○余氏芑舒曰：自有事而大，大而可觀，可觀而合，合而飾，所謂忠信之薄而僞之始也。故一變而爲剥，剥而復，則真實獨存而不妄矣。

○何氏楷曰：不妄與无妄當辨，由不妄，然後能无妄也。

物畜然後可養，故受之以頤，頤者，養也。不養則不可動，故受之以大過。物不可以終過，故受之以坎，坎者，陷也。陷必有所麗，故受之以離，離者，麗也。

【集説】蘇氏軾曰：養而不用，其極必動；動而不已，其極必過。

○閻氏彦升曰：養者，君子所以成己；動者，君子所以應物。然君子處則中立，動則中行，豈求勝物哉？及其應變，則有時或過，故受之以大過。

○林氏希元曰：不專一則不能直遂，不翕聚則不能發散，故必有養，然後能動，不養則不可以動。孟子曰：「人有不爲也，而後可以有爲。」即此理也。故受之以大過，大過即動也。以大過之才，當大過之時，而行大過之事，是之謂動，而本於養也。

〇姜氏寶曰：無所養，則其體不立，不可舉動以應大事。惟養充而動，動必有大過人者矣。

有天地然後有萬物，有萬物然後有男女，有男女然後有夫婦，有夫婦然後有父子，有父子然後有君臣，有君臣然後有上下，有上下然後禮義有所錯。夫婦之道，不可以不久也，故受之以恒，恒者，久也。

【集說】干氏寶曰：此詳言人道三綱六紀有自來也。人有男女陰陽之性，則自然有夫婦配合之道；陰陽化生，血體相傳，則自然有父子之親；以父立君，以子資臣，則必有君臣之位；有君臣之位，故有上下之序；有上下之位，則必禮以定其體，義以制其宜，明先王制作蓋取之於情者也。上經始於乾坤，有生之本也；下經始於咸恒，人道之首也。易之興也，當殷之末世，有妲己之禍，當周之盛德，有三母之功，以言天不地不生、夫不婦不成，相須之至，王教之端，故詩以關雎爲國風之始，而易於咸恒備論禮義所由生也。

〇朱子語類：問：「『禮義有所錯』，錯字，陸氏兩音，如何？」曰：「只是作措字，謂禮義有所設施耳。」

〇吳氏澄曰：此言咸所以爲下經之首也。夫婦謂咸卦。先言天地、萬物、男女者，有夫婦之所由也；後言父子、君臣、上下者，有夫婦之所致也。有夫婦則其所生爲父子，由家而國，雖非父子也，而君尊臣卑之分如父子也；由國而天下，雖非君臣，而上貴下賤之分如君臣也。禮義，所以分別尊卑貴賤之等。錯，猶置也。乾坤咸不出卦名者，以其爲上下經之首卦，特別言之。

物不可以久居其所，故受之以遯，遯者，退也。物不可以終遯，故受之以大壯。物不可以終壯，故受之以晉，晉者，進也。進必有所傷，故受之以明夷，夷者，傷也。傷於外者必反其家，故受之以家人。

【集説】郭氏忠孝曰：傷乎外者必反其家，蓋行有不得於人，則反求諸己。

○閻氏彦升曰：知進而已，不知消息盈虚，與時偕行，則傷之者至矣，故受之以明夷。以利合者，迫窮禍患害，相棄也；以天屬者，迫窮禍患害，相收也。明夷之傷，豈得不反於家人乎？

○何氏楷曰：晉與漸皆進，進必有歸者，先以艮進；必有傷者，先以壯也。

家道窮必乖，故受之以睽，睽者，乖也。乖必有難，故受之以蹇，蹇者，難也。物不可以終難，故受之以解，解者，緩也。

【集説】周子曰：家人離，必起於婦人，故睽次家人，以二女同居而志不同行也。

○朱子語類：問：「緩字恐不是遲緩之緩，乃是懈怠之意，故曰解，緩也。」曰：「緩是散漫意。」問：「如縱弛之類？」曰：「然。」

○項氏安世曰：凡言屯者皆以爲難，而蹇又稱難者，卦皆有坎也。然屯「動乎險中」，行乎患難者也；蹇「見險而止」，但爲所阻難而不得前耳，非患難之難也。故居屯者必以經綸濟之，遇蹇者待其解緩而後前。

緩必有所失，故受之以損。損而不已必益，故受之以益。益而不已必決，故受之以夬，夬者，決也。決必有所遇，故受之以姤，姤者，遇也。

【集説】朱氏震曰：益久必盈，盈則必決，隄防是已，故次之以夬。

○胡氏一桂曰：咸恒十變爲損益，亦猶乾坤十變爲否泰也。

○俞氏琰曰：損益盛衰，若循環然，損而不已，天道復還，故必益；益而不已，則所積滿盈，故必決，此乃理之常也。損之後繼以益，深谷爲陵之意也；益之後繼以夬，高岸爲谷之意也。

物相遇而後聚，故受之以萃，萃者，聚也。聚而上者謂之升，故受之以升。升而不已必困，故受之以困。困乎上者必反下，故受之以井。

【集説】崔氏憬曰：冥升在上則窮，故言「升而不已必困」也。

○張氏栻曰：天下之物，散之則小，合而聚之，則積小以成其高大，故聚而上者爲升也。

○項氏安世曰：物相遇而聚者，彼此之情交相會也。以衆言之也，比而有所畜者，係而止之也；自我言之也，畜有止而聚之義，聚者不必止也。

井道不可不革，故受之以革。

【集説】朱氏震曰：井在下者也，井久則穢濁不食，治井之道，革去其害井者而已。

革物者莫若鼎，故受之以鼎。主器者莫若長子，故受之以震，震者，動也。物不可以終動，止之，故受之以艮，艮者，止也。物不可以終止，故受之以漸，漸者，進也。進必有所歸，故受之以歸妹。得其所歸者必大，故受之以豐，豐者，大也。

【集説】閻氏彦升曰：晉者，進也，進必有所傷；漸者，進也，進必有歸。何也？曰：晉所謂進者，有進而已，此進必有傷也；漸之所謂進者，漸進而已，烏有不得所歸者乎？

○朱氏震曰：前曰「與人同者物必歸焉，故受之以大有」，此曰「得其所歸者必大」，大有次同人者，處大之道也；豐次歸妹者，致大之道也。

【案】得其所歸，猶言得其所依歸也。婦得賢夫而配之，臣得聖君而事之，皆得其所歸之謂，故同人之「物必歸焉」者，人歸己也；此之「得其所歸者」，己歸人也。兩者皆足以致事業之大。

窮大者必失其居，故受之以旅。旅而无所容，故受之以巽，巽者，入也。

【集説】郭氏雍曰：動極而止，止極復進，進極必傷，進以漸則有歸，歸得其所則大，窮其大則必失，蓋非有大以謙故也。

○張氏栻曰：旅者，親寡之時，无所容也，惟巽然後得所入，故受之以巽，而巽者入也。

○俞氏琰曰：大而能謙則豫，大而至於窮極，則必失其所安，故豐後繼以旅。

入而後説之，故受之以兑，兑者，説也。説而後散之，故受之以涣，涣者，離也。

【集説】張氏栻曰：入於道，故有見而説，故巽而受之以兑。惟説於道，故推而及人。説而後散，故受之以涣。

○項氏安世曰：人之情，相拒則怒，相入則説，故入而後説之。

物不可以終離，故受之以節。節而信之，故受之以中孚。有其信者必行之，故受之以小過。

【集説】韓氏伯曰：孚，信也，既已有節，則宜信以守之，守其信者，則失貞而不諒之道，而以信爲過，故曰小過也。

○項氏安世曰：有其信，猶書所謂「有其善」，言以此自負而居有之也。自恃其信者，其行必果而過於中。

○吴氏澄曰：過者，行動而踰越之也，故大過云動，小過云行，凡行動未至其所，爲未及；既至其所，爲至；既至而又動又行，則爲踰越其所至之地而過也。

○蔡氏清曰：節而信之，必立爲節制於此，上之人當信而守之，下之人當信而行之，故受之以中孚。有其信者必行之，若果於自信，則於事不加詳審，而在所必行矣，能免於過乎？

有過物者必濟，故受之以既濟。物不可窮也，故受之以未濟終焉。

【集説】韓氏伯曰：「行過乎恭」，「用過乎儉」，可以矯世勵俗，有所濟也。

○項氏安世曰：大過則踰越常理，故必至於陷；小過或可濟事，故有濟而無陷也。坎離之交謂之既濟，此生生不窮之所從出也，而聖人猶以爲有窮也，又分之以爲未濟，此即咸感之後，繼之以恒久之義也。蓋情之交者不可以久而無弊，故必以分之正者終之。

【總論】王氏通中説讚易，至序卦曰：「大哉時之相生也，達者可與幾矣。」至雜卦曰：「旁行而不流，守者可與存義矣。」

○邵子曰：乾坤，天地之本；坎離，天地之用。是以易始於乾坤，中於坎離，終於既、未濟，而泰否爲上經之中，咸恒爲下經之首，皆言乎其用也。

○又曰：乾坤坎離爲上篇之用，兑艮震巽爲下篇之用也，頤、中孚、大過、小過爲二篇之正也。

○又曰：自乾坤至坎離，以天道也；自咸恒至既濟、未濟，以人事也。

○程子上下篇義曰：乾坤，天地之道，陰陽之本，故爲上篇之首。坎離，陰陽之成質，故爲上篇之終。咸恒，夫婦之道，生育之本，故爲下篇之首。未濟，坎離之合，既濟，坎離之交，合而交則生物，陰陽之成功也，故爲下篇之終。二篇之卦既分，而後推其義以爲之次，序卦是也。卦之分則以陰陽，陽盛者居上，陰盛者居下。所謂盛者，或以卦，或以爻，卦與爻取義有不同。如剥，以卦言，則陰長陽剥也；以爻言，則陽極於上，又一陽爲衆陰主也。如大壯，以卦言，則陽長而壯；以爻言，則陰盛於上，用各於其所，不相害也。乾，父也，莫亢焉，坤，母也，非乾無與爲敵也，故卦有乾者居上篇，有坤者居下篇。而復陽生，臨陽長，觀陽盛，剥陽極，則雖有坤而居上；姤陰生，遯陰長，大壯陰盛，夬陰極，則雖有乾而居下。其餘有乾者皆在上篇，泰、否、需、訟、小畜、履、同人、大有、无妄、大畜也。有坤而在上篇，皆一陽之卦也，卦五陰而一陽，則一陽爲之主，故一陽之卦皆在上篇，師、謙、豫、比、復、剥也。其餘有坤者皆在下篇，晉、明夷、萃、升也。卦一陰五陽者，皆有乾也，又陽衆而盛也，雖衆陽説於一陰，説之而已，非如一陽爲衆陰主也，王弼云一陰爲之主，非也，故一陰之卦皆在上篇，小畜、履、同人、大有也。卦二陽者，有坤則居下篇，小過雖無坤，陰過之卦也，亦在下篇。其餘二陽之卦，皆一陽生於下而達於上，又二體皆陽，陽之盛也，皆在上篇，屯、蒙、頤、習坎也。陽生於下，謂震坎在下，震生於下也，坎始於中也。達於上，謂一陽至上，或得正位，生於下而上達，陽暢之盛也。陽生於下，而不達於上，又陰衆而陽寡，復失正位，陽之弱也，震也，解也。上有陽而下無陽，無本也，艮也，蹇也。震坎艮，以卦言則陽也，以爻言則皆始變微也，而震之上、艮之下無陽，坎則陽陷，皆非盛也，惟習坎則陽上達矣，故爲盛卦。二陰者，有乾則陽盛可知，需、訟、大畜、无妄也；無乾而爲盛者，大過也，離也。大過陽盛於中，上下之陰弱矣。陽居上下，則綱紀於陰，頤是也。陰居上下，不能主制於陽，而反弱也，必上下各二陰，中惟兩陽，然後爲勝，小過是也。大過、小過之名可見也。離則二體上下皆陽，陰實麗焉，陽之盛也。其餘二陰之卦，二體俱陰，陰盛也，皆在下篇，家人、睽、革、鼎、巽、兑、中孚也。卦三陰三陽者，敵也，則以義爲勝，陰陽尊卑之義，男女長少之序，天地之大經也。陽少於陰而居上，則爲勝，蠱少陽居長陰上，賁少男在中女上，皆陽盛也。坎雖陽卦，而陽爲陰所陷溺也，又與陰卦重，陰盛也，故陰陽敵而有坎者，皆在下篇，困、井、涣、節、既濟、未濟也。或曰：一體有坎，尚爲陽陷，二體皆坎，反爲陽盛，何也？曰：一體有坎，陽爲陰所陷，又重於陰也。二體皆坎，陽生於下而達於上，又二體皆陽，可謂盛矣。男在女上，乃理之常，未爲盛也，若失正位而陰反居尊，則弱也，故恒、損、歸妹、豐皆在下篇。女在男上，陰之勝也，凡女居上者皆在下篇，咸、益、漸、旅、困、涣、未濟也。唯隨與噬嗑，則男下女，非女勝男也，故隨之彖曰「剛來而下柔」，噬嗑彖曰「柔得中而上行」。長陽非少陰可敵，以長男下中、少女，故爲下之；若長少敵，勢力侔，則陰在上爲陵，陽在下爲弱，咸、益之類是也。咸亦有下女之象，非以長下少也，乃二少相感以相與，所以致陵也，故有利貞之戒。困雖女少於男，乃陽陷而爲陰揜，無相下之義也。小過二陽居四陰之中，則爲陰盛；中孚二陰居四陽之中，而不爲陽盛，何也？曰：陽體實。中孚，中虚也。然則頤中四陰不爲虚乎？曰：頤二體皆陽卦，而本末皆陽，盛之至也；中孚二體皆陰卦，上下各二陽，不成本末之象，以其中虚，故爲中孚，陰盛可知矣。

○項氏安世曰：上經言天地生萬物，以氣而流形，故始於乾坤，終於坎離，言氣化之本也；下經言萬物之相生，以形而傳氣，〔一〕故始於咸恒，終於既濟、未濟，言夫婦之道也。

○蔡氏清曰：序卦之義，有相反者，有相因者。相反者，極而變者也；相因者，其未至於極者也。總不出此二例。

雜卦傳

【集説】孔氏穎達曰：序卦依文王上下而次序之，此雜卦，孔子更以意錯雜而對，辨其次第，不與序卦同。

○朱子語類云：卦有反有對，乾、坤、坎、離是反，艮、兑、震、巽是對。乾、坤、坎、離，倒轉也，只是四卦；艮、兑、震、巽，倒轉則爲中孚、頤、小過、大過。其餘皆是對卦。

○又云：八卦便只是六卦，乾、坤、坎、離是四正卦，兑便是翻轉底巽，震便是翻轉的艮。六十四卦只八卦是正卦，餘便只二十四卦，翻轉爲五十六卦。中孚是箇雙夾底離，小過是箇雙夾的坎，大過是箇厚畫底坎，頤是箇厚畫底離。

○又云：三畫之卦，只是六卦，即六畫之卦，以正卦八加反卦二十有八，爲三十有六，六六三十

〔一〕以形而傳氣：傳，各本同，疑當作「傅」。

六也。邵子謂之暗卦，小成之卦八，即大成之卦六十四，八八六十四也。三十六與六十四同。○龍氏仁夫曰：案春秋傳釋繫辭，所謂屯固比入、坤安震殺之屬，以一字斷卦義，往往古筮書多有之，雜卦此類是也。夫子存之，爲經羽翼，非創作也。

乾剛坤柔，比樂師憂。

【集説】蘇氏軾曰：有親則樂，動衆則憂。

○朱氏震曰：比得位而衆比之，[一]故樂；師犯難而衆從之，[二]故憂。憂樂以天下也。

臨觀之義，或與或求。

【本義】以我臨物曰與，物來觀我曰求。或曰：二卦互有與求之義。

【集説】郭氏雍曰：臨與所臨，觀與所觀，二卦皆有與求之義，或有與無求，或有求無與，皆非臨、觀之道。

屯見而不失其居，蒙雜而著。

【本義】屯，震遇坎，震動故見，坎險不行也。蒙，坎遇艮，坎幽昧，艮光明也。或曰：屯以初言，

[一] 比得位而衆比之：下一「比」字，局本作「從」。
[二] 師犯難而衆從之：從，局本作「比」。

蒙以二言。

【集説】蘇氏軾曰：君子以經綸，故曰「見」；「盤桓利居貞」，故曰「不失其居」。「蒙以養正」，蒙正未分，故曰「雜」；童明，故曰「著」。

○龔氏原曰：不見則不足以濟衆，不居則不足以爲主。

○柴氏中行曰：在蒙昧之中，雖未有識別，而善理昭著。

震，起也。艮，止也。損益，盛衰之始也。

【集説】虞氏翻曰：震陽動行，故起；艮陽終止，故止。

○朱氏震曰：陽起於坤而出震，則靜者動；陽止於艮而入坤，則動者靜。

○郭氏雍曰：損己必盛，故爲盛之始；益己必衰，故爲衰之始。消長相循，在道常如是也。

○俞氏琰曰：損益，蓋未至於盛衰，而盛衰自此始也。

○錢氏志立曰：損益、否泰，爲盛衰反復之介，易所最重者也。雜卦於他卦分舉，而損益、否泰則合舉之，以明盛衰之無常、反復之甚速也。周易自乾坤至否泰十二卦，自咸恒至損益十二卦，此除乾坤外，自比師至損益十卦，自咸恒至泰否十卦。

大畜，時也。无妄，災也。

【本義】止健者時有適然，无妄而災自外至。

【集説】郭氏雍曰：「君子藏器於身，待時而動」，然則「多識前言往行，以畜其德」，亦以待時也。无妄之謂災，其餘自作孽而已，故无妄「匪正有眚」。

○何氏楷曰：大畜若上九天衢之亨，可謂得時矣，然無畜而時，不謂時也，大畜故謂之時耳。无妄若六三「或繫之牛」，可謂逢災矣，然有妄而災不謂災也，无妄故謂之災耳。

萃聚而升不來也，謙輕而豫怠也。

【集説】郭氏雍曰：謙輕己，豫怠己也。以樂豫，故心怠，是以君子貴知幾。

○朱子語類云：輕是不自尊重，卑小之義。豫是悦之極便放倒了，如上六冥豫是也。

○項氏安世曰：自以爲少，故謙；自以爲多，故豫。少故輕，多故怠。

○柴氏中行曰：謙者視己若甚輕，豫則有滿盈之志而怠矣。

○張氏振淵曰：萃有聚而尚往之義，升有往而不反之義。

噬嗑，食也。賁，无色也。

【本義】白受采。

【集説】郭氏雍曰：賁以白賁无咎，故无色則質全，有天下之至賁存焉。

○項氏安世曰：物消曰食，噬者合則强物消矣。

【案】此二語之義，即所謂食取其充腹、衣取其蔽體者也。若飫於膏梁，〔一〕則噬之不能合，而失飲食之正；若競於華美，則目迷五色，而非自然之文。

兑見而巽伏也。

【本義】兑陰外見，巽陰内伏。

【集説】何氏楷曰：巽，本以陰在下爲能巽也，彖傳乃爲「剛巽乎中正而志行，柔皆順乎剛」；兑，本以陰在上爲能説也，彖傳乃謂「剛中而柔外，説以利貞」，蓋終主陽也云爾。

隨，无故也。蠱，則飭也。

【本義】隨前无故，蠱後當飭。

【集説】俞氏琰曰：故謂故舊，與革「去故」之故同。隨人則忘舊，蠱則飭而新也。

【案】无故，猶莊子言「去故」。人心有舊見，則不能隨人，故堯舜舍己從人者，无故也。

剥，爛也。復，反也。

【集説】項氏安世曰：剥爛盡，復反生也。凡果爛而仁生，物爛而蠱生，木葉爛而根生，糞壤爛

〔一〕若飫於膏梁：梁，蓋「粱」字之誤。

而苗生，皆剥復之理也。

○徐氏幾曰：剥爛則陽窮於上，復反則陽生於下，猶果之爛墜於下，則可種而生矣。

晉，晝也。明夷，誅也。

【本義】誅，傷也。

【集説】虞氏翻曰：離日在上，故晝也；明入地中，故誅也。

○郭氏雍曰：晉與明夷，朝暮之象也，故言「明出地上」，「明入地中」。誅，亦傷也。

井通而困相遇也。

【本義】剛柔相遇，而剛見揜也。

【集説】張子曰：澤无水，理勢適然，故曰「相遇」。

○朱氏震曰：往來不窮，故曰「井通」。遇陰則見揜，而困惟其時也。

○郭氏雍曰：「往來井井」，則其道通；困遇剛揜，所以爲困。

○項氏安世曰：自乾坤至此三十卦，正與上經之數相當，而下經亦以咸恒爲始，以此見卦雖以雜名，而乾坤咸恒上下經之首則未嘗雜也。

咸，速也。恒，久也。

【本義】咸速恒久。

【集説】蔡氏淵曰：有感則應，故速；常，故能久。

○蔡氏清曰：咸非訓速也。天下之事，無速於感通者，故曰咸速。

渙，離也。節，止也。解，緩也。蹇，難也。睽，外也。家人，内也。否泰，反其類也。

【集説】虞氏翻曰：渙散故離，節制度數故止。

○張子曰：天下之難既解，故安於佚樂，每失於緩。蹇者見險而止，故爲難。

○項氏安世曰：渙節正與井困相反，井以木出水，故居塞而能通；渙則以水浮木，故通之極而至於散也。節以澤上之水，故居通而能塞；困爲澤下之水，故塞之極而至於困也。

○徐氏幾曰：睽者，疏而外也；家人者，親而内也。

○俞氏琰曰：渙、節皆有坎水，風以散之則離，澤以瀦之則止。

○徐氏在漢曰：外，猶言外之也，非内外之外，以情之親疏爲内外也。

大壯則止，遯則退也。

【本義】止謂不進。

【集説】郭氏雍曰：壯不知止，小人之壯也，君子之壯則有止。遯之退，大壯之止，則克己之道。

○趙氏玉泉曰：大壯以壯趾爲凶，用壯爲厲，欲陽之知所止也；遯以嘉遯爲吉，肥遯爲利，欲陽之知所處也。

○何氏楷曰：壯不可用，宜止不宜躁；遯與時行，應退不應進。止者難進，退者易退也。

大有，衆也。同人，親也。革，去故也。鼎，取新也。小過，過也。中孚，信也。豐，多故。親寡，旅也。

【本義】既明且動，其故多矣。

【集説】朱氏震曰：大有六五柔得尊位而有其衆，有其衆則衆亦歸之，故曰「大有，衆也」；同人六二得中得位而同乎人，同乎人則人亦親之，故曰「同人，親也」。

○潘氏夢旂曰：物盛則多故，旅寓則少親。

離上而坎下也。

【本義】火炎上，水潤下。

小畜，寡也。履，不處也。

【本義】不處，行進之義。

【集説】龔氏原曰：柔爲君，故大有則衆；柔爲臣，故小畜則寡。

【案】寡者，一陰雖得位而畜衆陽，其力寡也；不處者，一陰不得位而行乎衆陽之中，不敢寧處也。

需，不進也。訟，不親也。

【集説】李氏舜臣曰：乾上離下爲同人，火性炎上而趨乾，故曰「同人，親也」；乾上坎下爲訟，水性就下，與乾違行，故「不親也」。

大過，顛也；姤，遇也，柔遇剛也。漸，女歸待男行也。頤，養正也；既濟，定也；歸妹，女之終也；未濟，男之窮也。夬，決也，剛決柔也，君子道長，小人道憂也。

【本義】自大過以下，卦不反對，或疑其錯簡，今以韻協之，又似非誤，未詳何義。

【集説】韓氏伯曰：剛柔失位，其道未濟，故曰窮也。

○朱子語類云：女待男而行，所以爲漸。

○又云：雜卦以乾爲首，不終之以他卦，而必終之以夬者，蓋夬以五陽決一陰，決去一陰，則復爲純乾矣。

○項氏安世曰：大過之象，本末俱弱，而在雜卦之終。聖人作易，示天下以無終窮之理，教人以撥亂反正之法，是故原其亂之始生於姤，而極其勢之上窮於夬，以示微之當防，盛之不足畏，自夬而乾，有終而復始之義也。

○又曰：自大過以下，特皆以男女爲言，至夬而明言之曰君子小人，然則聖人之意斷可識矣。

○胡氏炳文曰：本義謂，自大過以下，或疑其錯簡，以韻協之，又似非誤。愚竊以爲，「雜物撰德，非其中爻不備」，此蓋指中四爻互體而言也。先天圖之左互復、頤、既濟、家人、歸妹、睽、夬、乾八卦，右互姤、大過、未濟、解、漸、蹇、剥、坤八卦，此則於右取姤、大過、未濟、漸四卦，於左取頤、既濟、歸妹、夬四卦，各舉其半，可兼其餘矣。始於乾，終於夬，夬之一陰決盡則爲乾也。

御纂周易折中卷第十九

啓蒙上

易學啓蒙

聖人觀象以畫卦，揲蓍以命爻，使天下後世之人，皆有以決嫌疑、定猶豫，而不迷於吉凶悔吝之途，其功可謂盛矣。然其爲卦也，自本而幹，自幹而枝，其勢若有所迫而自不能已。其爲蓍也，分合進退，從横逆順，亦無往而不相值焉。是豈聖人心思智慮之所得爲也哉？特氣數之自然，形於法象，見於圖書者，有以啓於其心，而假手焉爾。近世學者類喜談易，而不察乎此，其專於文義者，既支離散漫而無所根著，其涉於象數者，又皆牽合傅會，而或以爲出於聖人心思智慮之所爲也。若是者，予竊病焉。因與同志頗輯舊聞，爲書四篇，以示初學，使毋疑於其説云。

淳熙丙午暮春既望。

魏氏了翁曰：朱文公易，得於邵子爲多，蓋不讀邵易，則茫不知啓蒙、本義之所以作。

本圖書第一

河圖

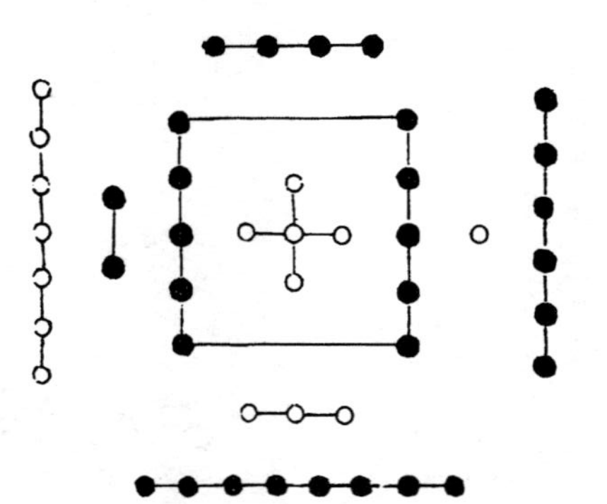

洛書

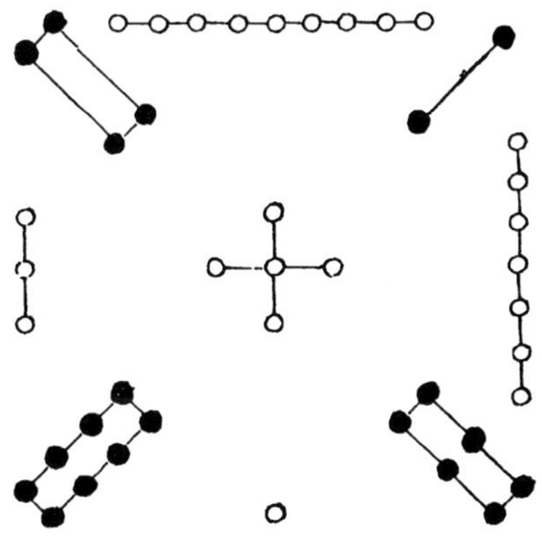

易大傳曰：河出圖，洛出書，聖人則之。

孔安國云：河圖者，伏羲氏王天下，龍馬出河，遂則其文以畫八卦；洛書者，禹治水時，神龜負文而列於背，有數至九，禹遂因而第之，以成九類。

【集說】朱子答袁樞曰：以河圖、洛書爲不足信，自歐陽公以來，已有此說，然終無奈顧命、繫辭、論語皆有是言，而諸儒所傳二圖之數，雖有交互，而無乖戾，順數逆推，縱横曲直，皆有明法，不可得而破除也。至如河圖與易之天一至地十者合，而載天地五十有五之數，則固易之所自出也；洛書與洪範之初一至次九者合，而具九疇之數，則固洪範之所自出也。繫辭雖不言伏羲受河圖以作易，然所謂仰觀俯察，遠求近取，安知河圖非其中一事邪？大抵聖人制作，所由初非一端，然其法象之規模，必有最親切處。如鴻荒之世，天地之閒，陰陽之氣雖各有象，然初未嘗有數也，至於河圖之出，然後五十有五之數，奇耦生成，粲然可見，此其所以深發聖人之獨智，又非泛然氣象之所可得而擬也。是以仰觀俯察，遠求近取，至此而後，兩儀、四象、八卦之陰陽奇耦，可得而言。雖繫辭所論聖人作易之由者非一，而不害其得此而後決也。

劉歆云：伏羲氏繼天而王，受河圖而畫之，八卦是也；禹治洪水，錫洛書，法而陳之，九疇是也。河圖、洛書，相爲經緯；八卦九章，相爲表裏。

關子明云：河圖之文，七前、六後、八左、九右。洛書之文，九前、一後、三左、七右、四前左、二前右、八後左、六後右。

【集説】朱子書河圖洛書曰：讀大戴禮書，又得一證甚明，其明堂篇有二九四七五三六一八之語，而鄭氏注云「法龜文也」，然則漢人固以九數者爲洛書也。

○又偶讀漫記曰：子華子論河圖之二與四，抱九而上躋，六與八，蹈一而下沈，五居其中，據三持七，巧亦甚矣，惟其甚巧，所以知其非古書也。

【案】鄭注大戴禮是確證，至子華子，則位置雖明，但錯以洛書爲河圖，故朱子疑其非古書。

邵子曰：圓者，星也，歷紀之數，其肇於此乎？歷法合二始以定剛柔，二中以定律歷，二終以紀閏餘，是所謂歷紀也。方者，土也，畫州井地之法，其倣於此乎？州有九井，九百畝，是所謂畫州井地也。蓋圓者，河圖之數；方者，洛書之文，故羲、文因之而造易，禹、箕敘之而作範也。蔡元定曰：古今傳記，自孔安國、劉向父子、班固皆以爲河圖授羲，洛書錫禹，關子明、邵康節皆以十爲河圖，九爲洛書，蓋大傳既陳天地五十有五之數，洪範又明言天乃錫禹洪範九疇，而九宮之數，戴九履一，左三右七，二四爲肩，六八爲足，正龜背之象也。惟劉牧臆見以九爲河圖，十爲洛書，託言出於希夷。既與諸儒舊説不合，又引大傳，以爲二者皆出於伏羲之世，其易置圖書，並無明驗。但謂伏羲兼取圖書，則易、範之數，誠相表裏，爲可疑耳。其實天地之理一而已矣，雖時有古今先後之不同，而其理則不容於有二也。故伏羲但據河圖以作易，則不必豫見洛書，而已逆與之合矣；大禹但據洛書以作範，則亦不必追考河圖，而已暗與之符矣。其所以然者何哉？誠以此理之外，無復他理故也。然不特此爾，律呂有五聲十二律，而其相乘之數，究於六十；日名有十幹十二支，〔一〕而其相乘之數，亦究於六十。二者皆出於易之後，其起數又各不同，然與易之陰陽策數多少自相配合，皆爲六十者，無不合若符契也。下至運氣、參同、太乙之

〔一〕日名有十幹十二支：幹，一般寫作「干」。

屬，雖不足道，然亦無不相通，蓋自然之理也。假令今世復有圖書者出，其數亦必相符，可謂伏羲有取於今日而作易乎？大傳所謂河出圖，洛出書，聖人則之者，亦汎言聖人作易、作範其原皆出於天之意，如言「以卜筮者尚其占」與「莫大乎蓍龜」之類，易之書豈有龜與卜之法乎？亦言其理無二而已爾。

天一地二，天三地四，天五地六，天七地八，天九地十，天數五，地數五，五位相得而各有合，天數二十有五，地數三十，凡天地之數五十有五，此所以成變化而行鬼神也。

此一節，夫子所以發明河圖之數也。天地之閒，一氣而已，分而爲二，則爲陰陽，而五行造化，萬物始終，無不管於是焉。故河圖之位，一與六共宗而居乎北，二與七爲朋而居乎南，三與八同道而居乎東，四與九爲友而居乎西，五與十相守而居乎中。蓋其所以爲數者，不過一陰一陽，以兩其五行而已。〔一〕所謂天者，陽之輕清而位乎上者也；所謂地者，陰之重濁而位乎下者也。陽數奇，故一三五七九皆屬乎天，所謂「天數五」也；陰數耦，故二四六八十皆屬乎地，所謂「地數五」也。天

〔一〕以兩其五行而已：以，局本作「一」。

數、地數各以類而相求，所謂五位之「相得」者然也。天以一生水，而地以六成之；地以二生火，而天以七成之；天以三生木，而地以八成之；地以四生金，而天以九成之；天以五生土，而地以十成之。此又其所謂「各有合」焉者也。積五奇而爲二十五，積五耦而爲三十，合是二者而爲五十有五，此河圖之全數。皆夫子之意，而諸儒之説也。至於洛書，則雖夫子之所未言，然其象其説已具於前，有以通之，則劉歆所謂經緯表裏者可見矣。

【案】中閒述大傳處，是夫子之意，天一生水之類，則是諸儒之説。蓋諸儒舊説，皆以五行説圖書，故朱子於啓蒙、本義因而仍之，他日又曰：河圖、洛書，於八卦九章不相著，未知如何也。然則朱子之意，蓋疑圖書之精緼不盡於諸儒之所云者爾。

或曰：河圖、洛書之位與數，其所以不同何也？曰：河圖以五生數統五成數，而同處其方，蓋揭其全以示人，而道其常數之體也；洛書以五奇數統四耦數，而各居其所，蓋主於陽以統陰，而肇其變數之用也。

【集説】趙氏汝楳曰：一對二、三對四而五居中，六七合一二、八九合三四而十合五，奇耦胥對，〔一〕陰陽有合，而數之體以立，聖人所謂「陰陽合德而剛柔有體」者，此其類也。體立矣，不變則數不行，故陽以三左行，陰以二右行。三其一爲三，而居東；三其三爲九，而居南；三其九爲二十七，而七居西；三其二十七爲八十一，而一復居北。等而上之，至於億兆，其餘數之位皆然。二其二爲四，而居東南；二其四爲八，而居東北；二其八爲十六，而六居西北；二其十六爲三十二，而二復居西南。上而億兆亦然，八位既列，五仍居中，而數之用以通，聖人所謂「參伍以變，錯綜其數」者，此其類也。

○鮑氏雲龍曰：以洛書變數推之，陽以三左行，天圓徑一圍三，三，天數也，一在北，一而三之三在東，三其三爲九而居南，九而三之三九二十七而居西，三其二十七爲八十一，而一復居於北，北而東，東而南，南而西，西而復北，循環不窮，有以符天道左旋之義。地方徑一圍四，兩其二也，蓋以地上之數起於二，而陰資以爲始，位在西南而右行，二而二之爲四而居東南，二而四之爲八而居東北，二其八爲十六而居西北，二其十六爲三十二，而二復居西南。本位西南而東南，東南而東北，東北而西北，西北而復西南，亦循環不窮，有以協地道右行之説。一三九七，陽居四正；二四八六，陰居四隅。左右旋轉，相爲經緯，造化之妙如此。若以河圖推之亦然。但陰陽對布，内外交錯，有不

〔一〕奇耦胥對：胥，局本作「數」。

同爾。

【案】朱子此條已盡圖書之大義。蓋以生數統成數，而同處其方者，自五以前爲方生之數，自五以後爲既成之數，陰生則陽成，陽生則陰成，陰陽二氣相爲終始，而未嘗相離也。以奇數統耦數，而各居其所者，四正之位，奇數居之，四維之位，耦數居之，陰統於陽，地統於天，天地同流而定分不易也。揭其全以示人，而道其常者，數至十而始全，缺一則不全矣，故曰數之體；主於陽以統陰，而肇其變者，始於一，終於九，所以起因乘歸除之法，故曰數之用。然生成之理則明矣，而正維之位所自定者，惟趙氏、鮑氏之説爲能推明其意，諸家皆不及也。

曰：其皆以五居中者，何也？曰：凡數之始，一陰一陽而已矣。陽之象圓，圓者徑一而圍三；陰之象方，方者徑一而圍四。圍三者，以一爲一，故參其一陽而爲三；圍四者，以二爲一，故兩其一陰而爲二。是所謂「參天兩地」者也。三二之合則爲五矣，此河圖、洛書之數所以皆以五爲中也。

【案】三二之合五也，一四之合亦五也，一一二二之積又五也，三三四四之積又五之積也，此五所以爲數之會而位之中與？

然河圖以生數爲主，故其中之所以爲五者，亦具五生數之象焉。其下一點，天一之象也；其上一點，地二之象也；其左一點，天三之象也；其右一點，地四之象也；其中一點，天五之象也。洛書以奇數爲主，故其中之所以爲五者，亦具五奇數之象焉。其下一點，亦天一之象也；其左一點，亦天三之象也；其中一點，亦天五之象也；其右一點，則天七之象也；其上一點，則天九之象也。其數與位皆三同而二異，蓋陽不可易而陰可易，成數雖陽，固亦生之陰也。曰：中央之五，既爲五數之象矣，然其爲數也奈何？曰：以數言之，通乎一圖，由内及外，固各有積，實可紀之數矣。然河圖之一二三四各居其五，象本方之外，而六七八九十者，又各因五而得數，以附於其生數之外；洛書之一三七九，亦各居其五，象本方之外，而二四六八者，又各因其類，以附於奇數之側。蓋中者爲主而外者爲客，正者爲君而側者爲臣，亦各有條而不紊也。

【集説】翁氏泳曰：河圖，東北陽方，則主之以奇，而與合者耦；西南陰方，則主之以耦，而與合者奇。

○吴氏曰愼曰：陽始北而終西，一三陽尚微，故居内，七九陽盛，而著於外也，必實其中而後能著乎外，故五居中；陰始南而終東，二四陰尚微，故居内，六八陰盛，而凝於外也，必堅乎外而後能實其内，故十居中。自中而外，陽之生長；自外而中，陰之收藏。觀於草木之枝葉果實，亦可見矣。〇五，生數之終；十，成數之終，而藏於中，此太和之所以保合深固，而生機之所以充實於内也。

【案】此段即與上生數統成數、奇數統耦數一段相發明。以生數統成數者，生數常居内而爲主，成數常居外而爲客。如一歲之寒暑往來，一月之明魄死生，一日之晝夜進退，其自生而長者，皆爲主者也，其自盛而衰者，皆爲客者也，此河圖之大義也。以奇數統耦數者，奇數居四正而爲君，耦數居四側而爲臣，如天之以圓而運旋，則樞在四正；地之以方而奠位，則維在四隅。天尊而地卑之位也，陽主而陰輔之分也，此洛書之大義也。翁氏、吴氏之論河圖，深得朱子内外賓主之意，其於洛書雖未及，然前文趙氏、鮑氏之説足以通之矣。

曰：其多寡之不同，何也？曰：河圖主全，故極於十，而奇耦之位均，論其積實，然後見其耦贏而奇乏也；洛書主變，故極於九，而其位與實，皆奇贏而耦乏也，必皆虚其中也，然後陰陽之數均於二十而無偏耳。

【案】此段亦與上段數之體、數之用相發明。

曰：其序之不同，何也？曰：河圖以生出之次言之，則始下，次上，次左，次右，以復於中，而又始於下也；以運行之次言之，則始東，次南，次中，次西，次北，左旋一周而又始於東也。其生數之在内者，則陽居下左而陰居上右也；其成數之在外者，則陰居下左而陽居上右也。洛書之次，其陽數則首北，次東，次中，次西，次南；其陰數則首西南，次東南，次西北，次東北也。合而言之，則首北，次西南，次東，次東南，次中，次西北，次西，次東北，而究於南也。其運行，則水克火，火克金，金克木，木克土，右旋一周，而土復克水也。是亦各有説矣。曰：其七八九六之數不同，何也？曰：河圖六七八九既附於生數之外矣，此陰陽老少、進退饒乏之正也。其九者生數，一三五之積也，故自北而東，自東而西，以成於四之外；其六者生數，二四之積也，故自南而西，自西而北，以成於一之外。七則九之自西而南者也，八則六之自北而東者也，此又陰陽老少、互藏其宅之變也。洛書之縱横十五，而七八九六迭爲消長，虚五分十，而一含九、二含八、三含七、四含六，則參伍錯綜，無適而不遇其合焉。此變化無窮之所以爲妙也。曰：然則聖人之則之也奈何？曰：則河圖者虚其中，則洛書者總其實也。河圖之虚，五與十者，太極也；奇數二十、耦數二十者，兩儀也；以一二三四爲六七八九者，四象也。析四方之合以爲乾坤離坎，補四隅之空以爲兑震巽艮者，八卦也。洛書之實，其一爲五行，其二爲五事，其三爲八政，其四爲五紀，其五爲皇極，其六爲三德，其七爲稽疑，其八爲庶徵，其九爲福極，其位與數尤曉然矣。

【集説】朱子語類云：洛書本文只四十五點，班固云六十五字皆洛書本文，古字畫少，恐或有模樣，但今無所考。漢儒此説未是，恐只是以義起之，不是數如此。蓋皆以天道人事參互言之，五行最急，故第一；五事又參之，故第二。身既脩，可推之於政，故八政次之；政既成，又驗之於天道，故五紀次之。又繼之以皇極居五，蓋能推五行，正五事，用八政，脩五紀，乃可以建極也。六，三德，乃是權衡此皇極者也。德既脩矣，稽疑庶徵，繼之者著其驗也；又繼之以福極，則善惡之效，至是不可加矣。皇極非大中也，皇乃天子，極乃極至，言皇建此極也。

○吴氏曰慎曰：河圖虚中宫，以象太極，故周子曰「無極而太極」；洛書主中五，以爲皇極，故曰皇建其有極。

○陰陽皆自内始生，窮外而盡，觀四時之寒暑相推，萬物之榮枯生死，可見河圖生數始於内，成數終於外。先天圓圖，震一陽至乾三陽，巽一陰至坤三陰，皆自内而外，内者爲主而漸長，外者爲客而漸消，此法象之不可易者也。

○洛書上三數象天，中三數象人，下三數象地。人能參天地，贊化育，建中和，故歸重於五，皇極焉。

【案】吴氏三條，於圖書卦疇深有發明，所謂「無極」「有極」云者，則易、範之第一義也。其以先天圖合河圖，語尤真切。聖人所謂則之者，爲其理之符契耳，豈必規規於點畫方位而求密合哉？洛書以四正之參數象天，四隅之兩數象地，中宫之合數象人，吴氏分三重者，似亦本於大戴禮、子華子之説。然今以洪範考之，蓋始於一二三，中於四五六，終於七八九，而各以相天道，建主極，協民居，爲之先後次第，自日用飲食，脩己治人之近，層累增高，至於上下同流而後已焉，皆所謂得其理而不規規於點畫方位以求密合者。大抵易卦以八爲節，其根起於兩儀也；範疇以九爲節，其根起於三才也。知易、範所起之根，則知圖、書所緼之妙矣。〔一〕

曰：洛書而虚其中，則亦太極也；奇耦各居二十，則亦兩儀也；一二三四而含九八七六，縱横十五而互爲七八九六，則亦四象也；四方之正，以爲乾坤離坎，四隅之偏，以爲兑震巽艮，則亦八卦也。河圖之一六爲水，二七爲火，三八爲木，四九爲金，五十爲土，則固洪範之五行，而五十有五者，又九疇之子目也。是則洛書固可以爲易，而河圖亦可以爲範矣。且又安知圖之不爲書，書之不爲圖也邪？曰：

〔一〕則知圖書所緼之妙矣：緼，局本作「藴」。

是其時雖有先後，數雖有多寡，然其爲理則一而已。但易乃伏羲之所先得乎圖，而初無所待於書；範則大禹之所獨得乎書，而未必追考於圖耳。且以河圖而虚十，則洛書四十有五之數也；虚五，則大衍五十之數也；積五與十，則洛書縱横十五之數也；以五乘十，以十乘五，則又皆大衍之數也。洛書之五，又自含五而得十，而通爲大衍之數矣；積五與十，則得十五，而通爲河圖之數矣。苟明乎此，則横斜曲直無所不通，而河圖、洛書又豈有先後彼此之間哉？

原卦畫第二

朱子答袁樞曰：伏羲之易，初無文字，只有一圖，以寓其象數，而天地萬物之理、陰陽始終之變具焉。文王之易，即今之周易，而孔子所爲作傳者是也。孔子既因文王之易以作傳，則其所論，固當專以文王之易爲主，然不推本伏羲作易畫卦之所由，則學者只從中半説起，不識向上根原矣。故十翼之中，如八卦成列，因而重之，太極兩儀，四象八卦，而天地山澤雷風水火之類，皆本伏羲畫卦之意，今新書原卦畫一篇，亦分兩義，伏羲在前，文王在後。

古者包羲氏之王天下也，仰則觀象於天，俯則觀法於地，觀鳥獸之文與地之宜，近取

諸身，遠取諸物，於是始作八卦，以通神明之德，以類萬物之情。

易有太極，是生兩儀，兩儀生四象，四象生八卦。

大傳又言：包羲畫卦所取如此，則易非獨以河圖而作也。蓋盈天地之間，莫非太極陰陽之妙，聖人於此仰觀俯察，遠求近取，固有以超然而默契於其心矣。故自兩儀之未分也，渾然太極，而兩儀、四象、六十四卦之理已粲然於其中。自太極而分兩儀，則太極固太極也，兩儀固兩儀也；自兩儀而分四象，則兩儀又爲太極，而四象又爲兩儀矣。自是而推之，由四而八，由八而十六，由十六而三十二，由三十二而六十四，以至於百千萬億之無窮。雖其見於摹畫者，若有先後而出於人爲，然其已定之形、已成之勢，則固已具於渾然之中，而不容豪髮思慮作爲於其閒也。程子所謂加一倍法者，可謂一言以蔽之，而邵子所謂畫前有易者，又可見其真不妄矣。世儒於此或不之察，往往以爲聖人作易，蓋極其心思探索之巧而得之，甚者至謂凡卦之畫必由蓍而後得，其誤益以甚矣。

【集說】謝氏良佐曰：堯夫易數甚精，明道聞説甚熟。一日，因監試無事，以其説推算之，皆合。出謂堯夫曰：「堯夫之數只是加一倍法，以此知太玄都不濟事。」

○朱子答虞大中曰：太極、兩儀、四象、八卦，此乃易學綱領，開卷第一義。孔子發明伏羲畫卦自然之形體，孔子而後，千載不傳，惟康節、明道二先生知之。蓋康節始傳先天之學，而得其説，且以此爲伏羲之易也。説卦「天地定位」一章，先天圖乾一至坤八之序，皆本於此。然康節猶不肯大段説破。易之心髓，全在此處，不敢容易輕説，其意非偶然也。明道以爲加一倍法，其發明孔子之言，又可謂最切要矣。

易有太極

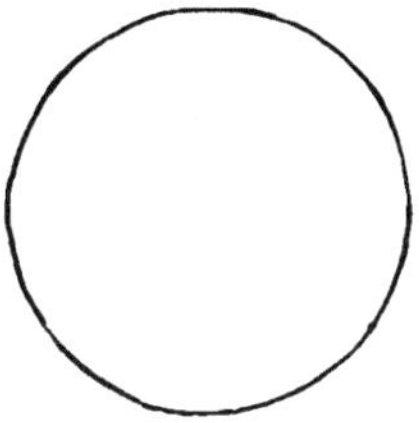

太極者，象數未形，而其理已具之稱；形器已具，而其理無朕之目，在河圖、洛書，皆虛中之象也。周子曰「無極而太極」，邵子曰「道爲太極」，又曰「心爲太極」，此之謂也。

【案】太極之在易書者雖無形，然乾即太極也。偏言之，則可以與坤對，亦可以與六子並列。專言之，則地一天也，六子亦一天也。故程子曰：夫天，專言之則道也，以形體言謂之天，以主宰言謂之帝，以妙用言謂之神，以性情言謂之乾。其言可謂至矣。雖然，畫卦之初亦未有乾之名，其始於一畫者即是也。摹作圓形者始自周子，朱子蓋借之以發易理之宗，學者不可誤謂伏羲畫卦真有是象也。

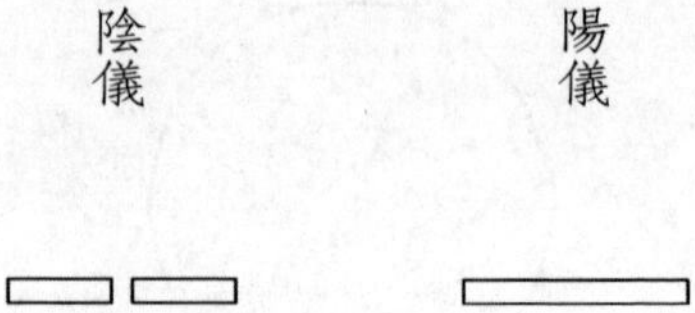

⚊ 陽儀

⚋ 陰儀

是生兩儀

太極之判，始生一奇一耦，而爲一畫者二，是爲兩儀。其數則陽一而陰二，在河圖、洛書則奇耦是也。周子所謂太極動而生陽，動極而靜，靜而生陰，靜極復動，一動一靜，互爲其根，分陰分陽，兩儀立焉；邵子所謂一分爲二者，皆謂此也。

【集説】朱子答袁樞曰：如所論兩儀，有曰乾之畫奇，坤之畫耦，只此乾坤字便未穩當。蓋儀，匹也，如俗語所謂一雙一對云耳。自此再變至第三畫，八卦已成，方有乾坤之名。當其爲一畫之時，方有一奇一耦，只可謂之陰陽，未得謂之乾坤也。

兩儀生四象

兩儀之上，各生一奇一耦，而爲二畫者四，是謂四象。其位則太陽一，少陰二，少陽三，太陰四。其數則太陽九，少陰八，少陽七，太陰六。以河圖言之，則六者一而得於五者也，七者二而得於五者也，八者三而得於五者也，九者四而得於五者也。以洛書言之，則九者十分一之餘也，八者十分二之餘也，七者十分三

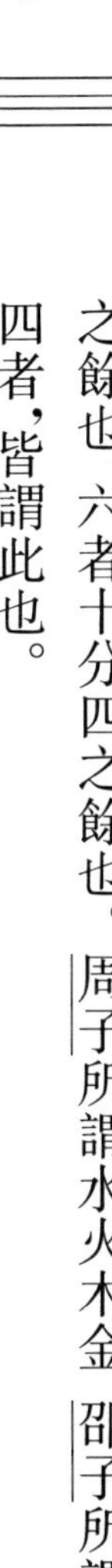

之餘也，六者十分四之餘也。周子所謂水火木金，邵子所謂二分爲四者，皆謂此也。

【集説】朱子答程迥曰：所謂兩儀爲乾坤初爻，四象爲乾坤初二，相錯而成，則恐立言有未瑩者。蓋方其爲兩儀，則未有四象也；方其爲四象，則未有八卦也，安得先有乾坤之名、初二之辨哉？兩儀只可謂之陰陽，四象方有太少之别。其序以太陽、少陰、少陽、太陰爲次，此序既定，遞升而倍之，適得乾一兑二離三震四巽五坎六艮七坤八之序也。

○又答袁樞曰：四象之名，所包甚廣，大抵須以兩畫相重、四位成列者爲正，而一二三四者，其位之次也；七八九六者，其數之實也。其以陰陽剛柔分之者，合天地而言也；其以陰陽太少分之者，專以天道而言也。若專以地道言之，則剛柔又自有太少矣。推而廣之，縱横錯綜，凡是一物，無不各有四者之象，不但此數者而已矣。

○語類云：易中七八九六之數，向來只從揲蓍處推起，雖亦脗合，然終覺曲折太多，疑非所以得數之原。因看四象次第，偶得其説，極爲捷徑。蓋因一二三四，便見六七八九。老陽位一便含九，少陰位二便含八，少陽位三便含七，老陰位四便含六。數不過十，惟此一義。先儒未曾發，但説中間進退而已。

乾一	兌二	離三	震四	巽五	坎六	艮七	坤八
☰	☱	☲	☳	☴	☵	☶	☷

四象生八卦

四象之上，各生一奇一耦而爲三畫者八，於是三才略具，而有八卦之名矣。其位則乾一兑二離三震四巽五坎六艮七坤八。在河圖，則乾坤離坎分居四實，兑震巽艮分居四虚。在洛書，則乾坤離坎分居四方，兑震巽艮分居四隅。周禮所謂三易經卦皆八，大傳所謂八卦成列，邵子所謂四分爲八者，皆指此而言也。

八卦之上，各生一奇一耦，而爲四畫者十六，於經無見，邵子所謂八分爲十六者是也。又爲兩儀之上各加八卦，又爲八卦之上各加兩儀也。

【案】四畫十六者，爲八卦之上各加兩儀，又爲四象之上各加四象也。於經雖無見，然及六十四卦既成之後，以其自二至五，四爻互之，或自初至四，或自三至上，或自四而又至初，或自五而又至二，或自上而又至三，錯綜顛倒互之，皆得乾、坤、既、未濟、剥、復、姤、夬、漸、歸妹、大過、頤、解、蹇、睽、家人諸卦，適合十六之數。孔子於雜卦發其端矣。漢儒互卦之説，蓋本諸此也。邵子詩云四象相交，成十六事，即以此四畫者爲四象相交者爾。學者誤以上文天地否泰十六卦當之，失其指矣。

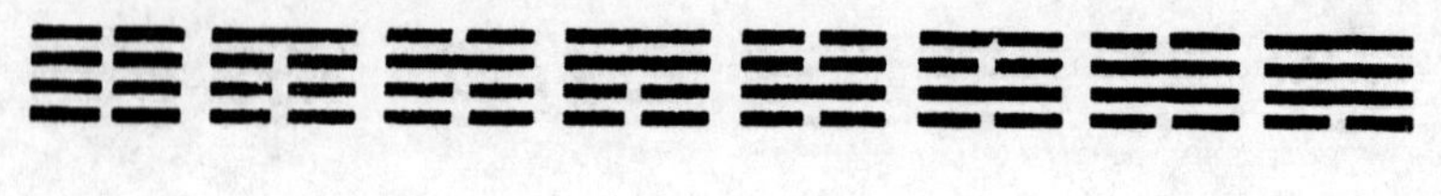

四畫之上，各生一奇一耦，而爲五畫者三十二，邵子所謂十六分爲三十二者是也。又爲四象之上各加八卦，又爲八卦之上各加四象也。

【案】五畫三十二者，自初至三可互一卦，自三至五又可互一卦，六十四卦既成之後，依此法錯綜顛倒互之，則得復、姤、頤、大過、屯、鼎、恒、益、豐、渙、坎、離、蒙、革、同人、師、臨、遯、咸、損、節、旅、中孚、小過、大壯、觀、大有、比、夬、剥、乾、坤諸卦，亦適合三十二之數。先儒亦有以是説互卦者，如損、益皆互頤，頤象離爲龜，故損、益二五言「十朋之龜」之類。

乾 ䷀
夬 ䷪
大有 ䷍
大壯 ䷡
小畜 ䷈
需 ䷄
大畜 ䷙
泰 ䷊

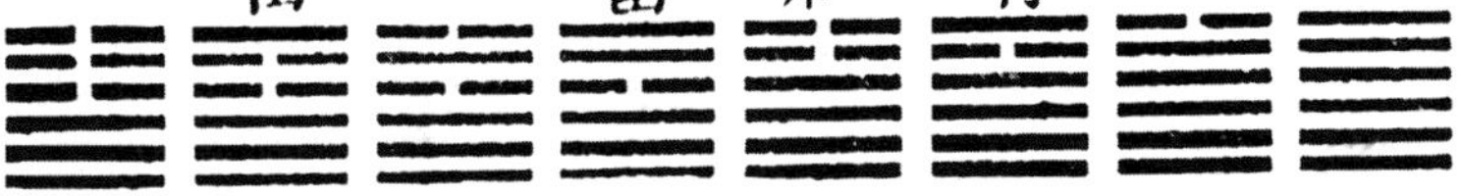

五畫之上，各生一奇一耦，而爲六畫者六十四，則兼三才而兩之，而八卦之乘八卦亦周，於是六十四卦之名立，而易道大成矣。周禮所謂三易之别，皆六十有四；大傳所謂因而重之，爻在其中矣；邵子所謂三十二分爲六十四者，是也。若於其上各卦，又各生一奇一耦，則爲七畫者百二十八矣。七畫之上，又各生一奇一耦，則爲八畫者二百五十六矣。八畫之上，又各生一奇一耦，則爲九畫者五百十二矣。九畫之上，又各生一奇一耦，則爲十畫者千二十四矣。十畫之上，又各生一奇一耦，則爲十一畫者二千四十八矣。十一畫之上，又各生一奇一耦，則爲十二畫者四千九十六矣。此焦贛易林變卦之數，蓋以六十四乘六十四也。今不復爲圖於此，而略見第四篇中。若自十二畫上，又各生一奇一耦，累至二十四畫，則成千六百七十七萬七千二百一十六變，以四千九十六自相乘，其數亦與此合。引而伸之，蓋未知其所終極也。雖未見其用處，然亦足以見易道之無窮矣。

履　兑　睽　歸妹　中孚　節　損　臨

【案】易林之數，蓋古占筮之法。洪範占法曰貞曰悔，夫以八卦變爲六十四言之，則八卦貞也，重卦悔也，春秋傳貞風悔山是也。以六十四卦變爲四千九十六言之，則六十四卦貞也，變卦悔也，春秋傳貞屯悔豫是也。因卦畫之生生無盡，故占筮之變化無窮。焦贛能知其法，而至各綴之以辭，則鑿矣。邵、朱二子所爲傳心之要者在此。

同人
革
離
豐
家人
既濟
賁
明夷

无妄 ䷘

隨 ䷐

噬嗑 ䷔

震 ䷲

益 ䷩

屯 ䷂

頤 ䷚

復 ䷗

姤　大過　鼎　恆　巽　井　蠱　升

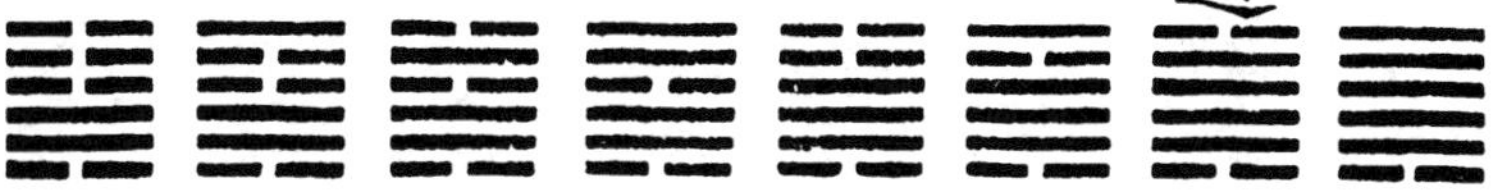

訟　困　未濟　解　渙　坎　蒙　師

遯 咸 旅 小過 漸 蹇 艮 謙

否 萃 晉 豫 觀 比 剝 坤

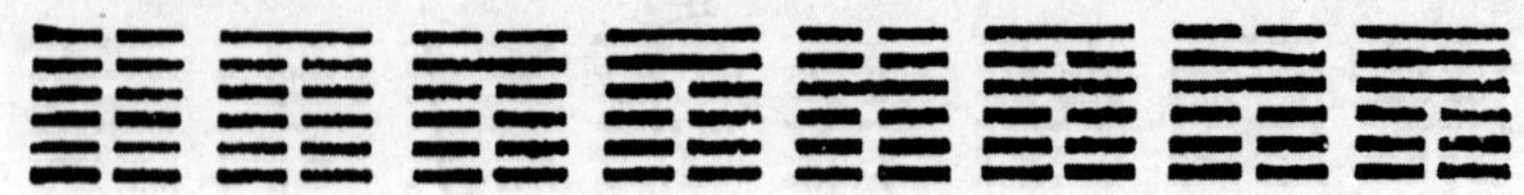

【集説】朱子答林栗曰：太極、兩儀、四象、八卦生出次第、位置行列，不待安排而粲然有序，以至於第四分而爲十六，第五分而爲三十二，第六分而爲六十四，則其因而重之，亦不待用意推排，而與前之三分焉者，未嘗不脗合也。比之并累三陽以爲乾，連疊三陰以爲坤，然後以意交錯而成六子，又先畫八卦於内，復畫八卦於外，以旋相加而爲六十四卦者，其出於天理之自然，與人爲之造作，蓋不同矣。

○又答袁樞曰：若要見得聖人作易根原直截分明，不如且看卷首横圖，自始初只有兩畫時漸次看起，以至生滿六畫之後，其先後多寡既有次第，而位置分明，不費辭説。於此看得，方見六十四卦全是天理自然挨排出來，聖人只是見得分明，便只依本畫出，元不曾用一豪智力添助。蓋本不繁智力之助，亦不容智力得以助於其閒也。及至卦成之後，逆順縱横，都成義理，千般萬種，其妙無窮，却在人看得如何，而各因所見爲説，雖若各不相資，而實未嘗相悖也。蓋自初未有畫時，説到六畫滿處者，邵子所謂先天之學也。卦成之後，各因一義推説，邵子所謂後天之學也。先天、後天既各自爲一義，而後天説中取義又多不同，彼此自不相妨，不可執一而廢百也。

○語類：問：「自一陰一陽，見一陰一陽又各生一陰一陽之象，以圖言之，兩儀生四象，四象生八卦，節節推去，固容易見，就天地閒著實處如何驗得？」曰：「一物上又自各有陰陽，如人之男女，陰陽也，逐人身上又各有這血氣，血陰而氣陽也。如晝夜之閒，晝陽而夜陰也，而晝陽自午後又屬陰，夜陰自子後又屬陽，便是陰陽各生陰陽之象。」

○又云：先天圖直是精微，不起於康節，希夷以前元有，只是秘而不傳，次第是方士輩所相傳授，參同契中亦有些意思相似。揚雄太玄全模倣易，他底用三數，易却用四數。他本是模易，故就他模底句上看易，也可略見得易意思。

○又云：自有易以來，只有邵子説得此圖如此齊整。如揚雄太玄，便零星補凑得可笑，若不補，又却欠四分之一，補得來，又却多四分之三。如潛虚之數用五，只似如今算位一般，其直一畫則五也，下横一畫則爲六，横二畫則爲七，蓋亦補凑之書也。

○黄氏瑞節曰：先天圖與太極圖同時而出，周、邵二子不相聞，則二圖亦不相通，此勿論也。陳瑩中云，司馬文正與康節同時友善，而未嘗有一言及先天之學。邵伯温云，伊川在康節時，於先天之學非不問，不語之也。即二先生之論，則先天圖在當時豈猶未甚著邪？陳瑩中云，先天之學以心爲本，其在經世書者，康節之餘事耳。又曰，闡先聖之幽，微先天之顯，不在康節之書乎？然則朱子以前，表章尊敬此圖者，了翁爲有見也。

伏羲八卦圖

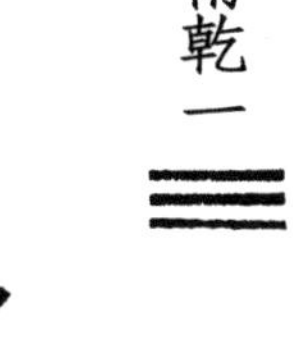

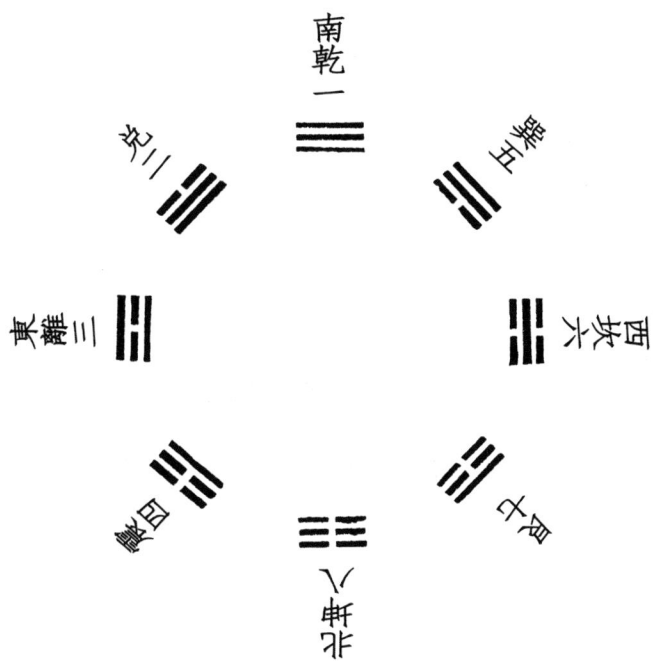

伏羲六十四卦圖

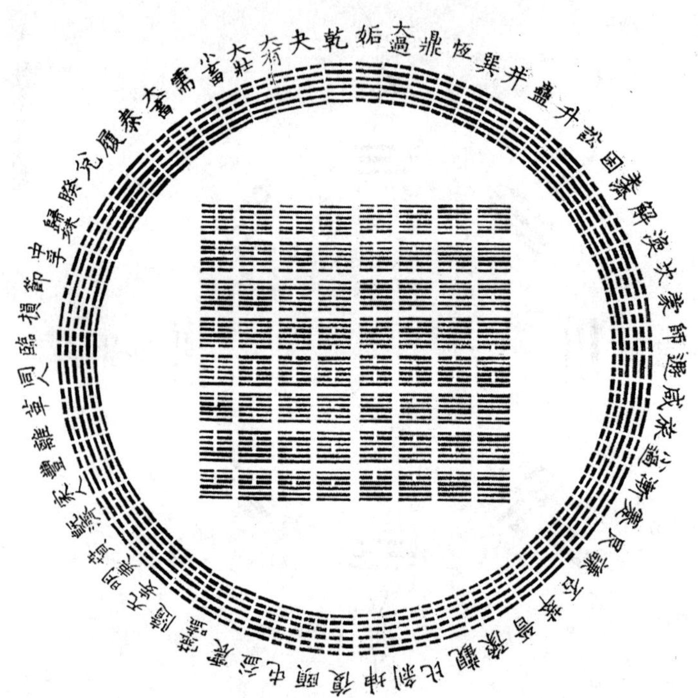
乾 夬 大有 大壯 小畜 需 大畜 泰 履 兌 睽 歸妹 中孚 節 損 臨 同人 革 離 豐 家人 既濟 賁 明夷 無妄 隨 噬嗑 震 益 屯 頤 復
姤 大過 鼎 恆 巽 井 蠱 升 訟 困 未濟 解 渙 坎 蒙 師 遯 咸 旅 小過 漸 蹇 艮 謙 否 萃 晉 豫 觀 比 剝 坤

天地定位，山澤通氣，雷風相薄，水火不相射，八卦相錯。數往者順，知來者逆，是故易，逆數也。

雷以動之，風以散之，雨以潤之，日以晅之，艮以止之，兑以説之，乾以君之，坤以藏之。

邵子曰：此一節明伏羲八卦也。「八卦相錯」者，明交相錯而成六十四也；「數往者順」，若順天而行，是左旋也，皆已生之卦也，故云「數往」也。「知來者逆」，若逆天而行，是右行也，皆未生之卦也，故云「知來」也。夫易之數，由逆而成矣。此一節直解圖意，若逆知四時之謂也。以橫圖觀之，有乾一而後有兑二，有兑二而後有離三，有離三而後有震四，有震四而巽五、坎六、艮七、坤八亦以次而生焉，此易之所以成也。而圓圖之左方，自震之初爲冬至，離、兑之中爲春分，以至於乾之末而交夏至焉，皆進而得其已生之卦，猶自今日而追數昨日也，故曰「數往者順」；其右方自巽之初爲夏至，坎、艮之中爲秋分，以至於坤之末而交冬至焉，皆進而得其未生之卦，猶自今日而逆計來日也，故曰「知來者逆」。然本易之所以成，則其先後始終如橫圖及圓圖右方之序而已，故曰「易，逆數也」。

【集説】朱子語類云：若自乾一横排至坤八，此則全是自然，故説卦云「易，逆數也」，皆自已生以得未生之卦。若如圓圖，則須如此，方見陰陽消長次第。震一陽，離、兑二陽，乾三陽；巽一陰，坎、艮二陰，坤三陰，雖似稍涉安排，然亦莫非自然之理。

【附録】項氏安世曰：「數往者順」以指上文，「知來者逆」以指下文，「是故易，逆數也」，此一句以起下文八句也。上文據八卦已成之後，對而數之，其序順而理明，故曰「數往者順」；下文據八卦始畫之初，左右對畫而上下逆生，故曰「知來者逆」。非聖人於順之外别爲逆象也，此之逆象，即上文之順象。

○章氏潢曰：自乾純陽，歷兑離以至一陽之震；自坤純陰，歷艮坎以至一陰之巽，非數往之順乎？自震一陽，歷離兑以至乾之純陽；自巽一陰，歷坎艮以至坤之純陰，非知來之逆乎？左旋則總爲「知來」，右旋則總爲「數往」，但易以「知來」爲主，生生不窮，是以逆而數之。

【案】邵子所謂左旋者，猶言向左而旋耳；所謂右行者，猶言向右而行耳，與曆家所謂左旋右轉義正相反，各爲一説也。其所謂已生、未生，正指陰陽生生而言，如章氏之説，而項氏説尤得前後聯貫語氣。蓋其順數者，既如上文所列矣，而圖之作主於逆數，故其終始生成，又如下文之所叙也。朱子之解，似又自爲一説，學者分别觀之。

又曰：太極既分，兩儀立矣；陽上交於陰，陰下交於陽，而四象生矣。陽交於陰，陰交於陽，而生天之四象；剛交於柔，柔交於剛，而生地之四象。八卦相錯，而後萬物生焉。是故一分爲二，二分爲四，四分爲八，八分爲十六，十六分爲三十二，三十二分爲六十四，猶根之有幹，幹之有枝，愈大則愈小，愈細則愈繁。

【集説】朱子語類：問：「程易乾辭下解云，聖人始畫八卦，三才之道備矣，因而重之，以盡天下之變，故六畫而成卦。或疑此説却是聖人始畫八卦，每卦便是三畫，聖人因而重之爲六畫，似與邵子一分爲二而至六十四爲六畫，其説不同。」曰：「程子之意，只云三畫上疊成六畫，八卦上疊成六十四耳，與邵子説誠異。蓋康節此意，不曾説與程子，程子亦不曾問之，故一向只隨他所見去。但程子説聖人始畫八卦，不知聖人畫八卦時先畫甚卦，此處便曉不得。」

是故乾以分之，坤以翕之，震以長之，巽以消之。長則分，分則消，消則翕也。乾、坤，定位也；震、巽，一交也；兑、離、坎、艮，再交也。故震陽少而陰尚多也，巽陰少而陽尚多也，兑、離陽浸多也，坎、艮陰浸多也。

又曰：無極之前，陰含陽也；有象之後，陽分陰也。陰爲陽之母，陽爲陰之父，故母孕長男而爲復，父生長女而爲姤，是以陽起於復，陰起於姤也。

【集説】朱子語類：問：「無極如何説前？」曰：「邵子就圖上説循環之意，自姤至坤是陰含陽，自復至乾是陽分陰，坤復之間，乃無極。」問：「無極之前，既有前後，須有有無。」曰：「本無間斷。」

問：「先天圖陰陽自兩邊生，若將坤爲太極，與太極不同，如何？」曰：「姑自據他意思説，即不曾契勘濂溪底。若論他太極，中間虚者便是，他亦自説圖從中起，他兩邊生即是陰根陽、陽根陰，這箇有對，從中出者即無對。」

【案】周子所謂無極而太極者，以陰陽之本體言之，中庸所謂天命之性也；邵子所謂無極者，以動静之樞紐言之，中庸所謂未發之中也。天命之性，固周流而無不在，然人生而静，天之性也，則沖漠無朕之時，乃本體之真之所以具，故周子亦言主静，程子言其本也真而静，三子之説實相發明而不相悖也。

又曰：震始交陰而陽生，巽始消陽而陰生，兑，陽長也，艮，陰長也。震兑在天之陰也，巽艮在地之陽也。故震兑上陰而下陽，巽艮上陽而下陰。天以始生言之，故陰上而陽下，交泰之義也；地以既成言之，故陽上而陰下，尊卑之位也。乾坤定上下之位，坎離列左右之門。天地之所闔闢，日月之所出入，春夏秋冬、晦朔弦望、晝夜長短、行度盈縮，莫不由乎此矣。震始交陰而陽生，是説圓圖震與坤接，而一陽生也；巽始消陽而陰生，是説圓圖巽與乾接，而一陰生也。

【集説】邵子曰：陽爻，晝數也；陰爻，夜數也。天地相銜，陰陽相交，故晝夜相離，剛柔相錯。春夏，陽也，故晝數多，夜數少；秋冬，陰也，故晝數少，夜數多。

○胡氏方平曰：此一節先論震巽艮兑四維之卦，而後及於乾坤坎離四正之位。震始交陰而陽生，以震接坤言也，至兑二陽，則爲陽之長；巽始消陽而陰生，以巽接乾言也，至艮二陰，則爲陰之長。震兑，在天之陰者，邵子以震爲天之少陰，兑爲天之太陰，惟其爲陰，故陰爻皆在上而陽爻皆在下。天以生物爲主，始生之初非交泰不能，故陰上陽下，而取交泰之義。巽艮，在地之陽者，邵子以巽爲地之少剛，艮爲地之太剛，惟其爲剛，故陽爻皆在上而陰爻皆在下。地以成物爲主，既成之後則尊卑定，故陰下陽上，而取尊卑之位。乾坤定上下之位，天地之所闔闢也；坎離列左右之門，日月之所出入也。歲而春夏秋冬，月而晦朔弦望，日而晝夜行度，莫不胥此焉出，豈拘拘爻畫陰陽之間哉？

又曰：乾四十八而四分之，一分爲陰所剋也；坤四十八而四分之，一分爲所剋之陽也，故乾得三十六而坤得十二也。兑、離以下更思之。

○今案：兑、離二十八陽，二十陰；震二十陽，二十八陰；艮、坎二十八陰，二十陽；巽二十陰，二十八陽。

又曰：乾坤縱而六子横，易之本也。

又曰：陽在陰中，陽逆行；陰在陽中，陰逆行。陽在陽中，陰在陰中，則皆順行。此真至之理，案圖可見之矣。

又曰：復至乾，凡百一十有二陽；姤至坤，凡八十陽。姤至坤，凡百一十有二陰；復至乾，凡八十陰。

又曰：坎離者，陰陽之限也，故離當寅，坎當申，而數常踰之者，陰陽之溢也，然用數不過乎中也。此更宜思離當卯，坎當酉，但以坤爲子半可見矣。

【集說】蔡氏元定曰：此論陰陽往來，皆以馴致，不截然爲陰爲陽也。以坎離而言，離中當卯，坎中當酉。然離之所生，已起於寅震中；坎之所生，已起於申巽中矣，故邵子謂離當寅、坎當申也。坤當子半，乾當午半，即離卯、坎酉之謂也。

又曰：先天學，心法也，故圖皆自中起，萬化萬事生於心也。

又曰：圖雖無文，吾終日言而未嘗離乎是，蓋天地萬物之理盡在其中矣。

【案】自孔子既没，易道失傳，義理既已差訛，圖象尤極茫渺，惟大傳「帝出乎震」一條，所載八卦方位顯然明白，故學者有述焉。其餘如卦氣月候之屬，皆漢儒傅會，非聖人本法也。至宋康節邵子，乃有所謂先天圖者，其説有六十四卦生出之序，則今之横圖，自一畫至六畫、一每分二者是已；有八卦方位，則今之小圓圖，乾南坤北離東坎西者是已；有六十四卦方位，則今之大圓圖，始復姤終乾坤者是已。大圓圖中有方圖，又所以象天地之相函也。諸圖之義，廣大高深，信非聖人不能造作。然當邵子之時，伊川程子則未之見，龜山楊氏見而未之信，惟明道程子稍見其書，而括以加倍之一言，然則當時知邵子者，明道一人而已。南渡之後，如林栗、袁樞之徒，攻邵者尤衆，雖象山陸氏亦以爲先天圖非聖人作易本指，獨朱子與蔡氏闡發表章，而邵學始顯明於世。五百年來，雖復有爲異論者，而不能奪也。顧朱子之意，以爲孔子之後，諸儒不能傳受，而使方外得之，故其流爲丹竈小術，至康節然後返之於易道。今以參同契諸書觀之，其六卦月候，蓋即納甲之法；其十二辟卦主歲，蓋即卦氣之流。所爲始於震復者，與先天偶同爾，似未足爲先天傳受之據。惟揚雄作太玄，其法始於三方，重於九州，又重於二十七部，又重於八十一家，則與先天極儀象卦加倍之法相似也；流行之序，始於中羨從，中於更睟廓，終於減沈成，則與先天始復終乾、始姤終坤之序相似也；首用九九，策用六六，則與先天卦用八八、策用七七之數相似也。意者康節讀揚雄之書而心悟作易之本與？然非揚雄之時易傳未泯，則雄亦無自而依倣之，故康節深服太玄，以爲見天地之心，蓋其學所啓發得力處也。然自邵書既出，則太玄爲僭經，爲汩陰陽之叙，與邵書迥乎，如蒼素之不相侔矣。觀明道程子之意，蓋以爲康節能自得師，故於希夷之傳、揚雄之書皆有取焉，而其淳一不雜，〔一〕汪

〔一〕而其淳一不雜：淳，局本作「純」。

洋浩大，則非揚、陳之所能及也。故曰：堯夫之數，似玄而不同。又曰：穆、李皆得之希夷者，而其言與行事概可見矣；堯夫特因其門户而入者爾。〔一〕程子之言至當，後之學者欲考先天之傳，不可以不知。

文王八卦圖

南　離
坤　兌　西
巽　乾
東　震
艮　坎　北

〔一〕堯夫特因其門户而入者爾：入，原作「人」，據薈要本改。

帝出乎震，齊乎巽，相見乎離，致役乎坤，説言乎兑，戰乎乾，勞乎坎，成言乎艮。萬物「出乎震」，震，東方也。「齊乎巽」，巽，東南也；齊也者，言萬物之潔齊也。離也者，明也，萬物皆相見，南方之卦也；聖人南面而聽天下，嚮明而治，蓋取諸此也。坤也者，地也，萬物皆致養焉，故曰「致役乎坤」。兑，正秋也，萬物之所説也，故曰「説言乎兑」。「戰乎乾」，乾，西北之卦也，言陰陽相薄也。坎者，水也，正北方之卦也，勞卦也，萬物之所歸也，故曰「勞乎坎」。艮，東北之卦也，萬物之所成終而所成始也，故曰「成言乎艮」。神也者，妙萬物而爲言者也。動萬物者莫疾乎雷，橈萬物者莫疾乎風，〔一〕燥萬物者莫熯乎火，説萬物者莫説乎澤，潤萬物者莫潤乎水，終萬物、始萬物者莫盛乎艮，故水火相逮，雷風不相悖，山澤通氣，然後能變化既成萬物也。

邵子曰：此一節明文王八卦也。

○又曰：至哉，文王之作易也，其得天地之用乎！故乾坤交而爲泰，坎離交而爲既濟也。乾生於子，坤生於午，坎終於寅，離終於申，以應天之時也。置乾於西

〔一〕橈萬物者莫疾乎風：橈，原作「撓」，據薈要本改。

北，退坤於西南，長子用事而長女代母，坎離得位而兑艮爲耦，以應地之方也。王者之法，文王也。其盡於是矣。○此言文王改易伏羲卦圖之意也。蓋自乾南坤北而交，則乾北坤南而爲泰矣；自離東坎西而交，則離西坎東而爲既濟矣。乾坤之交者，自其所已成而反其所由生也，故再變則乾退乎西北，坤退乎西南也。坎離之變者，東自上而西，西自下而東也。故乾坤既退，則離得乾位，而坎得坤位也。震用事者，發生於東方；巽代母者，長養於東南也。

【案】邵子言乾坤交而爲泰者，釋先天變爲後天之指也。先天之位，乾南坤北，今變爲乾北坤南，故曰交。然邵子言乾生於子，坤生於午，今按圖攷之，則乾在西北，乃亥而非子，坤在西南，乃未而非午，其故何也？曰：陽自靜以之動，故氣肇於子，然自亥月而已朕兆胚胎，故古人以亥爲陽月，言天道於是始也；陰自動以之靜，故功著於午，然至未而後育養蕃庶，故古人以未爲中央，言土德於是王也。亥字，從草爲荄，從木爲核，皆朕兆胚胎之意；未，從日爲昧，言日於是始向昧谷，而萬物將西成也。樂律黄鐘子爲天統，然自應鐘亥而陽氣已應於内，故曰應鐘。林鐘未爲地統，故班固引「西南得朋」釋之。下至納甲、星命淺術亦以亥爲天門，未爲坤始，疑皆本於後天以爲説也。若乃火雖始於東而盛於南，水雖始於西而盛於北，雷霆之氣雖動於寅而發聲於卯，膏澤之潤雖暢於巳而收功於酉。風在西南，則凉風也，成萬物者也，故春秋傳曰「風落山」；在東南，則和風也，生萬物者也，故薰風之操曰「可以阜吾民之財」。艮在西北，則動極而靜者也，故大傳曰「艮以止之」；在東北，則靜極復動者也，故大傳曰「萬物之所成終而所成始也」。凡此皆先天後天相爲發明之妙，要之，無非造化之所以流行而發育者。先儒有乾坤不用之説，考以孔子之言，則坤曰致役、曰致養，其爲用莫大於是，至於乾曰戰，則又所以著剛健之體，有以克勝群陰而主宰天命，八卦之用皆其用也，夫豈不用者哉？此聖人精意，不可不表而出之者。

又曰：易者，一陰一陽之謂也。震兑，始交者也，故當朝夕之位；坎離，交之極者也，故當子午之位；巽艮，不交而陰陽猶雜也，故當用中之偏；乾坤，純陽純陰也，故當不用之位也。

又曰：兑離巽，得陽之多者也；艮坎震，得陰之多者也，是以爲天地用也。乾極陽，坤極陰，是以不用也。

又曰：震兑横而六卦縱，易之用也。嘗考此圖，而更爲之説曰：震東、兑西者，陽主進，故以長爲先而位乎左；陰主退，故以少爲貴而位乎右也。坎北者，進之中也；離南者，退之中也；男北而女南者，互藏其宅也。四者皆當四方之正位，而爲用事之卦。然震兑始而坎離終，震兑輕而坎離重也。乾西北、坤西南者，父母既老而退居不用之地也。然母親而父尊，故坤猶半用而乾全不用也。艮東北、巽東南者，少男進之後而長女退之先，故亦皆不用也。然男未就傅，女將有行，故巽稍向用而艮全未用也。四者皆居四隅不正之位，然居東者未用而居西者不復用也。

故下文歷舉六子，而不數乾坤，至其水火雷風山澤之相偶，則又用伏羲卦云。

【集説】邵子曰：乾統三男於東北，坤統三女於西南。

【案】邵子之言，可蔽圖之全義，周易坤、蹇、解諸卦彖辭皆出於此也。大抵先天則以東南爲陽方，西北爲陰方，故自陽儀而生之卦皆居東南，自陰儀而生之卦皆居西北也；後天則以北東爲陽方，南西爲陰方，故凡屬陽之卦皆居東北，屬陰之卦皆居西南也。然先天陽卦雖起於東，而其重之以叙卦氣，則所謂復見天地心者，仍以北方爲始；後天陽卦雖起於北，而其播之以合歲序，則所謂帝出乎震者，仍以東方爲先。蓋兩義原不可以偏廢，必也參而互之，則造化之妙、易理之精可得而識矣。歲始於東，終於北，而西南在其閒，後天圖意主乎陽以統陰，故自震而坎而艮者，以陽終始歲功也，自巽而離而兑者，以陰佐陽於中也。震陽生，故直春生之令，以始爲始也。乾則以終爲始，而莫得其端，乃傳所謂「大始」者也，所謂「不可爲首」者也。兑陰成，故畢西成之事，陰功之終也。坤則致役以終事，而不居其成，乃傳所謂「作成」者也，所謂「无成而代有終」者也。是故陽居終始而陰在中閒，乃天地萬物之至理。如草木之種實，陽也；華葉，陰也。人類之父子，陽也；妻妾，陰也。始於植種，終於成實，而其閒華葉盛焉；始於有父，終於有子，而其閒嫡媵繁焉。實生於華，子生於母，此陰佐陽之驗，然而實成則爲來歲之種矣，子生則爲他日之父矣，此又所謂以終爲始者，而元陽之生生不已，其首尾端倪，真不可得而窺矣。謝氏良佐論一起於震，發生也；又曰一起於乾，探本也，其有得於後天之精意者與？

乾，健也。坤，順也。震，動也。巽，入也。坎，陷也。離，麗也。艮，止也。兑，説也。

程子曰：凡陽在下者，動之象；在中者，陷之象；在上，止之象。陰在下者，入之象；在中者，麗之象；在上，説之象。

乾爲馬，坤爲牛，震爲龍，巽爲雞，坎爲豕，離爲雉，艮爲狗，兑爲羊。

此「遠取諸物」之象。

乾爲首，坤爲腹，震爲足，巽爲股，坎爲耳，離爲目，艮爲手，兑爲口。

此「近取諸身」之象。

【集説】朱子語類云：伏羲畫八卦，只此數畫，該盡天下萬物之理，學者於言上會得者淺，於象上會得者深。王輔嗣、伊川皆不信象，伊川説象只似譬喻樣説。郭子和云，不獨是天地雷風水火山澤謂之象，只是卦畫便是象。亦説得好。鄭東卿專取象，如以鼎爲鼎、革爲爐、小過爲飛鳥，亦有義理，但盡欲如此牽合傅會，便疎脱。學者須先理會得正當道理，然後於此等零碎處收拾以相資益，不爲無補。

乾，天也，故稱乎父；坤，地也，故稱乎母。震一索而得男，故謂之長男；巽一索而得

女,故謂之長女;坎再索而得男,故謂之中男;離再索而得女,故謂之中女;艮三索而得男,故謂之少男;兑三索而得女,故謂之少女。

今按:坤求於乾,得其初九而爲震,故曰「一索而得男」;乾求於坤,得其初六而爲巽,故曰「一索而得女」。坤再求,而得乾之九二以爲坎,故曰「再索而得男」;乾再求,而得坤之六二以爲離,故曰「再索而得女」。坤三求,而得乾之九三以爲艮,故曰「三索而得男」;乾三求,而得坤之六三以爲兑,故曰「三索而得女」。

凡此數節,皆文王觀於已成之卦,而推其未明之象以爲説。邵子所謂後天之學、入用之位者也。

【案】邵子既以「天地定位」一章爲先天之易,因以「帝出乎震」以下爲後天之易。先羲後文,其序既可信,而先天圖易簡渾涵,得畫卦自然之妙,後天圖精深切至,於周易義例合者爲多,其理尤可信也。然後天所以改置先天之意,朱子之説頗略,其見於答袁樞書者,可以得先賢慎重之盛心矣。諸家以五行爲説者,亦有條理,然今即八卦之象求之,則惟坎水、離火、巽木、坤土合於本象耳。金者,乾之一象,而不足以盡乾也;蒼筤竹者,震之一象,而不足以盡震也。艮山之爲土,猶可假借,兑則絶無爲金之義也。況易之爲書不言五行,而説卦解釋圖體,亦與五行生克邈不相涉,則疑文王之意不出乎此也。質以孔子之言，蓋不離乎八卦之德象而得之，何則？以德言之，則震者動也，陽氣動則出，而萬物亦於是乎出也。巽者入也，制也，陽動則陰亦動矣，陰氣凝滯，陽能入而散之，則陰與陽齊，而萬物亦於是乎齊也。離者明也，故曰相見，帝與物相見，而萬物亦於是乎相見也。坤者順也，故曰致役，又曰致養，自帝言之，坤則以順而效其勞，自萬物言之，坤則以順而厚其生也。兑者説也，帝之生意於是乎充，萬物之生意亦於是乎足也。乾者健也，故曰戰。陰功已成，則當斂其機而化其迹，惟天德之剛，故能制伏群陰，使之退聽，而不已之命於是乎流行矣。坎有習險之義，故爲勤勞之卦；習久則熟矣，故又爲休勞之卦。帝生物之勤既成而休，萬物之生亦既成而息也。艮者止也，不止則不行，不息則不生，故不惟成終，而且成始也。以象言之，動陽氣而出之者莫如雷，撓陰氣而散之者莫如風，揚之以發其光燄者莫如火，滋之以足其精液者莫如澤。澤既足其精液矣，而至於枯落之後，則有源之水復潤其根；水既潤其本根矣，而至於生息之交，則艮德之厚又固其氣。凡此者，皆統於乾而具於坤。乾坤以德言之，則健也、順也，可與八卦並叙；以象言之，則天也、地也，不可與六子分職也。是故以形體言謂之天，「天地定位」是也；以性情言謂之乾，乾君坤藏是也；以主宰言謂之帝，「帝出乎震」是也；以妙用言謂之神，神妙萬物是也。其實一天也。夫天，專言之則道也，其實一太極也。以乾爲主，而流行爲八卦之功用，此先天後天所以相爲經緯，異而同、二而一者也。

御纂周易折中卷第二十

啓蒙下

明蓍策第三

大衍之數五十，

河圖、洛書之中，數皆五衍之，而各極其數，以至於十，則合爲五十矣。河圖積數五十五，其五十者，皆因五而後得，獨五爲五十所因，而自無所因，故虛之，則但爲五十。又五十五之中，其四十者分爲陰陽老少之數，而其五與十者無所爲，則又以五乘十，以十乘五，而亦皆爲五十矣。洛書積數四十五，而其四十者散布於外，而分陰陽老少之數，唯五居中而無所爲，則亦自含五數，而并爲五十矣。

【案】洪範曰："卜五占用二衍忒"，衍者，推衍也；忒者，過差也。卜筮所以推衍人事之過差，故揲蓍之法謂之大衍。大音太，如太卜、太筮之比，乃尊之之稱，非如先儒小衍、大衍之説也。五十之數，説者不一，惟推本於圖書者得之。河圖之數則贏五，數之體也；洛書之數則虚五，數之用也。大衍者，其酌河洛之數之中，而兼體用之理之備者與？

其用四十有九，

大衍之數五十，而蓍一根百莖，可當大衍之數者二，故揲蓍之法，取五十莖爲一握，置其一不用，以象太極，而其當用之策凡四十有九，蓋兩儀體具而未分之象也。

【集説】崔氏憬曰：其用四十有九者，法長陽七七之數也。六十四卦既法長陰八八之數，故四十九蓍則法長陽七七之數。蓍圓而神，象天；卦方而智，象地，陰陽之别也。捨一不用者，以象太極虚而不用也。

○邵子曰：蓍之用數，掛一以象三，其餘四十八，則一卦之策也，四其十二爲四十八也。十二去三而用九，四三十二，所去之策也，四九三十六，所用之策也；十二去五而用七，四五二十，所去之策也，四七二十八，所用之策也；十二去六而用六，四六二十四，所去之策也，四六二十四，所用之策也；十二去四而用八，四四十六，所去之策也，四八三十二，所用之策也。是故七九爲陽，六八爲陰，九者陽之極數，六者陰之極數，數極則反，故爲卦之變也。

○又曰：奇數極於四而五不用，策數極於九而十不用，故去五十而用四十九也。

分而爲二以象兩，掛一以象三，揲之以四以象四時，歸奇於扐以象閏，五歲再閏，故再扐而後掛。

掛者，懸於小指之閒；揲者，以大指食指閒而別之；奇，謂餘數；扐者，扐於中三指之兩閒也。蓍凡四十有九，信手中分，各置一手，以象兩儀。而掛右手一策於左手小指之閒，〔一〕以象三才。遂以四揲左手之策，以象四時。而歸其餘數於左手第四指閒，以象閏。又以四揲右手之策，而再歸其餘數於左手第三指閒，以象再閏。五歲之象，掛一，一也，揲左二也，扐左三也，揲右四也，扐右五也。是謂一變。其掛扐之數，不五即九。

【案】河圖之中宮，太極也；洛書之中宮，人極也。故大衍之數其虛一者，既以象太極之無爲，其掛一者，又以象人極之參贊。虛一之後，繼以分二者，明乎分陰分陽，造化之本也。掛一之後，繼以揲四歸奇者，明乎定時成歲，人事之綱也。分二掛一，則天地設位而人立焉，而三才之體具矣。

〔一〕而掛右手一策於左手小指之閒：右，原誤作「石」。

揲四歸奇，則四氣交運，五行參差，百物生焉，萬事起焉，而三才之用行矣。大衍之數所以爲酌河、洛之中而兼體用之備者如此。

扐掛扐掛扐掛

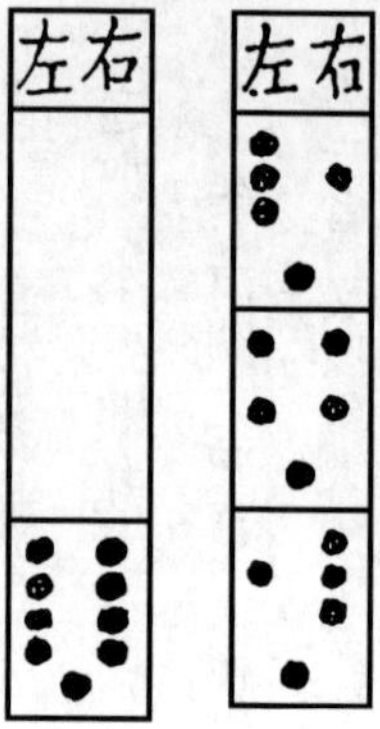

右	左
●	●●●
●	
●●	●●
●	
●●●	●
●	

得五者三，所謂奇也。五除掛一即四，以四約之爲一，故爲奇，即兩儀之陽數也。

右	左
●●●●	●●●●
●	

得九者一，所謂耦也。九除掛一即八，以四約之爲二，故爲耦，即兩儀之陰數也。

一變之後，除前餘數，復合其見存之策，或四十，或四十四，分掛揲歸，如前法，是謂再變。其掛扐者，不四則八。

扐掛扐掛

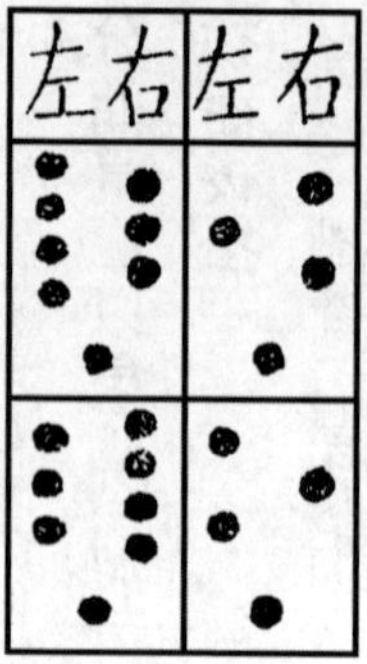

右	左	右	左
●●	●	●●●	●●●●
●		●	
●●	●●	●●●●	●●●
●		●	

得四者二，所謂奇也。不去掛一，餘同前義。

得八者二，所謂耦也。不去掛一，餘同前義。

再變之後，除前兩次餘數，復合其見存之策，或四十，或三十六，或三十二，分掛揲歸，如前法，是謂三變，其掛扐者，如再變例。

三變既畢，乃合三變，視其掛扐之奇耦，以分所遇陰陽之老少，是謂一爻。

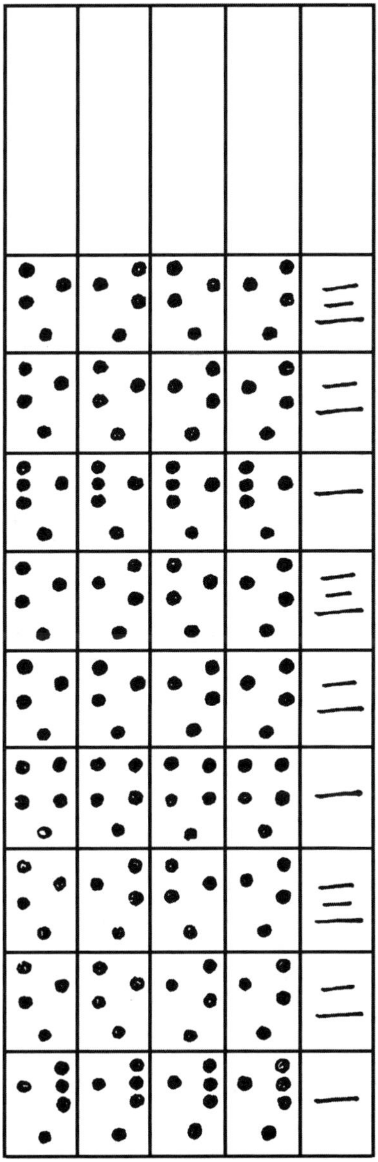

三				
二				
一				
三				
二				
一				
三				
二				
一				

右三奇爲老陽者凡十有二，掛扐之數十有三，除初掛之一爲十有二，以四約而三分之，爲一者三，一奇象圓而圍三，故三一之中各復有三，而積三三之數則爲九。過揲之數三十有六，以四約之，亦得九焉。掛扐除一，四分四十有八而得其一也，一其十二而三其四也，九之母也；過揲之數四分四十八而得其三也，三其十二而九其四也，九之子也，

皆徑一而圍三也。即四象太陽居一含九之數也。

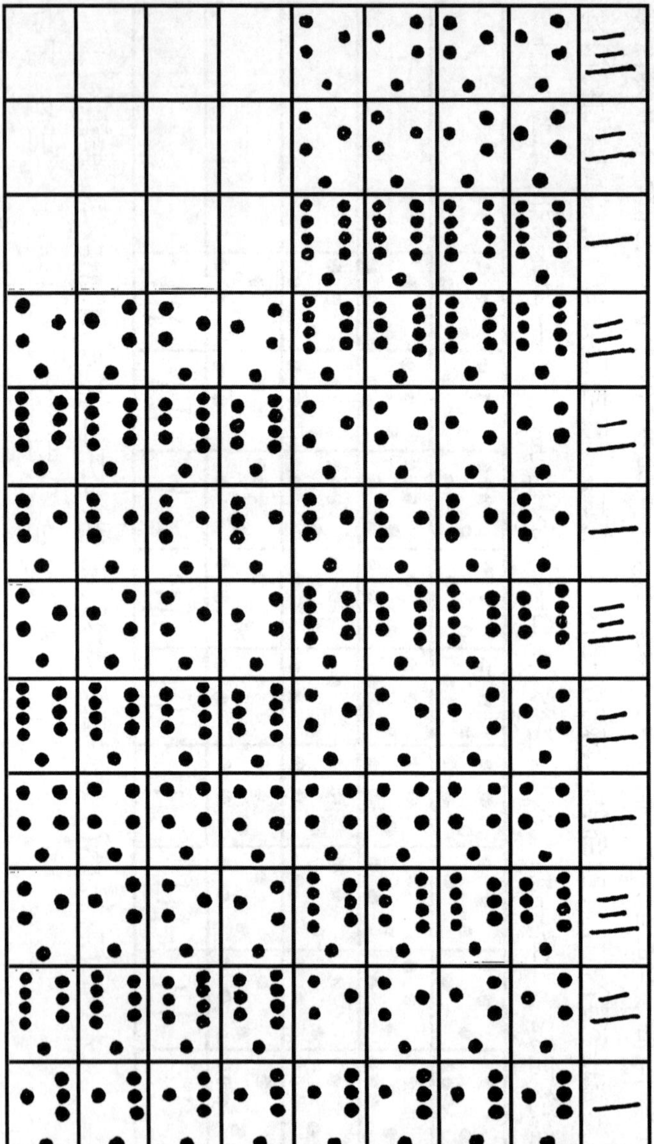

三								
二								
一								
三								
二								
一								
三								
二								
一								
三								
二								
一								

右兩奇一耦，以耦爲主，爲少陰者凡二十有八，掛扐之數十有七，除初掛之一

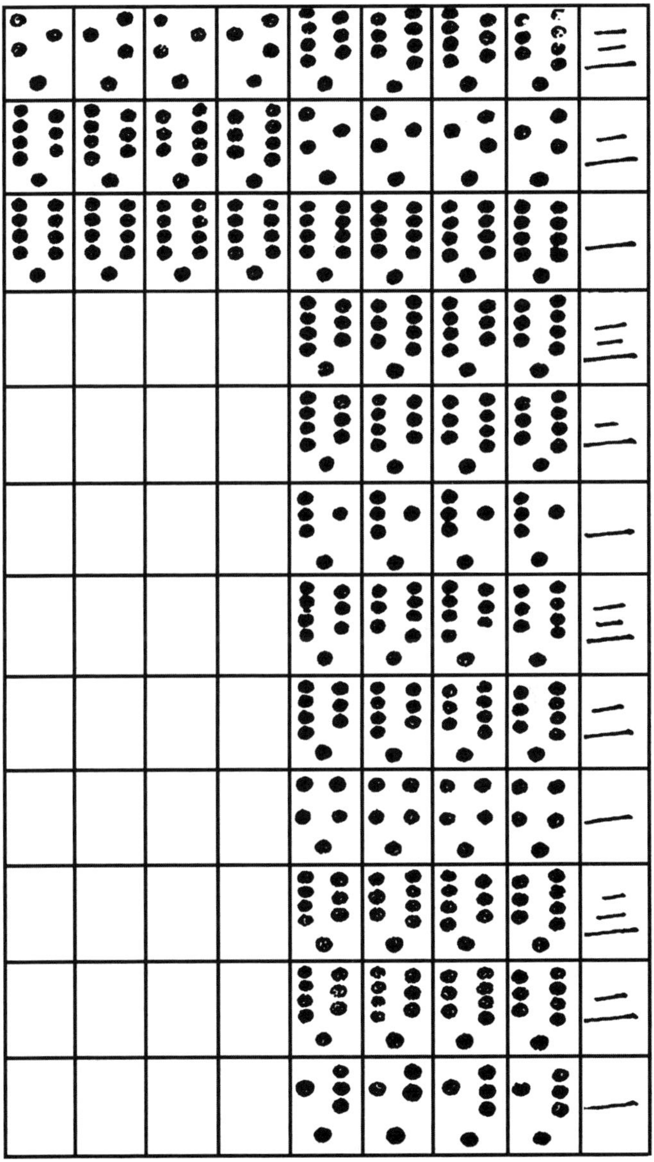

爲十有六，以四約而三分之，爲一者二，爲二者一，一奇象圓而用其全，故二一之中各復有三，二耦象方而用其半，故一二之中復有二焉，而積二三、一二之數則爲八。過揲之數三十有二，以四約之，亦得八焉。掛扐除一，四其四也，自一其十二者而進四也，八之母也；過揲之數，八其四也，自三其十二者而退四也，八之子也。即四象少陰居二含八之數也。

右兩耦一奇，〔一〕以奇爲主，爲少陽者凡二十，掛扐之數二十有一，除初掛之一爲二十，以四約而三分之，爲二者二，爲一者一，二耦象方而用其半，故二二之中各復有二，一奇象圓而用其全，故一三之中復有三焉，而積二二、一三之數則爲七。過揲之數，二十有八，以四約之，亦得七焉。掛扐除一，五其四也，自兩其十二者而退四也，七之母也；過揲之數，七其四也，自兩其十二者而進四也，七之子也。即四象少陽居三含七之數也。

〔一〕右兩耦一奇：右，原作「石」，據局本、四庫本、薈要本改。

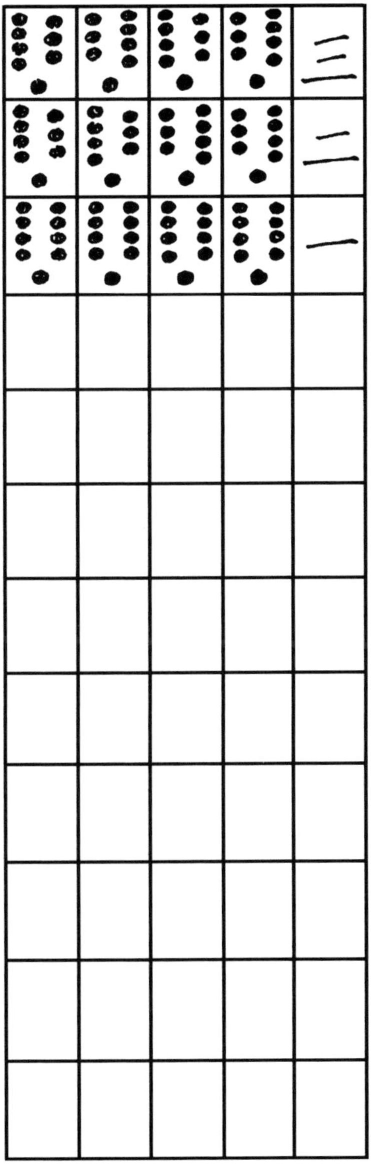

三	二	一									

右三耦爲老陰者四，掛扐之數二十有五，除初掛之一，爲二十有四，以四約而三分之，爲二者三，二耦象方而用其半，故三二之中各復有二，而積三二之數則爲六。過揲之數亦二十有四，以四約之，亦得六焉。掛扐除一，六之母也，過揲之數，六之子也，四分四十有八而各得其二也，兩其十二，而六其四也，皆圍四而用半也。即四象太陰居四含六之數也。

【集說】蔡氏元定曰：蓍之奇數，老陽十二，老陰四，少陽二十，少陰二十八，合六十有四。三十二爲陽，老陽十二，少陽二十；三十二爲陰，老陰四，少陰二十八。其十六則老陽老陰也，老陽十二，老陰四；其四十八則少陽少陰也，少陽二十，少陰二十八。老陽老陰，乾坤之象也，二八也；少陽少陰，六子之象也，六八也。

凡此四者，皆以三變皆掛之法得之，蓋經曰「再扐而後掛」，又曰「四營而成易」，其指甚明，注疏雖不詳説，然劉禹錫所記僧一行、畢中和、顧彖之説亦已備矣。近世諸儒乃有前一變獨掛、後二變不掛之説，考之於經，乃爲六扐而後掛，不應五歲再閏之義，且後兩變又正三營，〔一〕蓋已誤矣。

【集説】胡氏方平曰：案王輔嗣注云，分而爲二，一營也；掛一象三，二營也；揲之以四，三營也；歸奇於扐，四營也。孔穎達疏云，再扐而後掛者，既分天於左手，地於右手，乃四四揲天之數，最末之餘歸之，合爲掛扐之一處，是一扐也；又以四四揲地之數，最末之餘又合於前所歸之扐，而總扐之，是再扐而後掛也。劉禹錫辨易九六論云，畢中和之學，其傳原於一行禪師。一行唐開元時所作大衍曆本議云，綜盈虛之數，五歲而再閏。蓋其衍法皆以再扐而後掛也。畢中和有揲法，其言三揲皆掛，正合四營之義。朱子亦謂畢氏揲法視疏義爲詳。顧彖之説未詳。禹錫又自言揲法，第一指餘一益三，餘二益二，餘三益一，餘四益四；第二指餘一益二，餘二益一，餘三益四，餘四益三；第三

〔一〕且後兩變又正三營：正，疑當作「止」。

指與第二指同。此可以見三變皆掛矣。近世儒者，若郭雍所著蓍卦辨疑，專以前一變獨掛，後二變不掛，其載横渠先生之言曰，「再扐而後掛」，每成一爻而後掛也，謂第二、第三揲不掛也。且謂横渠之言，所以明注疏之失。朱子辨之曰：此説大誤，恐非横渠之言也。再扐者，一變之中，左右再揲而再扐也，一掛再揲再扐，而當五歲，蓋一掛再揲當其不閏之年，而再扐當其再閏之歲也，而後掛者一變既成，又合見存之策，分二掛一，以起後變之端也。今曰第一變掛，而第二、第三變不掛，遂以當掛之變爲掛而象閏，以不掛之變爲扐而當不閏之歲，則與大傳所云掛一象三、再扐象閏者全不相應矣。且不數第一變之再扐，而以第二、第三變爲再扐，又使第二、第三變中止有三營，而不足乎成易之數，且於陰陽老少之數亦多有不合者。其載伊川先生之説曰：再以左右手分而爲二，更不重掛奇。朱子辨之曰：此説尤多可疑。然郭氏云本無文字，則其傳授之際，不無差舛宜矣。郭氏又云，第二、第三揲雖不掛，亦有四八之變，蓋不必掛也。朱子辨之曰：所以不可不掛者有兩説，蓋三變之中，前一變屬陽，故其餘五九皆奇數，後二變屬陰，故其餘四八皆耦數，屬陽者爲陽三而陰一，皆圍三徑一之術，屬陰者爲陰二而陽二，皆以圍四用半之術也，是皆以三變皆掛之法得之，後兩變不掛，則不得也。三變之後，其可爲老陽者十二，可爲老陰者四，可爲少陰者二十八，可爲少陽者二十，雖多寡之不同，而皆有法象，是亦以三變皆掛之法得之，而後兩變不掛，則不得也。郭氏僅見第二、第三變可以不掛之一端耳，而遂執以爲説，夫豈知其掛與不掛之爲得失乃如此哉！大抵郭氏他説偏滯雖多，而其爲法尚無甚戾，獨此一義所差雖小，而深有害於成卦變爻之法，尤不可不辯。愚嘗考之，第一變獨掛，後二變不掛，非特爲六扐而後掛、三營而成易，於再扐、四營之義不協，且後二變不掛，其數雖亦不四則八，而所以爲四八者實有不同。蓋掛，則所謂四者，左手餘一則右手餘二，左手餘二則右手餘一；不掛，則左手餘一右手餘三，左手餘二右手餘二，左手餘三右手餘一，此四之所以不同也。掛，則所謂八者，左手餘四右手餘三，左手餘三右手餘四；不掛，則左手餘四右手亦餘四，此八之所以不同也。三變之後，陰陽變數皆參差不齊，無復自然之法象矣。

且用舊法，則三變之中，又以前一變爲奇，後二變爲耦，奇，故其餘五九，耦，故其餘四八。餘五九者，五三而九一，亦圍三徑一之義也；餘四八者，四八皆二，亦圍四用半之義也。三變之後，老者陽饒而陰乏，少者陽少而陰多，亦皆有自然之法象焉。蔡元定曰：案五十之蓍，虛一、分二、掛一、揲四，爲奇者三，爲耦者二，是天三地二，自然之數，而三揲之變。老陽老陰之數本皆八，合之得十六，陰陽以老爲動，而陰性本靜，故以四歸於老陽，此老陰之數所以四，老陽之數所以十二也。少陽少陰之數，本皆二十四，合之四十八，陰陽以少爲靜，而陽性本動，故以四歸於少陰，此少陽之數所以二十，而少陰之數所以二十八也。陽用老而不用少，故六十四變所用者十六變，又以四約之，陽用其三，陰用其一，蓋一奇一耦對待者，陰陽之體；陽三陰一，一饒一乏者，陰陽之用。故四時春夏秋生物，而冬不生物；天地東西南可見，而北不可見；人之瞻視，亦前與左右可見，而背不可見也。不然，則以四十九蓍，虛一、分二、掛一、揲四，則爲奇者二，爲耦者二，而老陽得八，老陰得八，少陽得二十四，少陰得二十四，不亦善乎？聖人之智豈不及此？而其取此而不取彼者，誠以陰陽之體數常均，用數則陽三而陰一也。

【集説】蘇氏軾曰：唐一行之學，以爲三變皆少，則乾之象也，乾所以爲老陽，而四數其揲得九，故以九名之；三變皆多，則坤之象也，坤所以爲老陰，而四數其揲得六，故以六名之。三變而少者一，則震坎艮之象也，震坎艮所以爲少陽，而四數其揲得七，故以七名之；三變而多者一，則巽離兑之象也，巽離兑所以爲少陰，而四數其揲得八，故以八名之。故七八九六者，因揲數以名陰陽，而陰陽之所以爲老少者，不在乎是，而在乎三變之間，八卦之象也。此唐一行之學也。

○朱子文集曰：初一變得五者三，得九者一，故曰餘五九者，五三而九一；後二變得四者二，得八者二，故曰餘四八者，四八皆二。二變之後，爲老陽者十有二，老陰四，故曰陽饒而陰乏；少陽二十，少陰二十八，故曰陽少而陰多。沈氏筆談云：易象九爲老陽，七爲少陽，八爲少陰，六爲老陰，其九七八六之數，皆有所從來，得之自然，非意之所配也。凡歸餘之數，有多有少，多爲陰，如爻之耦；少爲陽，如爻之奇。三少，乾也，故曰老陽，九揲而得之，故其數九，其策三十六。兩多一少，則一少爲之主，震坎艮也，故皆謂之少陽，少在初爲震，中爲坎，末爲艮，皆七揲而得之，故其數七，其策二十有八。三多坤也，故曰老陰，六揲而得之，故其數六，其策二十有四。兩少一多，則一多爲之主，巽離兑也，故皆謂之少陰，多在初謂之巽，中爲離，末爲兑，皆八揲而得之，故其數八，其策三十有二。諸家揲蓍説，惟筆談簡而盡。孔穎達非不曉揲法者，但爲之不熟，故其言之易差，然其於大數亦不差也。畢中和視疏義爲詳，柳子厚詆劉夢得以爲膚末於學者，誤矣。畢論三揲皆掛一，正合四營之義，惟以三揲之掛扐分措於三指間爲小誤，然於其大數亦不差也，其言餘一益三之屬，乃夢得立文太簡之誤，使讀者疑其不出於自然而出於人意耳。此與孔氏之説不可不正，然恐亦不可不原其情也。蔡氏所謂以四十九蓍虚一、分二、掛一、揲四者，蓋謂虚一外止用四十八，分掛、揲之餘爲奇耦各二，老陽老陰變數各八，少陰少陽變數各二十四，合爲六十四，八卦各得八焉。然此乃奇耦對待，加倍而得者，體數也。若天三地二，衍而爲五十者，用數也。蓋體數常均，用數則陽饒而陰乏也，此正造化之妙。若陰陽同科，老少一例，是體數，非用數也。

若用近世之法，則三變之餘，皆爲圍三徑一之義，而無復奇耦之分；三變之後，爲老陽少陰者皆二十七，爲少陽者九，爲老陰者一，又皆參差不齊，而無復自然之法象，此足以見其説之誤矣。至於陰陽老少之所以然者，則請復得而通論之。蓋四十九策，除初掛之一而爲四十八，以四約之爲十二，以十二約之爲四，故其揲之一變也，掛扐之數，一其四者爲奇，兩其四者爲耦，其三變也，掛扐之數，三其四，一其十二，而過揲之數，九其四，三其十二者爲老陽。掛扐過揲之數皆六其四，兩其十二者爲老陰。自老陽之掛扐而增一四，則是四其四也，一其十二而又進一四也；自其過揲者而損一四，則是八其四也，三其十二而損一四也，此所謂少陰者也。自老陰之掛扐而損一四，則是五其四也，兩其十二而去一四也；自其過揲而增一四，則是七其四也，兩其十二而進一四也，此所謂少陽者也。二老者，陰陽之極也。二極之間相距之數凡十有二，而三分之，自陽之極而進其掛扐，退其過揲，各至於三之一，則爲少陰；自陰之極而退其掛扐，進其過揲，各至於三之一，則爲少陽。老陽居一而含九，故其掛扐十二爲最少，而過揲三十六爲最多；少陰居二而含八，故其掛扐十六爲次少，而過揲三十二爲次多；少陽居三而含七，故其掛扐二十爲稍多，而過揲二十八爲稍少；老陰居四而含六，故其掛扐二十四爲極多，而過揲亦二十四爲極少。蓋陽奇而陰耦，是以掛扐之數，老陽極少，老陰極多，而二少者，一進一退而交於中焉，此其以少爲貴者也；陽實而陰虛，是以過揲之數，老陽極多，老陰極少，而二少者，亦一進一退而交於中焉，此其以多爲貴者也。凡此，不唯陰之與陽既爲二物，而迭爲消長，而其一物之中，此二端者又各自爲一物，而迭爲消長，其相與低昂如權衡，其相與判合如符契，固有非人之私智所能取舍而有無者，而況掛扐之數乃七八九六之原，而過揲之數乃七八九六之委，其勢又有輕重之不同。而或者乃欲廢置掛扐，而獨以過揲之數爲斷，則是舍本而取末，去約以就繁，而不知其不可也，豈不誤哉？

【集説】歸氏有光曰：九具於揲，則三奇見於餘；六具於揲，則三耦見於餘；七具於揲，則二耦一奇見於餘；八具於揲，則二奇一耦見於餘。不必反觀其在揲之數，而已舉其要矣。其曰「乾之策二百一十有六，坤之策百四十有四」，「二篇之策萬有一千五百二十」，何也？掛扐雖舉其要，而七八九六之數，仍以在揲之策爲正。七八九六者，自揲之以四而取也，若掛扐之策，因過揲而見者也，故曰「揲之以四以象四時」，又曰「當期之日」而「歸奇以象閏」。

○何氏楷曰：案翼言揲四以象四時，歸奇以象閏。四時，正也；閏，餘也。下文云「乾之策二百一十有六，坤之策百四十有四，凡三百有六十，當期之日，二篇之策萬有一千五百二十，當萬物之數也」，皆以七八九六起數，明乎用正數而不用餘數矣。

【案】歸氏、何氏之説，亦可與朱子相參酌。

邵子曰：五與四四，去掛一之數，則四三十二也；九與八八，去掛一之數，則四六二十四也；五與八八、九與四八，去掛一之數，則四五二十也；九與四四、五與四八，去掛一之數，則四四十六也。故去其三四五六之數，以成九八七六之策，此之謂也。一爻已成，再合四十九策，復分掛揲歸，以成一變，每三變而成一爻，並如前法。

乾之策二百一十有六，坤之策百四十有四，凡三百有六十，當期之日。

「乾之策二百一十有六」者，積六爻之策各三十六而得之也；「坤之策百四十有四」者，積六爻之策各二十有四而得之也。凡三百六十者，合二百一十有六、百四十有四而得之也。「當期之日」者，每月三十日，合十二月爲三百六十也。蓋以氣言之，則有三百六十六日；以朔言之，則有三百五十四日。今舉氣盈朔虛之中數而言，故曰三百有六十也。然少陽之策二十八，積乾六爻之策，則一百六十八；少陰之策三十二，積坤六爻之策，則一百九十二。此獨以老陰陽之策爲言者，以易用九六不用七八也，然二少之合亦三百有六十。

二篇之策，萬有一千五百二十，當萬物之數也。

二篇者，上下經六十四卦也，其陽爻百九十二，每爻各三十六策，積之得六千九百一十二；陰爻百九十二，每爻二十四策，積之得四千六百八，又合二者，爲萬有一千五百二十也。若爲少陽，則每爻二十八策，凡五千三百七十六；少陰，則每爻三十二策，凡六千一百四十四，合之，亦爲萬一千五百二十也。

是故四營而成易，十有八變而成卦，八卦而小成，引而伸之，觸類而長之，天下之能事畢矣。

四營者，四次經營也。分二者，第一營也；掛一者，第二營也；揲四者，第三營也；歸奇者，第四營也。易，變易也，謂揲之一變也，四營成變，三變成爻。一變而得兩儀之象，再變而得四象之象，三變而得八卦之象；一爻而得兩儀之畫，二爻而得四象之畫，三爻而得八卦之畫。四爻成而得其十六者之一，五爻成而得其三十二者之一，至於積七十二營而成十有八變，則六爻見而得乎六十四卦之一矣。然方其三十六營而九變也，已得三畫而八卦之名可見，則内卦之爲貞者立矣，此所謂八卦而小成者也。自是而往，引而伸之，又三十六營九變，以成三畫而再得小成之卦者一，則外卦之爲悔者亦備矣。六爻成，内外卦備，六十四卦之别可見，然後視其爻之變與不變，而觸類以長焉，則天下之事，其吉凶悔吝，皆不越乎此矣。

顯道神德行，是故可與酬酢，可與祐神矣。

道因辭顯，行以數神。酬酢者，言幽明之相應，如賓主之相交也。祐神者，言有以祐助神化之功也。

○卷内蔡氏説爲奇者三，爲耦者二，蓋凡初揲，左手餘一、餘二、餘三皆爲奇，餘四爲耦，至再揲、三揲，則餘三者亦爲耦，故曰奇三而耦二也。

考變占第四

乾卦用九，見群龍无首吉。象曰：用九天德，不可爲首也。**坤卦用六，利永貞。**象曰：用六永貞，以大終也。

用九用六者，變卦之凡例也。言凡陽爻皆用九，而不用七；陰爻皆用六，而不用八。用九，故老陽變爲少陰；用六，故老陰變爲少陽；不用七八，故少陽少陰不變。獨於乾坤二卦言之者，以其在諸卦之首，又爲純陽純陰之卦也，聖人因繫以辭，使遇乾而六爻皆九、遇坤而六爻皆六者，即此而占之。蓋「群龍无首」，則陽皆變陰之象；「利永貞」，則陰皆變陽之義也。餘見六爻變例。歐陽子曰：乾坤之用九用六，何謂也？曰：乾爻七九，坤爻八六，九六變而七八無爲，易道占其變，故以其所占者名爻，不謂六爻皆九六也。及其筮也，七八常多，而九六常少，有無九六者焉，此不可以不釋也。六十四卦皆然，特於乾坤見之，則餘可知耳。○愚案：此説發明先儒所未到最爲有功，其論七八多而九六少，又見當時占法，三變皆掛，如一行説。

凡卦六爻皆不變，則占本卦彖辭，而以内卦爲貞，外卦爲悔。彖辭爲卦下之辭，孔成子筮立衛公子元，遇屯曰「利建侯」；秦伯伐晉，筮之，遇蠱曰：「貞，風也；其悔，山也。」

一爻變，則以本卦變爻辭占。沙隨程氏曰：畢萬遇屯之比，初九變也；蔡墨遇乾之同人，九二變也；晉文公遇大有之睽，九三變也；陳敬仲遇觀之否，六四變也；南蒯遇坤之比，六五變也；晉獻公遇歸妹之睽，上六變也。

【集説】胡氏一桂曰：啓蒙謂，一爻變則以本卦變爻辭占，其下引畢萬所筮，以今觀之，未嘗不取之卦，且不特論一爻，兼取貞悔卦體，似可爲占者法也。觀陳宣公筮公子完之生，尤可見矣。

二爻變，則以本卦二變爻辭占，仍以上爻爲主。經傳無文，今以例推之，當如此。

【集説】胡氏一桂曰：案陳摶爲宋太祖占，亦旁及諸爻與卦體。

三爻變，則占本卦及之卦之彖辭，而以本卦爲貞，之卦爲悔。前十卦主貞，後十卦主悔。凡三爻變者，通二十卦，有圖在後。○沙隨程氏曰：晉公子重耳筮得國，遇貞屯悔豫皆八，蓋初與四五，凡三爻變也，初與五用九變，四用六變，其不變者二三上，在兩卦皆爲八，故云「皆八」，而司空季子占之曰「皆利建侯」。

【集説】胡氏一桂曰：案啓蒙，但云占本卦之卦彖辭，然以晉侯屯豫之占，則并占卦體可見。

○熊氏朋來曰：七八皆不變爻，何以罕言七而專言八？曰：七七，蓍數也；八八，卦數也。

四爻變，則以之卦二不變爻占，仍以下爻爲主。經傳亦無文，今以例推之，當如此。

五爻變，則以之卦不變爻占。穆姜往東宫，筮遇艮之八，史曰「是謂艮之隨」，蓋五爻皆變，唯二得八，故不變也，法宜以「係小子，失丈夫」爲占，而史妄引隨之彖辭以對，則非也。

六爻變，則乾坤占二用，餘卦占之卦彖辭。蔡墨曰「乾之坤」，曰「見群龍无首，吉」是也。然「群龍无首」，即坤之牝馬先迷也；坤之「利永貞」，即乾之不言所利也。

於是一卦可變六十四卦，而四千九十六卦在其中矣。所謂「引而伸之，觸類而長之，天下之能事畢矣」，豈不信哉？今以六十四卦之變，列爲三十二圖，得初卦者自初而終，自上而下；得末卦者自終而初，自下而上。變在第三十二卦以前者，占本卦爻之辭；變在第三十二卦以後者，占變卦爻之辭。凡言初終上下者，據圖而言；言第幾卦、前後者，從本卦起。

		否				遯	姤	乾
	渙	漸	大畜	中孚	无妄	訟	同人	
蠱	未濟	旅	需	睽	家人	巽	履	
井	困	咸	大壯	兌	離	鼎	小畜	
恆					革	大過	大有	
							夬	

	剝				觀			
	比	頤	蒙	艮	晉	損		益
	豫	屯	坎	蹇	萃	節	賁	噬嗑
	謙	震	解	小過		歸妹	既濟	隨
	師	明夷	升			泰	豐	
坤	復	臨						

姤

乾　遯　訟　巽　鼎　大過

同人　履　小畜　大有　夬

否　漸　旅　咸

渙　未濟　困

蠱　井　恆

无妄　家人　離　革

中孚　睽　兌

大畜　需　大壯

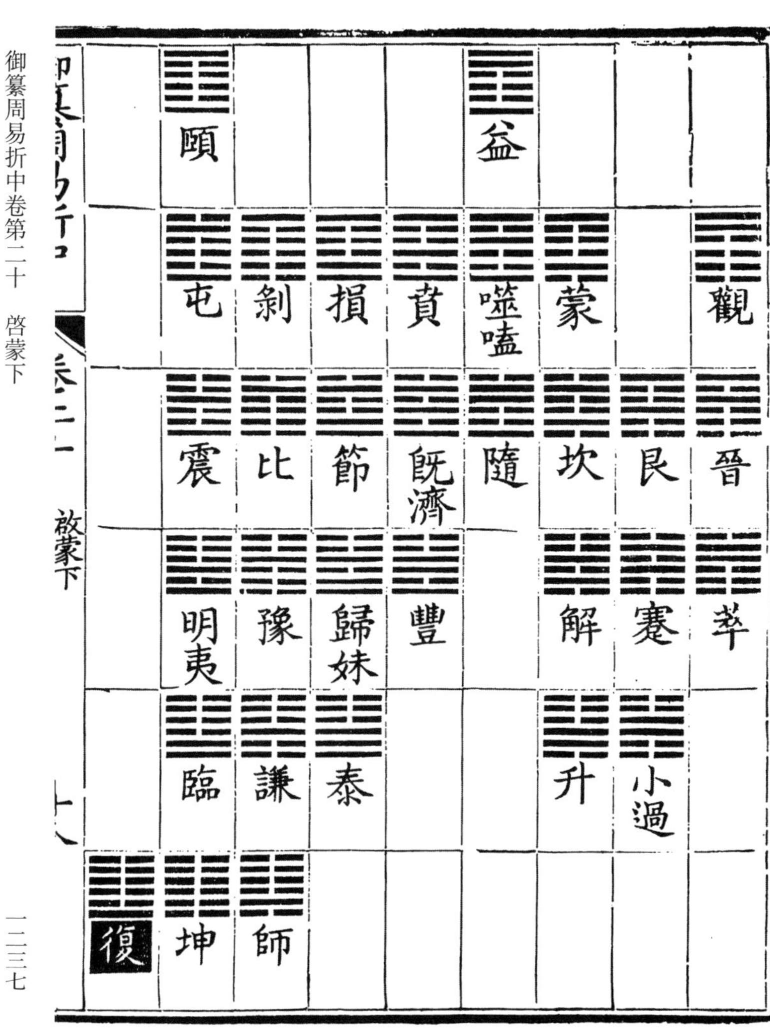
觀
晉
萃
艮
蹇
小過
蒙
坎
解
升
益
噬嗑
隨
賁
既濟
豐
損
節
歸妹
泰
剝
比
豫
謙
師
頤
屯
震
明夷
臨
坤
復
御纂周易折中　卷二十　啟蒙下　十八

同人 遯 姤 訟

乾 否 履 益 賁 巽 觀

无妄 漸 小畜 噬嗑 既濟 鼎 晉 艮

家人 旅 大有 隨 豐 大過 萃 蹇

離 咸 夬 小過

革

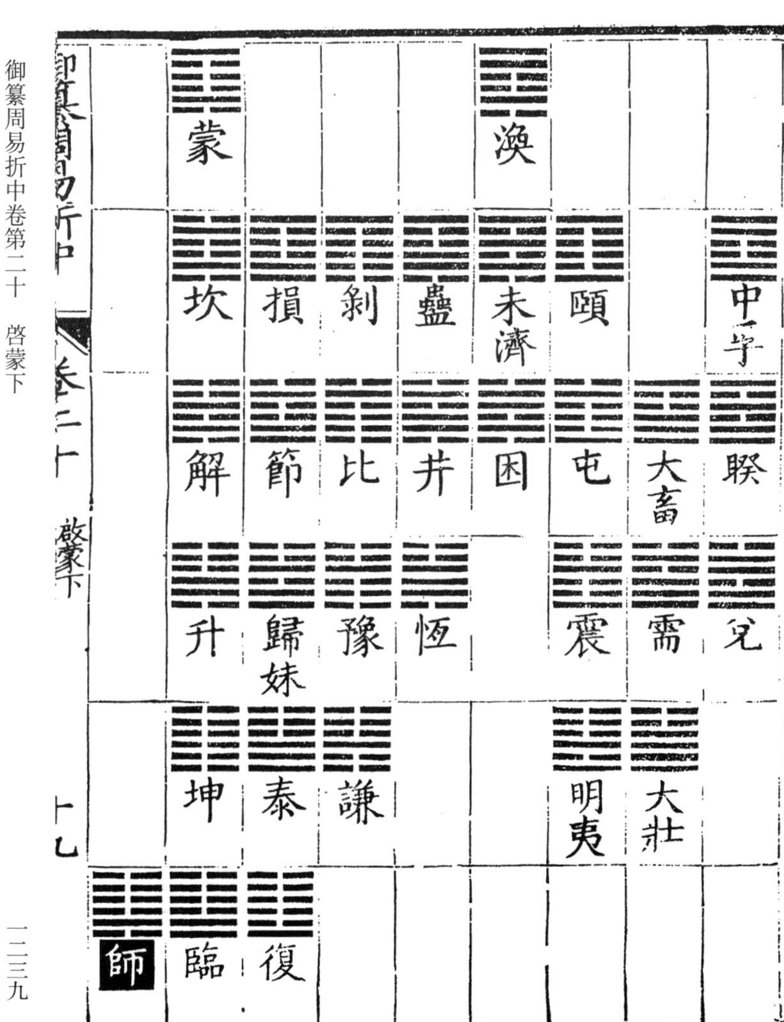
御纂周易折中　卷二十　啓蒙下　十九
中孚
睽
兌
大畜
需
大壯
頤
屯
震
明夷
渙
未濟
困
蠱
井
恆
剝
比
豫
謙
損
節
歸妹
泰
復
蒙
坎
解
升
坤
臨
師

履

訟　无妄　乾　中孚　睽　兌

否　姤　渙　未濟　困

同人　益　噬嗑　隨

小畜　大有　夬

損　節　歸妹

遯　觀　晉　萃

巽　鼎　大過

蒙　坎　解

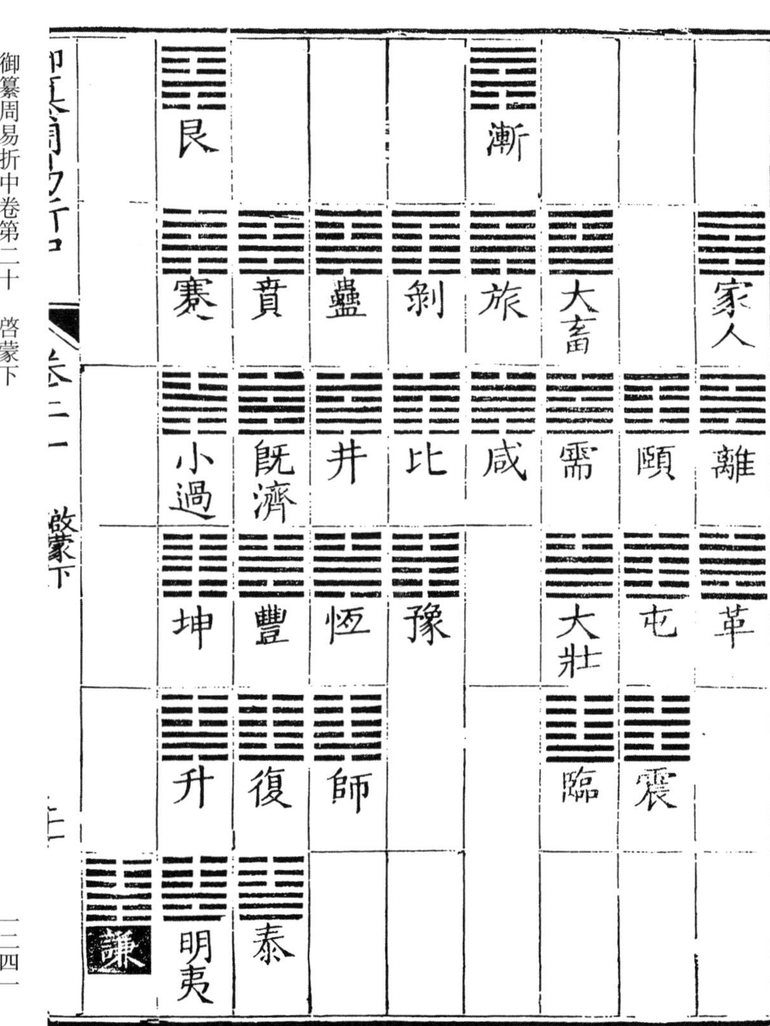
家人
離
革
頤
屯
震
大畜
需
大壯
臨
漸
旅
咸
剝
比
豫
蠱
井
恆
師
賁
既濟
豐
復
泰
艮
蹇
小過
坤
升
明夷
謙

小畜

巽　家人　中孚　乾　大畜　需

漸　渙　姤　蠱　井

益　同人　賁　既濟

履　損　節

大有　夬　泰

觀　遯　艮　蹇

訟　蒙　坎

鼎　大過　升

	晉				否			
	萃	噬嗑	未濟	旅	剝	睽		无妄
	坤	隨	困	咸	比	兑	離	頤
	小過	復	師	謙		臨	革	屯
	解	豐	恆			大壯	明夷	
豫	震	歸妹						

大有	鼎	旅				晉		
	離	未濟	噬嗑	損	小畜	艮	蒙	
	睽	蠱	賁	履	泰	遯	訟	巽
	大畜	姤	同人	歸妹	夬	小過	解	升
	乾	恆	豐					大過
	大壯							

			剝				觀	
頤		中孚	否	漸	渙	益	坤	
无妄	家人	臨	豫	謙	師	復	萃	
震	明夷	兑		咸	困	隨	蹇	
	革	需			井	既濟	坎	
						節	屯	比

		萃				咸	大過	夬
	坎	蹇	泰	節	隨	困	革	
升	解	小過	小畜	歸妹	既濟	井	兌	
巽	訟	遯	大有	履	豐	恆	需	
鼎					同人	姤	大壯	
							乾	

御纂周易折中　卷二十　啓蒙下

			比				坤	
屯		臨	豫	謙	師	復	觀	
震	明夷	中孚	否	漸	渙	益	晉	
无妄	家人	睽		旅	未濟	噬嗑	艮	
	離	大畜			蠱	賁	蒙	
						損	頤	剝

遯

同人　姤　否　漸　旅　咸

乾　无妄　家人　離　革

訟　巽　鼎　大過

觀　晉　萃

艮　蹇　小過

履　小畜　大有　夬

益　噬嗑　隨

賁　既濟　豐

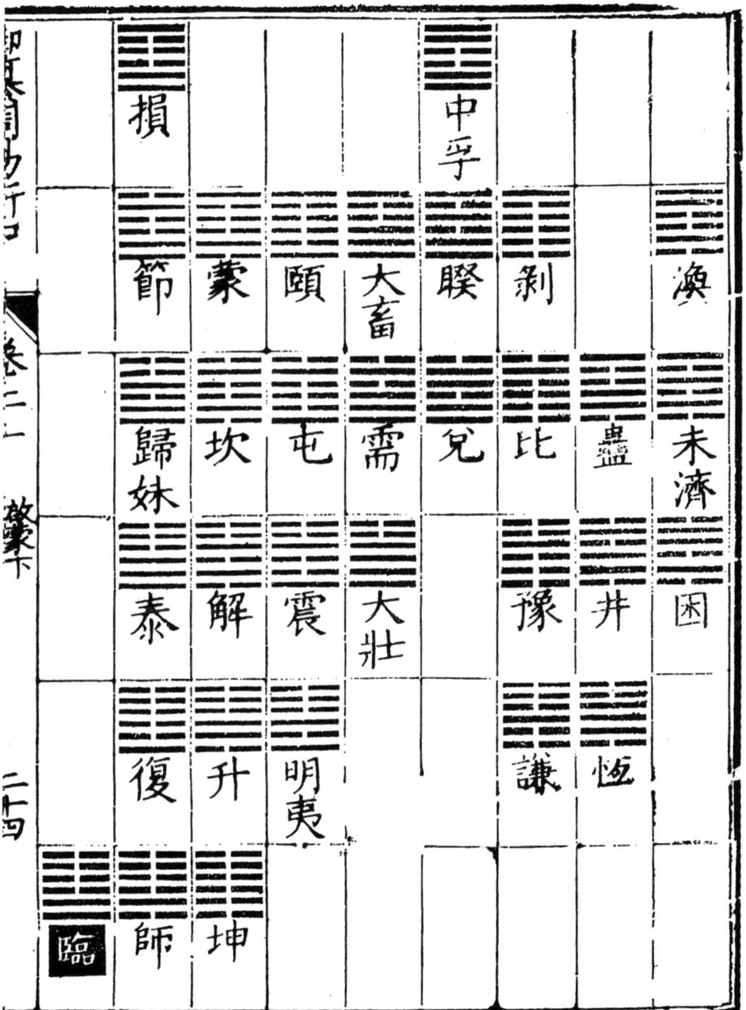

渙　未濟　困

蠱　井　恆

剝　比　豫　謙

中孚　睽　兌

大畜　需　大壯

頤　屯　震　明夷

蒙　坎　解　升　坤

損　節　歸妹　泰　復　師

臨

訟

履　否　姤　渙　未濟　困

无妄　乾　中孚　睽　兌

遯　觀　晉　萃

巽　鼎　大過

蒙　坎　解

同人　益　噬嗑　隨

小畜　大有　夬

損　節　歸妹

			家人				賁	
漸		蠱	離	頤	大畜	艮	既濟	
旅	剝	井	革	屯	需	蹇	豐	
咸	比	恆		震	大壯	小過	復	
	豫	師			臨	坤	泰	
						升	謙	明夷

巽

小畜　漸　渙　姤　蠱　井

家人　中孚　乾　大畜　需

觀　遯　艮　蹇

訟　蒙　坎

鼎　大過　升

益　同人　賁　既濟

履　損　節

大有　夬　泰

	噬嗑				无妄			
	隨	晉	睽	離	頤	未濟		否
	復	萃	兌	革	屯	困	旅	剝
	豐	坤	臨	明夷		師	咸	比
	歸妹	小過	大壯			恆	謙	
震	豫	解						

鼎

大有　旅　未濟　蠱　姤　恆

離　睽　大畜　乾　大壯

晉　艮　遯　小過

蒙　訟　解

巽　升　大過

噬嗑　賁　同人　豐

損　履　歸妹

小畜　泰　夬

	益				頤			
	復	觀	中孚	家人	无妄	渙		剝
	隨	坤	臨	明夷	震	師	漸	否
	既濟	萃	兌	革		困	謙	豫
	節	蹇	需			井	咸	
屯	比	坎						

大過

夬
咸
困
井
恆
姤

革
兌
需
大壯
乾

萃
蹇
小過
遯

坎
解
訟

升
巽
鼎

隨
既濟
豐
同人

節
歸妹
履

泰
小畜
大有

御纂周易折中
卷二十
啓蒙下
二十八
比
豫
否
謙
漸
旅
師
渙
未濟
蠱
屯
震
无妄
明夷
家人
離
臨
中孚
睽
大畜
坤
觀
晉
艮
蒙
復
益
噬嗑
賁
損
剝
頤

无妄	否	訟				姤		
	履	遯	乾	家人	頤	渙	漸	
	同人	觀	中孚	離	屯	未濟	旅	剝
	益	晉	睽	革	震	困	咸	比
	噬嗑	萃	兌					豫
	隨							

	蠱				巽			
	井	大畜	艮	蒙	鼎	賁		小畜
	恆	需	蹇	坎	大過	既濟	損	大有
	師	大壯	小過	解		豐	節	夬
	謙	臨	坤			復	歸妹	
升	泰	明夷						

家人

漸　小畜　益　同人　賁　既濟

巽　觀　遯　艮　蹇

中孚　乾　大畜　需

无妄　頤　屯

離　革　明夷

渙　姤　蠱　井

否　剝　比

旅　咸　謙

	未濟				訟			
	困	睽	晉	鼎	蒙	噬嗑		履
	師	兌	萃	大過	坎	隨	大有	損
	恆	臨	坤	升		復	夬	節
	豫	大壯	小過			豐	泰	
解	歸妹	震						

離

旅　大有　噬嗑　賁　同人　豐

鼎　晉　艮　遯　小過

睽　大畜　乾　大壯

頤　无妄　震

家人　明夷　革

未濟　蠱　姤　恆

剝　否　豫

漸　謙　咸

損　履　歸妹

小畜　泰　夬

益　復　隨　既濟

蒙　訟　解

巽　升　大過

觀　坤　萃　蹇

中孚　臨　兌　需　屯

渙　師　困　井　比　節

坎

革

咸　夬　隨　既濟　豐　同人

大過　萃　蹇　小過　遯

兌　需　大壯　乾

屯　震　无妄

明夷　家人　離

困　井　恆　姤

比　豫　否

謙　漸　旅

			坎				師	
節		復	解	升	坤	臨	渙	
歸妹	泰	益	訟	巽	觀	中孚	未濟	
履	小畜	噬嗑		鼎	晉	睽	蠱	
	大有	賁			艮	大畜	剝	
						頤	損	**蒙**

中孚

渙　益　小畜　履　損　節

觀　巽　訟　蒙　坎

家人　无妄　頤　屯

乾　大畜　需

睽　兌　臨

漸　否　剝　比

姤　蠱　井

未濟　困　師

	旅				遯			
	咸	離	鼎	晉	艮	大有		同人
	謙	革	大過	萃	蹇	夬	噬嗑	賁
	豫	明夷	升	坤		泰	隨	既濟
	恆	震	解			歸妹	復	
小過	豐	大壯						

睽	未濟	晉				旅		
	噬嗑	鼎	離	大畜	中孚	剝	蠱	
	大有	蒙	頤	乾	臨	否	姤	渙
	損	訟	无妄	大壯	兌	豫	恒	師
	履	解	震					困
	歸妹							

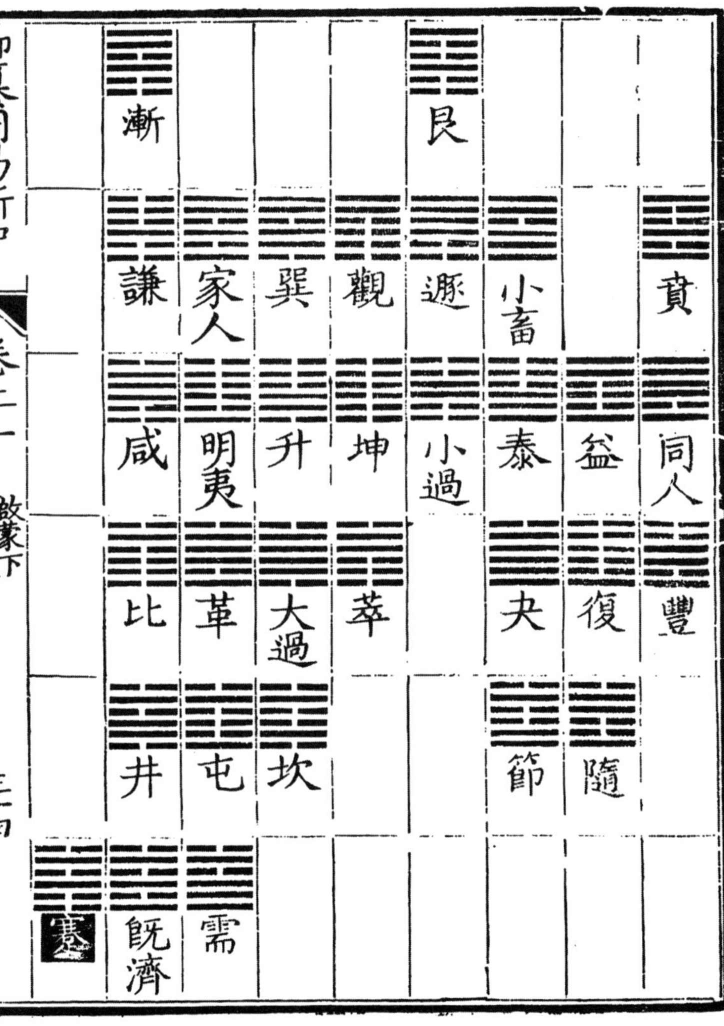

賁
同人
豐
益
復
隨
小畜
泰
夬
節
艮
遯
小過
觀
坤
萃
巽
升
大過
坎
家人
明夷
革
屯
需
漸
謙
咸
比
井
既濟
蹇

兌

困　隨　夬　節　歸妹　履

萃　大過　坎　解　訟

革　屯　震　无妄

需　大壯　乾

臨　中孚　睽

咸　比　豫　否

井　恆　姤

師　渙　未濟

既濟　豐　同人

復　益　噬嗑

泰　小畜　大有　損

蹇　小過　遯

坤　觀　晉

升　巽　鼎　蒙

明夷　家人　離　頤　大畜

謙　漸　旅　剝　蠱　賁

艮

大畜

蠱　賁　損　大有　小畜　泰

艮　蒙　鼎　巽　升

頤　離　家人　明夷

睽　中孚　臨

乾　大壯　需

剝　旅　漸　謙

未濟　渙　師

姤　恆　井

	否				晉			
	豫	无妄	訟	遯	觀	履		噬嗑
	比	震	解	小過	坤	歸妹	同人	益
	咸	屯	坎	蹇		節	豐	復
	困	革	大過			夬	既濟	
萃	隨	兌						

需	井	蹇				比		
	既濟	坎	屯	兌	大壯	咸	困	
	節	大過	革	臨	乾	謙	師	恆
	夬	升	明夷	中孚	大畜	漸	渙	姤
	泰	巽	家人					蠱
	小畜							

御纂周易折中
卷二十
啟蒙下
二十七
隨
復
益
豐
同人
賁
歸妹
履
損
大有
萃
坤
觀
小過
遯
艮
解
訟
蒙
鼎
震
无妄
頤
離
睽
豫
否
剝
旅
未濟
噬嗑
晉

大壯

恆　豐　歸妹　泰　夬　大有

小過　解　升　大過　鼎

震　明夷　革　離

臨　兌　睽

需　大畜　乾

豫　謙　咸　旅

師　困　未濟

井　蠱　姤

御纂周易折中　卷二十　啓蒙下　三十八

	比				坤			
	剝	屯	坎	蹇	萃	節		復
	否	頤	蒙	艮	晉	損	既濟	隨
	漸	无妄	訟	遯		履	賁	噬嗑
	渙	家人	巽			小畜	同人	
觀	益	中孚						

否					
无妄	訟	遯	觀	晉	萃
履	同人	益	噬嗑	隨	
	姤	渙	未濟	困	
	漸	旅	咸		
	剝	比	豫		
乾	中孚	睽	兌		
	家人	離	革		
		頤	屯	震	

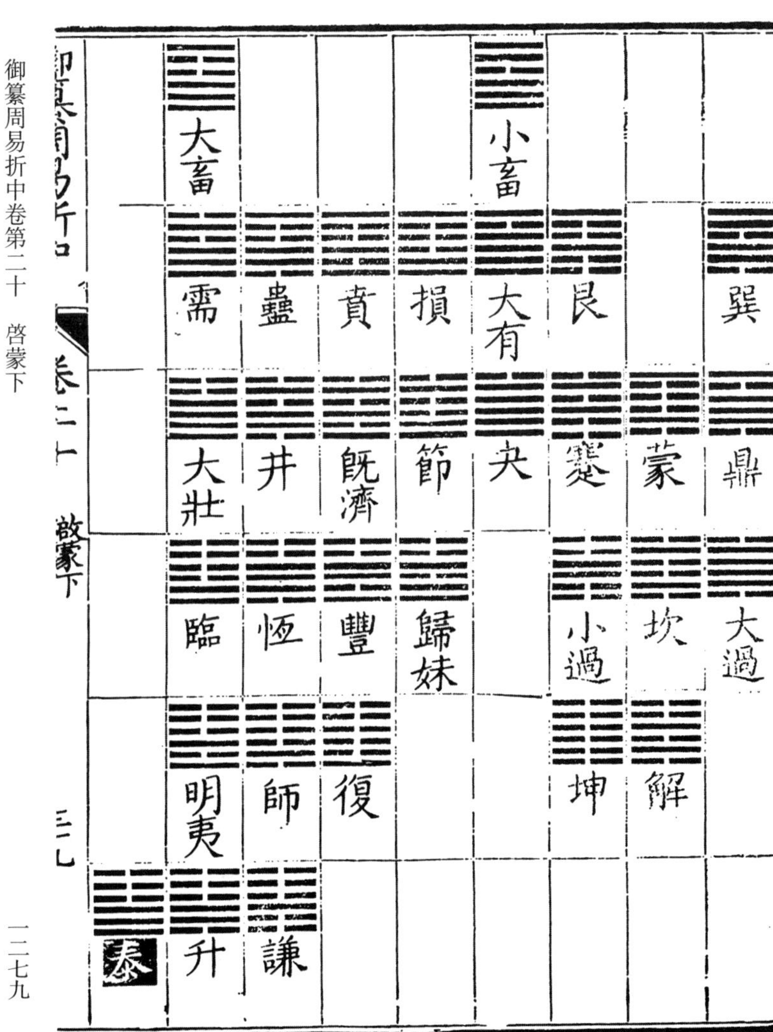
御纂周易折中　卷二十　啓蒙下　三九
巽
鼎
大過
蒙
坎
解
艮
蹇
小過
坤
小畜
大有
夬
損
節
歸妹
賁
既濟
豐
復
蠱
井
恆
師
謙
大畜
需
大壯
臨
明夷
升
泰

漸

家人　巽　觀　遯　艮　蹇

小畜　益　同人　賁　既濟

渙　姤　蠱　井

否　剝　比

旅　咸　謙

中孚　乾　大畜　需

无妄　頤　屯

離　革　明夷

	睽				履			
	兌	未濟	噬嗑	大有	損	晉		訟
	臨	困	隨	夬	節	萃	鼎	蒙
	大壯	師	復	泰		坤	大過	坎
	震	恆	豐			小過	升	
歸妹	解	豫						

		睽				大有	離	旅
	頤	大畜	漸	剝	未濟	噬嗑	鼎	
家人	无妄	乾	謙	否	蠱	賁	晉	
明夷	震	大壯	咸	豫	姤	同人	艮	
革					恆	豐	遯	
							小過	

御纂周易折中　卷二十　啓蒙下

			損				中孚	
蒙		觀	履	小畜	益	渙	臨	
訟	巽	坤	歸妹	泰	復	師	兌	
解	升	萃		夬	隨	困	需	
	大過	蹇			既濟	井	屯	
						比	坎	節

咸

革　大過　萃　蹇　小過　遯

夬　隨　既濟　豐　同人

困　井　恆　姤

比　豫　否

謙　漸　旅

兌　需　大壯　乾

屯　震　无妄

明夷　家人　離

	臨				節			
	中孚	師	復	泰	歸妹	坤		坎
	睽	渙	益	小畜	履	觀	升	解
	大畜	未濟	噬嗑	大有		晉	巽	訟
	頤	蠱	賁			艮	鼎	
損	蒙	剝						

渙	中孚	益				家人		
	觀	小畜	漸	姤	未濟	无妄	乾	
	巽	履	否	蠱	困	頤	大畜	睽
	訟	損	剝	井	師	屯	需	兌
	蒙	節	比					臨
	坎							

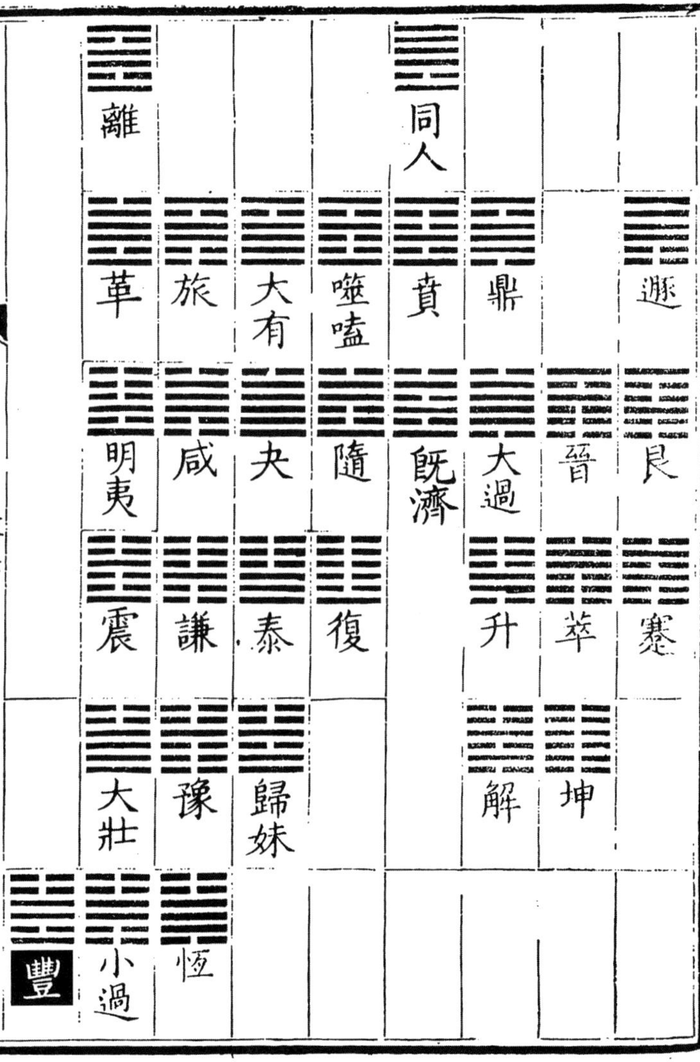

遯　艮　蹇

晉　萃　坤

鼎　大過　升　解

同人　賁　既濟

噬嗑　隨　復

大有　夬　泰　歸妹

旅　咸　謙　豫　恆

離　革　明夷　震　大壯　小過

豐

未濟

睽　晉　鼎　蒙　訟　解

噬嗑　大有　損　履　歸妹

旅　剝　否　豫

蠱　姤　恆

渙　師　困

離　頤　无妄　震

大畜　乾　大壯

中孚　臨　兌

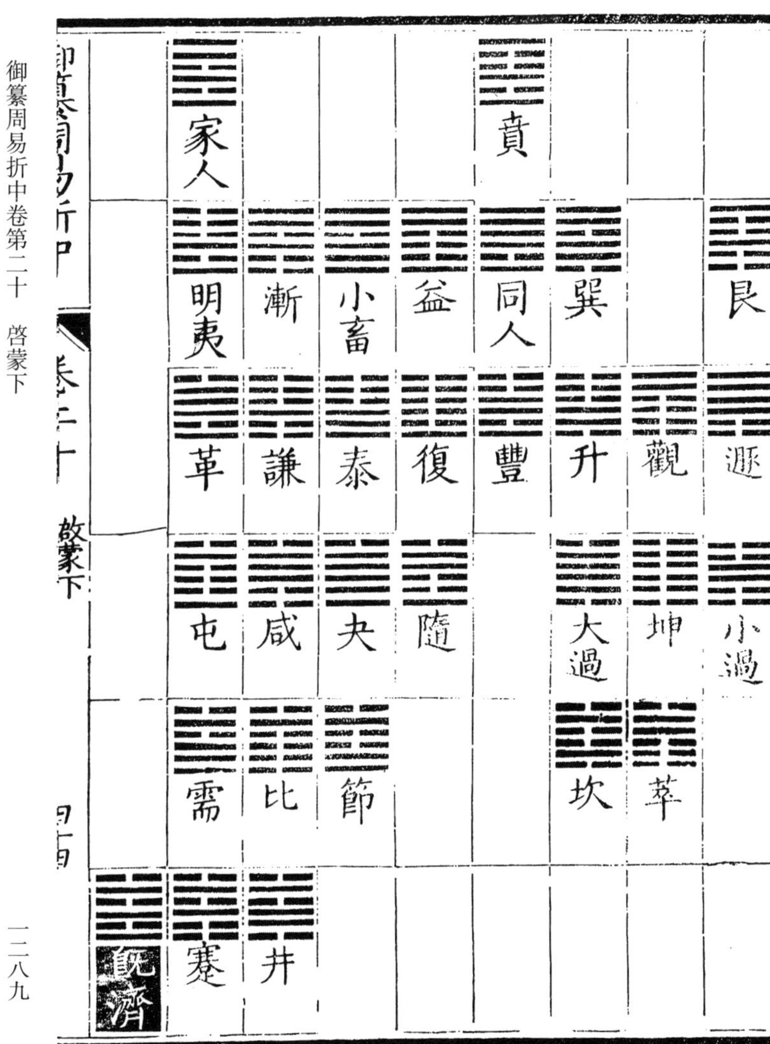

艮
遯
小過
觀
坤
萃
巽
升
大過
坎
賁
同人
豐
益
復
隨
小畜
泰
夬
節
漸
謙
咸
比
井
家人
明夷
革
屯
需
蹇
既濟

困

兌　萃　大過　坎　解　訟

隨　夬　節　歸妹　履

咸　比　豫　否

井　恆　姤

師　渙　未濟

革　屯　震　无妄

需　大壯　乾

臨　中孚　睽

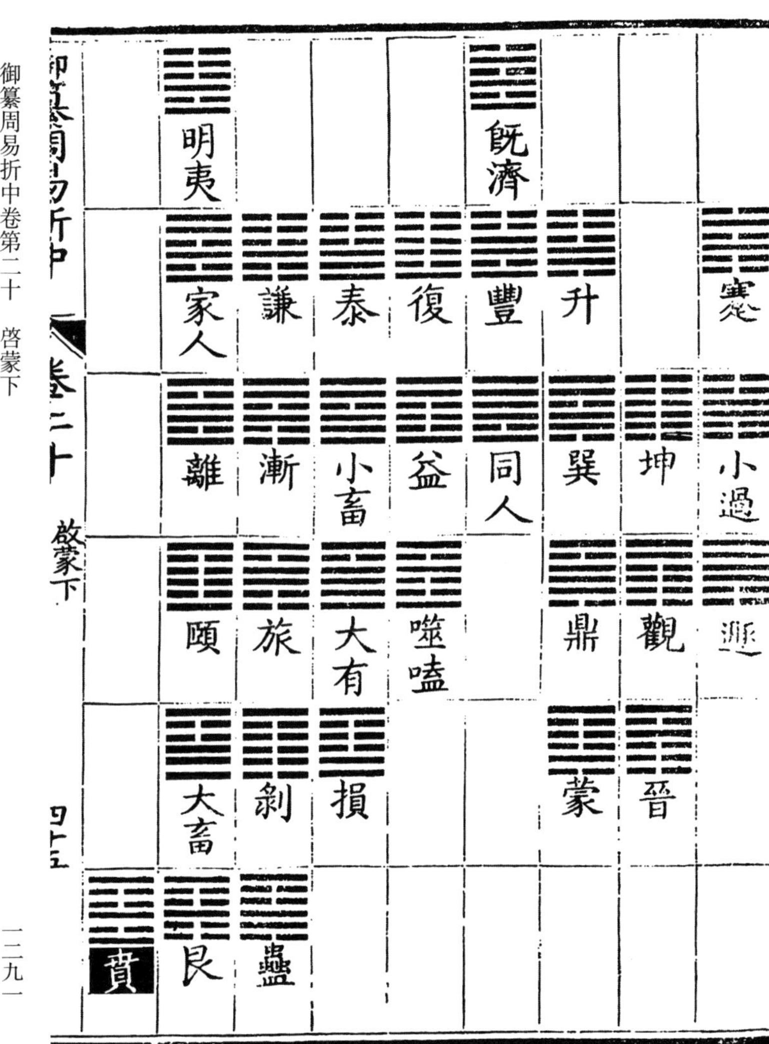

御纂周易折中　卷二十　啓蒙下　四十五
蹇
小過
遯
坤
觀
晉
升
巽
鼎
蒙
旣濟
豐
同人
復
益
噬嗑
泰
小畜
大有
損
謙
漸
旅
剝
蠱
明夷
家人
離
頤
大畜
艮
賁

蠱	大畜	賁				頤		
	艮	損	剝	未濟	姤	離	睽	
	蒙	大有	旅	渙	恆	家人	中孚	乾
	鼎	小畜	漸	師	井	明夷	臨	大壯
	巽	泰	謙					需
	升							

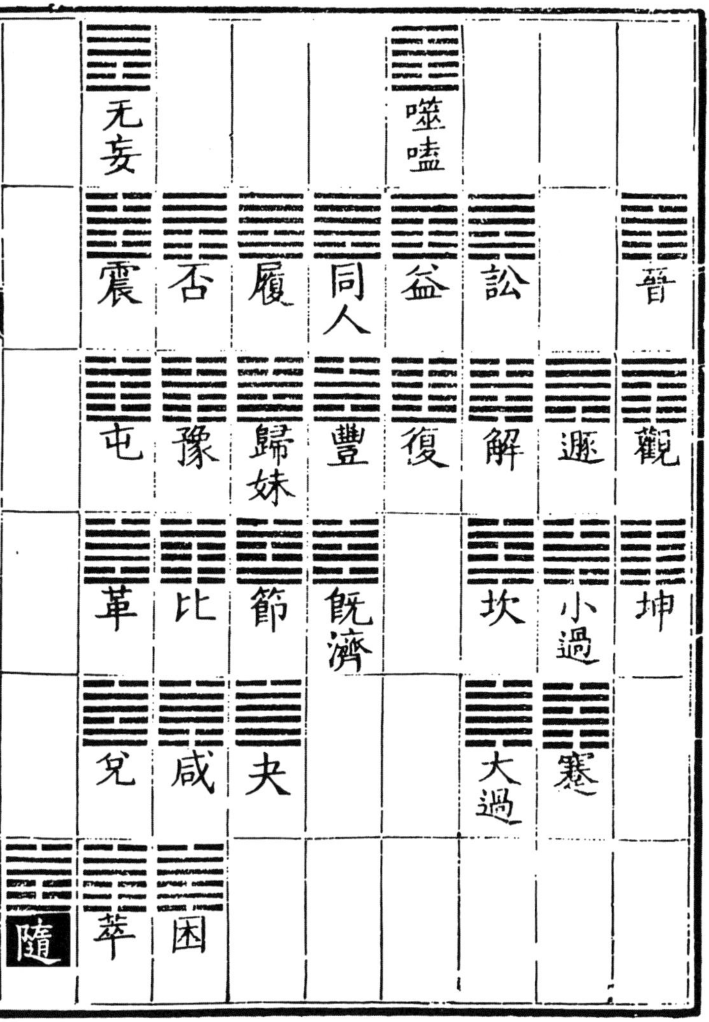

			噬嗑				无妄	
晉		訟	益	同人	履	否	震	
觀	遯	解	復	豐	歸妹	豫	屯	
坤	小過	坎		既濟	節	比	革	
	蹇	大過			夬	咸	兑	
						困	萃	隨

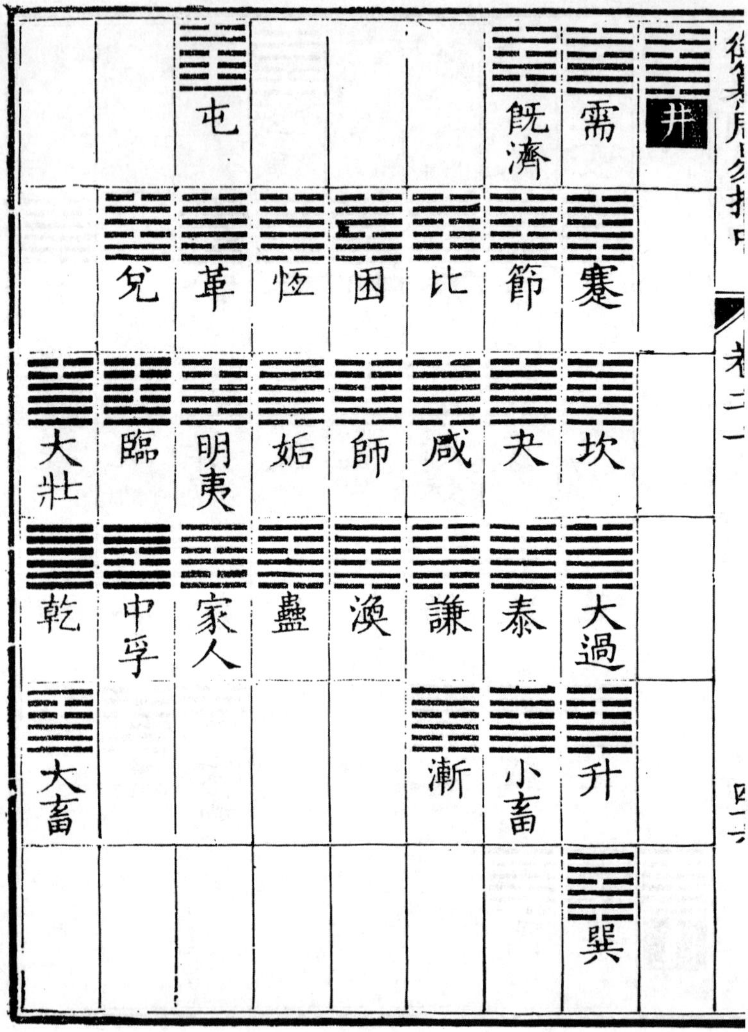

井	需	既濟				屯		
	蹇	節	比	困	恆	革	兌	
	坎	夬	咸	師	姤	明夷	臨	大壯
	大過	泰	謙	渙	蠱	家人	中孚	乾
	升	小畜	漸					大畜
	巽							

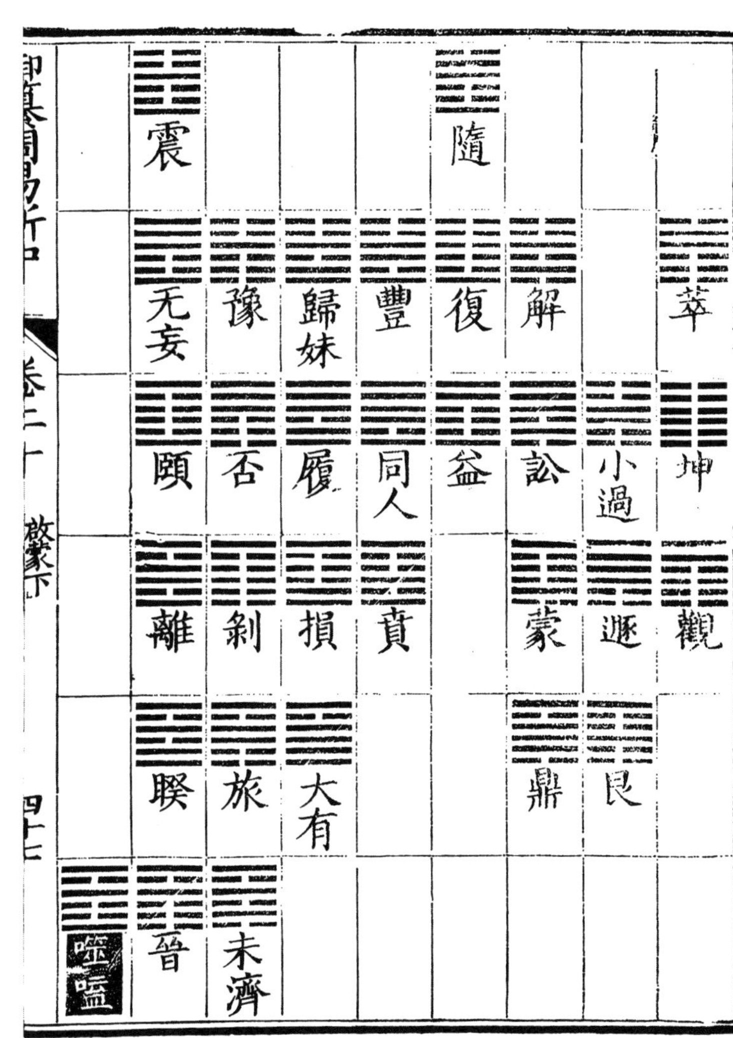

御纂周易折中
卷二十
啓蒙下
四十七
萃
坤
觀
小過
遯
艮
解
訟
蒙
鼎
隨
復
益
豐
同人
賁
歸妹
履
損
大有
豫
否
剝
旅
未濟
震
无妄
頤
離
睽
晉
噬嗑

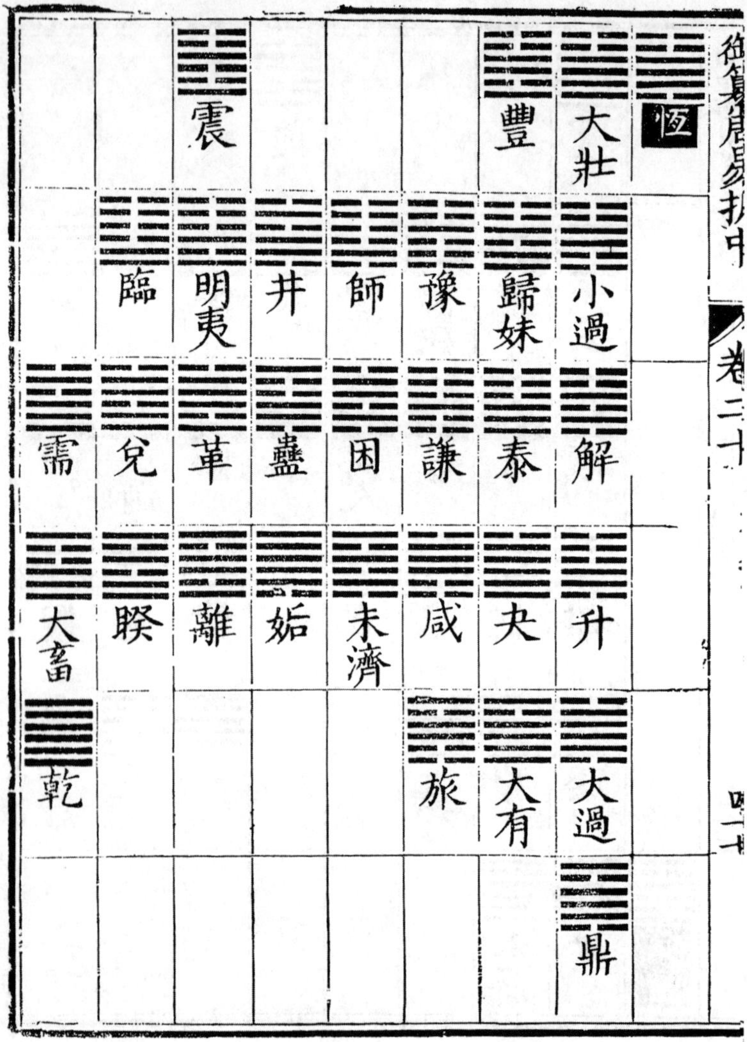

恆

大壯　小過　解　升　大過　鼎

豐　歸妹　泰　夬　大有

豫　謙　咸　旅

師　困　未濟

井　蠱　姤

震　明夷　革　離

臨　兌　睽

需　大畜　乾

坤
萃
晉
蹇
艮
遯
坎
蒙
訟
巽
復
隨
噬嗑
既濟
賁
同人
節
損
履
小畜
比
剝
否
漸
渙
屯
頤
无妄
家人
中孚
觀
益
御纂周易折中　卷二十　啓蒙下　四十

以上三十二圖，反復之則爲六十四圖，圖以一卦爲主，而各具六十四卦，凡四千九十六卦，與焦贛易林合。然其條理精密，則有先儒所未發者，覽者詳之。

【集説】胡氏一桂曰：焦延壽卦變法，以一卦變爲六十四卦，六十四卦通變四千九十六卦，而卦變之次，本之文王序卦。且如以乾爲本卦，其變首坤，次屯蒙，以至未濟；又如以未濟爲本卦，其變亦首乾，次坤屯，以至既濟。每一卦變六十三卦，通本卦成六十四卦。紫陽夫子以爻變多寡順而列之，以定一卦所變之序，又以乾卦所變之次引而伸之，爲六十四卦所變相承之序，然後次第秩然，各得其所，雖出於焦，而比焦尤密。

【案】朱子三十二圖，其次第最爲詳密，而後學之疑義有二：一曰筮法用九六，不用七八，今四爻、五爻變者，用之卦之不變爻占，則是兼用七八也。二曰周公未繫爻之先，則彖辭之用有所不周也。三代筮法既不盡傳，今惟以經傳爲據而推之，則用九、用六，經文甚明，而用七八者，諸書皆無明文。惟杜預以爲夏商用之，先儒已摘其非矣。考之春秋内外傳，蓋無論變與不變，及變之多寡，皆論卦之體、象與其彖辭，即一爻變者，雖占爻辭，而亦必先以卦之體、象與其彖辭爲主，則知古人占法，未有爻辭之先，即彖辭而已周於用，既有爻辭之後，則但以專動者占，而初亦不離乎彖辭以爲斷也。惟其一卦可變爲六十四，則兩卦相參，而可以盡事物之理，故卦之有變者，意主於生卦，不主於成爻，爻之有變者，專動則有占，雜動則無占，如是則傳記之文皆合，而學者之疑可釋矣。至内外傳言得八者三，一曰泰之八，則不變者也；一曰貞屯悔豫皆八，則三爻變者也；一曰艮之八，爲艮之隨，則五爻變者也。諸儒以八爲不動之爻，考之文意，似未符協。蓋三占者，雖變數不同，然皆無專動之爻，則其爲用卦一也。卦以八成，故以八識卦，猶之爻以九六成，則以九六識爻云爾。觀朱子之圖者，更須以左傳、國語諸書互相參考。

御纂周易折中卷第二十一

啓蒙附論

朱子之作啓蒙，蓋因以象數言易者，多穿穴而不根，支離而無據，然易之爲書，實以象數而作，又不可略焉而不講也。且在當日，言圖書、卦畫、蓍數者，皆創爲異論以毁成法，師其獨智而呰先賢，故朱子述此篇以授學者，以爲欲知易之所以作者，於此可得其門户矣。今摭圖書、卦畫、蓍數之所包藴，其錯綜變化之妙，足以發朱子未盡之意者凡數端，各爲圖表而繫之以説，蓋所以見圖書爲天地之文章，立卦生蓍爲聖神之制作，萬理於是乎根本，萬法於是乎權輿，斷非人力私智之所能參，而世之紛紛撰擬、屑屑疑辨皆可以熄矣。

河圖陽動陰靜圖

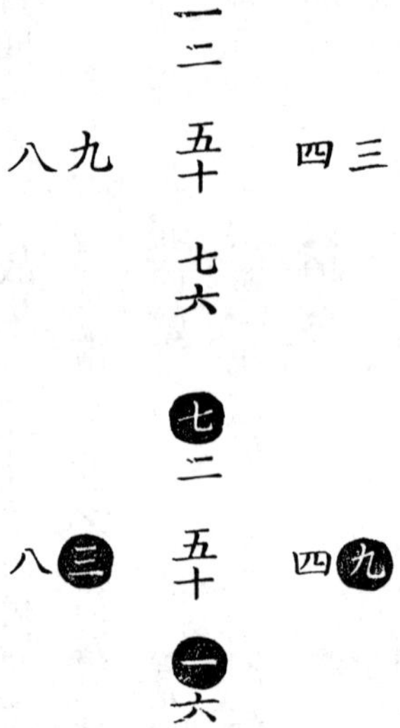

一二
三四　五十　九八
七六

七二
九四　五十　三八
一六

河圖陽靜陰動圖

七六
九八　五十　三四
一二

七二
九四　五十　三八
一六

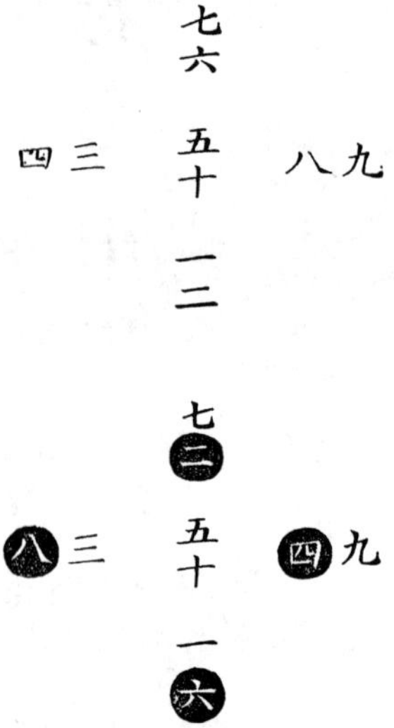

洛書陽動陰靜圖

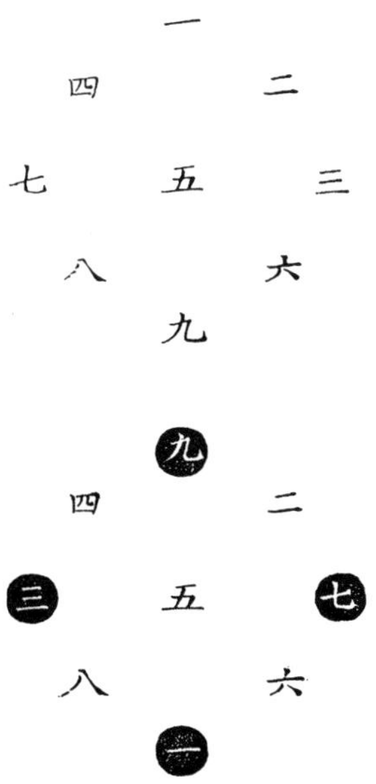

三　七
二　六　二　六
一　五　九　九　五　一
四　八　四　八
七　三

洛書陽靜陰動圖

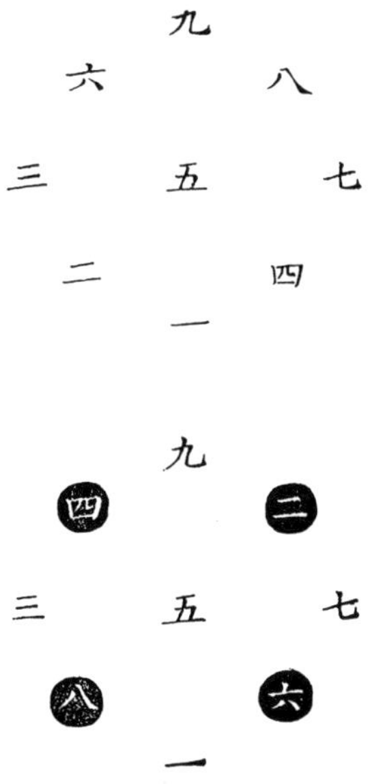

七　七
八　四　二　六
九　五　一　九　五　一
六　二　四　八
三　三

大傳言河圖，曰一二，曰三四，曰五六，曰七八，曰九十，則是以兩相從也。大戴禮言洛書，曰二九四，曰七五三，曰六一八，則是以三相從也。是故原河圖之初，則有一便有二，有三便有四，至五而居中，有六便有七，有八便有九，至十而又居中，順而布之，以成五位者也。原洛書之初，則有一二三便有四五六，有四五六便有七八九，層而列之，以成四方者也。若以陽動陰靜而論，則數起於上，故河圖之一二本在上也，三四本在右也，六七本在下也，八九本在左也；洛書之一二三四五六七八九本自上而下也，於是陽數動而交易，陰數靜而不遷，則成河圖、洛書之位矣。如以陽靜陰動而論，則數起於下，故河圖之一二本在下也，三四本在左也，六七本在上也，八九本在右也；洛書之一二三四五六七八九本自下而上也，於是陽數靜而不遷，陰數動而交易，則又成河圖、洛書之位矣。蓋其以兩相從者，如有天則有地也，有君則有臣也，有夫則有婦也；以三相從者，如有天地則有人也，有君臣則有民也，有父母則有子也。陽動陰靜者，如乾君而坤藏也，君令而臣從也，夫行而婦順也，自上而下以用而言者也；陽靜陰動者，如乾主而坤役也，君逸而臣勞也，父安居而妻子勤職也，自內而外以體而言者也。同本相從，以成合一之功；動靜相資，以播生成之化。造化人事之妙窮於此矣。先後天圖象之精蘊，莫不於此乎出也。

自洛書以三三積數爲數之原，而自四以下皆以爲法焉，何則？三者，天數也，故其象圓，如前圖居四方與居四隅者，或動或靜，居中者，一定不易。而各成縱橫，皆十五之數矣。四者，地數也，故其象方，如後圖居中、居四隅與居四方者，或動或靜，亦各成縱橫，皆三十四之數矣。自五五以下，皆以三三圖爲根；自六六以下，皆以四四圖爲根，而四四圖又實以三三圖爲根。故洛書爲數之原，不易之論也。今附四四圖如左以相證明，其餘具數學中，不悉載。

一	二	三	四
五	六	七	八
九	十	十一	十二
十三	十四	十五	十六

一	十五	十四	四
十二	六	七	九
八	十	十一	五
十三	三	二	十六

十六	二	三	十三
五	十一	十	八
九	七	六	十二
四	十四	十五	一

此以十六數，自左而右、自上而下列之。第一圖。其居中與居四隅者不易，而居四方者交易，則成縱橫皆三十四之數。第二圖。若居四方者不易，而居中與居四隅者交易，亦成縱橫皆三十四之數。第三圖。

十三	十四	十五	十六
九	十	十一	十二
五	六	七	八
一	二	三	四

十三	三	二	十六
八	十	十一	五
十二	六	七	九
一	十五	十四	四

四	十四	十五	一
九	七	六	十二
五	十一	十	八
十六	二	三	十三

此以十六數，自右而左、自下而上列之。第一圖。用前法變爲兩圖。第二圖、第三圖。並得縱横皆三十四之數，但其不易者即前之交易者，而其交易者即前之不易者。此第二圖同前第三圖，此第三圖同前第二圖。蓋亦陰陽互爲動靜之理云。

河圖加減之原

一用中兩率，三七相加爲十，以一減之得九，以九減之得一。

三若用一九相加亦爲十，以三減之得七，以七減之得三。

七

九

二用中兩率，四六相加爲十，以二減之得八，以八減之得二。

四若用二八相加亦爲十，以四減之得六，以六減之得四。

六

八

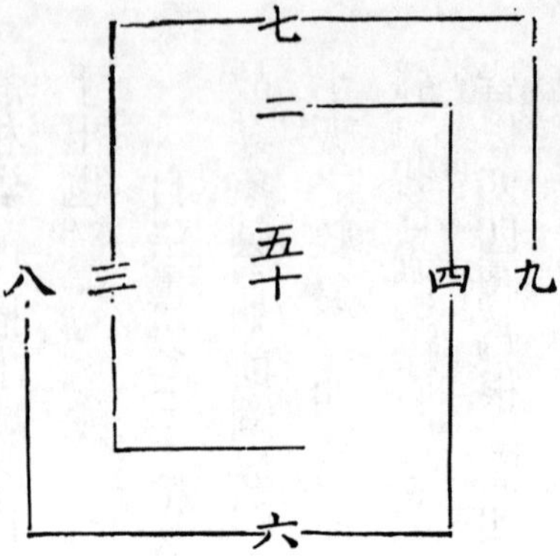

九 七 二 四 五十 三 八 六

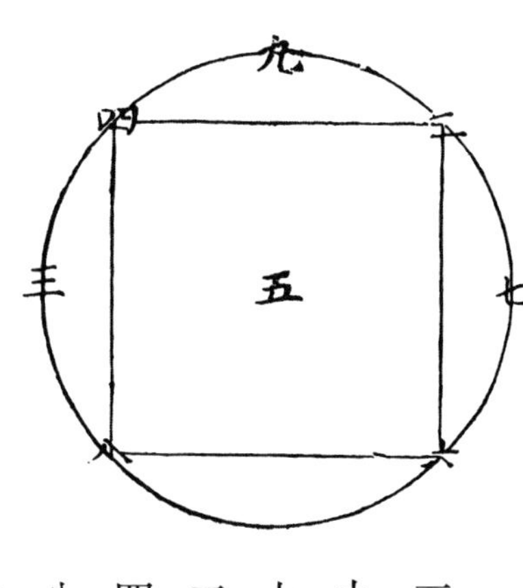

洛書乘除之原

一用中兩率，三九相乘爲二十七，以一除之得二十七，以二十七除三之得一。

九若用一與二十七相乘，以三除之得九，以九除之得三。

七

二用中兩率，四八相乘爲三十二。以二除之得十六，以十六除之得二。

四

八若用二與十六相乘，以四除之得八，以八除之得四。

六

大傳曰：天一地二，天三地四，天五地六，天七地八，天九地十。天地之數皆自少而多，多而復還於少，此加減之原也。又曰：參天兩地而倚數。天數以三行，地數以二行，此乘除之原也。是故河圖以一二爲數之體之始，洛書以三二爲數之用之始。然洛書之用，始於參兩者，以參兩爲根也，實則諸數循環，互爲其根，莫不寓乘除之法焉，而又皆以加減之法爲之本。今推得洛書加減之法四，乘除之法十六，積方之法五，句股之法四，各爲圖表以明之，如左。

洛書加減四法

一、用奇數，左旋相加，得相連之耦數。

一加三爲四。　三加九爲十二。

九加七爲十六。　七加一爲八。

若用奇數，減左旋相連之耦數，得右旋相連之奇數。

三減四爲一。　九減十二爲三。

七減十六爲九。　一減八爲七。

一、用耦數，左旋相加，得相連之耦數。

二加六爲八。　六加八爲十四。

八加四爲十二。　四加二爲六。

若用耦數，減左旋相連之耦數，得右旋相連之耦數。

六減八爲二。　八減十四爲六。

四減十二爲八。　二減六爲四。

一、用奇數，右旋加耦數，得相連之奇數。

一加六爲七。　七加二爲九。

九加四爲十三。　三加八爲十一。

若用奇數，減相連之奇數，得相連之耦數。

一減七爲六。　七減九爲二。

九減十三爲四。　三減十一爲八。

一、用耦數，右旋加奇數，得相對之奇數。

二加九爲十一。　四加三爲七。

八加一爲九。　六加七爲十三。

若用奇數，減相對之奇數，得相連之耦數。

九減十一爲二。　三減七爲四。

一減九爲八。　七減十三爲六。

洛書乘除十六法

一、用三，左旋乘奇數，得相連之奇數。

三三如九。　三九二十七。

三七二十一。　三一如三。

一、用八，左旋乘耦數，得相連之耦數。

八八六十四。　八四三十二。

八二一十六。　八六四十八。

一、用三，左旋乘耦數，得相連之耦數。

三四一十二。　三二如六。

三六一十八。　三八二十四。

一、用八，左旋乘奇數，得相連之耦數。

八三二十四。　八九七十二。

八七五十六。　八一如八。

一、用二，右旋乘耦數，得相連之耦數。

二三如四。　二四如八。

二八一十六。　二六一十二。

一、用七，右旋乘奇數，得相連之奇數。

七七四十九。　七九六十三。

七三二十一。　七一如七。

一、用二，右旋乘奇數，得隔二位之耦數。

二九一十八。　二三如六。

二一如二。　二七一十四。

一、用七，右旋乘耦數，得相連之耦數。

七二一十四。　七四二十八。

七八五十六。　七六四十二。

一、用一，乘奇數，得本位之奇數。

一一如一。　一三如三。

一九如九。　一七如七。

一、用六，乘耦數，得本位之耦數。

六六三十六。　六八四十八。

六四二十四。　六二一十二。

一、用一，乘耦數，得本位之耦數。

一二如二。　一四如四。

一八如八。　一六如六。

一、用六，乘奇數，得相連之耦數。

六七四十二。　六九五十四。

六三一十八。　六一如六。

一、用四，乘耦數，得相對之耦數。

四四一十六。　四六二十四。

四二如八。　四八三十二。

一、用九，乘奇數，得相對之奇數。

九九八十一。　九一如九。

九三二十七。　九七六十三。

一、用四，乘奇數，得隔二位之耦數。

四九三十六。　四七二十八。

四一如四。　四三一十二。

一、用九，乘耦數，得相對之耦數。

九二一十八。　九八七十二。

九四三十六。　九六五十四。

凡除法，除其所得之數，得其所乘之數。

洛書乘除十六法，可約爲八法，何則？五者，河洛之中數，自此以上，由五以生，五加一爲六，六減五爲一，是六與一同根也；五加二爲七，七減五爲二，是七與二同根也；三八、四九，其理如之。今用三與八，左旋乘奇耦，而皆得相連之奇耦，可以知八即三矣；用二與七，右旋乘奇耦，而皆得相連之奇耦，可以知七即二矣。内惟二乘奇數，得隔一位之耦數者，其所得即相連奇位同根之數，猶之乎相連也。如二九一十八，八與三同根，得八猶之得相連之三也。餘放此。用一與六乘，而皆得本位之奇耦，可以知六即一矣。内惟六乘奇數，得相連之耦數者，其所得即本位同根之數，猶之乎本位也。如六七四十二，七與二同根，得二猶之得本位之七也。餘放此。用四與九，乘而皆得對位之奇耦，可以知九即四矣。內惟四乘奇數，得隔二位之耦數者，其所得即對位同根之數，猶之乎對位也。如四九三十六，六與一同根，得六猶之得對位之一也。餘放此。其但得同根之數者何？凡奇乘耦、〔一〕耦乘耦，所得皆耦數而同。如三四一十二，八四亦三十二。奇乘奇，其得數爲奇，若耦乘奇，不能得奇數而同，故但得其同根之耦數也。如三三爲九，八三二十四，九與四同根，得四猶之得九也。所以一六、二七、三八、四九，在河圖則四方之相配，在洛書則正隅之相連，以其數之生於中五而同根也。

數有合數，有對數。合數生於五，對數成於十。一六、二七、三八、四九，此合數也，皆相減而爲五者也；一九、二八、三七、四六，此對數也，皆相併而爲十者也。在河圖，則合數同方而對數相連；在洛書，則合數相連而對數相對。相合之相從者，六從一也，七從二也，八從三也，九從四也。如前乘除十六法。相對之相從者，九

〔一〕凡奇乘耦：凡，原作「几」，薈要本作「几」，此據局本、四庫本改。

從一也，八從二也，七從三也，六從四也。如後積方五法。凡以合數共乘一數，所得之數必同。乘耦既同數，乘奇則同根。若各自乘焉，則又必合矣。如三三得九，八八六十四。以對數共乘一數，所得之數必對。如三三得九，七三二十一。若各自乘焉，則又必同矣。如一一得一，九九亦八十一；二二得四，八八亦六十四。是以自乘之數，相合之相從者，此得自數，則彼亦得自數也；如一得一，六得六。此得對數，則彼亦得對數也；如四得六，九得一。此得連數，則彼亦得連數也。如三得九，八亦得四；二得四，七亦得九。相對之相從者，此得自數，則彼得對數也；如一得一，九亦得一；六得六，四亦得六。此得連數，則彼亦得連數也。如三得九，七亦得九；二得四，八亦得四。要皆會於一六四九而齊焉。故開平方之自乘數，止於一六四九，而洛書之位，一六四九居上下以爲經，二七三八居左右以爲緯者，此也。

洛書對位成十互乘成百圖

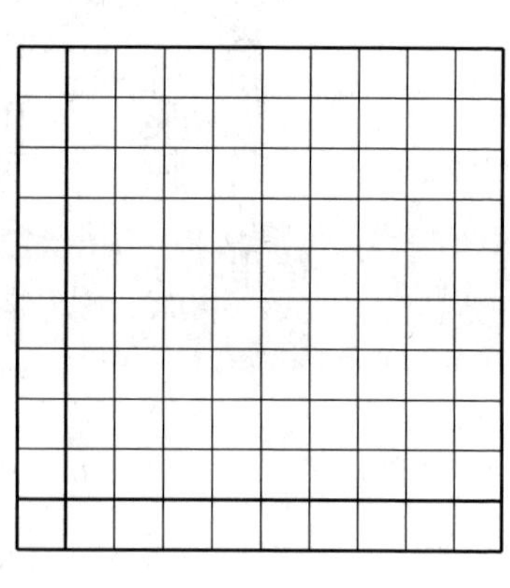

一與九對成十。十自乘，其積一百。九自乘八十一，一自乘一，一乘九、九乘一俱爲九，共十八，合之一百。與十自乘，積同。

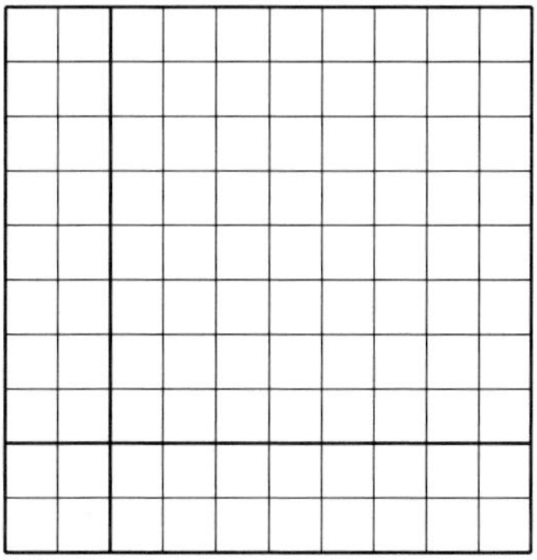

二與八對成十。八自乘六十四，二自乘四，二乘八、八乘二俱十六，共三十二，合之一百。

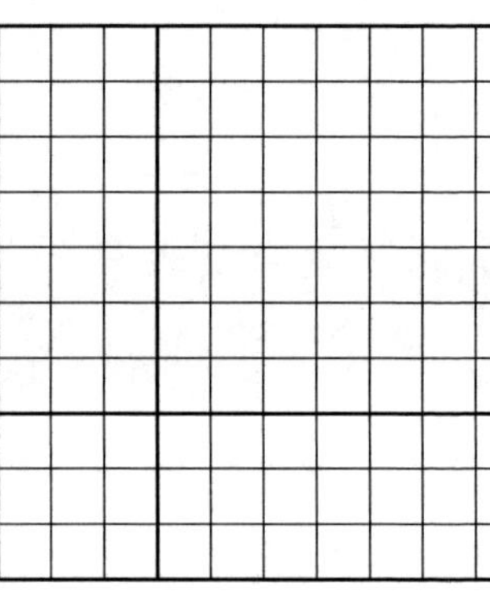

三與七對成十。七自乘四十九，三自乘九，三乘七、七乘三俱二十一，共四十二，合之一百。

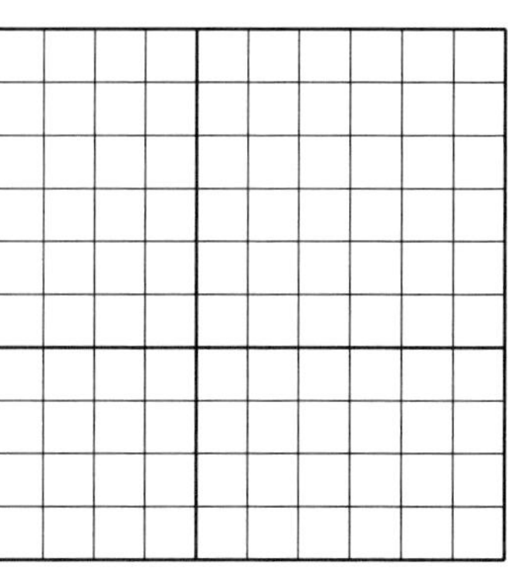

四與六對成十。六自乘三十六，四自乘十六，四乘六、六乘四俱二十四，共四十八，合之一百。

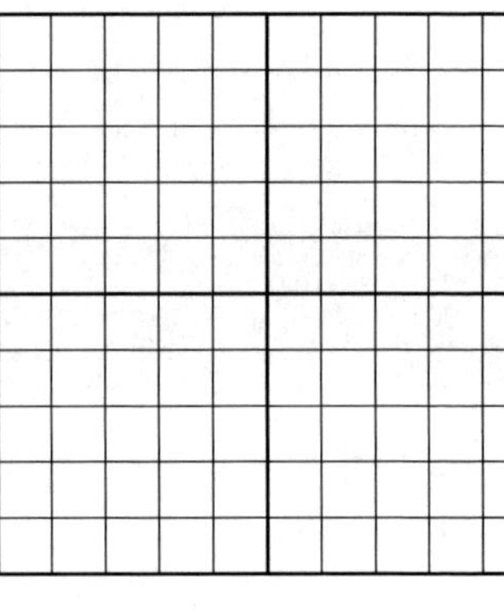

中五含五成十。五自乘二十五，又五自乘二十五，又五五互乘各二十五，共五十，合之一百。

洛書句股圖

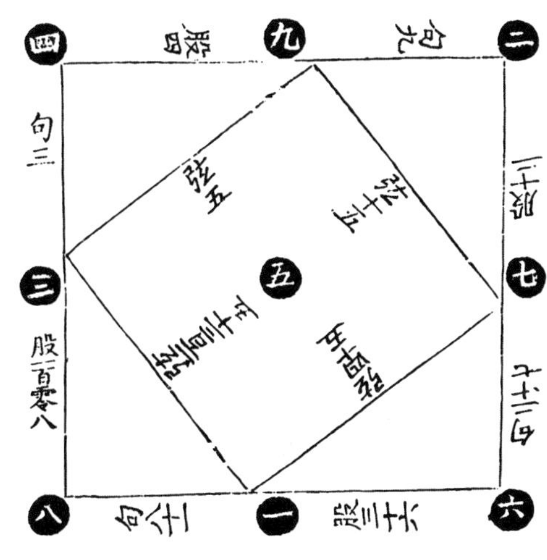

句三、股四、弦五。

句九、股十二、弦十五。

句二十七、股三十六、弦四十五。

句八十一、股一百零八、弦一百三十五。

此洛書四隅合中方而寓四句股之法者，推之至於無窮。法皆視此。

河洛未分未變方圖

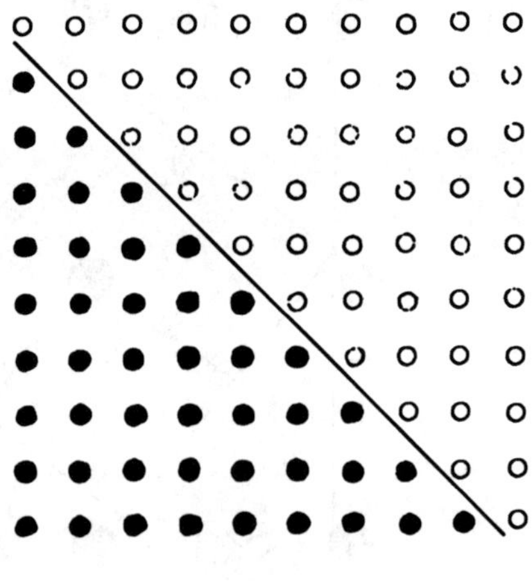

河圖之數五十有五，洛書之數四十有五，合爲一百，此天地之全數也。以一百之全數爲斜界，而中分之，則自一至十者，積數五十有五，自一至九者，積數四十有五，二者相交而成河洛數之兩三角形矣。凡積數自少而多，必以三角而破百數之全方，以爲三角，其形不離乎此二者，下諸圖之根，實出於此。

河洛未分未變三角圖

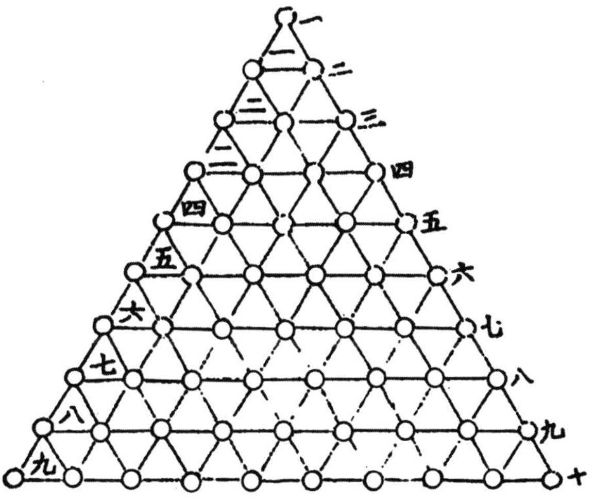

河圖之數自一至十，洛書之數自一至九，象之已分者也。圖則生數居內，成數居外；書則奇數居正，耦數居偏，位之已變者也。如前圖，破全方之百數，以爲河洛二數，又就點數十位，中涵冪形之九層，以爲河洛合一之數，則雖其象未分，其位未變，而陰陽相包之理，三極互根之道，已粲然默寓於其中矣。故爲分析以明之，如後論。

點數應河圖十位

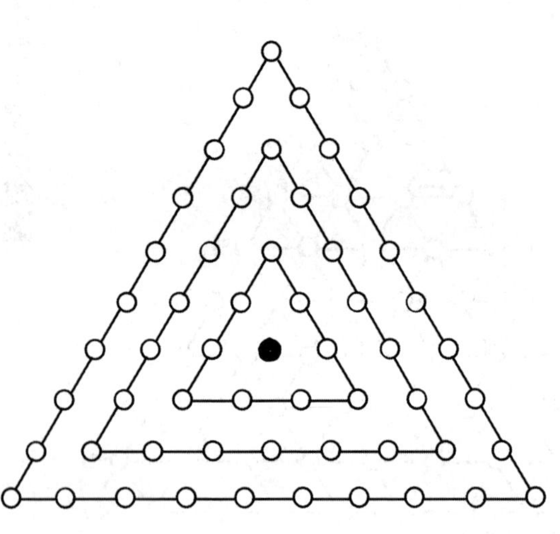

周圍三角，分三重，中一重九次，內一重二九一十八，外一重三九二十七，除中心凡五十四。

〇若自上而下作三層，亦如之。

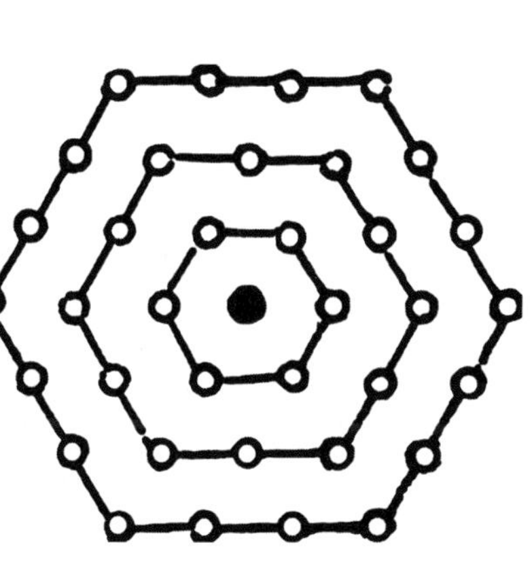

中含六角，亦分三重，中一重六，次內一重二六一十二，外一重三六一十八，除中心，凡三十六。

〇若自上而下作三層，亦如之。

冪形應洛書九位

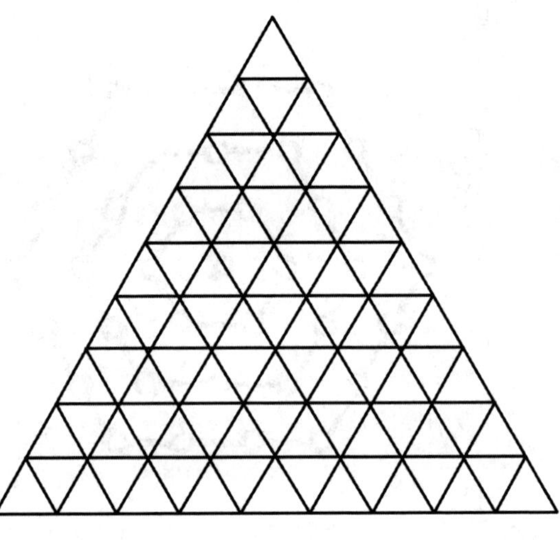

周圍三角，分三重，中一重九，次内一重三九二十七，外一重五九四十五，凡八十一。

○若自上而下作三層，亦如之。

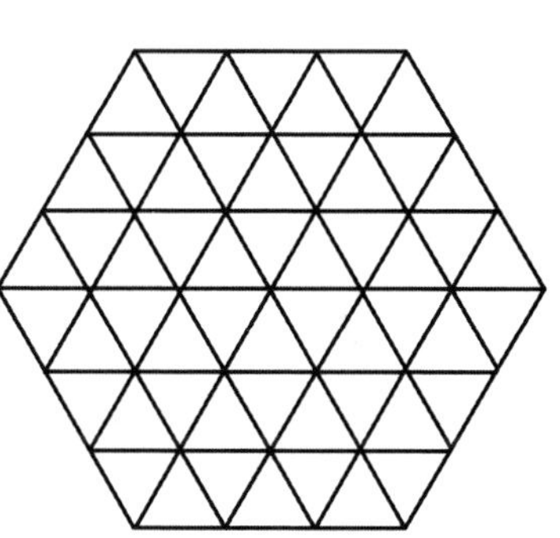

中含六角，亦分三重，中一重六，次内一重三六一十八，外一重五六三十，凡五十四。

○若自上而下作三層，亦如之。

以上諸圖，本同一根，雖積數若異，而其爲九六之變則一也。九六可分爲内外中之三重，亦可分爲上下中之三層，就每重每層論之，則九爲天而包地，六爲地而涵於天，心爲人而主乎天地；統三重而論之，則外爲天，内爲地，而中爲人也；統三層而論之，則上爲天，下爲地，而中爲人也。又合而論之，則九六者，在天爲陰陽，在地爲柔剛，在人爲陰陽剛柔之會，而其心則天地人之極也。以上下分者，其心有三，所謂三極之道，三才各具一太極也；以内外分者，其心惟一，所謂人者天地之心，三才統體一太極也。此圖之中，渾具理象數之妙者如此。故分而爲圖，則應乎陰陽剛柔之義，根於極而迭運不窮，聖人則之，「易有太極，是生兩儀」，陽九陰六，命爻衍策者，此也。分而爲書，則應乎三才之義，主於人而成位其中，聖人則之，皇極既建，彝倫攸叙，參天貳地，垂範作疇者，此也。或曰：河圖、洛書出於兩時，分爲兩象，今以一圖括之，可乎？曰：十中涵九，故數終於十，而位止於九，此天地自然之紀，而圖、書所以相經緯而未嘗相離也。非有十者以爲之經，則九之體無以立；非有九者以爲之緯，則十之用無以行。不知圖、書之本爲一者，則亦不知其所以二矣。或曰：河圖、洛書有定位矣，今以爲有未變者，何與？曰：易大傳之言河圖也，曰「天一地二、天三地四、天五地六、天七地八、天九地十」，順而數之，此其未變者也。又曰「天數五，地數五，五位相得而各有合」，分而置之，此其定位者也。如易卦一每生二，以至六十有四，則其未變者也。乾南坤北、離東坎西，則其定位者也。不知未變之根，則亦不足以識定位之妙矣。

羃形爲算法之原

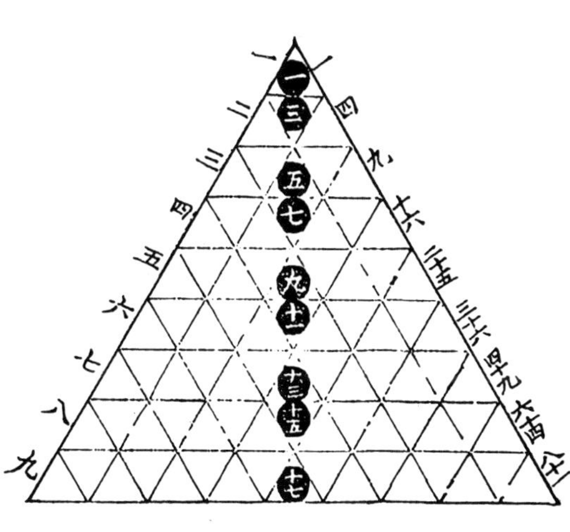

此圖左方注者，本數也，自一至九而用數全矣；中列注者，加數也，一加二爲三，二加三爲五，至於八加九而爲十七，皆以本數遞加，而每層之羃積如之；右方注者，乘數也，一自乘一其羃積一，二自乘四其羃積合一、三兩層而爲四，至於九自

乘八十一，則其羃積亦合自一至十七九層之數而爲八十一，皆以本數自乘，而每形之羃積如之。得加乘之法，則減除在其中矣。自此而衍之，至於無窮，其數無不合焉；推之九章之術，其理無不貫焉。今考洛書，縱横逆順，無往不得，加減乘除之法，開方句股之算，乃自其未變之先而諸法渾具，至洛書而始盡其參伍錯綜之致云爾。

圖形合洛書爲象法之原

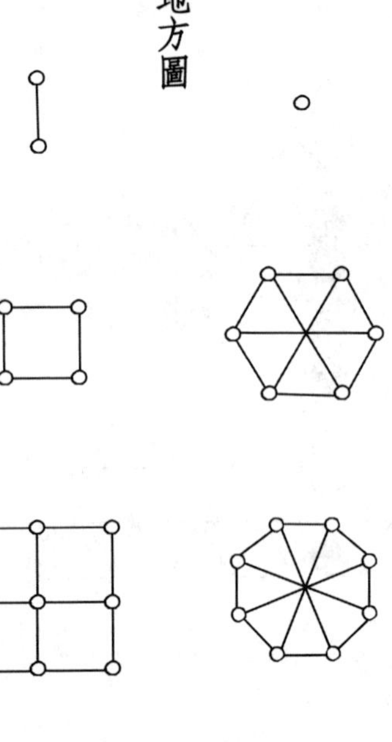

人爲天地心圖

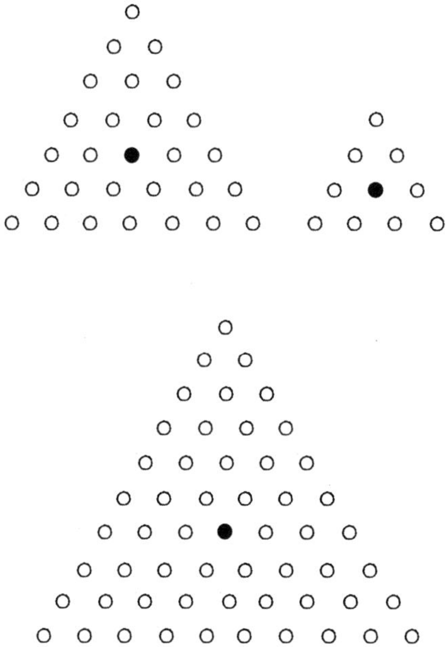

凡有數則有象，象不離乎數也。萬象起於方圓，而測方圓者以三角，此句股所以爲算之宗也。圓者天象，方者地象，三角形者人象，何則？天之道如環無端，故其象圓也；地之道奠定有常，故其象方也；人受性於天，受形於地，猶三角之形，其心則圓之心，其邊則方之邊也。今就九數而三分之，則一者圓之根也，而十數之內，惟六角八角爲有法之圓形，其自十以後，角愈多以至於無角者，視此矣，此一六八所以爲圓象之數也。二者方之根也，而十數之内，惟四與九可以積成方面，其自十以後，積愈多而皆可成方者，視此矣，此二四九所以爲方形之數也。以十數裁爲三角，自一至四，則三其心也，自一至七，則五其心也，自一至十，則七其心也，所謂三角求心之法者如是。其自十以後，數愈多而皆可以求心者，視此矣，此三五七所以爲三角形之數也。洛書之位，一六八居下，爲天道之下濟；二四九居上，爲地道之上行；三五七居中，爲人道之中處。其數其象，亦於圖形乎有合矣。

先後天陰陽卦圖

先天 ☰☱☲☳ 陽　☴☵☶☷ 陰

後天 ☳☲☰☱ 陽　☴☵☶☷ 陰

先天之陽卦，曰震離兑乾；其陰卦，曰巽坎艮坤。後天之陽卦，曰乾震坎艮；其陰卦，曰坤巽離兑。不同何也？蓋先天分陰陽卦，自兩儀而分之，由陽儀以生者，皆陽卦也；由陰儀以生者，皆陰卦也。後天分陰陽卦，自爻畫以定之，其以陽爲主者，皆陽卦也；其以陰爲主者，皆陰卦也。先天則因乎畫卦之序而中分之，後天則卦之已成，觀其爻畫之多寡而命之也。其理如何？曰：陽儀上有陰卦，此所謂「立天之道曰陰與陽」也；陰儀上有陽卦，此所謂「立地之道曰柔與剛」也。其法象之自然者，如何？曰：火之炎熱光明，其爲陽也，明矣；澤者，水之積潴，爲陽氣所驅，以滋潤萬物者也，是亦陽也。水之幽暗寒肅，其爲陰也，明矣；山者，土之隆起，與地爲一體者也，是亦陰也。是故先天之卦，陰陽之象之正也，其變而後天，則火與澤從風，而俱爲陰，水與山從雷，而俱爲陽，蓋有由矣。凡陰陽之氣，未有不合而成者也，然有感應先後之别焉。先有陽而遇陰者屬陽，先有陰而遇陽者屬陰。有陽氣在下將發，而遇陰壓之，則奮而爲雷矣；有陽氣在中將散，而遇陰包之，則鬱而爲雨矣；有陽氣直騰而上，而遇陰承之，則止而爲山矣。此皆主於陽而遇陰，所以皆爲陽卦也。有陰在内，陽氣必入而散之，觀之陰霾盡而後風息可見也；有陰在中，陽氣必附而散之，觀之薪芻盡而後火滅可見也；有陰在外，陽氣必敷而散之，觀之濕潤盡而後澤竭可見也。此皆主於陰而遇陽，所以皆爲陰卦也。總而論之，惟乾純陽，坤純陰，不可變也。雷，陽動之始；風，陰生之始，亦不可變也。火温煖，澤發散，故以用言之則陽，然火根於陰之燥，澤根於陰之濕，故以體言之則陰；水寒涼，山凝固，故以用言之則陰，然水根於陽之嘘而流，山根於陽之矗而起，故以體言之則陽。先天之象，著其用也；後天之象，探其根也。正如仁之發生爲陽，而其柔和亦可以爲陰；義之收斂爲陰，而其剛決亦可以爲陽。陰陽本一氣而互根，故其理並行而不悖也。

造化所以爲造化者，天地水火而已矣。易卦雖有八，而實惟四，何則？風即天氣之吹嘘，而下交於地者也；山即地形之隆起，而上交於天者也；雷即火之鬱於地中，而搏擊奮發者也；澤即水之聚於地上，而布散滋潤者也。道家言天地日月，釋氏言地水火風，西人言水火土氣，可見造化之不離乎四物也。故先天以南北爲經，而天地居之，體也；以東西爲緯，而水火居之，用也。後天則以天地爲體而居四維，以水火爲用而居四正。雷者，火之方發，故動於春，及火播其氣，則王於夏矣；澤者，水之未收，故散於秋，及水歸其根，則王於冬矣。水火爲天地之用，故居四正以司時令也。天氣肸兆於西北，至東南而下交於地，易所謂「天下有風，姤」也，故乾巽相對，而爲天綱；地功致役於西南，至東北而上交於天，易所謂「天在山中，大畜」也，故坤艮相對，而爲地紀。天地爲水火之體，故居四維以運樞軸也。天地水火，體用互根，以生成萬物，此先後天之妙也。若以卦畫論之，則震即離也。一陰閉之於上，則爲

後天卦以天地水火爲體用圖

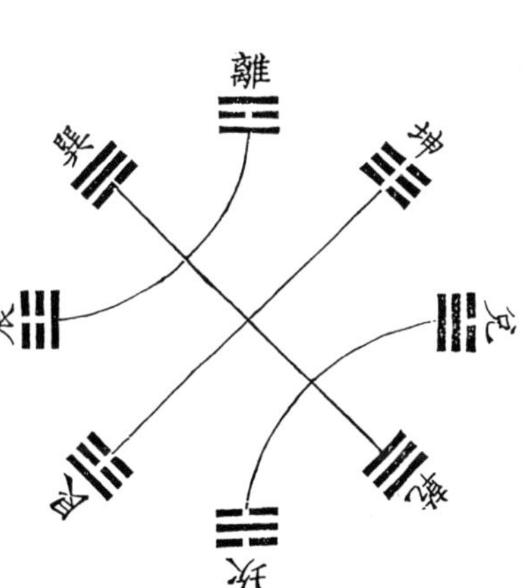

震兑，即坎也；一陽敷之於下，則爲兑巽，即乾也；一陰行於下，則爲巽艮，即坤也；一陽亘於上，則爲艮。是以六十四卦始乾坤，中坎離，而終於既未濟，則知造化之道，天地水火盡之矣。

先天卦變後天卦圖

此圖先天，凡四變而爲後天也。蓋火之體陰也，其用則陽，而天用之，故乾中畫與坤交而變爲離；水之體陽也，其用則陰，而地用之，故坤中畫與乾交而變爲

坎。火在地中，陰氣自上壓之而奮出，則雷之動也，故離上畫與坎交而變爲震；水聚地上，陽氣自下敷之而滋潤，則澤之説也，故坎下畫與離交而變爲兑。陽感於陰則山出雲，是山者，雷與澤之上下相感者也，故震以上下畫與兑交而變爲艮；陰感於陽而水生風，是風者，澤與雷之上下相感者也，故兑以上下畫與震交而變爲巽。風本天氣也，因與山交而入其下，則下與地接，故巽以上二爻與艮下二爻交而變爲坤；山本地質也，因與風交而出其上，則上與天接，故艮以下二爻與巽上二爻交而變爲乾。或曰：此於經書有徵乎？曰：在易，天與火同人，是天以火爲用也；水與地比，是地以水爲用也。離爲火，亦爲電，易曰「雷電合而章」，又曰「雷電皆至」，是雷與火一氣也。澤有水則爲節，澤无水則爲困，是澤與水一物也。周禮云「日西則多陰」，蓋西方積山，故多雲雷，今之近嶂者皆然也；又云「日東則多風」，蓋東方積澤，故多風颸，今之濱海者皆然也。莊周云「大塊噫氣其名爲風」，是風與地氣相接也。禮，登山以祭，升中於天，是山與天氣相接也。夫天地水火者，一陰一陽而已，其情則交易而相通，其體則變易而無定。故先天交變以成後天，莫不各得其位而妙其化，各從其類而歸其根也，豈偶然哉！

先天卦配河圖之象圖

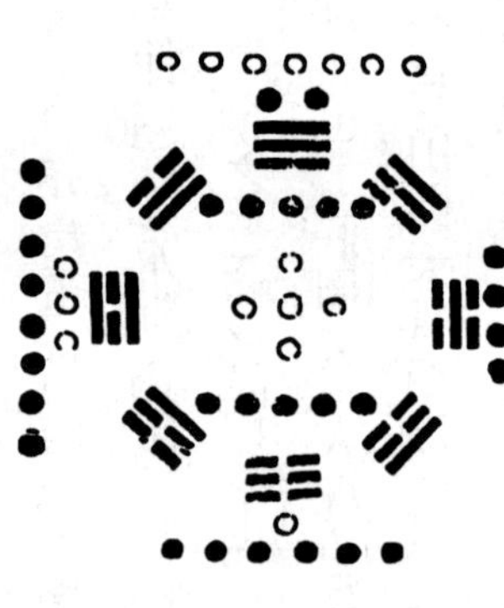

圖之左方，陽内陰外，即先天之震離兑乾，陽長而陰消也；其右方，陰内陽外，即先天之巽坎艮坤，陰長而陽消也，蓋所以象二氣之交運也。

後天卦配河圖之象圖

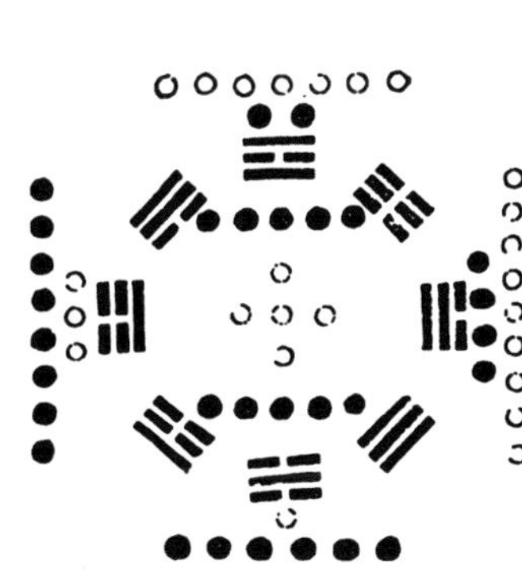

圖之一六爲水，居北，即後天之坎位也；三八爲木，居東，即後天震巽之位也；二七爲火，居南，即後天之離位也；四九爲金，居西，即後天兑乾之位也；五十爲土，居中，即後天之坤艮，周流四季而偏旺於丑未之交也，蓋所以象五行之順布也。

先天卦配洛書之數圖

九八七六　一二三四

乾震坎艮　坤巽離兌

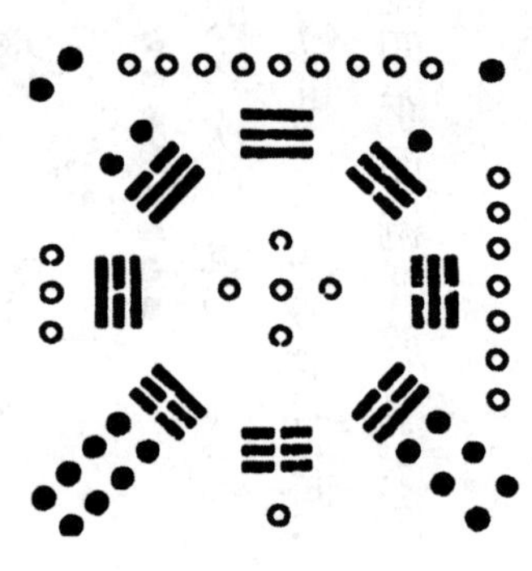

直列洛書九數，而虚其中五以配八卦。

○陽上陰下，故九數爲乾，一數爲坤，因自九而逆數之，震八、坎七、艮六，乾生三陽也，又自一而順數之，巽二、離三、兌四，坤生三陰也，以八數與八卦相配，而先天之位合矣。

後天卦配洛書之數圖

九八七六　離艮兑乾

一二三四　坎坤震巽

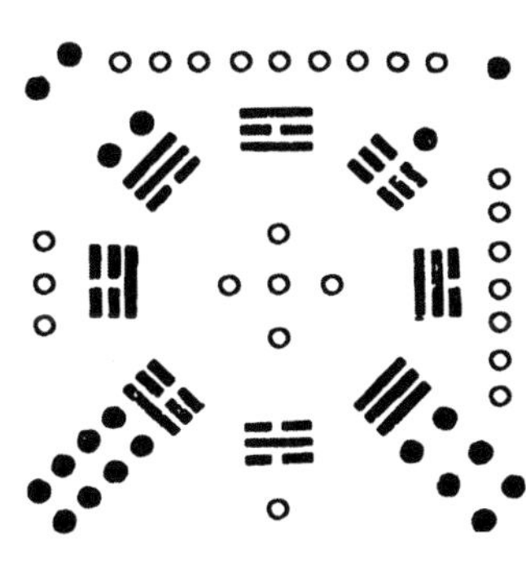

火上水下，故九數爲離，一數爲坎；火生燥土，故八次九而爲艮；燥土生金，故七六次八而爲兑、爲乾；水生濕土，故二次一而爲坤；濕土生木，故三四次二而爲震、爲巽。以八數與八卦相配，而後天之位合矣。

洛書之左邊，本一二三四也，其右邊，本九八七六也，然陰陽之道，丑未之位必交，洛書之二與八，正東北西南之維，丑未之位，此其所以互易也。以此類之，則先天圖之左方坤巽離兌，其右方乾震坎艮，以震巽互而成先天也。後天圖之左方坎坤震巽，其右方離艮兌乾，以艮坤互而成後天也。

據先儒説，圖書出有先後，又或謂並出於伏羲之世，然皆不必深辨。先聖後聖，其揆一也，況天地之理，雖更萬年，豈不合契哉？洛書晚出，而其理不妨已具於河圖之中，是故以易象推配，亦無往而不合也。

先後天卦生序卦雜卦圖説

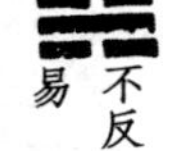
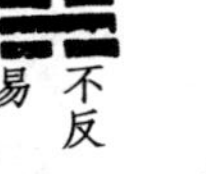

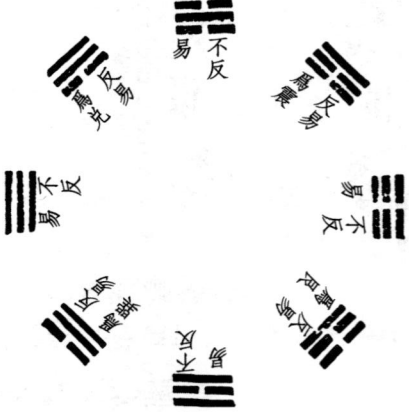

先天圖者，序卦之根也。

序卦之法，以兩卦相對爲義。有相對而翻覆不可變者，乾、坤、坎、離、頤、大過、中孚、小過是也；有相對而翻覆可變者，屯、蒙以後，既、未濟以前五十六卦皆是也。就五十六卦之中，則翻覆而二體不易者十二卦，需、訟、師、比、泰、否、同人、大有、晉、明夷、既、未濟也；翻覆而二體皆易者十二卦，隨、蠱、咸、恒、損、益、震、艮、漸、歸妹、巽、兑也；其翻覆而止於一體易者三十二卦，則自屯、蒙至涣、節皆是也。蓋翻覆而不可變者，法八卦之乾坤坎離也；翻覆而可變者，法八卦之震艮巽兑也。就翻覆可變之中，其二體不易者，又皆乾坤坎離相交者也；其一體不易者，亦皆交於乾坤坎離者也。惟震艮巽兑相交之卦，則二體皆易焉。頤、中孚、大過、小過雖爲震艮巽兑相交之卦，而翻覆不可變者。頤、中孚具離之象，大過、小過具坎之象也，故序卦以之附於坎、離、既、未濟，爲其具離坎之象焉爾。

先天圖八卦兩兩相對，序卦之根也。乾與坤對，坎與離對，震與巽對，艮與兑對，相對而不相變，所以定序卦之體也。然既相對，則必相交。四正之卦相交，則雖翻覆，而其體不易；四維之卦相交，則翻覆，而其體遂易矣。若四正之卦與四維之卦雜交，則易者半，不易者半，所以極序卦之用也。是故「天地定位」，上經所以始於乾坤，中於否泰也；「山澤通氣，雷風相薄」，下經所以始於咸恒，中於損益也；「水火不相射」，上下經所以終於坎、離、既、未濟也。

艮 下去一陰，上生一陰，則爲坎。

坎 下去一陰，上生一陰，則爲震。

震 下去一陽，上生一陽，復爲艮。

乾 下去一陽，上生一陽，仍爲乾。

兑 下去一陽，上生一陽，則爲離。

離 下去一陽，上生一陽，則爲巽。

巽 下去一陰，上生一陰，復爲兑。

坤 下去一陰，上生一陰，仍爲坤。

艮☶ 下去一陰，上生一陽，爲巽。

坎☵ 下去一陰，上生一陽，爲離。

震☳ 下去一陽，上生一陰，爲坤。

乾☰ 下去一陽，上生一陰，爲兑。

兑☱ 上去一陰，下生一陽，爲乾。

離☲ 上去一陽，下生一陰，爲坎。

巽☴ 上去一陽，下生一陰，爲艮。

坤☷ 上去一陰，下生一陽，爲震。

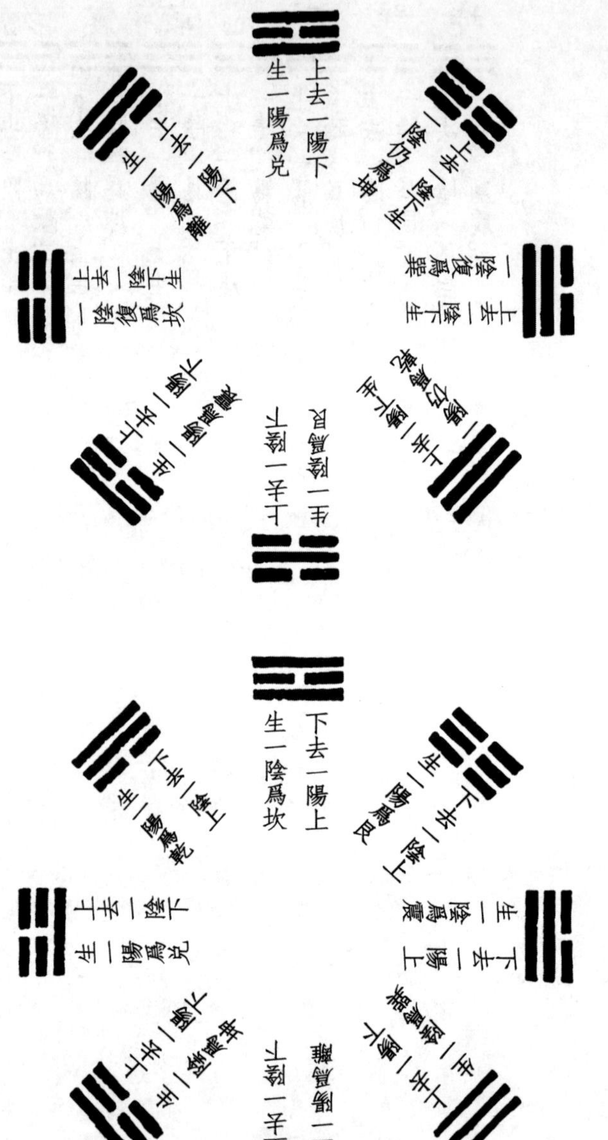
上去一陽下生一陽爲兌
上去一陰下生一陰仍爲坤
上去一陰下生一陰復爲巽
上去一陰下生一陰復爲坎
上去一陽下生一陽爲離
下去一陽上生一陰爲坎
下去一陰上生一陽爲艮
下去一陽上生一陰爲震
上去一陰下生一陽爲兌

後天圖者，雜卦之根也。

雜卦，即互卦也。互卦之法，或上去一畫而下生一畫，或下去一畫而上生一畫，則其體遂變矣。互體所成凡十六卦，其陽卦從陽卦、陰卦從陰卦者八，乾、坤、頤、大過、蹇、解、家人、睽也；其陽卦交陰卦、陰卦交陽卦者亦八，剥、復、夬、姤、漸、歸妹、既、未濟也。以交互之法求之，乾而上去一陽下生一陽，或下去一陽上生一陽，仍是乾矣；坤而上去一陰下生一陰，或下去一陰上生一陰，仍是坤矣。惟震而上去一陰下生一陰則變爲坎，下去一陽上生一陽則變爲艮；巽而上去一陽下生一陽則變爲離，下去一陰上生一陰則變爲兑；坎而上去一陰下生一陰則變爲艮，下去一陰上生一陰則變爲震；離而上去一陽下生一陽則變爲兑，下去一陽上生一陽則變爲巽；艮而上去一陽下生一陽則變爲震，下去一陰上生一陰則變爲坎；兑而上去一陰下生一陰則變爲巽，下去一陽上生一陽則變爲離。此八變者，皆陽得陽卦，陰得陰卦，故乾之變則乾也，坤之變則坤也，震之變則雷水解也、山雷頤也，巽之變則風火家人也、澤風大過也，坎之變則水山蹇也、雷水解也，離之變則火澤睽也、風火家人也，艮之變則山雷頤也、水山蹇也，兑之變則澤風大過也、火澤睽也，皆因其能相變，故能相合也。又乾而上去一陽下生一陰則變爲巽，下去一陽上生一陰則變爲兑；坤而上去一陰下生一陽則變爲震，下去一陰上生一陽則變爲艮；震而上去一陰下生一陽則變爲兑，下去一陽上生一陰則變爲坤；巽而上去一陽下生一陰則變爲艮，下去一陰上生一陽則變爲乾；坎而上去一陰下生一陽，或下去一陰上生一陽，皆變爲離；離而上去一陽下生一陰，或下去一陽上生一陰，皆變爲坎；艮而上去一陽下生一陰則變爲坤，下去一陰上生一陽則變爲巽；兑而上去一陰下生一陽則變爲乾，下去一陽上生一陰則變爲震。此八變者，皆陽得陰卦，陰得陽卦，故乾之變則天風姤也、澤天夬也，坤之變則地雷復也、山地剥也，震之變則雷澤歸妹也、地雷復也，巽之變則風山漸也、天風姤也，坎之變則既濟也、未濟也，離之變則未濟也、既濟也，艮之變則山地剥也、風山漸也，兑之變則澤天夬也、雷澤歸妹也，亦皆因其能相變，故能相合也。易互卦之法盡於此，此其卦所以止於十六也。

後天圖，八卦陰陽上下畫互變，雜卦之根也，何則？後天之卦有各從其類以相變者焉，有各得其對以相變者焉。乾居西北而三陽從之，坤居西南而三陰從之，此各從其類者也；乾與巽對，坎與離對，艮與坤對，震與兑對，此各得其對者也。相從者，除乾坤純陽純陰不變外，坎而上去一陰下生一陽則爲艮，艮而上去一陽下生一陽則爲震，震而上去一陰下生一陰則復爲坎，此三陽相次之序也；巽而上去一陽下生一陽則爲離，離而上去一陽下生一陰則爲兑，兑而上去一陰下生一陰則復爲巽，此三陰相次之序也。相對者，乾而上去一陽下生一陰則爲巽，坎而上去一陰下生一陽則爲離，艮而上去一陽下生一陰則爲坤，震而上去一陰下生一陽則爲兑，此四陽卦變爲對位四陰卦之序也。巽而下去一陰上生一陽則爲乾，離而下去一陽上生一陰則爲坎，坤而下去一陰上生一陽則爲艮，兑而下去一陽上生一陰則爲震，此四陰卦變爲對位四陽卦之序也。然尋其對位相變之根，則又自父母、男女、長少而來。蓋四陰卦，兑爲最少，離爲中，巽爲長，坤爲老；四陽卦，艮爲最少，坎爲中，震爲長，乾爲老。凡變者，自少而老，故兑而上去一陰下生一陽則變爲乾矣，離而上去一陽下生一陰則變爲艮矣，坤而上去一陽下生一陰則變爲坎矣，巽而上去一陽下生一陽則變爲震矣。四陽卦之變自陰而來，故又變而爲對位之四陰也。艮而下去一陰上生一陽則變爲巽矣，坎而下去一陰上生一陽則變爲離矣，震而下去一陽上生一陰則變爲坤矣，乾而下去一陽上生一陰則變爲兑矣。四陰卦之變自陽而來，故又變而爲對位之四陽也。

合而觀之，凡陽卦相變者，震變坎艮也，坎變震艮也，艮又變震坎也；凡陰卦相變者，巽變離兑也，離變巽兑也，兑又變巽離也。凡陽卦變陰卦者，乾變巽兑也，震變坤兑也，坎變離也，艮變坤巽也；凡陰卦變陽卦者，坤變震艮也，巽變乾艮也，離變坎也，兑變乾震也。易中所謂互卦者止於此，而其錯綜次序，皆具於後天也。

大衍圓方之原

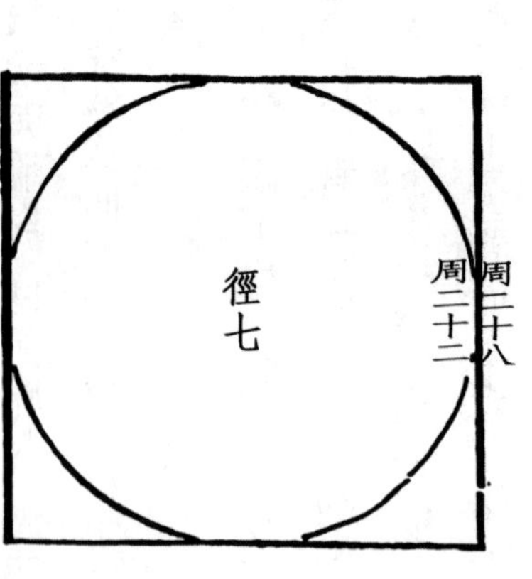

凡方圓可爲比例，惟徑七者方周二十八，圓周二十二，即兩積相比例之率也。用其半，故若十四與十一。合二十八與二十二共五十，是大衍之數，函方圓同徑兩周數。

大衍句股之原

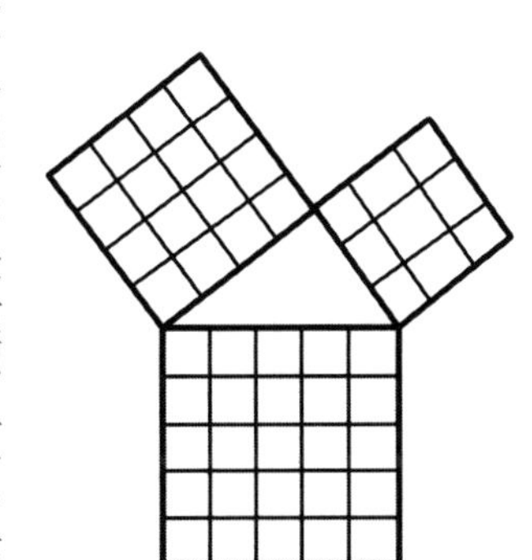

句三其積九，股四其積十六，弦五其積二十五，合之五十，是大衍之數，函句股弦三面積。

蓍策之數，必以七爲用者，蓋方圓之形，惟以徑七爲率，則能得周圍之整數。句股之形，亦惟以三四爲率，則能得斜弦之整數。徑七固七也，句三股四之合亦七也。是故論方圓周圍之合數則五十，論句股弦之合積亦五十，此大衍之體也。因而開方，則不盡一數，而止於四十九，此大衍之用也。開方而不盡一數，則蓍策之虛一者是已。方面之中函八句股，而又不盡一數，則蓍策之掛一者是已。惟老陽老陰之數與此密合，故作圖以明之。

老陽數合方法

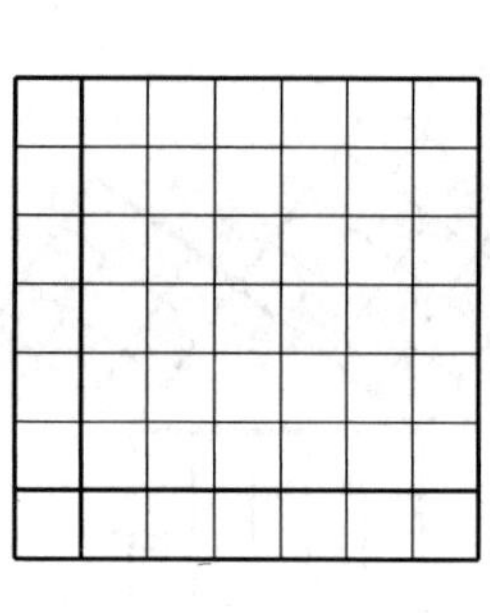

全方四十九，中含大方六六三十六，爲過揲之數，小角一一如一，一六互乘爲十二，并成十三，爲掛扐之數。

此與前洛書以自乘互乘爲積方之法同。但洛書用對數，如一與九之類是也；大衍用合數，則一與六是也。

老陰數合句股法

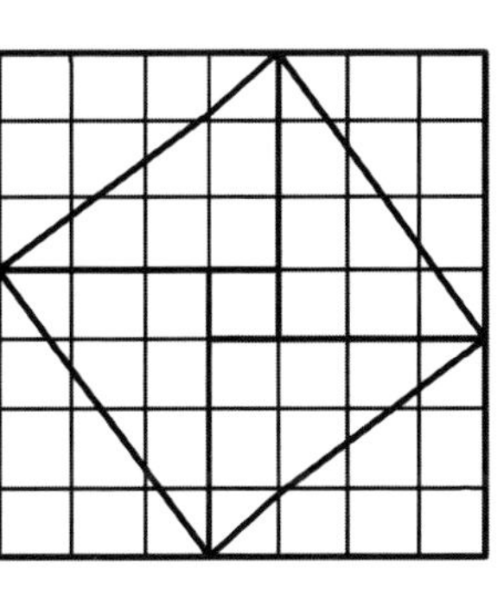

全方四十九，句三股四，其積六，四因之，得二十四，爲過揲之數。弦五，其積二十五，爲掛扐之數。弦實亦函四句股積，而多句股較一。

十數之中，除一一不變，自二二至十十，皆可成方，然惟三三則五數居其中，七七則二十五數居其中，此二者爲能得天地之中數，餘則不能也。蓋三三者，洛書之數也；七七者，蓍策之數也。洛書之數，五居其中矣，而其四方則又成四句股之數，而以中五爲弦之法焉；蓍策之數，二十五居其中矣，而其四方則又具四句股之積，而即以二十五爲弦之實焉。是故卦數之八，合乎河圖之四也，爲其虛五十者同一根也；蓍數之七，合乎洛書之三也，爲其用中五者同一根也。聖人因心之作，與天地自然之文，其相爲經緯者如此。

大衍迎日推策法

史稱黄帝迎日推策，所謂策者，蓋即神蓍也。推衍策數，以候日月，故曰迎日推策。考之後代譚卦畫者，多以曆法推配，然孔子未嘗言也，惟於大衍之數則曰象四時、象閏，又曰當期之日，則蓍策之與曆法相表裏也可見矣。顧有以理言之而肖似者，有以數推之而密合者。以理言而肖似者，孔子大傳所陳是也，蓋四十九算排列成方，以句股之數求之，則零一者歸於中而爲心，以開方之法求之，則零一者歸於隅而爲角。以其歸於中也，故分二以象天地，而掛一者象人之爲天地心也；以其歸於隅也，故分二以象二氣，而掛一者象閏之爲一歲餘也。大傳所謂「掛一以象三」者，此零一之策也；所謂「歸奇於扐以象閏」者，亦此零一之策也。然當分二之初，此一之掛者，徒以象氣盈耳，至於每揲之後，又得餘策而扐之，然後以此掛一者歸之，而并以象閏，則合氣盈朔，虚而爲一者也。此以理言之，而大概相似，是孔子之説也。至於以數推之者，自黄帝之法不傳，至唐僧一行始以大衍命曆，以策數起歲分閏餘之算，然案唐書曆志考之，其法蓋未密合也。故今以孔子之言爲宗，而參以一行之數、康節之理，據顓頊周髀之制，以約略千載坐致之術，爲法表以明之如左。

一年三百六十五日四分日之一，每日百分，凡三萬六千五百二十五分。以天數二十五除之，得一千四百六十一分，爲日數；又以地數三十除日數，得四十八零七分，爲月數，是爲大衍用數。

大傳言蓍數，而以河圖之數首之，故一年全數，以二十五除之得日數者，日有曉午昏夜，凡四限，四分期日，爲一千四百六十一也；以三十除之得月數者，月有朔望上下弦，凡四限，四分歲月，每月三十日算。爲四十八零七分也，與大衍用數相應。

揲策合左右共四十八，應四十八弦。每弦七日半。爲期日歲月之經數。三百六十。

○掛策一，應氣盈之餘數。五日四分日之一。

○以初變爲主。

日法十。○揲策應弦，每弦以十分爲率。○掛策應氣，盈五日四分日之一，於日法爲十分弦之七。

扐策合陰陽共十二，得少則四爲陽，得多則八爲陰。**應十二朔，**每朔二十九日九百四十分日之四百九十九。**爲一歲之實數。**三百五十四日九百四十分日之三百四十八。

○掛策一應朔虛之餘數。十日九百四十分日之八百二十七。

○亦以初變爲主。

月法十九。○扐策應朔，每朔以十九分爲率。○掛策應朔虛十日九百四十分日之八百二十七，於月法爲十九分朔之七。

以初變之揲策扐策計之，揲策四十八，以應四十八弦之整數，其掛一者，以應氣盈五日四分日之一也；扐策十二，以應十二朔之實數，其掛一者，以應朔虛十日八百二十七分也。據四分曆法，每日九百四十分，故一歲之氣盈有五日二百三十五分，一歲之朔虛此合氣盈總算。有十日八百二十七分，每弦七日四百七十分，如日法十分弦之七，則爲五日二百三十五分矣。每朔二十九日四百九十九分，如月法十九分朔之七，則爲十日八百二十七分矣。月每日行十二度十九分度之七，故以十九爲法。日月之法不同，而其餘分皆七，故漢儒卦氣每卦直六日尚餘七分。每卦直六日七分者，日以八十分爲法也。蓋歲數三百六十五日四分日之一，四乘而三除之，爲四百八十七，故四百八十七者，歲策也。每卦直六日，六八四十八，得四百八十分，又餘七分，歲策之根也。積六十卦，直三百六十日，餘分之積共四百二十分，以日法除之，爲五日四分日之一。古今曆法，一章之内，有七閏月者，法由兹起也。其在蓍數，則何以見掛一之策爲餘七之算乎？蓋亦以生蓍之法而知之爾。卦數八八者，體數也；蓍數七七者，用數也。蓍以七爲用，而掛一者，用中之用，故其分數亦止於七也，此皆以一行之曆、康節之説參而用之者，然一行以弦爲實弦而不足七日有半，以掛一爲實閏而其數又餘於一弦之外，故今以弦爲七日半之經弦，以掛一爲五日四分日之一之盈分，必待扐餘之後，然後其歸奇之掛一，乃得應十日八百二十七分之數，而爲一歲之實閏也。似於大傳之先後次序更爲吻合。

過揲爲正策。乾策三十六，合六爻，二百一十有六；坤策二十四，合六爻，百四十有四。○**凡三百有六十，當一期之日數。**

掛扐爲餘策。乾策十三，合六爻，七十八；坤策二十五，合六爻，百五十。○**凡二百二十有**

八，當一章之月數。正策以三十爲進退之法，故其合皆六十。餘策以十九爲進退之法，故其合皆三十八。三十者，日法也。十九者，朔法也。

二篇之策爲全策。陽爻百九十二，得六千九百一十二。陰爻百九十二，得四千六百零八。○凡**萬有一千五百二十，當閏終之總數。**

此因大傳之説而推備之者。歲者，正數也，太陽主之；閏者，餘數也，太陰主之。故堯典始而殷正四時，則曰日中、日永、日短，此以太陽爲主者也；終則曰「以閏月定四時成歲」，此以太陰爲主者也。蓍策之正數三百有六十，當一期之日。蓋日周天而爲一期，故爲太陽所主也。其餘數二百二十有八，當一章之月。蓋氣朔分齊而爲一章，故爲太陰所主也。其全數萬有一千五百二十，當閏終之總數。蓋三十二月而閏一月，其辰萬有一千五百二十；三十二年而閏一年，其日萬有一千五百二十。此則日月正餘會終，蓍卦齊同之數也。

歷代之曆，歲分消長不同，故有五日四分日之一而有餘者，亦有五日四分日之一而不足者，然舉其中者以該其變者，則四分爲常法，故顓頊曆、周髀經皆用之，而司馬遷曆書述焉，蓋古法也。

乾策坤策圖

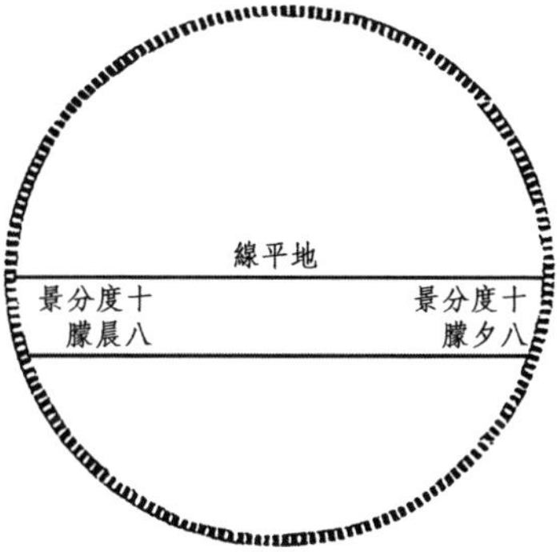

地平線
十度分景
八晨朦
十度分景
八夕朦

以地平線分周天之度爲二，各一百八十度，日出入朦景昏旦各十八度，共三十六度，以加晝景一百八十度，合二百一十有六，則乾之策之數也；以減夜漏一百八十度，餘一百四十有四，則坤之策之數也。

大傳曰「乾坤之策凡三百有六十，當期之日」，故各一百八十者，寒暑晝夜並行之體數也。然陽生而陰殺，陽明而陰暗，故陽饒而陰乏，陽盈而陰虛。今以晝夜平分推之，其自然之數如此。若一歲寒暑之候，則若邵子之説，開物於寅末，是亦先十八日也；閉物於戌初，是亦後十八日也。以故萬物之數萬有一千五百二十，其從陽者六千九百一十二，其從陰者四千六百八。生氣常盛，則爲豐年；善類常多，則爲治世。其消息盈虚之理，亦若是而已矣。

加倍變法圖

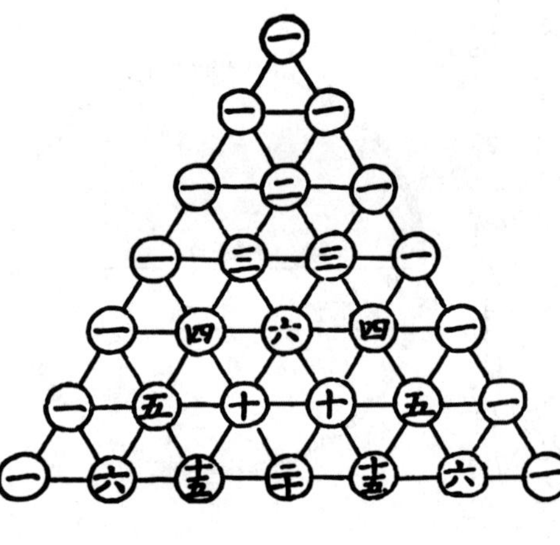

此圖用加一倍法，如第二層兩一，生第三層中位之二，併左右兩一成四，是倍二爲四也。

第三層一二，各生第四層中位之三，併左右兩一成八，是倍四爲八也。下放此。出於數學中，謂之開方求廉率。其法以左一爲方，右一爲隅，而中閒之數，則其廉法也。第三層爲平方，第四層爲立方，第五層、六層、七層爲三乘、四乘、五乘方。於成卦之理，亦相肖合，何則？陽大陰小，陽如方，陰如隅，分居兩端，陰陽合則生中閒之兩象，如平方之方隅合而生兩廉，其長如方，其廣如隅也。又乘則生中閒之六卦，如立方之方隅合而生六廉，三平廉根於方而其厚如隅，三長廉根於隅而其長如方也。故開方之法，雖相乘至於無窮，莫不依方隅以立算；成卦之法，雖相加至於無窮，莫不根陰陽以定體。成卦之始一陰一陽，每每相加而已，及卦成而分析觀之，則自一畫至六畫，惟純陰純陽者常不動，其餘則方其爲四象也，中閒一陰一陽者二；方其爲八卦也，中閒一陰二陽者三、一陽二陰者三；方其爲四畫也，中閒一陰三陽者四、一陽三陰者四、二陰二陽者六；方其爲五畫也，中閒一陰四陽者五、一陽四陰者五、二陰三陽者十、二陽三陰者十；及其六畫之既成也，中閒一陰五陽者六、一陽五陰者六、二陰四陽者十五、二陽四陰者十五、三陰三陽者二十。朱子卦變之圖，以此而定也。蓋其倍法同於畫卦，而其多寡錯綜之數，則卦變用之。

御纂周易折中卷第二十二

序卦雜卦明義

卦之序也、雜也，皆出於文王也。其所以序之、雜之，必有深意，亦必有略例。至夫子爲之傳，乃因其次第，而發明陰陽相生相對之義，以見易道之無窮。蓋文王之立法至精，而夫子之見理至大，二者皆不可以不知也。韓、孔諸儒疑卦序若如夫子所言，則不應卦皆反對，故程傳於卦下既述夫子之意，又爲上下篇義，以繹其未盡之指。至歐陽脩諸人，直斥序卦爲非孔子之書者，妄也。若雜卦，則乾坤之後繼以比師，其次叙又與序卦無一同者，是豈無義存焉？而諸儒皆莫之及，惟元儒胡氏於篇終微發其端，未竟其緒也。今因程、胡之說而詳推二篇之所以類序錯綜者，目曰明義，以附焉。

序卦

程子有上下篇義，今祖其意而詳推之。

上篇，陽也，天道也，故凡天道之正，陽卦陽爻之盛，及陰陽長少、先後有序者，皆上篇之卦也；下篇，陰也，人事也，故凡人事之交，陰卦陰爻之盛，及陰陽交感雜亂、長少先後無序者，皆下篇之卦也。故以八卦而論，乾、坤，陰陽之純也，坎、離，陰陽之中也，皆正中之正，故爲陽；震、巽，陰陽始交也，艮、兑，交之極也，皆正中之交，故爲陰。以八卦之交而論，惟否、泰，天地之交，交中之正也，故爲陽；咸、恒、損、益、既、未濟，六子之交，交中之交也，故爲陰。又乾交陽卦凡六，需、訟、无妄、大畜皆爲陽盛，惟以爻畫參之，則大壯爲陽過中，遯爲陰浸長，故雖陽卦，而居陰也；坤交陰卦凡六，晉、明夷、萃、升皆爲陰盛，惟臨則陽浸長，觀則陰過中，故雖陰卦，而居陽也。又乾交陰卦凡六，小畜、履、同人、大有皆五陽而一陰，陽之盛也，惟以爻畫參之，則夬爲陽已亢，姤爲陰始生，故不得爲陽而爲陰也；坤交陽卦凡六，師、比、謙、豫、剥、復皆五陰而一陽，凡陽有主陰之義，陰雖多，不爲盛而爲役，陽雖少，不爲衰而爲主，故皆不爲陰而爲陽也。又陽卦相交凡六，屯、蒙、頤，長少先後以序者也，故爲陽；蹇、解、小過，失序者也，故爲陰。又陰卦相交凡六，獨大過爲頤之對，又得其序，故亦爲陽；家人、睽、革、鼎、中孚皆陰也，革、鼎得序，故猶爲陰中之陽也。又陰陽相交之卦凡十有二，其得序者六，隨、蠱、噬嗑、賁爲陽中之陰，井、困爲陰中之陽；其失序者六，漸、歸妹、豐、旅、渙、節，陰中之陰也。二篇之分既定，其逐節逐卦、次第先後，則以陰陽盛衰消長之義次之，如後論。

乾、坤、屯、蒙、需、訟、師、比、小畜、履

右陽卦第一節。

泰、否、同人、大有、謙、豫

右陽卦第二節。

隨、蠱、臨、觀、噬嗑、賁、剥、復

右陽卦第三節。

无妄、大畜、頤、大過、坎、離

右陽卦第四節。

咸、恒、遯、大壯、晉、明夷、家人、睽、蹇、解

右陰卦第一節。

損、益、夬、姤、萃、升

右陰卦第二節。

困、井、革、鼎、震、艮、漸、歸妹、豐、旅、巽、兑

右陰卦第三節。

涣、節、中孚、小過、既濟、未濟

右陰卦第四節。

陽卦第一節。

乾、坤者，衆卦之宗，故居篇首。先儒謂周易首乾，則此是文王所定，不可易也。乾、坤之外，三男爲尊，屯、蒙者，三男之卦也，而皆長少先後不失其序，得陽道之正，故次乾、坤焉。需、訟，上下皆陽卦，二五皆陽爻，陽之盛也，故次屯、蒙焉。師、比，皆以一陽爲衆陰主，而居二五中位，亦陽之盛也，故次需、訟焉。小畜、履，五陽一陰，陽既極多，而二陰又退居三四之偏位，皆陽盛之卦也，故次師、比焉。

陽卦第二節。

泰、否者，乾、坤之合體，義同乾、坤者也，然以其乾、坤之交，故亞於乾、坤。同人、大有，義反師、比，然以其陽多極盛，故同小畜、履，而亞於師、比。謙、豫，義反小畜、履，然陽爲卦主，故同師、比，而亞於小畜、履。此六者，並爲陽盛之次也。

陽卦第三節。

以上二節，除屯、蒙爲三男純卦，餘則皆有乾、坤爲主，未嘗有男女之交也，故曰陽盛。至隨、蠱、噬嗑、賁，然後有男女之交，是陰始生也。然而長少先後皆不失序，故猶爲陽中之陰。隨、蠱之後繼以臨、觀，噬嗑、賁之後繼以剥、復，則陽又盛矣。

陽卦第四節。

无妄、大畜，乾與陽卦合體，義同需、訟，然二五不皆陽爻，故亞於需、訟。頤、大過，男女類分，長少先後義同屯、蒙，然二卦不皆陽卦，故亞於屯、蒙。坎、離，得天地之中氣，義同乾、坤，然六子之卦也，故又亞於乾、坤。此六卦者，顛倒與篇首六卦相對，並爲陽復盛之卦也。

陰卦第一節。

下篇，主人事之交，故以夫婦之道始。男女之合，少則情專，老則誼篤，故咸爲首，恒次之。遯、大壯，陰長陽過，陰之盛也，故次咸、恒。晉、明夷，上下皆陰卦，二五皆陰爻，義反陽之需、訟。家人、睽，三陰之卦也，而又長少失序，陰道也，義反陽之屯、蒙。故四卦次遯、大壯。蹇、解本三陽之卦，而亦長少失序，義反屯、蒙，故從家人、睽焉。

陰卦第二節。

損、益，二少二長之交，義同咸、恒。夬、姤，陽極陰生，義同遯、大壯。萃、升，坤與陰卦交，義同晉、明夷。故六卦相繼，陰盛之次也。

陰卦第三節。

困、井，男女交而以序，義同陽之隨、蠱、噬嗑、賁，陰中之陽也。革、鼎，三陰之卦，同家人、睽，然長少以序，故從困、井，猶大過之從頤也。震、艮，雖下經之主，然本陽卦也。故此六卦並爲陰中之陽。漸、歸妹、豐、旅，男女交而失序，與困、井、革、鼎反。巽、兑，陰卦，與震、艮反。此六卦則又自陽而向乎陰矣。

陰卦第四節。

漸、歸妹、豐、旅、渙、節六卦，男女交而失序，相類也，然漸、歸妹兩卦，長男長女皆在焉，豐、旅有長男在焉，渙、節惟長女在焉，則渙、節者，變之窮，陰道之極也。中孚、小過，與上篇頤、大過相對，大過雖陰卦，以得其序而從頤，故小過雖陽卦，以失其序而從中孚，其義與蹇、解之從家人、睽者同，並爲陰復盛之卦也。既濟、未濟終篇，所重在未濟，蓋三陽失位，男之窮也，陰盛之極也，然物不可窮也，故受之以未濟終焉。

孔子繫辭傳叙上下篇九卦曰：履，德之基也。謙，德之柄也。復，德之本也。恒，德之固也。損，德之脩也。益，德之裕也。困，德之辨也。井，德之地也。巽，德之制也。先儒以其卦推配上下經，皆相對。蓋乾與咸恒對，履與損益對，謙與困井對，復與巽兑對，每以下篇兩卦對上篇一卦，凡十二卦，而二篇之數適齊矣。然十二卦之中，又止取九卦者。乾咸其始也，兑其終也，略其終始，而取其中間之卦，以著陰陽消息盛衰之漸，故止於九。

○前所推上下篇各四節，陰陽消息盛衰之次，與此圖密合。

序卦圓圖

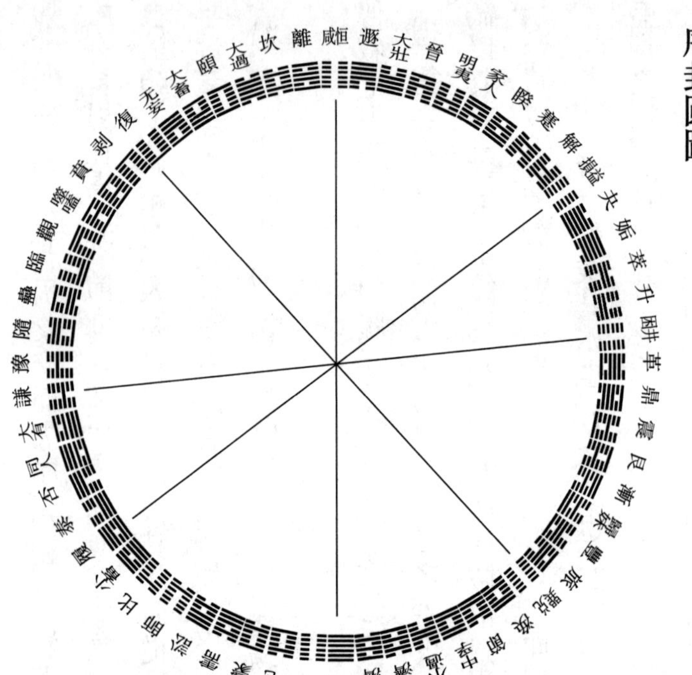
乾
坤
屯
蒙
需
訟
師
比
小畜
履
泰
否
同人
大有
謙
豫
隨
蠱
臨
觀
噬嗑
賁
剥
復
无妄
大畜
頤
大過
坎
離
咸
恒
遯
大壯
晉
明夷
家人
睽
蹇
解
損
益
夬
姤
萃
升
困
井
革
鼎
震
艮
漸
歸妹
豐
旅
巽
兌
渙
節
中孚
小過
既濟
未濟

雜卦先儒有以雜卦爲互卦者，今用其説而詳推之。

四象相交爲十六事圖

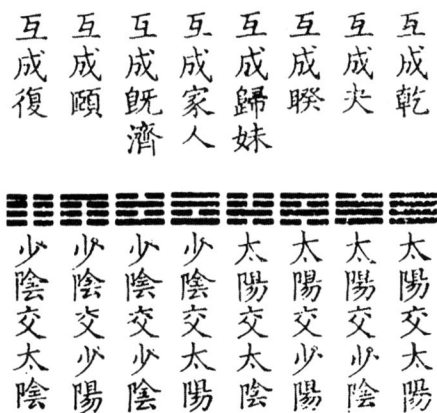

互成乾 ䷀ 太陽交太陽

互成夬 ䷪ 太陽交少陰

互成睽 ䷥ 太陽交少陽

互成歸妹 ䷵ 太陽交太陰

互成家人 ䷤ 少陰交太陽

互成既濟 ䷾ 少陰交少陰

互成頤 ䷚ 少陰交少陽

互成復 ䷗ 少陰交太陰

⚌ ⚍

互成姤　☰☴　少陽交太陽
互成大過　☱☴　少陽交少陰
互成未濟　☲☵　少陽交少陽
互成解　☳☵　少陽交太陰
互成漸　☴☶　太陰交太陽
互成蹇　☵☶　太陰交少陰
互成剝　☶☷　太陰交少陽
互成坤　☷☷　太陰交太陰

此互卦之根也。惟其方成四畫時，所互有此十六卦，故六十四卦成後，以中爻互之，只此十六卦，即以六爻循環互之，亦只此十六卦。

四畫互成十六卦，又以其中二畫觀之，則互乾、坤、剝、復、大過、頤、姤、夬者，皆中二爻爲太陽太陰者也；互漸、歸妹、解、蹇、睽、家人、既、未濟者，皆中二爻爲少陽少陰者也，故十六事歸於四象而已。

六十四卦中四爻互卦圖

乾　坤　剥　復　大過　頤　姤　夬

以上八卦皆互乾坤

解　蹇　睽　家人　漸　歸妹　既濟　未濟

以上八卦皆互既未濟

比　師　臨　觀　屯　蒙　損　益

以上八卦皆互剥復

咸　恒　大壯　遯　大有　同人　革　鼎

以上八卦皆互姤夬

大畜　无妄　萃　升　隨　蠱　否　泰

以上八卦皆互漸歸妹

渙　節　小過　中孚　豐　旅　離　坎

以上八卦皆互大過頤

震　艮　謙　豫　噬嗑　賁　晉　明夷

以上八卦皆互解蹇

兌　巽　井　困　小畜　履　需　訟

以上八卦皆互睽家人

十六卦互成四卦圖

乾　仍互乾　　漸　互未濟

坤　仍互坤　　歸妹　互既濟

剥　互坤　　解　互既濟

復　互坤　　蹇　互未濟

互乾、坤、既、未濟之十六卦，即諸卦之所互而成者也，故十六卦又只成乾、坤、既、未濟四卦，猶十六事之歸於四象也。蓋四象即乾、坤、既、未濟之具體，故以太陽三疊之即乾，以太陰三疊之即坤，以少陰三疊之即既濟，以少陽三疊之即未濟。乾、坤、既、未濟統乎易之道矣，故序卦、雜卦皆以是終始焉。

乾坤，體也；既、未濟，用也。故以乾坤始之，既、未濟終之。中間則左方六卦，剥、復、漸、歸妹、解、蹇，爲陽卦，皆以震、艮爲主而統於乾、坤；右方六卦，姤、夬、大過、頤、睽、家人，爲陰卦，皆以巽、兑爲主而統於既、未濟。故圖之外一層者，六十四卦也；次内一層者，所互之十六卦也；又次内一層者，十六卦所互之四卦也。以其象限觀之，則皆互乾、坤者居前，互既、未濟者居後；以其左右觀之，則左

互卦圓圖

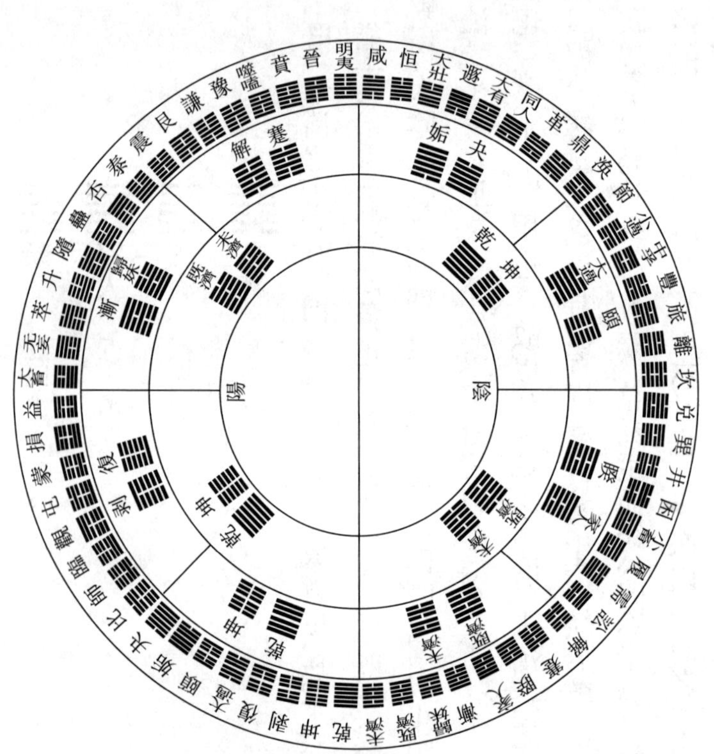

方者皆統於乾、坤，右方者皆統於既、未濟也。

爲互卦之主不在互卦之内者十四卦。

乾互之得乾，坤互之得坤，既濟互之得未濟，未濟互之得既濟，此四卦者不可變，故不在互卦之内也。陽卦六，剥、復者，震、艮交於坤者也；漸、歸妹者，震、艮交於巽、兑者也；解、蹇者，震、艮交於坎者也。故震、艮爲互陽卦之主。陰卦六，姤、夬者，巽、兑交於乾者也；大過、頤者，巽、兑交於震、艮者也；睽、家人者，巽、兑交於離者也。故巽、兑爲互陰卦之主。以三畫言之，艮陽極而震陽生也；以六畫言之，剥陽極而復陽生也，故剥、復象艮、震，而爲陽卦之首。以三畫言之，兑陰極而巽陰生也；以六畫言之，夬陰極而姤陰生也，故夬、姤象兑、巽，而爲陰卦之首。乾、坤之用在否、泰，猶坎、離之用在既、未濟也。故否、泰，乾、坤之交，而爲既、未濟之宗。此十卦亦不在互卦之内。雜卦中遇此數卦，皆從本卦取義，不用互體，其餘自比、師以後，需、訟以前，悉以互體相次。

互卦陰陽次第

自乾、坤至晉、明夷二十八卦，爲陽卦。皆互剥、復、漸、歸妹、解、蹇。凡上經之卦十八，而雜下經十卦於其中。

自井、困至需、訟二十八卦，爲陰卦。皆互姤、夬、大過、頤、睽、家人。凡下經之卦十八，而雜上經十卦於其中。

自乾、坤至噬嗑、賁爲陽卦之正。首剥、復，次漸、歸妹，次解、蹇。

自兑、巽至晉、明夷爲陽卦之變。首漸、歸妹，次剥、復，次解、蹇。

自井、困至否、泰爲陰卦之變。首睽、家人，次姤、夬，次大過、頤。

自大壯、遯至需、訟爲陰卦之正。首姤、夬，次大過、頤，次睽、家人。

乾坤首諸卦。

乾剛坤柔。

○周易首乾坤，故序、雜卦皆不易焉。以互卦論之，惟乾、坤、既、未濟四卦互之仍得乾、坤、既、未濟，不與他卦相變。然既濟猶變爲未濟，未濟猶變爲既濟，惟乾仍得乾，坤仍得坤，其體一定而不可變者也。易之道主於變易、交易，序卦者，時之相生，變易者也；雜卦者，事之相對，交易者也。然非有不易者以爲之體，則所謂乾坤毁无以見易者，而變化何自生哉？是故先之以乾坤，然後别互卦之陰陽以次之。

陽正卦首剥復，

比樂師憂，臨觀之義，或與或求，屯見而不失其居，蒙雜而著。震，起也。艮，止也。損益，盛衰之始也。

○此八卦皆互體爲剥、復，而雜震、艮二卦於其中，蓋震、艮，陽卦之主，而剥、復之具體也。自比、師、臨、觀、屯、蒙皆上經之卦，而損、益獨爲下經之卦，震、艮亦下經之卦也，故次於損、益之前。上經之卦六，比、師一陽，臨、觀、屯、蒙二陽。

次漸歸妹，

大畜，時也。无妄，災也。萃聚而升不來也。

○此四卦皆互體爲漸、歸妹，陽卦，以上經居前，下經居後，故先大畜、无妄，後萃、升。

次解蹇。

謙輕而豫怠也。噬嗑，食也。賁，无色也。

○此四卦皆互體爲解、蹇。謙、豫一陽，噬嗑、賁三陽。

以上爲陽卦之正。

陽變卦首漸歸妹，

兑見而巽伏也。

○震、艮交於兑、巽，而成漸、歸妹。下文將叙漸、歸妹，故以兑、巽先之。

隨，无故也。蠱則飭也。

○此兩卦互體爲漸、歸妹。上首剥、復者，天行也；此首漸、歸妹者，人事也。

次剥復，

剥，爛也。復，反也。

○此兩卦不用互體，但取剥、復之義。此言剥以歸於復，篇終言姤以終於夬，皆扶陽之意。

次解蹇。

晉，晝也。明夷，誅也。

○此兩卦互體爲解、蹇。

以上爲陽卦之變。

○除篇終八卦自立義例外，餘皆入陰陽正卦，其變者惟各舉兩卦以見義而已。

○自乾坤至此，爲陽卦者二十八。

陰變卦首睽家人，

井通而困相遇也。

○此兩卦互體爲睽、家人。陽卦之變，首於漸、歸妹者，震、艮交於巽、兑，陽中之陰也；陰卦之變，始於睽、家人者，巽、兑交於離，陰中之陰也。陽主正，自天道而人事；陰主變，自人事而天道。

次姤夬，

咸，速也。恒，久也。

○此兩卦互體爲姤、夬。

次大過頤。

涣，離也。節，止也。

○此兩卦互體爲頤。

○六十四卦中有兩卦只互得一卦者，如剥、復只互得坤，夬、姤只互得乾，涣、節只互得頤，豐、旅只互得大過。

既未濟統陰卦。

解，緩也。蹇，難也。睽，外也。家人，内也。否泰，反其類也。

○解、蹇、睽、家人皆互體爲既、未濟，故次於陰變卦之後。否、泰不在互卦之内，而爲既、未濟之根者也，故次於既、未濟之後。蓋凡陽卦皆統於乾、坤，而尤以正卦爲主，故比、師之前，首以乾、坤也；凡陰卦皆統於既、未濟，而尤以變卦爲主，故涣、節之後，系以解、蹇、睽、家人、否、泰也。

以上爲陰卦之變。

陰正卦首姤夬，

大壯則止，遯則退也。大有，衆也。同人，親也。革，去故也。鼎，取新也。

○此六卦皆互體爲姤、夬，陰之大壯、遯，如陽之臨、觀；陰之大有、同人，如陽之比、師。前陽卦中先比、師，次臨、觀，此則先大壯、遯，次大有、同人者，陰卦先下經，後上經也。陰之革、鼎，如陽之屯、蒙。

次大過頤，

小過，過也。中孚，信也。豐，多故。親寡，旅也，離上而坎下也。

○此六卦皆互體爲大過、頤。小過、中孚、豐、旅在下經，居先，離、坎在上經，居後。

次睽家人，

小畜，寡也。履，不處也。需，不進也。訟，不親也。

○此四卦皆互體爲睽、家人。小畜、履一陰，需、訟二陰。

以上爲陰卦之正。

○自井、困至此爲陰卦者亦二十八。

循環互卦圖

大過

初
姤

四
歸妹

三
夬

大過，顛也。姤，遇也，柔遇剛也。漸，女歸待男行也。頤，養正也。既濟，定也。歸妹，女之終也。未濟，男之窮也。夬，決也，剛決柔也，君子道長，小人道憂也。

以上五十六卦，皆以兩相對，如序卦之例，獨此八卦錯綜而不反對者，以見卦之有互。不獨中四爻可互，六爻循環，皆可互也。卦卦皆然，獨舉大過一卦者，中四爻以陽居之，惟大過一卦，且自初爻起，而正卦左旋，互卦右轉，恰始於姤，終於夬而乾，得易道用陰而尊陽之意也。故案圖觀之，自初至四爲姤，自上至三爲漸，自五至二爲頤，自四至初爲歸妹，自三至上爲夬，自二至五爲乾。然夫子傳文無乾者，乾在篇首，夬盡則爲純乾，首尾相生之義也。既、未濟不在互卦之内，故以義附於此。自陰陽相遇之後，如漸之得禮，如頤之養正，則爲既濟而定矣；如歸妹之越禮失正，則爲未濟而窮矣。故必決陰邪以伸陽道，然後君子道長，小人道憂也。既、未濟統六十四卦之義，故雜卦以是終篇，與序卦同。